U0916306

名联鉴赏辞典

新一版

苏渊雷 主编

上海辞书出版社

主　　编：苏渊雷

副 主 编：蒋竹荪（常务）

陈以鸿　施绍文　顾延培

编 写 人：丁　仪　王齐孙　王国廷　王明珍　甘　桁　叶　云

叶美云　纪德裕　吕替军　朱迎平　朱惠国　刘乐孙

刘铁坤　沈树华　张　一　张　迈　张君宝　张炳隅

陈以鸿　陈永泉　陈建国　陈家铨　吴关镛　希建华

何以聪　何禹昌　何禹聪　林克成　周　艺　周　监

周世达　金性尧　郑凤森　孟建樑　胡家禔　胡　彬

俞心乐　俞水生　俞纪东　唐　音　姚梅乐　施芝鸿

施绍文　施晴东　施晴阳　顾伟列　顾延培　陶继明

钱剑夫　殷有娣　康斯馨　盛国生　曹云岐　黄德金

黄毓钟　戚万丰　商启予　谢燕华　蒋尔谦　蒋竹荪

潘金谊

审　　订：金性尧　钱剑夫

（以上按姓氏笔画排列）

联目审订：杨稼粱　黄润苏　侯　旭　周世达　张君宝　王明珍

修 订 者：沈树华

新一版增订者：沈树华　佟　今

总　目

序　一

楹联,亦称楹帖、联语、联句、对联,俗称对子,乃我国特有之民族、民俗文学形式。中国文字,单音独立,平仄抑扬,四声俱备。如所谓“天子圣哲”“灯盏柄曲”者是。且正以其为单音也,齿而列之,可使一一相对,不必五雀六燕铢两始称也。联语声调之高下抑扬、对仗之妃青配白,庶几符合我国文字语言之特性,蔚为东方美学之典型。此即《文心雕龙 · 声律》所谓:“同声相应谓之韵,异音相从谓之和。”亦其《丽辞》所谓:“心生文辞,运裁百虑,高下相须,自然成对。”汉字外形的整齐和内在的节奏,很自然地构成中国联语形式上的对称美与抑扬律。

通常认为楹联始于五代。《蜀梼杌》云:“蜀未归宋之前,一年岁除日,昶令学士幸寅逊题桃符版于寝门,以其词非工,自命笔云:新年纳余庆,嘉节号长春。”

清人梁章钜亦从此说,其《楹联丛话 · 自序》云:“楹联之兴,肇于五代之桃符,孟蜀‘余庆’‘长春’十字其最古也。至推而用之楹柱,盖自宋人始。”然亦有人将楹联之始上移四百年,认为楹联始于南朝梁代。谭嗣同《石菊影庐笔识 · 学篇》云:“考宋(按应为梁)刘孝绰罢官不出,自题其门曰:闭门罢庆吊,高卧谢公卿。其三妹令娴续曰:落花扫仍合,丛兰摘复生。此虽似诗,而语皆骈俪,又题于门,自为联语之权舆矣。”

不过此乃独自成联,并非上下联语的续对,而是诗句的续联,故尚非纯正的对联,可视为联语发展过程中之一环。任何事物之产生,均有其萌发、演变之过程,楹联当亦不例外。孟昶“余庆”“长春”联出现之前,楹联这一文艺形式当已经过其发展之阶段,吸取了我国古典诗文中“编字不只,捶句皆双,修短取均,奇偶相配”之对偶修辞手法,从而脱胎演化而成我国民族文学之独特文体。而楹联又属于民俗的,是中国民族文学与中国民俗相结合的产物。王安石《元日》诗云:“千门万户曈曈日,总把新桃换旧符。”诗中所说新年换桃符,即与楹联直接有关之民俗。陶宗仪《说郛》引马鉴《续事始》云:“《玉烛宝典》曰:元日造桃板著户,谓之仙木……即今之桃符也。其上书神荼、郁垒之字。”

神荼、郁垒乃驱邪之神。应劭《风俗通义》云："《黄帝书》：'上古之时，有荼与郁垒昆弟二人，性能执鬼，度朔山上立桃树下，简阅百鬼，无道理，妄为人祸害，荼与郁垒缚以苇索，执以食虎。'于是县官常以腊除夕，饰桃人，垂苇茭，画虎于门，皆追效于前事，冀以卫凶也。"《荆楚岁时记》引《括地志》云："桃都山有大桃树，盘屈三千里，上有金鸡，日照则鸣；下有二神，一名'郁'，一名'垒'，并执苇索以伺不祥之鬼，得则杀之。"

古时以桃符板画"神荼""郁垒"之像或书"神荼""郁垒"之字于除夕或元旦于门的习俗，即后之春联之雏形。楹联这一文艺形式，可谓是以我国古典诗文为内涵，以民间习俗为形式相结合的产物。

古者幼学入门，必授以声律属对，故学童多能属对。《独醒杂志》卷一云："汪圣锡幼年与群儿聚学，有谒其师，因问能属对者，师指圣锡。客因举对云：'马蹄踏破青青草。'圣锡应对曰：'龙爪拏开淡淡云。'客大惊曰：'此子有魁天下之志。'圣锡年未冠，果廷试第一。"

近人陈寅恪氏尝致书刘叔雅教授，力主大学入学国文考试要"对对子"。意谓：①对子可以测验应试者能否知分别虚实字及其应用。②对子可以测验应试者能否分别平仄声。③对子可以测验读书之多少及语藏之贫富。④对子可以测验其思想条理。尝举一例云：苏东坡诗有"前生恐是卢行者，后学过呼韩退之"。谓"韩卢"为犬名，"行"与"退"皆步履进退之动词，"者"与"之"俱为虚字。东坡此联可称极中国对仗文学之能事。因拟对子之题为"孙行者"，实欲应试者对以"胡适之"耳。盖猢狲乃猿猴，而"行者"与"适之"，意义与音韵皆可相对。此虽陈先生一时故作狡狯，实有深意存焉。楹联篇幅虽短小，然其内含却极为深宏，无论政治、经济、军事、历史、宗教、人物、山川、名胜、斋堂、市肆，可谓无所不包。历代撰联大家若郑板桥、林则徐、俞曲园、康有为、梁启超、谭嗣同、孙中山、郁达夫、郭沫若皆一代俊彦，但遗憾的是，历来各种文学史和文学批评史均未给楹联以一席之地，此实我国文学史和文学批评史之一大缺憾。

作联之大法，不外乎三。其一为集前人诗文成句而成联；其二从前人诗文脱化而成联；其三为新拟，即创作。随着楹联艺术的成熟发展，其艺术手法亦日益增多。如其内容构成的逻辑关系即有并列、转折、递进、连贯、因果、选择、假设等。其组句技巧即有串组、换位、重言、两兼、连珠、拆词、回文、顶针、绘态、歧义等。其修辞手法又有比喻、借代、双关、衬托、隐切、假称等。其用字手法又有析字、隐字、嵌字、同旁、同韵、叠字、飞白、拟声等。嵌字又分鹤顶、燕颔、鹿颈、蜂腰、鹤膝、凫颈、雁足、魁斗、蝉联、云泥、鼎峙、碎锦、晦明等十三格。可见撰联艺术手法之多。

楹联之传播，与书法艺术更有不解之缘，文采灿然之联文，借助隽美秀逸之书法，可谓珠联璧合。楹联与书法合璧之专集，如俞曲园《樊敏碑集字联》，罗振玉《集殷虚文字楹帖》，经颐渊《爨宝子碑古诗集联》等皆是。

楹联专著，自梁章钜创编《楹联丛话》，继出《续话》《三话》，风行一时，其子恭辰复续出《四话》。但丛话体例，略分故事、应制、庙祀、廨宇、胜迹、格言、佳话、哀挽、集句、杂缀十大类，不无时代局限。今本辞典之编辑，已经舍滥留纯，下了一番洗练工夫，当可适应社会各界赏鉴、酬应之参考。唯因出于众手，限于水平，难免疏漏讹误，则有待于读者之指正。上海辞书出版社大力鼎助，使辞典得以问世，其功绩实不能泯没也。略赘数言，斯为序云。

苏渊雷仲翔

时年八十有五

序　二

楹联以春联为最古。经过发展，逐渐形成一种应用文体。因为大都是左右分悬在楹柱上（楹，厅堂前的柱子。上联在右，下联在左），所以习称楹联。最初比较简单，限于五、七言，上下联各只一句，相当于律诗中成对的两句。后来吸收词和骈文等句法，不仅上下联各一句的不再限于五、七言，而且可将各种类型的句子按不同方式组织起来，使楹联兼备诗词和骈文之长而又具有自己的特色。尽管它不论篇幅长短都只有字数相同的一个上联和一个下联，在创作上受到一定的限制，然而借助于对偶手段和平仄格律，千百年来产生了不同用途、不同风格的大量优秀楹联作品，蔚然挺立于文学之林，受到大众的喜爱。

楹联的特征是上下联相对，所谓相对，包括三层意思，就是字数相同，内容相称，平仄相反。字数相同指的是不仅整个上联与整个下联字数相同，而且相应句的字数也必须相同，如果整个上联与下联字数相同，但是在不同的地方分句，使对应句左右不齐，是不合格的。内容相称就是平常说的对仗，既要句型一致，又要词意匹配。楹联的对仗与诗歌和骈文的对仗原理一样，这里就不详细解释了。不过比起诗歌和骈文来，楹联的对仗有时要求宽些。同时楹联创作中常用一种上下联各有自行成对部分的手法，这些部分左右对仗可以不如前后对仗来得工整，因为把前后成对的部分放在上下联相应的位置，这本身已经是一种对称。平仄相反也和诗歌骈文一样，并不要求上下联中对应位置的字一一相反，但是关键性的字必须相反。楹联的平仄，最起码的要求是上联末字仄声，下联末字平声。偶有例外，上联末字平声，下联末字仄声，这是由内容决定，无法调换之故。但是决不可以上下联末字都是平声或都是仄声，末字都平或都仄的，对得再工也不能算作楹联。在满足这个起码要求的基础上，为达到音调和谐、抑扬有致的目的，一方面根据所采用的诗文句法，分别遵循诗文的平仄格律。另一方面，当上下联各在两句以上时，有一条楹联本身固有的规律，决定着每句的末字平仄，除特殊情况外，这条规律是普遍适用的。下面按由简到繁的次序加以说明。

上下联各两句的，前后句末字平仄相反，即上联前句末字平，后句末字仄，下联前句末字仄，后句末字平。如成都武侯祠联①：

能攻心则反侧自消，从古知兵非好战；
(平)|　(仄)|　(平)　(仄)|　(平)|(平)(仄)(仄)

不审势即宽严皆误，后来治蜀要深思。
(仄)|　(平)|　(仄)　(平)|　(仄)|(仄)(平)(平)

为了帮助欣赏，加强诵读的效果，除句末外，其余关键性的字也一并标出平仄(注意这里和以后标明的平仄都是上下联相反的)，并用一竖表示句中节奏停顿处。

上下联各三句的，句末平仄依这三句如何分段而定。如果是三个单句，则前二句末字平仄都与末句相反，即上联句末平、平、仄，下联句末仄、仄、平。如郁达夫挽兄郁华(字曼陀)联：

天壤薄王郎，节见穷时，各有清名扬海内；
(仄)|(仄)(平)(平)　(仄)|　(平)　(仄)|　(平)|(平)(仄)(仄)

乾坤扶正气，神伤雨夜，好凭血债索辽东。
(平)|(平)(仄)(仄)　(平)|　(仄)　(平)|　(仄)|(仄)(平)(平)

三句依次用五言、四言、七言句法，上联一路仄起，下联一路平起，这是楹联的常用格式之一。

如果三句分成两段，即前一句后二句或前二句后一句，则前后段末字平仄相反，同一段中的前后句末字平仄又相反。前一后二的如杭州平湖秋月联，上联句末平、平、仄，下联句末仄、仄、平：

凭栏看云影波光，(最好是红蓼花疏，白蘋秋老)；
(平)　|　(仄)|　(平)　|　(仄)|　(平)　(平)|　(仄)

把酒对琼楼玉宇，(莫辜负天心月到，水面风来)。
(仄)　|　(平)|　(仄)　|　(平)|　(仄)　(仄)|　(平)

这似乎与三个单句一样，但它们的结构是不同的。括弧表示二句合成一段。前二后一的如今人秦瘦鸥所著小说《秋海棠》中一副集宋词联，上联句末仄、平、仄，下联句末平、仄、平：

(海棠开后，燕子来时)，黄昏庭院；
(平)|　(仄)　(仄)|　(平)　(平)|　(仄)

(红粉墙头，秋千影里)，临水人家。
(仄)|　(平)　(平)|　(仄)　(仄)|　(平)

同是四字句，前二句复，后一句单。括弧内的二句在本联中是前后自行成对的。

① 楹联照例不断句，本文加上标点是为了便于理解和分析。

上下联各四句以上时，情形更加复杂，但规律是一样的。我们可以把上下联各分成若干段，每段或者一句，或者二句以上，其中前面每一段与最后一段末字平仄相反。含二句以上的段再进一步分段，仍旧是其中前面每段与最后段末字平仄相反。这样下去，直到每句末字平仄都确定为止。下面先举另一副挽郁曼陀联为例，作者是郁的友人：

（夏哭潘君而病，冬又哭公），余生后死忆前尘，落落曙星稀，叹腹痛黄垆，古北平廿年一梦；

（母殉邑治以亡，子今殉职），两世双忠完大节，漫漫长夜旦，看名标青史，富春江万古千秋。

这联的特点是句法多变，有文句有诗句，六个句式各不相同，参差错落，转换自然。上下联除首二句外都是单句，因此上联中间接连四句末字平声，下联中间接连四句末字仄声，节节铺垫，分别引向末句高潮。用笔从容而有力，可称声情并茂之作。

再以清人孙髯翁所作脍炙人口的《昆明大观楼长联》为例，分析如下：

{〔五百里滇池，奔来眼底〕，〔披襟岸帻，喜茫茫空阔无边〕}，{〔（看东骧神骏，西翥灵仪），（北走蜿蜒，南翔缟素）〕，〔高人韵士，何妨选胜登临〕}，{〔趁蟹屿螺洲，梳裹就风鬟雾鬓〕，〔更蘋天苇地，点缀些翠羽丹霞〕}，{〔莫孤负四围香稻，万顷晴沙〕，〔九夏芙蓉，三春杨柳〕}；

{〔数千年往事，注到心头〕，〔把酒凌虚，叹滚滚英雄谁在〕}，{〔（想汉习楼船，唐标铁柱），（宋挥玉斧，元跨革囊）〕，〔伟烈丰功，费尽移山心力〕}，{〔尽珠帘画栋，卷不及暮雨朝云〕，〔便断碣残碑，都付与苍烟落照〕}，{〔只赢得几杵疏钟，半江渔火〕，〔两行秋雁，一枕清霜〕}。

这联的特点是全部复句，无一单句，全部文句，无一诗句（指五、七言诗），而且段中有段，层层包裹，如大中小括弧所示。大观楼面临昆明池，气象雄伟，这副长联确实足以相称。取材既有横的景物，又有纵的历史，再加上作者丰富的想象力，交织成一幅绚丽的图画。全联长达一百八十字,除了由于疏忽而重复一个“心”字外,选字极精,平仄更是丝毫不苟,读起来有摇曳生姿之感。对仗虽然稍差,但因为多用前后各自成对的手法,弥补了不足。尤其是上联的“看”“莫孤负”,下联的“想”“只赢得”,都连绾四句,写得酣畅淋漓。它能为古今游人和读者啧啧称赞,绝不是偶然的。

现在,由上海楹联学会参与编写的这部《名联鉴赏辞典》,已交上海辞书出版社出版。本书选联精粹,收联较丰富多彩,许多联目为本书首载,内容分名胜、文学、题赠、喜庆、哀挽、行业、谐巧七部分,释文雅俗共赏,注意通俗化,对普通读者了解对联作品价值大有裨益。本书告成,非一日之功,其间经过反复审读,最后杀青。因缀数语,以为喤引。

陈以鸿

凡　例

一、本书收录名联 2 000 余副。根据内容分为名胜、文学、题赠、喜庆、哀挽、行业、谐巧等七部分。

二、本书排列方式，名胜类按中华人民共和国民政部发布的《行政区划简册》顺序排列，各省、直辖市、自治区按先省会后市、县排列，国外部分排在最后。其余文学、题赠、喜庆、哀挽、行业、谐巧等六类大体按撰联时代先后排列。

三、本书每联之后附一篇简要赏析文字，长短不拘。

四、名胜联对每个景点作扼要说明。同一景点而有几副对联时，一般只在第一副联文之后作景点介绍。

五、本书所选对联作者，除以字行者外，一律署本名。应对联只署答联者之名。

六、对于疑难词语及有关典故，在赏析文字中串讲或注释，难读字用汉语拼音注音。

七、本书使用简化字，可能产生歧义时酌情使用繁体字或异体字。

八、本书另附《对联知识介绍》《名联作者简介》。

目　录

名 胜 类

北 京 市

天 津 市

河 北 省

山 西 省

内蒙古自治区

辽 宁 省

吉 林 省

黑 龙 江 省

上 海 市

江　苏　省

浙　江　省

安　徽　省

福　建　省

江　西　省

山　东　省

河　南　省

湖 北 省

湖 南 省

广　东　省

广西壮族自治区

海 南 省

四 川 省

重　庆　市

贵　州　省

云　南　省

西藏自治区

陕　西　省

甘　肃　省

青　海　省

宁夏回族自治区

新疆维吾尔自治区

台　湾　省

香港特别行政区

澳门特别行政区

国 外 名 胜

文　学　类

题赠类

自　题

题居室厅堂

题 书 斋

题 卧 室

题园圃厨厕

题官署

赠　人

格　言

杂 题

喜　庆　类

春　联

寿　辰

贺人寿

自寿

婚　嫁

营　造

赴　任

入学、毕业

生　子

纪念庆祝

哀挽类

挽个人

挽　集　体

自 挽

行 业 类

工 业

邮 电 运 输

商 业

饮食服务业

◆酒店饭店

◆茶楼

◆杂店

◆客栈旅店

教育文化

医药卫生

社会福利

谐　巧　类

巧　对

嘲　讽

谐　趣

附　录

名胜类

期

北 京 市

中南海瀛台涵元殿(一)

昼永琐窗闲,竹边棋墅
日迟帘幕静,花外琴声

涵元殿为北京中南海瀛台正殿。上联写殿中的悠闲。白天时间漫长,宫门紧闭,竹林边的棋馆是消磨时光、养性怡情的好处所。琐窗,镂刻有连环图案的窗棂。墅,别馆,供游乐休养的园林房屋。下联写清静。时已傍晚,帘幕未卷静悄悄,花丛外传来的琴声,更显出禁苑的寂静。全联描绘了一幅花竹掩映、恬静幽雅的美妙画图。联语运用了反衬手法。以棋墅里整天对弈,显示宫苑之“闲”;以花丛外琴声隐约,突出深宫之“静”。

(康斯馨)

中南海瀛台涵元殿(二)

心澹水木秀
兴幽鱼鸟闲

涵元殿是皇室游憩之所。出句:心情恬淡的人,所见树木泉水,总是秀色相映。澹,恬淡。《庄子·知北游》:“澹而静乎。”对句:兴致幽雅的人,他眼中的飞鸟游鱼,无不悠闲自得。幽,幽雅。此联抒情写景。情是景的精神内核,景是情的物质外壳,情制约着景,景表现着情,故同一景物,在不同的人心目中,感受不同。同是枫叶,杜牧描绘为“霜叶红于二月花”(《山行》),枫叶比江南二月的春色还红火、艳丽,流露出惊喜的情调。而王实甫则云,“晓来谁染霜林醉,总是离人泪”(《西厢记·秋暮离怀》),枫叶尽着上

悲哀色彩。此联“水木”的“秀”,“鱼鸟”的“闲”,全是“心澹”“兴幽”情感的反映。（蒋竹荪）

中南海静谷

爱新觉罗·弘历

胜赏寄云岩,万象总输奇秀

清阴留竹柏,四时不改茏葱

静谷在中南海丰泽园西南,始建于康熙年间,是一座小型雅致的皇宫庭院。上联说,人们巧手构筑的云天岩谷,欣赏它的奇姿秀色,总要胜过天然景物一筹。胜赏,观赏名胜。云岩,指云天谷岩,万象,指天然景物。总输,比较之词,谓总是差一点。下联化用康熙菊香书屋联“庭松不改青葱色”之意,认为四时交替变化,花开花落,而连理柏和翠竹丛留给人们青葱凉爽的感受,却始终不变。静谷院内,有两株绞缠在一起的“连理柏”,枝叶葱茏,加以竹翠花香,给人以“清阴”之感。作者运用比较手法,上联以天然景物和人工景物相比,下联以花草与竹柏相比,显示了世间事物的多样性,各有其长,各有其短,而实际上又相辅相成,互为补充,构成了和谐宁静的境界。（商启予）

中南海金鳌玉蝀桥

赵 翼

玉宇琼楼天上下

方壶员峤水中央

玉蝀桥,横跨中海和北海水面,原名金海桥,明世宗时东西两端各建牌坊一座,分别名曰金鳌和玉蝀。蝀(dōng),蝃蝀,虹的别称。玉蝀桥有九孔,洁白如玉。玉宇琼楼,传说中天上神仙居住之地。方壶员峤,传说中两座仙山。《列子·汤问》:“渤海之东不知几亿万里,有大壑焉……其中有五山焉:一曰岱舆,二曰员峤,三曰方壶,四曰瀛洲,五曰蓬莱。”联语以仙境中的建筑物和山为喻,盛赞桥的精美和瑰丽:谓整个桥景就像天上的琼楼玉宇那样华贵,两座牌坊有若仙山降落在池水中央。联语意境神奇飘逸而有入化之妙。 (谢燕华)

北海一房山

好山一窗足

佳景四时宜

北海公园内西山上,庆霄楼西有延廊环抱山石,一房假山构筑其间。用唐人李洞“看待诗人无别物,半潭秋水一房山”诗句命名。上联写窗与山的关系,意谓仅此一道窗户就足以使这座山平添不少美景秀色。窗子打通了大自然和人的隔膜,把光明和空气引进来,因此下联说从这“一窗”便可充分领略四季美好的景色。房(窗)为山添花,山为房(窗)换景,互助互补,相得益彰。联语明快流畅,富有哲理趣味。 (陈永泉)

故宫三希堂

爱新觉罗·弘历

深心托豪素

怀抱观古今

清乾隆帝喜收藏碑帖书画,经常鉴赏、临摹、题字、作联,并把大臣择定的古今著名书法家真迹,收藏于书斋之中。其中晋王羲之《快雪时晴帖》、王献之《中秋帖》与王珣《伯远帖》皆稀世珍宝,故名书斋为三希堂。深心,犹言精心。豪素,即毫素,指笔和纸。上联意谓精心托于纸笔。下联则谓在鉴赏中,观察古往今来贤人们的胸襟抱负。上联采自南朝宋颜延之《五君咏·向常侍》“向秀甘淡薄,深心托豪素”诗句。下联集晋王羲之《兰亭集序》字,既指书法的鉴赏临摹,亦指为人的襟怀旷远。非仅寄情于八法,亦

为自伸雅怀。（蒋竹荪）

故宫建福宫

地近蓬壶心自远
身依泉石兴偏幽

上联大意：把闹市当仙境，心灵自可远离尘俗。蓬壶，古代传说中的仙山。晋王嘉《拾遗记》卷一："三壶则海中三山也。一曰方壶，则方丈也；二曰蓬壶，则蓬莱也；三曰瀛壶，则瀛洲也，形如壶器。"心自远，晋陶潜《饮酒》诗："问君何能尔，心远地自偏。"下联大意：依泉石作伴侣，兴致就倾向雅静幽远。泉石，自然景物，多指山水。南朝梁刘孝绰《侍宴集贤堂》诗："反景入池林，余光映泉石。"兴，兴致。唐杜甫《重过何氏》诗："向来幽兴极，步履过东篱。"联语从主观的领会和实际的接近两个方面追求"心远"与"兴幽"，达到精神上暂时超脱的境界。古有所谓"富贵闲人"，联意近之。

（余心乐）

故宫文华殿

张居正

四海升平，翠幄雍容探六籍
万几清暇，瑶编披览惜三余

文华殿，在故宫东华门。此联为明代首辅张居正所题。上联意谓在这四海升平的环境中，在绚丽华贵的居所探索研习六籍。六籍，即"六经"，包括《诗》《书》《易》《春秋》《礼》《乐》。下联意谓当前整日清暇，开卷读书要珍惜三余。三余，语出《三国志·魏志·王肃传》裴松之注："冬者岁之余，夜者日之余，阴雨者时之余。"古时老师常教学生利用"三余"的时间读书。

（沈树华）

故宫弘德殿

爱新觉罗·胤禛

惟以一人治天下
岂为天下奉一人

爱新觉罗·胤禛,即清世宗,年号雍正。弘德殿在故宫乾清宫西。作为清王朝最高统治者的雍正皇帝,他加强了极权的统治,故他提出以一人治天下的主张,是有一定缺陷的。但他又反对天下奉一人,如系出自内心,还是可取的。 (沈树华)

故宫延春阁

奇石尽含千古秀
好花长占四时春

延春阁在凝晖堂前,阁前叠石为山,正殿挂“惠如春”额。联语写石写花,抓住了延春阁的特点。“含”“占”二字赋予静物以生命,产生了动感。上联说,奇异的石头饱含着千百年来山水的秀气;下联说,次第开放的好花,使四季都变成美妙的春天。此联紧扣“延春”阁名的含义。联语格调高雅,“千古秀”极写“奇石”之不凡,“占”字更写出花的神韵。 (陈永泉)

故宫阅是楼

开窗鱼鸟含天趣
欹案诗书味道腴

阅是楼,在故宫畅音阁对面。联谓:打开窗户,池中游鱼在追逐,树上好鸟在啁啾,大自然一片蓬勃的生意;窗内,倚在几案上读书写诗,其味无穷。腴,音 yú,丰裕。联语将室内与室外、动态与静态融成一体,表现出一种自得其乐的情调,给人以悠然舒适、幽静闲雅的感觉。 (谢燕华)

颐和园绣漪桥

螺黛一丸,银盆浮碧岫
鳞纹千叠,壁月漾金波

绣漪桥,位于颐和园昆明湖之最南端,亦名罗锅桥,为自水路进入颐和园的门户。联语表现的是绣漪桥周围妩媚诱人的景色。上联写日景:桥宛如一弯黛眉镶嵌在银白色的湖面上,水中倒映着碧绿的万寿山影。下联写月色:水波粼粼,在皎洁如玉的月亮照耀下,湖面荡漾着金色的清波。螺黛,画眉之墨,一种青黑色矿物颜料,此指黛眉。将桥喻作美人之黛眉,将倒映之青山说成是浮在水面的碧岫,笔墨传神。“一丸”与“千叠”相对,足见桥之娇巧与湖之浩瀚。联语文辞瑰丽,构思奇巧,意境瑰美,就如一幅苍润秀美的水墨画。

(谢燕华)

颐和园宜芸馆道存斋

霏红花径和云扫
新绿瓜畦趁雨锄

联语清新幽雅:落英缤纷,花径霏红如霞,云雾之中,有人轻轻打扫;瓜田菜地,一片新绿如玉,细雨湿润,有人慢慢锄草。霏红,彩霞般的红色。联语用词简练,“趁雨锄”扣紧“宜芸馆”的命名,表现了清新素雅的风格和主人闲适的心境。 (谢燕华)

颐和园月波楼

一径竹荫云满地
半帘花影月笼沙

月波楼,在颐和园昆明湖中的南湖岛上。联语描绘竹林、花枝、沙滩在月色笼罩下的微妙变化,使楼的周围、远近充盈着一片迷濛幽静的气氛,意境十分柔和淡雅。“月笼沙”三字出杜牧《夜泊秦淮》诗:“烟笼寒水月笼沙。”联扣月波楼名,甚切。 (谢燕华)

颐和园十七孔桥

爱新觉罗·弘历

虹卧石梁,岸引长风吹不断

波回兰桨,影翻明月照还空

十七孔桥,横跨于颐和园昆明湖的东堤和南湖岛间,桥由十七个孔券组成,长150米,为颐和园中最大石桥。上联写水上之桥,下联写桥下之水。石桥宛若卧在水上吹不断的彩虹;兰桨使水波回旋,划碎映于水面明亮清澈的月亮。照还空,指桥的十七孔。联语描绘水波、明月,水天一色,使这座颐和园内最大的石桥富于神韵和气派。 (谢燕华)

颐和园谐趣园饮绿亭

爱新觉罗·玄烨

云移溪树侵书幌

风送岩泉润墨池

谐趣园系颐和园中之园,原名惠山园。饮绿亭为其中一水榭,曾名水乐园。本联构思奇丽:溪边树梢上一抹彩云飘逸而来,好像触及书房的帷帘;山泉随风流至,仿佛润湿了屋中的砚台。书幌,指书斋中的帷幔窗帘。墨池,洗笔的水池,借指砚台。联语赋予云、风以生命和动感,并与表示清幽、宁静的书幌、墨池融为一体,动中有静,清寂中又透着闹意。“移”“送”“侵”“润”四字,恰到好处地写出了雅逸的意境,使景物充溢活力。

(谢燕华)

颐和园谐趣园知鱼桥

爱新觉罗·弘历

月波潋滟金为色
风濑琤琮石有声

知鱼桥在颐和园谐趣园之东南角,建于清乾隆时。联语通过一看一听将桥下之水景绘得有色有声:明月下,水波涟漪,金光闪烁;风吹水击岸石,发出悦耳的声响。潋滟,水波流动貌。风濑,意为风吹水急。琤琮,原为玉器相击声,此谓水石撞击声。全联咏水,却无一"水"字,显出作者的艺术修养。"潋滟"与"琤琮"双声叠韵相对,增添了音韵之美。联语用词精巧,秀丽娴雅,令人如见其景,如闻其声。 (谢燕华)

颐和园宜芸馆

爱新觉罗·弘历

绕砌苔痕初染碧
隔帘花气静闻香

宜芸馆建于清乾隆十五年(1750),对联以苔痕、花气为题咏对象,显出其清新淡雅的格调。上联化用刘禹锡《陋室铭》"苔痕上阶绿"句意,说石阶周围的青苔刚刚萌发绿色;下联说花气透过竹帘传来静静幽香。砌,即石阶。此联语词凝练,雅而不俗。"绕""隔""染""闻"等动词精巧传神,生动地写出了环境的幽静宜人。 (谢燕华)

颐和园画中游

幽籁静中观水动
尘心息后觉凉来

画中游在颐和园内万寿山西面。亭倚山岩,楼耀金碧,水木清华,环绕着几曲画廊,游览其中,真有身在画图之感。上联说,寂然宁静之中能体验到水之动,籁之幽,万物无不从容自得。有万物静观皆自得之意。幽籁,幽雅的声音。唐权德舆《酬穆七侍郎早登西楼感怀》诗:“杉梧静幽籁。”下联说,止息了一切杂念,则在繁嚣之中也可直觉地领悟凉意的来临。尘心,凡俗之心,名利之念。宋梅尧臣《送昙颖上人往庐山》诗:“尘心古难洗。”凉,指心灵的安闲自适,即精神的自由。联语启示人们,不能仅仅满足于耳目之游,还得进一步忘名利,无牵无挂,走入同乎万物而与造物者游的逍遥境界。 (蒋竹荪)

颐和园画中游石坊

爱新觉罗·弘历

闲云归岫连峰暗

飞瀑垂空漱石凉

画中游为重檐八角阁,正殿前有石坊。本联表现的是一幅傍晚太阳下山时的清凉幽静图景:白云飘入山间,连绵青山浓阴高蔽而转暗;飞瀑垂空而泻,使石受漱而凉。岫,山峦。联语由流云而引出山峰,由飞瀑而引出岩石,炼字工巧,“闲”“归”“飞”“垂”等字的选用使白云与瀑布富于动感与情趣。 (谢燕华)

颐和园霞芬室

爱新觉罗·弘历

窗竹影摇书案上

山泉声入砚池中

霞芬室,在颐和园玉澜堂东配殿。婆娑摇曳的竹影映照在临窗的书桌上,潺潺的山泉声传入室内的砚池中。窗外的竹影、山泉与窗内的书桌、砚池遥相呼应,构成一幅宁静和谐的画面。"摇"字、"入"字刻画了景物的动态。联语从视觉、听觉、触觉各个方面给人以美的享受。

(谢燕华)

颐和园涵虚堂

爱新觉罗·弘历

碧通一径晴烟润
翠涌千峰宿雨收

涵虚堂为颐和园南湖岛上一主要建筑。联语描绘了颐和园雨后清晨的佳丽景色:万绿丛中有一条小径通向幽幽深处,晴空中的云烟显得格外明润;千座峰峦犹如绿色波涛起伏,下了一夜的雨刚刚停息。对联通过一大(千峰)、一小(小径)突出颐和园的碧翠特色,笔调凝练,诗味浓郁,意境幽雅。

(谢燕华)

颐和园涵远堂

爱新觉罗·弘历

西岭烟霞生袖底
东洲云海落樽前

涵远堂为颐和园谐趣园之正殿。谐趣园是乾隆仿无锡惠山寄畅园而建,嘉庆时重修,取乾隆《惠山园八景诗序》中"一亭一径足谐奇趣"之意命名。此联描绘了该堂的视野开阔:西山诸峰缭绕的烟霞似在袖底升起;东海瀛洲茫茫的云雾落到了酒杯之前。"西岭""东洲",都用夸张和想象的表现手法,将苍茫的烟霞云海有若玩物般地置于袖底、樽前,突出此堂所涵之远。联语情景交融,气势磅礴。上下联中一"西"一"东",一"生"一"落",一"底"一"前",虚实相应,想象天外,显得意境空灵超脱。

(谢燕华)

白云观华室

郑 燮

咬定一两句,终身得力

栽成六七竿,四壁皆清

白云观在广安门外,是全真派著名道观。创建于唐,曾称天长观、太极宫、长春宫,清代重建。出句讲读经。意谓要把道教经典中最精要的内容,理解消化、牢固掌握,并身体力行,就能终身得到益处。“一两句”是概括的说法,道教经典极为浩繁,据统计,共 5 486 卷,只能择其最精要部分,牢固掌握。对句讲种竹。栽培好六七竿竹,就可使四壁清光弥漫。道教讲究“清”的境界,教义有清静无为,神仙所居有玉清、太清、上清等。联语结合道教寺观环境向道士提示读经要诀,一个“咬”字,用得十分形象精练。对一般游客如何读书的问题,也有启发意义。 (唐 音)

国子监大成殿

爱新觉罗・弘历

气备四时,与天地日月鬼神合其德

教垂万世,继尧舜禹汤文武作之师

大成殿,祭祀孔子的地方,在北京成贤街的孔庙内。大成,言道德学问十分完备。上联化用《易》意,赞孔子道德崇高。谓其德行与天地相合,其光辉与日月相等,其进退与四季代谢一样整然有序,其奖罚与鬼神所降的吉凶相应。气备四时,语见南朝宋刘义庆《世说新语・德行》:“褚季野虽不言,而四时之气亦备。”原指春夏秋冬四时之气,也指气度弘远。与天地日月鬼神合其德,语出《易・乾卦》:“夫大人者,与天地合其德,与日月合其明,与四时合其序,与鬼神合其吉凶。”下联概括韩愈《原道》意,论儒家学说相承。说孔子的教化是继承唐尧、虞舜、夏禹、商汤、周文王武王而成为千秋万世的师表。继尧舜禹汤文武作之师,韩愈《原道》:“尧以是传之舜,舜以是传之禹,禹以是传之汤,汤以是传之文武周公,文、武、周公传之孔子。”联语气势恢宏,符合孔子这位“万世师表”的思想家、教育家的崇高地位与身份。 (余心乐)

北京大学未名湖

张星楼

人逢盛世真难老

湖至今天未有名

未名湖在北京大学校园中心,湖畔杨柳成荫,并有临湖轩、岛亭、钟亭、石舫、水塔等点缀其间,使人宛如置身于风光绮丽的大花园。出幅写人寿。“人生易老天难老”是自然规律,然而,今天人们的生活水平提高了,平均寿命亦有所延长,故说“真难老”。由“易老”变为“难老”,正足以说明正逢“盛世”。对幅写湖名。老子说:“道常无名,始制有名。”“未有名”即“无名”,“无名”是“道”的原始状态,“有名”是“道”在认识上的反映。以“未名”作湖名,正体现了“道”。联语中“难老”是生命发展的高层次,“未名”是形上思维的高层次,因而两者可以相对。 (商启予)

陶 然 亭(一)

翁方纲

烟笼古寺无人到

树倚深堂有月来

亭在北京市右安门内,始建于清代康熙年间。亭名取唐白居易“更待菊黄家酿熟,与君一醉一陶然”之意。联语描绘寺之“静”。烟笼,指烟雾笼罩。上联写白天的清静,古寺被烟雾笼罩,无人到此;下联述夜晚的安谧,深堂处于树林之中,只有明月照映进来。以“无人”与“有月”的对比描写,

显现了庵堂幽深绝世的风貌,含蕴着超凡脱俗的韵味,给人以空寂、超脱之感,展现了全联静谧的神韵。 (王明珍)

陶 然 亭(二)

林则徐

似闻陶令开三径

来与弥陀共一龛

此联为流水对,上下文意一贯。上联:陶令,东晋诗人陶渊明,曾任彭泽县令。三径,陶渊明《归去来辞》中有“三径就荒,松菊犹存”句,这里指隐居。下联:弥陀,梵语“阿弥陀佛”的简称,此处泛指佛像。龛,供奉神像的石室或柜子,这里指佛门。联语用陶令之典兼指陶然亭之陶,并以陶渊明淡泊的田园生活,来形容陶然亭的幽静,表示其心与古人相通,表现了作者对隐居生活的向往。林则徐虽在历史上有过卓著功绩,但仕途坎坷。面对清政府的腐败,内心充满忧郁而寻求解脱。联语也可看作是作者心声的流露。 (王明珍)

陶 然 亭(三)

江峰青

果然城市有山林,除却故乡无此好

难得酒杯浇块垒,酿成危局待支持

此联看似随意写来,但却是匠心独运,诚属陶然亭对联中之佳作。上联快人快语,概述了陶然亭幽深的园林特色,点明其在都市中的脱俗之处。“果然”两字,语气十分肯定,说明此亭久负盛名,名副其实。作者为徽州(今江西)婺源人,故乡即指此。下联写人,也即作者在亭中的活动。把酒赏景,本为悦心惬意之美事,但作者却在用酒浇愁。块垒,喻胸中郁结不平之气。难得,说明作者公务之繁冗。结句表面写酒后的醉态,其实一语双关,寓意明显。危局,酒醉不能自持之貌,故要人扶持。支持,犹扶持。不过“危局”更喻内忧外患,时局危殆。因为作者写此联时,正值庚子之变,八国联军攻占北京前后,所以“危局”是当时国情的真实写照,而“待支持”也表现了作者想有所作为的一片苦心。 (张君宝)

中山公园春明馆

春雨杏花江上客

明湖杨柳晚来诗

中山公园在天安门西侧,原为兴国寺社稷坛。明清皇帝祭祀土地神与五谷神的场所,1914 年改为中央公园,1928 年改为中山公园。春明馆为民国时的园内著名茶室。上联写绵绵的春雨打落了杏花,花瓣飘流水中,有如江上的旅客。下联写婀娜多姿的柳絮轻拂着如镜的湖面,撩起人们晚来的诗情。作者选择了“春雨”“杏花”“杨柳”等最具季节特性的事物组联,读之意境优美,情景交融,词采绚丽,雅逸脱俗。联首“春明”二字,概括景物特点,又扣馆名,亦甚工巧。

(余心乐)

香界寺大乘门

一竿竹影敲明月

半榻松风卧白云

香界寺,在北京平坡山龙泉庵西北,为西山八大处中第六处,创建于元,历经修葺,为八大处中的主寺。竹影敲打到明月,白云卧躺在松风,意境美妙奇特,朦胧中透出清纯,天地融为一体。“敲”与“卧”两字用得奇巧,将竹影、松风具体化,又将明月、白云这两个天上的景物贴近到地面。“一竿”与“半榻”把竹影与松风写得活灵活现。联语用词凝练,构思精巧,对仗工稳,颇具韵致。 (谢燕华)

什 刹 海

白雪远山,图开大米
斜阳新柳,春满天街

什刹海在地安门西大街以北白米斜街,元代水面与通惠河相通,明初逐渐淤塞,形成三个相连的水面,附近有不少名园。王府、古庙是消夏游乐之所,今已辟为公园。上联写冬景:积雪的远山,宛如米芾的山水画。大米,北宋著名画家米芾。因其子米友仁亦善画,为区别计,称米芾为大米,米友仁为小米。下联写春景,冬去春来,夕阳的金辉洒在嫩绿的柳条上,闪闪发光,首都街道洋溢着浓郁的春天的气息。天街,京城的街道。韩愈《早春呈水部张十八员外》诗:"天街小雨润如酥。"联语以远景衬托近景,构思巧妙。在修辞上,将所嵌二字置于上下联之首称为鹤顶格,置于上下联之末称为雁足格。此联则兼用两格,把"白米斜街"四字分别嵌于上下联的首尾,点明了什刹海所在位置,十分工巧而自然。 (蒋竹荪)

可 园

风雨最难佳客至
湖山端赖主人贤

可园,位于北京皇城东北角,今帽儿胡同九号,是清代荣源的私人宅园。刮风下雨的日子,最难得的是佳宾的来临,那多少可以驱散一些莫名的哀愁,带来一点活力。此化用清人孙星衍"莫放春秋佳日过,最难风雨故人来"句意。下联谓湖山端庄而明丽,正依赖主人的贤德而存在。此化用唐人刘禹锡《陋室铭》"山不在高,有仙则名;水不在深,有龙则灵。斯是陋室,惟吾德馨"句意。联语既有迎客之意,又赞美了主人,分寸得当,读来亲切有味。 (谢燕华)

永 庆 寺

文 然

石压笋斜出
岩垂花倒开

文然，北京永庆寺僧，清康熙年间在世。寺在北京西城区教子胡同，今圮。宋荦《筠廊偶笔》：“永庆寺最为卑陋，僧文然居祖师殿，余寓北邻，时过访。”上联言简意深，存在决定意识，环境决定成长，有石压地，笋便不能自然生长，只得斜着方向生长出来，说明石也压不住，生长是必然的，直长不行便斜长。生长在垂岩下的野花，不能正长，只好倒开，也是同样的道理。此联给人太多的联想，真乃一副言简意赅的佳联。（沈树华）

袁 崇 焕 祠

康有为

其身世系中夏存亡，千秋享庙，死重泰山，当时乃蒙大难
闻鼙鼓思东辽将帅，一夫当关，隐若敌国，何处更得先生

明崇祯年间的将军袁崇焕威镇辽东，屡次击败后金（清），战功赫赫，昏聩的崇祯皇帝中了后金的离间计，误以为他与后金有密约，将袁下狱处死。上联即述此事。中夏，指明朝廷。享庙，设庙祭祀。死重泰山，司马迁《报任安书》：“人固有一死，或重于泰山，或轻于鸿毛。”下联作者有感而发。因作者面临帝国主义瓜分中国的严峻现实，似闻当年的战鼓声，所以自然想到袁崇焕，希望有这样的名将来保卫祖国安全。鼙鼓，军中所击的令鼓。隐若敌国，指人才系天下安危，隐然与国相匹敌。《后汉书·吴汉传》：“吴公差强人意，隐若一敌国矣！”此联气势磅礴，爱国主义的激情充沛，是作者忧国忧民的心声。（陶继明）

居庸关

萧伯麟

居此雄关,易守难攻,庸人慎勿自扰
凭斯险寨,克敌制胜,壮士尽能荣归

关在北京市昌平区,是长城的一个重要关口,为古代北京的西北屏障。传说秦始皇命令将强征来的修长城的民夫士卒徙居于此,关名即取"徙居庸徒"之意。上联意为占据了这道雄关,就易于防守,难以进攻,那些企图进攻的敌人,可不要自寻麻烦。下联意为依靠这个险要城寨,就能战胜敌人,壮士都能荣归乡里。联语嵌入了"居庸关"三字,并对关名作了新的解释。一方面警告敌人,切勿轻举妄动,一方面勉励战士,奋发克敌。词语警策有力,有说服力。

(蒋竹荪)

通州河楼

程德润

高处不胜寒,溯沙鸟风帆,七十二沽丁字水
夕阳无限好,对燕云蓟树,百千万叠米家山

河楼是北运河的倚岸楼。上联首句用苏轼《水调歌头·明月几时有》中词句。意谓:登上高楼似觉寒气袭人,想古代天津一带河汊纵横,沙上飞鸟翔集,水面轻风扬帆,一片蓬勃生机。沙鸟风帆,化用王禹偁《黄冈竹楼记》:"第见风帆沙鸟。"七十二沽,沽为古代河名,相传天津一带有七十二沽,丁字水,沽河成丁字形之处。下联首句用李商隐《乐游原》诗句,谓斜阳把辽阔大地照耀得金光灿烂,面对燕京蓟门的云山树海,俨然一幅百千万叠的米家山水画幅。燕云蓟树,化用王禹偁《黄冈竹楼记》"烟云竹树"句意,燕京有"蓟门烟树"之胜景。米家山,宋代画家米芾,善画山水,自成一派,称为米家山。联语运用典故、成句,结合所见所想,把河楼景物描绘得境界开阔,气势宏伟。

(余心乐)

通州学宫明伦堂

先圣道并乾坤，博也厚也，高也明也，悠也久也
今皇教同尧舜，劳之来之，匡之直之，辅之翼之

旧时各地孔庙多有明伦堂。明伦，阐明封建社会人际关系的准则，即父子有亲，君臣有义，夫妇有别，长幼有序，朋友有信。这是旧时各类学校道德教育的基本任务。乾坤，指天地。上联化用《礼记·中庸》句："天地之道，博也厚也，高也明也，悠也久也。"赞美往昔圣人之道与天地配合，博大深厚，负载万物，像地，崇高光明，覆盖万物，像天，悠久长远，成熟万物，没有终极。下联化用《孟子·滕文公上》句："放勋曰：'劳之来之，匡之直之，辅之翼之，使自得之，又从而振德之'。"歌颂现今皇上的教化可和尧舜相比，督促了百姓，纠正了他们，帮助了他们，使他们各得其所，得到了提携和教诲。此联摘引儒生们所熟悉的经典中的内容，歌颂古今帝王的功德，目的在于加深儒生效忠君王的思想意识。由于运用排句，故联语充满气势。　（蒋竹荪）

天　津　市

玉　皇　阁

徐石麒

壁垒障皇畿，听军中暮笛吹来，得句手挥燕国笔
楼台临客渡，看槛外孤帆挂去，思亲心系洞庭舟

阁在天津城东北角，濒临三岔河。建于明代，清朝重修。殿阁宏敞，视野开阔，是重九登高胜地。上联意谓，天津自古是北京的屏障，暮色中仿佛听到军营阵阵笛声，激起游人豪情，挥笔题写诗句。皇畿，京城，此指北京。

下联意谓，高耸的楼阁面对渡口，眼看窗外一叶小舟扬帆南去，撩起乡思缕缕，盼望归家有期。洞庭，洞庭湖，代指南方。出句展示壮阔的历史背景，对句抒写个人朴素的情怀。触景生情，情随景生，音韵协调，文情并茂，又富有节奏感。 （唐 音）

名 泉 园

山不高，水不深，藏矮屋两三间，茅黄苇白
寺之旁，村之外，有小园四五亩，柳绿桃红

出句写屋。用唐刘禹锡《陋室铭》“山不在高，有仙则名，水不在深，有龙则灵。斯是陋室，惟吾德馨”之意。“藏”字突出屋的位置，山环水抱，曲径通幽，隐而不露。茅黄苇白，形容屋的构造，简陋古朴，高雅不俗。对句写园。此园范围不大，只四五亩，却是一片嫣红姹紫，柳暗花明，景色迷人。全联没有写人，但经过景物的烘托，园主人不慕名利、高洁脱俗的志趣，隐然可见。联语对仗工整，其中“茅黄”与“苇白”、“柳绿”与“桃红”，都是句中自对，而“茅黄苇白”与“柳绿桃红”又构成句间互对。 （唐 音）

天 后 宫

铜琶铁笛袅清风，入徵流商，应有蛟潜翻渤海
红袖翠钗舞皓月，证今鉴古，漫云蜃气现楼台

天后，民间传说的海神。据说宋莆田林愿之六女，死后显灵于海上，救死扶伤，渔民尊为海神，设庙立祀，祈求保佑。元至元年间封为天妃；清康熙时又加封为天后。有天妃庙、天妃宫或天后宫等称。上联：铜琶铁笛，宋俞文豹《吹剑续录》记某幕士谓东坡词须关西大汉“抱铜琵琶，执铁绰板，唱《大江东去》”。后即以“铜琶铁板”或用“铜琶铁笛”为奏乐之称。袅清风，苏轼《前赤壁赋》：“余音袅袅，不绝如缕。”袅清风，谓音韵袅然，有如清风。入徵流商，古时五音为宫、商、角、徵、羽，宋玉《对楚王问》有“引商刻羽，杂

以流徵”,联变其文。蛟潜,苏轼《前赤壁赋》:“舞幽壑之潜蛟,泣孤舟之嫠妇。”下联:红袖翠钗,红色衣袖,翠色钗环,借指美女的艳饰。白居易有“《霓裳》奏罢唱《梁州》,红袖斜翻翠黛愁”句。鉴古证今,以古为鉴,证之于今。漫云,莫说。蜃气,即海市蜃楼,古以为乃蜃气所致。全联写祀天后之乐,可惊潜蛟;祭天后之舞,胜于蜃气。意谓天后有灵,可佑人海上。或以为是天后之歌舞,则非。 (钱剑夫)

大悲禅院

吴 镇

禅门无住始为禅,但十方国土庄严,何处非祇园精舍

渡世有缘皆可渡,果一念人心回向,此间即慧海慈航

大悲禅院在天津河北区,由新庙和旧庙两部分组成,旧庙康熙年间重建,新庙1940年创建。此联为旧庙题。此联宣传佛法无边,劝人改恶向善。上联大意:懂得无住才算进了佛门,然而在佛光照耀下,到处都有佛寺。无住,一切事物都处在生灭变化之中,佛法也是如此。十方国土,佛经称东、西、南、北、东南、西北、东北、西南、上、下为十方,即普天之下。祇园精舍,相传为释迦牟尼居住和说法的花园,泛指佛寺。下联大意:佛菩萨救渡有缘分的众生脱离苦海,如果你真心一念改恶从善,那么,你所在的地方就有慈航。慈航,佛菩萨救度众生出离苦海,有如航船,故称慈航。

(唐 音)

蓟州盘山天成寺

余 昂

终日解其颐,笑世事纷纭,曾无了局

经年坦乃腹,看胸怀洒落,却是上乘

盘山在蓟州区西北。寺坐落于莲花岭北面,始建于唐代,以后屡经废

兴。寺内有唐代石幢,辽代古塔,明清石刻碑帖等文物,为华北名胜之一。此联是为天王殿弥勒佛像而题。上联写外貌。弥勒佛成天开颜欢笑,笑世间万事纷纭,是非纠缠,从未有了结之时。解颐,开颜欢笑。下联写精神。弥勒佛整年裸露胸腹,胸中自由自在,无拘无束,却是佛国里大乘菩萨。坦腹,坦露胸腹。胸怀洒落,言谈举止自由自在,无拘无束。宋黄庭坚《濂溪诗序》:“胸中洒落,如光风霁月。”上乘,即大乘,与小乘相对,强调利他,普度一切众生,属于佛教中高级宗派。联语从外貌写到内心,展示了弥勒佛的精神世界。世上的事情,拿得起也要放得下,对那些整天患得患失,坐困愁城的人,当有所启发。语言洒脱、生动,形象,历历如绘,如闻其声,如见其形,是此联写作成功之处。 (唐 音)

蓟州古中盘寺

爱新觉罗·玄烨

阶下泉声答松籁
云间树色隐峰螺

古中盘寺,在天津蓟州区西北紫盖、莲花、毗卢三峰之间。籁,孔穴里发出的声响,泛指一般的声响。峰螺,青色的山峰。叮咚的泉声与阵阵的松涛互为应答,浓绿的树色与青翠的山峰彼此映衬,加上古朴的石阶,洁白的云彩,真是一幅清幽、飘逸的水墨风景画。联语上句写声,下句绘色,上下对称严整,写得声色并茂,格调清新雅致。 (谢燕华)

河 北 省

长 城

陈凤洲

东西一万里,世界奇观,招徕环宇宾朋,游览歌声飘古塞
上下两千年,中华伟迹,值此神州奋起,风流人物看今朝

长城是古代伟大的防御工程,始筑于春秋战国之际。秦始皇统一中国后,联结秦、赵、燕旧长城,西起临洮,东至辽东,长达万余里。汉代又修筑外长城、明代继续经营,改为砖石结构,在重要关隘修筑几重城墙,基本完成了万里长城修筑工程,东起山海关,西到嘉峪关,全长12 700多里。上联从空间展望。东西一万里,东起山海关,西到嘉峪关,横穿七省,长达一万余里。招徕,招揽;吸引。环宇,世界。古塞,指长城。下联作历史回顾。上下两千年,自秦始皇统一六国至今为2 200余年。神州奋起,指为实现四化,全国人民奋起。风流人物看今朝,化用毛泽东《沁园春·雪》词"数风流人物,还看今朝"。意思是说,以万里长城为代表的中华伟迹,已成过去,今天的十亿英豪,将创造更加辉煌的"中华伟迹""世界奇观"。由游览长城而赞叹中华民族伟大业绩,歌颂了奋进中的人民,语言流畅,一气呵成,使人读之受到感染。 (唐 音)

秦皇岛山海关

两京锁钥无双地
万里长城第一关

山海关在秦皇岛市东北,因关在山海之间而得名。明洪武十四年(1381)大将徐达在此修筑长城,并建关设卫。此关北依燕山,南临渤海,地势险要,历来为兵家必争之地。两京,指北京与沈阳。清太宗天聪八年(1634)四月诏:"以沈阳为天眷盛京。"清兵入关后,定都京师顺天府(北京),以盛京为留都。锁钥,喻指军事重镇,山海关是华北、东北间的咽喉要冲。第一关,指山海关,城楼上有明代进士萧显"天下第一关"的题额。这副对联以形象而简洁的语言,描绘了一关雄踞、万夫莫敌的险要地势,气象壮阔雄伟。"无双""第一"确切地写出对山海关的赞美。 (陶继明)

井陉福庆寺

古殿无灯凭月照
山门不锁待云封

福庆寺在河北井陉县东北的苍岩山上。对联呈现了一个清幽通灵的境界。无灯,写出了古寺的深幽清冷。不锁,则言此地人迹罕至,不必戒备。“凭月照”“待云封”,既是丰富的想象,又加深开阔了意境,颇得唐诗之丰神情韵。联语字里行间有一种空灵、淡泊的气氛,亦寄寓着作者的崇敬之情。 (王明珍)

承德避暑山庄万壑松风殿

云卷千峰色

泉和万籁吟

避暑山庄,始建于清代康熙年间,又名热河行宫、承德离宫,在河北省承德市北部,那里群山环抱、古木参天,风景宜人,是清代帝王避暑和处理政务的地方,也是我国著名的古代园林之一。松风殿是山庄的七十二景点之一,具有江南园林的特色。本联生动地刻画了避暑山庄万壑松风殿四周的景物神韵:云雾翻卷,使千座山峦的色彩变幻无穷,泉水淙淙,与万壑松涛的声音互相唱和,如一幅壮丽的画,似一首雄浑的歌。上联的动词“卷”对下联的动词“和”,是简洁而又生动的拟人化的描写,写出了景色的动感和力度。 (陶继明)

承德避暑山庄烟波致爽正殿

爱新觉罗·玄烨

树将暖旭轻笼牖

花与香风并入帘

“烟波致爽”乃皇帝寝宫,是一座面阔七间的建筑。正中三间为宝座,两面设佛堂。寝宫之后为“云山胜地”,向北凭窗远眺,林峦烟水,一望无极,气象万千。康熙皇帝身居其中,感受自然颇深,他的联语描绘出山庄清晨景色。绿树带着暖和的朝阳轻轻地笼罩在窗户上,繁花随着浓郁的香气透入低垂的帘幕。赏景之妙在于“隔”。刘禹锡《陋室铭》“苔痕上阶绿,草色入帘青”,即此类写法。作者是深谙“入帘”之妙的。从帘中观花、看草、赏月,若隐若现,隔中有透,实中有虚,静中有动,写出了诗境般朦胧美。

（蒋竹荪）

正定隆兴寺雨花堂

李基和

云笼夜月原无碍

鸟宿秋林亦放参

隆兴寺建于隋代,原名龙藏寺,清康熙时改今名。据《法华经·序品》,佛祖讲经时,天空普降曼陀罗花,故雨花堂是讲经之堂,出句说,云层虽遮掩了月光,但却并未形成障碍。无碍,通达自在,没有障碍。《维摩诘经》:“心常安住,无碍解脱。”对句说,鸟宿秋林之内,垂头缩颈,似僧徒放免,晚参。放参,免于晚上的参禅。联语写佛寺秋夜清静幽寂的景色,由于作者以佛家眼光来观察描绘景物,故其笔下,一切皆具有佛性。明代王元正《解脱桥》诗,亦有“云深自宿听经鸟”之句。联语给人以清幽寂寥、佛法普照尘寰,无处不在之感。

（余心乐）

保定孙高阳祠

孙奇逢

真宰相不愧科名,千古文章,争光日月

大将军有劳社稷,一门节烈,润色河山

孙奇逢,明末清初容城人,字启泰,一字钟元,明万历举人,与左光斗、魏大中等极重气节,左光斗蒙祸,孙奇逢倾力营救。当时与鹿正、孙承宗被称为范阳三烈士。入清屡召不应,康熙时卒,年九十有二。此祠祀孙承宗。孙承宗,高阳人,字稚绳,万历进士,沉毅有智略,通晓边事,天启初官兵部尚书,东阁大学士,时辽阳、广宁等地被清军所破,孙承宗率兵抗清,因魏忠贤谗言，乞归。清兵攻高阳，孙承宗率家人相守，城破自尽。此联乃孙奇逢所撰，上联赞扬孙承宗是真宰相，他没有愧对功名，一生所为，是一篇与日月争光的千古文章。下联颂扬孙承宗身为大将军，为了国家，一门忠烈，为国捐躯，使河山增光增色。不啻是一篇纪念孙承宗的碑文。（沈树华）

涿州张桓侯庙

方维甸

使君乃天下英雄，谊同骨肉
寿侯为人中神圣，美并勋名

方维甸，字南藕，清安徽桐城人，乾隆四十六年(1781)进士，官至闽浙总督。张桓侯庙在河北涿州市张飞庄园，为刘备、关羽、张飞桃园结义处，庙祀张飞。刘备称帝后，封张飞为车骑将军，死后谥桓侯。使君，指蜀主刘备。上联意云刘备乃天下英雄，与张飞情谊如同骨肉。寿侯，指关羽，关羽被封为汉寿亭侯。下联意云关羽为人中神圣，张飞在美德和勋名上都与关羽齐名。（佟　今）

山　西　省

太原晋祠圣母殿

灵泉浩浩，万顷琉璃穷地脉
圣水溶溶，九涯珠玉盈天光

太原晋祠为山西最古老的园林建筑，山环水绕，古木参天，有一百多座殿、堂、楼、台。圣母殿是北宋仁宗赵祯为奉祀周武王之妻、姜子牙之女、周成王和唐叔虞之母邑姜而修建的，规模十分宏伟。上联描写灵泉的景色：

灵泉浩浩荡荡,碧波奔涌,直到地势的尽头。灵泉,指圣母殿两侧的“难老泉”和“善利泉”,它们是晋水的源头。琉璃,比喻碧波。杜甫《美陂行》:“琉璃汗漫泛舟入。”穷地脉,穷是尽的意思,地脉指地形或地势。下联描写圣水的景色:圣水宽广辽阔,晶莹闪烁的水面,反映着天体的光辉。圣水,指圣母殿前鱼沼方池中的泉水。珠玉,形容水如珠玉晶莹闪烁。天光,天光云影。联语以工整对仗的联式,集中描写了晋祠中最富有灵气的水,让读者从“万顷琉璃”和“穷地脉”的夸张描写中去欣赏泉水的汹涌,然后从“九涯珠玉”的比喻中去领略波光映天的晋水之源,上下两联突出了晋祠的水“圣”、泉“灵”。 (陶继明)

太原晋祠难老亭

昼夜不舍

天地同流

泉名取自《诗经》“永锡难老”句。此联题于难老泉边的难老亭。上联借用孔子名言“逝者如斯夫,不舍昼夜”(《论语·子罕》)。含蓄地点出了泉水的活力在于永不停息。下联摘自《孟子·尽心上》“上下与天地同流”,把宇宙的运转和泉水的流动联系起来,意味着自然永恒,泉水日新。不仅切“难老”之题,而且予人以启发,大自然如此,人虽生命有限,亦应自强不息,以延缓衰老的到来。联语言约意丰,寓警策于平易之语中,堪称佳构。

(王齐孙、吴关镛)

太原晋祠唐碑亭

朱彝尊

文章千古事

社稷一戎衣

唐碑即唐太宗为歌颂叔虞功德而写的《晋祠之铭并序》,共 1 203 字,竖立在晋祠贞观宝翰亭内。叔虞,周武王之子,名虞,封地在唐(山西翼城县西)。后其子燮父移居晋水(山西太原南)旁,改称晋侯,为晋国的始祖。其后唐国公李渊及李世民在晋阳反隋起义成功,建立了唐政权,认为是神功所致,遂在晋祠立碑颂功。此为集句联,出句集自杜甫《偶题》诗:"文章千古事,得失寸心知。"意谓太宗所撰碑文,流传千古。对句集自杜甫《重经昭陵》诗:"风尘三尺剑,社稷一戎衣。"意谓太宗在开创基业时也曾身着戎装,带兵作战。一戎衣,《书·武成》:"一戎衣而天下定。"孔传:"一著戎服而灭纣。"一说,"衣"当作"殷",一用兵而胜殷。后泛指用兵作战。全联以极为概括的语句歌颂了唐太宗的文才与武功。两句见朱彝尊《晋祠唐太宗碑题壁》诗。

（蒋竹荪）

太原晋祠文昌宫

董应魁

与古为徒,何拘乎商彝夏鼎
得性所近,不越乎智水仁山

董应魁,字捷轩,明末清初汉军镶黄旗人,官至广东巡抚。此联作者写其性之所好。上联云其喜与古为徒,即喜欢古董文玩,不论商彝夏鼎,都是自己喜欢的文物。下联说他性之所近,即喜欢游山玩水,亲近大自然,仁者乐山,智者乐水,荡漾于山水之间,这就是作者最喜爱的生活方式。

（沈树华）

芮城张睢阳庙

李春熙

孤忠百战江山血
一死千秋天地魂

李春熙,字皞如,号泰阶,明福建建宁人,万历二十六年(1598)进士,官至南京户部郎中。庙在山西芮城县,祀张巡。张巡,唐邓州南阳(今属河南)人,开元进士,抵抗安禄山军数月不屈,睢阳失守遭杀害。此联赞颂张巡忠于国家,英勇作战,不惜流血牺牲。下联颂扬张巡虽死,但留下了千秋天地之魂,将长久受人敬重。 (沈树华)

介休介之推祠

主辱臣忧,当在外从亡,一饭已使肝胆碎

功成身退,问诸君食禄,千秋留得姓名无

祠在介休县绵山上,祭祀春秋时晋国大夫介之推。他曾随晋国公子重耳亡命国外。后来重耳回国任国君即文公,赏赐随从。介之推不居功受禄,去绵山隐居。传说晋文公为使他出山,放火烧山。他与老母被烧死。旧俗清明前一日(或二日)为寒食节,民间不举火,相传即为纪念介之推。联语歌颂介之推的高尚节操。出句写晋文公在流亡时,有一次几天未吃上饭,介之推割下身上的肉来做汤,救了他的性命。肝胆碎,写出老臣的忠心耿耿。对句写介之推功成身退,甘受清贫而青史留名,至于那些封官食禄之辈又在历史上留下什么痕迹呢?联语既有赞颂,又有嘲讽,对比鲜明,令人回味不尽。 (王明珍)

代县雁门关

曙色晴明,残星几点雁横塞

晨曦初朗,斜月孤伶门上关

雁门关,在忻州市代县西北的雁门山腰,与宁武关、偏关合称三关,向为军事要隘。本联犹如一幅“塞上初晓图”:清晨,曙光渐渐明亮,天穹还残留着几颗星星,一弯冷月孤单地挂在天边,一群大雁正在关塞上空飞过。联语炼字极其精妙,形容雁阵用“横”,形容星的稀疏,用“残”“几点”,形容月之将落,用“斜”“孤伶”。将晨曦、残星、孤月、雁阵融合为一体,组成一种寂寞、苍凉、沉幽的独特意

境。联中嵌入“雁门关塞”地名,贴切自然。 (谢燕华)

朔州崇福寺观音殿

若不回头,谁替你救苦救难

如能转念,何须我大慈大悲

崇福寺在朔州市朔城区内东街北侧,规模宏伟,布局严谨。全联意谓:我佛观世音菩萨以慈悲为本,救苦救难,普度众生。只要回头是岸,改邪归正,定能处于菩萨的慈航之中,否则虽然佛法无边,对你也是无济于事的。联语劝人从善。“救苦救难”“大慈大悲”点出观音殿。此联用语通俗,一反一正,一“你”一“我”,斩钉截铁,又借菩萨的口吻当面道来,使人有真切感受。

(吴关镛)

武乡普济寺

傅 山

读罢楞严,闲听鸟声啼茂竹

烧残麝脑,静观花影步苍苔

普济寺,在武乡县南神山。联语写悠然自得的寺院生活。诵经焚香之余,听阵阵鸟啼声从茂密的竹林深处传来,看婆娑摇曳的花姿树影投射在布满苔痕的石阶上。楞严,佛经名。麝脑,一种香料。一“闲”一“静”,点出其幽静闲适的格调,鸟声用“啼”虽平凡,花影用“步”却出奇。

(谢燕华)

永济伯夷叔齐二贤祠

几根傲骨头,撑持天地

两个饿肚腹,包罗古今

祠在永济市南之首阳山。伯夷(姓墨名允。伯,老大;夷,死后称号)叔齐(姓墨名智。叔,老三;齐,死后称号)是商代孤竹国君的两个儿子,叔齐被指定为继位人。孤竹君死,叔齐让位于伯夷,伯夷坚辞不受。两人投奔周国姬昌(文王),姬昌死,其子姬发(武王)兴兵伐纣,他们跪在马前谏阻。武王灭商后,他们逃往首阳山,耻食周粟,饿极而死。后被封建统治者誉为“忠孝仁义”的典范。上句从空间角度评说,他们有所不为的傲骨成为天地间的精神支柱;下句从时间角度议论,他们虚空无私的胸怀激励着古今有志者。《易·革卦》:“天地革而四时成,汤武革命,顺乎天而应乎人。”伯夷反对武王灭商的正义战争,终究违反社会发展规律。下句“肚腹”两字,义嫌重复,是为不足。 (蒋竹荪)

霍县韩侯祠

吴逢圣

十年成败一知己
七尺存亡两妇人

韩侯,即韩信,江苏淮阴人。西汉杰出军事家,封号淮阴侯。十年,自韩信拜为大将至被杀约为十年。成,据《史记·淮阴侯列传》,韩信初属项羽,不被重用,后归刘邦,经萧何推荐,受重用,拜为大将,以后封齐王,徙楚王。败,指有人告韩信谋反,被缚至雒阳,后赦为淮阴侯,韩信因此“日夜怨望”,“居常怏怏”,竟约同巨鹿郡守陈豨举兵反,事泄,吕后用萧何计,骗信至长乐宫,斩之。七尺,指身躯,人的身长约当古尺七尺,借指男子汉、大丈夫。存,据《史记》本传,韩信少年时穷困,曾受辱于市井恶少年,常寄食于人,“有一(漂)母见信饥,饭信,竟漂数十日”。漂母是他年轻时救命恩人。韩信封王后,召漂母,赐千金。联语说,十年来韩信事业的成和败都出于知己朋友萧何之手,一位堂堂男子汉的生与死却由漂母、吕后两个妇人来决定。此联虽能概括韩信一生重要事迹。但未能指出其成败的根本原因。时势的需要(“王天下”:统一全国)与卓越的军事才能(“率百万大军,战必胜、攻必克”)相结合,是韩信成功的必然性,其中萧何起了媒介作用。韩信在天下已定之际,传说竟约同陈豨叛变,逆潮流而动,是他失败的主要原因。 (蒋竹荪)

内蒙古自治区

呼和浩特大召

绝塞有福承法乳
佛力无量庇阴山

大召位于呼和浩特市区。大召,蒙古语名伊克召,意为大庙。汉名原为弘慈寺,后改名无量寺,明万历八年建成,因供奉银佛像,俗称银佛寺。联文颂扬佛法广大无边,即使是极远的边塞和阴山,都能得到佛的哺乳,承受福荫。绝塞,极远的边塞。法乳,佛教指以佛法哺乳弟子的法身,犹如以母乳哺育幼儿。无量,无法计算,谓数量极多。庇,庇护。阴山,山名,今河套以北、大漠以南诸山的统称。（佟　今）

呼和浩特昭君墓

王　锦

青冢有情犹识路
平沙无处可招魂

墓在呼和浩特市南大黑河南岸的冲积平原上。远望墓表黛色冥蒙,故称为“青冢”。王昭君名嫱,西汉南郡秭归人(今湖北兴山县)。元帝时入宫为待诏。竟宁元年(前33),匈奴呼韩邪单于入朝求和亲,昭君自愿远嫁,后被立为宁胡阏氏。联语没有对昭君和番的功绩作出赞美,却悲叹昭君葬身异地、不能魂归故里的遭遇。青冢默默,掩不住昭君望断故乡路。平沙漫漫,何人去安慰寂寞的香魂。联语表现了对昭君的深切同情。“青冢”识路,“平沙”招魂的拟人手法,感人至深。（王明珍）

包头五当召

天机活泼,毡庐大漠歌敕勒
法界庄严,塞上青山涌白莲

五当召,位于包头市东北郊五当沟,蒙古语“五当”意为柳树,“召”为庙。五当召建于清康熙年间,汉名广觉寺。上联说蒙古僧众天性聪明,在搭建毡房、蒙古包的大漠上歌唱民歌敕勒。天机,天赋的悟性、聪明。毡庐,毡房、蒙古包。敕勒,东魏时内蒙古地区民歌。下联说佛教的法界庄严,塞北青山之上开遍了纯洁的白莲花。联意赞颂蒙古人民聪慧,能歌善舞,崇仰佛教,心地纯洁,如同白色的莲花。 (佟 今)

鄂尔多斯成吉思汗陵

扬震旦天声,前无古人,后无来者
作欧亚盟主,博我皇道,安我汉京

陵在内蒙古鄂尔多斯伊金霍洛旗。新陵以三个穹庐式宫殿建筑物为主体,并有后殿、东西走廊等配合,宏伟壮观。成吉思汗(1162—1227),即元太祖,姓奇渥温,名铁木真,他先后统一蒙古诸部,1206 年,被推为大汗,上尊号为成吉思汗(蒙古语意为海洋或强大),建立蒙古帝国。即位后,积极开展军事活动,平辽西,攻西夏,略中原,版图横跨欧亚两洲,是中国历史上武功极盛的朝代。上联说振起中国声威,真可谓空前绝后。震旦,古印度语“中国”的音译。《佛说贯顶经》六:“阎浮界有震旦国。”亦译作“支那”。前无古人,后无来者,谓空前绝后。语出唐陈子昂《登幽州台歌》:“前不见古人,后不见来者,念天地之悠悠,独怆然而涕下。”下联说,作为欧亚两洲盟主,传播皇朝文明,安定了中原。联语赞颂成吉思汗在中国历史上所创建的丰功伟绩,颇有气势。 (余心乐)

辽　宁　省

沈阳故宫保极宫

王　杰

夜雨闲吟左司句
时晴快访右军书

保极宫在沈阳故宫中路,为“西宫”建筑,是皇帝妃嫔住所。宫内陈有图籍、字画等文物。上联写夜读。左司,指唐代诗人韦应物,曾为左司郎中。在庭院深深的宫里,面对潇潇夜雨,吟诵几句唐诗,可以抒发思古之幽情。下联写赏帖。右军,晋朝著名书法家王羲之,曾为右军将军。“时晴”扣王羲之《快雪时晴帖》。雨过天晴,在温煦的日光中,兴致勃勃地观赏并临摹书圣的字迹,也是一种艺术上的享受。此联反映了幽雅、闲适的宫廷生活。从绘景入手,于叙事中抒情,温文尔雅。　（吴关镛）

沈阳故宫衍庆宫

阮　元

水能性澹为吾友
竹解心虚是我师

衍庆宫属沈阳故宫中路建筑,在凤凰楼右侧,是帝王进行政治活动、召见大臣的场所。此联是摘句联,清阮元摘自唐白居易《池上竹下作》诗。上联咏水。澹,恬静。水性恬静,可以把它当作我的益友。下联咏竹。解,懂得。翠竹懂得虚心,可以当作我的良师。联语咏物喻理,从水和竹两种事物特征发挥出一种涵义深刻的道理,告诫人们在处世治学中要如水那样恬

静而不急躁;像竹那样虚心而不自满。借物作比,喻意发人深省。语言形象生动,有警世作用。（吴关镛）

沈阳北陵公园

白马无言,空驮数百岁月
青松有恨,曾记几朝兴亡

北陵,清太宗(皇太极)陵墓(一名昭陵),松杉苍郁,风景美丽。联语从公园中的石马、青松落笔,并赋予情感、灵气,抒发作者对人事变迁、朝代兴亡的感慨。“无言”,正写出作者的无可奈何的哀愁,“有恨”,强烈地反映了对改朝换代带给人民苦难的怨懑心情。联语纯用拟人手法,极富魅力。

（张　一）

鞍 山 千 山

臧乃用

水界辽河,山通华表,历数代毓秀钟灵,真乃东都胜迹
千峰拔地,万笏朝天,看四时晴岚阴雨,遥连南海慈云

千山,在鞍山市东,亦名千华山、积翠山、千朵莲花山,因有奇峰秀峦近千座而得名,是东北地区名山之一。历来有“无峰不奇,无石不峭,无寺不古”之誉。作者将千山气势恢宏的胜景尽收联中。上联:雄伟的千山山脉呵,你以辽河为界,与华表山相连,山雾云气中积聚了多少年代天地间的灵秀精华,实在是关东的一大胜景。华表山,在辽宁辽阳市东。据说汉朝辽东人丁令威学道于灵虚山,后化鹤归辽,集城门华表柱,因而得名。下联:你的千座峰峦拔地而起,宛若千万名大臣朝见天子时奉笏肃立,天南海北虽遥,你的四时风雨变幻却与之息息相连。岚,山林中雾气,慈云,祥云。联语既切景构词描绘了千山的山形地貌及其灵秀气脉,又高瞻远瞩地作了自古及今、由近至远的联想和开拓,意境开阔,笔力沉雄。上下联内部的前

两个分句运用了当句对，更增添了感人的艺术效果。（谢燕华）

朝阳凤凰山

塔耸危岩红日近
佛眠古洞白云埋

凤凰山古称龙山，清初改今名。位于朝阳市东。远望山形，左右两高峰如凤两翼，中峰微伏，有塔耸起，如凤昂首，因此得名。塔为辽代所建，八角十三层，名凌霄塔，今毁。山上一古寺名朝阳洞，洞内颇宽敞，原有石卧佛和清初泥塑佛像。此联以凌霄塔和朝阳洞两处胜迹为背景，勾勒出一个雄奇、神秘、深远的境界，用"红日近"极言凌霄塔的挺拔高耸，用"白云埋"极言朝阳洞的云雾厚密。"近"写出塔高，"埋"写出云深，二字绝妙。

（姚梅乐）

海城茅儿寺多罗亭

宋播青

佳日值春秋，对水郭烟村，回望平铺图画好
群贤聚觞咏，喜河声山色，一齐飞送酒樽来

茅儿寺，位于海城县大新屯村东南的绣岭。始建于清初。乾隆年间改建为佛殿，多罗亭则在山涧畔。上联写登亭所见，谓时值春和景明、秋高气爽，但见村庄历历在目，犹如幅幅山野乡村图不断展现。平铺，宋张孝祥《西江月·阻风三峰下》词"满载一船秋色，平铺十里湖光"。下联转写文人雅士群聚觞咏的风流情怀。前句用晋王羲之《兰亭序》"一觞一咏""畅叙幽情"之典。河声山色，动感、色彩俱现。末以"一齐飞送酒樽来"作结，美景与豪情共入酒樽，景醉人，情醉人。一个"飞"字，写出了河山的脉脉含情和对人的依依眷恋，灵气飞动，而境界全出。（张君宝）

吉 林 省

吉林龙潭公园

王漱石

龙峰疏柳笼烟暖
潭水劲松锁月寒

龙潭公园在吉林市永吉县东北。龙潭山树木葱茏，泉石清幽，风景绝佳。上联说，白天，龙峰上疏柳笼罩着烟雾，使人感到暖意；夜里，潭水中劲松锁月的倒影让人觉得寒冷。柳上的烟，水中的月都是视觉形象，而“暖”“寒”则是触觉的反应，联在一起，乍看似不合情理，其实人们某一感官受到刺激，往往引起大脑的经验联想，从而产生五官的共鸣。烟是流动的，其动态给人暖感，月是静态的，静态则予人寒意。联语将龙潭山的特色景物，龙峰、潭水、疏柳、劲松与朦胧的烟、月糅为一体，显示出葱茏、迷蒙、雅逸的意境。且句首嵌入“龙潭”的地名，自然贴切，恰到好处。（谢燕华、唐 音）

吉林北山玉皇阁

成多禄

绝妙朋游，有明月一盅，好山四座
是何意志，看大江东去，秋色西来

玉皇阁位于吉林市德胜门外的北山公园内，建于清雍正三年(1725)，为北山规模最大的古建筑群，有正殿、禅堂、钟鼓楼、牌楼等。此处可远眺松花江。上联记游寄情。巧妙地用“明月一盅”“好山四座”将“绝妙”时辰结伴“朋游”的喜悦之情表达出来。下联抚景抒怀。登高望远，松花江水滔滔东流,不尽秋色扑面而来,岁月交替,世事更迭,抚今追昔,更令人壮志满怀,感慨万端。全联一气呵成,以其独到的构思、流畅的笔触、凝练的文字和精美的画面为该处胜迹平添了几分风采和神韵。（姚梅乐）

吉林澄江阁

徐世昌

雁声秋露白
鸦阵晚霞红

澄江阁原在吉林市北山上。本联写澄江阁深秋的景色:秋露成霜,层林尽白,南飞的大雁声声鸣叫;乌鸦归巢,盘旋成阵,天空被晚霞映红。联语用语如诗如梦,写景状物有声有色,俊逸清新,一派天机生意,意境清新。

（王明珍）

黑龙江省

哈尔滨文庙

定六艺于杏坛,绍虞夏商周之统
藏诸经于鲁壁,开关闽濂洛之传

文庙位于哈尔滨市南岗区东大直街,建于1926年。出句谓孔子在杏坛整理考订了古代文献,继承了舜、禹、汤、文武周公的传统。六艺,指《诗》《书》《礼》《乐》《易》《春秋》六经。杏坛,在山东曲阜,相传为孔子聚徒授业讲学处。绍,继承。虞夏商周之统,韩愈《原道》:“尧以是传之舜,舜以是传之禹,禹以是传之汤,汤以是传之文武周公。”对句谓孔子(按系孔子后人)在墙壁中保藏了重要经书,为后来宋代理学开了先河。鲁壁,《汉书·艺文志》“武帝末鲁恭王坏孔子室,欲以广其宫,而得《古文尚书》及《礼记》《论语》《孝经》凡数十篇,皆古字也”。按宋儒从《古文尚书》《礼记》中汲取了不少思想资料，又接受了佛、道两家的影响，形成了宋代理学。关闽濂洛，据学术思想发展的顺序，应为关中张载，濂溪周敦颐，洛阳程颐、程颢，闽中朱熹。联语赞扬了孔子在继承中国传统文化、开辟后代学术流派所作出的重大贡献。（唐 音）

哈尔滨极乐寺

永世有因，大悲观自在
诸天无相，极乐仰文殊

寺在哈尔滨南岗区东大直街，建于1924年，后遭毁。1982年国家拨款整修一新。现有大雄宝殿、藏经楼、钟鼓楼、七级浮屠等建筑，规模宏伟，绿荫环绕，是目前黑龙江省最大的佛教寺院。上联谓在三世轮回中有了善因，来此参拜观世音，为拔众生一切苦。永世，指过去、现在、未来三世。佛教认为众生各依所作善恶在天、人、阿修罗、地狱、饿鬼、畜生六道中生死轮回，永无休止。大悲，与乐为慈，拔苦为悲。自在，即观自在，观世音菩萨的别称。下联谓修持达到无相界，即可像受人敬仰的文殊菩萨一样，遨游极乐世界。诸天，佛教认为宇宙有三界二十八天。三界指欲界、色界、无色界。无相，即无色界，最高境界，极乐世界。文殊，是大彻大悟的智慧的代表。联语宣传佛教教义，劝人信佛，对仗工稳，富有理趣。（蒋竹荪）

上 海 市

豫园鱼乐榭

陶 澍

此即濠间，非我非鱼皆乐境
恰来海上，在山在水有遗音

豫园,江南名园之一。园主潘允端,上海人,曾任四川布政使。为孝养其父潘恩(以左都御史致仕),取“豫悦老亲”之意命园名。园初建于明嘉靖三十八年(1559),万历五年(1577)竣工,历时十八年,厅堂宏伟,池馆幽深,后屡经破坏,1949年后按同治以前原貌重修。濠,水名。濠间,指濠上。非我非鱼,《庄子·秋水》:“庄子与惠子游于濠梁之上,庄子曰:‘儵鱼出游从容,是鱼之乐也。’惠子曰:‘子非鱼,安知鱼之乐’? 庄子曰:‘子非我,安知我不知鱼之乐?’”后因以濠上指逍遥闲游之所。恰来海上,作者于道光五年至十年在上海办理漕运并治理吴淞江。在山在水,《吕氏春秋·本味》载:伯牙善于鼓琴,钟子期善于听琴,一志在高山,一志在流水。宋张孝祥《浣溪沙》词:“高山流水遇知音。”遗音,这里指知音,即志同意合的朋友。据《清史稿·陶澍传》:“在江南治河、治漕、治盐,并赖王凤生、俞德源、姚莹、黄冕诸人之力。”上联扣鱼乐榭之题,写赏景观鱼、物我两忘之乐。无论是我,无论是鱼,都陶醉在乐境之中。下联写自己遇知音之乐。我刚到海上,就感到在此处也好,在彼处也好,都不乏像钟子期那样的知己朋友相助。作者观鱼之乐已在上联点出,而在事业上得知己之助力,一帆风顺,其乐当十百倍于观鱼之乐。下联亦写乐,却无一乐字,真所谓“不着一字,尽得风流”,留给读者体味。

(陈永泉、商启予)

豫园三穗堂

山墅深藏,峰高树古
湖亭遥对,桥曲波皱

豫园初建时,并无三穗堂之名。清乾隆二十五年(1760)园址荒芜,由公众集资购园改建,易名西园,始有三穗堂这一景点,但位于园之中央,是清代宣讲圣谕及商议大事之处。乔钟吴《西园记》云:“其宏敞高垲,居一园之正中者为三穗堂。”今之三穗堂坐落于园之进口处,当是同治以后所移建。上联:在园中,三穗堂于高耸的假山和苍翠的古树中深深隐藏。下联:在园外,它和曲桥红栏、水绿波皱的湖心亭遥遥相对。对联形象具体地描写了三穗堂的位置和正门内外的景观,对游人能引起探幽揽胜的兴趣,诗情画意尽在这十六个字中。联语中几乎字字对仗,意境也就更深邃隽永。

(陶继明)

豫园湖心亭

陶 澍

野烟千叠石在水
渔唱一声人过桥

湖心亭在豫园之南。乔钟吴《西园记》云:“(大湖)湖心有亭,渺然浮水上,南北筑石梁九曲,以达于岸。”此为亭周围景物最早的记述。作者在上海任职时,上海还未完全脱离滨海渔村状态,河网纵横,蒲苇处处,豫园前有五老峰浜(今福佑路),后有方浜(今方浜路),所谓“野烟”“渔唱”,正反映了那个时期自然经济的特点。此联描写了百余年前湖心亭周围景物,淳朴自然。缕缕炊烟弥漫,九曲石桥浸在清澈的湖水里;在渔人愉快的歌声中,游人悠闲自得地踱桥而去,写出了景色的清雅和野趣,十分诱人。

(蒋竹荪)

豫园得月楼(一)

陶 澍

楼高但任云飞去
池小能将月送来

楼名出自宋代苏麟诗句:“近水楼台先得月,向阳花木易为春。”全联阐明“尺有所短,寸有所长”(见《楚辞·卜居》)的道理。任何事物各有其长处,也各有其短处。“楼高”,气势宏伟,是长处;但比较高空的云,又望尘莫及,只得让云从楼顶上飞过。“池小”,不足以泛舟,是短处;然而,它却有反映能力,能将月送来,是其所长。出句是先扬后抑,对句是先抑后扬,抑扬有致。重点在对句“得月”上,而“得月”的写法与众不同。通过对联的欣赏示人以哲理,尤有意义。

(陈永泉)

豫园得月楼(二)

得好友来如对月
有奇书读胜观花

本联趣味高雅,思路奇特。上联既说明此地是会友的好地方,又与楼名“得月”联系起来。下联更进一步,指出在此能读上几本奇书开拓眼界,增长见识,更比观花惬意。不过,联中所说与实际生活的体验不尽符合。旧语云“良友来时四座春”,好友聚在一起,谈笑风生,气氛总是热烈的,不像对月那样冷清寂寞,再说好花易觅,而获读奇书的机会实在很少很少。当然,作者只是写出一种交友与读书的独特感受而已。 (陈永泉)

豫园一笠亭

陶澍

游目骋怀,此地有崇山峻岭
仰观俯察,是日也天朗气清

此联为道光五年(1825)作者任两江总督因公来沪小驻豫园时所作。联语集王羲之《兰亭集序》句,抒发其登大假山时所见所感。上联意谓,此地有高山峻岭,可以放眼纵览,抒展胸怀;下联意谓,今日天气晴朗,仰望天宇广阔,俯察万象森列,实极登临之乐。关于当时大假山之景观,《西园记》云:“由萃秀堂出,右仰巨山,层崖峭壁,森森若万笏状,其金碧秀润之气,常扑人眉宇,遥望之若壶中九华,天造地设,几不知其为人力也。从麓而上,盘旋二三百步,陟其巅,视黄浦吴淞,皆在足下,而风帆云树,则远及于数十里之外,观至此,称大快。”联语写出了亭景之不凡,透露出作者游赏园景的高雅情怀与欢快的心情。 (蒋竹荪)

豫园仰山堂卷雨楼

邻碧上层楼，疏帘卷雨，幽槛临风，乐与良朋数晨夕
送青仰灵岫，曲涧闻莺，闲亭放鹤，莫教佳日负春秋

此联从孙星衍“莫放春秋佳日过，最难风雨故人来”联脱化而出。上联写微风细雨时与好友幽会于此，乐而不知返。邻碧，指依傍山石。碧，指石之青美。下联写天气放晴时的景物和心绪。从此放眼，莺语鹤飞。最后一句，如异峰突起，深情感慨，希望人们不要辜负了这番美景和大好时光。送青，目送青云慢慢飘去。灵岫，指豫园内奇异的假山石。春秋，谓美好的年华。“疏”“幽”“曲”“闲”巧妙地绘出了景点风物。上下联各用两句四字当句对，增加了节奏美。 （陈永泉）

半 淞 园

叠起一房山，大好园林，最难得茅屋买春，竹篠消夏
剪取半江水，别开境界，更时有车声辗梦，帆影催诗

园在黄浦区半淞园路南侧，南临黄浦江(古称吴淞江)，建于1918年，以杜甫“剪取吴淞半江水”诗意命名。有荷花池、九曲桥、群芳圃、江上草堂、碧梧轩、水风亭及假山等景点，为上海著名的私人园林之一。1937年8月13日被日军炮火所毁。上联意谓：堆叠起江南的“一房山”，便成美好园林，最难得隆冬时在草堂品酒，炎夏时竹亭纳凉。一房山，仿照北京北海公园“一房山”样式而筑。春，酒的代称。茅屋买春，身居茅屋，品尝名酒，系化用唐司空图《诗品·典雅》“玉壶买春，赏雨茅屋”句。下联意谓：把半江水划进园来，就开拓了新境界，更时有辘辘车声，辗人清梦，片片帆影，动人诗思。半江水，唐杜甫《戏题王宰画水图歌》：“焉得并州快剪刀，剪取吴淞半江水。”联语显示了城市园林的特点，反映了文人雅士的闲情逸致。宋惠洪《冷斋夜话》：“诗以奇趣为宗，反常合道为趣。”按照常理，“水”不能“剪”，

“梦”不能“辗”,但在艺术创作上却是美妙的想象。（蒋竹荪）

徐光启墓

治历明农百世师,经天纬地
出将入相一个臣,奋武揆文

徐光启是明末科学家,科研成果以农学和天文学最为突出。他历任朝廷要职,深为朝廷所重。徐墓在徐家汇光启公园内。上联概括徐氏一生的科学成就:历法、农学的探究,天文、水利的钻研,精深洽博,堪称百世师表。治历明农,修订历法,阐明农学。经天纬地,语出《国语·周语》“经之以天,纬之以地”。这里指他在天文水利方面的研究取得巨大成就。下联歌颂他的政绩:对外显示御敌武功,对内参与国家大事,文臣武将,一身而二任。奋武,显示武功。此指崇祯二年保卫京师之战,徐光启建议使用西洋火炮取得了积极的成果。揆文,掌管文事。（陈永泉）

孙中山故居

孙中山

满堂花醉三千客
一剑霜寒四十州

故居在香山路7号,是孙中山1920年至1924年在上海的寓所。

此联摘自唐贯休《献钱尚夫》诗:“满堂花醉三千客,一剑霜寒十四州。”注云:“钱镠自称吴越国王。休以诗投之。镠谕改为四十州,乃可相见。休曰:州亦难添,诗亦难改。闲云孤鹤,何天不可飞? 遂入蜀。”据说,贯休和尚献诗目的是要吴越王给他一块地造佛寺。钱当时为吴越王,却想开拓疆土当皇帝,所以要贯休将诗中“十四州”改为“四十州”,以为祥瑞。贯休不肯,钱镠就未答应他的要求,休即前往四川。上联写吴越王钱镠排场豪华,礼贤下士,门客三千,不下于战国四公子。其中“花醉”二字富有想象,极有功力。下联写钱镠一剑横行,据有两浙之地,称得上是乱世英雄。霜、寒二字字挟雷霆,气势磅礴,很有分量。孙中山借用诗句来表达了推翻清朝、建立共和的决心。把"十四州"改成"四十州",更显得气象恢宏,壮志凌云。且联语文词优美,对仗工整,十分耐人寻味。 (延培、张迈)

黄道婆墓

吴 镇

改草衣卉服之观,人间温暖
极错彩镂金之妙,天下文明

墓在上海市徐汇区华泾镇东湾村,古称乌泥泾。黄道婆,宋末元初松江农村妇女,早年家贫,流落海南岛。在与黎族人民劳动中学会了先进的纺织技术,年老回乡,纺织为生。她改革了擀弹棉花工具,并给当地农妇传授错纱、配色、综线、挈花的工艺,使织出的被、褥、带、帨(即佩巾)出现了如描如画的折枝团凤和灿然若写的棋局字样,于是乌泥泾织品名驰远近,畅销大江南北,大大促进了当时纺织业的发展。当地人曾在港口镇建祠纪念。1981 年重建其墓。上联说,改变了草衣卉服的原始状态,给人间带来了温暖。草衣卉服,卉服即草服,南方海岛上用细葛做的衣服。《书·禹贡》:"岛夷卉服。"下联说,创造了色彩斑斓的棉纺织品,促进了社会的物质文明。错彩镂金,本指雕绘工丽,此处指棉织物上的花纹图案绚丽多彩。联语赞扬了 13 世纪纺织能手黄道婆对人类社会所作的突出贡献。用词贴切、简洁、准确,褒语得当。 (蒋竹荪)

七宝西塘桥

陆 深

三泖映东南,几湾绿水源流远
九峰耸西北,数点青山气势凝

七宝在上海市闵行区,镇西有西塘桥跨蒲汇塘。三泖,即泖湖,湖分上中下而得名。源出太湖,承淀山湖,下泻黄浦江入海。九峰,指"松郡九峰",即今松江境内佘山、辰山、天马山等九山。此联描绘了西塘四周美景。上联写登桥而望,港汊纵横,绿水湾流,一派江南水乡景象。映字把三泖的浩瀚气势,表现得如在目前。"远"字,点出了一脉蒲溪源远流长。下联写极目西眺,青山相连的雄姿。"耸"字,把九峰拔地而起的形象写活了。"凝"字,把远峰如黛,紧聚连绵的山势特征刻画得惟妙惟肖。 (曹云岐)

嘉定秋霞圃舟而不游轩

管廷祚

红藕香中,一角雕栏临水出
绿杨荫里,几双蜡屐过桥来

秋霞圃原为明代工部尚书龚弘的私宅,"舟而不游轩"是一艘石船。联语描绘石舫外部的景物:荷香扑鼻的池塘里露出石舫雕栏的一角,那边绿杨丛中,几个穿蜡屐的游人悠闲地走过桥来了。雕栏,石舫的组成部分,这里以部分代全体,指石舫。蜡屐,古人涂蜡的鞋子,作登山之用。这里也是以部分代全体,指游人。作者巧用色彩的对比,开头"红藕香中""绿杨荫里",像霓虹灯的光芒逼眼而来。"红"与"绿"是相对色,互相对照,给读者以强烈的美感。宋祁著名的《玉楼春》词"绿杨烟里晓寒轻,红杏枝头春意闹",同样是借"绿杨""红杏"的对比来表达轻松、热烈、愉快的感情的。此外,联中还有"雕栏临水""蜡屐过桥"的动静对比,以及色声的对比,调动读者多方面的美的感受,产生不同寻常的艺术魅力。 (唐 音)

嘉定秋霞圃碧梧轩(一)

周承忠

绿杨春蔼,白莒夏香,丹桂秋芳,青松冬秀,年年月月暮暮朝朝,无古无今,好景随时惬幽赏

霞阁东崇，山亭西峙，华池南绕，镜塘北环，左左右右前前后后，可望可即，清光满座绝尘怀

秋霞圃在嘉定城内。碧梧轩乃秋霞圃景点。上联以杨柳、荷花、桂花、青松四种花木点出了秋霞圃季节的变换，以年、月、朝、暮的叠字，赞叹了秋霞圃春夏秋冬四季的美景。蔼，形容树木茂盛。白萏(dàn)，即荷花。惬，满足、舒心。下联写碧梧轩四周的景色。碧梧轩，又称“四面厅”，从厅内向东西南北四面欣赏，都有胜景。霞阁，即凝霞阁。山亭，为即山亭。华池，即桃花潭。镜塘，即清镜塘，分别在碧梧轩的东西南北，与碧梧轩互相辉映。以左、右、前、后的叠字，写出作者对碧梧轩胜景的赞叹之情，与上联的年年月月、暮暮朝朝相呼应。联语用富于色彩的字面，绘景如画，加以叠字的运用，产生了动感和节奏感。 （陶继明）

嘉定秋霞圃碧梧轩(二)

秦瘦鸥

秋色满园，古木寒潭堪入画

霞光遍地，苍岩朱实促题诗

上联描绘了秋霞圃古树、潭水的外貌，展现出一幅淡雅的深秋画卷。下联以充满诗意的苍岩(青黑色的假山)、朱实(成熟的果实)，进一步刻画了园中的秋色，使人在欣赏之余，不禁吟诗赞美。此联以“秋”对“霞”，用鹤顶格嵌园名，显得十分巧妙；以“画”对“诗”，也对得很工整。“古木寒潭”对“苍岩朱实”，虽属宽对，也体现了作者的匠心。 （陶继明）

嘉定秋霞圃即山亭

戴锷青

树老化龙易

亭高得月多

上联描写了即山亭旁古木参天的景色，并通过联想，把粗大蟠曲的老树枝干比喻成正在修炼的龙。一个“化”字，贴切而富有动感。下联以“得月多”，来衬托即山亭的高耸，从而产生一种高远的意境。联语对仗工整。上联的“化龙”及下联的“得月”不仅写活了即山亭，更有画龙点睛之妙。

（陶继明）

嘉定秋霞圃萁藻风香室

周承忠

芳草有情，夕阳无语

流水今日，明月前身

这是一副集句联。上联“芳草有情，夕阳无语”出自北宋张耒的《风流子》词。意思是说，芳草脉脉含情，夕阳恹恹不语，表示对园主人的无尽思念。下联“流水今日，明月前身”出自唐代司空图的《诗品·洗炼》。意思是说，园主人的丰神宛如清澈的流水，皓皓的明月应是他高洁的前身。联语把“芳草”“夕阳”拟人化，又用“流水”“明月”作比喻，抒发了作者对园主人高洁形象的怀念与赞美。全联虽用集句写成，而无拼凑痕迹，十分自然贴切。

（陶继明）

嘉定秋霞圃延绿轩

周承忠

苔痕上阶绿，草色入帘青，便觉眼前生意满

挽蔬夜雨畦，煮茗寒泉井，不知门外有尘寰

这是一副集句联。上联中的“苔痕上阶绿，草色入帘青”出自唐刘禹锡的《陋室铭》。“便觉眼前生意满”出自南宋张栻的《立春诗》。集得天然浑成。“苔痕”“上阶绿”“草色”“帘青”“生意”等语与延绿轩中的“绿”的主题十分吻合。上联连起来一读，透露出一股灵气。下联中的“挽蔬夜雨畦，煮茗寒泉井”出自北宋黄庭坚的《次韵张询垒中春晚》诗。“不知门外有尘寰”出自北宋苏轼的《聚远楼》诗。尘寰，即尘世，佛教和道教指现实世界。读到下联中的“挽蔬”“煮茗”等语，仿佛使人置身于尘世之外，显示出闲雅、清幽的意境。全联用典贴切，文词高雅不俗。惜上下联对仗欠工，但能当句自对，文思颇佳。 （陶继明）

嘉定叶池

许次玄

赍恨在清池，碧血寒漪溶一片

捐生完大节，忠臣孝子各千秋

叶池，原在上海嘉定城内，为明末抗清志士侯峒曾殉节之处。上联，描写侯峒曾（明天启进士，官至左通政使）在嘉定抗清斗争失败后，怀着满腔悲愤，跳入叶池准备以身殉节，当时清军赶到，把他从池中拉出，侯峒曾大骂清军，被杀。他的碧血与叶池里的寒漪溶成一片（见钱大昕《潜研堂文集·侯黄两忠节公守城记》）。赍（jī），怀着。寒漪，寒冷的水波。下联歌颂侯峒曾在“忠”“孝”难以两全时，毅然抛下了全家数十口人，作出了为国捐躯的选择，他的事迹将永垂不朽（见《明侯文节先生日记》手稿本）。此联热情颂扬了侯峒曾坚贞的民族气节，“清池”“碧血”“寒漪”等词语的连用，使联语充满了浓厚的悲剧气氛。 （陶继明）

嘉定古猗园不系舟

廖寿丰

十分春水比檐影

百叶莲花七里香

古猗园在嘉定区南翔镇，为明代江南名园，初建于明嘉靖年间，原名猗园，清乾隆十一年重葺，更名古猗园。不系舟，亦称“石舫”，古猗园的中心景点。在上海园林的石舫中历史最为悠久，明代著名书法家祝允明题额。上联描写阳光下的春水反照到不系舟的屋檐上，形成了流动的波光，使不系舟充溢了灵气。下联描写不系舟前池中的莲花盛开，阵阵幽香飘得很远很远。此联对仗工整，“十分”对“百叶”，可谓巧妙。“七里”对“比檐”，“比”在这里可解释为“并列”，也含有双的意思，属宽对，极为自然，颇见匠心。联语洋溢着春水波光、檐影莲香的自然界的气息。（陶继明）

嘉定天恩桥

人杰地灵，白鹤飞来传胜迹

风恬浪静，彩虹耀映镇槎溪

天恩桥，也称真圣堂桥，位于嘉定南翔镇北部。上联从“白鹤飞来”引出了关于南翔形成的一个优美而动人的传说。据说梁代时，南翔还是一个偏僻的乡村。一天，一位老农种地，挖到一块巨石。这时恰有两只白鹤飞来停在石上。后来石上出现了一首诗，有“白鹤南翔空不归”句。有个叫德齐的和尚认为这里是一块佛地，便化缘建庙，从此香火不绝，慢慢地形成了一个集镇，成为人杰地灵的胜地。下联具体写桥。天恩桥横跨流穿南翔的横沥河，犹如一条美丽的彩虹，与充满灵气的南翔古镇相互辉映。槎溪，南翔的别称（见《光绪嘉定县志·市镇》）。联语以白鹤南翔的传说，写出了南翔悠久的历史和文化情况，又以寥寥几笔，刻画了风恬浪静的江南水乡风光。（陶继明）

嘉定归震川先生祠

林则徐

儒术岂虚谈，水利书成，功在三江宜血食

经师偏晚达，专家论定，狂如七子也心降

归有光，字熙甫，号震川，江苏昆山人，明代著名散文家。嘉靖进士，官至南京太仆寺丞。他提倡唐宋古文，反对“后七子”摹仿秦汉的文风，对当时和清代桐城派散文都有较大影响,后人在嘉定县内立祠祭祀。上联说他并非空谈家而著有实际业绩,《三吴水利录》一书对治理三江作出了贡献,应该受到祭祀。三江,据《书·禹贡》文义,指吴淞江及其分流今已堙塞之东江、娄江。血食,古代杀牲(牛、羊、猪)取血,用为祭品,故称受到祭祀为血食。下联说他生前晚达,死后得到论定,就连狂妄如"后七子"那批人也表示心悦诚服。经师,传授四书五经、宣扬孔孟之道的知识分子。晚达,晚年得官,与"早成"相对。后七子,明嘉靖年间李攀龙、王世贞、谢榛、宗臣、梁有誉、徐中行、吴国伦等七人,继承"前七子"摹拟古人主张,相互标榜,声势很大,归有光斥之为"庸妄巨子"。心降(xiáng),心服。后七子领袖王世贞在归死后所作《归太仆赞并序》中对归大加颂扬。（蒋竹荪）

松江九亭吴家浜桥

黄思永

晓日莺花金勒影
春江烟月玉箫声

桥在上海市松江九亭境内,跨吴家浜上。吴家浜,路接吴淞,潮迎沪渎。文学家杨维祯,元曲家夏伯和,王裔、高士钱全衮等曾游览九亭,泊舟桥下。此联思古赞今,刻画出江南石梁流水的美丽风光。上联描绘了一幅旭日初照、莺啼花放、石梁美如金雕的石桥春晨图。下联描绘了一幅月照春江、薄雾如烟、箫声清幽的石桥春夜图。全联几乎没有用一个动词,却把桥写得形象生动,色彩斑斓,既有视觉之美,又有听觉感受。风格清丽,意境优美。（曹云岐）

松江拄颊山房

董其昌

竹送清溪月
松摇古谷风

拄颊山房，董其昌别业，即今松江醉白池前身。拄颊即手版拄颊，比喻在官有高致。此联写山房优美环境。上联写实景：山房左右有竹林清溪，皎月西移，竹影横斜，似竹恋月，依依送别。下联是“古谷风摇松”的倒装，既吊古思昔，又是实写。读之犹置身松风化涛的雅境之中。作者善用动词，一“送”一“摇”，竹曳松摇，静景动写，格外生动。这静景中所显示的动景，使山房四周的幽篁林木更富生机。 （曹云岐）

浦东惠南镇钟亭

苏局仙

时重文明，无用五更催梦醒

人知勤勉，借来一击报耕忙

钟亭在上海浦东新区惠南镇古钟公园，园内另有小沧浪、湖心亭等景点。联语咏钟，却不着一个“钟”字。出句的“五更”表珍惜时间，而对句的“一击”，方点出“钟”意。联用因果句式，因“时重文明”，所以无懒惰之人；因“人知勤勉”，所以钟声不必再用来催人勤耕，只需报告耕忙，使大家充满丰收之望。文字富于时代感，朴实无华，且读来轻快流畅。

（张君宝）

江 苏 省

南京太平天国勤政殿

洪秀全

拨妖雾而见青天，重整大明新气象

扫蛮氛以光祖国，挽回汉室旧江山

洪秀全，清广东花县人，领导太平军与清军作战达十五年之久，建立太平天国政权，定都南京，后失败。此联为太平军定都南京后，题勤政殿。上联的“妖雾”和下联的“蛮氛”，皆指清政权，都在扫除之列，从而见青天，光祖国，以达到重整大明新气象，挽回汉室旧江山的目的。 （佟 今）

南京太平天国天王府

洪秀全

虎贲三千，直扫幽燕之地

龙飞九五，重开尧舜之天

天王府在长江路292号。明初原是汉王陈理的府第，清初设两江总督署，后为太平天国天王洪秀全的府邸，清军攻陷天京后，复扩建为两江总督衙门。上联意为，带领众多勇士强将，扫荡北京，誓死消灭清王朝；下联意为，夺取帝位之后，誓将国家治理得像尧舜时代那样强盛。虎贲(bēn)，即勇士。幽燕，常指河北北部及辽宁一带，此指北京。龙飞九五，《易·乾卦》有“九五，飞龙在天，利见大人”语，后因以“九五”指帝位。尧舜之天，指传说中上古圣君尧与舜执政的国泰民安时代。对联内容直白，对仗工整。“直”与“重”两字的选用增加了联语的磅礴气势。据说元末农民起义红巾军战旗上写着“虎贲三千，直抵幽燕之地；龙飞九五，重开大宋之天”一联；明代刘六、刘七起义军战旗上，将“大宋”改为“混沌”；清代太平天国占领南京后，在龙凤殿楹柱上也悬挂此联，又将“混沌”改为“尧舜”，可见这副对联在历代农民起义中曾起过宣传鼓动作用。 （谢燕华）

南京秦淮河风月亭

朱元璋

佳山，佳水，佳风，佳月，千秋佳地

痴声，痴色，痴梦，痴情，几辈痴人

秦淮河是长江支流,古称淮水。唐以后,传说秦始皇闻金陵有王气,遂凿方山附近的石坝山,断长垄为渎,入于江,因称淮水为秦淮。河水横贯金陵城,六朝时,歌楼舞榭,骈列两岸,画舫游艇,纷集其间,是豪门贵族、官僚士大夫寻欢买醉之地。直到明、清,秦淮繁华景象犹存。上联写山水,是背景。美好的峰峦河流,春风秋月,真是千百年来好地方。下联写游人,是主体。沉迷于乐声、美色、甜梦、情爱,是一辈一辈的痴呆之人!联语中"佳""痴"两字各用了五次,以"佳"字反复强调秦淮河自然环境的优美,以"痴"字反复刻画秦淮游客的心态,末句是作者观察了千百年来历史情况后的结论。《老子》说"五色令人目盲,五音令人耳聋",一味纵情声色,追求感官刺激,过着纸醉金迷的生活,势必造成心灵的空虚,理智的丧失,所以作者发出"几辈痴人"的感喟。　(蒋竹荪)

南京秦淮河水阁

薛时雨

六朝金粉,十里笙歌,裙屐昔年游,最难忘北国豪情,西园雅集

九曲清波,一帘梦影,楼台依旧好,且消受东山丝竹,南部烟花

秦淮河水阁系河畔杨氏水中阁楼,今已不存。上联写昔日之游。歌女粉白黛绿,十里秦淮,乐声回荡。最难忘的是北方的豪客和南方的雅士。六朝,指吴、东晋、宋、齐、梁、陈。金粉,妇女化妆用的铅粉,借指妇女仪容妆饰。裙屐,衣和鞋,借指只讲究穿着的富家子弟。北国豪情,古代认为北方民族剽悍豪爽。西园,在苏州阊门外,为文人墨客聚集之所。下联写今日重游,楼台依旧美好,河面绿波粼粼,帘外月色如梦,还是沉醉于美妙的东山音乐、歌妓的浅斟低唱中吧。九曲,指弯曲的秦淮河。一帘梦影,隔帘眺望月下秦淮河犹如梦境。东山丝竹,东晋谢安在南京堆筑了东山,并在山上弹奏丝竹乐器。烟花,泛指歌妓。全联描写游河见闻。金陵旧都是六朝帝王荒淫亡国的见证。作者生活在清朝溃亡前夕,宦途遇挫,重游金陵,竟无一点点历史危机感,反觉“楼台依旧好”,“且消受”“南部烟花”等句,更流露出他消沉、颓废、及时行乐的思想。但写法细腻,全联上下,人随景移,情由人传,情景交融,语言酣畅,把东、西、南、北四字嵌入联中,尤见巧思。

(唐 音)

南京扫叶楼(一)

戈铭猷

作叶与叶想,作非叶即叶想,庶几乎扫叶

有凉之凉时,有不凉而凉时,是故曰清凉

扫叶楼位于南京市西清凉山上,为明末清初著名画家和诗人龚贤居住遗址,龚曾画一和尚,手持扫帚,作扫落叶状,故名其楼为扫叶楼。此联大意为:作扫叶图时要为叶设想,不作扫叶图时也要想着“扫叶”,这样才能表现“扫叶”的意蕴;有清凉时的清凉,有不清凉时作清凉想,这样才能进入“清凉”的境界。全联多次重复“叶”和“凉”,意在表现作者的审美经验与艺术眼力,其无穷意趣亦全在这“叶”和“凉”之中。上、下联的最后二字紧扣楼名与山名,亦颇自然有味。

(姚梅乐)

南京扫叶楼(二)

名山名园名楼,半亩清凉堪扫叶

好景好书好画,千秋翰墨永流芳

上联写楼的外部景观,嵌用山、园、楼之名,巧妙贴切。下联称颂龚贤书画作品造诣的卓越精湛。三个“名”,对三个“好”,刻画了龚贤故居的高雅和作品的艺术价值。

(陶继明)

南京扫叶楼(三)

陈作霖

满山落叶无根树

胜国遗民有发僧

陈作霖,字雨生,号伯雨,清江苏南京人,光绪元年(1875)举人,官教谕。上联写扫叶楼的环境,满山落叶,遮盖了树根,其实也在写龚贤的画,龚贤山水画中之树,多不画树根,成为无根树。下联写龚贤的品格,他有浓厚的明末遗民思想,虽未出家,但和僧人颇相似,只是带有头发的出家人。(佟　今)

南京灵谷寺

炉火红深,懒残煨芋

密阴绿满,怀素书蕉

灵谷寺,在南京市中山门外中山陵之东,古称"灵谷深松",为金陵四十八景之一。懒残,唐代高僧明瓒禅师,因性懒、食残物得名,相传朝廷大臣李泌往见,懒残方拨火煨芋。怀素,唐代僧人、书法家,以善狂草闻名,因贫无纸可书,于居所种芭蕉万余株,以叶作纸。作者娴熟地运用两位高僧典故组成对联置于名寺之中,恰到好处。以"密阴"代指芭蕉林,巧对"炉火",上红下绿,色泽鲜明饱满。全联寥寥十六字不仅写出了故事情节,且绘出了浓郁的环境氛围。(谢燕华)

南京夫子庙明远楼

李　渔

矩令若霜严,看多士俯伏低徊,群嚣尽息

襟期同月朗,喜此地江山人物,一览无遗

夫子庙贡院在秦淮河北岸，明远楼为贡院主楼，是清代秀才考前报到处，在今南京大学内。本联写封建社会中士子考试的景况。上联写考规极严，考试认真之状。矩，规矩，法度。《论语·为政》有“七十而从心所欲，不逾矩”句。矩令，指贡院内各种考试场规。霜严，指严格，冷峻如霜。多士，指众多会考的士子。“俯伏低徊，群嚣尽息”，描写临考时，众士子窃窃私语，进场后在号舍里伏案答卷，手不停，头不抬，凝神屏息，专心写作八股文，嚣嚣众声，一时顿息。下联指考官胸怀磊落，喜得良才。襟期，抱负或志向。杜甫《醉时歌》：“日籴太仓五升米，时赴郑老同襟期。”秋闱，乡试，在中秋前后举行。月朗，既点明开考时间，又形容考官的胸怀开朗，不徇私舞弊。江山人物，指支撑社稷江山的栋梁之才。一览无遗，指网罗人才无遗。此联既写科举考试之严酷，也抒发了笠翁本人的愿望：通过考试选拔出栋梁之才。一“看”一“喜”，紧扣了夫子庙明远楼这一主题。

（曹云岐、周世达）

南京鼓楼

闹市藏幽，于无声处闻鼙鼓

高台揽胜，乘有兴时瞰金陵

鼓楼位于南京古城中心，建于明洪武十五年（1382），用以击鼓报时。楼高三十米，位于海拔四十米的高岗上，如一方城。重楼结构，四面红墙飞檐，颇为壮观。上联写鼓楼所处环境之佳。“闹”和“幽”形成鲜明反衬，仿佛让人听到了振聋发聩的鼙鼓轰鸣。下联则写鼓楼下望之妙。居高俯瞰，金陵风姿可尽收眼底。

（陈永泉）

南京妙相庵

王紫仙

燹前楼阁未成灰，只剩得半折磬，一卷经，五更钟，六月凉风，三冬积雪

雨后园林无限好，最爱是百本蕉，千条柳，万竿竹，数声啼鸟，几寸游鱼

妙相庵，原是太平天国将领石达开在南京的住宅，遭兵火后改庵。上联巧妙地点出妙相庵的历史遭遇：经受兵火劫难后楼阁化为灰烬。劫后，只剩下了半折磬(磬，音 qìng。佛寺中乐器，状如云板)，一卷经，以及凉风积雪，写出一片凄凉的景象。燹，音 xiǎn。指兵火。下联则写今日妙相庵的清丽、秀美的环境。绿柳荫浓，竹影婆娑，鸟啼树梢，鱼游池中。联语构思精巧，用辞恰当。上联实际写的是燹后，却偏说燹前尚未成灰，使语意显得迂回曲折，耐人寻味。作者又选择了十个数词与十个名词相配合，极其贴切、自然。联语格调清雅，读之使人有回肠荡气之感。（谢燕华）

南京永济寺

吴忠礼

松声、竹声、钟磬声，声声自在

山色、水色、烟霞色，色色皆空

永济寺位于南京水西门外莫愁湖畔。全联构思独特，运用反复渲染的手法，把古寺风光和意境写得有声有色。上联以声寓情，给人身临其境之感。下联极言山水和烟霞之美，以“空”定论，表达了出家人超尘脱世的思想。联语节奏铿锵有力，融声音美与视觉美于一体。此联系仿明顾宪成东林书院联“风声雨声读书声，声声入耳；家事国事天下事，事事关心”格局，亦合寺院情调。（姚梅乐）

南京鸡鸣寺豁蒙楼

徐淮生

云边山影闲中换

天外江声画里流

本联着力描写幽胜闲适的境界。上联深入刻画到极不容易为人觉察的云边山影在变换形态、颜色和情调，这种细微而舒缓的变换过程，只有闲适自在的人才能发觉，这一半，从原始天然之景这个视角渲染出了闲适之景和闲适之情。下联则把天外长江纳入到一幅珍奇的画里来，构思奇特，亦即用画面之美衬托景色之美。这就从珍奇和天然这两个方面描摹出登楼所见的幽胜。上下联合起来，显示了豁蒙楼宽缓闲适的特有美景，抒写了作者所寻求的悠闲自在的审美情趣。（何以聪）

南京清凉山随园(一)

袁止水

云山、金石、图书：此地可称三绝

循吏、儒林、隐逸：先生自有千秋

随园在南京清凉山东小仓山下，是清代文学家袁枚的别业。因山筑基，引流为沼，就势取景，故名随园。清咸丰年间园废，现为体育活动场所。上联说，云山、金石、图书是此地三种宝物。金石，指钟鼎、碑碣，古人常于其上镌刻文字，颂功寓戒纪事等。下联说，循吏、儒林、隐逸三种身份使袁枚千秋留名。循吏，指守法循理的官吏，袁枚曾任溧水、江浦、江陵等县知县，有政绩。儒林，袁枚是乾隆四年进士，授翰林院庶吉士，置身儒家学者之林。隐逸，袁枚32岁辞官回家，隐居随园40多年。联语富有节奏感，概括性强，对袁枚的爱好及其一生的评价亦甚允当确切。（余心乐）

南京清凉山随园(二)

袁 枚

放鹤去寻三岛客

任人来看四时花

上联描写袁枚因羡慕宋代诗人林和靖的隐居生活而欲仿效。放鹤，传说林和靖隐居西湖孤山,以梅为妻,以鹤为子,每外出,有客来访,鹤即飞来通报。三岛客,传说东海仙人居住在蓬莱、方丈、瀛洲三岛。下联写袁枚欢迎宾客参观自己的花园。据《随园诗话》载,袁枚广交天下文朋诗友,随园不设围墙,一年四季游客可随时入内。“去寻三岛客”与“来看四时花”,正反相对,显得工巧自然,活泼纯熟。 (陶继明)

南京清凉山随园(三)

袁 枚

不作公卿,非缘福命却缘懒
难成仙佛,为读诗书又恋花

袁枚在中进士后,做了几任县令,感到“一官奔走空皮骨,万事艰难阅岁华”(《感怀》)。后来引病退职,长期闲居随园,过着“花竹千行环子舍,日补人间未读书”的生活,直到 70 岁还游览了皖、赣、粤、桂、湘等省名山胜水。上联说,不争做公卿大官,并非福气不好、命运不好,而是由于生性懒散。下联意思说自己生活放浪不羁,不能修身养性而难成正果。恋花,喻留恋女色。《所好轩记》:“袁子好味,好色,好葺屋,好游,好友,好花竹泉石。”上联用语直率而不俗。下联用语含蓄不露。 (余心乐)

南京浦口城楼

陈桂生

地轴转洪涛,月涌星垂,三楚江声分浦溆
天关开重镇,烟霏雾敛,六朝山色拥台隍

浦口在南京对岸,是南北交通要道。明代曾置兵戍守,原城楼今已不存。上联描写长江气势。谓地轴转动了波涛,月涌江面,星垂平野,三楚江水滔滔,一直奔流入海。地轴,古代传说大地有 3 600 根轴,互相牵引。月涌星垂,杜甫《旅夜书怀》诗:“星垂平野阔,月涌大江流。”三楚,指长江中下游一带。浦溆,同义复词,河流入海之处。下联刻画重镇雄姿。重镇设在要冲,烟气飘飞,云雾缠绕,南京山色岚影,也簇拥着城关。天关,星名。指险要的关隘。庾信《哀江南赋》有"竞动天关,争回地轴"之句。六朝,南京曾为吴、东晋、宋、齐、梁、陈六个朝代的都城。台隍,建在高地上的城池。浦口是座江边城镇,作者用恰当的动词加以描摹,尤其像月涌江面的"涌",山色拥台隍的"拥",把静物人格化,写得活灵活现,让人读起来有声有色,如身临其境。 (蒋竹荪)

南京浦口城门

齐彦槐

云白山青万余里
江深竹静两三家

全联集杜甫诗句。上句出《小寒食舟中作》,下句出《江畔独步寻花七绝》。浦口在南京下关对岸,自古为南北交通要津,形势险要。从城门向南,但见悠悠白云、青青山岭,一望无际,心旷神怡;近看江边农家,翠竹掩映,一片清幽环境,赏心悦目。短短十四字,气象万千,写尽了浦口城门恬静的美景,令人有胸襟顿开之感。 (周 监)

南 京 愚 园

入座有情千古月
当窗无恙六朝山

出句写园的夜景,由外而内,用倒装句:千年朗照的明月似对人脉脉含情,它竟进入了我的坐席。对句写昼景,由内而外,用倒装句:久阅人世沧桑的山峦平安无损地屹立于窗外。六朝,南京曾是吴、东晋、宋、齐、梁、陈六个朝代的首都。联语中"有情"与"无恙"相对,把无生命的"月""山"人格化了,读来生趣盎然。这种写法,古已有之,如唐钱起"山月随客来,主人兴不浅"

(《酬王维秋夜竹亭赠别》);清袁枚"明月有情还约我,夜来相见杏花梢"(《春日杂诗》)。全联反映园景的空旷静寂,不免产生"物是人非"之感。

(余心乐)

南京玄武湖(一)

薛时雨

三百年方策犹存,剩凫渚鸥汀,时有云烟入图画
四十里昆明依旧,听菱歌渔唱,不须鼓角演楼船

湖在南京玄武门外,古名桑泊湖。上联从咏史中点景。三百年方策,指明初在湖洲建黄册库,贮存户籍和赋税档案。凫,野鸭。鸥,沙鸥。渚,水中小洲。汀,水边平地。湖洲上常有禽鸟栖息翔集,更增添湖光山色的景致。下联从咏史中抒怀。玄武湖宽四十里,南朝宋孝武帝刘骏曾在此操演水军,犹如当年汉武帝凿昆明池习水战。而今泛舟湖面,有听菱歌渔唱之乐,再也不应重现当年征战之苦。全联咏史抒怀,情景交融。

(吴关镛)

南京玄武湖(二)

彭玉麟

大地少闲人,谁能作风月佳宾,湖山贤主
前朝多圣迹,我爱此荷花世界,鸥鸟家乡

这副楹联并不专在刻画玄武湖的风景,抒发作者对闲适生活和自然风光的向往乃是其主旨所在。上联写平日无暇欣赏湖光山色的遗憾。作者说"大地少闲人",实际上是感叹自己少闲暇,连观赏"风月""湖山"的机会都没有,字里行间流露出他对于闲居者的羡慕。下联写游湖时的喜悦。南京是六朝旧都,自三国时东吴开始,玄武湖上就有修筑建造,至今留下了不少名胜古迹,可供人游赏。更可喜的是,玄武湖水面广袤,碧波荡漾,鸥鸟

成群,荷花飘香。这里一切都充满着生机,而又显得那么清新可爱,使人流连忘返,萌生还归自然之念。对联用语明白如话,好似随口而出,但形象鲜明,富有诗情画意。 (俞纪东)

南京玄武湖湖神庙

周维藩

对崔巍古堞,凭吊南朝:有平湖清梵,野寺疏钟,胜迹易销魂,叹纷纷棋局掀翻,都付与流水声中,夕阳影里

趁闲散功夫,来游东郭:听莲外渔歌,芦边樵唱,群情差解意,把处处山灵唤醒,齐送到穿林软翠,涉浦寒烟

湖神庙在玄武湖梁洲上。崔巍古堞,高而险峻的古城。南朝,指宋、齐、梁、陈,皆以金陵为首都。清梵,佛家指和尚诵经之声。疏钟,疏朗的钟声。销魂,形容人悲伤愁苦时的情状,此指玄武湖胜迹,使人慨叹。棋局典出明初朱元璋与徐达在南京莫愁湖下棋韵事,朱输棋于徐,以楼赐与,并亲题"胜棋楼"额。棋局掀翻,则指封建王朝的更迭。东郭,东城。玄武湖在南京城东北,故云。群情,指渔歌樵唱。差解意,稍解人意。此句引起下文。山灵,山神。汉班固《东都赋》:"山灵护野,属御方神。"联用之,泛指山川的灵气。穿林两句指穿过林岚的柔和翠色,涉过浦口的寒冷烟云。联借玄武湖神庙以寄慨,既叹金陵王气倏起倏灭,有如棋局;幸有渔歌樵唱,差解人意,抒我幽怀。刘禹锡《石头城》诗:"淮水东边旧时月,夜深还过女墙来。"联亦有此意境。 (钱剑夫)

南京莫愁湖(一)

红藕花开,打桨人犹夸粉黛

朱门草没,登楼我自吊英雄

湖在南京水西门外,因传说古代有莫愁女在此居住而得名。北宋乐史

《太平寰宇记》始有莫愁湖之名。今之楼台亭榭,皆明清以来之建筑。湖中绿波荡漾,红莲盛开,有“金陵第一名湖”之誉。上联说,当红莲盛开,采莲女还能回忆莫愁女的故事,夸说她的美丽。粉黛,指莫愁女。下联说,而今庭榭荒芜,草深没膝,登楼凭吊,不免兴英雄对弈、胜负转眼成空之慨。登楼,指胜棋楼,据说朱元璋与徐达对弈,徐胜朱负,便将此楼赐与徐达。联语首句写景,次句写情,即景生情。花开与草没,是名动对名动,平平对仄仄;粉黛与英雄,是名词对名词,仄仄对平平,对仗工稳。 (商启予)

南京莫愁湖(二)

李尧栋

一片湖光比西子

千秋乐府唱南朝

李尧栋,字东采,一字松云,清浙江上虞人,乾隆三十七年(1772)进士,官至湖南巡抚。所题莫愁湖,在江苏南京。李尧栋官南京时,曾疏浚莫愁湖。上联描写莫愁湖风光的美丽,将它比作西子,西子即西施,古代四大美女之一。下联歌唱莫愁湖的风光,千秋乐府,指《乐府诗集》的《莫愁乐》诗。莫愁湖在历史上一直受到人们的歌赞与热爱。南朝,东晋以后,宋、齐、梁、陈占据南方,都城均在建康(即今南京),史称南朝。 (佟 今)

南京莫愁湖郁金堂(一)

粉黛江山,留得半湖烟雨

王侯事业,都如一局棋枰

郁金堂位于南京水西门外莫愁湖上,建于清乾隆年间,由唐代诗人沈佺期《独不见》“卢家少妇郁金堂”诗句而得名。相传朱元璋曾与中山王徐达对弈,朱负于徐,便将胜棋楼赐与徐达。上联巧妙借用历史典故,追述了莫愁湖的由来,粉黛,指莫愁女,也即“卢家少妇”。下联比喻历代王朝的更替恰似帝王对弈的棋枰。出语自然,比喻精妙,属词清淡典雅。

（姚梅乐）

南京莫愁湖郁金堂(二)

孙衣言

玳梁燕去,玉座苔移,千古犹留凭眺处
天际遥青,城头浓翠,一樽来坐画图间

联意谓:莫愁女和朱元璋已随历史消逝而去,但他们还留下可供游人凭眺的胜迹;天空一碧如洗,城头四周的草木苍翠欲滴,面前放着酒一杯,犹如身在图画中。玳梁燕去,沈佺期诗有“海燕双栖玳瑁梁”之句,这里指莫愁女已经不在了。玉座,帝王的座处,这里指朱元璋在莫愁湖留下的遗迹。苔移,沾上了苔藓。城头,指南京城墙。樽,酒杯。联语把怀古与绘景融为一体,读来有身临其境之感。（吴关镛）

南京莫愁湖观音阁

湖上旧属女儿家,稽首慈云,愿佳丽尽生西土
图画今留元老像,翻身苦海,看英雄都付东流

观音阁,原在莫愁湖胜棋楼前的华严庵内,供观音像,故名。此联以英雄儿女相对照。上下联中句皆切观音,别开生面。上联通过写湖的来历及对观音的祈愿,表达了对金陵女子的美好祝愿。首句“湖上旧属女儿家”,点出了莫愁湖的由来,传说南北朝时,洛阳女儿莫愁为葬亡父,嫁与南京卢家为妇,住于湖边。莫愁聪颖美丽,人见人爱。后遭变故,坚贞不屈,投湖而死。继句笔锋忽然一转,从阁中观音像生发,引出尾句。“稽首慈云”犹跪拜观音,“愿佳丽尽生西土”,乃是上联的旨意。佳丽,称美好的女子,西土,即佛教所谓的极乐世界。下联借胜棋楼徐达像发挥,抒发了世事无常的感叹。徐达为明朝开国元勋,被封中山王,传在湖楼上与朱元璋下棋得

胜。苦海，佛家语，喻人生痛苦。前冠“翻身”两字，有苦海无边、回头是岸之意。“看英雄都付东流”，感叹传说中徐达后来因朱元璋输棋恼羞而被赐毒酒自尽的悲惨下场。此联构思新颖，上联的末句写情致，下联的末句是悟境，情致缠绵多感，悟句发人深省。（张君宝）

南京莫愁湖胜棋楼(一)

彭玉麟

王者五百年，湖山具有英雄气
春光二三月，莺花全是美人魂

此联抒发了作者登临胜棋楼（此楼见前面所收联语介绍）时的感慨。上联“王者五百年”，出自《孟子·公孙丑》“五百年必有王者兴”句。自朱元璋 1368 年定都南京至彭玉麟 1864 年率湘军攻陷太平天国天京(即南京)，其间相距五百年。“湖山具有英雄气”，赞美湖山，亦有几分自诩之意。下联化用丘迟《与陈伯之书》“暮春三月，江南草长，杂花生树，群莺乱飞”句意，说春三月的莺花都是美人的灵魂所化。美人，指莫愁女。联语以现实结合历史、美人映衬英雄，既切景，又切人，艺术上甚具感人之力。

（蒋竹荪）

南京莫愁湖胜棋楼(二)

王闿运

莫轻他北地燕支，看画艇初来，江南儿女无颜色
尽消受六朝金粉，只青山依旧，春来桃李又芳菲

此联为作者同治十年(1871)题写莫愁湖胜棋楼的原作，而传世且为人津津乐道者则属后改稿，改“无颜色”为“生颜色”，改“青山依旧”为“青山无恙”。上联赞莫愁女。莫轻他，犹言要重视之意。北地燕支，即北地姑娘，燕支犹胭脂，此称莫愁。后两句赞美其英姿，谓令江南女儿相形见绌、颜面

无光。画艇初来,化用《乐府·莫愁乐》曲"莫愁在何处?住在石城西。船子打两桨,催送莫愁来"之意。下联起首境界阔大,即景抒情。"六朝",指吴、东晋、宋、齐、梁、陈六个朝代,都以建康(南京)为都城。金粉,本指妇女妆饰用的铅粉,这里喻繁华绮靡的生活。"尽消受"三字,写湘军攻下太平天国的天京之后,尽情享受奢靡的生活,又把大批江南女儿带回家乡的情景,抒发了作者的不平和遗憾之情。但青山不改,桃李依旧芳菲,归结两句寄托了人事兴衰、江山永在的深深感慨。此联寄慨于湖光山色,出语自然纯熟,意境深远。

（张君宝）

南京清凉山寺

薛时雨

四百八十寺,过眼成墟,幸岚影江光,犹有天然好图画

三万六千场,回头是梦,问善男信女,可知此地最清凉

清凉山寺在南京汉西门外的清凉山上。林木繁茂,浓荫蔽日,风光秀美,游人到此如入清凉世界。此联对清凉山寺景色特征作了描摹,四百八十寺,泛指江南的寺庙,杜牧《江南春》诗:"南朝四百八十寺,多少楼台烟雨中。"岚影江光,指清凉山、钟山、栖霞山等处山景和长江景色。上联认为不论兴建多少佛寺也终会成为废墟,而岚影江光永远是天然好图画。三万六千场,一百年,指人的一生。善男信女,信仰佛教的人。下联说一生做多少佛事,回头总是空梦一场,可是清凉山最风凉,不游实在可惜。此联情景交织,对仗工整,声调铿锵,且流露了作者留恋山水风光、脱俗清高之气。

（吴关镛）

南京方孝孺祠

徐　鲸

十族遗骸埋聚宝

千年孤冢表长干

徐鲸,明上海人。方孝孺,字希直,一字希古,号逊志,人称正学先生,明浙江临海人,惠帝即位,官侍讲学士,修《太祖实录》,为总裁。朱棣将即位时,令草即位诏书,拒之,被杀。十族遭诛。祠在今江苏南京雨花台东北,明万历年间汤显祖等修建。今墓及碑尚在,祠已不存。上联"十族遗骸",据《方正学年谱》:"明成祖入南京,建文自焚,成祖即位,命方孝孺草诏,孝孺哭且骂。成祖曰:'汝焉能遽死,当灭汝十族。'"聚宝,雨花台古名。上联意谓十族的遗骸都埋在雨花台。冢,隆起的坟墓。表,标识。长干,即长干里,在南京中华门外长干桥南。下联意谓千年孤坟就在长干这个地方了。联文表达了对方孝孺的崇敬。

(沈树华)

苏州网师园濯缨水阁(一)

郑 燮

曾三颜四

禹寸陶分

网师园,清代乾隆时宋宗元辞官居此,他自比渔人,因名其园为"网师"。水阁在网师园云冈之左。面水临崖,取楚辞《渔父》"沧浪之水清兮,可以濯吾缨"之意。濯缨,洗涤帽带,比喻操守高洁。这是一副字少典多意深的对联,短短的八个字,竟用了四个典故。上联的"曾三"源出《论语·学而》。孔子的弟子曾参说:"吾日三省吾身。"他每天自我反省数次,以便及时发现与改正自己的缺点。"曾三"二字概括了曾参重视个人品德修养的美德。"颜四"是指孔子的弟子颜回的"四勿",即"非礼勿视,非礼勿听,非礼勿言,非礼勿动"。(见《论语·颜渊》)凡是不合儒家道德规范的就不看、不听、不说、不做。下联"禹寸",指大禹珍惜每一寸光阴。典出《淮南子》:"大圣不贵尺之璧,而重寸之阴。"大圣即禹,他把一寸光阴看得比直径一尺的璧(古代扁圆而中间有孔的玉器)还贵重。"陶分",指晋代学者陶侃珍惜每一分光阴。《晋书·陶侃传》:"大禹圣者,乃惜寸阴,至于众人,当惜分阴。"联语强调个人品德修养,鼓励人们爱惜时光,勤奋工作。在用语上显得典雅古朴。

(陶继明)

苏州网师园濯缨水阁(二)

水面文章风写出
山头意味月传来

水阁西北有月到风来亭,作者以风写水,以月写山。出句:水面有时微波涟漪,有时浪涛翻腾,都是风的创作。对句:山头忽而晴朗,忽而阴晦,全由月光传递出意境情味。写、传两字,拟人传神。另外,水阁地面狭逼,仅有水景而无山景,故在上联实写之后,作者用借景之法,把邻近的假山之景,纳入画中,以虚补实,山水风月就齐备无缺了。 (余心乐)

苏州寒山寺(一)

邹福保

尘劫历一千余年,重复旧观,幸有名贤来作主
诗人题二十八字,长留胜迹,可知佳句不须多

寺在苏州市西枫桥镇,始建于南朝梁天监年间,唐初诗僧寒山曾在此住持,因而得名。寺屡毁屡建,清光绪时苏州知府集资重建,始有今日之规模。寒山寺因唐张继《枫桥夜泊》一诗而名闻天下。上联说,寺院经历了一千多年的人间灾难,幸而有贤人来主持修建,才能重新恢复旧时面貌。尘劫,佛教称一世为一劫,无量无边劫为尘劫。后亦泛指人世间的灾难。下联说,诗人题了二十八个字,成为著名古迹,可见美好的诗文数量不须多。"二十八字"为"月落乌啼霜满天,江枫渔火对愁眠,姑苏城外寒山寺,夜半钟声到客船"。联语不从正面写寺的位置、建筑、景色,而从侧面写它的历史沿革和闻名于世的原因。张诗中月落乌啼,霜天寒夜,江枫渔火的清冷与孤舟游子的愁怀交织一起,而古刹传来的"夜半钟声"不仅进一步使形象、色彩、声音融为一体,又仿佛平添了某种历史的、宗教的内涵,意境更加深邃,情韵更加浓厚,令人回味无穷。好的景点产生了好诗,好诗又给好的

景点提高了声誉,由此而诗景相得益彰,联语恰好表述了这一点。

（蒋竹荪）

苏州寒山寺(二)

陆润庠

近郭古招提,毗连浒墅名区,渔水秋深涵月影
傍山新结构,依旧枫江野渡,客船夜半听钟声

上联描画了古寺一派深秋景色。招提,寺庙。毗连,邻接。浒墅,指枫桥镇西北的浒墅关,境内多名胜古迹。下联突出古寺修复以后,在秋色装点中的风姿,巧妙地融入了张继诗中“夜半钟声到客船”句。此联绘景选词贴切精当,“涵”与“听”把古寺秋月之夜的幽静、空旷、高远描摹得十分传神。

（吴关镛）

苏州寒山寺(三)

樊恭煦

江枫渔火,胜地重来,与国清寺并起宗风,依旧钟声闻夜半

木屐桦冠,仰天长笑,有寒山集独参妙谛,长留诗句在吴中

上联写寺的夜景,联中融入了唐代诗人张继《枫桥夜泊》的诗意,并点出了寒山从天台国清寺来到这里,使寒山寺成为千古名寺。宗风,指国清寺和寒山寺同属禅门天台宗。下联写寒山在寒山寺留下的诗韵神采。木屐桦冠,语出《高僧传》,此指寒山的穿戴。联语观夜景、忆旧事,上联暗称张继,下联明赞寒山。

（陶继明）

苏州拙政园玲珑馆

张之万

曲水崇山，雅集逾狮林虎阜
莳花种竹，风流继文画吴诗

张之万，字子青，号銮坡，清直隶南皮（今属河北）人，道光二十七年进士第一，官至东阁大学士，善画。此联所题玲珑馆，在苏州拙政园。上联意云这里的曲水崇山，雅集的环境超过狮子林和虎丘。雅集，文人相聚，研讨诗画。狮子林，苏州名园之一，全园以假山为主，洞壑幽邃，盘曲迂回，叠奇峰巨石，有的形如狮子，故名。虎阜，指苏州名胜虎丘，有虎丘塔、云岩寺、剑池、千人石等名胜古迹。下联的莳花种竹，是指以诗画描绘各种花竹。莳，移栽。这是文人的风流韵事，继承了文画、吴诗的传统。文画，指文征明《拙政园景物图》。吴诗指吴伟业《咏拙政园山茶花》诗。（佟　今）

苏州白公祠

贺长龄

唐代论诗人，李杜以还，惟有几篇新乐府
苏州怀刺史，湖山之曲，尚留三亩旧祠堂

贺长龄，字耦耕，号西崖，清湖南善化（今长沙）人，嘉庆十三年（1808）进士，官至云贵总督。白公祠在江苏苏州，祀白居易。白居易，唐代大诗人，字乐天，晚年号香山居士。宝历初任苏州刺史，在文学上积极倡导新乐府运动，主张“文章合为时而著，歌诗合为时而作”，强调继承《诗经》“风雅比兴”的传统，反对别无寄托的作品。上联意云，论唐代诗人，除了李白、杜甫，剩下的只有写过几篇新乐府的白居易了。下联意云，苏州人民怀念白居易刺史，湖山曲折，尚留了三亩地建造了祭祀白居易的祠堂。联文赞颂了白居易的文学成就，表述了苏州人民对白居易的怀念之情。

（佟　今）

苏州五贤祠

陈元素

朝烟夕霭，诸岚收万象之奇，公等文章俱在
雅调元衿，异代结千秋之契，谁堪俎豆其间

陈元素，苏州人，明代诸生。五贤祠在苏州虎丘后山竹亭北，祀苏州刺史韦应物、白居易、刘禹锡、长洲令王禹偁，寓贤苏轼。崇祯时，有欲以曾在苏州为官的他人入祀五贤祠，陈元素撰此联，打消了他们的想法。上联说，苏州地区的朝烟夕霭，山岚之气收获万象之奇，韦、白、刘、王、苏等巨公的文章俱在，得到举世公认。元衿，文人所穿的衣服。俎豆，俎和豆都是古代祭祀用的器具，引申为祭祀、崇奉之意。下联说，这里供奉的都是文人，经过时间的洗礼，谁有资历跻身于他们之间呢！（沈树华）

苏州虎丘

俞 樾

虎阜觅游踪，乘兴而来，尽饶看十里烟花，三秋风月
狮峰观对面，会心不远，任领取云中林树，画里楼台

虎丘山在苏州城西北山塘街，春秋时吴王夫差葬父于此，相传葬后三日，有白虎踞其上，故名虎丘，向有“吴中第一名胜”的美称。虎阜，即虎丘。上联描写了到虎丘山寻芳探幽的愉快心情，说十里烟花、三秋风月都领略到了。狮峰，面对虎丘的狮峰山。下联说从对面的狮峰山回望虎丘，不必远离，就可以观赏到云中林树、如画楼台，从而更显示了虎丘迷人的景色。会心不远，南朝宋刘义庆《世说新语・言语》：“入华林园，会心处，不必在远；翳然林泉，便自有濠濮间想也。”联语写景中饱含感情。对仗工整，颇具匠心。（陶继明）

苏州虎丘仰苏楼

爱新觉罗·玄烨

波光先得月
山秀自生云

仰苏楼原名东坡楼,后被毁。康熙五十六年(1717)重建,并改名仰苏楼,由康熙题匾及联一副,后并入白公祠。"波光"即水光。月光在水中反映得最明显,故云"先得"。秀丽的山峦常被雾气笼罩生成白云。楼阁傍山临水,风景秀丽,用"先得月"和"自生云",形象地表现楼周围的风光。(唐 音)

苏州虎丘花神庙

一百八记钟声,唤起万家春梦
二十四番花信,吹香七里山塘

上联的"一百八记钟声"指寺庙的钟声。下联的"二十四番花信"指二十四种花的花期。"七里山塘",指苏州阊门至虎丘的一条街,长七里。此联围绕景点四周的风物特征,扣住"钟声"和"花信"进行渲染,将所描绘的景色熔铸在隽美流畅的对句中,既有工整对称之美,又不失纵横飞动之妙,显示了"钟声"与"花信"的动态与趋向,在时间和空间上给读者留下想象的余地。(王明珍)

苏州虎丘古刹客堂

谢默卿

干净地常来坐坐
太平时早去修修

虎丘山后女坟湖北面,风景幽绝,岸边有一古刹,古刹客堂中悬挂了这副对联。上联“干净地”即指“古刹”。此联劝人常来古刹佛地修炼。又特别指出太平时“早去”修修，意在说明“临时抱佛脚”是修不成正果的。此联对仗工切，纯用口语，充满禅理机锋。“坐坐”“修修”叠字，使联语音调铿锵、节奏明快。在湖上画舫往来，笙歌鼎沸之外，忽闻充满禅理机锋的话，真如暮鼓晨钟，发人深省。 （甘 桁）

苏州虎丘涌翠山庄

洪 钧

问狮峰底事回头，想顽石能灵，不独甘泉通法力

为虎阜别开生面，看远山如画，翻凭劫火洗尘嚣

涌翠山庄是清代苏州虎丘山附近的一座私人别墅，为本联作者住处。凿地开泉，堆石为山，周围种梧桐、翠竹，命名为“涌翠山庄”，今已不存。上联大意是：狮峰为何要时时回头？顽石要真能点头的话，不但泉水，什么事物都应该有法力。狮峰回头，传说虎丘山对面的狮峰山原是一只会飞的怪兽，时常残害百姓，后有神仙口吹火球，怪兽来扑火球，变为狮峰，火球变为虎丘，故狮峰总是回头望着虎丘。顽石点头，据《十道四蕃志》：“生公(即南北朝的名僧竺道生)讲经，人无信者，乃聚石为徒，与谈至理，石皆点头。”甘泉，即海涌泉，也名憨憨井，传说是南北朝时一名法号憨憨的盲和尚，在虎丘山挖井不止，后终于找到泉眼，泉水冲出地面时，盲僧眼睛复明。此井与大海相通，法力无边。下联的大意是：山庄为虎丘山别开生面。我看远山美如画，要翻转世界全凭劫火来洗涤这尘世的纷争。虎阜即虎丘山。劫火，佛教语，指世界毁灭时的大火。《仁王经》：“劫火洞然，大千俱坏。”联以较少的文字，巧妙地包括了三个故事传说，并以佛教语中的“劫火”来排遣自己心中的郁闷，可算是一个有维新思想的知识分子的呼唤。 （陶继明）

苏州虎丘真娘墓

李祖年

半丘残日孤云，寒食相思堤上路

西山横黛瞰碧，青门频返月中魂

真娘墓,在虎丘剑池以西。真娘,唐代古吴地名妓,传说她守身如玉。有客欲留宿,鸨妇许之,真娘乃自缢死,客感惜,葬真娘于虎丘。后人题咏颇多,遂传衍为胜迹。此联全集南宋吴文英词而成。"半丘残日孤云",集自《木兰花慢》:"千古兴亡旧恨,半丘残日孤云。"交代了地点(虎丘)、时间(黄昏)、气氛(孤云),细致刻画了墓地周围落寞凄凉的环境。"寒食"句,集自《倦寻芳·饯周纠定夫》"寒食相思堤上路,行云应在孤山畔",突出了凭吊者路经白公堤时凄婉的心情。寒食,节名,古人在清明节前一二天有禁火冷食之俗。相思,此处作缅怀悼念讲。下联"西山"句集自《齐天乐·齐云楼》:"西山横黛瞰碧。眼明应不到,烟际沉鹭。"西山,指虎丘西面的天平山。横黛,形容山峰青翠连绵,犹如美女的眼眉。碧,谓太湖水。但见青山横翠,年年俯视着太湖水,而清澈如镜的湖水中时时映照出真娘当年的倩影秀姿。"青门"一句是全联的精彩所在。集自《浣溪沙》:"徐丽不歌原上酒,青门频返月中魂。"青门,城门,泛指吴地。月中魂,指真娘英魂仍依恋故土。本联集句浑成一体,表达了对真娘的哀悼与怀念之情。

(张君宝)

苏州留园(一)

盛 康

历宦海四朝身,且住为佳,休辜负清风明月
借他乡一廛地,因寄所托,任安排奇石名花

留园,位于苏州阊门外,系苏州四大古名园之一。始建于明代嘉靖年间,本称"东园"。后称"刘园"。光绪年,盛康以刘与留谐音,祝园长留不毁,可留游踪,易名为留园。上联首句,盛氏历官道光、咸丰、同治、光绪四朝,故云"四朝身"。一旦无官在身,就欲寄情于山水。且住为佳,《艺苑丛谈》卷三引晋人杂帖"寒食近,得且住为佳耳",有劝人暂留之意。清风明月,化用欧阳修《咏苏州沧浪亭》诗"清风明月本无价"句。下联表达的也是卸职之后寄身园林、安度晚年的意趣。盛氏是毗陵人,到苏州购园,故云"借他乡一廛地"。一廛(chán),城市居民的一片房地。《孟子·滕文公上》:"愿受一廛而为氓。"因寄所托,王羲之《兰亭集序》:"或因寄所托,放浪形骸之外。"奇石名花,指留园湖石冠云、瑞云、岫云三峰和桂花、竹丛、芭蕉、青枫等植物。联语一气呵成,笔法老练,写景表意,脉络明晰。 (张君宝)

苏州留园(二)

俞 樾

一部廿四史,演成古今传奇,英雄事业,儿女情怀,都付与红牙檀板

百年三万场,乐此春秋佳日,酒座簪缨,歌筵丝竹,问何如绿野平原

此联题留园内戏台。上联慨叹古今多少事,都付笑谈之中。历史的盛衰、兴亡、英雄、儿女、事业、情怀,一如舞台上的演出,匆匆而过,都成过眼云烟。红牙檀板,指舞台上演唱道具,以檀木制成的可调节乐曲板眼的拍板或牙板。下联描述春秋佳日在园中行乐图景。从时空的角度写来,为了不辜负良辰美景,绿野平原,便须及时行乐。三万场,概指三万六千五百日,举其成数。簪缨,古代达官贵人的冠饰,这里指官场中的人物。联语慨叹人生短暂,不如江山永存,含有应及时行乐之意。 (吴关镛)

苏州耦园

卧石听涛,满衫松色

开门看雨,一片蕉声

园在苏州小新桥巷,住宅东西有两座园,东园以水池为中心,西园以书斋"织帘老屋"为中心,在前后庭院构筑廊轩,杂植花木,间置湖石。躺在石上,倾听泉水清响,不觉全身都染上苍翠之色;打开门来欣赏雨景,只听见一片滴滴嗒嗒雨打芭蕉荷叶之声。宋杨万里《秋雨叹十解》:"蕉叶半黄荷叶碧,两家秋雨一家声。"联语由听觉转到视觉,又由视觉转到听觉,在感觉的转换中,形象、色彩、音响协调一致,给人以丰富的美感享受。

(唐 音)

苏州西子池

刘 墉

香水濯云根，奇石惯延携砚客
画廊垂月地，幽花曾照浣纱人

西子池在灵岩山，山顶有琴台，传说是吴王夫差为西施建筑的“馆娃宫”故址，上联说池水洗涤着灵岩山石，一处处奇石迎来许多文人墨客流连兴感。香水，香水溪，亦称脂粉塘。《姑苏志》称为西施洗浴处。濯，洗。云根，古人认为气触石而生云，石为云根。宋孝武帝诗：“屯烟扰风穴，积水溺云根。”延，迎。携砚客，指文人墨客。下联说月光照着画廊，暗香袭人的山花曾与当年浣纱的美女西施相映生辉。画廊，响屧廊，吴王所造宫殿，西施辇行则有声。上联是叙述，实写；下联是想象，虚写。虚实结合，意境独特，诗情隽永。 （陈永泉）

苏州横塘驿站亭

客到烹茶，旅舍权当东道
灯悬待月，邮亭远映胥江

横塘驿站，位于苏州市西南横塘彩石桥东侧。亭面南背北，临水而筑，为古代邮驿仅存的一个。联语即景切情，通俗明了，但不落俗套。上联突出驿站主人的热情好客。东道，代指驿站居停之所。权当两字，写出东道主的谦恭之态，并与首句“客到烹茶”照应。下联写物叙景，但处处有东道主在。“灯悬待月”四字，写尽日暮至翌日黎明的整个时间过程，“远映”二字关照前句的“灯悬”，极富立体感。读此不难窥见如下画面：驿亭门院的灯火，和院落客舍内的灯火，彻夜不熄，连远处的湖水都感受到了它的光亮和温暖。胥江指太湖及其支流。联语极富人情味，下联以景喻情的手法也运用得很恰当。 （张君宝）

苏州抱绿渔庄(一)

林　琛

聆棹歌声，辨云树影，掬月波香，水绿山青，此地有出尘霞想

具著作才，兼书画癖，结泉石缘，酒狂花隐，其人真绝世风流

抱绿渔庄在虎丘东山滨，为私人别墅。渔庄两面临水，有假山、亭阁楼台，游船画舫往来水上，明清两代文人墨客多会于此。上联极言渔庄环境如神仙世界。棹歌，渔歌。棹，橹或桨，代指游船。掬，双手撮合捧水。霞，通遐，远。出尘霞想，超出尘世的遐想。下联写此间游赏者绝非俗客，具有著作才能，兼爱书画成癖，与泉石结缘，如李白飞觞醉月，如陶令采菊东篱，那些古人真是世上的风流人物。本联造语工整，紧扣"抱绿""渔庄"特点，巧用动词铺陈直叙，又有飘逸想象。上联给人听觉、视觉、嗅觉之美，下联有泉石之静兼花酒之动，情趣横生。全联生活气息浓郁，意境恬淡闲适，给人以渔庄乃世外桃源之感。(曹云岐)

苏州抱绿渔庄(二)

韦光黻

如此烟波，只应名士美人消受溪山清福

无边风月，好借琼楼玉宇勾留诗画因缘

写抱绿渔庄，得掌握它的特有情味:既有溪山烟波的乡村隐逸味，又有琼楼玉宇的风月诗画缘。身居繁华苏州，却能享此清福。这就把名士美人的欢愉心态充分描摹出来了。本联的修辞方法是铺陈，在相同的平面上展开不同角度的描述，有自然景观，有美丽的建筑，琼楼玉宇与烟波风月，错落辉映，诗画因缘隐含摹写溪山清福之意。消受，写出审美心态。勾留，写出迷恋情致。

调色在不浓不淡之间,抒情在亦艳亦素之际。多角度的铺陈,交织着道出了渔庄的美的特征,繁华中的清幽,所以能产生诱人的魅力。 (何以聪)

苏州抱绿渔庄(三)

塔影在波,山光接屋

画船人语,晓市花声

本联的特色在于"空灵"两字。通篇只在似有若无之间,点出渔庄特有的光和声。上联塔影、山光,全在忽隐忽现中,捉摸不定。而波中的塔影,屋外的山光,更能给人野客抚琴的逍遥联想。下联游人们的笑语声、晓市上的卖花声,全酝酿着青春气息,而人语发自左近,花市闹在远处,轻重起伏,错落传递,在读者的听觉中产生真切的层次感:这光和声的通感修辞效果,点染出渔庄生活的特有情趣:三分春色,一派天机。 (何以聪)

苏州怡园藕香榭(一)

顾文彬

与古为新,杳霭流玉

犹春于绿,荏苒在衣

怡园在苏州市人民路,原为明代尚书吴宽旧宅。清光绪初为顾文彬(字子山,苏州人,曾任浙江宁绍道台)购得,扩建为私人花园。园中联语多为园主集唐宋元诗词而成,此联出唐司空图《诗品》。上联见《纤秾》"如将不尽,与古为新"及《委曲》"杳霭流玉,悠悠花香"。意谓将古人不尽之意加以翻新,有如委曲的烟,流动的玉,合乎自然之势。与古为新,园中山石构筑,虽仿效前人,亦有所创新。下联见《缜密》"犹春于绿,明月雪时"及《冲淡》"犹之惠风,荏苒在衣"。意谓春天绿染天地,而人们对柔风吹拂之感受则各有不同。荏苒,轻柔貌。联语用词典雅,描绘了眼前之景,抒发了愉悦之情,反映了士大夫文人的审美情趣。 (商启予)

苏州怡园藕香榭(二)

曲槛俯清流,暝烟两岸,斜日半山,横枕鳌峰,水面倒悬苍石

晴空摇翠浪,花露侵诗,槐熏入扇,凉生蝉翅,柳荫深锁金铺

这是一幅绘景佳构。上联一幅幅的画面把怡园藕香榭傍晚的山光水色表现得淋漓尽致。那精致的曲槛,潺潺的清流,日暮时两岸的烟霭,从半山腰照射出来的夕阳,横枕着的鳌峰,以及倒悬水面的苍石,都历历在目,风韵雅逸。下联写感受。这里景物随着时令季节而变换,春日的晴空摇曳着翠绿的波浪,花上晶莹的露珠好像要侵上诗页,槐树的香气随着扇子的摇动向人袭来,蝉翅的震动仿佛给人带来丝丝的凉意,垂柳的浓荫被锁在这深深的庭院里。金铺,门上兽面形的铜制环纽,用以衔环,此处借指庭院。全联词采秀出,有诗的魅力。 (吴关镛)

苏州唐寅墓

韩 菼

在昔唐衢常痛哭

只今宋玉与招魂

墓在苏州阊门外桃花坞。唐寅字伯虎,号六如居士,江苏吴县(今苏州)人,明代著名画家,文学家,为苏州"四大才子"之一。他 29 岁中乡试第一,会试时因牵涉科场舞弊案被革黜,后佯狂归乡,以鬻画卖文为生。上联,唐衢,《唐国史补》说:唐衢"有文学,老而无成,惟善哭"。这里借用此典,表示对唐寅遭遇不幸的哀怜之情。下联用宋玉为屈原招魂,暗指清江苏巡抚宋荦为唐寅修墓的故事。宋玉,战国时楚人,辞赋家,相传为屈原弟子,曾作《九辩》。汉代王逸说,宋玉写《招魂》为屈原招魂。这里借用此典表示对唐寅悼念之情。作者借古喻今,

借同情唐寅之笔,曲折地抒发自己有志难伸的情怀。 (吴关镛)

苏州狮子林荷花厅

吴焕元

尘世阅沧桑,问昔年翠辇经过,石不能言,叠嶂奇峰还依旧

清淡只风月,于此地碧筒酣饮,花应解语,凌波出水共争妍

上联追叙往事。乾隆皇帝下江南时曾游狮子林,并题“真趣”一匾额。人世沧桑多变。问此事,石不能答,叠嶂奇峰依然如旧。刘沧《经炀帝行宫》诗:“此地曾经翠辇过,浮云流水竟如何?”辇,帝王或后妃所乘之车。下联写花月。清淡的风月之夜,在这里举杯畅饮。荷花似乎也能懂得人意,在水波中亭亭玉立,凌波出水,风姿卓绝,与风月争妍。碧筒,碧筒杯,古人于盛夏时用荷叶所制成的酒器(见唐代段成式《酉阳杂俎》)。联语即景入墨,于叙事中绘景,寥寥几笔即勾勒出景物的神韵。 (吴关镛)

苏州沧浪亭(一)

梁章钜

清风明月本无价

近水远山皆有情

沧浪亭在苏州城南三元坊附近。宋庆历间诗人苏子美买地作亭,名曰“沧浪”,后几经易主,各有增损。上联摘自欧阳修《沧浪亭》诗“清风明月本无价”句。下联摘自苏舜钦《过苏州》诗:“绿杨白鹭俱自得,近水远山皆有情。”联语的意思是自然界的清风明月给予人们的恩惠是不能用金钱计价的;同样,透过花窗望去,远山近水对人也是怀着深厚感情的。联语赋风月山水以人的感情,读来十分亲切感人。 (周 监)

苏州沧浪亭(二)

何绍基

风篁类长笛
流水当鸣琴

本联生动传神地刻画了沧浪亭内清幽的环境。构思奇巧,它把风中摇曳的修竹类比为长笛,又把流水喻作鸣琴。“风篁”“流水”“长笛”“鸣琴”的描写,给读者以雅逸高古的审美情趣。且用词造句十分洗练,富于想象。

(陶继明)

苏州沧浪亭(三)

齐彦槐

短艇得鱼撑月去
小轩临水为花开

上联谓,渔父得鱼之后高兴地撑船而去,被搅碎的池中月也随之移动,写出了渔父的快乐自在。短艇,借指撑船人。下联谓,小轩紧靠流水是因为欣赏纯洁坚韧的梅花,突出了作者与园主的风格。轩,有窗的廊子或小屋子,此处指沧浪亭。联语化静为动,动中含情,写得雅逸潇洒。下联出自苏轼《再和杨公济梅花》诗。

(陈永泉)

苏州沧浪亭(四)

齐彦槐

四万青钱,明月清风今有价
一双白壁,诗人名将古无俦

沧浪亭,由北宋诗人苏舜钦改建旧园而成。南宋初年,它曾一度是抗金名将韩世忠的"韩园",其后屡有兴废,清同治十二年(1873),亭在原址上重建,为今亭布局的主要基础。上联赞亭之景美。用"明月清风"以概全貌。四万青钱,指苏舜钦曾以四万钱购得,并整修为此亭。此由欧阳修《沧浪亭》诗"清风明月本无价,可惜只卖四万钱"脱化而来。青钱,古代最小的货币单位,以红铜、黑铅、白铅铸制。下联颂亭主之杰出。诗人名将,指苏舜钦与韩世忠。无俦,谓同时代没有可以跟他们相比的人。如何将前人成句加以衍化组成上联,又如何联系亭的历史撰成下联,做到既赞景又颂人,读此可悟联语写作之法。 (张君宝)

苏州沧浪亭(五)

宋荦

共知心是水

安见我非鱼

这是一副写观景赏鱼之乐的对联。《庄子·秋水》云:"庄子与惠子游于濠梁之上,庄子曰:'儵鱼出游从容,是鱼之乐也。'惠子曰:'子非鱼,安知鱼之乐?'庄子曰:'子非我,安知我不知鱼之乐?'"此联是代庄子答复惠子"子非鱼,安知鱼之乐"的反问。庄子善于体会物情,通情以应物,故能达到"物我交融、物我两忘"鱼乐我乐的境界。"拟物法"的运用反映了庄子观赏事物的艺术心态。作者就是沿着庄子的思路而作了回答。"共知心是水"意为用心去体会我和鱼都有生活在水中的共同认识,"安见我非鱼"意为怎么见得我不是鱼呢?联语从鱼与水的关系,生发感慨,所用老庄哲学之典甚恰切。 (陈永泉)

苏州沧浪亭(六)

薛时雨

百花潭烟水同清,年来画本重摹,香火因缘,合以少陵配长史

万里风流波太险，此处缁尘可濯，林泉自在，从知招隐胜游仙

此联是薛时雨在同治十二年(1873)沧浪亭重新修葺后所题。上联独辟蹊径，以杜甫诗意提领，并以唐杜甫的草堂与宋苏舜钦的沧浪亭相提并论，由此显示苏舜钦在宋代诗坛上的重要地位。百花潭，指杜甫草堂。《太平寰宇记》："杜甫宅在成都西郭外，地属犀浦，接浣花溪，地名百花潭。"烟水同清，既道出"百花潭水"与"沧浪亭水"一样的清澈，又紧扣杜甫《狂夫》诗"万里桥西一草堂，百花潭水即沧浪"的原意。画本重摹，比喻两个古迹修葺一新。以"因缘"一句过渡。杜甫号少陵野老，苏舜钦曾任湖州长史，两人都字子美，相配同论，顺理成章。下联转入所题景点沧浪亭上来，通过"流波太险"与"林泉自在"的强烈对比，得出归隐林园，寄情山水胜过飘忽不定，浪迹四方的结论。开端"万里风"代喻功名官禄。语出杜甫诗"天际秋云薄，从西万里风"(《雨晴》)，"安得万里风，飘飘吹我裳"(《夏夜叹》)。"流波太险"四字谓世道险恶，是感叹人生之语，可谓警策之辞。缁尘，喻尘世污垢。濯，洗涤。林泉自在，呈现出人们在此悠游自得的神态。"从知"二字，道出这番感悟非突然而得，其间又蕴蓄着种种辛酸和矛盾。《楚辞》有悯伤屈原的《招隐士》篇，《文选》有借描述"仙境"以寄托情感的《游仙诗》，联语截为己用。

(张君宝)

苏州沧浪亭苏子美祠

洪 钧

徙倚水云乡，拜长史新祠，犹为羁臣留胜迹

品评风月价，吟庐陵旧什，恍闻孺子发清歌

上联首句谓留连于隐者所居水云之乡，"长史新祠"则称苏子美祠，因苏曾官湖州长史。"祠"前冠一"新"字，一与下联"旧什"对应，一明撰联时此祠刚得修葺。羁(jī)臣，指苏舜钦曾因细故获罪而放废吴中。下联首句"风月价"三字点出沧浪亭的本事。苏子美革职寓苏州，喜沧浪亭一带风

光,遂以四万青钱将旧园买下,临水构亭。欧阳修《沧浪亭》诗有“清风明月本无价,可惜只卖四万钱”句。庐陵,即欧阳修。什,指诗篇。末句从亭名展开想象,谓仿佛又听到了古代孺子唱的那首歌:“沧浪之水清兮,可以濯我缨;沧浪之水浊兮,可以濯我足。”(见《孟子·离娄上》)美景可赏,前事可鉴。其叹世道艰辛、为宦不易,意欲隐退的心曲亦于此可见。

(张君宝)

苏州漱碧山庄

俞樾

邱壑在胸中,看叠石疏泉,有天然画意
园林甲天下,愿抱琴携酒,作人外清游

上联写景。说园林设计者胸中早有丘壑的轮廓,叠石疏泉,无不天成。《宣和画谱》:“落笔则胸中邱壑尽在眼前。”下联抒情。表示自己对漱碧山庄这甲天下园林的由衷喜爱,希望饮酒弹琴作远离世俗的逍遥游。人外清游,远离世俗、游山玩水。南朝齐谢朓《往敬亭路中联句》:“幸藉人外游,盘桓未能徙。”“天然画意”“人外清游”,反映了作者超然物外,热爱自然,返璞归真的思想感情。

(陈永泉)

苏州天平山

万笏皆似平地起
一峰常插白云中

天平山在苏州城西,其地石、泉、枫堪称三绝,为苏州市的胜迹之一。本联生动地勾画了天平山高耸险峻,突兀而起,插入云霄之中的奇景。天平山的石头富节理裂隙,有竖的也有横的,形状参差突兀,故有“万笏(古代君臣在朝廷上相见时手中所拿的狭长板子)朝天”之称。一“起”一“插”,赋予天平山以生命的力度和动感。

(陶继明)

苏州韩世忠墓

林则徐

祠庙肃沧浪,更寻来一万字穹碑,新焕岩阿榱桷
威灵震吴越,还认取七百年华表,遥传江上旌旗

韩世忠墓,在灵岩山西南麓,是韩世忠和夫人梁红玉的合葬墓。韩世忠(1089—1151),字良臣,陕西绥德人,抗金民族英雄。由于南宋朝廷腐败,忧郁而死。上联写墓地。以苏州沧浪亭的韩世忠祠提领。沧浪亭在南宋初年曾一度是韩世忠的“韩园”,后几经兴废,直至清康熙年间得以重修,并修韩世忠祠。“祠庙肃沧浪”(肃,言肃立)便谓此事。继句“一万字穹碑”,称今尚存的赞颂韩世忠的“中兴佐命定国元勋之碑”,碑文长达一万三千九百多字,由南宋赵雄撰文,周必大书写。碑高三丈,是为“穹碑”。歇句“岩阿”,即灵岩山。阿(ē),本指大的丘陵。榱(cuī)桷(jué),屋椽屋桷的总称,这里代指庙堂。下联写墓主。“威灵震吴越”五字便概括尽韩世忠当年抗金的功勋,苍劲有力。接着“七百年(南宋至清)”过去了,但后人对英雄的景仰不减。华表,指亭堂外面装饰用的巨大的石柱。作者站在墓地之中,遥望江面,耳边似乎响起了旌旗摇摆声、鼓声、阵阵的喊杀声,眼前仿佛出现了英雄指挥若定、大宋将士勇猛杀敌的作战场面。联语怀古抒情,表达了作者强烈的民族意识。 (张君宝)

苏州洞庭西山

佳味无多:白饭、香蔬、苦茗
我闻如是:松风、鸟语、泉声

太湖之滨,洞庭西山,富饶而素朴,其为景也,旷远而疏淡,所以旅游者多欣赏品味其宁谧闲适之致。所以庖厨品味,联语只列举白饭、香蔬、苦茗,不事膏腴而求清淡,又以物寓情,显淡泊自得之旨。悦耳赏心,只列举

松风、鸟语、水声，不贵宏丽而趋淳朴，以声写景，显天籁自然之美。上下联充满山林隐逸之趣、稼穑丰收之乐，写出了江南湖乡生活特色。全联文字以淡取胜，景淡、人淡、文淡，虽不用彩笔，而愈见其美。行文轻俏，只用淡墨数点而传神于不着气力之中。 （何以聪）

甪直保圣寺

赵孟頫

梵宫敕建宋代，推甫里禅林第一

罗汉塑源惠子，为江南佛家无双

赵孟頫，字子昂，号松雪道人，元湖州人，宋太祖十一世孙，延祐间官至翰林学士承旨，诗书画皆有名于世。甪直，镇名，在江苏苏州市吴中区，东，接昆山市界。镇有保圣寺，始建于南朝梁天监二年，寺内天王殿，有古塑罗汉像，相传出于唐代雕塑名家杨惠之手，现存九尊，为全国重点保护文物。上联赞赏保圣寺建筑精美，可推崇为甪直镇第一。甫里，即甪直镇，唐代诗人陆龟蒙自号甫里先生，曾居此。下联颂扬保圣寺罗汉雕塑出自唐代雕塑名家杨惠之，其艺术成就在江南佛寺中是独一无二的。 （沈树华）

无锡鼋头渚

天浮一鼋出

山挟万龙趋

鼋头渚是无锡南犊山麓向太湖伸展的长渚，形如昂头大鼋正在吞吐波涛云烟。上联以鼋比石渚，写景点的外形。茫茫三万六千顷的太湖上浮着一个鼋头，“浮”字把静物写动，使形象由无生命体变为有生命体。下联以龙比波涛，展示景点的声势。巉岩陡壁带领着碧波黛浪奔来眼底，似吟欲鸣。“挟”字不但把静物写动，还使之含情，使之人格化。此联语言极为形象、精练，寥寥十个字生动传神地显示了太湖的磅礴气势，恰似一幅天然图画。

（王明珍）

无锡鼋头渚澄澜堂

陈夔龙

山横马迹，渚峙鼋头，尽纳湖光开绿野
雨卷珠帘，云飞画栋，此间风景胜洪都

上联写登澄澜堂，可一览太湖鼋头渚四周美景。此间山峦起伏，楼阁精雅，湖面澄清碧绿，气象万千。马迹，指远处的马迹山，传说秦始皇南巡归来，命神马为此山之主，神马惊喜而跃入水中，凌空腾跃时留下四个蹄印。下联谓这里的景色胜过南昌的滕王阁。“雨卷珠帘，云飞画栋”两句化用王勃《滕王阁》诗：“画栋朝飞南浦云，朱帘暮卷西山雨。”洪都，江西南昌，唐时称为洪州，设都督府，是滕王阁所在地。这是一幅登临绘景之作，突出鼋头渚的秀美风景，并与洪都滕王阁景色比美，令人赏心悦目，情畅意适。

（吴关镛）

无锡鼋头渚落霞亭

招三两渔樵，春夏秋冬良夜
揽万千气象，雨烟风雪斜阳

从落霞亭中放眼远眺太湖景色，春、夏、秋、冬常可随手招二三渔父樵叟共同谈心（寓隐逸之意），也可看见太湖中雨、烟、风、雪的万千气象。“良夜”与“斜阳”写的是黑夜与白天的变迁。联语通过“渔樵”与“气象”，写出了太湖景色的独特，“三两”对“万千”，“春夏秋冬”对“雨烟风雪”，对仗工整，用词概括精练。一个“招”字和一个“揽”字，写出了太湖的辽阔博大的气势。（谢燕华）

无锡惠山枝峰阁

扫石月盈帚
滤泉花满筛

惠山,在无锡市西郊,山有九峰,素以泉山闻名。联语谓清扫石阶上的尘埃,得到的却是满扫帚的月影;过滤泉山之水,所获却是一网筛的落英。写清月夜色,不直接写天上,却写地下月光月影;写泉山似锦的繁花,不着枝上,却看水中缤纷的落英。奇巧的构思使联语婉转多姿,文辞娴雅,独具韵味。 (谢燕华)

无锡惠山梵音阁

孙北萱

八景赛芙蓉,最宜诗酒清谈,远寺疏钟明月夜

九峰环惠麓,绝妙溪山入画,小桥流水夕阳天

梵音阁在无锡惠山上,据传为西域僧人慧照所建。登阁远眺,可观太湖,天光云影,碧波如镜,景物秀丽。上联描绘了梵音阁周围优美的景色。在月明之夜,远寺传来断断续续的钟声,此时最宜诗酒清谈。八景,指惠山八景。远寺疏钟,指惠山寺传出的钟声。下联说惠山的南面有九座山峰环绕,与小桥流水一起沐浴在夕阳的余晖中,确是一幅绝妙的图画。联语中“远寺疏钟明月夜”“小桥流水夕阳天”,不仅对得十分工整,而且充满诗的意境。 (陶继明)

无锡万顷堂

陆士奎

如上岳阳楼,望万顷湖光,重忆希文椽笔

遥瞻吴越界,指一帆风影,可来蠡湖扁舟

陆士奎,字凤翔,清江苏常熟人。万顷堂在江苏无锡太湖。希文,北宋范仲淹,字希文。椽笔,如椽之笔,喻大手笔。上联意云,登上万顷堂,犹如登上岳阳楼,遥望太湖万顷湖光,又令我想起范仲淹和他写的《岳阳楼记》。蠡湖,湖名,在江苏无锡东南,相传春秋时越国范蠡伐吴国时开凿,与太湖

相通。下联意云,从万顷堂遥望吴越交界处,乘一帆风影,可一叶扁舟驶入太湖。（佟　今）

无锡万顷堂项羽祠

此地疑仙,蓬莱、瀛洲、方丈

不知有汉,美人、名马、英雄

上联说,此地好像是个仙境,像蓬莱、瀛洲、方丈那样神奇。《史记·秦始皇本纪》:“齐人徐市等上书,言海中有三神山,名曰蓬莱、方丈、瀛洲,仙人居之。”下联说,项羽不承认有汉朝,平生爱美人,爱名马,是个虽然失败了而仍不退避的英雄。不知有汉,见陶渊明《桃花源记》。项羽自称西楚霸王,故云不知有汉。美人,指虞姬,常在项羽身旁。《垓下歌》:“虞兮虞兮奈若何!”名马,乌骓,羽常骑之。《垓下歌》:“时不利兮骓不逝。”英雄,项羽被困于乌江,亭长以船请渡江东,辞曰:“纵江东父老怜而王我,我何面目见之!”遂自刎。李清照曾赞曰:“至今思项羽,不肯过江东。”联语出句切地——地灵;对句切人——人杰,这是祠庙联一般写法。上下联的后半部分,各由三个名词组成,似乎单调,其实不连而连,给读者留下了充分想象的余地。（蒋竹荪）

无锡梅园诵豳堂

发上等愿,结中等缘,享下等福

择高处立,就平处坐,向宽处行

梅园在无锡西郊浒山上。园内有梅数千株,为江南著名赏梅胜地。此联不从绘景着手,而是直抒胸怀,表达作者处世为人之道,并包含着有益的人生哲理。上联就发愿、结缘和享福诸事议论,分为上、中、下三个等级,表明作者的人生态度。发……愿,表明心愿。结……缘,结下缘分。下联就立身、处世和行事议论,作者的准则之一是择高处立,即志向要崇高,只有往高处立,才可能远瞩高瞻;二是就平处坐,谓处世要随和、自然,这样就能随遇而安;三是向宽处行,行事要宽宏大量,不斤斤计较,才能左右逢源,得心应手。联语用平平常常的话,不求铺设,巧妙地用上、中、下,高、平、宽等字,写出深刻人生哲理,耐人深思。(吴关镛)

无锡黄埠墩

九龙绕郭而来,一颗明珠,宛然芙蓉烟雨

万马窥江而去,半规浮玉,依然杨柳楼台

黄埠墩,又作皇甫墩,旧在无锡城北的芙蓉湖中。登上此地,可见惠山缥缈之状。上联总写山势。首句突兀惊人,"九龙绕郭而来",整体勾勒惠山全景。惠山在市西郊,山有九峰,宛若游龙,故又称"九龙山"。一颗明珠,比喻惠山东峰脉断处突起的锡山。黄埠墩也好似"一颗明珠",它绰约亭立于烟雨溟濛的芙蓉湖中。下联写湖水。"万马窥江而去",笔力千钧。万马窥江,原为惠山八景之一,喻湖水奔腾不息。一俟湖水平静如镜,天上半勾明月倒映在水中,恰似飘浮的美玉,仍然在杨柳楼台间。

(张君宝)

镇江招隐寺

铁 良

一勺励清心,酌水谁含出世想

半生盟素志,听泉我爱在山声

寺在镇江南郊招隐山中。东晋末年,艺术家戴颙隐居这里,戴死后,其女将住宅舍为佛寺,故名招隐寺。本联由"酌水""听泉"起兴的"励清心"与"盟素志",不仅仅是着眼于廉政自爱,而更要归结到"出世想""在山声"。酌水,取水而饮。《晋书·吴隐之传论》:"吴隐酌水以励清。"本联作者是清朝大员,平生政绩,瑕瑜互见,但制作此联,内涵颇广,从"一勺"引发到"出世”,该有醍醐灌顶、今是昨非的感受,从“半生”回忆到“在山”,更印证“出山水浊,在山水清”,此实非诳语。所以上联的“含”字和下联的“爱”字用得极有分量,想见作者登临胜境,确有憬悟忏悔之意。 (何以聪)

镇江招隐寺昭明读书台(一)

妙境快登临,抵许多福地洞天,相对自知招隐乐

伊人不可见,有无数松风竹籁,我来恍听读书声

上联着重写“境”、写“形”。提出“妙”字,说读书台“抵许多福地洞天”,如果你亲自“相对”,必然知其“妙”而能更多领略招隐山的无穷乐趣。福地洞天,指名山胜境。下联着重写“人”写“声”。昭明太子的仪容已不可睹,但从“松风竹籁”里,也能仿佛听见其当年读书之声。伊人,指梁昭明太子萧统。竹籁,翠竹发出的声音。读书台本来无多少景物可写,一般是从昭明太子事迹掌故落笔。但此联写法不同,对于境界之“妙”,让读者通过联想和想象去掌握,而“恍听读书声”的怀古幽情,也让读者揣摩得之,这就避免了俗套,且加深了联语的深藏的内涵。 (蒋竹荪)

镇江招隐寺昭明读书台(二)

彭玉麟

萧梁逝水,往迹犹新;问谁大雅扶轮,再继元储不朽业

沧海横流,人间何世!趁我余光炳烛,补读平生未见书

传说南朝梁昭明太子萧统曾在招隐寺读书,并在增华阁编成我国第一部诗文选集《文选》。联作者游览此地,发抒自己的感慨。上联凭吊历史陈迹,慨叹后继无人。头两句说南朝萧衍所建立的王朝已如流水逝去,而其子萧统在这里读书的案石却依然存在。接着慨叹当时已无德高才大的人能继承并推动昭明太子那样不朽的事业。这对清王朝的诸王子来说,实有弦外之音。萧梁,南朝萧衍所建立的梁朝。大雅,德高才大的人。班固《西

征赋》:“大雅宏达,于兹为群。”扶轮,扶翼车轮,指在侧推进。元储,即元子(天子、王侯的嫡长子)储君(皇位继承人),此指昭明太子萧统。下联面对目前形势,发出更为深沉的感叹。当时清王朝政局混乱,社会动荡,像海水到处泛滥一样,已经不成世道。作者只想趁晚年岁月,炳烛读“平生未见书”。即真正可以经邦济世,挽救国家的书,这里隐约地表达了作者对已往所学的那套大道理已经有所怀疑,而欲另求新知。可见作者年虽老迈,而志在千里。炳烛,燃烛照明。《说苑·建本》:“老而好学,如炳烛之明。”联语紧扣“读书”二字,赞昭明雅好读书,建立了不朽之业,叹今日已无人能继其志业;时势艰危,作者虽年力就衰,仍将补读平生未见之书,吊古伤今,感慨深沉,笔力苍劲。 (周 艺)

镇江金山寺

适从云水窟中来,山色可人,两袖犹沾巫峡雨

更向海天深处去,邮程催我,扁舟又趁浙江潮

金山寺,在镇江西北金山上,始建于东晋时,寺内殿宇楼台倚山而立,向为我国佛教禅宗名寺。本联乃清代某丁姓四川学使由四川顺江而下前去浙江,中途逗留金山寺时所题咏,是此次航程的回顾。刚从四川云雾弥漫的万山急流中飞渡而来,两岸山色诱人,袖管上沾湿的巫峡雨水尚未干透,又要向海天深处的浙江杭州而去,行色匆匆催我上路,小舟还得趁早去赶浙江潮。云水窟,指长江上游的三峡一带,那里山高江窄,浪大流急,云雾缭绕。海天深处,指浙江杭州。联语用流水对,上下联连贯流畅,一气呵成,如行云流水,舒展爽利。整个行程就像是一瞬间的事,反映了作者明快轻松的心境与豪爽的个性。 (谢燕华)

镇江金山楼

帆远浮天阔

江空得月多

金山楼在镇江市区西北,始建于东晋,规模宏伟,殿宇厅堂,亭台楼阁,鳞次栉比。从远处眺望,只见金碧辉煌的建筑群与直指蓝天的宝塔,看不见山,故有“金山寺裹山”之说。此联描绘登楼所见。白天,帆影飘向远方,越飘越觉天地广阔:夜里,船只停止往来,江面一片空旷,承受的月光更多。联语用衬托法写景,笔调十分淡雅。以“帆”之“远”突出“天”之“阔”,以“江”之“空”突出“月”之“多”,并进而借景说理,就“远”与“阔”、“空”与“多”的关系启示人们:志远,驰骋的天地便广阔;虚心,则所得的成果必多。与王之涣《登鹳雀楼》诗“欲穷千里目,更上一层楼”,有异曲同工之妙。

（蒋竹荪）

镇江北固山多景楼

登楼便欲凌云去

临水应知得月先

北固山在镇江市东侧,北临长江,形势险要。多景楼建于该山风景最佳处,游人登楼,往往有“诗情无限景无穷”之感,被宋代书法家米芾赞为“天下江山第一楼”。上联赞楼之势,巍峨挺拔。据说,晋中郎荀羡在此望海云,发出“虽未睹三山,便自使人有凌云意”的感慨。下联写楼之位,滨江耸立。得月先,语出宋代苏麟诗句“近水楼台先得月,向阳花木易为春”。此处指多景楼面临长江可以先看到月光,暗含“得天独厚”之意。联语将游人的感觉、兴致和景物风光糅合起来,产生了一种特殊的效果。上联的“便欲”说明登楼者急于想凌云而去,下联“应知”二字分明是提醒游人,极写出游人被美景陶醉而痴迷之状。

（康斯馨）

镇江北固山祭江亭

黄祖洛

六朝山色收杯底

千里江声到枕边

亭在北固山顶最高处。传为三国时孙夫人祭奠刘备的地方。后人称这亭为祭江亭。其实三国时北固山一带还是荒山野岭，南朝梁武帝时才在北固山建甘露寺。出句说，六朝的山色岚光，晦明变化，似美酒般使人陶醉；对句说，千里的长江流泻，滔滔汩汩，如轻音乐连奏，乐声舒缓地飘到卧枕之边。联语的出句写昼景，重点在色，对句写夜景，重点在声。“六朝”与“千里”，是纵向时间与横向空间的交织，“山色”与“江声”是视觉感受与听觉感受的融合，彼此映衬，互相关联，产生了韵律感与意境美。

（余心乐）

镇江北固山甘露寺

苏 轼

云涌楼台出天上
风摇钟磬落人间

寺在镇江北固山后峰上。相传为刘备过江招亲处，后几废几修。白云簇拥着楼台仿佛来自天上，极写景点之高耸。清风吹动，听楼上悠悠钟声洒向大地，写出环境之清幽。联语一虚一实，一上一下，相互映衬补充。“云涌”“风摇”给静止的楼台带来了恍惚迷离的动态美。

（王明珍）

镇江焦山定慧寺

伊秉绶

龛收江海气
碑出鱼龙渊

焦山在镇江市东北长江中，因东汉陕中高士焦光隐居山中而得名。定慧寺始建于东汉，今建筑保持明代风格。大殿轩敞，寺中有“碑中之王”《瘗鹤铭》碑刻。上联高度概括形胜特点，焦山东北古有松寥山和夷山对峙,称为海门,滚滚长江由此东流入海。龛,原指供佛之阁,此处指定慧寺。一个“收”字,写尽寺庙濒临江海的壮观。下联重点叙说了该寺所藏稀世之宝《瘗鹤铭》碑的经历。碑系摩崖正书石刻,署华阳真逸撰,上皇山樵书,其字古拙奇峭,雄伟飞逸,有六朝诸家神气,为黄庭坚书所从出,因有“大字无过《瘗鹤铭》”之论。宋代碑遭雷击崩落江中,几经周折,后由陈鹏年于康熙年间募工拽出,仅存残石五方,计八十八字,移置寺内,砌入壁间。一个“出”字,描绘了碑石从鱼龙之渊的滚滚江水中挽出,失而复得,历尽艰辛的情况。联语含有希望游人珍惜古代宝贵文化遗产之意。

（曹云岐）

镇江焦山关庙

江声犹带蜀

山色欲吞吴

要鉴赏本联,先要简要了解一下本联内容的时代背景:从东汉末年地理形势看,荆州为东吴西部屏藩,历来为兵家生死必争之地。建安二十四年(219),关羽孤守荆州,孙权用吕蒙之计,攻下荆州,是历史的必然。从吴蜀外交关系看,蜀要与吴结好,也必须放弃荆州。《隆中对》中企图让蜀汉“跨有荆益”而又“结好孙权”的提法实际上难以实现。建安二十五年(220),各国势力范围基本确定,曹丕称帝,魏、蜀、吴三国正式鼎立。为了说明政权的合理性,历史上有所谓正统问题。三国以谁为正统?以对当时的封建统治是否有利为权衡,西晋承魏,北宋承周建都于中原,所以当时史家以蜀汉为正统;东晋与南宋都是偏安江南,情况与蜀相似,所以当时史家皆以魏为正统。南宋以后,经过《三国演义》故事的渲染,蜀汉正统论遂沿袭下来。此联正是“蜀汉正统论”的产物:长江的浪涛声紧紧连着蜀汉,焦山的岚光山色像是要一口吞下孙吴。对蜀汉的失利深表同情,对孙吴的得胜何等轻蔑!镇江在三国时属吴,下联是就关羽未完成的心愿着笔,故云。在艺术表现上,用带含有感情色彩的字眼,使江山带有动感和人性,因而读来既有历史感,又有勃勃生气。

（蒋竹荪）

镇江焦山水晶庵

林则徐

江月不随流水去
天风直送海涛来

焦山屹立长江江心,有“中流砥柱”之称。登山观看月色,是最富诗意的一景。此联为林则徐所书。长江滚滚东流,江中月影却不随水流去;天风阵阵劲吹,卷着海涛,一直送到江面上来。联语并不是单纯描绘焦山风月,而是借景抒怀,寓情于景。上联“不随流水”,寄托了自己不愿随波逐流的坚定立场;下联天风送涛,则隐含着作者的迫切愿望:天风啊,把那些腐败现象、社会上的种种恶习歪风通通一扫而光吧！梁章钜《楹联三话》云:此联原为“宋赵忠定公汝愚同林择之姚宏甫游吾乡鼓山诗句”,“此联以题鼓山固佳,今若移题焦山,则情景尤真切,故乐为辨之”。

（余心乐）

镇江焦山自然庵

郑　燮

山光扑面经新雨
江水回头为晚潮

此联写了江边凭眺所见之景。纵目远望,经过新雨的洗涤,秀美的山光迎面扑来;俯视江中,由于晚潮的浸灌,江水缓缓向西倒流。联语有描写、有分析,除给读者新鲜秀活的美的享受外,还揭示了自然现象中的因果关系:山色秀美,由于新雨,江水倒流,源在晚潮。熔景、情、理于一炉。

（唐　音）

镇江焦山碑刻

赵曾望

得瘗鹤铭而拓之,见八法中第一真书,始知翰墨精华,任鬼忌神谋,不及山灵呵护

问瓜牛庐谁继者,数两汉后无双国士,若论烟霞痼癖,惟公宾我主,庶几水乳交融

赵曾望,字萸亭,号绰道人,清江苏丹徒(今镇江)人。此联写焦山碑刻,在镇江焦山。瘗鹤铭,著名摩崖石刻,华阳真逸撰,上皇山樵正书,字势雄强秀逸,历来评价甚高。宋后落入长江中,康熙五十二年(1713)由陈鹏年募工移置焦山之上,后砌入定慧寺壁间,今残石尚存。拓,拓本,覆纸于金石器物的铭刻上,铺毡捶击,然后用绵包蘸墨,打印为墨本,称拓本。八法,汉字楷书运笔的八种基本法则。一曰侧,即点;二曰勒,即横画;三曰努,即直画;四曰趯,即勾;五曰策,即斜画向上者;六曰掠,即撇;七曰啄,即右之短撇;八曰磔,即捺。真书,即楷书、正书。翰墨,笔墨。鬼忌神谋,鬼的忌讳,神的谋略。山灵,山神。上联意为得到瘗鹤铭的碑刻而拓成拓片,见到书法中名列第一的真书,方始知道什么是翰墨精华,任你有鬼的忌讳和神的谋略,在保护碑刻方面还是不及山灵呵护得好。瓜牛庐,即蜗庐。痼癖,难以改变的积习和嗜好。公,指瘗鹤铭作者。庶几,差不多。下联意云问蜗庐由谁继续居住呢,数数两汉后无双国士,若论对山中烟霞喜爱入迷的积习和嗜好,唯公(指上皇山樵)是宾客而我是主人,差不多我们都做到了水乳交融。

(佟 今)

镇江京岘山宗泽墓

大宋濒危撑一柱

英雄垂死尚三呼

宗泽,宋代名将,曾募集义勇,抗击金兵,联络两河八字军等部,以岳飞为将,取得多次胜利,并再三上书力请高宗还都开封,收复失地,都被秦桧等投降派所阻,忧忿成疾,临死时犹连呼"过河"者三。宗泽死后,儿子宗颖和岳飞按照他的遗嘱把他夫妇合葬在京岘山北半坡上。上联称宗泽为国家民族濒危时的擎天一柱,充分肯定了他的丰功伟绩。下联突出他临终时三呼"过河"的遗志,强有力地反映了他的英雄本色和不屈意志。联语务求体现孤臣志士的未酬宏愿,仰天长啸的激烈壮怀,所以语调高亢而直截,色彩爽朗而素朴,虽只短短十四个字,却淋漓酣畅,达到内容与形式的完美统一。 （何以聪）

扬州瘦西湖(一)

李逸休

天地本无私。春光秋月尽我留连,得闲便是主人,且莫问平泉草木

湖山信多丽。杰阁幽亭凭谁点缀,到处别开生面,真不减清閟画图

瘦西湖地处扬州城西郊。湖形狭长,风景类于杭州西湖,但又清瘦秀丽,故名。上联抒情,道出悠闲雅逸信步流连的情思。平泉草木,指唐代李德裕的别墅"平泉庄"。李氏曾写有《平泉山居草木记》,末两句言来此游客都是主人,不必问是谁家花园。下联绘景,向游人推出佳景连绵清幽深邃的画面。清閟画图,指元代名画家倪瓒所绘之画,倪氏藏书处叫"清閟阁",联语以"清閟"代称倪瓒。真不减,犹言瘦西湖的秀美,直逼倪瓒的山水画册。此联用典自然贴切,而上联第三句"得闲便是主人"照应首句"天地本无私";同样,下联的"到处别开生面"照应"湖山信多丽",针线细密,诚为佳构。 （张君宝）

扬州瘦西湖(二)

陈重庆

以全湖作明镜观,此处绿云多,好似一弯螺黛影

于夏日唱招凉曲,泊船斜月后,最宜四面藕花香

瘦西湖自六朝时即为风景名胜,清代兴建尤多。从扬州南门古渡到平山,迤逦十里,“两岸花柳全依水,一路楼台直到山”,似一幅山水画卷。清人江沆诗:“垂杨不断接残芜,雁齿虹桥俨画图,也是销金一锅子,故应唤作瘦西湖。”旧有二十四之况。此联悬于绿荫馆。上联说,把整个湖当作一面明镜,这里绿树特多,恰像美女的一弯蛾眉。螺黛,蛾眉。下联说,炎夏避暑纳凉,当晓风斜月之际,把船系在岸边,缕缕荷香扑鼻而来,真是惬心快意。作者另有一联:“四面绿荫少红日,三更画船穿藕花”,意与此近。 (余心乐)

扬州瘦西湖琴室

丁祖汾

一水回环杨柳外

画船来往藕花天

瘦西湖琴室在小金山南麓,有小桥与对岸徐园相连。此联从全景入手,描绘了琴室所在的小金山四面临水的环境。从室内平眺,唯见游船穿梭于荷花铺盖的湖面上。“杨柳”“藕花”代表春夏两季,这时,小金山周围万物繁衍,生机盎然,正是赏琴观水的好时辰。对联题琴室,却无一字言琴,看来作者意图中的琴声,全在“无弦一弄中”,也就是自然景物所发出的如琴之声。 (张君宝)

扬州平山堂

徐仁山

衔远山,吞长江,其西南诸峰林壑尤美

送夕阳,迎素月,当春夏之交草木际天

堂在扬州瘦西湖畔大明寺西侧,为北宋庆历八年(1048)欧阳修任扬州知州时所建。因从堂前望去,江南诸山正与堂栏相平,故名。对联集宋代四篇著名散文中的句子而成。“衔远山,吞长江”集自范仲淹《岳阳楼记》。

“其西南诸峰”句集自欧阳修《醉翁亭记》。上联所写是堂前远望之景。“送夕阳，迎素月”，集自王禹偁《黄冈竹楼记》。“当春夏之交”句集自苏轼《放鹤亭记》。下联所写乃堂前近观之景。际，到，接近。“衔”“吞”“送”“迎”均属动词，体现了平山堂周围景物的动态之美。联语集句，天然浑成，概括了平山堂的四时朝夕之美。 （张君宝）

扬州平山堂欧阳祠

薛时雨

遗构溯欧阳，公为文章道德之宗，侑客传花，也自徜徉诗酒

名区冠淮海，我从丰乐醉翁而至，携云载鹤，更教旷览江山

欧阳祠，又称“六一祠”，在平山堂内的“谷林堂”后，为祀欧阳修而筑。欧阳修(1007—1072)，字永叔，号六一居士，江西吉水人，宋代大文学家。他任扬州太守时，常在平山堂饮酒、赏景、作诗，留下了很多不朽诗文。上联追想祠主当年风采。遗构，指平山堂。溯，追忆。次句是对祠主人品文章的高度评价。“侑客传花”“徜徉诗酒”，用欧阳典故，笔调轻快。《避暑录话》载：“公每暑时，辄凌晨携客往游，遣人走邵伯取荷花千余朵，以画盆分插百余盆，与客相间。酒行，即遣妓取一花传客，以次摘其叶尽处则饮酒。往往侵夜载月而归。”侑(yòu)客，劝客饮酒。下联笔势一收，以“我”着笔。“名区冠淮海”，意谓平山堂这一名胜古迹是淮海地区(淮河以北及海州一带)之冠。“丰乐醉翁”，代称欧阳，他在知扬州前贬谪滁州，曾写过《丰乐亭记》《醉翁亭记》等名篇。“携云载鹤”，喻来去自由，无所羁绊。结句“旷览江山”冠以“更教”两字，仰慕欧阳、寄情山水之思顿现。 （张君宝）

扬 州 小 金 山

弹指皆空，玉局可曾留带去

如拳不大，金山也肯过江来

小金山，原名长春岭，是瘦西湖中一座依山傍水的园林建筑群。筑于乾隆年间，为瘦西湖主要景点。弹指，佛家语，指时间短暂。玉局，后人对苏轼的别称。据《金山志》，苏曾游金山，欲寻坐处，方丈佛印以题难之，苏未能即答，遂以所系玉带留赠山门。下联的“如拳不大”，是形容金山之小。“金山也肯过江来”，谓镇江的金山是个名胜，与扬州隔江，如今扬州有了金山，莫非是镇江的金山过江而来？作者针对前人诗句“青山也厌扬州俗，多少峰峦不过江”，出此歇句，意在赞美扬州的精雅不俗。本联之妙在于仅用两句，就将小金山的历史变迁与小巧精致含蓄而幽默地阐述出来。（张君宝）

扬州小金山小桂花厅

李亚如

借得西湖一角，堪夸其瘦
移来金山半点，何惜乎小

小桂花厅，在瘦西湖小金山“琴室”后之静僻处。“小金山”屹立湖心，景色风光类似镇江金山而略小。此联以“借得”“移来”二词点明“湖”“山”命名来历。一个“瘦”字，一个“小”字，揭示了它们与杭州西湖和镇江金山不同之点。进而以“堪夸”“何惜”又强调了“瘦”“小”的独特风韵。对联和描述的景点一样，小巧精致，且妙嵌“瘦西湖”和“小金山”于尾首，既巧又工。

（张君宝）

扬州小金山寒竹松风亭

徐兆裕

仍从水竹开轩，免辜负十里春风、二分明月
偶向湖上放棹，为领略红桥烟雨、白塔晴云

寒竹松风亭，在小金山西陲。上联写亭中放眼所见所感。唐杜牧《赠别》诗：“春风十里扬州路。”徐凝《忆扬州》诗：“天下三分明月夜，二分无赖是扬州。”作者仅用“十里春风”“二分明月”八字概括，显得十分精练。下联为游湖所见。“红桥烟雨”即指“红桥揽胜”“长堤春柳”两处名景，红桥横跨瘦西湖的东西两岸，为湖上诸景点之开始；“长堤春柳”，在桥西堍北，傍水遍植垂杨，湖上风来，柳絮起舞，如青烟，如绿雾，如细雨，柔和至极，妩媚至极。歇句“白塔晴云”，就指五亭桥南岸莲性寺内的白塔和晴云阁，亦为扬州一景。联语融前人诗句，不露痕迹，写来舒展自如，色彩明丽，遣词亦十分优美。 （张君宝）

扬州小金山月观(一)

陈重庆

今月古月，皓魄一轮；把酒问青天，好悟沧桑小劫

长桥短桥，画栏六曲；移舟泊烟渚，可堪风柳多情

月观，在小金山的东端，坐西向东，临水而筑。发端“今月古月，皓魄一轮”，笔力遒劲，精神振发。用李白《把酒问月》“今人不见古时月，今月曾经照古人。古人今人若流水，共看明月皆如此”诗意，而仅以八字提领点染，境界全出。“把酒”句出自苏东坡《水调歌头·中秋》词“明月几时有？把酒问青天”。青天不会应答，但联作者在月光下已经感悟：沧桑变化只不过是天地间的一个“小劫”（佛教称天地的一成一败为一劫）。下联笔势一宕，视线从天上回到地面：“长桥短桥，画栏六曲”，这人间美好的现实才值得留恋。“移舟”句套用孟浩然《宿建德江》“移舟泊烟渚，日暮客愁新”诗句。此言驾着小船从湖面上驰向柳絮飞扬的洲渚之悠闲自在。“风柳多情”，犹言自然多情、风物多情、人间多情。可堪，哪堪。联语将情与景、人与物融为一体。写出人间胜过天上，身处自然，把握现在之理而得意在言外之趣。 （张君宝）

扬州小金山月观(二)

郑 燮

月来满地水

云起一天山

此联寥寥十字,对月和云作了形象生动的描绘。明月高悬,月光如水,月色与湖光融合在一起,柔和、纯净。云涌天空,如群山起伏,连绵重叠,与地上的小金山比美,更给瘦西湖增添了神奇迷离的色彩。只有对自然景色观察仔细,才能描摹得如此逼真传神。读此联如读一首诗,如观一幅画,诗情画意,油然而生。按上联实化用苏轼《次韵孔毅父》"可怜明月如泼水"诗意。可怜,可爱之意。 (吴关镛)

扬州梅花岭史可法祠(一)

黄文涵

万点梅花,尽是孤臣血泪
一抔故土,还留胜国衣冠

史可法(1601—1645),字宪之,号道钦,河南开封人。明崇祯进士。曾拥立福王为帝,迁都南京,主持保明反清大业。1645年,清军南下,史率兵固守扬州孤城,后城陷被俘,史自刎未死,不屈遇害。后人葬其衣冠于梅花岭,立祠以为纪念。上联写梅花万点是史可法血泪结晶,下联写墓葬留下胜国衣冠,永为后人瞻仰。胜国,即亡国前朝。上联梅花拟人,人拟梅花,人花一体。下联,写衣冠墓,花香,人香,万古流芳。全联深沉感叹,叩人心扉。 (何禹昌)

扬州梅花岭史可法祠(二)

蒋士铨

读生前浩气之歌,废书而叹
结再世孤忠之局,过墓兴哀

上联为史可法的浩然正气而赞叹不已。浩气之歌,南宋文天祥有《正气歌》,抒写自己忠于故国,不畏磨难的浩然之气。据《明史·史可法传》载史母怀孕时,"梦文天祥入其舍,生可法"。世有史可法乃文天祥"再世"的传说。下联写史可法孤守扬州殉国，引起过墓后人的感伤。联语将历史背景相似的史可法和文天祥事迹巧妙地结合在一起写，既深化了史可法坚强不屈的民族气节，也赞扬了这一民族气节在历史上先后相承的关系。

（陶继明）

扬州梅花岭史可法墓

殉社稷，只江北孤城，剩水残山，尚留得风中劲草

葬衣冠，有淮南抔土，冰心铁骨，好伴取岭上梅花

上联颂忠。殉社稷，即殉国。三字突兀峥嵘，十分有力。“只江北孤城，剩水残山”九字，一落千丈，极力描写明朝已到必然覆亡的地步，反衬出史可法“知其不可为而为之”的坚持抗清的精神。末句更把这种精神比作“风中劲草”。“尚留得”三字，除赞扬史可法抗清殉职难能可贵外，还有对那些望风逃逸或投降的明朝官员的指责之意。下联缅怀。写出扬州人对史可法的敬仰。淮南，指扬州；抔土，指坟墓。冰心铁骨，形容史可法心地光明，意志坚贞；也指梅花的冰清玉洁，不畏冰雪霜，引出“好伴取岭上梅花”句作结，思致飘逸，韵味无穷。上下联语均先叙后议，叙则简练概括，议则具体形象，感人至深。（周　艺）

扬州观音山鉴楼

数重楼苑，万顷江田，碧荷映日，紫竹浮烟，千古迷人繁盛地

十里春风，一湾湖水，白塔凌空，绿杨垂岸，九州耀眼艳阳天

观音山，是扬州蜀冈东面的一个山峰，鉴楼在观音山正殿之西，有匾跋曰：“此楼传为隋迷楼故址，明崔桐匾之曰鉴楼。今仍之，以存故实。”可见所谓“鉴楼”，意在要后人记取隋亡的历史教训，引以为鉴。观音山可俯瞰、

可远眺，如前人所说“江淮南北，一览可尽”。上下联各连用四个四字句以突出展现鉴楼内外及周围景色的秀美。联语写近景和远景，都冠一数量词(数重、万顷、十里、一湾)，又妙着四色(碧、紫、白、绿)和四个动词(映、浮、凌、垂)。上下尾句是前四句的归结，七字收拍加强了联语的力度。“千古迷人繁盛地”，点出了鉴楼前身是隋炀帝迷楼的故实。“千古”两字，包含无穷感慨。隋炀帝曾作《迷楼歌》云“他日迷楼更好景，宫中吐艳变红辉”，亦知“九州耀眼艳阳天”有所本，并已赋予新意。（张君宝）

扬州兴教寺弥勒龛

齐学裘

笑呵呵坐山门外，觑着去的去，来的来，皱眼愁眉，都是他自寻烦恼

坦荡荡载布袋中，休论空不空，有不有，含哺鼓腹，好同我共享升平

兴教寺，原在扬州城内。弥勒，指布袋和尚。五代后梁僧人，名契此，号长汀子，浙江人。身材矮胖，形如疯癫，随处寝卧。常以杖荷一口袋，四处化缘，自称是弥勒化身。民间均图塑以光头大耳，袒胸凸肚，箕踞而坐，笑口常开。历代题布袋和尚的对联颇多，而此联却以弥勒的口吻说出，为其特色。觑(qù)，细看。上联写所见，下联写所感，有劝世之意。含哺鼓腹，见《庄子・马蹄》：“含哺而熙，鼓腹而游。”指想象中的无忧无虑、逍遥安处的原始生活。联语诙谐中蕴含着严肃。（张君宝）

扬州东园醉烟亭

程梦星

堤畔莺花桥畔月

竹边歌吹柳边舟

程梦星,字午桥,号香溪,清江苏江都(今扬州)人,康熙五十一年进士,授编修。醉烟亭在扬州东园。上联写堤畔啼啭的莺和盛开的花,桥畔映入水中的月亮,景色极为宜人。下联谓竹边歌声和乐声欢天喜地,河柳下停棹的轻舟在岸边荡漾。联文以“重言”手法,将“堤畔”“桥畔”,“竹边”“柳边”重复组词,抒写了扬州东园怡人的景色。 (沈树华)

扬州西园见山楼

陈从周

假假真真,池月幻同明月洁

朝朝暮暮,平山那有见山高

见山楼,在扬州西园的西北角,是一新移楠木建筑。西园格调粗犷,有深山大泽的气象,在扬州园林中独树一帜。园中有一大池,池水清澈,游鱼可数;而楼筑高处,能俯视全园。每当皓月当空,映照池中,天上水中各有一轮月魄,如幻如真。上联即写此美景,并以池水反衬楼居高俯临之势。下联则正写楼高。“平山”“见山”,指“平山堂”与“见山楼”,前者位于后者的东面,地势略低。一堂一楼,朝暮相对。“平山那有见山高”,是从实景而言,也寓今定胜古之理。联语简洁明快,构思巧妙。

(张君宝)

扬州南门城楼

洪 梧

东阁联吟,有客忆千秋词赋

南楼纵目,此间对六代江山

上联叙楼头联吟之雅兴,暗用一典,即:南朝梁诗人何逊曾任扬州法曹,常在官廨中的两株梅花树下吟咏,杜甫诗有“东阁官梅动诗兴,还如何逊在扬州”。有如此雅兴，自然要赋诗作文，把扬州赞美一番，而前人佳作自是蓝本。“千秋词赋”，又用另一典，指南朝宋诗人鲍照敷写广陵（扬州）风物的《芜城赋》。下联绘凭楼所见之景观。登高临远，这里的远山近水映入眼帘。扬州古属吴、东晋、宋、齐、梁、陈六朝之地，故以“六代”概之。

（张君宝）

扬州永济寺

江水滔滔，洗尽千秋人物。看闲云野鹤，万念都空，说甚么晋代衣冠，吴宫花草

天风浩浩，吹开大地尘氛。倚片石危栏，一关独闭，更何须故人禄米，邻舍园蔬

永济寺在江苏扬州，今已废圮。上联抒写无人之境。“江水”二句从苏轼《念奴娇·赤壁怀古》“大江东去，浪淘尽、千古风流人物”中化出。“闲云”“野鹤”，比作宁静恬淡的大自然景物。万念都空，佛家语，佛教认为任何事物的存在都是“无我无我所”，名之曰“空”。晋代衣冠、吴宫花草，见李白《登金陵凤凰台》诗：“吴宫花草埋幽径，晋代衣冠成古丘。”扬州近南京，多六朝古迹。这里慨叹“怀古人之不见”的意思。作者从眼前展示景物慨叹世事沧桑不过是过眼烟云，大自然一切外在物象，都是内心的幻化，完全沉陷于物我消失，万物皆空，无欲无念的感觉之中。这便是佛家追求的超越尘世俗氛的无人之境。于是在幽深清远的景色物象，空寂无人的禅境中求得宁静。下联抒写出世心境。危栏，高栏。一关独闭，谓闭门谢客，专心致志地修炼。故人禄米、邻舍园蔬，从杜甫“故人供禄米，邻舍与园蔬”中化出。末两句有与世隔绝、不相往来的意思。作者凭栏眺望，在浩浩天风吹开大地尘氛的大自然中，使内心世界与外在物象融为一体，甘于淡泊，自然适意，在大自然中怡然自乐。联语切景，富有诗意，蕴含禅理。且对仗工整。运用领字“看”“倚”，领句“说甚么”“更何须”，使层次分明，衔接自然流畅。

（吴关镛）

扬州个园

袁枚

月映竹成千个字
霜高梅孕一身花

个园在扬州东北隅,是一座以竹石为主体的城市园林。据刘凤诰《个园记》:"主人性爱竹,盖以竹本固","竹心虚","体直而节贞,主人爱称曰个园"。上联写月映竹影的优美形象,它具备挺直、端庄、有劲节的个性;下联写傲霜斗雪、迎寒开放的梅花的风姿,霜虽然高寒,梅花仍要开放,不求人赏识,不取悦于人。竹与梅,同具高洁坚贞的品格,都是"岁寒三友"的成员,两者相配,是很恰当的。实际上个园种有竹、桂、松、柏、玉兰、芍药等花木,并无种梅的记载,作者打破记实的束缚,以虚补实,加以合理想象,别具匠心。全联写月色、寒霜、翠竹、红花,给人以雅逸的美感。

(蒋竹荪)

扬州何园

何芷舠

种邵平瓜,栽陶令菊,补处士梅花,不管他紫姹红嫣,但求四季常新,野老得许多闲趣

放孤山鹤,观濠上鱼,狎沙边鸥鸟,值此际星移物换,惟愿数椽足托,晚年养未尽余光

何园,在扬州市东南角,又名寄啸山庄。原系清乾隆时双槐园旧址,光绪年间道台何芷舠购得扩建,故名。该园是扬州最完整的一座古园林。上联写种瓜、栽菊、补梅,不求品种齐全,只须园景常换常新,就可带来许多闲情逸致。邵平,秦时曾封东陵侯。秦亡后家贫,种瓜于长安城东。陶令,晋陶渊明,爱菊。处士,指宋代林和靖,隐居西湖孤山,种梅饲鹤,人称其“梅妻鹤子”。下联写放鹤、观鱼、狎鸟，与动物游，值此社会变革之际，但愿有栖身之屋数间，已足以安度晚年。濠上，濠梁之上。典出《庄子·秋水》：“庄子与惠子游于濠梁之上。”鸥鸟，水鸟。星移物换，语出《滕王阁序》“物换星移几度秋”。比喻时世景物改变。数椽，几间房屋。余光，剩下的时光，指晚年生活。此联反映一个经历过宦海浮沉的园主人退隐林泉、知足常乐以尽天年的思想感情。写作上运用排比手法，典故虽多，却浑然一体。

（曹云岐）

扬州凝翠轩(一)

祝允明

四面有山皆入画
一年无日不看花

联语描写了凝翠轩景色。上联从空间环境来写，放眼望去，周围的青峦翠嶂，都富有诗情画意，可以写入画本；下联从时间角度写，从春到冬，一年四季，好花不断，香气飘拂，使人不能不驻足观赏。联语清疏淡雅，熔景、情、理于一炉。

（陈永泉）

扬州凝翠轩(二)

李鱓

出郭此间堪歇脚
登楼一望已开怀

李鱓，字宗扬，号复堂，清江苏兴化人，康熙举人，官山东滕县知县，书画家，为扬州八怪之一 。凝翠轩在江苏扬州。上联云出城到这里可以歇歇脚。下联云登楼一望，城外的景色已令我开怀。联文表达了作者闲适潇洒的情怀。

（沈树华）

扬州二十四桥

江峰青

胜地据淮南，看云影当空，与水平分秋一色
扁舟过桥下，闻箫声何处，有人吹到月三更

二十四桥，相传建于隋，旧址在今扬州市西郊，宋沈括《梦溪笔谈·补遗》谓“即吴家砖桥，一名红药桥”。一说古有二十四美人吹箫于此，故名。一说实有桥二十四座。淮南，代指扬州。扁(piān)舟，小舟。上联写云水秋光，下联写人箫夜色。融入杜牧“二十四桥明月夜，玉人何处教吹箫”诗。一“看”一“闻”，表现了二十四桥周围的明媚风光与夜色朦胧诱人。

（张君宝）

扬州晴云阁

陈重庆

一枝孤塔，似白鹤飞来，试添金碧楼台，便成北海
几度游人，被黄鸡催老，那得乾嘉耆旧，与话南巡

晴云阁，位于扬州五亭桥南岸莲性寺内白塔的东面。昔日与白塔合称“白塔晴云”，为扬州著名一景。上联说一枝尖耸的白塔，好像白鹤突然从天外飞来，如果周围增添一些亭台楼阁，便成北京的北海。白塔，不是莲性寺僧所建，而是后来补充的景物，由两淮商总江春集资建造，素有“扬州一夜造塔”之说。《清代述异》云：“一日帝(乾隆)幸大虹园，至一处，顾左右曰：此处颇似南海之琼岛春阴，惜无喇嘛塔耳。商总闻之，……乃鸠工庀材，一夜而成。”一枝，形容窈窕的样子。飞来，犹言迅速造成。下联说，多次来游的人，不知不觉在黄鸡叫声中变老，怎能遇上乾嘉年间的老一辈人，听他们回忆当年皇帝下江南的盛况？黄鸡催老，鸡能报时，一再听到鸡声，意味着时光消逝，走向老年。白居易《醉歌》：“黄鸡催晓丑时鸣。”苏轼《浣

溪沙》词:“谁道人生无再少,门前流水尚能西,休将白发唱黄鸡。”乾嘉,乾隆嘉庆年间(1736—1820),是清朝所谓盛世。耆旧,年高望重的人。杜甫《忆昔》诗:“伤心不忍问耆旧。”南巡,爱新觉罗·玄烨于康熙十四年下江南巡察,爱新觉罗·弘历于乾隆十六年至四十九年间六次下江南巡察。此联结合扬州白塔的传说故事,寄托了作者对帝王盛世已逝与往事如烟的深沉感慨。 (张君宝)

扬州第五泉

方梦园

大江南北,亦有湖山,来自衡岳洞庭,休道故乡无此好

近水楼台,尽收烟雨,论到梅花明月,须知东阁占春多

据说唐人品评煎茶用水的等级,以扬州大明寺水为第五。上联出自宋苏轼《六月二十七日望湖楼醉书》“我本无家更安往,故乡无此好湖山”诗句,反其意而用之。意谓纵观长江南北,也有美好山水可资欣赏,来自湖南的游客,不必说家乡没有这里好。衡岳洞庭,衡山和洞庭湖,借指湖南省。下联化用宋苏麟和唐徐凝诗句,意谓楼台接近水面,四时雨晴变化,尽在眼前,论到梅花、月色之美,扬州却占领先地位。楼台,苏麟断句:“近水楼台先得月。”明月,徐凝《忆扬州》诗:“天下三分明月夜,二分无赖在扬州。”东阁,《梁书·何逊传》:“逊为扬州法曹,公廨有梅花一株,逊常赋诗其下。后居洛,思梅花不得,请再任扬州。至日,梅花盛开,逊于东阁延诸名士醉赏之。”联语就眼前景点与家乡的比较中,既肯定了家乡景物,也对扬州之美作出公允评价。化用前人诗句,有娓娓道来之韵致。 (商启予)

扬州苏亭

卢见曾

良辰尽为官忙,得一刻余闲,好诵史翻经,别开生面

传舍原非我有,但两番视事,也栽花种竹,权当家园

卢见曾，字抱孙，号澹园，又号雅雨，清山东德州人，康熙六十年(1721)进士，官至两淮盐运使。此联所题苏亭，在三贤祠旁。三贤祠在江苏扬州，乾隆年间，卢见曾与程午桥就筱园遗址修葺改造成三贤祠，祀韩琦、欧阳修、苏轼，旁又筑亭，名苏亭。上联云良辰尽为官府的事忙，得一刻余闲，我也来这里诵史读经，做些我认为有益的事情。传舍，古时供来往行人居住的旅舍。下联云，我住的地方原非我所有，但两番修建，又种竹栽花，姑且也可当作自己家园看待。联文述说了他修建苏亭的心情和文人流露的诗文雅趣。

（沈树华）

扬州小玲珑山馆

郑 燮

咬定几句有用书，可忘饮食

养成数竿新生竹，直似儿孙

这是作者为扬州马曰璐小玲珑山馆题撰的一幅馆联。小玲珑山馆藏书甚多，乾隆三十九年(1774)，御赐马家《古今图书集成》一部，共 5 200 卷，珍藏于正厅上。上联谈读书要选择，要全神贯注。咬定，这里有抓住要旨、深入体会的意思。作者题白云观居室联云：“咬定一两句，终身得力。”有用书，有价值的书，作者在《焦山别峰庵雨中寄舍弟墨》中说：“吾弟读书，《四书》之上有《六经》，《六经》之下有《左》《史》《庄》《骚》，贾、董策略，诸葛表章，韩文杜诗而已，只此数书，终身读不尽，终身受用不尽。”对于有用书中的要旨，须精思涵泳，一旦领会其义，其乐陶然，可以忘记饮食，此即陶渊明《五柳先生传》“好读书，不求甚解，每有会意，便欣然忘食”之意。下联以培育新竹，比喻教育子孙。白居易《养竹记》曾说：“竹性直，直以立身；君子见其性，则思中立不倚者。”这里，作者以竹的卓尔挺拔，直立不倚，喻指要把子孙教育成贞直不屈的人。新生竹，喻马氏儿孙，赞马氏后代品格高尚。全联缘景出论，率性而发，挥洒自如中寓意深长，读来兴味盎然。

（顾伟列）

扬州百尺梧桐阁

郑 燮

百尺高梧，撑得起一轮月色
数椽矮屋，锁不住午夜书声

梧桐阁在扬州东关街，原为清康熙年间汪懋麟读书处。此联描绘梧桐阁夜读情景。全联抓住声、色二字展开，上联写月色，下联写书声。"撑得起""锁不住"六字，为神来之笔，用拟人手法，写出高梧有情，撑起月色以朗照学子，矮屋无力，欲锁书声而声愈清亮。全联不出现人物形象，但书斋主人之性情旨趣、胸次怀抱，跃然纸上。联语意境幽远，形象鲜明，诗情画意，融于一体。（朱迎平）

常熟草圣祠

梁章钜

书道入神明，落纸云烟，今古竞传八法
酒狂称草圣，满堂风雨，岁时宜奠三杯

草圣，指张旭，唐代苏州人，曾为常熟县尉，著名的书法家。上联盛赞自古流传下来张所创造"永字八法"笔法不同凡响，谓可通神明。"落纸云烟"，源于杜甫《饮中八仙歌》"挥毫落纸如云烟"句，用以形容张旭书法之神韵。下联描述酒与书的关系。据传，张旭嗜酒，他在写字前要喝得酩酊大醉，奔走呼喊，然后挥笔书写，其势放浪恣张，一气呵成，一派飞动，宛如天马行空，纵横驰骋，人们尊之为"草圣"。满堂风雨，语出唐代诗人张谓《赠怀素》诗"奔蛇走虺势入座，骤雨旋风声满堂"句。对于这样的草圣，逢年过节，人们要祭奠他三杯酒。（王明珍）

常熟虞山仲雍墓

一时逊国难为弟

千载名山还属虞

仲雍墓,是常熟有史可考的最古墓葬,已有三千多年历史。仲雍又称虞仲、吴仲,商末古公亶父(周太王)的次子。他与兄泰伯为了把王位让给幼弟季历而避吴地。他一生传播华夏族文化,赢得吴人爱戴。死后,葬在乌目山上,吴人把乌目山更名为虞山。墓依山而筑。此联石刻于山腰间的三道坊上。出句别出新意,把仲雍有意让王位给幼弟而避地江南,说成此举"难为"了弟弟,这便衬托出仲雍的谦逊和心地宽广的美德。逊国,犹让位。对句"还属虞"三字,点出了乌目山更名虞山的来历,也表达了虞仲虽未登上王位,但他的高尚品德却与虞山千秋同在的深意。联语全以议论入手,辞简旨远。 (张君宝)

常熟虞山瞿式耜墓

三更白月黄埃地

一寸丹心紫极天

瞿式耜墓,在常熟虞山剑门西南山顶的"牛窝潭"上。瞿式耜(1590—1650),字起田,江苏常熟人。明万历进士。崇祯末巡抚广西,后桂王封他临桂伯。清兵入广西,他留守桂林,抗击清兵,城破被执,不屈就义。其孙瞿昌文负骨归葬于此。本联刻于墓之石坊上。上联写墓地。三更白月,渲染墓地的宁静孤寂气氛。黄埃地,犹墓冢。语出《荀子·劝学》:"(蚓)上食埃土,下饮黄泉。"下联写墓主。"一寸丹心"喻瞿式耜的忠贞爱国之心,语出杜甫《郑驸马池台喜遇郑广文同饮》诗:"白发千茎雪,丹心一寸灰。"结尾"紫极天",犹红遍天,三字道尽激赏之情。联语层次分明,结构严谨;情景相配,且十四字中用了四个颜色字(白、黄、丹、紫),色彩明丽。

(张君宝)

徐州燕子楼

胡佐卿

画栋久销沉，问何时燕子归来？只空嗟名士青衫，美人黄土

琼楼新结构，为绝代蛾眉生色，又重睹香山月旦，坡老风流

燕子楼，唐德宗贞元时尚书张建封府第中楼阁，其楼是建封之子张愔之妾关盼盼的居处。旧时常误作为建封之妾。白居易《燕子楼诗序》曾记此。画栋指燕子楼。销沉，冷落。上联巧借楼名，发出了"何时燕子归来"的感慨，表现出对昔时的深情怀恋，但又无可奈何：人去楼空，只留下长长的"空嗟"。画栋，指绘有图案的栋梁。青衫，指白居易，他的《琵琶行》诗有"江州司马青衫湿"句。美人黄土，指关盼盼的坟冢。下联稍缓口气，表现此时重游的感触。琼楼，对燕子楼新修后的美称。蛾眉，指关盼盼。香山月旦，指香山居士白居易《燕子楼诗序》中对人物的评价。月旦，指评介人物。《后汉书·许劭传》："初，劭与靖俱有高名，好共核论乡党人物，每月辄更其品题，故汝南俗有月旦评焉。"传说关盼盼独守燕子楼，不再嫁，白居易赠诗讽之，关盼盼和诗曰："独宿空楼敛恨眉，身如春后败残枝。舍人不解人深意，讽道泉台不相随。"坡老风流，传说苏东坡夜居燕子楼，梦会盼盼，醒后即填《永遇乐》一词，有"燕子楼空，佳人何在？空锁楼中燕"句。联语情调低沉，语言自然，怀古伤今之情表现得十分浓郁。 （陈永泉）

宜兴周处庙

大屋不画龙蛇，待名士来题咏者

今世复多蛟虎，愿将军出除斩之

周处，字子隐，晋义兴阳羡（今江苏宜兴市）人。少时凶恶，横行乡里，

人们把他与当地的猛虎、恶蛟并称为“三害”。后来他知过悔改,射虎斩蛟,为民除害,屡立军功,被追封为平西将军,其庙在宜兴市东庙巷。上联写周处庙建成后,特意不题对联,留待后来的文人墨客题咏评说。画龙蛇,形容草书笔势,语出李白《草书歌行》:“恍恍如闻鬼神惊,时时只见龙蛇走。”下联告谕世人,当今恶蛟猛虎仍横行于世,害人虫远远没有消灭,期待着周处这样的英雄出来除暴安良。此联为醒世之作。有言已尽、意无穷的效果。

（陶继明）

兴化郑板桥故居

郑 燮

室雅何须大

花香不在多

全联既是写真,又揭示了一个哲理:居室再小,只要主人品德高尚,情趣自必高雅;花再少,只要能散发花香即可。既体现了作者“繁冗削尽”的艺术意趣,又体现了不慕荣华而淡泊名利的人生观。诗言志,联亦然。楹帖以平起居多,此联偏以仄起,反映了作者不同流俗的个性,亦与内容相合。

（曹云岐）

泰州城隍庙

张兆鹿

进庙来,先自问,平日所行何事

归家去,莫忘记,今朝俯首通诚

张兆鹿,清同治年间官江苏知府。此联所题城隍庙,在江苏泰州。对联以城隍的口气斥问来人,进庙来你先问自己,平日所作所为,所行何事,有没有违法或丧天良之处。离开庙堂,回到家中,也不要忘记,今天在庙里俯首表示诚心的行为。联意指做人要时刻规范自已的行为,不要做了坏事

再来庙中求神赎罪,要时刻警惕自己不做违法之事,记住你在神明前俯首所作的承诺。（佟　今）

南通狼山寺

张　謇

长啸一声,山鸣谷应
举头四望,海阔天空

狼山,在江苏南通南郊长江之滨。因山形酷似狼而得名。宋淳化年间,地方官以狼字不雅,改狼为琅。又因山岩多紫色,别名紫琅山。其山正当江面最宽处,可谓江山胜览,此联为山顶狼山寺庙门石刻。联用拟人法,将高耸于南通的狼山雄姿描绘得栩栩如生。一个“啸”字,赋景物以生命,恰如其分地点出了山名。同时,也可看作是游人登上山顶后饱览水天一色,欢快呼喊,心胸豁然开朗的写照。四周是一望无际的江淮平原,东面是辽阔的海洋。联语如实地写出了狼山的周围环境,气派不凡。

（王明珍）

如皋华佗祠

沈竹安

橐钥无传,一卷伤心狱吏火
户枢不蠹,片言终古活人方

华佗,字元化,安徽亳州市人。汉末名医。精内、外、妇、小儿各科,尤擅长外科手术,创用“麻沸散”,后因不从曹操征召被杀。据说他把自己一生行医积累的经验写成医学专著——《青囊经》,在遇害前设法交给牢头,希望能留传后世。由于牢头胆小怕事,不敢收存。他一气之下尽烧其书。上联写的就是这段事。橐钥,指华佗写的医学专著《青囊经》。下联对华佗在我国医学史的贡献作了评价。户枢不蠹,门的转轴不会被虫蛀蚀,比喻生命在于运动,也是华佗首创的医学思想。“片言终古活人方”谓华佗的医书虽然失传,本人又遭杀害,可是他的土方、偏方以及健身秘诀“五禽戏”等仍流传下来,功德无量。联语于记叙中对一代名医作了概括、精当的评价。 (吴关镛)

江阴徐霞客故居

曾有霞仙居北垞
依然虹影卧南旸

徐霞客故居在江苏江阴市。附近有徐墓和宗祠。墓有碑,刻“明高士霞客徐公墓”。徐霞客,明代江苏江阴人,名弘祖,字振之,著有《徐霞客游记》。上联凭吊故居。霞仙,即徐霞客。垞,小丘。北垞,指南旸岐北面的小山,曾是徐霞客的居处。“曾有”两字引人追忆,回味无穷。下联祭临墓地。虹影,语义双关,一喻半圆形石墓、小丘或近处石桥,一表徐霞客其人其事其书光华四射,依然美好。联语措词优美,想象丰富,运用比喻颇为巧妙。 (曹云岐)

江阴小香山梅花堂

徐霞客

春随香草千年艳
人与梅花一样清

小香山梅园是徐霞客祖上所辟,传至徐之兄长雷门时,更扩地栽梅,并筑梅花堂于梅园之侧。徐也素爱梅花,曾多次至梅花堂饮酒赏梅。本联即为小香山梅花堂所题。梅在我国有悠久的栽培史。上联的“千年艳”,点出梅的历史久远,暗寓本家族的爱梅风尚代代相续,小香山梅园也历数世而不衰。每至大地阳气萌动、春草萌生之际,梅便傲霜迎雪,为春之先导,其姿高洁,其香脱俗,其魂冰清。下联着一“清”字,高度概括了梅在中国文化中所象征的精神。“人与梅花一样清”,既称颂梅的孤高脱俗,坚劲凛然,同时也勉励其兄像梅一样,保持志洁行高的情操和不随流俗的人格。本联将梅的品性与人的情怀品格熔于一炉,以花中"君子"比拟、象征人的节操,含意甚为深邃。（顾伟列）

昆山林迹亭

林则徐

有情青山团圞绕
得意孤亭缥渺间

林迹亭在江苏昆山的玉峰山,建于清道光年间,因刻有林则徐集宋人诗句为联的手迹而得名。上联"有情青山团圞绕"为陆游诗句。团圞,团聚。下联"得意孤亭缥渺间"为范成大诗句。道光十四年(1834),林则徐为江苏巡抚,为兴修水利,曾视察常熟,偶过昆山,登临玉峰山,挥毫集前人诗句为联。通过对大好青山和玲珑孤亭的描绘,抒发了他的爱国主义思想感情,也寄托了前程未定,心事浩茫的情怀。（陶继明）

清江浦禹王台

麟 庆

洪水奠当年,幸怪锁洪湖,十万户饭美鱼香,如依夏屋
清时思俭德,祝神来清浦,千百载泳勤沐泽,共享春台

禹王台在江苏清江浦(今淮阴)。上联颂扬大禹之功。传说当年洪水泛滥,幸而大禹治水至此,与妖搏斗,锁之于洪泽湖。从此淮水安流,农业丰收,千家万户饭美鱼香,如同安居于广厦之中。奠,定。怪锁洪湖,传说中形如猕猴的淮涡女怪巫支祁,被锁于洪泽湖。事见《辍耕录》。夏屋,大屋。《楚辞·大招》:"夏屋广大。"下联缅怀大禹之德。清平时代,自然想起勤俭的美德,祝愿大禹莅临清浦,千百年来人们不忘您的恩泽,要与您共享太平盛世之乐。清时,清平之时。汉李陵《答苏武书》:"策名清时。"泳勤沐

泽,受到教育,蒙受恩泽。春台,比喻太平盛世。《老子》:“众人熙熙,如享太牢,如登春台。”联从神话传说写入,充满神奇瑰丽色彩,而甚合纪念远古大禹题旨。

（周世达）

连云港三元宫

鸟飞天外山如镜
人到云中海似杯

三元宫位于连云港市东郊云台山的青峰顶,有 1 300 多年历史,为我国著名古刹之一。山上多奇峰异石。站在山顶,极目东海,心旷神怡。联语写三元宫上俯视所见,形象地把满山青色和苍茫东海比喻为“镜”和“杯”,笔调神奇清新,有高屋建瓴之气势,从而形象地说明世间的事物大小都是相对的。吟诵此联,遂觉与杜甫诗句“会当凌绝顶,一览众山小”的意境有异曲同工之妙。

（姚梅乐）

连云港水帘洞

陶 澍

百丈水帘,自古无人能手卷
一轮月镜,迄今何匠敢行磨

连云港东南,有花果山,山脚西侧为唐僧家庙团圆宫,东侧为水帘洞。泉瀑像一个巨大门帘悬于洞口,故名。联语避开了《西游记》神话传说而从水帘洞景物及其特点入手,去虚就实。上联写水帘,说自古以来无人能把它卷起,平添了神秘色彩。下联写月镜,即水帘洞潭水中的月,像一面镜子,至今有谁敢去磨它?联语刻画了自然界景物人工不可替代的美妙境界。选材集中精当,想象丰富,构思奇巧,是本联的特色。

（陈永泉）

太仓张溥故居

胡厥文

承弇州，启梅村，一代文章在娄水

继东林，匹几社，千秋山斗仰天如

张溥故居，坐落在太仓市内老街上。张溥，字天如，江苏太仓人。崇祯四年进士，曾集郡中文士，结复社评议时政，为权贵所恶，后以党祸而死。著有《七录斋集》等。联语抒发了作者对乡先贤的仰慕之情。出幅赞张溥的文学成就。弇州，指明中期“后七子领袖”王世贞(别号弇州山人)，梅村，清初大诗人吴伟业(号梅村)，两人均为太仓人。一“承”一“启”，肯定了张溥“一代文章”的地位。娄水，即源出太湖流经太仓的娄江。此代称太仓。对幅颂张溥节操的高洁。东林、几社，即明万历间以顾宪成为代表的东林党人和明末夏允彝、陈子龙等创立的几社，两个团体都以文为主，议论时政、抨击权贵，在明末知识界中颇有影响，其领袖均先后被害。而张溥创立复社便自称继承东林，终也舍身成仁。一“继”一“匹”，表现了张溥暨复社同仁文品节操的高尚，故能受到后人的敬仰。山斗，乃泰山、北斗的简称，出《新唐书·韩愈传》：“自(韩)愈没，其言大行，学者仰之如泰山、北斗云。”仰天如，犹仰如天，此作“天如”，则因张溥字“天如”，有意倒之。对联以议论为之，对张溥一生作了高度的概括与评价。出幅以地结(娄水)；对幅以人结(天如)，甚妙。 (张君宝)

浙 江 省

杭州西湖湖心亭(一)

陈子豪

一片山光浮水国

十分明月到湖心

湖心亭在西湖的外湖中心,故名。本联赞美了湖心亭的环境风光,无一字牵强,道出人人所欲言而未能言之意。上联"水国",水乡,这里指西湖,言山光浮动在西湖水面之上,其景宜人;下联"十分"是圆满之意,谓圆满的明月照临湖心。一个"到"字,把明月写活了,呼之欲出,十分传神。

(何禹昌)

杭州西湖湖心亭(二)

金安清

春水绿浮珠一颗

夕阳红湿地三弓

联语写的是站在西湖堤上眺望湖心亭的景致。上联用比喻手法,把亭比作浮在粼粼绿波上面的一颗明珠。下联写湖心亭在夕阳中的景色。红湿,贴切地描绘出夕阳映湖,湖亭倒影给人的视觉和触觉形象。宋赵彦端《谒金门》词:"柳岸晚来船集,波底斜阳红湿。"弓,量词,五尺为一弓。联语色彩鲜明,对仗工整。

(陈永泉)

杭州西湖湖心亭(三)

郑 烨

台榭漫芳塘,柳浪莲房,曲曲层层皆入画

烟霞笼别墅,莺歌蛙鼓,晴晴雨雨总宜人

这副绘景联写得秾艳迷人。柳丝袅娜,荷花娉婷,黄莺欢唱,青蛙鼓噪,烟雾深处隐露红墙绿瓦。作者笔下的西湖,既喧闹又清静,既活泼又安谧。整个画面有动有静,声色相通。景物布局上错落有致,疏密相间,成功地再现了景点的特色。末句"晴晴雨雨总宜人",化用苏轼"水光潋滟晴方好,山色空濛雨亦奇。欲把西湖比西子,淡妆浓抹总相

宜”诗句。 （王明珍）

杭州西湖湖心亭(四)

郑 烨

亭立湖心，俨西子载扁舟，雅称雨奇晴好
席开水面，恍东坡游赤壁，偏宜月白风清

此联极富想象。自苏东坡别出心裁地把西湖比作古代美女西施以来，从此就有了“西子湖”的美称。而此联又把湖心亭比作西子泛舟湖上的扁舟，可谓佳喻巧思。“雨奇晴好”，用苏东坡《饮湖上初晴后雨》“水光潋滟晴方好，山色空濛雨亦奇”诗句意。“席开水面”形容湖面如席之平广，十分形象。“月白风清”用东坡《前赤壁赋》“月白风清，如此良夜何”句。此联富于想象，灵活清新。 （张君宝）

杭州西湖湖心亭(五)

四季笙歌，尚有穷民悲夜月
六桥花柳，浑无隙地种桑麻

上联从时间方面写。四季不断狂歌热舞，有谁想到，还有穷人见月而悲伤。四季笙歌，化用宋林升《题临安邸》诗“山外青山楼外楼，西湖歌舞几时休”句意。下联从空间方面写。六桥种满宠柳娇花，农民已无空地栽桑种麻了。六桥，宋代里湖西岸杨公堤上自北而南有六座桥。浑，全。种桑麻，宋刘克庄《戊辰即事》诗有“从此西湖休种柳，剩栽桑树养吴蚕”句。此是一副表面写景，意在讽刺的对联，其特点是用杜甫“朱门酒肉臭，路有冻死骨”的对比写法。前句写统治者的骄奢淫逸，后句写老百姓的穷愁苦难，但语言俗不伤雅，读来令人心境难平。 （商启予）

杭州西湖湖心亭可庄

陈觉是

双峰云起，古寺钟声，试把酒临流，恰对着曲院风荷，六桥烟柳

三面山环，一亭水绕，倘倚栏凭吊，犹想见旧时帝子，何处人家

上联写所见所闻。双峰云起，即“西湖十景”之一的“双峰插云”，每到春秋雨日，浓云看似远山，远山淡如浮云，双峰插入云端，忽隐忽现。古寺钟声，指净慈寺的钟声，它在苍烟暮霭中回荡，格外悠扬动听，被誉为“南屏晚钟”，成为“西湖十景”之一。末尾两句是近处景色。“曲院风荷”也是“西湖十景”之一，在苏堤跨虹桥西北，平临湖面，环植荷花。苏堤自南至北共有六座石拱桥，这里景色四时不同，晨昏各异，尤在春季，烟柳笼沙，百鸟和鸣，景色动人。前人有诗云：“西湖景致六条桥，一枝杨柳一枝桃。”下联写所见所感。前两句点出环境特征，清许承祖《湖心亭》诗“孤亭好在水云间”，“一面城头三面山”，可以合看。联的末两句感慨深沉，因杭州曾为五代吴越国和南宋都城，然而旧日帝王宫殿早已不存，那故址之上已住进寻常百姓了。

（张君宝）

杭州西湖平湖秋月(一)

黄文中

鱼戏平湖穿远岫
雁鸣秋月写长天

平湖秋月，在西湖白堤西端，明代是龙王祠，清康熙年间改建为御书楼，并在楼前水面建平台，楼侧有“平湖秋月”碑亭，为西湖十景之一。每至皓月当空的秋夜，“一色湖光万顷秋”，充满了诗情画意。出句描写群鱼在

平湖里嬉戏跳跃,好像在湖中的峰峦之中穿行。作者在对句中把笔锋从水面忽转天空,群雁在秋月下飞行鸣叫,排成人字形,好像在长天之中写字。鱼跃雁飞,好一派活活泼泼的景象。一个"穿"字,一个"写"字,凸显出动感与生机。上下联在同一位置上嵌进了"平湖""秋月",与所塑造的意境浑然一体,非常妥帖自然。 (王明珍)

杭州西湖平湖秋月(二)

彭玉麟

凭栏看云影波光,最好是红蓼花疏,白蘋秋老
把酒对琼楼玉宇,莫辜负天心月到,水面风来

上联写平湖秋月的白天风光:云影、波光、红蓼、白蘋,构成一幅色彩明丽的"西湖秋光图"。下联写平湖秋月的夜景:月到天心,湖中及四周的亭阁台榭,分明可见,人坐亭中,清风徐来,把酒相对,如置身于仙界琼楼玉宇之中。"天心月到"等两句,化用宋邵雍《清夜吟》"月到天心处,风来水面时,一般清意味,料得少人知"诗意。一日一夜,景物不同,各有佳趣。"最好是""莫辜负"二语,领起下文,点明平湖秋月最好景色的具体内容及时间,也加强了联语的韵致。联语选材具体,描写景物清新俊逸,雅淡空灵,给人一种美的感受。 (周 艺)

杭州西湖平湖秋月(三)

陶 镛

佳景四时,最好秋光何况月
静观万物,欲平天下有如湖

联语化用宋程颢《偶成》诗:"万物静观皆自得,四时佳兴与人同。"其意出自《大学》:"知止而后有定,定而后能静,静而后能安,安而后能虑,虑而后能得。"诗谓只要静静观察,就能格物致知,得万物之理;对景色来说,也

能和别人有同样的好兴致。出句大意:四季好景中以秋天为最美,何况是月明的秋夜。对句大意:静观世间万物,能有得于心,要治理天下就须使它像湖一样平,不起风波。此联嵌入了“平湖秋月”四字,并把景物与政治哲学联系起来,是其特色。不过这种道学家的理,带有直观性,比较抽象。

(蒋竹荪)

杭州西湖平湖秋月(四)

江峰青

佳趣此偏多,量来秋水平篙,照我全身都入画
吟怀间不得,携有清风两袖,看花沿路去寻诗

首句写湖上亭台楼阁景物特多,作者徜徉其间,佳趣萌生不穷。量,这里是料看的意思。平篙,即一篙。下联谓吟诗的兴致不能间断,好在无官务缠身,“清风两袖”,十分自在,可以一路观花赏景,一路觅句寻诗。联语轻灵新颖,语句活泼洒脱。

(张君宝)

杭州西湖平湖秋月(五)

骆成骧

穿牖而来,夏日清风冬日日
卷帘相见,前山明月后山山

平湖秋月的景色,前人曾云:“湖际秋而益澄,月至秋而逾洁,合水月以观,而合全湖之精神始出。”本联作者写平湖秋月偏不涉一个“秋”字,让读者站在窗内,由此而感受景点之美。穿牖而来的清风暖日,足见此地是休憩之良所;卷帘相见的明月青山,足见此地是观赏之佳处。写出了此地的美景不仅属于秋天,也属于夏天冬天,属于一年四季,永远令人惬意留恋。

(陈永泉)

杭州西湖三潭印月

沈阆崐

记故乡亦有仙潭,看一样湖光,添得石桥长几曲
至此地宜邀明月,问谁家秋思,吹残玉笛到三更

此联为沈阆崐应俞樾之请所撰,俞樾书。三潭印月,为杭州西湖景点。上联以故乡胜景衬托"三潭印月"。故乡,谓浙江省的德清(俞樾为德清人)。德清的"仙潭"即莫干山上的剑潭。石桥建于雍正五年(1727),自南至北,是九转三回、三十个弯的九曲桥。下联写"三潭印月"宜人情调。三潭印月古来就是赏月胜地,有"天上月一轮,湖中影成之"之称,故言"宜邀明月"。此刻,天凉人静,秋思绵绵,但见月光、湖光、月影、塔影、云影交相辉映,融成一片,不知何处传来阵阵笛声,又增添了景色的幽静深邃。残,剩留。联语委婉温丽,充满诗情画意。 (张君宝)

杭州西湖三潭印月静凉轩

程云俶

天赐湖上名园,绿野初开,十亩荷花三径竹
人在瀛洲仙境,红尘不到,四围潭水一房山

静凉轩,旧在过九曲桥后"三潭印月"的中心绿洲上。上联写景观。湖水映天,中浮名园,犹在天上,故言天赐。开轩望去,一片绿色,千竿翠竹点缀着条条小径,池里荷花盛开,芬芳馥郁,使人目醉神迷。下联道感受。三潭印月空明澄净,夜深人静时,诚可濯魄醒心。红尘不到,突出了这纤尘不染的境界。四围潭水,显现湖岛形状;一房山,则形象描绘了岛中有一房假山,化用唐人李洞"半潭秋水一房山"句意。此联语气舒缓,与轩名正相应合。

(张君宝)

杭州西湖花神庙

许太眉

海棠开后，燕子来时，良辰美景奈何天。芳草地，我醉欲眠，楝花风，尔且慢到

碧澥倾春，黄金买夜，寒食清明都过了。杜鹃道，不如归去，流莺说，少住为佳

庙在西湖孤山下月老祠侧，祀十二月花神和四时催花使者。一说此联悬于上海嘉定花神庙。海棠、楝花，自小寒至谷雨共四个月，八个节气，一百二十日，每五日一候，计二十四候，每候有一种花的信风相应，每气三番，最后三个节气的花信风是春分（海棠、梨花、木兰）、清明（桐花、麦花、柳花）、谷雨（牡丹、酴醾、楝花），楝花风为春天结束的信号。良辰美景奈何天，明汤显祖《牡丹亭·游园》："良辰美景奈何天，赏心乐事谁家院？"我醉欲眠，《宋书·陶潜传》："我醉欲眠卿可去。"碧澥，蓝色大海。倾春，泛起春潮。黄金买夜，宋苏轼《春宵》诗："春宵一刻值千金。"不如归去，古人以为杜鹃啼声酷似人言"不如归去"，用为催人归家之词。宋梅尧臣《杜鹃》诗："蜀帝何年魄，千春化杜鹃，不如归去语，亦自古来传。"少住为佳，晋人杂帖有"寒食近，且住为佳耳"，劝人暂留。上联大意，春分是春天的顶峰，海棠已开，燕子已来，眼看良辰美景怎安排？醉眠芳草地享受一番。楝花风，你慢一步吹吧！下联大意，清明寒食一过，暮春来临，真是春宵一刻值千金！杜鹃说回去罢，黄莺说一分一秒且抓住的好。唐李贺《送春》诗"共君今夜不须睡，未到晓时犹是春"也含此意。全联扣紧节令、物候的变换，描述了春景的美好、珍贵，表达了作者惜春恋春的思想感情。联语吸收了传统的诗词曲等典故、词语，运用了叙述、描写、呼告、对话的手法，一唱三叹，几乎是一曲优美的春之歌。（唐　音）

杭州西湖问花舫

熊香海

试看他春如醉，秋如醒，合四时间变幻景光，尽消凝晴姿

雨态，夕霭朝晖，雪映霞酣，星初月午，安排着诗酒琴歌，话南渡当年，过去漫牵无限感

恰好这山为迎，水为送，买一篷儿拓开怀抱，遍探寻邃馆岑台，回楼古刹，名泉秀石，宠柳妍花，狎玩些烟波鱼鸟，算西湖此日，到来俱是有情人

上联从“时令变幻”角度描绘问花舫所见景色之美。围绕这个焦点，开头先总提一句“春”和“秋”的“醉”和“醒”，接着就大力铺陈：晴、雨、朝、夕、雪、霞、星、月，都消凝在诗酒琴歌活动过程中，把四时景光变幻刻画如一幅幅系列动画风光影片，又回溯当年南渡景象，用历史感慨加深今日游览的印象。下联从“拓开怀抱”角度描绘问花舫之游给人感受之深。围绕这一焦点，开头先总提一句“山”和“水”的“迎”和“送”，接着大力铺陈：台、馆、楼、刹、泉、石、花、柳，都奔赴到一篷儿(代指小船)里外，包括烟波鱼鸟，供探寻，供狎玩，如此幽胜，令每个见到的人都不能忘怀。到来，经过。杜甫《万丈潭》诗：“孤云到来深。”上下联分别从景和情角度铺叙出西湖问花舫登临景物之美，是此联主题，而铺叙、排比、对偶和“雪映霞酣”“星初月午”“名泉秀石”“宠柳妍花”等富有装饰性的词的创用，更加强了联语的表现力。

(何以聪)

杭州西湖西泠印社

吴昌硕

印岂无原，读书坐风雨晦明，数布衣曾开浙派

社何敢长，识字仅鼎彝瓴甓，一耕夫来自田间

西泠印社在杭州孤山，是研究金石篆刻的学术团体，建于 1913 年。上联写对西泠印社及浙派的回顾。从篆刻艺术来源、组织者的成员以及它的风格流派说明印社创立的宗旨。原，同源。印，印章，这里指金石篆刻艺术。晦明，日日夜夜。布衣，没有官职的平民。浙派，著名的篆刻流派之一，由清乾隆时杭州人丁敬开创，继起者有蒋仁、黄易、奚冈、陈豫钟、陈鸿

寿、赵之琛、钱松等七人,皆浙人,世称西泠八家,他们的特点是宗秦汉而取众家之长,多用切刀法,形成浙派风格。下联作者自我介绍。社何敢长,吴昌硕自创一派,曾任西泠印社首任社长,“何敢”是自谦之词。鼎彝瓴甓,指古代钟鼎彝器和陶砖瓦缶等,上面都刻有文字,常被作为篆刻仿效的范本。一耕夫,吴昌硕自称,作者出身贫穷,青少年时代曾历尽饥寒,也可以理解为一生耕耘于书画篆刻的艺术田野间。此联可作为西泠印社创立宗旨来读,可以帮助我们了解这个在我国篆刻史上有重要地位的艺术团体组织,而作者又是该社第一任社长,因此更有其史料价值。联语上下首句巧妙地嵌入“印社”两字。 (吴关镛)

杭州西湖西泠印社四照阁(一)

孙星衍

一窗佳景王维画
四壁青山杜甫诗

孙星衍,字伯渊,清江苏阳湖(今常州)人,乾隆五十二年(1787)进士,官至山东兖沂曹济兼黄河兵备道、督粮道,后主杭州诂经精舍。此联所题四照阁,在杭州西湖孤山,以四面有山得名,又称“云峰四照”。上联云一窗佳景,看去简直就是王维笔下的山水画。王维,唐代诗人、画家,明代董其昌将他誉为南宗画派的始祖。苏轼说他“诗中有画,画中有诗”。下联说从四壁窗中看出,那就是一首首杜甫笔下的山水诗。前人说“画是无声诗”,“诗是有声画”,也即诗画相融相通。此联以“一窗”对“四壁”,以“王维画”对“杜甫诗”,很好地描绘了“四照阁”的景色和环境。 (佟 今)

杭州西湖西泠印社四照阁(二)

叶翰仙

面面有情,环水抱山山抱水
心心相印,因人传地地传人

四照阁位于孤山之巅,花木扶疏。上联赞景。说西湖环抱孤山,绕湖诸山又环抱西湖。四照阁的周围山色送青,湖光澄碧,显得面面有情。“环”“抱”两字,写活了湖山的相依状态。下联颂人。心心相印,原为佛家语,意为彼此契合、心意相投。这里一语双关,犹说以印(篆刻作品)相知,以印生情。歇拍的“人”指印社同仁,“地”谓西泠佳地,犹说印以佳地而传,佳地又因印社闻名,希望印社代出传人。（张君宝）

杭州西湖孤山寒岁岩

苏 轼

爵比郭令公,历中书二十四考
寿同广成子,住崆峒万八千年

寒岁岩在浙江杭州西湖孤山。此联为苏轼撰。郭令公,唐代大将郭子仪,因军功封中书令。《旧唐书 · 郭子仪传》有郭子仪“校中书会考二十有四”句。讲任职之久。广成子,上古异人,长寿。崆峒,崆峒山,在甘肃省平凉市西,海拔 1 800 至 2 100 米。全联旨在说爵高寿长。上联意谓,爵高好比郭子仪,他任中书令,主持官吏考绩达二十四次,确实任职很久。下联意谓长寿犹同异人广成子,他住在崆峒山一万八千年,确实是一位仙人。

（沈树华）

杭州西湖孤山公园

陶 镛

故宫寥落认前朝,天下为公,莫忘怀四部图书,一园草木
胜迹登临容我辈,人间何世,试极目东西浙海,南北峰云

孤山在杭州西湖的里湖与外湖之间。公园即今之中山公园。这里曾是封建帝王的行宫所在。此联为登高望远、俯仰兴怀之作。天下为公,见《礼记 · 礼运》,意指君位不为一己所私有,借以指政权、事物归一般平民所

共有。四部图书，指乾隆年间编纂的《四库全书》，其中一部就藏于孤山南麓的文澜阁。上联犹说，清朝已经灭亡，文澜阁和帝王行宫等终究归天下民众共有。下联即在这种认识的基础上表达了对当时社会局势的关注。首句用孟浩然《与诸子登岘山》诗“江山留胜迹，我辈复登临”诗意。结句“南北峰云”，指南高峰、北高峰，语意双关，因为当时南方虽有孙中山的国民政权，但北方仍为军阀所统治，世道并不太平。东西浙海，指浙东浙西，旧时有两浙之置。“人间何世”四字反映了作者忧世忧国忧民的思想感情。

（张君宝）

杭州西湖西湖天下景亭

黄文中

水水山山，处处明明秀秀

晴晴雨雨，时时好好奇奇

亭在中山公园内。联语抒写了对西湖山水的感受。出句化用袁枚《过桐江作》“明秀渐多奇险少，分明山色近杭州”诗意，从总的印象来写：西湖处处山容明媚，水色秀丽。对句化用苏轼《饮湖上初晴后雨》“水光潋滟晴方好，山色空濛雨亦奇”诗意，则从游览角度来写：西湖晴时固然美好，雨时也觉奇妙。联语的写法脱胎于孤山花神庙联“翠翠红红，处处莺莺燕燕；风风雨雨，年年暮暮朝朝”。这副叠字对，也是回文对，读成“秀秀明明，处处山山水水；奇奇好好，时时雨雨晴晴”，也十分流畅自然。除正读、倒读，还可单字读、三字读，生出无穷趣味。

（蒋竹荪）

杭州西湖孤山寺

不雨山常润

无云水自阴

此为五言短联，写西湖孤山寺景。西湖素以山光水色名驰天下，孤山在里湖与外湖之间。上联写山光,一个“润”字,写出了山的丰腴多泽;下联写水色,一个“阴”字,写出水之平静深沉。把眼前山容水貌浓缩于联中,短小精悍,精神自出。（何禹昌）

杭州西湖孤山梅亭

林则徐

世无遗草真能隐
山有名花转不孤

亭在西湖孤山北麓。元代人为纪念林和靖,修葺其墓,并植梅数百株,又建梅亭。林和靖,名逋,北宋诗人。居孤山二十年,种梅养鹤,有“梅妻鹤子”的传说。他的“疏影横斜水清浅,暗香浮动月黄昏”咏梅名句流传至今。林逋也是名副其实的隐士。他在七言绝句《自作寿堂因书一绝以志之》中有“茂陵他日求遗稿,犹喜曾无封禅书”,用汉武帝求司马相如遗稿得封禅书的故事,表白自己不曾写过封禅书那一类阿谀文字。上联表现林逋是一位洁身自好的真正隐士。下联是说梅花使孤山“不孤”。联语借景抒怀,旨在赞颂林逋的人品,在艺术上巧而不华,意境高远。（王明珍）

杭州西湖苏公祠

华秋槎

泥上偶然留指爪
故乡无此好湖山

苏公祠在杭州西湖孤山中部。全联均集自苏轼诗词:上句见《和子由渑池怀旧》“人生到处知何似？应似飞鸿踏雪泥。泥上偶然留指爪,鸿飞那复计东西”。下句见描写西湖的《六月廿七日望湖楼醉书五绝》“我本无家更安在？故乡无此好湖山”。联语用苏氏口气,既感叹在杭时间的短暂,又赞西湖的美景。苏于北宋神宗及哲宗年代,先后两次被贬杭州,一任通判,一任知州。他寄情山水,为民排难解纷,颇有惠政。上联谓前后五年,在一生中,只不过是泥上留爪。下联谓家乡四川眉州虽风景如画,但与杭州比,也显得逊色了。 (周世达)

杭州西湖六一泉

湖两山孤,此处有泉可漱也

天一地六,先生自号无说乎

六一泉,在西湖孤山西南麓。泉池面积约 2 平方米,宋代文学家苏轼于元祐四年(1089)任杭州知州时,为怀念他的老师、散文家、诗人欧阳修而命名。欧阳修,自号六一居士,因有《集古录》一千卷、藏书一万卷、酒一壶、棋一局、琴一张及自身一老翁,故名。上联览胜。湖两山孤,点出西湖“一山两湖”的独特景致:孤山将美丽的西湖分成里西湖与外西湖,进而引出泉水,清凉的泉水可任游人尽情饮漱。山、湖、泉融和成一幅人间天堂的胜景。下联怀事。追溯欧阳修的自号,点出“六一泉”命名的由来,不由使人缅怀古贤,观物情生。“湖两山孤”与“天一地六”既是句间对,又为句中对。其中数词的选用尤为精巧,“孤”字既替代“一”,与“两”相对,又恰与山名吻合;“天一地六”,既嵌进了泉名,又融入了《易经》中“天一生水,地六成之”的阴阳八卦之说,使联语显出典雅神秘气氛。对联用语看似平常,细细玩味,情韵无穷。 (谢燕华)

杭州西湖曾子祠

衍一人忠恕之心传,学惟省贯

开万世治平之事业,道极明新

曾子名参,孔子学生。据宋儒程颐说,《大学》是“孔子之言,而曾子述之”,虽未能证实,但观《论语》全书,其他弟子都称名,只对曾参一人称“子”,可见曾参在孔学承传中的地位。上联说,推演孔子忠恕之道的精义,做学问就要内省和贯通。衍,音 yǎn,展延。心传,师徒递相传授,精义相传。省,反省。《论语·学而》:“曾子曰:‘吾日三省吾身。’”贯,贯穿、融会贯通。《论语·里仁》:“参乎,吾道一以贯之。”下联说,开辟万代治国平天下的事业,其途径是努力发扬美德,做崭新的人。治平,《礼记·大学》:“心正而后身修,身修而后家齐,家齐而后国治,国治而后天下平。”明,《大学》:“大学之道,在明明德。”新,《大学》引《康诰》曰:“作新民。”联语赞扬了曾子传承孔子学说的功绩与对后代社会政治的影响。写得庄重肃穆,用词亦极谨严。 (唐　音)

杭州西湖苏小小墓(一)

桃花流水杳然去

油壁香车不再逢

苏小小,南朝齐著名歌妓,家住钱塘(今杭州),常乘油壁车。《乐府诗集》卷八五收有《苏小小歌》。墓在杭州西湖西泠桥南。初仅半抔黄土而已,乾隆南巡时曾询问此墓,不久石筑其坟,立碑云:“钱塘苏小小之墓”。上句集自唐李白《山中问答》“桃花流水杳然去,别有天地非人间”。下句集自宋晏殊《寓意》“油壁香车不再逢,峡云无迹任西东”。油壁车,古代妇女所乘,用油涂饰的轻车。联语慨叹一代美人之逝,用“桃花流水”的一去不回以及“油壁香车”之不再遇为喻,寄托了无限的怀想和追思。 (周世达)

杭州西湖苏小小墓(二)

王成瑞

灯火珠帘,竟有佳人居北里

笙歌画舫,独教芳冢占西泠

北里,旧时泛指娼妓集中的地方。画舫,装饰华美的游船。联语凭吊苏小小。上联写生前。灯红酒绿、珠帘斜卷的北里,竟有才貌出众的佳人在此栖身。“竟有”二字突出不应有的事却出现了。佳人薄命,不能不表示惋惜。下联写身后。今天笙歌画舫仍似往昔,然而只有苏小小的墓能在西泠占一席之地,为西湖增色。“独”字“占”字意味着她生虽不幸,死后却得到后人的同情与赞美。 (蒋竹荪)

杭州西湖浮海槛

黎遂球

山川朋友文章:三乐
烟雨风月晴雪:六宜

这副联语十分协调地把语言态势和景点特色统一起来,形成一种独特的美感和诗意。浮海槛的景观特点是疏朗开阔,它是明朝黄贞父用巨竹为排,浮于湖海的建筑。联语描写人们在这个旷远空明的自然境界中推槛四望,品味着或“烟雨”、或“风月”、或“晴雪”的六宜,享受着既“山川”、又“朋友”、更“文章”的三乐:意味着人们以最简便的设计,获得最广泛的美感享受。这“三乐”“六宜”,道出了真正的美的欣赏者的无往而不至、无往而不宜的聪明气质。 (何以聪)

杭州北高峰

江湖俯看杯中泻
钟磬声从地底闻

北高峰在灵隐寺后,海拔 314 米。登岭眺望,群山屏列,西湖如镜,钱塘江如带,历历在目。联语摘自明邓林《北高峰塔》诗颈联。意在突出北高峰之高峻。作者巧妙运用视觉形象,把所见的钱江西湖比为倒下去的一杯水;又运用听觉感受,由高处听起来,灵隐寺钟磬之声,仿佛自地底下传来。可谓构思新奇,不落窠臼。 (王明珍)

杭州南高峰

田汝成

凭栏霄月近
倚杖海云还

南高峰在杭州灵隐山西南,与北高峰对峙。此联写登高览景。于峰上凭栏,高可攀月。倚杖看海,云去而复还,有飘飘欲仙之感,写出了峰高、山险、景奇之状,读来令人神往。（吴关镛）

杭州九溪林海亭

樊增祥

小住为佳,且吃了赵州茶去
曰归可缓,试同歌陌上花来

九溪在杭州龙井南,林海亭在溪畔。上联说,暂时停留一下的好,劝来此的游人都吃了茶再去。小住为佳,据《词苑丛谈》卷三引晋人杂帖:“天气殊未佳,汝定成行否,寒食近,且住为佳尔。”劝人暂留。赵州茶,唐代名僧从谂,常住赵州观音院,每发言必先云“吃茶去”。《五灯会元》卷四:“赵州从谂禅师问新到:‘曾到此间么?’曰:‘曾到。’师曰:‘吃茶去。’又问僧,僧曰:‘不曾到。’师曰:‘吃茶去。’”下联说,不要忙着说归去,还是大家试着唱起《陌上花》的歌来吧! 陌上花,民歌名。苏轼《陌上花》引:“游九仙山,闻里中儿歌《陌上花》。父老云:吴越王妃每岁春必归临安,王以书遗妃曰:‘陌上花开,可缓缓归矣。’吴人用其语为歌。”此联敦劝游人吃茶、唱歌,驻足欣赏林泉之美,语言直白,轻松活泼,富于人情味。

（商启予）

杭州五云山云栖寺(一)

水向石边流出冷
风从花里过来香

云栖寺在五云山半腰云栖坞里。传说古代有五色祥云飞来,时而盘旋山顶,时而飞集坞中,故名。直到现在,一临此境便让人领略到水澈溪澄、幽深寂静,有一种说不尽的天趣。本联就以状物灵巧、体物入微见长,写出了江南山林泉石所独有的天趣。水的“冷”,与“向石边流出”两者有没有必然联系?没有,却又像是有,这就凭读者自己去琢磨了。风的“香”,与“从花里过来”两者之间有没有必然联系?有,但似乎不只是由于有这个,还有什么?这就又得凭读者自己去品味了。上下联都在用事物所特寓的天趣去逗引读者的联想:除了花香,是不是还有树香、土香、日照香,疑是石冷,更疑草冷、云冷、笛声冷,这种巧思可以延伸到无穷数,从而使人们获得更多的美的思考。 (何以聪)

杭州五云山云栖寺(二)

剪半岭闲云补衲
留一窗明月谈经

这是反映僧人物我相忘的幽寂生活的对联。如果写他如何补缀僧衣,如何辩难问疑,必然平淡乏味,作者却展开出奇的联想,说他剪白云来补衣,留明月来谈经。云是空中悬浮的小水点,不能剪,自不用说用它来补衲;月绕地球运转不停,更不必说要它停下来和它谈经。然而,这种想法虽不合乎生活的逻辑,却合乎感情的逻辑,合乎艺术的真实。反常而合道,就获得永恒的艺术生命。像“剪云补衲”“留月谈经”一类的事,生活中绝无此理,诗国中确有此情。 (蒋竹荪)

杭州五云山亭

长堤划破全湖水
之字平分两浙山

五云山在西湖西南面，临钱塘江。传说古时有五色彩云生于山巅，故名。山上有亭，登亭可瞰钱江及西湖。长堤，即西湖苏堤，全长两千八百米。登山俯瞰，微波粼粼的西湖水被长堤划开了。呈“之”形的钱塘江水又似乎把浙东、浙西的山平分成两半。联语从大处着眼，高处落墨，通过俯瞰所见以写出五云山之高，视野之广，无不恰到好处。

（王明珍）

杭州虎跑寺

彭教仁

愿借吾师手中半叶蕉，煽灭若辈热中热
留得此地山上一勺水，渴解众生难上难

虎跑寺即西湖西南隅的大慈山下的定慧寺，以虎跑泉得名。始建于唐宪宗元和十四年(819)。上联借传说人物表达对热衷名利之徒的劝谕。吾师，指宋高僧道济，即民间传说中的济公。其人落拓不羁，不守戒律，常持破芭蕉扇，半狂半癫，嬉笑怒骂，扶贫助弱。今虎跑泉尚存道济塔院遗址。若辈，称世俗间追求名利趋炎附势之辈。下联借虎跑泉水之吟咏，表达了对民生疾苦的同情。山上一勺水，即虎跑泉，它有“天下第三泉”之称，而龙井茶、虎跑水，历来被誉为“西湖双绝”。联语结构独特，九、七言句式为联中少见，且诙谐中蕴含严肃，能在熟题材中出新意。

（张君宝）

杭州玉泉

马忠骏

桃花红压玻璃水

荇藻深藏翡翠鱼

玉泉位于杭州仙姑山北的青芝坞口，泉在清涟寺内，池方广三四丈，晶莹明净，五色巨鲤数百，游泳其中，历来为观鱼胜地。本联抓住玉泉金鱼的特色，描绘出一幅富有情趣的画面：玉泉池畔，桃花盛开，红彤彤的一片，覆盖在玻璃般透明的水面上；池中游鱼发现凭栏的人影，便蓦地躲闪到荇藻底下，无论是红色的或黄色的，都被荇藻的绿染成了翡翠色，仍然嬉戏自如。联语逼真地再现了景物，而且动静结合，色调和谐。上联以动写静，一个“压”字，把岸上的花色与水面的波光联起来，写出了花多色浓，覆盖面之大，构成了背景；下联以静写动。一个“藏”字，体现了鱼儿的机警与投得其所的安全感，是画的主体。上下联红绿交映，鱼水相宜，富有立体感。

（王齐孙）

杭州韬光寺

屐迹尚堪寻，高阁登临，此境依然图画里

山灵如旧识，群峰罗列，我来相约昆弟行

韬光寺位于杭州北高峰南坡的巢枸坞内，因唐代高僧韬光在此结寺而得名，素以朝佛、观山、观海三佳著称。此地风光恬静清幽，由灵隐至此有一条长达 1.5 公里的登山石径，而寺中建筑，如悬崖结屋，上联即述此态势。屐(jī)木屐，木底有齿的鞋子，古人游山多用之。“依然”两字，表明题联者非初次来此。下联继写登高所见所感，且将峰峦拟人化。山峰与行人相约同行，极富动感，从不经意处点出韬光景处之高。昆弟，即兄与弟。

（张君宝）

杭州韬光寺观海亭(一)

山衔古寺穿云去
树隐流泉倚石听

上联写山岩、古寺和白云,创造了一种幽美、寂静而又迷蒙的意境。衔,含。山衔、穿云,写出了从观海亭远眺灵隐寺的险峻高耸和超脱之势,写得十分飞动。下联中潺潺的溪流声充盈耳际,给恬静的氛围带来一股活力。此联动静相间,声色兼蓄,从视觉到听觉,层层渲染,细细描绘。“衔”“隐”等字的妙用使静止不动的景物风韵倍增,产生特殊的艺术效果。

(王明珍)

杭州韬光寺观海亭(二)

楼观沧海日
门对浙江潮

上联说,登楼可领略东海日出的奇景:金红巨轮,冉冉上升,五彩纷披,灿若锦绣。沧海,我国古代对东海的别称。下联说,开门就面对浙江大潮的壮观:远若素练横江,声如金鼓;近则亘如山岳,奋如雷霆。此联引用唐宋之问《灵隐寺》五律颔联原句。观海亭所处地势极佳,又是看日出、观潮水的绝妙处所,读联想景,使人心胸开阔,豪情顿增。联语对仗工整,气势恢宏。

(施芝鸿)

杭州玉皇山玉皇宫

一路竹声,时疑雨至
半空岚气,忽然云飞

这里是神仙出没的峰峦幻境，充满灵气的缥缈宫观，作者着力于描摹倏忽万变的景象，酝酿神奇灵异的气氛。竹叶迎风，声音是细碎而神秘的，写一路竹叶声，时疏时密，时轻时重，特别写到叶声加密时，简直像是山雨来临。岚翠空明，若隐若现，偶然遇到寒暖升降，便聚作云气飞去。描绘这般云飞雨至神秘的刹那动态，自然令人联想到定会有金童仙女，隐身其中，往来游戏，给人以逍遥遗世、脱壳飞升的美的享受。正因如此，本联无需在文字上作任何雕饰，魅力全在于简约地描绘出云雨变幻启动的一瞬间。

（何以聪）

杭州净慈寺

爱新觉罗·玄烨

云间树色千花满
竹里泉声百道飞

净慈寺在南屏山慧日峰下，供奉宋代高僧道济（济公）塑像。上联落墨于“色”，悠悠的白云、葱翠的绿树、灼灼的红花，艳丽的色调绘出了一派大好春光。一个“满”字突出了姹紫嫣红、争奇斗艳的浓浓春意。下联刻画“声”，竹林中的山泉注入池沼，似百道瀑布向下飞泻。“飞”字生动地描摹了泉水奔涌时雄奇壮美之态。色彩和声响交流，调动读者多方面感受，具有强烈的美感效果。（王明珍）

杭州葛岭(一)

朱锡荣

有几两阮公当着
作一半白傅勾留

葛岭在杭州宝石山的西面，因相传东晋葛洪在此结庐炼丹而得名。岭上有葛仙翁墓、炼丹台、炼丹井、抱朴庐等遗址。上联蕴含一典故：据刘义庆《世说新语·雅量》记载,阮孚好屐,恒自经营。人有访阮,见自吹火蜡屐。因叹道:"未知一生当着几量屐!"屐是鞋的一种,木底,前后有二齿。蜡屐多用于游山。量与"两"通,鞋必两只相配。故以一两为一物。下联化用白居易《春题湖上》"未能抛得杭州去,一半勾留是此湖"诗。全联融合历史典故和唐诗名句而成。上联发出询问,不知一生要穿几双阮公感叹过的木屐啊。下联答道,就像白少傅所说过的那样,一半是为了西湖而在此"勾留"吧。联语在句式上匠心独运,用典自然,风韵天成。

(王明珍)

杭州葛岭(二)

阮 元

魏晋诩风流,是翁抱朴传书,棋局樗蒲忘世业

湖山蓊云气,此处炼丹成汞,柳堤松岛护仙寰

葛洪,字稚川,晋代人,好神仙导引之术。所著《抱朴子》,在当时颇有影响,书分内外篇,内篇谈神仙方药、鬼怪变化、养生延年、除邪却祸;外篇评论人间得失,世事沉浮。上联谓魏晋名人向以风流自炫,只有葛洪不失本真,传下《抱朴子》著作,而对弈棋、樗蒲(风行于汉魏的一种博戏,后为赌博的代词)这些玩意都不知晓,把个功名利禄忘得一干二净。诩,夸耀。下联说葛岭的湖光山色充满着云气,这儿确是炼丹炼汞的好地方,柳树成荫的苏堤,盛植青松的小岛护卫着这神仙的境界。松岛,指孤山。白居易《西湖晚归回望孤山赠诸客》诗"柳堤松岛莲花寺"。联语上联着重叙事,下联重在咏景,用辞典雅古朴,上下对称,自然严密。 (谢燕华)

杭州伍子胥庙

爱新觉罗·弘历

生全孝,死全忠,拼此身报答君亲,忍辱含冤,志士仁人今感泣

朝在潮,夕在汐,凭浩气流行江海,御灾捍患,吴山越水古英灵

伍子胥名员,春秋时吴国大夫。他父亲伍奢是楚国大夫,因直谏平王被杀。子胥历尽艰险,逃到吴国,帮助阖闾夺取了王位,打败楚国,建立了霸权,并率领士卒,发掘了楚平王的墓,鞭尸三百,报了父仇。后来,他又帮助吴王夫差打败了越国,极力劝阻夫差拒绝越王勾践的求和、停止伐齐,被夫差赐死,投尸钱塘江中。上联颂伍员,点出伍子胥之所以能"全孝""全忠"以及"志士仁人"之所以为之感泣,全在这"拚""忍""含"三个字上,末句进一步点明伍子胥对后世的影响。传说伍子胥死后成为"潮神",常"素车白马","朝夕乘潮"于钱塘江中。下联"浩气"指伍子胥至大至刚、宁死不屈之气。"流行江海"指浩气长存于江海之间,与"在潮""在汐"相呼应。末二句希望伍子胥能为老百姓"御灾捍患",真正成为造福于吴山越水的"古英灵"。联语用字贴切,感情深沉,颇有感人力量。 (周 艺)

杭州于谦墓(一)

赖社稷之灵,国已有君,自分一腔抛热血

竭股肱之力,继之以死,独留清白在人间

此联总结了民族英雄于谦一生抗敌保国的功绩和悲剧。于谦,字廷益,浙江钱塘(杭州)人,明永乐进士,曾任监察御史、兵部尚书。英宗正统十四年(1449),瓦剌侵扰大同,英宗亲征,在土木堡兵败被俘。侍讲学士徐有贞等主张放弃北京而南迁。于谦坚决反对,认为英宗既成为瓦剌俘囚,帝位不应虚悬,拥立英宗弟为皇帝,自己主军务,抗击瓦剌军。后瓦剌请和,送回英宗。景泰八年(1457),徐有贞发动"夺门之变",拥英宗复辟,诬于谦谋逆,处死。籍没时家无余资,葬于杭州。万历间谥忠肃。有《于忠肃集》。上联说,依托土地神和谷神之灵,国家有了君主,自应抛洒满腔鲜血。社稷,祭土地神和谷神的神坛。国已有君,《公羊传·文公九年》"缘臣民之心,不可一日无君",即国必有君之意。下联化用《三国志·蜀志·诸葛亮

传》"臣敢竭股肱之力,效忠贞之节,继之以死"句,说,竭尽辅政大臣的力量,不惜一死继续干到底,使清白的节操,独留人间。股肱,大腿和胳膊,常喻辅佐君主的大臣。独留清白,语出于谦《咏石灰》:"千锤万击出深山,烈火焚烧若等闲。粉身碎骨全不怕,要留清白在人间。"于谦托物寄情,以此自喻。联语饱含感情,末句用于谦语以赞于谦,更觉贴切深刻。 (陶继明)

杭州于谦墓(二)

杨鹤子

千古痛钱塘,并楚国孤臣,白马江边,怒卷千堆雪浪
两朝冤少保,同岳家父子,夕阳亭里,心伤两地风波

上联大意:千百年来令人痛悼的钱塘恨事,于谦和伍子胥一样,在白马江边,一腔怒气卷起千堆雪浪。楚国孤臣,伍子胥帮助吴王阖闾夺取王位,并使国势日强,其子夫差接位后,听信谗言,逼伍子胥自杀,将尸体装进皮袋,投入钱塘江。白马江,西汉枚乘《七发》描写曲江浪潮,"浩浩溰溰,如素车白马帷盖之张"。传说伍子胥沉江后,成为潮神,常素车白马,乘潮钱塘江中。下联大意:宋明两朝少保蒙受冤狱,于谦同岳飞一样,在夕阳亭里,还悲伤南北两地的政治风云。两朝少保,宋岳飞抗击女真立功封少保,明于谦抗击瓦剌入侵有功封少保。少保,为大官加衔,无实职。夕阳亭,在洛阳城西。东汉安帝延光三年,太尉杨震遭诬陷,在夕阳亭饮鸩自杀,此处借指杭州墓地。此联用类比手法。上联写伍子胥因忠被害,用以比于谦,"并"字是关系词;下联写岳飞父子之冤,用以比于谦,"同"字是关系词。这样写可以避免正面歌颂的一般化缺点,但也有困难,此联即因形象化材料不足,只好借助想象"伤心两地风波",把内容说全。 (余心乐)

杭州钱王祠

张 岱

力能分土,提乡兵杀宏诛昌,一十四州鸡犬桑麻,撑住东南半壁

志在顺天，扶幼主迎周归宋，九十八年象犀筐篚，混同吴越一家

钱王祠在杭州市清波门北，祀吴越王钱镠及其子孙。钱镠为五代时吴越国的建立者。上联赞钱王开国业绩。分土，封建军阀割据一方。这里指钱镠拥兵两浙，自称吴越王。乡兵，唐末黄巢起义，钱镠组织的地方武装。杀宏诛昌，唐僖宗中和四年(885)，刘汉宏反，钱镠率乡兵将他杀死。唐昭宗时，董昌叛唐称帝，钱镠率乡兵击败董昌，将其诛灭。钱镠遂有两浙十四州之地，称吴越王。在位期间，曾征发民工修建钱塘江海塘，又在太湖流域建造堰闸，对当地农业经济的发展作出了有益的贡献。鸡犬桑麻，指老百姓安居乐业的生活。下联赞钱王顺天应时。迎周归宋，钱镠之孙钱俶曾出兵援助后周，太平兴国三年(978)钱俶献两浙之地归宋。九十八年，钱镠建立吴越国到钱俶献地归宋止，计九十八年。象犀，大象和犀牛，古代认为是同类动物。筐篚，皆为竹器。这里用象犀筐篚比喻吴越归宋大一统，同为炎黄子孙，亲如一家。称赞钱王归宋乃是顺应当时历史潮流，实为英明之举。此联从吴越国的建立、发展以及它的归结来评赞钱王。言简意赅，犹如读一部简明的吴越国史。 (吴关镛)

杭 州 岳 庙(一)

王文勤

万里坏长城，南渡朝廷从此小

一抔留古墓，西湖烟水到今香

岳飞，南宋抗金名将，河南汤阴人。他与宗泽、韩世忠等名将一起反对议和，奋力抗战，收复建康，屡败金兵。高宗与权相秦桧等用十二道金牌将他召回杭州，解除兵权，投入监狱，最后以“莫须有”的罪名将其杀害。后人改建西湖湖畔北山智果院为庙以祀。全联抚今追昔，感慨深沉。上联以史笔痛贬南宋朝廷，一个“小”字，反衬了岳飞的伟大。下联歌颂岳飞虽死犹生，其英灵与湖山同在，使西湖烟水万古留芳。 (何禹昌)

杭州岳庙(二)

王蘧常

奈何铁马金戈，仅争得偏安局面
至今山光水色，犹照见一片丹心

上联写生前，并提出问题：为什么岳飞十多年英勇奋战，只换回一个偏安局面？铁马金戈，指持戈跃马作战。岳飞在抗金斗争中连连胜利，建炎四年，收复建康，绍兴十年，取得郾城大捷，先头部队直达朱仙镇，逼近北宋都城汴京，但被十二道金牌召回。偏安，封建王朝不能统治全国而苟安一方。宋高宗赵构原是徽宗(赵佶)之第九子，封康王，本无登极资格，如果收复中原，把徽、钦(其兄赵桓，太子)二帝接回，他的皇位就保不住，甚至生死也成问题。文徵明《满江红》词："千载休谈南渡错，当时自怕中原复。"高宗喜偏安，害怕收复中原的道理在此，也是岳飞被杀的原因。下联写身后：八百年来，西湖的山光水色，还印着岳飞的赤胆忠心。此联构思颇有特色。上联发问，问而不答，让游人自己去思考作答，就比正面写出答案给人的印象深刻；下联赞扬，不说人们如何歌颂他，却说山光水色也在印证他的一片丹心，这种写法比正面赞颂显得有力。（蒋竹荪）

杭州岳坟(一)

徐氏女

青山有幸埋忠骨
白铁无辜铸佞臣

墓在杭州栖霞岭，墓前有铁铸秦桧夫妇和万俟卨、张俊跪像。联语歌颂了岳飞精忠报国的精神，痛斥了秦桧的罪行。忠骨埋葬此山，山也有幸。铁铸成奸佞之像，长跪墓前，铁本无辜，也要连带受辱。联语为铁叫屈，适足以加重对佞臣的鞭挞。句式用七言平起诗句，平仄全部合律，骨、白、铁

三个入声字的应用,更增加力量。对仗工整,一青一白,一有一无,一忠一佞,对比鲜明。 (陈以鸿)

杭州岳坟(二)

吴 迈

正邪自古同冰炭
毁誉于今判伪真

此联正气凛然,指出忠奸不两立,薰莸不同器,民族英雄岳飞同卖国贼秦桧是如同冰炭不相容的。尽管奸贼一时得逞,罗织罪名诬陷忠良,但公道自在人心,历史是无情的,奸贼遗臭万年,被人唾骂,而忠臣良将却名垂千古,世代景仰。冰炭,《韩非子·显学》:“冰炭不同器而久。”联语一正一反,加以对比,爱憎分明,言简意赅。 (延 培、张 迈)

杭州秋瑾墓(一)

冯玉祥

丹心应结平权果
碧血常开革命花

墓在浙江杭州西泠桥畔。秋瑾,字璿卿,号竞雄,又称鉴湖女侠,浙江绍兴人,近代民主革命烈士。1907年,因组织光复军准备起义,事泄被捕,就义于绍兴市内古轩亭口。此联为纪念秋瑾而作。认为她赤胆忠心、不怕牺牲的革命精神一定会在反对封建统治、反对男尊女卑的斗争中,开出自由之花,结出平等之果,从而激励更多的人投身民主革命。丹心,忠心,文天祥诗:“留取丹心照汗青。”碧血,忠臣志士为正义事业而流的血。《庄子·外物》:“苌弘死于蜀,藏其血,三年化而为碧。”平权,指男女平权。秋瑾在上海曾创办《中国女报》,第一次把反清革命与妇女解放联系起来,她的《弹词》有“扫尽胡氛安社稷,由来男女要平权。人权天赋原无别,男女还须一

例担”之句。联语对仗工整,情调昂扬,感染力强。 (吴关镛、沈树华)

杭州秋瑾墓(二)

陶浚宣

巾帼拜英雄,求仁得仁又何怨
亭台悲风雨,虽死不死终自由

上联说巾帼英雄秋瑾追求仁爱和正义的革命目标已经达到,死而无憾。巾帼,古代妇女的发饰和头巾,后转为对妇女中杰出者的美称。“求仁得仁又何怨”,语出《论语·述而》。下联说秋瑾为革命牺牲,虽死犹生。亭台,指绍兴轩亭口,秋瑾就义处。悲风雨,秋瑾就义前,曾写有绝命词“秋风秋雨愁煞人”。联语写得悲壮深沉,抒发了对革命先烈的无限缅怀之情。

(陶继明)

杭州灵隐寺(一)

立定脚跟,背后山头石飞去
执持手印,眼前佛面即如来

灵隐寺,坐落于杭州西湖灵隐山麓,近临冷泉,寺前远对飞来峰。东晋印度僧人慧理到此登峰,叹曰:“此是天竺灵鹫之小岭,不知何年飞来,佛在世日,多为仙灵所隐。”因名其峰为飞来峰,并募资修建灵隐寺。上联说,进入佛门的人,如果信念坚定,即使背后的灵鹫峰一旦飞去,也能毫不动心。背后山头,面对寺门,背后就是飞来峰,又称灵鹫峰。下联说,诵经咒时能执持手印,那么面对的佛像也就是真身如来。手印,佛教名词。两手手指所结之形。《陀罗尼集经二》:“诵咒有身印等种种印法,若作手印诵诸咒法易得成验。”如来,佛教始祖释迦牟尼。此联讲佛门弟子的修行方法。要信心坚定专一,毫不动摇,要坚持作手印。“脚”和“手”、“背后”和“眼前”、“去”和“来”都是句间对,作者把四周景物与精深禅理密切结合,浑然天成。

(陈永泉)

杭州灵隐寺(二)

张载阳

峰峦或再有飞来,坐山门老等
泉水已渐生暖意,放笑脸相迎

上联从“峰”字大胆设想,也许再有第二个峰峦飞来,因而长坐山门,虔诚地等待着。老等,既勾起了人们对神奇传说的遐想,又表达了优美风光的魅力。下联从“泉”字阐发,一反“冷”字,满脸堆笑地迎接,泉水渐渐温暖起来,从而使人如闻大地回春的欣喜信息,顿增对现实生活的热爱之情。

(康斯馨)

杭州冷泉亭(一)

董其昌

泉自几时冷起
峰从何处飞来

亭在灵隐寺前飞来峰下,因泉水炎夏不温,呼为冷泉。此联连用疑问代词“几时”“何处”发问,既风趣又给人留下思考和想象的余地。据南宋周密《武林旧事》:“灵隐冷泉亭上,又有醴泉、冷泉,今皆湮没。”早年冷泉命名乃与温泉相对而言。又清梁章钜《楹联丛话·胜迹》载:“相传晋咸和元年,西天僧慧理登山叹曰:‘此是中天竺灵鹫小峰,不知何年飞来?’因以为名。”董氏所问,语出有据。

(曹云岐)

杭州冷泉亭(二)

金安清

泉水澹无心,冷暖惟主人翁自觉
峰峦青未了,去来非佛弟子能言

此联奇处是一反以前冷泉亭诸问答联之意。因为泉水无心，其冷暖只有涉足泉水间者才能感受，而连绵不尽的飞来诸峰，究竟何时存在(去来)，也非佛教中人所能讲清。东晋慧理曾说："此天竺灵鹫之小岭，不知何年飞来？""峰峦青未了"，化自杜甫《望岳》诗："岱宗夫如何，齐鲁青未了。"以"无心"写"淡"；又融入诗圣名句，赋景色以性灵，是为联语佳妙之处。

（张君宝）

杭州飞来峰(一)

在山本清，泉自源头冷起
入世即浊，峰从天外飞来

飞来峰在灵隐寺前，为杭州名胜之一。峰下有冷泉亭。自明代书画家董其昌题联"泉自几时冷起；峰从何处飞来"于其上后，引出不少答联。此联之妙，在于联语含自然与人生的哲理。上联写泉，侧重于地理解释；下联写山，借助神话传说。杜甫《佳人》诗有云："在山泉水清，出山泉水浊。"冷泉自飞来峰下流出，水质清冽爽冷，这正是它固有属性的反映。另有传说济公居灵隐寺时，一天，忽然算到有一座山要飞坠于此，于是劝说当地百姓搬迁，大家不信，济公便佯装"抢亲"，诱使村民出村追赶，刚好山从天降，遂免遭压顶之祸。故以"飞来"名峰。此联只取其"天外飞来"之说，而赋予新意，即不沾惹世间尘泥，才能保持本来面目。借神话以寓人生哲理，旨趣高雅。用语清新自然，对仗极为工整。（王齐孙）

杭州飞来峰(二)

杨叔怿

南高峰北高峰，世事尽傥来，莫问峰来何处
在山泉出山泉，人心先耐冷，才知泉冷几时

上联就名峰抒发。南高峰、北高峰，原指有名的南北高峰，也泛指飞来峰附近诸山峰。傥来,偶然来到,不意而得来。《庄子·缮性》:"物之傥来,寄者也。"结句"莫问峰来何处",是针对东晋印度高僧慧理来此地时所说的"此是中天竺灵鹫小峰,不知何年飞来"而言。联语以山峰归结人事,犹言:人间万事自有其理,不必深入探究。下联继写名泉。飞来峰前有灵隐涧和冷泉,结句"才知泉冷几时",也是有的放矢,因冷泉亭联有"泉自几时冷起"之问。这里又以泉水归结人心,犹言多加磨练,才能悟出人生真谛。"在山泉"句,用杜甫"在山泉水清,出山泉水浊"句意。而"人心"句有警世意,劝戒勿趋炎附势,犹今言"耐得寂寞"。联语以峰写"世事",以泉写"人心",是其独特之处。

(张君宝)

杭州碧波亭

盈　契

三千里外一条水

十二时中两度潮

碧波亭,故址在杭州钱塘江边。上联点景。三千里,指大运河长度。一条水,指钱塘江。下联绘景。十二时,即一昼夜。古代把一昼夜分为夜半、鸡鸣、平旦、日出、食时、隅中、日中、日昳、晡时、日入、黄昏、人定十二个时辰。两度潮,钱塘江以中午和半夜两次涨潮最为壮观,俗称子午潮。联语从纵横的时间、空间中展示江水风貌和特征,意境开阔,气势不凡。

(吴关镛)

杭州春淙亭

石冶棠

泉水在山清,听天籁淙淙,到此且停双不借

烟岚随地好,问尘寰扰扰,几人来作小游仙

春淙亭,在飞来峰路口,建于明代。苏轼有诗:"灵隐寺前天竺后,两涧春淙一灵鹫。”后人取诗中“春淙”两字名亭。上联写水声。天籁，指自然界的音响，泉水淙淙，山鸣谷应，使人气爽神清。在山清，语出杜甫《佳人》诗“在山泉水清，出山泉水浊”句。双不借，草鞋、麻鞋价廉，不借人也不向人借，此代指双脚。下联写山光。“随地”，道尽无处不奇之美妙景色。接着故问：且把烦扰的尘世与迷人的胜地相对照，不由顿生避世之念。但究竟能有几人成为“游仙”的隐士呢？这一问题就留给读者去思考，由此而使联语饶有韵味。

（张君宝）

杭州壑雷亭

华 山

利欲纷驰，脚下安知万丈壑

偷心未尽，眼前听取一声雷

壑雷亭，在飞来峰冷泉亭侧。宋人所建，取苏轼诗“不知水从何处来，跳波赴壑如奔雷”句意命名。上下联末字嵌亭名“壑雷”两字，颇妙。联语给利欲熏心与贪心者敲响了警钟，有佛门棒喝之意。 （张君宝）

杭州片云亭

孙 隆

兴来临水敲残月

谈罢吟风倚片云

片云亭，在杭州风篁岭上。岭上有一片云石，高丈许，青润玲珑，石后有片云亭，为明司礼太监孙隆所建，今已不存。此联由孙隆题于棋盘上。上联言兴致来时，面临泉水，对棋枰落子。敲，指落子。宋赵师秀《约客》诗有句：“闲敲棋子落灯花。”下联言话谈完后，倚着片云石，作词吟诗。全联表现了文人雅士的闲情逸致。“敲残月”为动宾词组，宾语省去中心词(布作残月形的)“棋盘”，“倚片云”也是动宾词组，宾语省去中心词(名为片云

的)“山石”,于是实词虚化,以“残月”对“片云”,十分工整,又极形象。全联写得有情有景,有声有色。（蒋竹荪）

杭州凤凰山楼阁

徐 渭

八百里湖山,知是何年图画
十万家烟火,尽归此处楼台

凤凰山地势高敞,登山远眺,杭州的湖光山色尽收眼底。上联以疑问句式高度赞美了这一片美如“图画”的旖旎风光。八百里湖山,指西湖附近的山水。下联对景点之盛作了进一步的渲染,万家烟火汇集楼台。用语简洁洒脱,意境恢宏开朗。全联由高处着笔,写出身处凤凰山,放眼杭州城的观感。作者是画家,上联正切其身份志趣。（王明珍）

杭州水月亭

水凭冷暖,溪间休寻何处来源。咏曲驻斜晖,湖边风景随人可

月自圆缺,亭畔莫问当年初照。举杯邀今夕,天上嫦娥认我不

水月亭,旧在西湖白沙堤的竹素园内,旁有溪流,屈曲环绕,亭临水建,今园亭皆废。上联“水凭冷暖”,是针对灵隐冷泉亭联之“泉自几时冷起”而言。凭,任凭,不管。斜晖,点出时间是在黄昏,此句犹言清歌曼曲留住了夕阳。歇拍“随人可”三字极佳,极言景随人意而变幻,无一绘景语,旖旎风光顿显。下联明月普照,圆缺皆宜,今昔相同,故有“莫问当年初照”之灵远笔触。“当年初照”,化用张若虚《春江花月夜》诗“江月何年初照人”之句。“举杯邀今夕”,乃化用李白《月下独酌》诗“举杯邀明月,对影成三人”句,犹言不管今晚天上是何时辰,人间有此美景佳时,且举杯邀请月宫的嫦娥同

饮,可不知她是否应允?不,同“否”,读 fōu,平声。此联典雅明丽,富于艺术想象力,读之兴味无穷。（张君宝）

杭州黄龙洞鹤止亭

陈次平

月上新亭,把酒待招玄鹤至
风来古洞,倚松静听老龙吟

黄龙洞,又名无门洞、飞龙洞。在西湖北山栖霞岭北麓。相传南宋淳祐年间,江西黄龙山高僧慧开,曾来此结庵说法,因名。后山峭壁塑有龙头,龙嘴泻水如珠帘垂池。临池有鹤止亭,北宋诗人林逋养于孤山之鹤常飞止于此。民国三十七年陈君撰联时,亭刚修葺,故联称新亭。旧传鹤千年化苍,又千年变黑,故称玄鹤,即仙鹤。上联吊古:写月亮升上鹤止亭,游客端起酒杯,期待能重招仙鹤飞来伴饮。下联写游客神态:趁有风从古洞吹来之时,人们身靠松树,静听老龙龙嘴泻水吟鸣之声。联语内容既切题意,又紧扣景观;既据景实写,又有神奇想象。风格豪放浪漫。

（曹云岐）

杭州龙井村

诗写梅花月
茶烹谷雨春

龙井村,在杭州西湖西面凤凰山上,龙井之西,产著名的西湖龙井茶。上联绘景,龙井景美,可以入诗。它的梅花月色,更富有诗情画意。下联写茶,龙井茶佳,耐人品味。谷雨,廿四节气之一,是春季雨水较多、气候较暖的时令。谷雨前的茶也是茶中上品。古人有“烹煎黄金芽,不取谷雨后”之句。龙井茶香气浓郁,犹如隽永的诗作,脍炙人口。此联写龙井以产茶闻名,从写诗带出烹茶,富有雅趣。而以景衬茶,以诗喻茶,手法更为独到。

（吴关镛）

杭州芥子园

李 渔

繁冗驱人,旧业尽抛尘市里

湖山招我,全家移入画图中

作者晚年从南京移居杭州,在西子湖畔的铁冶岭上筑芥子园,并于园中题下此联。上联写对往日喧嚣繁杂都市生活的厌倦。驱人,逼人。旧业,指从事的创作和演剧活动,这本是作者之所好,但为了躲避“繁冗”之境,宁可割爱。“尽抛”一语,表现出去除烦恼后的轻松心情。下联前半部分用拟人手法,活写“湖山”,后半部分将秀美的山水景色借喻为“画图”,把由宁至杭的迁家之举,写得十分巧妙传神,欢快活泼。 (丁 仪)

杭州南阳小庐

邓瑞人

家传高密遗风。痛吾兄突舰捐躯,罢战海东还,退隐犹寻林处士

我是罗浮旧侣。怅故国嚣尘蔽目,卜居湖上住,比邻犹近葛仙翁

上联的“高密遗风”,代指明代抗倭名将戚继光父子的风范遗勋。高密,古郡国名,今山东高密一带,戚继光是山东蓬莱人,又曾在胶东等地抗击倭寇,故以“高密”概称。“痛吾兄”句,谓邓世昌于黄海海战中,率致远舰奋勇冲锋,弹尽舰伤犹猛撞日舰,最后壮烈殉难事。丧权辱国的《马关条约》签订后,作者辞官退隐西子湖畔。三四两句表达了作者无可奈何的心情。“林处士”,指宋诗人林逋,曾居杭州孤山二十年,种梅养鹤,逍遥自在。下联的“罗浮”,即广东罗浮山,因邓氏为粤人,故曰“旧侣”。“嚣尘蔽目”,喻指列强横暴,加上朝廷腐败,对此作者只能怅叹而已。“卜居湖上”,聊伴古迹度日。“葛仙

翁”,指东晋葛洪,曾在杭州宝石山结庐炼丹。（张君宝）

杭州仓颉祠

彭玉麟

一画本天开,破上古洪荒,草昧无须绳更结
六书随世换,供后人摹写,英雄未免笔难投

彭玉麟,清湖南衡阳人,诸生,随曾国藩创办湘军水师,官至巡阅长江水师,擢兵部尚书,辞未任。善画梅花,有时名。所题仓颉祠,在浙江杭州吴山。仓颉,旧传为黄帝的史官,汉字的创造者,《荀子·解蔽》:“好书者众也,而仓颉独传者 一也。”仓颉可能只是古代整理文字的一个代表人物。上联意谓天开一画,突破了蒙昧无知、以结绳记事的上古洪荒时代。六书,古人归纳汉字以象形、指事、会意、形声、转注、假借六种造字的方法。下联意谓六书随着时代在变化,六书可供后人摹写,后世的英雄也离不开用笔来写他们所见所闻。联文肯定了仓颉造字的功绩,和文字在社会发展中的重要作用。（佟　今）

杭州五显岭庙

李　渔

远观如画,近看似诗,及至身到此间,始觉诗画俱无着笔处
善者敬神,恶者畏鬼,究竟都非异物,须知鬼神出在自心头

李渔,号笠翁,明末清初浙江兰溪人。此联所写五显岭庙在杭州栖霞岭之南。上联写诗画,下联写鬼神。上联意谓五显岭庙所处的环境,远观如画,近看似诗,但等你身到其间,便觉得写诗作画,都不知如何着笔。下联意谓,在五显岭庙中,善者敬神,恶者畏鬼,其实鬼神都非异物,对鬼神的认知,都在自已心头。联文写出了对寺庙环境的认识,和对庙中鬼神的认知,可谓视角独特,思维奇特,允为妙也。（沈树华）

嘉兴南湖烟雨楼(一)

许瑶光

读竹垞歌,两岸渔庄蟹舍
记梅村曲,扁舟杨柳桃花

南湖位于嘉兴市东南隅,为浙江三大名湖之一。烟雨楼乃五代吴越国钱元璙所建。取晚唐诗人杜牧《江南春》"多少楼台烟雨中"诗意。竹垞,系清初学者朱彝尊之号,朱为嘉兴人,以诗词散文著名。梅村,清代诗词名家吴伟业之号,吴著有《梅村集》。上联用朱竹垞《鸳鸯湖棹歌》"蟹舍渔村两岸平,菱花十里棹歌声"诗意;下联化用吴梅村《鸳湖曲》"柳叶乱飘三尺雨,桃花斜带一溪烟","树上流莺三两声,十年此地扁舟住"。鸳鸯湖即南湖,以湖中多鸳鸯,或谓东西两湖相接,有如鸳鸯,故名。以竹垞梅村鸳湖诗句组织成联,用写烟雨楼风景正合,是善用古人成句者。蟹舍渔村、桃花杨柳,尤见一片生机。 (钱剑夫)

嘉兴南湖烟雨楼(二)

袁克文

古木一楼寒,烟雨人间,笙歌天上
扁舟双岸远,鸳鸯何处?云水当年

联为作者寓居沪上游南湖时所作。上联感时,意谓楼旁古木萧疏,登楼远眺,人间一片烟雨昏濛,而北都却有笙歌盈耳,暗含袁世凯篡政,准备称帝登极之意。作者为袁世凯之子,曾反对其父称帝。后两句反映了清王朝被推翻后的混乱局势。鲁迅《哀范君》诗"狐狸方去穴,桃偶已登场","幽谷无穷夜,新宫自在春"也含此意。下联抒怀。泛舟湖上,空旷无边,鸳鸯究在何处?不禁触发了浪迹四方的感慨。鸳鸯,南湖的别名。云水,似行云流水、无固定居所之意。作者河南项城人,生于朝鲜,寄寓津沪。曾在上海挂牌卖字。联语风格淡雅,含意隽永。字面几乎全是写景,而情寓景中,所谓“一切景语皆情语”者是也。上联嵌“烟雨”二字写楼,下联嵌“鸳鸯”二字写湖,亦十分贴切自然。 (蒋竹荪)

嘉兴山晓阁

朱彝尊

不设樊篱,恐风月被他拘束
大开户牖,放江山入我襟怀

清初诗词家朱彝尊故居在嘉兴王店镇的荷花池南侧。山晓阁是其建筑之一。此联旨在表现作者晚年辞官归里、息影林泉的生活情趣。上联说风月是令人陶醉的,不应设篱笆以免损害了自然之美。风月,清风明月,美好景色。下联说打开窗户,才能尽情地欣赏如此多娇的江山。此句脱胎于曾公亮《宿甘露僧舍》诗:“要看云山拍天浪,开窗放入大江来。”“放”是点睛之字,把江山无尽之美都蕴含在内,给人以充分想象余地。

(王明珍)

绍兴秋瑾纪念碑

化身作自由神,姓氏皆香,剑花飞上天去
呕心为长吉语,龙鸾一啸,诗草还让君传

秋瑾纪念碑位于绍兴市内古轩亭口。1907 年,秋瑾与徐锡麟分头准备浙皖两省起义,失败后秋瑾被捕,同年 7 月 15 日就义于此。后人于 1930 年立碑纪念。联语感情奔放,充满对女英雄秋瑾武艺文才的赞美。上联誉秋瑾为“剑花飞上天去”的“自由神”,下联称其诗风颇有唐代诗人李贺(字长吉)的豪放气势。姓氏皆香,写出对烈士的敬仰之情。龙鸾一啸,比喻其诗如龙啸鸾鸣。联语用字典雅,隽永有味。 (姚梅乐)

绍兴青藤书屋(一)

徐　渭

一池金玉如如化
满眼青黄色色真

青藤书屋,原名石榴书屋,系徐渭(号青藤)故居,在绍兴大乘巷。上联描绘了青藤书屋前天池的情趣和灵气。金玉,华丽可贵的物品,这里指天池之水,徐渭喜爱这泓池水,自号“天池”。如如,语出《金刚经》:“不取于相,如如不动。”意思是圆融无凝滞。下联描绘了青藤的苍劲、俊秀的风韵。青黄,指园中所植的青藤。此联既描写了徐渭钟情的珍物——天池和青藤,同时又隐含着徐渭的两个号。联语中“如如”和“色色”叠词相对,不仅对得巧妙,更增添了对联的写景效果。 (陶继明)

绍兴青藤书屋(二)

徐　渭

两间东倒西歪屋
一个南腔北调人

作者20岁成诸生,屡试不中,恨科场多弊,怀才不遇,乃撰联以自嘲。此联围绕“屋”“人”两个中心字,以“东倒西歪”形容房屋陈旧欲倒。再以不入流不入调的“南腔北调”写作者不拘科举绳缚而追求自由自在、与仕途经济彻底决裂的性格。两方面极为协调。联中嵌入“东”“南”“西”“北”四个方位词,十分自然,毫不牵强。至于“南腔北调”,则是作者对科举制度嬉笑怒骂的一种皮里阳秋笔法。 (曹云岐)

绍 兴 东 湖

此是山阴道上
如来西子湖头

联语从大处落笔，推出山阴雅称，辉映西子芳邻，便显出此地大好湖山，一派幽胜，读来有恍如西施联袂，逸少同游之感。西子湖，苏轼《饮湖上初晴后雨》诗："欲把西湖比西子，淡妆浓抹总相宜。"后人遂将西子代称西湖。山阴，浙江绍兴古名。山阴道，指该地西南郊外一带，此地风景秀美。《世说新语·言语》："王子敬云：'从山阴道上行，山川自相映发，使人应接不暇。'"

（何以聪）

宁波天童寺（一）

花繁柳密处能拨开，方见手段
风狂雨骤时可立定，才是脚跟

天童寺为江南名刹，位于宁波市东南的太白山麓。建于西晋永康元年（300），经过千百年世劫，屡毁屡修。抗战时期，幸免于难。至今寺院中尚存有银杏树雌雄二株，寺的山门甬道，植有白皮松二三十里，蔚为大观。北宋王安石有诗云"松行三千行不尽，居然捧出梵王宫"，即指此。本联重在诫勉世人勿为表面现象迷惑，"能拨开"三字，甚有力，指出勘破名利并能在恶劣环境中立定脚跟，不为外物所诱，方可为佛门弟子。联语充满哲理意味，读来有发人深省之效果。

（何禹昌）

宁波天童寺（二）

两浙仰禅林，首溯玲珑古迹
四海称佛地，群推太白名山

本联题于天王殿。上联点出寺在佛教中的崇高威望。禅林，代指寺院，此又切寺为禅宗一派。寺西有"玲珑岩"，唐乾元二年肃宗赐名"天童玲珑寺"，故联谓"首溯玲珑古迹"。下联言寺之重要地位。中国古代佛教兴旺、寺院广立，故"四海称佛地"。结语"群推太白名山"，指出天童寺的地位，又点出了太白名山一段佚闻。相传晋永康中，义兴禅师结茅于此，忽有童飞来供应薪水,过了好一段时间才辞去。临行道:“我是太白星,奉命来侍候你一段时光的。”说完便不见了。从此此山就被人称为太白山。联语将寺院轶事写入,使寺院更加充满神奇的色彩。 (张君宝)

宁波天一阁(一)

书城巨观
人间罕睹

天一阁在宁波城西,是我国最古的藏书楼,明嘉靖年间兵部右侍郎范钦所建,收藏天下奇书七万余卷,为私人藏书楼之冠。后屡遭盗窃,损失甚巨。中华人民共和国成立后,访得流失三千余卷,又增入当地收藏家捐赠之书,现藏珍本善本达八万卷。联语为流水对,上联作者誉之曰“书城”,称之曰“巨观”,下联叹为“人间”所“罕睹”,这就道出了天一阁藏书楼长令后人景仰以及蜚声海外的原因。所用文字极为简约,而重逾九鼎,显出矫健笔力,醇挚感情。 (何以聪)

宁波天一阁(二)

全祖望

十万卷签题,缃帙斑斑,笑篆竹降云之未博
三百年清秘,祥光炳炳,接东楼碧沚以非遥

全祖望,字绍衣,学者称谢山先生,自署鲒埼亭长,清浙江鄞县(今宁波)人,乾隆元年(1736)进士,授翰林院庶吉士,曾主蕺山、端溪书院。天一阁,为浙东第一藏书楼,在今宁波市。缃帙,书套。斑斑,指古色古香。绛云,钱谦益藏书楼名,藏书极富。上联云收藏十万卷书,书套古色古香,篆竹和绛云藏书楼收藏并不广博。东楼,指杭州灵隐寺的华严藏经阁。碧沚,指杭州孤山的文澜阁。下联谓三百年的收藏,祥光灿烂,接近灵隐东楼藏经阁和孤山文澜阁的价值已不遥远了。 (沈树华)

诸暨西子祠

陶在东

浣纱石占千秋，更难寻花草吴宫，鹧鸪越殿
泛舸人归何处？一例是琵琶汉怨，钗钿唐仙

西子祠，祀西施。在诸暨苎萝山下，西施，春秋越国美女。越王勾践被吴王夫差打败后，听从大臣范蠡计，将西施选送吴王，夫差从此迷恋美色，终为勾践所灭。上联说当年浣纱石尚在，而吴宫越殿已渺不可寻。浣纱石，在苎萝山下浣纱溪畔，传为西施浣纱处，石长一米许，上刻"浣纱"二字，传为王羲之所书。"占千秋""难寻花草吴宫"，道尽沧桑之感。下联说，西施与王昭君、杨贵妃一样，只在人间留下哀怨的故事。李白《越中览古》诗："越王勾践破吴归，战士还家尽锦衣；宫女如花满春殿，只今唯有鹧鸪飞。"泛舸人，指西施。相传功成后，西施与范蠡泛舟隐入五湖。"琵琶汉怨""钗钿唐仙"，谓王昭君与杨贵妃，言美女西施早已不可寻，但她哀怨动人的故事就像汉代的王昭君、唐代的杨贵妃一样为千古所传诵。联语一味怀古追昔，深沉哀婉。 （张君宝）

天台国清寺

郭嵩焘

尘世任人忙，流水春风，却笑桃花误刘阮
天台从此入，名山福地，长留衣钵继丰寒

国清寺，在天台县北的天台山麓，为我国佛教天台宗的发源地。上联写人生的短促。以"尘世任人忙"领起，继以"流水春风"喻好景不长，末用刘阮天台遇仙之典。南朝宋刘义庆《幽明录》载：东汉永平年间，刘晨、阮肇在天台桃源洞遇仙。"却笑"两字，是讽刺当时世人梦想成仙的妄想。下联写寺之历史悠久。天台从此入，点出寺在名山的重要位置。尾句的"长留衣钵”意谓寺院香火旺盛、佛法连绵。丰寒,指国清寺的中兴祖师丰干和寒山。丰干,唐高僧,曾居国清寺为舂米之役。寒山,即唐诗僧寒山子,居天台寒岩,与国清寺僧拾得交好。此联用人世短暂与佛寺兴盛对比,以劝人皈依佛门,写来平稳老到,意蕴无穷。 (张君宝)

天台方广寺

风声、水声、虫声、鸟声、梵呗声,总合三百六十天钟鼓声,无声不寂

月色、山色、草色、树色、云霞色,更兼四万八千丈峰峦色,有色皆空

方广寺在天台县北天台山中。上联写方广寺周围所听到的各种声响,下联写所看到的各种色彩,再用数字的对仗作结,宣传佛教一切色法都是空幻不实的观点。梵呗,佛教徒吟唱的赞偈。四万八千丈,极言天台山之高。李白《梦游天姥吟留别》诗:“天台四万八千丈。”无声不寂,是对前面各种声响的结语,指出任何声响都不能永存,终有寂灭的时候。《心经》:“色即是空,空即是色。”有色皆空,是对前面各种色相的结语,认为客观世界和主观世界的一切,其本质都是“空”。 (吴关镛)

天台桃花夫人祠

江湘灵

是天台古洞烟霞,眷念旧游,蓬山此去无多路

问当日唐宫心事,凄凉故国,鹦鹉前头不敢言

据《左传·庄公十四年》载,春秋时息国被楚灭亡,息夫人(又称桃花夫人)被迫嫁与楚王,生了两个儿子。她满腹忧伤,始终不肯说话,楚王问她,她说:“我以一个妇人而嫁两个丈夫,活着不死,还有什么可说。”她的不幸遭遇和无言的抗议,被传为佳话。唐代建有桃花夫人祠。上联意谓:此是

天台山烟霞古洞所在，追忆往日游踪，觉得蓬山仙境已距此不远。蓬山为海上三神山之一。唐李商隐《无题》诗："蓬山此去无多路，青鸟殷勤为探看。"下联意谓：要问唐代宫女当日心事，回顾故乡凄凉景况，在鹦鹉面前不敢表述。末句用唐朱庆余《宫词》"含情欲说宫中事，鹦鹉前头不敢言"句意。上联写烟霞洞景色之美是衬托。下联是主旨所在。借桃花夫人故事，写唐朝宫女不仅失去了青春幸福，也因有所畏忌，丧失了说话的自由。（商启予）

上虞曹娥庙

徐 渭

事父未能，入庙倾诚皆末节

悦亲有道，见吾不拜也无妨

曹娥庙在上虞曹娥江边。东汉汉安二年端午，上虞人曹盱失足堕江。其女曹娥，年方十四，哀哭寻父，十七日不见其尸，投江而死。宋代建庙以祀。上联说，未能侍奉父亲，到庙里对我表示诚心是小节。倾诚，竭尽诚心。末节，小节。下联说，做个能使双亲愉悦有孝道的人，见我不拜也可以。悦亲，使父母愉快喜悦。有道，联中指有孝道。古来写曹娥诗文，非歌即颂。作者有感于薄赡厚葬、生苦死荣的世风，独具慧眼，独运匠心，一反诔辞程式，以第一人称手法，替孝女立言。试想，一个不能孝亲之人，岂不愧作人子？本联用"假称"手法，生动通俗，读之甚有意味。（曹云岐）

桐庐严子陵钓台(一)

郑 燮

先生何许人？羲皇以上

醉翁不在酒，山水之间

钓台位于桐庐城西富春江畔。严光，字子陵，曾和东汉光武帝刘秀同学。刘秀即位后数次诏访他任官，他坚辞不受，归隐于富春山，终不出仕。

联语表达了作者对严子陵高风亮节的仰慕。上联化用陶潜《五柳先生传》“先生不知何许人也”以及《与子俨等疏》“自谓是羲皇上人”句,高度赞颂严子陵不慕荣华富贵的人品。羲皇,即古帝王伏羲氏。下联化用欧阳修《醉翁亭记》“醉翁之意不在酒,在乎山水之间也”句,点出了严寄情山水,不是为了垂钓,而是为了摆脱仕宦生活的尘浊。作者追怀古人的同时也透露了自己对隐居生活的向往。 (王明珍)

桐庐严子陵钓台(二)

道远息尘劳,向此间坐石看云,放怀宇宙
高台瞻胜迹,慕昔日耕山钓水,俯视王侯

联语紧扣严光坚决不肯做官,隐居垂钓事,歌颂他不慕功名,寄情山水,躬耕南亩的高风亮节。上联记来游之畅快。作者远道来游,在此暂为休息,消除疲劳,坐石看云,欣赏美景,开拓胸襟。下联发思古之幽情。登上高台瞻仰胜迹,羡慕严子陵当年耕于山,钓于水、蔑视王侯的高尚节操。俯视王侯,指轻视王侯权贵的地位,清风亮节于此可见。一“瞻”一“慕”,表达了后人对先贤的深深怀念之情。 (陈永泉)

海宁观潮亭

声驱千骑疾
气卷万山来

观潮亭在海宁市盐官镇东南,南临杭州湾,是观赏钱塘潮胜地。以每年农历八月十八日在海宁所见最为壮观。上联从声响写潮。潮涌来时,潮头壁立,波涛汹涌,有如驱赶千万匹脱缰之马奔腾而至,声震天宇。下联从气势写潮。潮水袭来时,如万山席卷,排山倒海,惊天动地,气势磅礴。全联比拟贴切,形象生动,把海宁潮的声势奇观描画得栩栩如生,景象十分雄伟壮丽。

(吴关镛)

吴兴陈其美墓

蔡元培

佚事足征，可补游侠货殖两传

前贤不让，洵是鲁连子房一流

墓在吴兴碧浪湖畔的砚山上。陈其美，字英士，吴兴人，近代革命党人，追随孙中山致力于推翻帝制、建立民国的事业，后在讨袁战争中被袁世凯暗杀。上联赞其轻生重义。游侠货殖两传，指《史记》的两篇。游侠，古称轻生重义、勇于救人危难的人。陈其美在日参加同盟会后，回沪联络党人与商团义士，参与武装起义，其轻生重义，类古之游侠。货殖，指经商。陈其美早年从事典当业和丝绸业。下联颂其谋略之才。把陈氏比作古代鲁仲连、张良等人。鲁(仲)连，战国时齐国人，善计谋，秦军围赵都，鲁曾以利害进说赵、魏大臣，“义不帝秦”。(张)子房，即汉初大臣张良，辅佐刘邦，曾“运筹帷幄之中，决胜千里之外”。洵是，诚然是，实是。联语高度概括了陈其美的一生。用典自如，与陈氏事迹基本相符，且言简意明。以“两传”对应“两贤”，妥帖自然。

(张君宝)

遂昌关帝庙

方孝儒

先武穆而神，大汉千古，大宋千古

后文宣而圣，山东一人，山西一人

方孝儒，字希直，人称正学先生。明浙江临海人，惠帝即位，官侍讲学士，修《太祖实录》，为总裁。朱棣将即帝位，令草即位诏书，拒之，被杀，十族遭诛。此关帝庙在浙江遂昌，祀关羽。上联云，关羽先于岳飞被世人尊奉为神。武穆，岳飞孝宗时谥武穆。上联云，关羽后于孔子被崇奉为圣人。唐开元二十七年(739)封孔子为文宣王，孔子为山东曲阜人，地处太行山东,关羽是东汉河东解县人,在今山西运城,地处太行山西。

（沈树华）

普陀山不肯去观音院

潮汐撼危崖,淜渤涛声,即是观音示现

海天开净土,庄严世界,居然正法如来

不肯去观音院,在普陀山东南的紫竹林中潮音洞旁。传说唐咸通四年(863),日本僧人慧锷从五台山请得观音像一尊,携带回国途中经普陀莲花洋,船触礁不能行。他求菩萨显灵,祷告说:“若我国众生无缘见佛,当从所向建立精舍。”结果,船漂泊到潮音洞下,那里居民建寺供奉,遂呼为“不肯去观音院”。此联旧挂于院内,联语绘景说法相兼。上联开端两句实写。潮音洞日夜吞吐海潮,洞顶有穴,势如危崖,浪石相激,声若轰雷。撼危崖,写出了潮水的声势。淜(píng 平)渤,狂起怒作貌。尾句“即是观音示现”,既把海水潮汐、险怪百出比作观音显灵,亦点出景点“观音现身处”和有关的传说。相传观音大士曾现身说法于此,而石崖上即刻有“现身处”三大字。下联笔势宕开,展现了一幅风平浪静、广阔无边的海天风光图。净土,佛教名词,清净世界之意,这里又喻作狂浪怒涛过后宁静的海天景象,也可看作观音显灵之后,人间污垢已除所呈现出的一片“庄严世界”。结语“居然正法如来”,意谓世界已显太平,人民重新安居乐业。正法,佛教语,指正确无误的佛法。如来,佛教所称揭示佛法真谛者。本联将佛教教义结合景点来写,喻意十分丰富。

（张君宝）

普陀山普济寺

苏曼殊

乾坤容我静

名利任人忙

普济寺，在浙江普陀山。苏曼殊，著名诗僧，原籍广东香山（今中山）人，生于日本，母为日本人，十二岁剃发为僧，法名博经，号曼殊。通日、梵、英、法等文字，既是诗人、小说家、翻译家，又是画家，作品轻灵自然，富于音律，多描写缠绵悱恻故事，开鸳鸯蝴蝶派先声。联文表达了他出家人的思想，上联说他追求安静，故云乾坤容我静。对于名利，他已置之度外，故下联云名利任人忙。联文意境高洁，对仗工稳，格律精严，是旧时文人喜欢的一副对联。（佟 今）

奉化休休亭

行，行，行，行行且止

坐，坐，坐，坐坐何妨

亭在奉化市的一条公路上，系蒋介石生母毛采玉捐资助建的凉亭，供行人躲雨休憩用。这是一副富有人情味的叠字联，全联以五个“行”与五个“坐”字为主要内容，用重叠出现的修辞手法，表达作者对过往行人的深情厚意。由于标点的奇妙作用，联语声情并茂，富有节奏感，读之琅琅上口，犹如一位热情的主人在招待来客，殷勤之态跃然纸上，看后令人顿生亲切之感。（谢燕华）

温州江心寺楼

李宗昉

青山横郭，白水绕城，孤屿大江双塔院

初日芙蓉，晓风杨柳，一楼千古两诗人

江心寺，在温州市北瓯江中心小岛江心屿上。此联题咏江心屿的风物。上联写景，将孤屿、大江、双塔与青山、白水糅合成一幅色彩明快的自然图画。“青山”“白水”两句出自李白的《送友人》：“青山横北郭，白水绕东城。”孤屿，瓯江中心的孤岛。南朝宋谢灵运有《登江中孤屿》诗。双塔院，指屿上的东塔和西塔。下联抒怀，怀念谢灵运和孟浩然两位诗人。初日芙蓉，太阳刚升起时的荷花。宋叶梦得《石林诗话》："初日芙蓉映碧波。"晓风杨柳，宋柳永《雨霖铃》词："今宵酒醒何处，杨柳岸晓风残月。"两诗人，指江心寺旧时祭祀的谢灵运和孟浩然。联语虽从古诗词衍化而来，却自然贴切，可作一幅无声之画赏读。（谢燕华）

温州文天祥祠（一）

秦小岘

杜宇声寒，柴市一腔留热血
梅花梦断，瓯江千载泣忠魂

文天祥祠，位于温州市江心屿江心寺东侧。文天祥（1236—1283），宋末民族英雄，祥兴元年（1278）战败被俘，押送大都监禁四年，不屈就义。明人在此立祠纪念。今祠为清代重建。上联言其事迹。起句"杜宇声寒"，化用"望帝啼鹃"之典。《华阳国志·蜀志》说：古蜀王号望帝归隐，蜀人怀念，时适二月杜鹃悲鸣，蜀人因呼其为杜鹃。后用以喻忠魂的悲鸣。柴市，指文天祥在元大都（今北京）的就义处。下联述其影响。起句的"梅花"，形容英雄傲霜斗雪誓死不屈的气概。末句谓英雄壮举泣鬼神、动天地，流芳百世。瓯江，温州入东海的大河。联语有听觉和视觉的描写，工丽又不失磅礴正气。（张君宝）

温州文天祥祠（二）

李銮宣

久要不忘平生之言，古谊若龟鉴，忠肝若铁石
敢问何为浩然之气，在地为河岳，经天为日星

李銮宣，字伯宣，号石农，清山西静乐人，乾隆五十五年（1790）进士，官至云南巡抚。上联化用《论语·宪问》："见利思义，见危授命，久要不忘平

生之言,亦可以为成人矣。”龟鉴,龟,龟卜;鉴,镜子。比喻借鉴。铁石,比喻意志坚定。下联化用《孟子·公孙丑上》:“敢问何谓浩然之气?曰:‘难言也。其为气也,至大至刚,以直养而无害,则塞于天地之间。’”联文赞颂了文天祥的浩然之气,正如文天祥《正气歌》所云:“天地有正气,杂然赋流形;下则为河岳,上则为日星。”

(佟 今)

温州卓公祠

雷 鋐

祠接谢亭,亦有文章惊海内
忠符信国,并悬肝胆照江心

卓公祠,祀明代卓敬。卓敬,字惟恭,瑞安人,洪武进士,为给事中,遇事敢言,惠帝时,他密疏宜徙燕王朱棣于南昌,力主削藩,以免被其篡位。成祖即位,责以离间骨肉,不屈被害。明代中叶诏建祠于郡城南隅,后又迁建于江心屿文天祥祠旁。今已不存。上联写祠主事迹。谢亭,指后人纪念东晋谢灵运建于江心屿上的“谢公亭”。谢灵运当年游此,写出了“乱流趋正绝,孤屿媚中川。云日相辉映,空水共澄鲜”诗句,闻名海内。但卓敬也不凡,他上疏明惠帝敢说:“燕王雄才大略,酷类高帝;北平形胜地,金元所由兴。今宜徙封南昌,万一有变,亦易控制。”所以联语称他“亦有文章惊海内”。信国,文天祥封信国公。上联一个“惊”字,振笔而起,贴切而有力。下联一个“并”字,写出了对祠主的崇高评价。下联以卓敬的忠正不屈比文天祥的坚贞就义。

(张君宝)

温州雁荡山

江 湜

欲写龙湫难下笔
不游雁荡是虚生

江湜，字弢叔，清江苏长洲(今苏州)人，诸生，道光间官浙江候补县丞。雁荡山，在浙江省东南部，有南雁荡、北雁荡，此指北雁荡，在乐清县东北，多悬崖奇峰，有灵峰、灵岩、大龙湫瀑布、小龙湫瀑布、雁湖等景点，为游览胜迹。上联所写龙湫为大龙湫，此瀑与中国诸瀑不同，其瀑水似棉絮飘飞而下，画家画之却难下笔。下联赞赏雁荡山是中国游览名山，风光独特，故云不游雁荡是虚生。 (佟 今)

永康西津桥(一)

林克成

风风雨雨，暑暑寒寒，湍湍潺潺，潇潇洒洒
岁岁年年，朝朝暮暮，恩恩怨怨，憩憩悠悠

桥在永康城关镇，初建于清康熙五十七年(1718)，为石墩木梁重檐结构，有12墩13孔，长166米，桥面覆屋58间，中为亭阁，是当今全国最长的古廊桥。1989年重修。上联重点写桥下水态，以作陪衬。随着一年四季风雨寒暑自然气候的变化，水流或急或缓，永不停息。下联重点写桥上人的心态，是主体。时代转移，人世沧桑，人与人间种种恩怨就不要去多计较了，对此不妨一笑置之。联语的叠字格局虽出自花神庙联“风风雨雨，年年暮暮朝朝”，但有新意，对可能产生的不愉快的人际关系，主张取“度尽劫波，泯除恩仇”的从容豁达乐观的态度。上联写流水部分全用水字旁，下联写心态部分全用心字旁，亦见巧思。 (蒋竹荪)

永康西津桥(二)

程枕霞

桃花溪上，片片落英，笑逐一江素月
西津桥下，粼粼碧水，揉碎两岸青山

上联化用张旭“桃花竟日随流水”诗意，但“笑逐”较“随”更形象，使桃花带上人的感情色彩,实际也反映了作者喜悦的心情。下联“揉碎”亦是联之眼。碧波所“揉碎”的是青山的倒影,仍是一美好的联想。动词的巧妙运用,使整个画面生气盎然。(唐 音)

安 徽 省

合肥包公祠

理冤狱,关节不到,自是阎罗气象

赈灾黎,慈悲无量,依然菩萨心肠

包公祠,在合肥市包河公园香花墩,建于明弘治年间。包拯(999—1062),合肥人,北宋天圣五年(1027)进士。宋仁宗时任天章阁待制、龙图阁直学士、开封府尹等职,世称“包青天”。上联写包公刚正不阿的威严一面。宋朱熹《五朝名臣言行录》载包拯“知开封府,为人刚严,不可干以私,京师为之语曰:关节不到,有阎罗包老”。旧谓暗中行贿、说人情为通关节。阎罗气象,喻刚严无私的气概。下联写包公爱抚百姓的慈悲一面。包拯曾多次请求安抚受灾百姓,写有《请救济淮饥民》《请支义仓米赈给百姓》等文。灾黎,受灾民众。联语对比强烈,比喻生动。(张君宝)

安庆大观楼

陶 澍

倚槛苍茫千古事

过江多少六朝山

大观楼,又名大观亭,位于安庆市正观门外,系明代所建。因楼临江,风光颇胜,文人题咏甚多。此联以“千古事”与“六朝山”相对,大有无限江山兴废之情,与唐代诗人陈子昂《登幽州台》诗“前不见古人,后不见来者,念天地之悠悠,独怆然而涕下”情调相接。下联“六朝”两字甚佳,盖山非六朝始有,亦不随六朝而亡,着此两字,则山河永在、人生如寄之意顿出。

(姚梅乐)

安庆徐锡麟烈士纪念楼

黄 兴

登百尺楼看大好江山,天若有情,应识四方思猛士

留一抔土以争光日月,人谁不死,独将千古让先生

楼在安庆大观亭旁,为纪念徐锡麟烈士而建。徐锡麟,浙江山阴(今绍兴)人,1907 年 7 月 6 日在安庆刺杀清巡抚恩铭被捕就义。上联登楼览胜,触景生情:山河破碎,国步多艰,因生“天若有情,应识四方思猛士”的感慨。后二句从唐李贺“天若有情天亦老”和汉刘邦“安得猛士兮守四方”的诗句变化而来,含蓄地表达了痛惜烈士过早牺牲,寄殷切希望于来者的深刻思想。下联“一抔土”借指烈士楼。“留”字点出人们对烈士的怀念。烈士楼与日月争光,千古不朽的英名是非徐莫属的。联语写得感情深沉豪放,正气凛然。

(周 艺)

采石矶太白楼(一)

神仙诗酒空千古

明月江天贮一楼

太白楼,又名谪仙楼、青莲祠,在马鞍山市郊西南翠螺山麓采石矶上。李白晚年寄寓当涂时多次到采石矶漫游赋诗,后人建楼以为纪念。本联的“联眼”是“空”“贮”两字。上句的“空”,表明“诗仙”李白在中国文学史上的无可替代的地位。下句的“贮”点出此楼上接明月蓝天,下依江波水流,蕴蓄了天地河流的精华,显得宏伟瑰丽。本联言简神远,层次分明。颂人与

赞楼结合,抒情与写景俱妙。 (张君宝)

采石矶太白楼(二)

笛吹黄鹤楼中,想当年无限骚情,一曲江城歌古调

舟泊翠螺山下,慨此日重寻胜迹,千秋风月念斯人

本联吊古怀人,切人切地。上联化用李白"黄鹤楼中吹玉笛,江城五月落梅花"的绝句,融入联中追思谪仙当年风采,想象宏阔深远。下联写本地风光,忆念诗人,感情洋溢,从而歌颂了诗人的才情与江山名胜并垂不朽。

(何禹昌)

采石矶太白楼(三)

楼压惊涛,万里江山供醉墨

山临幽壑,四时风物助诗怀

前人诗话常谓句中须用隽字作眼。此联"压""临"二字可谓联眼,逼真地勾画出太白楼的地理环境和眼前的气势与景观。"醉墨"与"诗怀",写出作者因大自然的雄奇壮美,激发了创作激情。特别是山河风物对于人的深情厚谊,使联语充满动人心弦的力量。联语对仗工稳。 (姚梅乐)

采石矶太白楼(四)

齐彦槐

紫微九重,碧山万里

流水今日,明月前身

此为集句联,上联出李白语,下联出司空图《诗品》。紫微,指京师皇宫。九重,古称天有九重,也称皇帝为九重天子。碧山,指高山。李白于天

宝初供奉翰林，但因受权贵谗毁，仅一年多即离长安，政治抱负未能实现，因有“问余何事栖碧山？笑而不答心自闲”之语。《唐摭言》说李白游采石矶，因醉入江中捞月，后遂乘鲸仙化而去。下句暗用这个故事。联语概括了李白一生的人品：虽为官而不同流俗，身在“紫微九重”，心在“碧山万里”，其人清如“流水”，洁如“明月”。这就把李白高洁脱俗的情怀很好地表达了出来。 （周世达）

采石矶太白楼(五)

胡书农

公昔登临，想诗境满怀，酒杯在手

我来依旧，见青山对面，明月当头

要在牛渚山采石矶长江天堑雄伟胜景中突出太白楼诗的意境，莫过于描摹李白当年的风流蕴藉和抒写后来登临者的崇敬向往。上联写谪仙李白风度，杯酒诗怀，集中在人物风采的传神刻画上；下联写登楼所见，明月青山，集中在山川美景的渲染上。写山川美景，浓烈地烘托出当年诗仙醉酒逸兴，写谪仙形象又丰满地显示山川胜状。上下联是内部取自成对偶的结构，外部取互相融合的结构，都以画意出诗情，激起读者的丰富想象：诵“对面青山”句，似仍闻公之登山蜡屐响，读“当头明月”诗，还依稀见公之低回吟唱貌，从而收强化主题、发怀念钦敬之情的效果，“我来依旧”，既写“江山不异，美景长留”的欣喜，又寓“继承发扬，无愧先贤”的壮志，更显出一片乐观情调。 （何以聪）

采石矶太白楼(六)

吴 鼒

谢宣城何许人？只凭江上五言诗要先生低首

韩荆州差解事，肯让阶前盈尺地容国士扬眉

上联化用李白“一生低首谢宣城”句意来评说谢朓。当然，谢比李早生二百多年，不可能要李白向他低首，其意只在反衬李白在诗坛上的盟主地位。“何许人”，含有故意贬低的意味。谢宣城，名朓，字玄晖，南朝齐时曾任宣城太守，他的《江上曲》等五言诗，感情真切，意境清新，极受李白推崇，有“令人长忆谢玄晖”之句。下联浓缩李白《与韩荆州书》“君侯何惜阶前盈尺之地，不使白扬眉吐气，激昂青云”之句，评论韩朝宗，说他还能识拔人才，留下一席地给李白，其意仍在反衬李白这位举世无双的“国士”。差解事，含有识见并不算高之意，褒中带贬。韩荆州，名朝宗，唐开元时任荆州长史，常提拔后进，曾推荐崔宗之、严武等入朝，士人中有“生不愿封万户侯，但愿一识韩荆州”的美誉，李白《与韩荆州书》开宗明义就引用此语。全联似是评论谢朓、韩朝宗两人，而其主旨却在称颂李白，这就是“以客衬主”法。

（蒋竹荪）

采石矶太白楼(七)

姚恭槼

狂到世人皆欲杀

醉来天子不能呼

上联化用杜甫《不见》诗：“不见李生久，佯狂真可哀，世人皆欲杀，我意独怜才。”狂，是“佯狂”，不是本来就狂，李白有远大抱负却无法施展，不得不以狂放不羁的态度来抒发其悲愤心情，这是他的隐衷之所在。世人，指朝廷中人，李白因永王璘案被牵连获罪，这批人就叫嚷要把“叛臣”处死。下联化用杜甫《饮中八仙歌》：“李白斗酒诗百篇，长安市上酒家眠，天子呼来不上船，自称臣是酒中仙。”所谓“醉来天子不能呼”，是夸张的说法，生活中未必实有，但符合艺术的真实，因为它把李白“傲视封建王侯”的思想性格形象地刻画出来，闪耀着理想的光辉，充满着浪漫的色彩。联语引典全用杜诗，杜甫是李白的知交，对李白有深刻的理解和无限的同情，选择“狂”与“醉”两个方面来描绘李白，最为生动贴切。

（蒋竹荪）

采石矶太白楼(八)

荐汾阳再造唐家,并无尺土酧功,只落得采石青山,供当日神仙笑傲

喜妃子能谗学士,不是七言招怨,怎脱去名缰利锁,让先生诗酒逍遥

上联写君恩淡薄,诗人推荐郭子仪使唐朝复兴,可是未得尺寸土地的封赠,只落得病死当涂。传说李白早年游并州,发现郭子仪的才能,郭当时因罪被囚,李为之保释,并荐用于军中。后郭平安史之乱,建立中兴之功,封汾阳王。采石,李白曾多次来马鞍山采石矶漫游,传说李白醉后跳江捉月而死。青山,又名谢公山,在当涂县境内。李白死后葬于此处。下联写幸而杨贵妃谗毁了诗人,若不是《清平调》结下嫌怨被逐,诗人怎能摆脱名利思想的束缚,徜徉诗酒之间,发挥其文学天才,成就其一代诗仙之名。天宝元年(742),李白奉诏入京,供奉翰林,玄宗命写《清平调》三首,有"借问汉宫谁得似,可怜飞燕倚新妆"之句,意谓汉代美人要数成帝皇后赵飞燕,可赵还得倚仗打扮,及不上杨妃的天然绝色,备受玄宗赞赏。不料高力士因前有脱靴之辱,乘机诬陷李诗是用赵飞燕私通赤凤来讥讽贵妃与安禄山之间的暧昧关系。杨遂向玄宗进谗,李被逐出朝廷。在咏太白楼众多楹联中,此联独具只眼,不愤恨杨妃进谗,反而表示喜悦。从创作角度看,诗人遭受种种挫折与不幸,实为写诗的动力,使诗人不能不写,不能不把压抑在心底的最深刻的情感、带着眼泪的情感倾泻出来,从而推动了他的创作登上盛唐高峰,所以说"不幸"也正是"幸"。 (蒋竹荪)

采石矶太白楼(九)

黄琴士

侍金銮,谪夜郎,他心中有何得失穷通,但随遇而安,说什么仙,说什么狂,说什么文章声价。上下数千年,只有楚屈原,

汉曼倩，晋陶渊明，能仿佛一人胸次

踞危矶，俯长江，这眼前更觉天空地阔，试凭栏远眺，不可无诗，不可无酒，不可无奇谈快论，流连四五日，岂惟牛渚月，白纻云，青山烟雨，都收来百尺楼头

上联评论人物。唐玄宗时，李白被召入宫中，为供奉翰林，待诏金銮殿，这是他一生事业顺利时期。谪夜郎，安史乱中，他参加永王璘幕府，王兵败，受牵连流放夜郎（今贵州桐梓一带），后遇赦，这是他一生最大挫折。联谓他在任何情况下都能泰然处之，对诗仙、狂人、文章声价种种评价，视同等闲。在由古至今历史上，只有楚国屈原（名平）、西汉东方曼倩（名朔）、晋陶渊明（名潜）的豁达胸襟能和他相提并论。下联描绘景色。踞危矶，太白楼耸立采石矶上。在此俯瞰万里长江，只觉天高地远，倘凭栏远望，就必须饮酒赋诗，谈古论今，流连四五天，把牛渚（采石矶）的月色，白纻（马鞍山北面的白纻山）的云霞，青山（马鞍山东南的谢公山）的烟雨，统统收到眼底。长联由于人物、景物、事件较多，易流于琐碎、堆砌。此联选材扣题切景，尤其是恰当运用排比句，使文意连贯，文气充沛，如江水奔流，一泻到底。联语很好地刻画了李白的飘逸高雅、才华横溢、胸怀豁达脱俗的情怀。 （余心乐）

采石矶太白楼（十）

胡 敬

对面青山似解人，凡我辈登临，莫向班门去弄斧

愿把长江当作酒，让先生痛饮，可能醉后再题诗

胡敬，字以庄，号书农，清浙江仁和（今杭州）人，嘉庆十年(1805)进士，官至侍讲学士，参与纂辑《全唐文》《明鉴》。此联所题太白楼，在安徽马鞍山采石矶，为纪念唐代诗人李白而建。上联云，采石矶对面的青山却似诗人李白的解人，有大诗人在前，我辈来登临，千万不要班门弄斧。下

联展开想象云，愿把长江当作酒，让李白先生痛饮，可能醉后再题成好诗。联文赞颂了李白歌艺术的高超和后人对他的无比敬仰。（佟 今）

采石矶捉月台

李孚青

脱身依旧仙归去

撒手还将月放回

捉月台，在马鞍山市采石矶上，原名舍身崖，又称联璧台。台嵌于陡峭绝壁间，翘首展翅，突兀江干，势态险峻，十分壮观。上联“脱身”即抽身、离身。传说李白酒醉后，从此台跳江捉月后，骑鲸升天，回归仙界。下联与上联流水相承，写李白将从江中捉到明月，在骑鲸上天时又撒手放回江中。联语运用浪漫主义表现手法，以传说故事凭吊李白生前爱月、邀月、问月、摘月的谪仙风采，给读者留下一个李白醉酒捉月豪情的深刻印象，表达了后人的共同心愿，即愿李白伴月作仙而长存于天地之间。

（曹云岐）

采石矶大风亭

去帆疑峡走

卷浪骇江飞

大风亭在马鞍山采石矶上，这里势险景阔。上联写此处长江风大舟疾。它不是从正面描绘，而是从“走”字写出：兀立江流的悬崖峭壁似在急速地奔跑，从侧面突出江风之大，船行之疾。一个“疑”字写船上人当时的感觉，很传神。下联写水急浪高。采石矶与天门山夹江对峙，江流至此，甚为湍急。“卷”与“飞”，形象地写出水浪汹涌奔腾之状。“骇”，给人惊心动魄的感觉，十分逼真。全联画面给人以立体感，落笔不凡。（吴关镛）

亳州华佗庵

汉献之时恨未医国
神农而后赖有传人

华佗,东汉献帝时名医。精通内、外、妇、儿、针灸各科,尤以外科最为擅长。行医各地,活人无算。据《后汉书·华佗传》载:“耻以医见业。”说明他不屑为医,胸怀治国的远大抱负。后因鄙薄曹操之为人,不听召用,遭杀害。华佗庵在其故乡安徽亳州市东北。联语慨叹一代名医尽管医术高超,却没有机会医治神州的创伤;然而值得庆幸的是祖国古代医术有了杰出的传人。神农,指传说中远古农业和医药的始祖神农氏,这里借指祖国宝贵医学遗产。联语用“神农”“传人”从侧面高度赞扬华佗高超的医疗技术。“赖”字表现了欣幸的心情,又惋惜华佗有医国之志,而生不逢时,“恨”字抒发了无限的遗憾。“恨”“赖”两字在全联中起了画龙点睛的作用。

(陈永泉)

滁州醉翁亭

翁去八百年,醉乡犹在
山行六七里,亭影不孤

醉翁亭在滁州市琅琊山下,北宋琅琊寺僧智仙所建。醉翁,欧阳修自称。修,字永叔,庐陵(今江西吉安)人,为宋初文坛领袖。所谓“醉”,乃是“饮少辄醉”;所谓“翁”,即其《赠沈遵》诗所谓“我时四十犹强力,自号醉翁聊戏尔”。其所作《醉翁亭记》,尤为有名。翁去八百年,欧阳修卒于神宗熙宁五年(1072),至题联之时清同治末年,约历八百年。醉乡,原指醉中境界,借指醉翁亭。山行六七里,系《醉翁亭记》原句,指由酿泉至亭。亭影不孤,从有形的方面说,建亭以来,游人甚多。周围还陆续增添了许多建筑物,如二贤堂、隐香亭、醒园等;从无形的方面说,他领导了北宋古文运动,散文、诗、词皆所擅长,对后代文学影响很大。全联18字,不但嵌入了“醉翁亭”三字,而且把写联时间、亭的位置,历史与现状,以及亭主人生前活动及其身后对社会的影响概括无遗,“醉翁犹在”“亭影不孤”,既写景,又饱含对前哲不可磨灭的影响的追怀与感念,十分巧妙,且字字精练,耐人回味。

(蒋竹荪)

灵璧虞姬墓

虞兮奈何,自古红颜多薄命
姬耶安在?独留青冢向黄昏

虞姬墓在灵璧县城东宿泗公路旁,墓前有石碑,上刻“巾帼千秋”。项羽在汉兵围垓下时,夜闻四面楚歌,遂与虞姬对饮帐中,愤然起舞悲歌,虞姬和之,歌毕自刎而死。上联“虞兮奈何”化用项羽《垓下歌》“虞兮虞兮奈若何”句。联语以此起句,自然引起读者关注,悲叹红颜女子的不幸遭遇。下联以“姬耶安在”作答,感慨在黄昏中默默而立的孤坟便是佳人的归宿。用杜甫《咏怀古迹》“独留青冢向黄昏”句。上下对句,一问一答,层层递进,笔下流动着浓烈的感情。上下联首字巧妙连缀成“虞姬”二字,自然而不牵强。

(王明珍)

宿松小孤山梳妆亭

宗从俊

杰阁凌空,暮鼓晨钟萦广宇
妆亭倒影,沉鱼落雁上青峰

小孤山在宿松城东南长江中,一峰兀立,又因与鄱阳湖中大孤山相别,故名小孤山,俗名小姑山。山上有启秀寺、梳妆台等建筑。上联写空中,高阁凌空耸立,每当清晨傍晚,钟鼓的余音回荡在广大的空际。下联写地下,俯视妆亭水中倒影,下沉的游鱼,降落的飞雁,同上青峰嬉游。广宇,广大的空间。落雁,据说汉代王昭君在离开故土北去的路上奏起悲壮之曲,大雁听到动人琴声,见到她的美貌,忘了飞行,跌落下来。沉鱼,据说春秋时西施在河边浣纱,鱼儿见了她俊俏的倒影,忘了游水,沉到河底。沉鱼不能上青峰,但在倒影中却有了可能。此联把上天下地的景物连在一起来描绘,颇觉生动。

(余心乐)

宿松海门天柱

杜春华

立定脚跟,哪怕天风海浪

放开眼界,且看楚水吴山

海门天柱位于宿松县城东南长江之中的小孤山,它周长不过一里,高逾千尺,一峰独立,四面环水,江流至此,湍流如沸,海潮不得上,被称为"海门天柱"。元时立铁柱于山上,高三丈余,上刻"海门第一关"。联语借景抒情,虽平白如话,却情理交融。用"立定脚跟"比喻人应在狂风巨浪之中岿然而不动摇。下联则更进一步,要求"放开眼界",高瞻远瞩,去看长江中游的楚水和长江下游的吴山。联语意境高远,气象亦雄。

(姚梅乐)

九华山旃檀林寺

林下相逢,只谈因果

山中作伴,莫负烟霞

九华山在青阳县西南,原名九子山,因有九峰,形似莲花,故名。与五台、峨眉、普陀合称中国佛教四大名山。山势清雄奇秀,佛寺古朴庄严。鼎盛时期佛寺达三百余座,有佛国仙城之誉。现存古刹七十八座,旃檀林寺为名刹之一。上联谈佛:谓树下相遇,只应谈因果之事。因果,佛教谓因缘和果报。种什么因,结什么果;善有善报,恶有恶报。《涅槃经·遗教品一》:“善恶之报,如影随形,三世因果,循环不失。”下联写景:结伴而行切莫辜负山中烟霞。烟霞,指山水。倪瓒《次韵郑九成见寄》:“残生竟抱烟霞癖,好事犹传《海岳图》。”九华山多溪流、瀑布、怪石、古洞、苍松、翠竹。此联高度概括了九华山“佛地”“秀地”的特点,慧眼独具,出手不凡。

(曹云岐)

东至菊江亭

方士鼐

君为五斗米辞官,喜东篱寄傲,北牖迎凉,令天下折腰人,顿生愧悔

我乘半帆风到此,看南岭过云,西江隐月,愿吾侪游宦者,早赋归来

菊江亭在安徽东流(今东至县)。清人林昌彝《海天琴思录续录》卷七记载:“东流,古彭泽地,渊明种菊于此……城西门外建有菊江亭,祀靖节其中。”上联写陶渊明不为五斗米折腰,辞官归隐彭泽,使那些阿谀逢迎上级的官吏,“顿生愧悔”。这四个字不仅突出陶渊明对后世的影响,更反衬出他的高风亮节。下联写作者自己。乘半帆风到此,是说自己仕途坎坷。过云,指转瞬即逝的浮云。隐月,指入而不复见的落月。这些自然景物,更坚定了作者自己应早日辞官归隐的信念,于是很自然地向同辈也包括自己发出“早赋归来”的呼唤,而这呼唤是全联的画龙点睛之笔。此联应用了陶渊明诗文中一些典实和词语,如“东篱”“北牖”“折腰”“归来”等,从而更好地表达了归隐的主题。

(周 艺)

贵池杏花村黄公坊

至今村酿黄公酒

依旧花开杜牧诗

杏花村,在贵池县西郊,古有酒肆,产名酒。黄公垆,即黄垆,存放酒坛的土台子,常用黄土筑成,故称黄垆。《世说新语·伤逝》载:王濬冲曾与嵇叔夜、阮嗣宗共酣饮于黄垆。黄公酒,黄公酿造之酒。黄公,名广润,传为酿酒之始祖。唐代诗人杜牧任池州刺史时,有《清明》诗:“清明时节雨纷纷,路上行人欲断魂;借问酒家何处有?牧童遥指杏花村。”“至今”对“依旧”意思是说至今花、酒、诗犹存,而沧海桑田,黄公酒垆已废。联语表达了对黄公酒垆无限怀念的深情。（曹云岐）

南陵小乔墓

许文权 陶宝森

千年来本贵贱同归,玉貌花容,飘零几处?昭君冢、贵妃茔、贞娘墓、苏小坟,更遗此江左名姝,并向天涯留胜迹

三国时何夫妻异葬,纸钱杯酒,浇典谁人?筤篁露、芭蕉雨、菡萏风、梧桐月,只藉他寺前野景,常为地主作清供

小乔,三国吴周瑜之妻。小乔墓在今南陵县城中山公园旁,始建于清乾隆四十四年(1779)。上联将小乔与历代巾帼佳人同列。昭君冢,即汉王昭君(嫱)墓,在今内蒙古呼和浩特市南。贵妃茔,即唐杨贵妃(玉环)墓,在今陕西兴平县马嵬坡。贞娘墓,即吴国名妓真娘墓,在今江苏苏州虎丘剑池西。苏小坟,即南齐著名钱塘歌妓苏小小墓,原在杭州。江左名姝,指小乔,故居在安徽皖县(今潜山)。末句“并向天涯留胜迹”,怜香惜玉之情与自慰感兼而有之。贵贱同归,谓不管地位卑贱高贵其归宿不免一死。下联独写小乔墓地情景。周瑜死葬故里庐江,小乔却在南陵建墓,湖南岳阳亦有墓,故言“夫妻异葬”。浇典,奠祀之意。筤,竹青色貌。篁,丛竹。菡萏,即荷花。“筤篁”四句,极尽形容墓地凄凉孤寂的景象。紧接着“只藉他”三字,是亦感亦叹。因小乔墓地原为香油寺的故址,故有“寺前野景”两句。联语委婉细腻,与墓主身份吻合。（张君宝）

萧县天门寺山门

陈逢元

仰惊六宇宽，变成几多雨、几多露、几多雪、几多风和雷，时出时入，时往时来，多少神奇谁锁住

俯瞰众山小，看破一个嵩、一个衡、一个恒、一个泰与华，自东自西，自南自北，个中底蕴此平分

寺在萧县城东南天门山口，始建于元至正年间，明宣德年间修。作者立足于天门山，思绪万千，浮想联翩，抬头仰望苍茫宇宙，春夏秋冬四时交替，风雨雷雪变幻无常，不禁发出了谁能左右这神奇苍穹的感叹；而低头俯视，一览众山小，中岳嵩山，南岳衡山，北岳恒山，西岳华山，东岳泰山也只能与此平分秋色。六宇，指的是东西南北上下的茫茫宇宙。联语笔力雄健奔放，从六宇写到五岳，忽仰惊，忽俯瞰，内涵容量深厚，四个“几多”与四个“一个”，使联语既有声韵，又有神韵，一个“锁”字，也用得很有力度。上下对仗工巧，读来音调铿锵，气势磅礴。（谢燕华）

寿县正阳关观澜亭

世虑正消除，到绝胜地，心旷神怡。说什么名，说什么利，说什么文章身价；放开眼界，赏不尽溪边明月，槛外清风，院里悠琴，堤前斜照

湖光凭管领，当极乐时，狂歌烂醉。这便是福，这便是慧，这便是山水因缘；涤净胸襟，赢得些萧寺鸣钟，遥天返棹，平沙落雁，远浦惊鸿

观澜亭位于安徽寿县的正阳关，北有八公山，烟峦隐现，南临平湖，帆樯如织。平湖之南筑有南堤，观澜亭是堤上胜迹之一。上联登亭近看：呈现在眼前的胜境，是溪水、明月、清风、夕阳、琴声。对此胜景，种种尘世杂

念,皆消除净尽,什么名利地位,什么文章身价,都不再萦怀了。下联写登亭远眺:山光月色任凭我观赏,耳边响起佛寺钟声。这时手舞足蹈,饮酒狂欢,这才是福慧,这才是结下的山水因缘啊。萧寺,据《国史补》记载,梁武帝造佛寺,命萧子云飞白大书一“萧”字,尔后寺毁,仅存这一“萧”字,唐宗室书画家李约发现,即买归东洛,建室以储,名曰“萧斋”,后世即称寺庙为“萧寺”。遥天返棹,谓看到远在天边的“返棹”。棹,指船桨,借指归舟。浦,水边。“慧”通“惠”,好处。因缘,机缘。此联语言通俗,文字精练洒脱而有豪放之气。然此联构思,颇有与黄琴士撰采石矶太白楼联相似之处。如上联写襟怀,黄云“说什么仙、狂、文章声价”,此云“说什么名、利、文章身价”;下联写观景,黄云“不可无诗、酒”,此云“狂歌烂醉”,显系受了黄联的影响。 （周世达）

怀宁碧山书屋

邓石如

沧海日,赤城霞,峨眉雪,巫峡云,洞庭月,彭蠡烟,潇湘雨,武夷峰,庐山瀑布,合宇宙奇观,绘吾斋壁

少陵诗,摩诘画,左传文,马迁史,薛涛笺,右军帖,南华经,相如赋,屈子离骚,收古今绝艺,置我山窗

邓石如是清代著名的书法篆刻家。此联系他为其山居书屋而题。上联意谓:要把天下雄壮秀丽的景观都画在书斋墙壁上。沧海,指东海。赤城霞,为浙江天台八景之一。峨眉山,在四川,山顶有积雪,“巫峡”为长江三峡之一,南北两岸各六峰,峰顶经常云雾缭绕,变幻无穷如仙境。洞庭,指洞庭湖,在湖南。“洞庭秋月”亦为“潇湘八景”之一。彭蠡烟,指江西鄱阳湖,湖上烟波浩渺,风景秀美。“潇湘夜雨”亦为“潇湘八景”之一,在湖南。武夷峰,在福建,山势险峻,秀甲东南。庐山,在江西,三叠泉瀑布,素负盛名。下联写要把古今文学艺术的精华都放在窗前。杜甫的诗,王维的画(摩诘,指王维),左丘明的《左氏春秋》,司马迁的《史记》,唐朝女诗人薛

涛的彩笺，晋代王羲之的法帖，庄子的《南华经》，司马相如的赋，屈原的《离骚》，都一一搜集在书斋内。联语反映了作者对祖国河山美景的无比热爱，对历代诗文书画佳作的欣赏不厌。用先分后总法，上联列举九种奇观，末以“合宇宙奇观，绘吾斋壁”作结；下联列举九种“绝艺”，末以“收古今绝艺，置我山窗”作结，洋洋洒洒，一气贯注，充分显示了作者广阔的胸襟与豪迈的气魄。

（张　迈、延　美）

芜湖孙夫人庙

徐　渭

思亲泪滴吴江冷
望帝魂归蜀道难

徐渭，明代著名书画家，诗人，戏剧家。此联题孙夫人庙，庙在芜湖蛟矶，又名灵泽夫人祠，祀孙权妹、刘备妻。灵泽夫人是她的封号。上联思亲，指孙夫人思念丈夫刘备。《三国志·蜀志·二主妃子传》：“先主既定益州，而孙夫人还吴。”下联望帝，传说古代蜀王杜宇号望帝，死后化为杜鹃，啼声“不如归去”。蜀道难，指孙夫人无法再回蜀汉与丈夫刘备相聚。

（沈树华）

福　建　省

福州西湖李纲祠

林则徐

进退一身关社稷
英灵千古镇湖山

李纲,福建邵武人。南宋宰相,力主抗金。道光九年(1829),林则徐主持的福州西湖疏浚完工后,将原在越王山麓已倾圮的李纲祠,移建于西湖荷亭,并题下这副对联。上联写名将的出仕或隐退,事关南宋政权的安危。下联写英雄虽死,但其英灵却永远维护着中华河山。一"关"一"镇",两字相配,既赞颂了李纲的丰功伟绩,又表达出对他的由衷敬仰。联语字字含情,文情并茂。

（丁 仪）

福 州 鼓 山

林则徐

海到无边天作岸

山登绝顶我为峰

福州鼓山,在闽江北岸,登山观海,可以望见金门诸岛。海是无边的,可以越过金马台澎,甚至越过诸大洲诸大洋。天作岸,就是确认大海的汪洋无边,根本没有岸头,这正比喻英雄的素抱、壮士的胸怀不可限量,再沉的担子,再大的困难,也能承受得了。山是高的,但山有顶,到了绝顶,就数我比它高了,这不是教人狂妄任性,而是指人的精神境界应该可以逾越任何难关险阻,叫高山低头。上下两联简洁集中,峻拔高亢,铿锵有力。

（何以聪）

福州鼓山喝水岩

江水长流,想见高风终古在

云山如画,依然诗思逼人来

喝水岩,在鼓山灵源洞上侧,临深涧,面闽江。相传五代时开山祖师神晏于此念经,因有恶水打扰禅心,遂喝之,水即逆流于东涧,西涧乃涸。出句"江水长流",叙闽江水奔流不息,也喻神晏"喝水改道"的"高风"如闽江流水,千古长存。"想见"两字,倾慕之情顿现。对句"云山如画",言此地古木参天,景色幽美绝伦,历代题咏石刻多达200余处,“诗思逼人”,不吐不快。“依然”两字,写出胜迹之世代不灭,与江山风月同在。

(张君宝)

福州于山大士殿

朱海谷

筑寺俯双江,莫辜负山雨浦云,朝飞暮卷
设亭临九曲,是最好春风秋月,汐去潮来

大士殿位于福州市中心于山(又名九仙山)上,相传战国时古民族“于越”氏一支居此而得名。山上有云鳌胜迹和二十四景,自古为游览胜地。大士殿又名观音阁,原为宋嘉福院遗址,殿内有乾隆御题“大士出山图”碑刻。联用“俯双江”“临九曲”概括大士殿的位置。上联俯视闽江、岱江,从而写出于山之高,朝飞山雨暮卷浦云,写出了一种高美的景色。下联写水,对仗工切,意象纷呈,用春风、秋月、潮汐等典型风物来点染于山胜景,托出了一种情趣盎然的意境。

(姚梅乐)

福州涌泉寺山门

净地何须扫
空门不用关

寺在福州市鼓山半山腰的白云峰下,五代时建,后屡有修葺,规模雄伟,以藏经著称,为福州五大禅寺之一。作者巧妙地选取了两个佛教用语“净地”与“空门”,加以别解:既然是永远干净的地方,何必再去打扫;既是悟空之门径,也就无所谓关与开的问题了。此联言辞简洁,切景切情,自然妥帖。

(谢燕华)

福州涌泉寺弥勒殿

王廷琤

日日携空布袋，少米无钱，却剩得大肚宽肠。不知众檀越信心时，用何物供养

年年坐冷山门，接张待李，总见他欢天喜地。请问这头陀得意处，是甚么来由

"携空布袋"，据说唐代明州奉化县有一游方和尚，自名契此。常以杖挑一个布袋入市行乞，随处寝卧，癫狂难测，世称布袋和尚。后来寺庙多塑其像，遂被说成是弥勒佛化身(参见田汝成《西湖游览志余》)。檀越，佛教对施主之称。信心，指诚意、心诚。头陀，佛教对行脚乞食僧之称，亦泛称和尚。通过对弥勒简朴乐观的神态性格的描绘，启示人们处世要清心寡欲，豁达开朗。"大肚宽肠……用何物供养"，"欢天喜地……是甚么来由"，联语寓庄重于诙谐之中。 (吴关镛)

福州林则徐祠堂

附公者不皆君子，间公者必是小人，忧国如家，二百余年遗直在

庙堂依之为长城，草野望之若时雨，出师未捷，八千里路大星颓

林则徐，清末政治家，鸦片战争时期，为禁烟派代表人物，以虎门销毁鸦片见称于世。因受投降派诬陷，被充军新疆，后起用为陕西巡抚、云贵总督，道光三十年(1850)在赴桂时病逝军中。其祠堂，在福建福州市澳门路。此联一说系左宗棠所撰。联语缅怀林则徐，盛赞其忧国如家的高尚品质。上联从侧面写林的人品：附和他的人不全是正派之士，进谗言者必定是奸邪小人，林公秉性耿直，直行其道，终不免被诬革职，二百年后的今天，尚可

想见其遗风。下联直颂其声誉:朝廷依靠他为坚强支柱,乡野的百姓视他为及时雨,可惜出战尚未取胜,八千里外征程中竟半途病逝。出师未捷,指1850年奉派为钦差大臣前往广西镇压农民起义,在潮州途中病逝。八千里,自福建闽侯至广西约八千里。联语表现手法巧妙,欲赞其为君子,不直接写,却用"附公者"及"间公者"来反衬。语言抑扬顿挫,曲折跌宕。末尾"出师未捷"两句尤觉哀婉动人。 (谢燕华)

福州梁章钜黄楼

余小霞

白傅早归,一代福人居福地
苏公再现,千秋黄巷重黄楼

清人梁章钜之福州旧居在黄巷,为唐校书黄德温故里,即黄巢所称儒者之宅,相戒勿犯之地。黄巷新宅之西有小楼,梁氏58岁引疾归里,有口号云"择里仍居黄巷宅,辞官恰及白公年",因葺而新之。黄巷中以此楼为最古,号"黄楼"。梁在此集同人诗作张之,稿寄余小霞,余为题此联。白傅,即白居易。梁引疾归里,与白同龄。福人福地,既指白傅,亦称梁氏,语意双关。苏公句,指苏东坡。秦观初次晋见苏于徐,为赋黄楼,苏公称其才比屈贾。联即指此事。此联运典通于古今,并以白傅、苏公拟梁氏,又同属黄楼,故极工巧。 (周 监)

福州明远楼

林则徐

达四门四目四聪,我有佳宾,莫负文章华国选
书六德六行六艺,烝哉髦士,要兼孝弟力田科

林则徐,字少穆,清福建侯官(今福州)人,嘉庆十六年(1811)进士,官至湖广总督,任内受命为钦差大臣,赴广东查禁鸦片,后为投降派所诬,

革职充军新疆。后召还。此联题明远楼,楼在福州东南贡院后,亦为选拔人才而设。上联所云四门,指四门学,古代的学校。四目,指远视四方。四聪,指远听四方。华,称美之辞。这些学子都是我的佳客,切莫辜负了文章,让国家来选拔。下联所云六德,指知、仁、圣、义、忠、和。六行,指孝、友、睦、姻、任、恤。六艺,指礼、乐、射、御、书、数六门功课。烝,进。髦士,英俊之士。孝弟力田,汉代官名。科,旧时分科选拔官吏的名目。下联意为进取吧,英俊的学子们,考取你们合适的功名。 (佟 今)

厦门鼓浪屿重怀旧垒

出没波涛三万里

笑谈今古几千年

厦门鼓浪屿的最高峰称日光岩,山上巨石嵯峨、叠成洞壑,石壁上刻有"闽海雄风"四字,为三百年前郑成功水操台故址。"重怀旧垒"是岛上名胜之一。上联开头用动词"出没",使无生命体变为有生命体,其主语当指"重怀旧垒"名胜,因四面环海,言随波上下,有搏击海涛三万里之势。下联用"笑谈"进一步把石垒人格化,说它笑谈古今几千年的历史变化,点明时间的悠久。联语对水操台旧垒的凭吊,使人想象三百年前郑成功率军从厦门渡海赴台湾,赶走荷兰侵略者,搏击时代风云的飒爽英姿。联用拟人手法,给人留下很深印象。 (商启予)

厦门中岩

中隐春深飞野鹤

岩泉石瘦响寒林

中岩在狮子山万石岩石丛中,近处有"醴泉",故联语有"中隐春深"之说。上联说春草没膝,岩石深藏,野鹤出没,一派天然景象。下联写岩泉潺潺,奇石嶙峋,寒林传来一阵阵飕飕之声,这里作者用"瘦""寒"写石写林,带上感情色彩,“响”字传达了天籁之音,振起全篇,全联有动有静,有声有色,表现了山野朴素的自然美,使人如身临其境。上下联以鹤顶格嵌“中岩”两字,亦妙。

（陈永泉）

漳州开元寺

朱熹

鸟识玄机,衔得春来花上弄

鱼穿地脉,挹将月向水边吞

开元寺在漳州市西北的芝山上,建于唐代。联语扣住“开元”(即新年之意),将大地复苏之际的气氛用典型的景物表现出来。上联把鸟作为春的使者,鸟最能领会春天将至、季节转换时的奥妙,是它及时将春“衔”来,在花丛中飞翔。下联的笔触从空中转向水面,游鱼也富于季节的敏感,在春回水暖之中逗弄着月影。从鸟、鱼的动态中,把春的活力生动地描绘出来。用笔细致,有诗意,有色彩。以闹春为基调,用飞鸟、游鱼、鲜花、银月等点缀,写活了融融的春意。“衔”“弄”“挹”“吞”等动词的运用也别出心裁。

（王明珍）

晋江安海镇草庵

李叔同

草积不除,便觉眼前生意满

庵门常掩,毋忘世上苦人多

草庵在晋江市安海镇华表山苏内村,内供摩尼教教主浮雕石像,为我国仅存完整的摩尼教遗址。草庵濒临海滨,林木幽深。草积不除,点出这里行人常年不到、寂静深邃的环境。生意,犹生机、生命力。上联谓荒野之地,草木丛生,反有无限生机。下联写庵之远离尘嚣,法师人已出家,但仍关心人间疾苦,“毋忘”两字,道出作者心境的另一面。联语采用鹤顶格,分嵌“草庵”两字于

句首。（张君宝）

邵武熙春山

龚正谦

放开眼孔，看朝日才上，夜月正圆，山雨欲来，溪云初起
洗净耳根，听林鸟争啼，寺钟答响，渔舟唱晚，牧笛催归

山在邵武县西，其中峰建有憩亭，登亭俯瞰，城郭景色，尽收眼底。上联领字“看”，开拓了视觉境界：那朝日刚刚上升，夜月正在团圆，山雨快要来到，溪云开始浮动，组成一幅气象万千的生动画面。“山雨”两句见唐许浑《咸阳城东楼》诗：“溪云初起日沉阁，山雨欲来风满楼。”下联领字“听”，开拓了听觉境界：那林鸟相互争鸣，寺钟先后应和，渔舟傍晚对唱，牧笛催犊归去，凝成一篇协调和谐的乐章。渔舟唱晚，见唐王勃《滕王阁序》“渔舟唱晚，响穷彭蠡之滨”。联语中副词“才”“正”“欲”“初”以及动词“争”“催”等对景、情、人、事作了最优选择，凸显了熙春山景物色声兼美。运用古诗文中的典故，更丰富了联语的内涵。（唐　音）

邵武诗话楼

朱　筠

隐钓风分七里濑
品诗意到六朝人

朱筠，字竹君，号笥河，清大兴（今属北京）人，浙江萧山籍，乾隆十九年（1754）进士，官至福建学政。所题诗话楼在福建邵武，纪念严羽，今圮。严羽，南宋文学批评家，有《沧浪诗话》，论诗推崇盛唐，反对宋诗议论化，对苏轼、黄庭坚的诗都有所不满，强调妙悟和兴趣，对明清两代诗歌理论颇有影响。上联意云隐居垂钓在这里，分享从七里濑吹来的和风。七里濑，在浙江境内富春江上游，又名严陵濑，相传为严子陵钓鱼处。下联意谓严羽在

《沧浪诗话》中品诗,意境说到六朝人。六朝人指南朝梁的钟嵘,他写有《诗品》,为后人所推崇。此联上联以七里濑严子陵相比,以切“严”字,切严羽之姓。下联以六朝钟嵘《诗品》相提,以此赞誉严羽的《沧浪诗话》。

(沈树华)

南安郑成功庙

沈葆桢

开万古得未曾有之奇,洪荒留此山川,作遗民世界
极一生无可如何之遇,缺憾还诸天地,是创格完人

庙在南安郑成功故里石井镇。一说在台南市东。郑成功,福建南安人,是反清复明名将。曾引军直逼南京,因误信郎廷佐奸计,战败撤退,嗣又收复台湾,康熙元年(1662)病卒。联语评价了郑成功一生事迹,上联“得未曾有”四字赞扬了郑成功做了一桩前人未做过的大事业,在海外留下台湾这一片土地作为明朝遗民的世界。下联中“极一生无可如何之遇”指南明诸王分立,彼此不和,使复明大业未成,实在是无可奈何的事,这一遗憾只有还给天地,但郑成功不失为一有开创精神的完人。联语通过具体分析,对郑的功绩与遗憾,作出客观、公正的评价。用语贴切,颇合庙主生平的功德事业与精神境界。 (康斯馨)

武夷山桃源洞

喜无樵子复观弈
怕有渔郎来问津

武夷山在福建武夷山市,是我国著名风景区。在武夷山六曲北岸苍屏峰与北廊岩之间,有洞称“小桃源”,因风光似武陵桃花源而得名。上联用了南朝梁任昉撰写的《述异记》所载神话,传说晋时王质入石室山伐木,见童子数人弈棋,置斧观之。不久,童子催归,质视斧柄已烂尽,归家方知已

数十年。下联则用《桃花源记》所载渔夫探武陵桃源的典故。津,原指渡口。问津,指问路,引申为探访。联语借用典故赞小桃源风光美如仙境。上联之“喜无”、下联之“怕有”四字用得十分精妙。石室山尚有樵子闯入,桃花源亦有渔郎探访,这里却没有人到。“喜无”“怕有”盛夸此中的风光比石室山、桃花源更好,可谓匠心独运。 (康斯馨)

武夷山九曲溪

黎士弘

九曲初通三岛近
万山遥拜一峰尊

黎士弘,字媿曾,明末清初福建长汀人,顺治十一年(1654)举人,官灵夏道。九曲溪,在福建崇安武夷山。山中有一水九曲,名为九曲溪,联文夸张地说九曲初通三岛近。三岛,泛指想象中的三个仙岛,指蓬莱、方丈、瀛洲三座神山,传在渤海中。万山遥拜的一峰,指九曲溪口的大王峰,是武夷山的第一峰。联文对仗工稳,想象丰富。 (沈树华)

江 西 省

南昌百花洲

阮 元

枫叶荻花秋瑟瑟
闲云潭影日悠悠

百花洲在南昌东湖一带,风光秀丽。这是副集句联。上句出白居易《琵琶行》:“浔阳江头夜送客,枫叶荻花秋瑟瑟。”浔阳江是长江流经九江附近的一段。

荻,多年生草本植物,生长在水边,叶似芦苇,秋天开紫花。瑟瑟,同“飒飒”,风吹草木声。下句语出王勃《滕王阁诗》:“闲云潭影日悠悠,物换星移几度秋。”百花洲为江西南昌著名胜迹,因而两联皆取自咏江西之诗文。联语生动形象地描述了百花洲的美丽景色,令人神往。一说此联为清代曹秀先所集。

(周世达)

南昌滕王阁(一)

刘坤一

兴废总关情,看落霞孤鹜、秋水长天,幸此地湖山无恙

古今才一瞬,问江上才人、阁中帝子,比当年风景如何

滕王阁在南昌市赣江边,为唐高祖李渊之子李元婴(滕王)所建,以其封号为名。该阁兴毁二十余次,现已重建。上联第一句总起,表明对世事兴衰的关怀。“落霞孤鹜、秋水长天”,化用王勃《滕王阁序》“落霞与孤鹜齐飞,秋水共长天一色”,指眼前美好的景色。时经数代,风景依然,谁不为湖山无恙而庆幸!恙、忧。无恙,无病痛等可忧之事,引申为安宁、兴盛。下联第一句,慨古今才一瞬,继问:今比古,风景如何?问得极妙,弦外之音,今胜于昔。江上才人,王勃因写《滕王阁序》而被誉为江上才人。阁中帝子,出自王勃诗句“阁中帝子今何在”,指当年建阁的滕王李元婴。此联用典不泥,借古讴今。一“看”一“问”,使景物与情怀融如水乳;一“幸”一“比”,使自豪激越之情跃然而出。 (康斯馨)

南昌滕王阁(二)

江峰青

有才人一序在上头,恨不将鹦鹉洲踢翻,黄鹤楼捶碎

叹沧海横流无底止,慨然思班定远投笔,终子云请缨

上联登阁远望,觉滕王阁之美,王勃的《序》已写尽,可恨鹦鹉洲也有祢

衡的《赋》压了卷，对黄鹤楼，则崔颢的《诗》独领风骚，在胜迹之前，我只有搁笔了啊。《序》，指王勃《滕王阁序》。鹦鹉洲，在湖北武昌城外江中，据《后汉书》载，汉江夏太守黄祖之子黄射在此大宴宾客，有人献鹦鹉，射令祢衡作赋，衡一挥而就，辞采华丽，后衡因事被黄祖杀害，葬于此洲。黄鹤楼，据辛文房《唐才子传》，传说李白登黄鹤楼本欲赋诗，因见崔颢已有《黄鹤楼》诗而搁笔云："眼前有景道不得，崔颢题诗在上头。"下联感慨时事，可叹当今政局混乱，社会动荡，没有了期，真想效班超投笔从戎，立功异域、效终军请赐长缨，系敌酋来京城，一展素志。班定远，汉班超之字。《后汉书·班超传》："(超)投笔叹曰：'大丈夫无他志略，犹当效傅介子、张骞，立功异域，以取封侯，安能久事笔砚间乎？'"终子云，汉终军之字。他曾向武帝请求："愿受长缨，必羁南越王而致之阙下。"缨，绳子。联语写作者登上滕王阁，心潮起伏，欲立言以垂不朽已不可能，遂思在乱世立功，有所作为，语言直抒胸臆，气势恢宏而寄慨遥深。（唐 音）

南昌青云谱

朱 耷

谈吐趣中皆合道
文辞妙处不离禅

朱耷，谱名统𨨗，别号雪个、个山、八大山人，清江西南昌人，明宁王朱权后裔，诸生，善画水墨花卉禽鸟，间画山水，亦工书法。青云谱，原为太乙观，在南昌市南郊。清初朱耷拓基修建，隐居于此，改名青云谱。此联围绕"道"与"禅"展开。明亡，朱耷一度为僧，又当道士，故其所交之友，多谈道论禅。道家眼中的道是宇宙万物的本源，《老子》："有物混成，先天地生。""可以为天下母，吾不知其名，字之曰道。"除了论道，他还谈禅。佛教禅宗认为悟了道的人，教授学生，往往在一言一行中都含有机要秘诀，给人以启示，令其触机生解。朱耷作为明代遗民，他不与清廷合作，寄情于禅、道之中，以示其抗清情绪，也很自然。（沈树华）

九江琵琶亭

董云岩

一弹流水一弹月
半入江风半入云

琵琶亭在九江市湓水江口,湓水即湓浦。唐白居易送客湓浦口,夜闻邻舟琵琶声,作《琵琶行》。此诗当时即广为流传,“胡儿能唱琵琶诗”(唐宣宗吊白居易诗)。白居易调离江州不久,即有人在浔阳驿建亭纪念。以后屡建屡毁,1987年九江市政府移建于长江大桥南岸。联语暗用白居易《琵琶行》诗意,引发人们怀古之幽情,使眼前古迹倍增魅力。全联仅十四字,读来却使人如见白居易笔下的琵琶女,那弹出的琴声,如流水之悠悠,如明月之皎皎,“说尽心中无限事”。优美的旋律,一半随江风远播,一半冲云天直上,真可令“主人忘归客不发”。上联两个“一弹”,将曲调的优美而多变刻画得活活脱脱;下联两个“半入”将琴声的效果表达得淋漓尽致。此为集句联。上联出自唐卢仝《风中琴》诗:“一弹流水一弹月,水月风生松树枝。”下联出自唐杜甫《赠花卿》诗:“锦城丝管日纷纷,半入江风半入云。” (康斯馨)

九江烟水亭(一)

黄庭坚

烟水亭,吸水烟,烟从水起
风浪井,博浪风,风自浪兴

烟水亭在九江甘棠湖中,为唐代建筑,相传为三国时东吴都督周瑜水师点将台之所在。它南倚庐山,近依长江,北临鄱阳湖。烟水亭名以“山头水色薄笼烟”诗意命名。九江还有西汉名将灌婴所凿“风浪井”,李白有诗称:“浪动灌婴井,浔阳江上风。”联语巧妙地运用重言和顶针的艺术手法,形象地表现了“烟”与“水”,“风”与“浪”之间的相互关系,词语重复出现,承前启后,环环

相扣,表达了“烟从水起”“风自浪兴”的湖水情趣与自然风貌。(佟　今)

九江烟水亭(二)

陈次亮

胜迹表宫亭,况恰当庐阜南横,大江东去

平湖满烟月,谁补种四周杨柳,十里荷花

上联就此地理位置对重重胜迹作了交代,写出烟水亭与大江、湖山襟连的宏伟景观,借此衬托烟水亭的不凡气势。表,显出。宫亭,指宫亭湖,即江西鄱阳湖。庐阜,庐山。下联由远而近,立足小亭,放眼望去:烟雾迷茫中的湖面上洒满了月光。杨柳婀娜,荷香阵阵。具体描绘了亭与烟月、杨柳、荷花为邻的景色,写得疏朗有致,令人向往。(王明珍)

九江白居易祠

枫叶四弦秋,怅触天涯迁谪恨

浔阳千尺水,勾留江上别离情

白居易,唐代诗人,曾贬谪江州(今九江),写成千古名篇《琵琶行》。上联即从这里生发,简洁地交代了白居易在浔阳江头遇琵琶女,感触到同是天涯沦落人的悲哀。“枫叶”句,源自《琵琶行》中的“枫叶荻花秋瑟瑟”。四弦,指琵琶。怅(chéng)触,感触的意思。下联以“千尺水”衬托无限别情,既包涵了诗人对琵琶女的同情,又暗喻了白居易当时从“兼济”急遽转向“独善”,萌生“宦途自此心长别”的“吏隐”情怀。联语精工细绘,不失自然浑成。

(王明珍)

九江柴桑渡口

两岸帆樯泓水静

一天星斗大江寒

柴桑渡口在九江市九江县。大江,指长江。泓水,指泊船之间的江水深广。联语生动传神地表现了渡口的夜景。渔舟晚归,帆樯林立,那缓缓流淌的"泓水"显示出一种宁静的氛围。满天星星照耀下的长江,闪着粼粼波光,似乎是秋后的霜露,阵阵寒意袭人。联语意境深邃。"两岸帆樯""一天星斗",一"天"一"岸",不仅工整,而且展现了该景点的恢宏壮观。尤其是一个"寒"字,既表现了独特的长江夜色,又隐露出丝丝悲凉,有十分丰富的内涵。

(王明珍)

宜 春 台

谭子岳

宜诗宜画,看如此江山,应封帝子
春来春去,历几多兴废,又建高台

宜春台在宜春市内山上,是汉武帝元光年间宜春侯刘成所建五台(另四台为仙女台、凤凰台、明岗台、化成台)之一,台高170米,唐天宝年间重建。上联说宜春台风景如画。帝子,皇帝子女。王勃《滕王阁诗》:"阁中帝子今何在?"这里指台主刘成。下联由景及情写岁月流逝,宜春台兴废的历史,表达了对历史变迁、家国盛衰的感叹。联语寓情于景,寓史于台,并由此生发感慨。联文以鹤顶格和鸢肩格双嵌台名"宜春",显示了作者构思巧妙,亦加深了读者印象。

(陈永泉)

赣州八境台

邵莲士

万家灯火依山堞
百转滩声绕石楼

赣州在江西南部章水和贡水汇合处。城北有八境台,高三层,登台可观八方景色。宋郡守孔宗翰曾作《南康八境图》,苏轼有《虔州八境图八首》

并加小序。起初本非专以名台,后人乃有八境台之名。上联落墨于灯火。堞,指城墙上凹形的矮墙。一个“依”字将远远近近、高低错落的灯火汇融成一片。静谧的景象给人以视觉上的美感。下联笔锋一转,将章、贡两江千回百折发出的声响描绘得声声入耳。联语一动一静,一声一色,恰如其分地表现了八境台夜间的特色。 (王明珍)

赣州郁孤台(一)

合吴楚两大观,都归此境

作章贡一夕话,续到吾侪

郁孤台,位于赣州市西北隅的田螺岭。始建于唐广德至大历年间(763—779),因它“隆阜郁然孤峙”,故名为郁孤台,为赣州八景之一。此联为台上旧题。出句笔势不凡,写尽郁孤台形胜。春秋战国时,江西东部属吴国之地,其余大部为楚国东境,“吴楚两大观”,点出了赣地的历史沿革。登台远望,可看到西北面的章水和东北面的贡江,两水紧绕郁孤台向北流去,汇成一泻千里的赣江。对句写的就是这种景象。但联语没有平板写来,却是将两水拟人化,形象生动描摹开去。“章贡一夕话”,犹说章、贡两水流经到此,就像两个老朋友在一夕之间匆匆会面,讲着知心话,又匆匆而去,千年如此,至今不变。这样写,则精彩突现,神传意会。吾侪,犹我辈。续,延续。 (张君宝)

赣州郁孤台(二)

郁结古今气

孤悬天地心

前人曾写过不少有关郁孤台的诗词,其中以辛弃疾《菩萨蛮》词“郁孤台下清江水,中间多少行人泪”为最著名。郁结,积聚。古今气,指蕴藏在胸中的气,如孟子“浩然之气”,文天祥的“正气”。孤悬,高悬。天地心,宋张载《语录中》:"为天地立心,为生民立道,为去圣继绝学,为万世开太平。"他把这作为知识分子修养的最高理想。天无私覆,地无私载,人们要成己成人,无我无私,这就是天地之心。联语以鹤顶格嵌"郁""孤"两字并和联语所要表达的思想感情巧妙地结合起来。要求人们一方面要培养、积聚古往今来志士仁人的浩然正气,另一方面要以天地无私无我之心为言行的最高标准。

(陈永泉)

庐山山阴石屋

于 谦

花雨欲随岩翠落

松风遥傍洞云寒

山阴石屋在庐山香炉峰的半山腰,因此又名香炉峰石屋。作者以非常缜密的笔触,将所见(花雨、岩翠、洞云)所闻(松风飕飕,岩泉滴滴)所感(寒气袭人)作了具体刻画,使人读之如身临其境。用"花雨"形容落花,以岩翠形容岩泉,均极为形象。"欲""傍"用拟人法,将主观感情融入客观事物,赋予"花""风"以生命。短短十余字,真正做到"状难写之景如在目前",可见作者功底。

(唐 音)

庐山御碑亭

四壁云岩九江棹

一亭烟雨万壑松

御碑亭,又名"白鹿升仙台",在庐山仙人洞西北的锦绣峰上。亭内有朱元璋所写的《周颠仙人传》碑刻。据说,一次朱元璋与陈友谅在鄱阳湖大战,和尚周颠高唱《太平歌》,有朱元璋"做皇帝定太平"之词。后又助朱作战。事毕周归庐山,乘白鹿升天。朱称帝后,在庐山建亭立碑,以资纪念。亭筑于峰顶,举目眺望,可见云海山岩松涛,低头俯视,江上帆影点点。登临此亭,如置身于画境,尘虑顿释,山风徐来,飘飘然有超凡脱俗之感。联语点出了御碑亭四周的景色,落墨于云岩、烟雨、松树、江船,由少及多,由近及远,境界开阔,可谓佳构。 (王明珍)

庐山简寂观

李 渔

天下名山僧占多,也该留一二奇峰栖吾道友

世间好语佛说尽,谁识得五千妙论出我仙师

简寂观在庐山南麓,始建于南北朝,今已不存。先秦道家学派的代表人物老聃,被后来的道教奉为教主,称为太上老君(此处称仙师),他的著作五千言被尊为经典,称《道德经》。联语开头运用俗谚,借佛与道的对比,替道教徒鸣不平,以争光宠。上联议论地盘的大小,说多少名山胜景被僧众占有,理应留一两处给道士落脚。奇峰,指庐山简寂观周围秀美的山峰。下联评价经典的高下,佛说过的经典千千万,但还不如老君五千言微妙高深。全联立论中肯,表述幽默,平仄协调,对仗工稳。据说此联曾得到该观道人慧通的赞许。 (蒋竹荪)

庐山大汉阳峰

王以慜

峰从何处飞来,历历汉阳,正是断魂迷楚雨

我欲乘风归去,茫茫禹迹,可能留命待桑田

大汉阳峰是庐山最高峰,海拔1 474米。相传大禹治水曾到九江、彭蠡和庐山,故山有禹王崖。又据说峰顶汉阳台,在月明之夜,可见汉阳灯火。此联为集句。上联首句出明董其昌西湖冷泉亭联,次句出唐崔颢《黄鹤楼》诗“晴川历历汉阳树”,末句出唐薛昭蕴《浣溪沙》词“正是断魂迷楚雨,不堪离恨咽湘弦”。意谓,峰从哪里飞来?登上顶巅,汉阳灯火,清晰可辨,那正是楚江送别令人魂断之处啊。下联首句出宋苏轼《水调歌头》词“我欲乘风归去,又恐琼楼玉宇,高处不胜寒”,次句出《左传·襄公四年》“芒芒禹迹,画为九州”,末句出唐李商隐《海上》诗“直遣麻姑与搔背,可能留命待桑田”。意谓我想乘风飞离人间,而茫茫九州大地,也许留我等待天下巨变!茫茫禹迹,即指禹王崖。乘风,《列子·黄帝》:“竟不知风乘我邪?我乘风乎?”桑田,《神仙传》麻姑自说云,“接待以来,已见东海三为桑田”。比喻变化迅速。联语运用诗词典故颇为娴熟。光绪三十三年(1907)作者撰此联时,正值清王朝总崩溃前夕,帝国主义争夺中国权益愈演愈烈,革命力量蓬勃发展,所谓“待桑田”就是时代风云在作者思想上的反映。(蒋竹荪)

庐山绝顶

李渔

足下起祥云,到此处应带几分仙气
眼下无俗障,坐定后宜生一点禅心

庐山绝顶,指庐山最高峰大汉阳峰,周围悬崖峭壁,终年云雾缭绕,峰顶有石砌汉阳台,台前悬崖形如靠椅,传说为大禹治水时坐此石上,俯视长江,故名“禹王台”。此联景情融合,含意隽永。上联写山势之高,风光之美:山顶云雾缭绕,有足踏祥云,飘飘欲仙之感。祥云,佛家语,谓人得道成佛后脚下的五彩云。下联写游人的感受:此处寺院林立,使人俗念尽消,油然而生清静安寂之心。俗障,佛家语,人世间各种困难和障碍。作者一生著作,追求通俗,善于通俗,以“仙气”对“禅心”,是《笠翁对韵》“仙翁对释伴”对仗要求的实践。(吴关镛)

庐山花径

花开山寺
咏留诗人

花径在江西庐山大林寺旁。上联咏桃花。寺,指大林寺。四月山寺桃花灼灼,开放得十分茂盛鲜艳。山中寺院在红花绿叶的掩映下,景色动人。下联写诗人。唐元和十三年(818)四月九日,诗人白居易游庐山大林寺。其时山下桃花已谢,由于山上气温低,故花开放迟,诗人见盛开桃花,欣喜若狂,即留下了有名的《大林寺桃花》诗:"人间四月芳菲尽,山寺桃花始盛开。常恨春归无觅处,不知转入此中来。"此联为流水对,即景叙事。与名诗、胜境相得益彰。

(吴关镛)

庐山观瀑亭

横奔月窟千堆雪

倒泻银河万道雷

庐山,相传周人匡裕七兄弟曾在此修道,所以又名匡山,在江西庐山市,山多险绝胜景,匡庐瀑布更是名传天下。此联描绘瀑布奔腾飞泻的气势和形象。"奔""泻"绘瀑布喷洒而出之景,"横""倒"写势不可挡之状,都很贴切生动。至于"千堆雪"出自苏轼《念奴娇·赤壁怀古》词"乱石崩云,惊涛裂岸,卷起千堆雪"。"银河"出自李白《望庐山瀑布水》诗"飞流直下三千尺,疑是银河落九天"。作者从视觉角度刻画瀑流飞溅,水花如云的形象。"万道雷"受苏轼《闻林夫当徙灵隐寺寓居》"不知水从何处来,跳波赴壑如奔雷"诗句的启发,又从听觉角度写出了飞瀑响声震天的气势。联语绘声绘色,想象雄奇瑰玮。 (吴关镛)

庐山东林寺三笑亭

唐 英

桥跨虎溪,三教三源流,三人三笑语

莲开僧舍,一花一世界,一叶一如来

庐山西北麓的东林寺,是我国佛教净土宗的发源地,传入日本后成为东林教,并以该寺创建人东晋名僧慧远为始祖。三笑亭在庐山东林寺,寺前有虎溪,溪上有石拱桥。东晋高僧慧远在寺中创设“白莲社”,故常有僧俗来往,据说他送客从不过桥。一次,陶渊明、陆修静来访,慧远送客出门,谈兴正浓,不觉走过了虎溪桥,三人发觉后,大笑而别,后人遂于桥畔建亭,以记其事。上联“桥跨虎溪”四字,点明亭的位置。三教,指陶渊明所代表的儒教,慧远所代表的释教和陆修静所代表的道教。三人在此倾谈交流,会心而笑。文苑佳话的介绍,使名山古迹增光添彩。下联“莲开僧舍”,莲为佛教象征,此指慧远创建莲社,弘扬佛法,故云“莲开”。一花,即莲花。一世界,即四大洲诸天合一的世界。一叶,花瓣,此处指佛教中的一宗一派。如来,本指佛祖释迦牟尼,又泛指佛理。从一朵莲花可见一世界。佛为利乐众生而幻化无数之身,一片莲叶体现一如来。联语切亭切寺,言事言理,对仗工整,是作者精心结撰之作。 (唐 音)

庐山海会寺

余 昂

终日解其颐,笑世事纷纭,曾无了局

经年坦乃腹,看胸怀洒落,却是上乘

余昂,明邛州(今四川邛崃)人。海会寺,在庐山南麓。此联写弥勒佛。解颐,指大笑。上联意谓弥勒佛终日解颐大笑,笑世上诸事纷纭,从来不会有了局。上乘,指高妙境界,或上品。下联意云终年坦腹,胸怀洒落,才是高妙的上乘境界。此联对世事看得很透彻,已达到了无挂碍的境界。

(沈树华)

吴城鸿雪轩

曹汉珊

客已倦游,偶然小住湖山,便欲乘风归去

人生如寄,留得现前指爪,不妨踏雪寻来

吴城镇在江西九江，是赣江流入鄱阳湖的入口。鸿雪轩，在吴城望湖亭旁。取宋苏轼《和子由渑池怀旧》句“人生到处知何似？应似飞鸿踏雪泥”而命名。上联吊古怀苏。客，指苏轼。倦游，指苏轼由于诗文讽喻新法遭贬，谪黄州移汝州。元丰七年(1084)六月，苏轼自齐安坐船到河南临汝，送长子苏迈赴饶州德兴尉，夜游吴城、石钟山，即小住湖山之事。乘风归去，形容归心似箭，思念故乡，语出苏轼《水调歌头》“我欲乘风归去，又恐琼楼玉宇，高处不胜寒”。下联极言人生短暂。东坡倦游留足处，眼前只留下鸿雪轩这点“指爪”之痕。后人不妨再来寻访此地旧踪，脚踏鸿雪轩一游。人生如寄，即人生如梦，苏轼《念奴娇·赤壁怀古》有“人生如梦，一樽还酹江月”句。本联及轩名，均从苏诗而来，贴切自然，天衣无缝。　（曹云岐）

萍乡六贤祠

胥绳武

五姓六贤，师友也，兄弟也

千年一脉，俎豆之，馨香之

胥绳武，清山西凤台(今晋城)人，乾隆间任江西萍乡知县。此联题六贤祠，祠在江西萍乡金鳌洲，祀程颢、程颐、朱熹、张载、胡安之、周敦颐，故云五姓六贤。程颢、程颐兄弟，均为北宋哲学家、教育家，同学于周敦颐，世称二程。他们的学说后来为朱熹继承和发展，世称朱程学派。张载，北宋哲学家。胡安之，朱熹学生。周敦颐，北宋哲学家。他们六人之间的关系，有师友关系，亦有兄弟关系。朱程学派，千年一脉相承，至今人们还供奉他们，继承他们的学说。俎和豆是古代祭祀用的器具，引申为祭祀、崇奉之意。馨，比喻好声誉。　（佟　今）

永修望湖亭

贺寿慈

欲上危亭，但到半途须努力

久居平地，那知高处不胜寒

贺寿慈,字云甫,晚号楚天渔叟,清湖北蒲圻人,道光二十一年(1841)进士,官至工部尚书。望湖亭在江西永修。此联虽题望湖亭,实为作者有感而发,借题发挥,叙说自己的仕途艰辛。危,高峻。危亭,建在高处的亭子。上联意云欲上高亭,走到半途还须努力,才能登上高处。下联话锋一转,意云久居平地之人,哪里知道高处不胜寒的情景,言下之意,愈高愈危,语中甚含辩证的哲理,值得读者深思。 (佟 今)

万安古寺

王柏心

愿将佛手双垂下
摩得人心一般平

王柏心,字子寿,湖北监利人,清道光进士,官刑部主事。万安,县名,在江西省。此联题万安佛寺。摩 ,摸,抚摩。联意祈愿佛法能把人心抚平。对社会存在的不公等诸多不良行为隐含批判,希望社会友好和睦团结,树立和谐的道德规范,读后对人颇有启示。 (佟 今)

山 东 省

济南趵突泉观澜亭

石韫玉

画阁镜中看,幻作神仙福地
飞泉云外听,写成山水清音

泉在济南城西门桥南,泉水从裂缝中分三股涌出,声若隐雷,浪花飞溅,《水经注》有“泉源上奋,水涌若轮”语,宋代始称趵突泉,名列济南七十二泉之首。上联:彩绘的楼阁,倒影在明镜般的池水中,仿佛幻化成了一片神仙福地,极言景色有如仙境一般美。神仙福地,即洞天福地,指神仙居住之处,亦喻名山胜景。下联:喷涌的飞泉,声传天外,宛如谱写了一部天籁的乐章,极言泉声的悠扬悦耳。云外,白云之外,多指极高极远的地方。山水清音,晋左思《招隐》诗:"非必丝与竹,山水有清音。"写,指抒发,宣泄。上联写阁,下联写泉,而以"福地""清音"为喻,把人们的视觉形象和听觉形象巧妙地联系在一起,颇能传出"趵突"之神韵。 (蒋竹荪)

济南趵突泉泺源堂(一)

佛脚清泉,飘飘飘飘,飘下两条玉带

源头活水,冒冒冒冒,冒出一串珍珠

趵突泉相传为古泺水之源,该泉北侧之泺源堂因此而名。此联旧悬于趵突泉泺源堂。联语生动形象地表现了趵突泉"泉源上奋,水涌若轮"时的逼真情景。两个动词"飘""冒"的反复重叠以及顶针修辞的使用十分传神。"玉带"和"珍珠"分别比喻泉瀑和水珠,十分贴切。佛脚,大明湖畔有千佛山,趵突泉在其下。源头活水,化用宋代朱熹《观书有感》诗:"问渠那得清如许,为有源头活水来。" (吴关镛)

济南趵突泉泺源堂(二)

赵孟頫

云雾润蒸华不注

波涛声震大明湖

华不注,即华不注山。对联具体而生动地表现了趵突泉的气势:泉水上涌,浪花四溅,升腾起云烟雾气,把高高的华不注山都润湿和笼罩了;泉水自泉眼喷出,声若隐雷,震动了碧波荡漾的大明湖。联语自然明快,气势恢宏,有声有色,笔墨十分传神。 (谢燕华)

济南大明湖历下亭(一)

风雨送新凉,看一派柳浪竹烟,空翠染成摩诘画
湖山开晚霁,爱十里红情绿意,冷香飞上浣花诗

大明湖位于济南市旧城北部,《老残游记》称城内“家家泉水,户户垂杨”。历下,古邑名,春秋战国时齐地。历下亭在湖中的小岛上,始建于北魏。今存为清代建筑。上联写雨中之景。和风细雨送来了阵阵凉意,放眼一看,柳枝摇曳,竹含烟雾,雨幕中苍翠欲滴的景色好似王摩诘的一幅名画。“浪”字描绘了柳枝在风雨中摇曳的风姿。“烟”字表现了雨打竹林,雾气升腾,一片迷濛的景象。摩诘,唐代诗画家王维的字。下联绘雨后风光。雨止之后,丛丛绿树,簇簇红花,在夕阳中更加妩媚多姿,有如五代时诗人韦庄《浣花集》里一首首动人的诗歌。此联用古代著名画家的画和著名诗人的诗来比历下亭雨中雨后的美景,与古人所说“画是无声之诗,诗是有声之画”相通。 (王明珍)

济南大明湖历下亭(二)

有鹤松皆古
无花地亦香

联语用律诗工对的手法,赞美古园名亭的秀美:上联谓此地有古松鹤舞,环境清雅古朴;下联极写此地景色富有雅趣,不需要再以香花来增添芬芳。联语文字简练,隽永有味。 (何以聪)

济南大明湖历下亭(三)

何绍基

山左称有古历亭,坐览一带幽燕之盛
当今谁是名下士?不觉三叹感慨而兴

上联写登亭所见。说亭上可纵览自古以来幽燕一带人文荟萃的盛况。山左，太行山之左，为山东别称。幽燕，今河北北部及辽宁一带。唐陈子昂《感遇》诗："自言幽燕客，结发事远游。"下联写登亭所感。"当今谁是名下士?"是针对杜甫《陪李北海宴历下亭》诗句"济南名士多"而问。因时势日下，"名士"不多，故作者"三叹"之余生出无限"感慨"。本联气韵老成，言简意赅。因对仗关系，"幽燕一带"作"一带幽燕"，这是倒装句法。

（张君宝）

济南大明湖历下亭(四)

方萱年

独上高楼，是山色湖光胜处
谁家画舫，正清歌美酒良时

上联从静的角度写，登上高楼，俯瞰全景，把千佛山山色、大明湖湖光，尽收眼底，突出了历下亭的秀丽。下联从动的角度写，画舫穿行，满载着清歌美酒，不负良时，这就构成了流动画面，使游人的声音笑貌，仿佛都浮现了出来。上下联高下相映，动静咸宜，把历下亭的美写得浓淡适度，恰到好处。读者可以透过楹联笔墨，窥见作者独上高楼时的拔俗气概和借问画舫时的洒脱神情。

（何以聪）

济南大明湖历下亭(五)

龚易图

李北海亦豪哉，杯酒相邀，顿教历下古亭，千古入诗人歌咏
杜少陵已往矣，湖山如昨，试问济南过客，有谁继名士风流

龚易图，字霭仁，清福建闽县人，咸丰九年进士，官至广东布政使。李北海，名李邕，字泰和，江苏江都人，官北海太守，人称李北海，工文善书，笔力沉雄，自成面目，书法对后世影响较大，学书反对一味模仿，曾说"学我者

死,似我者俗”。上联意云李北海真正豪气十足,杯酒相邀,即使历下古亭,千古成为诗人歌咏的对象。杜少陵,即杜甫。下联意云杜少陵已成古人,但湖山与以前无异,试问经过济南的客人,有谁能继承李北海、杜少陵这些名士的风流呢? (佟 今)

济南大明湖小沧浪

崇 恩

碧皴秋色,红抹夕阳,画本偶然传历下

花底盟鸥,松间领鹤,梦痕谁与画沧浪

崇恩,觉罗氏,字仰之,号雨舲,清满洲正红旗人,廪贡生,官至山东巡抚。此联所题小沧浪,在济南大明湖。皴,山水画用笔的一种技法。历下,古邑名,以其地在历山之下得名,代指济南。上联意谓用碧色皴出了秋色,用红色抹出了夕阳,自然界的景色就是绘画的粉本,我偶然在历下看到了。下联意谓在花底与鸥结盟,在松间与鹤为伴,这梦一般的印象,有谁来为我画下小沧浪的景色呢?联文描绘了小沧浪周围的景色,以及作者面对这些景色的心情。联文在上下联中,还运用了句中自对的形式,上联“碧皴秋色”对“红抹夕阳”,下联“花底盟鸥”对“松间领鹤”,使联文饶有别趣。(佟 今)

济南汇泉寺薜荔楼

孙星衍

地占百湾多是水

楼无一面不当山

薜荔楼在山东济南大明湖旁,登楼可尽览大明湖名胜,远眺千佛山风光。上联写水。大明湖由于历年失修,泥土淤塞,形成许多港湾,成了一个水泽之地。百湾,指许多港湾。下联写山。大明湖畔有重岩叠嶂的千佛山,登楼眺望,被群峰团团环抱。联语绘景如一幅素描,寥寥几笔,即勾画

出大明湖风物的特征,使人有身临其境之感。 (吴关镛)

济南李清照纪念堂(一)

马公愚

载酒江湖,人比黄花更瘦
校碑栏槛,梦随玉笛俱飞

堂在济南趵突泉公园内,有厅、亭、轩、廊等建筑,庭院幽雅宜人,1956年修建。李清照,山东济南人,宋代著名女词人,著有《漱玉词》。玉笛,李清照常以秦穆公时爱吹箫的萧史比丈夫赵明诚,以自己比为爱吹箫的弄玉,玉笛象征两人的共同爱好。上联化用李清照《醉花阴》"帘卷西风,人比黄花瘦"词意,概括她后期艰辛境遇,漂泊江湖,无奈而借酒浇愁,人比黄花(菊花)显得更加憔悴。下联回顾前期幸福生活,校碑于书斋,乐趣无穷,连美梦也随着笛声起伏回荡。全联以"栏槛"对"江湖",点明不同时期的不同环境。反映李清照经历南北宋之交、国破家亡,流离失所的惨痛变化。"梦随玉笛俱飞"一句,写得恍惚迷离而神采飞动,甚为感人。 (蒋竹荪)

济南李清照纪念堂(二)

郭沫若

大明湖畔,趵突泉边,故居在垂杨深处
漱玉集中,金石录里,文采有后主遗风

漱玉集,指南宋词人李清照所写《漱玉词》,金石录,李清照之夫赵明诚将所藏金石拓本按序编成目录,并作了考订,名曰《金石录》,李曾参与其事,写了《金石录后序》。后主,五代时南唐后主李煜,长于作词。遗风,前人传下来的风格。上联描绘李清照故居的位置及其周围景色:湖、泉、柳,备极幽雅。下联概括其创作成果,评说其艺术风格。作者题《故居》诗:"传诵千秋是著书。"李词清新委婉,颇有李后主作品风格。此联不用典故,语

言明白,从地、人两个角度,把题目应有之义写足。 (商启予)

济南千佛寺漱玉泉亭

翻飞千寻玉
倒泻万斛珠

千佛山在山东济南市南,古名历山,传说帝舜曾耕于此,故又名舜耕山。漱玉泉亭在济南千佛山千佛寺旁,亭前有喷泉。上联写清泉自地下涌出,水盛时翻飞出地面近半米之高,水涌若轮,腾跃不息。寻,古代长度单位,八尺为寻。下联写泉水跳跃奔腾时如喷雪溅玉的壮观景象。斛,古代计量单位,一斛为十斗。全联描绘泉水喷溅的动态声势,形象生动美丽,比拟贴切传神,抓住了事物的特征。 (吴关镛)

济南千佛山笑佛

笑到几时方合口
坐来无日不开怀

上联脱口而问:笑到几时?赋石佛以生命,非常幽默。下联描写石佛安坐,无时无刻不心旷神怡,"开怀"二字,十分生动传神。联语借佛闲静自得、笑口常开的形象与游客中有人追名逐利、愁眉苦脸的行迹作对比,含有警劝之意。 (张 一)

济南千佛山兴国寺

暮鼓晨钟,惊醒世间名利客
经声佛号,唤回苦海梦迷人

兴国寺在济南市南千佛山的山崖下,始建于唐贞观年间,因寺内有佛雕多尊，又称千佛寺。这是一副宣扬佛法无边的对联，也是一副警世醒人之作。“暮鼓晨钟”“经声佛号”概述寺院众僧日常生活场景，而收尾一用“惊醒”，一用“唤回”，旨在表明佛法的高妙，要那些追逐名利，沉迷苦海中人赶快回头。苦海，佛教用语，指俗世的苦无涯际。联语明快流畅，对仗亦甚工稳。

（张君宝）

济南千佛山北极台

出门一瞧，数十里图画屏风，请看些梵宇僧楼，与丹枫翠柏相间：红的火红，白的雪白，青的靛青，绿的碧绿

归台再想，几千年江山人物，回溯那朱门黄阁，和白屋蓬扉接壤：名者争名，利者争利，圣者益圣，庸者愈庸

北极台在济南市区南面千佛山上。上联登临绘景。浓缩《老残游记》第二回里一段：“朝南一望，只见对面千佛山上，梵宇僧楼，与那苍松翠柏，高下相间，红的火红，白的雪白，青的靛青，绿的碧绿，更有那一株半株丹枫夹在里面，仿佛宋人赵千里的一幅大画，做了一架数十里长的屏风。”梵宇僧楼，点出“千佛山”特点，在丹枫翠柏掩映点缀下更平添秀雅清静之态。火红，指丹枫；碧绿，指翠柏；雪白、靛青，指梵宇僧楼。一幅色彩鲜明的画图如在眼前，使人有身临其境之感。下联归台寄慨。从归台后的思索写来，追溯历史，评点古今人物。朱门黄阁，泛指官宦及富贵人家，白屋蓬扉，泛指寻常百姓人家。那些官绅富豪争名逐利越显出他们是庸俗之辈；而世上平民百姓与世无争不求荣华富贵益显出他们是圣人君子。此联是一登临寄慨佳作，使人在观赏名胜古迹中得到启迪，明快畅达，意味深长。

（吴关镛）

济南五峰山志仙亭

黄 易

到此息尘虑

对之清客心

黄易,字大易,号小松,清浙江仁和(今杭州)人,工诗善画,官济宁府同知。志仙亭在山东济南长清五峰山。此联称赞五峰山志仙亭的自然风光。到此远离尘虑,世俗中的冗事全部消失殆尽。与这情景相对,来到这里的客人会感到心情清朗,远离烦心琐事,可尽情地思索自己理想和愿望。作为工诗善画的黄易,这种环境正是创作诗画最好的氛围。联文以“息尘虑”与“清客心”相对,甚为允当。 (佟 今)

淄博蒲松龄故居

老 舍

鬼狐有性格

笑骂成文章

蒲松龄,清代文学家。字留仙,别号柳泉居士,著有短篇小说集《聊斋志异》。山东淄博市淄川区蒲家庄为蒲松龄诞生地,并有他的书房“聊斋”。联语出句赞美了蒲松龄笔下的鬼狐都具有人的思想感情。对句化用黄庭坚对苏轼的“嬉笑怒骂,皆成文章”赞语,概括了《聊斋志异》的特色。上句写人物形象,下句写艺术特色。语言精当,简洁明快。 (王明珍)

曲 阜 孔 府

李东阳

与国咸休,安富尊荣公府第

同天并老,文章道德圣人家

曲阜孔府,在山东曲阜城内,旧称衍圣公府,为历代衍圣公的官署和私邸。此系曲阜孔府内的一副名联,为明代李东阳撰,清代纪昀书。上联颂扬孔府的尊贵显荣,赞其府第安定、库藏充裕、地位崇高、名望显赫,可与国家一起同享福禄。咸,皆。休,美。联中“富”字,没有头上一点,写成“冨”,这并非书者疏忽,而是有意为之,意为孔府富贵没有尽头。“冨”与“富”为古代通用字。下联颂圣人家的道德文章可以与天地日月共存。安富尊荣。《孟子·尽心上》:“君子居是国也,其君用之,则安富尊荣。”联语文辞端庄典雅,气魄雄浑。 (谢燕华)

泰安泰山南天门

门辟九霄,仰步三天胜迹
阶崇万级,俯临千嶂奇观

南天门又称三天门,在泰山十八盘顶端,过此即至山顶天街。《泰山图志》:“磴道盘空,一关独启,而朝天有路矣。”因名南天门。此联以建于元代的南天门为立足点,从向上仰视与向下俯视两个角度,对泰山顶的壮丽风光作了生动的描绘。上联说,南天门开辟了通向九霄的道路,登山到此,抬头漫步,就可欣赏天上无穷胜景。九霄,天空极高处。三天,道教称清微天、禹余天、大赤天为三天,泛指天上世界。下联说,计算来程,已经历了万级台阶,可真险峻,俯瞰周围,不难领略千峰百嶂都拜倒它脚下的奇观。联语以概括而夸张的语言,突出南天门仰视显其高、俯察显其奇的特点,使人联想到杜甫《望岳》“会当凌绝顶,一览众山小”诗句的意境。 (唐 音)

泰安泰山玉皇阁

冯光宿

庙貌巍峨,威镇千山灵佑
神光普照,恩敷万国咸宁

冯光宿,清山西代州(今代县)人,乾隆年间官泰安知县。玉皇阁在山东泰安泰山岱宗坊北,祀玉皇大帝。道教称天帝为玉皇大帝,简称玉帝、玉皇。上联赞玉皇阁巍峨高耸,他的威仪能够保佑成千上万座山的平安。下联颂玉皇阁神光普照,说玉皇大帝的恩泽可使万国都安宁,此语出《周易》:“首出庶物,万国咸宁。” (佟 今)

泰安泰山晴光阁

九州积气峰前合
万里浮云杖底来

晴光阁在泰山之巅。对联气势恢宏,运笔粗犷简练,气韵生动。写出了登阁所见的泰山胜景:高耸、雄伟、险峻、云封雾绕,气势磅礴。九州,《书·禹贡》将我国划分为冀、兖、青、徐、扬、荆、豫、梁、雍等九个州,也有不同说法。后以“九州”泛指天下,全中国。积气、浮云,都指山的上下雾气烟霭。杖底,指游人脚下。上联写远眺之景,下联写鸟瞰之景,表现出作者豪迈不凡的气度。 (陈永泉)

泰安泰山万仙楼

彭玉麟

我本楚狂人,五岳寻仙不辞远
地犹郰氏邑,万方多难此登临

万仙楼,又称望仙楼,在红门宫北,景色秀美,尤以晴晚环境奇幽,有“仙楼夜月”之称。这是一副集唐人诗句而成的名胜楹联,是作者北游山东,经泰安登泰山所作。上联两句集李白《庐山谣寄卢侍御虚舟》诗。“楚狂人”指春秋末楚国的隐者接舆,曾讽劝孔子归隐。湖南春秋时属楚国。作者以“楚狂人”自况,说明了自已的籍贯湖南。作者因目睹清王朝衰败没落的局势,于是萌发寻仙访道的念头。寻仙,归隐名山。下联第一句集唐明皇李隆基《经鲁祭孔子而叹之》诗。郰(zōu)氏邑,春秋后期鲁邑(在今山东曲阜东南),孔子的父亲叔梁纥曾为郰邑大夫,孔子就生长在这里。泰安距曲阜不远,所以说“地犹郰氏邑”。因而想到两千多年前的孔子为鲁相三月而国大治的史实,联系当时清王朝外交失利,内政腐败,战祸连年,感慨联翩,唐诗人杜甫《登楼》诗“万方多难此登临”的名句,涌现心头，就成了这副对联的最后一句。“万方多难”四字，反映了当时社会动荡不安的现实。此联虽为集句，但文句连贯自然，毫无勉强凑合之迹。

（周　艺）

泰安泰山绝顶亭

萧髯公

一日无心出
群山不敢高

泰山为我国五岳（泰山、华山、衡山、嵩山、恒山）之一，高度不及华山、衡山，然地处东部，传统认为东方为生命之源，是希望和吉祥的象征，因而古代帝王常来此封禅，泰山遂为五岳之长。孔子也有“登泰山而小天下”之说（见《孟子·尽心上》）。联语用侧面烘托手法。上联从高空写，太阳观测了一下泰山的高度，无心出来和它较量了。下联从地面写，群山俯伏在泰山脚下，没有谁敢说声我比它高。全联十个字，用拟人法，“无心”“不敢”，写得生动形象，风趣幽默。杜甫《望岳》诗“会当凌绝顶，一览众山小”，是想象从泰山顶俯视群山的矮小，此联则从地面仰视泰山的高大，可谓异曲同工。

（蒋竹荪）

潍坊四照亭西廊

刘　墉

掬水月在手
弄花香满衣

此联摘自唐于良史《春山夜月》诗。掬，音 jū，双手捧取。上联谓掬水时，将月捧到了手上，想象十分大胆。下联说玩弄花朵，花香沾满了衣裳，将不可捉摸之事物写得具体可感，是为妙笔。

（张　一）

烟台蓬莱阁

山水有灵，亦惊知己
性情所得，未能忘言

此联极写蓬莱阁名胜的魅力。上联写景，意在言外。山川名胜，如果有灵，一定对游客惊为知己，把山川名胜拟人化了。下联化用陶诗“此中有真意，欲辨已忘言”，与上联相呼应，妙在着墨不多，感情自见。诗中有我，则真情在，对联亦然。 （何禹昌）

兖州青莲阁

冯云鹓

乘兴偶凭栏，问泗水长流，何殊异日
欲吟还搁笔，有先生在上，不敢题诗

冯云鹓，号集轩，清江苏通州（今南通）人，嘉庆十六年(1811)进士。青莲阁，在山东兖州，为李白吟诗处。泗水，在山东省中部，四源并发，故名。西流经泗水、曲阜、兖州，折南经济宁市东南入运河。上联意云乘兴在青莲阁上凭栏瞻望，问泗水长流，与古时并没有什么两样。下联意云本来想吟诗，想想还是搁笔，因为有太白先生在上，我实在不敢班门弄斧在这里题诗。联作者表达了在青莲阁凭吊的怀古之情，以及对诗人李白及其作品的无比崇敬。 （佟 今）

兖州盗跖庙

得失乃今古亡羊，任他们为帝为皇为王为霸，大踏步跳出簪缨范围，说什么柳下圣兄留青史

富贵亦英雄走马,像俺者不士不农不工不商,小发财坐享早晚香火,也有那花间贤姐唱黄梅

盗跖庙,在兖州市内,以祀春秋末年奴隶起义领袖柳下跖。一说原姓展,“盗跖”是旧时诬称。亡羊,《庄子·骈拇》:“二人者,事业不同,其于亡羊,均也。”比喻追逐外物而残生伤性。簪缨,指官宦阶层。柳下圣兄,指柳下惠,亦姓展,春秋时鲁国大夫,以善于讲究贵族礼节著称,《孟子》中多次将其与伯夷并列,誉为儒家的理想人物。走马,喻转瞬即逝。黄梅,即黄梅戏。上联说,得失成败自古以来就残生伤性,任凭他们做皇帝,称霸王,不如坚决跳出为官为宦的圈子,何必提柳下惠名垂青史?下联说,富贵权势也不过是英雄亮相,转瞬即逝,像我不读书务农,不从事工商,坐享人们的香火供奉,还有那民间艺人唱戏消遣。此联借盗跖之口宣扬道家一派尊重自然情性,轻视富贵利禄,恬怡适合,养其寿命的思想。写法上用排比句,造成一种节奏感,且多用俗语,如“大踏步”“说什么”“小发财”“贤姐”等,使雅俗兼容而韵味独醇。

(张君宝)

河 南 省

开封梁苑古吹台三贤祠

麟 庆

一览极苍茫,旧苑高台同万古

两间容啸傲,青天明月此三人

梁苑古吹台,在开封市东南隅。相传为春秋时晋国音乐家师旷奏乐的地方,故称古吹台。后西汉梁孝王在此建苑,合称梁苑古吹台。又因大禹治水时曾住台上,又称禹王台。清代在台上增建李白、杜甫和高適三诗人的祠庙,称作“三贤祠”。此联切地怀古,概括地描绘了梁苑古吹台的历史

风貌。上联写景物。放眼一看,旷远无边,只有古老的梁苑和高大的吹台万古长存。苍茫,旷远迷茫的样子。李白《关山月》诗有"明月出天山,苍茫云海间"句。下联追怀古人。天地之间可以放歌长啸,三位著名诗人连同他们的诗篇可与青天明月共垂不朽。两间,天地之间。《宋史·胡安国传》:"至刚可以塞两间,一怒可以安天下。"啸傲,放歌长啸,傲然自得。晋陶潜《饮酒》诗:"啸傲东轩下,聊复得此生。"此三人,唐代诗人李白、杜甫、高適于天宝三年在开封聚会并登台饮酒赋诗。联语有风景、有人物,通过对景物的描绘寄托了作者对一代诗人的怀念向往之情。 (吴关镛)

开封龙亭

康有为

中天台观高寒,但见白日悠悠,黄河滚滚

东京梦华销尽,徒叹城郭犹是,人民已非

亭在市西北隅,原为宋皇宫御苑的一部分,坐落在七十二级石阶台基之上,雄伟壮观,供皇帝诞辰时文武百官朝贺之用。清康熙三十一年(1692)建龙亭,上联说,登上皇宫高楼,寒意袭人,只觉白昼漫长,黄河滚滚,东流入海。中天,河南在中国中部。下联说,东京繁华的景象如梦般消逝,只叹山河依旧,政权却已变迁了。东京,北宋称汴京(开封)为东京。梦华,指繁华景况。宋孟元老有《东京梦华录》。作者前期是变法维新的发动者和领导人,此为后期(1923)之作,思想倾向于保皇,故联中抒发了怀念与悼惜清王朝的消极情绪。而这层意思又是通过对景物的变化来表现的,怀旧与失落的感情表现得很浓。末句用曹丕《与吴质书》"节同时异,物是人非"句意。 (蒋竹荪)

开封大悲院

绍 诚

诸恶莫作,众善奉行,已了如来真实意

四大本空,五蕴非有,是为波罗蜜多心

绍诚,马佳氏,字葛民,别号云龙旧衲,清满洲镶黄旗人,官至驻西藏帮办。所题大悲院,在河南开封。上联说不做各种恶事,奉行各种善举,做到这些已了解如来佛的真实意图。下联的四大,为佛教名词,古印度有地、水、火、风构成一切物质的“四大”之说,佛教借用这“四大”的坚、湿、暖、动性能,认为人身也是由此“四大”构成,并称“四大皆空”。五蕴,佛教语,意为集聚的意思。波罗蜜多,梵文音译,意谓“到彼岸”。下联意云认识了四大皆空,五蕴也是没有的,这样就渡你到了彼岸。佛家宣扬佛爱人、怜悯人,与乐为慈,拔苦为悲,大慈与一切众生乐,大悲拔一切众生苦。《法华经·譬喻品》:“大慈大悲,常无懈倦,恒求善事,利益一切。” (佟 今)

洛阳龙门石窟宾阳洞

开张天岸马

奇逸人中龙

联为晚明人集陈抟书法题洞壁,用以赞抟。上联谓抟隐居慕道,而天骨开张,有如天岸马。开张,舒展。唐杜甫《天育骠骑歌》:“卓立天骨森开张。”元刘子钟序《萨天锡诗集》,称其才气纵横,诗亦如“天马行空”。下联谓,数演先天,神奇俊逸,更如“人中龙”。(先天,即先天图,指世界构造图式,系用八卦方位与六十四卦次的排列来推测自然和人事变化,这图式及所根据的象数原理在天地之先即已存在,故称先天图。)人中龙,晋宋纤隐居不仕,太守马岌称之为“人中之龙”(见《晋书·隐逸传》)。联语气势磅礴,古拙可喜。 (钱剑夫)

洛阳安乐窝

问没渔樵,万世兴亡付伊水

窝名安乐,一时寤寐到羲皇

安乐窝,在洛阳市南安乐窝村,系五代后周大将安审琦故宅,北宋哲学家邵雍迁居洛阳后住此。他原在辉县的居处叫安乐窝,迁洛阳后仍以旧名称之。上联暗用邵雍典事,以表哲人已逝、往事难寻,抒发“万世兴亡”的感慨。问没渔樵,是指邵雍当年写的《渔樵问对》一书,它以问答体裁阐明天地事物义理。没,出没。伊水,即流经洛阳的伊河。付伊水,又暗用《国语·周语》“昔伊洛竭而夏亡”之意。下联从邵雍隐居不仕的品行生发,表现对上古纯朴民风的羡慕。窝名安乐,关照了邵雍逸事。名,命名。寤寐,即梦寐,羲皇,指太古。陶渊明《与子俨等疏》有“常言五六月中,北窗下卧,遇凉风暂至,自谓是羲皇上人”。此喻心无俗念、不求功名的境界。对联表达了一种鄙弃功名、追求纯朴恬淡的思想,意境深远。 (张君宝)

洛阳邙山吕祖阁

东南瞻崿岭,千层翠黛朝凤阙

西北听洪水,万丈波涛出龙门

吕祖阁,在今洛阳北邙山上。相传吕祖(即吕洞宾)曾“憩鹤于邙山之巅”,后人于此修庙塑像,故又称吕祖庙。此阁小巧玲珑,周围古树参天,向为游览避暑胜地。阁建邙山高处,坐西朝东,所以出句写东南所见。崿岭,高峻的山峰。此指中岳、太行两山脉。又以女子妩媚的眉黛,喻连绵的群山,形象生动。朝,犹朝拜。凤阙,本是汉代宫阙名,此代称古都洛阳,亦可作这里的道教宫观解。对句写西北所闻。邙山“面伊洛之流,枕大川”。洪水,指伊洛之水。龙门,则谓伊阙,它在洛阳市南五里处,以有龙门山和香山隔伊洛夹峙如门,故名。联语道尽邙山(吕祖阁)形胜,一写山翠之美,一写水流之激,对比强烈。“千层翠黛”,想见其面;“万丈波涛”,如闻其声。

(张君宝)

洛阳白居易墓

心中怀念农桑苦

耳里如闻饥冻声

白墓在河南洛阳龙门香山(东山)的琵琶峰上。白居易,字乐天,今陕西渭南人,唐代大诗人。晚年寓居香山,自号“香山居士”,死后即葬于此。农桑,借代农民。诗人少时家贫,对民间疾苦有深刻了解。诗作《采地黄者》《重赋》《轻肥》《观刈麦》等都以“农桑苦”为主题。下联“饥冻声”,典出《卖炭翁》“心忧炭贱愿天寒”,“牛困人饥日已高”,承接上联,从内而外,化静为动,十分传神。联语高度概括了白居易一生写诗的主要方面,反映他深切同情人民痛苦遭遇的崇高品格。 (曹云岐)

汤阴岳王庙

涪王兄弟,蕲王夫妇,鄂王父子,聚河岳精灵仅留半壁
两字君恩,四字母训,五字兵法,洒英雄涕泪莫复中原

岳飞,汤阴人。庙在县城西南隅文化街,建于明代景泰元年。涪王兄弟,即奋力抗金的吴玠、吴璘兄弟;蕲王夫妇就是韩世忠、梁红玉;鄂王父子即岳飞父子。上联列举了这些著名的抗金英雄,可见南宋是地灵人杰、英雄辈出的时代。但为何最后只留下半壁河山?两字,指宋高宗赐给岳飞旗上的“精忠”;四字,指岳母在岳飞的背上刺的“精忠报国”;五字,指岳飞的用兵之术——仁、信、智、勇、严。下联感叹岳飞是一位忠孝两全,又具有文韬武略的大将,到头来只落得被佞臣陷害,国土沦丧。联语高度评价岳飞功勋,对他的死表示了由衷的哀悼。此联在排比句中,不拘平仄,是对联中特殊的一类。 (王明珍)

卫辉比干庙

君德难回,当此亲离众叛,若但如微子去,箕子奴,无以激亿万人忠贞之气

臣心不死,即此血溅魂飞,犹得以周日兴,殷日衰,上诉诸六七王陟降之灵

比干,商代纣王的叔父,官少师。相传纣王淫乱,比干死谏三日不去,纣怒曰"吾闻圣人心有七窍",剖比干观其心。比干庙在卫辉市北,魏文帝时建,传说为比干葬地。联语突出比干忠贞耿介的高尚品格。上联说比干面对暴君,想要像微子箕子那样消极避世以全身、而终不能,因为那样,就不能激励起亿万人的忠诚贞烈之气节。微子,商纣王庶兄,因多次劝谏不被采纳而离去。箕子,商纣王诸父,谏纣不听,佯狂为奴。下联谓即使比干血溅魂飞,他也要把周朝日兴、殷商日衰的事上告先王在天之灵。六七王,由汤至武丁时期的贤君。陟降之灵,在天之灵。陟,指帝王死而登天,降,指其福祐下人。联语气势豪迈,塑造了一个赤胆义肝的忠臣形象。（陈永泉）

登封少林寺

双双玉井,碧澄冷浸千秋月

六六玄峰,翠耸光连万壑云

登封少林寺,在河南登封少室山北麓的五乳峰下,始建于北魏太和十九年(495)。后印度高僧菩提达摩来此首创禅宗,因称达摩为初祖,少林寺称为祖庭。唐初少林寺僧因佐唐太宗开国有功,受到赏赐,少林禅宗与拳术闻名于世。联语以玉井和玄峰为主景,烘托出少林寺周围的环境和气氛。千年皓月的影子,沉浸在碧澄清凉的四口古井中。双双玉井,传说二祖庵前有达摩用锡禅杖点出的四眼苦辣酸甜不同味道的水井。黑色的三十六座山峰,散发出的翠莹之光与弥漫在山谷中的云烟交相辉映。六六玄峰,指嵩山少室山三十六座山峰。上联中"冷浸"一词既赋予明月以知觉,又使天上与地下的景物融为一体;下联妙在光与云的对比映衬,使少林寺更蒙上一层神秘的色彩。双双与六六数词相叠又相对,"四",用二(双)的倍数来表示。"三十六",用六的倍数来表示,用词富于变化。（谢燕华）

登封少林寺达摩面壁洞

一苇渡江,远源溯六祖

九年面壁,妙理悟三乘

洞在登封少林寺西北的五乳峰上。相传是印度僧人菩提达摩来此首创禅宗,少林寺称为祖庭。上联大意:传说达摩在梁武帝萧衍年间由金陵(今南京)乘一只小船去嵩山少林寺修行悟道,创立了禅宗,追溯渊源,衣钵传了六代,即初祖达摩、二祖慧可、三祖僧璨、四祖道信、五祖弘忍、六祖慧能。一苇,一只小船。《诗·卫风·河广》:“谁谓河广,一苇杭之。”下联大意:达摩专心致志,精勤修持面壁九年,终于领悟了佛教的“妙理”,掌握了能普渡众生的三乘佛法。三乘,佛教语。教化众生达到解脱的三种途径。即小乘(声闻乘)、中乘(缘觉乘)和大乘(菩萨乘)三种浅深不同的解脱之道,唯大乘能普渡众生。此联简洁生动地记述了印度高僧达摩来我国开创禅宗的动人事迹,达摩九年面壁、矢志不渝的精神对后人一直起着激励作用。

(王明珍)

巩义杜甫墓(一)

龚依群

歌吟总带忧民泪

颠沛仍怀爱国心

墓在巩义市西康店镇。杜甫一生关怀人民,“穷年忧黎元,叹息肠内热”(《自京赴奉先咏怀》),“征戍诛求寡妻哭,远客中宵泪沾臆”(《虎牙行》),凡是目见耳闻的人民疾苦,他总是情不自禁地用诗歌表现出来,这是上联的大意。下联说,虽然在颠沛流离的生活中,他仍然怀着满腔爱国之心。杜甫对兵役的残酷是颇为愤恨的,对战乱给人民带来的痛苦也十分同情。然而平定安史叛乱,维护唐朝统一,毕竟是当时国家的头等大事,他不能不从国家民族的长远利益出发,嘱咐送行的父母,“送行勿泣血,仆射如弟兄”(《新安吏》),勉励送别的新娘,“勿为新婚念,努力事戎行”(《新婚别》)。忧民泪——同情人民,爱国心——关怀祖国,是有矛盾的,联语把两者并列一起,组成一对,正好反映诗人心中的矛盾痛苦。不过诗人对这场平乱战争抱肯定态度,把爱国放在首位而解决了矛盾,这是杜诗精

神的光辉点。 （蒋竹荪）

巩义杜甫墓(二)

龚依群

以忠爱为心，国步多艰，匡时句出惊风雨
为生民请命，痌瘝在抱，警世诗成泣鬼神

杜甫是“诗圣”，其惊风雨之名句，泣鬼神之鸿篇，既以高超艺术造诣滋荣百世，更以强烈爱国精神彪炳千秋。作者选宏博词藻，撰典雅联语，突出其“匡时”“警世”主旨。上联侧重其爱国之志，忠爱之心；下联侧重其忧民之思，痌瘝（音 tōng guān，指民生疾苦）在抱：以高度概括的手法，写出了高度钦敬的情愫，令来墓道瞻仰的后人诵此联语，即能感染其“沉郁苍凉”的强烈氛围，油然生步武前贤的热情。 （何以聪）

郏县三苏坟

是处青山可埋骨
他年夜雨独伤神

三苏坟在河南郏县西北小峨眉山麓。三苏，即宋代著名文学家苏洵、苏轼、苏辙父子三人。传说苏轼、苏辙兄弟葬于此，另有其父的衣冠冢，故称“三苏坟”。此联摘自苏轼在乌台诗案时所写的《狱中寄子由》一诗。上联绘景。这里古柏森森，风光宜人，“青山”可埋骨，父子三人共名山。下联抒情。由景生情，“夜雨”声声，如泣如怨，神思独伤。夜雨，墓园有古柏千余，每当夜静，山风穿林，枝叶相擦，声如急雨，称之为“青山夜雨”。联以饱含感情的浓墨，绘景抒情，情景交融，将作者感于时事，无所适从的心态描绘得十分贴切。 （吴关镛）

辉县百泉放鱼亭

李培基

万顷田畴,四时画景
千家砧杵,五夜泉声

百泉,又名百门泉,位于辉县市西北苏门山南麓。因泉眼众多,故名。泉水清澈,水涌如珠,碧波粼粼,与苏门山相映生辉。放鱼亭在东侧,原名更衣亭。传说古之官吏下水游泳,在此更衣。上联写白天的景物,表现了一种广阔无垠的静态之美,而这种美又因四季产生不同的画面。下联写夜晚的景物,表现的却是一种生机勃勃的动态之美。砧杵,捣衣的垫石和棒槌,这里代指农家的捣衣声。唐代钱起《乐游原晴望上中书李侍郎》诗有"千家砧杵共秋声",联语省略用之。五夜,犹五更。读下联,使人似闻潺潺的流泉声和此起彼伏的捣衣声,它们奏出了百泉夜晚的交响曲。联语仅十六字。精练而富有美感,以四个数目字领起,对仗工整。

(张君宝)

济源关庙

天地合其德,日月合其明
富贵不能淫,威武不能屈

庙在河南济源市轵城镇,祀关羽。上联语出《易·乾卦》:"夫大人者,与天地合其德,与日月合其明,与四时合其序,与鬼神合其吉凶。"意谓关公的德行与天地相合,他的光明与日月相等。下联语出《孟子·滕文公下》:"富贵不能淫,贫贱不能移,威武不能屈。"淫,乱。屈,屈服。意谓富裕尊贵不能乱关公的心,权势武力不能屈他的节。上联颂德,有点言过其实;下联颂行,则尚切合生平行状。

(周世达)

郾城许慎祠

金衍宗

家传十四篇书，合三苍为一
典释九千字学，通五经无双

祠在漯河市郾城区许庄。许慎，字叔重，召陵（今河南郾城）人，东汉经学家、文字学家。曾任太尉南阁祭酒，博通经籍，著有《说文解字》等书。上联，十四篇书指《说文解字》，因该书正文分十四卷。三苍，指秦李斯撰《仓颉篇》，赵高撰《爰历篇》，胡毋敬撰《博学篇》。下联，《说文解字》阐释九千三百五十三字的形和义，反映汉代学者研究文字形、音、义的成果。五经无双，许慎著有《五经异义》，时人有"五经无双许叔重"之赞。本联以数词"十四""九千"点明许慎著作之数量。"为一""无双"，极言许慎首创分析汉字字形及考究字源的成就，撰写《说文解字》和《五经异义》的巨大历史贡献。

（曹云岐）

临颍杨再兴墓

义勇摧金师，曾扫敌氛经百战
英风余颍水，犹存孤冢峙千秋

杨再兴墓，在临颍县城南的商桥镇。墓冢高大，翠柏茂密。前立"宋统制杨再兴将军之墓"石碑。杨再兴，江西吉水人，岳飞部将，抗金英雄。在与金兵激战于小商桥时，不幸战死。本联题于墓门后石坊上。上联"摧金师""经百战"，概括了杨再兴克崇州、复西京等战役中屡立战功的史实。一"摧"一"扫"，顿现杨再兴当年杀敌的英姿。下联"余颍水""峙千秋"，抒发了墓主英魂永在及后人缅怀英雄的情怀。"余"，意谓遗留、遗存。一"余"一"峙"，寄托了后人的不尽追思。

（张君宝）

新乡东岳庙

德尊三界
道贯两仪

东岳庙,位于新乡市东关。五代后唐清泰二年(935)始建。宋、金、元、明、清、民国各代均曾重修。内塑东岳大帝黄飞虎像。建筑宏伟。传说东岳泰山神掌管人间生死、谷物丰歉,历代皇帝多祭礼泰山,并封泰山神为“天齐帝”“东岳天齐大帝”或“东岳大帝”,因此旧时各地都建有东岳庙。德尊三界,言泰山神的德望受到人间民众的尊奉。三界,本为佛教语,即欲界、色界、无色界这三个众生所处的世界。此代称不同层次的民众。道贯两仪,则谓东岳神的法力贯穿天地。两仪,即天地。联语气势磅礴,八字概括了古代人民对东岳山神的崇仰。 (张君宝)

商丘李香君墓

侯方域

卿含恨而死
我惭愧终生

墓在商丘市睢阳区路河乡李姬园村外。李香君,明末歌伎,在秦淮河与侯方域相识,力劝侯爱重名节,勿近阉党。后侯降清,巡抚威胁利诱求娶香君,遭坚决拒绝。侯之《李姬传》曾记其事,孔尚任又据《传》写成《桃花扇》。联语出句记李香君不屈之事,对句写其愧悔之情。卿,夫妻情人之间的爱称。联或是后人托名之作,但有对比教育意味。一个“恨”字,写尽了李香君对侯方域的失望和对名节之重。下联短短五字,于平淡中写出抱憾、无奈的心情。 (商启予)

博爱月山寺

不思红花香满径
但求白云独去闲

寺在博爱城北月山上,金大定年间始建,迄今已有九百多年的历史。上联说不羡慕那种姹紫嫣红、热闹红火的场面。下联化用李白《独坐敬亭山》“孤云独去闲”诗意,说我倒愿意连一片白云也飞走,落得个清静孤寂——闲。实际上并非真正好静,而是反映出一种无可奈何的心情。李白写上述诗句反映了他怀才不遇,被逐出长安后寂寞凄清的心境,作者来到月山寺,一片清静,我们可以想象这是触发了作者宦途受挫的感慨,这种感触,正与李白产生了共鸣。上联“不思”,是否定句;下联“但求”,是肯定句,但在其深层含义上仍然是否定,表现出对当时社会压抑人才的不满。

（蒋竹荪）

南阳武侯祠

顾嘉衡

心在朝廷,原无论先主后主
名高天下,何必辨襄阳南阳

武侯祠在南阳西郊卧龙岗,传说诸葛亮当年隐居在此。对联立意新奇,没有像常见的那样去歌颂诸葛亮的丰功伟绩,而着眼于历史上对诸葛亮出生地的争论,以此展开评论。作者认为,不论对先主刘备,还是对后主刘禅,诸葛亮都是忠心耿耿。既然他才智过人,功载史册,即是我们中华民族历史上的伟人,不必去分清出生地究竟是襄阳还是南阳。据说,当年襄阳南阳两地人曾为此争议不休。作者在南阳任知府,经过调查,肯定诸葛亮生于襄阳。但襄阳与南阳两地毗连,襄阳旧属南阳郡,故《前出师表》有“躬耕于南阳”之说。作者从大处着眼,写了这副对联,平息了两地的争论。

（王明珍）

南阳医圣祠

张焕然

医国医民，勋泽千秋溯东汉
圣功圣德，馨香百世重南阳

张焕然，清河南南阳人。所题医圣祠，在南阳东关温凉河畔，祀张仲景。张仲景，东汉著名医学家，南阳郡(今河南南阳)人，相传曾任长沙太守。医学上他提倡六经分证和辨证论治原则，总结了汉以前的医疗经验，对医学的发展有重大贡献。上联说他医国医民，带给社会的恩泽，其千秋功勋可上溯到东汉。下联说他至高无上的功业德行，馨香远传百世，声誉都集中在南阳。馨香，散布很远的香气，比喻好声誉。联作者和张仲景，都是南阳人，他为家乡有这样一位医学大家而骄傲，因此他热情地加以歌颂，既赞颂张仲景，亦颂扬家乡南阳。（佟　今）

湖　北　省

武汉黄鹤楼(一)

何时黄鹤重来？且自把金樽，看洲渚千年芳草
今日白云尚在，问谁吹玉笛，落江城五月梅花

黄鹤楼在武昌蛇山的黄鹤矶上，楼以山名。相传始建于三国吴时，以后屡毁屡修，其楼轩昂宏伟，辉煌瑰丽，峥嵘飘渺，几似仙宫。上联化用崔颢《黄鹤楼》诗句“黄鹤一去不复返”，“芳草萋萋鹦鹉洲”，夹入“自把金樽”四字，一气呵成；且首句以发问出之，感慨深沉。下联化用李白《与史郎中钦听黄鹤楼上吹笛》诗句“黄鹤楼中吹玉笛”，“江城五月落梅花”，联系崔诗中

的“白云千载”，搏击自如，气盛言宜，一个“问”字，发人遐想，诚为佳构。

（何以聪）

武汉黄鹤楼(二)

陈宝裕

一枝笔挺起江汉间，到最上层放开肚皮，直吞得八百里洞庭，九百里云梦

千年事幻在沧桑里，是真才人自有眼界，哪管他去早了黄鹤，来迟了青莲

上联用“一枝笔”形容黄鹤楼的挺拔雄姿，颇有新意。江汉，武昌是长江和汉水的汇合点，这里泛指湘鄂一带。洞庭，号称八百里，古有“洞庭天下水”之说。云梦，古泽薮名，据史书记载古云梦并不大，后人常把洞庭湖包括在内。去早了黄鹤，唐崔颢《黄鹤楼》诗有“昔人已乘黄鹤去”句。来迟了青莲，青莲为李白自号。传说李白登黄鹤楼原想赋诗，因见崔颢诗，而感来迟搁笔不咏。上联从空间写黄鹤楼，想象奇异，气魄宏大。下联从时间跨度上写登临此楼，游者自己要有真才。这就深化了主题，即登楼本无迟早，关键在自己的气度与才华。将境界和游者胸怀联系起来，见识独特。联语气势磅礴，语言通俗，明白如话。（陈永泉）

武汉黄鹤楼(三)

余本敦

此地饶千秋风月

偶来作半日神仙

黄鹤楼楹联甚多，此联写法不同。上联写楼的总体面貌。风月，本指良辰美景。据《梁书·徐勉传》：南朝梁大臣徐勉曾与门客夜游，其中有个虞暠向他求官职，他正色答道：“今夕止(只)可谈风月，不宜及公事。”饶，这

里是尽，任凭的意思。下联写作者总的感受。神仙，黄鹤楼故址在湖北武昌，相传仙人王子乔曾乘黄鹤过此。一说蜀费文祎登仙后，曾乘黄鹤憩此。全联意为，此地自有千秋风月，大家应当抛弃俗念，尽情享受，暂且过一过神仙生活。联中没有写出黄鹤楼的具体景物，而黄鹤楼的潇洒脱俗的风度已足令人神往。（金性尧）

武汉黄鹤楼(四)

张之洞

江汉美中兴，愿诸君努力匡时，莫但赏楼头风月

輶轩访文献，记早岁放怀纵目，曾饱看春暮烟花

作者于同治六年(1867)来武汉任湖北学政，以后又调此任湖广总督兼湖北巡抚。在职期间，创办汉阳铁厂、湖北枪炮厂，设立织布、纺纱、缫丝、制麻四局，开办萍乡煤矿、芦汉铁路，大力兴办书院及学堂，成为清代洋务运动后期首脑之一。此联为湖广总督任上所作，上联写今。江汉地区今日商贾辐辏，百业繁兴，为国家中兴事业增光添美，由此而希望游人以关心国运、力挽时局为重，不宜一味沉醉于楼头美景。江汉，长江与汉水。此指素有九省通衢之称的武汉。美，使动用法，使之美。中兴，即“同(治)光(绪)新政”，又称“洋务运动”。指清末当权派依赖外国采取一些资本主义生产技术以维护封建统治的自救运动。其中心是求强(制武器、练兵)求富(创办近代民间工业)，结果随中法、中日两战失败而破产。但是此举客观上也为近代工业的发生与发展、为西方科技在中国的传播准备了一定条件。匡时，挽救时局。风月，清风明月，指美好景色。下联忆往。意谓回忆昔年暮春三月，奉派来此任职，于访求地方文献之余，也曾饱览了槛外绮丽的景色。輶轩，使臣的轻车。此指同治六年，作者由京外放任湖北学政。文献，关于典章掌故的文字资料。烟花，绮丽春景。李白《黄鹤楼送孟浩然之广陵》诗：“故人西辞黄鹤楼，烟花三月下扬州。”历来题黄鹤楼的诗或联，多从白云、黄鹤、仙人、玉笛、李白、崔颢等典故着笔，可发思古之幽情，无裨当今之世道。此联别具手眼，于写楼、写景、写情之外，更勉游人关怀国事，共济时艰，至于徘徊风月，乃其余事。联语立意高而旨趣远。惜下联气势平弱，

不免脚轻头重，是为不足。（蒋竹荪）

武汉黄鹤楼太白亭

朱士彦

此间可谈风月
斯世岂有神仙

上联蕴含一典故。即《梁书·徐勉传》所载，南朝梁大臣徐勉正色对客人说："今夕止可谈风月，不宜及公事。"风月，指不涉政治的自然美景。下联也有典。汉武帝好神仙，但屡求不得，说过"天下岂有仙人，尽妖妄耳"的话。联意谓世间本无神仙，必欲求仙，唯有在此处求之。因李白潇洒脱俗，有谪仙之称。联语洒脱、豪放，在对仗工整中别有一种英爽之气。作者以虚衬实，表现了太白亭宛如仙境的特有风韵。（王明珍）

武汉晴川阁(一)

陈大文

杰观飞甍，槛外蜀吴横万里
风帆沙鸟，天边江汉涌双流

晴川阁，遗址在汉阳龟山东禹功矶上。原晴川阁飞阁层轩，规模宏敞，始建于明代，因唐朝崔颢诗句"晴川历历汉阳树"而得名，与武昌蛇山黄鹤楼隔江相望，为武汉胜迹。联语将晴川阁及其周围的景观描绘得极有气魄。杰观，高大的楼台。甍，音 méng，屋脊。联写：高耸的楼阁，如飞翼般的屋脊、点点飘动的白帆、向天竞飞的沙鸥；鸟瞰槛外，从西蜀到东吴的水上交通线横亘万里；眺望远处，莽苍的江汉平原上翻腾着长江和汉水的波涛。作者仅以四个字概括楼阁的壮丽，却将大部分笔墨渲染大江的雄伟气势，突出了晴川阁峙立在江边的特色，进而烘托出它的诱人景观。联语词句清丽典雅，"槛外"与"天边"点明距离的远近，一"横"一"涌"，写出景色的

壮阔。 （谢燕华）

武汉晴川阁(二)

宋 镄

栋宇逼层霄，忆几番仙人解珮，词客题襟，风日最佳时，坐倒金尊，却喜青山排闼至

川原揽全省，看不尽鄂渚烟光，汉阳树色，楼台如画里，卧吹玉笛，还随明月过江来

上联化用王安石《书湖阳先生壁》“两山排闼送青来”的诗句，回忆美好的往事，仙人、词客、坐倒金尊的日子，青山忽然迎面而至。仙人解珮，《列仙传》有汉皋二神女解珮珠赠郑交甫的故事。词客题襟，唐段成式、温庭筠等有唱和诗《汉上题襟集》传世。坐倒金尊，喻醉。金尊，酒杯。下联化用李白《听黄鹤楼上吹笛》的诗句，放眼四周的景物，鄂渚的烟，汉阳的树，如画的黄鹤楼，月夜还有笛声飘过江来。上联的“忆”是虚写，下联的“看”是实写，虚实相对。此外句间对、句中对都很工巧。“逼”字描绘楼阁的高峻，十分生动。“川原揽全省”，气势开阔，惜下文只写了鄂渚、汉阳等三镇近景，倘能考虑“云梦朝霞”“屈庙秀色”等远景，前后的呼应当更为紧密。

（蒋竹荪）

武汉晴川阁(三)

裘 恕

隔岸眺仙踪，问楼头黄鹤，天际白云，可被大江留住

绕栏寻胜迹，看树外烟波，洲边芳草，都凭杰阁收来

上联写楼，取材于崔颢《黄鹤楼》诗前半：“昔人已乘黄鹤去，此地空余黄鹤楼。黄鹤一去不复返，白云千载空悠悠。”大意是说，隔岸眺望仙人的踪迹，当年楼上黄鹤，天空白云，都已逝去，江水不曾把它们留住。下联写

阁,仍用崔诗后半:“晴川历历汉阳树,芳草萋萋鹦鹉洲。日暮乡关何处是?烟波江上使人愁。”大意是说,绕栏寻找美好的景物,汉阳红树,洲上碧草,登阁都能尽收眼底。此联先说仙踪不可觅,是虚景,后说胜迹犹在目,是实景。以虚衬实,也是崔诗的风格,惟思路不够开阔,是其不足之处。

（商启予）

武汉东湖景区

周涤非

鹄比翼,花颦眉,柳拂裙,画意更兼诗意

林蕴幽,水凝碧,山环翠,东湖不让西湖

东湖因在武昌东郊而得名,湖面为杭州西湖的六倍,这里湖岸曲折,丘岗起伏,层峦叠翠,山水相映,绮丽多姿。此联概括了东湖景物的特征,而且化静为动,写出其神韵。联语中动词的锤炼,如“比”“颦”“拂”“蕴”“凝”“环”等字,赋予东湖以蓬勃的生命力。结尾使人于联想中充满信心,寄希望于新建设的诗情画意中,豪情跃然。鹄,天鹅。颦眉,皱眉。拂,舒展。蕴,积聚。凝,聚合。

（王齐孙）

武汉东湖听涛轩

茫茫碧水,昼夜拍丹岩,洗耳涛声常在耳

浩浩清风,晴阴敲翠叶,凝思竹韵总于思

听涛轩是东湖主要风景点,在东湖西沿长山上。此联紧扣“听涛”之意,彩笔重绘侧耳细听涛声的悠然神态。洗耳,许由优游山林,闻尧让位于己而感到耳受污染,因而临水洗耳(见皇甫谧《高士传》),后以称脱俗不问世事的情怀。为渲染景点的清幽环境,下联宕开一笔,以“凝思”翠竹的专注神情追求物我相融,浑然一体的境界。联语中“拍”“敲”等字赋予画面以动态美。

（王明珍）

武汉东湖可竹轩

皓月凝辉，竹影婆娑留画意
明湖摇翠，桨声欸乃壮诗情

本联是写景小品。明月当空，竹影摇曳，如翡翠似的水面被小舟轻轻荡开。悠悠传来的摇橹声使这片竹林愈显静谧。联中的明月、湖水、竹林被描绘得那么清澈、明净而又谐和，甚至连细微的声音、动态都表现得十分逼真。尤其是那船桨摇橹的音响，赋予画面一种宁静而平和的生活气息。联语既描写了无声静态(上句)，又表现了有声动态(下句)。静而不寂，动而不嚣，切湖畔、切竹轩，意境幽美。 （王明珍）

武汉伯牙琴台(一)

志在高山，志在流水
一客荷樵，一客听琴

伯牙琴台在汉阳龟山尾部月湖湖畔，又名古琴台。传说春秋时俞伯牙在此鼓琴时与钟子期结为至交，后钟死，伯牙即碎琴绝弦，终生不复鼓琴。后人感其情谊，筑台纪念。此为集句联。上联出《列子·汤问》："伯牙鼓琴，志在高山，钟子期曰：'善哉，峨峨兮若泰山。'志在流水，钟子期曰：'洋洋兮若江河。'"伯牙善于鼓琴，钟子期善于听琴，二人结为知音。下联出唐司空图《诗品·实境》："清涧之曲，碧松之阴，一客荷樵，一客听琴。"高雅的琴声，知音者被吸引，听得入神，不谙者则漠然置之，担着柴薪走开。联语围绕琴台的故事讲了"曲高和寡""知音难觅"的道理。

（商启予）

武汉伯牙琴台(二)

周延俊

先生大得便宜,只弄了一张琴,把千古风光尽行买去
我辈适当闲暇,聊凭这三杯酒,将两人心迹仔细评来

周延俊,湖南新化人,有《渔盦联语》。此联对俞伯牙和钟子期有调侃的意味,可谓别出心裁,别立新意。上联说俞伯牙得了大便宜,只弄了一张琴,便把千古知音的风光全部买去。下联说,我辈正好有闲暇,而且手中有酒,且乘酒兴把俞伯牙和钟子期两人的心迹仔细地来评判一番。

(佟 今)

黄冈睡仙亭

林以钺

人笑我长眠,世上那堪睁眼看
我叹人尽梦,道旁曾借枕头来

睡仙亭,在赤壁公园内,为赤壁六亭之一。联语不见一"睡"字,却字字切题。上联的"那堪",哪里值得之意,把满腹牢骚与对当时社会之愤激,尽露纸上。下联更有看破红尘,一睡方休之意。借枕头,见唐代沈既济《枕中记》:卢生在邯郸客店中遇道士吕翁,借瓷枕入睡,梦中经历了荣华富贵,醒来,还不到煮熟一顿黄粱饭的工夫。原来是一场黄粱美梦。作者以此抒发愤世讥时的心情。

(张 一)

黄冈东坡赤壁(一)

朱 琦

胜迹别嘉鱼,何须订异箴讹,但借江山摅感慨
豪情传梦鹤,偶尔吟风啸月,毋将赋咏概生平

东坡赤壁，位于古黄州（今湖北黄冈）城西门外赤壁山崖上。因崖石赭赤，屹立如壁，故名。俗称“文赤壁”。北宋元丰三年（1080），苏东坡贬官黄州时，爱其风景佳丽，常到此赋诗作文，留下了前、后《赤壁赋》，《念奴娇·赤壁怀古》等千古名作。他同唐宋其他诗人一样，有意或无意地将黄冈赤壁认作是三国时孙、刘联合击败曹操之地的蒲圻赤壁（俗称“武赤壁”）。“胜迹别嘉鱼”，明言东坡赤壁有别于蒲圻赤壁。嘉鱼，县名，即蒲圻赤壁所在地。但不必指摘东坡的谬误，更“何须”订正什么真伪，因这是东坡“借江山”抒发其“感慨”罢了。摅，音 shū，发抒，抒发。东坡“豪情”也已传付给梦境，不过“偶尔吟风啸月”而已，如把其“赋咏”的多情作为他的生平经历，更加不妥。盖文学作品与史地文献不同。钱钟书先生云：“诗文风景物色，有得之当时目验者，有出于一时兴到者，出于兴到，固属凭空向壁，未宜缘木求鱼，得之目验，或因世事变迁，亦不可守株待兔。”（见《管锥篇》）可谓至论。

（张君宝）

黄冈东坡赤壁(二)

月色如故

江流有声

此联据苏轼《前赤壁赋》“客亦知夫水与月乎”的提示，从月与水两方面来描写赤壁景物。上联概括《前赤壁赋》内容写“月”。自曹操赋“月明星稀”，八百多年后，苏轼写“月出于东山之上”，月色仍旧是那个样子——江山依旧。其中隐含“一世之雄”的曹操“而今安在”的人事已非的感叹。下联直接用《后赤壁赋》句写“水”。苏轼元丰五年七月游赤壁北之矶窝湖。《黄州府志》：“矶窝湖，东坡赤壁游之一也。”《前赤壁赋》云：“清风徐来，水波不兴”，“水光接天”，显然是湖景。同年十月游赤壁山南之矶头，写了《后赤壁赋》：“江流有声，断岸千尺”，“风起水涌”。“江流有声”四字确能代表赤壁江面的景色。全联只八个字，既作了理智的思考，也进行了形象的描绘，有静有动，有色有声，情、景、理汇合交融，不失《赤壁赋》的韵味。

（蒋竹荪）

黄冈东坡赤壁(三)

郭朝祚

客到黄州,或从夏口西来,武昌东去

天生赤壁,不过周郎一炬,苏子两游

郭朝祚,号硕斋,清长洲(今江苏苏州)人,官祭酒,善画,雍正十一年(1733)绘有《雍正平淮图》。联中所写东坡赤壁,在湖北黄冈,苏轼贬黄州后,常来此游览,写下前后《赤壁赋》和《念奴娇·赤壁怀古》。后人将这里称为东坡赤壁。夏口,汉口的古称。周郎一炬,指周瑜大战曹操于赤壁,以火攻大败曹操。其实历史上的赤壁之战不在此处。上联大意云作客来到黄州,或从汉口西来,或从武昌东去。下联大意云赤壁这么有名,就因为周瑜火攻大败曹操,苏轼两次游览,写下不朽诗文。 (沈树华)

赤壁市翼江亭

江水无情红,凭吊当年,谁别识子布卮言、兴霸良策

湖山一望碧,遗留胜迹,犹怀想周郎声价、陆弟风徽

翼江亭,位于赤壁市赤壁上临江的绝壁顶上,近代所建。因赤壁山与铁山两脉如鲲鹏两翼而得名,此处相传为周瑜破曹军的哨所。翼江亭对岸乌林原是曹军大本营,至今留有“曹操湾”和曹军血流成河的“红血港”等遗迹。“无情红”三字,道出了当年赤壁大战的壮烈与惊心动魄。上下联的末两句,以深沉细腻的笔触,描述了甘宁和张昭的辩论场面与周郎(瑜)、陆弟(逊)指挥赤壁之战和彝陵之战的雄才大略。据《三国志》载:甘宁(字兴霸)向孙权献先取江夏进而夺取荆州之策,遭张昭(字子布)反对,二人争辩不休,后孙权赞同了甘宁的主张。此事即“子布卮言,兴霸良策”的由来。上下联的末两句亦套用清朱彝尊《满江红·吴大帝庙》词中句:“想当日周郎陆弟、一时声价。乞食肯从张子布?举杯但属甘兴霸。”对联写景、咏史、抒

情结合,读之令人发思古之幽情。（张君宝）

恩施问月亭

有亭翼然,可许题诗玩明月
斯人宛在,曾经把酒问青天

传说李白曾来恩施游览。亭名即用李白《把酒问月》“青天有月来几时,我今停杯一问之”诗意。出句说,有座亭子像飞鸟展翅,可在此赏月题诗。有亭翼然,见欧阳修《醉翁亭记》。对句说,诗人好像还在,曾经举起酒杯向青天提出询问。把酒问青天,见苏轼《水调歌头》词。联语嵌入“问月亭”三字。上句写玩月,下句写问月,反映了作者超脱、豪放的情怀。（唐　音）

襄阳米公祠

董其昌

小楼刻烛听春雨
白昼垂帘看落花

祠在襄阳城内,为纪念北宋著名书画家米芾而建。联语化用陆游《临安春雨初霁》“小楼一夜听春雨,深巷明朝卖杏花”诗意,由夜景写到昼景。上联取“小楼听雨”镜头,描绘在这般春情雨意中刻烛吟诗,限时完卷,显示出横溢的才情和遄飞的逸兴。下联取“垂帘看花”镜头,烘托出永昼无人,隔帘欣赏落花的雅趣,体现出一种朦胧的意境美。全联对仗既工而含无穷韵味。“听”“刻”“看”字虽平常而能传神。（何以聪）

襄阳古隆中

董必武

三顾频烦天下计
一番晤对古今情

董必武,湖北红安人,同盟会会员,中共一大代表,参加过长征,抗日战争爆发,长期同国民党谈判。1949 年后历任政务院副总理、最高人民法院院长、全国人大常委会副委员长。此联所题古隆中,在湖北省襄阳境内。三顾,指汉末刘备三次到隆中访聘诸葛亮。《三国志 · 蜀志 · 诸葛亮传》:“先帝不以臣卑鄙,猥自枉屈,三顾臣于草庐之中。”先帝,指刘备。唐代杜甫《蜀相》诗有“三顾频烦天下计,两朝开济老臣心”句。下联一番晤对,指刘备三顾茅庐,诸葛亮分析天下形势,提出占据荆、益二州,联吴抗魏,以形成三国鼎立,即有名的隆中对,刘备采纳了他的谋略,建立了蜀汉。

(佟 今)

公安柳浪馆

袁宏道

饶水饶烟火

临花临柳居

袁宏道是明代文坛“公安派”创始人,率先倡导文学要崇尚“性灵”,抒写要真率自然,反对摹拟仿古。柳浪馆是宏道家乡的别墅,哪怕在这随意挥洒的自题联中,也体现了他“真率”的主张。短短十个字,对仗也不求工整,水与火,花与柳,取景平淡,“饶烟火”与“临柳居”,又似对非对,两个“饶”,两个“临”,更说不出什么深意和美感,但这些却能显示出别墅主人、楹联作者一种真实自然的风格。由于过分强调“独抒性灵、不拘格套”,其诗作往往题材狭窄,没有多少社会意义,此联也有这一弱点。不过,在散文方面,他开拓了晚明小品文的领域,且多上乘之作。

(何以聪)

浠水闻一多故居

茫茫人海,同乡、同学、同事,同步行三千里,回首当年伤永诀

莽莽神州，论学、论品、论文，论豪气十万丈，横视古今有几人

闻一多(1899—1946)，现代诗人、学者，湖北浠水人，1946 年 7 月 15 日在昆明被国民党特务暗杀。作者以一个老同学、老同事、老同乡的身份，在天日重光之后，重新来到闻一多先生故居，题上这副联语，表示祭吊、纪念和景仰之意。步行三千里，1937 年 7 月，全面抗战爆发，北大、清华、南开三校迁湖南长沙组成临时大学，不久又奉命迁滇，1938 年 2 月，闻一多偕同部分师生二百余人自长沙启程，经历 68 天，步行三千余里，到达昆明。至情无文，容不得半点矫饰雕凿，所以用大白话，写真性情，字字发自胸臆，恍若当年对话，叙乡情，道友谊，直到同步行三千里壮举，如实道来，越质朴越见肺腑。在莽莽神州、茫茫人海中，长歌当哭，倾吐了永诀之痛，直到最后，凝聚成一句盘空硬语："横视古今有几人。"概括了闻先生博洽淹贯的学识，独领风骚的诗篇，特别是民主战士面对特务暗杀而无惧容的品格，确能激发出十万丈豪气光芒。这句话是本联的主心骨，写得凝重深沉有力。

（何以聪）

西陵峡三游洞

般昭文

两代记三游，人杰地灵，割据江山同不朽
千岳藏一洞，天惊石破，凿开混沌是何年

三游洞，在西陵峡中灯影峡下游江北，距宜昌市不远。洞在峭壁之上，背倚西陵峡，面临下牢溪。高崖深谷，风光奇丽。上联叙"人杰地灵"的佚事。"两代记三游"，点明唐宋两代文学家游洞的故实。唐元和十四年(819)春天，白居易及弟白行简在西陵峡与好友元稹相遇，三人结伴赏游，在北峰下发现这一石洞，于是寻幽探胜、赋诗抒怀，白居易并写了《三游洞序》，述其缘由，此洞因名三游。到了宋代，苏洵、苏轼、黄庭坚三人又结伴游览了此洞。文坛佳话遂与奇洞一起，长存不朽。下联以"天惊石破"形容

洞的奇特,令人震惊,尤其末句"是何年"的设问,更使奇洞增加了神秘感。混沌,指天地未开辟前的状态。此联跌宕写来,却不失工稳,中间两用成语,亦十分妥帖。 (张君宝)

蕲春手巾庵

寺古僧稀,长引烟霞为伴侣
山深市隔,只凭花草记春秋

此联写深山古寺生活情景。由于僧人稀少,殿庭古旧寂寥,仅以烟霞为伴;由于远隔市嚣,纸笔缺乏,只据花草盛衰记时。陶渊明《桃花源诗》"草荣识节和,木衰知风厉,虽无纪历志,四时正成岁"描写的正是这种情况。"烟霞为伴""花草记时",反映了作者追求一种淳朴天真、归返自然的生活情趣。 (张 一)

湖南省

长沙三闾大夫祠

秦 瀛

何处招魂,香草还生三户地
当年呵壁,湘流应识九歌心

祠在岳麓山东面山下。屈原,战国时楚人,楚怀王时,为三闾大夫,因被谗,投汨罗江死,后人建祠于长沙以祀。《招魂》《九歌》均《楚辞》篇名。香草,屈原以香草自喻,表明自己清廉的节操。三户地,即楚地。《史记·项羽本纪》:"故楚南公曰:楚虽三户,亡秦必楚也。"另一说据《索隐》引韦昭说,三户是楚国的昭、屈、景三家大贵族。后喻地小人寡,犹可发奋图强。

呵壁,王逸以为屈原被放逐时,见楚王祠庙壁画上有天地山川诸神及圣贤行事等,于是在壁上作《天问》一诗,呵而问之,以泄心中不平,但现代研究者多疑其说,认为不足据。联语将屈原的著名作品《招魂》《九歌》和重要事件与其高尚的人格和对祖国的赤诚之心巧妙地结合在一起,融追怀、讴歌、言事于一体,是对屈原一生遭遇的同情,也是对这位爱国诗人的凭吊与怀念。本联采用富有特征的手法,赋湘水以生命,仿佛是诗人的知音,寓意深邃,语言流畅自然。 (王明珍)

长沙贾太傅祠

李梦莹

当年有痛哭流涕文章,问西京对策谁优,惟董江都后来居上

今日是长治久安天下,喜南楚故庐无恙,与屈大夫终古相依

贾太傅祠,在长沙市西区福胜街三条巷,始建于明代,现仅存祠屋一间。贾谊(前200—前168),洛阳人,西汉杰出的政治家、文学家,官至大中大夫,多次上疏批评时政,主张削藩以巩固中央集权,又主重农抑商,力主抗击匈奴贵族的侵掠,后因权贵中伤,出为长沙王太傅,所著《陈政事疏》《过秦论》等,"为西汉鸿文,沾溉后人,其泽甚远"。(鲁迅语)上联叙祠主遭遇。开端即用贾谊事,《汉书·贾谊传》"臣窃惟事势,可为痛哭者一,可为流涕者二"。西京,西汉首都长安。贾谊被汉文帝召为博士后,多次提出良好的建议均不得重用。故言"对策谁优",包含着无限感慨。董江都,指董仲舒,曾任江都相。董氏的"天人之策",独尊儒术,曾为汉武帝所采纳,"后来居上"即指此。下联专写祠屋。首句"长治久安"出《汉书·贾谊传》"建久安之势,成长治之业"。南楚,即长沙。故庐,指贾祠。屈大夫,即屈原。贾谊受谗贬长沙,在渡湘水时曾作文吊屈原,并以自比,而屈子祠亦在长沙不远的汨罗玉笥山上。终古相依,写出两人高风亮节千古共存。

(张君宝)

长沙天心阁(一)

马续常

古阁仅留名,扶杖漫游挥老泪
神州正多故,横戈孰起挽狂澜

天心阁,在长沙市东南城堞上,与岳麓山遥相对峙,小巧玲珑,颇具古雅风韵。始建于清初,曾毁于战火,1947 年重修。此联作于重修以前。上联以阁之被毁,感叹连年战火使国家几遭创伤。“扶杖”一句,使人想见一个老人(作者)徘徊于败瓦颓垣之间,一步一挥泪的凄伤情景。下联从阁毁联想国家危亡,但内忧外患,又有谁人能改变这种局面呢?“孰起挽狂澜”,作者悲愤之情,溢于言表。对联辞痛情伤,读之令人感恨,令人萌生爱国救世之心。

(张君宝)

长沙天心阁(二)

游不遍七二峰衡岳,流不尽八百里洞庭,无限诗情,如此江山容我醉

待谁反屈大夫《离骚》,问谁虚贾太傅前席,苍茫古意,满城风雨自西来

上联写作者登上天心阁,纵目见佳山丽水,顿觉诗情满怀,心醉神驰。下联由眼前之景而怀古伤今,遥忆屈贾,引发了“苍茫古意”,慨叹今无哀屈之文士,求贤之帝王。衡岳,南岳衡山,有七十二峰,岳麓山为其中之一。反屈大夫《离骚》,汉扬雄有感于屈原投江而死,不能藏器待机而作《反离骚》,并将此投于江中以示哀悼。贾太傅,指贾谊,西汉初政治家,遭谗被贬为长沙王太傅。虚前席,指文帝曾与贾谊谈论鬼神事,因谈话融洽,不觉膝向前移动。唐李商隐《贾生》诗:“可怜夜半虚前席,不问苍生问鬼神。”李诗言文帝徒然前席,贾谊还是被冷落了。苍茫古意,意思是想起古人,内心感

到渺茫空虚。联语即景抒情,抚今追昔,感情奔放。下联的反问句,更增加了联语的悲壮气氛。（陈永泉）

长沙天心阁(三)

叶圣陶

天高地迥

心旷神怡

上句语出唐王勃《滕王阁序》“天高地迥,觉宇宙之无穷”。迥(jiǒng),远。言天心阁所在,广阔无边,天悬地隔。下句语出宋范仲淹《岳阳楼记》“登斯楼也,则有心旷神怡,宠辱偕忘,把酒临风,其喜洋洋者矣”。极言登楼之心情舒畅,精神愉快,乃至可把个人的荣誉得失,全都置之度外。两句话,本用以写滕王阁的形胜及登岳阳楼时的广阔胸怀,移植于天心阁,嵌以“天心”二字于联首,使既有滕王阁的形势,更有登岳阳楼时那种怡然自得的心情,信手拈来而风韵不凡。（周世达）

长沙天心阁(四)

黄士衡

高楼逼诸天,且看那洞庭月,潇湘雨,衡岳烟云,十万户棋布星罗,到此一开眼界

江山留胜迹,最难忘屈子骚,贾生策,朱张性理,数千年声名文物,有谁再续心传

长沙曾是历史上许多著名人物涉足的地方,人杰地灵。上联写登楼所见,衡岳一带地势开阔,烟雨迷濛,人口稠密,使游人大大开阔了眼界。下联从楚天风云转向历史上的杰出人物。作者选择了屈原、贾谊、朱熹、张栻等人,来写他们是几千年来文化精英的代表。但是作者并未满足于过去,而是对现在和未来怀着迫切的等待之情,企盼再次出现这样的优秀人物,

继往开来。结尾“有谁再续心传”一句,笔墨凝重,发人深思。诸天,指高空。佛教认为天界有三十二天,总谓之“诸天”。洞庭,湖南北部的大湖。潇湘,湘江。衡岳,指南岳衡山。屈子骚,战国时伟大诗人屈原,写有《离骚》。贾生策,西汉政治家贾谊曾任长沙王太傅,写有多篇策论。朱张,指宋代著名理学家朱熹和张栻,曾在岳麓书院主持讲学,从学者千余人。心传,指世代相传的某种学问,这里指古老的文化传统和遗产。联语节奏舒徐,寄深沉感慨于烟雨、江山、人物之中,读来有一种历史沧桑之感,动人心曲。

（陈永泉）

长沙天心阁(五)

江忠源

携酒上层楼,想屈子招魂,贾生对策,纵谈楚国多才,二千年往事犹存,秋雨正吟诗,遣兴岂徒韩吏部

凭栏添逸气,望星沙夕照,湘水归帆,好写江城如画,数万里游踪几遍,岳阳曾揽胜,关心还是范希文

江忠源,字岷樵,清湖南新宁人,道光十七年(1837)举人,官安徽巡抚。屈子招魂,战国时楚国大夫屈原,所作《招魂》,是《楚辞》中的篇名。贾生对策,西汉政论家、文学家贾谊,他的《过秦论》为西汉鸿文。楚国,这里指战国时楚国。韩吏部,唐代文学家韩愈,官至吏部侍郎,因称韩吏部。上联意云携酒来到天心阁楼上,想屈原写的《招魂》,贾谊写的对策,纵谈楚国历来许多人才,二千年来的往事历历在目,在秋雨绵绵时正好吟诗,释放心情不单单是韩退之。逸气,超迈豪放之气。星沙,晴沙。湘水,湘江,湖南省最大河流。江城,指长沙。岳阳,湖南城市名,在长江南岸,濒临洞庭湖。范希文,北宋政治家、文学家范仲淹,他写《岳阳楼记》,提出“先天下之忧而忧,后天下之乐而乐”的名言。下联意云凭栏添加超迈豪放之气,望晴沙夕照,湘江上的归帆,好写长沙城景如画,数万里游踪几回,曾到岳阳揽胜,最关心的还是写了《岳阳楼记》的范仲淹。

（佟　今）

长沙船山学社

郭嵩焘

笺疏训诂,六经于易尤专,阐羲文周孔之遗,汉宋诸贤齐退听

节义词章,终古以儒为佳,继濂洛关闽而起,元明两代一先生

郭嵩焘,字伯琛,号筠仙,清湖南湘阴人,道光二十七年(1847)进士,官至兵部左侍郎,充出使英、法大臣,是我国遣使驻外之始。归国后,在湖南讲学以终。所题船山学社,在长沙,祀王夫之。王夫之,衡阳(今属湖南)人,晚年居衡阳后船山,学者称船山先生。他抗清失败,伏处深山著述四十年,学术成就很大。笺,注释的一种。疏,指为古书旧注所作的阐释或进一步发挥的文字。训诂,解释古书中词句的意义。用通俗的话解释词义的叫“训”。用当代的话来解释古代词语叫“诂”。六经,指《诗》《书》《礼》《易》《春秋》《乐经》六部儒家经典。羲、文、周、孔,指伏羲、文王、周公、孔子。上联意云船山先生,研究笺疏训诂,攻读六经,对于《易》经尤为专长,阐述伏羲、文王、周公、孔子的文化遗产,汉宋诸贤都一起退下来虔诚地洗耳恭听。节义,文章每段的意义。词章,诗文。濂、洛、关、闽,指宋代理学四大家。濂溪周敦颐,洛阳程颢、程颐,关中张载,闽中朱熹,下联意云在解释,文辞章节和诗文,最终还是以儒家为标准,继濂溪周敦颐,洛阳程颢、程颐,关中张载,闽中朱熹,直至元、明两个朝代之后,在学问上能自成一家的只有船山先生一人而已。联文盛赞船山先生在学术上的成就,肯定了他在历史上独树一帜的学术地位。 (佟 今)

长沙岳麓山白鹤泉

曾广言

鹤去泉仍冽

山深亭自幽

白鹤泉在麓山寺后,泉水从古树环抱中的石隙流出,冬夏不涸,清冽甘甜。出句是近景描绘,由景生情。“鹤去”切题,也用典。清乾隆年间湘潭罗典主讲岳麓书院,暇日栽花调鹤,颐养性情。后人视“放鹤”为雅事,并书于爱晚亭上,纪咏嘉游。鹤去泉仍冽,犹言高人已去,逸事犹在,清冽的泉水仍潺潺流出,滋润土地、与人恩泽。对句是远望之景,“亭”即爱晚亭,也是当年罗典所建。只见幽静深邃的山林之中,清风峡上,爱晚亭超然独立,显得十分安宁、秀丽。用“自幽”两字,爱晚亭峭然幽静雅致的神韵顿现。

(张君宝)

长沙岳麓山爱晚亭

晚景自堪嗟,落日余晖,平添枫叶三分艳
春光无限好,生花妙笔,难写江天一色秋

亭在长沙岳麓山青枫峡口,周围古木参天,浓荫蔽日,秋来层林尽染。是取唐杜牧《山行》“停车坐爱枫林晚”诗意而筑此亭。生花妙笔,比喻高超的文笔。五代王仁裕《开元天宝遗事》卷下:“李太白少时,梦所用之笔头上生花,后天才瞻逸,名闻天下。”江天一色,唐王勃《滕王阁序》:“秋水共长天一色。”首句点“晚”字,谓晚景自可嗟叹,此固常情;但马上一转,谓落日余晖,却更能增加枫叶的艳丽。此句化用刘禹锡“莫道桑榆晚,为霞尚满天”句意而衬以枫叶,显得更加有力,更为出色,亦更使人鼓舞。再回头说“春光无限好”,此亦常情,无可辩驳。但亦马上一转,认为虽是生花妙笔,能写春景,却难写江天一色的秋景。则春光虽好,难敌秋光。亟写秋景可爱,晚景尤可爱,为此联特色。联语在轻松描写中,将景、情、理互为渗透,给人以鼓舞力量。

(余心乐)

岳阳岳阳楼(一)

放不开眼底乾坤,何必登斯楼把酒
吞得尽胸中云梦,方可对仙人吟诗

岳阳楼系湖南岳阳市西门城楼，高三层，下瞰洞庭湖，始建于唐人张说，宋滕子京修，后历多次重修。历来与滕王阁、黄鹤楼并称江南三大名楼。本联就登临者的胸襟立意，抒发一段警辟而又风趣的议论：灵活化用“气吞云梦泽”“乾坤日夜浮”等诗意、名臣范仲淹“登斯楼也”“把酒临风”名句、飞仙吕洞宾的吟诗传说，讽谕人们要有“放得开”“吞得尽”的风格，去寻求把酒临风、羽化登仙的境界，实际上这正是作者在表述自己对于美的憧憬。上联用反诘语气“激将”，意谓若无恢宏的胸襟雅怀，就不能“登斯楼”而畅怀痛饮，真正领略大自然风光。下联谓只有气吞云梦的气魄，才能写出好诗，是用一种浪漫主义手法作结，这些修辞手法与作者的审美情趣相互吻合。全联情真意切，显示出豪放胸怀、高昂气势。（何以聪）

岳阳岳阳楼(二)

陈大纲

四面湖山归眼底
万家忧乐到心头

岳阳楼为湖南岳阳城西门楼，下瞰洞庭湖。宋庆历五年(1045)，滕宗谅(子京)谪守巴陵郡，请范仲淹写了《岳阳楼记》，岳阳楼之名由此而更著。上联写景，说四面八方的湖光山色尽收眼底。下联抒情，化用范仲淹名句“先天下之忧而忧，后天下之乐而乐”意，说千家万户的忧愁和欢乐都涌上心头，情景交融，词约义丰，极富韵味。（金性尧）

岳阳岳阳楼(三)

诗酒神仙，天自梦中传彩笔
楼台花月，人从江上拜宫袍

上联极言岳阳楼文事之盛，饮酒赋诗，如神仙之飘然而来，这生花彩笔又是天公从梦中传来(此用李白梦笔头生花以后名闻天下典)。下联写对李白的景仰,白诗《留别贾舍人至》有“西登岳阳楼”句,白又曾为翰林供奉,宫袍,宫中衣冠,代指李白。下联意谓人们或仰瞻满台花月,或从江上遥拜李白,奉献祝祷。两句写出了对李白的赞美。联语蕴藉中见庄严,且剪裁得当,很有感染力。 (何以聪)

岳阳岳阳楼(四)

对月临风,有声有色

吟诗把酒,无我无人

登临岳阳楼,对清风,赏明月,可得到声色之美的享受;而把酒吟诗,畅抒胸怀,进入人我泯一、心物交融的最美的境界,即陶渊明言“此中有真意,欲辩已忘言”,此难以用言语表达。联语用八个动词与八个名词交错成对,平仄协调,有气势,有韵味,格调高雅,写景写人,俱入化境。(余心乐)

岳阳岳阳楼(五)

窦 垿

一楼何奇:杜少陵五言绝唱,范希文两字关情,滕子京百废俱兴,吕纯阳三过必醉。诗耶、儒耶、吏耶、仙耶,前不见古人,使我怆然涕下

诸君试看:洞庭湖南极潇湘,扬子江北通巫峡,巴陵山西来爽气,岳州城东道崖疆。潴者、流者、峙者、镇者,此中有真意,问谁领会得来

在岳阳楼对联中,本联字数最多,内容亦最丰富。上联尽述史事传说意切“人杰”,下联显现山川形胜,意合“地灵”。作者以此表达了他的真意。上联五言绝唱指杜甫的《登岳阳楼》诗。两字关情,指范仲淹《岳阳楼记》“先天下之忧而忧,后天下之乐而乐”中“忧”“乐”两字。滕子京名宗谅,与范仲淹同时中进士,被贬守岳州,“政通人和,百废俱兴,乃重修岳阳楼”。

吕纯阳即吕洞宾,传说曾酒醉岳阳楼,题诗云“三醉岳阳人不识,朗吟飞过洞庭湖”。前不见句,出唐陈子昂《登幽州台歌》:“前不见古人,后不见来者,念天地之悠悠,独怆然而涕下。”下联南极潇湘两句,均见《岳阳楼记》。西来爽气,见《世说新语·简傲》:“西山朝来,致有爽气。”爽气:清爽之气。崖疆,边界。洞庭湖纳大川于一湖,曰“潴”(zhū);扬子江千古奔腾不息,曰“流”;巴陵山拔地耸立,曰“峙”;岳阳城扼守东通边地要道,曰“镇”。此中有真意,语出陶渊明《饮酒》诗“此中有真意,欲辩已忘言”。写楼而更写人、写地、写事、写志,皆包含无限哲理。（康斯馨）

岳阳岳阳楼(六)

何焻

说什么无风三尺浪,纵八百里波涛争汹涌,合九江七泽五溪四川纷至沓来,有何难涵容殆尽,细大不捐,只稍顷当头处置乱石一拳,便撑支中流为砥柱

最堪嗤欲雨满楼烟,连十二点鬟髻并模糊,看万艇千艘片帆孤橹横直过去,虽幸他履险如夷,平安可报,誓必待转盼间开晴天双眼,偏收揽远岸好湖山

何焻,字谦之,清浙江山阴(今绍兴)人,湖南靖州籍,雍正年间以州同投效江南河工,乾隆年间累官河南巡抚,加总督衔。此题岳阳楼,系湖南省岳阳市西门城楼,高三层,下瞰洞庭湖,碧波万顷,遥望君山,气象万千。楼始建于唐,宋滕子京重修,以范仲淹作《岳阳楼记》而著名。上联意谓,说什么无风三尺浪,昔日号称八百里洞庭波涛汹涌,诸水纷至沓来。九江,《书经集传》:“九江,即今之洞庭也……今沅水、渐水、元水、辰水、叙水、酉水、澧水、资水、湘水皆合于洞庭,意以是名九江也。”七泽,《子虚赋》:“臣闻楚有七泽,尝见其一,未睹其余也。臣之所见,盖特其小小者耳,名曰云梦。”五溪,指沅江上游的五条支流。四川,即湘江、资水、沅江、澧水,注入洞庭湖的大河流。涵容,宽容、包涵。这么多水流来,有何难,全部可以包容殆尽,不论巨细,只要在适当处,稍加建设,便可为中流砥柱。下联意云,最引

人发笑的是天欲雨满楼弥漫云烟,连十二点鬟髻也模糊了。十二鬟髻,指君山。黄庭坚《雨中登岳阳楼望君山》诗:“满川风雨独凭栏,绾结湘娥十二鬟。”看万艇千艘片帆孤橹摇将过去,如履平地,左右可见晴天双眼,好收揽远处美景青鬟湖山。全联描绘了从岳阳楼瞻望洞庭湖八百里湖山的美好景色。（佟 今）

岳阳怀甫亭

吴丈蜀

舟系洞庭,世上疮痍空有泪
魂归洛水,人间改换已无诗

怀甫,指怀念杜甫。杜甫是唐代现实主义诗人,晚年漂泊西南,死在由长沙往岳阳的一条小船上。上联怀古,当年,诗人生活在洞庭湖边的一条小船上,曾呕心沥血写了大量反映社会创伤、民生疾苦的光辉诗篇,但也无补时艰。疮痍,创伤,比喻地方遭受破坏或灾害后的景象。洛水,指代杜甫故乡巩义。下联颂今,谓人间已起了翻天覆地的变化,那种愤激沉痛的诗作不会产生了,诗人也正可安眠在故乡的土地上了。旧时写怀古,总与伤今联系,此联则与颂今配合,不落窠臼。“已无诗”三字,从反面衬托,更是言约意丰。（蒋竹荪）

岳阳周瑜墓

大帝君臣同骨肉
小乔夫婿是英雄

墓在岳阳楼附近。周瑜,字公瑾,今安徽舒城人,三国时东吴名将。上联点明周瑜与孙权的关系。大帝,即孙坚次子、孙策弟孙权,称吴大帝。瑜与策少时友善,后佐孙策在江东创立孙吴政权,封建威中郎将。策死,又辅佐孙权,劳身殚思,操兵练师,任前部大都督。又率师联刘攻曹,获赤壁大捷。既占岳阳,以洞庭湖为东吴操练水师之所。“骨肉”一词,喻孙权与周瑜非同寻常的君臣关系。下联歌颂周瑜为东吴名将,一代英雄。夫婿,即小乔丈夫周瑜。《三国志·蜀书·周瑜传》载:“孙策欲取荆州,时得乔公二女,皆国色也。策自纳大乔,瑜纳小乔。” (曹云岐)

岳阳小乔墓

吴恭亨

世界已非唐虞,近接丛祠,生喜有邻傍舜妇
英雄不及儿女,虚传疑冢,死怜无地葬曹瞒

小乔墓,在今岳阳市岳阳楼东北隅剪刀池畔。小乔,三国时美女,周瑜妻。上联借古喻今,以湘妃比喻小乔对爱情的忠贞。唐虞,中国两个古国名。丛祠,指岳阳市西南洞庭湖中的君山,卉竹丛生,并有湘妃墓等古迹。舜妇,即舜帝之二妃娥皇、女英(也称湘妃)。传舜南巡到君山,病死于苍梧,二妃见夫久出未返,四处寻找不得,遂悲恸而死,迁葬君山。上联犹说:时代不同,小乔固不必随夫周瑜同死,但葬地喜有湘妃做伴。下联写曹操。英雄,即谓曹操。儿女,谓小乔。曹瞒亦指曹操,曹操小名阿瞒。《三国演义》第78回曹操临死前遗命:于彰德府讲武城外,设立疑冢七十二,“勿令后人知吾葬处,恐为人所发掘故也”。下联即写曹操的死无葬身之地,反衬小乔的“近接丛祠”的有幸。 (张君宝)

岳阳君山二妃墓

君妃二魄芳千古
山竹诸斑泪一人

二妃墓在岳阳西南洞庭湖中的君山上,又称湘妃墓。尧二女娥皇、女英嫁舜为妻。一次舜南巡未归,二妃寻到君山,闻其死在苍梧之野,遂攀竹痛哭。泪滴竹上,竟成斑竹。二妃悲恸至极,死葬君山。这个美丽动人的传说使娥皇、女英始终以美好的形象活在人们心中,芳名流传千古。那漫山遍野的丛丛斑竹上的泪痕都是为了舜帝一人,可见二妃之痴情。联语从神话传说到现实景物,一隐一现,一虚一实,相互映衬,互为补充。寓情于物的手法把人物的悲痛感情表达得淋漓尽致,形意相生。

（王明珍）

岳阳君山亭

月光千里白
秋色一天青

此联展现了洞庭湖秋夜景色。上联化用宋范仲淹《岳阳楼记》“皓月千里”句,说皎皎的月光照着千里洞庭,一片白茫茫。下联说,秋天的湖水碧绿,君山青翠,天地青湛湛。此联是静态的景物描写,“白”和“青”都是冷色,结合起来,自然产生平静、空寂、冷清的感觉,令人仿佛进入一个被月光净化了的境界。

（王明珍）

湘潭雨湖公园

烟雨一湖,野艇半篙春水绿
柳榆千树,鳌山终古夕阳红

公园在湘潭市中心。全湖分上、中、下三湖,面积360多亩。内有八仙桥、夕照亭、烟柳亭、湖心亭、湖园等建筑。上联写“湖”扣“雨”。谓湖上烟雨迷蒙,野艇横陈,半篙绿波春浪涌。篙,撑船的竹竿,半篙意为水有半竿之深。下联写园写山。绕岸柳榆荫浓,山立如鳌,常伴夕阳而披上一身红色。鳌山,假山形似鳌,故名。夕阳,影射夕照亭。联语色彩绮丽,对仗工稳。下联用“斜阳依山”的传统说法,借“夕照亭”之名展开想象,构成了虚景,与实景相配。全联读来虚实结合,情景交融,诗情画意,兼而有之。

（余心乐）

邵阳双清亭(一)

云带钟声穿树出
月移塔影过江来

双清亭,始建于宋,因在湖南邵阳市北,资、邵二水汇于其下,故名。此亭与屹立于资水之北的北塔隔江遥遥相峙。本联生动地刻画了景物的神韵:白云、钟声、银月、塔影,融合成一种清幽的境界。作者构思奇特:钟声随着白云穿树而出,月光轻柔直泻,水中塔影随西沉之月而移动,似姗姗过江与亭会和。联语有声有色,写出强烈的动感与景色的空灵幽美。

(王明珍)

邵阳双清亭(二)

双双对对皆然,为江为塔为桥,来人亦复如此
清清白白所在,是月是风是水,此身其又云何

亭位于市北,因临资、邵二水得名。上联抓住“双”字。首句“双双对对皆然”为总起,下以排比铺写资邵双流、北塔双耸、双桥虹跨,及双双对对过客。下联抓住“清”字。首句也为总起,下写月白风清水碧的自然风光。结句设问,含不尽之意于言外:即来往人等也当清白处世。联语巧妙地嵌入“双”“清”二字,阐明了“双清”的含义,富有人生哲理。 (曹云岐)

汨罗玉笥山屈子祠

万顷重湖悲去国
一江千古属斯人

祠在汨罗江北岸玉笥山上,始建于汉代。屈子即屈原,名平,字灵均,

战国楚人,曾任三闾大夫,怀王重其才,靳尚辈谮而疏之,乃作《离骚》,冀王感悟。顷襄王信谗,屈原感伤,乃于五月五日,自沉汨罗江死。后人立祠纪念。联语用“万顷重湖”之“悲”,突出对屈原死难的哀悼。去,离开。国,国都,京城。屈原自沉的汨罗江,永远与诗人英灵同在。联语十分感人,写出了沉痛、惋惜、怀念之情。 (何禹昌)

耒阳蔡侯祠

芳池月映

故宅风存

祠在耒阳市城东南角,为蔡伦故宅。蔡伦,字敬仲,耒阳人,我国造纸术的发明者。东汉和帝时任中常侍、尚方令,晚年封龙亭侯,故称蔡侯。上联“芳池月映”,祠前有一泓大水池,传为蔡伦漂洗纸浆和工具之所,叫“蔡子池”。池上有石拱桥,每当明月悬空之夜,拱桥两边双月映水,双影沉璧。故《耒阳县志》有“唯有蔡池双月美”的诗句。下联“故宅风存”,是说故宅犹存蔡侯风采。蔡侯献身技艺、造福人类的淳美之风,依然拂面沁心。联语借景抒情,仅用八字,就写出了蔡侯为人类文明所作的杰出贡献。

(曹云岐)

嘉禾珠泉亭

逢人便说斯泉好

愧我无如此水清

嘉禾县城北郊有泉清澈如镜,吐泡如珠,故名珠泉。上联写“泉好”,但却不直接描绘泉水及风光之美,只抓住“逢人便说”这个侧面,表达人们赞赏此泉到了忍不住的地步。下联写“水清”,并由此想到为人,检点自我不及此水之清,既达到了赞泉的目的,又将联语的思想性推向一个新的层次。触景生情,悟及为人修身乃写联常见的手法,但一般都只告诫他人。而此联在清与浊问题上却不责人,只反躬自问,在写法上颇有特色。

(康斯馨)

桃源桃花源

罗润章

三十六洞别有天,渊明记,辋川行,太白序,昌黎歌,渔耶,樵耶,隐耶,仙耶,都是名山知己

五百年间今何世,鹿亡秦,蛇兴汉,鼎争魏,瓜分晋,颂者,讴者,悲者,泣者,未免桃花笑人

桃花源,在桃源县城西南的水溪附近。面临沅水,背倚群山。系借东晋诗人陶渊明虚构的故事《桃花源记》以为名。唐代始建亭台楼阁,后世屡经增修。上联评述晋唐两代著名文人对桃花源的题咏:这是名山胜境三十六洞天中别具一格的天地(道家称神仙居住人间有三十六处名山洞府,见《云笈七籤》卷二七)。晋朝陶渊明写下名著《桃花源记》,唐朝诗人王维咏过《桃源行》诗,诗仙李白作《奉饯二翁寻桃花源序》,自称昌黎人的韩愈也留有《桃源图》诗,无论是渔夫、樵客、隐士、仙人,都成了名山的知心朋友。下联即景感怀:沧海桑田五百年一大变,问今是何世?秦朝因赵高指鹿为马而丧失了政权;刘邦斩蛇,兴建了汉朝;魏、蜀、吴三国鼎立,后为魏国统一;西晋被匈奴所灭,东晋偏安一隅,结果演变为支离破碎的南北朝。对于这些人间巨变,有人赞颂,有人讴歌,有人悲哀,有人哭泣,其实这一切又何必认真呢?未免让桃花源人笑话。此联用词精练,内涵丰富,咏史感怀,相辅相成。联语还采用了排比、复字等多种表现手法,使气势跌宕起伏,抑扬顿挫,富有韵味。

(谢燕华)

桃源陶渊明祠(一)

先生岂必因桃源而重

此地固应较栗里为佳

祠在桃源县桃花源山麓，祠内有陶渊明塑像，始建于宋代。陶渊明在任彭泽令时，不愿为五斗米折腰，辞官隐居，躬耕自给，其《桃花源记》，尤为有名。栗里，渊明童年居所，距浔阳约二十里，渊明辞官后曾返栗里居住，一生中在栗里共七年。上联谓陶渊明的高尚情操决定他能名垂千古，决不是只因一篇《桃花源记》而令世人敬重，用反问语气肯定了陶渊明的历史地位；下联则谓桃源这个地方，较之栗里更适宜做陶渊明的故乡，赞当地景物之美，也反映了后人对陶渊明由衷的仰慕之情。上联赞人，下联赞地，是祠堂联通常的写法。（王明珍）

桃源陶渊明祠(二)

余良栋

无怪倏尔而秦，倏尔而汉，到此地小坐片时，便成旦暮

看来何必有洞，何必有花，与诸君清谈半晌，即是神仙

欣羡神仙，又把神仙生活“人化”，主张人人都可以到达神仙境界。这是后人顺着陶渊明《桃花源记》思绪衍生出来的审美情趣。本联就是从时空两个方面抒写了这种“人化”的神仙观。因“避秦时乱”而“不知有汉”，这是桃源中人的“片时旦暮”。上联就是借用此典，生发联想：我们后世人经历的每一个“片时”，何尝不是一个从秦到汉的漫长历程。这一想，每个“到此小坐”便都具有了丰富的生活内涵，可以把纤芥琐屑，抛到云外，归入“无论魏晋”一类。全联从时间空间两个角度，运用“心即佛，佛即心”的禅悟，把陶渊明的隐遁旨趣与“人化”的神仙观融合起来，劝谕世人脱略尘俗、超然物外以自求解放，这样，就到处可变成神仙行脚。通篇化用《桃花源记》生活和景物词语，针对世人心态，写来十分浑成，逸趣横生。（何以聪）

衡山王船山祠

洪亮吉

恸哭西台，当年航海君臣，知己犹余瞿相国

羁栖南岳，此后名山著作，同心惟有顾亭林

洪亮吉,号北江,清江苏阳湖(今常州)人,安徽歙县籍,乾隆五十五年(1790)进士,官贵州学政,因疏直谏遭贬伊犁。所题王船山祠,在湖南省衡山南岳莲花峰。王船山曾筑室于此。恸,大哭。西台,即御史台。此谓王夫之对明亡的悲痛。航海君臣,指明亡时,福王立于南京,走福建,清兵追逼,张名振等拥福王浮海走南澳死。瞿相国,指瞿式耜。福王死,瞿与丁魁楚复拥桂王,继续抗清。羁栖南岳,瞿式耜在桂林殉难,王夫之在南岳隐姓埋名,著述以终。名山著作,称著作为名山事业。顾亭林,顾炎武,明末江苏昆山人,号亭林,明亡,遗命勿事二姓,康熙时诏举博学鸿儒科,荐修明史,皆不就。此联祭典王船山,可谓系王船山之小传,以“西台”对“南岳”,“瞿相国”对“顾亭林”,语极概括精练,读来亦甚感人。 (佟 今)

衡山南天门

门可通天,仰观碧落星辰近
路承绝顶,俯瞰翠微峦屿低

衡山又称南岳,是著名的五岳之一,在湖南省中部,主峰在南岳区,全山盘绕八百里,有七十二峰,南天门上行可抵衡山绝顶祝融峰,下望可览山峦叠翠。上联写从南天门向上看,连星星都很近了。碧落,即天空。下联写向下看。碧绿的群峰显得矮小,尽收眼底。翠微,指青葱的山色。一“仰”一“俯”,读来好像真的到了天地分界之处。此联与山东泰山南天门联“门辟九霄,仰步三天胜迹;阶崇万级,俯临千嶂奇观”同一格局。

(康斯馨)

衡山半山亭

遵道而行,但到半途须努力
会心不远,欲登绝顶莫辞劳

半山亭在南岳区与祝融峰之间。上联“遵道而行”,语出《礼记·中庸》:"君子遵道而行,半途而废,吾弗能矣!"告诫人们切莫半途松劲。下联是鼓励语,"会心不远"出《世说新语·言语》:"会心处不必在远。"会心,领悟,领会。联语充满人生哲理:欲登绝顶,一要遵道,即循序而进,不急不躁;二勿半途而废;三要有信心;四要勿辞辛劳。登山如此,成功之道亦然。本联出语诚恳,朴素自然。（康斯馨）

衡山三生塔

白云飞去青山在
青山常在白云中

三生塔,在衡山福严寺前里许,系南朝陈代僧慧思禅师墓地。本联是流水对。白云、青山是咏怀对象,相互衬托,在白云来去中,青山亦显出动感。下联青山虽是静物,但在白云的映衬下又变作动态物,而飘浮不定的白云似乎变成了静态。如此描写,云山的情态纤毫毕现,十分生动。（张君宝）

衡山云雾岭

林间煮酒烧红叶
石上题诗扫绿苔

联语写隐居生活的情趣。山深林密,主人难得下山,就以红叶煮酒;云封雾锁,山石苔痕斑斓,扫苔然后题诗。"红叶""绿苔",色彩十分鲜明,"煮酒""题诗",格调清雅。四个动词(煮、烧、题、扫)给联语增加生动灵气,使所写之隐士跃然而出。对仗亦十分工整。（张　一）

衡山南岳大庙正殿

居艮位而践离躔,溥雷池风穴之功,柱镇南天,斗横地北
列三公以配五岳,标月馆露台诸胜,帆随湘转,雁到峰回

南岳大庙坐落在湖南南岳主峰祝融峰麓,始建于唐,是湖南最大的宫殿式建筑群。上联写南岳的雄伟高峻。“艮”“离”均为八卦卦名。卦书上说“艮为山”,“东北之卦也”。古代传说南岳上承玉衡星(北斗第五星),故联称南岳“居艮位”,并形容其如“斗横地北”。“离”之卦象为火,“南方之卦也”,传说火神祝融氏葬于南岳祝融峰,故曰“践离躔”。躔,指日月星辰运行之度次。雷池风穴,南岳景点。雷池是古人祈雨的地方;风穴传说可兆风雨变幻。溥,布施之意。下联写南岳位列三公。三公,古代中央三种最高官衔的合称。历代君主将五岳作为巡狩和祭祀必到之处,韩愈《谒衡岳庙遂宿岳寺》诗云“五岳祭秩皆三公”。月馆露台,也是南岳景点,相传为舜帝南巡时留下的遗迹。湘,湘江。帆随湘转,见《古诗源·湘中渔歌》。峰,指衡阳回雁峰,南岳七十二峰之首,传说秋雁至衡阳不再南飞。联语将南岳的显赫巍峨、古代传说、眼前景物融于一炉,气势磅礴。联中大量运用句中对。下联对应处亦然,凡此,均增添了联语的艺术魅力。 (康斯馨)

衡山回雁峰雁峰寺

大梦忽闻钟,任他烟雨迷离,还当醒眼
浮生真类雁,看到天花欲坠,我亦回头

回雁峰为南岳七十二峰的首峰。清同治《衡阳县志》载:“自唐以前,皆云南雁飞宿,不度衡阳,故峰受此号。”上有雁峰寺,为著名游览地。道家谓生为“大梦”。上联谓在纷歧错杂扑朔迷离的社会中,头脑当保持清醒。下联谓世事无定,人生短促,听了讲经,当信奉佛法,点化出“苦海无边,回头是岸”的要旨,恰合回雁峰的典故。天花欲坠,佛教传说梁武帝时云光法师讲经感动上天,香花从空中纷纷落下,见《五灯会元·翠微无学禅师法嗣》。

(姚梅乐)

醴陵红拂墓

红拂有灵应识我
青山何幸此埋香

红拂,唐传奇故事人物。据唐代杜光庭《虬髯客传》,红拂本姓张,原为隋朝宰相杨素侍姬,李靖谒见杨素时,她执红拂侍侧,因称红拂女。她不恋相府荣华,私奔布衣李靖,与李靖同投李世民,辅助建立唐王朝。唐初,李靖受命平定广西,红拂随之,病逝醴陵。上联说她"有灵应识我",旨在赞颂她慧眼识英雄私奔李靖。下联化用杭州岳飞墓联"青山有幸埋忠骨"句意,说红拂埋葬于此,真是青山有幸。香,旧时对女子的代称,这里指红拂。

(沈树华)

湘阴左氏家庙

左宗棠

纵读数千卷奇书,无实行,不为识字

要守六百年家法,有善策,还是耕田

左宗棠,字季高,清湖南湘阴人,道光十二年(1832)举人,官至两江总督兼通商事务大臣。此联乃左宗棠于咸丰二年(1852)为左氏家庙撰,同治五年(1866)书。庙在左宗棠家乡湖南湘阴。上联意云纵读了数千卷奇书,但只是纸上谈兵,只读书,不实行,等于不识字。下联意云要守住六百年家法,我有善策,那就是耕田。可见联作者重视实践,不尚虚谈,在农耕社会,认为最善之策,还是耕田。(佟 今)

桂阳子龙庙

陈佑启

保蜀汉江山,入矢出枪,楚尾吴头留战迹

随先主征战,保孤救主,巴山湘水振威名

陈佑启,字子后,清湖南常德人,道光二十九年(1849)以拔贡游京师、粤蜀,官临武教授,晋翰林院曲簿。子龙庙,在桂阳,祀赵子龙,即赵云,三国时蜀汉将军。刘备败于当阳长坂,他力战救甘夫人和刘备之子刘禅,后随刘备取汉中,从诸葛亮攻关中,被誉为“一身是胆”。楚尾吴头,今江西省北部,春秋时为吴楚两国接界之地,因称楚尾吴头,亦称吴头楚尾。他在这些地方出生入死,留下了无数战斗的足迹。先主,指刘备。保孤救主,指赵子龙在长坂坡救阿斗,他的威名传扬在巴山湘水之间。联文颂扬了赵子龙忠于先主,英勇战斗的精神。（佟　今）

衡阳王船山祠

祁寯藻

气凌衡岳三千丈
心托离骚廿五篇

祁寯藻,字叔颖,清山西寿阳人,嘉庆十九年(1814)进士,官至军机大臣、体仁阁大学士。此联所题船山祠,在湖南衡阳市东洲,祀王夫之。上联说王夫之的气概超过衡山三千丈。凌,超过。衡岳,衡山,五岳之一,为南岳,山势雄伟。下联说王夫之的爱国之心和爱国诗人屈原一样,把爱国情怀都寄托在《离骚》二十五篇文章之中。屈原的《离骚》共二十五章。

（佟　今）

衡阳湘西草堂(一)

王夫之

六经责我开生面
七尺从开乞活埋

湘西草堂,在衡阳县曲兰镇石船山,是王夫之晚年隐居读书处。建于清康熙十四年(1675),今与败叶庐、观生居同为王船山故居。作者王夫之,明末清初思想家。明亡后奔走抗清,晚年隐姓埋名,在湘西草堂闭门著书十八年。此联是述志抒怀之作。六经,指《诗》《书》《礼》《易》《春秋》《乐经》六部儒家经典,这里代称古代文化。责,责成、促使。上联犹说灿烂的古代文化促使我去开创新的局面。下联进一步抒怀,犹说为实现志向,愿将生命置之度外,并求得一个再生。七尺,人身的代称。从开,犹重新开始。联语慷慨激昂,一种继往开来的豪情与胆识亦跃然纸上。

（张君宝）

衡阳湘西草堂(二)

王夫之

清风有意难留我

明月无心自照人

联语表面是写山居生活的清风明月,似乎十分悠闲自得,但仔细体味,却暗寓深意。上联的“清风”指清廷。“有意”指清王朝曾多次派人请王夫之出仕,衡州知府还亲临草堂送礼,恭请出山。结果呢?“难留我”,都遭到王夫之的拒绝。下联的“明月”指明朝。“无心”,王夫之等人虽有抗清的决心和行动,但得不到明政权的重视。“自照人”三字,抒发了作者眷念故国以及不能发挥作用的无可如何的心情。全联巧用比喻,抒写心志,文辞简练,含意深远。

（朱惠国）

广 东 省

广州黄花岗七十二烈士墓(一)

黄 兴

七十二健儿,酣战春云湛碧血

四百兆国子,愁看秋雨湿黄花

墓在广州市先烈路。1911 年 4 月 27 日,孙中山领导的同盟会发动推翻清政府统治的广州起义,起义者攻打两广总督衙门,经一昼夜血战,起义失败,不少革命党人牺牲,后收得遗体72具,从葬于黄花岗,1918年建立墓园。上联写战斗惨烈。七十二位健儿,在与敌激烈战斗中英勇倒下而沉没于血泊中。酣战,激战。春云,指春季,时为4月27日。湛,古沉字,沉没。碧血,烈士的鲜血。《庄子·外物》:“苌弘死于蜀,藏其血,三年而化为碧。”下联写人民的怀念。四万万同胞沉痛地凝视着凄清的秋雨敲击着岗上的黄花。四百兆,一百万为兆,四百兆即四万万或四亿。国子,原指公卿大夫的子弟,此指人民,百姓。秋雨,喻黑暗统治势力。秋瑾绝命词有“秋雨秋风愁煞人”之句。黄花,也指黄花岗。作者是近代民主革命家,并参与领导了这次广州起义,失败后感触万端。“秋雨湿黄花”既是当前景物的实写,又含有黑暗势力尚强之意。“愁看”,反映了无可奈何的伤痛。联语用语十分精练,为死难烈士而伤痛的深沉感情表达得十分强烈。

(蒋竹荪)

广州黄花岗七十二烈士墓(二)

张国学

黄土一抔,容八九丹心碧血

花岗万世,砺百千华发青巾

上联说,一座坟墓,能容得下七十二颗赤诚的心和他们所流的血。抔(póu),捧;把。《史记·张释之列传》:“取长陵一抔土。”后称坟墓为一抔土。丹心,赤诚的心。碧血,忠臣烈士所流之血。《庄子·外物》:“苌弘死于蜀,藏其血,三年而化为碧。”下联说,烈士与黄花岗永存,他们的事迹激励着成百成千游人们的品德节操。华发,老人花白的头发,引申为老人之称。青巾,青色的头巾。借指少年。联语将“黄”“花”“岗”“八”“九”五字嵌入,用了传统的表意法,两数连文,以其相乘之积表数。上联中的“八九”即指七十二。全联对仗工整,切合庄重肃穆的凭吊主题。

(商启予)

广州四烈士墓

生经白刃头方贵
死葬红花骨亦香

四烈士指温生才、林冠慈、陈敬岳和钟明光，他们在辛亥革命时期，因先后刺杀清政府官员而被捕牺牲。1918 年广州人民在红花岗建墓合葬，称四烈士墓。上联写烈士生前壮举。活着就要与敌人白刃拼杀，一个“贵”字显示出生命的价值。白刃，锋利的刀。下联写烈士死得其所的光荣，为革命而战死，得葬红花岗胜地，一个“香”字白骨也流芳后世，让世世代代的人们景仰称颂。红花，即红花岗。联语突出烈士与敌人拼杀这一英勇行为，并点明死后归葬之处，切题切景。生与死、白刃与红花，对比强烈，热情赞颂了烈士舍生取义的高尚情操。（余心乐）

广州镇海楼(一)

急水与天争入海
乱云随日共沉山

镇海楼，俗称五层楼，在广州越秀山巅。明洪武十三年(1380)，永嘉侯朱亮祖镇守广东时所建。当时倭寇侵扰沿海，建楼有“雄镇海疆”之意。站在高耸入云的镇海楼上，举目远眺，巨流奔涌，一望无垠的水天相接处，水与天似乎在争着入海。水面是这般的热闹，天空也不寂寥，乱云随着夕阳翻卷飞动，也在一起沉落。本联语言明快，画面气势恢宏磅礴，笔力挥洒自如，表现出奔放驰骋的动态美。（王明珍）

广州镇海楼(二)

千万劫危楼尚存，问谁摘斗摩霄，目空今古
五百年故侯安在？愧我倚栏看剑，泪洒英雄

上联极言楼高,虽历遭浩劫,几经沧桑,如今依旧高耸入云。接着一个问句展示作者博大胸襟,意气非凡。危楼,高楼。摘斗,摘星。摩霄,靠着天。劫,佛教称天地自形成到毁灭为一劫。下联凭吊古人。故侯,指五百年前创建镇海楼的朱亮祖,曾佐朱元璋取天下有功,封永嘉侯。先一个设问句,引人遐想;接着抒发感慨,缅怀英雄,愧对古人,不免有壮志未酬之叹。联语咏史怀古,隽永深沉,意境恢宏。 (吴关镛)

广州留侯庙

郑元濬

生叔季世,有豪侠心,报韩椎秦,兴刘灭项
绝富贵交,为神仙侣,进履辟谷,拜石受书

留侯庙,即张良祠,在广州白云山濂泉寺旁。张良,字子房,为战国时韩国贵族后代,后助汉高祖刘邦灭秦,为刘邦献谋划策,屡建奇功,被封为留侯。上联,叔季世,指衰乱之世,也即末世。报韩椎秦,据《史记·留侯世家》载,张良为了替韩国报仇,曾收买大力士在博浪沙用铁椎刺杀巡视途中的秦始皇,未成。项,指项羽,张良帮助刘邦打败了项羽。下联,绝富贵交,指张良帮助刘邦打下江山后,不愿享受荣华富贵,退而隐居。进履,《史记·留侯世家》说,张良少年时,在下邳(pī)桥上遇一老人将鞋抛到桥下,要张良拾起给他穿上,张良从命,后老人赠他一部《太公兵法》。辟谷,不吃谷物,古代道家的养生学仙途径之一。《史记·留侯世家》说张良“学辟谷,道引轻身”。拜石受书,张良遇到的老人,自称为“谷城山下黄石”。对联抓住“报韩椎秦”和“进履辟谷”两个最富传奇色彩的故事,说明张良从小就有大志,以及功成身退的识见。联语全用四字句组成,琅琅上口,层层递进,恰切地概括了张良一生。 (陶继明)

广州陈园

张维屏

闭门宛在深山,好花解笑,好鸟怡情,尽是天生活泼
开卷如游往古,几辈英雄,几番事业,都成文字波澜

陈园原系私人花园，是闹市中的一块静地。上联写陈园景色，进入园中，没有车马人世的喧闹，宛在深山，好花好鸟，备呈丽姿，既胜且幽，媚而不俗，所以"天生活泼"四字，点出了名园个性。下联写陈园的宏富收藏，历史上诸番英雄事业，跃然卷帙之中，那就是古往今来，人物英气，汇成文字的壮阔波澜，给后人以启迪与激励。作者给陈园以极高的评价。联语如行云流水，一气呵成而气势不凡。（何以聪）

广州白云山半山亭

梁绍壬

上方月出初生白

下界尘飞不染红

白云山，在广州北郊，由三十多个山峰组成，因主峰摩星岭常有白云缭绕而得名。此联切地绘景。立足于小亭，抬头遥望，皓月当空；俯首远眺，清辉普照。道家以"白云"喻仙界，以"红尘"称人世。上联谓云起先是暗黑，至天上月出而始露皎白。下联意谓下界虽尘飞却不染红，即超然于尘俗之外。全联旨在悟道。（王明珍）

广州白云山白云山庄

绿树多生意

白云无尽时

白云山庄在白云山北公园内。生意，生机。《世说新语·黜免》："殷(仲文)视槐良久，叹曰：'此树婆娑，无复生意。'"白云，喻客居思亲。《新唐书·狄仁杰传》："仁杰登太行山，见白云孤飞，谓左右曰：'吾亲舍其下。'"以后成为望云思亲的典故。出句写树，蓊郁的绿树，充满旺盛的生命力；对句写人，思亲的深情，没有穷尽的时候。从自然景物的观赏写到自己思亲的深情，显得情文并茂，具有感人力量。（余心乐）

广州珠江亭

群贤毕至,少长咸集

清风徐来,水波不兴

上句出晋王羲之《兰亭集序》。下句出宋苏轼《前赤壁赋》。珠江亭,在海珠桥上。海珠桥,横跨于广州市区的珠江上。行人如流,熙来攘往,上联正是反映了桥上的热闹情景,集句可谓恰到好处。因桥跨珠江,临江面海,游人不绝。下联描绘了清风水波之景,寥寥两笔,点出好一派悠游氛围。联语上下句相对,虽为集句而自然天成,不露痕迹,真是珠联璧合。 (周世达)

中山孙中山故居

孙中山

一椽得所

五桂安居

孙中山故居在中山市翠亨村,西倚五桂山脉,东临珠海。联语体现了不图个人享受,追求全社会"安居"的博大胸怀。陆游《夜雨》诗之二:"寒雨连三夕,幽居只数椽。"而作者却高咏"一椽得所"即已满足!一椽,代指小屋一间。但"得所"以后并非无求,下联写的就是作者的追求与理想。五桂,点明孙先生故居的环境,同时亦可引申为大地河山的代称,表明作者希望天下百姓都能安居乐业的理想。本联仅八字,浅白、洒脱、自然,无半点雕凿之痕,作者的情操却深寓其中。 (康斯馨)

潮州韩文公祠

天意起斯文,不是一封书,安得先生到此

人心归正道,只须八个月,至今百世师之

祠在潮州湘子桥东端,南宋淳熙十六年(1189),为纪念我国唐代著名文学家、政治家韩愈而建。元和十四年(819),韩愈因谏迎佛骨,上《论佛骨表》一文,触宪宗之怒,要把韩愈处死,后经宰相裴度及诸贵戚共同解救,才贬为潮州刺史。上联即指这事。作者热情地把韩愈被贬说成是“天意”要振兴潮州的文化。斯文,文化。《论语·子罕》:“天之将丧斯文也。”下联概括韩愈在潮州的政绩。韩愈到了潮州,访贫问苦,兴利除弊,倡办公学。到任仅八个月就把荒僻落后的潮州引向正路,变成礼仪之邦,成了千万代学习的表率。八个月,韩愈自元和十四年正月贬潮州,同年十月调袁州,实际任官八个月。此联紧扣人、地、时,写出了韩愈来潮州任职的前因后果。先生之被贬是不幸,而对潮州来说却是幸事,文化赖以振兴。叙议结合,用语简洁,字里行间流露赞颂之情。 (王明珍)

潮州金山

张丹叔

明月共天涯,看云影波光,恍疑身在江南,话当年佛祖谈禅、诗仙留带

春风移岭表,趁蕉阴椰叶,偶尔步来城北,问何处韩公遗迹、常相残题

上联借镇江金山衬托潮州金山,仿佛镇江的佛印大师到潮州谈禅来了,又仿佛曾在镇江金山寺留下玉带的诗仙东坡,也到潮州题诗来了。于是“云影波光”,既是岭南,又是江南,形成“明月共天涯”的佳趣,写出了作者广远旷达的胸襟。但这实是衬托,基调却在下联。下联直接描写潮州金山,春风城北,蕉阴椰叶,全是岭表风情,卒章见志,作者更把感情倾注到对韩愈和常衮的怀念上去。常相,指常衮,天宝进士,官至河内郡公,因故贬为潮州刺史,在潮州题有诗碑。韩、常两位都是唐代名臣,都在潮州留有治绩,但寻访韩文公遗留的事迹、常刺史题镌的诗碑,既是“偶尔步来”,又是欲“问何处”,十分含蓄,却仍然掩饰不住一种牢落悲凉的感伤之情。

(何以聪)

潮州步月亭

陈仲英

伴云何处住？得住且住

问月几时圆？见圆便圆

这副楹联阐述一段禅机禅理，格调带上了佛家偈语色彩。住，留。云行无意念，自然是得住且住。上联寓意在于劝谕世人不要执着胶滞，去苦苦问讯“伴云何处住”，而要圆通超脱，随遇而安，任他水流云住，永远神明若定。月圆有定期，最好的办法是见圆说圆，圆是永恒，圆是本相。下联是劝人但重“见圆”，不必拘泥“几时”，不必自寻烦恼，去区分阴晴圆缺。上下联合起来，便在宣告：云能自住，月能常圆，万物皆能自得，一切无劳人为，这样就可以在步月亭悟禅，到达无挂碍的境地了。

（何以聪）

潮州西湖公园观稼亭

王延康

乱山吞落日

平畴交远风

公园在潮州市区，南宋时掘土为湖，湖内有艮山。观稼亭是其胜迹之一。此联写傍晚远眺之景。上联写众峰突兀，岩石嶙峋，夕阳缓缓下沉，一个“吞”字，用拟人手法传神地描绘了日落的动态。构思奇妙，形象生动。下联用晋陶潜《癸卯岁始春怀古田舍》诗“平畴交远风，良苗亦怀新”句，极目开阔的田野，微风徐来，给人爽心舒怀之感。“平畴”二字又紧扣“观稼”主题。

（王明珍）

潮州西湖山

蒋厚传

湖名合杭颍而三,水木清华,惜不令大苏学士到此
山势分郊郭之半,楼台金碧,还须倩小李将军画来

潮州的西湖山是城内的西湖和葫芦山的合称。此联写西湖山景色佳丽,上联点“湖”。湖名而三:潮州的西湖与杭州的西湖,颍州(安徽阜阳)的西湖,合起来为三个。水木清华,景物清幽美丽。晋谢琨《游西池诗》有“水木湛清华”句。这一句正面写景色之美。下面一个“惜”字从侧面写景色不亚于杭颍二湖。大苏学士,指宋代著名文学家苏轼,曾到过杭、颍二西湖,而未曾到潮州西湖。下联点“山”。郊郭之半,半城半郭。先写山势景色及亭台楼阁建筑物,楼台金碧,正面写景色之美。下面一个“倩”(倩,请,央求)字,从侧面写景色之佳,说只有请李昭道才能画出这山光水色。小李将军,即唐代著名画家李昭道。李昭道父亲李思训曾任左武卫大将军,时人称李思训为“大李将军”,李昭道为“小李将军”。此联绘西湖山的湖光山色采用正面和侧面相结合的描写方法,别有情趣。　　(吴关镛)

潮州双忠祠

国士无双双国士
忠臣不二二忠臣

双忠祠在广东潮安县,内祀南宋文天祥和谢枋得。文天祥被元军逮捕后不屈,三年后被杀。谢枋得在宋亡后不仕元朝,绝食而死。本联作者抓住了文、谢两人共同的特点进行渲染。对宋朝来说,他们是才智过人的“国士”,又是坚贞不屈的“忠臣”。运用同音假借的修辞手法来强调其含义。下联中的第一个“二”为“贰”的谐音。贰,不专一,背离。《诗·卫风·氓》:“士贰其行。”全联意为:举世无双的“国士”偏偏有一双,忠心不贰的“忠臣”

也恰恰有二位。以此写出“双忠祠”名副其实。联语巧用叠字，读之富于节奏感。（王明珍）

惠州六如亭

从南海来时，经卷药炉，百尺江楼飞柳絮

自东坡去后，夜灯仙塔，一亭湖月冷梅花

六如亭在惠州西湖后的孤山上，有苏堤直达。东坡之爱妾王朝云葬此。宋绍圣元年至四年，苏轼谪居惠州，极有政绩，当地人民甚为怀念，有多处纪念物，至今犹存。上联写东坡贬留惠州时之事，对东坡及其爱妾寓惠时的生活作了形象的概括。经卷药炉，引自东坡“经卷药炉新活计，舞衫歌扇旧姻缘”诗句，点出东坡偕朝云谪居惠州时药炉为伴、经卷为邻的情景。百尺江楼飞柳絮，相传东坡在惠州合江楼上命朝云唱《蝶恋花·春深》一词，当她唱到“枝上柳棉吹又少，天涯何处无芳草”时，竟然泣不成声，此足证东坡夫妇对己不幸遭遇的伤感。下联写东坡离开惠州后的情景变化。朝云葬于此处，虽有夜灯仙塔陪伴，终不免孤寂凄凉。人去亭空，湖冷月凉，冷到梅花。此联极尽幽眇哀思，低沉婉转，有一唱三叹之致，诚为佳构。

（王齐孙）

惠州朝云墓

林兆龙

不增，不减，不生，不灭，不垢，不净

如梦，如幻，如泡，如影，如露，如电

墓在惠州西湖孤山。朝云姓王，字子霞，浙江钱塘（杭州）人，为苏轼之妾。曾随同苏轼谪居惠州，绍圣三年（1096）病故，时年 34 岁。相传朝云生前学习东坡书法，诵读佛教经典，临终时仍念《金刚经》“如梦幻泡影，如露亦如电”之句，故覆盖墓上之亭，亦名为“六如”。墓主信仰佛教，作者用佛经的话来怀念她，十分贴切。上联出《般若波罗蜜多心经》："诸法空相，不生不灭，不垢不净，不增不减。"意为世俗认识和它面对的一切对象，都是虚幻不实的，其实它们是不生不灭，不增不减，不垢不净的。只有具备这种认识，才能把握佛理，达到觉悟解脱的境界。下联出《金刚经》："一切有为法，如梦幻泡影，如露亦如电，应作如是观。"意为既然一切事物都是如梦如幻、如泡如影、如露水如电光，那么就应抱"无所住"的态度，对现实世界不应执着留恋。

（唐　音）

惠州合江楼

此是东坡旧居，应有文光联北斗

恰与西湖对峙，长留诗境在南州

这副楹联在上下联四个角上镶嵌了"东西南北"四字，巧妙而不雕凿。文字的优美缀合与内容的真挚称颂，两者融合无间，相得益彰，洵为大家手笔。东坡处惠州多年，不少著作成于此楼，所以誉之以北斗文光，毫不为过。北斗，星名。文光，指作品的文采。杭州有西湖苏堤，刚好与南州（即惠州）西湖对峙。此联以东坡旧居为中心点，赞美其诗境，想象其文光，并与杭州西湖相颉颃。全联主题明确，感情表达有深度，所以既能启发人们对东坡逸致的遐想，又能令人佩服作者的巧妙构思，可谓别具一格。

（何以聪）

湛江湖光岩楞严寺

李　纲

湖水苍茫，客到路从花外问

岩山寂历，僧归门向月中敲

湖光岩又名陷湖，在湛江市西南部，水色湛蓝，晶莹耀目。山水间有楞严寺、白衣庵等古刹。楞严寺依山傍水，环境清幽。联语刻画了山寺昼夜的清静。上联描写湖水旷远无边,寺里极少来客,难得有个过路人,隔着花丛,顺便问了一两声便走了。下联化用唐贾岛《题李凝幽居》“鸟宿池边树,僧敲月下门”句意,写月华如水,岩山寂静,老僧归来,轻敲寺门,传来一阵回响。联语中“问”“敲”都是表示声响的动词,本可打破沉寂,但在那个“苍茫”“寂历”的环境中,反而增添了几分寂静。作者能抓住日常生活中的生动形象“花外问路”“月下敲门”来写,颇饶诗情画意。 (蒋竹荪)

大埔高陂桥

一道飞虹,人在青云路上

半轮明月,空藏丹桂宫中

高陂桥,位于广东大埔县与福建永定县之间的小溪上,为石拱桥。上联写桥高恰似飞虹,从侧面向前看,行人过桥如步青云路上。下联写桥形如半月,透过半月形桥洞往外看,只见农家村落正掩映在水波荡漾的丹桂宫中。丹桂宫,相传月中嫦娥所居,此极言桥景恰如仙境。联语全用比喻,形象优美,写出了景点的幽静清雅。 (周 监)

梅州人境庐(一)

黄遵宪

有三分水,四分竹,添七分明月

从五步楼,十步阁,望百步长江

戊戌变法失败,作者被清廷罢黜,退居故里。联语反映了他身处逆境,仍忧国忧民,对前途抱着坚定信心。上联写景色。流水、竹影、明月,相互衬托,三分、四分、七分,层层点染,写出了人境庐恬静、疏朗、清幽的境界。下联抒情怀。庭园内有五步楼、十步阁等古朴典雅的建筑,登楼四顾,可以眺望百步之外滔滔东流的梅江。联语中“添”“望”两个动词下得极为精练。“添”字隐含天地无私,明月给我孤独寂寞的生活平添无穷情韵之意。“望”

字流露出身遭斥逐、内心仍不断关心国家命运的迫切之情,不说“梅江”而说“长江”,意亦在此。全联明白如话,不用一个典故,充分反映了这位“诗界革命先驱”的思想心绪。 (张 一)

梅州人境庐(二)

妙境天开,松古石奇原旧馆

香云风送,山幽房静是清凉

这是一副典型的写景联,首句“妙境天开”,总体勾勒“人境庐”景色的天然。黄遵宪当年建庐便取陶渊明“结庐在人境,而无车马喧”诗意命名。而“妙境天开”亦隐含此意。继以“松古石奇”一语展开这个“天开”的妙境画面。原旧馆,点出了别墅的来历,由此使读者似看到一座古朴的房舍,掩映在古松奇石之间。下联“香云风送”用“香”形容“云”,虽没有交代这香从哪里来,但稍细思之,就知道这里花草茂盛,花香伴随云雾在和风的吹送下,使人闻之心旷神怡。结句“山幽房静是清凉”,照应了开端的“妙境天开”,且又展示了另一幅画面:白云飘香,宁静的山房安卧在幽深的花簇树丛中,一片清凉世界。作者写景,有着眼于动态之美的“香云风送”,又有着眼于静态之美的“山幽房静”,剪裁得体,配合得当。 (张君宝)

肇庆鼎湖山半山亭

客游图画里

僧语云水间

山在肇庆市东北,为岭南四大名山之一。本联以游人驻足小亭、举目所见的景物为吟咏对象。作者抓住寺庙的主要人物来写,一是游客,一是僧人。游客陶醉在如画的天地中,寺景之美,不言而喻。僧人在云水迷蒙之中喁喁对话,其闲情逸致可见。此联文字精练概括,景物形神兼备,给人以超然脱俗之感。 (王明珍)

肇庆庆云寺

云里钟声，云外泉声，昼夜喧流，如是法轮常转
岭南越秀，岭西独秀，江山佳气，都为福地来朝

庆云寺，在肇庆鼎湖山南麓。寺内殿宇重重、堂室深邃，钟磬之声，悠扬动听，是岭南著名的古刹。上联谓白云缭绕，钟声、泉声在云里云外喧流不止，如此，法轮转了一年又一年。法轮，佛教谓佛法不停滞于一人一处，辗转流传。“喧”“流”两字，形象地写出了声音的浏亮绵长，也烘托了山林的幽深寂静。一动一静，极富美感。下联由实转虚。“越秀”“独秀”，分指著名的越秀山、独秀峰，也代称粤中的山光水色、灵秀之气都汇聚于此地，使之更添无穷魅力。此联上下各用一组排比句，增强了节奏感；又各用两“云”字、“声”字和两“岭”字、“秀”字，不但无复沓之嫌，而且加深了读者的印象。 （张君宝）

南海西樵山

几点梅花归笛孔
一湾流水入琴心

西樵山在南海县官山圩附近。“南粤名山数二樵”，它是其中之一。上有峰、洞、泉、瀑诸名胜。此联写景，含义双关，梅花又可作梅花笛曲解，流水又指流水琴曲。自然美和音乐美和谐地统一起来。一个动词“归”和一个动词“入”，十分飞动传神，把人们带到充满诗情画意的音响之中，令人陶醉在这美妙的境界里。 （吴关镛）

南海西樵山云泉仙馆

花间酒气
竹里棋声

西樵山风景十分秀美。云泉仙馆原为明代的玉楼书院,建于西樵山之腰。鲜花丛中仿佛飘出诱人的酒气,翠竹林里好像传来清晰的棋声。喝酒、下棋、花红、竹绿,寥寥数语抓住了富有特点的云泉景物,以简洁直白的文辞,描绘出令人神往的仙乡面貌,十分切合“仙馆”的命名。

(王明珍)

南海西樵山天湖枕流亭

梁启超

春尽花魂犹恋石

雨余山气欲吞潮

亭在西樵山天湖畔。上联以缠绵的情调描绘了一幅暮春落红图。春天将尽,花瓣纷纷飘落在山间岩石上,迷人的景色中弥漫着一层伤春气氛,以“恋”字突现出来。下联描绘雨后山林中雾气氤氲,翻腾奔涌,好像要吞没山溪春潮。隐喻作者当时有志不得申的愤激之情,以“吞”字表现出来。上联有秀丽、柔婉的阴柔美。下联则是雄奇、劲健的阳刚美。一柔一刚,使意境的表现更有深度。

(王明珍)

博罗罗浮山酥醪庵(一)

梁章钜

万壑烟云留槛外

半天松竹拂窗来

罗浮山在博罗县境内东江之滨,瑰奇灵秀,峭峰林立。《太平寰宇记》:“浮水出焉,是谓浮山,与罗山并体,故曰罗浮。”酥醪庵位于罗浮山腹地,建于东晋,为葛洪修道炼丹处。上联说,千山万壑飘浮着的烟云,徘徊、留连于栏杆之外。一个“留”字,写出了烟云非常留恋酥醪庵这个地方,并不敢涌进室内打扰主人的清静。清王夫之《夕堂永日绪论内编》云:“烟云泉石,花鸟苔林,金铺锦帐,寓意则灵。”作者是深谙此中道理的。下联说,飕飕的松风带着沙沙的竹声拂窗而过。一个“拂”字,把风的神韵从侧面勾画了出来。联语并没有说风,而“状难写之景如在目前”,显示了作者锤炼文字的功力。 (王明珍)

博罗罗浮山酥醪庵(二)

杨应琚

小楼容我静

大地任人忙

杨应琚,字佩之,清汉军正白旗人,官至东阁大学士。此联为作者在山中读书时所题。联意主要写作者在小楼内静心读书,世间其他事情任别人去忙碌吧。联文简短,含义颇深。“我静”“人忙”,指我于静中修身养性,获得知识;别人在忙碌中消磨了时光,是很无奈的。 (佟 今)

蕉岭长潭林丹九祠

却聘守贞,素心清似长潭水

坠崖殉节,碧血光照一线天

林丹九,明末清初长潭塾师,与乡人筑寨固守抗清。潮州都督屡请他出山任职,他始终拒绝。清兵入据蕉岭,他与三人同抗清兵,顺治四年(1647)坠崖殉节。上联谓,拒绝官位的引诱,保持自身的纯洁,心像长潭的水一样清。素心,纯洁之心。长潭,是一条2公里长的峡谷,幽涧深邃,水泉清冽,石陡峡窄,寒气袭人。下联谓,跳悬崖以殉国难,碧血与长天同照后代。碧血,《庄子·外物》“苌弘死于蜀,藏其血,三年而化为碧”,后用碧血指为正义事业而流的血。林丹九为一普通平民,并无守土的义务,但他本着“国家兴亡,匹夫有责”之义,毅然奋起抗拒清兵。联语中“碧血”“素心”等词赞扬了他可贵的民族气节,所用比喻亦甚贴切。 (余心乐)

番禺余荫山房

邬燕天

余地三弓红雨足
荫天一角绿云深

余荫山房在广州市番禺区南村镇,是清代广东的四大名园之一。弓为古代量地的器具,五尺为一弓。三弓非确数,而是指园林范围不大。红雨,落花缤纷的样子。荫天一角,指余荫山房园林遮蔽了天际一角。绿云,指树木葱茏。此联为"鹤顶格","余荫"两字分嵌上下联之首。联语措辞工巧,富于色彩,写出了山房的小巧玲珑,园林的浓艳娇美。 (陶继明)

清远飞来寺

徐 琪

何处寺飞来?天与开山留佛住
此间尘不到,我非观水亦心清

传说清远峡风景秀丽,但无寺院,佛祖命轩辕二子大禺和仲阳化为神人将安徽舒城的延祚寺拔起,移建此地。上联介绍寺院来历。认为飞来寺是老天从安徽移来赠给开山祖师的。开山,最先在山上建寺的和尚。下联说明此寺特点。此地不受六尘干扰,不必观水,心也是清的。尘不到,佛教认为色、声、香、味、触、法为六尘,是人们修行成佛的障碍,飞来寺是六尘不到之地。心清,古人认为观水可以使人心清,本《孟子·尽心上》"观水有术"句。 (蒋竹荪)

清远飞霞洞

林罅忽明知月上
竹梢微响觉风来

飞霞洞在清远市城北的飞来峡。置身洞中，当林间的空隙忽然明亮，便知道是月亮已冉冉升起；翠竹的梢头沙沙作响，就感觉到清风徐来。月夜、竹林是这样的空明澄净。联语中的景物有形无形，有声无声的对比描写给人的感受是空灵而有余味，自然而又深沉。 （王明珍）

揭阳榕城关帝庙

师卧龙，友子龙，龙师龙友
弟翼德，兄玄德，德弟德兄

榕城在揭阳市，名为榕城区，内祀三国名将关羽。卧龙，世人对诸葛亮之称。子龙，赵云字。翼德，张飞字。玄德，刘备字。作者别出心裁地把四个人名组成一联，明确表达了各人与关羽之间的关系。“龙”字与“德”字虽各重复四次，但因含义不同，读来自然流畅，既不觉其重复，同时还衬托了关羽高大的形象。 （王明珍）

广西壮族自治区

桂林独秀峰五咏堂(一)

梁章钜

得地领群峰，目极舜洞尧山而外
登堂怀往哲，人在鸿轩凤举之中

独秀峰在桂林市中心。山麓有读书岩，南朝宋颜延之任桂林太守时曾在此读书，写有《五君咏》(五君指嵇康、阮籍、刘伶、阮咸、向秀)。宋元祐年间，郡守孙览遂在岩前建“五咏堂”，后被毁，清道光时广西巡抚梁章钜重建，刻《五君咏》于石，并题此联。舜洞，在桂林市北虞山西麓。尧山，在桂林市东郊。鸿轩凤举，语出《五君咏·向常侍》："交吕既鸿轩，攀嵇亦凤举。"鸿，鸿雁。凤，凤凰。古人认为同是美鸟，常用以喻君子之德。轩、举都是飞翔的意思。据《晋书·向秀传》："(嵇)康善锻，秀为之佐，相对欣然，傍若无人，又共吕安灌园于山阳。"按嵇康、吕安都是当时大名士，向秀却愿做嵇康打铁的助手，又和吕安在山阳种菜，引以为荣。上联写景，谓独秀峰巍然挺拔，登峰远眺，可以尽览舜洞、尧山以外的景色。下联抒怀，登堂怀念历史上的贤人，人们在景慕咏叹之中获得精神境界的提高。上联写景是陪衬，重点在下联"鸿轩凤举"一句。作者和他的同僚重建五咏堂，旨在景仰昔贤，有如向秀之附骥于嵇康、吕安，感到识拔、提携的光荣。联语怀古思贤、写得典雅而情景交融。 (蒋竹荪)

桂林独秀峰五咏堂(二)

梁章钜

胜地如画图，是贤守遗区，雄藩旧馆
灵山托文字，有叔齐作记，孟简题名

上联，贤守遗区，指颜延之。他曾任桂林太守，并在此处读书，故说"遗区"。雄藩旧馆，指明靖江王府。是朱元璋从孙朱守谦封为靖江王以后所建的府第，今址尚存。下联，叔齐作记，指唐人郑叔齐，著有《独秀山新开石室记》。孟简题名，唐代平昌人孟简，字几道，工诗文，据传独秀峰刻石即其所书。联语联系历史名人留下的轶事和史迹反衬灵山胜地，借此抒怀旧之蓄念，发思古之幽情。非梁氏老手，不能为此联。 (吴关镛)

桂林独秀峰五咏堂(三)

王维诚

造物本无私，移来槛外烟云，适开胜境
会心原不远，就此眼前山水，犹见故人

上联大意：万物创造者本来没有私心，却把烟波缭绕的美景移来，使这里开辟了新境界。造物，创造万物者。《庄子·大宗师》：“伟哉，夫造物者将以予为此拘拘也。”下联大意：内心领悟不必远求，就在此佳山好水中，仿佛可以见到古贤人之风貌。会心不远，《世说新语·言语》：“简文入华林园，顾谓左右曰：‘会心处不必在远，翳然林木，便有濠濮间想也。’”故人，指南朝宋桂林太守颜延之，他曾在此读书，赋有《五君咏》，宋元祐间郡守孙览建“五咏堂”以为纪念。联语由远到近，由外到内，写景怀人，对仗工整，平仄协调，是扣景切题的佳作。（商启予）

桂林七星公园栖霞寺

石古苔痕厚
岩深日影悠

公园在漓江东岸，以七星岩之溶洞闻名，乃桂林著名风景区。栖霞寺在普陀山腰。此联有一种闲适、空灵的意境。石古岩深，故苔痕厚而日影悠，全出自然，不假雕凿。由古石、绿苔、深谷、日影，构成了一幅自然界古朴的图画，读之有恬静怡人之感。（王明珍）

桂林叠彩山白云堂

陈少岩

钟磬出林和石籁
风泉绕屋送秋声

山在城北漓江之滨，一名桂山，又名风洞山。山石层层横断，如彩绸锦缎相叠，故名。声音是景区的轻音乐，本联着重写出了景区之声。出句写钟磬声在山林间回荡，与岩穴发出的轻柔的声音唱和。籁，从空穴中发出的声音。对句写秋风飒飒声与清泉潺潺声相合奏，绕着白云堂飘拂。

全联展现了叠彩山的勃勃生机。联语中“钟磬”对“风泉”,是器乐之声对天籁之声,“出林”与“绕屋”是动宾词组相对,都十分工稳。

（王明珍）

桂林叠彩山风洞(一)

张祥河

漓江水绿招凉去
常侍诗清赏雨来

洞在叠彩山明月峰山半,由前面的叠彩岩与后面的北牖洞组成,似一葫芦,南北宽大,中间狭小,前后贯通。盛夏时洞外炎暑逼人,洞内则凉风习习,“洞锁烟霞六月寒”,极为惬适。作者是诗人,善于驰骋想象,既重组了客观景物,也改变了语言结构。出句扣景点写风:凉风被漓江绿水招引而去,“招”字使绿水带上人的感情色彩。对句扣住历史人物常侍写雨:好雨为欣赏常侍的清诗而来。此句语序应为“雨赏常侍清诗来”,为与上句“漓江水绿”对仗,作了变通。常侍,指唐代元晦,他曾任桂州观察使、散骑常侍等职。

（余心乐）

桂林叠彩山风洞(二)

张祥河

到清凉境
生欢喜心

此联写炎夏季节游人游览风洞的感受。上联说进入洞门,凉意沁人心脾,真是“别有天地非人间”;下联说对大自然这一赐予,人们不禁产生由衷的喜悦。联语既写出了风洞的“清凉”,又表现了游人的“欢喜”。上联写景,下联写情,情随景生,十分简洁传神。

（王明珍）

桂林南薰亭

蒋绮龄

山从衡岳分来，数云外芙蓉，画本都收眼底

水向苍梧重汇，听江头琴筑，元音犹在人间

南薰亭在桂林北极路东、虞山舜祠左侧。《孔子家语·辨乐解》："昔者舜弹五弦之琴，造《南风》之诗。其辞曰：'南风之薰兮，可以解吾民之愠兮。'""南薰亭"，即据此命名。此联写桂林南薰亭山水风光。上联从山写来。桂林地处越城岭以南，都庞岭以西，附近诸山多与衡山关联，所以说桂林诸山是从衡岳分来。芙蓉，荷花的别名，桂林市西群峰环绕中的西湖上遍植荷花，景色十分秀丽。登亭眺望这一带如画的美景，可以尽收眼底。下联从水写来。苍梧，即苍梧山，在湖南宁远县境内，湖南的湘江和广西的漓江在苍梧汇合。筑，古代弦乐器，形如琴，十三弦。桂林北舜山上有古迹"韶音洞"，相传舜曾在此奏韶乐。闲坐亭上，可听到江边有人弹奏古韶乐之声。联语描绘景物从远到近，有声有色，能紧扣景点特征写来，因得含蓄隽永之致。

（吴关镛）

桂林普陀精舍

马君武

城东佳景，常绕梦魂，叹半生飘零，遂与名山成久别

岭表旧都，屡经历乱，望故乡英俊，共筹长策致升平

普陀精舍，在桂林城东普陀山上。楼台岩洞众多，山水奇美，如此"佳境"，不免令游子魂牵梦绕，感叹起"半生飘零"的身世，别恨绵绵。上联就是通过这种离情别恨来衬托"城东佳境"的秀丽。下联写久别重逢时的愿望。岭表旧都，指桂林。这里景色美好，但人事不谐，历经战乱，激发了作者与父老乡亲共谋大计、使家乡康乐升平的抱负。英俊，犹言英杰，指家乡

父老。联语一唱三叹,感情真挚。 (张君宝)

桂林城隍庙

宋鸣珂

地狱即在眼前,莫到犯了罪时方才省悟

业镜虽悬台上,只要过得意去也肯慈悲

宋鸣珂,字梅生,号澹思,清江西奉新人,乾隆四十五年(1780)进士,授京师南城兵马司指挥。此联所题城隍庙在广西桂林。联以城隍口吻,上联说,惩罚你们的地狱就在眼前,不要等到犯了罪之后方才省悟。下联说冥界映照善恶的镜子就悬在台上,只要你们所犯过失不太严重,还过意得去,我也肯发发慈悲,暂时不处罚你们。此联意在劝告世人,不要等犯了罪时悔后迟,尽量不要犯罪,城隍也是尽力给你们悔过之机的。业镜,冥界映照善恶的镜子。 (佟 今)

阳 朔 公 园

王大令

簪山带水最奇处

风户云梁独上时

阳朔公园在阳朔县城内,四面环山,中有溪流如带,独秀、西郎、钟灵三山耸立其间,山上有放鹤、会仙、卧云三亭,景色奇丽。上联抓住空间来写。要选择山如玉簪、水如罗带景色最奇的地方观赏。簪山带水,意谓山似美女的碧玉簪,水像青绿色绸带。韩愈《送桂州严大夫》诗:“江作青罗带,山如碧玉簪。”下联抓住时间来写。要在清风拂户、白云绕梁的时刻,独自登临。云梁,云气绕梁。作者提出游览此园最理想的地点、时间。用语十分空灵含蓄,富有诗意。 (蒋竹荪)

阳朔画山

春在江山上
人入画图中

桂林阳朔漓江中,九峰相连,耸立江滨,临水石崖,平直如削。壁上石纹交错,远看似一幅巨大壁画,近看山壁,则如一群骏马,形象栩栩如生,因而称为画山。清代画家曾赞云:“山以画为名,画自天公设,人间老画师,到此寸心折。”出句说,漓江弯曲如带,环抱座座青山,春色即在江山之上。对句化用明代廖学古《咏阳朔碧莲峰》“人家都在画图中”诗意说,山名画山,引人游赏,游人尽入画图之中。联语通过春之活动于江上、人之介入画中的奇想的描写,寓静于动,极言阳朔江山之美,画山之秀。 (余心乐)

藤县访苏亭

梁章钜

公是孤臣,明月扁舟留句去
我为过客,空江一曲向谁弹

亭在藤县藤江江月楼旁,宋代苏轼贬官琼州时,曾在藤江泛舟题诗。后人在此建亭纪念,亭内有苏轼戴笠蹑屐画像。上联表述对苏轼不得其志的惋惜和倾慕苏轼文才的心情。孤臣,指孤忠之臣,谓忠心耿耿却得不到朝廷信任。扁舟留句去,指苏轼被贬为琼州别驾,乘小舟途经镡江,夜半赏月作《江月》诗,有“系舟藤城下,弄月镡江滨”句。镡江即藤江,相传唐有招抚使乘舟坠剑于水,故又名剑江。下联云自己为此地过客,追忆古人已去,油然而生知音难再的感觉。过客,过路之人。“空江”句是吊古,古人已去,空江独流,向谁弹我心曲?本联以“我”对“公”,表达了作者对苏公的崇敬与怀念。 (曹云岐)

海南省

海口五公祠

于东坡外，有此五贤，自唐宋迄今，公道千秋垂定论
处南海中，别有一郡，望烟云所聚，天涯万里见孤忠

祠在海口市，是纪念我国唐宋时被贬到这里的李德裕、李纲、李光、赵鼎、胡铨五人，始建于清代光绪十五年(1889)，中经多次修葺。祠为上下两层红色楼阁，结构奇伟，有“海南第一楼”之誉。旁有苏公祠、邱海祠、浮粟泉、琼园等景点，树木葱翠，楼阁精雅，有“琼台胜境”之称。上联说，可与东坡相比，唐宋五贤的人品节操，千百年来历史上已有定论。东坡即苏轼，于绍圣四年(1097)从惠州再次贬谪海南儋州。五贤指唐李德裕，南宋李纲、李光、赵鼎、胡铨，五人都曾被贬海南。下联说，天涯万里的南海上，烟云笼罩的崖县，孤忠之士，光耀不灭。别有一郡，指海南岛，唐宋时为文官贬谪地。联语赞扬了五贤在国家危亡之际直谏被贬而不悔的孤忠大节。用词恳切，感慨深沉。 （蒋竹荪）

琼中五指山

于海洲

峰耸，林深，花奇，雾绕
晨凉，午热，夕暖，宵寒

山在海南五指山市境内，因五峰耸立形似五指而得名。主峰高1 800余米，为热带林木覆盖，登临可眺诸峰雄姿。上联概括一山景物。山峰高耸，林木幽深，一路奇花耀眼，时有薄雾缭绕，使人如入仙境。下联概括一天气候。清晨凉爽，中午炎热，傍晚暖和，夜间寒冷。使人如亲身感受一日四季的山间气候变化。联语由八个主谓结构词组成，从视觉和触觉两

方面概括了五指山的地理环境和气候特点。全用复词构成,形式独特。易读易记,富于节奏感。 (唐 音)

儋州东坡书院

北宋负孤忠,春梦一场,忘却翰林真富贵
南荒留雅化,清风百世,辟开瘴海大文章

东坡书院在海南省儋州市中和镇。初建于南宋,历代屡有兴废。此联围绕苏东坡的经历、情怀加以品评。孤忠,忠心耿耿而不得支持。翰林,官名,这里指苏东坡。上联意谓,朝廷有负于忠心耿耿的苏东坡,一生遭遇多次坎坷和毁谤,先后被贬谪黄州、惠州、儋州,但胸怀仍然旷达。下联意谓,东坡在被称为蛮荒之地的海南留下了文明和政绩,为开发海南做了一篇大文章,值得百代人敬仰。联语概括了东坡的一生,歌颂了他在海南的功绩和影响。 (佟 今)

万宁华封岩

自在自观观自在
如来如见见如来

华封岩,坐落在海南省万宁县,亦称华封寺,俗称石庙,为一天然岩洞修凿而成,传唐代即有僧人于此卓锡。观自在,观世音菩萨的别称。此联上联讲观音;下联讲如来。如来,佛的别名,又为释迦牟尼十种法号的第一种。联文以反复"重言"的修辞手法,突出了观音和如来在信众心中崇高的地位。 (佟 今)

万宁净土寺

净门一尘不染
土寺五戒森严

净土寺,位于万宁县东山,又名东灵寺,始建于宋,时名鸡竺庵,后废。明崇祯六年(1633)重建,改名为净土寺,1990年重建,易名为东灵寺。净土,佛教谓庄严洁净,没有五浊(劫浊、见浊、烦恼浊、众生浊、命浊)的极乐世界。净土宗专主念佛往生,所奉菩萨为阿弥陀佛,亦称无量寿佛。五戒,佛教的五种戒律:不杀生、不偷盗、不邪淫、不妄语、不饮酒食肉。森严,整肃。对联以鹤顶格嵌"净""土"二字,颇显佛门清净。(佟 今)

永兴岛孤魂庙

兄弟感灵应

孤魂得恩深

在西沙群岛永兴岛西部,传说古代有108名渔民被海盗所杀,后人在此建庙祀之。兄弟,渔民之间的亲切称呼。灵应,显灵保佑海上渔民。孤魂,指被害的渔民。恩深,意谓后人祭祀,让被害渔民安息。古代渔民生活艰苦,有恶风巨浪或海盗的肆虐。此联倾注了渔民对生死的关切,寄托了他们相互关注,期盼安宁的生活。(佟 今)

四 川 省

成都望江楼公园(一)

徐怀璋

江帆见惯风都熟

楼槛凭多月亦温

望江楼在成都东门外锦江南岸,因有唐代女诗人薛涛遗址而闻名。1953年辟为望江楼公园。现有吟诗楼、濯锦楼、崇丽阁等胜迹。联语表现了作者失落中的一种孤寂情趣:看惯了江上来往的帆船,连江上的清风也都熟悉了;靠惯了楼上的栏槛,看到天上的明月也觉温情脉脉。字里行间,寄托了作者的真情,即欲觅取在人间找不到的那种知心和温暖,只有求助于大自然的爱心和安慰。这与李白《独坐敬亭山》诗“相看两不厌,只有敬亭山”,描写与山建立深厚的感情,可谓异曲而同工,从中也可见作者对自然景物的真切态度与细致感受。 (商启予)

成都望江楼公园(二)

陶亮生

少陵茅屋,诸葛祠堂,并此鼎足而三;饰崇丽,荡漪澜,系客垂杨歌小雅

元相诗篇,韦公奏牍,总是关心则一;思贤才,哀窈窕,美人香草续离骚

上联少陵茅屋,即杜甫草堂,在成都西郊浣花溪畔。诸葛祠堂,即武侯祠,在成都南郊。饰崇丽,指修饰得庄重巍峨的崇丽阁,此阁高三十米,四层,是望江楼的主要建筑。荡漪澜,形容锦江水波潋滟。系客垂杨,《诗·小雅·采薇》有句云“杨柳依依”,因望江楼昔年是水行送别之地。下联,元相诗篇,唐代诗人元稹有《寄赠薛涛》,句云:“锦江滑腻峨眉秀,幻出文君与薛涛。”韦公奏牍,据说韦皋镇成都时,曾奏请朝廷授薛涛“校书”的称号。“思贤才,哀窈窕”,《毛诗序》中两句,“贤才”指薛涛的诗歌才能,“窈窕”指她的端庄容貌。“美人香草”句,《离骚》中常用美人香草比喻美好的人或事物,此句说薛涛的诗歌可以承续《离骚》而流传后世。上联点明望江楼是成都三大名胜之一。丽阁清秀、锦江潋滟,都是绘景,从绘景发思古之幽情。下联叙元稹赠诗,韦皋奏牍等史实,推崇薛涛的文学才华,感叹她的不幸身世(薛涛曾是乐伎)。全联融写景、抒情、叙事、议论于一炉,词藻典雅,最足兴感。 (陈家铨)

成都望江楼公园(三)

刘映奎

杯酒送征帆,对杨柳楼台,几人同唱阳关曲
锦笺传妙制,过枇杷门巷,千载犹称女校书

上联登楼寄慨。面对杨柳楼台,登楼送别,有几人同唱阳关曲。征帆,远行的船,望江楼昔年曾是水行起点。阳关曲,古送别曲,有三叠,以王维《送元二使安西》诗为主要歌词。下联颂诗人薛涛。过此枇杷门巷,由锦笺而想见女诗人风范。锦笺,薛涛诗笺。枇杷门巷,薛涛所居之地。唐代王建《寄蜀中薛涛校书》:“万里桥边女校书,枇杷花里闭门居。”联语通过写酒、帆、柳、楼、台、曲、笺、巷等具体景物,反映了此地原是送别之地,并由此寄其离别之情,发其怀旧之念,遂觉联语情词并茂,一时无二。 (陈家铨)

成都望江楼公园崇丽阁(一)

洪锡爵

返棹东来,看风景一新,从前碧玉深藏,仙客晚吟诗卷处
凭栏北顾,正斗躔相映,定有朱衣暗点,何人先夺锦标归

崇丽阁为望江楼公园内的主要建筑,取晋人左思《蜀都赋》“既丽且崇,实号成都”之意而命名。原馆早毁,清光绪年间重建,洪氏为题此联。上联写景。作者返乡,目睹崇丽阁新建,确是仙人吟咏之所。返棹东来,指作者乘船返乡。作者原在湖北为官,湖北在成都东,故称东来。棹,船桨。碧玉,用以比喻崇丽阁的华丽玲珑。下联抒情。登楼北望,北斗星光芒照眼,定有神仙指点,不知谁能金榜题名而归。斗躔相映,斗谓北斗星,躔谓日月星辰运行的轨迹,借指管文运的星光相互辉映,暗谓人间将出俊才。朱衣暗点,相传宋欧阳修主试,每阅试卷,常觉身后有朱衣人时复点头者,皆为合格之文,后即用为中试之典。见明陈耀文《天中记》卷三八引《侯鲭录》。

锦标,锦制之旗,以奖竞赛取胜者。唐卢肇状元及第归,赋诗曰:“向道是龙刚不信,果然衔得锦标归。”见五代王定保《唐摭言》卷三。题崇丽阁,而及斗躔相映,朱衣暗点,其育才之心切,情见乎辞。运典亦甚切当。

(吴关镛)

成都望江楼公园崇丽阁(二)

刘成荥

此间寻校书门巷,白杨中,问他旧日风流。汲来古井余芬,一样渡名桃叶好

西去接工部草堂,秋水外,同是天涯沦落,自有浣笺留韵,不妨诗让杜陵多

上联述薛涛遗迹。校书门巷,指薛涛浣花溪旧居。韦皋初镇蜀时,薛涛被召行酒赋诗,年已十六,因编入乐籍。武元衡镇西川时,重薛涛之才,奏为校书郎,时人称为“女校书”。她又曾与诗人元稹、白居易等唱和。“旧日风流”即指这些事。古井,即今园内所存一口古井。薛涛制笺原在浣花溪,明代始有井水造笺之说,所以上联谓古井之水尚有余芬。后人用此水制的笺称薛涛笺,如同名渡口曰“桃叶”(桃叶渡在南京秦淮河与青溪合流处,相传晋朝王献之临渡作《桃叶歌》送其爱妾桃叶,因用作渡名)一样美妙。下联赞薛涛诗作。工部草堂,即杜甫草堂,在成都西郊浣花溪畔,故云“西去接”。后两句谓:作为乐籍中人,薛涛声名当然不及有诗圣之称的杜甫,但她制笺赋诗之事,足以名传千古。此联从景点的位置、景物的铺陈写到薛涛的生前活动。同情其身世,赞扬其才华,情文并茂,对仗工整。 (张君宝)

成都望江楼公园崇丽阁(三)

钟云舫

几层楼独撑东面峰,统近水遥山,供张画谱。聚葱岭雪,散白河烟,烘丹景霞,染青衣雾。时而诗人吊古,时而猛士筹

边。只可怜花蕊飘零，早埋了春闺宝镜；枇杷寂寞，空留着绿野香坟。对此茫茫，百感交集。笑憨蝴蝶，总贪迷醉梦乡中。试从绝顶高呼：问，问，问，这半江月属谁之物

千年事屡换西川局，尽鸿篇巨制，装演英雄。跃岗上龙，殒坡前凤，卧关下虎，鸣井底蛙。忽然铁马金戈，忽然银笙玉笛。倒不若长歌短赋，抛撒些幽恨闲愁；曲槛回栏，消受得清风好雨。嗟予夔夔，四海无归，跳死猢狲，终落在乾坤套里。且向危楼俯首：看，看，看，哪一块云是我的天

据说清光绪年间，四川旱情严重，地方官在赈济中营私舞弊，作者挺身出来揭发，被罗织罪名，逮捕下狱，在狱中写了此联。上联先总提周围的山川形势，巍峨的楼阁与东面的龙泉峰对峙，统领着近水远山。接着具体刻画：葱岭的积雪，白河的飘烟，丹景山的彩霞，青衣江的薄雾，组成一幅壮丽的画卷。第三层转而写游人引起感慨。来此游览的，有时是吊古的诗人，有时是守边的猛士。一转眼，花蕊夫人早已香消玉殒，才女薛涛只留下寂寞青冢。人海茫茫，令人百感交集，可笑那醉心名利的憨蝴蝶，只在做庄周一梦。第四层以疑问作结，究竟半江月色，谁是它的主人？东面峰，成都东南的龙泉山。葱岭，广元东北的龙门山，亦称葱岭山。白河，源出四川松潘，流入嘉陵江。丹景，四川彭州市西北的山名。青衣，水名，源出四川宝兴，流入岷江。筹边，唐西川节度使李德裕曾在成都建筹边楼，日与习边事者筹画其上。花蕊，即花蕊夫人，五代后蜀主孟昶之妃。枇杷，即枇杷门巷，唐代女诗人薛涛在成都的故居。香坟，薛涛墓。憨蝴蝶，《庄子·齐物论》："昔者庄周梦为蝴蝶，栩栩然蝴蝶也……不知周之梦为蝴蝶，蝴蝶之梦为周与？"此指虚幻、迷蒙状态。下联先说历史上人物辈出，千年来四川政局变动频繁，煌煌史册，记载着许多英雄事迹。继而具体描绘：诸葛亮崛起于卧龙岗，庞统在落凤坡下丧生，李崇有"卧虎当关"的雅号，公孙述被讥为井底蛙。第三层由世变沧桑转而写个人的不幸遭遇。一时是群雄争夺的战场，一时又是歌舞升平的景象。倒不如文人们高兴时写诗作赋排遣胸中的郁闷，闲暇时漫步廊槛，赏听些清风好雨。可叹自己今日已不可能，只因时运不济，无处安身，几番挣扎，也跳不出世间罗网。第四层回到阁楼，顿

兴无限怅惘:姑且凭槛观望,看啊看,哪一块云是我头上的天?岗上龙,诸葛亮隐居隆中(在今湖北襄阳),人称“卧龙”。刘备的谋士庞统,号称“凤雏”,作战时中箭死于罗江畔。关下虎,北魏时凉州刺史李崇,兴兵讨平四川一带氐蛮势力,时人称为“卧虎当关”。井底蛙,东汉末年,公孙述称帝于成都,马援称他为“井底蛙”。铁马金戈,指代战争。银笙玉笛,指代太平盛世。蹙蹙,局促不得伸展。乾坤套,圈套,又名乾坤圈。上联开头写景,下联开头论史,都是先总提,继以排句具体刻画,似受孙髯《昆明大观楼》长联的影响。然孙作重点明确,上联之景为下联之史的陪衬,最末提出封建社会终必崩溃的卓越见解,气势磅礴,石破天惊。而钟作景、史杂糅,归结为个人遭遇不幸之哀叹:“嗟予蹙蹙,四海无归。”虽可认为是受当时认识、处境所限,不得不尔,但两联胸襟识见,实不能相提并论。

（蒋竹荪）

成都望江楼公园崇丽阁(四)

李 榕

开阁集群英,问琴台绝调,卜肆高踪,采石狂歌,射洪感遇,古贤哲几许风流,忽揽起儋耳逐臣,哀牢戍客,乡邦直道尚依然,衰运待人扶,莫侈谈国富民殷,漫和当年俚曲

凭栏飞逸兴,看玉垒浮云,剑门细雨,峨眉新月,峡口素秋,好江山尽归图画,更忆及草堂诗社,花市春城,壮岁旧游犹在否,老怀难自遣,窃愿与幽思丽藻,同分此地吟笺

李榕,字申甫,清四川剑州(今剑阁)人,咸丰二年(1852)进士,官至湖南布政使。罢归后,主兼山、登龙、龙安诸书院。所题崇丽阁,在四川成都。联文阐述了四川文人和与四川有关的文人事迹,通过赞颂四川人杰地灵表达了作者对家乡四川的无比热爱。上联意云崇丽阁聚集了一群英才,问琴台绝调。琴台,即抚琴台,在成都西郊,相传为司马相如抚琴处。卜肆高踪,指庄遵卖卜成都事。采石狂歌,指李白游安徽马鞍山采石矶,留有诗作。射洪感遇,指四川射洪人陈子昂有《感遇》诗三十八题。感叹古代贤

哲,有如许风流韵事,忽想起儋耳逐臣,指北宋苏轼贬为琼州别驾,居昌化,昌化为古儋耳国地。哀牢戍客,指明代杨慎谪戍云南永昌卫,其地为古哀牢国。家乡四川耿直的性格依然如故,衰运待人扶,不要侈谈国富民富,不要跟随当年乡间俚语小曲,来谈论如今的世道。下联意谓凭栏远望,逸兴顿起,看玉垒浮云,指杜甫《登楼》诗:“锦江春色来天地,玉垒浮云变古今。”剑门细雨,指陆游《剑门道中遇微雨》诗:“此身合是诗人未?细雨骑驴入剑门。”峨眉新月,指李白《峨眉山月歌》:“峨眉山月半轮秋,影入平羌江水流。”峡口素秋,指杜甫《秋兴八首》诗:“瞿塘峡口曲江头,万里风烟接素秋。”如此好江山都可画入图画,更忆及杜甫草堂诗社,壮年时在花市春城游览的光景还在吗?现在老了,情怀难自遣,私自还有幽思和华丽的词藻,来抒写此地的诗笺。 (佟 今)

成都望江楼公园濯锦楼(一)

李 绪

花影常迷径

波光欲上楼

楼在望江楼公园内,传以薛涛曾在此濯锦而得名。上联写楼周围环境。写出了小径曲幽,花影迷人的景致。下联写锦江之水,波光荡漾,与楼交相辉映。一个“上”字,写出江水的动势,并从波光对楼的依恋,刻画出楼之美不同一般。联语恰如好诗意境,隽永而有韵致。 (王明珍)

成都望江楼公园濯锦楼(二)

顾复初

汉水接苍茫。看滚滚江涛,流不尽云影天光,万里朝宗东入海

锦城通咫尺。听纷纷丝管,送来些鸟声花气,四时引兴此登楼

此联写登临望江楼所见所闻和所感。上联写放眼锦江,昂头天外,见江涛滚滚,云影波光,汇入大海,气势宏伟,景色无限。汉水,四川境内汉川江,流入大渡河。朝宗,指百川入海,犹诸侯朝见天子。《书·禹贡》:"江汉朝宗于海。"下联写成都市丝竹传声,鸟语花香,一派繁华情景,游客登楼倍增情趣。锦城,锦官城,成都的别称。因四川织锦自古驰名海内,三国蜀汉设官管理织锦,故名。丝管,丝竹管弦,乐器总称,杜甫诗有"锦城丝管日纷纷,半入江风半入云"之句。联语通过一"看"一"听",描绘出望江楼景物的佳丽,诗味醇厚,耐人吟哦品味。 (吴关镛)

成都望江楼公园吟诗楼(一)

何绍基

花笺茗碗香千载
云影波光话一楼

上联说,独出心裁的浣花笺,芳留齿颊的井水茶,千百年来,盛名不衰。花笺,唐代女诗人薛涛居浣花溪,命匠人按她的设计制成深红小笺,作写短诗之用,称浣花笺或薛涛笺,其后竞起仿效,风行千载。茗碗,茶碗,此指茶香。据考证,明人称薛涛墓附近之井为薛涛井,康熙时始立碑石,据云,"其水甘洌,异于江水",烹茶最宜。下联写楼,却从天云、光影着笔,意谓随着天上云影的移动,锦江波光的变幻,使吟诗楼景象万千,时时不同。一楼,薛涛所建的吟诗楼,原在成都西北角碧鸡坊,早已倾圮。嘉庆时有人移建吟诗楼于井之右,后又毁,今楼系光绪十年重建。此联从侧面着笔,以"香"形容"花笺""茗碗",以"话"展开无穷的想象,吟诗楼至今依然洋溢着满满一楼的"话",是喁喁对句?还是欢声笑语?任人去品味畅想,烘托出才女薛涛的美名百世不朽。 (蒋竹荪)

成都望江楼公园吟诗楼(二)

林山腴

夕阳红到枇杷,阅古今过客词人,苔荒洪度千年井
春水绿生杨柳,绾多少离愁别绪,门泊东吴万里船

上联绘景,色彩鲜明,意境开阔,交代了时序:春日的黄昏。但见晚霞遍照,使枇杷更显浓艳。这里的“枇杷”是实景,因枇杷原产于四川夹江一带,也切唐代女诗人薛涛的旧居“枇杷门巷”。王建《寄蜀中薛涛校书》诗有“万里桥边女校书,枇杷花里闭门居”句。景物虽好,但人去楼圮,薛涛井也已青苔覆盖,一派荒凉。洪度千年井,即薛涛井。洪度,喻时间的久远,又妙切薛涛(薛涛,字洪度),一语双关。一“阅”字,包揽了作者无限的慨叹,亦是出句的联眼。“夕阳红到枇杷”是近景。下联“春水绿生杨柳”,则是远景描摹。“春来江水绿如蓝”(白居易《忆江南》),杨柳也开始泛青,绿生,写活了春天的景色。“杨柳”也属实景,又领起下两句怨离恨别之情。乐府诗有《折杨柳》曲,大多为伤别之辞,所以杨柳青青,亦勾联起多少离愁别绪。绾,贯联。春天来了,游子又将告别亲人远离家门,凭栏望去,那江边欲去江南的船只,正载着游子征人渐渐驶向远方。“门泊东吴万里船”,见杜甫《绝句》。此处现成用来,既贴切江楼景点的所在,而且充满不尽韵味,可谓神笔天成。 (张君宝)

成都望江楼公园浣笺亭(一)

欧阳梦兰

古井平涵修竹影
新诗快写浣花笺

浣花笺是唐代女诗人薛涛生前为写诗而自制的彩笺,亦称薛涛笺。后明朝蜀藩在其故址挖一井,用井水仿制薛涛笺,因称“薛涛井”,井旁之亭称浣笺亭。联语格调娴雅,融景入情,用辞简练,寓意深沉。全联意为:薛涛古井中的清泉,涵映着千竿修长的竹影,值此有浣花笺在,乘兴写出新诗来,定能增添雅兴。上联重在写景,以“古井”“竹影”烘托出四周景致的清幽;下联重在抒情,“快写”两字,文人墨客的闲情逸致呼之欲出。一“古”一“新”,不仅文字对称,而且使人产生关于薛涛轶事的翩翩联想,回味无穷。联语构思用辞看似平易,其实精心着意,颇有艺术功力。 (谢燕华)

成都望江楼公园浣笺亭(二)

顾复初

引袖拂寒星,古意苍茫,看四壁云山,青来剑外
停琴伫凉月,予怀浩渺,送一篙春水,绿到江南

上联写山。“引”“拂”,衬出楼阁高耸入云,给人以无限遐想。第二句即景生情。苍茫,形容意境旷远迷茫的状况。以下两句写四周云山连绵,一派春意。剑外,指剑门关以西、以南地方,不是指剑门关外。下联写水。首句摘自谢朓《移病还园示亲属》诗:“停琴伫凉月,灭烛听归鸿。”意即停下抚琴,等待新月上升。予怀浩渺,化用苏轼《前赤壁赋》“渺渺兮予怀”句。襟怀浩荡,乡思种种,意想随濯锦江水,乘舟回到故乡江南。绿到江南,用王安石《泊舟瓜洲》“春风又绿江南岸”句意。联语绘景抒怀,意境深远,格调娴雅,融情入景。“看”“送”两字,给人以舒展之感,“青来”“绿到”写活了自然界景色,有生意盎然之趣。 (吴关镛)

成都望江楼公园清婉室

赵 熙

独作黄昏谁是伴
争教红粉不成灰

清婉室为望江楼公园景点之一。清光绪二十五年(1899)建,内有薛涛晚年著女冠服像碑。唐贞元元年(785),薛涛16岁,时韦皋镇蜀,召令侍酒赋诗,因入乐籍,20岁脱乐籍,退隐西郊浣花溪。尝与诗人名士唱和往还。元和四年(809),元稹为东川监察御史,慕涛之名,司空严绶知稹意,命薛涛往侍,至梓州晤元稹,作《四友赞》,令元稹叹服不已。据说薛涛颇有意于稹,与稹有诗唱酬,但终身未嫁,人称孤鸾一世。此为集句联。上联出白居易《紫薇花》诗,意谓寂寞对黄昏,试问人间世上有谁来作伴?下联出白居

易《燕子楼三首》之三,意谓年华如流水,怎教花容月貌不变成灰土?字里行间,反映作者对薛涛一生坎坷遭遇的无限同情。 (蒋竹荪)

成都望江楼公园薛涛井

伍生辉

古井冷斜阳,问几树枇杷,何处是校书门巷

大江横曲槛,占一楼烟月,要平分工部祠堂

薛涛,唐乐妓,女诗人,时称女校书。曾居锦江支流浣花溪旁,相传以溪水造十色笺。遗址今存古井一口,掘于明代,明蜀王府汲井水仿制薛涛笺,后人习称薛涛井。上联巧妙地点出薛涛的身份。冷落的古井,在夕阳下映衬着荒凉的几树枇杷。联语起问,抒发了物是人非之悲感。几树枇杷,用王建《寄蜀中薛涛校书》诗句"万里桥边女校书,枇杷花里闭门居"(一说为胡曾所作)。下联写登楼远眺,锦江横流,楼台烟月迷人,可与建于浣花溪旁的工部祠堂平分秋色。楼,指薛涛所建吟诗楼,原址已毁,今楼为清代建筑。工部祠堂,即杜甫草堂。将薛涛故居与诗圣杜甫的遗迹相提并论,体现了作者对女诗人的高度评价。占一楼烟月,非泛饰而是实指,旧时也以"烟月"喻妓院。薛涛曾为妓女,却工诗,所以末句双关。全联格调高雅,构思新巧,绘景追怀,用字准确贴切。 (王明珍)

成都浣花祠

骞裙逐马有如此

翠羽明珰尚俨然

祠在成都西郊,初建于清光绪十二年(1886)。是为了纪念唐时成都的女杰浣花夫人而建。夫人姓任,为唐西川节度使崔宁之妻。崔宁奉诏入长安,泸州刺史杨子琳领数千骑突入成都,任氏挺身而出,募兵数千,率众出击,获大胜。浣花夫人撩起裙衫,挥鞭策马追击入侵之敌。那用翠绿色的鸟羽制成的衣服与明晃晃的耳饰历历在目。搴,通“褰”,撩起。俨然,庄严、整齐的样子。联语如一幅速写画,着墨不多,而一位巾帼女杰的飒爽英姿,跃然纸上,十分传神。 (王明珍)

成都武侯祠(一)

游 俊

两表酬三顾
一对足千秋

祠在成都南郊,为纪念三国蜀汉丞相诸葛亮祠堂。此为历史题材联,仅用十个字,概括诸葛亮的重大事迹。两表,指诸葛亮的前后《出师表》。公元227年,刘备已死,刘禅在位,诸葛亮决心北伐。行前上《出师表》,强调为报答先帝恩遇和临终托付,以“讨贼兴复”为己任,要求刘禅亲贤远佞,修明内政,以释后顾之忧。出师失败后,朝中议论纷纭,诸葛分析当时敌强我弱的形势,以北伐关系国家存亡,又上《出师表》,再次表示“鞠躬尽瘁,死而后已”的伐魏决心。三顾,相传公元207年,刘备屯兵河南新野,经徐庶推荐,三往隆中(湖北襄阳西)请诸葛出山助己争天下。一对,隆中见面时,诸葛亮预见天下必然三分,提出跨有荆益,联吴伐魏,内修政理以恢复汉室的大计,即著名的《隆中对》。此联抓住有代表性的几件事,评述历史人物,言简意赅,颇中肯綮。上联说,前后《出师表》所显示的耿耿忠心,旨在报答先帝三顾草庐的特殊恩典;下联说,隆中对话所提出的内外策略对蜀汉的创兴具有不朽的历史意义。 (蒋竹荪)

成都武侯祠(二)

刘咸荥

勤王事大好儿孙,三世忠贞,史笔犹褒陈庶子
出师表惊人文字,千秋涕泪,墨痕同溅岳将军

上联大意:诸葛亮幸而有理想的儿孙,三代人尽忠国事,受到陈寿“良史之笔”的褒扬。勤王事,勤劳国事。三世忠贞,诸葛亮伐魏时病死五丈原,后“长子瞻与邓艾大战,临阵死。瞻长子尚与瞻俱没”(见《三国志·诸葛亮传》)。史笔,指陈寿《三国志》。陈庶子,即陈寿,巴西安汉(今四川南充县)人,有良史之才,曾任太子中庶子之职。下联大意:出师表是惊人的文字,诸葛作,岳飞写,泪痕墨痕,千年之下一片心。千秋涕泪,三国诸葛亮《出师表》中有“临表涕泣”的话。传说南宋岳飞渡江北进,路过南阳武侯祠,曾应道士之请挥笔写了《出师表》,《前表》写到“亲小人,远贤臣”,流下了眼泪,《后表》写到“鞠躬尽瘁,死而后已”,触动心事,又是热泪横流,墨泪交溶,笔随情走。封建时代有“读《出师表》不哭非忠臣”之说,此联的“千秋涕泪”,正反映了诸葛形象对后世影响之深。封建社会君臣之义是一种人身依附关系,君虽不君,臣不可以不臣,臣必须为君尽忠效死。刘备三顾茅庐后与诸葛亮之间便产生了君臣关系,所以,诸葛毕生辅佐刘备父子,一再表示“继之以死”“死而后已”,这一节操,受到历代帝王的赞赏,诸葛亮也成为千百年来贤臣良相的典范。

(蒋竹荪)

成都武侯祠(三)

梁伯言

三顾感殊知,西取东和,远谟早定三分鼎

两川臻大治,南征北伐,遗表长留两出师

上联,诸葛亮《前出师表》:“先帝(刘备)不以臣卑鄙,猥自枉屈,三顾臣于草庐之中,咨臣以当世之事。”此即首句“三顾”典实。西取东和,见《隆中对》。诸葛亮向刘备提出占据荆益,谋取西南,联合东吴以抗曹操的策略。刘备纳其言,后建立蜀汉政权,与曹魏、孙吴鼎足而三。谟,谋略。下联“南征北伐”,刘备死后,诸葛亮辅佐刘禅治理蜀汉,对西南各族采用征讨与安抚的策略,又曾六次出兵北伐,与曹魏争夺中原。两川,指东川和西川。“遗表”“两出师”,言诸葛亮著名的前后《出师表》。上下联的首字和倒数第三字各用一个“三”字，一个“两”字；可谓天衣无缝，颇见匠心独运。

（张君宝）

成都武侯祠(四)

顾复初

一抔土尚巍然，问他铜雀荒台，何处寻漳河疑冢

三足鼎今安在？剩此石麟古道，令人想汉代官仪

这副对联构思巧妙，气势宏伟，想象丰富，文笔跳脱，对仗工整自然，极易引起人们感情上的共鸣。上联的意思是，先主刘备的陵墓还巍然存在，而在那漳河边上的荒凉的铜雀台旁，哪里还能找到曹操的假坟呢？据说曹操殁后，恐人掘其冢，乃设七十二疑冢于漳河之上。作者即本此说，用对比的手法，尊刘抑曹，反映了封建文人的正统观念。下联驰骋想象，抚今思古，仍用对比法，抒发感情。想当年三国鼎立的局面，今已荡然无存，而时隔一千余载的今天，漫步陵前的石麟古道上，令人追想刘备过去登基称帝的盛况，汉代官仪，礼节隆重，是何等气派、何等威严、何等排场。今昔对比，造成了强烈的艺术效果。（延　培、张　迈）

成都武侯祠(五)

赵　藩

能攻心则反侧自消，自古知兵非好战

不审势即宽严皆误，后来治蜀要深思

此联是众多武侯祠联中压卷之作。上联讲用兵，采攻心方针，自然而然消除了不安定因素，自古以来精通兵法的人未必热衷于攻城夺地。攻心，从思想上心理上制造压力以制服对方。《孙子兵法·谋攻》：“不战而屈人之兵，善之善者也。故上兵伐谋。”诸葛亮《南征教》：“用兵之道，攻心为上，攻城为下。”反侧，不顺从、不安定。相传诸葛亮平定南中，对孟获曾七

擒七纵,最后孟获表示:“公,天威也,南人不复反矣。”(见东晋习凿齿《汉晋春秋》)好战,此句婉言批评了诸葛六次主动伐魏得不偿失之误。下联评四川时政。如果不审势,不从实际出发,无论政策宽严,都会失败,后来治理四川的人要深思啊!审势,审察形势。后来治蜀:指清末四川总督岑春煊,不审时势,专务镇压人民群众,导致民怨沸腾。撰写诸葛祠联,一般多就“一对”“两表”“三顾”等事迹赞其德才与政绩。此联不落俗套,抓住其治军治国的精髓,“审势”“攻心”两方面予以充分肯定并暗示其不足。至于下联以诸葛“审势”为楷模,规劝四川当权者,尤见作者胆识。总之,此联不仅在当时有现实意义,即使今人读之,也有启迪教育作用,短短三十字,字字精要,不同凡响。

(蒋竹荪)

成都武侯祠(六)

可托六尺之孤,可寄百里之命,君子人与?君子人也
隐居以求其志,行义以达其道,吾闻其语,吾见其人

上联集《论语·泰伯》句,评论诸葛的才器。谓可把幼小的孤儿托付给他,可把方圆百里的国家的命运委托给他,这是君子一样的人吗?是君子一样的人啊!“可托”二句,见陈寿《三国志·蜀书·诸葛亮传》:“章武三年(223)春,先主于永安疾笃,召亮于成都,属以后事,谓亮曰:君才十倍曹丕,必能安国,终定大事。若嗣子可辅,辅之,如其不才,君可自取。”下联集《论语·季氏》句,评论诸葛的德行。谓避世隐居可以保全自己的志向,正义的行为足以实现自己的理想,我听过这样的话,我在历史上见过这样的人!“隐居”二句本诸葛亮《出师表》:“臣本布衣,躬耕于南阳,苟全性命于乱世,不求闻达于诸侯。”及“受任于败军之际,奉命于危难之间”,“庶竭驽钝,攘除奸凶,兴复汉室”,“鞠躬尽瘁,死而后已”。联语评论的内容切合诸葛一生行迹,非熟读《四书》的人不能办到。惟集句改动“未见其人”为“吾见其人”,上下联重见“人”字,是其缺点。

(商启予)

成都武侯祠(七)

蒋攸铦

唯德与贤,可以服人,三顾频烦天下计
如鱼得水,昭兹来许,一体君臣祭祀同

蒋攸铦,字颖芳,号砺堂,清辽宁辽阳人,隶汉军镶蓝旗,乾隆四十九年(1784)进士,官至文渊阁大学士、两江总督,后因事左迁侍郎。上联云,唯德与贤可以服人,活用杜甫《蜀相》诗“三顾频烦天下计,两朝开济老臣心”。下联云,如鱼得水,刘备三顾茅庐请诸葛亮出山,共举大事,活用杜甫《咏怀古迹》诗:“武侯祠屋长邻近,一体君臣祭祀同。”歌颂了诸葛亮与刘备君臣的功绩。 (佟 今)

成都文殊院

林则徐

山水之间有清契
林亭以外无世情

道光二十七年(1847),作者由陕西赴滇任云贵总督,途经成都,游览文殊院后写了此联。上联认为,寺院周围的山山水水,错落映带,组成一幅和谐的画面,似乎它们之间早已有了默契。清契,清新自然的契合。下联写园林以外的现实社会,则是另一景象,倾轧、排挤,无所不至。联文化用陶潜《辛丑岁七月赴假还江陵夜行涂口》诗“园林无俗情”。世情,做人处世之道。作者在长期接触自然界与社会过程中,有着完全不同的感慨,一是“有清契”,一是“无世情”。他一生主张严禁鸦片,又关怀民生,至于反侵略的言论与实践,更为同时代人所不及。然而禁烟初获胜,就被人构陷,56 岁时被遣戍新疆,途中奉命折回河南治水,戴“罪”立功,工程圆满结束,仍被发往伊犁,直到 62 岁才得复职,任陕甘总督,次年调云贵总督,赴滇途中,小住成都。回首前尘,百感交集,不禁发出"无世情"的慨叹。本联系集《禊帖》字,限制较大,而写来贴切工稳,益见作者功力。（蒋竹荪）

成都汉昭烈庙

惟此弟兄真性情,血泪洒山河,志在五伦扶正轨

纵极王侯非富贵,英灵照天地,身经百战为斯民

汉昭烈庙,即刘备庙,在成都武侯祠后。上联描写刘备、关羽、张飞三兄弟肝胆相照,同为恢复汉室呕心沥血。五伦,封建礼教称君臣、父子、兄弟、夫妇、朋友之间的五种关系。正轨,指正统,王朝的统治系统。下联描写了刘关张三兄弟浴血百战,位跻王侯,但他们不是为荣华富贵,而是为万千百姓而献身。纵,尽管。斯民,其民。联语颂扬历史人物。词句流畅,用语亦富魅力。（陶继明）

成都琴台故径

缪 钺

乘兴上高台,看玉垒浮云,古今多变

闲来泛溪水,接草堂遗迹,风雅长存

琴台在成都西城通惠门,据《蜀志》记载,是西汉著名辞赋家司马相如旧宅所在地。近年新修一座高大牌楼,题曰"琴台故径"。玉垒,山名,在成都西面,其东南新保关为唐代蜀中通往吐蕃的要道。杜甫七律《登楼》:"锦江春色来天地,玉垒浮云变古今。"溪水,特指浣花溪。草堂,指杜甫草堂,距琴台约二公里。风雅长存,杜甫因汉魏(包括司马相如)作品接近于《风》《雅》而十分称赏,主张继承并学习。上联引用杜句,说琴台的原貌,经千万年沧桑变化,已不能辨识。下联赞美杜甫遗迹,谓汉魏《风》《雅》精神还在草堂遗迹中熠熠闪光。联语文辞高雅,赞语贴切不移。

（陈家铨）

成都杜甫草堂(一)

顾复初

异代不同时,问如此江山,龙蜷虎卧几诗客

先生亦流寓,有长留天地,月白风清一草堂

杜甫草堂,在成都市西郊浣花溪畔。公元759年,诗人杜甫曾在此结草庐,故名。上联用杜甫《咏怀古迹五首》“怅望千秋一洒泪,萧条异代不同时”诗意,发出感慨:时代不同了,而历代以来,在祖国如此壮丽河山里,龙蜷虎卧的诗人,又有多少呢?下联说杜甫政治上很不得志,在巴山蜀水之间,过着流寓的生活,可是却留下了不朽诗篇。当月白风清之夜,不知有多少人在草堂留连吟咏,缅怀一代诗圣。此联在用词上颇具匠心,如“先生亦流寓”的“亦”字,有以自己遭遇与杜甫相比之意,天涯沦落,异代同心,在景仰杜甫之余,也流露作者自负之意。 (陶继明)

成都杜甫草堂(二)

何绍基

锦水春风公占却

草堂人日我归来

此联据唐代杜甫、高適两诗人酬唱故事写成。杜、高为好友。上元元年,高为蜀州(今四川崇州市)刺史,杜从成都前往看望,作短暂聚会。次年人日,高写了《人日寄杜二拾遗》诗:“人日题诗寄草堂,遥怜故人思故乡……今年人日空相忆,明年人日知何处?”谓今年人日是相思不见,岂能预料明年又在何处,杜读后“泪洒行间”。后来杜漂泊湖湘,偶检旧作,见此诗,高已去世五年矣,不胜感慨系之,因作《追酬故高蜀州人日见寄》诗,中有云:“自蒙蜀州人日作,不意清诗久零落……锦里春风空烂漫,瑶墀侍臣已冥寂。”此故事后遂传为美谈。上联化用杜甫句怀念杜甫。“锦水”,在成都市南。《华阳国志·蜀志》:“锦江织锦濯于其中则鲜明,他江则不好,故命曰锦里也。”后以“锦水”“锦里”指成都,此处则泛指蜀中各地。“锦水春风”谓蜀中美好山水,“公占却”谓被杜甫吟咏殆遍。下联化用高適句,记来谒日期。“人日”指正月初七日。《西清诗话》引东方朔《占书》:“岁后八日:一日鸡,二日犬,三日豕,四日羊,五日牛,六日马,七日人,八日穀。”作者于咸丰二年接任四川学政,四年正月初七日由梁州回成都,谒杜甫故宅。“我归来”隐然有参与杜、高唱和之意,作者缅怀昔贤,往往高自标置,本联之“公”“我”对举,直与杜甫并驾齐驱。又如“四川凌云寺东坡楼”联下句“扁舟载酒我重来”,不啻谓我是继苏轼、苏辙而后的读书人。 (蒋竹荪)

成都杜甫草堂(三)

何宇度

万丈光芒,信有文章惊海内

千秋艳慕,犹劳车马驻江干

何宇度,字仲仁,明湖广安陆(今属湖北)人,万历年间任詹事府录事、夔州通判。上联“万丈光芒”,化用韩愈《调张籍》诗:“李杜文章在,光焰万丈长。”上联下半句和下联下半句意出杜甫《宾至》诗:“岂有文章惊海内,漫劳车马驻江干。”联文化用杜句。此联化用韩愈、杜甫诗赞颂杜甫,信手拈来,化用自然,甚是贴切。 (沈树华)

成都杜甫草堂诗史堂

郭沫若

世上疮痍,诗中圣哲

民间疾苦,笔底波澜

诗史堂是杜甫草堂的主厅,因杜甫的诗被誉为“诗史”而得名。联语盛赞杜甫的伟大胸怀及其杰出诗篇。出句说,唐代自安史之乱后,由盛转衰,社会动乱,民生凋敝,杜甫振笔疾呼,揭露社会病态、人间不平,真乃诗坛中一位品德高尚的圣人。对句说,下笔吟哦,不忘百姓疾苦,写出的鸿篇巨制有如浪涛汹涌,震撼人心。联语融入杜甫诗句:"乾坤含疮痍,忧患何时毕!"联中有诗味,贴切而有韵致。 (谢燕华)

乐山凌云寺山门

笑古笑今,笑东笑西笑南笑北,笑来笑去,笑自己原来无知无识

观事观物,观天观地观日观月,观上观下,观他人总是有高有低

此为叠字联。上联,九个"笑"字,盘旋蓄势,临了爆出一个真谛:世上最大的智慧是认识到自己的无知。不管你对古今东西,南来北去,怀着的是温柔敦厚的笑,抑或是滑稽无赖的笑,待到清醒地承认自己原来是无知无识时,一切贪嗔痴就都勘破、无挂碍了。下联九个"观"字,也是盘旋蓄势,临了悟出一个哲理:无论是自然界宇宙日月,人世间万事万物,高低上下总是客观存在,特别是红尘中的芸芸众生,强弱智愚,祸福得失,更是各不相同,你在观察中更要承认这个规律,才能物我无间,处之泰然。这是儒释道三教共认的"真理",免不了有极端消极味道,而作者用在此处,作为对世上营营扰扰者们敲起警幻破迷的晨钟,看来亦无不可。先短促后平缓的节奏,与带有憨厚幽默味的内容相伴随,读来颇受震撼,又很够家常唠嗑味。

(何以聪)

乐山凌云寺

干青云而直上

障百川以东之

寺在乐山城外凌云山上,地当岷江、青衣江、大渡河汇合处,山势高耸,

江河奔腾,古有“凌云天下奇”之誉,为川南游览胜地。此联为集句联。上联见南朝齐孔稚珪《北山移文》“度白雪以方洁,干青云而直上”,写自山下仰视所见,如摩天大厦,山峰巍然矗立,直冲云霄。下联见唐韩愈《进学解》“障百川以东之,回狂澜于既倒”,写自山上俯视所见,像中流砥柱,力阻诸江怒涛,使向东流。联语描绘凌云山雄奇峻伟的山形水势,虽是集句,对仗工整,自然贴切,可谓天衣无缝。 (蒋竹荪)

乐山凌云寺乐山大佛

看他怒目攒眉,却具一片慈悲,要人醒悟
到此清心涤虑,请将万念消化,与佛皈依

乐山大佛,在乐山市东凌云山西壁,岷江、青衣江、大渡河三水合流处。唐开元元年(713)名僧海通开凿,贞元十九年(803)竣工,又名“凌云大佛”。背靠青山,面临三江,体型魁伟,端庄肃穆,高七十米,是世界上最大的石刻佛像。上联写佛像外貌虽是“怒目攒眉”,而内心却一片慈悲,一心希望人们的觉悟。下联说游人至此,应清心涤虑,消除俗念,皈依佛门。联语意在宣扬佛法,并有劝人投身佛门的意味。 (张君宝)

乐山凌云寺东坡读书楼(一)

何绍基

江上此台高,问坡颍而还,千载读书人几个
蜀中游迹遍,看嘉峨并秀,扁舟载酒我重来

楼在四川乐山大佛之后,为两层木结构,建于明代。相传此地是东坡青年时代读书之处。坡,东坡居士苏轼。颍,颍滨遗老苏辙。嘉,嘉州,今乐山。峨,峨眉山。此联用问答式。出句的“人”和对句的“我”相对。出句问,读书楼高踞岷江之滨,试问东坡兄弟之后,千多年来取得成就的读书人有几个?这是对东坡兄弟苦学成才往迹的缅怀与颂扬。对句答,四川的名山大川我几乎都走遍，眼看乐山峨眉的秀丽风光，我又接迹到此欣赏领略。“重来”含有继苏氏兄弟而起，将蜚声文坛的豪情与愿望。

（蒋竹荪）

乐山凌云寺东坡读书楼（二）

郭尚先

万户侯何足道哉，顾乌帽青鞋，难得津梁逢大佛

三神山如或见之，问黄楼赤壁，何如乡郡挟飞仙

作者将苏轼著名诗句融入联中，赞颂了伟大诗人的超旷襟怀。全联意为：当万户侯有什么值得称道？做个戴乌帽穿青鞋的归隐之士，难得的机缘是有大佛的渡济和接引。蓬莱、方丈、瀛洲三座仙山有谁见过？就算那徐州黄楼和黄州赤壁景色美好，还不如回到故乡跟随仙人遨游，求得精神的解脱。黄楼，在今江苏徐州东城门上，苏轼作徐州太守时所建。赤壁，即湖北黄冈市西门外之赤鼻矶，苏轼谪黄州时曾游此。联中融入苏轼“生不愿封万户侯，亦不愿识韩荆州，但愿身为汉嘉守，载酒时作凌云游”及“挟飞仙以遨游，抱明月而长终”等著名诗句，使景、情、议论凝为一体。联语虚实结合，上下匀称。意境超俗，在语调上有一波三折的韵致。

（谢燕华）

乐山乌尤山乌尤寺（一）

方鹤斋

胜地接凌云，静里每闻游客屐

隔江时送雨，望中无限渡人舟

乌尤山在乐山市东大渡河、青衣江、岷江的汇合处，原与凌云山相连，战国时蜀郡太守李冰为避沫水之害而凿开，又名离堆。乌尤寺是其胜迹之一，始建于唐。上联写晴日之景。极言寺之高峻，直上云霄，山高路陡，可

是登山的屐声时时可闻,足见“胜地”之佳绝。下联写雨中之景。江雨霏霏,放眼一望,无数运载游人的小船冒雨前来。联语作者不从正面刻画乌尤胜迹,而从侧面,写游人不论晴雨络绎不绝的盛况。写作角度较为新颖。“凌云”既形容山势高耸,也指和它相连的“凌云山”,具有双关含义。

(王明珍)

乐山乌尤山乌尤寺(二)

于一毫端,见宝王刹

坐微尘里,转大法轮

联语集《楞严经》句。上联颂佛法无边,“于”介词,“见”音义同“现”。“宝王”是佛陀的尊称。下联赞佛法无敌。法轮,谓佛之说法,能摧毁众生的邪恶,犹如转轮王的轮宝,并且佛法不停滞于一人一处,辗转相传,犹如车轮,故称法轮。联中“毫端”“微尘”都含有“小”之意,但小中可见大,佛法无处不在,极尽颂扬之能事。 (周世达)

乐山乌尤寺方丈室

翁同龢

旷然无忧,寂然无虑

守之以一,养之以和

此联摘自魏嵇康《养生论》,原文为“旷然无忧患,寂然无思虑,又守之以一,养之以和”。选字颇有斟酌。出句意谓能豁达就不产生忧患,能寂静就无思虑干扰。无虑,《庄子·天地》:“居无思,行无虑。”对句意谓以专心致志的态度守住道,从智慧与恬静中涵养和顺。一,指道。《老子》:“圣人抱一为天下式。”养之以和,《庄子·缮性》:“知与恬交相养,而和理出其性。”道家与佛家在思想和修养方法上有某些相通之处,作者摘引道家的养生方法赠给寺中住持,对仗颇为工整。 (蒋竹荪)

新都宝光寺(一)

何元普

世外人,法无定法,然后知非法法也
天下事,了犹未了,何妨以不了了之

宝光寺在成都市新都区。相传始建于东汉,现今殿宇为清康熙时重建,规模宏伟,由一塔、五殿、十六院组成。法,道理。《唯识述记二》云:“法者,道理义也。”法无定法,法包括正反两面,正面——法,反面——非法,两方面不断转化,故云无定。不了了之,未了的事情放在一边,不去管它,就算了结。上联说,在出家人看来,法(道理)并非固定不变,可见非法也是法的一个方面。下联说,天下事错综复杂,看起来好像了结,实际上并未了结,不如搁在一边,不去管它。此联宣传了佛教不拘泥、不执着的思想。出句讲虚,对句讲实,虚实相对,平仄协调。　(蒋竹荪)

新都宝光寺(二)

祝允明

退一步看利所名场,奔走出多少魑魅
在这里听晨钟暮鼓,打破了无限机关

新都宝光寺是海内名刹,有五百罗汉等精妙雕塑,作者就这个特色生发开来,点画到“魑魅”(chī mèi,鬼怪,比喻各种各样的坏人)。机关(指周密而巧妙的计谋),实际上是借这个由头,抒写一般人们对浮世众生相的种种感慨:只要是利所名场,定有大批魑魅奔竞,正直的人们只要退后一步,冷眼看去,就可以勘透污浊,洁身自好。另一方面,更凭仗晨钟暮鼓的警策,来打破利所名场中的机关。作者借此宣扬消弭烦恼、保持清净的因果道理,也折射出他自己“亦儒亦道”的处世哲学。联语立意在于劝诫,以语录形式出之,遣词亦较通俗。　(何以聪)

新都桂湖(一)

呼吸湖光餐桂露
徘徊秋月漱荷香

桂湖在成都市新都区,夏日荷花满湖,冬季桂蕊飘香,风景绝佳。明代文学家杨慎自幼在湖畔读书。上联写湖光朝露之澄净。下联写夜月荷香之幽雅。呼吸、徘徊、餐、漱等动词运用得精巧,使笔下之景丰满起来。上联重在表现晨景恬美,下联重在显示月夜清幽,从晨到夜的对衬描写,突出了桂湖的佳景时时宜人。 (王明珍)

新都桂湖(二)

曾国藩

五千里桂子湖山,我原过客
一万顷荷花秋水,中有诗人

上联写湖光山色迷人,我是来此欣赏的过客。李白《春夜宴桃李园序》:“光阴者,百代之过客。”作者为湘人,寓川不过一“过客”。五千里,虚数,夸张之词。下联对景思人,面对荷花满湖,不由得怀念才华横溢而遭贬谪的诗人。诗人,指明文学家杨慎,他自幼在湖畔读书。一万顷,虚数,夸张之词。联语先写景后抒情,把景、情、人、我融为一体,表现了高雅的韵致。 (周世达)

新都桂湖升庵祠

陈 泽

烟波送客,风月含情,沧桑变,屡易规模,故址遗基,尚存太史千秋迹

桂树留人，荷花招我，鞍马闲，流连光景，先忧后乐，惭愧希文一片心

升庵祠，又名杨升庵纪念堂，在桂湖中央，系清代建筑。杨慎，字用修，号升庵，今四川新都人，明正德年间状元，授翰林修撰，故联中称“太史”。上联说，桂湖的烟波风月，送往迎来，不知经历了多少次沧桑变化，而祠庙故墓，在此留下了珍贵的遗迹。下联说，桂花荷香吸引着我，趁军务余暇，来此欣赏留连，顿觉自己未曾实践范仲淹“先忧后乐”的训诲，感到惭愧。“先忧后乐”出范仲淹（字希文）《岳阳楼记》。作者时任新都县长，故云惭愧。烟波送客，风月含情，亦本杨慎诗句，而颂其人。联语由景及人，虽是请人捉刀，却能直抒心臆，仍是好联。（陈家铨）

剑阁姜维祠

雄关高阁壮英风，捧出热心，披开大胆

剩水残山余落日，虚怀远志，空寄当归

姜维，字伯约，三国时蜀汉天水人。原为魏将，后归蜀。诸葛亮死后，维继承遗志，九次伐魏，未成。魏国遣邓艾入蜀，后主刘禅降，并敕维亦降。后因钟会反，为魏所杀，维亦被杀。上联据《三国志·蜀书·姜维传》引诸葛亮称赞“姜伯约甚敏于军事，既有胆义，深解兵意。此人心存汉室而才兼于人”一段话，加以生发，赞扬他对蜀汉事业的忠心义胆：剑阁险峻雄壮，衬托了姜维的英雄风姿，据说死后剖腹，发现他的心很热，胆很大。下联据同书注引孙盛《杂记》“初，姜维诣亮，与母相失，复得母书，令求当归”，维曰“良田百顷，不在一亩，但有远志，不在当归也”一段，把远志、当归作为两味中药，发挥其双关义：国和家都陷于衰败残破，姜维复兴蜀汉之远志落空，老母望归之愿亦成泡影。此联根据历史与传说材料，赞扬姜维一生复兴蜀汉的雄心壮怀，惋惜其国破人亡的悲剧结局，情词凄婉悲壮。上下联末二句都用双关修辞手法，热心，既指火热的心脏，又含竭尽力量之意，大胆，既是“胆大如斗”，又有英勇无畏之意，远志是中药名，又指远大的志向，当归

是中药名，又指归回故土，句中对、句间对无不切合，构思精巧，洵属难能可贵。（蒋竹荪）

剑阁龙泉

李开元

此邦称天下雄，顾山水清奇，偶尔飞鸿留爪迹
斯龙岂池中物，俟风云际会，终归大海作波涛

李开元，字善卿，清四川剑州（今剑阁）人，道光二十九年（1849）拨贡，历官荣县教谕，重庆、顺庆府学教授，九十九岁卒。此联所题龙泉，在剑阁城西门外。自古剑阁天下雄，故上联云此邦天下雄，这里山水峰峻水清，奇险秀逸，人马难以逾越，偶尔只有飞鸿在这里留下爪迹。下联云龙非池中物，龙泉之水，待到风云际会，终究会归入大海去作波涛，暗喻剑阁的人才，在社会变革中，将为国家作出重要贡献。唐宣宗《瀑布联句》有“溪涧岂能留得住，终归大海作波涛”句。（佟　今）

阆中张飞墓

公真乃世间快人。降曹则称逆，归汉则称兄，语语从肺腑中出，何等悲壮

我誓诛天下蟊贼。成固不为王，败亦不为寇，事事本良心做去，安问死生

上联写张飞其人其事。张飞是三国名将，由于后人对张飞的认识大都从小说《三国演义》而来，故上联第二、三句就用《三国演义》第二十八回所叙关羽斩蔡阳前后张飞与关羽之对话，以概括张飞的正直刚烈的性格。“降曹”“归汉”均指关羽，对这个生死结义的二哥都不含糊，何况他人了。所以说他“语语从肺腑中出，何等悲壮”。下联紧接着表白作者自己志向。蟊（máo 矛）贼，喻对人民或国家有危害的人和事。末两句“事事本良心做

去,安问死生”也可称快人快语,可见作者的刚烈性格。 (张君宝)

绵竹张浚祠

杨 聪

当年南渡何人,扼此老终身,不教与范富齐勋,坐看淮甸烟尘、汴宫禾黍

今日北冥多事,请先生复起,安得率刘吴诸将,一赋楼船夜雪、铁马秋风

张浚祠,又名张魏公祠,旧在绵竹县地,以祀南宋名臣张浚。张浚(1097—1164),四川绵竹人。宋高宗时曾任知枢密院事,出为川陕京西诸路宣抚使,力主抗金。秦桧主和议,被贬在外近二十年。孝宗时重起,督师江淮间,封魏国公。后视师江淮,被主和派排挤去职。开端“当年南渡何人”,犹言当年是谁把北方拱手让给敌人,自己仓皇逃往江南,以求偏安?联语以一腔愤恨领起全篇,批评赵构对主战派横加罪名。“扼此老终身”,即指扼杀张浚的抗金热情,使江淮遭敌蹂躏,皇城被毁。范富,分指以天下为己任、拒西夏保边境的宋代名臣范仲淹与曾两度出使契丹、力拒契丹割地要求后任宰相的北宋又一名臣富弼。汴宫,北宋都城开封。禾黍出自《诗序》:“《黍离》,闵(悯)宗周也。周大夫行役至于宗周,过故宗庙宫室,尽为禾黍。”末两句为一组对句,冠以“坐看”二字,将张浚当年欲战不能、报国无门的悲痛心情表露无遗。下联奇峰突起,以南宋那段耻辱的历史联系现实落笔。“今日北冥多事”,北冥,北海,借指北京。多事,指以慈禧为首的顽固派发动戊戌政变,杀害“六君子”及对外屈膝求和等事。在这国家危亡之际,作者希望有张浚一样的将才贤臣重整乾坤。先生,称张浚,亦代称忠臣良将。刘吴,指当年被张浚重用的有功人员刘光世和吴玠。结尾用陆游《书愤》“楼船夜雪瓜洲渡,铁马秋风大散关”句意,作者想象中对将士出征雄劲威武形象的描绘,与上联描摹的敌寇肆虐、城郭毁圮的凄惨场景形成强烈对比。 (张君宝)

眉山三苏祠(一)

杨庆远

宦迹渺难寻,只博得三杰一门,前无古,后无今,器识文章,浩若江河行大地

天心原有属,任凭它千磨百炼,扬不清,沉不浊,弟兄父子,依然风雨共名山

祠在眉山城内西南隅,是北宋苏洵、苏轼、苏辙父子故居。上联颂扬"三苏"的器识文章。他们做官的事迹已难查考,只知一门出了三位俊杰,前无古人,后无来者,其见识和文章,像江河奔泻于大地,无所不至。宦迹,出仕的经历与行踪。前无古,唐陈子昂《登幽州台歌》"前不见古人,后不见来者。"器识,器局与见识。江河行大地,苏轼《文说》:"吾文如万斛泉源,不择地而出,在平地滔滔汩汩,虽一日千里无难。"下联赞美三苏人格节操。原来是天意所决定,任凭千百次的锻炼、考验,褒扬,不能增他一点光彩,贬斥,也难损他一根毫毛,到如今,父子三人,仍旧在风风雨雨中巍然与名山共存。扬不清,沉不浊,《世说新语·德行》:"叔度汪汪如万顷之陂,澄之不清,扰之不浊,其器深广,难测量也。"联语从道德与文章两方面称美苏氏父子,可谓得其要领,再用苏轼的话赞扬他们,更觉十分贴切。(蒋竹荪)

眉山三苏祠(二)

张鹏翮

一门父子三词客

千古文章四大家

出句说,就宋代文坛而论,苏氏一门父子,就出了三位文学家;对句说,就古今文章宗师而论,共有四位大作家,苏轼是其中之一。四大家,指韩愈、柳宗元、欧阳修和苏轼。此联比较客观公正地评价了苏氏父子在古代

文坛上的地位。唐宋古文八大家之称,始于明代茅坤。茅坤根据科举考试的需要,即着重文章的声调、气势、开合、转折、正反等技巧法度,从古代散文中选出了适于诵读的文章若干篇,编成《唐宋八大家文钞》一书,作为应举士人必读的材料。然就文学成就言,曾巩、王安石、苏洵、苏辙尚不足以称大家,苏洵、苏辙亦不能与苏轼同日而语。故"千古文章四大家"的提法是适当的。（陈家铨）

青 城 山

李善济

溯禹迹奠岷阜以还,南接衡湘,北连秦陇,西通藏卫,东峙夔巫,葱葱郁郁,纵横八百里舆图。试蹑屐登上清绝顶,看雪岭光腾,红吞沧海;锦江春涨,绿到瀛洲。历井扪参,须臾踏蜗牛两角。争奈路隔蚕丛,何处寻神仙帑库,丈人峰直墙堵耳。回思峨眉秋月、玉垒浮云、剑门细雨,尚依稀绕襟袖间。况乃夜朝群岳,圣灯先列宿柴天;泉喷六时,灵液疑真君唾地。读书台犹存芳躅,飞赴寺安敢跳梁!且逍遥陟蘑蔔岗,渡芙蓉岛,都露出庐山面目,难遽追攀。楼观互玲珑,今幸青崖径达,问当初华渚姚墟,铜铸明皇应宛在

自轩坛拜宁封而后,汉标李意,晋著范贤,唐隐薛昌,宋征张愈,烈烈轰轰,上下四千年文物。漫借瓻考前代遗徽,记官临内品,墨敕亲颁;曲和甘州,霓裳同咏。鸾章翠辇,不过留鸿爪一痕。可怜林深杜宇,几番唤望帝归魂。高士传岂欺予哉!莫道赵昱斩蛟、佐卿化鹤、平仲驰骡,悉缥缈若遐荒事。兼之花蕊宫词,巾帼共谯岩竞秀;貂蝉画像,侍中与太古齐名。携孤琴御史曾游,吹长笛放翁再住。休提说王柯丹鼎,谭峭靸鞋,那堪他沫水洪波,无端淘尽。英雄多寄寓,我亦碧落暂栖,待异日龙吟虎啸,铁船贯郁定重来

青城山在成都西、都江堰市境内,我国道教圣地,素有“青城天下幽”之称。此联悬于建福宫后殿楹柱,全长三百九十四字。溯禹迹,追溯大禹的踪迹。传说大禹出生地在今四川西北。蜗牛两角,《庄子·则阳》:“有国于蜗之左角者,曰触氏;有国于蜗之右角者,曰蛮氏。”这里泛指许多游览景点。蚕丛,上古蜀王。见汉扬雄《蜀王本纪》。帑(tǎng)库,指珍藏物品之处。丈人峰,青城山主峰之一。圣灯,借指磷火。柴天,烧柴祭天。芳躅,前贤的遗迹。《史记》:“敏行讷言,俱嗣芳躅。”飞赴寺,佛教寺院,唐玄宗开元年间,飞赴寺僧侵占青城常道观,玄宗敕令归还道家。华渚、姚墟,地名。黄帝之子少昊出生于华渚,舜生于姚墟,联泛指古代遗迹。铜铸明皇,原青城储福观,有铜铸明皇及唐睿宗女玉真公主像。宁封,人名,曾隐居青城山,黄帝设坛拜其为“五岳丈人”。李意,李意期,汉文帝时人。范贤,即范长生,晋代涪陵人,居青城山,助李雄起义,建立成国于成都,拜为丞相,尊称范贤。薛昌,幽蓟人,唐天宝间修炼于青城。张愈,益州郫人,六诏不应,文彦博镇蜀,与张愈交,购清都观侧之地以赠之,号白云隐居。借瓻(chī),古人向人借书,以瓻盛酒为酬。联借指凭借书籍资料。官临内品,开元十二年,唐玄宗亲笔草诏书,派遣内品官毛怀景、道士王仙卿至青城,敕令飞赴寺僧将侵占之道观,归还道家,诏书刻石,于今尚在。曲和甘州、霓裳同咏,《甘州曲》,唐教坊曲名;《霓裳羽衣曲》,唐代宫廷乐舞。杜宇,古蜀王,号望帝。《高士传》,晋人皇甫谧撰,记述上古至魏晋隐逸之士九十六人。赵昱,隋朝人,拜嘉州太守,曾入水斩蛟,后归隐青城山。佐卿化鹤,徐佐卿,唐代青城道士,道书谓其曾变为白鹤,飞到长安。平仲驰骡,姚平仲,宋人,世为西陲大将,尝因兵败,骑骡奔亡,隐于青城,陆游撰有《姚平仲小传》。花蕊宫词,花蕊夫人所作之诗歌,历史上有两花蕊夫人,此指后蜀孟昶之妃。巾帼,妇女的头巾和发饰。此借指花蕊夫人。谯岩,用宋人谯定命名之青城大面山。貂蝉画像,宋代画家孙太古所绘范长生像。貂蝉,貂尾蝉文装饰的帽子。御史,指赵抃(biàn),北宋人,为殿中侍御史,弹劾不避权贵,京师号称“铁面御史”,知成都时,曾游青城,其《谒青城山》诗云:“背琴肩酒上青城,云为开收月为明。”放翁,宋代大诗人陆游,字放翁,两游青城,有句云:“再到蓬莱路欲平,却吹长笛过青城。”王柯,唐人,在青城炼丹。谭峭,五代泉州人,字景升,道教学者,居南岳炼丹修道,丹成,抛靸鞋(即拖鞋)于东海,入青城仙去。沫水,今大渡河。龙吟虎啸,《易·系辞》:

“云从龙,风从虎。”比喻人之得时。铁船贾郁,贾郁,五代闽侯官县人,始任仙游县主簿,秩满升为县令,为官清廉,正身奉法,在审理一起贪污案中,案卷末尾批两语云:“窃铜镪以润家,非因鼓铸;造铁船而渡海,不假炉锤。”铁船渡海,盖当时口语,指不可能之事。此联描述青城山幽深秀丽之景,并汇聚有关人物,表现出作者的文字修养。所述史实有详有略,剪裁得当。联文如一位导游,领着读者观赏了青城山的山川形胜,回顾了人文历史,其中化用古人诗意,更增加了全联的蕴涵。（陈家铨）

青城山天师洞(一)

黄齐生

事在人为,休言万般都是命

境由心造,退后一步自然宽

天师洞,在四川省青城山腰,相传东汉张道陵天师在此讲道,故名。此联悬于天师洞口。联语宣扬了道家老子的思想。上联说,事情办好办坏,关系在乎人,不要说一切都是命中注定。老子讲人法地,地法天,天法道,道法自然,不相信命运。下联说,环境由心(思想、欲望)造成,只要退后一步(寡欲、知足、不争)就能获得宽舒(满足)。老子说,“祸莫大于不知足”,“知足之足,常足矣”,“夫唯不争,故无尤”。联语斩钉截铁,犹如格言。

（蒋竹荪）

青城山天师洞(二)

程昌期

一生二,二生三,三生万物

地法天,天法道,道法自然

青城山为我国道教发祥地之一。东汉安帝时,张道陵于四川鹤鸣山创五斗米道,其信徒尊张道陵为天师,奉老子为教祖。上联出自《老子》四十二章:“道生一,一生二,二生三,三生万物。”谓道乃万物本源,在运动中成为混沌的统一体,故云“一”,由此“一”运动变化而为对立的双方,即“二”(阴和阳,天和地),再由“二”运动变化产生新的统一体“气”(“气”在甲骨文及金文中均作三,与三字相似而混同。详见于省吾《卜辞求义》),“气”再运动变化而为万物,万物是阴阳二气对立的统一体。是为老子宇宙生成论。下联全句则见《老子》二十五章:“人法地,地法天,天法道,道法自然。”意谓人效法地,地效法天,天效法道,道纯任自然。此为老子的四大存在关系论。“天师洞”本无可言者,倘以道教语组织之,亦徒见堆砌。联集《老子》语,便觉自然,亦有余味。老子哲学思想,此两语亦足以尽之。联语采用“顶针格”,层次明晰,易于记诵。 (蒋竹荪)

青城山天师洞客堂

福地证因缘,萍水相逢,谁是主人谁是客

名山推管领,蒲团静坐,半成隐士半成仙

联谓在此洞天福地上有这样一个清静的道观,真是天赐良缘。人们在天师洞客堂偶然相遇,如萍水相逢,谁是客人谁是主人呢?在青城这座名山,被推举为执事者,在蒲团上打坐习静,既是隐士,也是神仙啊。因缘,指机缘。萍水相逢,王勃《滕王阁序》:“萍水相逢,尽是他乡之客。”管领,执事。蒲团,用蒲草编成团形垫具,佛、道教徒们用以打坐、跪拜。联语写出一座著名道观的特殊环境,给人以人间仙府之感。 (吴关镛)

青城山天师洞斋堂

郑 燮

扫来竹叶烹茶叶

劈碎松根煮菜根

此为作者旅游四川时所作。斋堂即道士饭厅。上联说,寺后翠竹万竿,扫来的竹叶,足以烹茶。青城茶素有名,山泉亦是佳水,惟烹煮之法,陆羽《茶经》云:“其火用炭,次用劲薪。”此处就地取材,以竹叶充之,可见其简朴。下联说,山前松荫覆地,把松根劈碎,便能煮菜。菜根无味,但古人云:“性定菜根香。”《朱子全书·学四》谓:“某观今人因不能咬菜根,而至于违其本心者众矣。可不戒矣。”全联描绘了山中道士简朴生活的风貌,也点明修行人必须经过清苦的历练。上联叠用“叶”字,下联叠用“根”字,以“叶”对“根”,十分工稳。（蒋竹荪）

青城山建福宫委心亭

草亭闲坐看花笑

竹院敲诗带月归

建福宫位于青城山丈人峰下。联意谓在草亭中闲适地坐着,尽情地欣赏山花;在竹林掩映的道院中推敲诗句,乘着月光慢慢归来。花笑,为拟人手法,比喻花容之美。联语表现了悠闲恬静的生活情趣,格调淡雅清新,对仗工整,生机盎然。“闲”与“敲”,“看”与“带”显出作者对文字的锤炼能力。（谢燕华）

青城山建福宫宁封殿

晓钟历历,晚磬泠泠,细参个里机关,凡处境无非梦境

岚气重重,云峰乙乙,饱看天然图画,不学仙也是真仙

相传轩辕帝曾拜青城山的宁封子为五岳丈人。建福宫,唐称丈人观,宋改今名。内有宁封殿。这是一幅写景的佳构。上联描述道观内部。从晨钟暮磬声中渲染宁封殿这个道教修道的幽静之所。“历历”“泠泠”,形容声音清越可闻。个里机关,指宫殿里周密巧妙的布置。细细加以体察,使人觉得人世间如同梦境。下联描绘道观四周的自然景色。从岚气云峰中衬托出一派仙景。岚气,山中雾气。乙乙,此处形容山峰在云雾中难以露

出之状。山里雾气重重,云中山峰若隐若现,饱览了如画的风光,自然产生一种飘飘欲仙之感。联语切景入题,通过声音和形象的描绘把人带入仙境梦境,令人神往,使人脱俗忘怀。 (吴关镛)

青城山怡乐窠

小憩自然凉,何幸今生来福地

登临勿谓苦,会当绝顶看朝阳

上联谓游人登攀青城山,中途在凉亭小憩,凉爽宜人,浏览山景,疲劳消半,因此感到来此福地,三生有幸。下联是瞻望前程,犹言到达绝顶还需付出辛劳,从而激励登山者继续前进。“会当”句用杜甫《望岳》诗意“会当凌绝顶,一览众山小”。联语平白如话,隐寓着深刻的人生哲理。

(张君宝)

青城山古黄帝祠

于右任

启草昧而兴,有四百兆儿孙,飞腾世界

问龙蹻何道,是五千年文化,翊卫神州

传说黄帝曾来青城山访贤,故后世立祠祭祀。上联颂黄帝功绩,目前已有四亿子孙立足世界并蓬勃发展。草昧,蒙昧时代。四百兆,即四亿。下联分析原因,是什么道理呢?是五千年传统文化哺育并捍卫了它。龙蹻(qiāo),《龙蹻经》,道家所传飞行之术。传说黄帝曾来青城山向宁封真君问龙蹻飞行之道,《龙蹻经》又为仙人所读之书。翊(yì)卫,辅助。五千年文化,指以儒家思想为核心的中国传统文化。此联写作上节奏舒缓,赞颂黄帝,勉励炎黄子孙,词语庄重堂皇,充满民族自豪感。

(陈家铨)

青城山上清宫重门

钟敲月上，磬歇云归，非仙岛，莫非仙岛
鸟送春来，风吹花去，是人间，不是人间

上清宫在青城山巅，地处高台山之阳，始建于晋代，现存为清同治年间重建。“青城天下幽”，是千百年来，游人对青城山的赞颂。联语描绘了一派迷人的景色：暮钟悠悠，明月冉冉，鸟语花香，风清云绕。作者在勾画了青城山上清宫的地位与环境后，又以选择问句的形式，渲染出一种缥缈朦胧的气氛；也勾勒出游人至此的神秘感受。并写出环境之清幽。（王明珍）

射洪陈子昂读书台

马　墅

亭台不落匡山后
杖策曾经工部来

马墅，字天衢，清四川射洪人，举人。陈子昂读书台，在四川射洪。陈子昂，唐代诗人，字伯玉，四川射洪人，诗崇汉魏风骨，强调兴寄，反对柔靡之风，作品风格高昂清峻，是唐代诗歌革新的先驱，对唐诗发展颇有影响。上联写亭台，指李白读书台遗址。匡山，即大匡山，在四川江油。下联写杖策，指杜甫于唐宝应元年(762)十一月游射洪，有《冬到金华山观因得故拾遗陈公学堂遗迹》诗云：“系舟接绝壑，杖策穷萦回。”（佟　今）

德阳庞统祠

粟　穗

造物忌多才，龙凤岂容归一主
先生如不死，江山未必许三分

粟穗,清广西临桂人,道光九年(1829)进士。庞统祠在四川德阳罗江白马关落凤坡。《三国演义》中的庞统,在此中箭而死。诸葛亮,号卧龙。庞统,号凤雏。《三国演义》中有人对刘备说:卧龙、凤雏二人得一可安天下。后来卧龙、凤雏二人都归刘备,所以联文说造物忌多才,龙凤岂容归一主。造物,指天、命运。接着联文说,凤雏先生如不死,江山未必许三分。蜀汉的结局也许是另外一种局面。当然历史不容假设,但在文学作品中,作者的想象还是允许的。 (佟 今)

梓潼文昌庙

朱 廉

七十三化身,阅尽人世间显晦升沉,大富贵莫非命,真造化不论文,若无一点丹心,未许夸谈将相

千百年法眼,看破古今来穷通得丧,老头巾岂怨天,狂后生休使性,但裕六经实学,自然唾于功名

朱廉,字起堂,清云南石屏人,举人,乾隆间官四川梓潼知县。文昌庙,在梓潼七曲山。文昌,又名文曲星,中国神话中主宰功名、禄位的神,旧时多为读书人所崇祀。元仁宗延祐三年将梓潼帝君加封为“辅文开化文昌司禄宏仁帝君”后,称文昌帝君。上联意云文昌神七十三化身,看遍了人间显扬昏暗上升下沉的各种事情,大富贵都在于命,真运气不用比文章高低,但若没有一点忠贞之心,也没有资格谈论拜将封相之事。法眼,佛教认为法眼能洞见实相。穷通得丧,穷困和通达,获得和丧失。六经,指《诗》《书》《礼》《易》《春秋》《乐经》。唾,唾手可得,极言其易。下联意云文昌神的法眼,千百年来看破穷困通达、获得丧失,老书生不要怨天,年少狂妄的学子也不要使气任性,只要有六经的真才实学,要获取功名,自然唾手可得。联文虽说到命运和运气,但还是强调忠贞之心和真才实学,才是获取功名的关键所在。 (佟 今)

彭水古庙

杨裕勋

树老不知年，最喜层荫遮庙背

官闲无个事，时来此地听江声

杨裕勋，字建屏，别号笑笑居士，四川忠州(今忠县)人，清同治廪膳生，官四川涪陵、江津、达县、彭水县教谕。所题古庙在四川彭水县乌江龙门滩。此联写古庙的环境，和作者喜欢来古庙的缘由。上联说古庙周围的树木苍老到不知它生长的年岁，我最喜欢它层层树荫遮盖了庙的后背。下联说我是个闲官，有许多空余时间，经常到这里来听乌江江水的声音。联意反映了一位教谕先生心中的闲情逸致，使他从中得到诗情画意的熏陶。

(佟　今)

都江堰二王庙(一)

凿内江口以平秋汛，导外江水以慰春耕，盈亏系此身二千年，利溥害除，恩波永照秦时月

深滩低堰乃安其流，截角抽心乃顺其势，典型在西蜀十四载，科金律玉，敷土同垂禹贡经

二王庙，坐落于都江堰岷江东岸的玉垒山麓，是纪念都江堰的创建者、秦蜀郡守李冰及子二郎的祀庙。建于南北朝，初名崇德祠，宋以后历朝敕封李冰父子为王，遂易今名。现有建筑系清代重修。上联颂李冰父子筑堰治水、造福人民的伟业。“凿内江口”“导外江水”两句，是概述李冰治水方法：把岷江分作内外二支，一引水灌溉，一排洪泄水。“盈亏系此身”，二千余年来都江堰一直为川西平原提供巨大的水利效益。溥，通“普”，普及。秦时月，指都江堰，此为秦时建，喻李冰父子的功绩。末二句有一种人去物留、音杳德在的感慨。下联是对李冰及历代治水经验的

概括与评价。深滩低堰,是治水六字诀“深淘滩、低作堰”的省略,截角抽心,是“遇弯截角、逢正抽心”的省略。李冰在蜀十余年间兴办了许多水利工程,留下了不少治水经验,而这些“典型”业绩与治水的“金科玉律”,则是华夏民族的宝贵财富。敷,遍。禹贡经,即《书·禹贡》,这里代指李冰及后世治水经验的总结。本联比较详尽地评述了都江堰的巨大效用和李冰父子的治水功业,可看作是对都江堰的介绍和对李冰父子的评传。

(张君宝)

都江堰二王庙(二)

一门两禹

六字千秋

对联仅用八个字,高度概括和颂扬了李冰父子的历史功绩。上联颂扬李家一门涌现出两位夏禹式为民治水的伟人,创下的业绩世人永远不会忘怀。下联评赞李冰提出的“深淘滩,低作堰”的六字治水诀光照千秋,永垂后世。联语用辞极其精练,以四个数词与四个名词结合,简明扼要,易读易记。

(谢燕华)

峨眉山洪椿坪(一)

比洪崖胜地如何?听暮鼓晨钟,云去云来空渺渺

有椿树撑天不老,任风刀霜剑,花开花落自年年

洪椿坪在峨眉山腰,是一座林木葱茏、环境清幽静雅的山间古刹。现存殿宇为清乾隆四十七年(1782)所建,寺前有古老洪椿树,故名。每当炎夏清晨,常有靡靡细雨向庭院洒落,令人感到清爽,人称“洪椿晓雨”,“山行本无雨,空翠湿人衣”,即写此景。出句直以一问句发端,引出江西的传为黄帝之臣洪崖炼丹处作比,来强调此地的出尘迈俗,风景绝异。江西的洪崖虽有石壁陡绝、飞泉奔注,但何及这里“暮鼓晨钟,云去云来”的空洞缥缈

的境界。下联直写本地，并紧紧扣住洪椿树抒怀。俗传寺前数株椿树是春秋时代所植，故有“撑天不老”之誉。风刀霜剑，比喻自然界乃至人世间虽有各种严酷事实，椿树仍旧根深叶茂，花开花落，年复一年。联语洒脱传神，令人回味不尽。（张君宝）

峨眉山洪椿坪(二)

兴来醉倒落花前，天地即为衾枕

机息坐忘磐石上，古今尽属蜉蝣

上联大意：兴致来时，在落花前醉倒，天空当作衾被，大地就是枕席。有晋刘伶《酒德颂》“幕天席地，纵意所如，其乐陶陶，兀然而醉”之意。下联大意：名利心息灭了，忘却躯体和智慧，领悟到古往今来不过一瞬间。机息，名利得失的机心息灭。坐忘，《庄子·大宗师》：“隳肢体，黜聪明，离形去知，同于大通，此谓坐忘。”磐石，大石。蜉蝣，虫名。寿命极短，朝生夕死，此喻短暂的时间。联语从空间(天地)和时间(古今)两方面抒写了作者追求精神解脱与自然融为一体的直觉体验。（蒋竹荪）

峨眉山洪椿坪(三)

爱新觉罗·玄烨

一粒米中藏世界

半边锅里煮乾坤

此联化用《五灯会元》卷八：“一粒粟中藏世界，半升铛内煮山川。”按佛教华严宗教义之一是“一即一切，一切即一”。《华严一乘教义分齐章》分析说：“一”是“十”的基数，“十”由十个“一”构成，无“一”即无“十”，可知一就是十；同理，十中每个一的自体，也就是第一个“一”，十之本身无独立自性，所以说十即是一。由此推论，多与一，一与多，整体与部分，一般与个别都是相等关系。那么，一粒米中可知世界之广，半边锅可知天地之大。

（蒋竹荪）

峨眉山万年寺弥陀龛

愿将佛手双垂下
摩得人心一样平

凡游峨眉,取道“天下第一山”大门牌坊,去清音阁,登金顶,必首经万年寺,寺中即可见弥陀龛排空而立。本联取佛家偈语格式,宣诵菩萨宏愿:祈祷佛手之垂,实现人心之平。从这个“摩”字,可以品味出安详的垂手动态,体现出我佛慈悲之怀。以这庄严佛像,发海潮音,垂手之因,就可结出吉祥之果,希望大千世界,人心一样平和,既无尔虞我诈,亦不狗苟蝇营,皆大欢喜,永弭刀兵,此般若无碍之真谛,亦峨眉传世之因缘。这一通大乘法用通俗的口语道出,游人读来,更加亲切易懂。（何以聪）

峨眉山清音阁

赵朴初

天著霞衣迎日出
峰腾云海作舟浮

阁在峨眉山牛心岭下,山环水抱,风景秀丽。上联描绘日出之景。满天朝霞,五彩纷披,在迎接冉冉上升的红日。下联刻画云海之景,谓山峦在云海中奔腾,峰尖有如小舟,起伏荡漾。作者善于抓住峨眉奇景,用拟人手法,把朝霞满天比为天著霞衣;又把云绕峰头,比为船浮云海,十分形象生动。（唐　音）

峨眉山双飞桥

刘光第

双飞两虹影
万古一牛心

双飞桥，在峨眉山清音阁。桥跨“黑龙”“白龙”两水之上，故名。两水汇合处，有巨石突兀，状如牛心，名“牛心石”。上联写桥，谓桥如两道彩虹，比翼双飞于翠微景色之中。下联写石，谓石挺立于二水交汇之处，万古永恒。上联原作“双桥两虹影”，后杨樵谷改为“双飞”，把静态改为动态，使全联更富有神采。（陈家铨）

峨眉山报国寺

秋月朗晴空，五夜山风狮子吼

菩萨开觉路，千年花雨象王宫

寺在峨眉山麓，建于明万历年间，原名会宗堂，清康熙更名报国寺，取“报国主恩”之意。寺背靠凤凰坪，左依伏虎山，为入山门户。上联说，秋夜月朗中天，五更的阵阵山风好像佛祖宏亮的声音。五夜，五更。狮子吼，比喻佛音。《传灯录》谓：“释迦牟尼降生，一手指天，一手指地，作狮子吼：‘天上地下，唯我独尊！’”下联说，菩萨开导弟子，传经说法，天上曼陀罗花纷纷散落。花雨，《法华经·序品》云，佛祖讲经时天空普降曼陀罗花。象王宫，普贤菩萨骑象，称为大象王菩萨，此指佛教道场。联语将目前景物与佛教历史典故结合起来，使人如置身佛门清净道场之中。（蒋竹荪）

峨眉山报国寺方丈室

于右任

立身苦被浮名累

涉世无如本色难

1935年夏，作者游报国寺，见客堂有当时显贵赠方丈果玲的诗幅，觉方丈好名之心未泯，因撰此联以劝。上联谓立身苦被浮名所累，其苦实不堪言。儒家向来重视名声，孔子曾说：“君子疾没世而名不称焉。”（《论语·卫灵公》）后出的《孝经·开宗明义章》更说：“立身行道，扬名于后世，以显父母,孝之终也。”但佛教认为诸法空相,一切世俗的差别、界限,终属虚幻,浮名实不值得去追求,而因追逐浮名带来的烦恼困苦,更成身心之累。下联谓处世最难的是保持本来面目。人生在世,不能不受伦理、道德以及社会习惯等意识形态的制约与束缚。要依自已本来纯净的心志行事,实为不易。联语词句浅近,而含意深远。据说果玲和尚读后,深感愧怍,有所憬悟。

(周　艺)

峨眉山伏虎寺(一)

王曰曾

山色溪声,领略几许禅机,过去未来现在

花香鸟语,普示无边圆觉,碧莲白象青狮

伏虎寺原名龙神堂,宋时改今名。上联说,山色溪声,在过去现在未来的变化中,可悟到生生灭灭、无有常住的一些禅理。山色溪声,苏东坡有“溪声便是广长舌(佛的说法讲经),山色岂非清净身”的诗句。下联说,在释迦、普贤、文殊座前,花香鸟语,显示着圆满的佛性。碧莲,释迦坐莲台,借指释迦。白象,普贤骑象,借指普贤。青狮,文殊骑狮,借指文殊。圆觉,圆满的佛性。此是禅宗讲悟道之联。禅宗自居教外,单传心印,不立文字,讲究顿悟。常用比喻、隐语或动作来启发人,要人们自已去领悟言外之意,弦外之音。

(蒋竹荪)

峨眉山伏虎寺(二)

赵朴初

山色千重眉鬓绿

鸟声一路管弦同

此为作者 71 岁再度游峨眉山时所作。上联写峨眉山千山万壑,翠色扑面而来,似乎要把眉毛鬓角都染黑了。绿,乌亮之色。唐李白《怨歌行》:

“沉忧能伤人,绿鬓成霜鬓。”宋范成大游峨眉山诗有“如今雪鬓应堆绿”句。下联说沿途鸟声婉转,如同奏出清脆悦耳的乐章。联语概括了作者游山所见所闻所感。峨眉山万绿满望、鸟声盈耳,一片生气勃勃,似乎人也鬓发变黑,返老还童。其兴奋喜悦之情,跃然纸上。 (蒋竹荪)

重 庆 市

涪陵碧云亭

看碧云亭新霁初开,一笑昂头,出寺钟声破空去

问黄山谷旧游何处?几回搔首,隔江岚翠扑人来

碧云亭在重庆市涪陵区东北的长江、涪陵江汇合处,是宋代黄庭坚任涪州知府时所建。其处多雾,难有晴天。联语用拟人的手法,从声和色两方面入手描写碧云亭佳景,兼及对古人的怀念。霁,雨后转晴。岚翠,指山中翠绿色的雾气。黄山谷,即黄庭坚,宋代文学家、书法家,曾被蔡卞等诬陷,贬至涪陵。钟声笑声,破空而去;碧云翠岚,扑面而来,充满了山郊古寺的野趣。

(陈永泉)

云阳张桓侯庙(一)

慕汉宋两完人,文章绝世、书法绝世

称巴蜀一胜境,琵琶有声、铜锣有声

张桓侯庙,即张飞庙,在重庆市云阳县外濒长江南岸的飞凤山麓。张飞死后谥“桓”。上联写庙中陈列物。“汉宋两完人”是指蜀汉名将张飞和宋代名将岳飞。文章绝世,指岳飞的《满江红》为后人千秋传诵,书法绝世,指张飞善书法。下联写庙外景物。此庙雄踞江岸,依山傍水,气势巍峨,且

林木葱茏,环境清幽,“称巴蜀一胜境”,可谓不虚。又庙背倚“琵琶山”,前临“铜锣渡”。“有声”,夸张而又绘声绘色地颂扬了张飞其人,而得其妙。联语以胜地的“绝世”之作,以绝奇山水来衬托张飞的不俗不凡,在众多题张飞庙(祠、墓)对联中为蹊径另辟的佳作。 (张君宝)

云阳张桓侯庙(二)

吴 镇

雄猛让一人,武善提戈文握管
精英传万世,唐曾显姓宋留名

吴镇,字信辰,号松崖,清甘肃临洮人,乾隆十五年(1750)举人,官湖南沅州知府,晚年主讲兰山书院。上联谓其雄猛,只让关羽一人,他武艺雄壮威猛,善于提戈杀敌,但他又善画,故联文说他“文握管”,“管”即指笔。下联说他英名传万世,唐曾显姓,指唐代张巡,率兵抗击安禄山,在睢阳战死。宋留名,指宋代名将岳飞,与张飞同名。此联赞颂了张飞的武功文才,又表彰了张飞留姓名于后世,这是联作者对张飞的极力崇拜与褒扬。(沈树华)

奉节白帝城

巫山峡锁全川水
白帝城排八阵图

白帝城位于重庆市奉节县长江北岸的白帝山上,相传为刘备托孤处。上联写形胜。白帝城扼瞿塘峡上口,东有赤甲山,南有白盐山,两峰对峙,直插云天,紧束江面,锁住劈巫山而下的滔滔江水,形成川东要地——夔门。世称“夔门天下雄”,历来为兵家必争之地。下联咏史迹。公元222年,蜀主刘备率部与吴将陆逊相拒夷陵,被陆火攻惨败,退入白帝城,陆逊紧追不舍,后为诸葛亮预布的八阵图所迷困,乃惊恐而去。八阵图在白帝城下的江边,随着江水的涨落而时隐时现,看去只是一些大大小小的石头,实是孔明当年摆下的战阵。上联一个“锁”字,突出了白帝城处水陆要冲,扼全蜀咽喉。下联一个“排”字,说出了八阵图的奇妙。全联气魄雄伟,笔力千钧。（王齐孙）

合川钓鱼城护国寺

千寻峭壁江烟锁
半岭残寺树色封

钓鱼城在重庆市合川区东钓鱼山上,为南宋四川制置使兼知重庆府事余玠为抗击元兵而筑,宋军坚守该城 36 年之久。护国寺内有宋、元、明、清各代碑刻。联语谓:江雾云烟像一层薄纱将高耸的悬崖峭壁遮掩了,半山上古老的寺庙也被浓郁的树色所隐蔽。联语色调古朴,意境朦胧,通过写景及“峭壁”“江烟”“锁”“封”等词,写出此地不同寻常,使人联想起古城名寺的历史渊源。（谢燕华）

贵 州 省

贵阳甲秀楼

烟雨楼台山外寺
画图城郭水中天

贵阳甲秀楼之秀,闻名四海,本联就着意刻画此楼之秀。甲秀楼在城南南明河的鳌矶上,以楼阁景物结构掩映见长。上联说,楼台蒙上一层烟雨,已富朦胧秀致,而这秀致独处山外,不太近又不太远,刚好够上领会这一份朦胧秀致的距离,这是环绕山的视角描摹出的楼的秀色。烟雨楼台,唐杜牧《江南春绝句》有“南朝四百八十寺,多少楼台烟雨中”句。下联说,城郭宛若画图,已令人向往于其整齐洁净的秀态,而这番秀态又都倒影水中。这是环绕水的视角描摹出的又一种秀色。上下联采用七律对仗形式,婉丽而精致,与内容所写的灵秀之气协调一致,登楼者读来,更能领略甲秀楼秀的精髓。

(何以聪)

贵阳甲秀楼翠微阁

汪炳璈

半面江楼,半面山楼,书画舫,容我掀髯大笑,邀几个赤松、黄石、白猿来一评今古

数声樵笛,数声渔笛,翠微天,尽他拍手高歌,听不真绿水、清风、明月引万象空濛

翠微阁在贵阳市南明河畔甲秀楼右边。上联从邀古人作客,谈今论古,写楼阁恍如仙境。一、二句点出翠微阁依山傍水的特点。书画舫,形容此阁风雅别致。舫,游船。掀髯大笑,描画出主人畅怀开朗,乐观旷达之神态。赤松,赤松子。《列仙传》:“赤松,神农时雨师。”黄石,黄石公。据说秦末曾传张良《天书》一卷。白猿,传说春秋时代,越国有处女善舞剑,她在路上遇一老翁,自称袁公,与她试剑,试毕飞上树,化为白猿而去。下联从音响角度描绘楼阁胜景。这里有渔笛、樵笛,悠扬宛转,声声入耳。这里有绿水、明月、清风,自然界各种美妙动听声响组成一支春天的乐曲,令人心旷神怡。翠微天,草木青翠的季节,指春天。空濛,迷茫的样子。联语想象奇特,豪放灵动,写邀仙人作客,何等神奇俊逸;引各种声响入联,何等巧妙飞动。

(吴关镛)

贵 阳 龙 井

地缩三弓,墙外让人行路

桥添一角,座中留客听泉

龙井,在贵阳北门桥侧,亦名一品泉。此联写龙井左右的一个茶馆。联语赋自然风物的地与桥以丰富的人性。一面压缩面积,好让墙外的人行路,一面补充建筑,留客听泉饮茶,可谓尽其所能为过往客商提供方便与舒适环境。弓,旧时丈量地亩的计算单位。五尺为一弓。联语用词自然平易,上下对仗妥帖,极富人情味。字里行间透出素朴之美。 (谢燕华)

贵阳头桥

说一声去也,送别河头。叹万里长驱,过桥便入天涯路

盼今日归哉,迎来道左。喜故人见面,握手还疑梦里身

桥在贵阳北关外,建于明代,为送别及迎客之处,今已不存。上联写惜别之恨。说一声我告辞了,眼看亲友含泪送别,想着茫茫征途,过桥之后便要走向天涯,不禁阵阵心酸。天涯,强调旅程之远,与“万里”同是夸张之词。马致远《天净沙·秋思》词:“断肠人在天涯。”下联写归来之乐。久盼归来,今天算是实现了,亲友在路旁争相迎接,彼此见了面,握着手,还疑身在梦境中呢。梦里身,化用杜甫《羌村》诗“相对如梦寐”。联语不正面写桥,而把人们在桥上送迎的状貌和感情写得十分传神逼真。“叹”字突出了离愁别恨,真有“黯然销魂者,唯别而已矣”(江淹《别赋》)之慨。“喜”字突出归乐,隐寓“别时容易见时难”(李煜《浪淘沙》词)之意。虚字“也”“哉”,大大加强了联句的感情色彩。 (蒋竹荪)

贵阳城隍庙

站着!你背地做些什么?好大胆还来瞒我

想下!俺这里轻饶哪个?快回头莫去害人

对联以城隍爷的口气写来。上句突兀一声断喝,想必令做过坏事的人胆战心惊。对句语气委婉,规劝来者改邪行善。联语全部用口语,刚柔并济,明白通晓,而劝善戒恶之理甚明。 (王明珍)

贵阳图云关茶亭

两脚不离大道,吃紧关头,须要认清岔路
一亭俯看群山,占高地步,自然赶上前人

图云关,在贵阳城东南二里的高山上,为古驿道必经之峡口。旧时设有茶亭。此联从图云关亭上眼前景物着笔。上联说两脚不停赶路,在行走艰难时,要认清岔路再走。下联云从亭中俯看群山,站得高,看得清,看得远,再向前行走,便可赶上前行之人。大道,也可以指正确方向。岔路,也可以指邪路。作者用双关语告诉人们一条哲理:在人生旅程中遇到迷惑不清的关键时刻,头脑要保持清醒,把握正确方向,切不可误入歧途;要高瞻远瞩,努力向前,自然会“赶上前人”,甚至超出“前人”。写景寓理,手法甚新,且语言通俗晓畅。 (戚万丰)

镇远祝圣桥

扫尽五溪烟,汉使浮槎撑斗去
辟开重译路,缅人骑象过桥来

桥在镇远中和山下,横跨沅水之上,约建于元代。附近中和山有许多建筑,殿阁楼亭,金碧辉煌。清道光咸丰年间缅使者多次经过此桥,逗留中和山,是黔东著名旅游胜地。上联说,东汉之时,马援率军平定五溪,曾乘木筏撑崖渡水而过。五溪,指雄溪、蒲溪、酉溪、沅溪、辰溪,在今湖南西部贵州东部一带,为少数民族聚居地。烟,烽烟或烟尘,借指兵乱。汉使,东汉伏波将军马援。《后汉书·马援传》有马援征五溪的记载。浮槎,木筏或木船。撑斗,斗通陡,陡峭的山崖。下联说,清朝末年,通过辗转翻译,缅人乘大象路过,逗留中和山。重译,辗转的翻译。联语形象地描绘了上下千余年镇远与内地、国外交往关系,其中景物记叙,颇有特色,如“浮槎撑斗”是当时汉人水上交通情况,“骑象”则为当时缅人陆上交通工具,均甚有地

方风土气息。 (蒋竹荪)

黄平飞云洞

龚学海

洞辟几时,问孤松而不语
云飞何处,输老鹤以长闲

飞云洞在贵州黄平县的东坡山上,又称飞云崖。此联构思模式出自董其昌"泉自几时冷起,峰从何处飞来"一联,但也有其不同之处。上联一个问句从时间角度发问,以孤松不语作答,巧妙地写出飞云洞年代之久远,引人深思。下联也用一个问句,扣住洞名,从空间角度发问,巧妙地以老鹤表露的长闲姿态作答,想象奇特,意境开阔。输,表露。联语两次发问,构思巧妙,耐人玩味。 (吴关镛)

黄果树瀑布观瀑亭

白水如棉,不用弹弓花自散
红霞似锦,何须梭织天生成

黄果树瀑布,在贵州省镇宁布依族苗族自治县城西南的白水河上,是我国最大的瀑布。白河水从悬崖绝壁上直泻而下,形成九级瀑布,落差105.4米,其中黄果树瀑布一级落差72.4米,宽约30米。瀑布亭在犀牛潭畔。原亭在"文革"中被毁,现亭是"文革"后重建的,并改动了原联的下联。原下联是"红岩似火,何须薪助焰亦高"。联语上联写瀑布奔涌而下磅礴的气势:瀑布从上向下飞溅而起的浪花,犹如雪白的棉花四处飞散。下联写阳光下的瀑布绚丽的景色:瀑布宛若一幅天然生成的锦缎,五彩缤纷,霞光四射。此联语言通俗,善用比喻,富有农村生活气息。

(谢燕华)

云南省

昆明西山华亭寺(一)

杨慎

一水抱城西,烟霭有无,拄杖僧归苍茫外

群峰朝阁下,雨晴浓淡,倚栏人在画图中

寺在昆明华亭山山腰,与太华寺、三清阁同为西山三大名胜。寺原系宋代大理国鄯阐侯高智升的别墅,始建于元代延祐七年(1320)。它殿宇宏丽,佛像庄严。此联是作者在明嘉靖年间应寺僧德林之请而作。上联从华亭山眺望水景。滇池绿水围绕省城西面,轻烟薄雾,忽隐忽现,一位老僧正拄着手杖从迷茫的远处归来。烟霭,云气。下联从滇池上眺望山景。群峰涌向殿阁,山间时雨时晴,山色时浓时淡,美人峰就出现在如画的林峦之中。倚栏人,指西山美人峰。清孙鹏《望西山》诗:"满楼山屹屼,好是美人峰。"阁下,指流丹阁之下。作者是明代著名诗人,写联信手拈来,语言平仄协调,音调铿锵,颇富诗情画意。将景、人、事、情,作了最优选择与最佳组合,构成联语清新淡雅的意境美。 (蒋竹荪)

昆明西山华亭寺(二)

赵藩

谁见碧鸡,玉韫山辉,望祀高文传汉使

曾来白鹤,天澄海净,凌虚清唳拟华亭

上联写山。谓"碧鸡"的故事,指汉朝使者远道撰文祭祀,使整个山平添无限光辉。碧鸡,即西山,据说周代有凤凰鸣于西山,当地人不识凤,呼为碧鸡,因得名。玉韫山辉,形容西山景色秀丽、明朗。晋陆机《文赋》:"石韫玉而山晖。"望祀高文传汉使,据说汉宣帝刘询听到益州郡有"金精神马"和"缥碧之鸡",便派遣大臣王褒前往求取,王褒阻于道,在建宁写了《移金马碧鸡文》,遥望滇池祭祀,以表"敬移"之意。高文,即指此文;汉使,就是王褒。下联写寺。"白鹤"的传说,让人们如闻华亭鹤清越的鸣声,驻足而眺,更觉得天清海净了。白鹤,传说华亭寺初建上梁时有群鹤翔集,人们视作华亭仙翮,因有华亭寺之名。天澄海净,形容西山明净高爽,景色宜人。清唳,鹤的清越高亢之声。《世说新语·尤悔》:"陆平原(机)河桥败,为卢志所谗,被诛,临刑叹曰:'欲闻华亭鹤唳,可复得乎?'"联语熔民间传说、历史掌故和山川风物于一炉,形象地点明了山名寺名命名的由来。

(吴关镛)

昆明西山太华寺海月堂

漫云有诗有画,及放胆如何落笔

借问是月是水?且忘机时一凭栏

太华寺,在太华山腰,系西山最大佛寺。联语是登高凭栏远望后的议论,对景物仅以"有诗有画""是月是水"八字概括。联谓"如何落笔",即含颇费踌躇之意,写出心机泯除之态,加以偶一凭栏之描写,超脱之状跃然纸上。这些都突出海月堂的景色奇妙无比。"是月是水",写出月在水中、水中有月的那种水月交辉,使人产生如实如幻的奇妙感觉。忘机,指忘却尘世机巧之心而归本心自然,自甘恬淡,与世无争。李白《下终南山过斛斯山人宿置酒》诗:"陶然共忘机。"联语似系平实写来,却留给读者很大的想象空间。

(张君宝)

昆明西山三清阁

置身须向极高处

举首还多在上人

三清阁和龙门是昆明西山游览路线的终点,也是风景最佳处。三清即玉清、上清、太清,为道教最尊的天神所居。“时出云烟铺下界,夜来钟磬响诸天”,可见宫观位置之高。“三清境”石坊背面刻有此联。联语为流水对,上下句意思连贯,时间像无终点的长河,人生旅程也像登攀高山,立脚点要高,只有高瞻,才能远瞩,这便是置身须向极高处之意。在攀登道路上又会发现不少人已走在我的前面,因而不能满足,不能停止,这便是“举首还多在上人”之意。总而言之,人生就是永无止境的攀登,一息尚存,只有逗号,没有句号。联语寓处世哲理于即景抒写之中,发人深思。

(蒋竹荪)

昆明西山飞云阁

半壁起危楼,岭如屏,海如镜,舟如叶,城郭村落如画。况四时风月,朝暮晴阴,试问古今游人,谁领略万千气象

九秋临绝顶,洞有云,岩有泉,松有涛,花鸟林壑有情。忆八载星霜,关河奔走,难得栖迟故里,来啸傲金碧湖山

飞云阁在昆明西山罗汉山,建于万丈峭壁之上。上联第一句登阁眺望,突出景点之高。危楼,高楼。李白《夜宿山寺》诗:“危楼高百尺,手可摘星辰。”登高俯视,山水、游船、城郭、村落历历在目,犹如一幅水墨风景画。海,指滇池。状物绘景时连用四个比喻句,一句一景,使整幅画面栩栩如生。昆明虽四季如春,但早晚气候不同,晴阴莫测,景色变幻多姿。最后用一问句,发出古今有谁能领略这万千气象的感慨。下联先写秋天飞云阁之景。九秋,深秋。梁元帝《纂要》:“秋曰三秋,亦曰九秋。”洞云、岩泉、松涛、花鸟、林壑,无物不美,无物没有自然的情趣。作者不禁对自己多年奔走四方,无暇回乡欣赏,流露出深深的遗憾之情。星霜,指年岁。关河,指路途艰险。啸傲,写出豪放爽朗的性格。陶渊明《饮酒》诗:“啸傲东轩下,聊复得此生。”全联写景生动,抒怀深沉。

(吴关镛)

昆明西山龙门

乾坤浮一镜
日月跳双丸

龙门位于西山罗汉山悬崖峭壁上。有达天阁石坊、石室、龙门石坊、慈云洞、云华洞等景。开凿于乾隆四十六年(1781),完成于咸丰三年(1853),前后持续72年之久。山顶尚有石室平台,可经公路直达。号称昆明第一胜景。上联从空间角度写。作者从杜甫《登岳阳楼》“乾坤日夜浮”诗句得到启发,说平台如一面明镜,日夜飘浮在天地之间。下联从时间角度写。作者从《庄子·知北游》“人生天地之间,若白驹之过隙(阳光掠过空隙)”句得到启发,说人生一世,好像阳光掠过。日月,指阳光,也指时间。跳,掠过。杜牧《寄浙东韩义评事》诗:“跳丸日月十经秋。”双丸,原喻日月,此处喻慈云、云华两洞。联语“一镜”“双丸”的比喻,极为巧妙。短短十字之联,抒发了宇宙永恒、人生有限的感慨。 (唐 音)

昆明聂耳纪念亭

埂 石

旷代天才,回荡当齐马赛曲
炎黄后胄,激扬永振义勇军

聂耳(1912—1935),云南玉溪人,生于昆明。自幼酷爱音乐。1930年到上海进入明月歌舞团。1933年参加中国共产党。1934年进入百代公司,创作发行了大量革命歌曲。1935年4月取道赴苏联学习,7月在日本海滨游泳不幸溺水逝世。作品有《大路歌》《毕业歌》《义勇军进行曲》等,对抗日救亡运动起了很大推动作用。其《义勇军进行曲》在中华人民共和国成立后被定为《中华人民共和国国歌》。纪念亭建于昆明圆通山顶。上联意谓,空前未有的时代天才,他那回荡在人们耳边的歌声,可与《马赛曲》并驾齐驱。旷代,空前。《马赛曲》,原名《莱茵军战歌》,表达了法国人民争取民主反对暴政的革命意志和爱国热情,马赛营志愿军歌唱此曲进军巴黎,后广泛流传,被称为《马赛曲》,1795 年定为法国国歌。下联意谓,中华后代子孙不断从《义勇军进行曲》中汲取奋发、前进的力量。炎黄,炎帝、黄帝,代表中华民族祖先。后胄,帝王或贵族的后裔。义勇军,即《义勇军进行曲》。

（蒋竹荪）

昆明翠湖

青鲤跃碧波,吞却三分明月

红莲开翠海,招来一瓣馨香

翠湖为昆明市内游览胜地。康熙时建碧漪亭(又称海心亭)。每当春夏季节,湖岸柳丝含烟摇曳,袅娜婆娑,湖内荷花红幢绿盖,鲜色袭衣,故名翠湖。此联最大的特点是给人以色彩动态之美感。青、碧、红、翠,呈五彩缤纷之色。跃、吞、开、招,显活泼欢腾之态。上联描绘湖面的夜景,重点突出幽静。联句勾勒的是湖面的日景,重点表现其秾艳。幽静而不沉闷,秾艳不失清新,对比描写起到了互相映衬的作用。尤其是"吞却三分明月"的艺术构思给景色平添几分迷人的美感。

（王明珍）

昆明翠湖碧漪亭

黄奎光

有亭翼然,占绿水十分之一

何时闲了,与明月对饮而三

出句化用欧阳修《醉翁亭记》"有亭翼然,临于泉上"之句写景:此亭如鸟展翅,屹立湖心,只占绿水十分之一,眼界无比空阔。对句化用李白《月下独酌》"举杯邀明月,对影成三人"诗句抒情:何时能闲下心来,携一壶酒,亭间独饮,与明月做忘情朋友。联语用典如盐溶于水,不着痕迹。下联的

“何时闲了”一个问句,感慨深沉。反映了作者对官场污浊、世俗尘嚣虽厌而不能弃,对湖山胜景虽爱而不能至的矛盾心情。（余心乐）

昆明大观楼(一)

孙髯

五百里滇池,奔来眼底。披襟岸帻,喜茫茫空阔无边。看东骧神骏,西翥灵仪,北走蜿蜒,南翔缟素,高人韵士,何妨选胜登临。趁蟹屿螺洲,梳裹就风鬟雾鬓;更苹天苇地,点缀些翠羽丹霞。莫辜负四围香稻,万顷晴沙,九夏芙蓉,三春杨柳

数千年往事,注到心头。把酒凌虚,叹滚滚英雄谁在?想汉习楼船,唐标铁柱,宋挥玉斧,元跨革囊,伟烈丰功,费尽移山心力。尽珠帘画栋,卷不及暮雨朝云;便断碣残碑,都付与苍烟落照。只赢得几杵疏钟,半江渔火,两行秋雁,一枕清霜

大观楼在昆明小西门外大观公园内,与碧鸡山隔水相对。始建于清康熙二十九年(1690),后毁于兵火。今楼为同治年间重建,共三层,朱墙碧瓦,斗栱飞檐,极为壮观,为历来吟咏游览胜地。滇池,又称昆明池、昆明湖,在昆明市西南。披襟岸帻,敞开衣襟,推起头巾,露出前额,表示闲适的样子。宋玉《风赋》:“王乃披襟而当之。”《晋书·谢奕传》:“岸帻笑咏,无异常日。”神骏,指金马山。东骧,东奔。灵仪,指碧鸡山。相传有凤鸣其上,当地人不知为何物,呼为碧鸡。凤凰为灵禽,《书·益稷》有“凤凰来仪”句,故称为灵仪。翥,高飞。蜿蜒,指陑(hóng)山,即蛇山。缟素,白绢,指白鹤山。选胜,选择胜景。蟹屿螺洲,形容屿似螃蟹,洲如螺蛳。屿,小岛。翠羽,绿色的鸟雀。丹霞,红色的云霞。九夏,指九十天夏季。芙蓉,荷花。三春,指春季三个月。凌虚,耸立空际。滚滚,本指奔流,此同衮衮,谓连续不断。唐杜甫《醉时歌》:“诸公衮衮登台省。”楼船,战船。《史记·平准书》:“武帝大修昆明池,治楼船。”铁柱,《新唐书·吐蕃传》:“九征毁絙夷城,建铁柱于滇池以勒功。”联即借指此事。玉斧,以玉饰柄之斧。据《续资治通鉴·宋纪》:“王全斌既平蜀,欲乘势取云南,以图献”,宋太祖“以玉斧

画大渡河以西,曰‘此外,非我有也’”。宋曾觌《壶中天慢》词:“何劳玉斧,金瓯千古无缺。”革囊,羊皮筏子。《元史·宪宗本纪》:“忽必烈征大理过大渡河,至金沙江,乘革囊及筏以渡。”珠帘画栋、暮雨朝云,唐王勃《滕王阁诗》:“画栋朝飞南浦云,珠帘暮卷西山雨。”用以借喻封建王朝更迭迅速。疏钟,稀疏的钟声。杵,撞钟的木椎。全联意谓:这五百里方圆的滇池,奔到眼前,敞开衣襟,推起头巾,高兴地欣赏这辽阔无际的湖山。请看,东边的金马山,若骏马奔驰,西岸的碧鸡山,如凤凰展翅,北部的㜁山,似长蛇蜿蜒,南面的鹤山,像白鹤飞翔,诗人雅士,何不选择胜境登临游览。那水上的小岛小洲,花树纷披,恰如风中美女的环髻,雾中的鬓发。即便是蘋叶芦苇的天地,也有翠鸟争鸣,红霞远映。切莫辜负滇池四周扬花吐穗的香稻,风日晴和连绵万顷的沙滩,炎炎长夏亭亭玉立的荷花,明媚春天婀娜多姿的杨柳。几千年的往事旧迹,涌上心头,举起酒杯,对着长空,慨叹历史上过往的英雄,而今有谁还在?试想汉武帝操练水军,准备攻伐滇国,唐中宗远征边疆,树立纪功铁柱,宋太祖手挥玉斧,划定版图疆界,元世祖命乘皮筏,渡江平定云南,为了创建伟绩丰功,帝王们真是费尽移山的气力。然而,尽管皇宫有雕绘的梁柱,珠缀的帘子,总挡不住变幻莫测的政治风云,于是纪功碑碣被推倒打碎,横卧在荒烟蔓草落日余光之中。到头来,只赢得,古寺里断续稀疏的钟声,江边上半明半暗的渔火,秋空中两行倦飞的归雁,梦醒时枕上寒冷的清霜。上联写景。开头说滇池风光诱人,美不胜收。继以“喜”字为眼。“茫茫空阔无边”是总写,下面具体刻画。领字“看”直贯末尾,中间从各个角度铺叙景物,气势不凡。“东骧神骏”等六句,写山景,是重点,用排句,骧、翥、走、翔,把山脉写得活灵活现,跃跃欲试。“趁蟹屿螺洲”四句,写水上之景,也各具风姿。“莫辜负”以下四句,写季节之景,是重点,用排句。“莫辜负”三字使景物含情,也是作者感情的外化,极为传神。而数量词“四围”“万顷”等适当、连续的运用,扩大了空间时间的跨度,把昆明城写得处处有景,时时可游,令人心驰神往。下联抒怀。开头回顾云南历史,感慨深沉。继以“叹”字为眼。“滚滚英雄何在”是总写,下面具体描绘。领字“想”,直贯末尾,中间列述汉、唐、宋、元兴衰过程,气势磅礴。“汉习楼船”等六句,是重点,用排句,一连串的人物活动,概括了云南史实,显示了英雄业绩。“尽珠帘画栋”等四句点明朝代衰亡原因。“不及”还含有来不及享受就易主之意。“只赢得”以下四句写结局,用景语,一切景语皆情语,也是重点,用排句。数量词“几杵”“半江”等巧妙而连续的运用,加重了结局冷落凄清的气氛,与前面轰轰烈烈的英雄业绩形成鲜明对照,同时又是上联生气蓬勃自然景色的强烈反衬。清乾隆朝是文字狱颇为严酷的时代,人们钳口结舌,出现了万马齐喑的局面。独孙髯胸怀卓识巨胆,挥其如椽之笔,写下了这副气魄雄伟、光照千秋的长联,一面赞颂祖国的壮丽河山,表示其赤子之心,一面揭示清王朝的必然灭亡,抒发其胸中之愤,真是惊天动地,震烁今古。同时代人曹雪芹的《红楼梦》,通过贾府主人散亡的描写,虽也隐喻封建王朝必将结束之意,但毕竟是客观上的暗示,孙联则旗帜鲜明地提出汉唐宋元都已灭亡,当今王朝亦难避免的预言,难怪道光年间云贵总督阮元见了,不禁惊呼:“以正统之汉唐宋元伟烈丰功总归一空为主,岂不骎骎乎说到我朝?”于是寻找借口,对长联作了徒劳无益的篡改。此联的首创性及对后世长联的创作提供了宝贵的借鉴,凡是讲楹联的书,几乎都提到它。除梁章钜《楹联丛话》出于偏见对它有所指摘之外,无不同声赞誉,因为它无论思想性或艺术性都达到了前所未有的水平,而且两者又作了完美的结合,不愧为古今第一长联,可以与世长存。 (蒋竹荪)

昆明大观楼(二)

放开眼孔穷天地

别有心肠蕴古今

上联写登楼所望,虽未言楼之巍峨宏大,但一个“穷”字,写出天地尽收眼底之势,且隐切楼名“大观”。意谓只有放开了眼界,才能看遍天地、看穿一切。下联是虚写,是所谓看透世界后的议论。一个“蕴”字,将古今人事的变化,包罗无遗。而人事是错综复杂的,唯“别有心肠”者,能辨识“庐山真面目”。联语以“天地”“古今”,显示空间感、时间感;再以“放开眼孔”“别有心肠”,点明至理,使此联具有深邃哲理,令人玩味,从而有别于泛泛的写景抒怀之作。 (张君宝)

昆明大观楼涌月亭

能邀过客饮文字

亦把湍流替管弦

涌月亭,位于大观楼侧,清代始建,后毁。今又重修。出句用比拟手法,将景点拟作主人,能邀来四方游客亭下饮酒作文。饮文字,即“文字饮”,因对仗而倒置,指文人间把酒赋诗论文的聚会。宋王之道《千秋岁》词:“何妨文字饮,更得江山助。”对句则描摹水声。湍流替管弦,是将激流和浪涛拍击池岸的声响比作月下吟唱的弦乐伴奏声。联语渲染景好人乐的气氛,使涌月亭平添了无限诗情画意。 (张君宝)

昆明大观楼蓬莱别境

仆本恨人,吞大海一瓯,焉得洗胸中块垒

谁非乐土,卧高楼百尺,也应游梦里华胥

上联因大海联想到猛吞一瓯,荡涤胸中块垒,把郁结的不平之气一扫而空,使恨人变为快人,以此写游园之乐。恨人,失意抱恨的人。江淹《恨赋》:“仆本恨人,心惊不已。”下联因高楼,联想到陈元龙高卧百尺,超尘拔俗,真想去梦游乐土华胥国,这蓬莱别境就成了真个仙境。华胥,神话中的国名。《列子·黄帝》有“昼寝而梦,游于华胥氏之国”,指顺应自然而达于至道的境界。全联充分发挥联想作用,由景生情,概括出本园豪迈逍遥的特色风光,使名园越发显得妩媚;更倾注了作者主观感受,“仆本恨人”,“谁非乐土”,似叹非叹,似问非问,活泼闪烁的句式,增添了联语的魅力。 (何以聪)

昆明鹦鹉山太和宫

无双玉宇无双地

一半青山一半云

鹦鹉山太和宫在昆明东北盘龙江畔,原是道教祀吕祖的庙宇。“鹦鹉春深”,曾是昆明八景之一。据史料记载:清初藩王吴三桂退据云南时在原环翠宫基址上建造了太和宫,宫殿横梁上有“大清康熙十年,岁次辛亥,大吕月十有六日之吉,平西郡王吴三桂敬筑”的字样。整个构造,十分壮丽,碧瓦飞檐,四角系铃,风来铁马叮咚,铿然有声。因宫殿全部是铜制的,所以又称“金殿”或“铜瓦寺”。上联赞宫殿的位置和建筑举世无双。太和宫可以与天上神仙居处的琼楼玉宇比美,像这样精美的结构世上没有第二个。下联赞宫殿四周景物秀美非凡。举目四望,宫殿的周围,白云簇拥着,青山环抱着,令人有飘飘欲仙之感。联语以两个“无双”和两个“一半”相对,突出了太和宫的珍贵和秀丽。据考,全国铜殿,不止建于清康熙十年(1671)的昆明太和宫,较早的还有武当山天柱峰太和宫铜殿,建于明永乐十四年(1416),五台山显通寺铜殿,建于明万历三十六年(1608);较晚的有北京颐和园万寿山铜殿,建于清乾隆二十年(1755)。故全国铜殿共有四座,联语中“无双”是夸张的说法。　(吴关镛)

昆明黑龙潭

硕　庆

两树梅花一潭水

四时烟雨半山云

潭在昆明北郊,原是一地下涌泉,潭水浓绿,故名黑龙潭。明初建成龙泉观,清重修。观分两部分,下观在龙泉山麓,由此向北拾级而上至山腰,即达上观。观内有“黑水祠三异木”,即唐梅、宋柏及明代茶花。上联说,两棵经历千年的唐梅,老干虬枝,横斜在深绿潭水之上。两树梅花,唐梅主干今已枯死,仅存分枝,逢时开花。殿中尚存两株唐梅的工笔石刻。下联说,山间四季雨晴晦明,气象万千,而皑皑白云总是萦绕半山腰。阮元《游黑龙潭看唐梅二律》:“千岁梅花千尺潭,春风先到彩云南。”梅、潭、云是景点的三个特色。联语作者并写出了它们之间相互默契,配合的关系:唐梅掩映潭水,白云维护梅花。造物之妙,跃然纸上。　(蒋竹荪)

昆明玉案山筇竹寺(一)

普荷

托钵归来,不为钟鸣鼓响
结斋便去,也知盐尽炭无

筇竹寺,在云南昆明市西北玉案山上,相传始建于唐,元初时重建。本联写僧人生活。上联说化缘僧人不是为了撞钟击鼓而回归寺庙,巧妙说明化缘毫无收获。下联说寄住庙里的游方僧人因盐尽炭无而离去。和尚化缘乞食谓“托钵”。钵,和尚吃饭器具。游方僧人在所居庙宇结束寄住生活,称为“结斋”。寺僧生活的贫苦,反映了那个时代人民生活的贫困。普荷,原名唐泰,虽有心仕途,但又不与权势同流合污,明亡后又不愿作清朝顺民,便出家为僧,号担当和尚,他撰写此联,表达了他对黎民百姓困苦生活的深切同情。 (谢燕华)

昆明玉案山筇竹寺(二)

煨芋留宾,共领略世态炎凉,深山清况
焚香静坐,莫漫说峨眉旧事,滇海新禅

筇竹寺在云南昆明西北玉案山上。相传唐南韶国鄯阐侯高光、高智兄弟追犀牛至玉案山不见,忽见云中有异僧,近前仅见僧所持筇竹杖置于林下,遂建寺,名筇竹寺。此联介绍了佛寺日常生活。上联说僧人待客时,共话人间炎凉势利的感慨,庆幸深山清贫和脱俗的生活。煨芋留宾,指唐代僧人懒残煨芋款待宰相李泌的故事,见《类说》卷二。世态炎凉,指旧时有人对有钱有势的人就巴结,无钱无势的就冷淡。下联说,僧人修行时,焚香打坐要一心专注,不要随便谈论峨眉古刹故事,云南禅林新闻。联语讲的是僧寺清规,从而给人增长一些宗教知识。艺术上对仗工稳,用辞流畅清疏。 (吴关镛)

昆明嘉丽泽

兰 茂

天水相涵，单舸撑来明镜里
云山掩映，群鸥飞入画图中

嘉丽泽在昆明市东北的杨林，是一个湖泊。一水澄澈，风景明秀，是“杨林八景”之一。联语刻画湖景：水天相连，云山相间。明镜似的水面上有一只缓缓而来的小船，一群扑翅飞翔的鸥鸟点缀得画面动静相间。青山、绿水、蓝天、白云、小舟、鸥鸟，好一派美丽的大自然风光。“单舸”与“群鸥”在视野上搭配得当。“撑来”与“飞入”更使整个画面活了起来。联语生动地表现了嘉丽泽如诗如画的景色，对仗极工。（王明珍）

昆明金山草堂

王寿祚

半窗图画梅花月
一枕波涛柳树风

清人王寿祚晚年于滇池之畔筑金山草堂，以琴棋诗画自娱自遣，本联即为金山草堂而题。上联从视觉的角度，写清风明月之夜，堂上隔窗观梅，但见堂外梅影斑驳，叠映窗纸，风移影动，珊珊可爱。由于有了窗棂之隔，月下之梅尤显疏枝横斜，绰约多姿，宛如虚实相生的水墨画，空灵、淡远、隐约、朦胧，把人们带入诗情画意般的美好境界。下联转从听觉的角度，写静夜卧床，聆听远处传来的阵阵涛声，心旷神怡，浮想联翩。此句不仅点明草堂傍水而筑，而且，“柳树风”三字带出作者的听觉联想：春风乍起，五百里滇池碧波万顷，水拍池岸，涛声盈耳，令人驰想岸边垂柳，迎风起舞，婆娑可爱。全联捕捉清幽闲远而富于生机的景物，组成远近交织、有声有色的画面，而作者那逸士的风神、恬淡的情趣，也被织入此画之中。（顾伟列）

昆明螺崖

孙髯

步步小心，须念石头路滑

层层着眼，方知峰顶人高

孙髯，字髯翁，号颐庵，清云南昆明人，陕西三原籍，幼时随父流寓昆明，擅联语，短能以少胜多，长能包举古今，大观楼长联尤脍炙人口。晚年寓螺峰圆通寺咒蛟台，号蛟台老人，靠卜易为生。此联所题螺崖，在昆明，古称螺峰山，孙髯曾隐居于此。此联通俗易懂，但内涵深刻，上联嘱人步步小心，须防路滑。下联启人智慧，人外有人，天外有天，层层着眼，方知高人在顶峰。

（沈树华）

大理中和寺

周仁

巍巍十九峰前，蒙颠段蹶，依旧河山。最难忘郑回残碑，阿南烈炬；状元写韵，侍御游踪。世变几兴亡，往事都随流水去

遥遥百二里内，关锁塔标，无边风月。况更有苍山积雪，洱海奔涛；玉带晴云，金梭烟岛。楼高一眺览，此身疑在画图中

中和寺，位于苍山麓、洱海畔的太和村。本联气派宏大，瑰丽多姿。上联以咏古为主，兼抒情怀。发端三句就给人以壮阔雄奇和世事兴亡、河山依旧之感。“巍巍十九峰”，是以苍山概称整个大理，也是实写。苍山巍然立于洱海与漾濞江之间，绵延二百里，山势雄伟、横列如屏，十九峰挺拔峻峭。就在这众峰之前，曾上演过几多兴亡史剧，而“蒙颠段蹶”即其中较早也最有名的两幕。唐玄宗时，南诏统一，建立南诏国，号大蒙。开元年间，

诏封蒙归义为云南王;至五代后晋时,云南为段思平占据,国号大理。蒙段,便谓此。颠蹶,犹灭亡。“依旧河山”承上启下,是“蒙颠段蹶”的归结,又是“最难忘”四对句的开端。“郑回残碑,阿南烈炬”,一典实、一传说。前者指南诏清平官郑回奉南诏王之命撰写的叙述南诏早期历史及与唐王朝关系的《南诏德化碑》(在今大理城南,仅存遗址)。后者则是讲传说的汉代元封年间,征南大将郭世忠杀死部落酋长并欲娶其妻阿南,阿南不从,自焚而死的故事。后一对句是叙古之名人在大理的逸事。状元写韵,谓明嘉靖年间蜀人状元杨慎贬斥云南,曾居大理感通寺,著《转注古音略》,大理李元阳特题“写韵楼”匾于寺楼。侍御游踪,指李元阳曾官侍御史。两组对句,于时空上大跨度地勾勒出大理千百年来的典型史实,赞颂了此地的人杰地灵。末以世事变更、河山不改作结,“往事都随流水去”,照应“依旧河山”,笔调凝重、情怀深沉。下联以绘景为主,由此赞叹大理的风光奇特。“遥遥百二里”,先给人展现了大理广阔无垠的风貌。继用“关锁塔标”领起苍山、洱海的“无边风月”。大理北端的龙首关,人称上关;南端龙尾关即著名的下关,为大理咽喉,是当年蒙氏所筑。“关锁”两字,形象道出两关的重要性。又大理城西北崇圣寺有建于五代的三座砖塔,鼎足而立,气势雄伟,“塔标”两字,写尽其势。大理素以风花雪月四景闻名,“无边风月”乃四景的略称,也生发出后面“况更有”四对句。“苍山积雪,洱海奔涛”,描摹山高水激;“玉带晴云,金梭烟岛”,重彩描绘苍山飞云变幻多姿,如玉带横束山腰和烟雾缭绕、南诏避暑宫遗址的金梭等三岛。末两句,方点出作者登楼远望的身影,及正为此地的往事、风光沉思陶醉而久久不肯离去。一结“此身疑在画图中”,又呼应了前边的“无边风月”。本联脉络分明,开合有度;绘景、写史和抒情三者紧密结合,洵属长联中的佳构。 (张君宝)

通海秀山(一)

袁嘉穀

游世界三千,只爱此空山风月,古寺烟霞,听澈梵钟,声声入耳

览营盘十二,问谁将绿雨桑麻,黄云稼穑,写来诗卷,字字关心

秀山在通海县城南隅,山多寺观楼台,山翠如屏,风景秀丽。素有“冠冕南洲”“秀甲南滇”之誉。南宋时大理国主段氏在此建启梓宫,其后兴建遂多。世界三千,即三千世界,佛教用语,三个大千世界的简称,后泛指处处,这里指游遍世界。宋杨万里《和陈蹇叔》诗:“三千世界月方中。”梵钟,寺庙的钟声。声声入耳,字字关心,化用明顾宪成《东林书院联》:“风声、雨声、读书声、声声入耳;家事、国事、天下事,事事关心。”营盘十二,指秀山的层层山地。绿雨,喻一片片绿油油的桑麻。黄云,喻正在成熟的庄稼。上联说,足迹遍世界,只爱明月照耀着的空山,烟雾笼罩着的古寺,而那镗镗的梵钟声,声声进入耳鼓。下联说眼看层层梯田,是谁把绿油油的桑麻、黄灿灿的庄稼,写进大地的诗卷,它的一字一句,都使人关心。作者在人生旅途的回顾中得出的结论是“只爱”“空山”“古寺”“梵钟”,表明一心向往佛门,希求摆脱人生烦恼的愿望;而面对长势旺盛的桑麻、稼穑,在“绿雨”“黄云”“诗卷”的赞美中,又不无喜悦之情。这似乎是个矛盾,其实正说明了包括宗教在内的一切意识形态,都不能一刻脱离物质生活(衣食住行)的道理。联语用“只爱此”“问谁将”等饱含感情的语词,写出对山村风光及农田作物特别的“关心”与喜爱。 (陈永泉)

通 海 秀 山(二)

秀山青雨青山秀
香柏古风古柏香

这是一副奇特的回文联,正读,反念,音义相同。撰回文联,难度大。此联既嵌公园之名,又写出青山经雨之后愈加秀美,古柏因风雨香气袭人,给人以清新古朴之感。 (周世达)

通海秀山涌金寺

李成林

百道湖光千树雨
万山明月一声钟

寺在螺峰绝顶,登临可远眺杞麓湖,湖光山色,相映如画。上联绘雨后之景。一阵雨停之后,湖面波光粼粼,树林里还不断滴着水珠。这一描写,使人感到一股清新的空气迎面扑来。下联写山中夜景,一轮明月朗照着千山万壑,寂静无声,突然传来一下清越的钟声,不但没有冲淡环境的安静,反而增添了山寺僻静之感,这就是所谓"蝉噪林逾静,鸟鸣山更幽"的境界。

(王明珍)

通海秀山清凉台(一)

阚祯兆

几经拨云寻路,倚树听泉,喜茫茫才到此清凉境界

一任鱼跃鸢飞,天空海阔,活泼泼都收上画阁楼台

清凉台位于通海县城南隅秀山上,它掩映于万绿丛中,周围古木参天,浓荫匝地,山光水色,相映如画,有"冠冕南洲、秀甲南滇"之誉。联语笔调流丽,情思旷逸。上联写清凉台,以"拨云寻路"、"倚树听泉"来烘托优美环境。下联写登台所见,以丰富的想象力,构思出一幅精美的山水鱼鸟画。尤其是"喜茫茫"和"活泼泼"六字,把此情此景写得委婉细致,倍有韵味。鱼跃鸢飞,亦作鸢飞鱼跃,形容天地万物各得其所,自得其乐。宋楼钥《南山广莫轩》诗:"地下天高俱历历,鸢飞鱼跃两悠悠。"天空海阔,形容大自然的广阔旷远。宋张耒《东海有大松》诗:"天空海阔风力壮。" (姚梅乐)

通海秀山清凉台(二)

杨树铭

万壑拥楼台,听竹溪泉响,松径涛清,心旷神怡,雅集聊当风月主

一水抱城廓,看柳渡渔庄,螺洲蟹舍,岚平烟静,置身宛在画图中

上联写所闻。清凉台在群山环抱中,一台高耸,听那淙淙的溪水声,飒飒的松涛声,心情无比舒畅,大家都成了自然界的主人。下联写所见。远看一水绕城东流,渔村、渡口、小洲、茅屋,云雾迷蒙,真像走进美丽的图画里。岚,山中雾气。联语由近而远,写出了清凉台清凉可人的境界。“竹溪泉响,松径涛清”,“柳渡渔庄,螺洲蟹舍”等句中对,十分贴切工稳。

(蒋竹荪)

通海秀山万寿台

试凭栏看他海气渊涵,山光倩丽

且纵酒写我胸中淡宕,眼界清空

台在原万寿宫遗址附近。上联写景,下联抒情,两者有机联系,不可分割。“海气渊涵,山光倩丽”,是作者“凭栏”所见。登高望远,景色众多,而作者独择此二景来写,正是他“胸中淡宕,眼界清空”的映照(宕,音 dàng,放荡不受拘束),唯有心胸坦荡、眼界清空,方能感受到云山的开阔、明朗。同样,深广无边的景色亦使作者心胸为之一爽,视野为之一明。所谓“海气”,是指缭绕于山峰之间的云雾,渊涵,指深邃无穷的样子。联语气势豪迈,给人以明快博大之感。

(张君宝)

通海秀山登瀛桥

有景有情,君休忙坐坐又走

好山好水,我只想看看再来

出句以联主(登瀛桥)的口吻说出,将桥拟人化。而对句却以游人所思着笔。全联虽未作实在的景物描摹,仅以“有景有情”“好山好水”这些抽象平板的词语加以概括,然而游人经此停留、离去、再来,这就将观赏者欲走不忍、顾盼留恋的感受和情状逼真地表现出来。口语化的用语,虽质朴无华,而显意趣无尽。

(张君宝)

通海温泉

陈兆庆

画栏前，眼界绝佳，有田有园有湖山，且访陶令归来，会心即景

水榭外，春光不老，宜浴宜风宜吟咏，试问曾哲而后，同志何人

温泉为通海景区之一。上联：画栏前，景物美好，有田、园、湖、山，探访渊明遗迹归来，就在眼前景物中领会其深意。陶令，即陶渊明，曾任彭泽令。会心，刘义庆《世说新语·言语》："会心处不必在远。"下联：水榭外，春色还未残，正适宜洗澡、吹风、歌咏，试问曾哲之后，谁是同志？曾哲，即曾皙，孔子弟子。他曾表明志向："暮春者，春服既成，冠者五六人，童子六七人，浴乎沂，风乎舞雩（一说'浴'作'沿'，'风'作'讽'），咏而归。"见《论语·先进》。（唐 音）

通海海潮寺

海色澄清，云雾荡开天地憾
潮声汹涌，波涛洗尽古今愁

寺在通海杞麓湖东岸。本联在读者面前展现出一幅壮阔明朗的画面。海色、潮声、云雾、波涛汇成可容视野和思绪自由驰骋的空间，具有强烈的感情色彩与排山倒海的气势。联首嵌入寺名，自然贴切。"荡开"和"洗尽"，表现作者力图摆脱精神苦闷的要求，高昂乐观，可谓情景交融。（王明珍）

鹤庆梨花坞

梨花满地连云扫
野鹤无声带月归

本联写山坞中景物:上联说遍地的梨花,一阵风来,连着白云一起扫清了。下联云善鸣的野鹤,披着月光,静悄悄地飞回坞里。联中用词颇有特色,“连”“带”刻画物态具体生动,而一“扫”一“归”,都出于自然,没有任何人为的因素,颇有追求自然,向往淳朴天真生活的情味。联语格调恬淡、素雅、清纯脱俗。 (谢燕华)

弥勒孙髯翁墓

古冢城西留傲骨

名士滇南一布衣

孙髯,字髯翁,原籍陕西三原,寄居云南昆明。博学多才,能诗善画,尤以撰昆明大观楼长联而名驰天下。因一身傲骨,蔑视功名,誓不仕清,故一生贫困潦倒,晚年应聘到云南弥勒县教书,死后葬在该县城西山地。陈毅《登大观楼诗》:“诗人穷死非不幸,迄今长联是预言”。墓旁有碑,上书“滇南布衣学士孙髯翁先生之墓”。布衣,即平民,指不做官的读书人。联语高度颂扬孙氏傲骨长存天地及其布衣终身的浩然之气,勾勒出墓主一生高洁的人品,令人怀念。 (周 监)

剑川双龙寺

张 超

景胜何曾人迹罕

山深依旧月光辉

出句说,景物美好,不因地处僻远就无人欣赏。如此双龙寺游人不绝于途,即是其例。对句说,月光照临无私,不因深山密林而减其光辉。联语以“何曾”“依旧”两词加强了肯定的意味,并揭示了一个哲理:看事情要看实际,要看本质,凡是真善美的东西,总经得起考验,不怕没有人赏识。“桃李不言,下自成蹊”,“酒香不怕巷子深”,都是“实至”而“名

归”之意。（蒋竹荪）

剑川石钟寺石窟(一)

张子斋

岂不伟哉！宛如鬼斧神工，展开石破天惊之造化功夫，经千劫而仍然生色

何其奇也？造此悬崖峭壁，凿出珠联璧合之琳琅宝库，历万年而分外闪光

石钟寺，在今剑川县城西南的石钟山上，因此山上有石如钟形而得名。寺属白族先民佛寺。名震滇黔的剑川石窟群即在此山，最集中的便在石钟寺一带。联语是对石窟群高超艺术的赞叹。出对幅各以惊叹和疑问领起，一“伟”一“奇”，是总体勾勒。继以“鬼斧神工”“石破天惊”“珠联璧合”这三个形容性成语写出“奇”“伟”之状。用“悬崖峭壁”，点出石窟依山开凿的特征。用“琳琅”喻其众多，结以“经千劫”“历万年”赞其历时久远而仍能给人以美的感受。联语虽没有具体形象的描摹，仅以人们熟知的成语、常语写来，但用在联语中却恰到好处。读之令人对石窟艺术之伟大赞叹不已！

（张君宝）

剑川石钟寺石窟(二)

张子斋

善剪裁、善铺陈、善烘托、善夸张，刻刀超群绝伦，惟妙惟肖

或威武、或文雅、或庄严、或美丽，形象鲜明生动，多采多姿

此联镌刻于石钟寺第七窟。联语对佛像雕塑艺术极尽赞美之辞。上联形容能工巧匠的技艺精湛；下联描摹石像的千姿百态，栩栩如生。正因

为有工匠的“善剪裁、善铺陈、善烘托、善夸张”的手法，才可能有石像的“或威武、或文雅、或庄严、或美丽”的形象。联语采用排比句，读来一气呵成，极富美的感染力。 （王明珍）

丽江得月楼

泉涣涣兮涟漪，问何时最是可人，须领略月到天心，风来水面

亭标标而矗立，看这般无穷深致，应记取云飞画栋，雨卷珠帘

楼在丽江纳西族自治县象山脚下的黑龙潭中，潭面宽阔、碧水澄澈。曾毁于兵火，1963年重建。涣涣，形容水势盛大。“月到天心”“风来水面”出自宋邵雍《清夜吟》：“月到天心处，风来水面时。一般清意味，料得少人知。”标标，形容高耸的姿态。“云飞画栋”“雨卷珠帘”出自唐王勃《滕王阁诗》：“画栋朝飞南浦云，珠帘暮卷西山雨。”上联写月。潭水溶溶而涟漪，是登楼赏月最佳时刻，月到天的中央，微风拂过水面，使人尝到清美恬适的滋味。下联写亭。看它耸立的无穷情致：早晨，云雾飞上雕梁画栋，傍晚，珠帘卷入了玉龙山的雨滴，让人产生居高临远，襟怀顿开之感，可谓阴晴俱佳，早晚咸宜。 （余心乐）

武定正续寺

僧为帝，帝亦为僧，一再传衣钵相沿，回头可证

叔负侄，侄不负叔，三百载江山如旧，到眼皆空

寺在武定县城西狮子山上，建于元代。明、清多次维修，有殿阁百余间，规模宏大。藏经楼下有明惠帝塑像。相传明太祖朱元璋年轻时在皇觉寺为僧，后参加起义军，消灭对手，成为开国皇帝。死后由皇太孙朱允炆继位，是为惠帝。惠帝用齐泰、黄子澄之计，实行削藩，引起燕

王朱棣(允炆的四叔)反对,起兵“清君侧”,号为“靖难之师”,攻破南京,就帝位,是为明成祖。惠帝则乔装逃亡,到云南武定正续寺削发为僧。出句说祖孙先后为僧,衣钵相传,三世因果之说不假;对句说叔侄争位,叔负侄,侄不负叔,到头来仍归于空幻。用以实对虚的手法,宣扬了佛教因果轮回、诸法皆空的思想。作者因惠帝落难为僧,深表同情,故有侄不负叔的评论。削藩本为巩固封建政权所难免,但应取十分慎重的态度。惠帝一登位,便贸然下手,造成强大的敌对势力,内战三年,终于败亡,实属咎由自取,史家评其“主暗臣疏”,不无理由。另有一联,前半与此联相同,后半联不同,全联为“僧为帝,帝亦为僧,数十载衣钵相传,正觉依然皇觉旧;叔负侄,侄不负叔,八千里芒鞋徒步,狮山更比燕山高”。

(蒋竹荪)

西藏自治区

拉萨布达拉宫

邹宗德

布达拉宫,铭千年西藏历史
松赞干布,结万代蕃唐因缘

宫在拉萨西北玛布日山上。布达拉,梵语,意为佛教圣地。相传7世纪时,吐蕃松赞干布为迎娶文成公主而建此宫。其后达赖五世又加扩建,始有今日规模。宫殿主楼高13层,依山势垒砌,阁道连接,层楼重叠,气势雄伟,为历代达赖喇嘛封建奴隶制政权统治中心。上联写宫殿。这座宏伟的宫堡式建筑是千余年西藏历史发展的见证。铭,刻镂,记载。下联赞人物。松赞干布对汉藏两族友好关系作出了重要贡献。松赞干布,吐蕃王朝缔造者,在统一西藏高原后,定都拉萨,建立奴隶制政权。唐贞观八年(634)遣使赴唐沟通关系。贞观十五年(641),唐太宗以宗室女文成公主嫁之。其后松赞干布曾遣兵营救赴西域唐使,被唐高宗封为驸马都尉、西海郡王、賨(cóng)王。联语中两个动词“铭”与“结”用得贴切有力。

（商启予）

拉萨大桥

周渊龙

长虹跨峻岸
彩带结精诚

桥在拉萨东郊,横跨拉萨河上,是一座钢筋混凝土的公路桥,全长530米,1965年建成。它连接青藏、川藏两条公路干线,是汉藏两族职工智慧和汗水的结晶。长虹横跨高耸的峭壁之间,它像一条彩带把汉藏两族紧紧团结起来。长虹,拱形长桥。范仲淹《观瀑布》诗:“长虹下涧饮,寒剑依天立。”精诚,真诚。《庄子·渔父》:“真者,精诚之至也,不精不诚,不能动人。”联语仅十个字,把大桥的位置、气势及其象征意义完整地表达出来,可谓要言不烦。

（商启予）

昌都龙神祠

陈钟祥

嘘气成云以致雨
变化不测之谓神

龙是古代传说中最受崇敬的神奇动物。能够三栖,潜在深渊,行走陆上,也能飞翔天空,兴云雨,利万物,具有隐现无常,变化莫测的性格。出句写龙对人类万物的贡献,化用韩愈《杂说》“龙嘘气成云”及周兴嗣《千字文》“云腾致雨”句。对句写龙的形态特点,化用《易·系辞》“阴阳不测之谓神”句。全联以散文格调写成,可谓言简意赅。

（余心乐）

陕 西 省

西安大雁塔

却讶鸟飞平地上

自惊人语半天中

塔在西安市慈恩寺内,又名慈恩寺塔,唐贞观二十二年(648)皇太子李治为其母建寺,故称“慈恩”。高宗永徽三年(652)在寺内建塔,用以贮藏玄奘从印度带回的657部佛经,并作翻译和研究佛经的场所。据《慈恩寺三藏法师传》载,一日,有群雁飞过,一雁离群落羽,摔死地上,僧人惊异,认为雁即菩萨,众议埋雁建塔,故又名大雁塔。出句即据上述传说,点明“大雁”得名的由来。对句从塔的高度描绘。杜甫《同诸公登慈恩寺塔》诗:“高标跨苍穹,烈风无休时。”说大雁塔之高可以跨在天顶上面(天是穹窿形,故能跨),这是从视觉方面写。此联以虚写实从听觉着手写登上高层游人的说话声,下面听起来好像半空中传来,极言其高。“鸟飞”对“人语”,“平地”对“半天”,不论词性、平仄的对仗,无一不合。 (蒋竹荪)

西安曲江池寒窑

高维岳

十八年古井无波,为从来烈妇贞媛,别开生面

千余载寒窑向日,看此处曲江流水,想见冰心

寒窑,在曲江池畔的山麓,相传是王宝钏寒窑守节十八年处。窑洞外筑有围墙,洞内分辟上下两层,上层供王宝钏塑像,下层则为薛平贵和王宝钏合像。门上悬有“古寒窑”三字大横匾。传说唐代丞相王允的三女儿王

宝钏抛彩球择婿,打中贫民薛平贵。王允嫌贫爱富,执意悔婚,父女发生矛盾,王宝钏离相府到寒窑与薛恩爱相伴,清贫度日。后薛平贵应召西征,战功卓著,封王回朝。王宝钏孤守寒窑十八年,备尝艰辛,忠贞不贰。本联即据此民间故事写成。古井无波,谓古井不起波澜,比喻不动心。白居易《赠元稹》诗:“无波古井水,有节秋竹竿。”旧时多用指寡妇贞节不嫁。别开生面,指有别于传统的贞节牌坊。寒窑向日,于平淡中赞扬了寒窑的不平凡。想见冰心,委婉表达了后人对王薛爱情的仰慕。《宋书·陆徽传》有“冰心与贫流争激,霜情与晚节弥茂”句。此处“冰心”一词正好写出女主人公不慕虚荣的高洁胸怀。 (张君宝)

西 安 灞 桥

叶伯英

诗思向谁寻? 风雪一天驴背上
客魂销欲尽, 云山万里马蹄前

据《三辅黄图·桥》:灞桥,在长安东,跨水作桥。汉人送客至此桥,折柳赠别。可见这是一座颇富诗意的古桥。上联化用宋孙光宪《北梦琐言》卷七“(郑綮)诗思在灞桥风雪中驴子背上”句意,点明隽美的诗思出现于送别的旅途上。驴背风雪载来的诗意,可能正吟唱着咸阳宫阙、终南灵秀,也可能正流荡着骚人风骨、淑女才华。下联,云山万里送去的客魂,可能正奔赴着关山戎机、筹边长策,也可能正抒发出孤臣血泪、壮士豪情。这驴背,这马蹄,可以激发起后人无数的联想和感怀,正是这座古桥,概括地反映出中华儿女几千年来生活长河中悲欢离合的万千种情愫,清雅中有岑寂,伤感中寓坚忍,含有十分深沉丰富的艺术美感。 (何以聪)

西安苏武庙

马以贞

三千里持节孤臣,雪窖冰天,半世归来赢属国
十九年托身异域,韦鞲毳幕,几人到此悔封侯

上联写苏武在匈奴经受的百般磨难：持节出使匈奴的孤臣，被囚雪地大窖，啮雪吞毡，回来后封了典属国。持节，执持汉朝符节。属国，即典属国，汉代官名，掌管边疆各族事务。下联赞苏武长期坚持民族气节，寄身异国十九年，穿皮衣，住毡幕，北海牧羊，有几人到此不悔走封侯之路？韦鞲，皮制袖套，借指皮衣。毳幕，毡帐。封侯，汉宣帝时封苏武为关内侯。此处借用唐王昌龄《闺怨》"忽见陌头杨柳色，悔教夫婿觅封侯"诗意。联语中的"悔"，即"不悔"之义。苏武，字子卿，陕西西安人，其父苏建，因功封平陵侯，苏武亦在汉朝做官，两代人对汉王朝有深厚感情。当苏武奉汉武帝命出使匈奴，被长期扣留，历尽折磨，苏武对李陵（降匈奴的汉将）说："武父子无功德，皆为陛下所成就……今得杀身自效，虽蒙斧钺汤镬，诚甘乐之。"（《汉书·苏武传》）乐就是"不悔"，上继屈原"虽九死其犹未悔"（《离骚》），下启文天祥"鼎镬甘如饴，求之不可得"（《正气歌》）。在苏武看来，只有为汉王朝奉献一切，生命才有意义，才有价值。联语写得正气凛然，甚切合苏武的生平事迹。（蒋竹荪）

西安兵马俑

姜国宪

六合兼吞，雄风尚在

五洲共赏，奇迹长存

兵马俑在秦始皇陵东侧。1974—1978 年间，经调查钻探，发现三个兵马俑坑，从葬近万个与真人真马等同大小的陶制彩绘兵马俑，卫士们手执弓、箭、弩及青铜戈、矛、戟等实战兵器，行列整齐，显示了威武雄壮、严阵以待的秦军阵势，使人仿佛听到战士有节奏的步伐声和战马的嘶鸣。这一雕塑艺术已成为当今世界奇迹之一。上联意谓，在这里还可以想见当年秦始皇并吞天下的雄风。六合，上下四方，指天下。贾谊《过秦论》："履至尊而制六合。"下联意谓，这一伟大奇迹赢得世界人民的共同欣赏，并将万世长存。联语不具体描绘兵马俑的外貌，而从秦始皇当年威风气势和兵马俑给今天人们的感受来写，意境就较开阔。"六合""五洲"等词的运用使联语具有非凡的气魄。（商启予）

临潼华清池

杨 颐

绣岭委荆榛,只余堠馆留宾,记当年赐浴池边,长恨空吟白傅

环园新结构,原是唐宫旧址,问我辈沉香亭北,雅才谁嗣青莲

临潼县骊山西绣岭下有温泉,唐太宗贞观十八年(644)扩建为温泉宫,山上之宫称“华清宫”,山麓之池称“华清池”。上联写华清池赐浴。经过历代兵火,西绣岭下荒烟蔓草,只剩下驿站接待官差和游人。回想当年杨贵妃在此沐浴的情景,白居易曾空费心思作了意在讽谏的《长恨歌》。荆榛,指有刺的灌木和杂草。堠馆,即馆驿,接待官差的住所。赐浴,唐玄宗每年携杨贵妃来此沐浴。白居易《长恨歌》:“春寒赐浴华清池,温泉水滑洗凝脂。”白傅,白居易于唐文宗开成元年(836)授太子少傅,故称白傅。下联重点写沉香亭赏花。眼前园林外围的新建筑,据说原是唐代华清宫旧址,试问今天我们当中有谁能继承李白吟诗的雅才?环园新结构,指清同治年间新修的建筑物。青莲,李白的字。沉香亭,华清宫中凉亭,为沉香木结构。据说唐玄宗与杨贵妃坐亭赏名花,命李白为乐章,李挥笔立成《清平调》三首,末句为“解释春风无限恨,沉香亭北倚阑干”。意到笔随,婉丽精切。联语抚今思昔,通过园林兴废的描写,讽刺了唐玄宗迷色误国的悲剧,表达了对李白、白居易两位诗人的追思,且情景交融,对仗工整。 (唐 音)

潼 关

华岳三峰凭槛立

黄河九曲抱关来

潼关,在渭南市潼关县,南依秦岭,北带渭、洛,为陕西、山西、河南三省

要冲,是古代军事要塞,东汉末设关。联语形象逼真地描述了潼关险要的山貌水势。上联,西岳华山的三大主峰高高耸立在周围,就像凭槛而立的卫士。三峰,落雁峰、莲花峰、朝阳峰。下联,曲曲弯弯的黄河之水滚滚而来,就像环抱着关隘。九曲,河道曲折。刘禹锡《浪淘沙》:“九曲黄河万里沙,浪淘风簸自天涯。”联语用“三峰”“九曲”显出地貌的复杂,“立”“来”突出山之高峻、水之汹涌,“凭”与“抱”两字拟人化地将山水写活。寥寥十四字精要地将关雄地险的气势烘托而出。 (谢燕华)

韩城太史祠

刚直不阿,留将正气凌霄汉

幽愁发愤,著成信史照尘寰

太史即太史公司马迁,夏阳(今陕西韩城)人,西汉著名史学家。少时广读文献,漫游几遍全国。初任郎中,后继其父任太史令。天汉二年(前99),因为孤军奋战不得已投降匈奴的李陵辩解,得罪下狱,被处宫刑。出狱后,深以为耻,遂发愤著述,完成了五十二万字纪传体史书《史记》。上联赞其为人:正大刚直的气节,直逼云霄。刚直不阿,刚强正直,不徇私情。霄汉,高空。下联颂其著作:意谓发愤写成的信史,永远光照人间宇宙。幽愁,暗愁,指心中隐痛。唐白居易《琵琶行》有“别有幽愁暗恨生”句。发愤,司马迁继承孟子“困于心,衡于虑而后作”之说,加以发挥,认为《周易》等八部著作“大抵圣贤发愤之所为作也”,强调“逆境励志”的作用,对后世文人影响很深。信史,指《史记》。司马迁表示,要学《春秋》笔法,“善善恶恶,贤贤贱不肖”,善人恶人,直书不隐,故对汉高祖刘邦、汉武帝刘彻都曾予以嘲讽。尘寰,人世间。联语以同情赞扬的笔调,就司马迁的人格与风格两方面进行评论,词赅意切,感慨深沉。 (蒋竹荪)

延安万佛洞

石岩石洞石佛,万尊天下奇

名山名水名诗,千首世上少

万佛洞,在延安市东北的清凉山上,是唐宋时雕凿的石窟寺,有数以万计的大小佛像石刻,神态各异,生动逼真。上联写实,叠用三个“石”字,写出岩洞的特点。历代名人学者多喜来此游历,因而形成摩崖题刻五十多处的“诗湾”,真草隶篆,参差错落,十分引人流连,下联所咏便是这种景象。联语用“天下奇”、“世上少”等夸张语,写出了对胜景的惊叹羡慕之情。

(张君宝)

汉中饮马池

神龙时作苍生雨
饮马常思赤帝风

汉中是座历史名城。饮马池,在城之南,系当年汉高祖的马厩。出句借题虚写。古以龙为神物,称龙为神龙,也作帝王的象征。《史记·三皇本纪》:“有娲氏之女,为少典妃,感神龙而生炎帝。”这里,“神龙”代指汉高祖刘邦,也泛称有作为的开国帝王。苍生雨,是喻帝王恩泽如雨露滋润大地,使百姓获益不尽。对句抒发对刘邦为代表的开国帝王业绩的追思。赤帝,用刘邦起义大泽时有老妪称刘邦是赤帝子的典故,点出刘邦。结以“风”(雄风)字与出句的“雨”对应,情感跃出。联语以辞气雄健为其特点。

(张君宝)

汉中天汉楼

到此最高,看芳树春流,一览兼收秦蜀景
何须更上,诵好山云影,五言已尽宋元诗

天汉楼,原系陕西汉中府古城楼,现已颓圮。联语化用唐王之涣《登鹳雀楼》“白日依山尽,黄河入海流。欲穷千里目,更上一层楼”诗意。上联意为此处已是楼阁制高点,眼界开阔辽远,陕西、四川之景致尽收眼底。下联意为无须更上一层楼去抒怀了,《登鹳雀楼》这首五言诗已将感慨写尽,宋

元以来再也没有一首及得上它了。联语构思遣词皆奇巧,融入王诗意境,所言尽在不言中,余韵无穷。 (谢燕华)

乾县乾陵无字碑

祝钦坡

大功俱在史

小节不须书

无字碑,在陕西省咸阳市乾县城北梁山乾陵。乾陵是唐高宗与武则天的合葬墓,此碑为武则天而立。据近人观察研究,该碑阳面布满 4.5 厘米见方的细线刻格子,总数约有 3 000 余格。武则天掌权的第 54 年(705),宰相张柬之与崔玄暐等率御林军 500 余人发动了"玄武门政变",逼武则天让位给其子中宗李显,恢复唐朝国号。是年冬,武则天死。一说李显回想当年继位(683)不久,即被武则天废黜,放逐在外 20 余年,今重登皇位,怨愤填膺,决定弃文不刻此碑,将武之是非功罪,留与后人评说。

上联谓大功如废除门阀制度、扶助普通地主、使生产发展等已写入史册无须再说;下联谓至于私生活不检束、文武臣僚被杀害,乃统治者所不免,可无须叙说。全联十个字,以大事小节对比突出一个"无"字,以少少许胜却多多许,言简意深,是善于遣词者。 (蒋竹荪)

甘 肃 省

兰州五泉山大悲殿

五泉山人

眼不宜多,眼多则偏,观那人世间困苦颠连,徒增难过

手尤要少,手少则专,抱我自家的精神念虑,免得乱抓

大悲殿，在兰州市南的五泉山上，内供千手千眼观音。本联就“千眼千手观音”借题发挥。联的前两句是议论，很有层次。观音菩萨神通无比，所以有千眼千手，然而俗世众生则“眼不宜多”“手尤要少”。接着由此强调“眼多”“手少”的利害。“观困苦颠连，徒增难过”是“眼多”的害处；“抱精神念虑，免得乱抓”则为“手少”的益处，照应紧密。“人世间”“自家的”，全体与个体，泾渭分明。联语文辞浅白直率，幽默诙谐，蕴含人生哲理。

（张君宝）

兰州五泉山清泉寺

梁章钜

佛地本无边，看排闼层层，紫塞千峰平槛立

清泉不能浊，笑出山滚滚，黄河九曲抱城来

寺在兰州市南的五泉山上，因有甘露、掬月、摸子、惠、蒙五泉得名。山势开阔，一望无际，山上有千佛阁、嘛尼寺、地藏寺、清泉寺、三教洞等。上联写登临佛阁，极目望去，只见长城蜿蜒起伏于众山之上，如同楼阁的栏杆一样高低。排闼，推门而入，宋王安石有“两山排闼送青来”句。紫塞，指长城，秦汉时长城土色皆紫，故称。下联写五大泉水清澈透明，汇入汹涌澎湃、曲曲弯弯的黄河，环绕兰州城奔腾东去。笑出山滚滚，用杜甫“在山泉水清，出山泉水浊”诗句意，有讽世意，故言“笑”。全联远景与近景结合，景象壮阔，气势宏伟，写出北国的山水特色。（吴关镛）

兰州五泉山佛寺戏台

最好四月天，常听此七级台前，泉声乎？鸟声乎？钟磬声乎？高下悠扬，引我去游仙境里

偶登三教洞，试看那万家城外，车来者，马来者，杖履来者，贫富贵贱，无不皆在戏场中

上联写春日台前所闻。用泉水、山鸟、钟磬高下悠扬的声响衬托出佛寺胜景。下联写登高所见。用车水马龙、人来人往的景象写出尘世的喧嚣,并由此发出感慨:无论贫富贵贱,人生在世,莫不逢场作戏,从而宣扬了佛家“四大皆空”的思想。全联紧扣特定环境,构思巧妙。上联描绘胜景,下联阐发佛理;上下联所闻所见,又形成鲜明对比,更深化了联语的主题。

（朱迎平）

兰州伏羲殿

刘光祖

河出图,洛出书,万古文明昭日月

观乎天,察乎地,一时法象定乾坤

伏羲氏是我国神话中的人类始祖。伏羲殿,又称人祖殿。河出图,洛出书,《易·系辞》:“河出图,洛出书,圣人则之。”传说龙马从黄河出现,背负“河图”,神龟从洛水出现,背负“洛书”。昭日月,指像日月一样昭明。上联说,伏羲依河图画出八卦,是我国文字的雏形,文明的开端,所以他的功德像日月一样昭明。观乎天,察乎地,《易·系辞》:“古者包羲氏之王天下也,仰则观象于天,俯则观法于地。”包羲,即伏羲。法象,《易·系辞》:“法象莫大乎天地。”法象就是可以效法的最大形象。乾坤,指天地。下联说,仰观俯察的结果,可以确定,天地就是可以效法的最大形象。

（唐　音、陈永泉）

敦煌莫高窟

曲柏峰

宝窟重重,千宗法相光天宇

驼铃隐隐,一路丝绸拓亚欧

莫高窟亦称千佛洞,在敦煌东南鸣沙山断崖上。从5世纪开凿到14世纪近千年中,佛窟建造不衰,至今尚保存者有492窟,2 400多身塑像,45 000多平方米壁画,是世界上现存规模最大的佛教艺术宝库。上联写洞内之景。重重叠叠的佛洞,佛教各宗派真理的光辉,照耀天空,点明丰富的佛教文物有极高价值。千宗,概指佛教各宗派,如天台、法华、华严、禅宗、律宗等。法相,佛教语,即真如,指绝对不变的永恒真理。天宇,天空。下联写洞外之景。在隐隐的驼铃声中,开拓了沟通欧亚两洲的丝绸之路,揭示这条路在中国古代交通和文化史上的重大意义,丝绸路,古代中国人民和中亚、西亚、欧洲人民友好往来的通路。西方称中国为产丝绸的国家,故云丝绸路。路有南北两条。北路从敦煌出玉门,经龟兹、疏勒、越葱岭经大宛与南路合于木鹿城,再经安息(伊朗)而达大秦(地中海东部一带)。联语将洞内洞外景物对照结合来写,相得益彰。"重重""隐隐"等叠字,使人如见其形,如闻其声。 (唐　音)

敦煌阳关长亭

王实甫

悲欢聚散一杯酒

南北东西万里程

阳关,在敦煌市城西南的古董滩上,也是丝绸之路南路必经的关隘。唐代诗人王维《渭城曲》有"劝君更尽一杯酒,西出阳关无故人"之句,后人以诗意名亭。联语摘自王实甫《西厢记》曲词。上联谓阳关乃古代亲朋故旧设筵饯行之地,人们悲欢离合的复杂感情就蕴含在"一杯酒"之中(中国自古以杯酒饯行)。下联谓杯酒饯行之后,大家从此各分东西,而前面路程还长,更须珍重。联语即景抒情,平白朴质,写出了古往今来人生旅途上令人伤怀的生离死别的事实与无可奈何的心态。 (曹云岐)

甘谷石作蜀墓

吴柳堂

梓里访遗踪,看空庭草碧,荒冢花殷,何处是唐封宋赞

杏坛亲教泽,听渭水莺啼,陇山鸟语,此中有化雨春风

石作蜀,字子明,春秋时人,孔子弟子之一。上联抒发探访墓主故居和坟墓而产生的感喟。到墓主的故乡寻访遗迹,只见空庭里碧草繁茂,荒冢上花树殷红,唐人的封赠和宋人的赞颂又在哪里呢?梓里,故乡。殷,暗红色。下联赞颂墓主在边塞地区教化之功。毕竟他是孔门嫡传弟子,请听渭水的莺啼,陇山的鸟语,难道不是受他化雨所熏陶么?杏坛,相传为孔子聚徒授业讲学处。《庄子·渔父》:“(孔子)休坐乎杏坛之上。”陇山,即六盘山。汉刘向《说苑·贵德》:“吾不能以春风风人,吾不能以夏雨雨人,吾穷必矣。”后遂以“化雨春风”比喻良好的教育,也用来称颂师长潜移默化的教诲。上联写庭“空”、冢“荒”,颇有“映阶碧草自春色,隔叶黄鹂空好音”之韵致,抒发了怀古人而不见之叹。下联笔锋一转,说石作蜀的教化泽及于渭水之莺,陇山之鸟。联语一箭双雕,既赞扬了石作蜀,也赞扬了孔子。但下联有微瑕,“莺啼”“鸟语”,意思反复。　(蒋竹荪)

青 海 省

西宁清真大寺

寺貌仰巍峨,轮奂华宫垂万世
真光照赫濯,礼拜传经永千秋

寺位于西宁东关。上联写寺容。瞻仰大寺外景,殿宇巍峨,建筑华美,寺院必将万代永存。轮奂,房屋众多而又高大华丽。《礼记·檀弓下》:“美哉轮焉,美哉奂焉。”下联赞教义。真主光辉照耀,礼拜仪式,传经事业,千年不衰。真光,真主的光辉,伊斯兰教信奉的唯一的神——安拉的光辉。赫濯,光大、显耀。礼拜,伊斯兰教的宗教仪式。大致为每日五次礼拜,每周一次的主麻拜,每年开斋节和古尔邦节拜,合称会礼。传经,传授和宣讲《古兰经》。联语从外到内以“万世”“千秋”称颂了清真寺和伊斯兰教的永恒性,表达了教徒信教爱教的思想感情。　(余心乐)

宁夏回族自治区

六盘山萧关城楼

峰高华岳三千丈
险据秦关百二重

六盘山在固原县西南,主峰高2 942米,山路险狭曲折,经盘道六重才达顶峰,故名。萧关背倚六盘山,是古代抵御匈奴入侵的关口。出句说山峰之高,超过西岳华山三千丈。实际上华山主峰高1 997米。对句说,其险峻程度可与河南灵宝县的函谷关相比。百二,喻山河险固之地。《周书·贺兰祥传》:“固则神皋西岳,险则百二犹在。”联中“三千”“百二”同是夸张之词,无须坐实。王充《论衡·艺增》云:“誉人不增其美,则闻者不快其意;毁人不益其恶,则听者不惬于心。闻一增以为十,见百益以为千。”诗的生命在于抓住形象,有情有味,想象之词,激情之言,自不必求其准确,联语亦是如此。

(蒋竹荪)

六盘山关帝庙

周亮工

拜斯人,便思学斯人,莫混帐磕了头去
入此山,须要出此山,当仔细扪着心来

关帝庙为祭祀汉将关羽的庙宇,在山巅,今已不存。此联用通俗诙谐的语句写出发人深思的哲理。上联对世间只知崇拜而不思学其长处的“混帐磕头者”当头棒喝。一个“莫”字,语气斩钉截铁。下联是对那些食古不化者的告诫。钻进这座书山,就得理解、消化,带着成果走出山来,你是否仔细想过这个问题。斯,这个。扪着心,扪心自问的意思。联语举出两个常见事例,分析解剖,揭示其要害所在,极富警策性。

(吴关镛)

同心县清真大寺

大道自东土,道完五功,始开万千暗慢

正派衍西方,礼通三乘,方见独一真光

寺在县城内,始建于明代,今存系清光绪年间重修。主要建筑有门楼、正殿、宣礼楼、沐浴室、阿訇住室等。该寺是当今宁夏规模大,历史久的伊斯兰教寺院。出幅说,伊斯兰教发源于东方,要遵守教义完成五种功课,才能摆脱思想上种种愚昧。五功,五项基本功课。(1)念功:作保证。(2)拜功:每日五次礼拜。(3)斋功:斋月内严格履行斋戒。(4)课功:缴纳天课。(5)朝功:有条件的一生中须到麦加朝天房一次。暗慢,愚昧。对幅说,正宗从西方繁衍出来,通过三个过程的修炼,才能见到唯一的真主安拉。三乘,认识和接近真主的三个过程,即教乘、道乘、真乘。真光,真主的光辉,谓安拉是独一的真主,是宇宙唯一的主宰。除安拉外,再没有神,穆罕默德是安拉的使者。联语阐明了伊斯兰教的源流与发展情况,"五功"是对一般教徒提出的要求,"三乘"则是向高层次教徒指明修炼的道路。

(唐　音)

平罗县武当山庙

山林古刹

西夏名兰

庙在平罗县大武口西北的武当山上。上联写庙景,庙隐藏在深山密林之中。古,说明其历史悠久,呈现出一派古拙风貌。刹,音 chà,本指佛塔顶部装饰,即相轮,后指佛塔、佛寺,这里指山庙。下联点出这是西夏(古国名,包括今宁夏、陕北、甘肃西北部、青海东北及内蒙部分,首府为兴庆府,即今银川,与辽、金、宋鼎峙,后为蒙古所灭)国最有名气的寺庙。兰,兰若,梵文“阿兰若”简称,即寺庙之意。联语简短而苍劲,概括了古刹的悠久历史和地理环境。

(周　监)

新疆维吾尔自治区

乌鲁木齐天池

郭沫若

一池浓墨盛砚底
万木长毫挺笔端

池在阜康市境内,由高山雪水融化而成。古代神话传说这里是西王母住地,故名天池。海拔 1 900 多米,深 90 米,周围群峰环抱,景色奇丽,气候宜人,是新疆著名避暑胜地。作者充分发挥了形象思维,巧妙地运用比喻。上联将“天池”当“砚”,“池水”为“墨”,下联把“树木”作“笔”,用文房四宝来描摹天池景物,可谓别出心裁,而“浓”字写出水色的深绿,“砚”字点明池塘的形状,也很形象。至于湖周高耸云天的林木用笔端挺拔的长毫作比,不难使人又联想到这是无数的长矛在拱卫着“天池”的安全。

(王明珍)

乌鲁木齐左宗棠祠

陈迪南

提挈自西东,帕首靴刀,十年戎马书生老
指挥定中外,塞霜边月,万里寒鸦相国祠

左宗棠(1812—1885),湖南湘阴人,曾随曾国藩襄办军务,编练湘军,与太平军作战。陕甘总督任内,镇压捻军与西北回民起义。1875年,督办新疆军务,连年战斗,击败阿古柏军队,收复失地,抵制了英俄对新疆的侵略。上联叙生前。在东征西战中度过了十年戎马生涯。提挈,带领、统率。唐元稹《授田布魏博节度使制》:“提挈义旅,勤劳王家。”帕首靴刀,指全副武装。帕首,裹头巾。戎马,指从事征战生活。书生,左宗棠是举人出身。下联写死后。在凄清寒冷的祠庙里,缅怀他当年指挥军队驱逐外国侵略者的英姿。寒鸦,寒天的乌鸦。宋秦观《满庭芳》词:“斜阳外,寒鸦万点,流水绕孤村。”相国,左宗棠累官总督、军机大臣,相当于宰相的官衔。联语对左宗棠一生主要业绩即安定新疆社会秩序、阻遏外国侵略者入侵作了简明概括的描述。 (蒋竹荪)

伊犁过复亭

刘凤诰

过也如日月之食焉
复其见天地之心乎

过复亭,故址在伊犁惠远旧城,即今伊犁哈萨克自治州霍城县惠远新城南。约建于乾隆后期,是清政府为谪戍伊犁官员经过复还时休息而设。同治后毁圮。联语从亭名“过复”之意落笔。上联出自《论语·子张》:“君子之过也,如日月之食焉:过也,人皆见之;更也,人皆仰之。”意谓君子的过错就像日蚀月蚀一般,犯错误的时候,人人都可看到;当改过时,人人都仰望着。联语用来表明自己心地坦荡、有错思改的风格。下联出自《易·复卦》之《彖传》:“复,其见天地之心乎!”犹言返转回复是自然界法则,可以看出天地生生不息的意志。这里用来表示自己若有复还之日,将会再度生气蓬勃。联语集句天成,首字又恰嵌亭名“过复”两字,甚妙。

(张君宝)

台 湾 省

台北剑潭古寺

宝剑劫灰尘,炉火重新光大直
澄潭涌法雨,川流终古拥观音

剑潭古寺,位于台北市中山区成功路。古寺本位于剑潭山附近,清康熙初年建,康熙五十六年(1717)改造后易名西方宝刹,乾隆三十八年(1773)及道光、光绪年间屡经扩建。1918 年进行大规模修葺。1937 年侵华日军强令该寺迁于今址。现寺有正殿、左殿、右殿等建筑。此联写古寺的遭遇和对信众普及佛法。劫灰,劫火的余灰。指日军侵犯。大直,山名,剑潭古寺现址大直山南麓。上联意谓日本侵略者劫火留下的余灰,台湾僧众重新燃起炉火在大直山南麓建起了新寺。法雨,佛家谓佛法普及众生,如雨之润泽万物。下联意谓台湾清净的潭水,涌出了佛法润泽万物的法雨,川流不息永远拥戴救苦救难的观音菩萨。联文以燕颔格嵌“剑”“潭”寺名,彰显了剑潭古寺。 (沈树华)

台北龙山寺

龙听经音滋法雨
山环佛阁蔼慈云

龙山寺,在台北淡水镇,建于清道光二年,供奉观音菩萨。上联意谓佛家润泽万物,普度众生。龙,指白龙马,因听经修成正果。法雨,佛家谓佛法普及众生,如雨之润泽万物。下联谓山建佛阁,显示佛的法力广大无边。慈云,佛家称佛以慈悲为怀,如大云之覆盖世界。联文以鹤顶格嵌“龙”“山”二字,尤为贴切。 (沈树华)

台北凌云禅寺

凌烟阁生面别开，护法功臣，合绘金刚八丈
云门寺宗风重振，参禅罗汉，遥排石笋一林

凌云禅寺，位于台北县五股乡，清宣统元年(1909)建。寺周桃树遍野，为台北游览胜地之一。凌烟阁，把有功之臣画在阁上以示表彰。护法，佛教称拥护佛法的人为护法。金刚，金刚力士的略称。上联意谓，凌烟阁别开生面，对护法功臣，应该将他们画成像八丈金刚那样。云门寺，即指凌云寺。参禅，禅宗的修行方法。罗汉，佛教所理想的最高果位。寺院有十八罗汉和五百罗汉。石笋，其状如笋的大石。下联意谓凌云禅寺宗风重整旗鼓了，参禅的罗汉，像石笋似的排成一林。联文以鹤顶格嵌“凌”“云”寺名。

(沈树华)

台北阳明公园

陈定山

水清鱼读月
花静鸟谈天

上联写泉水之“清”澈，可以引来清水中之鱼吞读倒影在水中的月亮。下联以花之“静”衬托鸣鸟对语“谈天”，将一个鸟语花香的幽雅环境表现得格外媚人。联语以拟人手法，形象地以动衬静，字少情浓，把环境描绘得妙趣横生。

(沈树华)

台北于右任墓

大笔淋漓，翰墨落人间，处处有屯田井水
遗言慷慨，山川怀故国，朝朝望京阙觚棱

于右任,陕西三原人,国民党元老,历任国民党军政要员,擅书法诗词,1964年病逝于台湾。此为于右任墓联。上联说他的书法,翰墨淋漓,大笔挥洒人间,处处有他的作品。屯田,指北宋词人柳永,因官屯田员外郎,世称柳屯田。他的词情景交融,语言通俗,音律谐婉,在当时流传很广。下联写他的遗言,怀念故国,隐指怀念大陆。他辞世前留下遗言,要求死后安葬于高山之上,以便遥望大陆,这实际上是寄托希望祖国早日统一的情思。京阙,指京城。觚棱,殿堂屋角的瓦脊。（沈树华）

台北太古巢(一)

陈维英

三顿饭,数杯茗,一炉香,万卷书,何必向尘寰外求真仙佛

晓露花,午风竹,晚山霞,夜江月,都于无字句处寓大文章

太古巢,意为邃古所居之巢,即隐者所居。邃古有巢氏为巢,故以为名。陈维英,字实之,号迂谷,清台湾淡水人,咸丰九年(1859)举人,曾主仰山、学海两书院。太古巢为作者所建,今辟为圆山动物园。寓大文章,提供文章素材。唐李白《春夜宴桃李园序》:“况阳春召我以烟景,大块假我以文章。”上联写日常生活。一天吃三顿饭,喝几杯茶,烧一炉香,读万卷书,已经心满意足,何必再向世外寻仙求佛?下联绘周围环境:清晨好花带露,中午翠竹迎风,傍晚山抹红霞,夜里月临江水,如此迷人美景,都在无字句处提供文章素材。联语表达作者恬淡寡欲,归依自然的高怀雅趣,与太古淳朴天真境界相应。且以数词与时间词相对,更觉新颖。（余心乐）

台北太古巢(二)

陈维英

看剑气寒书案月

停琴韵湿墨池烟

琴和剑是古代文人随身之物，抚琴怡心，倚剑仗胆。上联写月夜看剑。宝剑光芒四射，它的气使书案上的月光更为寒冷。看剑，宋辛弃疾《破阵子》词："醉里挑灯看剑。"下联写琴罢余音。弹琴停止以后，它的余音使墨池的烟雾越加湿润。墨池，洗笔砚之池。此联写作者离开官场后复杂矛盾的心情。弹琴反映其隐居后的高雅情怀，看剑则流露其以前未受重用而雄心不已的豪情壮志，这是旧时知识分子从仕到隐历程中的一般心态。联语中"寒""湿"两个形容词活用作动词，产生了使动效应。月光本已寒冷（李商隐《无题》诗："夜吟应觉月光寒。"），而剑气使月光更加寒冷；烟有湿意，李白《梦游天姥吟留别》："水澹澹兮生烟。"而琴韵使墨池的烟愈为湿润，有动感，又有质感，丰富了含义，加强了表现力。（蒋竹荪）

台北报恩堂

地狱即空，众生有尽愿无尽
人伦最贵，孝道圆成佛自成

堂在台北中山北路。联语体现了禅宗思想。上联说：万物因缘和合而生，合则生，散则灭，并无真实本体，那么地狱也是空的，众生再多也有尽头，而解脱苦难以求成佛的愿望则是无穷尽的。下联说：人与人之间尊卑长幼等级关系是最重要的，只要尽了孝道，也就自然成佛。人伦，儒家提倡的父子、君臣、夫妇、长幼、朋友间的伦理准则。禅宗要求人们保持自心清净、实践世俗道德规范，"心平何劳持戒，行直何用修禅，恩则孝养父母，义则上下相怜"（《坛经》）。按照本心自然状态立身行事，即可体现佛教真谛成佛而得解脱。（商启予）

台南郑成功庙(一)

赐国姓，家破君亡，永矢孤忠，创基业在山穷水尽
复父书，词严义正，千秋大节，享俎豆于舜日尧天

郑成功(1624—1662),本名森,字大木,福建南安人,爱国名将。1646年起兵抗清,在进攻南京失利后,于1661年率领将士数万人进兵沦为荷兰殖民地的台湾,经过八个月的战斗,于1662年2月1日使荷兰总督揆一投降,台湾重归祖国怀抱。其庙在台湾台南市。此联集中概括了郑成功一生的主要功绩。上联写他一生宏愿在于为明室基业尽忠。赐国姓,指郑成功曾被明唐王赐国姓朱,因而被人称为“国姓爷”。家破君亡,永矢孤忠,是指郑成功断绝与投降清人的父亲郑芝龙的关系,始终以忠于明室复兴明室为己任。山穷水尽,指郑成功曾隐居南海岛屿中。下联进一步写他严正的立场。复父书,指郑芝龙降清时,年仅二十四岁的郑成功曾写信给他,信中义正词严地宣告“背父救国”。享俎豆,享受祭祀。舜日尧天,尧和舜执政的时候国泰民安,这四个字也就成了太平盛世的代称。联语表达了郑成功与清政权誓不合作的立场与态度。写作上用顺叙手法,其文亦如行云流水,十分流畅。 (陶继明)

台南郑成功庙(二)

吴廷华

钟河岳之灵,为胜朝绵正朔
遵海滨而处,知中国有圣人

吴廷华,字中林,号东壁,清浙江仁和(今杭州)人,康熙五十三年(1714)举人,官福建兴化同知。此联题郑成功庙,庙在台湾台南。郑成功,福建南安人,弘光时监生,永历帝封为延平郡王,永历十五年(1661),他率兵从厦门出发,于台湾禾寮港(在今台南境)登陆,围攻荷兰总督所在地赤嵌城,击溃敌兵,收复台湾,推行屯田,促进台湾社会经济的发展。钟,钟爱、钟情。胜朝,指明朝。正朔,指正统王朝。上联意谓钟爱山河丘岳之灵,为大明王朝收复了台湾,绵延了王化正统。圣人,道德、智能极高的人。这里指郑成功。下联意谓,把海滨的台湾治理得如此安定,知中国有道德智能极高的能人。联文歌颂了郑成功收复台湾、治理台湾的历史功绩。

(沈树华)

台南德化堂

云亦好闲,却向亭前栖树
鱼能知趣,频来水面听琴

堂在台南府羊路,属斋教(佛教的一支)的龙华派。德化,意即佛之德行所感化。台湾斋教主张佛、儒、道三教同源,供奉释迦牟尼及观音。《莲社高贤传》有“生公说法,顽石点头”的典故,说明佛的说服力强,感化力大。联语紧扣堂名,说在佛法感化之下,云也爱好闲静,游到葱翠的亭树上停留;鱼更富于雅趣,常常浮出水面倾听美妙的琴声。“好闲”“知趣”“栖”“听”等词,赋予云、鱼以主体意识。此联所刻画的生气蓬勃的景象,与《易》“天地之大德曰生”之义契合无间。 (蒋竹荪)

台南清水寺

杨仙人

月明古寺客初到
风动柴门僧未归

寺在府城东,清康熙时建,祀清水祖师及观音。联语写出了深山古寺僧人的两种心态,颇饶情趣。一是不期而至,在月白风清之夜,古寺里忽然来了一位新客,要求投宿。一是期而不至。柴门“咿呀”一声,想必是老僧回来了,出去一看,却不见人影。两种情况都出乎意料之外又入于情理之中。因僧人云游四方,远道跋涉,半夜到达,实所难免;而风吹门扉,疑是僧归,也属情理之常。联语写出古寺环境幽寂的气氛,十分传神。 (蒋竹荪)

台南大仙寺

势利场中,大力打开寻彼岸
红尘队里,小心解脱觅真空

这是用佛教的哲理教人觉悟的一副对联。大仙寺即佛寺。上联说权势和财富是束缚人的枷锁,应该舍弃。社会上有些人栖栖遑遑,生为势利生,死为势利死,永远沉溺于茫茫无涯的苦海之中,不能自拔。只有花极大的力气,打开这系累人的枷锁,才能免于沦亡,找到那超脱生死的彼岸。下联说尘世凡念要解脱。有些人往往为花花绿绿的色相所迷,随之而来的是无穷尽的苦恼。必须消除一切凡俗意念,寻找那超越色相意识界限的真空,才能免于尘世的缠缚。红尘,人间,尘世。小心,佛教语,凡俗之心。叶適《题扫心图》:"大心觉也无亏成,小心沤也随灭生。"真空,佛教语,超出一切色相界限的境界。联语认为有些人生活在世界上,蝇营狗苟,如沉沦在大海之中,只有他们自已觉悟过来,抛弃势利观念,消除尘世意念,才能得救。

(周　艺)

台南开元寺

寺古僧闲云作伴
山深世远月为朋

开元寺为台湾台南四大古寺之一。上联化用杜牧"闲爱孤云静爱僧"句意。深山古寺,远离尘世,清闲僧人,随月伴云。"云"本是无生命的,着一"伴"字,写出它飘渺缠绵的动态。"月"也是无知的,着一"朋"字,写出它清辉直泻、始终如一的守恒。联语赋予客观事物以人的感情。全联格调高古,用语平白无奇,创造了一个情调淡泊清寂的超凡境界。　(王明珍)

台南开元寺观音殿

开辟丛林,百八钟声堪警世
元为古迹,一篇青史足传人

开元寺,位于台南市北开元路,原为北园别馆,由郑成功之子郑经为其母颐养天年而建。清康熙三十五年(1696)改建为寺,初名海会寺,又改称海靖寺、石榴禅寺,后倒坍。乾隆十五年(1750)重建,取名开元寺。1960年重修大雄宝殿,增建大士殿,1966年另建山门,新建莲池宝塔。寺内还有清代《始建海会寺记》《东瀛海会寺阁》等石碑多座。丛林,众多僧众聚居的寺院。元,通"原"。联语意谓,建筑这样一座大寺院,撞一百零八记钟声,足可让世人警醒。开元寺原为古迹,一篇《始建海会寺记》,文章足以将史实传给后人。联文以鹤顶格嵌"开""元"寺名,尤为贴切。 (沈树华)

台南大仙寺

大振三面暮鼓,惊动灵山方外客
仙敲一响晨钟,唤醒苦海梦中人

大仙寺,又称火山岩,建于清康熙四十年(1701),供奉观音菩萨。上联意谓:大响三通暮鼓,告知山上的僧人和游客,在夜间独处时,也要洁身自好,净心向佛。暮鼓晨钟,为寺院报时之用。灵山,泛指仙山。方外,世外。下联意云:晨钟一响,劝告人们虔诚礼佛,尽驱奢求邪念。苦海,指世俗。联作者婉转劝世,用心良苦。以鹤顶格嵌"大""仙"二字,别具格调。 (沈树华)

高雄郑成功祠

丘逢甲

由秀才封王,主持半壁旧江山,为天下读书人顿生颜色
驱外夷出境,自辟千秋新事业,愿中国有志者再鼓雄风

联语盛赞民族英雄郑成功的丰功伟业。郑自幼习文练武,后起兵抗清复明。明桂王封他为延平郡王、招讨大将军。郑兵力曾控制闽、粤、浙沿海地区,支撑东南半壁。1661年,他带兵进军台湾驱除荷虏,收复失地,维护了祖国领土主权,为天下读书人增光,在中国历史上写下了光辉的一页,称得上是千秋功业。"愿中国有志者再鼓雄风",含义深刻,寄托了作者无限期望之情。当时清政府腐败无能,日本帝国主义趁机在台湾扩张势力,企

图攫为已有,面对这一现实,作者忧心忡忡,热切希望“中国有志者”能像郑成功一样,驱除外来统治势力,保持祖国领土完整。联语一气呵成,气势可干云天,十分感人。 （张 迈、美 云）

高雄春秋阁

精忠报国,三字狱冤千古白

以身作则,一篇词赋满江红

春秋阁,位于高雄莲花潭东南侧,为两座四层八角宝塔形楼阁,供奉岳飞塑像。上联意谓岳飞谨遵母训,以“精忠报国”之心为国效力,却被秦桧以“莫须有”三字作罪名下狱被害,对这千古奇冤,后人将永远铭记。下联意谓岳飞以《满江红》词,表达了自己北伐金兵,收复失地,恢复大宋山河的意志和决心。联文以“忠”与“冤”、“身”与“词”,概括了岳飞的一生,和后人对他的崇敬。 （沈树华）

高雄佛光山寺

星云

佛度众生,万类有情成正觉

光周法界,一超直入见如来

佛光山寺,位于高雄市大树乡,1966 年建,现已成为台湾最大、最负盛名的佛教道场,是全台湾唯一的十方丛林。有台湾最大、最多的佛像和最大的大雄宝殿,还有笑佛迎人、佛光普照、圆通应化、灵山西会等十二景,蔚为大观。此联为台湾著名僧人星云所题。正觉,指成佛。佛教徒以洞明真谛达到大彻大悟的境界为正觉。法界,佛教认为诸法各有分界,名为法界。超,跃上、越过。联意谓佛度众生,对所有的各类信众都有情义使他们成佛。佛光普照法界,众生一跃直入便可见到佛祖如来。联文还以鹤顶格,嵌“佛”“光”寺名。 （沈树华）

南投日月潭玄光寺

高潭悬日月
法幢起国魂

日月潭是台湾的“天池”,为台湾最大的天然湖泊,凭着“万山丛中,突现明潭”的奇景而成为宝岛诸胜之冠。湖中有天然小岛浮现,岛北为日潭,南为月潭,以形貌近似日月得名。玄光寺,位于湖南滨的青龙山麓,寺中塑唐三藏法师金身,曾是玄奘法师灵骨暂存之所。出句写潭水。高,状潭的位置,以“日月”摹写潭的形貌。一“高”一“悬”,相互对应,生动刻画了日月潭的高拔与神奇。“悬日月”一语化自杜甫《陈拾遗故宅》诗:“公生扬马后,名与日月悬。”对句写寺幢。法幢,古代宗教石刻的一种,柱状,上刻经文与佛像等。“国魂”一词,注入了爱国主义的精神血肉,且冠以“起”字,千钧有力。“悬”“起”两字,境界全出,言近旨远。

(张君宝)

南投抗日纪念碑

百战忠魂,千秋恨事
一朝义愤,万古馨香

碑在南投县仁爱乡自然风景区,群山叠翠,云雾笼罩。1930年10月27日,雾社各族居民在此发动反日武装起义,被日本殖民统治者镇压,居民两千余人惨遭杀害,起义领袖莫耶·莫那鲁道父子与花岗兄弟等皆壮烈牺牲。后来公众将诸英遗骨葬于起义地点,建立山地同胞抗日纪念碑。上联抒发了对起义者惨遭杀害的抱恨与不平:英雄百战而死,实是千年恨事。下联颂扬山地同胞英勇的抗日精神:虽出于一时之义愤,却留下万古馨香。联语简洁凝练,真挚深沉,令人感奋。

(商启予)

宜兰礁溪温泉

要为斯世暖
无改在山清

温泉在市北,泉水清澈,水温 57℃。此联借温泉说明做人处世的道理。意谓:要像温泉那样,给世人带来温暖,为社会造福;还要像温泉那样,不改变原来清白无瑕的节操,不与世俗同流合污。短短十个字说明深刻道理,情辞恳挚,借喻贴切,言简意赅,发人深省。 (唐 音)

宜兰开成寺

开棘培兰,四境慈云遍护
成村尚市,百年菩寺重新

开成寺,位于宜兰头城镇,清嘉庆初年建。上联意云,斩开荆棘培育兰花,也就是说离开小人,亲近君子,周围就会有慈云守护。慈云,佛教认为佛以慈悲为怀,如大云之覆盖世界。下联意谓,原先的村落已成集市,百年的寺院又得到了新生。菩寺,佛寺。联以鹤顶格嵌“开”“成”寺名。

(沈树华)

云林济公庙

济民为本,解脱疑难怜万物
公德当先,消除灾厄惠群黎

庙在云林县林内乡。济公,南宋僧人道济,原名李心远,传说他不守戒律,嗜好酒肉,举止癫狂,又称“济癫僧”。解脱,佛教用语。修道到了最后阶段,脱离烦恼,自在无碍叫“解脱”。疑难,人世间的疑虑与灾难。群黎,黎民百姓,众生。联首嵌“济公”二字,为鹤顶格。上下联如行云流水,浑然一体,既解释了济公命名的含义是“济民为本,公德当先”,又赞颂了济公“怜万物”“惠群黎”的大慈大德。 (曹云岐)

云林慈光寺

若不回头,谁替汝救苦救难
倘能转意,何须我大慈大悲

此联以菩萨的口吻对来求佛的人说,你用不着祷告祈求,只要你不做违法的事,不滋生残害生灵的心,就用不着我来救苦救难,也不须我去大慈大悲。 (沈树华)

澎湖天后宫

周煌

神为德其盛乎,呼吸回天登彼岸
臣何力之有也,忠诚若水证平生

天后宫,位于澎湖县的马公镇,建于明天启四年(1624),是台湾最古老的妈祖庙。上联赞叹海神威灵显赫,在一瞬间便使渔民登上了“彼岸”。神,指海神,亦称“天后”“天妃”。呼吸,一呼一吸,形容时间短促。回天,回天之力。彼岸,佛家语,与烦恼、迷惑的“此岸”相对。下联大意说我虽没有什么力量,但我平生的忠诚,海神可以作证。若水,如水,比喻纯洁。联语的作者歌颂了“天后”神德的力量,倾吐了对神的敬畏和忠诚,在科学尚不发达的古代,人们对茫茫大海不免怀着恐惧心理,也就自然寄希望于神灵,作为一种心理慰藉和精神支柱。上联中“登彼岸”,虽为佛家语,但与航海目的联在一起,一语双关,显得巧妙贴切,成为联中之“眼”。

(陶继明)

桃园甘泉寺

甘心明佛性，一尘不染
泉净洒禅堂，万象皆空

甘泉寺，位于桃园观音乡，初名福龙山寺，清光绪十二年(1886)重修，改名为石观音寺。寺旁有井，名观音，传曾于井中找到观音像，因其井水清澈甘甜，故寺名又曰甘泉。上联意云，甘心明白佛性的意义，对世俗杂念一尘不染。下联意谓，以洁净的泉水洒在僧堂，使世间万象皆成为空。佛性，佛教认为人人都有觉悟之性，名曰佛性。禅堂，参禅之所，犹言僧堂。空，佛教指超乎色相现实的境界为空。此联以鹤顶格嵌“甘”“泉”寺名。

(沈树华)

苗栗普光寺

普明佛法，广被思四海
光照金经，惟善感十方

上联云，普度众生的佛法，覆盖天下思念四海。下联云，佛光照耀金经，使善德感动十方。被，覆盖、及于。十方，指东、南、西、北、东南、西南、东北、西北、上、下十方。此联写普光寺，以鹤顶格嵌“普”“光”寺名。

(沈树华)

基隆狮球岭古隧道

刘铭传

十五年生面独开，羽毂飙轮，从此康庄通海屿
三百丈岩腰新辟，天梯石栈，居然人力胜天公

刘铭传,是台湾设省后清政府首任巡抚。狮球岭古隧道,清光绪年间修筑台北至基隆铁路时开凿,光绪十五年(1889)铁路通车典礼时,刘铭传为题此联。上联描绘铁路通车,车轮飞驰,令人感叹,从此康庄大道可直达海岸。毂,车轮的代称。下联描绘开凿隧道的艰辛,三百丈的山岩拦腰劈开,架起天梯,垒起石栈,打通隧道,怎不令人惊呼“居然人力胜天公”!此联气势宏伟,直接歌颂筑路工人,实是一副有历史意义的佳联。

(沈树华)

基隆灵泉寺

般若花开,香满大千世界

菩提树长,影遮百万人天

灵泉寺,位于基隆月眉山,清光绪二十五年(1899)建,在往该寺途中,立有三十二尊观音石像,颇具特色。般若,佛教用来指如实了解一切事物的智慧。上联意谓,智慧之花开了,香气洒满三千大千世界。菩提,佛教指豁然开悟。下联意谓悟性之树不断成长,树冠长大能遮盖百万人的天地。此联格律协调,词语怡人。

(沈树华)

基隆十方大觉寺

张剑芬

拾级而登,个里风光当下认

入门一笑,本来面目自家知

十方大觉寺,庙在基隆市安乐区,供奉释迦牟尼。上联谓沿石阶拾级而上,这里的山色风光逐渐映入眼中。下联谓进入山门便会心一笑,因为自家内心世界的面目,自己是知道的。这里带有自嘲的口吻,读来颇有几分趣味。

(沈树华)

新竹竹莲寺

竹拥慈云，现出祥光万丈
莲沾法雨，开来世界三千

竹莲寺位于新竹南门外竹莲里，为新竹最古的寺庙，清乾隆四十六年(1781)建，道光、同治年间修扩。上联云，翠竹簇拥着慈云，现出万丈祥光。慈云，佛教认为，佛以慈悲为怀，如大云之覆盖世界。下联云，莲座浸润法雨，眼前开出三千大千世界。法雨，佛家谓佛法普及众生，如雨之润泽万物。此联以鹤顶格嵌“竹”“莲”寺名。 （沈树华）

台中松竹寺

松青柏茂绕莲座
竹翠花黄现妙机

松竹寺位于台中县北屯区，清道光十三年(1833)建。莲座，佛座，由莲瓣组成。全联意谓青松茂柏环绕在佛的莲座四周，在黄花翠竹之中显现佛所传授的奥妙神机。此联以鹤顶格嵌“松”“竹”寺名。 （沈树华）

彰化清水岩

杨桂森

清水碧涟侵月色
岩山紫竹引泉声

杨桂森，清嘉庆时任台湾彰化县知县。清水岩，彰化县著名寺院，坐落社头乡，建于乾隆十年(1745)，供奉释迦牟尼和观音。上联写水光与月色，池水清清，碧波涟涟，月入水，水映月，水月一色清碧，表现了寺院环境的幽清寂静。下联写风吹紫竹引泉声，竹映泉，泉吟竹，一派清静高洁的景致。

水、月、竹、泉，带来的清静，让人有无限的想象空间。（沈树华）

彰化定光庙

活为万生灵，迹托鄞江留一梦
觑三千世界，汗挥线地有至人

定光庙，位于彰化市区，又称汀州会馆，清乾隆二十七年(1762)建。鄞江，水名，在浙江省鄞县。一梦，指智颛梦定光佛事。《祖庭事苑》："智者颛禅师，年十五时，礼佛像，恍然如梦。"线地，指彰化，彰化原名半线。上联意谓，活着为亿万生灵，记得在鄞江留下智颛梦见定光佛事的情形。下联意谓，看三千大千世界，彰化还有德行至高的人为大众的前程在挥汗。（沈树华）

嘉义慈云寺

此地崇山峻岭，茂林修竹，最奇云海大观，蔚为人间胜境
到处明月清风，流水激湍，虽无蓬壶仙迹，堪称岛上洞天

慈云寺，位于嘉义番路乡半天岩，清乾隆二十九年(1764)建。联文描绘慈云寺所处环境，清幽秀丽，明月清风，云海激流，堪称人间仙境、岛上洞天。蓬壶，山名，即蓬莱，传为仙人所居之地。洞天，洞中别有天地之意，称仙人所居之处。（沈树华）

嘉义阿里山古月亭

满地花阴风弄影
一亭山色月窥人

阿里山，在嘉义县东郊，为风景名胜游览区。上联写花枝在风的吹拂下摇曳着满地花的阴影，以影写花，角度奇特。下联写从亭中可尽览山色，明月在云中窥探人间的事物。联文以拟人手法，让风去戏弄花影，使月去

窥探人间,赋予月与亭以生命,从而使其更具诗情画意。 (沈树华)

花莲胜安宫

郑玉波

胜辟珠宫,绿水左环鱼悟道
安怡梵宇,青山右绕鸟参禅

作者郑玉波生平不详。此联谓:以精致的建筑开辟出装饰珠宝的宫殿,在寺外左环绿水中的鱼也悟得了道机。从安静怡人的佛寺望去,右绕寺外青山中的鸟也学会了参禅。极言寺庙的禅性,连鱼、鸟都被感化。珠宫,装饰珠宝的宫殿。梵宇,佛寺。联以鹤顶格嵌“胜”“安”宫名。 (沈树华)

台东龙凤佛堂

胡 传

日朗风清,登斯丘可以揽胜
天空海阔,问何人具此胸襟

此联云:在这风和日丽之时,登上山丘可以饱览这里的风景名胜。望着大片海阔天空的景象,不由发问谁人有这般心胸襟怀。 (沈树华)

香港特别行政区

三 一 园

费天硕

三不朽,曰立德立功立言,偶曾尝试
一得闲,便醉花醉诗醉酒,聊共神游

上联说,对于崇尚德行、建树功勋、著书立说的“三不朽”,我也偶尔实践过。三不朽,《左传·襄公二十四年》曰“太上有立德,其次有立功,其次有立言,虽久不废,此之谓不朽”。下联说,不过一有闲暇,便陶醉于花草、诗词、酒杯中,姑且作精神上的漫游。联语描述了生活节奏中严肃紧张的方面和轻松活泼的方面,体现了张弛结合对立统一的思想。句首分别嵌入园名“三”“一”两字,为鹤顶格。 (蒋竹荪)

长山古寺

长亭惜别,古道瞻岐,雨笠尘襟人日日
山鸟吟春,寺花送晓,烟钟风磬我年年

长山古寺位于新界坪峰区禾径山麓,是古代驿站遗址。上联怀想当年驿站的人情物态,生动描绘了迎来送往的画面。“天下伤心处,劳劳送客亭”(李白诗)。这里首句便从“长亭惜别”说起,点染了一种依依惜别的惆怅气氛。“古道”句犹白居易《赋得古原草送别》所描绘的“远芳侵古道”的意境。瞻,望。岐,岐路。雨笠尘襟,形象地刻画出在烟雨迷濛、尘土飞扬的古道岐路上送别离人的情景。“人日日”三字,饱含万般辛酸。人伤离别,何况“日日”都有人如此。下联思绪回到古寺,场景遽变。从离情别恨的境界突转到“山鸟吟春,寺花送晓”的明媚佳丽的氛围中。结句的“烟钟风磬”,以“烟”修饰“钟”,以“风”修饰“磬”,增添了视觉、听觉上的美感,并与鸟吟春、花送香的描写构成一幅有声有色的画卷。末尾“我年年”三字,点明了寺庙生活年年如是,与上联人们匆匆送往迎来,形成强烈对比。联中分嵌“长山古寺”四字,天衣无缝。 (张君宝)

炉峰道院

炉中香篆氤氲,丹鼎尽腾龙虎气
峰外云横缥渺,天风微度凤鸾声

道院是道士所住的院宇,也是他们修炼道术、炼丹习武的场所。上联写道士焚香礼拜及炼丹的情况。香炉中点燃的香灶,吐出缕缕青烟,缭绕上升,宛如篆文,炼丹炉里,火焰由红转青,飘出袅袅烟雾,尽是仙气。氤氲,气体弥漫或光色混合动荡的样子。丹鼎,炼丹的炉鼎,有盖。龙虎气,指仙气。下联写道院外景及感受。天上的云彩,若隐若现,横绕炉峰,天风轻柔地传来了鸾凤的鸣叫声。人们不禁预感到,灵鸟鸾凤为神仙出游开路、护驾,神仙即将降临了。凤鸾,传说中的灵鸟,鸣声传得很远。此联的妙处在于选取典型环境,加以渲染,"龙虎气"似乎可见,"凤鸾声"恍同可闻。联语弥漫着一种神秘而严肃的气氛,使游客仿佛受到一次道教的洗礼。

(周　艺)

西方寺

南海泛慈舟,梵呗声声皈净土

西方传内典,源流脉脉接灵山

西方寺,位于荃湾,1981 年于寺内创设菩提佛学院,其学僧除来自香港本地外,还招收新加坡、韩国、马来西亚等国僧人,已逐渐成为一所国际性佛学院。慈舟,佛教称佛以慈悲之心度人,使脱离苦海,有如以舟济众。梵呗,佛教做法事时的赞叹歌咏之声。净土,佛教谓庄严洁净、没有五浊的极乐世界。上联意谓在南海泛度人脱离苦海的慈舟,在赞叹歌咏之声中皈依庄严洁净的极乐世界。西方,西天。我国佛教徒称佛祖所在之地,亦指古天竺。内典,佛教徒称佛经为内典。灵山,灵鹫山,释迦牟尼在此说法,拈花微笑。下联意谓在佛祖那里习诵佛经,就会像源源不断的流水那样进入佛国灵山。

(佟　今)

宋　城

大雅琴书,垂杨秀竹神仙府

富华院落,之径高台帝子家

宋城,香港仿宋汴梁城街道建筑群。此联描绘宋城的自然景观和华丽建筑,使人觉得园林日永,足以怡情悦性。上联写这里有琴瑟之声和文人学士的词赋,秀竹垂杨装点清幽的神仙府第。下联写院落豪华,曲径高台简直就是帝王之家。之径,"之"字形小路。联以鹤顶格嵌"大""富"二字,突出了宋城的特点。 (佟 今)

青山禅院

十里松杉围古寺

百重云水绕青山

青山禅院,位于屯门青山北腰,是香港三大古刹之一,传为南北朝元嘉五年(428),一位奇僧踏木杯渡水驻锡于此,并建杯渡寺。现寺为 1928 年所建,寺周有杯渡岩、杯渡禅师石像等名胜。此联写青山禅院周围秀丽的自然环境,苍翠的青松古杉环围在寺的周围,寺在万重云水缭绕的青山之中,真是一座远离尘嚣的极乐丛林。 (佟 今)

澳门特别行政区

松 山 亭

李供林

松风徐送,正荡胸怀,近看镜海波光,莲峰岚影

山雨欲来,且留脚步,遥听青洲渔唱,嫣阁钟声

联语写松山亭(松山上两座风雨亭之一)周围独特的美景:近处水平如镜的大海波光粼粼,秀丽的山峰云烟萦绕;游客在山雨将至之际,驻足流连,远听小离岛飘来的渔歌与妈祖阁传来的悠悠钟声,使人心驰神往。青洲,指

澳门半岛西北角的小离岛。嫣阁,祭祀海神妈祖,是该地最古老的庙宇。联中将景物描绘得有声有色,且融情入景,一近一远,写出开阔与深远的意境。上下联首嵌入“松山”地名,增加了联语的艺术魅力。（谢燕华）

国外名胜

◆新加坡

圆明寺

丰子恺

圆照清净觉相,悉以普贤行愿力,供养诸佛
明宣无上菩提,尽于未来一切劫,利乐众生

此联作者丰子恺,浙江桐乡人,上海中国画院院长,上海美协主席。上联意谓阳光环照得到启发的形象,以普贤的行愿,供养四方诸佛。普贤,佛教大乘菩萨之一,以“行愿”著称。普贤行愿,即普贤十大愿。一、常礼敬诸佛。二、常称赞如来之德。三、广修供养,常予最上供养侍奉一切佛。四、常忏悔,遵守净戒。五、常随喜一切佛、菩萨乃至六趣、四生所有之功德。六、常礼请一切佛宣说教法。七、请佛、菩萨不入涅槃、住世说法。八、常随佛学。九、应众生种别而作种种供养。十、普将以上功德回向一切众生。下联意云明白宣扬佛教所说豁然开悟,了解未来的一切劫数,以利于众生。劫,佛教名词,古印度传说世界经若干千万年毁灭一次,重新开始,这样一个周期叫作一“劫”。众生,佛教指众多有生命的,包含天、人、阿修罗、地狱、饿鬼、畜生六种。联文以鹤顶格嵌“圆”“明”寺名。此联佛教内容丰富,读后可增加佛教知识。（沈树华）

双林禅寺

鹿苑谈经,祇园说法,何曾道得只字
惠能无树,神秀有身,本来不在多言

双林禅寺,位于新加坡金吉路,创建于 1908 年,是新加坡最大的佛寺,布局结构酷似中国江南寺院风格,寺内庭园可供信善游客休憩。此联题双林禅寺法堂。上联的"鹿苑"和"祇园"都是释迦牟尼的说法之所。下联的惠能(一作慧能)和神秀,都是弘忍禅师的弟子。"惠能无树",指惠能所作偈语:"菩提本无树,明镜亦非台,本来无一物,何处惹尘埃?""神秀有身",指神秀所作偈语:"身是菩提树,心如明镜台,时时勤拂拭,勿使惹尘埃。"弘忍禅师认可惠能对佛理的体会,将衣钵传予惠能,后者创禅宗南宗。神秀后去北方,创禅宗北宗。联中"鹿苑谈经,祇园说法","惠能无树,神秀有身"为句中自对,这种修辞手法,可谓别出心裁。 (沈树华)

◆泰 国

曼谷龙莲寺

龙护法门,色色空空归大觉
莲围佛座,花花叶叶现如来

此联悬于泰国曼谷龙莲寺大殿。上联意谓:龙守护信佛修行者入道的门径,告知你遇到的一切物质都是机缘巧合,只有得到佛的指引才会觉悟。法门,佛教指修行者入道的门径。色,泛指一切物质。空,指存在的物质均是机缘巧合而成的。大觉,佛之觉悟。下联意云:佛座四周盛开五色莲花,一花一世界,一叶一如来。如来,佛的别名,又为释迦牟尼十种法号的第一种。联文以鹤顶格嵌"龙""莲"寺名,更增添了对联的庄严。 (沈树华)

曼谷卧佛寺

卧神假睡,洞察善信虔诚念
佛法无边,笼锡寿富真愿人

卧佛寺位于曼谷大王宫南,亦称"越菩寺"。始建于大城王朝时期(1350—1767)。18 世纪末重修。寺内的卧佛,长 45 米,高 15 米,铁铸包金,镶以宝石,为泰国三大国宝之一。此联题大殿。上联说卧佛假睡,一个“假”字,尤为传神,表达了你们骗不了佛,佛能洞察所有善男信女的心念是否虔诚。下联云佛法无边,佛能把长寿和富贵赐予怀着真诚心愿的人。笼锡,广泛地庇护赐予。全联告诫人们拜佛也要真心诚信,才会得到佛的赐福。 （沈树华）

◆菲律宾

马尼拉大乘信愿寺

弘 一

佛宇光明,传自震旦
声教洋溢,奄有菲滨

大乘信愿寺,位于马尼拉市那拉街,初创于1936年,1949年重建,1954年、1971年曾两次扩建,为菲律宾佛教中心。大乘,即大乘佛教,相对小乘佛教而言。“乘”指运载工具,比喻普度众生从现实世界的此岸到达悟的彼岸之意。联作者弘一,中国高僧。原名李叔同,早年留学日本,于音乐、美术、诗文、戏剧均有极高造诣。1918年在杭州虎跑寺削发出家,法号弘一。上联说,佛国光明,是从中国传来的。震旦,古印度人对中国的称谓。下联云佛教的教化覆盖了整个菲律宾。奄有,覆盖,包括。联文叙说了中菲两国佛教文化的交流和影响。 （沈树华）

马尼拉华严寺

灵山示众,拈一花弘开觉路
法会传经,论三谛不离空门

华严寺属华严宗。灵山,山名,佛家称灵鹫山为灵山。《五灯会元·七佛·释迦牟尼佛》:“世尊在灵山会上,拈花示众。”后亦以此比喻心心相印,指引方向。觉路,佛教指成佛正觉之路。上联说,佛在灵山拈花示众,为众生打开一条通往佛门的正觉之路。下联说,在说法或举行供佛及布施等宗教仪式的集会上传经布道,论空、假、中三谛的范围,总离不开佛家之门。三谛,佛教认为三谛即指空、假、中。一、空谛,一切事物都由因缘而生,没有永悟不复的实体。二、假谛,一切事物虽无永恒不变的实质,但却有如幻如化的相貌。三、中道谛,即非假有,非实空;亦假有,亦实空。一切事物皆不出此三谛范畴。联意指示人们要修佛就不要离开佛门的宗旨。

(沈树华)

◆马来西亚

槟城极乐寺

谢素归

胜地辟禅关,望僧众说法谈经,同参妙谛

名山垂佛教,愿世间善男信女,共切修行

极乐寺,位于马来西亚槟城南白鹤山,1898年由中国福州鼓山妙莲和尚和得知和尚兴建,为马来西亚最大的华人佛寺。寺内有章太炎、康有为等人的题刻,以康有为书"勿忘故国"最著名。上联意云:在这风景名胜之地打禅坐关,听僧众谈经说法,共同探讨真言真理。下联意谓:寺庙建在名山,但愿朝拜的善男信女共同切磋,加强修行。联文遣词口语化,读来亲切易懂,很为受众喜欢。

(沈树华)

霹雳州怡宝霹雳洞

潘受

何时霹雳一声,石破天惊成此洞

远处氤氲五色,云飞霞舞闹诸山

霹雳洞位于怡宝市市郊,主洞高、宽各30米,深70余米,有10余个小洞窟互相连属。内有佛、菩萨、罗汉、护法神等60多尊造像,其中释迦牟尼坐像高42米,面目慈祥,气势伟岸。洞外有张大千等名画家所制壁画多幅。此联作者潘受,为新加坡文化名人。上联以追问的口吻:何时石破天惊霹雳一声形成了此洞,有爆裂声,很令人惊诧。下联描述远处青黄赤白黑五色烟云弥漫飞舞荡漾在诸多山峰之间。联文显现了霹雳洞奇特的景象,读后令人难忘。

（沈树华）

◆尼泊尔

蓝毗尼中华寺

景仰世尊,法雨慈云,四海归心瞻圣地

振兴华夏,尧天舜日,万方翘首赞名蓝

中华寺,位于佛教圣地蓝毗尼迦毗罗卫城东,此地传为释迦牟尼降生之地。上联意谓:崇仰释迦牟尼,感激他给善男信女带来润泽万物的法雨和覆盖世界的大云,让四海归心的信众瞻仰这神圣的地方。世尊,佛教徒对释迦牟尼的尊称。法雨慈云,佛家指佛法普及众生,如雨之润泽万物,如大云之覆盖世界。圣地,宗教徒奉为神圣的地方。下联意云振兴中华,在这尧天舜日太平盛世,万方人群都仰首盛赞佛教圣地蓝毗尼。尧天舜日,唐尧虞舜为古代传说中的贤明帝王,因以尧天舜日喻理想中的太平盛世。名蓝,指佛教圣地蓝毗尼。联文既崇仰佛祖,亦盛赞中华。

（沈树华）

◆印度尼西亚

爪哇三保洞

张君劢

继张班立功异域

开哥麦探险先河

张君劢,上海宝山人,早年留学日本、德国,后去美国。此联写爪哇三保洞，三保，指明代航海家郑和，字三保，自永乐至宣德三十年间受命出洋航海七次，先后至爪哇、苏门答腊等三十余国，最远达非洲东岸。联文赞颂郑和继张、班之后，立功异域。张指西汉张骞，他奉汉武帝命出使西域，在外共十三年，加强了汉朝与中亚各地人民的友好关系。班指东汉班超，在西域达三十余年，为保护西域各族的安全以及“丝绸之路”畅通，作出贡献。接着在下联中指出哥、麦他们航海均晚于郑和。哥伦布，意大利航海家。麦哲伦，葡萄牙航海家。联文赞颂了郑和航海诸国，为加强与各国人民友谊建立的功勋。 （沈树华）

◆印　度

塞特马赫特舍卫国华光寺

陈健民

黄金为地，想当年法会庄严，金刚经、弥陀经，信士勤看犹未断

白塔参天，欣此际福缘结集，舍卫国、极乐国，心田相距本无多

此联写印度华光寺。上联意谓以黄金铺地的佛国，回想当年法会整齐庄严，信众勤读金刚经、弥陀经，从未间断。金刚经，《金刚般若波罗蜜经》。弥陀经，《佛说阿弥陀经》。下联意谓白塔高耸蓝天，欣喜这里福缘结集，释迦牟尼和弥陀佛居住的舍卫国和极乐国在心中相距本不远。舍卫国，北印度憍萨罗国之都城，相传释迦牟尼曾居此二十五年。极乐国，佛教指阿弥陀佛所居的国度。 （沈树华）

◆越　南

河内镇国寺

慧日光临，普照三千世界

慈云遍覆，洞开不二法门

此联题越南河内镇国寺。上联意谓:智慧的阳光降临,普照三千大千世界。下联意谓:慈悲的大云覆盖,要进入从这里进是唯一的门径。慧日,佛教认为佛之智慧有如太阳普照世间。三千世界,三千大千世界。佛教以须弥山为中心,以铁围山为外郭,是一小世界,一千小世界合起来,就是小千世界,一千个小千世界合起来就是中千世界,一千个中千世界合起来就是大千世界,总称三千大千世界。慈云,佛教认为佛以慈悲为怀,如大云之覆盖世界。不二法门,佛教语,意为直接入道,不可言传的法门。后用来比喻唯一的门径、方法。

(沈树华)

◆缅　甸

仰光观音古庙

佛法无边,四海同沾法雨

神恩浩荡,万民共沐恩波

观音古庙建于清咸丰年间,为广东华侨所创立。此联云佛法无边,四海之内的信众都可共同得到有如春雨润泽万物那样的佛的教义。浩荡的神恩也使万民共同沐浴佛的恩泽。联文反映了华侨信众的共同心声。

(沈树华)

◆日　本

奈良唐招提寺鉴真御影堂

鼓螺蜀岗,羹墙南岳

风月长屋,花雨奈良

招提寺,位于奈良市西京五条,为日本律宗之总本山。旧名龙兴寺,又名建初律寺,为中国唐代高僧鉴真所创,现仍总辖日本律宗二十一所分寺。该寺收藏文物甚丰,著名的有鉴真和尚夹纻坐像、药师如来等木雕佛像、《东征绘传》五卷,以及多种古写经、古书籍等。此联题鉴真御影堂。鼓螺,喻弘法。蜀岗,中国扬州地名,大明寺所在地,鉴真曾于此卓锡,广传戒律。羹墙,《后汉书·李固传》云:“昔尧殂之后,舜仰慕三年。坐则见尧于墙,食则睹尧于羹。”后因以“羹墙”为思慕之词。南岳,指南岳惠思禅师,他是生于日本的圣德太子。上联意谓鉴真弘法在中国扬州的蜀岗,日本的圣德太子时刻思念鉴真弘法。风月长屋,指日本王子长屋因敬仰中国高僧,曾造千领袈裟,赠送大唐僧众,其袈裟上绣四句:“山川异域,风月同天;寄诸佛子,共结来缘。”下联意谓王子长屋度过美好的岁月,鲜花和微雨装点滋润着奈良。 (沈树华)

宇治万福寺

隐　元

宝殿落成日

坛花出现时

此联乃中国明代东渡日本名僧隐元所题。万福寺,位于京都府宇治市醍醐山麓,始建于 1661 年,形制如中国福州黄檗宗本寺。该寺藏有隐元、木庵、即非等中国东渡名僧所书匾额、对联、屏风等 70 余帧,还收藏日本江户时代画家池大雅之绘画作品,以及日本铁眼禅师所制木刻佛经版本 6 万张,各种佛典 7 万余卷,佛教文物极为丰富。 (沈树华)

◆韩　国

首尔曹溪寺

一音清震三千界

七辩宣谈八谛门

曹溪寺,位于首尔钟路区,为韩国佛教曹溪宗之总本山。开创于 1395 年,韩国佛教界的各种重大活动均于此举行。一音,佛教称佛说法的音为一音。三千界,三千大千世界。上联说佛说法的一音远传三千大千世界。

七辩,指解说阐扬佛法的七种辩说之才:一、捷疾辩。二、利辩。三、乐说无尽辩。四、不可断辩。五、随应辩。六、义辩。七、世间最上辩。谛,佛家语,意同真言、真理。八谛,又作八圣谛,有不同说法。《瑜伽师地论》认为是:"苦行谛、坏苦谛、苦苦谛、流转谛、流息谛、杂染谛、清净谛、正方便谛"八谛。《仁王经》则说八谛是"善知相谛、善知差别谛、善知说成谛、善知事谛、善知生谛、善知尽智生智谛、善知一切菩萨地次第成就谛及集如来智谛"。门,入门的途径。下联说以七种辩说之才宣讲八种真言修炼的途径。

(沈树华)

忠清北道报恩郡法住寺

云暗月明身内影
山清水碧镜中痕

法住寺,位于忠清北道报恩郡俗离山,又称俗离寺、小金刚,韩国佛教三十一本山之一,全国五大寺刹之一。义信和尚于新罗兴王十四年(553)始创。日本丰臣秀吉侵入时(1592)毁于兵火。李朝仁祖王二年(1624),碧岩大师仿旧制重建。殿内之五重木塔为韩国之国宝,大雄宝殿为韩国三大佛殿之一,驰名法宇。此联指出世人的所作所为和经历的环境,在他的内心和反观中必定留下影像和痕迹,对联的意旨还是劝人为善,留下好的影像。

(沈树华)

◆朝　鲜

平安北道妙香山普贤寺极乐殿

千年国祚文明世
八域禅法教授门

祚,福。联意云千年古国正处在有福泽文明之时,四面八方悟道的人都在教授学生领略佛教的入道门径。

(沈树华)

◆加拿大

多伦多佛圣堂

法海无涯，信为能入
佛门广大，不渡无缘

佛圣堂位于多伦多尼加拉街，1992 年建。此联云法海虽然无涯，只要真心信奉便能进入。佛门虽说广大无边，但还是不引渡没有缘分的人。法海，佛教比喻佛法广大如海。南朝梁简文帝在《庄严旻法师成实论议疏序》文中云："慧门深邃，入之者固希；法海波澜，泛之者未易。""希"，通"稀"。

（沈树华）

◆美　国

纽约宝华禅寺

登宝殿，四生九有共入毗卢性海
入山门，八难三途同登华藏玄门

四生，指卵生、胎生、湿生、化生。九有，指众生轮回之九地，为欲界中的人与六天、初禅天、二禅天、三禅天、四禅天中的无想天、空处、识处、无所有处、非想非非想处。毗卢，佛名，即大日如来，如世间之日，能除一切暗冥，生长万物，成一切众生事业。性海，佛教指真如的理性，深广如海。上联意云登宝殿，四生的生命和九有的情况，可共同接受佛的阳光和深广如海的理性。八难，指八种难于见佛闻法的饿鬼、畜生等。三途，指地狱、饿鬼、畜生。华藏，指极乐世界。玄门，指佛教。下联意谓入山门，那些难于见佛的八难三途之流，也可以同登佛教极乐世界的法门。

（沈树华）

洛杉矶西来寺

星 云

东方佛光，普照三千界
西来法水，常流五大洲

洛杉矶西来寺，位于市东南哈仙答岗，1986 年 8 月奠基，1988 年 11 月竣工，为星云法师所创办，有五圣殿、大雄宝殿等。此联为星云法师所撰，他是中国台湾知名僧人。三千界，三千大千世界。法水，佛教认为佛法能洗涤众生心中的烦恼尘垢，像水洗净污垢一样，故称法水。此联意蕴重在东西方文化的交融：东方佛光，可以普照三千大千世界；西方法水，可以流入全世界洗涤五大洲。（沈树华）

◆澳大利亚

悉尼华藏寺

惟 诚

华阁禅心，香绕七宝佛殿
藏楼净地，云缭三根众生

华藏，指极乐世界。此联为释惟诚撰，联意云在华丽的楼台亭阁间，怀着寂定静思的禅心，为追求极乐世界，在香烟缭绕的七宝佛殿，聚集等待佛来普度的众生。联以鹤顶格嵌“华”“藏”二字，颇具文采。七宝，佛教说法不一，后指用多种宝物装饰的器物。（沈树华）

◆法 国

巴黎观音寺

鹿野苑中，演教权乘开觉路
灵山会上，宣扬实相悟迷津

观音寺,位于巴黎市区,为越南僧人本如法师于 1975 年创建。此联指引佛教信众“开觉路”,“悟迷津”。鹿野苑,释迦牟尼始说法之所。演教,传布。权乘,指佛教大乘教中顺机应情、权巧方便之教化方法。觉路,佛教指成佛正觉之路。上联意谓佛在鹿野苑中传道布法,教授教化的方法,认清正觉成佛之路。灵山,佛家称灵鹫山为灵山,释迦牟尼在灵山会上拈花示众。实相,佛教所谓绝对真理,但各派解释不同。迷津,佛教指迷妄的境界,犹迷途。下联意谓在灵山上听佛演讲,宣扬佛教真理,为信众指点迷津。

(沈树华)

◆匈牙利

布达佩斯虚云禅院

禅风远播,多瑙河吞曹溪水

佛法初传,布达山连鹫岭云

此联意在传达中国和匈牙利在佛教文化上的融洽和交流。上联说中国的佛教禅风远播到欧洲,中国与佛教文化关系密切的曹溪水和匈牙利的多瑙河相互吞潮,犹如一水。下联说,佛教的佛法初始传播到匈牙利,布达佩斯的山脉和释迦牟尼讲法的灵鹫山就相连在一起了。曹溪,水名,佛教作为禅宗的别号,以六祖慧能在曹溪宝林寺演法而名。鹫岭,指灵鹫山,释迦牟尼在灵鹫山说法。 (沈树华)

◆英　国

伯明翰法雨寺

陈继豪

法开宝刹宏妙谛

雨润英伦化禅机

上联说佛教的法,打开宝刹,弘扬佛家奥妙真言的妙谛,启发信众。下联说法雨润泽英伦,使这里的信众感悟禅定的关窍,从而进入佛的极乐世界。联文以鹤顶格嵌“法”“雨”二字,突出了“法雨寺”的寺名。

（沈树华）

◆荷　兰

阿姆斯特丹荷华寺

荷生连枝,万众多喜事
华开结实,百福纳千祥

荷华寺,位于阿姆斯特丹市市郊,建于 2000 年,有观音殿、玉佛殿、禅堂、功德堂、图书馆等,是欧洲规模最大的中国式佛寺之一。对联以鹤顶格嵌“荷”“华”两字,以荷华作为切入点,说荷生连枝,花开结实,广大信众喜事连连,福分和祥瑞多多。（沈树华）

文学类

文學卷

《三国演义》

赤面秉赤心，骑赤兔追风，驰驱时无忘赤帝
青灯观青史，仗青龙偃月，隐微处不愧青天

《三国演义》全称《三国志通俗演义》，是我国历史小说中著名作品，传为元末罗贯中作。此联出于《三国演义》第七十七回《玉泉山关公显圣，洛阳城曹操感神》。关公，指关羽，字云长，山西人，与刘备、张飞在桃园结义，骁勇善战，为蜀汉名将。建安五年，刘备兵败，关羽暂栖曹营，曹操赠其赤兔马，礼遇极隆，但关不为所动，历尽艰辛，仍归刘备。屡建战功，威震华夏，后兵败为东吴所杀。他的事迹被封建统治阶级所渲染，加以神化，关公被封为关帝，各地都有关帝庙。此联以重言手法，“赤”与“青”字各凡四出，增强了联文的感染力。赤帝，此处指蜀汉帝刘备。上联谓赤色的面容，赤诚的忠心，骑赤兔追风马，驰骋纵横从没有忘记汉帝刘备。青灯，即油灯，其光青莹，故名。青史，古代在竹简上记事，故称史书为青史。关羽喜读《春秋》，下联说他在青灯下观看青史，拄着青龙偃月大刀，在最隐秘的内心也没有对不起苍天。（沈树华）

《水浒传》(一)

醉里乾坤大
壶中日月长

此联出于《水浒传》第二十九回《施恩重霸孟州道，武松醉打蒋门神》。说武松来到蒋门神酒店门前，一带绿油栏杆，插着两把销金旗，每把上五个金字，写道“醉里乾坤大；壶中日月长”。这是文学名著里最早出现的酒店佳联，数百年来被传颂不衰。联中“乾坤”指天地。“壶中”句，指道家生活。据《后汉书·方术传下·费长房》说，市中有老翁卖药，悬一壶于店边，市罢就跳入壶中。第二天费长房寻老翁求教，老翁带费长房一起进入壶内，只见华堂锦室，美酒佳肴，共饮毕而出。小说在这里写酒联，意在渲染武松嗜酒的气氛，如“磁盆架上，白泠泠满贮村醪；瓦瓮灶前，香喷喷初蒸社酝”，都是为武松醉打蒋门神所作的铺垫。（沈树华）

《水　浒　传》(二)

世间无比酒
天下有名楼

此联出于《水浒传》第三十九回《浔阳楼宋江吟反诗，梁山泊戴宗传假信》。叙说宋江来到浔阳江边，看到一座酒楼，上有苏东坡大书“浔阳楼”三字，来到楼前，见朱红华表，柱上两面白粉牌，各有五个大字写道：“世间无比酒；天下有名楼。”上联盛赞酒之无与伦比，下联称颂楼之名播天下。用语虽然平白浅显，但气势却颇夺人。因为浔阳楼雕檐映日，画栋飞云，这为宋江独自一人，一杯两盏，倚栏畅饮，不觉沉醉，而题反诗作了有力的烘托和铺垫。（沈树华）

《西　游　记》(一)

静隐深山无俗虑
幽居仙洞乐天真

此联出于《西游记》第十七回《孙行者大闹黑风山，观世音收伏熊罴怪》。叙说孙悟空为讨回被盗的袈裟来到黑风洞，只见二门之上书有一副对联，写的是“静隐深山无俗虑；幽居仙洞乐天真”。俗虑，指世俗的思想感情。天真，形容不受世俗约束的品性。对联刻画了黑风洞幽雅的环境，也表达了熊罴怪不俗的“志向”。原来这熊罴怪是观音菩萨的属下。《西游记》中的妖魔一类是从神仙洞府中逃出来兴风作浪的属下，一类是修炼成精的动物。黑风洞的熊罴怪即为从神仙洞府逃出来的属下，故他有不俗的志向。此联词语淋漓酣畅，境界凝练生动。小说中写有这样的对联，增添

了小说的文学性。（沈树华）

《西　游　记》(二)

丝飘弱柳平桥晚
雪点香梅小院春

此联出于《西游记》第二十三回《三藏不忘本,四圣试禅心》。述说唐僧师徒四人来到一座庄院,只见屏门两边金漆柱上贴着“丝飘弱柳平桥晚;雪点香梅小院春”的对联。联文描绘了庄院的幽静环境。平桥,指平坦的桥。作者以“丝”形容弱柳,以“雪”伴点香梅,用语精当,体味细腻,“飘”“点”两个动词,生动而传神。（沈树华）

《西　游　记》(三)

长生不老神仙府
与天同寿道人家

此联出于《西游记》第二十四回《万寿山大仙留故友,五庄观行者窃人参》,记述唐僧师徒继续西行,走至一观宇前,看见二门之上贴有“长生不老神仙府;与天同寿道人家”的对联。“长生”,谓人长存不衰。《老子》:“天地所以能长且久者,以其不自生,故能长生。”“神仙府”,指神仙居住的地方。“神仙”,道家谓得道成仙的人,能长生不死。“道人”,指方士,有道术之人。联文集中突出“长寿府”,既体现了万寿山的特点,也切合镇元大仙的身份。

（沈树华）

《封 神 演 义》

三千社稷归周主
一派华夷属武王

此联出于《封神演义》第六十七回《姜子牙金台拜将》。写周武王择于三月十五日吉辰,带领合朝文武拜姜子牙为大将军,姜子牙在岐山将台边,看到牌坊上有一副对联,写的是:“三千社稷归周主;一派华夷属武王。”此联气魄宏大,出语不凡,以夸张的手法表达了周武王的威势。也表达了小说作者的艺术手法,以对联烘托小说情节的气氛,因为在周武王的时代对联这一文学形式尚未产生。 (沈树华)

《金 瓶 梅》

传家节操同松竹
报国勋功并斗山

此联出于《金瓶梅》第六十九回《招宣府初调林太太,丽春院惊走王三官》。叙说西门庆来到林太太家“节义堂”,见正面供着他祖爷太原节度邠阳郡王王景崇的画像,两壁有隶书一联:“传家节操同松竹;报国勋功并斗山。”联文颂扬祖上的功德,以节操传家,似松似竹;报国的功绩,如泰山北斗。就是这样一个有着节操、功勋传家的人家,子孙却不是这样,邠阳郡王嫡传子孙王三官是个终日游手好闲、嫖妓争胜的纨绔子弟,他的母亲林太太,竟在“节义堂”边上的房内售色东床,与西门庆私通,这真是极大的讽刺。它揭露了明代中晚期社会腐败淫靡的丑恶群像。正如张竹坡评《金瓶梅》所说:“林太太之败坏家风,乃一入门一对联写出之,真是一针见血之笔。” (沈树华)

《西 湖 二 集》

山河奄有中华地
日月重开一统天

此联见于明末周楫著短篇小说集《西湖二集》之《忠孝一门》篇。叙说明洪武皇帝抚定了婺州,于城楼上立大旗二面,亲书对联道:“山河奄有中华地;日月重开一统天。”奄,覆盖。《诗·大雅·皇英》:“奄有四方。”山川河流覆盖中华大地;日月重开了大明一统的天下。这是洪武皇帝对大明江山的歌颂。正如小说中作者所说:“就这对联看将起来,我大明一统气象见于此矣。”

（沈树华）

《警 世 通 言》

酿成春夏秋冬酒
醉倒东西南北人

此联出于《警世通言》第二十卷《计押番金鳗产祸》,述说周三来到镇江府,客店歇了没事出来闲逛,走近一家酒店,只见门前店招上写着“酿成春夏秋冬酒;醉倒东西南北人”的对联,周三入得店中,买酒自饮。看来酒店对联还真起了宣传作用。上联写一年四季不断地酿酒,下联写四面八方绵绵不绝的食客来店饮酒。联语通俗简洁,对仗工稳,可谓酒店对联之佳作。

（沈树华）

《醒 世 恒 言》(一)

闭门推出窗前月
投石冲开水底天

此联出于《醒世恒言》第十一卷《苏小妹三难新郎》。叙说高邮才子秦少游与蜀中才女苏小妹新婚花烛,苏小妹出了三道试题,以难秦少游。真是“说来文士添佳兴,道出闺中作美谈”。原来苏小妹所出三道题中,前两道均为作诗,自然难不倒他,可是第三题出了个上联,要对下联。秦少游对对本来不在话下,可此对却使秦少游犯了难。苏小妹出的上联是:“闭门推出窗前月。”初看时觉得容易,仔细想来,此对出得巧妙,秦少游左思右想,不得其对。这时苏东坡尚未入睡,且来打听妹夫消息,只见秦少游做着推窗之势,口中不断念道“闭门推出窗前月”,东坡心想,必定是小妹以此为难少游,遂想助他一臂之力,便以一石投入少游身边水缸之中,使那水中天光月影,纷纷淆乱,少游当下晓悟,遂援笔对云"投石冲开水底天"。对出下联,丫环将房门打开,请进新郎,才子佳人,好不称意。 （沈树华）

《醒世恒言》(二)

药按韩康无二价
杏栽董奉有千株

此联出于《醒世恒言》第二十六卷《薛录事鱼服证仙》。述说青城县主簿薛伟因患重病,妻子叫人去请神医李八百前来诊治,只见门上写着"药按韩康无二价;杏栽董奉有千株"的对联。上联说药真价实,下联说医德高尚。韩康,典出汉赵岐《三辅决录》:"韩康,字伯休,京兆霸陵人也。常游名山,采药卖于长安市中,口不二价者三十余年。"董奉,典出晋葛洪《神仙传·董奉》:"奉居山不种田,日为人治病,亦不取钱,病重愈者,使栽杏五株,轻者一株,如此数年,计得十万余株,郁然成林。"医家对联,用此二典颇为精当,能使主旨突出。 （沈树华）

《说岳全传》(一)

设就陷坑擒虎豹
安排铁网捉蛟龙

此联出于《说岳全传》第十五回《金兀术兴兵入寇,陆子敬设计御敌》。叙说大金国殿前四太子,扫南大元帅完颜兀术统领五十万人马进兵中原潞安州。守将潞安节度使陆登,字子敬,乃是宋朝名将,得知金兀术来犯潞安州,便令各营将士上城紧守,布置了诸多防务。然后亲自修下一道告急本章,求朝廷发兵救应。陆登担心救兵来迟,又修了两道告急文书,分送两狼关总兵韩世忠和河间府太守张叔夜,求两人发兵前来相助。陆登领兵守城,昼夜巡查,正是:"设就陷坑擒虎豹;安排铁网捉蛟龙。"这是一副抗御外侮的对联,联中"陷坑""铁网"代指陆登御敌布置的各种防敌措施。"擒虎

豹”和“捉蛟龙”均指击败敌人取得胜利的目标。一个“擒”字和一个“捉”字,写出了御敌制胜的坚强意志和信心。（沈树华）

《说 岳 全 传》(二)

一点丹心归地府

满腔浩气上天庭

此联出于《说岳全传》第五十四回《贬九成秦桧弄权,送钦差汤怀自刎》。叙说新科状元张九成来到岳元帅帐中,“圣旨命张九成往五国城去问候二圣”,并命:“岳飞速命状元起身,不可迟误!”岳飞遂命汤怀护送状元张九成出番营去问候徽、钦二宗。送走钦差,金兵便将汤怀团团围住,汤怀想到:“不好了！我单人独骑,今日料想杀不出重围。倘被番人拿住,那时求生不能,求死不得,反受番人之辱,倒不如自尽了罢。”汤怀自杀,可怜他“一点丹心归地府;满腔浩气上天庭”。这可谓是颂扬汤怀的一副挽联。汤怀为了尽忠报国,怀着一颗丹心为国捐躯;带着满腔长存的浩然之气,告别了战友,告别了岳元帅上了天庭,这是对汤怀这样的爱国军人极大的褒扬。

（沈树华）

《说 岳 全 传》(三)

八卦推求玄妙理

六爻搜尽鬼神机

此联出于《说岳全传》第七十一回《苗王洞岳霖入赘,东南山何立见佛》。述说秦桧叫左右将何立母亲、妻子收监,即命何立往东南第一山捉拿疯行者,若不捉来疯僧,本身处斩,全家处死。何立惊惶无措,只得诺诺连声。何立行了三四个月,逢人便打听,并无疯僧下落。一日来到三岔路口,正在踌躇,忽见来了一个算命先生,手里招牌上写着“八卦推求玄妙理;六爻搜尽鬼神机”。这是一副算命的广告联。何立忙说:“先生,小子正有事疑惑不决,求先生代我一卜。”八卦,是《周易》中的八种符号,主要象征天、地、雷、风、水、火、山、泽八种自然现象。后民间以卦预卜凶吉为人算命。玄妙,道教谓事理深奥难明。六爻,《周易》把组成卦的一长划或两短划称作爻,重卦六划,故称六爻。机,事物变化的关键所在。全联意谓我用八卦能算出深奥难明的事理;用六爻可以尽知神鬼的奥秘。那何立在算命先生指引下,寻到的疯僧原来是地藏王菩萨,菩萨已将秦桧拿下,披枷带锁押在地狱。小说写秦桧被拘,正所谓恶有恶报也。 (沈树华)

《钟 馗 传》(一)

九天阊阖开宫殿

万国衣冠拜冕旒

此联见《钟馗传》第一回《金銮殿求荣得祸,丰都府舍鬼谈人》,叙述钟馗应试。唐朝取士以诗赋,钟馗接得题目,却是《瀛洲侍宴》应制五首,《鹦鹉》一篇,钟馗题笔一挥而就,果然敲金戛玉,自觉得意,于是交卷出场。原来主考是吏部左侍郎韩愈,副主考是学士陆贽,两人齐心合力,要为朝廷选拔真才。怎奈选来选去,全无中意之才,待阅到钟馗之卷,喜的双手拍案,连称奇才。二人阅了又阅,赞了又赞,取为贡士之首,专候德宗皇帝殿试传胪。到了那日,五鼓设朝时候,果然是皇家气象,百分整齐。正是“九天阊阖开宫殿;万国衣冠拜冕旒”。钟馗等俯伏金阶,只听得鸿胪寺正卿高声宣唱第一名、第一甲,钟馗。此联描写金銮殿皇家气派。阊阖,泛指宫门。冕旒,皇帝礼帽和帽子上装饰的玉串。唐王维《和贾舍人早朝大明宫之作》有“九天阊阖开宫殿,万国衣冠朝至尊”诗句。此联即化用王维句。

(沈树华)

《钟 馗 传》(二)

失意猫儿难学虎

败翎鹦鹉不如鸡

此联也出于《钟馗传》第一回。叙说钟馗高中状元以后,因相貌丑陋,宰相卢杞要另选他人,钟馗大怒,举笏去打卢杞,德宗皇帝令金瓜武士将钟馗拿下,钟馗气急,竟拔出站殿将军腰间宝剑自刎而死。德宗见此甚为后悔,遂封钟馗为驱魔大神,遍行天下,以斩妖邪。钟馗受了封号,便来到地府,判官带他到了森罗殿,与阎君相见,阎君拨阴兵三百名,着含冤和负屈二人统领,助钟馗去阳间除鬼捉妖。钟馗一见含冤、负屈尊容,那样子正如“失意猫儿难学虎;败翎鹦鹉不如鸡”。小说借用此联,旁敲侧击地批判了以貌取人的不当行为。 (沈树华)

《钟 馗 传》(三)

百里清风回绿野

一帘明月照琴堂

此联出于《钟馗传》第六回《诓骗人反被人抠掏,丢谎鬼却教鬼偷尸》。说钟馗领着阴兵一路捉鬼而来,县尹派人来请,去鹰鼻山下捉那抠掏鬼,抠掏鬼无奈闭门自焚而死,县尹闻报大喜,率领百姓来迎钟馗,钟馗不好推却,只得来至衙门。见堂柱上挂着一副对联,写的是“百里清风回绿野;一帘明月照琴堂”。这副对联说的是县衙清正廉明。百里,古时一县辖地百里,因以百里为县之代称。绿野,唐裴度别墅,名绿野堂,省称绿野。这里借指县衙住房。琴堂,指县衙。《吕氏春秋·察贤》:“宓子贱治单父,弹鸣琴,身不下堂,而单父治。”单父,古县名。后以称颂县令,遂谓其公署为琴堂。 (沈树华)

《西 湖 佳 话》(一)

闭阁藏新月

开窗放野云

此联出于话本小说《西湖佳话》的《西泠韵迹》篇。苏小小的闺房镜阁,造得十分雅致。正对湖面开一大圆纱窗,犹如一轮明月。窗贴一副对联云："闭阁藏新月；开窗放野云。"苏小小是南齐钱塘的名歌妓，在《西湖佳话》中她是小说的主人翁，天性聪慧，善作诗，貌美绝伦，虽生于妓家，却能"出污泥而不染"。正如唐代诗人韩翃在《送王少府归杭州》诗中所云："吴郡陆机称地主，钱塘苏小是乡亲。"这副对联是苏小小的居室联，全联意谓：关上阁门，房里藏着一轮皎洁的新月；推开窗户，放进自由翱翔的野云。"新月"一词语出双关，既指满月般的圆窗，又暗喻妙龄美貌、心境清纯的苏小小。下联吐露女主人喜游佳山丽水和对超脱飘逸生活的渴望。此联对仗工稳，写出了江南少女的高雅清纯。（沈树华）

《西湖佳话》(二)

兴来临水敲残月
谈罢吟风倚片云

此联出于《西湖佳话》中《虎溪笑迹》篇。小说讲述宋代高僧辨才的才华和他与大文豪苏东坡相契的轶事。辨才住地名风篁岭，岭上有块高可丈余的玲珑青石，名叫"一片云"。辨才送客时常盘桓其间，因此就题了一副对联："兴来临水敲残月；谈罢吟风倚片云。"意谓：兴致来时就到溪边推敲佳句，直到残月西沉；送走了晤谈的来客，倚在一片云石边吟诵诗句。全联意境超逸，遣词对仗工整。尤其"敲残月"的"敲"字用得很响亮，与唐人"僧敲月下门"的"敲"字各臻其妙。小说写辨才在佛学和文学方面深厚的素养和造诣，为他后来与大文豪、大诗人苏东坡一见如故，许为知音作了巧妙的铺垫。（沈树华）

《西湖佳话》(三)

何须有路寻无路
莫道无门却有门

此联出于《西湖佳话》之《放生善迹》篇。叙述莲池离家寻访名师，来到一个所在，举目望去，面前一个大匾，上写"无门洞"三个大字。门旁有一副对联,写的是“何须有路寻无路;莫道无门却有门”。住在“无门洞”的性天禅师,是一位笃信佛教的苦行僧,他写的这副对联以“有路”对“无门”,以“无路”对“有门”,似乎有些玄奥。其实他的意思还是很清楚的:为何放着生路不走,却去自寻绝路?不要说这里没有大门,其实这里是有门的。这门是什么呢?那就是在人们心中的佛门。在封建社会里,面对黑暗的社会现实,一些无力反抗的人们常会借助宗教来求得慰藉和解脱,他们所认可的“有路”和“有门”,就是逃避现实的佛门。对联的含蓄,更能引起读者超越禅宗的思考,引申出一些有关人生的哲理来。 (沈树华)

《西湖佳话》(四)

岭边树色含风冷
石上泉声带雨秋

此联见于《西湖佳话》之《灵隐诗迹》篇。叙说唐代诗人宋之问夜游灵隐寺,见寺内洒满月光,泉石松筠相亲,树影秋气逼人,碧石微带寒色,便信口吟道“岭边树色含风冷”,想再吟成一句,以便合成一联。但左思右想,却苦吟不成。这时旁边有一老僧说道:“风景只在口头,何用如此苦搜?”宋之问听了,心想我在当今也算得是个才子,怎么老和尚开口竟如此轻薄?他压住怒气问道:“师父莫不也会吟诗么?”老僧答道:“老僧诗虽不会吟,但这一句早已代郎君对就了也。”宋之问听了,心虽不满,但口却说道:“既对了,何不念与我听!”老和尚念道:“石上泉声带雨秋。”宋之问一听老僧对句不觉大惊,忙躬身施礼,原来这位老僧竟是隐身佛门的“初唐四杰”之一的骆宾王,无怪宋之问要肃然起敬了。骆宾王曾随徐敬业起兵讨伐武则天,兵败后下落不明,或云被杀,或说出家为僧,《西湖佳话》作者,据后说敷衍成这篇小说,通过对联形式来表现骆宾王不同凡响的诗才。 (沈树华)

《聊斋志异》

细柳何细哉,眉细,腰细,凌波细,且喜心思更细
高郎诚高矣,品高,志高,文字高,但愿寿数尤高

《聊斋志异》是清代蒲松龄著的一部文言短篇小说集，作者以奇思妙想谈狐说鬼的表现形式，用生动的语言对当时现实的黑暗颇多揭露，对青年男女相爱的故事赋予同情。此联出于《聊斋志异·细柳》篇。叙说女子细柳精打细算，持家有方。丈夫高生非常高兴，戏咏上联，细柳即对出下联。上联由细柳的形体写到她的性格，刻画可谓入木三分。凌波，形容女性走路步伐轻盈。曹植《洛神赋》有"凌波微步，罗袜生尘"句。下联由高生的名字写到年寿，逐步深化。全联语浅情深，自然流畅，写出了夫妻笃爱情深、幸福美满的家庭生活，也表达了作者反抗封建礼教、歌颂婚姻自由的进步思想。联文以"重言"手法，上联的"细"和下联的"高"各重复出现六次，层层递进，使联意步步深入，收到了很好的艺术效果。（沈树华）

《儒林外史》

嗅窗前寒梅数点，且任我俯仰以嬉

攀月中仙桂一枝，久让人婆娑而舞

《儒林外史》作者吴敬梓，清安徽全椒人，寓居南京，诸生，乾隆初荐试博学鸿词，以病未赴。此联写《儒林外史》中人物杨执中书房，上联写梅，下联写桂。写寒梅，喻寒窗苦读，契合书房。攀桂喻取得功名，使人高兴得婆娑而舞。这是读书人追求和向往的目标。（沈树华）

《红楼梦》(一)

假作真时真亦假

无为有处有还无

《红楼梦》是我国具有高度思想性和卓越艺术成就的长篇小说。此联出于《红楼梦》第一回《甄士隐梦幻识通灵，贾雨村风尘怀闺秀》。书中述甄士隐梦中随道人经过一大牌坊，上书"太虚幻境"四个大字，两边又有一副对联，写的是"假作真时真亦假；无为有处有还无"，意谓把"假"当作"真"

时,真亦就变成了“假”;把“无”作为“有”的话,“有”也就变成了“无”。初看此联犹如故弄玄虚的文字游戏,其实,它对全书起到了提纲挈领的暗示作用。《红楼梦》在第五回贾宝玉梦中神游太虚幻境时,亦曾见到这副对联,可见此联在《红楼梦》中的重要作用。《红楼梦》作者曹雪芹在他生活和写作的历史条件下,要把自己的真实思想和生活感受如实地反映出来,是不可能的,于是作者便虚构了一个超现实的“太虚幻境”,用浪漫主义的表现手法,真真假假,虚虚实实。既相辅相成,又对立统一;既提示了作者微言大义的创作主旨,又反映了清初文狱迭兴的社会现实。作者“满纸荒唐言”,吐出了“一把辛酸泪”,人们“都云作者痴”,可是“谁知其中味”? (沈树华)

《红 楼 梦》(二)

玉在椟中求善价
钗于奁内待时飞

此联出于《红楼梦》第一回,写贾雨村中秋对月吟诗:“因又思及平生抱负,苦未逢时,乃又搔首对天长叹,复高吟一联云:‘玉在椟中求善价;钗于奁内待时飞。’”“椟”“奁”,都是盛化妆品用具的盒子,装盛美玉,等待大价钱才卖,是孔子对于“有才能的人”“等待机会”的比喻。待时飞,古代传说神女留玉钗,后化为燕子飞去,此借以比喻等待“做官发达”的意思。贾雨村口吟此联,表达了他不甘“久居人下”,一心追求功名利禄和自命不凡的政治野心。后来他依仗贾家门路,果然官运亨通,坐上了“协理军机,参赞朝政”的兵部尚书宝座。曹雪芹这一联的妙用,活脱脱地勾勒出封建社会官吏追求升官发财、出人头地的思想和灵魂。 (沈树华)

《红 楼 梦》(三)

身后有余忘缩手
眼前无路想回头

此联出于《红楼梦》第二回《贾夫人仙逝扬州城,冷子兴演说荣国府》。

贾雨村一日偶至郊外,信步于山环水旋、茂林修竹处,见一破庙,有额题曰“智通寺”,门旁有副对联:“身后有余忘缩手;眼前无路想回头。”“身后”,指死后。“缩手”,抽回手,比喻停做某事。“回头”,佛家用语,悔悟,回心转意,喻改邪归正。此联意在规劝那些贪得无厌,钱财积聚得死后也用之不尽,但仍不歇手地敛聚的人,不要等到走投无路时,才想到回头改邪归正,那就晚了。此联艺术感染力就在于深入浅出,发人深省。故贾雨村看了此联,便想到“这两句话,文虽浅近,其意则深,我也曾游过些名山大刹,倒不曾见过这话头,其中想必有个翻过筋斗来的。”这“翻过筋斗来的”,正是曹雪芹的言外之意,它正是对贾府由盛至衰这一演变过程的预言和总结,对贾雨村也是一个绝妙的写照。 (沈树华)

《红　楼　梦》(四)

世事洞明皆学问

人情练达即文章

此联出于《红楼梦》第五回。写宝玉随秦氏一簇人来至上房内间,宝玉抬头看见一幅《燃藜图》,心中便有些不快。原来《燃藜图》是取材于神人手持青藜杖以火照明,教汉代刘向读书勤学故事所作的图画。又有一副对联,写的是:“世事洞明皆学问;人情练达即文章。”及看了这两句,纵然室宇精美,铺陈华丽,宝玉亦断断不肯在这里了。从联文内容看,自然不无道理。但在封建社会里,“世事洞明”和“人情练达”其实是官场上趋炎附势,互相利用的“圆通学”“关系学”而已。所以宝玉见了这副对联,对这种庸俗的处世之道是非常反感的,忙说:“快出去!快出去!”

今天我们来读此联,如果注入新的思想和内容,这副对联鼓励人们研究世上诸般事物,通晓人间各种情理,还是非常可取的。 (沈树华)

《红　楼　梦》(五)

嫩寒锁梦因春冷

芳气袭人是酒香

此联出于《红楼梦》第五回《贾宝玉神游太虚境，警幻仙曲演红楼梦》。写贾宝玉来到秦氏卧房，“向壁上看时，有唐伯虎画的《海棠春睡图》，两边有宋学士秦太虚写的一副对联云：‘嫩寒锁梦因春冷；芳气袭人是酒香。’”唐伯虎，明代画家唐寅，字伯虎。在民间有唐伯虎点秋香故事流传，故影响很广。《海棠春睡图》，笔记小说曾记载，唐玄宗有一次把杨贵妃比作海棠春睡未醒，所以这幅画是所谓“香艳”的画面。秦太虚，北宋词人秦观，字少游、太虚，号淮海居士，工诗词，多写男女情爱。秦氏卧房内的这些书画，衬托了秦氏贵夫人的身份地位。嫩寒，微寒。对联描写春冷微寒中甜睡入梦，芬芳袭人的原来是酒香。宝玉在这华贵高雅的卧室中睡去，“春睡随云散，飞花逐水流。寄言众儿女，何必觅闲愁”。 （沈树华）

《红　楼　梦》(六)

厚地高天，堪叹古今情不尽
痴男怨女，可怜风月债难酬

此联出于《红楼梦》第五回。写贾宝玉梦游至“孽海情天”时，见一副对联大书云：“厚地高天，堪叹古今情不尽；痴男怨女，可怜风月债难酬。”痴男怨女，指沉迷爱情而心怀怨恨的男女。风月，指男女爱情之事。联文措词哀婉，读来令人荡气回肠。联意谓天地虽然宽广，但可叹从古至今的爱情因受禁锢而无法开花结果；天下痴情男女为爱情付出了无尽的代价。对联作者这种冲破封建世俗观念，大声讴歌男女之间爱情，敢于反对封建礼教，追求个性解放的民主思想，批判了封建礼教的无穷罪恶，同时也为小说的艺术结构暗示了宝黛爱情悲剧的社会根源。 （沈树华）

《红　楼　梦》(七)

绕堤柳借三篙翠
隔岸花分一脉香

此联出于《红楼梦》第十七回《大观园试才题对额,荣国府归省庆元宵》。叙说众人在园中研说题匾,贾政要宝玉“作一副七言对来”。宝玉四顾一望,机上心来,乃念道:“绕堤柳借三篙翠;隔岸花分一脉香。”意谓绕堤杨柳,由于池水很深而更加青翠;两岸花开,不因一水相隔,同样散发着缕缕芬芳。脂砚斋评此联“恰极工极,绮靡秀媚,香奁正体”,它句句言水,却不着一水字,而用“三篙”“一脉”代之,甚为蕴藉。全联对仗工整,清新可爱,显现了宝玉才思敏捷、艺高一筹的才能。 (沈树华)

《红　楼　梦》(八)

宝鼎茶闲烟尚绿
幽窗棋罢指犹凉

此联出于《红楼梦》第十七回。写众人正在题匾,宝玉道:“这太板了,莫若‘有凤来仪’四字。”贾政因命“再题一联来”。宝玉便念道:“宝鼎茶闲烟尚绿;幽窗棋罢指犹凉。”意谓茶饮毕,煎茶的宝鼎依然绿烟袅袅;棋已罢,坐在幽静的窗前手指还带着棋子的微凉。此园后定名“潇湘馆”,成为林黛玉的居所。此联表面意在写“茶”“棋”,实则在写潇湘幽竹。脂砚斋评曰:“‘尚’字妙极,不必说竹,然恰恰是竹中精舍。‘犹’字妙,‘尚绿犹凉’四字便如置身于森森万竿之中。”书中通过题匾和对联,让读者进一步领略大观园的景色,同时也反映出贾宝玉与贾政和门客们在思想、才情方面的鲜明对立和差距,表现了贾宝玉的叛逆精神和文章才华。 (沈树华)

《红　楼　梦》(九)

吟成豆蔻诗犹艳
睡足荼蘼梦亦香

此联出于《红楼梦》第十七回。写清客们题了两副对子,其一曰“麝兰芳霭斜阳院;杜若香飘明月洲”。其二曰“三径香风飘玉蕙;一庭明月照金兰”。宝玉都感不满，贾政遂叫宝玉题来。宝玉题的对联则是：“吟成豆蔻诗犹艳；睡足荼蘼梦亦香。”豆蔻，多年生草本植物，花和果实有香气。荼蘼，落叶灌木，花白色，有香气，供观赏。联意谓：在豆蔻花旁吟出的诗句显得艳丽；在荼蘼藤下睡醒了梦也被薰得带有芳香。宝玉此联，既抓住了院内多香草的景观特点，又情不自禁地流露出自己的生活情趣和爱好。宝玉此联一出，便使众清客自叹不如。 （沈树华）

《红 楼 梦》(十)

芙蓉影破归兰桨

菱藕香深泻竹桥

此联出于《红楼梦》第三十八回《林潇湘魁夺菊花诗，薛蘅芜讽和螃蟹咏》。说这藕香榭盖在池中，四面有窗，左右有曲廊可通，贾母看见柱上挂的黑漆嵌蚌的对子，命人念，湘云念道：“芙蓉影破归兰桨；菱藕香深泻竹桥。”“芙蓉”，是荷花的别称。“兰桨”，船桨的美称。苏轼《赤壁赋》：“桂棹兮兰桨。”“泻竹桥”，随流水穿过竹桥。此联意谓荷花在水里的倒影被归舟和兰桨划破了；菱藕的清香随着流水一起穿过了竹桥。嵌蚌，利用蚌壳薄片拼成图案，嵌入木器或漆器家具，作为装饰，又名螺钿。这里是嵌成对联。我们赏读此联，不期然会被联中所特有的美感和富于生活的动感所吸引，不知不觉地陶醉在一种充满诗情画意的氛围中，而引发出丰富的联想和遐思。 （沈树华）

《红 楼 梦》(十一)

烟霞闲骨格

泉石野生涯

此联出于《红楼梦》第四十回《史太君两宴大观园，金鸳鸯三宣牙牌令》。述说探春房中的摆设。“西墙上当中挂着一大幅米襄阳《烟雨图》。

左右挂着一副对联,乃是颜鲁公墨迹。其联云:‘烟霞闲骨格;泉石野生涯。’”米襄阳,北宋书画家米芾,字元章,号襄阳漫士,画山水多用水墨点染,开创独特风格。颜鲁公,唐代书法家颜真卿,封鲁郡公,世称颜鲁公。联中“烟霞”“泉石”均指山水自然,“骨格”指志趣。“生涯”指生活。此联意谓志趣像烟霞般悠闲自得,生活如浪迹山林的隐士潇洒脱俗。此联意境高雅悠远,脱俗超群,堪称妙品。这里需要指出的是,颜鲁公没有传世的墨迹对联,书中描写的颜鲁公对联,乃是曹雪芹的文学创作手法,以增加高贵的文化氛围。 (沈树华)

《续红楼梦》

厚地高天,堪叹古今情不尽
痴男怨女,可怜风月债难酬

《续红楼梦》作者秦子忱,号雪坞,清甘肃人,官兖州都司。此联写《续红楼梦》中之太虚幻境,其乃全书之主旨。上联意谓在天地之间,可叹不论古时还是今日,人的情都是说不尽的。下联意谓人间的痴男怨女,可怜他们之间的风月债是无法还清的。在这隆盛昌明之邦,诗礼簪缨之族,花柳繁华之地,富贵温柔之乡,青年男女之情说不尽,道不清,正所谓:“满纸荒唐言,一把辛酸泪,都云作者痴,谁解其中味?” (沈树华)

《红楼复梦》

天网虽疏,从不见一丝漏过
人心难测,何曾有半点便宜

《红楼复梦》作者陈少南,字南阳,号红羽,又号小和山樵,清嘉庆时人。此联写人生应正直守律。上联意谓天网恢恢,疏而不漏,凡犯法者,终难逃法网。下联意谓人居心叵测,总想损人利己,但到头来反误了卿卿性命,何曾得到半点便宜。作者通过对联劝人要正直守法,上不欺天,下不怍人,做

个有良心的好人。（沈树华）

《补红楼梦》

春恨秋悲皆自惹
花容月貌为谁妍

《补红楼梦》作者笔名嫏嬛山樵，本姓魏，清嘉庆、道光间撰《补红楼梦》《增补红楼梦》。此联出于《补红楼梦》第四十八回。写书中痴情男女，晨夕风露，阶柳庭花，男女悲恨皆自惹，多情离合抒风流，追踪蹑迹，述其离合悲欢，正如书中诗云："说到辛酸事，荒唐愈可悲。由来同一梦，休笑世人痴。"

（沈树华）

《增补红楼梦》

离恨天上，自在乐逍遥，若习以为常，则未免司空见惯
烦恼人间，浮生苦若梦，苟迷而不醒，也须知智者不为

此联出于《增补红楼梦》第一回，为贾宝玉所题。亦出于作者嫏嬛山樵笔下。上联说对于逍遥自在的生活，不要习以为常、司空见惯，这种生活也是天时所赐，反省应当珍惜。下联意谓，人间多烦恼，浮生遇到的困苦犹如在梦中，如对此看不清楚，执迷不醒，要知道有智慧的人是不会这样的。联意提醒人们，不要沉醉于纸迷金醉之中，要有思想，自食其力去追求正当的人生生活。（沈树华）

《红楼梦影》

冒暑冲寒，名利场中称禄蠹
偎红倚翠，温柔乡里号情虫

《红楼梦影》是清咸丰年间云槎外史著。此联写太虚幻境,着重写“禄”与“情”。上联说为了追求俸给,获得国家的财富,不论寒暑在名利场中搏斗做禄蠹。禄,指官员的俸给。蠹,蛀虫,如木蠹、书蠹,引申以喻侵蚀或消耗国家财富的人或事。下联说偎倚穿红饰翠的人,成了温柔乡里的情虫。写出了《红楼梦影》的中心内容,正如作者在另一副对联中所说:“花影不离身左右;莺声只在院西东。” (沈树华)

《歧 路 灯》

绍祖宗一点真传,克勤克俭

教子孙两条正路,曰读曰耕

《歧路灯》,长篇小说,清乾隆举人李绿园著。此联为小说中盛宅客厅对联。绍,继承。上联说继承祖宗一点真传,治家必须克勤克俭,指能勤劳而节俭。语出《书·大禹谟》“克勤于邦,克俭于家”。下联说教子孙只有两条正路,一条是读书,另一条是农业耕作。封建社会,把读书和耕田看作人生的正途,即所谓耕读之家。 (沈树华)

《镜 花 缘》(一)

研六经以训世

括万妙而为师

《镜花缘》是清代李汝珍所著的长篇小说,此联出于《镜花缘》第二十一回《逢恶兽唐生被难,施神枪魏女解围》。述说学塾中诗书满架,笔阵如林,厅堂挂着“研六经以训世;括万妙而为师”的对联。六经,指儒家的六部经典,即《诗》《书》《礼》《易》《春秋》《乐》。万妙,指万物的奥妙。上联阐述“研六经”的目的在于“训世”;下联阐述“括万妙”的目的在于“为师”。如果我们从启迪世人,批判地继承祖国传统文化,广泛地探求世间万事万物的角度欣赏此联是很有意义的。 (沈树华)

《镜 花 缘》(二)

欲高门第须为善
要好儿孙必读书

此联为淑士国城门联,全联写积善读书。上联说要使门第在社会上有崇高的声誉,那就必须为善,积善人家,才能得到社会的赞誉。下联说,儿孙好,就必须读书,只有读书有真学问,才能取得社会尊重。封建社会积善、读书,那是取得社会地位和得到别人尊重的正途。 (沈树华)

《儿女英雄传》

月向日边明,日月当空天有眼
玉镶金作钰,玉金满橐地无皮

《儿女英雄传》作者文康,字铁仙,别署燕北闲人,清满洲镶红旗人,官至驻藏大臣,道光二十六年(1846)以病辞官,晚年著《儿女英雄传》。此联见于书中第十三回,书中写原河台大人淡尔音,号钰甫,因贪行败露被黜,新任河台大人名乌明阿。便有尖酸之人,以新旧河台大人的名号编了这副对联。上联说老天有眼,月向日边便成"明"字,派了乌明阿来做新河台。下联说玉镶金便是"钰"字,指前任河台淡钰甫,他刮金刮玉,刮得地无皮。橐,袋。作者文康,混迹官场日久,"故于世道之变迁,人情之反复,三致意焉"。联文第一句"日"对"金",第二句"日"对"玉",此为不可取之瑕疵也。

(沈树华)

《风 月 梦》

凤鸟不栖无宝地
伶人常唱有情词

《风月梦》著者邗上蒙人,清江苏扬州人,嘉庆、道光间在世。所著世情小说《风月梦》完成于道光二十八年(1848)。上联取俗语凤凰不落无宝地,含凤凰于飞,男女相爱之意。下联伶人,指乐人、演员。他们常唱的歌词都是情歌之类。抒说了世情小说描述的人间真实情调。此联题目为“赠凤林”,联中“伶”与“林”谐音,联文以鹤顶格嵌“凤”“伶”之名,可谓有趣。书中还有一联云“凤鸟和鸣鸾率舞;林花烂漫蝶常飞”。可与上联互参。 (沈树华)

《品花宝鉴》(一)

看他竹外枝斜,恰称翠袖生寒,缟衣纯素

伴我夜阑人静,正值瑶琴一曲,玉笛三通

此联出于清陈森所著长篇小说《品花宝鉴》,这是书中名士梅子玉为“古香林屋”撰题的一副对联。上联写出居所的幽雅、恬静,并抒写了“古香林屋”主人的闲逸萧散。从屋里隔着竹林看那横斜的疏影,竹林中的青翠色与人物衣袖的碧绿色,使人油然生寒,清澈于心,寒气袭人,主人的纯素缟衣,又是那么地与周围景色协调,给人超群脱俗的感觉。下联则写在万籁俱寂之中却能伴以瑶琴一曲,在灯影相对之中品味三叠玉笛,琴笛声悠,田园晚唱,好一幅山庄夜景图像。这正展现了那个时代知识分子逃避现实、寄托自身理想的心中境界。 (沈树华)

《品花宝鉴》(二)

茶烟乍起,鹤梦未醒,此中得少佳趣

松风徐来,山泉清听,何处更着点尘

此联为小说《品花宝鉴》中人物刘文泽的书屋“倚剑眠琴室”悬挂的对联。上联写居所的幽静,下联写居室主人内心的舒适清爽。“茶烟”“鹤梦”,给人以远离尘俗、飘然物外的佳趣。松风和山泉,更是毫无市井之气,没有一点尘俗。对这种境界的追求,正是士大夫文人所一心向往的理

想环境。 （沈树华）

《品 花 宝 鉴》(三)

花雨散缤纷，娇舞霓裳云贴地
风情吹旖旎，轻摇月佩步凌虚

此联是小说《品花宝鉴》中人物春航为“蕊珠仙府”撰写的一副对联。此联写梅花的“风流香艳”和“花清花魂”。上联着意写梅花飘洒时的风姿，前人有“桃花乱落如红雨”的诗句，此联化用，梅花飞舞，香片吹落，千种风情，万般花色，如云贴地，恰如霓裳仙子，翩然起舞。下联则重在写“花魂”。那光影明丽，流焰灼人，奇香扑鼻的梅花，以那婀娜的丽质风韵，移动轻盈的步态，飘然远举，直上苍穹。霓裳，指唐代宫廷乐舞。旖旎，柔美地随风飘扬。凌虚，高入天空。曹植《节游赋》有“建治于前处，飘飞陛以凌虚”之句。（沈树华）

《品 花 宝 鉴》(四)

梅雨平添瓜蔓水
豆花新带稻香风

此联为小说《品花宝鉴》中人物刘文泽为平泉山庄撰写的一副对联。联意写农家田园乐趣。上联说瓜蔓需水，梅雨时节正给瓜蔓的生长带来了甘霖，让人感到生机勃勃、清新自然的喜悦。下联说豆花随风带来了稻香，春风中荡漾着沁人的芬芳，借豆花的摇曳来写春风，体会到了与大自然和谐相处和物我两忘的自在与自由。 （沈树华）

《花 月 痕》(一)

一帘秋影淡于月
三径花香清欲寒

此联出于魏秀仁所著长篇小说《花月痕》，是一副题画联，所题图画名《秋晚月菊图》。只见那画上洒满秋月清晖，石径旁秋菊盛开，仿佛散发着清冷芳香，让人感到淡雅、清幽、静谧、超逸的意趣，在这清幽的空间，月色花香使人陶醉，沁人心脾。《花月痕》叙小说中人物穷达升沉的不同遭遇，"其淋漓尽致处，亦是从词赋中发泄出来"。足见作者之学养丰厚，最终为成都芙蓉书院院长，真乃实至名归。 （沈树华）

《花　月　痕》(二)

白发高堂游子梦
青山老屋故园心

这是小说《花月痕》中人物韦痴珠悬挂于自己室内的一副对联，可看作他自己抒发的人生感慨。关于《花月痕》作者魏秀仁，鲁迅在《中国小说史略》中说："秀仁寓山西时，为太原知府保眠琴教子，所入颇丰，且多暇，而苦无聊，乃作小说，以韦痴珠自况。"小说《花月痕》中写了韦痴珠和韩荷生两位主人翁穷达升沉的不同遭遇：韦痴珠终身潦倒，韩荷生官运亨通飞黄腾达。韦痴珠虽然风流文采倾动一时，然终不遇明时，碌碌无为。上联写他飘零半生，一事无成。高堂，指年迈的父母，自己犹如做了一场虚幻不定的梦。下联说自己漂泊在外，却时刻不忘眷念故乡的青山、老屋，难忘对家乡和父母的思念和向往之情。联文概括简练，对仗工稳，"白发"对"青山"，"高堂"对"老屋"，"游子梦"对"故园心"，均自然而贴切。 （沈树华）

《花　月　痕》(三)

别梦梅花萦故国
迎年爆竹动边城

此联是小说《花月痕》中主人翁韦痴珠为秋华堂大门撰写的春联。意谓离别了梦中的梅花使我非常思念故乡，迎接新年燃放的爆竹惊动了这冷寂的山西小城阳曲县。韦痴珠是位才华出众，儒雅风流的人物，但因仕途失意，落拓潦倒，思想深处自然怀着无限的思乡之情，思乡之梦，故乡那梅花盛开的繁茂景致紧紧萦绕在心头。新春爆竹在这边城响起的声音，在迎春的同时又让他燃起许多希冀、寄托和期待。对联以动宾结构“别梦”对“迎年”，“萦故国”对“动边城”，读来自然贴切，可见作者是经过一番推敲的精心之作。（沈树华）

《花 月 痕》(四)

灼若芙蕖，赠之芍药
化为蝴蝶，窃比鸳鸯

此联见于《花月痕》第十六回，乃书中主人公韦痴珠赠给他相恋的女子刘秋痕的爱情对联。“灼若芙蕖”，典出曹植《洛神赋》。洛神宓妃“远而望之，皎若太阳升朝霞。迫而察之，灼若芙蕖出绿波”。“芙蕖”即荷花，“灼”是形容女子容颜之美。《诗·周南·桃夭》有“桃之夭夭，灼灼其华”之句。“赠之芍药”，典出《诗·郑风·溱洧》中之“维士与女，伊其相谑，赠之以芍药”。意谓男女相恋以芍药作为信物相赠。下联说自己愿化作蝴蝶，如鸳鸯比翼，相守相和，永不分离，以喻他们爱情的坚贞不渝。后来韦痴珠死了，刘秋痕殉情，正应合了此联警示的人物命运。此联除上下联相对，在上联或下联中前后两句也可自对，增加了对联的文采。（沈树华）

《花 月 痕》(五)

也曾续史，也曾续经，瞻落落名山，博议书成，竹素双栖留只影
未敢言仙，未敢言佛，叹茫茫孽海，大家身在，柏舟一叶引迷津

小说《花月痕》中这副对联，是主人公韦痴珠为冯燕娘撰写的对联。冯燕娘“年十九，归太史”。“太史卒，燕娘不茹荤，奉姑以居。逾年，姑又卒，燕娘遂祝发奉佛，高坐禅床，足不出户者三十年。”取法名为“蕴空”，所居舍

为“华严庵”,就菩萨前神签,指示善男信女迷津。此联就是韦痴珠对冯燕娘一生的概括。上联说燕娘丈夫生前是一位能续经史的“太史”官,可惜他过世太早,所写的“博议”等著作不能藏之名山,使原本一起共续经史的夫妇,现在只孤零零地留下燕娘形单影只,是多么地不幸。下联述说燕娘出家后的生活状况,她虽“未敢言仙,未敢言佛”,却能“就菩萨前神签,指示善男信女迷津”。燕娘不但能自悟,且要普度众生,指点迷途,真是大慈大悲了。此联遣词精巧,对仗工稳,是副值得玩味的佳联。 (沈树华)

《老残游记》(一)

历下此亭古
济南名士多

此联出于清代刘鹗所著小说《老残游记》第二回《历山山下古帝遗踪,明湖湖边美人绝调》。老残“行至鹊华桥边,雇了一只小船,荡起双桨,朝北不远,便到历下亭前”。亭子上悬了一副对联,写的是“历下此亭古;济南名士多”。上写着“杜工部句”,下写着“道州何绍基书”。“历下”,亭名,在山东济南大明湖西。此联化用杜甫《陪李北海宴历下亭时邑人蹇处士等在坐》诗“海右此亭古,济南名士多”句。为了小说切“历下”的缘故,刘鹗将“海右”改为“历下”,也在情理之中。“济南名士多”,指历代山东的诸多名人。何绍基,清代书法家,湖南道州人。 (沈树华)

《老残游记》(二)

四面荷花三面柳
一城山色半城湖

此联为乾隆进士刘凤浩所撰,书法家山东巡抚铁保所书。刘鹗将它写入小说。刘凤浩,清江西萍乡人,字丞牧,号金门,官至吏部侍郎。铁保,字冶亭,乾隆进士,嘉庆时官至两江总督,善书法,与刘墉、翁方纲齐名。上联写荷与柳,下联写湖与山,集中展现了大明湖乃至整个济南城荷柳相映、湖

山成趣的诗情画意,显示了对联瑰丽的艺术魅力。 (沈树华)

《老 残 游 记》(三)

一盏寒泉荐秋菊

三更画船穿藕花

此联出自《老残游记》第二回。老残来到荷池东面,见有个圆门,圆门东边有三间旧房,有个破匾,上题“古水仙祠”四个字。祠前一副破旧对联,写的是“一盏寒泉荐秋菊;三更画船穿藕花”。寒泉,指清凉的泉水。荐,荐食,引申为浇灌。画船,装饰华丽的游船。全联意谓以一杯清凉的泉水浇灌秋天的菊花,菊花开得益加茂盛;秋夜三更,装饰华丽的游船穿梭于荷花丛中。这就进一步描绘了大明湖的景色,把大明湖的风光刻画得更有深度了。 (沈树华)

《老 残 游 记》(四)

愿天下有情人,都成了眷属

是前生注定事,莫错过姻缘

此联出于《老残游记》第十七回《铁炮一声公堂解索,瑶琴三叠旅舍衔杯》。写老残被黄人瑞领到新房,看到墙上挂了一副大红对联,写的是“愿天下有情人,都成了眷属;是前生注定事,莫错过姻缘”。老残却认得是黄人瑞的笔迹,便笑向黄人瑞道:“你真会淘气,这是西湖上月老祠的对联,被你偷得来的。”黄人瑞说:“对题便是好文章,你敢说不切当吗?”这些话都反映了小说作者引用旧联,意在表达自己对爱情自由的向往和歌颂。 (沈树华)

《孽 海 花》(一)

以酒为缘,以色为缘,十二时买笑追欢,永朝永夕酣大梦

诚心看戏,诚意听戏,四九旦登场夺锦,双麟双凤共消魂

此联出于《孽海花》第六回《献绳技唱黑旗战史，听笛声追白傅遗踪》。叙说纨绔官僚江西巡抚达兴，除了上谄下骄之外，只晓得提倡声技，笙歌彻夜。他的千金，姿色第一，风流第一，戏迷也是第一。当时有个知县，姓江，名以诚，伺候得这位抚台小姐最好，不惜重资，走遍天下，搜访名伶为小姐表演，他实际做着抚台衙门的演戏提调，省城中有嘲笑他的一副对联曰："以酒为缘，以色为缘，十二时买笑追欢，永朝永夕酣大梦；诚心看戏，诚意听戏，四九旦登场夺锦，双麟双凤共消魂！"很显然，这是一副讽刺联。上联说他们"以酒为缘，以色为缘"，指以酒色作为与巡抚达兴拉近关系的手段和条件，借酒色为途径以达取悦上司之目的。"十二时买笑追欢"，整天整夜恣情纵欲，以"重言""永朝永夕"说他们过着醉生梦死的生活。下联说他们"诚心看戏，诚意听戏"，请来名角"四九旦""双麟双凤"一齐登场献技夺锦，以便使巡抚大人父女销魂陶醉。这副对联将巡抚达兴的荒淫腐败和知县江以诚阿谀谄媚的情形勾勒得神形毕肖。联文以鹤顶格重复嵌"以""诚"之名于联首、联中，更加突出了讽刺的针对性和艺术感染力。

（沈树华）

《孽　海　花》(二)

三千上客纷纷至
百万财源滚滚来

此联出于《孽海花》第十九回《淋漓数行墨五陵未死健儿心，的烁三明珠一笑来觞名士寿》。叙说雯青被封总署，轻车简从，先从旱路进京。赶到河西一个大镇，拣大店落宿，选中一店，门上贴着一副半拉下的褪红纸门对，写的是"三千上客纷纷至；百万财源滚滚来"。上联写贵宾络绎不绝，说明店家服务周到；下联写店家赚钱有术，也祝愿客人招财进宝。三千上客，借用《史记·春申君传》"春申君客三千余人，其上客皆蹑珠履以见赵使"句意，以恭维旅客，上下联运用数词"三千"和"百万"，用叠词"纷纷"和"滚滚"相对，也为对联琅琅上口、通俗易懂增色不少。 （沈树华）

《黄 绣 球》

男豪女杰，上了这座大舞台，都要有声有色
古往今来，演出几场活惨剧，无非可泣可歌

此联出于小说《黄绣球》第三十回《伸民权公议独立，归梦境暂束全书》。《黄绣球》初刊于《新小说》，共二十六回。作者颐琐，生平不详。1907年(光绪三十三年)，新小说社发行单行本时，由作者续至三十回。写到黄绣球梦中看到对面搭台唱戏，台旁挂着一副对联，远远看去，认得上联是："男豪女杰，上了这座大舞台，都要有声有色。"下联是："古往今来，演出几场活惨剧，无非可泣可歌。"黄绣球一回头却不见了戏台，急得醒来，但将对联记住了。对联语言直白，是写戏台的，但作者的本意却是在写人生的大舞台，人生做事，就要做得有声有色，可泣可歌。 （沈树华）

《玉 佛 缘》

行船走马三分险
骇浪惊涛一片来

此联出于《玉佛缘》第一回《贫尼姑设法赚钱，老贡生修行得子》。书中说到钱子玉中了第七名进士，钦点了吏部主事。有位李尚书，看中了子玉，招赘为婿。不上几年，把子玉提拔起来，升到郎中，放了个武昌监法道。由天津乘轮南下，不期陡然刮起大风，波浪掀天，船身摇荡，子玉夫妇躺在床上，不能转身，只听得外面一片喧嚷："水要没入烟囱管里了，今儿满船人是没命的了。"子玉虽然头晕，心里却很明白。听了这话，吓得魂不附体。正是："行船走马三分险；骇浪惊涛一片来。"这虽是旧时旅途艰险的写照，也是小说作者借以暗喻官场和人生险恶的写作手法。如其在第二回中所感叹的"锦上添花容易有；雪中送炭本来无"，都是相似的写作手法。

（沈树华）

《负曝闲谈》

金杵力摧魔雾黑
玉釭光闪佛灯红

此联出于《负曝闲谈》第二十二回《祝万寿蓝顶耀荣华,借十金绿毛招祸患》。负曝,就是晒太阳,负曝闲谈就是冬天晒太阳的闲谈。本书谈的主要包含两个方面:一是小官僚的现形,一是维新人物的丑史。这回写讲究新学的田雁门,十月初十日到长乐寺为慈禧太后祝寿,在方丈住处见到一副对联,写的是"金杵力摧魔雾黑;玉釭光闪佛灯红"。联文大意说镀金的降魔杵摧毁了恶神的黑雾,玉灯的光芒照红了供奉佛前的灯光。杵,兵器名,如降魔杵,两旁有刃。魔,佛教指妨碍修行、破坏佛法的邪恶之神。釭,灯。接待的僧人是智利的大徒弟广慧,当田雁门问:令师到哪里去了?回答说到制台衙门里念延寿消灾经去了。庙里的环境和人物都写得生趣盎然,引人入胜。 (沈树华)

《官场维新记》

一言唤起三更梦
片刻分为两样人

《官场维新记》作者佚名。对联出于第一回《酿教祸公款入私囊,破成见旧人论新法》。书中人物袁伯珍此时,实是一片热肠要想维新,可是听了别人一番话,顿时改变了方针,好好一个真维新,变成了一个假维新。正是"一言唤起三更梦;片刻分为两样人"。章回小说中加入这种对联,正是一种写作方法。譬如《西游记》里,不论什么如来、观音、唐僧、悟空、八戒、沙僧,个个都有个假的,"即如目下爱谈维新的这些时髦朋友,满口里都是维新的话头,一面孔都是维新的气概,只少额角上挂上一块招牌,写着'维新'两个字。然而说他不是维新,他却老大冤枉,但究其实在,却在形式上的维新。要说是发于热诚,出于血性,实事求是,干那维新事业的人,恐怕一百个当中,寻不出一两个来。”小说作者,通过一副对联,就衍生出对于假维新派的批判。如其在第二回中所用“宦海忽开新世界;名场又遇旧知交”这类对联,都有利于小说情节的演变和展开。

(沈树华)

《淞滨琐话》

小影重摩霍小玉
香名不让李香君

《淞滨琐话》,清王韬著,作者仿《聊斋》而著,多写所谓奇女、名娼、剑仙及神怪之事,内容荒诞。此联赠陆小香。以“重言”的修辞手法,用鹤顶格和凫颈格两嵌“小”“香”之名。上联夸赞陆小香如同重新描摹的霍小玉。霍小玉,唐代蒋防作传奇小说《霍小玉传》中女主角。下联称誉陆小香的芳名不在李香君之下。李香君,明末著名歌妓,在秦淮河与侯方域相识,曾劝侯方域应当爱重名节。后孔尚任写《桃花扇》即以其为题材。

(沈树华)

《夜雨秋灯录》

米襄阳爱洁成癖
倪云林嫉俗如仇

《夜雨秋灯录》,作者宣鼎,号瘦梅,清安徽天长人。此联题“襄云馆”,即米襄阳与倪云林之馆。米襄阳,米芾,北宋画家,字元章,号襄阳漫士,世居太原,迁襄阳,后定居润州,宋徽宗召为书画博士,因举止颠狂,人称“米颠”,创米法山水。爱洁成癖。倪云林,元代画家倪瓒,号云林子,性好洁而迂,人称倪迂。多画太湖景色,江南人以家有无倪画分清浊。

(沈树华)

《一 层 楼》

绣帘不挂香味久
古砚微凹残墨多

《一层楼》作者尹湛纳希,汉名宝衡山,字润庭,以蒙文著章回小说《一层楼》《泣红亭》等。此联题《桃李争艳图》,上联以所画桃李发出香味,下联说古砚微凹聚集的残墨多。写出了一位文人书房的雅致,满室洋溢墨香画香。 (沈树华)

《绘 芳 录》

溪水当门,问此处源通何处
桑榆绕屋,爱其间人心归田

《绘芳录》作者西泠野樵,号竹秋,姓氏不详。清浙江上虞人,光绪四年(1878)撰成《绘芳录》。此联题半村亭。上联以疑问出句,溪水当门,那么要问这里的水源通往何处呢?这就让读者有无穷的想象空间。下联讲归隐,桑树榆树环绕房屋周围,这里让我喜爱,正适合我归田隐居在这里。联文富有诗意,读来颇感幽雅。 (沈树华)

《妖 梦》

白话通神,红楼梦水浒真不可思议
古文讨厌,欧阳修韩愈是什么东西

《妖梦》作者是林纾,字琴南,号畏庐,福建闽县(今福州)人,光绪举人,任教于京师大学堂,他依靠他人口述,用古文翻译欧美小说一百七十余种,其中不少外国名作,译笔也很流畅。晚年反对五四新文化。此联表面看作者好似支持白话,反对古文,其实这是他正话反说,对"白话通神"是讥讽。对"古文讨厌",是嘲弄世人,欧阳修、韩愈能不承认吗?不过林纾还通诗、画,在传统文化上确实是有功力的。 (沈树华)

《九 尾 龟》

凭天道断不令凶人漏网

愧吾辈未能为匹妇复仇

《九尾龟》,张春帆著,清末谴责小说,书中刻画当时封建官僚、洋场买办的糜烂生活与丑恶面貌。相传是影射官僚买办盛宣怀。此联出于书中一百十四回。联文内容为挽联。上联云要缉拿凶手,决不使他漏网。天道,自然的规律,古人认为天道是支配人类命运的天神意志。下联云我辈未能为遇害的普通妇女报仇感到非常羞愧。匹妇,平民妇女。对联揭露了封建社会残害百姓的罪恶行径。 (沈树华)

《广 陵 潮》

大事业须从革命做起

好身家要从流血换来

《广陵潮》作者李涵秋,江苏江都(今扬州)人,别署沁香阁主人。著有小说《广陵潮》《孽海鸳鸯》等,是鸳鸯蝴蝶派的著名作者之一。此联出于《广陵潮》第二十回,为"草亭"而撰。联意写"革命""流血",反映了当时爱国人士心中的崇高理想。 (沈树华)

《九 尾 狐》

宝鼎香添红袖拂

玉台诗咏碧纱笼

《九尾狐》作者江荫香，号梦花馆主，江苏苏州人。此联为书中贺胡宝玉四十寿辰联。宝鼎，古多以鼎为王朝相传之重器，故称为宝。红袖，指妇女的红色衣袖。上联云在宝鼎中焚香有美人的红袖拂拭。玉台，传说天帝居住的地方，也泛指宫廷的台观。碧纱笼，用碧纱覆盖。唐代王播少孤贫，客居扬州惠昭寺，为僧不礼，后王播贵，重游旧地，见昔日在寺壁上所题诗句，僧已用碧纱盖护。因题曰："二十年来尘扑面，如今始得碧纱笼。"下联说在清雅的楼宇中所咏之诗，有碧纱护盖，受到珍视。联以鹤顶格嵌"宝""玉"之名，这副嵌名联做得香烟缭绕，诗声琅琅。（沈树华）

《泪 珠 缘》

渡水箫声催月上
隔湖人语采莲归

长篇小说《泪珠缘》作者陈蝶仙，字栩园，别署天虚我生，浙江钱塘(今杭州)人，南社社员，主编《申报》副刊、《游戏杂志》等。此联题洗翠亭。上联云渡水吹箫，箫声催促一轮明月高高升起。下联云隔湖听到有人说话，原来是采莲人划船归来。联语充满诗情画意，境界清幽。（沈树华）

《红 楼 真 梦》

梅雨涨方池，便准备新诗，安排画舸
花香闻水榭，要满斟芳醑，亲举荷觞

《红楼真梦》作者郭则澐，字晓麓，福建闽侯(今福州)人，清光绪进士。此联题静芳亭。上联说梅雨涨满了方池，赶紧准备好新的诗草，安排好华丽的游船，准备在船上评诗。方池，方形水池。画舸，装饰华丽的游船。下联说水榭里充满花香，满斟芳香扑鼻的美酒，亲手举起饰有荷花图样的酒杯，痛饮一番。水榭，园林中建于水边或水上供人游憩的建筑物。醑，美酒。觞，古代盛酒器。（沈树华）

《月落乌啼霜满天》

风鉴无凭无据
水镜疑假疑真

小说《月落乌啼霜满天》,作者许啸天,原名家思,字泽斋,浙江上虞人。此联见小说第二十一回,题相面摊。风鉴,旧指相术。上联说相面之术无凭无据,岂可轻信。水镜,比喻见识清明,能解人疑。下联说虽说水镜能解人疑,但是对此人们还是疑假疑真,岂可不疑。旧时相面很普遍,人们也轻信,此联能指出相术无凭无据,对相术提出疑问,实属思想进步。

(沈树华)

《青 楼 梦》

室雅须人雅
诗仙亦酒仙

此联出于俞达所著小说《青楼梦》第十八回《消除夕四友写新联,庆元宵众美聚诗社》。鲁迅先生说:"《青楼梦》,全书都是讲妓女,但情形并非实写,而是作者的理想。"作者说,"《青楼梦》乃可怜、可叹、可敬、可爱之书",写它的目的是用"以劝世间之纷纷碌碌者"的,可见作者之理想。这副对联,是小说主人公金挹香于大年除夕之夜,走访青楼女子何雅仙家时,为何雅仙撰写的。"室雅须人雅;诗仙亦酒仙。"这是一副嵌名联,以燕颔格和雁足格重复嵌"雅""仙"于五言联上下联的第二个字和最后一字处。上联赞誉何雅仙的居室和人品,下联夸誉何雅仙的诗才和酒量。"酒仙"借用杜甫《饮中八仙歌》中"李白一斗诗百篇,长安市上酒家眠;天子呼来不上船,自称臣是酒中仙"的句意,竟将何雅仙比作李白,可见作者对她的推崇和怜爱是多么深沉。

(沈树华)

《冷 眼 观》

七十有二春，糊糊涂涂。官界耶，商界耶？流水无情，随他去罢

九月初一日，清清楚楚。醉醒了，梦醒了。拈花微笑，待我归来

此联出于晚清八宝王郎所著小说《冷眼观》中一个叫六八子的人为自己拟的一副自挽联。我们先弄清六八子是何等样人，这副联的意思也就容易清楚了。六八子本是扬州盐商的公子，自幼不习营生，专喜歌舞。后因太平天国攻取扬州，这位公子哥落得两手空空。后来曾国藩镇压了太平天国，欲借金陵繁华，一洗干戈之气，在金陵开设妓馆，以兴商务。当时六八子正在贩卖人口，专营女孩子肉体的肮脏生意，他就领着一群有姿色、会弹唱的女孩子应召而至，曾国藩就委任他做了督办官妓总管。他便成了金陵城自乱后复兴妓女行业的头号人物。了解了六八子这个人物，便容易理解他的这副自挽联了。

上联一上来便说自己已活了七十二个春秋，究竟是官场上得意，还是商场上得意，自己也糊糊涂涂说不清楚，他是真糊涂还是装糊涂呢？显然是装糊涂，以淡化 、掩饰、推卸自己的责任，轻描淡写地说“随他去罢”。下联述说自己死去之前，是醉醒了，还是梦醒了，他在和人们“捣糨糊”，目的是借佛祖“拈花微笑”的故事，为自己正名。拈花微笑，是说释迦牟尼在灵山大会上拈花示众，众皆默然，唯迦叶破颜为笑，佛即以法门传予迦叶。此谓禅宗以心传心，后亦以此喻心心相印。六八子以迦叶得佛真传自喻“待我归来”，活脱脱地刻画了一个一生作恶多端却为自己涂脂抹粉的亦官亦商人物的内心世界。

（沈树华）

《洪 秀 全 演 义》(一)

虎贲三千，直扫幽燕之地

龙飞九五，重开尧舜之天

《洪秀全演义》,作者黄小配,名世仲,以字行,号棣荪,广东番禺(今广州)人,同盟会员,1912 年被军阀陈炯明杀害。此联出于《洪秀全演义》第二十五回《李秀成平定南康城,杨秀清败走武昌府》。叙说天王勤求政治,每天分晨午两次,君臣共议大事。议事时,诸臣皆有座位,扫去一人独尊的习气。其有请见论事者,一体官民,皆免跪拜。内中左殿名求贤殿,右殿名勤政殿。左殿有联云:"虎贲三千,直扫幽燕之地;龙飞九五,重开尧舜之天。"联意颂扬太平天国横扫清军,夺取金陵城后的声威。虎贲,勇猛之士。《书·牧誓序》:"武王戎车三百辆,虎贲三万人。"幽燕,地区名,今河北北部及辽宁一带。龙飞九五,比喻帝王即位。尧舜、唐尧、虞舜,为古代传说中的贤明君王。尧舜之天,比喻理想中的太平盛世。 (沈树华)

《洪秀全演义》(二)

一统江山七十二里半
满朝文武三百六行全

此联出于《洪秀全演义》第四十三回《金陵城大开男女科,李秀成义葬王巡抚》。叙说洪秀全大封诸臣后,春秋佳日,与文官女官荡舟于玄武湖。闻城东有一李生,为江南名士,乃命人聘之,不至。乃令殿前指挥以笋舆请之殿前,询以治安之策,李生初不应,及授以笔墨,李生乃书十八字呈给秀全,书云:"一统江山七十二里半;满朝文武三百六行全。"原来是副对联,联中讥秀全株守金陵,不思进取;又讥其满廷文武不懂政治。秀全览毕,遍示殿上诸人,左右请杀之。秀全道:"彼有何罪而杀之耶?匹夫不可夺志。"命左右善遣之回家。人以是称许秀全为大度。 (沈树华)

《戊戌喋血记》

揽湖海英豪,力维时局
勖沅湘子弟,共赞中兴

此联是任光椿所著长篇小说《戊戌喋血记》第五章引用谭嗣同贴在长沙时务学堂教习室门口的一副对联:“揽湖海英豪,力维时局;勖沅湘子弟,共赞中兴。”其意谓:招揽海内的英雄豪杰,一起维持变法的大好时局,勉励湖南的有志青年,共同振兴中华。勖,勉励。沅湘,沅江和湘江,这里指湖南。中兴,由衰落而重新兴盛。《诗·大雅·烝民序》:“任贤使能,周室中兴焉。”谭嗣同,近代改良派政治家、思想家,湖南浏阳人,1897 年在湖南设立时务学堂,8 月进京,参与戊戌政变,9 月政变失败遇害。他从“日新”变化思想出发,抨击封建专制及其名教纲常,提出“改去故、鼎取新”,具有冲决封建罗网的斗争精神。 (沈树华)

《狮 子 吼》

扫三百年狼穴,扬九万里狮旗,知费几许男儿血购来,到今日才称快快

翻二十纪舞台,光五千秋种界,全从一部黄帝魂演出,愿同胞各自思思

《狮子吼》作者陈天华,近代民主革命家,湖南新化人,早年留学日本,参加发起同盟会,后在东京抗议日本政府,愤而投海自杀。著有《猛回头》《警世钟》《狮子吼》等书。此联为书中题大戏台。上联说扫尽清朝统治三百年的狼穴,扬我中华九万里的醒狮之旗,这些革命成果是多少儿女用鲜血换来的,到今日才称痛快。下联说翻开二十世纪的舞台,光复了我五千年炎黄种界,全从黄帝的血脉与灵魂中继承了意志,希望同胞们深刻地思索思索再思索。 (佟 今)

《京 华 烟 云》

曲水抱山山抱水

池鱼穿影影穿鱼

《京华烟云》,作者林语堂,福建龙溪人,留学美国、德国,获博士学位,任北京大学、厦门大学教授,新加坡南洋大学校长。此联为小说中之巧对,上联写大范围的景色,曲水抱山,山又抱水。下联写局部景致,池中鱼穿过云影,云影又掠过鱼身。联文采用"重言"和"顶针"修辞手法,使上联的"水""抱""山","山"又"抱""水",且"山"又顶"山"。下联的"鱼""穿""影","影"又"穿""鱼",且"影"又顶"影"。重复出现组句,意境幽雅,赋有诗意,平仄协调,琅琅上口。（佟 今）

《新 水 浒》

莫坏良心,极恶巨奸,转眼终归失败
请看好样,忠臣孝子,到头毕竟团圆

《新水浒》作者谷斯范,1916年生,浙江上虞人,曾任作协浙江分会副主席。此联出于《新水浒》第一回,系写关帝庙戏台。上联劝人莫作恶,坏着良心,作恶行奸,转眼终归失败。下联称赞好人终有好报,忠臣孝子,到头来毕竟团圆。（沈树华）

《金 瓯 缺》

今日江湖卖艺,人山人海
当年棘盆献技,倾国倾城

长篇历史小说《金瓯缺》作者徐兴业,1917年生,浙江绍兴人,在上海从事教育工作。此联写昔日杂剧班。杂剧,戏曲名词,有宋剧、元杂剧,温州杂剧、南杂剧等。上联说今日在江湖上卖艺,观看者人山人海。当年在围场上献技,使大批观众倾倒。棘,泛指有刺的草木。棘盆,用棘围绕的场所。倾国倾城,本意形容绝色女子,这里借指全国全城都来观看杂剧。联文夸赞杂剧艺人技艺精湛,受到人民大众的喜爱。（沈树华）

《济 公 外 传》

如不回头，谁为你救苦救难
若能转念，何须我大慈大悲

《济公外传》作者陈玮君，1923 年生，江苏泗阳人，浙江大学毕业，在浙江文联任职。此联为济公代撰联，以济公口吻，告诉世间信众：上联说，你如继续作恶，谁为你救苦救难，没有人救得了你的。下联说，若能转念，也不需要我大慈大悲。一个人只要做人正派，他便不需要菩萨救苦救难，也不需要菩萨大慈大悲。（沈树华）

《江左十年目睹记》

贱子与当世得失利钝，渺不相关，独与公情亲数年，知其为老书生穷翰林而已

国史于大臣功过是非，向无论断，得圣主褒忠一字，传之与外四裔内诸夏知之

小说《江左十年目睹记》作者姚鹓雏，字雄伯，江苏松江（今属上海市）人，南社社员。此联乃小说中范肯堂挽李少荃联。范肯堂，江苏通州（今南通）人，岁贡生，光绪年间曾在李鸿章府做幕僚，文章取法桐城，但不为其所拘。李少荃，即李鸿章，字少荃。贱，谦词。贱子，范肯堂自己谦称。公，对人尊称，这里指李鸿章。上联意谓，本人与当今得失利弊，毫不相干，独与公（指李鸿章）相处数年，知你是一个老书生、穷翰林而已。外，旧时夫妻称内外，夫称妻为内，妻称夫为外。外四裔，指夫系亲戚。内诸夏，指妻系亲戚。下联意谓，国史对于大臣的功过是非，向来不作结论，你经皇上褒奖为忠，传扬告诉内外亲戚，让他们都知晓。联文写出了一个僚属对长官的奉承意味。（沈树华）

《金粉世家》

文章直至饥臣朔
斧钺终难屈董狐

此联出于张恨水小说《金粉世家》。上联说汉武帝时的臣子东方朔，他诙谐滑稽，帝伏日赐肉，东方朔不守规矩，帝令自责。但听了他的一番说词，帝笑曰：使先生自责，乃反自誉。下联说春秋时晋国史官董狐。他性格耿直，对发生的事件秉笔直书，即使用刀斧压迫他，他也不会屈服。联文意在赞颂忠直的官员，他们还是受人尊重的。 （沈树华）

《轰天雷》

春花秋月自娱乐
三山五岳长游行

《轰天雷》作者孙景贤，字龙尾，笔名希孟、藤谷古香，江苏常熟人。此联是书中第六回所写的刻在石笋上的对联。上联说石笋对着春花秋月，自可独自娱乐。下联夸赞这些石笋犹如三山五岳，可以经常去游览。此联以小见大，从石笋中看到春花秋月，看到三山五岳，从中可以看出作者对自然风光的热爱和向往。 （沈树华）

《天问》

胸中早已无千古
眼底而今有两湖

《天问》作者陈铨，又名大铨，四川富顺人，留学美国、德国，中央政治学校英文教授，1949 年后在南京大学外文系任教。此联为书中人物所撰。联文表达了作者不关注天下大事，而注重看得见、亲近得了的两个湖泊的水

波水纹。 （沈树华）

《春　联　儿》

有子荷戈庶无愧
为人推毂亦复佳

《春联儿》作者为叶圣陶，江苏苏州人，著名作家、教育家、出版家，曾任中央文史馆馆长、中国民主促进会主席等职。此联是叶圣陶在作品中的一副春联。荷戈，持兵器。庶，差不多。上联说有子手持武器保卫国家，差不多也没有什么愧疚了。推毂，推车前进或推荐人才。下联说为别人推车前进或推荐人才，也是做了一件极好的事情。 （沈树华）

《湖　心　亭》

你的打算非凡，进一位退一位，谁料全盘都是错
我却模糊不得，有几件记几件，后来结账总无差

《湖心亭》作者为郭沫若。此联题城隍庙，联文以城隍的口气叙述。上联城隍指出有些人觉得自己太精明了，自认为打算得很好，进退得宜，可就是没有料到，自己的所作所为全盘都错了。下联城隍表明态度，告诉你我一点不糊涂，你的过失有几件记几件，到时候和你算总账一件也不会有差错。联文告诉人们行为要端正，行奸邪最后不会有好结果的。 （沈树华）

《秋　海　棠》

海棠开后，燕子来时，黄昏庭院
红粉墙头，秋千影里，临水人家

《秋海棠》作者秦瘦鸥，原名浩，上海嘉定人，任上海《新民报》主笔，香港《文汇报》副刊部主任。此联写秋海棠居室。一座江南临水人家的庭院，

海棠花开了，燕子飞来，落日洒满院落。红粉墙头，秋千荡漾，河旁人家，一片宁静安详的临水民居。全联充满诗情画意。（沈树华）

《括苍山恩仇记》

青梅竹马，当年的开裆裤朋友，如今又穿开裆裤

凤冠花轿，小时候过家家夫妻，眼下真的过家家

《括苍山恩仇记》作者吴越，原名春恒，江苏泗阳人，曾参加新四军，皖南事变中被俘，1942 年暴动越狱。此联出于《括苍山恩仇记》第十四回，为书中人物高良久自题。写当年幼童，青梅竹马，如今长大成人；凤冠花轿，从过家家夫妻成长为真正的夫妻。写了高良久对自己童年生活的回忆，以及对如今生活现实表达的喜悦之情。联语通俗易懂，措词口语化是其长处，但对句欠工，是其瑕疵。（佟 今）

《黄河东流去》

一畦春雨菰儿菜

满架秋风扁豆花

《黄河东流去》作者李凖，1928 年生，原名木华梨，河南孟津人，蒙古族，曾任河南省文联副主席。此联乃农家门对。写农家春秋佳趣。上联说一畦春雨，菰儿菜在春天分株繁殖。菰儿菜，即蔬菜茭白。下联说秋风起，架上开满扁豆花，一片豆香景象。菰儿菜和扁豆都是美味的农家菜蔬，可饱人口福。（沈树华）

《六十年的变迁》

鸢飞鱼跃潭中月

虎伏龙吟海外天

《六十年的变迁》作者李六如，湖南平江人，早年留学日本。在延安时任中共中央财经部副部长，1949 年后任最高人民检察院副检察长。此联为书中第十二章谭延闿赠蒋介石之联。上联说蒋介石像鸟飞在天，鱼翔于渊，这些潭中月亮都看得清清楚楚。鸢飞鱼跃，语出《诗·大雅·旱麓》："鸢飞戾天，鱼跃于渊。"孔颖达疏："其上则鸢鸟得飞至于天以游翔，其下则鱼皆跳跃于渊中而喜乐，是道被飞潜，万物得所，化之明察故也。"下联说能降龙伏虎，战胜重大困难而达到目的。虎伏龙吟，指降龙伏虎，佛教故事谓用法力制伏龙虎，喻战胜重大困难或恶势力。联文以谭延闿身份，奉承蒋介石。（沈树华）

《山乡巨变》

天子入疆先问我
诸侯所保首推吾

《山乡巨变》作者周立波，原名绍仪，湖南益阳人，左联作家，1949 年后，任湖南省文联主席。此联是他在《山乡巨变》中题土地庙之作。土地庙，祀土地神，古代神话中管理一个小小地面的神，即古代的"社神"，为土地之主、土地之神。故联文说天子入疆要先问我，诸侯所保也要首推吾。《孟子·尽心下》："诸侯之宝三：土地、人民、政事。"土地神虽小，但他是一方之神，旧时每乡都有土地庙，供奉土地公公、土地婆婆。（佟　今）

《三家巷》

门从积德大
官自读书高

《三家巷》作者欧阳山，原名杨凤岐，湖北荆州人，曾任广东省文联主席。此联是《三家巷》中题神龛的一副对联。旧时人家，都认为门第要高大，得从积德做起，要做高官，就必须走苦读这条路。所谓万般皆下品，唯

有读书高,即符此意。积德和读书,毕竟是两件好事,此意对后世来说,也是值得提倡的。 (佟 今)

《红 岩》(一)

是七尺男儿生能舍己
作千秋雄鬼死不还家

此联出于罗广斌、杨益言所著长篇小说《红岩》。小说描述了解放前夕重庆渣滓洞监狱中的斗争故事。革命战士龙光华在反迫害斗争中,在国民党监狱遭残害致死,狱中难友在许云峰、刘思扬、余新江等人的领导下,和狱方展开了英勇的斗争,提出了为龙光华同志开追悼会的要求。狱中战友"手里端着一块灵牌,上面清楚地写着几个鲜明的字,'龙光华烈士之灵位'"。龙光华的遗体穿着带有血迹的军装,军帽上缀着颗鲜红的五角星。战友们高举着一副墨迹未干的挽联:"是七尺男儿生能舍己;作千秋雄鬼死不还家。"这是战友们用愤怒的笔,写出两行出自肺腑的话。几百个战友,整齐地排列在警戒重重的地坝上,几百颗期待战斗和复仇的心,剧烈地跃动着。 (佟 今)

《红 岩》(二)

看洞中依然旧景
望窗外已是新春

此联出于小说《红岩》第十六章。1949 年元旦前夕,渣滓洞里难友传递着消息:胜利即将来到了! 辽沈战役胜利结束,东北全部解放。淮海战役击毙蒋军兵团司令黄伯韬,活捉兵团司令黄维,人民解放军马上就要渡江解放全国了。大家提议元旦在牢门上贴对联。大家觉得这里的对联很不好做,既要精彩中肯,一针见血,发人深省,又要适当地含蓄,要同志们一看就懂,还要特务看不太懂,或者根本看不懂。原则定了,大家就动脑筋做起来。元旦到了,各室都贴出了用草纸连起来写的对联。楼二室的对联写得十分优美:“看洞中依然旧景;望窗外已是新春。”横额是“苦尽甜来”。女牢的对联写的是:“洞中才数月;世上已千年。”楼一室的对联写的是:“歌乐山下悟道;渣滓洞中参禅。”楼三室的对联,引用了古人的诗句:“满园春色关不住,一枝红杏出墙头。”大家心里明白:几千年的封建王朝正在崩溃,人民当家作主的时代就要到来。一副副春联,全洋溢着乐观、诙谐的情趣。

(佟 今)

《李 自 成》(一)

永忆江湖归白发

欲回天地入扁舟

《李自成》作者姚雪垠,原名冠三,字汉英,河南邓县人,曾任湖北省文联副主席。此联为《李自成》卷二第五十四章,李岩书房中悬挂自书于正红蜡笺洒金纸上的一副对联,书法既端庄,又潇洒,雄健中带有流利。当时李岩的弟弟李侔正同哥哥谈论当前形势,李岩的建议未得闯王接受,小说在这样背景下描绘书房中这副对联,多少反映出李岩归隐田园的一丝心愿。他回忆长期闯荡江湖,而今已生出白发,萌发了一叶扁舟回到那无拘无束的自由天地中的愿望。小说中的对联,对刻画人物的思想,有种潜移默化的作用。

(佟 今)

《李 自 成》(二)

福祉满河洛,普天同庆

王业固嵩岳,与国并休

此联出于《李自成》第五十二章,大明福王朱常洵被俘,闯王带领文武大员到迎恩殿审讯福王时,描写了这副由一位大学士奉万历皇帝圣旨撰写的对联。联文极尽对大明王朝歌颂之能事。河洛,指黄河与洛水之间的地区。上联说大明的福祉布满黄河与洛水之间广大地区,普天共同庆贺。嵩岳,嵩山,古称中岳,在河南省登封县北。休,旧指吉庆、福禄。下联说大明王业永固如同中岳嵩山,与国一起享受福禄。小说在此描述这副对联,对大明王朝来说,无疑是极大的讽刺。 (佟 今)

《曹 雪 芹》

月上云山常为友
杯来琴酒自成诗

《曹雪芹》作者端木蕻良,原名曹京平,辽宁昌图人,曾任重庆复旦大学教授,北京市文联创作部副部长。此联为小说《曹雪芹》中题小亭之联。上联描写了小亭的环境:一轮圆月高悬亭上,与飘过的白云和远处的山影常常相聚为友,一片诗情画意。下联写人在亭中的活动:举杯畅饮,琴声悠扬,在这琴酒之中,诗意油然而生,便吟成诗句。联文将小亭的环境和功能写得淋漓尽致,让人读后难忘。 (佟 今)

《慈禧全传·瀛台落日》

十年竿木逢场戏
一梦槐安作宦臣

《慈禧全传》作者高阳,原名许晏骈,浙江杭州人,1940 年赴台湾,任《中华日报》主笔,著有历史小说《乾隆韵事》《曹雪芹别传》等。此联说人生如戏,人生如梦。上联说艺人遇到合适的场所,就开场表演。宋代释道原《景德传灯录》说:“竿木随身,逢场作戏。”下联说唐代淳于棼梦游蚁国为南柯郡守的故事。淳于棼家居广陵,梦中受槐安国所邀,任南柯郡守二十年,醒来发现纯粹一梦,事喻世事如梦。此联亦隐喻清王朝及书中人物,无非逢场作戏,南柯一梦而已。 (沈树华)

《雪山飞狐》

不来辽东，大言天下无敌手
邂逅冀北，方信世间有英雄

《雪山飞狐》作者金庸(1924—2018)，原名查良镛，生于浙江海宁，曾任香港明报社社长，著武侠小说多种。此联从《雪山飞狐》中人物苗人凤身世切入。上联说自己未来辽东时，自夸打遍天下无敌手。下联话锋一转说，那知来到冀北，方才信服世间确实有英雄人物。展现了书中人物苗人凤的英雄气度。金庸将所著小说书名首字撰成一联云："飞雪连天射白鹿；笑书神侠倚碧鸳。"他所著十四部小说为《飞狐外传》《雪山飞狐》《连城诀》《天龙八部》《射雕英雄传》《白马啸西风》《鹿鼎记》《笑傲江湖》《书剑恩仇录》《神雕侠侣》《侠客行》《倚天屠龙记》《碧血剑》《鸳鸯刀》。 (沈树华)

题赠类

夏凱奏

自　题

自题读书草堂

林　嵩

大丈夫，不拾唾余，时把海涛清肺腑

士君子，岂依篱下，敢将台阁占山巅

林嵩，字降臣，唐长乐(今福建闽侯)人，乾符二年(875)进士。这是作者考中进士，心情舒展，自题读书草堂，用以遣怀明志的一副对联。不拾唾余，喻不蹈袭别人的言论见解。台阁，本指亭台楼阁，后亦为尚书的别称。作者一语双关，既指“读书草堂”，又喻折桂之志。全联意谓：大丈夫决不可人云亦云，我愿让汹涌的海涛来涤荡我的肺腑，拓开胸怀，使之发出自己独到的见解。有志向的人决不寄人篱下，而应有把台阁筑于山顶的气概，为实现自己的志向而奋勉不息。作者以豪宕雄奇、韵味浓郁深长的语言，借景生情，抒发了自己远大的抱负和志向，读来给人以深远的启迪。　(沈树华)

石延年自题

天若有情天亦老

月如无恨月常圆

石延年，北宋人，字曼卿，为文劲健，尤工诗。上联出自唐李贺《金铜仙人辞汉歌》。全诗描绘金铜仙人被魏官强迫拆离汉宫，仙人依依不舍、凄然泪下的愁苦情怀，也正是作者仕途无望，被迫离开长安时的心情写照。其第九、十句“衰兰送客咸阳道，天若有情天亦老”(衰枯的兰花送金铜仙人走上咸阳大道，假若苍天有情的话，也同样会衰老，何况人呢)。据说李贺写了“天若有情”这句后,想找一个好的对句而不可得,后来勉强对了“地如无恨地长平”一句,仍觉不佳。司马光称此为“奇绝无对”,然而,比他大 25 岁的石曼卿,一次中秋赏月,遥望中天皎皎玉兔,清光万里,心想如果月亮永久这么圆该多好,兴到即写成了下联:月如无恨月常圆。此联对仗工巧,可谓珠联璧合。作者借自然景物抒发了自己仕途失意的抑郁和忧伤,情见乎辞。(蒋竹荪)

吴必大自题

月无贫富家家有
燕不炎凉岁岁来

吴必大,江西兴国人,南宋时理学家。此联借月亮和燕子表达了作者追求平等公正,批判世态炎凉的思想。上联写明月普照人间,不论贫富,家家都得到公正平等的照耀。下联借燕子不知人间冷暖,不辨世态炎凉,岁岁前来筑巢的现象,批判了亲热攀附、冷淡疏远的丑恶现象。联意比喻通俗,用语平淡,内涵丰富,启人深省。(沈树华)

陆游自题

万卷古今消永日
一窗昏晓送流年

这是南宋爱国诗人陆游的自题联。陆游一生酷爱读书,废寝忘食,孜孜不倦攻读古今书卷。永日,尽日,消磨整天时间。流年,光阴,年华。联谓消磨整日时间阅读万卷古今书籍,晨昏都在窗前度过光阴,送走年华。这正是作者一生“读书有味身忘老”的生活写照。(沈树华)

真德秀自题

退一步行,是安乐法
说三句好,得欢喜缘

真德秀,字景元,世称西山先生。南宋建宁浦城(今属福建)人,庆元五年(1199)进士,官至参知政事。此联可作格言读,所谓退后一步自然宽是也。人生步入社会,要有畏惧之心,不能任意胡为。上联说退一步行,是安乐法。安乐,舒服、快乐。《汉书·晁错传》:"使先至者安乐而不思故乡。"下联说言语释放善意,就得到欢喜情缘。欢喜缘,友善的情谊缘分。

（沈树华）

胡居仁自题

苟有恒,何必三更眠五更起
最无益,莫过一日曝十日寒

胡居仁,明代学者,教育家,他绝意仕途,曾主白鹿书院。万历中追谥文敬。著有《易象抄》《胡文敬公集》等。本联着重说明学习贵在有恒。上联说,学习如能持之以恒,不必"三更眠五更起",因为学习是日积月累,循序渐进的,那种起早摸黑的突击方法是难以持久的。下联说不能"有恒"的危害。一日曝十日寒,语出《孟子·告子上》:"虽有天下易生之物也,一日曝之,十日寒之,未有能生者也。"本意晒一天,冻十天。比喻做事犯冷热病,努力少,荒废多,做亦无益。学习如此,其他事情亦然。联语题旨鲜明,中肯透彻,可为做事无恒心者戒。

（施绍文）

王守仁自题

但作得成皆事业
到推不去即因缘

王守仁,字伯安,明浙江余姚人,弘治十二年(1499)进士,官至南京兵部尚书。讲学阳明洞,世称阳明先生。此联为其自题,可作格言读。上联意云凡是能做得成的事情都是事业。下联意云凡推不去的事其中必有原因和缘分。联意指出了一般事物的道理和原由,对读者具有一定的启发性。

（沈树华）

李贽自警

从故乡而来，两地疮痍同满目
当兵事之后，万家疾苦早关心

李贽，明代思想家、文学家。本联是李贽从故乡福建泉州出发，到云南姚安任职时，沿途看见民不聊生的情景，有感而作。他把此联挂在自己官衙的大厅里，用以自警自励。上联说从故乡到任所，由于战争的破坏，两地所见，同是残破凄凉景象。下联写明王朝自宸濠之乱以后，已是危机四伏，人民流离失所，哀鸿遍野。“万家疾苦”正是这一情况的真实写照；一个“早”字更反映了作者把关心民瘼作为第一要务，含有未雨绸缪、防患于未然之意。此联对仗工稳，寓意深刻。感情真挚热烈自然，是一副自警佳联。 （张 迈、美 云）

符鹏自题

节义重丘山，始不渝，终不渝
功名赴流水，宠不惊，辱不惊

符鹏，明浙江山阴（今绍兴）人，嘉靖三十二年（1553）官沈丘教谕。此联讲“节义”“功名”。上联讲“节义”重于丘山，此志始终不渝。下联讲“功名”变化如同身边的流水，功名得宠或受辱，即升官或降职，都能做到宠辱不惊。反映了作者看淡功名的脱俗思想。 （沈树华）

沈思孝自题

风不出，雨不出，寒暑不出
天无私，地无私，日月无私

沈思孝，字继山，一字纯父，明嘉兴（今属浙江）人，隆庆二年（1568）进士，累官右都御史。此联自题。上联说刮风不出门，下雨不出门，天太冷太热也不出门。下联说我为什么不出门呢，因为我像天一样无私，像地一样无私，像日月一样无私。联文以“重言”手法，上联的“不出”和下联的“无私”，各重复出现三次，加强了语气，增添了读者的印象。　（沈树华）

郝敬自题

座上有佳客，谈笑风流吴季子
江干逢逐客，交游意气楚春申

郝敬，字仲舆，号楚望，明湖广京山（今属湖北）人，万历十七年（1589）进士，累迁户科给事中，以劾赵志皋等，降宜兴县丞，移知江阴。郝敬任江阴令时，题此联悬于庭。上联显示主人好客，说座上佳宾，谈笑风生有如吴季札。吴季札，春秋时吴国贵族季札，多次推让君位，封于延陵，亦称延陵季子。下联说，你们在江边遇到我这样被贬谪失意的人，但我与你们交游的意气可比楚国的春申君。江干，江畔。逐客，指被贬谪而失意的人。楚春申，即黄歇，战国时楚国贵族，号称春申君，门下有食客三千。　（沈树华）

刘宗周自题

无欲常教心似水
有言自觉气如霜

作者为明代著名学者。为人刚正，敢于切谏直陈，以高节闻于朝。据清纪昀《阅微草堂笔记》载，此联是他任左都御史时，题在办公之处的。左都御史职责是纠弹枉法官吏，直至上书皇帝。对联结合自身职务，意在自警，旨在自励。联中以“水”来比喻心中平静，为官清廉，非常贴切；用“霜”来形容胸怀正气，肃然凛然，极为传神。这里，坚守的是端劲直言的品质，摒除的是贪赃求利的私欲。从形式上看一“有”一“无”，为对联中的反对之格；而从内容观之，上联是下联的前提条件，“有言”即有理之意，自身至清

(似水)无欲,才能理直气壮,不畏强暴,具有肃霜般的勇气。(丁　仪)

陈元素自题

误攻文字身空老
起贩鱼盐计已迟

陈元素,字古白,明直隶长洲(今江苏苏州)人,诸生,万历三十四年(1606)应乡试不第,撰此联对自己的一生做了一个小结。他后悔将精力投入攻读之中,以至于今一事无成,未能取得功名。如果改弦易辙,从事商业,贩卖些鱼、盐之类商品,因为年纪老了,这种打算也嫌迟了。这是一个读书人,攻书不成,改做其他也不成的一种失望情绪,实在令人同情。(沈树华)

史可法自题(一)

斗酒纵观廿一史
炉香静对十三经

史可法,字宪之,号道邻,明河南祥符人,崇祯元年(1628)进士,官至南京兵部尚书兼东阁大学士,顺治二年清兵围扬州,拒降固守,壮烈就义。此联史可法自题,说自己面对斗酒、炉香,纵观廿一史,静对十三经,研史读经,给人以一位学者的印象。(沈树华)

史可法自题(二)

涧雪压多松偃蹇
岩泉滴久石玲珑

1644年,李自成义军入北京,崇祯自杀,明福王在南京称帝,马士英等专朝政,史可法督师扬州。其时朝政腐败,国事日坏。清兵南下,他坚守扬州，城破为清军所执，不屈被杀。据传他生前曾写此联。上联意谓山涧大雪压住青松，青松不弯且挺直。偃蹇，夭矫上伸，高耸之意。《离骚》："望瑶台之偃蹇兮。"下联意谓山崖泉水滴坚石，坚石无损更明彻。玲珑，明彻貌。扬雄《甘泉赋》："前殿崔巍兮，和氏玲珑。"此联用比喻手法，意在表白自己的高尚节操。　（希建华）

史可法自题(三)

听涧底泉声，呼天地是歌是泣
看阶前月色，问英雄还死还生

史可法撰书此联时，南明王朝已处于崩溃边缘，自感虽有报国之心，恐已无回天之力。听涧底泉声，我高呼天地，这是歌还是泣呢？流露了作者催人泪下的悲愤之情。看阶前月色，以明澈的月光暗喻自己的一片忠心，表达了至死不渝的壮志豪情。联文的上下联前半句均写景，后半句抒情，情景交融，寓情于景，读来令人深感慷慨悲壮。　（沈树华）

魏象枢自题

欺人如欺天，毋自欺也
负民即负国，何忍负之

魏象枢，字环极，号庸斋，清山西蔚州（今河北蔚县）人，顺治三年(1646)进士，官至刑部尚书。此联自题，可当格言读。上联云欺人犹如欺天，不要自欺了。下联云身为官员，负民即是负国，你怎么忍心负之呢？这是一位有良知官员发出的心声，令人敬佩。　（沈树华）

陈洪绶自题(一)

何以至今心愈小
只因已往事皆非

陈洪绶，字章侯，号老莲，明末清初浙江诸暨人，乡试不中，捐国子监生，召为中书舍人，著名画家。清兵临浙东，往绍兴云门寺为僧一年余。此陈洪绶自题，上联云为什么现在做事心愈来愈小，下联说只因自己往时所做的事都没有做对。联为流水对，上联提出问题，下联作出回答。此联可作格言或座右铭读。（沈树华）

陈洪绶自题(二)

鸟下窥书古
华飞缀字红

日常生活中，飞鸟与"书"无关，落华(同花)与"字"无涉，都不能连缀成句。作者是明末画家，身遭亡国之痛，刻骨铭心，愤而出家为僧一年余。常以所向往的对象为中心，凡耳之所闻，目之所见，身之所感，无不与"字""书"有关。因而信笔写下此联，以发泄心中的不平，盖亦"伤心人别有怀抱"之类。此联虽然违反生活之"常"，其新奇的想象，却合乎艺术创作之"道"，不失为佳作。（钱剑夫）

金声自题

读律书惧刑，读战书惧兵，读儒书兵刑不惧
耕尧田忧水，耕汤田忧旱，耕心田水旱无忧

金声，字正希，号赤壁，明休宁(今属安徽)人，崇祯元年(1628)进士，官至右都御史，清军破绩溪，不屈死。此联自题。上联说读律书的人惧怕刑法，读战书的人惧怕战争，读儒书的人战争、刑法都不怕。下联说尧时耕田的人担心水灾，汤时耕田的人担心旱灾，以心作田耕作的人不担心水灾，也不担心旱灾。作者提倡读儒书、耕心田。联文以"重言"手法，使"读""耕"反复出现，读来颇有节奏感。（沈树华）

王夫之自题

清风有意难留我
明月无心自照人

王夫之,明清之际思想家,字而农,号薑斋,湖南衡阳人,崇祯举人,明亡,隐居不仕,世称船山先生。此联为作者隐居石船山土室时撰写的明志联。上联表明与清王朝不合作的态度。清风,隐喻清朝。下联抒发对明王朝的怀念。明月,喻指明朝。清朝虽召而不仕,明朝虽亡心中存,表达了作者的高尚气节和爱国情操。他另有一联"留千秋半分忠义;存大明一寸江山"。旨趣相同,可互参读。（沈树华）

李渔自题

壮士腰间三尺剑
男儿腹内五车书

李渔,清戏曲理论家、作家,号笠翁,浙江兰溪人,工联语,著有《笠翁对韵》。此联乃作者自抒雄心。上联说壮士腰间应佩带三尺剑为国效力。三尺剑,语出《史记·高祖本纪》:"吾以布衣提三尺剑取天下。"下联说男儿大丈夫,应饱读诗书,心怀天下。五车书,言书极多,语出《庄子·天下》:"慧施多方,其书五车。"联作者认为男儿壮士应手持三尺剑,胸贮五车书,能文能武方值得赞颂。（沈树华）

张英自题

富贵贫贱,总难称意,知足即为称意
山水花竹,无恒主人,得闲便是主人

张英,清安徽桐城人,官至文华殿大学士,礼部尚书。他的儿子张廷玉官至保和殿大学士，可谓富贵至极。此联乃有感而作。上联云贫贱多不称意，而富贵也难使人称意，广言之，生活在世上，凡事均难称意，因人之欲望是无止境的。但能懂得知足，便会感到称意。下联云山水花竹，没有永久的主人，山水花竹是客观存在的，但你没有空闲欣赏，你便不是山水花竹的主人，只有得闲，有闲暇去欣赏山水花竹的美感，你才是它们的主人。此联全用白描，通俗易懂，但寓意颇深，值得玩味。（沈树华）

林译自题

俸薄俭常足
官卑廉自尊

林译，清福建福清人，官海宁教谕。此联自题，上联说薪俸微薄，节俭就能感到自足。下联云官职虽然卑微，但清廉可以树立自尊。联文极为简洁，但所表白的思想却很崇高。（沈树华）

王士禛自题

书搜万卷，读书求实用
笔剩一枝，下笔尚真情

王士禛，字子真，号阮亭，又号渔洋山人，清山东桓台人，顺治进士，官至刑部尚书，著有《池北偶谈》《带经堂集》等，康熙朝数十年主盟诗坛，影响很大。此联激励自己博览群书，以求实用；穷不易志，著文应崇尚表达真情实感。表现了旧时知识分子专心学问，追求藏之名山，不为五斗米折腰的精神。

（沈树华）

祝由自题

孝莫辞劳，转眼即为父母
德无望报，回头却在儿孙

祝由，清四川内江人，康熙三十五年(1696)拔贡。此联见《听雨楼随笔》。上联云孝敬父母要不辞辛劳，转眼你自已就成为人之父母，你的子女也会孝敬你的。下联云以德待人，不要望人回报，你的这种好品德，会传给你的子孙，他们继承了你的好品德，对你来说，就是最大最好的回报。（沈树华）

汪士鋐自题(一)

汲水浇花，亦思于物有济
扫窗设几，要在予心以安

汪士鋐，字文升，号退谷，又号秋泉居士，清长洲(今江苏苏州)人，康熙三十六年进士，历官左中允。此联自题，叙说做事都要考虑后果。上联云汲水浇花，也要选择时间、水量，要考虑到对花有益。下联云扫窗设几，如何陈设，要考虑到便于使用，心里感到安闲为宜。（沈树华）

汪士鋐自题(二)

玉阶朝橐笔
花县昼弹琴

汪士鋐，清文学家、书法家。上联意谓，白玉阶前，正可运思动笔。橐，书袋。橐笔，犹言把笔、命笔。下联意谓，繁花县里，最宜鼓琴。晋潘岳为河阳令，满种桃李，有“河阳一县花”之誉。后即以“花县”为县治良好的美称。唐王维《送严秀才还蜀》诗：“别路经花县，还乡入锦城。”联语既喻其闲适生活，也指出一种“政简刑清”的光景。其间用一“朝”字，一“昼”字，都是最佳时刻，更宜作两件雅事。（钱剑夫）

厉鹗自题

相见亦无事
不来忽忆君

厉鹗，字太鸿，号樊榭，清浙江钱塘(今杭州)人，康熙五十九年(1720)举人。厉鹗自题此联，述说其与好友之间的情谊。二人时相过从，相见时亦无具体事情相商洽谈，不过说些无关紧要的话语。但好友不来，又思念得很，这是真友谊的表露，君不来，我忆君。此联虽简短，但情谊很长，确是一副言简情深的绝妙佳联。 (沈树华)

刘统勋自题

粗茶淡饭布衣裳，这点福让老夫消受

齐家治国平天下，那些事有儿辈担当

刘统勋，字延清，号尔钝，清山东诸城人，雍正二年(1724)进士，官至东阁大学士兼军机大臣，充《四库全书》正总裁。此联为其自题。他不认为锦衣玉食是福，而认为粗茶淡饭布衣裳才是福，并说这点福让老夫来消受，过过清闲的日子。至于齐家治国平天下的大事，那些事我辈已不用去做，自有儿辈可以担当。他的儿子刘墉官体仁阁大学士，自可担当大任。刘统勋的身份地位，让他有资格说这些话，自甘清淡，而儿辈亦居高位，写此联便觉允当。 (沈树华)

桑调元自题

六经读罢方持笔

五岳归来不看山

桑调元，字伊佐，号弢甫，自号五岳诗人，清浙江钱塘(今杭州)人，雍正十一年(1733)赐进士，授工部主事，晚主泺源书院。此联为桑调元自题。六经，六部儒家经典，即《诗》《书》《礼》《易》《春秋》《乐经》。他是一名学者，故其上联云，要读通六经，才可持笔写文章。五岳，中国五大名山的总称。即东岳泰山、南岳衡山、西岳华山、北岳恒山、中岳嵩山。下联云五大名山我都看遍了，此后还有什么山值得看呢！联文体现了桑调元眼界极高、追

求极高、境界极高的学者风范。　（沈树华）

朱彝尊自题

不设樊篱，恐风月被他拘束
大开户牖，放江山入我襟怀

朱彝尊，字锡鬯，号竹垞，清浙江秀水（今浙江嘉兴）人，康熙十八年（1679）举博学鸿词科。这是朱彝尊为自己的居所山晓阁撰写的一副对联。樊篱，篱笆。联意谓：我在居所周围不设篱笆，是恐怕美好的风月自然景色被它拘束住。我“大开户牖”，是要把江山放进来使之入我的“襟怀”，涤荡我的心胸，陶冶我的情操，以抒我之雅兴。作者遣词平白如话，以“不设樊篱”和“大开户牖”，抒发内心对“风月”“江山”的深情喜爱，表达了文人的清怀雅兴，也表露了作者朴素的美学思想。　（沈树华）

郑燮自题（一）

隔靴搔痒赞何益
入木三分骂亦精

郑燮，清书画家、文学家。联语运用成语表达了作者对文艺作品评论的见解。上联谓评论一篇文章，如果赞扬不到点子上，对读者作者都无好处。“隔靴搔痒”，一作“搔痒不着”。比喻没抓住要害。宋严羽《沧浪诗话·诗法》：“意贵透彻，不可隔靴搔痒。”下联谓分析文章的缺点、错误，只要鞭辟入里，击中要害，即使措词尖锐一点，也会使人折服的。“入木三分”，比喻见解、议论，十分深刻恰切。相传晋代王羲之写祝版，工人事后削去，发现墨迹透入木板有三分深。见唐张怀瓘《书断·王羲之》。1931年日本学者增田涉打算写《鲁迅论》一书，向鲁迅征求意见，鲁迅书此联以赠。

（蒋竹荪）

郑燮自题(二)

操存正固称完璞
陶铸含弘若浑金

古人常以“璞玉浑金”比喻人品的纯真质朴,本联即由此生发,表现自己对高尚人品的向往和追求。联中“操存”意为操守、志向。“陶铸”本指烧制瓦器和熔铸金属,这里比喻加强道德品质的修养。“完璞”是完整无缺的璞玉,“浑金”是未炼的金,这里都喻指人品的完美纯朴。上联说,一个人志向端正、坚定,才能比得上完好未琢的纯美的玉。下联说只要持之以恒地加强修养,胸怀大志,就能像一块纯真质朴未炼的金。联语善用比喻以曲传其意,吐属隽永,凝练厚重,于有尽的语言外,见重操守、严砥砺的精神。 (顾伟列)

郑燮自题(三)

虚心竹有低头叶
傲骨梅无仰面花

此联采用借物言志的手法,借竹、梅比拟、象征自己的人格和操守。上联意谓竹有虚心的品格。低头叶,竹的叶尖下垂,仿佛低头,这是对谦虚的形象的赞美。下联意谓梅有狂傲的姿态却无仰面的媚态。仰面花,梅花花蕊不向上,这是傲骨形象的表现。联语显示了作者有傲骨而无傲气,谦虚待人而不屈服于强权的可贵品格。从写作角度上看,上下联都是由内(心、骨)而外(头、面),井然有序;从情调上看,上联是抑,下联是扬,抑扬有度;从对仗上看,字字对称,无懈可击。 (顾伟列)

郑燮自题(四)

霜熟稻粱肥,几村农唱
灯红楼阁迥,一片书声

作者写此联时年七十岁,罢官家居已十年。联语将自己的愿望寄托于艺术想象,描画了一幅人民安居乐业的理想蓝图。上联展现秋收时节,稻穗吐香,农作物成熟茁壮,农歌此起彼伏的喜人景象。下联时间由昼入暮,极目四望,乡村新楼毗连,灯火通明,侧耳倾听,一片琅琅的读书声回荡在清秋沃野之上。联语反映的景象正是一位忧民所忧、乐民所乐的正直的知识分子所憧憬的理想社会。 (顾伟列)

金农自题

德行人间金管记
姓名天上碧纱笼

金农,清书画家。上联谓,其人德行超迈,须以金管记于人间。金管,指笔。《初学记》卷二一引《傅子》:“汉末一笔之柙,雕以黄金,饰以和璧。”(柙,匣子)下联谓姓名高贵,当用碧纱笼于天上。唐王播少孤贫,客居扬州惠昭寺,随僧斋食。诸僧甚厌,故意饭后才敲钟。王播至时饮食已过。王播感而自耻,题壁云:“上堂已了各西东,惭愧阇黎饭后钟。”阇黎,梵语,意为僧众。后为大官,重过此寺,见其诗已为碧纱所罩盖保护,复题两句云:“二十年来尘扑面,如今始得碧纱笼。”见五代王定保《唐摭言》卷七。此联系活用两典,以为自况之辞。 (钱剑夫)

黄慎自题

看花临水心无事
啸志歌怀意自如

黄慎,清代书画家。出身于半耕半读的平民家庭,而以卖画终其一生。平居颇为清苦,却从来不计功名利禄,为人豪放不羁。从这副对联中,即可见其开阔恬淡的胸怀。看花临水,当寄情眼前景物,故心无所牵;啸志歌怀,当抒写内心世界,故能意态自适。联如其人,人即是联,实为佳构。

(钱剑夫)

曹雪芹自题

高山流水诗千首
明月清风酒一船

这是曹雪芹的自题联，联文以明白晓畅的语言，阐述他喜欢在“高山流水”和“清风明月”之间作诗、饮酒，过他远离尘世的隐逸生活。

（沈树华）

陈锷自题

事能知足心常惬
人到无求品自高

陈锷，字养愚，号白崖，清浙江钱塘(今杭州)人，乾隆四年(1739)进士。人贵知足，不应贪佞，故上联云凡事能感到知足，那么心中就会觉得惬意。人无欲则刚，故下联云人不去用各种手段谋求私利，他自然会表现出高尚的品德。这是做人的底线，也是为人作风正派的体现。（沈树华）

袁枚自题(一)

读书已过五千卷
此墨足支三十年

袁枚，字子才，号随园，清浙江钱塘(今杭州)人，乾隆四年进士。袁枚是性灵派诗人，乾隆四年(1739)进士，著有《小仓山房诗文集》，读书自然超过五千卷。他论诗虽主性灵说，但他也主张善学、苦思，他在《随园诗话·五》中引叶书山的话说：“人工未极，则天籁亦无因而至，虽云天籁，亦须从人工征之。”他的诗句还说“须知极东神仙境，修炼多从苦处来”，可见他把读书看得很重要。上联说他读书之多。下联说墨多,古时书写无论诗文抑或书法,均须用墨,袁枚著作等身,亦善书法,用墨量自然很大,但他藏墨量多,三十年也用不完。此联反映了他作为文人的生活状况。（沈树华）

袁枚自题(二)

不作公卿,非无福命都缘懒
难成仙佛,为爱文章又恋花

此联是袁枚辞官以后所作。上联说他当不了公卿那样的大官,不是因为自己没有才华、能力和福命,而是因为自己过惯疏懒的生活。他有诗云"此生端不羡封侯",可见他的"懒"是不愿意在官场中阿谀奉承,拍马钻营。下联说他"难成仙佛",是他不崇尚仙佛的表露。他平生"不览佛书,不求仙方",而有自己的追求。他的追求就是"文章"和"花",这是他的性格和情趣所决定的。（沈树华）

朱珪自题

铁面无私,凡涉科场,亲戚年家须谅我
镜心普照,但凭文字,平奇浓淡不冤渠

朱珪,清顺天大兴(今属北京)人,乾隆十二年(1747)进士,官至体仁阁大学士,于经术无所不通,他性孝友,为官公正,"清操亮节,海内仰之"。他奉旨回乡任主考官,自题此联于居所大门之上,以示亲朋好友。上联说我为官铁面无私,凡涉及科场考试的事情,希望亲朋好友体谅我,不要来请托,我也不可能徇情。年家,科举考试同榜登科者互称之辞。下联说我选士的标准是"但凭文字",只要有真才实学,绝对不会冤屈。镜,照,借鉴。《史记·高祖功臣侯年表》:"居今之世,表古之道,所以自镜也。"在封建社会,主考官能"镜心普照",不徇私情,确实是值得称颂的。（沈树华）

蒋士铨自题

富贵无常，尔小子勿忘贫贱
圣贤可学，我清门但读时书

蒋士铨，字心余，一字苕生，号清容，晚号定甫，清江西铅山人，乾隆二十二年(1757)进士，官编修，喜戏曲，为世推重。此自题联从联文看，实为教育子弟。上联云富贵无常，穷富是会变化的，现在富贵，不等于将来富贵，所以他教育子弟小子富贵了勿忘贫贱。下联云圣贤可学，我们清白之门重要的是读好现在该读的书。"万般皆下品，唯有读书高"，在封建社会，尤其在读书人心中，是不可动摇的。 （佟 今）

彭元瑞自题

何物动人，二月杏花八月桂
有谁催我，三更灯火五更鸡

彭元瑞，清江西南昌人，乾隆二十二年(1757)进士，官至协办大学士，他才思敏捷，与纪昀齐名，并留意人才，汲引不遗余力。此联表露了他的心声。上联说，什么事物能打动我的心呢？是二月盛开的杏花和八月飘香的桂子。按科举时代每年二月举行会试，称春闱，八月举行乡试，称秋闱，及格者金榜题名，称为"折桂"。这是封建士子极为光荣的事，所以说"动人"。下联说，有谁督促我呢？是三更荧荧的灯火照我苦读，五更喔喔的鸡声催我起床。三更，指半夜十一时至翌晨一时。五更，指天将明时。联语用问答法，前半问，后半答，反映了封建科举时代知识分子为了追求功名勤奋苦读的普遍心态。 （商启予）

邓石如自题

茅屋八九间，钓雨耕烟，须信富不如贫，贵不如贱
竹书千万字，灌花酿酒，益知安自宜乐，闲自宜清

邓石如,清代篆刻家、书法家,性廉介,以布衣终。此联是他心境的流露。上联大意:家有茅屋八九间,常在微雨中垂钓,烟霭里耕作,要知道富人总要用尽心计扩张产业,贵人则无时不钩心斗角来巩固并扩大其权势,永无休止,倒不如贫贱者自由自在,不作非分之想。茅屋八九间,见陶渊明《归田园居》诗:"方宅十余亩,草屋八九间。"下联大意:架藏竹简书成千上万字,暇时浇灌花木,酿制薄酒,更悟到心安自然得到真乐,意闲必能享受宁静。竹书,古代无纸,文字写在竹木简上,称竹简书。作者以超然的审美心态看待生活,对名利场中虚伪、冷酷、嫉妒、倾轧种种现象尤感厌恶,而对"钓雨耕烟""灌花酿酒"等平民生活则产生无穷乐趣。联语把农村生活诗化了,追求的是一种无拘无束、宁静淡泊、超然洒脱的思想境界。其《登岱》诗有"一无所限唯天近,百不如人立脚高"句,正反映了他的这一人生态度。　(蒋竹荪)

董诰自题

窗横竹叶清如许
人比梅花瘦几分

董诰,字雅伦,清浙江富阳人,乾隆二十八年(1763)进士,官至户部尚书。工诗和古文,善画,进呈画作多有乾隆题咏。此联悬于山东福山宾阳书院。旧时文人喜以竹之清气比拟自己,董诰也以清竹横窗自比,竹叶气清、节清,品格无比清高。梅不畏寒,作为画家的董诰,自然知道梅花贵瘦硬通神,他在联中反问人比梅花瘦几分,更加突出了人的品格。联文以"竹叶"对"梅花",以"如许"对"几分",以"清"对"瘦",尤为神妙。　(沈树华)

钱沣自题(一)

爱半文不值半文,莫谓世无知者
做一事须精一事,庶几心乃安然

钱沣,清云南昆明人,字东注,号南园,乾隆三十六年(1771)进士,官御史,以弹劾和珅被害。此联为其自题。上联说做官要“廉”,下联说做事须“精”。联文指斥贪官爱半文,人格便不值半文,世间不是没有人知道这是多么轻贱。做事情应当精益求精,只有这样才能安心坦然。至廉至精,确为敬业之道。 (沈树华)

钱沣自题(二)

杯沾花露留佳客
案接云山检异书

上联说有佳客至,为留住佳客,杯酒斟花露,读诗论文,是何等潇洒恬和。下联说书案连接云山,在这种与大自然融为一体的书斋内翻检异书,内心的感受定会无比地奇异,会留下难忘的回忆。 (沈树华)

铁保自题

追摹古人得真趣
别出新意成一家

铁保,字冶亭,号梅庵,清满洲正黄旗人,乾隆三十七年(1772)进士,官至两江总督、吏部尚书,擅书法。此联自题,主旨讲书法。上联讲继承,要得书法的真趣,必须追摹古人。铁保在书法上楷书摹颜真卿,草书师法王羲之,旁及怀素、孙过庭,打下了深厚的传统基础。下联讲出新,书法在继承的基础上,必须放开眼界,别出新意,成一家之法,建立自己的艺术风貌,成为风格独特的书法艺术家。北方论者以刘墉、翁方纲与铁保为鼎足,可见其在书法界是颇有声望的。 (沈树华)

戴衢亨自题

三十年前,县考无名,府考无名,道考也无名,人眼不见天眼见

八十日里，乡试第一，京试第一，殿试又第一，蓝袍脱下紫袍归

戴衢亨，字荷之，号莲士，清江西大庾(今大余)人，乾隆四十三年(1778)进士第一，官至体仁阁大学士。相传此联为其考中状元后作，反映了其时科举功名对读书人人生的重要性。上联说在县、府、道考未考中，这时人们眼中看不到我，但是天眼还是看到我的。言下之意还是带几分自负的。下联说在乡试、京试、殿试中连考头名，中了状元，脱下书生的蓝袍，穿上官员的紫袍，这时内心充满欣慰，好不得意！联语更充满了自信和宽慰。

(沈树华)

吴省兰自题

畏简书，并畏人言，常以无欺盟夙夜

正文风，先正士习，惟将有耻勖胶庠

吴省兰，字泉之，清江苏南汇(今属上海市)人，乾隆四十三年(1778)进士，官至侍讲学士。此联自题，作于督学湖南时。上联云，畏简书，即畏惧文字记载，但更畏人言，人言可畏自古如此，故平常应该诚实没有欺骗行为，这种行为可以盟誓早晚敬思自己的职责。盟，盟书，誓盟。夙夜，早晚，朝夕。《书·舜典》:“夙夜惟寅。”夙，早也。言早晚敬思其职。下联云，正文风，先要正文人的习气，要除去那些可耻的行为，勉励学校树立良好的风气。勖，勉励。胶庠，周朝学校名，胶为大学，庠为小学。　(沈树华)

曾衍东自题

尝将冷眼观螃蟹

不向朱门画牡丹

曾衍东，字七如，号七道士，清山东嘉祥人，乾隆五十七年(1792)举人，

道光朝官湖北知县，缘事谪戍，流寓浙江永嘉，工书及篆刻，善画人物、花鸟，粗笔焦墨，别饶逸致。此联以一个画家的身份着笔，自题于内室。上联说他曾仔细地观察螃蟹的生活习性和形态，以求更好地再现螃蟹的艺术形象。下联说不为朱门画牡丹。朱门，指有财有势的官宦人家，这类人家崇尚富贵，喜欢牡丹画富丽堂皇，而曾衍东所画冷隽简约，不喜欢为富贵人家画富贵之花，体现了一位艺术家可贵的艺术风格和艺术个性。（沈树华）

龚有融自题

画留真迹宗王宰

书蓄半船放米家

龚有融，字晴皋，清四川巴县（今属重庆）人，乾隆四十四年（1779）举人，知山西崞县，擅画山水、云峰栈道，纯用干笔，饶有生趣，尤喜作石与芭蕉。书学欧、王，大字纵横有奇气。此联自题，评述自己书画的艺术追求和审美趣味。上联述画作，他追宗王宰的画迹。王宰，唐代画家，所画山水树石，玲珑嵌空，杜甫称其丹青绝伦，并戏题其山水图歌云："十日画一水，五日画一石，能事不受相促迫，王宰始肯留真迹。"下联述书法，他蓄藏半船米芾书法，可见他喜爱米字之深。米芾，北宋书画家，书法为宋苏黄米蔡四大家之一。明代董其昌称米字甚得兰亭笔意。龚有融喜米字，故藏米字。（沈树华）

梁同书自题

惜食惜衣，非为惜财缘惜福

求名求利，但须求己莫求人

梁同书，清钱塘（今杭州）人，乾隆举人，特赐进士，官至翰林院侍讲，能诗工书，是著名书法家，与翁方纲、刘墉、王文治齐名。此联为作者所题自勉联。惜，爱惜、珍视。缘，因为。上联说节衣节食，不是为了节财，而是为了珍惜自己的福分。旧时说一个人一生消费多少物资都有定数，如果你浪费了，不是浪费了物资，而是浪费了福分。此说虽无科学依据，但杜绝浪费是完全正确的。下联说人求名利，须自力更生，不要依仗他人。《文子·上德》："怨人不如自怨，勉求诸人，不如求诸己。"提倡自立的品德也是对的。联文将"惜"和"求"两字，反复重出，读来活泼上口，增强了联文的可读性。　（沈树华）

孙治自题

官有典常，任一日，则尽一日之心，况兼地广事繁，敢不夙兴夜寐

民供正课，宽几分，则受几分之惠，纵使时丰岁稔，常如怨暑咨寒

孙治，字宇台，清浙江钱塘(今杭州)人，诸生。此联为作者任武威太守时所题。典常，常法，常道。《史记·礼书》："定宗庙百官之仪，以为典常，垂之于后云。"夙兴夜寐，起早眠迟，形容勤奋不懈。上联云，做官国家有制度规定，在任一日，就要尽一日之心，况所管辖的地广事繁，敢不早起迟眠，勤奋不懈地做好工作。正课，国家规定数额征收的赋税。时丰岁稔，五谷丰收。怨暑咨寒，怨恨嗟叹。《书·君牙》："夏暑雨，小民惟曰怨咨；冬祁寒，小民亦惟曰怨咨。"下联云，民众交纳国家规定的赋税，官府宽几分，民众就能得几分实惠，纵使五谷丰收，民众也会因辛劳怨暑怨寒。此联表达了作者关心民众疾苦，体恤民众生计的亲民思想，难能可贵。　（沈树华）

鲍廷博自题

与其私千万卷在己，或不守之子孙

孰若公一二册于人，能永传诸奕祀

鲍廷博，字以文，一字渌饮，清安徽歙县人，一作浙江杭州人，诸生。乾隆开四库馆，廷博献书六百余种。他所刻《知不足斋丛书》，校订精审，风行海内，艺林宝之。此联为其自题。上联意谓与其我藏书千万卷，把它保存

在自己家中,但或许子孙不能保守,到他们手上可能还会散失了的。奕祀,一代代祭祀。下联意谓,如果我将一二册书公之于众,反而倒能传承后世,得到世世代代的祭祀。这种不将藏书当成私产而公之于世的认识,无疑是进步的,有益于社会的。此联格律上为对联之别调,上联收于平声,下联收于仄声,并不可取。 (沈树华)

方薰自题

无事且从闲处乐

有书时向静中观

方薰,字兰士,清浙江石门(今浙江桐乡)人,乾隆时布衣,诗书画并妙,山水画笔秀挺,淹润如恽寿平,花草娟洁明净,近陈道复,写生尤工,与奚冈齐名。著有《山静居画论》。此联作者写自己萧闲疏散、安静恬淡的生活。虽然无事,但闲时也能寻出许多乐趣。如有书时,即可在静中阅读。以"无事"对"有书",特别以"闲"对"静",成为联中的主旨,从闲中寻乐,于静处观书,成为方薰这类文人自我陶醉的理想生活。 (沈树华)

永瑆自题

不除庭草留生意

爱养盆鱼识化机

永瑆,爱新觉罗氏,号诒晋斋,清宗室,高宗第十一子,乾隆五十四年(1789)封成亲王,嘉庆四年命为军机处行走,总理户部三库。此联自题,见《郭嵩焘日记》,云生活中顺其自然,从自然中获得乐趣。上联说庭中的草不须存心除去,让其随意生长,更有生机与活力。下联说在鱼缸里养鱼,看鱼从小长大,认识鱼的生长变化,也有很大的乐趣。联文以"庭草"对"盆鱼",以"生意"对"化机",一"留"一"识",说出了自然生长的草和鱼给人的启示和知识。 (沈树华)

余应松自题(一)

与百姓有缘，才来此地
期寸心无愧，不鄙斯民

余应松，字小霞，清广西人，官桂州州判。题此联时任三防主簿。上联云，与这里的百姓有缘分，才到这里来任职。下联云，期待区区之心没有愧意，不轻视这里的民众。鄙，轻视。此联措词通俗，全用白描，关键词是“有缘”与“无愧”，一个“缘”字就拉近了与百姓的关系，一个“无愧”才对得起自己的良心，对得起治下的民众。（佟　今）

余应松自题(二)

此是公门，裹足莫干三尺法
我无私谒，盟心只凛一条冰

此联是余应松任桂林知府时，书在仪门上用以自警的。公门，衙门。三尺法，指法律。古时把律条写在三尺长的竹简上，故称。上联说，这里是衙门，为非作歹者快敛手止步，不要做违犯法律的事情。私谒，以私事谒见请托。盟心，在神前誓约。凛，凛然，态度严肃。一条冰，意谓官职清贵。下联说，我决不徇私舞弊，本人可以对天盟誓，我严肃地遵守法律。联文词简意赅，对仗工稳，联意耐人寻味，于今仍有借鉴意义。（佟　今）

梁章钜自题

闲看秋水心无事
静听天和兴自浓

梁章钜，清代对联大家。本联为集句联。上联出唐皇甫冉《秋日东郊作》诗："闲看秋水心无事，卧对寒松手自栽。"下联出刘禹锡《和仆射牛相公见示长句》诗："静得天和兴自浓，不缘宦达性灵慵。"两诗融合无间。掌握了《庄子·秋水》"万物一齐，孰短孰长"的道理，心胸自然会坦荡旷达，宁静如水。专一视听，恰是《庄子·知北游》"若正汝形，一汝视，天和将至"所说的天然和气自能感受之意。上下联以"秋水""天和"为线，力图阐明庄子无心才能得道的哲理。联语含蕴深邃，足可反复玩味。（黄德金）

赵叔孺自题

裁诗花作骨
揽镜玉为神

赵叔孺是清代书画家。上联意为，裁诗当以花作骨格。裁诗，吟诗或作诗。诗须剪裁成句，故云。杜甫《江亭》诗："故林归未得，排闷且裁诗。"下联意为，持镜（自照），像玉帛的丰神。揽镜，持镜。玉为神，宋赵福元《梨花》诗："玉作精神雪作肤。"前指才调，后指仪容。合之，则有风流自赏之意。联语用词十分准确传神，以花为"骨"，以玉为"神"，比喻甚为奇巧。

（钱剑夫）

孙星衍自题

莫放春秋佳日过
最难风雨故人来

孙星衍，清代学者，在经史、文学、音韵、金石、书法诸学科均有成就。这副自题联撷取日常生活中的两件乐事，字里行间洋溢着热爱生活的一片真情。上联的"佳日"指的是岁时节日。古人节日游赏，尤重春秋二季。盖春秋景物，瞬息多变，异彩纷呈。春季风和日丽，绿草如茵，百花吐艳，每逢花朝、上巳、清明等节，人们无不结伴郊游。秋季佳节则首推重阳，此时金风送爽，云淡山清，置身高处，游目骋怀，饮酒赋诗，此乐何极。联中"莫放"二字，真切反映了作者对春秋佳节游赏自然风光的盎然兴致。下联转换笔锋，展现霜风凄紧、淫雨霏霏的景象，气氛一变而为沉闷、惨淡、凄冷。此时独处室中，顿生寂寥况味。在此雨不断、愁不绝、思无穷的时刻，故友不邀自至，冒风雨而来，百无聊赖的愁闷怅惘自然随之驱除一空，令人欣喜不已。全联择取的是两幅平凡的生活画面，看似信手拈来，不经意地罗列，实则寓含着丰富的情感内蕴。语不求丽，意则深长，令人于不尽的回味中产生情感的共鸣。　（顾伟列）

包世臣自题(一)

喜有两眼明，多交益友
恨无十年暇，尽读奇书

包世臣是清代著名学者、书法家和书学理论家，一生重交友，勤读书。这副撰于晚年的自题联，形象地概括了作者人生的这两大志趣。人生最难得的是结交益友，弥足珍贵的是地久天长的友情。本联上句以“喜”字领起，将作者明眼择友，多交益友的欣喜之情和盘托出。下联的“奇书”，是指传世的名著。天下“奇书”本难以读尽，作者因此产生书海无涯、人生有限的憾恨。“恨无十年暇”，直白地表达了岁月不居、时不我待的焦灼感，启示人们应当及时努力，发愤读书，珍惜有限的人生。联语字字相俪，“喜有”“恨无”对仗极工，遣词用语如行云流水，浑然顺畅。　（顾伟列）

包世臣自题(二)

尽交天下贤豪长者
常作江山烟月主人

上联谈“交友”之道，指出要交贤豪长者。《荀子·劝学》：“居必择乡，游必就士。”“就士”就是指要接近贤豪长者。明人吕得胜《小儿语》：“要成好人，须寻好友。”也可作“尽交”的注脚。下联“常作江山烟月主人”，提倡出游。“读万卷书，行万里路”也是历来文人强调的至理名言。联语以“尽

交”“常作”提出中心，醒目有力。（甘 桁）

张廷济自题

拣茶为款同心友
筑室因藏善本书

张廷济，原名汝林，字顺安，号叔未，清浙江嘉兴人，嘉庆三年(1798)进士，精金石考据之学。此联自题。上联云拣好茶为了款待志同道合的朋友。下联云建筑房屋是为了收藏善本书。善本，凡精加校勘、错误较少者称为善本。旧刻本、精抄本、精校本、手稿、旧拓碑帖等，通常亦称善本。联文反映了作者作为金石家的喜好和心声。（佟 今）

陈祖洛自题

醴泉无源，芝草无根，人贵自立
流水不腐，户枢不蠹，民生在勤

陈祖洛，清安徽歙县人，嘉庆四年(1799)进士，官至闽浙总督。此联乃作者自题官斋。上联以醴泉无源和芝草无根为喻，说明人要自立，做到自强不息，才不会成为无源之水、无根之草。醴泉，甘美的泉水。芝草，瑞草。下联以流水不腐和户枢不蠹为喻，说明民生在于勤劳才能创造生活所需的物质财富。户枢，门的转轴。蠹，蛀蚀。户枢不蠹，比喻经常运动的东西不易受外物侵蚀，可以历久不坏。《吕氏春秋·尽数》：“流水不腐，户枢不蝼，动也。”《意林》引“不蝼”作“不蠹”。（佟 今）

祁隽藻自题

病久岂忘忧世念
梦中还有荐贤心

祁隽藻,字叔颖,清山西寿阳人,嘉庆十九年进士,为道光、咸丰、同治三代帝师。他一生学粹品端,忠清亮直,重视吏治,荐贤若渴。此联是他临终前不久于病榻上所撰,表明他深切的爱国忧世之心,即使卧于病榻日久,梦中也不忘为国举贤荐才的良相之心。体现了他清慎忠勤的高尚品德和殚精竭虑、为国荐才的爱国情怀。 (佟 今)

郭学显自题

道不行,乘桴浮于海

人之患,束带立于朝

郭学显,乳名婆带,清嘉庆广东有名的海盗,两广总督百龄招降,郭学显率众投诚,予以官爵,不受,以布衣终。此联集《四书》。他虽身为海盗,但颇好学,舟中书籍,无一不备,此联即其榜于船头之作。上联出《论语·公冶长》:"子曰:'道不行,乘桴浮于海。从我者,其由与?'"桴,木筏。由,孔子学生子路,此人尚武。下联化用《孟子·公孙丑》"人之患在好为人师"和《论语·公冶长》"束带立于朝"句。束带,《四书逸笺》卷一曰:"古人无事则缓带,有事则束带。"联中所引,指穿着华美的公服。联文反映了作者对嘉庆时政的不满情绪,向往不受约束的自由生活。 (佟 今)

颜检自题

两袖入清风,静忆此生官况

一庭来好月,朗同吾辈心期

颜检,道光间官直隶总督,断狱以明允称。他自题此联。上联说:"静忆此生"为官的状况,也算两袖清风,未曾贪腐。下联以一庭好月来隐喻自己清正廉明的内心。联文炼字准确生动,上联的"入"字,下联的"朗"字,既传神,且蕴藉,很好地表达了作者的内心世界。 (佟 今)

杨沂孙自题

眼里有余闲,登山临水觞咏
身外无长物,布衣素食琴书

杨沂孙,清代常熟人,道光举人,官至凤阳知府。善书,篆书名天下。这是他辞官后自题的对联。上联说他有空余时间,在山水之间饮酒赋诗。下联说他身无多余之物,只喜欢布衣素食、弹琴和挥毫作书。觞咏,饮酒赋诗。长物,多余之物。寄情山水,与友饮酒诵诗,沉醉琴棋书画,甘心布衣素食是古代文人的理想和追求,杨沂孙作为有成就的书法家,他的这种追求,反映了他清高自傲的文人品格。 (佟 今)

彭兆荪自题

那畔消息,见半点儿,有甚把鼻,若非是千了万了,说不尽百样郎当,因此上雪山中,忙到释迦,吃麻吃麦,受苦担饥,生怕放逸魔,花费眼前日子

这边事情,到十分处,还未称心,霎时间七旬八旬,却原来一场扯淡,只落得漆园里,笑煞庄周,应牛应马,逍遥散虑,都将顺逆境,交付头上天心

彭兆荪,字湘涵,清江苏镇洋(今太仓)人,诸生,少有才名,久困不遇,以游幕为生,道光六年始中举人。此联自题,抒述胸中郁闷,释放不平之气。联文的"把鼻"为方言,把握的意思。"郎当",破败。《景德传灯录》:"郎当屋舍无人修。""释迦",释迦牟尼的简称,亦指僧人。逸,隐遁。魔,指扰乱身心、破坏善举的魔障。上联意云那边消息何曾见半点儿,一点都没有把握,若不是千了万了,说不尽百样破坏,因此爬上雪山之中,忙到像出家人那样,吃麻吃麦,受苦挨饿,还生怕释放隐遁的魔障,白白浪费眼前的日子。下联中的"漆园",指庄子为吏处。《史记》引《括地志》云,地在曹州

冤句县(今山东曹县西北)。联文意云这边所有的事情,做到十分的光景,还没有称心满意,一霎时已是七十八十的老人,却原来是一场扯淡,只落得漆园里笑煞庄子,像牛像马那样逍遥散虑,将人生中遇到的顺境、逆境,交给头上的青天。文如其人,彭兆荪一生窘迫,以游幕度日,在穷困中挣扎,虽然道光六年考中举人,但未及为宦,当年便离开人世,以艰苦一生,写出这般辛酸的文字,亦可使后人知之。（佟　今）

孔继鑅自题

不佞佛,不羡仙,亦断断不能圣贤,只养得顽健身躯,五十孩提依父母

懒读书,懒做官,并伥伥懒求衣食,但觅个宽闲天地,两三朋友话渔樵

孔继鑅,字宥函,清山东曲阜人,道光十六年(1836)进士,官刑部主事,改南河同知。此联自题,反映了作者追求归隐,不求闻达,不羡仙佛,重视娱亲,孝敬父母,结交友朋,共话渔樵的隐逸思想。上联意云不媚佛,不羡仙,也绝对不会成为圣贤,只能够养得顽健身躯,五十岁了,还像孩提似的依偎在父母身边。佞佛,媚佛,迷信佛。下联意谓懒得读书,也懒于做官,并糊里糊涂地懒求钱财过锦衣玉食的生活,喜欢觅个宽闲天地,约三两知交共话渔樵。伥伥,迷茫不知所措的样子。联中上联的"不"字,下联的"懒"字,重言复出,增强了联语活泼、生动的节奏感。（佟　今）

魏源自题(一)

安得民情常达

唯恐己过不闻

魏源,原名远达,字默生,清湖南邵阳人,道光二十五年(1845)进士,历官内阁中书。此联自题,上联云怎么才能使民间的真实情况经常使自己闻

知。下联说唯恐自己的过失自己不能听到。联作者作为地方行政官员,他要保持民情常达,也要保证自己能闻己过。这种关心民情、勇改己过的思想,对全面地治理地方是很有帮助的,也是值得后人崇敬的。(佟 今)

魏源自题(二)

事以利人皆德业
言能益世即文章

此联乃魏源自题联。魏源是清代学者,治《公羊》今文之学,著作颇丰,与龚自珍齐名,并称龚魏。联文对“德业”和“文章”的剖解,对人颇有启示。德业,德行和事业。《后汉书·杨震传》:“自震至彪,四世太尉,德业相继。”文章,独立成篇的文字。杜甫《偶题》诗有“文章千古事,得失寸心知”之句。(佟 今)

朱荫培自题

士要成功须定力
学无止境在虚心

朱荫培,字熙之,江苏无锡人,清代学者。这是他自题的一副对联。联意讲读书人要成功,必须抓住定力和虚心这两个方面。上联说定力,定力为佛家语五力之一,五力为信力、精进力、念力、定力、慧力,这种禅定力量,能坚定信念,树立坚定信心。下联说虚心,学无止境,谦虚谨慎,才能学得更多知识,取得更大成功。此意可自励,也可励人。(佟 今)

徐大椿自题

一生那有真闲日
百岁仍多未了缘

徐大椿,字灵胎,晚号洄溪,清江苏吴江人,布衣,应诏进京入太医院供奉。此联乃徐大椿对人生的感悟。人们常在生活中寻求清闲的时日,但人生哪有真正清闲的时日,每日都有每日要做的事情。即使你活到了一百岁,也仍然有没有做完的事、没有了却的缘。人生之事是做不完的。这种理解,是符合生活实际的。　(佟　今)

朱克敏自题

戴天履地并称才,七尺伟然,须作几分事业
往古来今中有我,百年易耳,当思千载姓名

朱克敏,字恂叔,清湖南慈利人,贡生,授龙山训导,吴恭亨业师。此联上联意云顶天立地应当称为才子,堂堂七尺男儿,必须做出几分事业,才不枉此一生。下联意云往古今来之中也有我在其中,人的一生百年很快就过去了,应该想想要使自己能千载留名,这样才称得上是一位大丈夫。联文鼓励自己做出几分事业,留下千载姓名。联作者的这种要求,也是封建社会每个读书人所追求和向往的。　(佟　今)

彭世昌自题

贫士肯济人,才是性天中惠泽
闹场能笃学,方为心地上功夫

彭世昌,字二勿,号香九,清江西庐陵(今吉安)人,咸丰十年(1860)进士,官广西。座右铭,上联说自己本来很贫困,在这种情况下,肯去帮助、救济别人,才是天性中生来就喜欢帮助别人。性天,犹言天性,儒家赋予性以道德属性。下联说在声音嘈杂的场所,能够专心致志地学习,做到这点才是心地上实实在在的功夫。联文强调,在不容易做到的情况下,把事情做好,那才是真正全身心做好事情的内在修养和动力。　(佟　今)

姚步瀛自题

淡如秋菊何妨瘦
清到梅花不畏寒

姚步瀛，字密斋，清江西贵溪人，同治四年(1865)进士，官湖南慈利县丞。此联颂赞秋菊、冬梅，以菊、梅比喻做官之人。上联指做官要淡泊名利，何妨如秋天的黄菊一般，傲立风霜，虽然凋残了，却能在霜中傲立不屈，以此比喻有操守的人有孤傲的风骨和人格。下联说做人要耐得清贫，为官就要清廉，与其浊富，宁比清贫。梅不畏寒，即使在冰天雪地中，"雪却输梅一段香"，联文以瘦菊、寒梅喻人，可见联作者内心的清高。（佟　今）

晏伯勤自题

多多栽种些好花，于己有便
远远让开条来路，尽人去行

俗云"多栽花，少种刺"。上联以多种花为喻，以示与人为善。下联以让开条路为喻，以示于人方便，于己方便之理。《荀子·荣辱》曰："与人善言，暖于布帛；伤人之言，深于矛戟。"与人为善，这是美好的品德，但横长荆棘，亦须剪除，方有利于花的生长，这才是应有的态度。（佟　今）

杨伯润自题

家无山住因藏画
天与人闲只种花

杨伯润，名佩夫，以字行，号茶禅，清浙江嘉善人，工诗，善书画，咸丰时在上海鬻画养母，曾任豫园书画善会会长。此联为杨伯润撰书，他作为书画家，山水师承董其昌。他在上联中说我没有山，家也不住在山中，但我有山水画，我可以塑造心目中的佳山佳水，这就向人们宣布他心目中的山山水水都在他的画中。下联说苍天给了我很多空闲，我就利用这些空闲时间来栽种各种各样的花，这些花也可从他笔下画出来。总之此联意旨是围绕他的画笔展开，让人看到一位画家的舒闲生活。（佟　今）

连攀桂自题

暗室中须问心得过
平地处亦失足堪虞

连攀桂，字梅耦，清福建侯官（今福州）人，举人。此联自题，颇有座右铭的意味。上联云在暗中做事，须问得心过。即所谓不欺天，不怍人，人看不见也不做违心之事，须知要得人不知，除非己莫为。下联云在高低不平处易失足，然在平地处也堪虞可能失足，提醒世人，不平处比较小心，平地处容易大意，但也须留心，方可无虞。虞，忧虑。（佟　今）

李震清自题

忍辱可为仙，已受过世人几千场讪笑
安贫惟乐道，终难解自己这一点痴顽

李震清，清江苏高邮人。此联说儒家读书人，既未考得功名，又无学术成就，已经受到世人无数次的讪笑，但仍能安贫乐道，坚持儒家立身处世的态度，并以此作为自己的座右铭。讪笑，讥笑。安贫乐道，古代儒家所提倡的立身处世的态度。《论语·雍也》："贤哉回也！一箪食、一瓢饮，在陋巷。人不堪其忧，回也不改其乐。"后谓虽处于贫困境地，仍以守道为乐。鲁迅《花边文学·安贫乐道法》："劝人安贫乐道是古今治国平天下的大经络，开过的方子也很多，但都没有十全大补的功效。"鲁迅对这种思想是持批判态度的。痴顽，指入迷。（佟　今）

林则徐自题(一)

海纳百川,有容乃大
壁立千仞,无欲则刚

清道光十九年(1839),作者在虎门查禁鸦片时,书此联以自勉。上联表明待人接物的态度。海之所以大,因它能涵纳百川细流;人的德行伟大,也要像海一样,对人有所宽容。海纳百川,《管子·形势解》:"海不辞水,故能成其大。"有容乃大,《书·君陈》:"有容德乃大。"下联提出立身行事的原则。石壁所以耸立千仞而不倾,因它刚强,无杂质;人要成就崇高的事业而不败,应像石壁之立,排除一切私心杂念。壁立千仞,古人以八尺或七尺为一仞,千仞,言其崇高。《水经注·河水》:"其山惟石,壁立千仞,临之目眩。"联语从对人对己两方面着笔,而以培养孟子"至大至刚"的"浩然之气"为核心,在作者日常生活中,确已身体力行。当他奉派前往虎门禁烟,抗击英侵略者成功,竟遭投降派诬害,被革职,并流放新疆。但他忍辱负重,继续向道光皇帝上书,筹议海防,其反侵略爱国立场,老而弥坚,直至逝世前夕,仍在福州领导群众驱逐英侵略者。这些事例都是他"无欲则刚"的最好注脚。

(蒋竹荪)

林则徐自题(二)

苟利国家生死以
岂因祸福避趋之

此联集自作者自己所写的一首《赴戍登程口占示家人》诗中的二句。

出句化用《左传·昭公四年》"苟利社稷,死生以之"句意,说如果有利于国家,个人的生死由它去。以,由,凭。对句说难道我能因求幸福而逃避祸患吗?趋,追逐;追求。《荀子·议兵》:"远者竭蹶而趋之。"从句法上看,出句是假设句,对句是反诘句;从对仗上看,属于流水对,意思十分肯定。林则徐禁烟,是在与投降派斗争中进行的,道光帝的态度就很游移,他考虑的是每年百万银两税收和种种报效的损失。当林则徐厉行查禁取得成效时,被毁谤、革职,流放新疆。出玉门关时,他写诗道:"中原若得销金革,两叟何妨老戍边。"如果把我流放新疆就能使夷人(英侵略军)退兵,我老死边疆也心甘情愿。这正是联中所表现的关心民族命运,不顾个人生死祸福的爱国情操。

(蒋竹荪)

林衡甫自警

著书忌早,处事忌忧,立朝忌巧,居室忌好

制行欲方,行事欲圆,存心欲拙,作文欲华

此联取自曾南丰《四忌铭》和《瓯西日记》,合成联语,天衣无缝。联语用排比句,强调所"忌"、所"欲"。论及著书、处事、立朝、居室、制行、行事、存心、作文八个方面。上联"四忌"从反面说,下联"四欲"从正面说,一反一正,语意更见警策。所"忌"四字:早(趁早)、忧(顾虑)、巧(虚伪)、好(豪华),所"欲"四字:方(公正)、圆(周到)、拙(朴拙)、华(华丽)。告人以旧时修身处世的准则。

(甘　析)

翁同龢自题

文章真处性情见

谈笑深时风雨来

翁同龢是清末重要的历史人物,这副自题联,表达了他的创作主张,并吐露了落职闲居仍不忘国事的一腔热忱。上联认为写诗作文,要有真诚真情,抱真率真切态度,不能矫揉造作,无病呻吟,必须写出表现自己个性的作品来,这也是我国古代文艺思想的传统之一。下联叙写与挚友的交往,畅论世事,说到会心之处,犹如风雨骤至。句中“风雨来”三字,含蕴颇丰。明代吏部郎中顾宪成题无锡东林书院联云:“风声、雨声、读书声,声声入耳;家事、国事、天下事,事事关心。”此联“风雨来”三字与此同一机杼,表达了作者落职后仍关心国事、心系天下的深衷隐志。联语情融神会,传神写照而不失其真。 (顾伟列)

谭嗣同自题

为人树起脊梁铁
把卷撑开眼海银

清道光年间,陈昌齐曾有“竖起脊梁立行,放开眼孔观书”一联,作者读后,加以化用,成为此联,读来颇觉英气逼人,表达了他为国自强的精神品格。出句说,立身处世应像铁一样坚硬刚强。《景德传灯录》:“德山老人,脊梁骨硬似铁,拗不断。”脊梁是人体骨骼的主干,能树起铁脊梁就意味着能承担重任。对句说,读书治学要有明亮的眼光,有独立的见解,不能步人后尘,拾人牙慧。联语从做人、读书两方面提出响亮的要求,颇有激励人心的力量。用词也十分准确。铁,比喻坚定刚强;银,比喻明亮清楚。全联对仗十分工稳。 (施绍文、黄德金)

彭玉麟自题

水得闲情,山多画意
门无俗客,楼有赐书

此联寥寥数语,文情并茂。上联写水之有性灵,有闲情,山亦如画,令山水活脱如生,境界全出。下联极言自己情趣高雅,地位显赫。赐书,指帝王赐给的珍贵书籍。上、下联既互对、又自对,遂使全联流畅工稳,贯通一气而多韵致。 (姚梅乐)

陈金刚述志

王者命自天，谁敢化蛇当道
英雄居此地，何妨扪虱谈兵

陈金刚，广东三水人，曾领导农民起义，以怀集为中心，自称“南兴王”，并奉太平天国为正朔。后因部将叛变被俘死难。上联“化蛇当道”，借用刘邦斩蛇起义的典故，是“王者命自天”的注脚。传说刘邦是赤帝子下凡，起义时斩了山路上化作白蛇挡道的白帝子，这是以刘邦农民起义成功做皇帝来比喻洪秀全成就太平天国帝业乃天命所归。用“谁敢”，既含警告意又表现了起义军藐视一切敌人的大无畏精神。下联“扪虱谈兵”，典出《晋书·苻坚载记附王猛传》：东晋太尉桓温率部北伐，逼长安而不攻，王猛衣衫褴褛，不修边幅，前去拜见，他一边口若悬河，纵论天下大事，一边却在身上捉虱子，并道破桓温按兵不动的用心。桓温惊其才，前倨后恭，许以高官也留他不住。不久，王猛辅前秦苻坚成就了大业。作者借典入联，以王猛自比，是前句“英雄居此地”的注脚。对联气势豪迈，充分体现了农民革命领袖的英雄气概。

（郑凤森）

林思进自题

天爵最尊，湛冥自贵
大版为业，传诵无穷

林思进，四川华阳人，曾官清内阁中书，后在蜀中执教四十年。此联乃他自题门联。上联自谓隐居求志；下联谓虽以教书为业，但有诗文传世，培育桃李代代相传。天爵，语出《孟子·告子上》：“仁义忠信，乐善不倦，此天爵也。”湛冥，指“蜀庄沉冥”，杨雄《法言》：“蜀庄沉冥。蜀庄之才之珍也，不作苟见，不治苟得。”大版为业，指教书为业。联文反映了作者远避世俗、自

珍自贵的清高品格。（佟 今）

孙中山自题

修身岂为名传世
作事惟思利及人

孙中山，名文，字逸仙，号明德，广东香山（今中山）人，香港西医书院毕业，创办兴中会，立志推翻清朝，成立同盟会，1911年武昌起义，任中华民国临时大总统，1917年组织护法军政府，当选为大元帅，旋誓师北伐，1921年于广东任非常大总统。1925年3月12日在北京病逝。此联自题。上联说修身，即努力提高自己的品德修养，岂是为了自己名传后世。下联说做事情唯一想到的就是有利于人。1905年，他提出“驱除鞑虏，恢复中华，建立民国，平均地权”的资产阶级革命政纲，提出三民主义学说，1924年1月通过宣言，实行“联俄、联共、扶助农工”的三大政策，把旧三民主义发展成为新三民主义，这一切都是他不为私，时时想到“天下为公”伟大思想的生动体现，我们可视此联为孙中山的座右铭。

（佟 今）

宋教仁述志

白眼观天下
丹心报国家

宋教仁是我国著名的近代民主革命家。“白眼”，即“冷眼”，指冷静观察。上联意谓世界风云变幻，自己要以冷静的态度审时度势，以寻求拯时救国之路。下联表白志向，自誓报国之心。“丹心”，赤诚之心，作者矢志报国的一片赤胆忠心，直白剖露，跃然纸上。措辞精当，对偶工整妥帖，爱国情、报国志充溢于胸，发而为联语，不期工而自工。（顾伟列）

张恨水自题

文章直至饥臣朔
斧钺终难屈董狐

张恨水,我国现代著名的小说家,亦擅写对联。他所写小说的每一个回目,可以说都是很好的对联。在《金粉世家》中,他曾塑造了一个才女冷清秋的形象,开头写“冷清秋燕市书春”时,有人请她切“文丐”之意写一副对联,于是她当众挥毫写下了此联。这副对联,应该看作是作者的自况,只不过借冷清秋的笔写出来而已。上联用的是西汉东方朔的典故,东方朔有文才,滑稽多智,可是他享受的却是俳优弄臣一样的待遇。有一次,他向汉武帝发牢骚说:我身长七尺,侏儒身高不满五尺,可是俸禄却不比他们多,“臣朔饥欲死,侏儒饱欲死”。张恨水是靠笔耕为生的,虽不至于“饥欲死”,但生活不会很富裕则是可以断言的。所以上联是写自己的处境,在那政治腐败的社会里,隐含讽刺不满之意。下联则是作者表明自己的人格和情操,用的是春秋时代晋国史官董狐的典故。董狐为人正直、倔强,忠于职守。当时晋灵公无道,筑台以弹射人为乐,大臣赵盾屡谏,灵公不听,反迫害赵盾,赵盾逃亡。赵氏族人赵穿杀死灵公。史官董狐秉笔直书“赵盾弑其君”。理由是赵盾“亡不越境,反不讨贼”,有主使、纵容赵穿作乱之嫌。作者心系董孤,于是以此自励,表示任何恶势力——即使是斧钺加身,也不会使自己屈服,照样对坏人坏事和黑暗现实进行口诛笔伐,公之于众。联文中的“饥”和“屈”,都是使动用法,而且“饥”还是形容词作动词用,说明作者对此联的炼字炼句,是下了一番功夫的。　（张　迈）

杨度自题

但哦松树当今事
愿与梅花结后缘

此为作者晚年转变立场,知错即改后自勉之联。上联“但哦松树当今事”,是说他不愿追忆拥袁称帝的往事,觉今是而昨非,只吟哦今天的事。下联“愿与梅花结后缘”,表达了自己的向往与归宿,要加入像梅花那样不怕严寒风雪为人民事业奋斗的中国共产党,与革命事业结下终身不解之缘。联语敞开心扉,直抒胸臆,表现了作者一生中由迷而悟的过程。

(施绍文)

林纾自题

扪心只有天堪恃

知足当为世所容

林纾早年参加过资产阶级改良主义的政治运动。后依靠他人口述,用古文译外国小说170余种,译笔流畅,在文学界有较大影响。此联是作者客居北京永光寺时所作。出句说,我的所作所为,问心无愧,只有老天同情我,支持我;对句说,我不愿与人争名夺利,想必能为社会所宽容。联语是作者思想的真情流露、十分流畅自然而不见雕琢。

(蒋竹荪)

谭延闿自题

颇有清香凝画戟

翩然彩服放扁舟

谭延闿在清末民初历任文武要职,此联化用前人成句,自诩文武兼资,而又纵情山水之儒将风流。上联写香气聚凝于画戟之上,构思甚巧。画戟,兵器。因加彩饰,故名。唐韦应物《郡斋燕集》诗:“兵卫森画戟,燕寝凝清香。”下联“彩服”“扁舟”,可使人联想起色彩之华美与作者的雅怀。翩然,轻快的样子。扁舟,小船。

(钱剑夫)

马君武述志

种树如培佳弟子
卜居恰对好湖山

马君武,我国第一个工学博士,近代著名学者。他曾参加孙中山领导的革命运动,后从事教育,曾任广西大学校长,晚年卜居杉湖,门前有此亲书对联。联语从自身事业出发,与卜居地相结合,既写出湖山大好风光,又突出学者培育英才之博大胸怀。他要像为湖山亲植嘉树一般,精心培育一代弟子。句中"种树"含"树木树人"之意。"佳弟子"对"好湖山",相映见义,意趣更觉不凡。（施绍文）

李甲秾自题

吃苦是良图,作苦事,用苦心,费苦劲,苦境终成乐境
偷闲非善策,说闲话,好闲游,做闲事,闲人就是废人

李甲秾,为革命烈士。这副对联语言朴素,不用比喻,讲的是"苦"和"乐"、"闲"和"废"的关系。作者用对比、反复的手法,阐释了先苦后乐、因闲而废的人生哲理。上下联各五句,但重点落在首句和尾句。首句是概说,提出作者观点,尾句则是引申和说明,如上联"苦境终成乐境"就是"良图"的具体化,下联也同样。就语意而言,对联只用首句和尾句也可以,但作者加进中间三句,对"吃苦"和"偷闲"作具体描述,主要是起加强和深化的作用。五个"苦"字和五个"闲"字反复出现,而以"乐""废"一收,就使联语对比强烈,更具触目惊心的警戒效果。（朱惠国）

章炳麟自题

肩头伊尹谁能任
脚底鸱夷未了心

风云际会的时代,铸就了一批洒血为国、昂扬奋进的斗士,他们敢说、敢笑、敢骂、敢为,任何暴虐在所不计。以思想家、革命家著称于辛亥革命前后的章太炎曾撰此联表达了誓死为国的心声。上联说,助成汤灭夏建商的伊尹已成历史,但今天有谁自觉担当灭清开国的重任呢?下联希望更多的人加入到革命的行列中来,这是义无反顾毫无妥协余地的事业,即使以革囊裹尸也不变其心。鸱夷,皮制的口袋。《国语·吴语》说,吴王曾取伍子胥之尸,盛以鸱夷。联语透出一股浩然正气,表现出不屈不挠的奋斗精神,与作者的一些政论文一样具有强烈的警世骇俗的宣传鼓动性。

（施绍文、黄德金）

李大钊自题

铁肩担道义
妙手著文章

十月革命后,李大钊最早接受和传播马克思列宁主义,并为建立中国共产党从事大量组织工作,曾帮助孙中山改组国民党。1927 年 4 月被军阀张作霖杀害。此联原句据传出自明人杨继盛之手,杨在嘉靖年间任兵部员外郎,因弹劾权臣严嵩“十大罪状”,下狱后被处死。杨曾在狱中自书“铁肩担道义,辣手(一作棘手)著文章”的诗句,表达其不畏强暴、宁死不屈的高贵品格。李大钊把杨诗句中的“辣”字改为“妙”字,作为自己战斗的誓言。全联意为用钢铁般的肩膀承担正义的事业,用巧妙的笔墨写成激励人心的文章。上句讲为人,下句讲作文。语气十分精练,以“铁肩”对“妙手”,以“道义”对“文章”,以“担”与“著”相对,对仗工稳,平仄协调。（王国廷）

焦达峰自题

达向九霄云路近
峰高五岳众山低

焦达峰，原名大鹏，字鞠荪，后改名达峰，湖南浏阳人，近代民主革命烈士。辛亥革命时参加湖南长沙起义，被推为湖南军政府都督，在湖南立宪派策动的兵变中遇害。此联是作者改名达峰后所撰，以鹤顶格嵌“达”“峰”名，抒发其雄心壮志。九霄，九天云霄，天空极高之处。上联云到达九天云霄，离攀登青云之路就近了。下联云山峰到了五岳的高度，众山就显得低了。有“一览众山小”之概。五岳，五座高山，即中岳嵩山，东岳泰山，西岳华山，南岳衡山，北岳恒山。（佟　今）

张传世自题

名利岂能兼，大丈夫处世，当立定脚跟，一息尚存，此志不容稍懈

得失何足计，士君子居官，须捐出生命，万民共仰，问心方可无惭

张传世，民国初年人，曾任四川资阳县县长。据载他在任期间，体察民情，关心百姓疾苦，为民众办了不少好事，深得民心。这是他任县长时撰写的自励联。上联写作者重视名节，以大丈夫自居，追求道德完美的志向，并以“此志不容稍懈”警策自己。士君子，指道德高尚的读书人。下联写不计个人得失，读书人为官，即使捐出生命，让万民共仰，这样做方可谓问心无愧。作者如此说了，也是如此做了，他因不逢迎上司，为民办事而被贬职，但此联却被民众传扬开来，既表怀念，亦以警世。（佟　今）

陈其美自题

扶颠持危，事业争光日月

成仁取义，俯仰无愧天人

陈其美，字英士，浙江吴兴（今湖州）人，早年留学日本，加入同盟会，武昌起义后，在沪参与武装起义，后任沪军都督，二次革命时任上海讨袁军总

司令,1916年被北洋军阀派人刺死于上海。此联是他从事反袁护国活动时撰写,以明志向。扶颠持危,语出《论语·季氏》:“危而不持,颠而不扶,则将焉用彼相矣!”上联意谓扶持拯救国家的危局,吾人从事革命事业可与日月争光。成仁取义,谓为正义而殉身。俯仰无愧天人,语出《孟子·尽心上》:“仰不愧于天,俯不怍于人。”下联意谓为正义事业而奋斗,即使牺牲,也显得抬头无愧于天,低头无愧于人。此联表现了作者为革命不惜牺牲的大无畏爱国情操,后人将联刻于他墓旁的石柱之上。 (佟 今)

朱自清自题

但得夕阳无限好

何须惆怅近黄昏

朱自清是现代著名散文家、诗人。据李广田先生回忆,此联见于作者生前书案玻璃板下。原句出自唐李商隐《乐游原》诗:“向晚意不适,驱车登古原。夕阳无限好,只是近黄昏。”历来多被解作感伤迟暮,好景无多之意。作者反其意而用之,以“但得”“何须”两词把转折句改为条件句,只要是夕阳无限美好,那又何必愁着接近黄昏呢! 这里蕴含着作者惜光景、爱生活、执著人间、奋进不已的深衷苦志。作者晚年病魔缠身,而创作热情却十分旺盛,短短两三年间,写了《诗言志辨》《经典常谈》《雅俗共赏》《标准与尺度》等书,不但是“赶着时代向前走,也是推着时代向前走的”。“何须惆怅近黄昏”,这种乐观进取的精神,颇有感人力量。 (蒋竹荪)

周恩来自题

与有肝胆人共事

从无字句处读书

这是周恩来同志读中学时期撰的自题联。上联谈交友处世。“有肝胆人”是指为人忠诚、坚定、无私者。和这样的人共事,就能高瞻远瞩,彼此真诚相见,荣辱与共,终生受益不尽。下联谈读书求知。明人鹿善继说“读有字书,却要识没字理”(《四书说约》)。主张学习书本知识之外,还要到社会实践中学习,以开拓视野,增长见识,学到从有字句处学不到的东西。全联含义深刻,平中见奇,精练警策,气势豪迈。　(顾伟列)

夏丏尊自题

看人用白眼
当户有青山

著名作家夏丏尊20世纪20年代初任教浙江上虞春晖中学时,家住白马湖畔,他自题此联,贴于门前。上联用“青白眼”典故。《晋书·阮籍传》记载,阮籍能用青眼和白眼两种眼神看人。青白眼,眼睛平视则见黑眼珠,上视则见白眼珠。青眼表示尊重或喜爱;白眼表示轻蔑或厌恶。作者“用白眼”看待人事,反映了一位正直知识分子愤世嫉俗的感情。下联写居家环境,当户,对着门户。《礼记·玉藻》:“君子之居恒当户。”对门即是青山,五字脱口而成,极为朴素,细按却颇可玩味。字面上看,青山是一种客观的景物存在,实际上,它作为人事的对立面出现,已融入作者的主观感情,有着“我见青山多妩媚,料青山见我亦如是”的情趣。这是一副反对联,对比手法运用巧妙。从内容来看,上联写人事,下联写自然,用青山之秀美反照世间之混浊。以形式而言,“看人”与“当户”,“白眼”与“青山”,外表不成反对,然进一步分析,“当户”实乃在看山,又“当户”无他,唯见青山,则非正视不可,故“青山”亦是“青眼”“青睐”的借代。如此,则“看人”与“看山”,“白眼”斜视和“青山”正视恰好两两相反,对比鲜明,充分反映出作者的好恶之感和脱俗情怀。　(丁　仪)

齐白石自题

烟从水上去
诗自腹中来

齐白石，湖南湘潭人，著名书画家、篆刻家、诗人。他尝谓自己的艺术是诗第一，篆刻第二，书第三，画第四。此联并非突发灵感，写烟水迷茫之境，而是他决心戒烟，将烟抛入溪水之中的纪实之作，颇有雅趣。

（佟　今）

董必武自题

生活恰如鱼饮水
进修浑似燕衔泥

董必武，湖北红安人，中国共产党创始人之一。此联自题。上联以“鱼饮水”为喻，告诫自己要像鱼儿离不开水那样，与群众打成一片，不脱离群众，才能更好地为群众服务。下联以“燕衔泥”为喻，说要提高自己各方面的知识，要像燕子衔泥似的，一点一滴持之以恒地勤奋学习，方能达到目的取得成功。此联言简意赅，可当座右铭读。（佟　今）

叶圣陶自题

情操哀乐三杯足
心有阴晴万象殊

叶圣陶，江苏苏州人，著名作家，教育家。作者自题此联，表述了他超脱、独到的思想情怀。上联说人要能把控自己的情绪：哀，不可一蹶不振；乐，不可忘乎所以；怒，不可失去理智。作者以“三杯足”表知足超脱。下联说人的心灵要坦荡，对于“阴晴”反映的逆境、顺境，都能以不同的方式加以疏解。联语遣词含蓄，内涵深刻，可当座右铭读。（佟　今）

黄炎培自题

毋忘孤苦出身，看诸儿绕膝相依，已较我少年有福
切莫奢侈过分，闻到处向隅而泣，试问你独乐何心

黄炎培，上海川沙人，清末举人，同盟会会员，中华人民共和国成立后任全国人大常委会副委员长、全国政协副主席等职。此联用以自励。上联说不要忘记自己也是苦出身，现在儿孙绕膝，生活比我少年时好多了。下联提醒人们，生活好了，切莫过分奢侈，要看到现在内战未停，不少家庭正向隅而泣，无家可归，我辈又怎能有心思“独乐”呢？反映了联作者心惦人民，愿与人民同甘共苦的情怀和精神。（佟　今）

郁达夫自题

岂有文章传海内

欲将沉醉换悲凉

这是副集句联，见于郁达夫1932年1月4日日记。上联出自唐代杜甫《有客》诗：“岂有文章惊海内，漫劳车马驻江干。”作者集入联中时，将“惊”字改为“传”字，这是出于郁达夫的自谦之意。下联出于晏几道《阮郎归》词：“欲将沉醉换悲凉，清歌莫断肠。”此联虽属集句，但却紧扣作者当时的处境和情况。作者自1931年至1932年作这副集句联时，因环境逼迫，确实写作不多，故联作者自责“岂有文章传海内”，也是对反革命文化围剿的控诉。下联作者决心从“沉醉”中警醒，要以悲凉的壮士之心投入战斗之中。事实上郁达夫在撰此联后一个月，就和叶圣陶组织了“著作者抗日联合会”，参加了一系列革命活动，写了大量政论和各类作品。此联虽属集句，但反映了联作者当时的真实思想，表达了郁达夫关心世事的爱国主义精神。（佟　今）

方志敏自题

云龙搏浪飞三级

天马行空载五华

方志敏，江西弋阳人，中国无产阶级革命家，赣东北革命根据地和中国工农红军第十军创建人之一。1935年因叛徒出卖被捕英勇就义，有

《可爱的中国》等遗著。此联为作者年轻时撰写的励志联。云龙,即龙。《易·乾》:“云从龙,风从虎。”搏浪,击浪。三级,泛指飞腾之高。上联直抒作者之志,像云中飞腾的巨龙,搏击风浪高冲九天。天马行空,意谓神马腾空飞行,喻才思奔放、超群不凡。载,乘载、乘坐。五华,山名,在广东省五华县北。下联意谓天马行空,乘载我飞过五华山。此联以奇特的想象、高昂的激情,生动地表达了作者远大的抱负和高尚的情操。

(佟 今)

叶紫自题

住虽只三尺地,且喜安心,小堂屋中,任我横冲直撞

睡足了五更天,若嫌无事,大堤坡上,看他高去低来

叶紫,湖南益阳人,作家,1933 年在上海加入中国共产党,并参加中国左翼作家联盟,鲁迅曾为其短篇小说集作序。1939 年回乡养病,住在山里茅屋之中,感觉这里“不但风景佳绝,空气新鲜,宜于养病,而且交通便利,消息灵通,简直是一块仙境”,便欣然自题此联。表达了他在“小堂屋中”和“大堤坡上”的欢愉之情。

(佟 今)

老舍自题

报国文章尊李杜

攘夷大义著春秋

老舍,原名舒庆春,字舍予,满族,北京人。现代著名小说家、剧作家。代表作有《骆驼祥子》《茶馆》《龙须沟》等。1966 年 8 月 24 日在北京投太平湖自杀。此联乃老舍早年所撰自题联。上联勉励自己追随唐代诗仙李白、诗圣杜甫写出“报国文章”,为国服务。下联说要写出抵御外侮大义的史书。老舍的长篇小说《四世同堂》就是一部以抗日为题材的具有历史价值的史诗般作品。

(佟 今)

徐悲鸿自题(一)

直上中天摘星斗
欲倾东海洗乾坤

徐悲鸿,江苏宜兴人,著名画家。早年留学日本、法国,以画马著名,先后任各艺术院校教授,中华人民共和国成立后任中央美术学院院长。此联是作者撰写的励志联。上联抒写立志攀登绘画艺术顶峰的志向。句从李白《宣城谢朓楼饯别校书叔云》"欲上青天揽日月"化出。下联表达作者决心革新中国艺术事业的豪迈气概。联句从陆游"欲倾天上河汉水,净洗关中胡虏尘"句中化出。　(佟　今)

徐悲鸿自题(二)

用笔不灵看鹤舞
行文无序赏花开

徐悲鸿,此联是对自己艺术实践的生动总结。上联说在绘画上笔墨不灵时可以去看鹤的舞蹈,即如书法家张旭看公孙大娘舞剑器,及体会担夫争道给予的艺术启示。下联叙行文不流畅时,不妨欣赏园中的繁花,以调节自己行文的思路。这些想法,是很符合艺术创作规律的。这些经验,对从艺者是很有启迪的。　(佟　今)

马相伯自题

无虑在怀为极乐
有长可取不虚生

马相伯,又名良,江苏丹徒(今镇江)人,创办震旦学院、复旦公学,一度代理北京大学校长,九一八事变后,参加抗日救亡运动,九十九岁病逝于越南谅山。此联为其自题。上联云无虑在怀为极乐,这是他切身的感受,他早年获神学博士,升神父,任清政府驻日使馆参赞,创办学校,从事教育事业,确实无虑在怀而感到极乐。但1931年九一八事变后,他心中就多了忧虑,他在另一副对联中说“耻莫大于亡国;战虽死而犹生”,足见他的忧国之情。下联说有长可取不虚生,这对自己确是正确的评价。他有《马相伯先生文集》传世,做过外交官,当过神父,做过大学校长,能诗文、书法、一生有诸多长处可取,且又长寿,实为不虚此生的人中佼佼者。

(佟　今)

葛健豪自题

遵一家教,从三代言,不出闺门半步,小奴家何苦就缚束手

学五车书,练两手技,闯荡江湖万里,新女性岂能宰割任人

葛健豪,女,蔡和森、蔡畅之母,与子女一同赴法勤工俭学,归国后在武汉、上海等中共地下机关工作,是位坚定的革命母亲。此联自题,上联述说不愿接受封建的家庭教育。一家教,指儒家教育观。三代,指曾祖、祖、父。联文意云尊崇儒家的教育观,听从曾祖、祖父、父亲三代的言论,不出闺房半步,小姑娘为什么听他们的束手就缚,联意充满了反对封建社会的革命精神。下联表示学好本领,做一个不受他人摆布的新女性。学五车书,言书之多。练两手技,指学成两手技艺。联文云读五车书,练成两手技艺,在万里江湖闯荡,做个新女性,岂能任人宰割!表达了女性自强自立的独立精神。

(佟　今)

邵飘萍自题

书有未曾经我读

事无不可对人言

邵飘萍,浙江东阳人,清末秀才。1908年毕业于浙江高等学堂,任《汉民日报》主笔,曾因反对袁世凯逃亡日本,1920年在《京报》上宣传马克思主义,赞颂十月革命,1924年经李大钊、罗章龙介绍秘密加入中国共产党,后被奉系军阀杀害。此联是邵飘萍人格的写照,重点在下联,自己为人正派,没有事情不可对人言。对于光明磊落的人,任何事情都可公之于天下,这是一位正直人士的心声。世上的书籍汗牛充栋,毕生读不完这是很正常的,为了表达下联的意境,作者选此意境为上联,甚为自然生动。联语浅显,意境深沉,颇为耐读。

（佟　今）

杨振德自题

靠权势,靠钱财,不如靠技术
从父子,从丈夫,那及从自己

杨振德,女,生于湖南长沙,邓颖超母,以教读、行医为业,后在红军中从事医务工作。此联为杨振德青年时期所题,她主张女子独立,反对女子缠足,也不同意给自己女儿缠足。提倡自由恋爱,反对父母包办婚姻,她在另一副对联中说:“相处相知相爱慕,自成情侣,无需父母命;互学互助互敬重,天生夫妻,何必媒妁言。”作为女性,在20世纪初,她在北京任小学教师,思想有这样的境界,确实是超前的。她培养女儿邓颖超成为杰出的女性,是她对社会的巨大贡献,后来她参加红军,在中国历史上她也是一位伟大的女性。联文以“重言”手法,上联中的“靠”字,下联中的“从”字,各反复出现三次,表达了联意的连贯性,增加了对联的艺术感染力。

（佟　今）

任继愈自题

为学须入地狱
登山直到高峰

任继愈,山东平原县人,当代著名哲学家、佛学家,著有《中国哲学史》

《中国佛学史》,主编《佛教大辞典》等。此联是作者撰写的自励联。上联讲治学应当不畏艰苦,要以锲而不舍的精神刻苦钻研。联文化用了马克思的名言:“在科学的入口处,正像在地狱的入口处一样,必须提出这样的要求:这里必须杜绝一切犹豫,这里任何怯懦都无济于事。”下联说研究学问,犹如登山,必须有雄心壮志,登上科学的高峰。此句亦化用马克思名言:“在科学上没有平坦的大道,只有不畏劳苦,沿着陡峭山路攀登的人,才有希望到达光辉的顶点。”作者撰此联自励,但此联的思想可以激励更多的人。

(佟　今)

佚名述志(一)

宠辱不惊,看庭前花开花落
去留无意,望天上云卷云舒

这是一副直抒情怀的述志联,出自明陈继儒《幽窗小记》。道出了对待名誉和地位的正确态度:视宠辱如花开花落般平常,故而能够“不惊”;视职位去留如云卷云舒般变幻,所以能够“无意”。要做到这一点,需有超脱的心境,“看庭前花开花落”“望天上云卷云舒”就是这种心境的具体表现。“看庭前”三字,大有“躲进小楼成一统,管它春夏与秋冬”之意;“望天上”三字,大有放大眼量,不与小人一般见识的意思;“云卷云舒”又似乎隐含了“大丈夫能屈能伸”之意。宠辱不惊,受宠信或受侮辱而不感到惊异。《新唐书·卢承庆传》载,有官考中下,无愠色,考中中,亦不喜。承庆嘉之曰:“宠辱不惊。”本联述志,先提原则,继以景物为喻,因而生动形象,使人易于接受。(郑凤森)

佚名述志(二)

窗小亦能观凤舞
檐低更易见鹏飞

联谓人处逆境,要乐于“小”,安于“低”,但在“窗小”“檐低”的陋室矮屋里,却不能没有“凤舞”“鹏飞”之志。“亦能”“更易”勉励平凡的人,如其志不凡,仍可做出一番不平凡的大事业来,当更能使人刮目相看。联语对仗甚工,托物寓志。“凤舞”“鹏飞”的比喻,更见精神。读来铿锵有声,可砥砺人的意志,催人奋发有为。　（施绍文）

佚名述志(三)

无情岁月增中减
有味诗书苦后甜

上联提醒人们惜时。时间,对任何人都是无情的,当你增长了一岁,同时也就减少了一岁。增,对过去的生命说,减,对未来的生命说。下联鼓励人们勤学。诗书的含蕴是无穷的,只有刻苦钻研,才能尝到甜头。诗书,泛指经典著作。联语对仗工稳,言近旨远,要求世人抓住一生短暂的时光,有所作为,勤奋研究学问,出语深刻而有警世之味。　（蒋竹荪）

佚名述志(四)

富贵贫贱,总难称意,知足即为称意
山水花竹,无恒主人,得闲便是主人

上联的主旨在“知足”两字,但作者却先从不知足说起。人生活在世界上,不管富贵贫贱,往往处在一种不知足的状态中,这就是俗话所说的“人心不足”。一个人如果汲汲于功名富贵,而又无知足之心,那当然不可能生活得舒心称意了。而要“称意”就必须“知足”。下联扣住“得闲”两字来写,用的也是反衬手法。所谓“得闲”,是指知足而退、悠闲逍遥的意思。山水风光是客观存在的,它们并不专属某一个人所有,谁有余暇,谁就可以去游赏、去享受,去领略其中的妙处和乐趣,所以,“得闲”者才能成为“山水花竹”的“主人”。此联反映作者与世无争、明哲保身的人生观。旧时知识分子每当仕途失意或退隐田园不能再实现其自我价值时,往往是一方面安时处顺,事事“知足”,一方面纵情“山水花竹”,以求精神上的解脱,这几乎已

成为他们普遍的心态。 （俞纪东、施晴阳）

佚名自题(一)

畏友恨难终日对
异书喜有故人藏

此联集唐代颜真卿《争坐位帖》字。上联的“畏友”，指令人敬畏的好友。所恨的是不能终日与畏友相对，表达了求友的心情。下联的“异书”，指内容精湛新奇、版本珍贵的书籍。所喜的是故交好友藏有异书，可借来阅读。本联立意高雅，含义深邃，富有启迪意义。 （沈树华）

佚名自题(二)

独立小桥，人影不随流水去
孤眠旅馆，梦魂曾逐故乡来

这很像一首短诗、一阕小令，是在抒发作者瞬间的羁旅感受。在小桥独立时，竟然幻想自己的身影随着流水飘去。此化用林则徐“江月不随流水去”句意。飘到哪里去呢？对照下一句，当然是飘回故乡，但这幻想不可能实现，于是独立小桥的时候，成了游子惆怅离愁最强烈的时候。表现手法是简洁的，表达的情愫又是深沉的，所以有较强的感染力。接着再用反衬手法表达主题，道是刚才孤眠，梦魂居然回到了故乡，但孤馆梦回，仍只是羁旅形影，就更剩下一份浓重的牢愁了。以虚衬实，以喜写愁，是一种成功的表现手法。 （何以聪）

佚名自题(三)

非关因果方为善
不计科名始读书

古人常说“善有善报”，可见有些为善之人是希望有所“报”的；而此联作者却强调为善应不问因果之报。古之读书人多走“学而优则仕”之路，而此联又强调“不计科名”。可见作者修养身心已摆脱流俗，达到一种较高的境界。梁章钜之父评此联为自修要旨，可终身受用不尽，不为无因。

（甘 桁）

题居室厅堂

题义门陈氏

宋仁宗

代传孝弟，累世同居，历年已几乎五百
世绍簪缨，终期共爨，聚族实逾乎三千

义门陈氏最早始于汉代，汉桓帝令颍川始祖陈仲弓为太丘长，因公正廉明，遂有“廉清颍水”之称。其后代伯宣与孙旺迁居江西德安太平乡常乐里。此后五百余年未分家，发展到三千多人，唐僖宗敕封“义门陈氏”，直至宋仁宗时才劝分迁。此联为宋仁宗赵祯所题，上联从时间落笔，下联从人口繁衍着墨。孝弟，语出《论语·学而》：“其为人也孝弟。”朱熹注：“善事父母为孝，善事兄长为弟。”累世，一代接着一代。上联意谓，代代传承孝敬父母，尊重兄长，一代接一代聚居在一起，已经历时将近五百年了。绍，继承。簪缨，簪缨士族，指世代做高官之家。爨，灶。下联意谓，世代继承簪缨世族的高官，大家共用炉灶，聚居在一起的族人几乎超过三千人。这是宋仁宗对义门陈氏的赞颂。在宋仁宗的劝说下，从此陈氏便分居了。（沈树华）

题赵葵宅

宋理宗

英雄上下无双士
忠义长沙第一家

宋理宗,赵昀,太祖十世孙,1224～1264 年在位。赵葵,字南仲,号信庵,又号庸斋,潭州衡山(今属湖南)人,少随父赵方抗金,与兄赵范屡败金兵。此联乃宋理宗赞扬赵葵为英雄无双士,是长沙第一忠义人家。赵葵因忠心为国,英勇抗击金兵,得到这样的赞扬,可谓实至名归。

(沈树华)

题寒光堂

汤显祖

天地间都是文章,妙处还须自得

身心外别无道理,静中最好寻思

汤显祖,明代戏曲作家,字义仍,号海若,江西临川人,万历十一年(1583)进士,历官南京太常博士、吏部主事。因不攀附权贵,遭斥革,隐居故里二十年。所居名“玉茗堂”。寒光堂在玉茗堂内,为汤显祖晚年写作、排戏之处。万历二十年(1592)建,在临川沙井巷后。此联乃汤显祖在寒光堂中写作、排戏的心得,天地间处处有生活,处处有文章,但最重要的是不要人云亦云,要有自己的心得,这才是好文章。如何才能有自己的心得?他在下联中说,不要在外面寻找道理,而要聚集于自己的身心,要在静中好好寻思,经过寻思,才能有自己的心得。汤显祖的看法很辩证,很符合逻辑,是他文艺实践的经验之谈。

(沈树华)

题陈梦雷宅

爱新觉罗·玄烨

松高枝叶茂

鹤老羽毛新

陈梦雷,康熙进士,著有《周易浅述》《松鹤山房集》等,他因忠于职守,著作甚丰,为此,康熙皇帝十分器重陈,赏给他一所宅第,还亲自为他题了这副对联。松高,比喻陈既有气节,又有成就。枝叶茂,赞扬他学术方面影响广泛。鹤老,比喻陈品行高洁,卓尔不群。羽毛新,誉美他自强不息,在学术造诣上有新的进展,同时希望他能更上一层楼,老当益壮,作出更大贡献。“松”“鹤”又是祝人长寿的吉祥语,“松鹤延年”就是指此。

（张 迈）

题蒋心余宅内堂

彭元瑞

欣戚相同,为人莫想欢娱,欢娱即是烦恼

福命不大,处世休辞劳苦,劳苦乃得安康

彭元瑞是清代大员兼学者,这是他为清代著名诗人蒋士铨(字心余)住宅内堂题的一副为人处世的格言联。上联讲为人要豁达大度,心地要空阔清旷,将欢娱与悲愁视为同物。欣戚相同,是“齐物论”思想,庄子认为,对立物之间包含同一性,欣喜中有悲戚的因素,悲戚中也含欣喜的因素,两者可转化,如言乐极生悲。下联言处世要刻苦勤劳,唯此才能有真正的安乐。福命,福气与命运。《论语·颜渊》:“死生有命,富贵在天。”联语颇近情理,少贪求,多苦干,不失为做人之道。联中嵌入“为人”“处世”,也妙。又用顶真修辞格,使“欢娱”“劳苦”之语更加突出醒目。 （黄德金）

题果克堂

唐陶山

克己最严,须从难处去克

为善必果,勿以小而不为

上联“克己”,语出《论语·颜渊》“克己复礼为仁”。抑制人欲,遵循礼教不易,因私欲无处不在,无时不有,故自勉知难而进。下联所言“为善”,被儒家视为最高行为准则,《三国志·蜀志·先主传》注引《诸葛亮集》有言“勿以恶小而为之，勿以善小而不为”。故要求多行善事，且从点点滴滴做起。联语说明为人行事之理。说理透彻，言简而意赅。

（黄德金）

题三顾堂

游俊

两表酬三顾
一对足千秋

游俊，民国四川永川（今重庆永川）人。三顾堂，在湖北襄樊。东汉末诸葛亮隐居湖北襄阳隆中，刘备三顾草庐，他向刘备提出占据荆（今湖南、湖北）、益（今四川）两州，联合孙权，对抗曹操，统一全国的建议，即所谓“隆中对”。联中“一对”即指此。刘备据其策略，联孙攻曹，建立了蜀汉政权。联中所说“两表”，指诸葛亮的前、后《出师表》。前《出师表》规劝刘禅“亲贤臣，远小人”，严明赏罚，虚心纳谏。后《出师表》表态“鞠躬尽瘁，死而后已”，以此来酬谢当年刘备三顾茅庐的知遇之恩。（沈树华）

题湖上草堂

邓石如

周围积奇石几层，月色当空，如窥古涧
其地有高松百尺，绿荫翳日，时到异人

邓石如，原名琰，字石如，因避嘉庆帝讳，以字行，又号完白山人，清安徽怀宁人，布衣，篆刻、书法家，有《完白山人篆刻偶存》。湖上草堂在江苏扬州瘦西湖。上联写夜景，意谓草堂周围垒积几层奇石，当皓月当空，洒下月光如水，好像窥见一条古时的涧水。下联写白天，意谓这里有百尺高松，绿荫遮日，有时那些身怀奇异才能的友人到草堂来使我感到很开心。联文并没有写草堂如何豪华，而是写草堂的自然景色，把如水月光形容为“如窥

古涧”，把友人来访，说成“时到异人”，可见他崇“古”尚“异”的审美思想，不愧为承前启后的篆刻艺术大家。（佟　今）

题藤花吟馆

梁章钜

有客醉，无客睡，福简简，吁可愧
长歌粗，短歌疏，诗平平，聊自娱

梁章钜五十八岁引疾归里，于东园建藤花吟馆，并撰此联。上联云有客来即同饮酒，直饮到酒醉，无客来便睡，这种福分是简简单单的，说起来我真感到惭愧。下联说自己写的诗歌，篇幅长的写得粗枝大叶，篇幅短的写得疏散不细腻，这些诗实在写得平平，没有太大的价值，只可聊以自娱。此联描述了作者退休后的悠闲生活。他在《楹联续话》中录其另一副自题联云：“客来醉，客去睡，老无所事吁可愧；论学粗，论政疏，诗不成家聊自娱。”与此可参阅。（佟　今）

题盟鸥馆

龚自珍

别馆署盟鸥，列两行玉佩珠帘，幻出空中楼阁
新巢客社燕，约几个辰星旧雨，来寻梦里家山

龚自珍，清浙江仁和(今杭州)人，道光九年(1829)进士。他反对脱离实际的宋明理学，主张经世致用。此联是他为自己居舍盟鸥馆所题。盟鸥，与鸥结为盟友，常以此喻退隐。社燕，即燕子因其总在春社时来，秋社时去，故称。辰星，即房星，指隐居的耆宿。旧雨，老朋友。全联意谓：居舍命名为盟鸥馆，悬挂了两行如珠如佩的玉帘，心中便幻化出一座空中楼阁。我退隐后像燕子一样飞来新居，约几位有学问的耆宿老友，一起来谈论追寻梦中理想的家园。龚自珍在政治上是激进的革新派，但他的理想是很难

实现的，所以他退隐后希望进入人生理想的境界，哪怕只是幻想，只是梦。

（佟　今）

题邓小平故居

马识途

扶大厦之将倾，此处地灵生人杰，解危济难，安邦柱国，万民额手寿巨擘

挽狂澜于既倒，斯郡天宝蕴物华，治山绣水，兴工扶农，千载接踵颂广安

马识途，重庆忠县人，作家。此联题四川广安邓小平故居。联语形象生动地赞颂了邓小平“安邦柱国”“兴工扶农”的伟大功绩。“扶大厦之将倾”，“挽狂澜于既倒”，表现了他伟人的气魄和为国为民的革命精神。对此，广大人民从内心深处发出了“额手寿巨擘”，“接踵颂广安”的欢呼。联文平实酣畅，读来令人对邓小平心生敬仰。（佟　今）

题　居　室(一)

张应昌

扫地焚香，清福已具

粗衣淡饭，乐天不忧

作者是出身于官宦之家的学者、诗人，对生活尊崇儒家思想。儒家推重安贫乐道，道存，则凡事都可抛在一边。后人恪守此说，以激励自己在不得志时不至于失去为人的善良品性。此联亦本于此。上联自谓处在净室，怡然自得，已享清福。下联直呼乐天知命，无忧无虑。联语反映的安道苦节，乐天不忧，正是旧时文人所追求的精神超脱境界。乐天不忧，《易·系辞》：“乐天知命故不忧。”

（黄德金）

题 居 室(二)

林青圃

庭余嘉荫,室有藏书,天下事随处而安,即此是雕梁画栋
卜得芳邻,居成美境,田舍翁问心已足,漫言应列鼎鸣钟

据梁章钜《楹联丛话》载:"吾乡林先生,历官中外,亮节高风,一宅数亩外,囊橐无余,余黄巷旧居,即先生故宅也,尝自榜楹柱。"今观此联,其淡泊高远、安贫乐道之意昭昭明甚。上联意在不求雕梁画栋的权贵生活,而只从甘守庭院佳树,饱读诗书,随遇而安的生活来表述。下联笔法相同,否定豪富生活的态度更为坚决,用择芳邻和东汉末年许汜无志匡世而置田买房作富翁两典进一步表现自己甘于淡泊的生活。联语反映出旧时知识分子的人格追求,但亦从中透出久宦的苦闷。美境,即新美境,是地名黄巷的别名,用在联中自有生趣。鼎,古代盛食品的铜制容器,列鼎鸣钟而食,形容贵族官僚的豪华生活。

(黄德金)

题 居 室(三)

谭嗣同

家无儋石
气雄万夫

谭嗣同是中国近代改良派的政治家、思想家,早年即抱爱国之志,自号"壮飞"。以后献身改革,其临刑绝命词云:"有心杀贼,无力回天;死得其所,快哉快哉!"足见其人一身豪气,胆略过人。壮心熔铸于平日,得力于信仰。上联表示不屑治理家产。化用《汉书·扬雄传上》:"家产不过十金,乏无儋石之储。"儋(dàn)石,指少量米粟。下联一语宕开千层浪,生活虽清贫却有常人难比的英雄气概,跃跃欲试于反封建君主制的政治舞台上。联语力图揭示人生的真谛,想见悬于居室,时时警示自己的苦心。

(施绍文、黄德金)

题居室(四)

俞樾

念老夫毕世辛勤,藏书数万卷,读书数千卷,著书数百卷
看吾孙更番侥幸,童试第一名,乡试第二名,殿试第三名

清代学者俞曲园是楹联名家,有专集行世。他的孙子俞陛云(俞平伯之父)曾考中第一名秀才,第二名举人,又在光绪戊戌科(1898)中一甲三名进士(即探花)。曲园老人非常高兴,便作了这副对联,得意之情,溢于言表。看得出来,上联是用来凑下联的,但毫不牵强,藏书家藏的书肯定比读的书多,读的书又肯定比著的书多。第一句三四结构,后四字平仄分明,勤字平声,与卷字仄声相反,幸字仄声,与名字平声相反。三个五字句都是二三结构,因重复字及一、二、三等特定数字关系,不能完全照常规的格律,但第二字和第五字平仄相反,还是符合节奏的。

(陈以鸿)

题居室(五)

王氏

草草杯盘供语笑
昏昏灯火话平生

此联在20世纪30年代悬于丰子恺故乡石门湾梅纱弄居室,原是长安县君、王安石妹的诗句(见宋魏泰《临汉隐居诗话》)。联语说,以清茶、薄酒款待来家里谈笑的至亲老友,在昏黄的灯光下彼此畅叙生平走过的道路。暗淡的灯光、亲切的笑语,与旧式建筑的情调融为一体,使人感受到一种平静谐和、率真自然的生活情趣。

(蒋竹荪)

题 居 室(六)

陆旁和

近市声喧,清风明月不用买
家贫客少,鸟语花香自可人

上联意谓,接近市镇,车马喧扰,然而清风明月的美景却可无偿享受。"清风明月不用买",化用李白《襄阳歌》"清风朗月不用一钱买"句意。下联意谓,家贫客少、未免冷清,岂料鸟语声声、花香阵阵,更惬人意。联语前半写失,后半写得,得失相间,写出为人处世心理上的平衡,反映了旧时知识分子安贫乐道、知足常乐的情趣。联中"清风"与"明月"、"鸟语"与"花香"自成对仗,为"当局对"或"自对"。 (甘 桁)

题 居 室(七)

钱振锽

不知有汉,无论魏晋
初因避地,更问神仙

抗日战争期间,常州钱名山避居上海辣斐德路(今复兴中路)桃源村。他从住处联想到晋代陶潜寓言中的桃花源,写下此联悬在室中。上联是陶潜《桃花源记》原句,下联则出自王维《桃源行》句:"初因避地去人间,更问神仙遂不还"。作者以桃花源中人自况,而以暴秦喻日寇,完全利用现成字句,巧妙地表达了此时此地的心情。对于集句的对仗不能要求过高,但此联可谓天造地设。且对仗工整。上联第一句的平仄与格律不同,成了×平×仄,从而使接连三句声调一样,第四句才反过来。习见的《沁园春》词牌中上下片都有这样声调的四句,因此读起来不觉别扭。且因第三四字始终同声调,格外铿锵有力。 (陈以鸿)

题 厅 堂(一)

翁同龢

兰有群清,竹无一曲
山同人朗,水与情长

此联集兰、竹、山、水四种景物于一体,但又写出各自的神韵。上联:兰,突出其气质之清,又以"群"点明其丛生特征;竹,突出其形体之直,又以"无一曲"强调其绝无例外;兰清竹直,是高洁正直的象征。下联:山,突出其形貌之朗,象征人之开朗面貌;水,突出其曲流之长,而以人之婉转情感作比;山朗水长,是清明柔婉的体现。全联于绘景咏物之间,隐然包含着一种人格的追求。上下联既是联中自对,又是上下相对,对仗工巧,炼字精粹,言简意深,含蓄蕴藉。 (朱迎平)

题 厅 堂(二)

读书作文,我用我法
莳花种竹,吾爱吾庐

这副题厅堂联,以"我"("吾")为一联之骨,表达了作者不俯仰随俗的独立人格和热爱家园的情怀。上联指出,读书作文,应从自己陶冶性情、培养学识、修炼志趣的需要出发,根据自己对生活的独特理解,着意寻求一种适合自己个性的方法。下联谓读书作文之余,栽花种竹,以美化家园,陶冶情操。从中表达了作者对居室的热爱,同时又借竹的贞节虚心,群居不倚,寄托了自己追求人格独立,不媚世俗的主观情志。"莳"(音 shì),意为移栽。吾爱吾庐,化用陶渊明《读山海经》诗"吾亦爱吾庐"句意。全联从具体的生活小景中,升华出普遍的哲理,融入生活意趣,写来明快洒脱,风格清新。 (顾伟列)

题　厅　堂(三)

处世无奇,唯忠唯恕

治家有道,克俭克勤

这副厅堂联也是处世治家的格言联。上联用《论语·里仁》“夫子之道,忠恕而已矣”句意。下联用《书·大禹谟》“克勤于邦,克俭于家”句意。全联取经典语构成,醒豁警策。忠恕待人、勤俭持家,反映了儒家的道德观念,至今仍有一定的借鉴作用。“唯忠唯恕”与“克俭克勤”两句,中心词和修饰词分别相对,平仄谐和,浑然天成。（朱迎平）

题　厅　堂(四)

涂　晫

无富色无贵色无文章色,方成士品

有书声有机声有小儿声,才是人家

中国古代士大夫文人往往过着两种生活,一种是在朝的生活,即通过科举入仕途,以对国君尽忠,光宗耀祖;一种是在家的生活,琴棋诗画,品茗读书,以修身养性。在前者,尽管传统的价值观认为是实现自我的正途,但既入仕途,难免受到官场污浊的侵蚀。所以,正直的士大夫每以高洁的士品作自我期许。本联即从为人、治家两个方面,反映了这种传统观念。上联指出,高洁的人品表现为三无:一为“无富色”,金玉满堂,不能以富自矜;二是“无贵色”,身居高位,不可以身贵而贱人;三是“无文章色”,写诗作文,应排斥矫饰和取媚,一洗浮靡俗套,随兴所至,遣兴抒怀,虽不表现自我的人品,但其脱俗的人品跃然纸上。下联谈治家贵在三有:有书声,指刻苦攻读,暗示通经致用方能兼济天下。有机声,指家中织机声声,暗示主妇贤惠,勤俭理家。有小儿声,表明家中人丁兴旺,生活美满。联语织就一幅和谐欢愉的图景,表现了作者对幸福的家庭生活的憧憬。联中“有”“无”二字

错综复叠,笔转意绕,读来饶有顿挫铿锵的音节美。 (顾伟列)

题 厅 堂(五)

读书好,种田好,学好便好

创业难,守成难,知难不难

对联出《儒林外史》二十二回《认祖孙玉圃联宗,爱交游雪斋留客》。上联说读书和种田本是两件很好的事情。但社会上职业何止千百种,难道就只有这两种职业好吗?其实,任何行业,只要好好干,在干中学,刻苦钻研,都会成为某方面的专门人才,取得巨大成绩,可以行行出状元。此即"学好便好"之意。下联说要开创一项新兴事业是艰难的,保持前人所开创的事业于不败也是艰难的。但如果知道创业和守成的艰难,思想上有准备,事前小心谨慎,动脑筋,想办法,作好周密的计划,调动各方面的积极因素,然后去进行,这样就化难为易了。此即"知难不难"之意。此联阐述日常生活中易被忽视之理。从事任何职业都有前途,但最重要的是精通它;做任何事都会有困难,要紧的是知其困难之所在而设法克服它,说理十分透彻。在写作上,语言浅显,对仗工整,词约意丰。上联四个"好"字与下联四个"难"字相对,巧妙自然,无重复之感。 (周 艺)

题 厅 堂(六)

不悲镜里容颜瘦

且喜心头疆域宽

上联说不要因为从镜里看到自己的容颜消瘦而悲伤。这"容颜瘦"或因刻苦攻读,或因名利得不到满足。当你失意时,更应泰然处之,无介于怀,不以为悲。下联所谓"心头疆域宽",就是指襟怀宽广,装着整个天下、国家、人民等方面大事,这是一种忘怀小我,关怀大我的崇高境界。此联所说的境界,正与范仲淹《岳阳楼记》中"不以物喜,不以己悲"和"先天下之忧

而忧，后天下之乐而乐”旨趣相同，但要做到这点，谈何容易。此联语有自警自励之功用。（周 艺）

题 厅 堂(七)

王文治

上客尽知名，杜牧诗才，鲍照赋手
前贤有遗韵，魏公芍药，永叔荷花

王文治，字禹卿，号梦楼，晚年受戒，法名达无，清江苏丹徒（今镇江）人，乾隆二十五年(1760)进士，官翰林侍读，出为云南临安（今建水）知府。此联所题客厅，在扬州府署。上联云，尊贵的客人都很有名望，他们有杜牧的诗才、鲍照的赋才。杜牧，唐代诗人，其诗在晚唐成就颇高，后人称杜甫为“老杜”，称杜牧为“小杜”。鲍照，南朝宋文学家，擅赋及骈文。下联云前贤有遗韵传承给我们，如宋代韩琦咏芍药的诗和欧阳修咏荷花的诗，都是值得我们继承的。魏公，宋韩琦封魏国公，有诗咏芍药。永叔，宋欧阳修，有诗咏荷花。（佟 今）

题 书 斋

题亦园亭书斋

孟超然

谈性命则先贤之说已多，何似求之践履
学考订则就衰之年无及，不如返诸身心

古代哲学家中有人认为人物之性皆由天生，人性是天道或天理在人身上的体现。孟子说：“存心以养性，修身以立命。”程颐说：“心即性，在天为命,在人为性,任其所主为心,其实只是一个道。”此联化用孟、程之意,以示儒者为人之本。上联直言托出前人说性命虽多,还不如自己去实践。下联坦陈自己年纪大了,考订性命之说已来不及,不如多加内省体验取得实效。据说亦园亭是清代曾任吏部郎中的孟超然“读书静坐之地,日以惩忿窒欲自课”之所,作此联正是他笃信理学讲求实效的自白。 (黄德金)

题杜文秀书房

四壁春烟无燕到

一窗云影有龙飞

杜文秀为云南省永昌(今保山)回族人,他在太平天国革命影响下,起义反清,称总统兵马大元帅,占有云南五十三州县,后失败。联语用隐喻手法,借景抒怀。表示主人无“燕雀”的小人之志,而有“龙飞”腾举大业之心。写来有诗之美丽,画之神韵,对仗亦工。 (张 一)

题张氏书室

徐 渭

水隔笙簧,白日鸟啼花竹里

庭园锦绣,青春人在画图中

明代书画大家徐渭在本联中以绘声绘色的笔触,为张氏书房的环境留下如画般的剪影。起笔“水隔笙簧”是从听觉的角度,先写园外一溪清澈的春水,流淌在溪石之上,水石相击,叮咚作响。继写在此风和景明、繁红嫩绿的春日,溪边翠竹摇曳,园内百花烂漫,花竹丛中,鸟雀欢鸣。潺潺水声伴和着鸟雀的巧啭,传入耳际,仿佛聆听笙簧奏出的欢快乐章,令人心醉神迷,尘虑皆空。下联由景及人,缘景入情。书室主人生活在这欣欣向荣的秀美环境中,与花鸟翠竹朝夕相处,整个身心都感受着大自然的活泼生机,自然使生命焕发出青春的活力,享受到生活的无穷乐趣。结末的“青春人在画图中”,

正画龙点睛地传达出物我相惬、心与物游的生活之乐。联中“白日”“青春”二词,本诸杜甫诗句“白日放歌须纵酒,青春作伴好还乡”,但以故为新,如同己出,一意贯穿,更使全联平添了几分欢欣明朗的色彩。（顾伟列）

题孙莲叔“红叶读书楼”

俞 樾

仙到应迷,有帘幕几重,阑干几曲
客来不速,看落叶满屋,奇书满床

这是为读书楼题联。上联“仙到应迷”,极言此地之不凡,接句写楼阁之深幽,几与外界隔绝,此地可谓最宜读书之处。下联“不速”,不请自来。“落叶满屋”与楼名关合,又用“落叶”隐指“书页”。“满床”更写出主人藏书之多。（何禹昌）

题补读庐

王文韶

好山水游,其人多寿
有诗书气,生子必才

有句名言:生命在于运动。攀山登崖,涉水越野,可以促进气血环流,增进新陈代谢,所以说爱好旅游的人往往能长寿。从遗传角度看,知识渊博,气质高雅的读书人,其第二代必有才能。此联语言富于哲理,读来隽永有味,内涵丰富,有鼓励人们“行万里路,读万卷书”之意。（蒋竹荪）

题志勤堂

朱 琦

士所尚在志,行远登高,万里鹏程关学问
业必精于勤,博闻强识,三余蛾术惜光阴

朱珔,号兰坡,安徽泾县人,清嘉庆进士,授编修,学者、文学家,历主钟山书院、紫阳书院。其书斋名“志勤堂”,此联为自撰斋联。尚,尊崇。上联说文人所崇尚的是立志,要登高行远,实现鹏程万里的志向,关键在于学问的高低。业必精于勤,语出韩愈《进学解》:“业精于勤,荒于嬉。”三余,古云:“冬者岁之余,夜者日之余,阴雨者时之余也。”后以三余泛指空余时间。蛾术,语出《礼记·学记》“蛾子时术之”语,蛾同蚁,言蚁虽小虫,时时衔土,积成大堆,喻学问须经长期积累乃能有成。下联说只有经过勤学苦读,不浪费时光,利用各种方式积累知识,才能学有所成。此语自励,亦可励人。联以雁足格,嵌“志”“勤”二字,以突出志勤之意。 (沈树华)

题守砚传经莳花种树之室

何栻

因树为庐花当壁
得书如产砚犹田

何栻,字莲舫,清江苏江阴人,道光二十五年(1845)进士,官吉安知府。此乃作者自题书斋联。作者在斋名中说,自己在书斋中所为之事,主要是莳花种树,守砚传经,此八字亦可为一联。而在题联中说因树而名庐,以花当四壁,取其雅致。得书如得子,获砚如获田,砚田可耕,耕必有获。联文虽浅,联意颇深。 (沈树华)

题实用斋

李彦章

考古证今,致用要关天下事
先忧后乐,存心须在秀才时

李彦章,字兰卿,福建侯官(今福州)人。清嘉庆进士,曾在江苏、广西为官,有政声。这是作者为自己书斋“实用斋”题写的对联。上联说做学问，考古证今要讲求实用，能解决关系到国计民生的大事才好。下联说做官要先忧后乐，这种志向要在年轻时就在心中树立起来。先忧后乐，宋代范仲淹为秀才时尝言“士当先天下之忧而忧，后天下之乐而乐”，以天下为己任才是为官者应当追求的目标。 （沈树华）

题非非有斋

黄炎培

毋忘孤苦出身，看诸儿绕膝相依，已较我少年有福
切莫奢侈过分，闻到处向隅而泣，试问你独乐何心

非非有斋，为黄炎培书斋名，取《庄子》“吾身非吾有也”语意而名此斋。上联意云不要忘记自己孤苦出身，如今看诸儿绕膝，生活和我少年时相比，已经很有福气了啊。下联意云切不要奢侈过分，现在每到一处，都听到有人向隅而泣，试问你独乐是何种心情？联文体现了作者知足常乐，勤俭持家的朴素思想，也符合“非非有斋”书斋名“吾身非吾有也”的语意。

（佟 今）

题春草堂

黄药眠

虽无彪炳英雄业
却有忠诚赤子心

黄药眠，原名黄访，广东梅州人。作家、文学翻译家、文学理论家。北京师范大学教授、中文系主任。著有诗集《英雄颂》，译著《烟》，评论集《沉思集》等。此联作者自题书斋“春草堂”，联语诫勉自己，虽然没有做出彪炳史册的英雄业绩，然而只要有一颗忠诚于祖国和民族的赤子之心，就是一位值得尊敬的人。此联诫勉自己，也可诫勉他人。 （佟 今）

题　书　斋(一)

邓子龙

月斜诗梦瘦
风散墨花香

邓子龙是明代抗倭将领,他于戎马倥偬之际,手不释卷,勤奋创作。本联捕捉深夜吟诗时澄心运思的艺术想象,表现挥毫落纸、新诗吟就的创作愉悦。上联以“月斜”领起,先着笔于室外天象,以明月西斜,万籁俱寂,暗示独坐书房,凝思遐想,不知不觉已到深夜。“诗梦瘦”三字概括了作者构思、想象过程中的苦吟景况。下联以“墨花”喻指纸上新作的诗行,以清风徐来、诗笺生香暗示新作的清新爽丽,别具风致,这就把获得创作成功的喜悦含蓄地表达出来了。联语写出了书房的文化氛围和写作的艺术情趣。兴到神驰,而艺术创造的真谛自含其中。（顾伟列）

题　书　斋(二)

徐　渭

雨醒诗梦来蕉叶
风载书声出藕花

徐渭是明代著名的文学家和艺术家,诗文、书画、戏曲、对联无所不工。他在文坛艺苑孜孜不倦地耕耘了一生,创作甚丰。本联正是作者勤于读书和写作的形象写照。上联写精骛八极的创作思维。夏日书房小睡,暴雨骤然而至,雨打窗外芭蕉,淅淅沥沥,声声贯耳,唤醒了作者的诗梦。“诗梦”二字,表明诗人于迷离惝恍的梦境之中,仍驰骋神思,展开想象的翅膀,在诗国中遨游,惟妙惟肖地摹写出作者“处若忘,行若遗”,专注于创作,几乎进入忘我的境地。下联转写闭门攻读的勤学形象。屋内书声琅琅,屋外荷花盛开,夏日清风阵阵吹拂,送来荷塘花香,又把琅琅书声带到荷塘,以此构成暗香浮动,书声不绝的艺术境界。全联以书房主人勤奋创作、攻读的活动为主体,以骤雨、芭蕉、清风、荷花为陪衬,既活画出书房清幽秀美的环境,又突出了作者有恒、专致的治学精神。情景相生,意到境成。 (顾伟列)

题 书 斋(三)

金 声

破釜沉舟,百二秦关终属楚
卧薪尝胆,三千兵甲定吞吴

此联是明末抗清英雄金声在清兵南下后所作。上联说,打破饭锅,沉没渡船,防卫坚固的秦国终于被楚所灭。下联说,卧于柴薪,尝着苦胆,三千越兵一定能吞掉吴国。破釜沉舟,表示决心战斗到底,决不后退。《史记·项羽本纪》:"项羽乃悉引兵渡河,皆沉船,破釜甑,烧庐舍,持三日粮,以示士卒必死,无一还心。"百二秦关,形容边防巩固,国力强盛。《史记·高祖本纪》:"秦,形胜之国带河山之险,县隔千里,持戟百万,秦得百二焉。"百二,二万人足当诸侯百万人。卧薪尝胆,形容刻苦自励,奋发图强。据《史记·越王勾践世家》载,春秋时越国被吴国打败,相传越王勾践回国后,坐于薪草之上,"苦心焦思置胆于坐,坐卧即仰胆,饮食亦尝胆也"。联语笔锋锐利,咄咄逼人,运用项羽破秦,勾践灭吴的历史典故,充分表达了抗清决心和斗志。人们经常引用清代文学家蒲松龄屡试不第后写的"有志者,事竟成,破釜沉舟,百二秦关终属楚;苦心人,天不负,卧薪尝胆,三千越甲可吞吴"那副联,上下联各比金声联多出六字,明显是套用金联。不过,据历史记载,项羽占领"百二秦关"是暂时性的,后来项羽军终为刘邦所灭,故"终属楚"的说法不确。 (张君宝)

题 书 斋(四)

傅 山

竹雨松风琴韵
茶烟梧月书声

傅山为明末遗民。此联表现作者的志节和情趣。不用动词,纯以六组名词成对。“琴韵”“书声”反映书斋活动,为上下联的核心,而前四词则分别以周围景物作为烘托。竹雨松风的贞洁更衬出琴韵的高雅,茶烟梧月的朦胧尤显出书声的清朗。全联通过这一系列具有象征性的意象,将一位志节坚贞,情趣清雅的高士形象,凸现于人们面前。联语炼字精、对偶工、意境深、韵味雅,耐人吟诵。

(朱迎平)

题　书　斋(五)

郑　燮

删繁就简三秋树

领异标新二月花

郑燮是具有创造性的书画艺术家。此联讲的是艺术创作规律。上联主张以最简练的笔墨表现最丰富的内容,以少许胜人多许。画兰竹易流于枝蔓,应删繁就简,使如三秋之树,瘦劲秀挺,没有细枝密叶。删繁就简,见严羽《历代诗话》“绝句之法,要婉曲回环,删芜就简”。下联主张要“自出手眼,自树脊骨”,不可赶浪头,趋风气,必须自辟新路,似二月的花,一花引来百花开,生气勃勃。领异标新,指创造与众不同的新格调。《世说新语·文学》:“(支道林)卓然标新理于二家之表,立异义于众贤之外。”阐述艺术规律往往需要许多文字,然而作者巧用成语“删繁就简”,概括了个别规律,用“领异标新”概括了一般规律,言简而意赅,然后用“三秋树”“二月花”两个比喻加以形象化,不但予人以思想启迪,又给人以美感的享受。

(蒋竹荪)

题　书　斋(六)

梁同书

无事此静坐

有情且赋诗

梁同书是清代著名书法家，德高望重，他所撰此联反映了旧时士大夫文人的日常活动。无事时就默然静坐。以少费神气，积蓄精力。《黄帝内经》云："静则神藏。"有情时无妨吟诗作词，以修养德性，陶冶情操。一举一动，无不与养生、治学相关合。用词典雅，情趣超脱。下联一作"有时还读书"，似更自然。 （张　一）

题 书 斋(七)

金　农

奇书手不释

旧友心相知

大凡读书人的心态，一是嗜书如命，二是盼遇知音。清人金农撰写的这副书斋联，可谓深得此意。上联写奇书难得，今得而读之，故不能释手；下联写旧友难遇，今得相晤，故谈心移日。文辞朴实，偶对工整，将手不释卷、喜逢知音、令人神往的境界展现在读者面前。 （朱迎平）

题 书 斋(八)

陈白崖

事能知足心常惬

人到无求品自高

本联首字嵌"人""事"二字，即做人处事之意。上联化用《老子》四十六章"祸莫大于不知足，咎莫大于欲得，故知足之足常足矣"，谓真正懂得满足的人心境才会惬适。下联谓对名利无所追求，自然人品高尚。当然，生活在今天的社会，所谓"知足"与"无求"，应指个人的名位财富，生活享受有一定限度，无非分的要求，至于事业与学问的开拓进取，则是永不知足，永无止境的。 （黄德金）

题书斋(九)

山抹微云无墨画
竹敲秋雨有声诗

这副书斋联以极目所见,倾耳所闻构成对仗。上联“山抹微云”,用秦观《满庭芳》词句,以“无墨画”三字续之,强调其色彩之淡雅。下联以“竹敲秋雨”相对,可谓字字精工,但按正常词序应为“秋雨敲竹”,此为倒装句法。“有声诗”三字,突出了声响的诗情。古人认为诗画异体同貌,故既称景物为无墨之“画”,又称为有声之“诗”。全联写观云,写听雨,反映的是士大夫闲适高雅的情趣,而上联的画意与下联的诗情相互交融,更显得淡雅秀逸,隽永有味。

(朱迎平)

题书斋(十)

曾国藩

世事多因忙里错
好人半自苦中来

这是一副曾国藩自撰自诫自勉的书室联。上联自诫。世事纷繁,一忙就容易出错,务必戒躁。一个“多”字下得十分贴切,避免了以偏概全的毛病。下联自勉。甘从苦来,人要吃得起苦、耐得住劳,历尽磨难才有可能成为完美之人。一个“半”字也用得很妙,因为要做完美的人仅靠吃苦耐劳显然还是不够的。

(俞纪东)

题书斋(十一)

钱陈群

藜火光联书案月
笔花香泛墨池云

钱陈群工诗善书，其题书斋题，自然离不开书案、墨池。上联大意，夜读的灯光和照在书案上的月色相映。藜火，西汉刘向校书天禄阁，有老人吹藜杖燃火，与其相见，授以《五行洪范》。见《拾遗记》卷六。后即用为夜读的典故。下联大意，笔花和香气，与墨池的彩云相连。墨池，古人洗涤笔砚处，以王羲之最著。后遂泛指学书写字的处所。全联运典确切，正是书斋的写照。（钱剑夫）

题书斋（十二）

吴文元

移门欲就山当榻
补屋常愁雨湿书

这是明人吴文元自拟的书斋联，写得别开生面。上联写开门见山，却借浪漫的想象要“就山当榻”，这是以常景而出奇想。下联写补屋遮雨，却忧虑“雨湿书”，这是常事，却寄以真情。围绕书斋的这些常景常事，以奇想、真情活现出一个贫寒的读书人高雅的情趣。（朱迎平）

题书斋（十三）

赵曾望

吾十有五而志于学
人一己千虽愚必明

此联为志学、勉学的集句联。上联摘自《论语·为政》中孔子所说的话：“吾十有五而志于学，三十而立，四十而不惑，五十而知天命，六十而耳顺，七十而从心所欲，不逾矩。”点明应及早立志苦学。下联化用《礼记·中庸》：“人一能之，己百之；人十能之，己千之。果能此道矣，虽愚必明，虽柔必强。”上下联对仗工稳，浑然一气，如同己出。（王国廷）

题 书 斋(十四)

名美尚欣闻过友
业高不废等身书

这是一副教育人不断提高品德修养的对联。上联说一个人有了美好的名声,并不自满自足,对于谈论他的过失并使他听到的朋友,不但不责怪,反而衷心喜悦。这样的人,别人就肯指出他的过失,使他改正,成为一个“言寡尤,行寡悔”的人。下联说一个人学业上有了很高的成就,仍虚怀若谷,孜孜不倦地去阅读、钻研那与身等高的众多的书籍。这样,他就会在学术上创造出更大的成就。这副对联策励人在道德修养上要有“闻过则喜”的雅量,在学术研究上要有“更上一层楼”的精神。

(周 艺)

题 书 斋(十五)

鲁 迅

望崦嵫而勿迫
恐鹈鴂之先鸣

此联为集句联,鲁迅请乔大壮书写,悬于北京“老虎尾巴”书屋中以自勉。上联见屈原《离骚》“吾令羲和弭节兮,望崦嵫而勿迫”。意谓,我叫羲和暂停不走,希望太阳不马上向崦嵫迫近。羲和,神话中给太阳驾车的人。弭节,停止不前。崦嵫,神话中日落之处。下联见《离骚》“恐鹈鴂之先鸣兮,使夫百草为之不芳”。意谓,恐怕杜鹃过早地鸣叫,使花草芳尽香消。鹈鴂,即杜鹃,多于百花零落之春末夏初鸣叫。鲁迅各取原文半句,巧妙地组织成联。上联说:希望时间流逝得慢一点,以便做更多的工作。下联说:惟恐岁月提早来到,要做的工作不能完成。永恒的自然与短暂的人生形成巨大的心理落差,激起有识之士对时间的紧迫感与对社会的使命感。

大禹惜寸阴,陶侃惜分阴,鲁迅则分秒必争把喝咖啡的时间都用在工作上。他毕生坚定的信念是,只要活着就得为社会做事,为人类造福。他说:“时间就是生命”(《门外文谈》),“节省时间也就是使一个人有限的生命更加有效,而也即等于延长了人的生命”(《禁用和自造》),“失掉了现在,也就没有了未来”(《〈且介亭杂文〉序言》)。这些宝贵的箴言,也可作这副对联的注脚。 (蒋竹荪)

题 书 斋(十六)

张 英

读不尽架上古书,却要时时努力
做不尽世间好事,必须刻刻存心

张英,字敦复,号乐圃,又号圃翁,清安徽桐城人,康熙六年(1667)进士,官至文华殿大学士、礼部尚书。此联题书室。上联云架上古书读不尽,却要时时努力,勤学苦读,总会有收获。下联说世间的好事做不尽,必须每时每刻放在心上,认真去做,总能做些有益于社会的事。 (沈树华)

题 书 斋(十七)

金 农

清如瘦竹闲如鹤
座是春风室是兰

金农,字寿门,号冬心,清浙江仁和(今杭州)人,乾隆元年(1737)举博学鸿词,不赴。书画家,扬州八怪之一。此题书斋,文人书斋崇尚清闲、气节、格调,联中都写到了。上联意云书斋的主人,清高如同瘦竹,清闲如同白鹤。下联意谓座上如沐春风,书室洋溢着幽兰的清芬。显示了书斋的清、雅、幽、闲。 (沈树华)

题 书 斋(十八)

何绍基

行路有何难,我曾从天柱九嶷三涂太白紫阁终南,直到上京王者地

得师真不易,所愿与高堂二戴安国子长相如正则,同依东鲁圣人家

何绍基是清代著名书法家、诗人,道光进士,官编修、四川学政。此联自题书斋。上联阐述"行路有何难",追忆自己走过的道路,"直到上京王者地"担任京官。天柱、九嶷、三涂、太白均是山名。紫阁,紫塞,长城。终南,秦岭山峰之一。下联感叹"得师真不易",开列自己读过那些先贤的著作,最后成为儒家子弟,"同依东鲁圣人家"。秦末鲁地精通《礼记》的高堂伯,西汉删订《礼记》的戴德、戴圣叔侄,西汉的孔安国,《史记》作者司马迁(字子长),汉代赋体名家司马相如,战国伟大诗人屈原(名平,又名正则),这些人都是儒家正统,我励志苦学,努力攀登圣人孔子的崇高境界。

(沈树华)

题 书 斋(十九)

高椿龄

四方名士皆知己

八座门生正少年

高椿龄,字樗友,清江都(今江苏扬州)人,阮元业师。此联题书斋。上联云自己所交知己,均为四方名士。高椿龄自视甚高,诗文之格,唐以下不屑仿也。下联云自己门生已贵,但还很少年,颇为自得。

(沈树华)

题 书 斋(二十)

许庚身

但有余闲惟学帖
即逢佳客莫谈天

许庚身,字星叔,清浙江仁和(今杭州)人,咸丰二年(1852)举人,官至兵部尚书。此联题书斋,意有告白的作用。上联云,只要有空余闲暇时间,都用来学习碑帖,研习书法。下联云,即逢到交谊深厚的好友,也不要把时间浪费在谈天之上。书斋中悬挂这样一副对联,来客自然不会闲扯、浪费主人的时间了。 (佟 今)

题 书 斋(二十一)

郑冠卿

安居即是小神仙,净几明窗,不容易享者清福
努力便成佳子弟,青灯黄卷,莫等闲错过时光

郑冠卿,清福建闽县(今闽侯)人。此联题书室。人生在世,能够安居乐业,那就好比过的神仙生活,再加上窗明几净,那真是不容易享到的清福。上联是写环境,在这样的环境中,真是福分。下联说人要努力,就能成为佳子弟,青灯黄卷苦读圣人书,不要随随便便地浪费时间,空等白了少年头。联旨督促年轻人,珍惜大好时光,勤奋苦读,做佳子弟,成小神仙。 (沈树华)

题 书 斋(二十二)

严复

随时纵论古今事
尽日放怀天地间

严复,福建侯官(今福州)人,近代启蒙思想家、翻译家,译《天演论》。此联是他自题书斋。他宣扬"物竞天择,适者生存"的观点,此联体现了作者的主张和胸襟,展现了他在书斋中"论古今""怀天地"的自由氛围。

(佟　今)

题　书　斋(二十三)

舒绍基

读古人书,须设身处地以想

论天下事,要揆情度理三思

舒绍基,字挚甫,号养初子,清安徽怀宁人。此联题书斋。图书是人类进步的阶梯。人类知识,一是从历史中汲取,即从前人那里来。一是从现实实践生活中来,即从当前天下发生的事件中来。上联所云读古人书,即从古人书中汲取前人知识,但不能死读书,须设身处地想明白如何对待书中的知识。下联所云论天下事,即当下发生的事情,如何对待,要揆情度理,即估量、度量,然后三思而行,这样才能作出正确的判断。　(佟　今)

题　卧　室

题　卧　室(一)

连梅耦

暗室中须问心得过

平地处亦失足堪虞

儒家主张"修身养性""三省吾身""慎独",用道德准则约束自己的行为,做到随时随地问心无愧。上联表达的意思正在于此。下联提醒自己处事谨慎小心。平地处失足,意思是在不应也不会犯错误的情况下摔跤,更值得警惕和注意。虞,忧虑。本联反映了作者严于律已的要求,言浅而意深,足以警世。（孟建梁）

题　卧　室(二)

冯玉祥

救民安有息肩日

革命方为绝顶人

冯玉祥20世纪30年代曾在张家口领导民众抗日同盟军,失败后一度隐居泰山。但他爱国爱民的一腔热忱不能自已,毅然在卧室石壁镌刻此联,寄寓其坚定的抱负。上联直露襟怀,说要以拯救百姓于水深火热之中为己任,不能中途停歇,卸下负担。息肩,比喻卸除应负的责任。《左传·襄公二年》:"郑成公卒,子驷请息肩于晋。"下联化用杜甫"会当凌绝顶,一览众山小"诗句,说要做个绝顶人,即站得最高的人,指献身革命,放眼未来,决心推翻黑暗社会的人。上下联俱与登泰山相结合,不"息肩",登"绝顶",革命事业亦复如此。（施绍文、黄德金）

题　卧　室(三)

方志敏

心有三爱:奇书,骏马,佳山水

园栽四物:青松,翠竹,白梅兰

此联为中共早期革命家方志敏青年时代悬挂于卧室的自拟联。方志敏同志因被叛徒出卖被捕后在狱中坚贞不屈,1935年英勇就义。联语反映了他自幼就具有的伟大品格、高尚情操和凛然正气。上联写他襟怀不凡,爱阐述革命真理的"奇书",爱象征着勇猛冲杀沙场的"骏马",更爱祖国的大好河山。字里行间闪耀着一颗追求真理、为国献身的赤子之心。下联写他坚守革命节操,将历来传颂的松、竹、梅、兰四友深深扎根于心上。因为这四物恰是不畏强暴、刚正不屈的性格和崇高气节的写照。他引以为友的用意不言而喻,而事实上方志敏确已用生命实践了他的铮铮誓言。

(施绍文、黄德金)

题园圃厨厕

题半闲园

袁少枚

半市半乡,半读半耕,半士半医,世界本少全才,故名曰半

闲吟闲咏,闲弹闲唱,闲斟闲酌,人间尽多忙客,而我独闲

袁少枚,湖南石门人。在乡自营一小园,名曰"半闲",并自撰此联,悬于园门。这是一副嵌字联,嵌园名于联首。并连用七个"半"字,七个"闲"字,读之使人解颐。《对联话》称"机趣恬适,末二句尤为见理名言",评语亦恰当不移。

(周　监)

题刘逸叟翠园

赵仁叔

蝶来风有致

人去月无聊

此联见袁枚《随园诗话》卷一。历来咏月之作,多把月当作描绘、赞美的对象。苏轼的《水调歌头》词"不应有恨,何事长向别时圆?"认为月不应经常

以团圆来嘲弄分离两地的人们,设想新颖。此联从另一角度赋予“月”“风”以人的主体意识。风有待于蝶、有求于蝶,当蝶来时,它吹得更有韵味了、更有情致了;月不能无人的陪伴,当人去后,它顿时便觉孤寂而无聊。短短十个字,构思不落窠臼,“有致”和“无聊”,赋自然界风物以性灵。对仗工整,含意隽永。（蒋竹荪）

题宣南小园

乌尔衮布

半日读书,半日静坐
一亩种菜,一亩栽花

此联为满人乌尔衮布所作。联语属对稳切,纯用口语,亲切有味。园中读书静坐,躬耕栽花,宛如一幅耕读图,形象生动,冲淡闲适之胸怀跃然纸上。“读书”可以修身,“静坐”可以养性,“种菜”可以养德,“栽花”可以怡心。古之读书人常追求此种生活境界。联语淡淡写来,于不经意中写出一种最平常不过的日常生活,反映了一种与世无争、恬如止水、远离人间烟火气的生活。（甘　桁）

题也园

月潭

与石订交奇不厌
有梅同处冷何妨

月潭,僧人,俗姓杨,居金陵,他从师圆者,在五台山削发,明隆庆五年(1571)来江南,113岁卒。也园,在寺庙中。石乃文人清士案头雅玩,形状奇妙,故上联云与石订交,喜好者玩之不厌。下联写梅,不是寒风冻彻骨,哪有梅花扑鼻香。爱梅者与梅同处,天冷又何妨。此联两见朱应镐《楹联新话》卷四、卷十。下联卷十作“有梅相对冷何妨”。可互参。

（沈树华）

题 寓 园

祁彪佳

归不为莼羹，偶因岩薮名吾寓
情犹余菽水，最喜凫雏傍母眠

祁彪佳，字虎子，号世培，别号远山堂主人，明浙江山阴（今绍兴）人，天启二年（1621）进士，官至右佥都御史，巡抚苏松，清兵陷南京时，自沉于池。寓园，在绍兴，系祁彪佳归乡自筑寓所。莼羹，以产于南方湖泊莼菜制作的羹汤。岩薮，山水湖泽的通称。上联说我归来并不是为了家乡的莼羹，只是因为家乡的山水所以让我将它作为寓所。菽水，豆和水，最平凡的食物，常用作孝养父母之称。下联说，心情中还想到孝养父母，最喜欢看水鸟的幼雏在水边依傍在母亲身边睡眠。联文叙说了他造此园一是依恋家乡的山水，二是眷念自己的父母。（沈树华）

题 陈 园

朱彝尊

插架图书邺侯轴
满庭风露赵昌花

朱彝尊，字锡鬯，号竹垞，清浙江秀水（今嘉兴）人，康熙十八年（1753）应博学鸿词，充《明史》纂修官，后以事罢职。陈园在嘉兴。上联说藏书之丰，邺侯，唐代宰相李泌，韩愈《送诸葛亮往随州读书》诗："邺侯家多书，插架三万轴。"下联说园中风露浸润，花繁枝茂。赵昌，北宋画家，多画折枝花，他常在晓露未干时，观察花卉，调色摹写，晕染明润，名重一时。（沈树华）

题琅轩圃

张 照

不俗即仙骨
多情乃佛心

张照,字得天,号泾南,清华亭(今上海市松江)人,康熙四十八年(1709)进士,官至吏部尚书。琅轩圃在苏州网师园。文人做事,最怕“俗”字。凡俗事不做,俗语不言,他们崇尚的是“雅”,作文要雅,作诗要雅,游山要雅,玩水要雅。故上联说脱开尘俗,即获“仙”骨。下联说,多点同情心,同情民间疾苦,同情庶民的辛劳,多些同情心就是佛心,就是菩萨心肠。 (沈树华)

题圆明园

爱新觉罗·胤禛

每对青山绿水会心处,一丘一壑,总自天恩浩荡
常从霁月光风悦目时,一草一木,莫非帝德高深

爱新觉罗·胤禛,即雍正皇帝。圆明园,清代名园,原址在北京海淀,始建于康熙四十八年(1709),凿湖堆山,种植奇花异木,有建筑物一百四十余处,罗列国内外名胜四十景,被誉为“万园之园”,艺术价值甚高。咸丰十年(1860)英法联军劫掠园中珍物,并纵火焚毁,今仅存残迹。此联意在歌颂“天恩浩荡”“帝德高深”。但同时也描绘了“青山绿水”和“霁月光风”的自然景色,使人“会心”“悦目”。今睹遗址,国人应不忘帝国主义对我国的侵略和掠夺。 (沈树华)

题霞芬室

爱新觉罗·弘历

窗竹影摇书案上
山泉声入砚池中

爱新觉罗·弘历，即清高宗，年号乾隆。霞芬室在颐和园。此联潇疏清雅，上联写园中竹影在窗上摇曳又返照到书案上，犹如一幅淡雅的水墨画。下联说砚池中用的是山泉水，此时山泉的水声似乎在砚池中发出潺潺的水声。从砚池中听到山泉的水声，想象力非常丰富，甚具可读性。

（沈树华）

题随园

李因培

此地有崇山峻岭，茂林修竹
是能读三坟五典，八索九丘

李因培，字其材，号鹤峰，清云南晋中（今晋宁）人。乾隆十年(1745)进士，官至福建巡抚。此联所题随园，在南京清凉山，为袁枚别墅。上联二句出王羲之《兰亭集序》："此地有崇山峻岭，茂林修竹；又有清流激湍，映带左右。"下联二句出《左传·昭公十二年》："王曰：'是良史也，子善视之，是能读《三坟》《五典》，《八索》《九丘》。'"这些都是古书名。孔安国《尚书序》："伏羲、神农、黄帝之书谓之《三坟》，言大道也；少昊、颛顼、高辛、唐、虞之书，谓之《五典》，言常道也。""八卦之说，谓之八索。索，求其义也。""九州之志，谓之九丘。"袁枚甚爱此联，自云"悬之二十余年"。

（佟　今）

题 柳 园

郑 燮

北迎拱极，西接延青，共分得一池烟水
春步柳堤，秋行蔬圃，最难消六月荷风

此联为郑燮题家乡江苏兴化柳园，园属李氏园林，今圮。上联之拱极，指拱极台，又名玄武台，旧时为兴化十二景之一。元代兴化知县詹士龙在此读书，故又名读书台。明代嘉靖中，知县傅佩修筑城墙，辟玉带河，引北水关水进海子池，使东、北两个水关的水汇合，修筑玄武高台，从此改名拱极台，今圮。延青，阁名，在柳园之左，邑人陈乔建。上联意云，北面迎拱极台，西面接延青阁，共分得一池烟水。下联意云，春日散步在柳堤，秋日行走在蔬园，最难消磨的是六月荷风。全联描绘了兴化柳园怡人的自然景色。 （沈树华）

题板栗园

周升桓

一带林塘诗境界
四时花果隐生涯

园在广西桂林，联为作者任广西巡抚时所题。周升桓，字稚圭，号山茨，清浙江嘉善人，乾隆十九年(1754)进士。他对板栗园甚是喜爱，上联描绘园的环境，树林、池塘简直是诗中的境界。下联说一年四季花果繁茂，选择这里隐居，真是太适合不过了。 （佟 今）

题七松园

曹龙树

半生历名山大川，未能移家居之，匡庐秀甲东南，尚堪辟数亩园林胜地

百年如樵梦蕉鹿，趁此倦飞还也，幽情闲寄诗酒，落得做一个风月主人

曹龙树，字松龄，号星湖，清江西星子(今属九江)人，乾隆三十六年(1771)举人，官至江南乡试同考。七松园，在其家乡星子横塘乡曹树。上联述其半生，经历了许多名山大川，未能择地移家居之，还是家乡的庐山秀甲东南，不妨在此辟数亩园林作为家园。下联说他回乡后的感想，人生一世如樵梦蕉鹿，真假难辨，得失无常，还不如趁在外飞倦了，回到家乡，将幽幽情思闲寄于赋诗饮酒，不管世事，落得做一个大自然中风月的主人。樵梦蕉鹿，典出《列子·周穆王》："郑人有薪于野者，遇骇鹿，御而击之，毙之。恐人见之也，遽而藏诸隍中，覆之以蕉，不胜其喜。俄而遗其所藏之处，遂以为梦焉。"意为春秋时郑国一个樵夫打死一只鹿，怕被别人看见，把它藏在无水的濠里，盖上芭蕉叶，但不久，记不得所藏的地方，于是他以为是一场梦。后来以樵梦蕉鹿比喻人世真假杂陈，得失无常。联意寄托了作者对家乡的眷念，对追求仕禄的疲倦和寄情诗酒、拥抱大自然风月的向往。

(沈树华)

题钵园

阳呈南

眼底双峰，玉洞风光凭领取

指南一卷，铁髯门户任推敲

阳呈南，清嘉庆年间在世，广西桂林人。钵园在桂林八角塘，年羹尧的门客韦大德建，年羹尧被杀，韦大德受株连，谪戍桂林。韦氏善医，患者上门，有求必应。铁髯，是韦大德的号，指南一卷，是他的医学著作。上联的双峰，指独秀峰和伏波山。桂林之山，多有岩洞，风光宜人，任凭领略。下联赞誉韦大德的医学医术，上门求医者，有求必应，他的门户任你推敲。联文赞美了钵园的自然风光，更赞颂了钵园主人的医术和为人。

(佟 今)

题徐园

袁枚

旧地怕重经,记当年丝竹宴诸生,回头似梦

名园须得主,看此日楼台逢哲匠,著手成春

徐园在南京,袁枚任江宁县令时,曾于徐园宴请新入庠诸生,故其上联说旧地怕重经,会引起许多感慨,回想当年宴请诸生,犹似梦中。袁枚辞官后,徐园荒废,四十年后园归邢秀才,重修后,袁枚应邢秀才之请重游徐园,并题此联。故下联说名园须得主,园中楼台因有主人规划维护,才显得春意盎然。 (佟 今)

题听松园

张维屏

为词客,为宰官,为老渔,卅载风尘,历几多人海波涛,才得小园成退步

爱诗书,爱花木,爱丝竹,四维溪水,喜就近佛门烟雨,且营闲地养余年

张维屏,字子树,清广东番禺(今广州)人,道光二年(1822)进士,官南康知府。张维屏对宦情素淡,年逾五十,即引疾归田,于烟雨寺筑此园,作为著书之所,并题此联。上联意谓我为词人,做宰官,作老渔人,卅载风尘,经历了多少官场掀起的波涛,才熬到筑成小园,有了退隐的居所。下联意谓我喜爱诗书,喜爱花木,喜爱丝竹,四周有清溪流水,喜就近就有佛门烟雨,那就好好经营这块闲地修养余年吧。联文反映了张维屏厌弃官场波涛,向往退隐,经营养老的听松园,安心作诗、种花,听丝竹民乐,过闲适的退隐生活。 (佟 今)

题盟鸥馆

龚自珍

别馆署鸥盟，列两行玉佩珠帘，幻出空中楼阁
新巢容社燕，约几个晨星旧雨，来寻梦里家山

龚自珍，字尔玉，号定盦，清浙江仁和(今杭州)人，道光九年(1829)进士，官宗仁府及礼部主事。此馆在江苏常州，原主人周仪伟先世富庶，筑别墅盟鸥馆，招待友好，盛极一时。后家道中落，售于他人。龚自珍游盟鸥馆，题此联。盟鸥，意谓以鸥为友。杜甫《江村》诗有“自来自去梁上燕，相亲相爱水中鸥”句。周密《乳燕飞》词有“知我者，燕朋鸥友”句，别墅署名“盟鸥”馆，即取此意。上联叙述了别馆署盟鸥的缘由，题了两行玉佩珠帘般的联语，融化在空中楼阁之中。社燕，指燕子春社时来，秋社时去。晨星旧雨，指知交旧友。下联说馆阁让燕子春来秋往，约几个知交旧友，来寻梦中家山。龚自珍《己亥杂诗》有“踏遍中华归两戒，无双毕竟是家山”句，表达了他对家山的眷念。 (佟　今)

题　壶　园(一)

何　栻

种邵平瓜，栽陶令菊，补处士梅花，不管他紫姹红嫣，但求四序常新，野老得许多闲趣

放孤山鹤，观濠上鱼，狎沙边鸥鸟，值此际星移物换，惟愿数椽足托，晚年养未尽余光

何栻，清江苏江阴人，道光二十五年(1845)进士，官吉安知府。壶园在江苏扬州，何栻别墅，又称何园，乃其为己隐居而筑之园。居于园中可以藉花木而避尘嚣，种种瓜，栽栽菊，加上处士梅花，不管姹紫嫣红，但求四季常新，让我这在野老人得许多闲趣。逍遥自在，如同在孤山放鹤，濠上观鱼，

沙边狎鸥，在这星换物移之际，有几椽小筑，足可安居养老，娱悦晚年生活。邵平，秦广陵人，封东陵侯，秦亡后家贫，种瓜于长安城东。瓜美，称东陵瓜。处士，指林和靖，隐于西湖孤山，种梅饲鹤，人称“梅妻鹤子”。濠上，濠梁之上。濠，水名，在安徽。梁，桥。典出《庄子·秋水》：“庄子与惠子游于濠梁之上。庄子曰：‘鯈鱼出游从容，是鱼之乐也。’惠子曰：‘子非鱼，安知鱼之乐？’庄子曰：‘子非我，安知我不知鱼之乐？’”后多用来比喻别有会心，自得其乐的境地。狎，嬉戏。沙边，指水中由泥沙堆积而成的大片地面。

（佟 今）

题壶园(二)

何栻

酿五百斛酒，读三十本书，于愿足矣

制千丈大裘，营万间广厦，何日能之

斛，量器名，古时十升为一斗，十斗为一斛。上联写饮酒、读书的个人愿望。制千丈大裘，化用白居易《新制布裘》：“安得万里裘，盖裹周四垠；稳暖皆如我，天下无寒人。”营万间广厦，语出杜甫《茅屋为秋风所破歌》：“安得广厦千万间，大庇天下寒士俱欢颜，风雨不动安如山。”下联抒发惠及他人的心愿。封建社会文人饮酒读书，自是名士风流，但想到制裘衣人，营厦庇人，那就展现了联作者心忧天下的情怀了。（佟 今）

题煦园

薛时雨

分狮林一角，鹫峰一拳，丘壑自然，佳兴到，梅苔铺作席

种芙蓉成城，杨柳成郭，林荫深处，望客来，冠佩粲如云

薛时雨，字慰农，清安徽全椒人，咸丰三年(1853)进士，入李鸿章幕，授杭州知府，署粮储道。晚主崇文、惜阴书院。煦园在南京两江督署，此题其

拜石山房。狮林，指苏州名园狮子林。鹫峰，指鹫峰山，为闽北名山，风景秀丽。梅苔，青苔，也指苔类植物。上联意谓，煦园的景色是从狮子林分来一角，从鹫峰分来一拳，丘壑自然天成，一进入园内自然产生佳兴，看这路上青苔铺地，平整如席。郭，外城。《孟子·公孙丑下》："三里之城，七里之郭。"冠佩，帽子和佩玉，也用以借指贵官。下联意谓煦园种大片芙蓉成城，种杨柳围城成郭，在林荫深处，见来众多客人，佩戴着冠佩的贵人粲烂如彩云飘然而至。联文赞美了煦园的华丽与高贵。 （佟　今）

题　潘　园

潘德畲

荔熟千株，绮阁烘来霞一片

荷香十里，画般穿到月三更

潘德畲，字仕成，清广东南海（今属佛山）人，辑有《海山仙馆丛书》。潘园为潘德畲自筑别墅，在广东番禺，又称海上仙馆。上联云上千株荔枝熟了，烘托着华美的楼阁犹如染成一片彩霞。下联云荷花香飘十里，装饰华美的游船，在荷花丛中穿梭到月上三更。联文描绘了潘园美丽的景色，反映了作者愉悦的心情。 （佟　今）

题柳暗花明村舍

方士庱

洗桐拭竹倪元镇

较雨量晴唐子西

方士庱，字右将，号蜀泉，又号西畴，清安徽新安（今歙县）人，寓江苏扬州，仪征县学生员。所题柳暗花明村舍在扬州小金山后之毕园。倪元镇，元代画家倪瓒，无锡人，有洁癖，常使人洗桐拭竹。唐子西，名庚，宋代进士，官承仪郎，为文精密，谙达世务，能测天气之晴雨。联文借倪元镇与唐

子西的喜好，借喻柳暗花明村舍的整洁与明丽。（佟 今）

题李园

李秉绶

乍来顿远尘嚣，静听水声真活泼
久坐莫嫌荒僻，饱看山色自清凉

李秉绶，字芸甫，号竹坪，清江西临川人，寓广西桂林，工书画，梅竹尤佳，兴到落笔，脱弃凡近，其写意杂卉，以沈周、陈淳为宗，旁及徐渭、石涛、华岩诸大家，兰石则专师钱载，纵逸秀挺，为世所赏。尝作《苍松柱石图》，为世所重。李园，在桂林城北，中多栗树，俗呼板栗园。原为官府别业，后为李秉绶所得，于园中水竹佳处，筑一茅亭，自题此联。上联云来到此地顿时感觉远离尘嚣，静静地听那活泼的流水声，好不惬意！下联云在这里久坐不要嫌它荒僻，可以饱览山色风光，便会自觉清凉。这种环境颇合画家的心意，故其以"顿远尘嚣"与"莫嫌荒僻"相对，以"静听水声"与"饱看山色"相对，写出了作者的心境与孤僻之情。（佟 今）

题浙江杭州适园

俞 樾

似入万重山，不离三亩地
欲穷千里目，更上一层楼

适园旧址在杭州忠清里，为清人应敏斋的别墅。应敏斋，浙江永康人，道光举人，官至江苏按察使。园内泉石佳胜，襟江带湖，有三层楼，空旷可喜。俞樾此联集唐人诗句而成。上联出自唐张蠙《和崔监丞春游郑仆射东园》"不离三亩地，似入万重山"，下联出自唐王之涣《登鹳雀楼》"欲穷千里目，更上一层楼"，为了上下联适合联律，俞樾将上联两句作了前后倒置，这样对仗更工，平仄协律，且上下联前后两句，亦可自对，可见俞樾不愧作联

老手。（佟　今）

题人境庐

黄遵宪

有三分水，四分竹，添七分明月
从五步楼，十步阁，望百步长江

黄遵宪，广东梅州人，清末诗人、外交家。归隐后自题人境庐。上联写庐内景色：有水波静卧，翠竹摇风，明月皎朗，好一处幽静恬淡园墅！下联写庐内建筑：有小巧的楼台，精致的亭阁，登楼阁可"望百步长江"，在人境庐中可登高望远，也寓作者归隐后仍然关注外间世事的思想。联文浅白，以数字层层递进，由小渐大，余味悠长，颇见功力。（佟　今）

题愚趣园

郁达夫

其愚不可及
斯趣有所为

郁达夫，浙江富阳人，著名作家。他在新加坡从事抗日宣传活动时，曾去拜访考古学家韩槐准，主人家有一园，名"愚趣园"，郁达夫为撰此联。联文诠释园名，实乃大智若愚，自得其趣。以燕颔格嵌"愚""趣"二字，更添雅趣。（佟　今）

题爱俪园

黄宗仰

有四时不谢花，有八节长春草
无市廛尘俗气，无车马喧嚣声

黄宗仰,号乌目山僧,江苏常熟人,早年出家,民国后充江天寺首座,栖霞寺住持,众称印楞禅师。此题爱俪园,在上海,即哈同花园,今圮。哈同,犹太人,到中国后入英国籍,曾任上海公共租界工部局董事,自建爱俪园,即哈同花园。上联说一年四季园中都有不谢的花草。四季不谢花,指月季花,以逐月开花,四时不绝,故名。八节,八个节气,即立春、春分、立夏、夏至、立秋、秋分、立冬、冬至。长春草,指一年生直立草本日日草、雁来红之类夹竹桃科植物,夏秋开淡红或白色花,供观赏,江南各大城市均有栽培。下联说园内没有集市的尘俗气息,也没有车马的喧闹声,显得花园非常安静。市廛,店铺集中的地方。无车马喧嚣声,意出陶渊明《饮酒诗》:"结庐在人境,而无车马喧。"

(佟 今)

题儿童公园

曹孟其

孰云童子何知,孔融让梨、黄香温席,皆在髫龄,欲求祖国欣欣,应培育儿童,得灌输五千年固有道德

信是后生可畏,甘罗使赵、汪奇抗齐,都留伟绩,际此神州莽莽,谋抵御外侮,惟盼望一百兆未来主人

曹孟其,原名惠,湖南长沙人,清末庠生。此联所题儿童公园,在湖南长沙天心阁北面,建于1932年秋。此联盼望强国,主张向儿童灌输五千年传统道德;希望抵御外国侵略,寄托于一百兆未来主人,即广大儿童。孔融让梨,东汉孔融四岁时与诸兄吃梨,他自选小梨,大人问其故,答曰:"我小儿,法当取小者。"黄香温席,汉代黄香,九岁丧母,孝敬父亲,夏天以扇搧床枕,冬天则以身体温床席。髫,古时小孩子下垂头发,髫龄,指童年。甘罗使赵,秦始皇时,甘茂的孙子甘罗,年十二,为秦始皇说服赵王割让五城,秦始皇封甘罗为上卿。汪奇,春秋时鲁国童子,哀公时与齐战于郎而死。兆,数目,十万曰亿,十亿曰兆,这里一百兆,非确数,极言其多。

(佟 今)

题园圃

熊希龄

种数盆花，探春秋消息
蓄一池水，测天地盈亏

熊希龄，清湖南凤凰人，光绪二十年(1894)进士，曾任民国政府行政院院长等职。这是他未仕时题自家园圃的一副对联。联文简约而富有诗意。上联借“盆花”开落，以“探春秋消息”。下联借“池水”涨落或天光云影以“测天地盈亏”。表达了作者心系天下，关注社稷的广阔胸怀。（佟　今）

题菜园(一)

鄂尔泰

此味易知，但须绿野亲身种
对他有愧，只恐苍生菜色多

此联题菜园，作者鄂尔泰是清代军机大臣，作为一位高官，能有体恤民瘼的思想，确是难能可贵的。上联中的“此味”，即指菜味，但须到田地绿野中亲自耕种，才会有深切的体会。下联说“有愧”，那是恐怕世间广大百姓因饥饿而面带菜色，作为高官，体现了他的仁政思想。联文从北宋黄庭坚题画菜词“不可使士大夫不知此味，不可使天下之民有此色”演化而成，具有一定的进步意义。（佟　今）

题菜园(二)

于敏中

今日正宜知此味
当年曾自咬其根

于敏中,字叔子,清江苏金坛人,乾隆二年(1737)进士第一,官至文华殿大学士。作者借题菜园表达自己富贵不忘贫贱艰苦自励的思想。此味,指菜味,亦喻粗茶淡饭。下联忆及当年艰苦生活,曾自咬菜根。尝言人咬得菜根,则百事可做,艰苦生活可以磨砺自己的意志。作者虽身居高官,能不忘当年困苦,实为深谙世事。(佟 今)

题 厨 房

寻常无异味
鲜洁即家珍

旧时住宅中卧室、厨房无不有联,此是厨房联,为流水对。寻常,指平时,实指日常菜肴,所谓"异味"即异乎寻常的美味佳肴。"鲜洁即家珍",是说只要新鲜、洁净就是我家的山珍海味了,何其淡泊。出语平白,意义颇深,足堪自励,非清贫自守、廉洁自持者不足与语。(纪德裕)

题 厕

魏善伯

成文自古称三上
作赋于今过十年

厕所自古鲜闻有联,此联妙在不出"厕"字,但所引典故,无不与厕所有关。上联引欧阳修的话:"余平生所作文章,多在'三上',乃马上、枕上、厕上也。盖惟此尤可以属思尔"。见《归田录》卷二。意思是,马背上、枕头上、厕所里最能专心致志地构思成文。下联引晋代文学家左思的故事。左思作《三都赋》构思十年,门庭、藩溷(即厕所)皆著纸笔,偶得一句,立即写下,既成,豪贵之家竞相传写,"洛阳为之纸贵",对句即据此写成。应该说,厕联最难写,因为很容易流于鄙俗粗陋,而此联却写得如此典雅大方,清新可喜,实属难得。(延 培)

题官署

题湖南抚署

赵恭毅

但愿民安若堵
何妨署冷如冰

此联为晚清湖南巡抚赵恭毅自题抚署之作。堵,墙壁。抚署大墙可谓高固坚实,巡抚大人由眼前所见引起思考:倘若民众安稳似此,哪有整日上门诉讼之事相扰?抚署门庭冷落实为可喜。中国官场历来崇尚“无讼”,此联正有此意。联语用明喻法,形象可触可摸,十分具体。（俞水生）

题江苏抚署

郭伯荫

从田间来,愿问吾民疾苦
后天下乐,试观曩哲襟怀

郭伯荫,字弥广,号远堂,清福建侯官(今福州)人,道光十二年(1832)进士,官至湖北巡抚,署湖广总督。此联题江苏抚署后乐园。上联云我从田间来,愿问吾广大民众的疾苦,好为他们谋取较好的生活。下联化用北宋范仲淹《岳阳楼记》中所述“先天下之忧而忧,后天下之乐而乐”的无私抱负,试观前哲宏大的襟怀。曩哲,前哲。联意反映了作者关心民瘼,认真学习先贤忧乐观的宽阔胸怀。（佟　今）

题浙江抚署

方受畴

两浙再停骖，有守无偏，敬奉丹毫遵宝训

一门三秉节，新猷旧政，勉其素志绍家声

方受畴，清安徽桐城人，监生，官至浙江巡抚。所题浙江抚署在杭州。此联作者自跋云："乾隆戊辰先伯父恪敏公由直隶藩司抚浙，余昔为此邦守令，今继伯父之后，亦由直隶藩司擢任，余弟维甸又曾以总督权抚事，六十年来三持使节，洵殊遇也。"作者先伯父恪敏公，指方观承，谥恪敏。维甸，指方维甸，乾隆进士，曾任闽浙总督。停骖，停下可乘之马车。守，职守，掌管。丹毫，官员用朱笔书写判词。宝训，旧时对他人训示的敬称。上联云我家已两次任浙抚，这次再任此职，掌管此职不可有偏差，认真对待手中的朱笔，尊崇前人的宝训，尽心尽力，完成本职的责任。秉节，执掌法度。猷，谋划。素志，本来的志向。绍，继承。下联云我一家三度执掌浙抚，新筹旧政，勉力实现本来的志向，继承家族的荣誉和声望。作者为自己的家族感到荣幸和自豪。 （佟　今）

题福建臬署

于成龙

累万盈千，尽是朝廷正赋，倘有侵凌，谁替你披枷带锁

一丝半粒，无非百姓脂膏，不加珍惜，怎晓得男盗女娼

于成龙，清山西永宁人，顺治时由贡生授知县，康熙时累官知府、福建按察使、直隶巡抚、两江总督。臬署，即按察司，主管一省刑名按劾之事，亦称臬司。此联是于成龙任福建按察使时所撰，悬于堂前，用以自警自励，并告诫下属。上联说成千上万的银两，都是朝廷的赋税，为官者倘中饱私囊，国法决不容你，谁替你披枷带锁去服刑呢？下联说一寸线半粒粮，都是百

姓用血汗换来的,为官者不加珍惜,那和男盗女娼有什么区别!于成龙作为封建官吏,提倡遵法恤民,能够清廉持节,实属难能可贵。他被康熙誉为"天下廉吏第一",自非虚誉。 (沈树华)

题江苏臬署

徐士林

看阶前草绿苔青,无非生意
听墙外鹃鸣雀噪,恐有冤魂

徐士林,字式儒,山东文登人,康熙五十二年(1713)进士,官至江苏巡抚,治狱如神,多决疑案,以清正廉俭著称。此联是徐士林官江苏臬司时所题。臬司,主管一省司法刑狱和官吏考核的主官,清代俗称臬台。上联写眼前所见所感:阶前草绿、苔青,一片生机。生意,生机。下联笔锋一转,联意便深化了:听墙外鹃雀的鸣噪之声,让人联想到是不是有鬼魂在鸣冤。以拟人笔法,说鹃鸣雀噪为冤魂所化,这就展现了这位高官关心民瘼的情怀,难怪清人戴璐在《藤荫杂记》中说此联是"仁人之言"了。(沈树华)

题江西试院

王敬铭

三条官烛,棘围辛苦廿年,苟以温饱负平生,斯誓有如江水
一个儒冠,王署光荣两世,能取文章报恩遇,此行方识庐山

王敬铭,字丹思,号味闲,清嘉定(今属上海市)人,康熙五十二年(1713)进士第一,授修撰。康熙五十六年,王敬铭典试江西,以公慎自矢,题此联于试院协一堂。官烛,公家的灯烛。棘围,科举时代的试院。上联意云三条公家的灯烛,在科举时代的试院辛苦了廿年,只挣得温饱,确实有

负平生的抱负,但这个誓言有如江水东流永不停,是不会改变的。下联意云,一个读书人,在国家公署已光荣效劳两位皇上,能选取写出好文章的人才报效皇上的恩遇,此次担当主考,要识得庐山真面目才算称职。这是一位主考官对选拔人才认真负责的态度。　(沈树华)

题府署厅事

顾奎光

名场似弈无同局
吏道如诗有别裁

府署厅事在安徽合肥。顾奎光,字星五,清江苏无锡人,乾隆十五年(1750)进士,官泸溪、桑植知县。上联云在名利场中,如棋手博弈,每一盘棋局的变化都是不同的。下联云为官之道,有如作诗,各有别裁。别裁,辨别剔除之意。又作为诗歌选本的别称。每位官员,遇事有自己的判断与处事方式。联文将府署与名场相联系,又与棋局相联系。做官之道与诗相联系,又与选诗相联系,以说明不同的人担任此官,遇事就会有不同的处理方式。　(沈树华)

题浙江学使署

朱珪

铁面无私,凡涉科场,亲戚年家须谅我
镜心普照,但凭文字,清奇浓淡不冤渠

朱珪,字石君,一字南崖,晚号盘陀老人,清大兴(今属北京市)人,浙江萧山籍,乾隆十三年(1748)进士,官至体仁阁大学士。朱珪视学浙中,以原籍浙江,特撰此联榜于门楹。上联云铁面无私;下联云镜心普照。上联向亲朋好友打招呼,我在科场上铁面无私,请年家亲戚体谅我。年家,科举制度中同榜登科者互称“年家”。下联向广大学子宣告,我阅卷镜心普照,但

凭文字,各种文章风格决不会使你们蒙冤。封建社会的科场能如此公允,但凭文章,不徇私情,实在令人钦敬。 (沈树华)

题安庆地方审判厅

吴恭亨

司法著为特权,孟德斯鸠揭政家创论
沛人古多奇杰,汉萧相国亦法律专家

此联系作者为门人唐宥在而撰。地方审判厅即地方法院。上联的孟德斯鸠乃18世纪法兰西启蒙思想家、法学家,是西方资产阶级法学制度的奠基人,他根据英国洛克的"分权说"加以发展,提出三权分立说,这一学说成为资产阶级政治制度基本原则。下联的沛指沛郡,汉代辖境包括安徽、江苏、河南的部分县地,汉以后辖境渐小。萧何为沛县人,乃古代中国大政治家,于法律亦是专家,有"萧规曹随"之说。楚汉之战,萧以丞相身份留守关中,为建立汉朝立下大功,后定律令制度,协助高祖灭韩信等异姓诸侯王。所作《九章律》今佚。作者列举中西历史上两位著名法学家说明法律在治国安邦中的重要作用,以此题地方法院,甚为允当。 (俞水生)

题巡抚署斋

颜　检

两袖入清风,静忆此生宦况
一庭来好月,朗同吾辈心期

这是一副自题联。上联化用明代清官于谦的诗句"清风两袖朝天去",回忆此生做官不曾贪婪。一个"入"字,让人感到似有清风真的吹拂自身,十分传神,且又暗喻廉洁之风长驻己怀。下联将皓洁明月照满庭院来隐喻自己廉洁之心如同明月一般,一个"来"字也是神来之笔。联语用语蕴藉,亦存理趣。 (黄德金)

题河南法院

李石冰

莫寻仇,莫负气,莫听教唆,到此地费心费力费钱,就胜人,终累己

要酌理,要揆情,要度时势,做这官不清不勤不慎,易造孽,难欺天

为法院作联,自与诉讼相关。在古代中国,“风俗淳厚”一直是国家司法工作的首要目标,法律本身只是移风易俗的工具。孔子说:“必也使无讼乎。”(《论语·颜渊》)在儒家“非讼”说的影响下,把“争讼”作为民风浇薄的标志。法官的职责在于安民,安民之道首先在于“息讼”。此联读之似一片絮语,却言中肯綮,有条不紊。上联正告讼者(原告),轻易莫到此地,因为费力费钱而累己。下联提醒法官审时度势,酌理揆(揣度)情,保持自身清廉节操,不贪赃枉法徇私、谨慎公正,至为重要。至今读来仍有警世作用。

(俞水生)

题 郡 署

伊秉绶

合惠循为一州,江山并美

种竹梅为三友,心迹双清

伊秉绶,号墨卿,清福建宁化人,乾隆五十四年(1789)进士,历官扬州知府。此郡署在广东惠州。伊秉绶任官惠州时题此联。上联云惠州是合并惠州与循州而成为一州的,这里的江流和山壑都非常秀美。惠州,地名,宋改祯州为惠州,治所在归善(今惠阳东)。循州,地名,隋置,治所在归善(今广东惠州市东)。下联说种竹、梅与我并为三友,我的心迹如同竹与梅那样双清。此联上联叙说了自己为官之地的历史演变,以及风光的

美丽。下联表述了自己在这里为官的心迹,如竹如梅那样清高廉洁。

（沈树华）

题至公堂

汪廷珍

三年灯火,原期此日飞腾,倘存片念偏私,有如江水
五度秋风,曾记昔时辛苦,仍是一囊琴剑,重到钟山

汪廷珍,字玉粲,号瑟庵,清江苏山阳(今淮安)人,乾隆五十四年(1789)进士,官至协办大学士、礼部尚书。所题至公堂,在江苏南京秦淮河畔,为临监外帘官聚会、办事之地。汪廷珍当时任江苏学政,按例至南京试院考录遗才时撰写此联。上联云试子们三年灯火苦读,就指望此日考中改变命运飞黄腾达,我作为选才的主考官,倘若有一点点私念,就让他随同江水流去吧。秋风,同“抽丰”,旧指利用各种借口向人索取财物,特指向在任官员乞求赠遗。下联意谓我曾五度被人打秋风,昔时是多么辛苦,至今我仍一囊琴剑,重新来到南京,岂会不尽力做好选才的工作。钟山,指南京。

（沈树华）

题学署

郑兼才

天子命之教
人才系此官

郑兼才,字文化,号六亭,清福建德化人,嘉庆三年(1798)举人,官泉州府学教授。此联题学署。上联意谓学署是奉天子之命开办的教学机构,按天子之命培育人才。下联意谓培养人才全仗学署教授,他们是培养人才最直接的园丁。

（沈树华）

题徐州府道署

张 鼎

地居黄运中，水欲治，漕欲通，千里河流涓滴皆从心上过

官作军民主，宽以恩，严以法，一方士庶笑啼都到眼前来

张鼎，清宛平（今北京市丰台区）人，嘉庆间两任徐州知府、分巡河务兵备道。此联题徐州府道署。上联意谓徐州地处黄河和运河的中间，这里水要治好，漕运要通畅，千里河流一点一滴都从我的心上流过，体现了联作者对漕运的极大关心。漕，指漕运，本意指水路运输，明清时东南漕粮都经贯通南北的大运河运往北京。下联意谓作为徐州的行政长官和分巡河务的兵备道，应该为军队和人民作主，为民生施以恩惠，为刑律严以律法，一方的学子和庶民的啼笑都映照在我的眼前，体现了联作者对当地军民士庶的关怀。联文以“皆从心上过”与“都到眼前来”，表明了这位徐州知府关心民瘼的恤民思想。 （沈树华）

题漳州厅事

程 铨

法要平宽，宽黎庶，不宽奸宄

职司监察，察官吏，先察自家

程铨，字东轩，清顺天大兴（今属北京）人，嘉庆十九年（1814）进士，官至湖北按察使。此联题漳州厅事。上联讲法要平宽，即讲法要公平、执法要宽容。宽容，是宽容黎庶，即老百姓，不宽容犯法作乱的奸宄。下联说职司监察，要察官吏，应当先察自家，即正人先正己。联文在修辞手法上采用了顶针法，如宽顶宽，察顶察，同时还采用了“重言”手法，让宽和察重复出现，形成一定的节奏感。 （沈树华）

题酉阳州试院

蔡振武

绝蹬蹑天梯,鸟道穷幽,惜此地未来灵运驾

名山留洞府,龙威探秘,问诸生谁是茂先缘

蔡振武,字宜之,号麟洲,清浙江仁和(今杭州)人,道光十六年(1836)进士,官至四川学政。蔡振武于道光二十三年(1843)督学四川,此联题酉阳州试院。酉阳州,即今酉阳县。上联大意云攀上陡峭的石阶,从险绝的山路走遍幽谷,可惜这么险绝的地方,善写山水诗的谢灵运未能驾到。绝蹬,陡峭的石阶。蹑,踩,踏。天梯,原谓登天之梯,后用以喻高险的山路。鸟道,谓险绝的山路,仅通飞鸟。穷幽,走遍幽谷。灵运,南朝宋诗人谢灵运,开文学史上山水诗一派。下联大意云名山留下神仙的洞府,随龙威丈人探秘,试问诸生谁和晋代的张华有缘。洞府,谓神仙所居之地。龙威探秘,龙威是传说中仙人名,相传吴王阖闾游禹山,遇龙威丈人入洞庭取禹藏书一卷。茂先,晋代张华,字茂先,学业优博,纵览群书,武帝时拜中书令。联文借酉阳险绝的山水和幽深的洞府,鼓励试院的学生,应向谢灵运和张茂先学习,做有益于世的人才。 (沈树华)

题盐茶道署

黄懋祺

镇日得长闲,最有味时如水淡

此官无别趣,却宜多处是诗情

黄懋祺,号巽甫,清道光时官四川南溪。盐茶道署在四川南溪。盐茶道署,比较清闲,上联讲盐,最有味时如水淡。下联讲茶,在官衙中多多喝茶,可以感悟诗情。联文通俗易懂,以“长闲”对“别趣”,以“水淡”对“诗情”,反映了盐茶道署的闲淡和清冷。 (沈树华)

题成都试院

杨重雅

我生与永叔同乡,衡鉴无私,得士亟求如轼辙

此地是升庵故里,仪型不远,论文何必溯渊源

杨重雅,清江西德兴人,道光二十一年(1841)进士,官至广西巡抚。成都试院为杨重雅任成都知府时所建,并题此联。永叔,北宋文学家欧阳修,字永叔,官至参政知事,吉水(今属江西)人。故作者上联说与永叔同乡,因他们都是江西人。衡鉴,指评判考卷,绝对没有私心,亟须求得的是有真才实学的士子,如大才子苏轼、苏辙那样的人才。升庵,明杨慎,四川新都人,号升庵,正德状元,授翰林修撰。故下联说此地是升庵故里,士子们与升庵的仪表举止相去不远,但衡量文章不必看考生的师承渊源,也即不看关系,只认文章。表述了试院公正选拔人才的宗旨。 (沈树华)

题杭州贡院(一)

马新贻

敷天瞻日月重光,兵气喜全消,雅颂承平,还是文章能报国

胜地揽湖山有美,人才期慎选,规模整肃,须知科举为求贤

马新贻,时为两江总督,所题贡院在浙江杭州青云街。上联意谓全天下都瞻望日月重光,兵气喜全消,指当时镇压了太平军,人们又恢复了读诗书的太平盛世。雅颂,指《诗经》,包含风、雅、颂。联作者认为,还是文章能报国。下联意谓杭州湖山秀美,是游览胜地,在选拔人才时,期望考官们慎重,严守公平法纪,要知道科举乃为国求贤,是国家选拔人才的大事,马虎不得。 (佟 今)

题杭州贡院(二)

阮　元

下笔千言，正桂子香时，槐花黄后
出门一笑，看西湖月满，东浙潮来

贡院，清代举行乡试、会试的场所。大门正中悬“贡院”匾，贡院两旁建号舍，以供应试者居住。阮元所题贡院，在杭州青云街。阮元曾多次担任主考，其对贡院甚为熟悉。上联所说考试时间正在秋季，称为秋闱，也称秋试，明清科举制度，每三年的秋季，在各省省城举行一次考试，即乡试，考取的称举人。下联写考生考试以后的愉快心情。西湖月满，比喻考试成绩很好，东浙潮来，比喻改变命运，即将走上仕途。（沈树华）

题金陵贡院

吾道南来，的是濂溪正派
大江东去，无非湘水余波

贡院是科举时代考贡士的地方。科举制度规定每年要从府县生员中，选拔成绩或资格优异的升入国子监就学，考试就在贡院。这副对联标榜贡院坚持的是濂溪道学精神，也就是坚持宋元以来的道学传统。濂溪，指北宋理学家周敦颐。因为他祖籍濂溪，因以为号。濂溪原是水名，在湖南流入潇水。“吾道南来”指福建人杨龟山(杨时)从师于程明道(程颢)，杨归，程明道送他出门，曰:“吾道南矣!”这话是说杨龟山学到了北方的程学，将向南方传布。程颢本是周敦颐的大弟子，即濂溪弟子。上联是借程颢的话说明贡院是坚持道学正统的。下联借苏轼词“大江东去”写道学传统的源远流长，浩浩荡荡，正是来自濂溪的湘水余波所在。上联用“的是”，下联用“无非”都表肯定。理学本是抽象的哲学思想，这里用“大江东去”“湘水余波”表明它的源流关系，形象具体。（纪德裕）

题 贡院

陈宏谋

矮屋静无哗，听食叶蚕声，敢忘当年辛苦
文星光有耀，看凌云骥足，相期他日勋名

陈宏谋，原名弘谋，以避乾隆帝讳改现名，字汝咨，号榕门，清广西临桂（今桂林）人，雍正元年进士，官至东阁大学士。此联题贡院，乃陈宏谋任湖北巡抚时所作。贡院，清代举行乡试、会试的场所。上联写应试者小心翼翼，鸦雀无声，认真应试的情形和辛苦。下联写对他日金榜题名的企盼，能写出好文章，考出好名次，等待他日获得功名。 （沈树华）

题甘肃盐茶同知府署

徐 保

回民汉民，多是子民，我最爱民无异视
礼法刑法，无非国法，尔须畏法莫轻来

徐保，清代人，曾任甘肃茶盐同知。这是徐保题府署大堂的对联。上联明示作者不分民族，在法律面前人人平等的思想。下联说各种法律条文都是国家的法律，劝勉百姓敬畏法律，不要胡作非为。此联表达了作者爱民畏法的思想，同时也把民族平等纳入法治的轨道。 （佟 今）

题福建船政局衙署

沈葆桢

以一篑为始基，从古天下无难事
致九译之新法，于今中国有圣人

沈葆桢,字幼丹,清福建侯官(今福州)人,道光二十七年(1847)进士,官至江西巡抚、两江总督。福建船政局在福州马尾,当时沈葆桢任福建船政大臣,主办福州船政局。篑,装土的竹器。造船需要高精的技术,沈葆桢在上联中说,以装土的竹器为基础,从古天下无难事,无论什么精致的技术都能做到。九译,旧指不同民族或外国的语言经过辗转翻译始能通晓。下联意谓,以九译之新法来翻译国外资料,于今中国自有有才能有能力的人,来为造船作出贡献。圣人,指有才能的人。 (佟 今)

题无锡县县署大堂

武承谟

人人论功名,功有实功,名有实名,存一点掩耳盗铃之私心,终为无益

官官称父母,父必真父,母必真母,做几件悬羊卖狗的假事,总不相干

武承谟,字邵孟,清山西盂县人,康熙三十九年(1700)进士,雍正初官江苏无锡县令。据载他上任当天,便将事先撰写的四副对联悬于县衙内外,以明心迹。这副联悬于大堂之上。功名,功绩和名声。掩耳盗铃,喻自己欺骗自己。典出《吕氏春秋·自知》:说有个人得了一只钟,想拿走,但钟大拿不动,就想敲碎了拿走,敲时有声音,这人怕别人听到声音来和他争夺,于是就把耳朵掩盖起来。上联说,每个当官的人都重视自己的功绩和名声,但功和名有实有虚,有真有假,如果弄虚作假,自欺欺人,那是没有一点益处的。父母,旧时称州县官员为父母官。悬羊卖狗,即俗语挂羊头卖狗肉。下联说,做官的都称父母官,但是不是尽到父母官的职责呢?如果挂羊头卖狗肉,只说不做,那和父母官的职责总不相干。为政者当办实事,老百姓是不会忘记自己的,而弄虚作假,借为民之名行利己之事,这种民贼,古今都不乏其人。 (沈树华)

题潍县县署

郑 燮

黑漆衙门八字开
有钱没理莫进来

郑燮,字克柔,号板桥,清江苏兴化人,乾隆元年(1736)进士,授山东范县、潍县知县,因请赈济民为上所斥而罢归。善书画,为扬州八怪之一。此联为其于乾隆十一年题潍县县署。旧云,黑漆衙门八字开,有理无钱莫进来。要打赢官司,不花钱买通是不可能的。而郑所撰之联却说有钱没理莫进来,原来在他主持的县衙打官司是讲“理”的,你没理,有钱也不行。这就体现了郑燮的亲民思想。正如他题画竹诗所云:“衙斋卧听萧萧竹,犹是民间疾苦声。些小吾曹州县吏,一枝一叶总关情。” (沈树华)

题湖南桂东县署

洪 钟

伸手接冤枉钱,何以为民之父母
蒙面做亏心事,也须念我有儿孙

洪钟,清湖北公安人,乾隆进士,官湖南桂东知县,有官声。此联为作者任桂东县知县时为县署所题。冤枉钱,指徇私枉法得来的钱财。父母,旧时称县官为父母官。上联说伸手拿徇私枉法得来的钱财,怎么能做好一县的父母官呢?蒙面,指昧着良心。下联说,昧着良心做亏心事,要想想自己也有儿孙,要遭报应的。联作者能推己及人,确是一位好官。据载他离任时,百姓哭送。 (沈树华)

题兴化县学

史 炳

博士头衔官百石
诗人心事厦千间

史炳,字恒斋,清江苏溧阳人,乾隆四十二年(1777)举人,官兴化教谕。所题县学,在江苏兴化。博士,教授官,各朝不同,明清有国子博士,太常博士、五经博士。百石,指官俸低微。上联意云,做了个有博士头衔的教授,拿低微的百石俸禄。下联暗用杜甫《茅屋为秋风所破歌》中诗句"安得广厦千万间,大庇天下寒士俱欢颜"之意,体现了一位县学教授要改变学子贫困现状的迫切心情。 (沈树华)

题兴化县署

魏 源

上有青天,一片冰心盟上帝

民皆赤子,满腔热血注民瘼

魏源,清湖南邵阳人,道光二十五年(1845)进士,官至高邮知州。主张"变古""便民"。此联是他任兴化县令时自题县衙柱联。上联作者对天盟誓,意谓上有青天,我的清正廉洁犹如一片纯洁的冰心面对上帝。冰心,语出唐王昌龄《芙蓉楼送辛渐》诗句:"洛阳亲友如相问,一片冰心在玉壶。"下联为作者表白爱民之情,意谓百姓都是子民,我要满腔热血地去关注他们的疾苦。赤子,婴儿,引申为子民百姓。民瘼,民间疾苦。从此联,我们可以见到魏源的爱民之心。 (佟 今)

题通山县署

谭为霖

夏暑雨,冬奇寒,如闻户外呼号,关吾痛痒

山嶙峋,石贞介,都向案头罗列,鉴我针砭

谭为霖,清武昌府通山县知县。此联是他任通山县知县时题县署之联。上联写夏雨冬寒,这些户外的呼号,都是百姓们的呼号,更和我的痛痒相关。体现了作者的爱民思想。贞介,坚贞耿介。针砭,以石针刺穴治病。

下联说罗列在案头的假山，峻峭高耸，嶙峋可爱，奇石坚贞耿介，我以案头的奇石假山坚贞嶙峋的性格判断发生事件的是非。这反映了他的志趣和品格。只有廉洁的官吏，才有如此的想法。　　（佟　今）

题华阴县署

马恩波

枉要民众一文钱，请唾吾面
实行公仆两个字，勉尽我心

马恩波，河北大城人，辛亥革命后曾任陕西省华阴县县长。这是他到任后，在华阴县公堂楹柱上题的自警联。枉要，违法索要。上联说，我决不违法索要民众一分钱，如果我要了，请唾我面。下联说，自从提倡公仆两个字，我心中就时时要求自己勉尽公仆之责。这是一位地方官员向民众作的保证，他要做一个恪尽职守的好官。　　（佟　今）

题上海县衙署

钱又村

剪取吴淞半江水
即是河阳一县花

此为集句联。上联集自唐杜甫《戏题王宰画山水图歌》："焉得并州快剪刀，剪取吴淞半江水。"吴淞，即黄浦江。剪取，喻县令的处事敏捷有决断。下联集自庾信《春赋》："若非金谷满园树，即是河阳一县花。"联语表达了勤于政事，使上海更为美好的愿望。此联妙手偶得，既符合实地，又典雅精巧。上联切地（上海），下联切事（知县）。以"吴淞"对"河阳"（地名对），"半江水"对"一县花"（事物对），工整谨严。　　（张君宝）

题平陆县署

汤维新

捐俸尽虚言，此称捐俸，彼称捐俸，俸有几何？岂能事事从心？真捐俸莫如不取

爱民须实意，赏以爱民，刑以爱民，民之众也，焉得人人满意？实爱民无过持平

此联为作者汤维新任平陆县知县时题县署堂联。上联说捐俸不如不贪。你也说捐俸，他也说捐俸，以自己的俸钱捐助百姓，发生的事情太多了，你有多少俸钱？能捐得过来吗？最好的捐俸，就是不贪！下联说爱民第一要公平。奖赏是爱民，是德治，刑罚也是爱民，是法治，民众太多了，你能赏罚得人人满意吗？其实爱民最重要的表现是处事公平。此联作者作为封建社会的一名官员，指出为官不贪，赏罚公平，是应该得到人民称赞的。

（佟　今）

题江都县署

陈文述

勤补拙，俭养廉，更无暇馈问送迎，来往宾朋须谅我

让化争，诚去伪，敬以告父兄耆老，教诲子弟各成人

陈文述，字隽甫，号云伯，又号退庵老人，清浙江钱塘(今杭州)人，嘉庆五年(1800)举人，官江都县知事。此联所题县署，在江苏江都。联文讲述为人的基本准则，上联云勤能补拙，俭可养廉，接着作者向宾朋好友告白，我无暇做馈赠迎送之类的俗事，希望来往宾朋谅解我。下联云礼让可以化解争端，真诚可以去除虚伪，接着敬告父老和前辈，各自还是认认真真地教育子弟，使他们成长为有用之材。此联既表示作者为官正直清廉，又反映他与人为善的敦厚人格。

（沈树华）

题房县县署

陈 豪

察狱贵乎情，宽一步且留余地
在官毋枉法，欺百姓上有青天

陈豪，清浙江仁和(今杭州)人，光绪年间曾任湖北郧阳府房县县令。此联为作者任房县县令时为县署所题。上联说断案贵在合乎情理，对犯案者能教育的尽力教育，使他们浪子回头。下联说为官者不要徇私枉法，欺压或蒙骗百姓，要知头上有青天。这青天既指天理，亦指还有上级，也要查办。作为一位县令，提出断案合乎情理，当官不徇私枉法，自是廉洁爱民的好官。

(佟 今)

题庆元县署大堂

吕月沧

我也曾为冤枉痛入心来，敢糊涂忘了当日
汝不必逞机谋争个胜去，看终久害着自家

全联发自肺腑，吐露真情，以此自勉并警后人，着语朴实，寓意深刻。作者少随其父长期颠沛，所受冤屈自然不少，个中滋味也比常人为深。而今当上一县之长，能不忘旧日，突悟出一番人生道理。为民请命，一丝不苟，认认真真。为官清正，不机巧弄权，身居要职而守本分，不敢掉以轻心。联语如大白话，为其特色。

(俞水生)

题县署大堂

魏象枢

欺人如欺天，毋自欺也
负民即负国，何忍负之

这是悬挂在某县署大堂上的对联，作者用以自警，亦以劝人。上联认为欺骗别人，如同欺骗上天，可不能欺骗自己啊！欺天，《论语·子罕》："吾谁欺，欺天乎?"这里表示孔子在重病时决不欺人欺天，要一如既往，诚实对人。毋自欺，《礼记·大学》："所谓诚其意者，毋自欺也。"下联认为，如果对不住人民，也就是对不住国家，怎忍心辜负人呢？联语从反面着笔，连用三个"欺"字，三个"负"字，指出"欺""负"的危害性，提倡诚实无妄，只有心诚的人，才足以治民治国，俯仰无愧。（蒋竹荪）

题县斋

姚步瀛

百里才疏勤补拙

一官俸薄俭能廉

上联之"百里"，即百里之地，旧时指一县。下联之"一官"，系自指。全联意谓作为一个百里官，我的才识都很欠缺，只有勤学勤干，才能弥补自己才能与见识上的不足；当官的，特别像我当百里官的，薪水虽薄，但俭约却能使己廉洁而不贪。吴恭亨《对联话》云："姚之实心为政，即此可得其大凡。"此斋联，实为自励之格言警句。（希建华）

题巡检衙署

余小霞

与百姓有缘，才来此地

期寸心无愧，不鄙斯民

余小霞，字应松，清嘉庆、道光间人，曾任三防主簿，大滩司巡检。这是他为衙署所题之联。上联说，因为和百姓有缘，才来这里做官，这种机缘是应该加以珍惜的。下联说期望任职过程中，自己的良心没有愧疚，不轻视自己治理的民众。作者此联，虽无豪言壮语，但却体现了他清廉正直、关心

民生的情怀。 （佟 今）

题巡船缉捕公所

文星瑞

砥柱典中流，万古风涛横地轴
楼船屯劲旅，五更鼓角壮江声

文星瑞，字树臣，号奎垣，清江西萍乡人，文廷式父，道光二十四年(1844)举人，官廉州知府。此联所题巡船缉捕公所，在广东广州珠江中，旧址原名海味台，咸丰间毁于火，同治九年建屋为公所。此联题大厅。砥柱，中流砥柱，比喻能顶住危局的坚强力量。地轴，古代传说大地有轴，《博物志》："地有三千六百轴，互相牵制。"《河海括地象》："昆仑之山，横为地轴。"后用来泛指大地。上联意谓巡船缉捕公所如同中流砥柱，在万古风涛之中横在大地之上。楼船，大船，多作为战船。屯，驻兵。劲旅，精锐的队伍。鼓角，军中用以壮军威的战鼓和号角。下联意云战船驻有精锐的军队，五更时战鼓和号角雄壮的声音和江声融在一起。联文赞美了巡船缉捕公所威壮和在缉捕工作中所起的作用。 （佟 今）

题 试 院

姚文田

科场舞弊，皆有常刑，告小人毋撄法网
平生关节，不通一字，诫诸生勿听浮言

姚文田是清嘉庆四年(1799)状元，对试院有深刻的了解。上联说科场有刑法规定，如果有舞弊行为，都有刑律规定的处罚，作者以考官的身份，告诉那些小人，不要触犯法网。撄，触犯。下联说自己遵法守纪，平生不为关节通一字，告诫众诸生，不要听信外面的谣传浮言。联文要旨在于"告""诫"小人、诸生，不要触犯法网，勿听浮言，只有认真苦读，才能考取功名。

（沈树华）

题黄埔军校大门

升官发财，请走别路
贪生怕死，莫入此门

黄埔军校，正式名称为“陆军军官学校”。孙中山先生于1924年5月在苏联与中国共产党的帮助下创办。因校址在广州黄埔长洲岛，故名。军校大门此联表达了学校培植革命力量的宗旨，不为升官发财，甘为革命事业献身。联语正气浩然，堂堂正正，威武雄壮，写出了革命党人的崇高志向与奉献精神。其中以否定语气出之，斩钉截铁，语言明快。“请走”“莫入”，如厉声呵责，革命与不革命，水火不容，表达了最充分的革命意志。（施绍文）

题清朝驻日公使馆

黄遵宪

放眼楼头，看海水南流，夕阳西下
寄怀天末，咏京华北望，零雨东归

黄遵宪，广东梅县(今梅州)人。1877年任驻日公使馆参赞，善诗，是当时著名的外交家，撰有《日本国志》。说日本维新，国势强盛，而受其害者，中国首当其冲。历史果如其言。此联题刻于中国清朝驻日本东京公使馆门前石柱上。上联写景，是一幅海空落日图。下联思乡，是一幅游子思乡画。零雨，下雨。全联对仗工稳，平仄相谐，允为佳联。（佟　今）

题　公　署(一)

吕　坤

青天下鉴此心，敢不光明正直
赤子来游吾腹，愿言岂弟慈祥

吕坤,字叔简,号心吾,明河南宁陵人,万历二年(1574)进士,官至刑部侍郎。此联为作者题公署。上联的"青天",指天空,旧时比喻清官。这里有对天发誓的意思,怎么敢不光明正直呢!下联的"赤子",指纯洁善良的初生婴儿。《孟子·离娄下》:"大人者,不失其赤子之心者也。"岂弟,和易近人。语出《诗·小雅·青蝇》:"岂弟君子,无信谗言。"联谓赤子之心就在我腹中,但愿言语和易近人,慈祥可亲。上联讲为官要光明正直,下联讲待民要平易慈祥。这是为官者最起码的守则,切记莫忘。 (沈树华)

题 公 署(二)

汤 斌

出张盖,入鸣驺,似此众目昭彰,倘一有偏私,奚逃民鉴
污吏多,清官少,敢告四乡父老,非万难忍耐,莫到公门

汤斌,字孔伯,一字荆岘,号潜庵,清河南睢州(今睢县)人,顺治九年(1652)进士,官至工部尚书。此联乃作者任江苏巡抚时所题。驺,驺从,古时达官贵人出行时,前后的侍从骑卒。作为官员,对官场的状况是非常清楚的,上联奉劝在职的官员,要洁身自好。你们外出,张罗伞盖,归来有骑卒随从,在这众目昭彰之下,若有一点偏私,如何逃过民众的眼光。下联提醒四乡父老,贪污的官吏多,清廉的官吏少,我要告诉四乡父老,不到万难忍耐的地步,切莫到官府去打官司。这是封建社会一位正直官员的内心告白,也体现了这位官员对父老乡亲的关心和庇护。 (沈树华)

题 公 署(三)

杨福五

第一严自己关防,其余则门内家丁、堂前胥吏
凡百为斯民打算,即此是告天心事、报国经纶

杨福五,字介堂,清陕西保安(今志丹)人。此联为作者任漳州太守时

所撰。作为地方官,这是他敬告民众自己对自己的要求。第一严自己关防。关防,官员印信的一种,指关防严密。这里指自己的权力。其次则要严自家门内的家丁。家丁,旧时指仆人。还有堂前的那些小吏。胥吏,旧时在官府中办理文书的小吏。不能让他们利用我的权力去谋私利。凡事都要全心全意为老百姓打算,这是我昭告天下的心事,报效国家的大事。经纶,整理丝缕,引申为处理国家大事。作为官吏,能把民众的事放在最先打算之中,懂得为民即为国,限制手下人的权力,真心实意为民着想,实在是难能可贵的。 (沈树华)

题 公 署(四)

赵慎轸

为政不在多言,须息息从省身克己而出

当官务持大体,思事事皆民生国计所关

赵慎轸,字遵路,号笛楼,清武陵(今湖南常德)人,嘉庆元年(1796)进士,官至云贵总督。他博览先儒格言,凡有益身心可致用者,皆潜心体验,遇到有关民生疾苦、国家利益的事,思之竟夕不寐。上联讲为官从政不在于夸夸其谈,而在于以身作则,时时检查自己的过失,克制自身的私欲。息息,呼吸,代指每时每刻。省身,语出《论语·学而》:“吾日三省吾身。”克己,约束克制自身的言行和私欲,使之符合某种规范。语出《论语·颜渊》:“克己复礼为仁。”下联指出当官就要事事从为国家的财政经济和人民的生活福利这些有关国计民生的大事着想,做好自己的政务工作。据载,赵慎轸关心民瘼,深得民心。此联正是其从政品德的生动体现。(佟 今)

题 公 署(五)

方大湜

事以当为归,只恐忙时我错

吏非廉可了,要令去后人思

方大湜，字守初，号菊人，清湖南巴陵（今岳阳）人。题此堂对时，任汉阳太守。官为民做事，做，是最低的要求，而是要做得妥当，才是做事的目的、归宿。联作者又说，就怕忙中出错，怕自己把事做错了。为官者只是注意廉洁还是不够的，要做到你人离开这个职位了，人们还在思念你，说明你还留在人们心中，这才是不容易做到的。（佟 今）

题 公 署（六）

蔡 英

尽力尽心，未能十分尽职
任劳任怨，不敢半点任功

蔡英，字东轩，清浙江诸暨人。此联是他任江山司训时所题，当年岁荒，蔡英劝大姓输粟赈济，他在联中说，我虽尽力尽心，但并未能十分尽职，指并不一定做好了赈济工作。下联说尽管我任劳任怨，但不敢有半点居功的念头。联文措辞通俗易懂，全用白描，并以"重言"修辞手法，使上联的"尽"字和下联的"任"字重复出现，组成新词，使联文活泼而有变化，更好地表达了作者的思想。（佟 今）

题公署大堂（七）

余小霞

领郡愧难胜，愿闾阎俗变饮羊，人除害马
同舟须共济，与僚属政期驯雉，节励悬鱼

此联题官署大堂，说治理地方要达到风俗敦厚的目的，以及要达到这些目的僚属之间应如何做的方法。领，兼任较低职级的叫领。领郡，兼任郡守。闾阎，泛指民间。俗变，改变陋俗。饮羊，《孔子家语·鲁相》："鲁之贩羊有沈犹氏者，常朝饮其羊以诈市人。"害马，害群之马。上联意谓兼任郡守愧难胜任，愿民间群众改变陋俗，不要让羊饮那么多水去牟利，应该剪除那些害群之马。雉,野鸡,代指桀骜不驯之徒。训雉,指驯服那些桀骜之徒。悬鱼,喻廉洁。《后汉书·羊续传》:"府丞尝献其生鱼,续受而悬于庭,丞后又进之,续乃出前所悬者以杜其意。"下联意谓同舟须共济,与同僚部属正期望能驯服那些桀骜之徒,鼓励廉洁的工作作风。联作者作为官吏,期望治地风清气正,官府僚属团结齐心,剪除、改造不法分子,正直廉洁地秉公办事,实属难能可贵。 (佟　今)

题　公　署(八)

薛时雨

为政戒贪,贪利贪,贪名亦贪,勿骛声华忘政事

养廉唯俭,俭己俭,俭人非俭,还从宽大保廉隅

薛时雨,清安徽全椒人,咸丰三年(1853)进士,曾任杭州知府。此联是他为官署所撰。围绕为政戒贪与养廉立意展开论述。上联说"为政戒贪",贪利是贪,贪名也是贪,不要趋骛追逐浮华声誉而忘却执政的实事。下联提出"养廉唯俭",但认为俭已是俭,俭人并不是俭,对人太俭则悭,还应从更宽大处着想,以保守住端方廉洁品行的底线。 (佟　今)

题　公　署(九)

薛贻澍

试院作官斋,藉有诗书涤尘俗

治民犹课士,愧无教化起弦歌

薛贻澍,清安徽全椒人。薛时雨之子。此联是他任荆溪(今江苏宜兴)县事时租赁试院房屋作县署,因而题此联。上联云,租试院作县署,可凭借试院的诗书荡涤官署中的尘世习俗。下联云,治理庶民如同上课教育士子,但我惭愧得很,没有把地方教化成歌舞升平的太平盛世。联文反映了作者重视文化在治理地方中的重要作用,以文化教育民众,无疑是最

好的教育。（佟　今）

题　公　署(十)

陈幼学

受一分枉法钱,幽有鬼神明有禁
行半点亏心事,远及儿孙近在身

此联是陈幼学为自己官衙中堂所题的自警联,联中所说因果报应,鬼神难欺的说法虽有时代的局限性,但简约明白地陈言利害,确有正己诫人的效用。陈幼学一生为官清廉,他的子孙后代也都承继家风,严气正性亲民廉正。幽,隐蔽。禁,指有法律禁止。（佟　今）

赠　人

赠沈曼长

徐　渭

养性不须烹紫雪
读书何但出青云

"养性"说,本于道教哲学,指涵养本性。养性的要求是摆脱得失、荣辱、贵贱、贫富等世俗观念的束缚,在心理上进入自然恬淡、清心寡欲的境界。而古代士大夫每以琴棋书画、诗酒品茗为人品清雅的标志。紫雪,指以雪烹紫茶。上联意思是无须以静坐品茗来标榜。下句的"何但",意为何止,"出青云"指官运亨通,平步青云。按传统的价值观,读书的最终目的在于通过科举而步入仕途,以博取功名,光宗耀祖。而此处一反俗见,指出读书岂止是为了仕进,以此说明要以清静平和的心境读书,这样才能得到读

书的真趣。联语洋溢着耿介绝俗、洁身自好的精神，笔力奔放劲崛，写出清高拔俗的风韵。（顾伟列）

徐渭赠人

世间无一事不可求，无一事不可舍，闲打混亦是快乐
人情有万样当如此，有万样当如彼，要称心便难脱洒

徐渭，字文长，号青藤道士，明浙江山阴（今绍兴）人，诸生，入胡宗宪幕，宗宪下狱，徐渭惧祸，自戕未死，后误杀继室，系狱七年，张元汴力救得释。归里后以诗文书画谋生。此联作者自题赠人，当是他劝人之辞。上联说世间万事均可求可舍，不必计较，打混也很快乐。下联说人情有各种各样，如非得如何才称心如意，那是自找麻烦，就不能洒脱。这种世事以不了了之的态度，反映了徐渭玩世不恭的思想，同时也是他人生经历的经验之谈，含有一定的道理。（沈树华）

赠张居正

丘　岳

日月并明，万国仰大明天子
丘山为岳，四方颂太岳相公

丘岳，明湖广黄冈（今属湖北）人，嘉靖二十六年（1547）进士。张居正，字叔大，号太岳，明湖广江陵（今属湖北）人，嘉靖二十六年（1547）进士，穆宗时，与高拱并相，神宗时，代为首辅。此联乃丘岳赠张居正，用黄金制成，张居正收到此联，甚为欣喜，立即提升丘岳的官职。但时隔不久，丘岳因事被罢官回归故里。此联运用了析字手法，上联析“明”为“日”“月”，又重组成“大明天子”。下联析“岳”为“丘”“山”，又重组成“太岳相公”。联文既赞颂了“大明天子”，又赞扬了“太岳相公”。是丘岳的奉承之词。

（沈树华）

赠 裱 工

李　渔

不肯让人称绝技
行将呼尔作功臣

李渔,字笠鸿,号笠翁,明末清初浙江兰溪人,能为小说,尤精曲谱,于南京自筑芥子园别业,其婿沈心友请王概兄弟画中国画技法图谱,刻于芥子园,故名《芥子园画谱》。此联为李渔撰赠裱工。书画装裱,是一门特殊的技艺,装裱裁制,各有尺度,印识标题,俱有成式,明清以来,装裱技艺更有改进,如托背、镶绫、镶绢、天地头、边框、手卷包皮、引首、隔水、拖尾等各有要求。书画一经装裱,益增艺术效果,便于观赏与收藏。上联云此裱工技艺不肯让人,他的装裱技术堪称绝技。下联云,对于书画家,裱工的技术高低将影响书画作品的艺术效果,装裱得好,裱工可谓之书画家的有功之臣。历代文人以作品称赞裱工甚为鲜见;李渔能撰联称赞裱工,实属难能可贵。(沈树华)

赠陈廷敬

爱新觉罗·玄烨

春归乔木浓荫茂
秋到黄花晚节香

陈廷敬,顺治十五年(1658)进士,甚得康熙信任,官至文渊阁大学士,曾总裁《一统志》《明史》《康熙字典》等的撰辑。康熙五十一年(1712),陈卒,上亲制挽诗,并命皇子前往祭奠。上联从陈乞休获允落笔,用“春归”点出陈廷敬致仕归乡之意。“乔木浓荫茂”指陈的故居“午亭山村”。这里用了借代手法,不仅显得形象生动,而且还暗寓褒扬之意。因为“乔木”是高大直立的树木,常用来衬托或象征一个人品格的高尚。下联进一步用秋菊象征陈的晚节。古人认为菊花不但可以服食,养身延年,而且冒霜吐颖,象征着品行的劲直,是“高洁”的代名词。《离骚》云:“朝饮木兰之坠露兮,夕餐秋菊之落英。”就是屈原以饮露餐菊来比喻修身洁行。“黄花晚节香”,是说陈廷敬的晚节像秋菊一样振劲朔、含凝露,令人肃然起敬。这副对联的句式较为特别,是二、五节奏。构思也十分精巧,用藏头法,“春”“秋”两字,切合陈廷敬春日辞官归乡、入秋到达故里的过程。同时,“春秋”两字又可用指年龄,概括了康熙对陈一生的评价和赞美,雍容得体,颇有独到之妙。

（俞纪东）

赠介福

于敏中

天下文章同轨辙
门墙桃李半公卿

于敏中,字叔子,号耐圃,清江苏金坛人。乾隆二年(1737)进士第一,清廷开“四库馆”,受命为正总裁,又充国史馆、“三通”馆总裁,官至文华殿大学士。此联赠介福。介福,字受兹,号景庵,又号野园,满洲镶黄旗人,雍正进士,官至礼部左侍郎。介福曾四主会试,四主乡试,其他杂试,亦不可历数。故联文云天下文章的写法、法则都差不多,拜在你门下的桃李有一半都官居公卿,成果是不可轻视的。皇上为你写的恩荣宴诗:“鹦鹉新班宴御园,摧颓老鹤也乘轩;龙津桥上黄金榜,四见门生作状元。”这是对你最高的褒奖。

（沈树华）

赠晴江

郑　燮

束云归砚匣
裁梦入花心

晴江,李方膺的号,是郑板桥同时代书画家,其画老笔纷披,不拘绳墨,亦为"扬州八怪"之一。这副题赠联,作者以其奇特的想象,对李方膺的绘画艺术作了极为形象的描绘。上联赞其山水画。束云,意思是把云彩捉来束住,然后送入砚匣。下联赞其花卉画。裁梦,有梦幻般意境,却说将梦用刀裁下,融入花中。"束云""裁梦"均违反生活逻辑,但符合艺术逻辑,这就是所谓"反常而合道"。作者的诗词注重反映现实,描绘人情物态,这副对联则反映了他风格的另一面——富有浪漫主义的色彩。　(朱惠国)

赠焦山长老

郑　燮

花开花落僧贫富
云去云来客往还

焦山在江苏镇江东面长江中,景物佳美,游客往来频繁。此为题赠联。上联说,僧人有富有贫,如像花开花落一样,有它的节候因素,不能勉强。僧贫富,是指寺院的和尚中有的得到施主捐助多,甚至拥有寺产,可雇人耕种,有的甚至却靠化缘行乞过活。下联说,客人或住或离,好似云来云去一般,是它自身所决定,只能听其自然。作者认为,僧人遭遇的好坏与人际关系的顺逆,都应委心任运,听其自然,反映了他虚心安命、顺任自然的思想。　(蒋竹荪)

赠郑燮

李啸村

三绝诗书画
一官归去来

《楹联丛话》卷十二载:"板桥解组归田日,有李啸村者,赠之以联。板桥方宴客,曰:'啸村韵士,必有佳语。'先观其出句云:'三绝诗书画。'板桥曰:'此难对。昔契丹使者以"三才天地人"属对,东坡对以"四诗风雅颂",称为绝对。吾辈且共思之。'限对就而后食,久之不属,启视之,则'一官归去来'也,咸叹其工妙。"上联赞郑多方面的才能。三绝,郑的诗词爱憎分明,慷慨激昂;他的书法融合真草篆隶,自创一格;所画兰、竹、石,秀劲简洁,风神豪迈,时人称为三绝。下联借《归去来辞》写郑罢官返乡的心情。归去来,晋陶渊明不愿为五斗米折腰,辞去彭泽令,回乡时写了《归去来辞》。郑板桥在山东范县、潍县为官十年,颇著政绩,目睹官场污浊,早萌退志,嗣因请赈忤大吏而罢官。"一官归去来"也反映了他无官一身轻的轻松心情。联语遣词用典,切合其人其事,评为工妙,堪称允当。(周世达)

赠曹雪芹

鄂比

远富近贫,以礼相交天下少
疏亲慢友,因财而散世间多

鄂比,清代乾隆时满族人,与《红楼梦》作者曹雪芹为故交。曹的一生经历了从"锦衣玉食"到"举家食粥"的巨大转变,晚年他住在北京西郊,穷愁潦倒,靠卖字鬻文为生,鄂比因以此联为赠。上联盛赞曹氏远离富贵接近贫穷,以礼相交,可惜这样的人太少了。下联慨叹社会上疏远亲戚,怠慢朋友,因财而闹得妻离子散朋友反目的事实在太多。联语针对时弊,一颂一叹,以"礼"对"财",以"交"对"散",以"少"对"多",对仗工切。(施绍文)

赠黄右原

过如新竹芟难尽
学似春潮长不高

品德修养与治学是此联的两个方面。上联将人们的过失喻为猛长的新竹,砍伐之后又冒出来,积习难除。下联又将治学喻为春潮。治学有恒,这是学习的规律,只有日进不已,点滴积累,才能汇成学海,倘如同春潮忽涨忽落,终究成不了气候。联语婉劝黄右原勇于改正错误,不断坚持学习,进德修业,日新又新,改变"难尽""不高"的状况。联中用"新竹""春潮"作比,形象生动贴切,使抽象的道理可感可触。　(黄德金)

赠黄冕

林则徐

西塞论心亲旧雨

东山转眼起停云

黄冕,字南坡,曾与林则徐同在浙江镇海抗英。后镇海失守,钦差大臣裕谦投水殉国而遭陷。道光二十二年(1842)与林则徐同时流放新疆。四年后黄冕被赦召回,林则徐情不自禁,特书赠此联。联中"旧雨",语出杜甫《秋述》诗"常时车马之客,旧,雨来;今,雨不来",谓旧时宾客遇雨也来,而现在有雨就不来了。用以借指老友。停云,语出陶潜《停云诗序》"停云,思亲友也"。此联运典精当,既抒写了老友相聚数月,促膝谈心的亲密情谊,又表达了对老友被召归而将东山再起的无限的欣喜,其中也含蕴着自己渴望再起杀敌的豪情。心昭日月,壮志凌云。对仗工整而富文采,语言含蓄而不直露。　(曹云岐)

赠伊墨卿

宋湘

南海有人瞻北斗

东坡此地即西湖

宋湘,性豪迈,下笔倜傥雄奇,诗赋自成一家。少时持帖谒惠州太守伊秉绶(号墨卿),伊素闻其名,迎入设宴。为试其才,嘱书一联,限嵌东西南北四字,宋提笔而就。南海,旧时广东之通称。时伊秉绶守惠州,故云。北斗,《新唐书·韩愈传赞》:"自愈没,其言大行,学者仰之如泰山北斗。"这里是赞誉伊墨卿其人。东坡句,苏轼字东坡,曾守杭州,于西湖筑苏堤,亦曾谪惠州,惠州亦有西湖,故云。以韩愈苏轼两人颂伊墨卿其人,既合身份,而嵌入“东西南北”四字,尤极自然。（周世达）

赠董浩

沈廷芳

著书台迥名繁露
入画山多学富春

董浩,清代书画家,诗及古文词亦工。浙江富阳人,董邦达之子。这是副文人题赠联,很讲究文字技巧。上联“迥”,遥远,此指声名远扬。“繁露”两字指西汉董仲舒的《春秋繁露》,这里有两层意思:其一是指董浩在经学和古文词上造诣高深,其作可与《春秋繁露》相比肩,其二是暗指董浩的姓氏与《春秋繁露》的作者相同。下联的手法也一样。富春江流经富阳境内,两岸青山秀美,连绵不绝。言其“入画山多学富春”,一是赞其有善画的专长;二是暗指其画多描绘家乡富春山水美景。这种手法称之为“暗切”,含蓄典雅,耐人回味,偶尔为之,也颇多趣味。（朱惠国）

赠顾蔼亭

那彦成

鹰隼入云睐所向
骅骝得路慎于平

这是清代内阁学士兼军机大臣那彦成书赠当朝大臣顾蔼亭的劝诫联。上联以鹰隼高飞入云,展翅飞翔为喻,指出得意时最要看清方向;接着,下联以骅骝(骏马)奋蹄奔驰为喻,说明得路时最易平处失足。劝诫而以比喻,比直陈更易为对方接受,效果更好。鹰隼,能高飞搏击之雄鹰,此以喻其非凡之风云际遇。睐,顾盼,此指看清方向。上下联分别以“鹰隼”“骅骝”起句,在赞扬其雄才大略及勇猛果敢性格的同时，劝其认清方向，谦虚谨慎，以免失足之恨，做到良药而不苦口，忠言而不逆耳，是其特色。（施绍文）

赠黄均

严保庸

关心夜雨疏帘，费半盏寒灯，为来日谋朝齑夕韭
回首春风上苑，剩一枝秃管，与诸君写近水遥山

黄均，江苏元和人，清代画家。字穀原，号香畴，工山水花卉，道光间曾供奉内廷。后引疾归里，靠卖画为生，严保庸撰此联相赠。对联对黄均"辞官卖画"的清贫生活作了极为形象的描述，笔端既有赞赏，又含同情。上联写灯下作画情景：夜雨淅沥，疏帘半卷，昏黄油灯下握笔作画，以求换得次日菲薄的饮食。朝齑（jī）夕韭，早晨以腌菜下饭，晚饭以韭为菜，形容生活贫苦。下联由眼前的清贫转到以前的得意，再回到现实，回忆宫中以笔墨传奉君王的豪华生活，令人神往，然而往事已不堪回首，如今只剩下一枝秃笔，要为各方友人移山引水，纳千里于尺幅，平添生活情趣。上苑，皇家园林。李煜《望江南》词："还似旧时游上苑，车如流水马如龙，花月正春风。"联语文字典雅，意境优美，对仗工整，表现出画家淡泊的日常生活与崇高的精神境界。（朱惠国）

赠林则徐（一）

程恩泽

理事若作真书，绵密无间
爱民如保赤子，体会入微

林则徐因禁止鸦片，被腐败的清政府革职查办，充军新疆伊犁。友人程恩泽赠此联慰问。上联说，你办事像你写的楷书一样，一丝不苟，严肃而缜密。下联说，你做官像抚养初生婴儿一样，无微不至，体贴入微。赤子，初生婴儿，又指百姓，语出《书·康诰》："若保赤子。"联语运用比喻手法，以

"理事"与"真书"、"爱民"与"赤子"互喻,既赞林的为政爱民之心,又誉其书法娴熟工妙,语简而意深。（施绍文）

赠林则徐(二)

梁章钜

麟阁待劳臣,最难西域生还,万顷开荒成伟绩

凤池诏令子,喜听东山再起,一门济美报清时

上联庆祝林则徐被谪戍新疆,得庆生还,而他在伊犁的功绩可入麟阁。麟阁,即麒麟阁。汉宣帝时,曾图霍光等十一位功臣像于阁,以表扬他们的功绩,后世遂以"麟阁"表示卓越的功勋和最高的荣誉。"劳臣"指林则徐。鸦片战争时林被构陷,远戍伊犁。林在那里率军民开垦荒地,兴修水利,功劳卓著。下联颂林氏父子东山再起,官复原职,喜上加喜。"凤池"即凤凰池。魏晋南北朝时,设中书省于禁苑,掌管一切机要,接近皇帝,故名。东山再起,语出南朝宋刘义庆《世说新语·排调》:"谢安在东山,朝命屡降而不动,后出为桓宣武司马。"本指隐而复出,后用以喻失势后再次得势。林氏得诏复出,先任陕甘总督,旋抚关中。其子镜帆亦被起用为编修。济美,指继承先辈业绩,《左传·文公十八年》有"世济其美"句。孔颖达疏:"后世承前世之美。"清时,太平盛世。实则其时并不清平。此联是林氏复出职时,梁氏所赠。林、梁皆福建人,一生友谊甚深。林氏被谪,国人愤恨,梁氏更甚。今官复原职,梁氏喜出望外。联语情真意切,溢于言表。（周　监）

赠梁章钜

林则徐

曾从二千石起家,衣钵新传贤子弟

难得八十翁就养,湖山旧识老诗人

作者的同乡好友梁章钜之子梁恭辰分发浙江以知府补用,迎其父就养杭州,杭州乃梁旧游之地,林得讯后即复函祝贺,中有"哲嗣以二千石洊登通显,台端以八十翁就养湖山"之句,梁又请扩为长联,作者撰此以报。上联大意,

父亲从二千石开始做官,贤能的儿子继承了父亲的衣钵。二千石,汉时郡守俸禄为二千石,后遂以二千石指知府的官职。衣钵,佛教指师傅传给徒弟的袈裟和钵盂,后泛指传授下来的思想、技能、规矩等。梁章钜初任官为荆州知府,其子初任杭州知府,故云衣钵新传。下联大意,难得八十岁时有儿子迎来奉养,何况杭州湖山与老诗人还是旧相识呢。此联的情、景、事密切结合,用语也十分质朴,充分体现了老友之间的真诚情谊。 （蒋竹荪）

赠叶仙庚

林则徐

人自玉堂来,吏亦称仙原不俗
神从金马至,民能使富莫忧贫

叶仙庚赴云南富民县上任时,好友林则徐撰此联相赠。叶仙庚乃翰林院出身,故称他自“玉堂”来。唐宋后称翰林院为玉堂。上联紧扣叶仙庚名字中的“仙”字,说“吏亦称仙原不俗”,其中既有赞扬,亦有期望。金马,官署的代称。下联紧扣“民能使富”,说从翰林院官署来到富民县的官署,能使人民富足,不担忧贫穷。寄托了联作者的富民主张。 （沈树华）

赠魏成宪

阮　元

两袖清风廉太守
二分明月古扬州

阮元,字伯元,号芸台,清江苏仪征人,乾隆五十四年(1789)进士,官至体仁阁大学士,在杭州、广州创建诂经书舍、学海堂,提倡朴学,罗致学者,从事编书刊印工作,校刻《十三经注疏》,汇刻《皇清经解》等。此联赠魏成宪。魏成宪,仁和(今杭州)人,字宝成,号春松,乾隆进士,官至御史。嘉庆初,魏成宪出任扬州太守,阮元赠以此联。上联说魏成宪两袖清风,是一位清廉的太守。两袖清风,语出明代于谦《入京》诗:“清风两袖朝天去,免得闾阎话短长。”后以喻为官清廉,除两袖清风外别无他物。下联说古时扬州繁华。唐代诗人徐凝《忆扬州》诗:“天下三分明月夜,二分无赖是扬州。”意谓三分天下的明月,扬州即占其三分之二,比喻扬州繁华。阮元为繁华的扬州有这样一位清廉的太守而感到高兴。 (沈树华)

赠云怡

张问陶

汲水灌花私雨露

临池叠石幻溪山

张问陶,清代著名诗人、书画家,四川遂宁人,乾隆进士,官莱州知府,晚年居住吴门,以诗、书、画自娱。此联是他撰赠友人云怡的。“汲水灌花”本为清雅之事,但又“私雨露”,便含意深刻了。雨露,既指雨水、露水,亦喻恩泽。唐高适《送李少府贬峡中王少府贬长沙》诗:“圣代即今多雨露,暂时分手莫踌躅。”即有恩泽意。张问陶在诗、书、画方面对云怡亦有培养和传授的意思。“临池叠石”,描写园林中的景色,但“幻溪山”,一个“幻”字,就让你想到真山真水的神态。这里“临池”也语出双关,既可作在池水边解,也可作临墨池作书画解。总之此联有以书画授人的含义在。 (沈树华)

赠杨芳灿

钱泳

百首新词填白石

一枝妙笔补仓山

钱泳,字立群,号梅溪,清江苏金匮(今无锡)人,诸生,入毕沅幕,后以访碑、刻帖、著述为业。此联赠杨芳灿。杨芳灿,字蓉裳,袁枚弟子,乾隆拔贡,官甘肃伏羌知县,回民田五为乱,守城五日围解。擢知灵州。后官户部员外郎，好为诗，又工骈文，惊才绝艳。上联说杨芳灿填词学南宋词人姜夔。姜夔，字白石，精通音律，词重格律，音节谐美。下联说杨芳灿诗文妙笔继承了其师袁枚的衣钵。袁枚，字子才，号简斋，别号随园老人，居于南京小仓山，著有《小仓山房诗文集》。（沈树华）

赠何栻

曾国藩

千顷太湖，鸥与陶朱同泛宅

二分明月，鹤随何逊共移家

何栻，字廉昉，清江阴人，道光进士。曾任吉安知府。罢官后流寓淮扬，以盐致富，大营第宅，曾赠以此联。上联写致富之事。说在浩浩千顷的太湖上，你像陶朱公一样，与鸥鸟为侣。"陶朱"即范蠡，佐勾践灭吴，报会稽之耻，知勾践可与共患难，难与同安乐，遂浮海至齐，隐姓名，与鸥为侣，治产至数千万。复尽散其财去陶，自号陶朱公。逐十一之利，又致富累万。见《史记·货殖列传》。泛宅，谓以船为家。《新唐书·张志和传》："愿为浮家泛宅，来往苕霅间。"下联写营建之事。说在二分明月之夜，你像南朝何逊一样，伴随着仙鹤，移家扬州。何逊，字仲言，南朝梁东海郯人。在扬州时，每值梅花盛开，常吟哦其下。后官居洛阳，思梅不得，固请再任扬州，以鹤自随，适寒梅怒放，大开东阁，与文士友好，笑傲终日。《梁书》《南史》皆有传。杜甫《和裴迪登蜀州东亭送客逢早梅相忆见寄》诗："东阁官梅动诗兴，还如何逊在扬州。"徐凝《忆扬州》诗："天下三分明月夜，二分无赖是扬州。"联用致富与何家典故，出以雅词而恰如其人，是用典之最工者。（周　监）

鲁迅书赠瞿秋白

何　溱

人生得一知己足矣

斯世当以同怀视之

此联是清人何溱集王羲之《兰亭序》字写成。三十年代初,瞿秋白与鲁迅先生在上海,共同领导新文化运动,建立了深厚的革命友谊,鲁迅因何联切合两人共同心愿,故书写以赠。上句“得一”“足矣”相配,认为知己难得,而瞿秋白正是生死不渝的知己而深感满足。下联,“斯世”,即这世,“同怀”,即兄弟,“当以”手足之情相待,充分表达了两人的思想境界、文化修养、立场观点上的默契同心。联语点明鲁瞿两人的情感非同一般,又揭示了“人生难得一知己”的哲理。 (曹云岐、周　监)

赠汤增璧

黄　兴

立节可为千载道
成文自足一家言

此联是辛亥革命时革命家黄兴书赠汤增璧的。汤增璧(1883—1948),江西萍乡人。早年留学日本,加入同盟会。回国后任黄兴秘书,以后历任《北平民主报》《劳动日报》编撰,湖南船山学社、湖南省立一师教员。上联言节操。立节,意为重视气节。古人云:“一身轻似叶,所重全名节。”我国自古以来,多少志士仁人立节守志,刚直不阿,无不代代为人称颂、敬仰。全句赞扬汤的人品高尚。下联讲文才。说汤的文章有独立见解,自成体系,点明高尚的人品,对“成文”的重要。一家言,典出司马迁《报任少卿书》:“亦欲以究天人之际,通古今之变,成一家之言。”联语言志论文,对汤的德才作了高度评价。 (顾伟列)

赠林可达

姚　琮

身安茅屋稳
心定菜根香

茅屋往往经不起大风大雨,但一个精神上有所寄托的人却能安稳地住下来。菜根是无味的,被视为弃物,一个淡于名利、不事奔竞的人,却能品尝到它的香味。明人洪应明《菜根谭》有云:“天劳我以形,吾逸吾心以补之,天厄我以遇,吾高吾道以通之。”对于物质条件的艰苦,应从精神上作自我调节,一切不妨以淡泊处之。联语朴实无华,避免了浮华词藻,正合赠人题旨。 (蒋竹荪)

赠刘云若

方尔谦

倦飞知还,云无心以出岫

含睇宜笑,若有人兮山阿

上联语出陶渊明《归去来辞》“云无心以出岫,鸟倦飞而知还。”意谓天上的云彩自然地从山穴里飘出,鸟儿飞倦了也知道自己回来。岫(xiù),山穴。下联语出《楚辞·九歌·山鬼》:“若有人兮山之阿……既含睇兮又宜笑。”意谓有个人在山窝窝里,面带笑意,斜着眼睛在看。睇,斜视。刘云若,天津著名小说家。方尔谦与刘友善,刘求撰联,方作此以应,劝刘笑脸常开,有事不要郁结于心。联中巧嵌“云若”二字,极为自然,可见作者才思之敏捷。 (周世达)

赠周瘦鹃

邓散木

个中小寄闲情,待移来五岳精灵,供之几席

此处已非故国,且分取南冠涕泪,洒向花枝

抗战期间,作家周瘦鹃因避战乱,寓居上海愚园路田庄。他借得一个花圃,侍弄山水花草,制作盆景出售,既为消遣,也资糊口。时书法家邓散木也滞留上海,即写此联以赠。上联谓,闲情无所寄托,只得将名山精灵再现于盆景之中,供之于几案之上,以慰忧国之思。五岳,指东岳泰山、南岳衡山、中岳嵩山、西岳华山、北岳恒山，代表着华夏的精魂，抗战期间，多为日寇占领。下联说，此地已是沦陷的孤岛，我辈回天无力，只能与日寇铁蹄下形同楚囚的同胞同挥悲愤之泪，用以浇灌花枝。南冠，典出《左传·成公九年》："（晋侯）问之曰：'南冠而絷者谁也'？有司对曰：'郑人所献楚囚也'。"后以"南冠"为囚犯之代称。此联反映了上海沦陷期间知识分子请缨无路、报国无门的悲叹。 （朱惠国）

赠徐悲鸿

章士钊

海内共知徐孺子

前身应是九方皋

徐悲鸿是我国现代著名画家，兼擅油画与中国画，尤精素描。上联用东汉名士徐孺子的典故。据《后汉书·徐稺传》载，徐孺子名稺，躬耕隐居，德行高洁，陈蕃为豫章太守，平时不接待宾客，唯徐孺子来访时，才设一睡榻，徐去后又悬置之。联语援用此典，既切徐悲鸿的姓氏，又称颂其画名卓著，遐迩传扬。下联的"九方皋"是春秋时人，善相马。据《淮南子·道应》《列子·说符》等载，九方皋因伯乐的推荐，为秦穆公求千里马，不辨颜色和雌雄，却能评断马的优劣。徐悲鸿向以画马闻名，他曾创作了轰动画坛的巨作《九方皋》。下联用此典故，收"一石二鸟"之效。既赞徐悲鸿对马之形神体察精微，心手相应，写照传神，又赞徐悲鸿执教画坛，慧眼育才。全联研炼典故，切人切事。寥寥十四字，便将这位画坛巨匠的声名成就概括无遗。 （顾伟列）

赠徐志摩

梁启超

临流可奈清癯，第四桥边，放棹过环碧

此意平生飞动，海棠花下，吹笛到天明

徐志摩(1896—1931),现代诗人,新月派代表。诗作甚多,1931年11月由南京赴北平途中因飞机失事遇难。此系集宋人词句为联。上联首句出陆壑《高阳台》,次句出姜夔《点绛唇》,三句出陈允平《秋雾》,全句记1924年印度大诗人泰戈尔访华,徐曾陪游玩杭州之事。下联首句出李祁《西江月》,二句出王之道《青玉案》,末句出陈简斋《临江仙》。全句记徐曾在海棠花下作诗通宵达旦之事。任公(即梁启超)好集词为联,此联尤见剪裁之妙,不仅对仗工稳,语如己出,而慷慨长歌,更饶意境。徐志摩为梁启超弟子。联语刻画宛然,甚合徐之性格,弥足欣赏。

(钱剑夫)

赠刘海粟

蔡元培

技进乎道,庶几不惑
名副其实,何虑无闻

刘海粟,现代著名画家,江苏常州人。早年创办上海国画美术院(后改上海美专)。他融贯古今,自辟蹊径,造诣精深。上联赞艺术造诣。谓其绘画已掌握了艺术创作规律,接近无惑的境界。技进乎道,《庄子·养生主》:"臣之所好者道也,进乎技矣。"庶几,差不多。《诗·小雅·頍弁》:"庶几说怿。"不惑,《论语·为政》:"四十而不惑。"意谓到了四十岁,掌握各种知识,不致迷惑,后遂以四十为不惑之年。下联赞社会声望。画家的称号既与实际水平相符合,何必担心四十岁还没名望呢。名副其实,即名实相副,名称与实际相符合。无闻,没有名望,没有名声。《论语·子罕》:"四十五十而无闻焉,斯亦不足畏也已。"联语旨在赞许画家的艺术造诣和名望,而"庶几""何虑"二词并寓勉励之意,颇合年长者的身份。同时全联是围绕四十岁来写,却不见"四十"的字面,足见作者运典纯熟,文字功底深厚。

(蒋竹荪)

赠陈从周

王蘧常

叠石疏泉,长房缩地
模山范水,云林复生

陈从周,园林和古建筑学家,同济大学教授,曾主持修理改建上海豫园等,作者赠以此联。上联大意,叠石为山,疏泉为池,如同掌握了费长房化远为近的缩地之术。缩地,方士化远为近之术。晋葛洪《神仙传》:"(费长)房有神术,能缩地脉,千里存在,目前宛然,放之复舒如旧也。"下联大意:以山水画为范本,化平面为立体,构筑园林,好像倪云林复活了。云林,倪瓒,号云林,元代大画家,园林艺术家。1342 年,他融合画法设计建造苏州狮子林,"假山为主骨,水面为对衬,建筑环周而辅之,使园中处处洞壑,曲折幽奇",倪因此闻名。联语以山、水、石、泉四字概括造园艺术,运用典故,切合人物身份,对仗平仄,亦颇严整。

(余心乐)

赠侯外庐

郭沫若

公生明,偏生暗
智乐水,仁乐山

侯外庐是我国著名的哲学史家。1948 年冬,郭沫若与侯外庐同船由香港赴北平,途经沈阳时,侯于某古玩店购得闲章一方,上刻有"公生明,偏生暗"六字。郭见后爱不释手,侯遂将此章赠郭。事后,郭以"智乐水,仁乐山"与闲章所刻之语配成一联,赠侯留作纪念。联语上句出自《荀子·不苟》,意谓公正能使人明白事理,偏私会令人愚昧糊涂。下句语本《论语·雍也》"智者乐水,仁者乐山",这里借以比喻彼此在学术上各有专攻。全联

表达了两位学者互勉切磋的愿望，联文虽是集句，却似顺手拈来，恰到好处，毫无拼凑痕迹。（顾伟列）

赠沈宗瀚

蒋梦麟

学道，信道，乐道
识人，用人，容人

沈宗瀚，浙江余姚人，农学家。1918 年北京农专毕业，自办实习农场。后赴美获博士学位，回国后在金陵大学任教，主持小麦、高粱、水稻的育种研究，培育了不少良种。1934 年任当时中央农业实验所副所长，1949 年赴台湾。对于这样一位终身从事科学研究的学者，作者只赠给十二个字。一方面学习、钻研客观世界规律，确信规律的巨大作用，乐于为科学事业而献身。另一方面是慧眼识人，不决定于一时一事；用人要取其所长，不必求备；能容人而不念旧恶小怨。识人，鉴别人才。吕坤《呻吟语·省察》有“观操守在利害时，观精力在饥疲时，观度量在喜怒时”句，所言正可与本联参阅。上联讲治学，下联讲对人，所提问题比较全面而又切合题赠对象。

（蒋竹荪）

赠北大毕业生

蔡元培

各勉日新志
共证岁寒心

本联语言质朴，含义深刻，是蔡元培先生为北大毕业生题，镌刻在赠送毕业生的铜尺上。上联“日新”语出《礼记·大学》“日日新，又日新”，意在勉励毕业生离校后奋斗不息，不断求新。下联“岁寒”出自《论语·子罕》“岁寒然后知松柏之后凋也”，暗示世道纷乱，社会黑暗，更须保持松柏坚贞之节，在艰苦环境中经得起考验，成为对国家和人民有用的栋梁之材，而他自己就是霜雪风雨中傲然挺立的松柏。对联虽写给学生，但“各”“共”两字，体现了教育家严于律己的高尚品格和平等待人的长者风范。

（朱惠国）

赠陶冷月

蔡元培

尽善尽美武韶异
此心此理东西同

蔡元培，号孑民，浙江绍兴人，清光绪十八年(1892)进士，选庶吉士，补编修。光复会发起人，同盟会会员，任临时政府教育总长、北京大学校长。1927 年后，任大学院院长、中央研究院院长、监察院院长。九一八事变后，与宋庆龄等组织中国民权保障同盟。此联赠画家陶冷月，作于 1924 年 5 月 1 日。陶冷月，江苏苏州人，江苏两级师范学堂本科毕业，任长沙雅礼大学艺术教授，抗战爆发后隐居上海。致力于研究中西画法融合，喜画瀑布和月梅图，他曾题诗曰：“蟠天际地万枝斜，枝隙还留补月华。一片空明香欲动，不知是月是梅花。”蔡元培在赠联中赞陶冷月的画尽善尽美，各种画法都有其特点，东方艺术和西方艺术在心理和画理上是相通的。给予陶画很高的评价。武，武王乐也。韶，舜乐名也。

（佟　今）

赠黄兴

孙中山

安危他日终须仗
甘苦来时要共尝

孙中山，我国伟大的民主革命先行者，制定了“驱除鞑虏，恢复中华，建立民国，平均地权”的资产阶级民主革命纲领，1911 年领导了推翻清王朝的辛亥革命，建立中华民国。黄兴，湖南长沙人，号克强，1905 年在日本与孙中山筹划成立中国同盟会，多次参加武装起义，辛亥革命后被推为革命军总司令，是孙中山革命事业中忠实追随者。此联为 1914 年 6 月 27 日，黄兴在日本举行叙别宴会，孙中山率众多同志至黄兴处共进午餐，席间孙中山撰书此联相赠。两人在革命斗争中，亲密无间，团结合作，黄兴对孙中山的革命事业予以全力帮助和支持，联语说安危终须仗，甘苦要共尝，表达了孙中山对黄兴的倚重、信赖和期望，也体现了他们之间的战友深情。

（佟　今）

赠宋庆龄

孙中山

精诚无间同忧乐
笃爱有缘共死生

孙中山，广东中山人，我国伟大的民主革命先行者，1911 年领导了推翻清王朝的辛亥革命，建立中华民国。宋庆龄，孙中山夫人，中华人民共和国名誉主席。此联上款云“庆龄贤妻鉴”。1914 年 9 月宋庆龄任孙中山英文秘书，1915 年 10 月 25 日，宋庆龄力排世俗之论，与孙中山在日本举行婚礼，忠实地追随孙中山先生革命。此联以诚挚的情感，明白的语言，表达了作者对这份感情的笃爱和珍惜。

（佟　今）

赠吴梅

张荣培

借金荃旧谱，翻铁笛新声，一曲寓兴亡，识独超汤玉茗李笠翁而上

采朝野遗文，成古今杂剧，千秋垂惩劝，名合厕孔云亭蒋藏园之间

张荣培,字蛰公,江苏长洲(今苏州)人,诸生。以坐馆授学为业,南社社员,晚寓沪上,与吴梅等唱和。此联赠吴梅。吴梅,江苏长洲(今苏州)人,字瞿安,晚号霜崖,攻古诗词文,并钻研古乐曲,曾先后在东吴大学、北京大学、东南大学、中山大学、光华大学、中央大学、金陵大学任教,有《霜崖文录》《霜崖诗录》《霜崖词录》《霜崖曲录》《霜崖四剧》等著作。此联盛赞吴梅在诗词戏曲艺术上的成就。金荃,唐诗人、词人温庭筠,词集名《金荃集》,有王国维辑本。玉茗,明戏曲家汤显祖斋堂名。汤有《玉茗堂全集》。笠翁,清戏曲理论家李渔字。李有戏曲《笠翁十种曲》。云亭,《桃花扇》作者戏曲家孔尚任自署云亭山人。藏园,清戏曲家蒋士铨号,蒋刻有《藏园九种曲》。上联意云借温庭筠词集《金荃集》旧谱,翻成铁笛新声,一曲寓兴亡,思想性超过了汤显祖、李笠翁。下联意云采集朝野遗文,编成古今杂剧。千秋以惩劝为旨,吴梅的大名合在孔尚任、蒋士铨之间。吴梅在词曲方面的成就是值得称赞的,对联的评价似乎稍有溢美之意。(佟　今)

赠王森然

齐白石

工画是王摩诘
知音许钟子期

齐白石,名璜,字濒生,以号行,湖南湘潭人,木匠出身,晚年定居北京。擅画花鸟虫鱼,造型简炼,色彩热烈,篆刻奇肆劲辣。1949年后,任中国美术家协会主席。这是齐白石赠给画家王森然的一副对联。王森然,直隶(今河北)定县人,早年参加过“五四”和“五卅”运动,后在各地从事教育工作,是刘志丹、谢子长等人的老师。后任中央美术学院教授,与齐白石交谊深厚。齐白石在上联中评价王森然的画犹如王摩诘。王摩诘,即唐代王维,明代董其昌尊王维为山水画南宗的创始人,以水墨画山水,对后世影响很大。联文以王摩诘喻王森然,也有借同姓之意。下联齐白石把王森然看成自己的知音。钟子期,典出《列子·汤问》,春秋时伯牙善鼓琴,钟子期能完全理解伯牙琴中之意,后人把钟子期比作知音。(佟　今)

赠钱锺书

王蘧常

熔铸百家，远惊海客
雕镂万象，独得骊珠

王蘧常，浙江嘉兴人，文史学家，书法家，复旦大学教授。这是他赠作家、古典文学研究学者钱锺书的对联。上联品评钱锺书"熔铸百家"的大作《谈艺录》《管锥篇》的声誉从国内延誉至海外。下联写钱锺书的小说代表作《围城》将人的心灵刻画得惟妙惟肖，以"独得骊珠"形容其取得的杰出成就。（佟　今）

赠吴大猷

张佛千

可久可大，以简以易
嘉谟嘉猷，有执有容

张佛千，安徽庐江人，台湾作家。此联赠物理学家吴大猷。"可久可大"，语出《易经》："可久则贤人之德，可大则贤人之业。"指贤人的"德""业"。"以简以易"，语出《晏子春秋》："行安简易，身安逸车。"云简易则安。"嘉谟嘉猷"，语出《尚书》："尔有嘉谟嘉猷。"意谓有好的谋划。"有执有容"，语出《中庸》："宽裕温柔，足以有容也；发强刚毅，足以有执也。"有驾驭有宽容。联文引成句作适当改易，巧嵌"大""猷"之名，极赞吴大猷德业高尚，生活简朴，规划事业，驾驰有方。读之很有启发。（佟　今）

赠梁实秋

张佛千

彩凤食琼枝，高一百仞生实
大椿禀灵气，每八千岁为秋

梁实秋,浙江余杭人,曾任台湾师范大学文学院院长。张佛千,台湾作家,擅撰联,是梁实秋的好友。他应梁实秋之属,为梁实秋撰写此联。联语上下句均出自《庄子》,以“彩凤食琼枝”喻其才华杰出。从空间说他高到一百仞结出果实。仞,长度单位。用“大椿禀灵气”祝其长寿。大椿,木名。《庄子·逍遥游》:“上古有大椿者,以八千岁为春,八千岁为秋。”从时间上祝他长寿,并用雁足格,嵌“实”“秋”于联尾,梁实秋见之,甚为欣喜称绝。

(佟　今)

赠潘絜兹

于右任

继往圣绝学

开国画新机

于右任是国民党元老,又是知名书法家,他的书法得力于《郑羲碑》《石门铭》,精于笔法而以稚拙简漫出之,善草书,以碑入草,尤于唐代怀素的小草千字文用功甚勤,造诣甚深,用心布白,于宽博潇洒中别具神韵,在书画界名望甚高。此联赠画家潘絜兹。潘絜兹,1915 年生,浙江人,北京画院画师。联文对潘絜兹评价甚高,上联说他继承前代画圣的绝学,下联说潘絜兹的作品开国画的新机。

(佟　今)

赠高旭

柳亚子

白衣骂座三升酒

红烛谈兵万树花

柳亚子,吴江人。高旭,金山人。两人均为同盟会会员,同为革命文学团体南社的主创者,是志趣相投的好友。此联是柳亚子赠高旭的。上联说他们经常在酒后争吵不休,不过吵后并不影响友谊,故下联说在革命斗争中我们依然志同道合,剪烛西窗,谈兵论政。白衣,指没有功名的人。联文将开诚布公、推心置腹两位好友的神情和志向都描绘得神完气足,表达了他们之间心地坦荡的品格。（佟　今）

赠丰子恺

马一浮

星河界里星河转

日月楼中日月长

丰子恺,浙江桐乡人,著名画家,曾任上海美协主席,上海中国画院院长。马一浮,浙江绍兴人,学者,曾任中央文史馆副馆长。此联赠丰子恺。上联述丰子恺1949年前生活的艰难困苦,下联赞丰子恺1949年后生活的安定舒适。抗战期间丰子恺在遵义所住之屋房顶有破洞,便取苏东坡"时见疏星渡河汉"诗意,命名所居为"星河楼"。1949年后丰子恺安居上海,以喜悦之情命名所居为"日月楼"。联作者从居所不同的角度,歌颂了中华人民共和国成立后迎来的新生活、新日月,于平淡中蕴含历史变迁的深刻含意,富有较高的思想性和艺术性。（佟　今）

赠刘海粟

陈独秀

行无愧怍心常坦

身处艰难气若虹

陈独秀,字仲甫,安徽怀宁人。五四新文化运动主要领导人之一,中国共产党创建人和早期主要领导人之一。1932年陈独秀被国民政府拘押在南京第一监狱,著名画家刘海粟时从国外归来,闻此消息便申请前去探视。探视时刘海粟请陈独秀题字留念,陈独秀当即应允,一挥而就,题赠此联。联文虽属赠人,实乃自况。上联云自己言行如一,光明磊落,上不愧天,下不作人,内心非常平静坦然。下联说自己虽身陷囹圄,处境艰难,但仍刚毅不屈,豪气满怀,其势若虹。表现了他作为革命领袖的宽大胸怀。

（佟　今）

赠谢荷璋

萨镇冰

穷达尽为身外事
升沉不改故人情

萨镇冰,福建闽侯人,曾任广东水师提督,民国时授上将军,任海军总长,一度代理国务总理。中华人民共和国成立后,任政协全国委员,中央人民革命军事委员会委员。谢荷璋,著名女作家冰心之父,萨镇冰挚友。此联为好友之间酬赠之作。穷达,困阨与显达。上联说穷达都是身外事。《易》曰:“穷则独善其身,达则兼济天下。”升沉,仕途升降进退。下联说不管仕途是升是降,都不会改变故人之间的情谊。这是友人之间推心置腹的坦诚表白。（佟　今）

赠吴淞商船学校诸生

萨镇冰

若无后悔须勤学
各有前因莫羡人

萨镇冰,福建闽侯人,曾任广东水师提督、海军总长。后被任命为吴淞商船学校校长。对于萨镇冰从高位降任一校之长,社会各界人士多有不平之鸣。对此,他撰此联赠学校诸生,既是劝诫,也是自警。上联说,一个人在地位上要不使自己后悔,便需要刻苦勤学。下联说,一个人职位的高低自有前因后果,因此不要羡慕别人,而应当自省。既表现了联作者的豁达心胸,也表达了作者正视现实的态度。（佟　今）

赠郑逸梅

袁克文

李谪仙龙蟠凤逸
林君复子鹤妻梅

袁克文,河南项城人,袁世凯次子,他消极反对袁世凯称帝,曾劝其父"莫上琼楼最高枝"。后在上海发起中国文艺学会,自任会长。此联赠著名掌故作家郑逸梅,以雁足格嵌"逸""梅"于联尾。李谪仙,唐代大诗人李白,贺知章称其为"谪仙"。龙蟠凤逸,即龙盘凤逸,指才能非常而未为世知之人。林君复,宋代林逋,字君复,钱塘人,工诗书,不娶,种梅养鹤自娱,因有"梅妻鹤子"之称。此联借古喻今,以两位古代名人,喻称郑逸梅的才学人品,饶有兴味。 （佟　今）

赠高燮

郑逸梅

具陆羽卢仝旨趣
与秦斯汉邕为缘

郑逸梅,江苏苏州人,著名掌故作家。此联赠好友高燮。高燮,上海金山人,南社诗人,喜书法,爱品茶。上联以唐代著《茶经》的陆羽,和写《茶歌》的卢仝比喻高燮喜爱饮茶、品茶的旨趣。下联说他与秦代书法家李斯,东汉书法家蔡邕结缘,赞他对书法的热爱。高燮晚年常以朱笔录《金刚经》赠送亲友。 （佟　今）

赠陈从周

叶恭绰

洛阳名园,扬州画舫
武林遗事,日下旧闻

叶恭绰,字誉虎,广东番禺(今广州)人,清末廪生,京师大学堂毕业,民国时任交通部长,国民政府国学馆馆长。陈从周,专治园林建筑,同济大学教授。此联四句,分别指四部记述地方历史的名篇《洛阳名园记》《扬州画舫录》《武林遗事》《日下旧闻考》。联文借这四部记述园林的名著,赞扬陈从周在园林建筑领域的贡献,是对陈从周园林建筑艺术的推崇和首肯。

(佟 今)

赠周信芳

吴湖帆

百口齐唱萧相国
万人争看薛将军

吴湖帆,著名画家,江苏吴县人,曾任故宫博物院赴伦敦名画展审查委员,1956 年聘为上海中国画院画师。此联赠周信芳。周信芳,著名京剧演员,艺名麒麟童,浙江慈溪人,善演老生并形成自己的风格,世称麒派。任上海京剧院院长、上海文联副主席等职。上联所说萧相国,代指周信芳演出的代表作《萧何月下追韩信》。下联所说薛将军,代指周信芳演出的代表作《薛仁贵投军别窑》。联文歌颂了他演出的剧目,实际上是赞赏他在京剧艺术中取得的杰出成就。

(佟 今)

赠盖叫天

吴湖帆

英名盖世三岔口
杰作惊天十字坡

这是画家吴湖帆赠著名京剧演员盖叫天的一副对联。盖叫天,河北高阳人,原名张英杰,号燕南,童年入天津隆庆和科班,初学武生,后改学老生,倒嗓后复演武生,长期在上海、杭州一带演出,继承了南派武生和其他行当表演艺术的长处,逐渐形成独具特色的盖派表演艺术,有江南活武松之称。《三岔口》《十字坡》,均盖叫天代表剧目。对联称赞他“英名盖世”“杰作惊天”,是对他表演艺术的极高评价。联文并以鹤顶格,嵌盖叫天原名“英杰”于上下联首字,更增添了联文对盖叫天名称的契合。（佟　今）

赠侄孙吴本清

吴玉章

创业难,守业亦难,须知物力维艰,事事莫争虚体位

居家易,治家不易,欲自我身作则,行行当立好规模

吴玉章,字树人,四川荣县人,无产阶级革命家、教育家、历史学家、语言文字学家,曾任延安鲁迅艺术学院院长、延安大学校长、中国人民大学校长等职。1963 年吴本清去中国人民大学看望叔祖吴玉章,并请题词以作纪念。吴玉章当即应允,即在吴本清日记本上题写三副对联,此即其一。联语讲创业与治家,他勉励吴本清要勤劳俭朴、不慕虚荣、以身作则、遵纪守法,做一个好公民。（佟　今）

赠周溥泉

陈澹然

披云凌日观

嚼雪卧天山

此联是作者赠给他的学生的,教育他要有识见和操守。古人说,“登东山而小鲁,登泰山而小天下”,可见泰山之高峻。日观峰是泰山的绝顶,登临其上,上薄云天,身披云彩,举目四顾,视野极为广阔辽远,以喻人应有高超广博的识见。天山横贯新疆西北部,绵亘数千里,山峰终年积雪,四无人烟,处在这样险恶的环境中,嚼雪以充饥,卧山以解困,生命虽受到威胁,但对自已所坚持的真理,毫不动摇,以喻人应有坚贞不屈的节操。知识和操

守,做人不可不备。作者用具体形象的比喻来说明二者所要到达的高度。气势磅礴,语言豪壮,迥异于一般的、苍白无力的抽象说教。（周 艺）

赠歌妓小金

曹雨人

小楼一夜雨

金粉六朝人

据说扬州有文士曹雨人,工诗,寄寓南京,与秦淮歌妓小金交往甚密,因赠以联。此联写景写人,又以典故点明人物身份,内涵丰富,而首尾分别嵌入两人之名,未露痕迹,尤见其巧。且意境雅逸,怀人怀古,融为一体,堪称诗笔。（张 一）

赠 牙 医

没齿无怨

每饭不忘

某君患牙病,痛苦不堪,就医诊断,拔去蛀牙,不日即痊,特撰联以谢。上句语出《论语·宪问》:“没齿无怨言。”没齿,原指“终身”,这里借用字面,指拔去坏牙解除了痛苦,因而没有了牙齿,也无怨言。下句出陈文烛《重修瀼西草堂记》:“忠君忧国,每饭不忘。”原用以颂扬诗圣杜甫,这里借来表示对医生的感激。集两句成联,极见巧思,含蓄蕴藉,以短取胜。（周 监）

赠北京大学

云南省商联

博我以文,日就月将,惠此南国

仰之弥高,察时垂象,譬如北辰

1937 年抗战爆发，北大、清华、南开三校迁湘，组成长沙临时大学。日军南侵，“临大”再迁昆明，改为西南联合大学，1938 年 5 月 4 日开学上课。1945 年日本投降。1946 年 5 月 4 日“联大”结束，三校分别迁回京、津复校。云南公众写了赠联。上联大意，你们用各种文献丰富了我们学子的知识，日积月累，对滇南文教的发展作出了重要贡献。博我以文，用各种文献丰富来学者的知识。见《论语·子罕》。日就月将，谓学问日积月累，不断长进。见《诗·周颂·敬之》。下联大意，仰望师道崇高伟大，观察时势，显示真理，有如北极星辰。仰之弥高，师道抬头望去，越望越觉得高。见《论语·子罕》。垂象，显示征兆。譬如北辰，像北极星一样。《论语·为政》：“譬如北辰，居其所而众星共之。”共，通拱。联语几乎全部引用经典语句，赞美了“北大”的功绩和长远影响。“北辰”的比喻，切合“北大”，因“北大”的前身是京师大学堂，为全国最古老的新型大学。（蒋竹荪）

赠清华大学

云南省商联

万里采葑来，载将时雨春风，已为遐方开气运

九年移帐去，种得天南桃李，常留嘉荫咏清华

出幅意谓，不弃边远，万里而来，进行了良好的教育培养工作，已给远方省份打开了新的机运。采葑，《诗·邶风·谷风》：“采葑采菲，无以下体。”葑菲，指芜菁，下体指根茎。此句意为不要因葑菲根茎不良而抛弃，后因用作有一德可取之谦词。三校迁滇时，曾考虑到云南环境较好，且有一定独立性的优点。时雨春风，时雨，指适于万物生长的雨，春风，指适宜草木生长的和风。《孟子·尽心上》：“有如时雨化之者。”后用以比喻良好的教育。遐方，远方。气运，犹命运。下联大意，历时九年迁校而去，栽培了南方的桃树李树，留下大片绿荫，歌咏清华的业迹。九年，三校自 1938 年 5 月在昆明上课至 1946 年 5 月结束，共 9 个年头。帐，帐幕，古代教学之所。移帐即迁校。清华，清朗秀丽。晋谢琨《游西池》诗：“水木湛清华。”此处双关，也指清华大学。联语盛赞“联大”开拓南疆文明、大启新运之功。用双关修辞手法，紧扣“清华”校名。（蒋竹荪）

赠南开大学

云南省商联

天教振铎，泽被南滇，看到满门桃李正开时，为金碧湖山，平添春色

夜话避戎，事同西土，例诸欧洲文艺复兴史，愿乾坤抖擞，早放曦光

上联大意，上天赋予办教育的使命，给滇南文化带来积极影响，眼看一批批毕业生走上工作岗位，为建设增添新力。铎，古代乐器，形如大铃，宣教政令时用以警众。文事用木铎，金铃木舌，武事用金铎，金铃铁舌。振铎，喻办教育。金碧，指昆明地区。昆明城外东有金马山，西有碧鸡山，城内有金马坊及碧鸡坊。下联大意，夜间谈论逃避日寇侵略的事，其情节同西方一样，可与欧洲文艺复兴史相比。但愿上天抖擞精神，使沉沉暗夜，早日出现曙光。文艺复兴，指 13 至 16 世纪欧洲希腊、罗马古典文艺和学术复兴运动。1453 年，伊斯兰教徒攻陷君士坦丁，消灭罗马帝国，大批希腊古典学者携带书籍逃至意大利避难，并讲授古典，因促进了早已进行的希腊古典的研究。抖擞，振作。曦光，曙光。三校联合为一之后，其事业是共同的，其成就也是共同的。今又恢复原校，分写赠联，其难处在于既要写教书育人之同，也要各有所异。如赠北大之联，仅 24 字，几全用经典成句。赠清华之联，为 36 字，以双关手法紧扣清华校名。而上述赠南开之联，长达 52 字，不但运用外国典故，且有“早放曦光”之警语，均甚切合当时历史事实。 （蒋竹荪）

赠 人(一)

朱 冕

探道好渊玄

观书鄙章句

此联摘自南朝宋颜延之《五君咏》之五《向常侍》诗中的三、四句，意为

探求大道,好追索其玄理;观览古书,则鄙薄其故训。按向秀(即向常侍)曾作《庄子隐解》,解释玄理,对后世有影响。联语的意旨在于读书当求明理,不要只事章句,成为腐儒。渊玄,深邃。章句,分章析句,引申为句读训诂,古人常以为鄙。《汉书·夏侯胜传》:“章句小儒,破碎大道。”不过,章句在以后即为宋儒的观点。所谓句里乾坤者是。朱熹引《二程语录》:“句句而求之,昼诵而味之,中夜而思之,平其心,易其气,阙其疑,则圣人之意可见矣。”此在汉学历来是明理根本。事事追溯渊玄,则易成空谈。这是两种学派不同的地方。（钱剑夫）

赠　人(二)

梁奉直

欲知世味须尝胆
不识人情只看花

上联意谓,要想知道人世滋味,必须刻苦自励,以卧薪尝胆的精神去亲身体验。世味,人世滋味。唐珏《摸鱼儿》词:“悠然世味浑如水。”尝胆,春秋时越国被吴国击败,越王勾践忍辱负重,夜里在柴草上睡觉,吃饭前先尝苦胆,立志报仇雪耻。见《史记·越王勾践世家》。下联意谓,要懂得人情冷暖,只须看花的变化,既看到它盛开时的多彩多姿,也看到它凋落时的冷清凄凉。联语要求人们了解社会和人生必须作长期观察与亲身体验,阅世要广要深。（唐　音）

赠　人(三)

费丹旭

含冲气于特秀
援雅范以自绥

出句意谓当含冲和之气于秀丽之中。冲气,冲和之气,《老子》:“万物负阴而抱阳,冲气以为和。"特秀,特别秀丽。对句意谓引高雅的规范来自求安适。雅范,高雅的规范。自绥,自安。作者遵循儒家的道德准则,一片仁心,安贫乐道,于万分困顿中作出此语,自是高人一等。虽贫病而早死,其高尚精神仍长留人间。 (钱剑夫)

赠　人(四)

寿　鑈

装点野人家,海棠铺绣,梨花飞雪

尽占闲中静,风篁啸晚,石笋埋云

绍兴人寿鑈工金石、词章,喜集句。有友人住北京宣南,庭有海棠、梨花,兼具竹石之胜,特以此联相赠。上联集自莲社《诉衷情》和东山《柳梢青》,下联集懒窟《青玉案》和筼房《高阳台》。格律工稳,切合友人住处景物,文字不假雕琢,一气呵成,好像原句即为此而设,虽出集录,犹胜自制。

(周　监)

赠　人(五)

林则徐

为学日益,为道日损

大勇若怯,大智若愚

此为集句联。上联见《老子》四十八章,讲求学、求道的方法。意谓追求知识学问,要天天增加,越积越多;从事道德修养,要天天减少私欲妄见,越减越少,这样才能返回朴质境界。下联引宋苏轼《贺欧阳少师致仕启》句,讲现象与本质的关系。最勇敢的人好像胆怯的样子,最有智慧的人好像笨拙的样子。一个完美的人格不在乎外部表现,而决定于内在生命力的充实。联语表达了道家的思想观点,前者告诉人们,认识不同的对象应有不同的方法;后者告诉人们,现象与实质之间有时一致,但也有不一致甚至相反的时候。(蒋竹荪)

赠　人(六)

林则徐

偶然风雨惊花落
再起楼台待月明

鸦片战争后,林则徐受诬陷被革职,旋又遣戍新疆伊犁,在流放新疆途中,于陕西写下这首赠送友人的对联,借此表达了自己的心志。上联以“偶然风雨”暗指受黜之事,写来轻松。这只是偶然的挫折,一场小风雨,打坏了些许花朵,“惊”动者,仅此也。下联用“再起楼台”表示重新努力的决心。月明,隐喻皇帝的明鉴,这是关键所在。一个“待”字传出作者的深切企盼。这是一幅身处逆境中的述志联,作者于个人祸福,轻描淡写,置之度外,对国家朝廷,着语沉重,眷眷系念,表达了林则徐不畏挫折、积极报国的可贵品质和进取精神。(丁　仪)

赠　人(七)

梁启超

清诗不敢私囊箧
明月傥肯留庭隅

上联谓清丽的诗句当与友人共赏,而不压书囊箧底。下联言明月或当肯留于庭角,亦足可供观赏。傥,或者。联语对仗虽不甚工稳,但在感情表达上飘逸自如,为其特点。(钱剑夫)

赠　人(八)

章炳麟

清明初近风光动
万物咸登石首来

上联谓初近清明,景色趋新。风光,指景色。唐卢照邻《元日述怀》诗:“草色迷三径,风光动四邻。”下联谓万物昭苏,俱登石首。石首,城名,即南京石头城。《初学记》卷六引隋薛道衡《祭江文》:“直趋金陵,行登石首。”此形似春联,亦寓颂祷之意。联语清新质朴,惜对仗尚欠工稳。

(钱剑夫)

赠　　人(九)

康有为

恪勤在朝夕
怀抱观古今

上联“恪勤”意为恭敬勤恳,语出《国语·周语上》:“朝夕恪勤,守以敦笃,奉以忠信。”全句勉励友人珍惜光阴,勤奋努力。下联用乾隆帝题三希堂联下句。怀抱,意为抱负。作者认为一个人不仅要朝夕勤勉,从一点一滴的小事做起,而且要胸怀大志,有放眼观古今、一心为天下的非凡抱负。全联虽运用成句,然立意高远,堪为陶情励志的箴言警句。 (顾伟列)

赠　　人(十)

陶行知

以教人者教己
在劳力上劳心

上联提出为人师表、教学相长的原则。认为教师育人,先须正己,要以高尚的师德和深厚的学养去影响教育学生。下联主张教育与生产实践相结合。劳力,指体力劳动。劳心,指脑力劳动。知与行相互联系,不可割裂,所以要真正精通学问,还必须亲自参加实践,也就是在“劳力”的基础上“劳心”。联语言简意明,寓理深邃。

(顾伟列)

赠　人(十一)

王士禛

淡如秋水闲中味
和似春风静后功

王士禛,字子真,号阮亭,自号渔洋山人,顺治十五年(1658)进士,官至刑部尚书。此联赠人,上联云君子之交淡如水,不在饮酒行乐,而在于能在闲中品出滋味。下联谓和睦同心,恰似春风拂面,不在喧嚣,而在静思之后才感受到朋友间真正的友谊。（沈树华）

赠　人(十二)

张　度

优孟得时皆贵客
英雄习见亦常人

张度,字吉人,晚号抱蜀老人,清浙江长兴人,官河南知府。此联题赠人,实为作者抒胸中不平之气。优孟,春秋时楚国优人,擅长滑稽讽谏,后因谓演员为优孟。作为一名演员,就因为得时,便都成为贵客。而各行各业的英雄人物,因习以为常,反而被人们当做平常人。这实在是颠倒了世上的标准,对于演员,给予一定的社会地位也是应当的,但捧得太高,收入太多,都是社会不正常的表现,只有让社会对各行各业作贡献的人,特别是在科技方面作出贡献的人,得到充分尊重,让他们有较高收入,这才是社会正常的反映。（沈树华）

赠　人(十三)

潘祖荫

事到眼前亮于雪
民从心上蔼如春

潘祖荫，字东镛，清江苏吴县人，咸丰二年(1852)进士，官至工部尚书。此联题赠人。其实是课人，也是课己。世事纷繁，但事到眼前，眼睛即要亮如雪，能看清每件事态的原委与实质，以便作出正确的判断。作为官员，那就要把民众放在心上，给民众和蔼如春的感觉，为民谋福祉，这样才算民众心目中的好官。

（沈树华）

赠　　人(十四)

华　夏

春雨鳜肥菰米饭

秋风鲈美鞠花杯

华夏，字松庵，清浙江钱塘(今杭州)人，道光、咸丰间在世，钱松弟子。上联鳜，鳜鱼，春天味美。张志和《渔父词》："西塞山前白鹭飞，桃花流水鳜鱼肥。"菰米饭，菰，植物，即茭白，可作蔬菜。其实如米，菰米可以作饭。鲈，鲈鱼，秋天味美。鞠花杯，菊花杯，用菊花酿制的酒，九月九日饮菊花酒。此联叙春秋美味，语近日常生活，对仗工稳，"春雨"对"秋风"，"鳜肥"对"鲈美"，"菰米饭"对"鞠花杯"，平仄合律，琅琅上口。

（沈树华）

赠　　人(十五)

钱　松

学浅自知能事少

礼疏常觉慢人多

钱松，字叔盖，号耐青，清浙江钱塘(今杭州)人。此联题赠人，但联文实是作者自省之语。上联说自己学识浅薄，擅长的技艺很少。其实钱松是著名书画篆刻家，他善古琴，精隶书，能画，尤精篆刻，为西泠八家之一。下联说自己礼疏慢人多，这是文人习气，不拘礼节，使人觉得他慢待别人，其

实他的内心还是很尊重别人的，只是举止散漫而已。作者意识到自己行为，这是明白人才能说出的话。（沈树华）

赠 人（十六）

赵秉冲

水色山光皆画本
花香鸟语总诗情

赵秉冲，字谦士，号研怀，清上海人，乾隆举人。此联赠人，上联写画本，下联写诗情。无疑为画家的口吻。赵秉冲工书擅画，尤好金石之学。未达时跟随兄秉渊在京，秉渊官中书，一次随乾隆避暑热河，乾隆上坐碧纱橱，对相国阿桂说："此处须书画各四帧。"相国与秉渊商议，秉冲自告奋勇，写真草隶篆，梅兰竹菊以进，得到乾隆嘉许。故他赠人联写山光水色，说这些景色，都是绝佳的画本；鸟语花香，给人的灵感，能够激发无限的诗情。此联用语精练，格律协调，对仗工稳。（沈树华）

格 言

格 言（一）

芳林新叶催陈叶
流水前波让后波

这是摘句联，摘自刘禹锡《乐天见示伤微之敦诗晦叔三君子皆有深分因成是诗以寄》。对联揭示了大自然新陈代谢的客观规律，却别寓深意。上联颂一代新人崛起，下联赞前贤让位于后哲。正因如此，一代胜过一代，似芳林繁花不断，流水向前不停。联中"催""让"二字用得十分恰切。"催"

者,状“新叶”茁壮,写出林间一派生机;“让”者,描绘“流水”波波相续,浩荡汪洋,永不枯竭。对联托物寓意,令人赏心悦目,遐想联翩。(施绍文)

格　言(二)

杨士奇

不畏官司千状纸
只怕乡民三寸刀

杨士奇为明建文时人,曾任礼部侍郎、大学士等官。其子横行乡里,杨得知其罪行,写此联加以告诫,然其子不知改悔,终于伏法。上联说不怕诉讼案件多。下联的“三寸刀”指“三寸舌”。《史记·平原君虞卿列传》:“毛先生(毛遂)以三寸之舌,强于百万之师。”后形容能言善辩,娴于辞令为“三寸舌”。这里“三寸刀”意思是指乡民的“三寸舌”,百姓的议论好像刀子一样厉害啊。此联对仗工整,尤以“千状纸”对“三寸刀”为佳。“千状纸”极言其多,“三寸刀”极言其小,一多一小,突出“三寸舌”威力之大。梁章钜在《楹联丛话》中说:“人谓此联可为‘巨族药石’。”

(甘　桁、殷有娣)

格　言(三)

徐　渭

任铁任金,定有可穿之砚
日磨日削,从无不锐之针

此为作者题九山草堂之格言联。上联典出《新五代史·晋书·桑维翰传》“(桑)铸铁砚以示人曰:砚弊,则改而他仕。卒以进士及第”。“任铁任金”是喻砚之质地坚硬而耐磨,然而“定有可穿”是说韧劲的可贵、努力不懈是导向成功之路。下联典出宋人祝穆《方舆胜览》“世传李白读书山中,未成,弃去。过小溪,逢老媪,方磨铁杵,问之,曰‘欲作针’。李白感其意,还卒业”。是说恒心的效果,努力不怠的重要。“定有”对“从无”、“可”对“不”,正反相对,形式不变中有变,斩钉截铁,铿锵有力。　（郑凤森）

格　言(四)

袁崇焕

心术不可得罪于天地
言行要留好样与儿孙

袁崇焕,明末大臣,屡有军功,为人磊落方正。撰此联以自警。上联讲心术。《管子·七法》:“实也,诚也,厚也,施也,度也,恕也,谓之心术。”这里的“心术”指心地、思想意识,即应具诚实之心,外济万物,处事有度,宽以待人,虽萌之于心,却天地可鉴,因此要加强自身修养,不做有负于人的事。言为心声,行系言果,作者在下联进而提出个人一言一行,应注意为后代楷模。联语立意甚高,遣词明白如话,而有笼括万象之态。

（施绍文、黄德金）

格　言(五)

阎若璩

一物不知,以为深耻
遭人而问,少有宁日

阎若璩(qú)一生勤奋好学,曾集陶弘景、皇甫谧语贴于楹柱自勉。意思是:即使一事没搞清弄懂,也算是自己的一大耻辱;遇到学者有机会必请教,因此很少有空闲的日子。阎氏自幼口吃,天资愚钝,但他刻苦学习,一心专注于自己从事的研究工作,终于日积月累,成了有清一代著名的考据家。联语上句重在“学”,下句重在“问”,为意对。　（施绍文）

格　言(六)

吴敬梓

正身以俟时
守己而律物

此联出自吴敬梓《儒林外史》第七回。荀玫在考试取得好成绩后,去拜见老师的长生牌位,在堂屋中间墙上看到了老师的这幅亲笔对联。上联本《荀子·法行》:"君子正身以俟,欲来者不拒,欲去者不止。"正身,即修身。俟时,是等待时机,有所作为。下联是说为人处世要安分守己。守己,指安守本分。律物,对待万事万物。对联强调自身修养,上句表现了传统儒家积极用世的生活态度,下句则含有道家明哲保身的处世哲学。不过这两种思想并不矛盾,在我国封建社会士大夫思想中,它们往往是互补的。

(丁　仪)

格　言(七)

钱　沣

爱半文不值半文,莫谓世无知者
作一事须精一事,庶几心乃安然

上联"爱半文不值半文",语甚尖锐。意谓贪财爱钱者不值半文,别以为世上没有了解你这种品德的人。下联言做事要精益求精,做一事要精通一事,不能苟且粗疏,这样心才能安然。庶几,这里有大概、也许可以的意思。对联语言质朴,理易通晓,堪称箴铭。上联为否定句,所谓"爱半文"或"不值半文"均属虚指;下联为肯定句"作一事须精一事"是实指。上下一反一正,对得自然而又工巧。此联一作陶澍撰。

(甘　桁)

格　言(八)

谢子修

知足知不足
有为有弗为

此联集古人名言而成。出句“知足”指物质享受、权力地位的欲望,要有个限度,《老子》说“知足不辱”,知足可不受屈辱,即此意。“知不足”指学问、事业的进取心,因学问、事业都没有尽头,所以不能满足。《礼记·学记》“学然后知不足”,必须虚怀若谷,前进不已。对句“有为”即有所作为,指以积极用世的精神匡时济世,建功立业。《孟子·滕文公上》“舜何人也,予何人也,有为者亦若是”,文天祥《指南录后序》“将以有为也”,即此意。“有弗为”指对不合正义的事情坚决不做。《孟子·告子》“由是则可以避患而不为也”,《论语·子路》“狷者有所不为”,即此意。全联意思是,对于物质欲望要知足,对于学问、事业的追求要永不满足;对人类进步的事业必须积极参与,对于违反正义的事情坚决抵制。短短十个字,充满辩证法,言近而旨远,可为立身、处世、治学的座右铭。　(蒋竹荪)

格　言(九)

陶顺甫

莫对失意人而谈得意事
从来有名士不取无名钱

这是一副劝勉人们处世的格言。失意,指不得意而灰心失望,对这种人更应多加劝慰,设身处地为他们考虑,如果多说自己的“得意事”,就会使对方更加失意而难堪。下联的“无名钱”,指来路不明的钱财。一个爱惜名誉的人不会去取不义之财。联语对仗工整,“失意人”对“得意事”,以“有名士”对“无名钱”,造成句中自对的强烈反差,使联句更具魅力。

(王国廷)

格　言(十)

朱恂叔

厚性情，薄嗜欲
直心思，曲文章

上联"厚性情"，本《老子》三八章"大丈夫处其厚，不居其薄，处其实，不居其华"，意谓为人应厚道，不可刻薄。"薄嗜欲"语本《战国策·楚策三》"节身之嗜欲以百姓"，意谓不可贪欲无度，嗜欲深者天机浅。下联告诫人们，做人贵在耿直，作文则贵在曲折有致。袁枚《随园诗话》三有"作人贵直，而作诗文贵曲"，二句即由此化用。全联"厚"与"薄"，"直"与"曲"反义相对，前呼后应，属对极工，文意音节，俱飒爽协畅。　（顾伟列）

格　言(十一)

陈宝玺

虽痴人可与说梦
惟至诚为能前知

痴人说梦，谓对傻子说假话。语见《冷斋夜话》卷九："此正所谓对痴人说梦耳。"《五灯会元·道行禅师》："痴人面前不得说梦。"意谓对蠢人说荒唐话，恐他相信。后比喻愚人凭荒唐想象说根本办不到的事。上联是反语，即使对方是愚痴之人，也不妨与他坦诚说话，意谓对人对事不抱成见。下联说，如果你有高度的诚心，就可以有预见。"至诚"句，《礼记·中庸》云"至诚之道，可以前知"，即至诚的人，是祸是福，一定有预感。　（唐　音）

格　言(十二)

蔡福田

藏书万卷可教子
买地十亩皆种松

这是清人蔡福田集黄庭坚诗句作出句，梅尧臣诗句作对句成联。上联认为教子当重视思想文化教育，以使开卷有益。下联以贤者须具有青松不凋之坚贞节操。前人有联“贫不卖书留子读，老犹栽竹与人看”，亦同此意，只是取譬稍异。此联则旨趣更为鲜明。联语以“万卷”对“十亩”，喻教子读书应多多益善；以“教子”对“种松”，形象地表明育人最重高洁不移之心志。“可”，指读书可能发挥之作用；“皆”，则必当如此，操守不能或移。此虽集句成联，犹同己出，更见意趣。（施绍文）

格　言(十三)

李有年

阅尽人情知纸厚
踏遍世路觉山平

一般常识，纸总是薄的。“人情薄如纸”，以纸喻人情之薄；“命薄如纸”，以纸喻命之薄。然而作者在识破人情之后，竟断言纸还是厚的，那么，可推知人情之浇薄已远不如纸。同样，山路崎岖不平是常识，而作者踏遍世路之后，竟断言山还是平坦的，那么，人生旅途之险峻坎坷，可以想见。“纸厚”“山平”之说，属于“反语”修辞法。其中“知”“觉”都是感情判断而非理智判断。此种“以悖理言至情”往往能产生惊世骇俗的艺术效果。

（商启予）

格　言(十四)

朱归愚

自长非所增，自短非所损
独立不惭影，独寝不惭衾

上联集自《列子·力命》：“鬻熊语文王曰：‘自长非所增，自短非所损。’”自长、自短，是自以为是、自以为非的意思。如果加以引申，就是要正确认识自己,把自己说得过分好,不见得有所增长,把自己某些缺点说出来,也不至于损害自己。刘向说得更彻底一些:“自损者益,自益者损”(《说苑·敬慎》),意谓自认为不足,便可加以改进,得到裨益。一个人自以为了不起,就会陷于盲目,遭受损失。下联化用《晏子春秋·外篇第八》“晏闻之,君子独立不惭于影,独寝不惭于魂”句,意思是一个人不干坏事,当他独自站立,独自安寝时都不会感到内心惭愧。在独处中谨慎不苟,就是儒家所讲的“慎独”。从两部不相干的古籍中,摘句成联,不仅题旨明确,而且对仗工稳,洵属不易。 (甘 桁)

格 言(十五)

于伍云

天下奇观看尽,不如书本

世间滋味尝来,无过菜根

上联说,虽然看尽了天下奇观,可以增长见闻,但不如掌握书本。下联说,尝遍世间滋味,觉得五味虽然适口,却不如菜根之香。古人说“性定菜根香”,非性定者,不能领会菜根之香,即浓艳损志,淡泊全真之意。联语鼓励世人认真读书,过淡泊生活,用对比手法突出了题旨。 (甘 桁)

格 言(十六)

邹斋中

不打通义利关头,且莫轻言学问

能参透圣贤语默,还须实力躬行

上联指出摆正“义”与“利”的正确关系,是做学问的关键。《论语·里仁》:“君子喻于义,小人喻于利。”强调不义莫近,“见利争让,闻义争为”,明乎此,就能打通义利关头。下联说“参透圣贤语默”后,进一步提出要“实力躬行”。躬行,亲自实行。这里辩证地说明了“知行”的关系,“知是行之始,行是知之成”(明王守仁《传习录》上)。联句朴质平实,但义真理切。

(甘　桁)

格　言(十七)

张大千

立脚莫从流俗去
置身宜与古人争

此为集《张黑女墓志》字联。上联大意,要坚定地站稳自己从艺的立脚点,不能被当前社会潮流、风气所动摇、转移。下联大意,对古人留下的文化遗产,要善于去粗取精,把有益的部分消化吸收,变成自己的营养,从而创立自己独特的风格和流派。要与古人比高低并超过古人,不能拜倒在古人脚下。此联是作者一生治学宝贵的总结,它从如何对待社会风气和古人遗产两个方面指出艺术工作者应走的正确道路,非常概括、精辟,读之极为有益。

(蒋竹荪)

格　言(十八)

浮躁一分,到处便招尤悔
因循二字,从来误尽英雄

“浮躁”与“因循”,从来就是一对矛盾。“浮躁”容易引起轻举妄动,往往招致后悔,“因循”则易守旧、拖沓、暮气沉沉,虽可避免大错,但缺乏锐气,也成不了大业。《颜氏家训》云:“因循面墙,亦为愚尔。”因此要成就事业,既要有进取心,也不可浮躁。《论语·先进》:“子曰:‘求也退,故进之,由也兼人,故退之。’”求,冉求,由,仲由。进,使其进取;兼人,指胆量有两人之大。尽管是讲因人施教的问题,但实际上也涉及了“浮躁”与“因循”之间的辩证关系。联语以“到处”对“从来”,突出“浮躁”与“因循”的后果,目的是起警诫作用。

(朱惠国)

格　言(十九)

任人须知人,友人须容人,人和事就
无事不找事,有事不怕事,事在人为

这副格言联指明对人对事应取的态度。上联写对人。要任用一个人就要对这个人有所了解,与人交友要能宽容,这样才能达到“人和事就”的目的。《资治通鉴·汉纪》云:“举大事者不忌小怨。”下联讲对事。无事不自寻烦恼,有事要勇于承担,应有“事在人为”的气魄。联语明白晓畅,颇能发人深省。上下联反复嵌入“人”“事”二字构成对仗,可谓别出心裁。

(朱迎平)

格　言(二十)

每闻善事心先喜
得见奇书手自抄

此联尽管也是谈道德修养和读书治学,但与同类对联比较,显得更为平易亲切。上联谈为人之道,并不从立名立节的高处着眼,而是从“闻善心喜”这样为人应有的品性谈起;同样下联谈读书治学,也是从“见奇书手自抄”这样易见易为的日常情事入手。因此本联尽管平平淡淡,却是劝人为善和培养高尚情趣的名言。联语提倡心善手勤,文字通俗易懂,质朴自然。

(朱惠国)

格　言(二十一)

有容德乃大
无欺心自宽

上联语出《书·君陈》,说待人宽容,其德行才算正大,是从正面讲;下联说做人要真诚不欺,其心胸才宽阔,是从反面讲。一有一无,一正一反,自然成对。“德乃大”“心自宽”则是以宽容、真诚态度立身处世的结果,标志着品德修养的新境界。全联对仗工稳,短小精悍,可作为人们修身律己的座右铭。（朱迎平）

格　言(二十二)

择友须求三益
克己宜守四箴

上联讲人际关系。交友应该选择三种有益的朋友,即能直言、待人信实、见闻广博的人。三益,《论语·季氏》:“益者三友”,“友直,友谅,友多闻”。下联讲自身修养。不要傲慢,不要纵欲,不要自满,不要乐极生悲。四箴,宋人张方平以《礼记·曲礼》中之“傲不可长,欲不可纵,志不可满,乐不可极”为立身之道,名曰“四箴”。程颐亦以《论语·颜渊》“非礼勿视,非礼勿听,非礼勿言,非礼勿动”为四箴。四箴,即四种规戒。此联融合古人择友与律己两种格言为联,言简意赅,可发深省。（张　一）

格　言(二十三)

安能尽如人意
要当无愧我心

上联以反诘自慰。人生在世,难免有不顺利的时候,岂能时时事事称心如意?求全责备,其结果往往一事无成,于人于己都无益处。下联从正面自勉。凡事临头,当尽力而为,哪怕是只有一分希望,也应用十分努力去争取,即使未能成功,也无愧于心。这副对联采用“欲收先纵”的手法,上联放纵,下联收拢,重心落在事事尽力、心安无愧上面,写出一个深刻道理,反映了一种积极的人生态度。（俞纪东）

格　言(二十四)

反观自己难全是
细论人家未尽非

常言有“金无足赤,人无完人”语。本联说的正是严以律已,宽以待人,以人之长,补已之短的道理。上联的“反观自已”,指的是以责求他人之心责求自已。一个人若能时时反省观察自已,就有自知之明,发现自身的不足。句中“难”字,用以强调人谁无过,贵在自察。《论语·里仁》:“见贤而思齐,见不贤而内自省也。”贤,贤人;齐,看齐。胡宏《胡子知言·天命》:“从人反躬者,鲜不为君子。”可见,“反观自已”是知过改过的要谛。反之,文过饰非,自恕已过,只能贻误自已上进。下联由上联的责已转到待人。“细论人家”指的是看待别人不能以偏概全,而应充分肯定别人的长处。一个人只有善于发现别人的长处,才能不断完善自已。韩愈曾在《原毁》中指出:“古之君子,其责已也重以周,其待人也轻以约。”责已严,待人宽,察过则改,见善则迁,是古人立身行事之道。本联以浅显的语言,总结了这一修身处世之理,给人以有益的启示。　（顾伟列）

格　言(二十五)

俯仰不愧天地
褒贬自有春秋

这副对联告诫人们:立身行事要刚直坦荡,不可俯仰随俗。上联语本《孟子·尽心上》“仰不愧于天,俯不怍于人”,意在表明为人之道在于心底无私,廉正自重,坦如砥石。下联提炼范宁《春秋穀梁传序》称誉《春秋》语:“一字之褒,宠逾华衮之赠;片言之贬,辱过市朝之挞。”孔子撰《春秋》,善用曲笔表明自已的爱憎,所以人称一字之中寓褒贬的写法为“春秋笔法”。联系上句看,下句进一步强调了只要端正行为,品行高洁,问心无愧,则是褒

是贬,历史自有公论。全联化用古语,构成巧对,匀称凝重,笔力劲健,而音节铿锵,读来尤有敲金振玉之感。（顾伟列）

格　言(二十六)

书从疑处翻成悟
学到穷时自有神

读书、治学之方,前代学人已多有阐述,此联从“疑”“穷”两字入手,去熟出新,颇有独到之处。上联强调“疑”。朱熹《读书八要·七》:“节节是疑,群疑并出,以至废寝忘食,才是融会贯通。”所谓融会贯通就是“悟”。下联突出“穷”字,强调治学须追本溯源,穷极端涯,方可左右逢源、触类旁通,达到“官知止而神欲行”的化境,也即“有神”。杜甫《奉赠韦左丞丈二十二韵》“读书破万卷,下笔如有神”之句,本联或系从中化出。此联语句朴实自然,不事雕琢,而抑扬顿挫、音节铿锵。其中“翻”“自”两字,在“疑”和“悟”、“穷”和“神”之间翻转衔联,平中有奇,直处见曲,令人回味。（朱惠国）

格　言(二十七)

友如作画须求淡
文似看山不喜平

这副对联言交友与作文之道。上联以“作画”状交友。交友求淡,则不为势利所惑,友谊可以长存。《庄子·山木》:“君子之交淡如水,小人之交甘如醴,君子淡以亲,小人甘以绝。”恰如作画,贵淡雅清新,浓墨重彩之作,未必能产生艺术魅力。下联以“看山”状作文。人们看山,总喜悬崖绝壁,峰回路转。文亦宜跌宕起伏,曲折有致,引人入胜,而忌平直呆板。故言“不喜平”。联中“友”“文”二字均用作动词,即交友、作文,属虚写,而以具体的“作画”“看山”喻之,以实写虚,形象生动,可以启人联想,颇有新意。此联化用清翁照《与友人寻山诗》“友如作画须求淡,山似论文不喜平”。（施绍文）

格　言(二十八)

修身岂为名传世
作事惟思利及人

此联是集唐代颜真卿《争坐位帖》字而成。“集字联”并非袭用其成句，构思颇不易，在用字方面拘束较大。此联集字，语若己出，毫无拼凑之迹。上联说提高道德修养难道是为了传名于后世？下联说做事总得随时随地考虑他人的利益。修身行事如果排除了个人名利的目的，其品德修养自可达到较高境界。“岂为”，加强了否定意味。“惟思”，加强了肯定意味。用语朴质无华，合乎格言要求。（甘　析）

格　言(二十九)

勤浴无病勤欲病
学道无忧学盗忧

上联告诫人们要净洁自处，清心寡欲。勤浴，意为勤沐浴，同时含有不断清除私心杂念之义。勤欲，指放纵情欲。作者认为节制私欲，清净淡泊，才是根本的养生之道。下联中的“学道”是指追求“仁”“义”的道德实践。中国传统文化倡导“士志于道”，主张个人应该“内省”“修身”，重义轻利。本联下句即告诫人们要加强修养，守道不移，不可贪婪，贪婪学盗，只能贻害自己。全联论修身制欲之道，意极警策。联中“勤”“病”“学”“忧”四字重出，为同字同义相对，“浴”与“欲”、“道”与“盗”四字则是同音异义相对，经排比成联，读来尤觉笔转意绕，文情跌宕。（顾伟列）

格　言(三十)

水惟善下方成海
山不矜高自极天

上联从俗语“水往低处流”蜕化而来。“水”之所以能成“海”，以其“惟善下”，做大学问、成大事业者，须不耻下问，广搜博取才能多方汲取教益，有所成就。“惟”“方”二字指明了必要条件，确切不移。下联从“泰山不让土壤，故能成其大”蜕化而来，“山”自“极天”，因“不矜”，做大学问成大事业者，当虚怀若谷，谦逊待人。矜，自夸。联句把水、山等无情之物变成有意，启迪人不断进取，不满足于既得成就。取譬喻理，形象生动，开人胸襟。

（施绍文）

格　言(三十一)

大本领人当时不见有奇异处

真学问者终身无所谓满足时

上联言技艺。《老子》说“大巧若拙”。一个杰出的发明家，当他在构思、联想、收集材料、反复实验过程中，往往是平凡琐碎的，但是当量变转为质变，主观思维与客观规律符合时，惊人的奇迹出现了。下联言学问。《庄子·养生主》：“吾生也有涯，而知也无涯。”对知识的学习和研究，永远没有完结的时候。一位大学问家毕生研究的成果，只能是人类知识领域中一个极小的部分，所以永远没有满足之时。联语勉有大志者要甘于寂寞，做旁人所不能做、不愿做的事；有成就者要不矜其才，永远奋进。联语系集《圣教序》字。

（蒋竹荪）

格　言(三十二)

无求便是安心法

不饱真为却病方

出句，人生于世，衣食住行，不能无所需求。所谓无求，应指对财富、物质享受、地位权势等方面，随缘随分，不作非分或分外的追求，做到这一点，自然心安神泰。对句，孔子说：“君子食无求饱。”《吕氏春秋》：“凡食之道，无饥无饱,是谓五脏之葆。"吃饭不贪食,达七、八成饱即止,不使肠胃有过重负担,做到这一点,可以却病延年。寡欲以安心,节食以却病,确是养生保健妙方。 （唐 音）

格　言(三十三)

贪、嗔、痴,即君子三戒

戒、定、慧,通圣经五言

此是养生的座右铭。上联谓,佛教所讲的贪欲、嗔恚、愚痴三毒,就是君子应守的戒色、戒斗、戒得三戒,必须彻底戒除。三毒,《杂译阿含经》云:"能生贪欲、嗔恚、愚痴,常为如斯三毒所缠,不能远离获得解脱。"嗔恚,生气;怒。下联谓,概括佛教全部内容的戒律、禅定、智慧三学,和《大学》所讲的"定""静""安""虑""得"五个字是息息相通的,应该认真恪守。三学:道安《比丘大戒序》:"世尊立教法有三焉,一者戒律也,二者禅定也,三者智慧也。"圣经五言,《礼记·大学》:"知止而后有定,定而后能静,静而后能安,安而后能虑,虑而后能得。"作者把佛教、儒教经典中的重要道理糅合一起,劝人从消极和积极方面进行修养,从而有益于身心健康。写法上以单字领起,亦具特色。 （商启予）

格　言(三十四)

王时敏

德从宽处积

福向俭中求

王时敏,号烟客,明末清初太仓(今属江苏)人,著名画家,以父荫入仕,南明福王立,升太常寺卿,入清不仕。此联讲积德、求福。德在生活中的方方面面,无论大事小事,都可积德。福要向节俭中去求,奢侈糜费并非有福,生活平淡安定是真正的福。 （沈树华）

格　言(三十五)

徐　良

品格自超梅以上

交游只在竹之间

徐良,字邻哉,号间存,清华亭(今上海市松江)人,乾隆举人。此联原题“无题”,据联意当视为格言。上联自云品格比梅还高,梅不畏寒,不惧风雪,品格向为文人崇尚,徐良说自己品格自超梅以上,是何等自负。下联说自己交游友人的品格都在竹之间,竹有节,且虚心,亦为文人崇仰的品德,作者以梅竹自居,可见其清高旷达。（沈树华）

格　言(三十六)

杨芝春

居易自安本分

畏难不算奇才

杨芝春,清浙江湖州人,官盐运使。他善于撰联,著有《楹帖新裁》,未及梓行。此联自题格言。上联意谓居家也很容易,只要做到安分守己,自安本分,就能平安无事。下联话锋一转,人的一生总会遇到各种各样的困难,但畏难不算奇才,作为男子汉要有克服困难的勇气和雄心,能够与天斗、与地斗、与人斗,并能战胜面临的困难,方算奇男子。（佟　今）

格　言(三十七)

石成金

读万卷书才宽眼界

种千钟粟要好心田

石成金,字天基,号惺斋,清初江苏扬州人,出身望族,谙熟儒、道、释三教,通晓经、史、子、集。一生以教读著述为业。此联讲读书、种粟。上联云,能读万卷书,才能宽阔自己的眼界。下联讲种粟,其实还是讲读书。种千钟粟,要有好心田,在心田上种粟,是一种比喻,而其实质指种好心田,还是指读书,增加修养,种好心田,方可大开眼界。 (佟 今)

格　言(三十八)

石成金

东窗睡觉,幸红日与灵心并耀
方塘鉴开,悟清光同活水俱长

《史记·历书》:“日归于西,起明于东。”上联云在东窗睡觉,心灵有幸与红日一起发出耀眼的光芒。下联化用朱熹《观书有感》诗意:“半亩方塘一鉴开,天光云影共徘徊;问渠那得清如许,为有源头活水来。”联意要与红日并耀,共活水俱长,以达到自己追求的目标。 (佟 今)

格　言(三十九)

石成金

创业维艰,祖父倍尝辛苦
守成不易,子孙宜戒奢华

创业艰难,祖辈父辈尝尽辛苦,才创立了一番基业。创业难,守业也属不易,子孙辈不要做纨绔子弟,过奢侈糜华的生活,应崇勤崇俭,才能守住祖、父辈创立的基业,继续向前发展家业。 (佟 今)

格　言(四十)

石成金

清闲无事,坐卧随心,虽粗衣淡饭,自有一段真趣
纷扰不宁,忧患缠身,即锦裳厚味,只觉万般愁苦

人生在世，须求得安宁，心不烦，身不累，坐卧随心，虽粗衣淡饭，生活中有真情，便有真趣。如果一味追求锦裳厚味，烦心事不断，忧患缠身，麻烦事不断，再富庶的生活，也是伴随着万般愁苦，毫无乐趣。人生必须懂得清闲是福，纷扰就不安宁的道理。　（佟　今）

格　言(四十一)

金谔

世事让三分，天空海阔
心田留一点，子种孙耕

金谔，字一士，清江苏江阴人，官训导。此为格言联。上联云凡事让三分，就可以海阔天空。下联云心田留一点，让子种孙耕。联文一“让”一“留”，便能事业无限，子孙有盼。　（佟　今）

格　言(四十二)

姚文田

过如春草芟难尽
学似秋云积不多

此联为修身养性之语，其意在于提醒人们，人在生活中犯过失是常有的事，尽管你们很注意，尽量不去犯过失，但过失犹如春草铲除不尽，真是“野火烧不尽，春风吹又生”。但我们要认识到这一点，尽量少犯生活中的过失。过失易犯，但学有所成却是不易，故下联云学习好似秋天的云积聚不多。此联意旨在告诫人们要删除过失，积聚知识，这样才能更好地成长。　（佟　今）

格　言(四十三)

张廷济

读书心细丝抽茧
练句功深石补天

此联谓读书、练句要“心细”“功深”。古人说读书要三到，即心到、眼到、口到，才能有所得。三到之中，心到最紧，心既到，眼口自然会到。细心地研读，就像养蚕结茧抽丝那样层层剖剥，才能真正理解而有收获。练句，要像女娲炼五色石补天那样用功才能写出佳句。联文设喻精当，构思巧妙。

（佟　今）

格　言(四十四)

曾国藩

丈夫当死中求生，祸中求福

古人有困而修德，穷而著书

此格言联上联云大丈夫当死中图生，祸中求福。纵观中国历史，许多历史人物，在各种斗争中，常能转危为安，置之死地而后生，取得斗争中的胜利，于祸中得福。在生活中，祸福是相互转化的，祸福的到来，本非命中注定，而是由人掌控的。下联说，古人在遇困时，能注重修炼自己的德泽，从而以德感人，提高自己在人们心目中的位置。穷而著书，古人在不得志，仕途不遇，做不了官的境况下，会退而著书，以自己的思想和学术成就留名于世。曾国藩在联中为读书人指出了做人的方向。　（佟　今）

格　言(四十五)

金　埴

受欺貌誉宁知己

获益讥弹赖雅人

金埴，字苑孙，一字小郯，号鳏鳏子，清浙江山阴(今绍兴)人，诸生，屡试不第，以教馆、游幕为生。曹溶，字秋岳，官侍郎。曹溶尝言：“凡人作诗文，当为知我者讥弹，不当为俗人貌誉。讥弹则受益，貌誉则受欺。”金埴非常赞同曹溶的说法，便以其语拟为此联。宁，岂，难道。上联意云受人欺蒙,表面上赞誉你的难道是知己吗?讥弹,指责缺点或错误。下联意谓指出我的缺点,能使我获益要依赖雅人。联文告知人们,说你好话貌似赞誉你的人,不见得是知己。指出你的缺点,让你改正获益的人才是高雅的。

（佟　今）

杂　题

题　花

古花已见古人醉

今花还对今人红

这是一副寄托着作者深沉的人生感慨的对联。古诗中有“古人不见今时月,今月曾经照古人”的句子,用有情的明月来衬托无常的人事。而此联揭示的则有所不同。古往今来的明月未曾变化,而“花”和“人”则随时代的转移而变异。古花不是今花,它曾见到古人的陶醉,已成历史;今花也非古花,它还只能对今人展示风姿,这是现实。时间不停流逝,生命变幻无常。对联通过写“花”与“人”古今的变化,反衬出作者内心无尽的凄凉和感伤。眼前景与胸中感叹皆脱口而出,一气旋转,有回肠荡气之趣。

（俞纪东）

题春景

又是一年芳草绿

依然十里杏花红

人类生命之萌生、成长、衰老、死亡递相推移的连续过程,与自然界春、夏、秋、冬四季的推移运行过程十分相似。秋草秋木可以死而复生,四季运行可以周而复始。但是,生命流逝却难以复返。这就引起古往今来人们的深沉感喟。此联表面反映了"年年岁岁花相似"的循环不已的自然规律,然在"又是""依然"的词语中,实隐含着"岁岁年年人不同"(刘希夷《代悲白头翁》)的嗟叹。生命是不能年年"依然"的,那么人将何以自处,并积极面对人生呢?联语从自然界变化的感叹中留给人们无穷的思考余地。

(蒋竹荪)

题春雪

揉春为酒

剪雪成诗

一场春雪,引发了联作者的诗兴,竟将春"揉"为醇酒,把雪"剪"入诗篇,表达了对春雪的赞美和愉悦的情怀。就事理而论,春如何可揉?雪如何能剪?但这种奇思妙想,虽不合于生活逻辑,却合乎艺术逻辑,即反"常"而合"道"。再从思路上看,古人常说"春色醉人","春似酒杯浓",既然春能醉人,自然可以想象把春揉而为酒,事实上,人们早已把"春"作为酒的代称。唐司空图《诗品·典雅》"玉壶买春",买春即买酒。杜甫诗"剪取吴淞半江水",水可"剪","雪"自然也可"剪"。李商隐观赏了雪景,写成《对雪》诗:"旋扑珠帘过粉墙,轻于柳絮重于霜。"把雪"剪"入诗篇。可见化物质存在为精神产品,古已有之。

(沈树华)

题冬雪

叶　瀚

贫贱何伤,只要把物与民胞安排下去

精神能固,却须从冰天雪地磨炼过来

这是蔡元培于五四运动前三个多月的一天,在北京与友人在什刹海赏雪后,手书叶瀚撰句。上联意谓,个人贫贱有何关系,只要把拯救民族危亡的大业推动下去。“物与民胞”,化用宋张载《西铭》“民吾同胞,物吾与也”句意,谓天下民众都是同胞,世间万物都是同类。下联意谓,要有坚定信念,必须经得起冰天雪地艰难困苦的磨炼和考验。联语反映了“五四”前夕,中国清醒的知识分子不计个人得失,拯救民族危亡的热切愿望以及决心投身革命实践经受考验的豪情壮志。赏雪而不忘“磨炼”意志,胜游而心系“物与民胞”,自是意趣不凡,蔡氏因欣然手书,盖有引为同调之意。

（施绍文）

题 山 景

有雨云生石

无风叶满山

联文说山中有雨时,云生于石;无风时,落叶盖满山坡。描写的是山中变幻景色,晴雨咸宜,令人赏心悦目,理趣盎然,寓有运动和静止相互依存、相互转化、有无相生的朴素辩证思想。（沈树华）

题 江 寺

梁启超

水殿风来,冷香飞上诗句

空江月堕,梦魂欲渡苍茫

此为集词联。由于词的平仄、韵律规则较复杂,句式长短不一,从词中选择字数相等、对仗工稳、平仄协调的成句组联,比集诗联难度为大。近代学者梁启超善作集词联,本联集苏轼《洞仙歌》、姜夔《念奴娇》等词而成。意谓风从水殿吹来,一股清冷的香气被写入了诗句;一弯明月落在空旷的江中,在梦魂中想渡过那旷远迷茫的江水。水殿,五代蜀后主孟昶筑在成都摩诃池上的宫殿。联语委婉细腻,辞藻秀美,文采绮丽,音韵调和,读来别有雅逸之韵味。（沈树华）

题茶亭(一)

野鸟啼风,絮语劝君姑且息
山花媚日,点头笑客不须忙

茶亭多设在偏僻的乡村道路上,前不着店,后不沾村。本联用“野鸟”“山花”描绘茶亭周围景色,以“絮语”“点头”表达对过路客人的问候。联语对仗工整,动词“啼”和“媚”,“劝”和“笑”,“息”和“忙”等,构成一幅生动的画面。 (胡 彬)

题茶亭(二)

四大皆空,坐片刻,无分尔我
两头是路,吃一盏,各自东西

茶亭招徕往返行人饮茶,宁静片刻,略坐休息。陌路相逢,各奔东西,这常见之事,联语却“揳”入禅语,将饮茶形象地喻成参禅。你看,喝一杯茶,静心静气,竟能忘却一切,眼无物相,人我皆空。这刹那间的感受岂不与参禅一般。惜世人不忘利禄,片刻已过,又走东西,匆匆营生。然而,这不是说明路就在各人脚下,任君自择么?浅语中显禅理,俗事中喻禅义,可见苦心。 (黄德金)

题绍兴驻跸岭茶亭

一掬甘泉,好把清凉浇热客
两头岭路,须将危险告行人

此联的出句把岭上茶亭的特色渲染殆尽,用清凉之甘泉饮翻岭之热客,这一“凉”一“热”之中,乡民真情毕见;对句在茶亭本职之外指路告险,指点路途，乡间淳厚民风充溢其间。作者以净纯之笔，抒写炽热之情，一股暖流沁人心脾，自是茶亭联中不可多得之作，联文情真意切，无矫揉造作习气。（陈建国、施晴阳）

题渡口

胡云章

转瞬即天涯，坐坐吃筒烟去

前头多地主，看看等个船来

这副题于村野渡口的对联，紧扣行人心态与羁旅况味，把旅人村渡候船的情状表现得淋漓尽致。上联是说由此渡口登舟，又将开始漂泊天涯的漫长旅程，在此渡口歇脚小憩，抽筒烟去不迟。下联是说他乡地各有主，看看有无渡船，将你送到对岸。本来，辗转天涯易生寂寞无依之感，旅途奔波备受疲惫劳顿之苦，这副对联以主人劝客的口吻，请旅人于风尘仆仆中稍作休息，语虽浅俗，情却恳挚，充满乡野淳朴的人情味。（顾伟列）

题福建南平渡口亭

胡云章

莽莽红尘，一息各分南北路

盈盈绿水，三篙频送往来人

上联谓人们远道而来，在热闹的南平渡口暂时停留。莽莽，长远无际貌。红尘，飞扬的尘土，指繁华热闹之地。一息，喻时间很短。下联谓沙溪河水清如镜，艄公撑篙忙碌着迎送南来北往的客人。盈盈，清澈貌。绿水，此指沙溪（闽江上游之河，流经延平）。三篙，几竿。古汉语中“三”和“九”往往不是具体数字，而是泛指多次。此联用疏落之笔，写都市、渡口、河水之景象，写过河人和撑船人之忙碌，蕴含人生如匆匆过客之意，情由景出，属对亦工。（希建华）

题山中凉亭

那条窄路儿，且须让一步，他过不去，你怎过得去
这种重担子，也要任几分，我做不来，谁又做得来

联语以“窄路”“重担”，勾勒出山中行路特有景象。“路窄”，须相让，来往行人才得依次通过；“重担”，须勇挑，自强不息，才能任重道远，到达目的地。联句从路窄须让步，担重莫怨言的特定情景出发，借物喻理，引人寻味。联句口语化，富乡土气息。结尾采用反问句式，使意旨分外生动突出。

（施绍文、胡　彬）

题烟霞万古楼

王　昙

每因风雨思今日
常以山川怀古人

此联说明了情与物的关系。由“风雨”和“山川”等自然现象引起人的“思”和“怀”，也就是《文心雕龙·物色》“情以物迁，辞以情发”之义。全联大意谓，当风雨如晦之时，就想到眼前形势的变化；当盘桓名山大川之际，不禁萌发思古之幽情。风雨，《诗·郑风·风雨》：“风雨如晦，鸡鸣不已。”联语甚切所题楼名，且睹物思人，因景怀旧的意思表达得十分深切感人。

（蒋竹荪）

题南通古屋

蒋芹森

莫嫌东倒西歪屋
能盖南来北往人

旧时南通州(今南通市)有个寒士蒋芹森,住兴仁乡文昌宫南首。蒋氏为诗书门第,虽古屋数楹,已破旧不堪,乃于新年作此一联。上联"东倒西歪"一语,元明戏曲小说中已有之,元无名氏《衣袄车》:"病身躯恰才安泰,行不动东倒西歪。"下联的"盖"字是胜过、压倒的意思。南通地处长江之北,为交通要镇,"南来北往人",主要指达官富商。《论语·雍也》记孔门大弟子颜渊身处陋巷,人不堪其忧,颜渊却不改其乐,故为孔子赞叹。刘禹锡《陋室铭》有"斯是陋室,唯吾德馨"及"何陋之有"语。对联作者或许含有这样用意。他虽是寒士,却腹有诗书,故引以自豪。　　(金性尧)

题　炭

一味黑时犹有骨
十分红处便成灰

联语借炭以喻人。上联意谓处逆境时,当有骨气。一味,犹言一直。骨,炭形如骨,借指人的骨气。下联谓处顺境时,当存警惕戒心。否则虽红极一时,而败亦随之。红,显达或兴盛。咏炭之联,此为绝唱。

(张　一)

题　笔　山

曹雪芹

高山流水诗千首
明月清风酒一船

此联据传是刻在笔山底面上,看来也是作者精心之作。上联谓上乘的诗作唯有对知音方连篇叠出。"高山流水",指《列子·汤问》所说伯牙鼓琴,钟子期听琴,曲高和寡,知音难觅的故事,联语借此道出千篇诗作只有知己才知个中之意。这同写《红楼梦》"满纸荒唐言,一把辛酸泪。都云作者痴,谁解其中味"的心绪有相似之处。下联说,明月对酌,临风把酒,荡舟江湖,真有酒仙之态。杜甫说“李白斗酒诗百篇”,曹雪芹有“酒一船”,难怪佳篇盈千了。诗酒生涯看似高雅,但往往是不满现实的曲折反映,曹雪芹何尝不是如此!此联对仗工稳,用语清隽,意境高远,不愧为名家高手之作。

（黄德金）

题 灶

水火既济

黍稷惟馨

旧时居家喜求文人墨客作联榜于灶上,以图吉利。今之南方农户家舍,仍有此俗。上联“水火既济”系从《易·既济卦》“水在火上,既济”中化出。水火,指烹饪之事。《孟子·尽心上》有云:“民非水火不生活。”既济,六十四卦之一,离下坎上。朱熹注云“事之既成也”。下联黍稷,小米与高粱。馨,香之远闻也。全联意谓灶下燃火,不需太久,灶上水沸,饭亦飘香,万事皆成。此联属对亦工,用典不露痕迹,对句自然贴切,给人以浑成之感。

（希建华）

题 灯 谜

纪 昀

黑不是,白不是,红黄更不是,和狐狼猫狗仿佛,既非家畜,又非野兽

诗也有,词也有,论语上也有,对东西南北模糊,虽是短品,却是妙文

此联是清代文学家纪昀所作的一副灯谜联。据传为挂在文华殿宫灯上,竟难坏了当时的官员们。这个以对联形式出的谜面很有机巧。上联的谜底是“猜”字,因为不是黑、白红、黄当是其他颜色字,而又要与“狐、狼、猫、狗仿佛”,即必配一个反犬偏旁,还要非动物所属,这“猜”字恰具备这三

个条件;下联也是三个条件,“诗、词、论语”道出“言”,“对东、西、南、北模糊”表示“迷”,而短品妙文恰是“谜”,上下联谜底是“猜谜”。谜语本是民间口头文学形式,确有启人智慧、妙趣横生的特点。本联更见巧思不俗。

(黄德金)

题惜字炉

孟瓶庵

能知付丙者

便是识丁人

上联之“付丙”,意为烧掉。古代以天干配五行,丙、丁属火,后因称火为丙丁,或叫丙。书札或文稿,如不愿为他人看见而烧掉,叫付丙丁,亦叫付丙。下联之识丁,意为识字,语出《旧唐书·张延赏传》:“今天下无事,汝辈挽得两石力弓,不如识一丁字。”宋人吴曾以为“丁”乃“个”之误。全联意谓能够把自己写的东西因觉得不够满意而烧掉的人,乃真正识字文人。此联用典隐秘,且属对工整,音韵亦合律,可见古人为文写作之严格不苟。

(希建华)

题学款经理处

周凤楞

人谁无过,小事糊涂,大事不糊涂,是亦足矣

我非爱财,来得明白,去得更明白,吾何慊乎

学款经理处,犹今之学校财务部门。上联说人总难免有过错,做到小事糊涂大事清醒也就够了。人谁无过,见《左传·宣公二年》。糊涂:不明事理。《宋史·吕端传》:“太宗曰:‘(吕)端小事糊涂,大事不糊涂。’”下联表白我不贪爱钱财,一向是来路明白,去路明白,经得起查考,又有什么遗憾呢?慊,恨,不满足。联语正反相对,以“糊涂”对“明白”,一“小”一“大”,一“来”一

"去",对比鲜明,反映出经管理财者的苦衷和心愿。（胡　彬）

题保定大慈阁宣讲所阅报处

樊荫荪

漫论他后到先来,但愿个中人,作不速佳客

略增些耳闻目见,也算这层阁,是进步阶梯

上联说,听讲人、阅报者先来后到没关系,只希望是自觉自愿不须邀请。不速佳客,不请自来的好客人。下联紧扣联题,字字有着落。以"耳闻目见"点明"宣讲所阅报处",颇见自然;用"略增些……也算……是",语气也恰到好处。"进步阶梯"既扣住"阁"字的特点,又暗合见闻之增长,语意双关。（张炳隅）

题财神庙

只有几文钱,你也求、他也求、给谁是好

不作半点事,朝来拜、夜来拜、教我为难

旧时正月初五日是财神日。本联意在劝人不要拜财神。但作者不直说,而是让财神向求拜者自诉窘状。泥塑的财神本无生命,可作者偏要财神说话。下联干脆说一直拜也无用,令人扫兴！作者把改变拜财神陋俗的严肃话题以诙谐语道出,与求拜者打趣儿,寓庄于谐,教人忍俊不禁,使求拜者在跟着笑笑之后也能获得启示。联语明白如话,深入浅出,风趣幽默。

（刘铁坤）

题土地庙

土产无多,生一物栽培一物

地方不大,住几家保佑几家

此联作者模拟“社神”口吻,把“土”“地”二字分别嵌于上下联之首。“土产无多”“地方不大”,正是“社神”职小位微的意思;而作为一方之小神还是努力使物产得以保收,居民受到福佑,而不以神小而不为。联语反映了土地神的恪尽职守,暗示“神界”也不过是“人界”的延伸而已。吴恭亨在《对联话》评为“出口如生,绝与土地菩萨身份相肖,真杰构也”。　(张炳隅)

题如皋土地庙

郑　燮

乡里鼓儿乡里打

当坊土地当坊灵

土地神又叫社神,旧时的乡里村社,一般建有土地庙,奉祀管理本地的社神,即所谓“当坊土地”。每年立春后第五个戊日的春社日,立秋后第五个戊日的秋社日,乡人照例要去土地庙供香烛,焚楮帛,击鼓吹箫,或祈年丰,或祷时雨。如皋在今江苏省东部。联语上句写祭社之日的热闹气氛,下句表现乡民对“当坊土地”信仰诚敬的心态。也反映了土地只在他管辖区域内显灵的规矩。话虽似率口而出,但写来传神写照,形象生动,情趣盎然。　(顾伟列)

题无门洞

何须有路寻无路

莫道无门却有门

此联出自清代古吴墨浪子辑话本小说集《西湖佳话》中《放生善迹》篇。万历年间,西湖秀才沈袾宏极有文名,但他全不以功名为念,却大彻大悟,一心出家,得圣僧指点,弯弯曲曲走了半晌,来到“无门洞”。这是洞门旁题的一副对联。此联仿佛家偈语撰成。上联之“路”指到无门洞之路,谓此路原有,何须在荒草丛中曲折寻找;下联之“门”指出家之门,谓虽洞号无门,但要出家却可入门。上下联互文足意,表达了到无门洞出家有路、有门的意思。全联在修辞上别具特色,它以有路、无路、无门、有门,交叉构成对仗。上联用反问句式,下联用否定句式,使全联体现出明显的佛家色彩,并与环境紧密切合,融为一体。 (朱迎平)

题不缠足会

尼父传经,寸肤莫毁

如来说法,两足最尊

"缠足"是一种旧时陋习。相传南唐李后主曾令宫娥窅娘以帛绕脚,使其脚纤小如新月形。后世即有人竞相仿效而成为一种摧残女子天足的陋习。满人入关时不习惯汉人女子的"缠足",故康熙三年曾下诏禁止"缠足";可竟遭一些士大夫的反对,以致康熙七年时又罢了此禁。以后太平天国也曾禁止"缠足"。辛亥革命后,"缠足"陋习仍未革除,便有开明之士大力倡导"天足运动",并建立了"不缠足会"之类的团体。本联即写此事。尼父,对孔子的尊称。古代常在男人的"字"后面加个"父"字,以示尊敬,孔丘字仲尼,故尊称其为"尼父"。如来,佛教始祖释迦牟尼的十种称号之一。"如"指"如实",佛常自称是从如实之道而来的开示真理者,因而后人便称其为"如来佛"。寸肤莫毁,见《孝经·开宗明义章》:"身体发肤,受之父母,不敢毁伤,孝之始也。"说明古之儒家是不允许自我毁伤身体肌肤的。两足最尊,指佛家有"白足禅"的说法,此处藉以强调佛家很重视人的"天足"。《对联话》评云:"不缠足会一联抬出孔佛为衬,自是大方家数。"确实点明了此联特点。因为当年反对康熙禁缠足的士大夫们一再抬出"古训"来吓人,故此联作者即以儒、佛两家的教诲来提醒人们。 (张炳隅)

题《闻一多诗集》

贺宗仪

赏音乐绘画建筑三美

怀战士诗人学者一多

上联论新诗格律。20世纪20年代，闻一多为引新诗进入正轨，提倡建立新的诗歌格律，即视觉方面要具备绘画的美（词藻）、建筑的美（节奏匀称和句的均齐），听觉方面应具备音乐的美（音节），三者以音节美为主，其他二者占比较次要的位置（见《诗的格律》）。有人评论，“他的实验直到现在还是最先进的考虑”。下联概括闻一多一生的历程。在“五四”早期，他是诗歌巨匠之一，写下大量积极浪漫主义和现实主义的诗歌。以后退入书斋，研究古籍，整理民族文化遗产。内战爆发，他拍案而起，走出书斋，投入民主运动的洪流，成为坚定的战士。联语既论诗，又评人，点面结合。下联嵌入“一多”与上联的“三美”相对，亦觉工巧贴切。　　（蒋竹荪）

题鲁迅浮雕像

郭沫若

返国空余挂墓剑
斫泥难觅运风斤

此为1942年10月作者应杨亚宁之请为鲁迅石膏浮雕像而作。联后附言：“余与鲁迅素未谋面而时受其斥责，虽当时受之每有难忍之处，但今则求之而不可得矣。”20世纪30年代前后，由于不了解鲁迅对革命的态度，思想上受教条、宗派主义的影响较深，创造社元老郭沫若曾数度攻击鲁迅，最突出的一次是1928年8月他用“杜荃”的笔名在《创造月刊》上发表了《文艺战线上的封建余孽》，鲁迅不得已写了《硬译与文学的阶级性》（见《二心集》）予以驳斥，郭“受其斥责”当指此事。郭老虽未与鲁迅见面，但他能坚持真理、修正自己的错误。鲁迅逝世后，觉其言不啻药石，特别是他从鲁迅的革命言行中，重新认识了鲁迅，增添了对鲁迅敬仰之情。上联说，十年流亡归国，本想就从前的谬妄向他当面表示歉忱，如今已落了空。返国，作者于1928年2月下旬接受党的指示流亡日本，1937年7月27日秘密回国。空余，作者归国时，鲁迅已于1936年10月19日逝世。挂墓剑，《史记·吴太伯世家》载，春秋时吴公子季札出使，路过徐国，徐国君主看中季札宝剑，想要又不肯开口，季札看出他的心意，决定送给他，但因出使的需要暂时没给，等到出使回来，徐君已死，于是把宝剑挂在墓旁树上，信守自己的初心。

后来遂以“挂剑”表示对亡友的吊唁、追怀及信义。下联说,他不在世,自己身上有了缺点就很难找到像他那样严明的诤友了。斫泥,除去污泥、缺点。宋杨万里《和仲良春晚即事》诗:“我语真雕朽,君诗妙斫泥。”运风斤,《庄子·徐无鬼》载,有个郢地人鼻上沾了一滴泥点,薄如蝇翼,请石匠替他削掉,石匠挥动斧头,呼呼作响,随手劈下,削去泥点,那泥点削尽而鼻子未受一点损伤。后世就用“运风斤”比喻具有高超技能的人,或指大手笔。联语是流水对,上下句意思连贯,所用典故,十分贴切,充分表现了作者勇于解剖自己,坚持真理的崇高风格。 (商启予)

青词

夏言

揲灵蓍之草以成文,天数五、地数五,五五二十五数,数生于道,道合元始天尊,尊无二上

截嶰竹之筒以协律,阳声六、阴声六,六六三十六声,声闻于天,天生嘉靖皇帝,帝统万年

夏言,字公瑾,号桂洲,明江西贵溪人,正德十二年(1517)进士,世宗时拜六卿,参与机务,居首辅,受严嵩排挤,被杀。据《文体明辩·青词》云,青词,亦称绿章:道教斋醮仪式上写给“天神”的奏章表文,一般为骈文。因用朱笔写于青藤纸上,故名。明代道教流行,词臣争以青词邀宠。揲,分揲蓍草,以四草为一组。蓍,指古人卜筮用的蓍草茎,因亦以为占卦的代称。道,宇宙万物的本源。元始天尊,道教最尊的天神。上联意云分占卦的蓍草占卜,再写成文章,天数五、地数五,五五二十五数,数生于万物的本源,这些本源归于元始天尊,至尊只有一位,没有第二位。嶰,两山间的涧谷。律,音律,包括六律、六吕。嘉靖,明世宗年号。下联意云,截取山间的竹筒以协调音律,阴阳六律六吕,六六三十六声,声闻于天,天生嘉靖皇帝,帝统万年。此联采用“数字”“顶针”“重言”等修辞手法,颂扬道教和嘉靖皇帝,契合青词的要求。 (沈树华)

浮海槛

黎遂球

山水朋友文章，三乐

烟雨风月晴雪，六宜

黎遂球，字美周，明末番禺(今广东广州)人，天启七年(1627)举人，官兵部职方司主事，提督广东，援赣州之战中战死。此联所题浮海槛，是以巨竹编成竹排，再在竹排上搭建篷屋，人居其中，浮于水上的设施。这种适于浮动游览的设施，在古代亦为一种创意。在竹排上可看山水，可聚朋友，可著文章，此为三乐也。在大自然中，烟、雨、风、月、晴、雪，这六种自然气候都很适宜。联文展现了作者在浮海槛上的愉悦心情。　(沈树华)

杖　铭

钱谦益

用之则行，舍之则藏，惟我与尔有是夫

危而不持，颠而不扶，则将焉用彼相矣

钱谦益，字受之，号牧斋，晚号蒙叟，明末清初常熟(今属江苏)人，万历三十八年(1610)进士，历官礼部侍郎，侍读学士，南明福王立，任礼部尚书，清顺治二年(1645)降清，官内秘书院学士兼礼部侍郎。上联为其自制手杖的铭语。谦益降清，此杖已失，一日复得之，有人续铭其旁，是为下联，谦益甚为惘然。上联语出《论语・述而》，下联语出《论语・季氏》。用在这里，对钱谦益有讥讽之意。　(沈树华)

林逋墓柱

张　岱

云出无心，谁放林间双鹤

月明有意，即思冢上孤梅

张岱,字宗子,号陶庵,明末清初浙江山阴(今绍兴)人,侨寓杭州,清兵南下,削发为僧,著书立说。此联题林逋墓柱,墓在杭州。林逋,北宋诗人,字君复,钱塘(今浙江杭州)人,隐居西湖孤山,赏梅养鹤,终身不仕,也不婚娶,旧时称其“梅妻鹤子”,卒谥和靖先生。其诗风淡远疏冷,咏梅诗“疏影横斜水清浅,暗香浮动月黄昏”两句最为有名。联文上联讲鹤,下联说梅,准确地刻画了林逋“梅妻鹤子”的隐士形象。 (沈树华)

题 佛 堂

浑 融

靠着这个山,看你脚跟那里放
望见那湾水,知他源头何处来

浑融,明末清初桂林(今属广西)西霞寺僧人,相传为明朝遗老。此联题佛堂。明亡后,浑融作为遗老,出家为僧,其题佛堂,定有所感。故其上联云,靠着这个山,那是没有办法改变的,但可以看你脚跟往哪里放,即立场站在哪边。下联云,望见那湾水,这是客观事实,也无法改变,但你应知他源头是从何处来的。言下之意,不要忘了你是在大明王朝出生的。联意充满了明朝遗老对大明王朝的思念和深情。 (沈树华)

南 明 寺

沈德潜

瓶添涧水盛将月
衲挂松梢惹得云

沈德潜,号归愚。袁枚《随园诗话·补遗》说:“游南明寺,见归愚先生有对联云云。未知是成语,或先生所撰耶?”上联云瓶中装满涧水,就将月亮也盛进瓶里去了。观察入微,甚是有趣。衲,僧衣的代称。下联云僧衣挂在松树树梢,惹得白云在僧衣边上绕来飘去,想象力也很丰富。

(佟 今)

玻璃联

吴鼒

金简玉册自上古
青山白云同素心

吴鼒,字及之,一字山尊,号抑庵,清安徽全椒人,嘉庆四年(1799)进士,官侍讲学士。此题玻璃联,即将联文直接书写于玻璃上,此联书篆体,从玻璃正面或反面看去都是一样。上联所云金简玉册,指以泥金书写文字,以玉签作书画的插签。这类书画的装潢源自古代。下联云青山白云符合本来的心意。玻璃联这种艺术形式,比纸本,或刻以竹木,或用漆加云母,或镶嵌牙玉者,都更有装饰性,因其正反相观如一。　（佟　今）

题送子观音庙

百龄

我本是一片婆心,抱个孩儿给你
汝须行十分好事,留些阴骘与他

百龄,字子颐,号菊溪,清汉军正黄旗人,乾隆三十七年(1772)进士,官至两广总督,转两江总督。观音,即观世音,佛教菩萨名。民间有“送子观音”的传说,凡不生育的夫妇,去求观音菩萨,即能生子。此联即写送子观音庙,联文以观音菩萨的口气说,我是一片婆心,同情你,为你好,抱个孩儿给你。但你必须行十分好事,留些功德给你的孩儿。阴骘,语出《书·洪范》:“惟天阴骘下民。”意谓天默默地安定下民。联意体现了观音菩萨愿意帮助世人,但也要求世人默默地做些好事来回报社会。

（沈树华）

城隍庙

卜宁一

存心光照,何用尔初一十五,烧香点烛
作事奸恶,任凭我半夜三更,差鬼使神

卜宁一,字中三,号五峰,又号念亭,清山东日照人,乾隆四年(1739)进士。此联题山东日照城隍庙。联文以城隍口吻说话,上联云你心存光明,何用你初一十五点烛烧香。下联云你作事奸恶,我三更半夜,会使神差鬼来捉拿你,绝不会让你逍遥法外。 (沈树华)

茶亭题壁

宋 湘

今日之东,明日之西,青山叠叠,流水悠悠,走不尽楚峡秦关,填不满心潭欲壑,力兮项羽,智兮曹操,乌江赤壁空烦恼,忙什么,请君静坐片时,把寸心想后思前,得安闲处且安闲,莫放春秋佳日过

这条路来,那条路去,风尘扰扰,驿站迢迢,带不去白壁黄金,留不住朱颜皓齿,富若石崇,贵若杨素,绿珠红拂终成梦,恨怎么,劝你解下几文,沽一壶猜三度四,遇畅饮时须畅饮,最难风雨故人来

此联为宋湘于嘉庆年间,经大庾岭入都,在粤赣交界处茶亭小憩时题壁之作。上联写"忙"。东来西往,攀山涉水,走不完的秦关楚峡,填不满的欲壑心潭,就如历史上力大的项羽,深谋远虑的曹操,最后一个在乌江自刎,一个在赤壁大败,惹了这些烦恼,有什么忙头呢?请君静坐休息时,用寸心前思思后想想,忙真的不值得,可享安闲时且享受些安闲,不要放春秋佳日白白流过去。石崇,为西晋荆州刺史,以劫掠客商致财产无数,与贵戚

王恺斗富。杨素，隋大臣，参与宫廷政变，废太子杨勇，拥立隋炀帝杨广，封楚国公，官至司徒。绿珠，石崇爱妾，善吹笛，赵王伦专权时，伦党赵秀曾指名向石崇索取，为崇所拒，后崇被捕，她坠楼自杀。红拂，传奇《虬髯客传》中人物，杨素家妓，后见李靖，慧眼识英雄，私奔相从。下联写"恨"。来来往往，风尘仆仆，驿站迢迢，带不去白玉黄金，留不住青春年华，即使富如石崇，贵若杨素，即使遇到绿珠、红拂这样的女子，最终也是一场梦。恨又有什么用？劝你拿几文钱，买一壶茶慢斟细品，遇到风雨故人来时，该畅饮时就畅饮。联语从一小小茶亭落笔，把人生的"忙"与"恨"的不值得罗列得淋漓尽致，劝人得安闲处且安闲，遇畅饮时须畅饮，不要为名利奔忙，到头来饮恨终身。（佟　今）

毕家畈宝塔

吴式敏

七级庄严，人际风云瞻气象

五峰卓秀，天外图画助文明

吴式敏，字逊甫，清浙江海盐人。此联题宝塔。毕家畈宝塔高有七层，故云"七级庄严"。风云，《易·乾·文言》："云从龙，风从虎，圣人作而万物睹。"意谓同类相感，后因以"风云"喻际遇。气象，景象、光景。上联意谓毕家畈宝塔七级庄严，从塔上可瞻望人际之间风云变幻的景象。下联意谓五峰高高地卓立，山间秀色可餐，天外美如图画的自然景色，可助推人们走向更高的文明。联文赞颂了宝塔，以及宝塔周围的自然景色，召唤人们走向更美好的明天。（佟　今）

吟　舫

郭沛霖

载酒来游，助画意诗情，歌声笛韵

引人入胜，有湖光山色，鸟语花香

郭沛霖,字仲雰,号雨生,清湖北蕲水人,道光十六年(1836)进士,官两淮盐运使。吟舫,供雅集吟诗的游船。此联描述乘坐吟诗的游船,在杭州西湖游览的幽情雅趣。文人们载酒而来,在游船上浅斟低酌,饱览湖光山色,孕育诗情,听悠扬的歌声笛韵,欣赏鸟语花香,这一派风光,是何等引人入胜,真是美不胜收。联文反映了作者此时欢愉的心情和文人的雅趣。

(佟　今)

佳晴时雨快雪亭

梁肇煌

抚字值时艰,素念常萦千里外

读书承手泽,清风犹忆十年前

梁肇煌,字檀甫,清广东番禺(今广州)人,咸丰三年(1853)进士,官至江苏布政使。此亭在顺天府署,梁肇煌当时任顺天府尹。上联意云抚摸所写之字,当时正值平定太平军的艰难时期,心中的想法经常牵挂千里之外的广东。素,往常,真情。萦,牵挂。手泽,指书有其父手汗润泽。下联意云读书承接先人的手泽。清风犹忆十年前,指梁肇煌的父亲梁榘亭亦曾任顺天府尹,梁肇煌曾读书其中,故云犹忆十年前。此联为作者抚今思昔之作,充满怀旧之情。(佟　今)

招　贤　馆

吴大澂

叶公好龙,真龙必出

伯乐相马,凡马皆空

吴大澂,字清卿,号窓斋,清江苏吴县(今苏州)人,同治七年(1868)进士,官至湖南巡抚。此联所题招贤馆在湖南长沙。联文以两则寓言故事,表示真心实意招贤纳士的旨意。叶公好龙,待真龙出现,便失魂落魄,五色无主,事见汉代刘向《新序·杂事五》。后人多以叶公好龙,喻表面上爱好某事物,但实际上并非真爱好它。但联意说招贤馆是真心好龙,真龙必出,一定能招到有真才实学的人才。伯乐,春秋秦穆公时人,以善相马著称。伯乐相马,事见《庄子·马蹄》《列子·说符》。后人以伯乐相马比喻善于识别人才。下联说招贤馆有善于相马的伯乐,凡是好马都会被选中的。

(佟　今)

捐　税

刘师亮

半年粮上六回,时拘押,时追比,迄无宁日

百货税征数道,罢请求,罢减免,只有呼天

刘师亮擅写抨击时政、幽默诙谐的对联,能站在民众的立场上,对当权者进行批评。此联题捐税,对当时的捐税提出尖锐的批评。上联说半年要上缴六回粮,不缴就拘押你,追查你,搞得没有安宁之日。下联说百货税要征收数道,不让请求,不让减免,小商人只有呼天。 (佟　今)

中　国　院

李　圭

集十八省大观,天工可夺

庆一百年盛会,友谊斯敦

李圭,字小池,清江苏江宁(今南京)人,官海宁知州,光绪二年(1876)赴美国费城参加世界博览会。有《环游地球新录》。中国院,是中国在美国费城世界博览会之展览场院。当时与会者有三十七国。上联说中国院展出的展品,是集中国十八省参展的精品大观,展品都巧夺天工,令参观者大饱眼福。下联说中美友谊。因博览会时,恰逢美国建国一百周年,故联文说庆一百年盛会,中美友谊敦厚。中国院建有木质牌楼,楼有匾额,题“物

华天宝"四字。（佟　今）

西泠印社石柱

丁　仁

石藏东汉名三老

社结西泠纪廿年

丁仁，字辅之，号鹤庐，浙江杭州人，为著名藏书家八千卷楼主丁松生后人，早年与吴昌硕等人创立西泠印社，以保存金石，研究印艺为宗旨。一生多才多艺，对商卜文、甲骨文均有研究，曾创制方形欧体仿宋字模供中华书局使用。工书画，尤善花卉瓜果，喜诗，亦多佳作。收藏金石甚富。此联作于 1923 年冬，社址在杭州西湖。上联云社藏东汉三老碑。三老碑，乃东汉建武末年所刻石碑，碑文开头是"三老"二字，故通称"三老碑"。下联说西泠印社从 1904 年结社至 1923 年撰写此联时已二十年了。联文所写全用白描，为纪实之作。（佟　今）

出席两会常委扩大会有感

黄炎培

只要认清国际国内当前有利形势，接受现场大教育，谁不弃暗投明，改变立场，摆脱和资产阶级千丝万缕旧关系

一经看到成千成万各地劳动人民，创造光辉新世界，你会欢天喜地，决心改造，建立对共产主义忠肝赤胆真感情

此联作于 1959 年 12 月 7 日。两会，指全国人大和全国政协会议。上联着重指出，根据当时的国内外形势，要改变立场，摆脱和资产阶级千丝万缕的旧关系。下联着重指出在劳动人民实际行动的教育下，你应该欢天喜地地决心改造思想，建立忠于共产主义忠心赤胆的真感情。（佟　今）

黄庭坚纪念馆

萧　娴

诗风成一派
书艺四三家

萧娴,贵州贵阳人,当代女书法家。黄庭坚,江西修水人,北宋诗人、书法家。此联题黄庭坚纪念馆。上联说黄庭坚的诗。他的诗讲究锤炼字句,形成了当时影响很大的“江西诗派”。下联说书法。黄庭坚书取法《瘗鹤铭》,以侧险取势,纵横奇崛,自成风格,与苏轼、米芾、蔡襄三人齐名,称“宋四家”。联语以史实为基,凝练短句,言简意深,别有情致。　（佟　今）

偶　题

苏　轼

新城几时旧
浮石何日沉

苏轼从惠州来到南安府,路上他问随行人员:“这是什么地方?”随行人员回答:“新城。”苏轼遂吟出上联:“新城几时旧?”但对句苦思不得。几日后又到一处,问“这是什么地方?”随行人员答道:“浮石。”苏轼遂有了下联:“浮石何日沉?”此类对句,要契合时机、地名偶然因素,方可成联。如对联“白米白鸡啼白昼;黄村黄犬吠黄昏”即属此类型。　（沈树华）

无　题(一)

李开先

下有良佐,上有明君,自古明良鲜遇
外无旷夫,内无怨女,于今怨旷为多

李开先,字伯华,号中麓,明山东章丘人,嘉靖八年(1529)进士,官至太常寺少卿。佐,辅助。良佐,好的辅助官员。明君,贤明的君主。上联意谓,下有好的官员辅佐,上有贤明的君主主政,自古以来贤明君主和好的辅助官员很少能遇到。旷夫,无妻的成年男子。怨女,旧指年长而不能及时结婚的女子。语出《孟子·梁惠王下》:"内无怨女,外无旷夫。"下联意谓,成年男子应该娶妻,成年女子应该及时出嫁,但当今未娶妻的男子和未及时出嫁的女子实在太多了。联文对当时社会存在的问题加以指斥,反映了作者对美好社会的向往。 (沈树华)

无　题(二)

董其昌

秋月春花,当前佳句
法书名画,宿世良朋

董其昌,明代著名书画家,曾提出南北宗论,历代名画、法书寓目者无数。此联自署无题,其实是写他自己的生活。上联说他于季节更换之际,赏秋月、看春花,并把眼中所见,融入诗赋,撰成佳句。下联说书法名画是他前世的良朋,他所见前代名家书画甚多,有名的如元王蒙《青卞隐居图》,董其昌于诗堂题有"天下第一王叔明"的跋文。 (沈树华)

无　题(三)

吴伟业

搜罗金石卑欧赵
管领风骚辟杜韩

吴伟业,字骏公,号梅村,明末清初江苏太仓人,明崇祯四年(1631)进士,历官南京国子监司业、庶子,福王时拜少詹事,入清官国子监祭酒。此联作者自款崇祯七年春暮作。联文表达了他对书法、诗歌的偏好和看法。

上联作者说自己喜欢搜罗金石。金石,这里指碑刻。卑,卑下,与"尊"相对。卑欧赵,作者说他在书法上不推崇欧、赵。欧,唐代书法家欧阳询。赵,元代书法家赵孟𫖯。说明联作者在书法上是崇碑抑帖的。下联所说"风骚",《诗经》和《楚辞》的并称,《诗经》中的《国风》,《楚辞》中的《离骚》,都是古代重要的文学作品,故以"风骚"代指诗歌。辟,屏除,排除。下联云在诗歌方面他排斥杜韩。杜,指唐代诗人杜甫;韩,指唐代诗人韩愈。这是吴伟业在文学方面的审美观点。　(沈树华)

无　　题(四)

沈德潜

种树乐培佳子弟
拥书权拜小诸侯

沈德潜,字确士,号归愚,清江苏长洲(今苏州)人,乾隆四年(1739)进士,官至礼部侍郎。此联无题,上联曰种树、育人。俗云十年树木,百年树人,种树、育人都要精心浇灌培养。下联曰拥书,甚为自尊。坐在书房里,四面拥书,我居其中,那些书籍犹如对我朝拜,我就犹如小诸侯般尊贵,洋洋自得的情绪,溢于言表。　(佟　今)

无　　题(五)

陈鸿寿

课子课孙先课己
成仙成佛且成人

陈鸿寿,字子恭,号曼生,清浙江钱塘(今杭州)人,乾隆六年(1741)拔贡,官江苏溧阳、江南海防同知。此联无题,实是对自己提出的要求。亦即要做先生,先做学生之意。上联意谓要教育儿子、教育孙子,先要教育自己。下联说要修成仙,要修成佛,还是先修成人,更为重要。联意通俗易

懂,以“重言”修辞手法,使“课”字和“成”字重复出现,读来琅琅上口,充分表达了对联的深义。（沈树华）

无　　题（六）

黄慎

看花临水心无事
啸志歌怀意自如

黄慎,字恭寿,号瘿瓢子、东海布衣,清福建宁化人,少孤,弃举业,学画谋生奉母,成为著名画家,扬州八怪之一。此联作者署无题,其实系写闲适心情。上联云看花临水心无事,是多么闲适！下联云啸志歌怀,吟唱自撰的诗篇,让自己的意志自如发挥,尽情抒发胸中的情绪。这是文人、画家内心的表白,也是自歌自咏的欢唱。（沈树华）

无　　题（七）

高凤翰

苏秦六国都丞相
罗隐西湖老秀才

高凤翰,字西园,号南村,改号南阜,清山东胶州(今胶州市)人,诸生,荐官历绩溪知县、泰州坝官、两淮盐运使。擅书画。联中所题苏秦,战国人,他游历六国,六国都请他为丞相。罗隐,唐诗人,本名横,以十举进士不第,乃改名。故联中说他是“老秀才”。联文以苏秦与罗隐二人对比,苏秦说六国,成为六国宰相;罗隐住在杭州周围,连续十次考进士不中,被称西湖老秀才。人的遭际各不相同,读此联可得启示。

（沈树华）

无　　题(八)

汪士慎

茶香入座午阴静
华气侵帘春昼长

汪士慎,字近人,号巢林,清安徽休宁人,书画家,扬州八怪之一。此联无题,实为写其闲适生活。上联云茶香入座,午后阴凉宁静。下联云花的香气从门帘侵入,春日白天在闲暇中显得漫长。华,与"花"相通。（沈树华）

无　　题(九)

翁葆光

逆不靖,威不扬,两将军难兄难弟
波未宁,海未定,一中丞忧国忧民

翁葆光,字渊明,号无名子,清广西象州人,乾道间以著述为生。此联无题,述道光二十一年(1841),英国犯境,奕山为靖逆将军,奕经为扬威将军,分别御英,久无功,仍和议。而浙江巡抚刘韵珂,部署防守,颇竭谋劳。翁葆光有感,作此联记之。上联嘲讽奕山、奕经,靖逆将军逆不靖,扬威将军威不扬,两位将军真是难兄难弟。下联赞誉浙江巡抚刘韵珂,在这波未宁、海未定之际,能够忧国忧民,挺身而出为抗击英国侵略军竭尽心智劬劳,是值得人们追思的。（佟　今）

无　　题(十)

汤贻汾

并抛杯酌方为懒
少事篇章恐碍闲

汤贻汾，字雨生，清江苏武进(今常州)人，承袭世职，官至副将，太平军攻江宁，投水自尽，卒年七十六。为人博学，凡天文、地舆、百家之学，咸能深造，书、画、诗、文并臻绝妙，琴、弈、剑、箫诸艺俱精。此联写其闲逸懒散之生活。上联云抛却杯酌，不去吃酒应酬，像我这样才是真正的懒。下联说少动笔墨，不写文章，否则就妨碍了我的清闲。作为一名文人，懒得不动杯酌，为了保持清闲，搁笔不写文章，这种看清世态的淡泊之情，实属高人之思，逸人之行。 (佟 今)

无 题(十一)

奚冈

四壁书声小邹鲁

一庭秋色古黄虞

奚冈，初名纲，字纯章，号铁生，清浙江钱塘(今杭州)人，布衣，善书画，尤精篆刻，为西泠八家之一。此联无题。邹鲁，孟子生于邹国，孔子生于鲁国，旧因用“邹鲁”为文教兴盛之地的代称。上联意谓四面传来读书声，这里真是小邹鲁，文化很兴盛。黄虞，黄帝和虞舜。下联意谓一庭秋天的景色，完全像古时黄帝和虞舜时代的风光。 (佟 今)

无 题(十二)

杨昌济

强避桃源作太古

欲栽大木拄长天

杨昌济，湖南长沙人，杨开慧之父，早年留学日、英、德等国，1912 年回乡，任教于湖南省立一师、湖南高等师范，1918 年应蔡元培之邀，任北京大学伦理学教授。1915 年上学期，湖南省立一师校长无理增加学杂费，引起学生不满，就读该校的毛泽东、蔡和森等人带头发起驱逐校长的运动，校长则欲开除毛泽东等十七名学生。当时杨昌济和徐特立等教师联名反对，迫使学校收回成命。当时杨昌济在课堂上写了这副对联。桃源，晋陶渊明著《桃花源记》，描写了一个世外桃源。太古，远古，上古时代。上联指斥学校当局强行逼迫学生回到上古社会去。下联则表明立场，学校应栽培大木成为擎于天地之间的栋梁之材。此联表达了杨昌济不畏强权的凛然之气，以及他关爱学生、慧眼识英才，栽培了毛泽东、蔡和森等栋梁之材。

（佟　今）

喜庆类

春　　联

春　　联(一)

孟　昶

新年纳余庆

嘉节号长春

孟昶,五代后蜀国君,降宋后封为秦国公。《蜀梼杌》云:“蜀未归宋之前,一年岁除日,昶令学士幸寅逊题桃符版于寝门,以其词非工,自命笔……”全联意谓,新年开始,它将带来更多的吉庆;美好的节日,它的名字叫长春。余庆,先代的遗泽,语出《易·坤卦·文言》“积善之家,必有余庆”。嘉节,美好的节日,指二十四节气中的立春。这一年的立春与元旦正好在同一天,前人多视本联为谶语,是宋朝灭亡后蜀的征兆。因后蜀次年即降宋,宋派去接管成都的官员名吕余庆。其实是一种巧合。　　(沈树华、刘铁坤)

春　　联(二)

郑　燮

春风放胆来梳柳

夜雨瞒人去润花

上联说春风放开胆量去梳拂垂柳,下联说绵密的夜雨瞒着沉睡的人们去滋润鲜花。此句脱胎于杜甫《春夜喜雨》诗:“随风潜入夜,润物细无声。”联语重点在下句,反映了作者欲有补于世而不求闻达的高尚情操。拟人手法的运用,春风能“放胆”“梳”柳,夜雨可“瞒人”“润”花,使人读来备感亲切。联语充满生机,颇合颂春题旨。　　(沈树华)

春　联(三)

彭元瑞

门心皆水
物我同春

本联是清代大学士彭元瑞为自己住宅撰写的春联。上联意谓府门前无人请托干求,与我的心一样,皆清澈如水,表达自己为官正直与清廉的心愿。下联谓春天已经来到,我愿和万物同享春天的温暖,不仅推己及人,而且推人及物,以示作者博大胸怀,有兼济万物之志。联语既紧扣新春来临,又含祝祷国泰民安之意。"门心皆水",化用《汉书·郑崇传》"臣门如市,臣心如水"句,作者删去"如市"的内容,将两句缩为一句,使立意更高,思想性大为加强,是化用前人成句的典范。（沈树华）

春　联(四)

春山春水春意浓,春色醉我
新天新地新景象,新风宜人

这是一副当代通用春联。上联赞美祖国到处山山水水充满生机,令人陶醉。下联歌颂换了人间的景象和崭新的社会风尚。联语以重言手法,上下联的"春"和"新"反复重出,读来语言连绵,声韵谐和,益增新春祥和兴味。

（沈树华）

春　联(五)

余峻山

官居东壁图书府
家住西湖山水间

本联是作者为自己宅第撰写的春联。上联切自己主管儒学的官职。东壁,星名,旧说主文章,为天下图书之秘府,后因以称藏书之所。下联言自己的住地恰在杭州西湖明媚秀丽的山水之间。全联表达了作者闲逸淡泊清雅的情怀。　　(沈树华)

春　　联(六)

启　功

流水断桥芳草路
淡云微雨养花天

本联为颂春之作。联语以流水、断桥、芳草描写了春天的景色,以淡云、微雨描写了春天的气候。芳草,香草,常用以比喻忠贞的美德。养花天,指适于百花生长开放的气候。仲殊《花品序》说,“越中牡丹开时”,“此月多有轻云微雨,谓之养花天”。作者借颂春之联,表达了对道德情操和美好环境的颂扬。联语用词清丽,充满诗意。　　(沈树华)

春　　联(七)

不须着意求佳景
自有良机逢早春

本联以白描手法咏春颂春。联谓人们毋须着意去寻求佳境美景,每个人都有机遇感受到早春的勃勃生机。春天来到了,她给人们带来新的希望。劝解人们对事不必强求。联文平易通俗,含有吉祥如意和幸运降临之意,颇切新春吉利之旨。　　(沈树华)

春　　联(八)

放一夜花炮,轰出新年,闹闹热热,大家想过好日子
开两扇大门,请进喜神,齐齐整整,小孩预备出风头

这是春联中别开生面的一副,文字通俗。上联一个"轰"字,写出新春特有的热烈气氛;下联一个"开"字,也沾有喜气。但平仄有不协调处,如"年"与"神"同属平声,实可将"年"改为"岁"。"热"与"整"同属仄声,也可将"齐齐整整"改为"整整齐齐"。下联的末句,选择了新春中最突出景象,儿童在新年中的特有的欢乐情绪,"出风头",暗喻他们又可穿上新衣服了。

(金性尧)

丁丑年春联

白丁有志须求学
黑丑逢春尚着花

本联在上下联第二字分嵌当年干支"丁""丑"二字,称为燕颔格。上联说理。白丁,指缺乏文化知识的人,文盲。刘禹锡《陋室铭》:"谈笑有鸿儒,往来无白丁。"全句意为缺少文化知识没关系,但要立志奋发学习。下联举例。黑丑,黑色牵牛花子,可入药(淡棕色的称"白丑")。牵牛花子称丑。据《本草纲目·牵牛子》云:"盖以丑属牛也。"全句意为就像那小小的牵牛花子,到了春天,也会发芽开花。本联不但切合丁丑年份题目,而且寓励人奋发向上之意。小小的牵牛花子逢春尚能开花,人岂可虚度一生?只要刻苦求学,自会取得成果。

(沈树华)

丁酉年春联

丁卯桥边春水活
酉山穴里古书香

此联上下联第一字分嵌当年干支"丁""酉"二字,称为鹤顶格。联语撷取与之相关的诗书典故,渲染读书人家的书香气息。上联用唐代诗人许浑的典故。许浑为人好学不倦,退职后居润州(今江苏镇江)城南丁卯桥边,其诗集即名《丁卯集》。春水活,化用宋代朱熹《观书有感》"问渠那得清如许，为有源头活水来”诗句意，暗喻心灵澄明，学有渊源。一个“春”字，又点出了新春来临，春意盎然的氛围。下联“酉山”，指大小酉山，在今湖南沅陵境内，据《太平御览·荆州记》载，此山“石穴中有书千卷”，后人遂以此借喻藏书丰饶之处。家多藏书，自然充满古书之香了。本联嵌字择典，紧扣诗书学养，非常贴切地表达了读书人家充实新知、学有渊源和新春来临的欢快情绪。（沈树华）

1898 年春联

翁同龢

老骥思千里
鹪鹩足一枝

上联用曹操《龟虽寿》“老骥伏枥，志在千里”典。作者表示处在维新变法的关键时期，虽年事已高，仍有一番雄心壮志。下联典出《庄子·逍遥游》“鹪鹩巢于深林，不过一枝”，意思是善于筑巢的小鸟鹪鹩在大树林栖宿，只不过占一棵树枝罢了。这是古时尧想让帝位给许由时，许由说的话。这里表明自己支持维新变法，并非有什么个人的野心。作者写此联后不久即遭罢职。联语用典含意深邃，且与作者身份、心情十分切合。（张炳隅）

1919 年春联

熊小白

过去百端，乱扰扰有如水
未来万事，愿熙熙同此春

“过去百端”，自辛亥革命至五四运动，连年军阀混战，民不聊生，故云“乱扰扰有如水”。扰扰，乱纷纷。枚乘《七发》：“其波涌而云乱，扰扰焉如三军之腾装。”下联言但愿今春以后天下太平。熙熙，和乐貌。《老子》：“众人熙熙，如享太牢，如登春台。”人们常把和熙的春天称为“熙春”。全联总

结过去，展望未来，对仗平稳浑成。（张炳隅）

1924 年春联

林纾

遂心唯有看山好
涉世深知寡过难

本联是近代翻译家、文学家林纾于逝世那年(1924)春节所写。他以含蓄的语言表达了对现实的看法，抒发了对人生的感叹。上联反映了他的心境之不平，意谓只有寄情于山水之间才能使人称心遂意。因为他对辛亥革命后的人情世态均不顺眼，对“五四”以来的白话文，尤其反感。下联是他一生经历的总结。经过反复的实践，深知不犯或少犯错误是多么困难啊。作者不合时代潮流，频频遭到新文化运动的反击，因而有此感叹。林纾是近代著名散文家，鲁迅、郭沫若等都曾受其影响。他虽极力反对新文化运动，但他的大量译作正好冲击了他所要维护的封建礼教，对五四新文化运动起了积极作用。（沈树华）

1982 年春联

廖沫沙

鸡鸣天上登仙境
犬吠云中入宝山

廖沫沙，湖南长沙人，作家，与邓拓、吴晗合写《三家村札记》。作者1982年撰此春联，刊于《北京晚报》，并附文加以说明云：“去年辛酉属鸡，今年壬戌属狗。陶渊明《桃花源记》中有‘阡陌交通，鸡犬相闻’的名句，用以描绘农村一派繁荣安乐。因此取淮南王飞升的故事中的两句成语‘鸡鸣天上，犬吠云中’作春联，庆贺我国广大农村连年丰收繁荣的景象。”“登仙境”“入宝山”亦有生活和美，农业丰收之意，表达了进入新年的喜悦之情。

（佟今）

1983 年春联

十里春风，长安两路

千年晓月，永定一桥

这是1983年春节前夕，中央电视台等四单位联合举办迎春征联活动第五副中的第一名。上联化用唐杜牧《赠别》诗“春风十里扬州路”句意，和煦的春风，吹遍十里长街，车水马龙，一片繁华兴旺景象。长安两路，北京天安门广场以东为东长安街、以西为西长安街，笔直如矢，看不到尽头。旧时从东单到西单全长4 000米，诗人称为十里长街。下联化用金章宗“卢沟晓月”题词，溶溶的晓月，照临千年古桥，这桥曾抗御洪流，保卫人民和平安定的生活。永定一桥，指卢沟河上的桥。卢沟河之名始自唐代，因经常泛滥，河道迁移，又称无定河。清康熙三十七年大加疏浚，并筑长堤，改名永定河，桥称永定桥。1937年7月7日日本侵略者发动震惊中外的“卢沟桥事变”，中国人民全国性抗战开始，经过艰苦曲折的斗争历程，终于取得最后胜利。联语选取北京富有历史意义的景物“长安街”“永定桥”，用其含义来突出首都的繁荣、安定，而安定与繁荣又往往难以分割，足见作者匠心。至于“十里”对“千年”、“春风”对“晓月”、“长安”对“永定”、“两路”对“一桥”，工稳贴切。

（唐　音）

寿　辰

◆贺人寿

贺黄耕庾夫人寿

吴叔经

天边将满一轮月

世上还钟百岁人

本联是我国记载中最早的一副寿联。宋代孙奕《示儿编》云:“黄耕庾夫人三月十四日生,吴叔经作寿联。”上联以天上一轮皎洁的明月将“满”,暗切黄耕庾夫人诞生日。月为阴,代指女性。同时“满”又是团圆的象征,也含有祝愿黄夫妇百年和合齐眉偕老之意。联语说“将满”,而这个“满”又是必然的,这样祝愿可谓既巧且当。下联祝寿。古人称百岁为上寿,联语用“百岁人”向她表示了美好的祝愿,希望她成为百岁寿星。“还钟”二字,亦含对黄夫妇双双祝愿之意。此联措词雅丽,对仗极工,借月抒情,颇有韵味。《楹联丛话》收有此联,梁章钜说有人以为“将满一轮”是指十三日,不如改为“犹欠一分”更能切合十四日。梁认为“犹欠一分”非祝寿语,祝寿应避不吉利语。这是撰写寿联必须注意的。 (沈树华)

贺商辂七十寿

李东阳

自古年华稀七秩

本朝才望垂三元

商辂,明浙江淳安人,官至谨身殿大学士。本联旨在祝颂。上联以人生七十古来稀祝贺商七十寿辰。七秩,即七十。商辂历明英宗、代宗、宪宗三朝,宪宗时在内阁十年,故下联赞颂他的才华和声望如垂三元,光芒四照。三元,指日、月、星。本联炼字精当,上联用一“稀”字,即含祝寿意;下联用一“垂”字,即含赞颂意。 (沈树华)

贺康熙帝六十寿

周雅赓歌,如山如川如日月

箕畴敛福,曰富曰寿曰康宁

康熙五十二年(1713),清圣祖康熙帝爱新觉罗·玄烨六十寿庆,从皇城出西直门至西苑,一路新建牌楼坛宇,每座均有当时名公硕彦撰写的祝寿楹联,本联乃其中之一。上联歌颂康熙帝的功德有如巍峨高耸的山峰、奔流不息的大河、光芒四射的日月。周雅,指《诗经》中的《大雅》,共三十一篇,多为歌颂王室之作。这里借指歌颂康熙的作品。赓,连续。下联借箕子九畴祝福康熙富寿康宁。箕畴,即《洪范》九畴,传为箕子所述,概述人君治国的九种大法。敛,集。艺术手法上的排比运用使联语富于节奏感。

（沈树华）

贺吴锡麒母寿

张问陶

惟善人现寿者相

有令子为天下师

吴锡麒,字圣征,号谷人,浙江杭州人。清学者,为乾隆进士,官至国子监祭酒。诗文名重一时,尤以骈文最为有名。本联在祝寿的同时,赞颂寿者的善行与贤良。上联说因为您有善行,故能享高寿。寿者相,亦云寿命相,指老人长寿之貌。下联意谓儿子是天下学子的老师。吴锡麒当时任全国最高学府主管官国子监祭酒,故言"为天下师"。教子成名是我国古时妇女贤德品格的重要标志,联文赞誉其子为"天下师",实赞颂她为教子成材的贤母。本联词语毫无雕琢,气度雍容,质朴劲健。（沈树华）

贺梁同书夫妇九十双寿

张岐山

人近百年犹赤子

天留二老看元孙

梁同书,号山舟,钱塘(今杭州)人,清书法家,能诗,擅对联,官至翰林院侍讲。本联贺梁同书与夫人汪氏双双九十寿庆。上联称颂二位老人的品格,年近百岁了,但仍保持着纯洁善良的赤子之心。下联祝愿二位老人长寿,好享受五世同堂喜看玄孙的福分。元孙,清代避圣祖玄烨讳,改“玄”为“元”。玄孙,本身以下第五代。下联赋天以意志和情感,构思十分巧妙。

(沈树华)

贺袁枚寿

梁同书

藏山事业三千牍

住世神明五百年

袁枚,字子才,号简斋,浙江杭州人,清代著名诗人,乾隆进士。曾任江宁等地知县,辞官后筑室南京随园。论诗主性灵说,著有《小仓山房集》《随园诗话》《子不语》等。本联通过对袁著作事业的赞誉而表示对生日的祝贺。上联赞美袁著作之丰。藏山,语出司马迁《报任安书》“藏之名山,传之其人”,意指著作传给可以传的人。三千牍,形容著作多。牍,古时写字木片,后指公文、书信等,这里指著作文章。下联颂誉袁之著作将对后世产生深远影响。住世,存留世上。神明,指袁枚著作的思想精神。五百年,这里是泛指,与“江山代有才人出,各领风骚数百年”意思相近。本联的最大特点是对仗十分工整。

(沈树华)

贺孟姓母何氏寿

袁 枚

人间贤母原推孟

天上仙姑本姓何

本联嵌寿者夫家和娘家之姓,祝颂寿者为“人间贤母”“天上仙姑”。贤母,指孟母,曾三次迁居,选择良好环境教育孟子,古代被视作为贤母的典范。仙姑,指何仙姑,传说中的八仙之一。本联嵌姓巧妙,运典切题,给人以巧妙天成之感。

(沈树华)

贺百岁老人寿

王文清

人生不满君今满
世上难逢我竟逢

清乾隆年间，湖南有人为父百岁祝寿，捧笺求作者撰联，作者即撰书此联贺之。全联撷取《古诗十九首》“人生不满百”和民间俗语“世上难逢百岁人”语意加以引申，并反其意而生妙句，而且明明是题百岁人，却将“百”字隐去，但上下联语意又都切合“百岁”两字，显示出作者巧妙的构思。

（沈树华）

贺陶澍六十寿

齐彦槐

八州都督，五柳先生，经济文章，千古心传家学远
六甲初周，一阳来复，富贵寿考，百年身受国恩长

陶澍，字子霖，号云汀，清道光时官至两江总督。本联从颂德与祝寿方面立意。上联赞颂陶澍政绩继承陶侃，文章承陶渊明，可说家学渊源。八州都督，指晋代陶侃，官封大将军，都督八州诸军事。五柳先生，东晋诗人陶渊明著有《五柳先生传》，这里代指陶渊明。陶澍在政绩上，曾首创海运及整理淮北盐务、筹划治理安徽荒政、疏浚吴淞江、浏河等水利。在文学上著有《印心石屋文集》《陶渊明集辑注》等。在处理政务和文章著述方面都卓有成就。下联祝贺陶澍富贵长寿，可以长受“国恩”。六甲初周，指六十岁。六甲，指干支六十甲子，满六十年为一周。一阳来复，指节气冬至。古人以为天地间有阴阳二气，每年到了十一月冬至，阴气衰尽，阳气开始复出，谓之一阳来复。陶澍生日在十一月。寿考，指高寿。本联以八州都督、五柳先生切陶澍之姓，以一阳来复切陶澍诞生之月，可谓运典自如，贴切不

移。且上联八州与五柳两句自对,下联六甲与一阳两句自对,亦极工稳。

（沈树华）

贺郭松林母寿

何绍基

母为古列女
子作大将军

旧时崇尚子荣母贵。本联祝寿,旨在赞颂母子。上联称颂郭母具有古时列女重义轻利的品质。下联赞扬郭的身份地位。郭官至古北口提督,故云其作“大将军”。本联以朴素的词语表达出祝颂备至之意,显示了作者运用文字的深厚功力。 （沈树华）

贺友人寿

王原祁

疏松影落空坛静
细草春香小洞幽

此为祝寿联,但在字面上却并无一寿字。读时只觉得树影婆娑,芳草鲜洁,然从侧面却透露了祝寿之意。开头写“松”,俗有“寿比南山不老松”之说。下面“坛静”“洞幽”,都是道家修道养生之所。养生讲究环境的清静和心神的宁静。《黄帝内经》云:“静者寿”,“静则神藏”。联语妙在暗寓长寿之道,而为祝辞则读来精妙美绝。 （钱剑夫）

贺左宗棠七十寿

东阁勋猷,北门锁钥
西天生佛,南极寿星

左宗棠,清湖南湘阴人。1875年任钦差大臣,督办新疆军务,率兵讨伐阿古柏,收复乌鲁木齐、和阗(今和田)等地,阻遏了俄英对新疆的侵略。本联在祝寿的同时,极力赞颂左督办新疆军务的功绩。上联称颂左是勋臣贤士中的首脑,国家北疆的屏障。东阁,汉公孙弘为丞相,于庭东开小门以招贤士,后称宰相招贤之地为东阁。勋,功勋。猷,谋划。北门锁钥,典出《左传·僖公三十二年》,郑人使杞子掌其北门之锁钥,后借指北方边防要地和重镇。下联祝寿。西天,佛说《阿弥陀经》所指的西方极乐世界。生佛,活佛。南极寿星,即南极老人星,道教故事中的神仙,俗称老寿星。本联以方位相对,上联东、北,与下联西、南相对;上下联中又以东、北,西、南自对,别具一格,饶有趣味。(沈树华)

贺杨昌濬寿

左宗棠

知公神仙中人,勉为苍生留十稔

忆昔湖山佳处,曾陪黄菊作重阳

杨昌濬,清湖南湘阴人,字石泉,官至浙江巡抚、陕甘总督。与左宗棠为同乡旧友。本联祝颂兼叙友情。上联劝友继续为官,为民造福。谓深知你本是淡于名利、逍遥自在、神仙般的人物,但为百姓考虑,希望你继续做个好官,为民造福,即使多留十年也行。对杨的人品和政绩作了热情赞扬。公,尊称。苍生,指百姓。稔,庄稼一熟称一稔。下联回忆往事,抒写思念之情。意谓,记得上次重阳节,我在浙江,曾陪同你和亲友们在西湖灵隐寺赏菊吟诗,今天又逢重阳,千里外为你祝寿,不禁引起我深深的思念。联语以劝勉为主,祝寿为衬,字里行间,充溢着至交好友坦率真诚之情。(沈树华)

贺兴静山六十寿

梁章钜

宜民颂起延年后

寿世筵开浴佛先

上联切官职。以南朝宋时曾官太守之职的颜延年和兴静山相比,颜延年在任时居身俭约,淡于财利,甚得民心。作者称颂兴静山为官清廉,人民赞颜延年之后赞颂他是理所当然的。下联切寿诞之日。兴静山生日在四月初四。浴佛,指四月初八浴佛节,相传该日为释迦牟尼生日。联云祝寿的筵席在浴佛节之前,语及佛的生日,既为祝寿,兼含崇敬意。联语以"后"字颂其清廉;"先"字祝其长寿。对仗工整,平仄相协,炼字既极精当,读来亦铿锵起伏,朗朗上口。 (沈树华)

贺梁章钜七十寿

王叔兰

二十举乡,三十登第,四十还朝,五十出守,六十开府,七十归田,须知此后逍遥,一代福人多暇日

简如格言,详如随笔,博如旁证,精如选学,巧如联话,富如诗集,略数平生著述,千秋大业擅名山

梁章钜,字闳中,一字茝林,晚年号退庵,福建长乐人,清道光时官至两江总督,精对联,著述颇丰,共有七十七种。上联赞梁仕途一帆风顺。二十、三十等都是约数,并非确切年龄。举乡,中举人。登第,中进士。还朝,在朝为官。出守,出任知府。开府,出任巡抚、两江总督等。归田,告老还乡。上联谓宦途一直顺利,从此归田,可逍遥自在,享受晚年的清福。下联颂梁著作广博精深。如《古格言》之简,《退庵随笔》之详,《三国志旁证》之博,《文选旁证》之精,《楹联丛话》之巧,《退庵诗存》之富。此等著作可藏之名山,千秋不朽。名山,司马迁《报任安书》:"藏之名山,传之其人。"联语虽缕述官职及著作名,因采用先分后总的方法,不觉其琐碎,而上下联前半六句,都是自对,形成排比句,一贯直下,读来颇有气势,避免了长联对仗不易工整的缺点。 (沈树华)

贺但明伦寿

阮元

菊花潭里人同寿

扬子江中海不波

但明伦,字云湘,河南广武(今成皋县)人,清道光时任两淮盐运使,有政绩。上联祝寿。菊花潭,在河南省内乡县北,相传潭边有大菊,又传说饮潭水可使人长寿。作者把菊花潭加以扩大,说寿翁为菊花潭人;菊花开时又切但明伦九月寿辰,更借菊花的高洁来颂寿翁的品德,仅仅七个字,包含了极为丰富的内容。下联赞扬功绩。1842 年 7 月,鸦片战争时期,英舰沿江而上,进攻镇江,威胁扬州,这时在扬州任两淮盐运使的但明伦,积极领导和组织防卫力量,随时准备打击侵略者。8 月,《中英南京条约》被迫签订,英舰撤出长江,扬州始安。扬子江,古指长江从仪征至扬州间之一段,后亦作长江之别称。海不波,即海无波涛,这里实指江面未动干戈,平静无波。本联选材贴切得体。梁章钜评此联"落落大方,恰如其分,不能不推为大手笔"。（沈树华）

贺朱建三寿

李　渔

七夕是生辰,喜功名事业从心,处处带来天上巧

百花为寿域,羡玉树芝兰绕膝,人人占却眼前春

朱建三生于七月七日,所居之里,名百花巷,本联即依此构思。七夕,民间节日,又称乞巧节,神话故事说农历七月七日夜,牛郎织女在天河相会,旧时妇女以穿针向织女星乞求智巧。上联以朱七月七日生辰铺叙,意谓七月七日是你的生日,你一生功名事业件件如意,事事称心,这都是因你出生这一天从天上获得了智巧,真令人高兴。下联从朱所居百花巷加以发挥,意谓你在百花巷居宅做寿,贤慧的子孙侍奉在身边,全家美满,如同春风得意,真使人羡慕。玉树芝兰,即芝兰玉树。《晋书·谢安传》:"譬如芝兰玉树,欲使其生于庭阶耳。"此处指朱建三贤慧的子孙。本联借眼前事物发挥,上联以"喜"得"天上巧"为主,下联以"羡""眼前春"作衬,充满喜庆欢快之意。（沈树华）

贺吴云七十寿

俞　樾

合千古之寿寿公,永保用,永保享,左鼎右彝,坐两罍轩,居然三代上

以十年之长长我，六十耆，七十老，望衡对宇，隔一条巷，有此二闲人

吴云，号平斋，清浙江归安(今吴兴)人，曾任苏州知府。上联祝寿，紧扣吴之所好。吴喜收藏，精金石，著有《两罍轩钟鼎彝器图释》。“永保用”“永保享”都是青铜器铭文常用语。鼎，古代炊器。彝，古代盛器。均盛行于商周时期。两罍轩为吴斋名。三代，指夏、商、周。说坐在这古色古香的书斋里真像是三代以前的人物。下联叙二人关系。吴长俞十岁，居苏州金太师场，俞居马医科巷，两位老人，隔巷对门而居，时相过从，畅谈文献掌故，颐养晚年，故云“有此二闲人”。联语古朴淡雅，与寿翁生活情趣十分协调。 (沈树华)

贺金安清六十寿

俞 樾

推倒一世豪杰，开拓万古心胸，陈同甫一流人物，如是如是

醉吟几篇旧诗，闲尝数盏新酒，白香山六十岁时，仙乎仙乎

金安清，字眉生，清末浙江嘉善人，官至湖北督粮道，精通掌故，工诗，有《偶园诗稿》。本联从金安清个性特点与治学嗜好角度立意。上联将他比做南宋的陈同甫，前两句化用陈亮《甲辰答朱元晦书》“推倒一世之智勇，开拓万古之心胸”句，对他豪放的性格与阔大的心胸表示称赏。陈同甫，即陈亮，南宋思想家、文学家，为人才气豪放，力主抗金。下联化用唐代诗人白居易六十岁时所作《耳顺吟寄敦诗梦得》“闲开新酒尝数盏，醉忆旧诗吟几篇”诗句，祝愿他如同白居易六十岁时那样逍遥自在，有如神仙。白香山，即白居易，号香山居士，唐诗人。本联以同乡先贤陈同甫、同龄诗人白香山与金相比附，不无溢美之嫌。然善于化用成语，措辞诙谐活泼，使被贺者倍感自然和亲切。 (沈树华)

贺吴恒六十寿

杨　岘

醉即眠，醒即歌，是养生第一诀
书精品，画妙品，在吾侪有几人

吴恒，字仲英，清末书画家，仁和（今杭州）人。上联描绘吴恒那种一醉一醒、时眠时歌、放浪形骸的艺术家气质，肯定他自我适应的养生之道。下联赞扬他的书画精妙，认为在我辈中没有几人及得上他，突出了同是书法家的联作者对吴书画造诣的钦佩和挚友间的亲切感情。前人评吴书画云："不落窠臼，秀劲之致，得之自然。"联文所赞，可谓贴切允当。本联措辞清新活泼，潇洒不羁，以养生代祝寿，颇具巧思。（沈树华）

贺周梅初七十寿

沈葆桢

介寿朋来，而我独羁千里足
倾心兄事，为君多读十年书

周梅初，与沈同乡，长沈十岁，沈事周若兄长，两人交谊深厚。周七十寿辰时，沈任两江总督兼南洋通商大臣，驻节江陵，与在福州的周相隔千里，不能亲往祝寿，特撰此联致贺。上联意谓，祝寿的朋友都来了，独我因相隔千里，不能亲自前来祝寿，只好表示歉意。介寿，意为祝寿。下联意谓，您的年龄长我十岁，比我多读十年书，我自然倾心仰慕，以兄事之了。本联感情真挚，如与友侃侃而谈，并善于化用成句，语意双关。上联"千里足"从《木兰诗》"愿借明驼千里足，送儿还故乡"句中化出，既指相隔千里，又表思念故乡。"十年书"从《宋书·沈攸之传》"早知穷达有命，恨不十年读书"句中化出，既指周多读十年书，又为自己因出仕不能致力于学问而感愧不已。（沈树华）

贺(樊增祥)子五十寿

樊增祥

我亦痴翁,愿再抚汝五十年,寿汝乎,抑自寿也
身临大邑,岂独有民十万户,保民者,则天保之

上联讲爱子。意谓,我也算个痴老汉吧,现在希望再抚养你 50 年,这是为你祝寿呢,还是为自己祝寿?实际上两者兼而有之。下联讲爱民。意谓,你当大县的长官,难道仅仅管辖十万户人?能爱护老百姓的人,一定能受到上天的保佑啊。保民,出自《孟子·梁惠王》"保民而王,莫之能御也"。保民,体现了孟子的民本思想,当然,这种"民本",也不外要达到永久统治的目的。以对联给儿子祝寿,颇为罕见。作者从儒家仁爱思想出发,既是关心,又是教诲,十分得体。联中适当运用虚字,以"岂独"表反诘,"抑"表选择,"则"表因果,辅之以"乎""也""者""之",意随词转,使联语节奏舒徐,十分耐读。 (沈树华)

贺李执中六十一寿

吴恭亨

耻帝秦,效鲁连蹈东海
俾戬榖,赓天保寿南山

李执中,号懋吾,湖南石门人。光绪举人。辛亥革命后加入国民党,1913 年当选为众议院议员,后袁世凯解散国会,清洗参众两院的国民党员,李被袁通缉,逃亡日本。1916 年袁世凯窃国称帝,为笼络人心,解除党禁,凡被通缉议员能自白认错皆不追究。李的亲友为李代书自白书。李闻知后,即从日本发出电报,申明自己未写自白书,当时人们都把他看做有骨气的铮铮铁汉。1916 年 6 月袁世凯死后,李回到湖南,1921 年当他 61 岁生日,友人吴恭亨写了此联向他贺寿。上联将他比做鲁连,赞扬他不肯向袁

世凯称帝而逃亡日本的骨气和行动。鲁连,亦称鲁仲连,战国时齐人,他拒绝对秦称帝,并说如果强迫他,他就蹈东海而死(见《战国策·赵策》)。下联化用《诗·小雅·天保》中“天保定尔,俾尔戬穀”句向他祝寿。俾,使。戬穀,福禄。全句意谓上天将使你增福添禄,保佑你寿比南山。本联运典精当,祝颂妥帖,专切不移。（沈树华）

贺李惠堂六十寿

蒋文友

周甲数年华,早见锋芒强射虎
弧辰逢世运,依然身手矫犹龙

李惠堂,广东五华人,有“亚洲足球王”之誉。李生于农历甲辰年,1964年李六十岁时又逢甲辰年。现代学者、台湾大学教授蒋文友撰写此联祝贺。上联祝李六十寿辰,并以汉代名将李广善于射箭比喻他在球场上精于射门。周甲,指甲子循环一周满60年,点明李60岁。射虎,《史记·李将军传》:“广出猎,见草中石,以为虎而射之,中石没镞,视之石也。”下联意谓李在60岁时,在赛场上依然表现出龙虎般的锐气和精湛球艺。弧,弓。弧辰,指生日,旧时男孩出生时在门左挂弓。犹龙,代指老子李耳。《史记·老子传》:“孔子谓弟子曰:‘吾今日见老子,其犹龙邪。’”本联构思极妙,在上下联之首以“周甲”“弧辰”点明贺的是六十寿,并嵌入李生年干支“甲辰”,又巧用两个李姓古人典故,切李的姓氏,比拟李的体育生涯,赞誉球艺,可谓巧思不群,堪称佳作。（沈树华）

贺星云上人四十寿

任淡园

者个头陀有点来由!四十年中,好结交名士才人,剑仙羽客

平生和尚作些什么?三千界外,爱赏玩梅花杨柳,古画奇书

本联贺星云和尚四十生辰。上人,旧时对僧人的尊称。上联从星云和尚的交游方面落笔,赞他品格之高。者,这。头陀,佛教语,称行脚乞食或云游的僧人。来由,来历,有不凡之意。剑仙,指精于剑术的侠士。羽客,道士的别称。这个行脚僧云游四方,喜欢结交天下的才人名士和剑仙羽客,确实不同凡响。下联从星云和尚的嗜好方面着墨,赞其爱好之雅。三千界,佛教语,三千大千世界的简称,原是古印度传说的一个广大的世界名称,后佛教沿用其说,指释迦牟尼所教化的广大范围。这个和尚除了诵经拜佛之外,所喜爱的就是赏玩梅花杨柳和古画奇书。联语措辞清新活泼,以“四十年”点明祝寿,上联赞其有点来由,下联问他作些什么,一赞一问,读来饶有风趣。 (沈树华、施晴东)

贺北固山某寺住持八十寿

住持第一江山,问长老几生慧福

游遍大千世界,知寿星即是如来

北固山,在江苏镇江市北,山上有古迹甘露寺,寺内有“天下第一江山”石刻。住持,寺院内主持寺院者的职称。本联即贺住持僧人寿辰。上联以设问句出之。您在天下第一江山主持寺院,请问长老这样的慧福是修了几世才得来的?长老,佛教对释迦上首弟子的尊称,也用以称呼年长德尊的僧人。下联祝住持僧人长寿成佛。您的教化广布大千世界,您是寿星,也是活如来。大千世界,三千大千世界的简称,指释迦牟尼所教化的广大范围。如来,释迦牟尼的十种称号之一。本联祝僧人寿,措辞选用佛教名词,上联以设问祝福,下联用“如来”祝寿,可谓工巧贴切。 (沈树华)

贺 李 纯 寿

将星与寿星同明,明星一路

卿月偕秋月共朗,朗月三台

李纯，字秀山，天津人，民国初任江苏督军等职，封昌武将军。本联构思奇特，上联切军职，称李为将星，祝寿称寿星。明星句，颂扬贴切。1917 年南方护法军政府与北洋军政府开战，李为主和派，后双方议和，因皖系军阀段祺瑞破坏，和议未成。故联中称李为明星。下联切生日。李诞辰为旧历中秋，故下联说他过生日正好与中秋的月亮同明，连天上的星星也被照亮了。卿月，月亮的美称。亦借指百官。这里指李纯。三台，原指星宿名，分上、中、下三台，各两星。古代以星象征人、事，称三公为三台。《晋书·天文志》："在人曰三公，在天曰三台。"此处语含双关，既指星星，兼称李纯。本联采用重言手法，"星"和"月"凡三出，且又运用顶针格，上联以"明星"顶"同明"，下联以"朗月"顶"共朗"，读来趣味盎然。（沈树华）

贺台静农寿

张佛千

上德发乎自然乃曰朴
终身诲人不倦是谓师

台静农是著名的教育家，作者以此联向他贺寿。上德，最高的道德。语出《老子》："上德不德，是以有德。"朴，指本真、本性。赞扬台静农道德敦朴高尚。诲人，语出《论语·述而》："默而识之，学而不厌，诲人不倦，何有于我哉？"称颂台静农为人师诲人不倦的烛光品德。（佟　今）

◆自寿

郑燮六十自寿

常如作客，何问康宁，但使囊有余钱，瓮有余酿，釜有余粮，取数页赏心旧纸，放浪吟哦，兴要阔，皮要顽，五官灵动胜千官，过到六旬犹少

定欲成仙，空生烦恼，只令耳无俗声，眼无俗物，胸无俗

事,将几枝随意新花,纵横穿插,睡得迟,起得早,一日清闲似两日,算来百岁已多

此联作于潍县(今山东潍坊)任上,因对官场黑暗,深致不满,已有归田之意,次年即因忤大吏而被罢官。上联说人生短暂,有如作客,何必谈什么福寿、安宁?只要袋里有钱可用,瓮里有酒可喝,锅里有饭可吃,摊开几页心爱的旧纸,毫无拘束地吟诗作画,兴趣广阔,天真烂漫,五官灵敏胜过多种感官,如果这样,活到60岁还显得年轻。作客,《古诗十九首》:"人生天地间,忽如远行客。"康宁,《书·洪范》:"五福:一曰寿,二曰富,三曰康宁,四曰攸好德,五曰考终命。"吟哦,写诗作词。李郢《偶作》:"一杯正足吟哦兴。"下联说,如果想修道成仙,徒然自寻烦恼。只要耳不闻喧扰之声,眼不见庸俗之人,心中无名利之念,随意拿几枝鲜花戴在头上,早起晚睡,那么清闲一天抵得两天,算起来60岁已超过百岁了。成仙,《古诗十九首》:"服食求神仙,多为药所误。"俗声,尘世喧扰之声。曹寅《甲戌仲夏憩句容驿院》诗:"驿亭无俗声。"俗物,对庸人的蔑称。《世说新语·排调》:"俗物已复来败人意。"插花,戴花。古代男女都有戴花习俗。唐杜牧《杏园》诗:"莫怪杏园憔悴去,满城多少插花人。"联语把自寿与抒怀结合起来,"但使""只令"都是假设之词,反映他追求的是蔑视流俗的高洁品格、无拘无束的自由天性和知足常乐的生活态度。构思新奇,对仗工巧,语言诙谐、幽默而带从容豁达的色彩。 (蒋竹荪)

俞樾自寿

三多以外有三多,多德多才多觉悟
四美之先标四美,美名美寿美儿孙

全联由"三多""四美"的典故扩充而成。上联"三多"指多福、多寿、多男子。这是旧时流行的祝颂词,语本《庄子·天地》:"尧观乎华,华封人(守封疆之人)曰:嘻,圣人!请祝圣人,使圣人寿……使圣人富……使圣人多男子。"联语扩充以多德、多才、多觉悟的新"三多",补充了平生道德学业上的成就。下联“四美”指美音、美味、美文、美言，典出晋刘琨《答卢谌诗》：“音以赏奏，味以殊珍，文以明言，言以畅神，之子之往，四美不臻。”联语增加了美名、美寿、美儿、美孙的新“四美”，更充分地表现了这位耄耋老人的自得自足的心态。此联构思颇为巧妙，从旧典增以新意，借陈辞翻出新声。旧典只用旧称而不具体罗列，新意则一一标举而构成对仗，这样，既有新旧详略错综之美，又避免了上下联内容的部分重复。寿联往往流于浅俗，此联则俗中见雅，自成一格。（朱迎平）

谢玉汉七十自寿

无可颂扬，百姓脂膏，未尝染指

有何欢喜，七旬夫妇，难得齐眉

本联措辞似抑，其意实扬。上联说我虽无德政可颂扬，但不曾搜刮民脂民膏，其清廉的品德还是难能可贵的。染指，典出《左传·宣公四年》中所写公子宋用手指蘸鼎中鼋羹的故事，后用以比喻分取非分利益。下联说我虽然无子，有什么值得欢喜，然夫妇双双七旬，相亲相爱，这也是人生很难得的事。齐眉，举案齐眉，后汉梁鸿妻孟光给丈夫送饭，不敢于梁鸿前仰视，举案（短脚木托盘）和眉毛相齐，以示互敬互爱。联语淡雅质朴，不亢不卑，切合作者身份。（沈树华）

郑擎甫六十自寿

反己不忘三省，如临如履，时惕冰渊，敢因马齿有加，遂谓生无所忝

知非已阅十年，永夕永朝，无惭衾影，方惧龙钟日甚，依然寡过未能

作者清末曾任观察使，晚年退居家中，自号水田遗叟，60岁时，自撰此联。上联回顾官场生活中处处言行谨慎，如面临深潭，如脚踩薄冰，岂

敢因为年岁日增,就说所作所为没有辱没父母。三省,多次反省。《论语·学而》:“吾日三省吾身。”“如临”二句见《诗·小雅·小旻》:“战战兢兢,如临深渊,如履薄冰。”马齿,马的牙齿随年而增,用以喻人的年龄。生无所忝,《诗·小雅·小宛》:“夙兴夜寐,无忝所生。”“忝”意为“辱”,所生,指父母。下联谓归里之后,50 岁又过了十年,自己早晚始终注意立不惭于影,寝不惭于衾,问心无愧。正恐日愈衰老,仍然不能减少过失。知非,指 50 岁。《淮南子·原道》:“蘧伯玉年五十,而知四十九年非。”无惭衾影,在私生活中无败坏德行之事。刘昼《刘子·慎独》:“独立不惭影,独寝不愧衾。”龙钟,衰老之态。联语善于运用古人修养的格言,立足于内省自责,回溯既往,检点现在,瞻望将来,情词恳切,真诚感人。

(余心乐)

方尔谦自寿

依于金石能长寿
但善词章非壮夫

方尔谦乃撰联大家,在袁世凯当政时期曾被聘为西席,袁称帝失败后,感到政治风云变幻莫测,遂转而收藏文物,研究金石文字之学,晚年寄居天津,写此联时,仍觉宦途之不可为。上联谓沉潜于铜器石刻之中足以陶冶性情,延年益寿。金石:金指古代铜器,如钟鼎,上刻文字,为研究古代文字及古史源流变化的重要材料;石指石刻,历代石刻的纪念碑、墓志铭之类,可以引证史事,补订史传的缺失。此处所指还包括爬梳整理古籍的其他文字工作。下联谓仅仅长于文字技巧,不能算有作为的大丈夫。扬雄《法言·吾子》云:“童子雕虫篆刻,壮夫不为也。”作者似不甘心以持笔杆终其一生,仍怀匡时济世之志,但又找不到出路。此联名为“自寿”,实系言志抒怀之作。反映了民国时期知识分子思想矛盾、彷徨歧途的一般心态。

(蒋竹荪)

婚　嫁

贺　新　婚(一)

红雨花村,交颈鸳鸯成匹配
翠烟柳驿,和鸣鸾凤并于飞

全联意谓在美好的环境里,夫妇相亲相爱,夫唱妇随,生活美满。在写作艺术上,本联不直接写人,而是采用拟物手法将新郎新娘拟作在红雨花村、翠烟柳驿的美景中,自由和谐地双双交颈,声声和鸣,并起并飞的"鸳鸯""鸾凤",生动而形象地表达了祝贺新婚夫妇恩恩爱爱的美好愿望。于飞,《诗・大雅・卷阿》:"凤凰于飞,翙翙其羽。"本指凤与凰比翼而飞,后用以比喻夫妇和好亲爱。　(沈树华)

贺　新　婚(二)

一联佳句随流水
百合香车动画桥

上联贺新婚夫妇成为人生的知音。流水,琴曲名。相传俞伯牙鼓琴,志在高山,志在流水,钟子期都善会其意,后人遂以"流水"代指知音。下联赞美新婚喜庆的景况。百合,指百年和合,旧时新婚之期所说的吉语。香车,这里指迎娶新娘的专车。画桥,指装饰华美的桥。全联意境优美动人,给人以喜气洋洋之感。　(沈树华)

贺春季结婚

柳暗花明春正半
珠联璧合影成双

上联绘景物。这正是绿柳成荫、繁花似锦的春日良辰。柳暗花明，形容春暖花开时的美景。唐武元衡《摩诃池送李侍御之凤翔》诗："柳暗花明池上山，高楼歌酒换离颜。"下联表祝愿。新人像珍珠、美玉聚合一起，形影不离。珠联璧合，珍珠联成串，美玉合成双，比喻人才或美好事物聚集一起。此处则喻新婚男女志趣相投、感情融洽，生活幸福美满。北周庾信《周兖州刺史广饶公宇文公神道碑》："开国承家，珠联璧合。"联语运用成语，描绘结婚时的景物、人物，辞采华美，喜气洋溢，不失为切合春季结婚题旨的佳作。（蒋竹荪）

贺夏季结婚

栀绾同心结
莲开并蒂花

出句说，把栀子花编成一个同心结。绾，结。同心结，用锦带编成的连环回文的结子，是男女坚贞爱情的象征。南朝梁武帝《有所思》诗："腰中双绮带，梦为同心结。"对句说，像池莲一样开出并头的花。并蒂莲，即并头莲，并排长在一根茎上的两朵莲花。比喻男女好合，夫妻恩爱。洪栋园《后南柯·招驸》："庶几我与你二人并蒂莲开并蒂花。"联中"同心结""并蒂莲"都是男女相爱的象征，而"栀""莲"同是夏天开花的植物，点明了结婚的时间在夏季。（唐　音）

贺秋季结婚

巧借花容添月色
欣逢秋夜作春宵

本联从环境与时令两方面来祝贺新婚。上联写环境。今夜月色之美是因有花容月貌的新娘烘托，借其花容添月色，就是锦上添花。花好月圆，表示了赞美与祝贺。下联写时令。化用宋苏轼《春宵》诗“春宵一刻值千金”句意,将新婚的秋夜比作良辰美景的春宵,并以“欣逢”表示对新婚佳偶的赞贺。联语措辞立意颇具双关妙合之趣。上联的“添”字和下联的“欣逢”都渲染了喜庆的气氛。 (沈树华)

贺冬季结婚

雪案联吟诗有味
冬窗伴读笔生香

这是旧时祝贺读书人冬日结婚的一副喜联。上联赞美新郎的苦读精神和新婚夫妇作诗联句的快乐情趣。雪案,指设在窗前映照雪光读书的书案。《尚友录》云:晋代孙康“性敏好学,家贫无油,于冬月尝映雪读书”。下联祝愿新婚夫妇相亲相爱,新郎读书有所成就。冬窗,指冬日之窗。杜预注《左传》云:“冬日可爱,夏日可畏。”后以冬日比喻和蔼可亲。本联对仗工整,用典贴切。“诗有味”“笔生香”,写出“诗”“笔”均沾濡了新婚的喜庆而有灵,可谓神来之笔。 (沈树华)

贺牛姓结婚

纪 昀

绣阁团圞同望月
香闺静好对弹琴

本联为贺天津牛稔文之子结婚而作。上联祝新婚团圆。绣阁,指新房。团圞,团圆。同望月,隐切牛姓,《太平御览》引《风俗通》:“吴牛望见月则喘。”吴地炎热,水牛见月以为太阳,畏而喘气。下联预祝新婚夫妇恩恩爱爱。香闺,亦指新房。对弹琴,隐切牛姓。汉牟融《理惑论》:“公明仪为牛弹清角之操,伏食如故,非牛不闻,不合其耳矣。”后以“对牛弹琴”喻讲话人不看对象或听话人听不出道理。此联从字面上看是贺婚联,细读,则实为一副风趣的谐联。前人曾言,用典须如盐溶于水,不见痕迹,此为一例。

(沈树华)

贺汪吉占结婚

吴恭亨

但愿和合千百万岁
为歌窈窕一二三章

上联祝愿新郎新娘百年和谐。和合,中国神话中象征夫妻相爱的神名,民间画成蓬头笑面二神仙,一持荷花,一捧圆盒,取和谐合好之意。旧时民间举行婚礼,每喜悬挂和合像,以图吉利。下联为美好婚姻歌唱。窈窕,美好貌,语出《诗·周南·关雎》“窈窕淑女,君子好逑”句。本联用有代表性的神话传说与男女情爱典故使贺联富有喜庆典雅的特色。

(沈树华)

贺侯理庭子结婚

严保庸

雀屏妙选今公子
鸿案清芬古大家

上联称赞新郎为百里挑一。雀屏妙选,是唐高祖李渊得窦皇后故事。据《旧唐书·窦后传》,窦后才貌出众,窦毅不肯轻许于人,乃于门屏画二孔雀,如谁射中双目即许之,先后数十人射未中,李渊发两箭皆中,遂许嫁。下联称赞新娘贤慧。东汉孟光对丈夫梁鸿相敬如宾。据《后汉书·梁鸿传》,梁鸿每次归来,妻子孟光都准备好食物放在盘里,不敢仰视,把盘子举到和眉毛一样齐。后用举案齐眉形容夫妻相互敬爱。案,盛食的矮脚木盘。本联运典精妙,一夸新郎,一赞新娘,允为婚联佳作。 (沈树华)

贺谢冰心吴文藻结婚

冯友兰

文藻传春水
冰心在玉壶

冯友兰，河南唐河人，哲学家。这是他赠著名女作家谢冰心和社会学家吴文藻结婚的贺联。文藻，文辞的藻采。冰心，比喻心地清明纯洁。唐代王昌龄《芙蓉楼送辛渐》有诗"洛阳亲友如相问，一片冰心在玉壶"。联语嵌"文藻""冰心"之名，称颂新婚夫妇的才华和品格，笔墨优雅，意境感人。

（沈树华）

贺程砚秋新婚

陈夔龙

日暖春烟人似玉
蒹葭秋水露为霜

陈夔龙，字茂石，号庸庵居士，贵州贵阳人，清光绪十二年(1886)进士，官至直隶总督兼北洋大臣，辛亥革命后居上海。此联贺程砚秋新婚。程砚秋，号玉霜，著名京剧表演艺术家，幼习刀马旦及青衣，创程派表演艺术。联文比喻新婚夫妇人似玉、露为霜，爱情和美，融为一体。蒹葭，《诗·秦风》篇名，诗中写寻求伊人。伊人，即恋人。画家宣古愚曾为程砚秋绘《玉霜簃图》，此联以雁足格嵌程砚秋的号"玉霜"二字，成为嵌名贺婚联。（佟　今）

贺女儿结婚

方尔谦

两小无猜，一个古泉先下定
万方多难，三杯淡酒便成婚

袁世凯当政时,方尔谦曾在袁家任家庭教师,袁之次子克文尝从学于方。师生都喜收藏古钱币,后成为儿女亲家。上联记订婚情景。意谓,方的女儿庆根与袁的儿子家嘏,从小一起长大,没有一点嫌疑和猜忌,订婚时,只是相互交换了一枚珍稀的古钱币,未举行任何仪式。两小无猜,典出李白《长干行》:“同居长干里,两小无嫌猜。”古泉即古钱。以泉对酒,极工。下联记结婚情景。民国初年,南北分裂,袁世凯野心勃勃,是多事之秋。双方只在旅馆里喝了几杯酒,彼此交拜后,就成婚了。万方多难,语出杜甫《登楼》诗:“花近高楼伤客心,万方多难此登临。”此联颇有特色。艺术上用典自然活脱,叙事直率流畅。联文表述婚姻以感情为主,不在乎形式与排场。在显赫如袁氏之官僚家庭中,以一枚钱三杯酒完婚,实为抗击流俗之举,而作者办婚事不忘国事之襟怀,尤为戛戛独到。

（沈树华）

贺兄弟二人同日结婚

李鸿绪

佳妇佳儿,凤凰叶吉
难兄难弟,花烛联辉

兄弟二人同日结婚的事例并不甚多。上联用“凤凰叶吉”的典故,祝贺佳儿佳妇新婚。凤凰,古代传说中的鸟王,雄曰凤,雌曰凰。凤凰叶吉,事见《左传·庄公二十二年》,春秋时陈国公子完,因陈国动乱出奔齐国,齐国大夫懿仲想把女儿嫁给他,懿仲妻子占卜得“吉”,卜辞有“凤凰于飞,和鸣锵锵”和“五世其昌”等语,后多用作新婚的贺辞,贺其子孙昌盛。下联作者精心选择“难兄难弟”的典故,以切兄弟二人同日结婚之题。难兄难弟,典出《世说新语·德行》,东汉陈寔的两个儿子元方、季方,均有才德,有人问他谁优谁劣,他说“元方难为兄,季方难为弟”,意谓兄弟二人才德俱优,难分高下。联语以此称赞兄弟二人,并以“联”字祝贺兄弟二人同日洞房花烛,相映生辉。本联选词择典,贴事切题,可谓专切不移。

（沈树华）

贺冯国璋结婚

扫眉才子,名满天下
上头夫婿,功垂江南

冯国璋,字华甫,直隶河间(今属河北)人,曾任北洋政府副总统等职。本联庆贺冯国璋与周道如女士结婚,联文雍容典丽。上联赞美新娘为才女。扫眉,指妇女画眉毛。扫眉才子,指有文才的女子。王建《寄蜀中薛涛校书》诗:"扫眉才子知多少,管领春风总不如。"下联颂扬新郎身居高位。上头夫婿,语出古乐府《陌上桑》"东方千余骑,夫婿居上头"句,后指夫婿有较高地位。冯结婚时任江苏都督,故赞颂他功垂江南。本联以扫眉才子对上头夫婿,成语入对,妙趣横生,富喜悦欢快韵味。名满天下对功垂江南,对仗工整,气势宏伟。

(沈树华)

贺婚谐联

潘氏大家,有水有田兼有米
何门望族,添人添口又添丁

这是以析字手法撰写的一副婚联。上联潘姓是女方。潘氏,古时对已婚妇女的称呼,常于其父姓之后系氏。《仪礼·士昏礼》说:"祝告称妇女之姓,曰'某氏来归'。"大家,旧指高门贵族,大户人家。《孔雀东南飞》有"汝是大家子,仕宦于台阁"句。这里以拆字手法,将"潘"拆成"水""田""米"。下联何姓是男方。望族,指有声望的世家大族。这里将"何"拆成"人""口""丁"。析字联并不是简单地将一个字拼拢或拆开,而是要巧妙地表达出一定的意思。本联拆潘为有水有田有米,拆何为添人添口添丁,就含有赞誉家境宽裕和祝贺迎娶新人之意。

(沈树华)

营　造

贺新居落成(一)

杰构地偏幽,水如碧玉山如黛

达人居不俗,凤有高梧鹤有松

上联赞美新屋及其环境。杰构,指高大华美的房屋。幽,僻静幽雅。杜甫《有客》诗有“幽栖地僻经过少”句。清水池塘有如明净的碧玉,空濛山色好像黛施墨染,新屋坐落其间,环境是何等的幽雅!毋须再加任何赞词,赞美已含其中。下联颂扬新屋主人的品格。达人,指通达事理的人。《左传·昭公七年》:“圣人有明德者,若不当世,其后必有达人。”新屋主人既是达人,自然不同于庸俗之辈,接着引出一连串不俗的形象比喻。凤,指凤凰,古代传说为鸟中之王,非梧桐不栖。鹤被视为高雅之鸟。松则为节操的象征。而凤凰之止梧桐、仙鹤之栖松树正好比喻达人之居不俗。联语以“幽”和“不俗”既赞美了新屋,又深化了对新屋主人品格的赞颂。当然,鹤是生长于湖泽地带的鸟类,《诗·小雅·鹤鸣》有“鹤鸣于九皋”之句可证,并不栖于松树,但艺术创作是容许驰骋想象的。　（沈树华）

贺新居落成(二)

王子章

成室当共和立宪之年,国万岁,家万岁

登堂赋孔硕斯干而祝,雅一章,颂一章

本联贺人新居建成。上联点明新居建成之年。共和立宪之年,指 1912 年。联语以家与国相关合,颇具新意。下联祝贺。孔硕,语出《诗·鲁颂·

閟宫》,意指高大气派。斯干,《诗·小雅》篇名,是周宣王筑室落成时的祝颂之辞。全句意谓我来到你的新居,从《诗经》中引一段“雅”,引一段“颂”来祝贺房屋高大而气派。《诗经》分为“风”“雅”“颂”三类,联中“孔硕”属于“颂”,“斯干”属于“雅”,故云“雅一章,颂一章”。(沈树华)

贺法式善梧门书屋落成

纪　昀

小筑当水石间,直以云霞为伴侣
大名在欧苏上,尽收文藻助江山

法式善,姓乌尔济民,字开文,号时帆,蒙古正黄旗人,清乾隆年间进士,官至侍讲学士。工诗善文,著述颇丰。他的京中住所在景色宜人的什刹海畔,藏书万卷,名曰梧门书屋。书屋落成时,纪昀撰此联相贺。上联写书屋之雅。书屋坐落于幽雅僻静的水石之间,仿佛与云霞做伴,“直以”是想象之词,表明主人美好的愿望。小筑,指规模小而比较雅致的住宅,多筑于幽静之处。杜甫《畏人》诗:“畏人成小筑,褊性合幽栖。”下联称颂屋主人的才德。说法式善的才学和奖掖后进的大名在宋代文学家欧阳修、苏轼之上,他笔下华丽的文辞足以给锦绣江山增色,他所培养的人才更能为美好江山添辉。以前代文人和文采作衬托,与贺书屋之意颇为贴切。本联措辞高雅华丽,但说这位法式善的大名在欧苏之上,称颂似嫌太过。

(沈树华)

贺张云巢买宅及其子选馆

林则徐

清门甲第传儿辈
旧部湖山属寓公

张云巢辞官后买宅于杭州,其时适逢其子入选翰林院,林则徐撰此联祝贺。上联意谓,寒素之家只有功名学问可以传给儿辈。清门,指清贫,亦含赞颂张为官清廉之意。甲第,科举等第,亦指贵人宅第。这里语意双关,既指张子入选翰林院,又贺张新买住宅。下联意谓你现在新买的住所,就是你以前管理的地方。张曾久官浙中,杭州曾在他管辖之下,这里以湖山切他居宅所在地。寓公,旧时指客居外乡的大官。本联措辞清雅,贺而不露,且语多双关,含蕴暗切,极富概括力。 (沈树华)

题别业

吴伟业

杰构地仍幽,水如碧玉山如黛
诗人居不俗,凤有高梧鹤有松

吴伟业,明末清初诗人。此联题别业。别业,即别墅。上联云房屋建造豪华精致,所在地点幽静,这里水如碧玉般透绿,山如青黛般迷蒙。下联云诗人居住于此,远离尘俗,有如凤凰栖息在高高的梧桐树上,白鹤站立在苍翠的青松之上。对别业所处环境,尤加赞赏。 (佟 今)

题双柳居

颜 敏

近圣人之居,教亦多术矣
守先王之道,文不在兹乎

颜敏,字乃来,号澹叟,清宛平(今属北京市)人,顺治六年(1649)进士。双柳居,为孙奇逢门人为颜敏所筑。地近学宫。孙奇逢,清容城人,明万历举人,与左光斗、魏大中等人以气节为人所重,康熙时卒,年九十有二。此联为颜敏为双柳居而撰。上联云双柳居地近学宫,故云近圣人居。“教亦多术矣”,语出《孟子·告子下》。多术,指不是一种方法。下联说守先王之道,“文不在兹乎”,语出《论语·子罕》。道之显者谓之文,盖礼乐制度之

谓，不曰道而曰文，亦谦词也。颜敏融孔孟思想于联中，可见他对孔孟的崇敬。（佟　今）

贺郭松林新第落成

杨恩寿

绿野堂开，我幸结邻分夏庇

紫霞觞进，公应释甲展春晖

杨恩寿，字鹤俦，清湖南长沙人，同治九年(1870)举人，在云南、贵州作幕宾，官至湖北候补知府。此联贺郭松林新第落成。郭松林，字子美，清湖南湘潭人，官至湖北提督。上联说你的新居落成，我有幸成为你的邻居，分享你的庇护。绿野堂，唐裴度所筑别墅，中有凉台暑馆，名绿野堂，与白居易、刘禹锡等在此作诗酒之会，省作绿野。宋辛弃疾词《水龙吟·甲辰岁寿韩南涧尚书》有"绿野风烟，平泉草木，东西歌酒，待他年整顿乾坤事了，为先生寿"句。夏，指房屋。庇，遮蔽，庇护。下联说举起盛有酒的紫霞色酒杯，公，对人的尊称，这里指郭松林。释甲，郭松林绘有《恩亲释甲图》，你响应释甲展示春天的光晖。（佟　今）

贺谢逸桥爱春楼建成

孙中山

博爱从吾志

宜春有此家

孙中山是我国近代最著名的民主革命家，伟大的革命先行者。1918年孙中山去广东梅县看望老同盟会员谢逸桥，应请为谢新建爱春楼题联，孙中山便题此联。上联说"博爱"是我的志向。博爱，广泛的爱。唐代韩愈《原道》："博爱之谓仁。"下联说有"宜春"这样的家，是很适合居住的。宜春，县名，在江西，因境内有温泉，景色常年明媚如春，出美酒，饮之宜人，故

名。联以燕颔格嵌“爱春”楼名,甚为贴切。（佟 今）

杨庚笙新宅

李烈钧

山中有宅开三径
天下何人守四知

李烈钧,江西武宁人,早年加入同盟会,辛亥革命后历任江西省都督、护国军第二军总司令等职。其友杨庚笙,近代爱国志士,二次革命时,变卖家产筹集军饷,后李烈钧为其重建新宅,并题此联。上联意谓山中的家园,有松竹间的小径。“三径”,语出陶潜《归去来辞》:“三径就荒,松竹犹存。”下联赞誉杨庚笙为公献财的品质。“四知”,典出《后汉书·杨震传》,杨震迁东莱刺史时,路过昌邑,有人夜赠金十斤,谓“暮夜无知者”,杨拒之曰:“天知,神知,我知,子知,何谓无知?”联引此典,既贴杨姓,又赞其公而忘私的品德。（佟 今）

赴 任

贺余小霞赴任

梁章钜

劝子勿为官所腐
知君欲以诗相磨

余小霞为作者友人,因将赴任,作者集苏轼诗以赠。上联劝其慎名节。原句见《秦少游梦发殡而葬之者……因次其韵》,意谓官场腐败,无处不有,劝他步入仕途后不要被官场习气所腐蚀,而要保持自己的节操。子,古时对男子的尊称或美称。下联勉其重修养。原句见《张作诗送砚反剑乃和其诗卒以剑归之》一诗，意谓我深知你的为人，你一向是想以诗词唱和来磨砺自己的品德才华的，希望你做了官，不要放弃学问。赠友之联不外劝与勉，此联严正与亲切两方面兼而有之，而给人一种语重心长之感。非于苏集烂熟于心者，实难做到随手拈来，贴切不移，意到浑成。（蒋竹荪）

贺友人上任

戴远山

诗堪入画方称妙
官到能贫乃是清

这是清人戴远山为去云南赴任友人的贺联。上联“诗堪入画”本苏轼《题蓝田烟雨图》：“味摩诘（即王维）之画，画中有诗；味摩诘之诗，诗中有画。”什么样的诗才能入画？苏轼又说：“诗画本一律，天工与清新。”就是说要达到自然、清美新颖、不落俗套的境界，才能称妙。下联说，做官如果达到两袖清风，家无担石之储，就是“能贫”，乃可称“清”。作者以诗品之清衬官品之清，鼓励友人一心为民谋福，不计较自身利益，这是一种理想境界，也是作者殷切的期望。（施绍文）

贺王惕甫任华亭教官

吴锡麒

儒以道得民，此官不贱
学而优则仕，如日之升

教官，旧时指主管学校教务的官员和教师。上联意谓学校以传授知识感化民心，此官虽小而不卑贱。儒，指儒学，明清两朝在府、厅、州、县设立学校，供生员读书，称儒学。道，通“导”，疏导，这里指传授知识。下联运用《论语·子张》“学而优则仕”成句，指出学校是培养人才的地方，许多人才

就像旭日从这里升起。本联用鹤顶格首嵌“儒学”二字，极其自然。上联实写，下联虚写，突出了儒学和教师的重要地位。（沈树华）

贺刘干臣荣膺尚书衔

端 方

红杏头衔新受敕
青藜心事旧传经

刘干臣是湖北绅士，乐善好施，曾捐巨款兴办学堂，获得朝廷嘉奖，赏赐尚书头衔。上联用宋祁典故，祝刘新近敕封尚书头衔。北宋宋祁因曾写过“红杏枝头春意闹”的名句，被人称为“红杏尚书”。下联用西汉学者刘向典故，对刘捐资兴学之举表示赞誉。据《三辅黄图·阁》载，刘向校书于天禄阁，夜有老人拄青藜拐杖前来传授五行洪范之文。本联用典隐切人事，上联隐切尚书头衔；下联隐切刘干臣为光大学术而办学的盛事，均甚贴切。

（沈树华）

入学、毕业

贺宋明入学

田春庵

经学守专门，山川舆图，兼览其要
鼓行惊特起，文学科目，克光而家

这是塾师祝自己学生入学的一副贺联。上联期望学生学有专长，博览贯通。经学，指儒家经典著作。舆图，地图。下联希望学生学业迅猛精进，取得优异成绩，为家庭争光。鼓行，大张声势地击鼓前进。克，能。光，光大。本联以师长口吻措辞，把对学子的期望写得十分殷切具体。

（沈树华）

贺李植吾入武学

田春庵

投笔自雄才，可笑吾曹，毛锥子竟安所用

立功期马上，抗论先世，飞将军抑又何人

本联为作者庆贺自己学生考入武学（即军校）而撰。上联以班超投笔从戎的典故称赞李弃文习武的壮举，并运用设问句以我辈文弱书生于社会有何作用，来衬托对比，对李的投笔从戎表示肯定与祝贺。投笔，《后汉书·班超传》："大丈夫无他志略，犹当效傅介子、张骞立功异域，以取封侯，安能久事笔砚间乎？"毛锥子，毛笔的别称。《新五代史·史弘肇传》："安朝廷，定祸乱，直须长枪大剑，若毛锥子安足用哉？"下联以老师的身份，期望李学成为国建立功业，超过其祖飞将军李广的功业成就。立功期马上，你学习百般武艺，正是立功的基础。抗论，不客气地说，你的祖先飞将军又算什么，鼓励李生要学习古人、超过古人。本联用典贴切，投笔从戎切"武"，飞将军切"姓"，并以衬托、对比、设问、反问等多种修辞手法，表达了老师对学生考入武校的祝贺和厚望。（沈树华）

贺王子章入学

王志初

早说惠连才，天下文章已无我

差同郗鉴识，座中子弟独奇君

王志初，清代文人。此联贺族侄王子章进学。上联夸奖王子章早年勤学聪慧，写的文章已超过我这当老师的了，这里不免有溢美之意。惠连，南朝宋文学家谢惠连，十岁能属文，甚得族兄谢灵运赞赏。郗鉴识，指东晋郗鉴至王家择婿,选中坦腹高卧东床的王羲之。联文以此典赞誉王子章是座中“奇”才。作者以郗鉴自比,以说明他独具慧眼,认为这位学生是个可造之材。

（沈树华）

贺锐、铉兄弟入学

鹿善继

学海津梁推独步

词坛鞭弭让连枝

鹿善继,字伯顺,明河北定兴人,万历四十一年(1613)进士,官户部主事,坐降级调外,光宗立,复官,寻改职方。崇祯初为太常少卿。此联为其贺锐、铉兄弟同时入学。据《鹿忠节公年谱》“九年丙子先生六十二岁”条:“三月铉与兄锐应童子试,铉以一名,兄锐以六名并入学,先生赐联云云,志喜也。”上联意为学海苦读研习推独步。津梁,桥梁,这里引申为苦读、研习。鞭弭,没有装饰的弓。语出《左传·僖公二十三年》:“若不获命,其左执鞭弭,右属櫜鞬,以与君周旋。”櫜鞬,藏箭和弓的器具。连枝,枝叶相连,同出一木,常用以喻兄弟关系。下联意为词坛那些有了弓箭武器的人也要让位于锐和铉这两位连枝兄弟。表示了对这两兄弟的祝贺。

（沈树华）

贺友人英文专科毕业

王子章

惟其通九万里以言语

故能读百二国之宝书

清朝科举时代,凡入学或中乡举者,亲友往往赠对联祝贺,民国时,学生毕业,亦多有沿袭此风俗者。本联祝人英文专科毕业,其中“九万里”“百二国”,指代全世界。上下联是流水对,上联讲原因,下联述结果。炼字允当,上联一“通”字,下联一“读”字,准确地写出贺联的内容。

（沈树华）

生　子

贺　生　子

石麟美应如麟趾
雏凤清于老凤声

上联祝愿孩童将来成为杰出人才。石麟,即石麒麟,麒麟是我国传说中的“仁兽”,又是“灵兽”,被描写为鹿身、牛尾、马蹄、头上有角,人们以其借喻杰出人才。《陈书·徐陵传》说,徐陵幼年,家人带他去见一位法号宝志的高僧,宝志手摩徐陵头顶赞道:“天上石麒麟也。”麟趾,即麒麟足。语出《诗·周南·麟之趾》。原喻周文王子孙为有德才之人,后亦引申为贵子。下联祝愿孩童将来成就超过父辈。“雏凤清于老凤声”,是晚唐诗人李商隐称赞诗人韩偓的诗句。韩偓十岁时写了一首送别诗,深得李商隐赞赏,李后来写给韩偓父亲韩瞻的诗中,极力赞扬韩偓,这就是其中的名句,意谓雏凤清脆圆润的鸣声比老凤更为悦耳动听,犹云长江后浪推前浪,一代新人胜旧人。本联择典形象生动,贴切联意,运用前人成句,清新自然。

（沈树华）

贺陈霞林生子

陈维英

双双举子三三节
六六成名二二年

陈维英,清咸丰举人,在闽、台多所书院任主讲。此联是他贺弟子陈霞林生子的一副对联。“双双举子”,指陈霞林喜得贵子,同时又考中乡试第六十六名举人,时在他二十二岁九月,所以联中用“三三”指九月,九月有“重阳”节,所以用“三三节”。下联“六六成名”,点明他考中举子的名次,是第六十六名。“二二年”,切他这年二十二岁。此联叠用数词,可谓工巧。

(沈树华)

纪 念 庆 祝

武昌开国纪念会

陈蜕庵

喜大好河山,从兹永奠金汤固

愿一般儿女,莫作承平歌舞看

上联,作者祝贺辛亥革命胜利,谓民国建立,大好河山从此固若金汤。金汤,典出《汉书·蒯通传》:“皆为金城汤池,不可攻也。”谓城如金坚,池(护城河)如汤沸不可近,比喻城池坚不可摧。下联写对全国人民的劝勉。希望人民大众,要清醒头脑,不要认为从此万事大吉,天下永久太平了,仍须对当前复杂的局面有足够的估计。承平,治平相承,指社会繁荣安定。联语劝勉大众在胜利欢呼声中要保持清醒的头脑,语重心长,寄以厚望,拳拳之心,含意深远感人。

(张炳隅)

武昌起义一周年纪念会

黄 兴

百折不回,十七次铁血精神,始有去年今日

一笔勾尽,四千年帝王历史,才成民主共和

1912年10月10日是武昌起义一周年,在纪念会上,作者以参加者身份写了此联。上联总结辛亥革命斗争过程。从1906年萍浏醴起义失败到1911年武昌起义,先后共进行了17次流血斗争,经受很多挫折,才取得去年今日的胜利。百折不回,形容意志坚强,挫折再多也不动摇退缩。下联评价辛亥革命历史意义。武昌起义最后结束了长达四千年的君主专制政体,开创了民主共和的新纪元。一笔勾尽,即一笔勾销。原表示账目或事情已结束,比喻一下子完全消除、否定。四千年,从夏启建立"家天下"的帝王专制制度到1912年2月清帝退位,共历约四千年。联语总结评价,全面中肯,概括性强,语句明白晓畅,有鼓动力量。 (张炳隅)

长沙光复纪念会

吴恭亨

厥功首功,武昌响,长沙应
今日何日,专制死,自由生

本联为庆贺长沙光复纪念会而撰。光复,意为收复,这里指辛亥革命推翻清朝统治。1911年10月10日湖北武昌响起辛亥革命的第一枪,全国第一个响应的是湖南长沙,所以联中说武昌起义的首功也应推及立即响应的长沙。厥,其。下联化用《诗·唐风·绸缪》"今夕何夕,见此良人"句意,欢呼专制已经死亡,自由获得新生。反映了当时民众的心态。联语用四字、三字句,使句式灵活,言简意赅,十分上口。 (沈树华)

贺夏承焘学术教育工作六十五周年

王　起

海内论词风,惟临桂吴兴,差堪伯仲
天涯怀旧雨,记山楼水阁,曾共晨昏

夏承焘,字瞿禅,浙江温州人,现代著名词学家。1984年12月5日是他从事学术与教育工作65周年之期,作者写了这副贺联。上联说,国内评论词人的风格,只有王鹏运、朱祖谋和你不相上下。临桂,王鹏运,号半塘,广西临桂(桂林)人,近代著名词人。吴兴,朱祖谋,号彊村,浙江吴兴人,近代著名词人。夏老早年词作,深受前辈彊村先生的赞赏,因而走上词人的道路。伯仲,不相上下。三国曹丕《典论·论文》:"傅毅之于班固,伯仲之间耳。"下联说,在天之涯怀念老友,还记得不少亭楼馆阁、名山佳水,曾留下我们的游踪。旧雨,典出杜甫《秋述》:"旧,雨来;今,雨不来。"言旧时宾客遇雨亦来,而今遇雨不至。后遂以"旧雨"喻老朋友。此联不用浮词套语,对被贺者的学术成就,作了实事求是的评价,同时又融入过去交往中珍贵的回忆,写得颇为真挚亲切。 (唐 音)

庆祝第三届中国艺术节

毕 云

滇水春深,节集千家艺
云山气爽,魂系百族情

艺术节为全国各民族文化节日,以团结、繁荣、进步为宗旨。第三届于1992年2月18日至3月3日在云南昆明举行,有五十多个国家和地区、全国56个民族、中外来宾3万余人参加。上联说,滇池波皱,春色撩人,全国艺术精英在此云集,献技庆贺节日。下联说,云岭连绵,爽气西来,节日处处洋溢民族友谊情。联语仅18个字,既描绘了当地景物,又概括了节日活动内容及热烈气氛,语言精练,切景切题,对仗工稳。 (唐 音)

纪念顾随教授忌辰三十周年

启 功

文苑仰宗师,众失拱辰三十载
书坛标重望,脉延典午两千秋

顾随,字羡季,河北清河人,现代著名作家,书法家。曾任辅仁、河北等大学教授,1960 年 9 月 6 日病逝,著有《顾随文集》。1990 年 9 月河北大学举行顾随教授忌辰 30 周年纪念会,作者撰了此联。上联说,文坛上所仰慕的师表,世事变迁中,众人失去师长三十年了。宗师,为众所崇仰、堪为师表之人。《后汉书·朱浮传》:“寻博士之官,为天下宗师。”拱辰,拱卫北极星。《论语·为政》:“譬如北辰居其所而众星共(拱)之。”后用以喻众所归附之人。下联说,你在书法界久享盛名,晋代高峰后,只有你延续了两千年来的传统。脉,血统,指宗派等相承的系统。典午,司马的隐语。典,掌管,与司字同义;午,在十二生肖中是马,晋帝姓司马,因以“典午”为晋朝的代称。此处借指晋代书法艺术的高峰。联语善用比喻,很好地表达了对逝世者的怀念敬仰之情。（商启予）

贺粤汉铁路通车

花事年年,为问岭表白云,寒梅开未
车尘历历,指点汉阳红树,流水依然

1898 年我国动工兴建京广铁路,至 1936 年全线建成。其中广州至汉口段,连贯湖北、湖南、广东三省,称粤汉铁路。这段连接长江、珠江地区交通的大动脉筑成首次通车时,有人撰此联悬于火车头以示庆祝。联文巧妙地化用古人“十月先开岭上梅”和“晴川历历汉阳树”诗句的意境,将广东、汉阳两地不同景色联系起来,上联写列车南下之景。年年花开花落,南国气温高,梅花十月即开。如今列车已驶入广东境内,自然产生了一个“问”:白云啊,你可知寒梅开放了没有?暗暗点明通车时间在十月。岭表,即岭南。在赣粤交界处的大庾岭,山高云绕,岭上多梅。寒梅开未,化用王维《杂诗》“寒梅着花未”句意。下联写列车北上之景。车轮滚滚、烟尘阵阵,从广州北上的列车,不觉已抵武昌,旅客们指着依旧滔滔东流的江水、汉阳经霜染红的树林,激动不已。指点,反映了劳动人民三十多年来以血汗筑成的铁路终于通车的兴奋和喜悦。历历,分明貌。依然,意为依旧。上联“为问”写虚景,下联“指点”写实景,“寒梅”“红树”把粤汉两市联系在一起,虚实相生,情景交融,实为佳构。（沈树华）

贺广东佛山赛会

何淡如

新相识，旧相识，春宵有约期通直。试问今夕何夕？一样月色灯色，该寻觅

这边游，那边游，风景如斯乐未休。况是前头后头，几度茶楼酒楼，尽勾留

上下联句句押韵，或可称作自韵联，使人阅读时感受到一种音响和谐的韵律美，带点儿吟诗唱歌的味道，也就增强了本联的感染力。上联刻画新识旧识、月色灯色、春宵里的欢快兴头，逗人寻觅。通直，通值，相遇之意。下联铺叙茶楼酒楼、前头后头、处处逗留的赛会场面，十分红火。“该寻觅”“乐未休”等充满主观愿望倾向的词语，更传出作者给赛会游乐者们鼓劲助兴的欢乐色彩。内容和形式的特色，使本联洋溢着热烈的气氛。

（何以聪）

哈尔滨冰灯游园会

徐秉森

极目景物，一片银装素裹，玉宇琼楼，雕梁画栋，玲珑晶莹，巧夺天工，奇于蓬莱岛，定使徐福求仙，不渡东海去

放眼园林，四处游客喧声，国际友人，港澳同胞，高朋佳宾，尽抒豪情，胜似钱塘潮，管教嫦娥思凡，径向龙江来

哈尔滨每年1月5日开始冰雪节，一般在兆麟公园举行冰灯游园会，那瑶台仙阁，冰洞玉桥，银塔雪峰，都是用冰块与灯具制成的冰雪艺术品，白昼晶莹似玉，夜晚万紫千红，令人赏心悦目，叹为观止。上联写冰景之美。那一派银装素裹，像用美玉建造的屋宇楼台，雕梁画栋，精致灵巧，胜过天然，比蓬莱仙岛还奇，如果徐福看到，也会放弃到东海求仙的打算。玉宇琼楼，苏轼

《水调歌头》词:“又恐琼楼玉宇,高处不胜寒。”蓬莱岛,传说中仙人所居。《山海经·海内北经》:“蓬莱山在海中。”徐福,秦国方士。据《史记·秦始皇本纪》载,始皇遣他发童男女数千人,入海求仙。下联写游人踊跃。各地游人纷至沓来,其势有如钱塘潮水,如此景观,可教嫦娥钦羡而想下凡,她首先就要到黑龙江来。钱塘潮,浙江下游,古称钱塘江,其入海处潮水称钱塘潮。嫦娥,神话中的月中女神。联语将现实景物与神话传说结合,时间与空间交织,烘托出冰雕艺术尺幅千里的壮阔气势,感染力很强。 (余心乐)

贺新民学会

葛健豪

新鲜血液活肌体

民主思想救中华

葛健豪,女,原名兰英,湖南湘乡永丰(今属双峰)人,蔡和森、蔡畅母,创办湘乡县立第二女子简易职业学校,任校长。赴法勤工俭学,在武汉、上海等中共地下机关工作。新民学会,是毛泽东、蔡和森、何叔衡等于 1918 年 4 月在湖南长沙成立的革命团体,其宗旨是“改造中国与世界”。五四运动后,领导了驱逐军伐张敬尧运动,组织部分会员赴法勤工俭学,许多会员加入社会主义青年团和共产主义小组。此联祝贺新民学会成立,上联云学会成立吸收了许多有志青年入会,增加了学会新鲜血液,激活了学会的肌体。下联说学会宣扬的民主思想,能够拯救中华民族获得新生。联文充满激进的民主革命思想,读来使人振奋。并以鹤顶格嵌“新”“民”于联首,丰富了对联的艺术手法。 (佟 今)

云南首义纪念大会

周宗麟

共和不是口头禅,看这样争权攫利舞弊营私,国民纵属大愚,目有见,耳有闻,岂甘受其骗

帝王已为淘汰物,念去年努力倒袁同心护法,吾滇尽多荣誉,勿相忘,勿相保,端赖后之人

周宗麟,云南大理人。1917年12月25日,大理举行纪念大会,周宗麟应商会之情,代撰此联。但大会没有录用,云其措词不合时宜。今见于《中华对联大典》。联文对民国有所批评,攫,夺取。共和不是口头说说,看政治官员争权夺利,营私舞弊,民众即便愚昧,但眼见、耳闻这些行为,岂能甘心受骗。皇帝已被推翻了,去年努力倒袁,万众一心共同护法,我们云南出了很大的力,也获得很大的荣誉,但是还不够,还要依靠后来人,继续努力,保住革命的成果。 (佟 今)

黄安劳农政府成立庆祝大会

吴兰阶

痛恨绿林兵,假称白日青天,黑暗沉沉埋赤子
克服黄安县,试看碧云紫气,苍生济济拥红军

吴兰阶,现代书法家。此联为庆祝黄安劳农政府成立而撰。上联痛斥反动政权,把社会搞得黑暗沉沉,残害人民。下联赞颂黄安县起义成功,人民欢庆胜利喜悦,纷纷踊跃参加红军。绿林,泛指有组织的盗匪。白日青天,指国民党旗帜。赤子,婴儿,引申为百姓。碧云,蓝天、晴天。紫气,祥瑞之气。苍生,本指生草木之处,旧借指百姓。此联炼字精巧,以十个颜色字“绿”“白”“青”“黑”“赤”“黄”“碧”“紫”“苍”“红”上下相对,别具特色。

(沈树华)

哀挽类

京剧卷

挽个人

挽郑成功

爱新觉罗·玄烨

四镇多二心，两岛屯师，敢向东南争半壁
诸王无寸土，一隅抗志，方知海外有孤忠

郑成功，福建南安人，明末抗清名将，1661 年击败荷兰殖民者，收复台湾，1662 年病逝于台湾。清圣祖康熙以政治家统一祖国的胸怀谋略，撰写此联赞颂郑的功业。上联概括郑成功收复台湾前苦心经营东南的历史。清兵入关后，南明福王布防在江北的吴得功、刘良佐、高杰、刘泽清四镇总兵心怀二志，致使福王的弘光小朝廷顷刻覆亡。郑屯兵于金门、厦门两岛，先后发兵攻泉州，陷漳浦，袭潮州，取澄海，打广州，并于 1659 年率水师十万北伐，破温州，下镇江进围南京，兵败后，退守厦门、屯师习武，这就是“敢向东南争半壁”的史实。下联对郑收复台湾的功绩作了评价。南明诸王，即福王、唐王、鲁王、桂王、韩王等相继覆灭，郑 1661 年率部击溃荷兰侵略者，收复台湾，始终不向清廷称臣，堪称“孤忠”。联语用对比手法，以“多二心”的“四镇”、“无寸土”的“诸王”来和“敢争东南半壁”、“一隅抗志”的郑成功对比，肯定郑成功对后来全国统一作出的贡献，表示钦慕之情，这是一位有眼光有作为的封建皇帝高人一筹之处。 （沈树华）

挽刘统勋

纪昀

岱色苍茫众山小
天容惨淡大星沉

刘统勋,雍正进士,山东诸城人,于乾隆时官东阁大学士兼军机大臣,甚为朝廷所重。乾隆三十八年(1773)十一月,卒于上朝之舆中。帝闻讯,失声痛哭,亲往吊唁。上联赞其高位。刘是群臣之首,故将他比做五岳之首的泰山。岱,泰山的别称。杜甫《望岳》诗:"岱宗夫如何?"众山小,亦出《望岳》诗"会当凌绝顶,一览众山小",此处比喻包括作者在内的群臣。下联写其哀荣。这样一颗大星陨落了,连上天也为之黯然含悲,天容惨淡,喻指乾隆帝闻耗失色、痛哭流涕的情景。"大星沉"喻刘之死。联语善用比喻,把崇敬之意、缅怀之情表达无遗。 (沈树华、施晴东)

挽葛云飞

潘世恩

忠孝难两全,看碧血淋漓,犹留半额头颅见阿母
英雄真不死,抱丹心冥没,总是十分肝胆报君王

潘世恩,字槐庭,号芝轩,清江苏吴县人,乾隆五十八年(1793)进士第一,官至军机大臣,兼翰林院掌院学士,咸丰帝即位,世恩力荐林则徐等人。此联挽葛云飞。葛云飞,字鹏起,号云田,清浙江山阴人,道光三年(1823)武进士,官定海镇总兵,在抗击英人进犯定海中战死。上联云忠孝难两全,道光二十一年(1841)九月,英军犯定海,时葛云飞任定海镇总兵,率五千守军,奋战六昼夜,他负伤四十余处,肉搏中,一英军士兵举刀砍去他半边脸,最后中炮牺牲。部属徐保连夜赶往收殓尸体,见葛仍圆睁左目,手握大刀,立于崖石之下,背扶之,仍一动不动,徐保跪下说:"你不想回见太夫人吗?"方可背起,其母见之,深知大义,曰:"吾有子矣。"葛云飞临危不惧,临死不屈,以十分忠肝义胆,报效君王,尽忠国家,他这种中国军人的英勇精神,得到同胞的敬仰,被视作英雄不死,真是可歌可泣。 (佟 今)

挽张师诚

林则徐

感恩知己两兼之,拟今春重谒门庭,谁知一纸音书,竟成绝笔

尽忠补过久已矣，忆平昔双修儒佛，但计卅年宦绩，也合升天

张师诚，字心友，号兰渚，归安(今浙江湖州)人，乾隆进士，历任福建、江西、山西、江苏、安徽等省巡抚。为官清正廉明，著有《省缘室合集》《拜飏存稿》。早年林则徐曾入张师诚闽抚幕，相从数载，深得张师诚的知遇，在幕中接触到历史掌故及兵、刑、礼、乐等方面的广泛知识，为日后担当重任奠定了基础，故林对张一直以师礼相待。道光十年(1830)，张师诚去世，当时在河南布政使任上的林则徐撰此联哀挽。上联首句“感恩知己两兼之”，可见林对张非同一般的关系和铭心不忘的知遇之感。重谒门庭，指林前曾进京朝觐，未能便道探访，本拟今春再登门拜候，不料这年张即逝世，悔恨交集，捧读张的绝笔，悲痛不能自已。“谁知”“竟”等词表达了林对张深沉的怀念之情。下联“尽忠补过”，指张于嘉庆二十一年(1816)任江苏巡抚时，因父病危擅离职守被革职两月，他尽心尽职，以此来弥补自己的“过”失。而今这一切都已成为过去。回忆他平生本是儒家，又喜研佛学，暂且不管这些，只算他三十年来做官的政绩，也该上升天界了。天界，佛家认为修十善者死后转生天界。这样恰恰符合死者生前信佛的愿望，联语语言朴素，感情真挚动人。 (沈树华、施晴东)

挽李鼎元

吴鼒

百金囊尽扬州死
万里魂归蜀道难

李鼎元，字墨庄，绵州(今四川绵阳)人，乾隆进士，官兵部主事，著有《师竹斋诗集》。他一生为人正直，久居冷宫，两袖清风，客死扬州时，家人无资扶柩回乡安葬，吴鼒撰此挽联以记其实。上联述其囊中空空，客死扬州；下联哀其死后之魂，难回四川故乡。联语用极省简文字，写出李的清贫与身后的凄凉，形象而富于感染力。 (沈树华)

挽朱筠

纪昀

学术各门庭,与子平生无唱和
交情同骨肉,俾予后死独伤悲

朱筠,字竹石,号笥河,曾任清乾隆间翰林院侍读学士,著有《笥河集》,与纪昀交谊深厚,在文苑堪称齐名。其人博闻宏览,好金石文字,精书法,纪昀擅长诗文,故联文说学术各有门庭,平生没有诗词唱和。子,旧时对别人的尊称。朱筠的去世,使纪昀非常悲痛。俾,使。予,我。联中"独"字用得尤为贴切,朱筠去世了,独留下我承担这份悲伤,与前文情同骨肉互为呼应,使人感到情真意切。 (沈树华)

挽钱大昕

梁同书

名在千秋,服郑说经刘杜史
神归一夕,仙人骨相宰官身

钱大昕是清著名史学家、考据学家,号竹汀,江苏嘉定(今上海)人。乾隆进士,著有《十驾斋养新录》《廿二史考异》等。本联不作悲泣语,而从学术成就的评价与风度仪表的赞美中写悼念。上联说他的经学业绩可与东汉学者服虔、郑玄相比;史学成就可与唐代史学家刘知幾、杜佑相比,将流传千古。下联赞美他仪表有仙人风骨,宰相器度。"神归",指去世。 (沈树华)

挽何绍基

俞樾

史馆建佳谟,惜创议未行,三品下庶僚,至今无列传
讲堂刊定本,奈校雠方半,九经中大义,从此付何人

何绍基,清学者,道光进士,工书法,曾任编修、四川学政等职。上联“史馆建佳谟”,指何任编修时,曾创议编纂三品以下官员列传,但此议被权贵否定。佳谟,美好的计划、设想。下联“讲堂刊定本”,指何晚年为维扬书局校定大字本《十三经注疏》,只完成了《毛诗》,在着手校定《三礼》时,于同治十三年溘然长逝。九经,指《论语》《左传》《诗经》《周礼》《孝经》《仪礼》《孟子》《礼记》《春秋》等,其说不一。此联立意新颖,对被挽者不从成功业绩方面落笔,而从功业未竟之两事着墨,一“惜”一“奈”,以反衬手法颂扬何之高尚品格和精深学问,表达了对何去世的惋惜与哀痛之情。

(沈树华)

挽 陶 澍

卓秉恬

天下大事公可属

江南遗爱民不忘

陶澍,字子霖,号云汀。清代历任要职,在两江总督任上近二十年,以劳瘁逝世于金陵。他在经济上曾进行了一些改革,并主持治理安徽荒政、疏浚吴淞江、浏河水利等一系列实事,在当时颇得民心。上联称他能担当天下大任,赞扬他的才能非凡。属,委托。范仲淹《岳阳楼记》:“属予作文以记之。”下联颂扬他治理江南的政绩,表达人民对他的怀念。遗爱,仁爱遗留于后世。《左传·昭公二十年》:“古之遗爱也。”联语文字质朴,感情真挚,评价得当,概括力强。 (沈树华)

挽 莫 友 芝

曾国藩

京华一见便倾心,当时书肆定交,早钦宿学

江表十年常聚首,今日酒尊和泪,来吊诗人

莫友芝,字子偲,号郘亭,贵州独山人。清道光举人,学者,精版本目录学,能诗。本联追怀往事,叙说友情和悲恸哀悼的心情。莫早年游北京时,在琉璃厂书肆同曾国藩相遇,二人一见倾心,遂订交。宿学,指积学之士。莫曾长期佐曾国藩湘军戎幕,这就是下联所指"江表十年"。江表,古地区名,指长江以南。追思往日友情后,紧接着以"酒尊和泪,来吊诗人",表达了作者悲恸的心情。酒尊,酒杯。本联行文流畅,追溯往事,如涓涓细流,感情真挚而深厚。（沈树华）

挽乳母

曾国藩

一饭尚铭恩,况曾保抱提携,只少怀胎十月
千金难报德,即论人情物理,也当泣血三年

本联用韩信"一饭千金"典故作铺垫,寄托对乳母的怀念和哀思。据《史记·淮阴侯列传》,韩信未达时,漂母见他饥饿,曾给他饭吃,后韩信封为楚王,赐千金报答漂母。乳母的恩情,远远超过漂母,一饭之恩尚不忘,何况曾保护我、带我长大的乳母?她比生母只少十月怀胎,远非千金所能报答。从人情上说,也应伤心地哭泣啊。三年,指三年之丧。作者身为朝廷大员,对乳母感情如此真挚,可谓难能可贵。

（沈树华）

挽关天培

林则徐

六载固金汤,问何人忽坏长城,孤注竟教躬尽瘁
双忠同坎壈,闻异类亦钦伟节,归魂相送面如生

关天培,清末将领,道光十四年(1834)任广东水师提督,支持钦差大臣林则徐的禁烟政策。林则徐被诬害撤职后,他继续训练水师,修筑炮台,曾

多次击退英国侵略军的进攻。1841 年 2 月 25 日英军进攻虎门,琦善拒发援兵,关孤军奋战,壮烈牺牲。林则徐在流放途中撰写此联。上联发问,关天培苦心经营六年的坚固防线是谁毁坏了,以致他孤军作战,鞠躬尽瘁,为国捐躯? 长城,古代军事建筑,后用以比喻国家屏障。下联记述评论关天培和参将寿廷章在无援的困境中双双为国尽忠,他们伟大的民族气节,连英军都很钦佩,送回他的遗体时,面部还带着英气。异类,此处指侵略军。坎壈,困顿。归魂,此处代指遗体。联语先用设问法,"问何人忽坏长城"句,锋芒直指琦善以至清王朝,对投降派予以无情的揭露和强烈的谴责;后用反衬法,"闻异类亦钦伟节"句,显示了关天培形象的高大和殉国的壮烈。全联抒发了作者对投降派的憎恨和对战友的怀念,短短 38 字,抵得上一首可歌可泣的民族史诗。（沈树华、曹云岐）

挽魏源

何绍基

烟雨漫湖山,佳壤初封,千古儒林凭吊奠

姓名留宇宙,遗篇在案,几行涕泪点斑斓

魏源,字默深,清道光进士,思想家。鸦片战争以后,深感闭关自守之落后,曾提出"师夷长技以制夷"。有《圣武记》《海国图志》等行世。去世后葬于杭州南屏山。上联"烟雨漫湖山",是借细雨濛濛有如烟雾笼罩的西湖风光,来烘托悲哀的吊奠气氛。"佳壤初封",谓坟墓初筑。张华《博物志·异闻》:"汉滕公(夏侯婴)薨,求葬东都门外……得石有铭曰'佳城郁郁,三千年见白日,吁嗟滕公居此室',遂葬焉。"后因称墓地为佳城。"千古儒林"赞颂了魏源为千秋万代之儒林表率。下联首句化用杜甫《咏怀古迹》"诸葛大名垂宇宙"句意,赞叹魏源英名永存。二、三句进一步表达了悼念之情。"遗篇在案",意思是其作品仍为人们常留案头。每一触及,不禁潸然泪下。上下联在意思上由远而近,一气呵成,自然流畅。全联笔力深沉,而在感情表达上又凄婉有致。（俞纪东）

挽钟文烝

俞 樾

廿四卷补注，为穀梁子功臣，频年手校青编，镂版告成犹及见

六十年耆儒，是乾嘉间宗派，此后我来黄浦，谈经同调更无人

钟文烝，清道光举人，精于《穀梁》之学，曾主讲上海敬业书院十余年，俞每至上海，必与钟讨论经义。当其60岁去世时，俞撰此联挽之。上联称颂钟对《穀梁传》的研究，“廿四卷补注”指钟所著《穀梁补注》，此书共廿四卷，阐发《穀梁传》精义，故称其为穀梁子的功臣。他对此书长年手校，付出艰辛的劳动，可慰的是作者亲自看到了此书告成。“青编”，简册，这里指其所著《穀梁补注》。下联首两句称他为学者，指出他的治学属于清代乾隆、嘉庆年间讲究考据的经学学派。后两句为失去这位学术上的挚友而感到悲戚。本联着重写钟的学术成就和文友间的友谊，哀而不伤，感情真实。

（沈树华）

挽 翠 琴

生在百花先，万紫千红齐俯首

春归三月暮，人间天上总消魂

翠琴为清咸丰年间的京师名伶。上联写她的生辰。旧俗以夏历二月十二日为百花生日，翠琴生于二月十一日，故云“生在百花先”。当此之时，放眼自然界，只见百花竞放，群芳斗艳，万紫千红，垂首枝头，上联的描写，也隐指翠琴容颜美丽，技艺高超，直令群芳俯首。俯首，折服；屈服。下联写她的死日。翠琴死于三月晦日，即三月暮。此时自然界是一片春归花落的残败景象，故云“春归三月暮”，而一代名伶溘然长逝，遂使天上人间不胜

其悲。消魂,极度悲伤。联语出句赞其色艺,对句悼其逝世,切题切景,含蓄双关,读之极有韵味。 (张 一)

挽赵之谦

张鸣珂

西汉文章,北朝书法

南城仙吏,东浙通人

张鸣珂,字玉珊,号寒松老人,清浙江嘉兴人,咸丰十一年(1861)拔贡,官知州。好吟咏,嗜书画,著有《寒松阁谈艺琐录》。赵之谦,号㧑叔,清会稽(今浙江绍兴)人,咸丰九年(1859)举人,官江西鄱阳、奉新知县。善书,初法颜真卿,后专意北碑,篆隶师邓石如,加以融化,自成一家,能以北碑写行书,尤为特长,作花卉木石及杂画亦以书法出之,宽博淳厚,水墨交融,能合徐渭、石涛等独具面目,为清末写意花卉之开山。张鸣珂此联挽赵之谦,上联云赵之谦的文章有西汉文风,书法专师北朝魏碑。下联云赵之谦在南方为官,有仙人之风,是浙东一位学问独具的通人。 (佟 今)

挽张之洞

王闿运

老臣白发,痛矣骑箕,整顿乾坤事粗了

满眼苍生,凄然流涕,徘徊门馆我如何

张之洞,清末大臣,字香涛,河北南皮人。作者曾入张幕,甚受器重。骑箕,《庄子·大宗师》:"乘东维,骑箕尾。"旧传殷王贤相傅说死后升天,化为一星,在箕星、尾星间。后称大臣去世为"骑箕"或"骑箕尾"。整顿乾坤,张历任两广总督、湖广总督、军机大臣,故云。粗了,粗略了结。苍生,指百姓。门馆,门客所居之馆舍。王曾为张幕宾,故云"徘徊门馆我如何"。联语颂死者之政绩,而重在叙知遇之感,言极沉痛,而力避泛泛之词,是其写

作成功之处。 （沈树华）

挽陈化成

昔时未读五车书，雅量清心，温如玉，冷如冰，是大将实是大儒，使天下讲道论文人愧死

此日竟成千秋业，忠肝义胆，重于山，坚于石，忘吾身不忘吾主，任世间寡廉鲜耻辈偷生

陈化成是清末著名爱国将领，鸦片战争中在上海吴淞抵抗英军入侵，最后英勇战死。上联以虚写实，写出他在大将行动中显出大儒的品格。"五车书"，典出《庄子·天下》"惠施多方，其书五车"。后用"学富五车"形容博学。将军虽为行伍出身，未读过多少书，但他气度不凡，性情平和、人格高洁，其品行是可以令"讲道论文"而不明大义的人惭愧得无地自容的。温如玉，指柔和如玉，出自《诗经·秦风·小戎》"言念君子，温其如玉"。冷如冰，是说冷峻坚定如冰。出《世说新语·言语》刘孝标注引《卫玠别传》"姜父有冰洁之姿"。下联以实写实，把他忠肝义胆以身殉国的伟业表现出来。陈化成曾表示："武臣死于疆场，幸也。"（《清史稿》本传）当英军入侵上海时，他率部坚守吴淞，击伤英舰多艘，最后以身殉职。而两江总督牛鉴战前就曾"虑敌锋不可当"，战争爆发，首先从宝山溃逃，陷陈化成部于孤军作战的困难境地，最终导致上海失守。作者在歌颂陈化成的同时，无情地鞭挞了偷生怕死、"寡廉鲜耻之辈"。重于山，语本司马迁《报任安书》："人固有一死，或重于泰山。"联语采用对照手法，长短参差的句式，活泼流动，用典精当而又不失对仗工整。 （俞纪东）

挽金纤纤

汪宜秋

入梦想从君，鹤背恐嫌凡骨重

遗真添画我，飞仙可要侍儿扶

金纤纤,清代才女,著有《瘦吟楼稿》,早卒。她的好友汪宜秋女士撰写此联挽之。上联意谓我在梦中也想随从你,但又恐怕你乘坐的鹤背负载不起我这个凡人。“鹤背”,出《搜神后记》丁令威驾鹤升天故事,后常用此典指死的讳称。下联意谓在你的遗像上应将我也画上去,你成了飞仙,可要我做侍儿来扶侍你? 本联构思独特,感情真挚。下联末句设问,表达了作者对金深厚而细腻的感情。 (沈树华)

挽(沈葆桢)夫人

沈葆桢

念此身何以酬君,幸死而有知,奉泉下翁姑,依然称意

论全福自应先我,顾事犹未了,看床前儿女,怎不伤心

沈葆桢,福建闽侯(今福州)人,官至两江总督兼南洋通商大臣。其夫人为林则徐之女,沈任江苏巡抚时夫人去世。本联慰死者,诉悲痛,语语沉痛,感情凄恻。上联称夫人之贤,在九泉之下侍奉翁姑,依然称意。翁姑,丈夫之父母。下联先慰死者(福建旧俗,夫妇以先死者为福),随即泣语连珠,凄然之情,溢于言表。 (沈树华)

挽顾受笙

梁绍壬

矮屋痛长眠,文战呕心,竟尔修文归地下

良宵惊恶耗,月圆撒手,从今赏月怕秋中

顾受笙为作者表兄,九次考举人不中,道光十一年(1831)中秋节突然死于考棚中。上联说,低矮的考棚下,考生呕心沥血进行着命运的决战,突然阎王召你作修文郎,就此长眠地下。修文,旧指文人早死。传说晋苏韶死后显形,对其兄说,颜渊、卜商在地下任修文郎,见《太平御览》卷八八三。下联说,美好的夜晚传来心碎的消息,亲人团聚的时辰你却撒手而去,从今

以后,叫人怕过中秋节了。恶耗,极不幸的消息。秋中,即中秋,因与上联"地下"相对而倒置。作者是八股考试的亲历者,感受非常深刻。上联"矮屋"形容考场外貌。"文战呕心"描绘考生奋力拼搏的情景,十分生动。文战,指科举考试。考试结果,多数落马,其表兄不仅九次未中,而因紧张过度,当场"长眠""地下",实为惨痛之例。下联"秋中"指旧时考试时间在秋天,意谓对科场从此谈虎色变,心怀余悸。"痛""惊""怕"三字是对死者的哀悼,也是对科举制度的批判。 (沈树华)

挽曾朴

吴梅

平生事业鲁男子

半世风流孽海花

曾朴,近代小说家,字孟朴,笔名东亚病夫,江苏常熟人。一生曾多次从政、兴办实业,但主要成就在小说创作上。本联即从这方面着笔,对曾朴表示悼念。上联说他毕生事业都反映在他的自传体小说《鲁男子》之中。下联肯定他的小说《孽海花》对社会产生的影响。《孽海花》以影射赛金花的故事,反映了当时社会生活。艺术上亦具特色,鲁迅称之为"结构工巧,文采斐然"。联语以死者作品名嵌入,与前文自然连贯,竟如天成。

(沈树华)

挽桑调元

沈德潜

文星酒星书星,在天不灭

金管银管斑管,其人可传

桑调元,字伊佐,浙江钱塘(今杭州)人。清雍正进士,官工部主事,为人清正绝俗,晚主泺源书院,有《弢甫集》传世。本联一反挽联端庄悲肃的笔法。上联“文星、酒星、书星”,指明了死者能文嗜酒善书的特长,人虽死了,但文章书法永垂不朽。“星”,用以形容文、酒、书均出类拔萃。下联“金管、银管、斑管”,指用金银装饰笔管的华贵毛笔和用斑竹作管的普通毛笔,这里指笔所抒写的文章书法可以传其人于后世。此联用重言手法,“星”和“管”凡三出,活泼而不轻佻。 (沈树华)

挽张德彝

环游遍东亚西欧,作宇宙大观,如此壮行曾有几

著述奇连篇累牍,阐古今奥秘,斯真名士不虚生

张德彝,汉军镶黄旗人,清末翻译和外交官。他先后游历英、法、比、俄等西方国家。曾任光绪皇帝英文教师,出使英、意、比等国。1870 年赴法国时亲睹巴黎公社起义,记入其著作《航海述奇》之中。本联评价他的外交活动和记述海外见闻著作的业绩。上联末句以设问出之,突出了他身历各国的丰富阅历。张除《航海述奇》外,尚有著作多部,故下联以“连篇累牍,阐古今奥秘”,称颂他为一代名士。 (沈树华)

挽邓世昌

爱新觉罗·载湉

此日漫挥天下泪

有公足壮海军威

邓世昌,字正卿,广东番禺人,清末爱国海军将领,毕业于福州船政学堂。光绪十三年(1887)赴英国为北洋舰队接收致远号巡洋舰,回国后升副将兼致远舰管带,1894 年中日甲午战争爆发,9 月 17 日在黄海海战中,邓世昌率将士英勇作战,虽弹尽舰伤,仍下令加快舰速猛撞敌舰吉野,不幸被鱼雷击中,舰上官兵全部壮烈牺牲。当时在位的光绪帝写了这副挽联。上联表达了举国上下对邓世昌牺牲的沉痛哀悼,一个“漫”字,写出了人们的

悲伤、惋惜和无可奈何的心情。下联高度评价邓世昌英勇善战,视死如归的爱国精神。一个"足"字,极有分量,是对他为国捐躯精神的热烈赞颂。

(沈树华)

挽孙玉声

朱 奇

同甫文,放翁诗,耐庵稗史,六十年驰骋坛场,硕果天留惟此老

秦淮雨,隋堤月,西子烟波,廿余载追陪杖履,少微星陨更何人

孙玉声,名家振,别署警梦痴仙,海上漱石生,主编《新闻报》,编辑《申报》《舆论时报》等,小说《海上繁华梦》为其代表作。上联赞誉孙一生的学术业绩。文风近于南宋文学家陈亮(字同甫),诗歌数量之多比得上南宋大诗人陆游(号放翁),小说之成就如同《水浒传》作者施耐庵,孙的这些成就,驰骋文坛 60 年,无人能及。稗史,通常指闾巷遗闻旧事的记录,这里借指小说。下联倾诉对孙的不尽怀念之情。作者追怀与孙畅游的足迹:雨中(南京)秦淮,月下(扬州)隋堤,以及西子湖边烟水间情景,如今斯人去世,又有何人能这样和我亲近呢? 少微,星官名,属太微垣,共四星。陨,落,这里指去世。联语以历代著名文人与之比拟,又寓情于景,写得意绪缠绵,一往情深。

(沈树华)

挽徐建寅

张之洞

中华化学更有几人?从此广陵成绝调

今日军资为第一事,痛哉欧冶堕洪炉

徐建寅,江苏无锡人,曾先后在上海江南制造局、天津机器局、福州船

政局任职,并赴英法德考察造船工业,购置军舰。后调湖北,创办保安火药局,1901年因试制无烟火药爆炸,以身殉职。上联首句以设问出之,接着为徐的去世深表痛惜之情。广陵,广陵散的简称,原为古琴曲名,晋代嵇康善弹此曲,誓不传人,后嵇康为司马昭所害,临刑时弹此曲,并云:“广陵散于今绝矣!”后借称人事凋零或事成绝响。下联反映了张重视军事科学技术和当时急需加强国防力量的思想和观点,对徐因火药爆炸去世表达了悲恸之情。欧冶,春秋时欧冶子,善铸剑,这里代指徐建寅。（沈树华）

挽谭嗣同(一)

康有为

复生不复生矣
有为安有为哉

谭嗣同,字复生,与康有为、梁启超同为晚清变法维新运动的代表人物。他们依靠光绪皇帝的权力,发动了变法维新运动,后遭失败,光绪帝被慈禧幽禁瀛台,新法被废除。康、梁逃亡海外,谭嗣同毅然留在京城,决心以身殉“法”。不久,被捕遇害于北京菜市口。事隔十几年后,康有为在谭嗣同的家乡湖南浏阳县城西门外的烈士祠,题下了这副对联。上联说谭复生,竟然牺牲了,再也不能复生了,“不复生矣”,表达对死者哀痛欲绝的心情。下联说,康有为,倒还活着,但还有什么“作为”呢,抒发了悲观失望的情绪。“安”这里是疑问副词,含有自责之意。正因失去了这位亲密战友,才使我无所作为,这就是两联间的因果关系。而嵌两人之名,如此浑成更属难得。（延　培）

挽谭嗣同(二)

谭继洵

谣风遍万国九州,无非是骂
昭雪在千秋百世,不得而知

这是一副父亲挽子联。父为谭继洵,子即谭嗣同。戊戌维新失败,康、梁亡命国外,而谭嗣同则慷慨就义。其父因有此作。谭继洵时任湖北巡抚兼署湖广总督。嗣同牺牲后,谭继洵遭革职。联语不只是抒白发人送黑发人的哀痛之情,而更主要是从国家和历史的角度来悼念烈士。上联写“万国九州”谣言四起,谩骂不断,维新派几无立足之地。从正面描写维新派处境艰难,而从反面却突出了戊戌维新的巨大影响。“百日维新”,时间虽短,而影响却遍及“万国九州”,震撼人心。搞维新,必然有阻力,保守、反动势力是不会拱手退出历史舞台的,岂止是谩骂、诬陷、逮捕,甚至杀头,都会降临身上。作者只提“骂”字,显然是考虑到当时的环境与自己的身份。“无非是骂”,大有“横眉冷对千夫指”的气概。这既是代子立言,也是表明自己的心迹,儿子因维新而死,但死得其所,日后责难虽多,我将泰然处之。下联也是正面说烈士昭雪杳杳无期,而反面则传达出作者这样的信念:尽管戊戌维新是以失败而告终的,但其是非曲直有待历史来加以评判,总有一天,烈士们会获得平反昭雪!“不得而知”是实话,何时昭雪,确难预料。“不得而知”又是反话,因为前面已经明言“昭雪在千秋百世”,这样说实际上是表示不容置疑的意思,加强了语气。此联用语朴实自然,而寓意含蓄深刻,在表达上对仗工巧也是一大特色。上联用“谣风”而不用“谣言”或“谣诼”,一方面形象地说明谣传成风,以见保守反动势力之盛;另一方面则借“风”字与下联“昭雪”之“雪”构成工对。“无非是骂”与“不得而知”,对得也十分自然、工整,前一句显得愤慨激昂,后一句以低沉哀痛之情收束,正切合挽联格式。（俞纪东）

挽秋瑾

孙中山

江户矢丹忱,感君首赞同盟会
轩亭洒碧血,愧我今招侠女魂

秋瑾,浙江绍兴人,近代女革命家。1907年在绍兴主持大通学堂,联络会党和新军,组织光复军,事泄,清政府派兵包围大通学堂,秋瑾被捕,同年7月15日就义。辛亥革命后,绍兴建风雨亭(原名“轩亭”)纪念她,孙中山专程前往祭奠,并撰此联悼念。上联“江户”,日本东京之旧称。矢丹忱,指矢志革命事业。矢,通“誓”。“首赞同盟会”,秋瑾于 1905 年加入同盟会。下联“轩亭”,指绍兴轩亭口,为秋瑾就义处。侠女,秋瑾自号为鉴湖女侠。一个“招”字,写出了缅怀的激情,读来令人有回肠荡气之感。“愧”字,写自愧心情,亦有抱恨革命尚未成功之意。 (沈树华)

挽(彭玉麟)子

彭玉麟

怎能够踏破天门,直到三千界请南斗星、北斗星,益寿延年将簿改

恨不得踢翻地狱,闯入十八重问东岳庙、西岳庙,舍生拼死要儿回

彭玉麟官至兵部尚书,本联表达了他极其悲恸的失子心情。上联谓:试想如何才能冲进天宫之门,到上天三千大千世界中请南北二位星神将生死簿中儿子的寿限改做长命百岁。三千界,佛教名词三千大千世界的简称,指释迦牟尼所教化的范围。下联表示要亲自打翻地狱,直闯入十八层中责问东西二岳庙中之神,拼死夺回爱子。作者表示要上天入地,充满浪漫神奇色彩,将失子之痛的慈父心情表达得淋漓尽致。 (沈树华)

挽徐锡麟

黄 兴

登百尺楼,看大好河山,天若有情,应识四方思猛士

留一抔土,以争光日月,人谁不死,独将千古让先生

徐锡麟,近代民主革命烈士,浙江山阴(今绍兴)人。1903 年游历日本,次年回国加入光复会,1907 年与秋瑾约定 7 月 19 日在皖浙同时起义,事泄,提前于 7 月 6 日在安庆领导巡警学堂学生率先发难,枪杀巡抚恩铭,攻占军械局,与清军激战,弹尽被捕,当晚就义。上联表达了人民对徐锡麟的

怀念。登上纪念徐锡麟的百尺楼,环视祖国大好河山,上天如有和人一样的感情,也应理解人们对这位为推翻满清统治而捐躯的猛士表示思念。天若有情,语出唐代李贺《金铜仙人辞汉歌》"衰兰送客咸阳道,天若有情天亦老"句。思猛士,化用汉高祖刘邦《大风歌》"安得猛士兮守四方"句。下联赞颂徐锡麟英名永留青史。埋葬烈士的一抔黄土,与日月一样在人们心中闪着光芒,人都有一死,徐锡麟虽然死去了,但他将名留千古,永垂不朽。"争光日月",屈原《离骚》:"虽与日月争光可也。"人谁不死,化用文天祥《过零丁洋》"人生自古谁无死"诗句。本联气势豪迈,热情赞颂了这位赤胆忠心、义无反顾的革命先烈。一个"独"字,也用得贴切而有气势。 (沈树华)

挽黄遵宪

蒋智由

如此乾坤,待卧龙而不起

正当风雨,失鸡鸣其奈何

黄遵宪,字公度,别号人境庐主人,广东嘉应(今梅州市梅县区)人。近代诗人。曾任驻日、美、英等国外交官,因参加戊戌维新运动,遭弹劾罢官,被遣送回乡。1905年3月28日黄遵宪逝世,当时正处于戊戌变法失败以后、辛亥革命爆发前夜,清政府极其腐朽,社会动荡不安。上联意谓现实如此混乱,像你这样杰出的人才竟不得其用而去世了。卧龙,即三国蜀汉诸葛亮,时称卧龙。这里借指黄遵宪。下联意谓在这黑暗社会中缺乏有识之士,真让人感到无可奈何。风雨、鸡鸣,出《诗经·郑风·风雨》"风雨如晦,鸡鸣不已"句,比喻黑暗社会不乏有识之士。联语取譬用典自然贴切,既忧国之危殆,又惜人才之不遇,有史料价值。 (沈树华)

挽冯如

何淡如

殉社会者则甚易,殉工艺者则甚难,一霎坠飞机,青冢那堪埋伟士

论事之成固可嘉,论事之败亦可喜,千秋留实学,黄花又见泣秋风

冯如,号鼎三,广东恩平人。清光绪时开始研制飞机。他曾在国际飞行竞赛中获第一名,毅然拒绝美国高金聘任,于 1911 年 3 月带自制飞机回国。1912 年 8 月 25 日在广州市郊飞行表演时,失事身亡。本联高度颂扬冯如对飞行科技的贡献和献身精神,作者认为,从某种意义上说,冯如为飞机工艺殉身,比一般为社会献身更难,不管事业成败,冯的献身精神都是可嘉、可喜的。反问句"青冢那堪埋伟士",谓冷酷无情的青坟亦不忍埋葬烈士,感情的悲痛写得十分深沉。冯葬于广州先烈东路黄花岗,联文以"黄花又见泣秋风"结句,将冯如为事业殉身与七十二烈士为国殉难相提并论,表达了作者对冯如的崇高评价。成固可嘉、败亦可喜,化用苏轼《观棋》"胜固欣然,败亦可喜"句意。

(沈树华)

挽刀安仁

章炳麟

三字奇冤生竟雪
一腔热血死难消

刀安仁,傣族,云南盈江人,为腾越府干崖(今盈江县弄璋等一带)宣抚司土司,青年时留学印度、日本,加入同盟会。1911 年领导腾越起义,任滇西国民军都督府第二都督。后被云南军阀诬以"叛国心"逮捕,解至北京,被袁世凯囚禁,经孙中山、黄兴营救出狱。1913 年病逝于北京。上联"三字奇冤"即指此。下联对刀安仁满腔热血投身革命,反遭诬害,身陷牢狱,虽得昭雪,而身心遭受折磨,不久便去世,表示极大的义愤。本联笔力劲健,言词慷慨,控诉和鞭挞了军阀和袁世凯倒行逆施的罪行。

(沈树华)

挽杨守敬

严 复

博古四十年，名满寰区，为旧学诸贤后劲
弃尘六阅月，邦犹杌陧，问先生何地埋忧

杨守敬，字惺吾，号邻苏，湖北宜都人。同治举人。光绪年间曾作为随员出使日本。后选为黄冈教谕，受张之洞之聘，任两湖书院及勤成、存古学堂讲习。袁世凯也聘为顾问，任参政院参政，旋卒。精地理考证、金石、目录学，工书法。著有《历代舆地图》《水经注疏》及《晦明轩稿》等书。联语首先对被挽者四十年如一日，潜心博学考古，硕果累累，并为后来的学者奠定基础，给予充分的肯定。下联“先生何地埋忧”一句，不仅赞颂被挽者忧时忧民的爱国精神，而且寄托了作者“六阅月”以来“邦犹杌陧 ”的不安和忧虑。阅，经历。“六阅月”，即经过了六个月。“邦犹杌陧”，邦，指国家；杌陧(wù niè)，倾危不安。联语抒发了对一个有学识、有贡献、忧时忧民的学者逝去的沉痛思念之情。语言精练，评价恰当。

（施绍文、盛国生）

挽葛谦

罗树沧

赤手拯乾坤，壮士西归名不朽
丹心贯日月，珠江东去血横流

葛谦，字诞麟，湖南湘乡人。早年组织湘省光复会，密谋革命。后留学日本，组织光华会。1904 年回国谋刺广西巡抚未遂。1908 年与朱执信等人密谋乘光绪、慈禧相继死去之机，在广州发动起义，因失密被捕，于 1908 年 11 月 20 日在珠江天字码头从容就义。曾参加广州起义的罗树沧撰此联挽之。本联以悲壮豪放的纪实之语，反映了葛谦气贯长虹的革命一生。上联一个“拯”字,下联一个“贯”字,集中概括了葛谦推翻清朝统治的革命精神。“壮士西归”和“珠江东去”,大有荆轲“壮士一去不复还”的气势。全联慷慨悲歌,气贯长虹,对仗亦颇工整。 (沈树华)

挽林述庆

黄兴

风雨无情,落花满地惊春梦

江山如故,何日重生此霸才

林述庆,字颂亭,福建福州人,1909 年加入同盟会。武昌起义后,历任镇江都督、临时江宁都督、北伐军临淮司令、总统府军事顾问等职。因反对袁世凯复辟帝制,遭袁党之忌,在参加袁党的一次宴会时,被毒杀身亡。上联写痛失将才。恨政治风雨无情,摧残得花落满地,竟至惊破春梦,悲而且愤,愤激之情,溢于言表。下联抒忧国之情。感叹国事维艰,霸才难觅。“何日重生”一句,表达了作者对林之器重,同时也抒发了革命受挫,忧心如焚的爱国感情。 (盛国生)

挽宋教仁(一)

张謇

何人忍贼来君叔

举世谁为鲁仲连

宋教仁,民国时杰出政治家,字遯初,号渔父,湖南桃源人。1913 年在国会议员选举中,国民党取得多数席位,宋教仁准备以多数党资格组织责任内阁,以制约袁世凯,袁派人将宋刺死于上海。上联痛斥是谁如此忍心虐杀了宋教仁。贼,虐害。来君叔,东汉来歙,字君叔,为人有信义,忧国忘家,在率军入蜀时,被敌方派人刺死。这里借指宋教仁。下联痛惜国家失去了无人能够代替的宋教仁,对宋的死充满惋惜之情。鲁仲连,战国时齐人，善于计谋划策，常周游各国，排难解纷。这里也代指宋教仁。本联运典贴切，上下联均以设问句出之，更增强了谴责凶手和痛失英才的激愤和力量。（沈树华、殷有娣）

挽宋教仁(二)

孙中山

三尺剑，万言书，美雨欧风志不磨；天地有正气，豪杰自牢笼，数十年季子舌锋，效庄生索笔

五丈原，一抔土，卧龙跃马今何在？冠盖满京华，斯人独憔悴，洒几点苌弘血泪，向屈子招魂

上联概括宋教仁一生事业和卓越才华。三尺剑，语本《汉书·高帝纪》“吾以三尺取天下”，洪秀全《剑诗》有“手持三尺定山河”句。这里指宋教仁1904年与黄兴、陈天华等组织华兴会，筹划推翻清王朝的武装起义。万言书，指宋教仁1907年所著《间岛问题》一书，该书揭露了日本帝国主义侵占我国延吉地区的图谋。美雨欧风，指宋主张仿效欧美政体成立责任内阁。“天地有正气”，见文天祥《正气歌》。牢笼，指包罗。《淮南子·本经》：“牢笼天地，弹压山川。”季子舌锋，战国时苏秦，字季子，他曾游说六国同盟拒秦。这里借指宋善于言辞的外交才能。庄生，指战国时哲学家庄子。索笔，指大笔。这里借指宋的精彩文笔。下联对宋的遇害表示沉痛哀悼，并对刺宋主谋者加以谴责。五丈原，古地名，在今陕西岐山县南，是蜀汉丞相诸葛亮病死之地。卧龙，诸葛亮的称号。将宋比做诸葛亮，用以说明他的死是国家和民族的巨大损失。“冠盖满京华，斯人独憔悴”，见杜甫《梦李白》诗第二首，借指当时京城里达官显要很多，惟独宋遭嫉而死。接着作者用苌弘和屈子两典，写出对宋教仁的赞颂和哀悼。苌弘血泪，指春秋时苌弘大夫无辜被杀，传说其血三年化为碧玉。屈子，战国时受诬而死的楚国诗人屈原。招魂，古丧礼。本联文意深沉，感情真挚，选用成句和典故均贴切称题，堪称情文并茂之作。（沈树华）

挽宋教仁(三)

桃源何处寻渔父
博浪翻教刺子房

上联,桃源。指陶渊明笔下由一位渔夫发现的理想社会,即桃花源,可是渔夫不见了,再到哪儿去寻找呢?下联,博浪,指张良结交刺客在博浪沙刺杀秦始皇未成的事。张良,字子房,后为汉大臣。本联用典巧极。宋教仁是湖南桃源人,号“渔父”,上联既切地名,又切人名,并用“桃源”表示人们盼望的理想社会。下联将袁世凯比秦始皇,将宋教仁比张良,秦始皇翻过来刺杀张良,直指袁世凯刺宋的罪责,表达了作者极大的愤懑之情。

(沈树华)

挽 黄 兴(一)

孙中山

常恨随陆无武,绛灌无文,纵九等论交到古人,此才不易
试问夷惠谁贤,彭殇谁寿?只十载同盟有今日,后死何堪

黄兴,字克强,湖南长沙人,著名民主革命家。早年在日本拥护孙中山,组成中国同盟会,居协理地位。1907 年起,在国内参与或指挥多次起义。1912 年南京临时政府成立,任陆军总长。1916 年病逝于上海。年仅 42 岁。上联赞黄兴之全才。汉高祖的谋臣随何、陆贾,不娴武略,武将绛侯周勃、灌婴都缺少文才,而像黄兴这样文章既好,枪法亦精的人物,即使在古人中也难遇到。“随陆无武”两句,见《晋书·刘元海载记》:“吾每观书传,常鄙随陆无武,绛灌无文。”九等:《汉书·古今人表》将人分为九等,即上上、上中、上下,中上、中中、中下,下上、下中、下下。下联悼黄兴之早逝。历史上伯夷、柳下惠哪个贤?彭祖、殇子哪个长寿?实在说不清楚。然而仅仅十年的同盟战斗,就奠定了今天这个永久的基业,我,作为后死者的悲

伤,怎能忍受?夷,伯夷,商代贤人,传说他曾阻止武王伐纣,后耻食周粟,饿死首阳山。惠,柳下惠,春秋时鲁国大夫,名展禽,任士师(掌管刑狱的官)时三次被黜。对于伯夷等人的贤德,前人曾表示怀疑。彭,彭祖,传说中古代长寿者,活了八百岁。殇,殇子,古代短命者。庄子曾提出异议"(天下)莫寿于殇子,而彭祖为夭"(见《庄子·齐物论》)。作者善于用典,援引古事,对比陪衬,几乎毫不费力。上联以汉高祖的人才与黄兴比,是以偏比全,强调黄兴人才之难得;下联从伯夷、彭、殇之事说到今天革命事业,是以虚衬实,突出作为革命者黄兴的建树不凡,联语充分表达了哀挽的主旨。 (蒋竹荪)

挽黄兴(二)

蔡锷

以勇健开国,而宁静持身,贯彻实行,是能创作一生者

曾送我海上,忽哭君天涯,惊起挥泪,难为卧病九州人

本联为蔡锷病中所作。上联对黄一生作评价。黄加入同盟会后,曾多次参加武装起义,武昌革命后,先后任革命军总司令、副元帅、讨袁军总司令,故联中说他"以勇健开国",并能贯彻革命一生。宁静,安定清静。《文子·上行》:"非宁静无以致远。"下联叙交谊。在讨袁中,蔡锷转战数月,因喉疾从上海赴日就医,此即"送我海上"之本事。1916年黄去世,噩耗传至日本,蔡极其悲痛,故联语云"哭君天涯"。九州,为日本第三大岛,这里指日本。联语感情真挚,十分动人。 (沈树华)

挽黄兴(三)

吴恭亨

革满清之命,为成功英雄,续革袁氏之命,为失败英雄,失败旋成功,算我公造因,众人食果

与专制同生,痛过去中国,不与共和同生,怅未来中国,未来将过去,付铜像表德,石柱铭勋

联语以巧妙的构思颂扬了黄兴不凡的一生。上联首先赞扬他在推翻清王朝革命斗争中的卓越贡献,称他为"成功英雄"。接着以他领导反对袁世凯的二次革命失败这一史实,称他为"失败英雄"。但这一失败却孕育了后来的成功,一个"旋"字,肯定了二次革命的重大意义。后来革命的成功,是许多革命先驱领导革命的结果,虽然这样的成功,他已享受不到,但活着的人却已享受到了。下联称颂他忧国忧民的崇高品格。生在专制时代,"痛"恨过去之中国,没能见到共和体制,又"怅"望未来之中国,这一"痛"一"怅",特别是对未来,反映了他心系天下,关心国家和民族前途的炽热感情。末以"未来将过去",指出时代不断前进,人们将铸铜像表彰他崇高的品德,用石柱铭刻他为国家和民族所作出的伟大功勋。本联讲了事物对立面互相转化的辩证法,颇有启发性。又以重言手法,反复运用"革""命""成功""失败""英雄""同生""中国""过去""未来"联词造句,前后呼应,自然生动。

（沈树华）

挽 蔡 锷(一)

孙中山

平生慷慨班都护
万里间关马伏波

蔡锷,字松坡,近代军事家。本联以东汉名将班超、马援比拟蔡锷。武昌起义爆发后,蔡领导昆明新军起义,宣布云南独立。故上联说他一生意气激昂,如同汉代任西域都护平定莎车、龟兹等地变乱的班超。袁世凯称帝时,蔡历尽艰险潜回云南,组织护国军讨袁,迫使袁世凯取消帝制,蔡遂任四川督军。因战事积劳成疾,旋赴日就医,逝于福冈。故下联将他比作汉代伏波将军在出征时病死于军中的马援。全联寄托了作者对蔡的赞颂和缅怀。本联运典衬托兼用,以班超、马援两典衬托蔡锷,甚为贴切。

（沈树华、殷有娣）

挽蔡锷(二)

易顺鼎

万里南天鹏翼,君正扶摇,那堪忧患余生,萍水姻缘成一梦

十年北地燕支,自悲沦落,赢得英雄知己,桃花颜色亦千秋

这是作者代小凤仙拟的一副挽蔡锷的对联。蔡锷被袁世凯软禁时认识了北京名妓小凤仙,彼此相爱。小凤仙不仅色艺超群,而且明辨是非,爱憎分明,敢作敢为。后袁世凯公然称帝,蔡锷在小凤仙帮助下逃回云南,立即向全国发出了《讨袁檄文》,组成护国军,起兵讨袁,赢得了中国近代史上著名的护国战争的胜利。蔡锷则积劳成疾,客死日本。上联歌颂蔡乃生长在南国的英雄,如同大鹏展翅,正扶摇直上,前程万里,但出于忧国忧民,心力交瘁,不幸过早地离开了人世,我和他萍水相逢、结下的姻缘,可终成一场空梦。“万里南天鹏翼”两句典出《庄子·逍遥游》:“鹏之徙于南冥也,水击三千里,抟扶摇而上者九万里。”下联直承上联而来,我从北地南来,堕入风尘,沦为官妓,正悲身世沦落,却赢得了英雄的赏识,结为知己;我这样一个妓女,也将附骥尾而千秋留芳了。“燕支”,即胭脂,代指妓女。“桃花颜色”,喻指小凤仙。联语文笔典雅精美,感情真挚,评价蔡锷及申述两人关系完全切合各自的身份地位,且能将一己之悲哀与时代之忧患结合起来,使联意得到深化,因此传诵一时,被誉为名联。一说,掩护其潜出北京者是孙中山顾问、澳大利亚驻北京记者端纳。 (延 培、张 迈)

挽蔡锷(三)

杨度

魂魄异乡归,如今豪杰为神,万里江山空雨泣

东南民力尽,太息疮痍满目,当时成败已沧桑

上联对蔡的去世表示悲泣。异乡,指蔡病逝于日本福冈。杨度曾拥护袁世凯称帝,袁死后杨思想转变,加入国民党,拥护孙中山。联中称蔡为豪杰,反映了他对蔡一生的肯定。“万里江山空雨泣”,极写对死者哀痛之深切,江山本无情,现在亦为死者致哀哭泣,何况人乎!下联一方面反映了杨对国家前途、民众疾苦的关心,同时也反映了杨当时对讨袁战争的保留看法,表现了杨度思想上的局限。疮痍,指创伤,比喻战争带来的民生凋敝。“当时成败”,指蔡领导的讨袁战争。沧桑,沧海变良田,这里指已成往事。(沈树华)

挽蔡锷(四)

方尔谦

不幸周郎竟短命

早知李靖是英雄

辛亥革命后,袁世凯阴谋窃国,把拥护共和、反对帝制的实力派人物蔡锷召至北京加以软禁,蔡洞察到袁企图复辟帝制,只得佯装沉湎于酒色烟花,而袁暗中派来监视蔡锷行动的乐妓小凤仙,深明大义,毅然掩护蔡潜出北京,至云南成立护国军,声讨袁世凯。蔡死后,方尔谦代小凤仙撰联表示哀悼。上联将蔡比做三国时周瑜,既哭其未能长寿,又隐用“周郎顾曲”之典,表明蔡是她的知音。下联将蔡比做唐代将军李靖,赞他为英雄。隐用传奇中名妓红拂女离开宰相杨素私奔于李靖的故事,尤为合乎小凤仙身份。本联采用借喻手法,以周瑜、李靖比喻蔡锷,但联中既未出现“犹如”“好似”之类比喻词,也没有出现蔡锷这个要表达的“本体”,而只说出喻体,更是别有一番意味在其中。(沈树华)

挽马简香

严笠溪

有官在身,有兄在家,有子在庠,有孙在抱,最怜一束诗笺,一支画笔,一曲歌声,一病入膏肓,一瞬红尘如一梦

我母尔姑,我姐尔配,我女尔媳,我儿尔婿,回忆同塾从师,同坛礼佛,同舟避寇,同心逾手足,同盟白首不同归

上联以四个“有”“在”,六个“一”组成排比句,详叙死者身份、才华以及美满家庭情景,无奈好景不常,“一瞬红尘如一梦”。庠,古代学校名。膏肓,古代医学称心脏下部为膏,隔膜为肓,后称病极严重,难以治疗为“病入膏肓”。红尘,佛家称人世为红尘。陆游《鹧鸪天》词:“插脚红尘已是颠。”下联以四个“我”“尔”,六个“同”组成排比句,缕述作者与死者亲密关系,是中表、姐夫、亲家,又是同学、教友、难友,如此至爱亲朋,竟然聚难散易,“同盟白首不同归”。塾,旧时一个家族或私人办的学校。联语虽言一个家庭的真人真事,却反映了旧时人生旅程中普遍存在的“好景不常”“聚难散易”的缺憾,情词凄恻沉痛,极易引起读者共鸣。

(张 一)

挽王闿运

杨 度

旷古圣人稀,能以逍遥传世法

平生帝王学,只今颠沛愧师承

王闿运,字壬秋,号湘绮,湖南湘潭人,清末学者和教育家,著有《湘绮楼诗集·文集》等。杨度为王闿运弟子。上联颂扬老师的道德和行迹。意谓老师是古来少有的圣人,能够用庄子忘怀名利不为物累的逍遥态度待人处世。言下之意是由于这样处世,因而使他一生未能建大功立大业。下联责已愧对师教。意谓老师专治帝王之学,可我却没有学习得好,弄到今天这样狼狈的地步,愧对老师的教导。帝王学,清代庄存与等人以《公羊传》微言大义说经,维护封建统治,后来康有为利用它来“托古改制”,作为维新变法的理论根据,所以称“公羊”学为“帝王学”。颠沛,困苦窘迫。当时作者拥护袁世凯称帝,被明令通缉,逃亡上海,故云颠沛。上联对老师评价过高,并有为老师强为辩解之嫌,但下

联则真实反映了作者拥护帝制所尝到的苦果，对错误有所认识，客观上也是对帝王学(公羊学)的一次深刻批判。用语典雅为本联特色。

(沈树华)

挽金玉兰

易顺鼎

玉堂春竟作尾声，者回宣武城南，真个曲终人不见
广陵散今成绝响，若过正阳门外，只余花落水流红

金玉兰，近代北京京剧女演员，颇负时名，家居北京宣武门南，生前在正阳门外一剧场演《玉堂春》时，因染时疫不治而亡。上联实写，记其死事。者，这。下联虚写，赞其舞台艺术。“广陵散”，古琴曲名。《晋书·嵇康传》云，嵇康善弹此曲，誓不传人，后嵇为司马昭所害，临刑时弹此曲，并云《广陵散》于今绝矣！后称事无后继为广陵散。本联上实下虚，颇具衬托相映之妙，上下联末句借用成句相对，流畅而自然。“曲终人不见”，出钱起《省试湘灵鼓瑟》诗。“花落水流红”，出王实甫《西厢记》。

(沈树华)

挽任颐(一)

虚谷

笔无常法，别出新机，君艺称极也
天夺斯人，谁能继起，吾道其衰乎

任颐，字伯年，浙江山阴(今绍兴)人。清末“海上画派”著名画家。本联从绘画艺术着墨，上联概括地评述任在绘画艺术上的创新精神，即技法上打破了前人常规，艺术造诣达到了登峰造极的境界。下联痛悼失去这位卓越的画家，惋惜无人能达到他这样的艺术高度，哀叹从此绘画艺术将要

衰退了。斯人,此人。道,法则;规律。这里借指绘画艺术。本联采用白描手法,词语朴实,感情真挚。（沈树华）

挽任颐(二)

吴昌硕

北苑千秋人,汉石隋泥同不朽
西风两行泪,水痕墨气失知音

上联是对任绘画艺术的评价。北苑,南唐宫苑,当时画家董源尝任北苑使,这里借指画坛。汉石隋泥,指汉代石刻和隋代雕塑,在中国美术史上均占重要地位。下联倾诉联作者的感情和哀思。水痕墨气,借指绘画艺术,赋水墨以良知,十分感人。西风,既点明任去世的时令为秋天,又增强了全联悲悼气氛。（沈树华）

挽白永魁

李纯

壮志效鹏抟,万里扶摇今铩羽
英灵随鹤化,九天苍莽与招魂

本联挽航空学生白永魁。上联写白献身航空事业,在万里长空失事身亡。鹏抟,鹏鸟振翅高飞,这里指驾机飞行。扶摇,形容自下而上。语本《庄子·逍遥游》:"鹏之徙于南冥也,水击三千里,抟扶摇而上者九万里。"铩羽,羽毛摧落,这里指失事身亡。下联对白表示悼念。鹤化,典出《搜神后记》所载辽东丁令威学道成仙,化鹤归辽,本谓成仙,后常作死的代称。招魂,古时一种丧礼,意谓人始死升屋招回其灵魂。本联措词用典,处处贴切航空飞行,对仗亦颇工稳。（沈树华）

挽 沈 寿

张 謇

真美术专家，称寿于艺，寿不称于名，才士数奇，如是如是
亦学诗女弟，视余犹父，余得视犹子，夫人为恸，丧予丧予

沈寿，女，原名灵芝，江苏吴县(今苏州)人，著名刺绣艺人。沈创仿真绣针法，清末任工商部绣工科总教习，作品曾在世界博览会获奖，有“绣圣”之称。其夫曾将她的作品献给慈禧，获慈禧赞赏，并赐福寿二字，沈得寿字，遂改名沈寿。上联称誉沈刺绣艺术长寿，但痛惜人不长寿。“寿不称于名”，沈卒年仅 47 岁。数奇，命运不好。如是，像这样。下联悲痛哀悼，也在于澄清视听。民国时，张謇特于南通女子师范学校附设女工传习所，聘沈为所长，沈至南通，住在张家，张赠沈诗、联，有“要合一池烟水气，长长短短护鸳鸯”句，沈张相恋传闻遂起。联文说沈跟他学诗，他们之间是老师与学生的关系，有如父女。夫人为恸，我为此人伤心。《论语·先进》：“非夫人之为恸而谁为?”丧予，要我的命。《论语·先进》：“天丧予，天丧予!”按沈乃有夫之妇，张曾为之筑别室而居，死后又为办丧仪立墓碑，已非一般师生关系。此事至张死后，物议始息。 (沈树华)

挽 孙 中 山(一)

章炳麟

洪以甲子灭，公以乙丑殂，六十年间成败异
生袭中山称，死傍孝陵葬，一匡天下古今同

孙中山，辛亥革命领袖。本联以洪秀全和明太祖朱元璋与孙中山对比。上联“洪”，指太平天国领导人洪秀全，太平天国于 1864 年失败，这年干支为甲子。“公”，指孙中山，他于 1925 年病逝，这年干支为乙丑。从太平天国失败到孙中山逝世，这之间相隔六十年，洪秀全领导的太平天国失

败了,孙中山领导的辛亥革命成功了。因中山陵与明孝陵相近,下联即以明太祖朱元璋衬托孙中山。朱元璋推翻了元朝建立了明朝,孙中山推翻了清王朝,建立了中华民国,都是“一匡天下”的杰出人物。联语通过衬托对比,更加突出了孙中山伟大的一生。 （沈树华）

挽孙中山(二)

蔡元培

是中国自由神,三民五权,推翻历史数千年专制之局

愿吾侪后死者,齐心协力,完成先生一二件未竟之功

上联赞扬孙中山伟大的历史功勋,推翻清王朝,建立民国政府,结束了中国数千年的封建制度。“三民五权”,指民族、民权、民生“三民主义”学说和以立法、行政、司法、考试、监察五权分立为基本内容的“五权宪法”,是孙中山提出的革命纲领和政府组织制度。下联号召大家继承孙中山未竟的革命事业,团结合作,同心协力,切切实实完成一些实际的事情。这对当时国民党内一些思想上和行动上逐渐背离孙中山革命精神的人,无疑是一种宛转而含蓄的警告。吾侪,我辈。本联对孙中山赞颂允当贴切,对当时政治大局高瞻远瞩,切中时弊。而把孙中山比喻为“自由神”,十分新颖。全联用语通俗又如行云流水,一气呵成。 （沈树华）

挽孙中山(三)

杨度

英雄作事无他,只坚忍一心,能成世界能成我

自古成功有几,正疮痍满目,半哭苍生半哭公

上联意谓,孙中山立志革命四十年,坚忍一心,为解救人民鞠躬尽瘁,并能宽容和谅解我策划恢复帝制的错误。下联笔锋一转,进行设问,自古成功有几,言外之意天下没有完人,辛亥革命虽已成功,但各地军阀割据,

人民陷于涂炭,我为你的去世伤心,但也为革命没有完全成功,人民还在受难而伤心。
（沈树华）

挽罗佩兰

于右任

有灵为我呼杨虎
多难思君吊木兰

罗佩兰,国民党爱国将领杨虎城原配夫人,为人豪迈机智,善骑射,认为“不亲鞍马,非虎城偶”,为杨虎城得力内助,1926 年病逝。上联由死者而思及杨虎城,希望她的英灵继续辅佐丈夫。杨虎,明代农民起义军将领,这里借指杨虎城。木兰,文学故事人物,曾女扮男装替父从军,后人视为巾帼英雄。下联是说当此国家多难之时,常常想起你这位女英雄。联语将历史典故和现实生活融为一体,毫不勉强,而末尾嵌夫妇之名“虎”“兰”两字,尤为佳妙。
（沈树华）

挽杨德群

燕市悲歌,英雄自古忧家国
汨罗烟雨,江上而今哭女媭

1926 年 3 月 18 日,北京群众五千余人集会天安门,反对北洋军阀政府卖国罪行,会后到执政府请愿,惨遭开枪镇压,死伤约二百人,是为“三一八”惨案。死难烈士中有北京女子师范大学学生杨德群,为湖南湘阴人,年仅 24 岁。全联以烈士牺牲处北京和出生地湖南构成对仗。北京为战国时燕都。韩愈有云:“燕赵古称多感慨悲歌之士。”而荆轲、高渐离的故事,更是家喻户晓。上联即化用旧典,热情赞颂了烈士奋不顾身、英勇牺牲的崇高品格。汨罗江在湖南境内,是古代爱国诗人屈原自沉之处。女媭为屈原《离骚》中的人物,相传是屈原之姊,这里用以指代烈士。下联活用此典,将烈士的爱国壮举与屈原的爱国精神联系在一起，表达了人们的悲痛。全联长歌当哭，深沉悲壮，震撼人心。使事用典更增强了联语的历史感。

（朱迎平）

挽李大钊(一)

王麓水

社会历史原空白，你一笔，我一笔，写到悠长无纪极

壮士热血皆鲜红，这几点，那几点，造成全球大光明

李大钊，字守常，河北乐亭人，中国最早的马克思主义者，中国共产党创始人之一，1927 年 4 月 8 日被军阀张作霖杀害于北京。上联意谓历史是普通人所创造，革命者被军阀杀害，必将载入革命的史册。这样的历史还要继续写下去，革命者绝不会因反动派的屠杀而放弃斗争。下联宣告烈士的血不会白流，它将创造一个光明的世界。全联立意高，目光远，语言通俗直白，很好地表达了对李大钊牺牲的沉痛悼念。（沈树华）

挽李大钊(二)

杨杏佛

南陈已囚，空教前贤笑后死

北李犹在，哪用吾辈哭先生

本联构思奇特，联语赞颂李大钊的伟大功绩和寄托悼念之情，不是平白直道，而是用衬托暗喻的艺术手法。上联意谓与李大钊一起编《新青年》，最了解李大钊的陈独秀已被囚禁，我来颂扬李大钊的功绩岂不让陈独秀笑话？下联意谓工人运动领袖李立三对李大钊的感情比我深厚，哪里轮得到我来悼念哀哭呢？这样一衬一托，使李大钊形象更为高大，联语哀痛之情更深。

（沈树华）

挽梁启超

杨 度

事业本寻常，胜固欣然，败亦可喜

文章久零落，人皆欲杀，我独怜才

梁启超与杨度都是近代史上思想演变比较复杂的人物。梁启超曾随其师康有为发动公车上书，继而在上海主编《时务报》宣传变法。戊戌政变后逃亡日本，创办《新民丛报》，宣传君主立宪，受到革命派的抵制。辛亥革命后一度拥护袁世凯，继又策动蔡锷组织护国军反袁称帝。当时杨度是筹安会的组织者，极力拥袁恢复帝制，袁死后杨思想转变，拥护孙中山，到梁启超去世的1929年，杨度已转变为共产党秘密党员。上联论事业。"事业本寻常"，成败均无足轻重，表面上是对梁启超政治活动失败的辩解，实际上也透露了作者本人拥袁失败的无可奈何、自我解嘲的心情。"胜固欣然"两句，见苏轼《观棋》："胜固欣然，败亦可喜，优哉游哉，聊复尔耳。"下联评文章。"文章久零落"指明清以来八股文的长期统治，使文坛衰败零落，而梁所创造的新文体（新民体）使散文从僵死的模式中解放出来，成为"五四"白话文运动的先导。"人皆欲杀"指新文体受当时守旧派顽固派的反对，斥为"旁门左道""野狐禅"，欲置之死地而后快。末句"我独怜才"，说偏偏我就欣赏他卓越的文才。"人皆欲杀"两句化用杜甫《不见》诗"世人皆欲杀，吾意独怜才"。撰写挽联一般总难免颂扬语，此联则无一谀词，更巧用古人成句，刻画两人心态，抒写自己性情，情真语真，自是佳构。 （沈树华）

戏挽谭延闿

解 组

混之为用大矣哉，大吃大喝，大摇大摆，命大福大，大到院长

球的本能滚而已，滚来滚去，滚入滚出，东滚西滚，滚进棺材

谭延闿,字组庵,湖南茶陵人,光绪进士,1912年加入国民党,历任湖南督军、省长,1927年后依附蒋介石,曾任南京国民政府主席、行政院院长等职。解组,真名不详。1930年9月,谭延闿病死南京,有人即以“解组”笔名作此挽联寄上海一小报刊出。解组,意谓“解剖组庵”。上联说“混”。1912后律师贝允昕在长沙访谭延闿时,谭问贝近来如何,贝答“混”。谭大笑说:“好!鱼龙混杂是混,仙女游戏也是混,混之为用大矣哉!”大吃大喝,谭曾说:“嫖、赌、吃、喝,人生四大嗜好,嫖赌同我无缘,吃喝在所不辞。”大吃大喝,一直大到院长。下联说“球”,因谭延闿善混,人又胖,故人们给他取一外号叫“水晶球”,最后滚进棺材。 (沈树华)

挽曾熙

朱奇

大节比薑斋,千古衡阳两遗老

同归有倦叟,一时海上共招魂

曾熙,字农髯,湖南衡阳人,现代著名书画家,是张大千老师。1930年病逝于上海,朱撰此联挽之,并涉及与曾熙隔一日在上海去世的同乡老友余倦知。上联将曾与衡阳先贤明清之际思想家王夫之相比(薑斋,王夫之的号)。下联意谓曾、余几乎同时去世,上海的文人墨客一时共悼之。招魂,旧时一种丧礼,这里借以表示哀悼。本联写作上工巧贴切,感情表达得也十分真挚。 (沈树华)

挽朱自清

许德珩

教书三十年,一面教,一面学,向时代学,向青年学,生能如斯,君诚健者

生存五一载,愈艰苦,愈奋斗,与丑恶斗,与暴力斗,死而后已,我哭斯人

本联高度颂扬朱自清的精神品德。上联说,他从教三十年,不断从时代和青年身上汲取精神力量。他说:“要勇敢地向前走,这不是容易的简单的事。我们年纪大的人也许走得没有年轻人那么快,但是,就是走得慢,也得走,而且赶着走。”下联说,在他一生五十一年的生命中,与反动势力作斗争,始终不懈,追求光明,鞠躬尽瘁,死而后已。如抗日战争后期,他拒绝政府高官厚禄的收买,在贫病交迫临终前夕,拒绝购买美援平价面粉。结句一声“我哭斯人”,十分沉痛,深切地表达了对朱的去世的哀伤心情。“斯”,此。

(沈树华)

挽徐志摩(一)

郁达夫

两卷新诗,廿年老友,相逢同是天涯,只为佳人难再得

一声河满,九点齐烟,化鹤重归华表,应愁高处不胜寒

徐志摩,浙江海宁人,现代诗人,曾任北京大学、上海光华大学等校教授,并主编《诗刊》《新月》,是新月派主要成员之一。郁达夫与徐志摩交谊深厚,1931 年 11 月 14 日,徐志摩由南京乘飞机去北平(今北京),在山东济南上空失事遇难,郁达夫撰此联哀挽。上联写徐志摩一生主要贡献以及生者与死者之间的情谊和志趣。两卷新诗,指徐志摩的诗作《志摩的诗》和《猛虎集》。郁与徐为中学同学,是相交廿年的老友,郁留学日本,徐留学欧美,故联中云“相逢同是天涯”。佳人,这里代指徐志摩,犹云志趣相投的好朋友,如今再难相逢了。下联写诗人逝世前后的情景。“一声河满”,语出唐代诗人张祜《河满子》诗“一声河满子,双泪落君前”句,指流泪伤心。齐烟,唐李贺《梦天》诗“遥望齐州九点烟”。此处暗指飞机在山东上空失事。今山东一部分地区为战国时齐地。化鹤,典出《搜神后记》:辽东人丁令威在灵虚山学道成仙,化鹤归辽,后常以此比喻人死亡。华表,古时设在桥梁、宫殿、城垣或陵墓等前作标志或装饰用的大柱。这里借指故里。这句意谓徐志摩仙逝,化鹤回归故里。末句化用苏轼《水调歌头》“我欲乘风归去,又恐琼楼玉宇,高处不胜寒”句,寄托了郁达夫对徐志摩惨死的悲痛和挚友的深情。

(沈树华)

挽徐志摩(二)

陆小曼

多少前尘成噩梦,五载哀欢,匆匆永诀,天道复奚论,欲死未能因母老

万千别恨向谁言,一身愁病,渺渺离魂,人间应不久,遗文编就答君心

爱与死,是文学永恒的主题。陆小曼作为诗人的遗孀,自己又是一名才女,以联语诉衷曲以慰亡灵,述心志以殉遗爱,真可催人泪下。上联追念五载夫妇恩爱之情,失声哭出“天道复奚论”,哀怨悱恻,无以复加。再诉之以“欲死未能因母老”,直抒胸臆,毫不矫情,其哀痛之殷,尽在情理之中。下联表述余生报夫之志。“遗文编就答君心”,既符合诗人生前宏愿,也是为人妻者力所能及的选择。“一身愁病,渺渺离魂”之际,犹能理智如此,作此决断,更令人感受到爱情的力量。惟爱之笃,悲之切,方能为之。

(盛国生)

挽徐志摩(三)

梅兰芳

归神于九霄之间,直看噫籁成诗,更忆拈花微笑貌

北来无三日不见,已诺为余编剧,谁怜推枕失声时

上联“归神”,指去世。徐志摩死于空难,故云“归神于九霄之间”。噫,呼气、嘘气。籁,古代一种似箫的乐器。噫籁成诗,即吹箫成诗。此句化用梁启超赠徐志摩联中“此意平生飞动,海棠影下,吹笛到天明”句意,徐志摩做诗时喜欢赏花,常在海棠花下做诗,至通宵达旦。“拈花微笑貌”,这是对徐志摩形象的描绘,表达了作者对亡友的怀念。下联首句,“无三日不见”反映了梅兰芳与徐志摩交谊深厚,徐志摩曾应允为梅兰芳编剧,想到这些,

怎不推枕失声、令人悲痛呢？推枕，古代丧礼，以土块作枕，表示极其悲痛。本联情真语挚，虽个别词语对仗欠工，但尚不足为病。 （沈树华）

挽徐志摩(四)

蔡元培

言语是诗，举动是诗，毕生行径均是诗，诗的意味渗透了，到处都有乐土

乘车可死，坐船可死，静卧室中也可死，死于飞机偶然耳，不必视为畏途

有人认为，中国五四新文化运动之所以成功，一个重要原因是它的先驱者传统文化的根底都很深，而倡导新文化的态度又十分坚决，这是有道理的。试看此联，堪为典型。蔡元培干脆用大白话写挽联，表现出这位新文化运动健将反对文言、提倡白话的决心。联语的内容积极、健康，折射着这位新文化运动战士的风采。上联既肯定了诗人的气质、风度及其作品的风格，又宣传了“生活是创作之源”的现实主义文学观点。下联则故作达观语，意在冲淡被挽者空中蒙难、英年早逝带来的浓重悲哀，从一个独特的视角，寄托着作者的哀思。末句又轻轻一转，宣传不必因噎废食而无所作为，表达了作者倡导向前看，接受新事物的积极的人生态度。联语节奏感强，富于韵味。 （盛国生）

挽夏义可

曾籽香

此地自难忘，一别千秋，山上桃花江畔石

君家谁最苦，重洋万里，天涯芳草镜中人

夏义可，挪威工程师，1912 年来我国湖南传教，任长沙青年会干事。他热爱体育，曾在世界运动会上获过游泳亚军。在长沙，他常到各校传授体

育技能,对推动当年湖南体育发展有一定影响。后受聘为益阳县立龙洲师范体育教员。1934 年 5 月 20 日,率学生于资江石可园上游游泳,不幸死亡。同校教师曾籽香代学校撰此联致挽。上联写龙洲师范全校师生对夏义可的怀念。千秋,千年,一别千秋,犹言一朝永别。桃花,指学校所在地桃花仑。江畔石,指石可园游泳处。龙洲师范师生永远不会忘记这两个地方,表达了对夏义可深厚的感情。下联写他妻子的痛苦。当时夏义可的妻子远在美国,隔着万里重洋。芳草,香草,常用作比喻忠贞的美德,这里借指夏义可忠于爱情的妻子。镜中人,化用宋代严羽《沧浪诗话》"水中之月,镜中之象"句意,比喻夏义可去世,其妻只能望空怀想了,对其妻的痛苦表示了同情。 (沈树华)

挽刘半农

赵元任

十载奏双簧,无词今后难成曲

数人弱一个,教我如何不想他

刘半农,名复,江苏江阴人,现代诗人、语言学家,是"五四"新文化运动的积极倡导者之一,曾参加编辑《新青年》。1920 年赴英法留学,1925 年秋回国,任教于北京大学,致力于语言研究。著有《半农杂文》《扬鞭集》《中国文法通论》《四声实验录》等。1934 年外出记录方音,收集民歌,途中染病,不幸去世,年仅 44 岁。上联写作者与刘半农的友谊。十载奏双簧,指赵元任曾为刘半农的诗词谱写了许多歌曲,两人一个写词,一个作曲,故云奏双簧。而今刘半农去世了,所以下文说"无词今后难成曲"。下联写作者对刘半农的哀思。"数人弱一个",指刘半农发起组织"数人会",研究国语罗马字和语音、四声实验,如今刘去世了,故云弱一个。"教我如何不想他",是刘半农作词,赵元任谱曲的歌曲名,流传甚广。这里表达了作者对刘半农的思念。本联特点在于撷取联作者与刘半农之间关系密切的词句入联,既含义双关而又自然贴切。 (沈树华)

挽聂耳

赵式铭

乐府近凋零，学就连城人已逝

吹台遥怅望，化为精卫客应归

聂耳，云南玉溪人，生于昆明。现代作曲家，作有歌曲《大路歌》《毕业歌》《义勇军进行曲》《新的女性》等三十余首。他的这些歌曲，对当时唤起民众，开展抗日救亡运动起了很大的推动作用。1935 年 4 月取道日本赴苏联学习，7 月 17 日在日本鹄沼海滨游泳时不幸溺水逝世。上联为失去这样一位音乐人才而痛惜。“乐府”，古代音乐官署，这里代指音乐界。连城，连城璧的省称，这里指聂耳在音乐方面的成就。下联对聂耳表示怀念。吹台，春秋时乐师师旷奏乐之台，这里也代指音乐界。精卫，古代神话中的鸟名，据说炎帝少女游于东海，溺而不返，变为精卫鸟。化为精卫，指聂耳溺水。联用“连城”“精卫”二典，一颂一悼，均甚贴切。

（沈树华）

挽马隅卿

周作人

月夜看灯才一梦

雨窗欹枕更何人

马隅卿，名廉，生平藏书颇丰。本联从他生前曾印《清平山堂话本》着墨，赞颂他对士林的功绩。《清平山堂话本》，原名《六十家小说》，明代洪楩编，分《雨窗》《长灯》《随航》《欹枕》《解闲》《醒梦》六集，每集十篇。今存《雨窗》《欹枕》两集残本，合为一书，题作《清平山堂话本》。周作人在此联中撷取与《清平山堂话本》有关的词语入联，上联，看灯，借指《长灯》。一梦，借指《醒梦》。全句意为月夜读了你编印的《清平山堂话本》，想不到你这么快就去世了。下联对马隅卿的逝世深表惋惜。今后有谁如此热心来编印《雨窗》《攲枕》这些珍贵的资料呢？联语用“看灯”“一梦”“雨窗”等凄清字眼，寄托了作者无限哀思。（沈树华）

挽鲁迅(一)

蔡元培

著述最谨严，岂徒中国小说史

遗言犹沉痛，莫作空头文学家

鲁迅，原名周树人，字豫才，浙江绍兴人，现代文学家、思想家和革命家。上联赞颂鲁迅在文学上取得的成就。蔡任北大校长时，曾聘鲁迅讲授《中国小说史略》，当时一批反动文人为了诋毁鲁迅文笔犀利的革命文章，说他只有《中国小说史略》还可以，故联文以“最谨严”肯定鲁迅的文学造诣和战斗精神，驳斥对鲁迅的诽谤。以“岂徒”肯定鲁迅《中国小说史略》以外的全部著作。下联颂扬鲁迅的革命精神。鲁迅遗嘱第五条“孩子长大，倘无才能，可寻点小事情过活，万不可作空头文学家和美术家”。虽是对儿子的遗嘱，但以“犹沉痛”就包含了鲁迅期望青年们切切实实求知识做学问，不可做有名无实文人的深意。本联措词精当，言简意赅，寓宏议于联语之中。（沈树华、施晴东）

挽鲁迅(二)

偏偏在战的热望中，鲁迅死了！中华民族要大哭，无产阶级要痛哭，前进作家更是要狂哭

偏偏在降的阴影里，鲁迅死了！帝国主义会暗笑，专制魔王会狠笑，落后文人也许会惨笑

此联为北平风沙文艺社所挽。上联层层递进，用“大哭”“痛哭”“狂哭”从正面表达了苦难的中华民族、战斗的无产阶级、前进的进步作家的莫大

悲哀,因为全民要求抗战,鲁迅却不幸逝世。下联写帝国主义、反动政府和落后文人的“暗笑”“狠笑”“惨笑”,因为这批人主张投降,鲁迅之死,使他们暗暗高兴,从反面突出了鲁迅精神的伟大。在写作上用了一连串的排比句,“一哭”“一笑”,爱憎分明,对比强烈。（沈树华）

挽章炳麟(一)

吴伟楼

经学驾唐宋之上
其人在儒侠之间

章炳麟,曾改名绛,字太炎,浙江余姚人。近代著名革命家、文学家、学者。清末积极从事革命活动,曾参加同盟会,主编《民报》,以种族观点鼓吹反清革命,慷慨沉痛,气势磅礴。诗颇苍劲浑厚。治经宗汉人,好《左氏春秋》,尤精小学,对古汉语特别是音韵文字颇多发明,有《章氏丛书》。太炎先生是国学大师,早年在日本曾创“国学讲习会”,晚年在苏州又创“章氏国学讲习所”。上联讲治学,太炎经学以汉人为宗,认为魏晋尚可师法,因其持论仿佛晚周,至于唐宋,“志不师古”,仅仅玩弄辞藻与章法,实不足取,故云“驾唐宋之上”。下联讲做人。太炎儒心侠胆,有儒家救时济世之志,兼有侠士敢作敢为之风。短短十四字,言简意赅,一语中的。极为生动传神。（盛国生）

挽章炳麟(二)

张元济

无意求官,问天下英雄能不入彀者有几辈
以身试法,为我国言论力争自由之第一人

上联以问代叙,一针见血。入彀,谓弓箭进入射程之内。五代王定保《唐摭言·述进士》上篇:“唐太宗尝私幸端门,见新进士缀行而出,喜曰:

‘天下英雄入吾彀中矣。’”全句说太炎先生不求名利，而天下人才尽入其掌握，其道德文章为当时社会贤达所推重。留学日本时，鲁迅、许寿裳、钱玄同都是他的学生。下联进一步称颂他为争取言论自由、不畏强暴、披肝沥胆的革命精神。他一生七次被追捕，二次入牢狱(1903 年因《苏报》案被囚于上海西牢三年;1913 年因反对袁世凯而被幽禁于北京三年)，这就是“以身试法”的内容。鲁迅说他尽管如此，“而革命之志终不屈挠者，并世亦无第二人”。联语充分的肯定，热烈的讴歌，表达了作者对太炎先生不幸去世的沉痛心情。 (盛国生)

挽张曙

郭沫若

一片血模糊，辨不出哪是父亲，哪是女儿，父女共捐躯，剩有管弦传革命

连年战艰苦，端只为救我国家，救我民族，国民齐努力，誓完抗建慰忠魂

张曙，现代音乐家，与聂耳等齐名，代表作有《洪波曲》等。1938 年，张由长沙向重庆转移，途经桂林时，与怀抱女儿俱被敌机炸死。上联描写了张被炸死的惨状。张曙死了，但他创作的歌曲仍继续为革命服务。下联概括当时形势，并誓言要完成抗战和建国的伟大任务来告慰张曙的忠魂。本联语言通俗，感情真挚。 (沈树华)

挽蔡元培

毛泽东

学界泰斗

人世楷模

蔡元培，字鹤卿，号孑民，浙江绍兴人，现代著名教育家和学者。1940

年3月5日在香港病逝。毛泽东特撰此挽联,称颂其学术地位与崇高精神。蔡任“北大”校长时,实行“思想自由,兼容并包”的办学方针,在学术界影响很大,联文赞颂其为“学界泰斗”。泰斗,《新唐书·韩愈传赞》:“自愈没,其言大行,学者仰之如泰山、北斗云。”后用来比喻某一方面负有名望的人。蔡一生坚持进步,五四运动时同情学生爱国斗争,多方营救被捕学生。九一八事变后,与宋庆龄等发起成立“中国民权保障同盟”,主张抗日救国。他崇高完美的精神和人格,被誉为“人世楷模”,可谓当之无愧。联语言简意赅,贴切不移,既有力度又显得评价分寸恰当。（沈树华）

挽许地山(一)

端木蕻良

未许落花生大地
不教灵雨洒空山

许地山,笔名落华生,现代作家。曾任香港大学中文系主任。1941年8月4日病逝于香港。上联嵌许之笔名“落花生”。花落了,从此不能再生长在大地上,对他的死表示哀戚。下联嵌许之著作《空山灵雨》。意谓许结束了写作生涯,为文坛失去许这样的作家深表痛惜。本联在嵌名的同时,还运用两兼手法,“生”既与前两字组成许之笔名“落华生”,又与后两字组成“生大地”;“洒”字把“灵雨”与“空山”组接成义,而又妙语双关,使联语精练生动。（沈树华、施晴东）

挽许地山(二)

郁达夫

嗟月旦停评,伯牛有疾如斯,灵雨空山,君自涅槃登彼岸
问人间何世,胡马窥江未去,明珠漏网,我为家国惜遗才

上联感叹文坛失去许地山这样一位杰出的作家。“月旦停评”,取汉代

许劭的典故。月旦，指每月初一，许劭好品评人物，其评论品题，每月有所变更，称“月旦评”。停评，代指许地山去世，结束了著作生涯。伯牛，冉耕的字，孔子弟子。生重病，孔子去看他，说：“斯人也而有斯疾也。”“伯牛有疾”指许生了重病。灵雨空山，许的散文集名《空山灵雨》，这里借用，寄托联作者对许的哀思。涅槃，为佛教所指的最高境界，后也称僧人逝世为涅槃。彼岸，佛教指超脱生死的境界。许好佛学，故以佛家语入联悼念他。下联痛惜国家失去许这样的人才。当时日军侵华，故联文发出“问人间何世”的感慨。胡马窥江，金兵于宋高宗时两次南侵，窥伺欲渡长江，这里代指日军侵华。明珠漏网，“明珠”代指许，“漏网”喻许去世。本联语意痛切，感情真挚，择典遣词均与许生平紧密相关，可谓贴切不移。

（沈树华）

挽续范亭

毛泽东

为民族解放，为阶级翻身，事业垂成，公胡遽死
有云水襟怀，有松柏气节，典型顿失，人尽含悲

续范亭，山西崞县（今原平）人，早年加入同盟会，后为国民党将领，抗战时赴延安。1947 年 9 月 12 日在山西临县病逝，中共中央追认他为正式党员。上联颂扬续范亭在为争取民族解放、阶级翻身革命事业中所作的贡献。西安事变时，他拥护共产党抗日主张，回山西推动抗日救亡运动，后又在解放区历任要职，功勋卓著。联文对他在革命事业即将取得胜利之际过早地死去，深表痛惜。胡，何。遽，骤然。下联赞誉他像云水一样纯洁的胸怀和松柏一样的品质气节。1935 年，续范亭因痛恨国民党卖国投降政策，在南京中山陵剖腹自杀，遇救未死。联文对革命队伍中失去这样一位高风亮节的典型人物，感到无限的悲恸。本联上下联首两句均运用排句，突出了被挽者的精神品格。上联末句以设问出之，增加了全联的悲痛气氛。

（沈树华、殷有娣）

挽顾鑫山

刘纪文

到处是危机，不一定袍笏登场，人称名角
平生多绝艺，叹此后秦淮冷寂，世渺玄音

石三友《金陵野史》谓，北伐后，南京市长刘纪文整顿秦淮秩序，办艺人训练班，杂耍艺人顾鑫山经常为慈善事业义演，且技艺超群，故名满夫子庙，后顾因伤兵闹事中流弹而亡，刘纪文作此联哀挽。上联称颂顾的杂耍技艺和名望。以“到处是危机”，概括了顾在演出中表现出杂耍艺术惊奇险绝的特色，赞赏他作为杂耍演员，虽不像戏剧演员那样袍笏登场，也能成为名角。笏，古时大臣朝见君王时所执的狭长板子，用玉、象牙或竹片制成，以为指画及记事之用，古装戏剧中常用作道具。下联对失去这样一位身怀绝技的名角表示惋惜。感叹今后南京秦淮一带再没有顾演出时的盛况，从此欣赏不到顾的精湛绝艺了。玄音，微妙之音，这里代指顾的精湛技艺。

（沈树华）

挽庄蕴宽

陈衡哲

知我爱我教我诲我，如海深恩未得报
病离生离远离死离，可怜一诀竟无缘

庄蕴宽，别号思缄，江苏武进人，曾任知府、代理总督等职，1932 年病故。庄系陈衡哲舅父，陈幼时深得庄之教诲。联文以重言手法，将作者悲戚哀痛的真实感情，表达得淋漓尽致。回顾教诲深恩，未能报答，正欲报答，可惜一别之后，竟永无报答机会，真是抱憾终天。可怜，可惜。李商隐《贾生》诗：“可怜夜半虚前席。”诀，永别。《史记·孙子吴起列传》：“与其母诀。”缘，缘分。《古诗为焦仲卿妻作》：“渠会永无缘。”但本联对仗欠工，不

过句中自对,尚可弥补此不足。 (沈树华)

挽向警予

葛健豪

同乡里,同留法,同一家,同甘共苦,戚戚焉,愚母惭愧未同去

先国家,先民族,先大众,先人后己,凛凛然,贤媳光荣已先归

向警予,中国无产阶级革命家,中国共产党早期著名妇女运动领导人之一。湖南溆浦人,1918年参加毛泽东组织和领导的新民学会,1919年赴法国勤工俭学,并在法国和蔡和森结婚,1922年加入中国共产党,归国后任中央妇女运动委员会书记,领导上海各工厂女工罢工,后去苏联东方大学学习,1927年回国后在武汉主持宣传工作,并主编《长江》刊物,中国共产党第二、第三次全国代表大会上当选候补中央委员。1928年3月28日因叛徒出卖在武汉法租界被捕,后"引渡"给武汉国民党当局,同年5月10日在汉口英勇就义。向警予牺牲后,她的婆婆,蔡和森的妈妈葛健豪写了这副挽联,上联述说她们之间的关系,是同乡,又一同留法,同是一家人,同甘共苦,戚戚相关,现在你先去了,母亲我未能一起去,感到很惭愧。下联述说向警予的革命品格,先国家,先民族,先大众,先人后己,大义凛然,从容就义,我的媳妇为革命死得其所、死得光荣。此联以"重言"手法,上联重出五个"同"字,下联重出五个"先"字,以此表达了革命牺牲精神和革命乐观精神。 (佟 今)

挽刘志丹

董必武

志士求仁,飞渡黄河勤讨贼

丹心报国,势扫倭奴不顾身

董必武,湖北黄安(今红安)人,中国共产党第一次全国代表大会代表之一,历任党和国家要职。刘志丹,陕西保安(今志丹县)人,陕甘宁边区和红军26军创建者之一,1936年率红军东征抗日,在山西境内牺牲。1940年中共中央指示西北局和陕甘宁边区政府在志丹县修建志丹陵园,董必武为公祭灵堂撰书此联,联文以鹤顶格,嵌"志""丹"之名于联中,高度评价了刘志丹在抗日救国中奋不顾身的爱国主义精神。 (佟 今)

挽王铭章

毛泽东

奋战守孤城,视死如归,是革命军人本色
决心歼强敌,以身殉国,为中华民族争光

王铭章,四川新都人,1935年任国军122师师长,少将衔,1936年晋升中将。七七事变后,奉命出川抗日,1938年3月参加山东台儿庄会战,驻守山东滕县,与日军激战,壮烈殉国。5月国民政府在武汉举行迎灵公祭,中共中央、八路军总部、《新华日报》社均派代表参加,毛泽东撰写并和秦邦宪、吴玉章、董必武等联名送了这副挽联,对烈士抵抗日寇侵略、为国捐躯的英勇事迹,给予热情的赞颂和崇高的评价。王铭章后被国民政府追认为陆军上将。 (佟 今)

挽李瑞清

狄葆贤

书体超太傅右军以上,辟世高怀亦云异
画笔在苦瓜雪个之间,流离身世恰相同

狄葆贤,近代鉴赏家、画家,字楚青,号平子,江苏溧阳人,诸生,生长江西,后居上海。擅诗文书画,家富收藏,精鉴别。戊戌政变后亡命日本,归国创办《时报》及有正书局,影印各种书画碑帖,曾藏元王蒙《青弁隐居图》,

为稀世珍宝,现藏上海博物馆。此联挽李瑞清。李瑞清,近代书画家,字仲麟,号清道人,江西临川人,清光绪二十一年(1895)进士,任南京两江优级师范学堂总办,曾兼江宁提学使,权署藩司。工书善画,精六书,善大篆,与杨守敬、吴昌硕交契,后侨居上海,与湖南曾熙同为当时大书家,张大千拜李瑞清、曾熙为师。上联说李瑞清书体超过钟太傅、王右军以上,出世的高洁怀抱与众人不同。太傅,三国魏书家钟繇,官太傅,世称“钟太傅”。右军,晋书法家王羲之,官至右军将军,世称“王右军”。下联说李瑞清画的笔法在苦瓜、雪个之间,流离的身世也与他们相同。苦瓜,明末清初书画大家石涛。雪个,明末清初书画大家八大山人。李瑞清为书画大家,狄平子联中,不免有溢美之词。 (佟 今)

挽康子林

刘师亮

锡山占北,介石踞南,居然同室操戈,演完民国一场戏

子林正音,有为变法,今后登台出角,谁继康家两圣人

刘师亮,四川内江人,在成都经商,兼事写作,擅幽默对联,多抨击时政之作。此联所挽康子林,川剧著名演员,四川邛崃人,擅演文武小生,有“戏圣”之称。曾与其他川剧演员创立川剧班社三庆会,任会长,倡导改进传统川剧艺术。此联虽挽演员,然也借题发挥抨击时事。上联说阎锡山占据北方,蒋介石占据南方,居然同室操戈,演完民国一场戏。下联说康子林唱戏正音,康有为改良变法,今后登台出角色,谁来继承康子林和康有为两位圣人呢? 联文诙谐,颇为有趣。 (佟 今)

挽 夫

陈爱珠

幼诵孔孟之言,长学声光化电,忧国忧家,斯人斯疾,奈何长才未展,死不瞑目

良人亦即良师，十年互勉互励，雹碎春红，百身莫赎，从今誓守遗言，管教双雏

陈爱珠，女，浙江人，茅盾母亲。喜史、地、古典文学，爱读旧小说。丈夫沈永锡，字伯藩，浙江桐乡人，婚后从岳父学中医，开业行医。对新学和自然科学感兴趣，自修数学至微积分，卧病三年后去世。上联说他幼学孔孟，长学现代科学，忧国忧家，可惜生了这种疾病，长才未展，令人死不瞑目。下联说既是爱人，又是良师，十年相爱互勉互励，遭遇这一突变，欲哭无泪。只能誓守遗言，培育两个年幼的儿子。遗言，指沈永锡去世前一年写的遗书中，预言十年内中国将有大乱，然后为列强瓜分，指出不学"西艺"便无以为生。双雏，指沈德鸿(茅盾)、沈泽民兄弟，当时尚年幼。此联感情真实，惟不合联律，是其瑕疵。 （佟　今）

挽蒋碧薇

余井塘

才识迥超群，八十年阅尽沧桑，独往独来奇女子

是非俱有说，平生事脱略尘俗，可歌可泣一强人

余井塘，名愉，江苏兴化人，复旦大学毕业，任国民党中央党务学校教授，组织部副部长，1949 年去台湾。蒋碧薇，原名棠珍，字书楣，江苏宜兴人，1917 年与徐悲鸿结婚，改今名，后一同去法国，习音乐。1945 年离婚。后与张道藩结合。1978 年 12 月 26 日病逝于台湾台北，享年 80 岁。上联说蒋碧薇才识超群，80 年一生历尽沧桑，是位独来独往的奇女子。下联云她一生的是非自有后人评说，平生所为远离尘俗，是一位可歌可泣的女强人。联文对蒋碧薇的一生作了含蓄的评说，对蒋碧薇生平的是非持维护和同情的立场。 （佟　今）

挽郁华

郁达夫

天壤薄王郎，节见穷时，各有清名扬海内
乾坤扶正气，神伤雨夜，好凭血债索辽东

郁华任上海租界内中国法院法官，抗战期间被日伪暗杀，其弟郁达夫遥寄此联。未几，达夫亦死于日寇之手，富阳鹳山之麓有二郁纪念碑。上联首句用《世说新语·贤媛》晋谢道蕴鄙薄丈夫王凝之的典故："一门叔父则有阿大，中郎；群从兄弟则有封、胡、遏、末，不意天壤之中，乃有王郎。"这里借喻兄弟二人遭到社会上某些人的敌视。次句本文天祥《正气歌》"时穷节乃见"，表示二人坚贞不屈。三句说他们各在司法界和文学界有好名声，自豪之情溢于言表。下联首句充分肯定郁华之死的意义，次句用雨夜烘托悲伤气氛，三句表达复仇的决心。辽东，指日寇侵犯中国大陆最早占领的东北地区。末句是全联的高潮，可谓化悲痛为力量之豪语。此联句式是常用的，前后分别为五言诗句和七言诗句，中间用四字句。上联三句均仄起，下联三句均平起，音节特别优美。 （陈以鸿）

挽(谢觉哉)堂弟

谢觉哉

性命等于小尘埃，频年苦里愁中，剩下皮囊归昊土
世界若无大改革，自此生而死去，有何趣味在人间

本联是作者早年为一位夭死的穷苦堂弟而写。上联说旧社会劳动人民在苦水中生，在苦水中死，已成无终结的循环。下联指出如不彻底改造旧世界，广大人民就不能摆脱穷苦哀愁的境地。小尘埃，指极细的灰尘。皮囊，比喻人的身体。昊(hào)土，指天上地下。归昊土，指死去，犹云魂归地府。本联反映了作为革命家改革社会的愿望和胸怀，以穷苦百姓的口语

入联,诉愁说苦,谈生述死,从小尘埃跨到大改革,语言满含革命激情。

（沈树华）

挽邹韬奋

郭沫若

瀛谈百代传邹子
信史千秋哭贾生

邹韬奋,江西余江人,新闻记者,政论家和出版家,有《韬奋文集》。1944 年在上海病逝,中共中央接受其遗书申请,追认他为中共正式党员。上联高度评价邹韬奋是历史上杰出的文人。瀛谈,李白《梦游天姥吟留别》“海客谈瀛洲,烟涛微茫信难求”,后指文士海阔天空、滔滔不绝的言谈。“邹子”,战国阴阳家邹衍,提出五德终始说,其语闳大不经,人称“谈天衍”,这里一语双关说邹韬奋在文坛上的卓绝言论与地位。下联哀悼邹韬奋英年早逝。信史,记载可信的史籍。贾生,西汉杰出政论家贾谊,死时年仅 33 岁,这里也借指邹韬奋,含有痛悼邹去世过早之意。（沈树华）

挽陶行知

沈钧儒

面对如此世界,正需大家合力撑持,奈何舍我侪遽去
遗下许多事业,皆是吾公一手创造,最难安后死仔肩

陶行知,安徽歙县人,现代教育家。1946 年 7 月 25 日,在白色恐怖下的上海病逝。上联点明当前时代正需人才的特点。用“奈何”一词表示痛惜哀悼之意。我侪,我辈。遽去,骤然离去,这里指病故。下联赞颂其生前功绩。陶推行平民和乡村教育,创办晓庄学校、生活教育社、山海工学团、育才学校和社会大学,积极宣传抗日救国,为革命培养了众多的人才。联文末句,表示“后死”者当担起继续斗争的责任。仔肩,指责任。联语以浅

近的文言表达深刻的道理,正切合陶行知提倡语言大众化的主张。

（沈树华）

挽卢前

易君左

烽火乱离天,一别仓皇,与我只数语匆匆,看苦脸愁眉,小立黄浦江边,带女携儿寻友去

才人坎坷命,半生落拓,从此更前尘寂寂,倘归魂入梦,永忆采蘋桥畔,携风抱雨挟诗来

卢前,原名正绅,字冀野,江苏江宁(今南京)人。近代词曲家吴梅弟子,曾与于右任创办《中兴鼓吹》刊物,宣传抗战。后任南京通志馆馆长。工词曲,对戏曲理论颇有研究。悼念一位朋友,又是一位文友,此联很恰当地把握住了这一角度。上联从往事截取一点,选择了战乱之中,被挽者仓惶避难出走,拖儿带女,与朋友匆匆分手的典型场景,追思两人患难之交的深切。下联则着重纵向综观其一生,突出了被挽者文人才士的身份特征,感叹他为人落拓不拘,终归命途多舛,时运不济,前尘寂寂。他那挟有携风抱雨之势的爽健诗风,将永留记忆之中。联语情意深长,自然真切,如行云流水,对仗亦甚工整。

（盛国生）

挽吴晗

张伯驹

钟宝何存?于今不倒三家店

舞台试看,终古长传一曲歌

吴晗,浙江义乌人。现代史学家,长期从事明史研究,成就卓著。1965年后,他的历史剧《海瑞罢官》和与邓拓、廖沫沙合写的《三家村札记》相继受到“批判”,备受摧残迫害,1969年10月11日逝世。1979年平反。上联

首句设问,当年被查抄的钟鼎文物资料在哪里?然而到今天被诬之以罪的“三家村黑店”是倒不了的。钟宝,指钟鼎玉器,喻指被挽者当年被查抄的历史文物资料。下联语意双关。舞台试看,既指戏曲舞台,更指社会舞台。一曲歌,指《海瑞罢官》,它将千古流传,同时也隐含后人将继承吴晗的可贵精神继续前进之意。本联挽而不哀,文字记实,切人切事。 (沈树华)

挽 邓 拓

唐棣华

三字沉冤千古恨

一抔忠骨万年香

邓拓,福建福州人,早年加入共产党,著有《燕山夜话》等。因与吴晗、廖沫沙合写《三家村札记》,“文革”一开始即遭迫害,1966 年 5 月 18 日含冤去世。上联指邓拓因“三家村”罪名被迫害致死,成为千古沉冤;下联赞颂邓拓一生忠于革命,必将流芳千古。本联以“忠骨”对“沉冤”,以“香”对“恨”,表达了对邓拓的无限敬仰和沉痛哀悼。 (沈树华)

挽 孟 超

楼适夷

人而鬼也,鞭尸三百贾似道

死犹生乎,悲歌一曲李慧娘

孟超,山东诸城人。现代作家,十年动乱中,因《李慧娘》一剧身遭迫害,于 1976 年含冤而死。后平反昭雪。本联借用《李慧娘》剧情立意。此剧本事据明瞿佑《剪灯新话 · 绿衣人传》。描写少女李慧娘(贾似道侍妾)与南宋奸相贾似道的生死斗争,李因与裴舜卿相爱,被贾杀害,幽魂不泯,仍然“怨气腾腾三千丈,屈死的冤魂怒满腔”。剧中作为李慧娘冤魂的“鬼”一身正气,表现了真善美;作为人的贾似道,却一身邪气,充满假丑恶。上联以贾似道代指予孟超以政治迫害的人,他们虽以人面出现,其实是鬼,作者发出了要对他们"鞭尸三百"的愤怒之声。下联以李慧娘代指孟超,他虽死犹生,作者怀着悲痛之情,歌颂他有李慧娘一样的可贵品质。读来感情深沉,真挚动人。(沈树华)

挽言慧珠

许姬传

惊变埋玉,洛水神悲生死恨
还巢失凤,游园遥想牡丹亭

言慧珠,北京人,蒙古族。现代著名京剧演员,1966 年 9 月 10 日在上海被迫害致死。1979 年平反昭雪。上联意谓在十年动乱中你含冤致死,连洛神也为你的死而悲痛啊。下联意谓现在你获平反恢复了名誉,但你演出的《牡丹亭》已成为我遥远的怀想了,言下之意不能再睹丰采,表达了作者对言深沉的哀悼和怀念。本联将言生前表演的主要剧目《惊变》、《埋玉》(均《长生殿》剧之一出),《洛神》《生死恨》《凤还巢》《游园惊梦》《牡丹亭》等巧妙连接起来,非常贴切地表达了对言慧珠的哀挽深情。

(沈树华)

挽于右任

朱玖莹

染翰寄情时,堕石奔云,浩荡一生犹此境
遗言藏骨处,高山大月,魂魄千秋恋故乡

于右任,原名伯循,陕西泾阳人,老同盟会会员,国民党元老。长期担任国民党政府监察院院长。工于诗词,著有《于右任诗词集》。1949 年去台后,长年思念故乡,其遗嘱有"葬我于高山之上兮,望我故乡"之句,希望把他埋在玉山或阿里山最高处,以实现"时时望大陆"的心愿。

上联讴歌逝者豪放的诗风。染翰,犹言写作。染是沾墨的意思,翰是用笔书写的意思。“堕石奔云”,系点化宋苏轼《念奴娇》词“乱石崩云,惊涛拍岸,卷起千堆雪”句意,暗喻于老诗风近于苏体,而其生活也类似此一境界。浩荡,无思无虑貌。南朝梁何逊《入西塞示南府同僚》诗:“年事已蹉跎,生平任浩荡。”下联直书于老曾有遗言埋骨于高山,“时时望大陆”,以至千秋。在20世纪60年代初这一遗志不失为有识之见。高山大月,千秋魂魄,触景生情,睹物思人,海峡两岸的每一个中国人,大概都会产生共鸣的。

（盛国生）

挽何其芳

蒋和森

临书挥雪涕,将夜歌重温,恨天遽夺千秋笔
拊掌话红楼,忆燕园初见,使我顿轻万户侯

何其芳,重庆万县(今万州区)人,现代散文家、诗人、文艺评论家。《夜歌》是他1938至1942年间的新诗集。上联写听到噩耗后,挥泪重读《夜歌》诗集,深恨上天无情,突然夺走了人间彪炳千秋的一支巨笔。表达了作者对逝者的深沉哀伤和崇高评价。下联写回忆。在北大初见何其芳时,两人曾兴致勃勃地共话《红楼梦》,使作者坚定了走学术研究的道路,反映了作者从逝者得到的热情鼓励和深刻教益。燕园,指北京大学。万户侯,汉制,列侯食邑,大者万户,小者五六百户。这里泛指当官。全联将痛惜和忆旧、抒情和记叙融合在一起,显得情真意切。 （朱迎平）

挽茅盾(一)

俞平伯

惊座文章传四海
新民德业播千秋

茅盾,原名沈德鸿,字雁冰,浙江桐乡人,现代著名作家。1981年病逝于北京。本联从赞颂茅盾的文章、功德立意。茅盾著述等身,有《茅盾文集》十卷,惊座,言其文章不同凡响。在文化活动中,茅盾曾创办文学研究会,并先后主编《小说月报》《民国日报》《人民文学》等,为中国新文化事业作出了卓越的贡献。他的这些功德和业绩将永传千秋万代。联语概括力甚强,用语准确传神,对仗极工。(沈树华)

挽茅盾(二)

八千里出生入死,歇浦潮声,珠江蜃气,渝州夕雾,京国朝霞,大笔淋漓,尽化为苍生霖雨

六十年呕心沥血,清明即景,子夜长歌,霜叶情思,白杨礼赞,天才纵横,全都是传世文章

本联犹如一篇名人小传,上联记述茅盾革命足迹。"歇浦潮声"指1921年在上海加入中国共产党。珠江蜃气,指1925年赴广州出席国民党第二次全国代表大会。渝州夕雾,指1940年在重庆任文化工作委员会常委;京国朝霞,指中华人民共和国成立后,在北京任文化部长、作协主席。各时期所写文章,笔墨酣畅,如同甘霖雨露教育和感化广大人民。下联列举茅盾名篇巨著。在六十年漫长的文学生涯中,呕心沥血所写的剧本《清明前后》,长篇小说《子夜》《霜叶红似二月花》和散文《白杨礼赞》,这些作品感情奔放,天才横溢,都是传世的不朽之作。联中措词精练准确,如"潮声""蜃气""夕雾""朝霞"等,都准确地概括出茅盾历程中几个阶段的政治气候。全联语言颇富文采、对仗工稳有致。(沈树华)

挽周恩来

有雄才,有伟略,有奇勋,实在有德

无后裔,无偏心,无享受,真正无私

1976年1月8日,周恩来总理与世长辞,举国悲恸万分,群山垂首默哀,江河放声痛哭。此联是当时太原市群众悬挂在大街上的一副挽联,从正面歌颂周总理的伟大功绩与高尚情操。联语用排比句式,“有”“无”对比,先分后总,节奏强烈,又显得要言不烦而十分贴切自然。(沈树华)

挽王力

北大中文系

大笔淋漓,茹古含今,生前一代雕龙手
绛帐肃穆,滋兰树蕙,身后三千倚马才

王力,字了一,广西博白人,现代语言学家、学者。他继承中国古代语言学的优良传统,并将国外语言学理论方法运用于汉语研究,著书千万言。上联大意,杰出文辞,详尽透彻,等身著作,融贯古今,生前不愧当代语言学巨匠。“淋漓”,笔墨酣畅,即详尽透彻之意。唐李商隐《韩碑》诗:“濡染大笔何淋漓。”雕龙,指善于文辞。《后汉书·崔骃传》:“崔为文宗,世禅雕龙。”王力教授的书室名“龙虫并雕斋”。下联大意,讲座严肃,气氛和畅,辛勤诱掖,培养学子,身后造就大批专门人才。绛帐,红色帷帐。《后汉书·马融传》:“常坐高堂,施绛纱帐,前授生徒,后则女乐。”后作讲座或师长的代称。滋兰树蕙,栽种培植名花香草。屈原《离骚》:“余既滋兰之九畹兮,又树蕙之百亩。”此喻培养人才。倚马才,《世说新语·文学》记袁虎倚马前作露布文,手不辍笔,俄得七纸,绝可观。后以形容才思敏捷。唐吴融《灵池县见早梅》诗:“落笔无非倚马才。”联语先评价学术地位,后称赞教学功绩,对仗精工。(蒋竹荪)

挽张大千

台静农

八大到今真不死
半千而后又何人

张大千为现代著名画家。此联借清初两位杰出画家赞扬张大千的绘画艺术成就。上联谓,八大山人的画,意境灵奇,在今天大千画中还能见其神韵。“八大”，即八大山人，朱耷的号。朱为“清初四高僧”之一。所画山水、花鸟，着墨不多而生动细致，无景处亦成妙笔，所创意境别具灵秀，对后世写意画派影响甚大。下联谓，龚半千的山水，有谁继承？“半千”，龚贤的字。龚为江苏昆山人，寓居金陵，为“金陵八家”之首，工山水，重视写生，用笔层层染渍，浓郁苍润。联语用燕颔格，把人名“大千”二字分别嵌入上下联的第二字，镶嵌自然，不露痕迹。（商启予）

挽赵超构

郑拾风

落笔爱憎分明，几曾见半根俗骨

处世荣辱淡泊，依然是一介书生

赵超构，笔名林放，是我国著名的新闻工作者、《新民晚报》社社长。1992年初因病逝世。新闻工作者的武器是笔，上联即由此入手，引出超构“落笔爱憎分明”的品质。他观察敏锐，见解精辟，文笔幽默犀利，长于数百字一篇的杂文和时评。不论新旧社会，他总是满腔热情地站在广大人民这一边。而对敌人、对国民党的黑暗统治，他却敢于大声疾呼，予以揭露和抨击；对新中国工作中的失误、社会生活中的弊端，他痛心疾首，敢说真话。因此，他的文章为广大读者所喜爱，他始终能坚持真理，从未表现出“半根俗骨”，这正说明了他一身正气，令人敬仰。下联抓住逝者个人生活来写。他不争名利，清正廉洁，严以律己，甘于淡泊，一生不脱书生本色。中华人民共和国成立后的四十三年中，他在虹口一所石库门旧式民房里整整住了四十年。此联语言朴实，概括性强。作者善于选取逝者平生最突出两个方面来写，既颂扬了其人的高风亮节，也流露出作者的深切敬意。（俞纪东）

挽刘火子

郑拾风

热爱人民歌咏自有意，呕心挥写万千行，后继莫忘火子

静观尘世散聚本无常，屈指久违廿二载，泉台又晤金公

刘火子(1911—1990),早年投身左翼文艺运动,曾出版诗集《不死的荣誉》。抗日战争爆发后,转而致力于新闻事业,在采访调查中,他曾热情讴歌抗日将士。抗战胜利后,火子始终拥护中国共产党,维护民主,伸张正义。十年动乱中,火子曾遭迫害,后平反昭雪。1978 年后,奉调中国大百科全书出版社上海分社担任副总编辑,连续主编了八部《中国百科年鉴》,为中国年鉴事业的发展作出了贡献。上联热情歌颂了刘火子对人民群众的爱心及呕心写作的勤奋,提醒后来者莫忘继承发扬这一美德,可谓语重心长。下联以浪漫主义笔触,描写两位亲如手足的革命同志将在分别 22 年之后重逢于泉台之下,含蓄地表达了对那个疯狂年代的诅咒以及对于今天大好形势的讴歌。金公,即上海市前副市长金仲华,文革中遭受迫害致死,他是刘火子的妻兄,也是其革命的引路人。全联用语言浅而意深,既赞刘火子创作具有新意,且哀挽之情也表达得深沉而含蓄。　（盛国生）

挽渡河老者

千尺潭水深,杨柳渡头增客泪
两山灯火冷,烟波江上使人愁

本联挽渡河老者,遣词选字紧扣艄公的生活环境。你看潭水千尺,灯火两山,渡头杨柳,江上烟波,这些景物都足以勾起人们对一生辛勤迎送过往渡客的渡河老人默默的思念。"增客泪"和"使人愁",更增加了过渡客人对老梢公去世的深深哀悼。其中"千尺潭水深",系化用李白《赠汪伦》"桃花潭水深千尺"句,"烟波江上使人愁",乃用崔颢《黄鹤楼》成句,均自然贴切,文采斐然。

（沈树华）

挽孤魂

谭嗣同

恨血千年,秋后愁闻唱诗鬼
空山片石,苍然如待表阡人

这是一副祭祀历代孤坟“野鬼”的挽联。上联意谓,怨恨的血泪流了千年,到了秋后不忍听闻这些鬼魂倾诉的悲歌。秋后,指农历七月半,旧时民俗,这天家家祭奠祖先,并在郊外祭祀。下联意谓空旷山峦上的片片岩石,苍白地立在那里,犹如等待有人来将它当做历代鬼魂的墓碑。表阡,指墓碑。表阡人,指立墓碑的人。 (沈树华)

挽 集 体

挽黄花岗七十二烈士

李烈钧

死国埋名,公等争先入地
挥戈挽日,某也何敢贪天

1911年4月27日,同盟会广州起义失败,遇难者一百余人,后收殓烈士尸体得七十二具,葬于黄花岗,因称“黄花岗七十二烈士”。本联的作者李烈钧也是同盟会会员,广州起义时正在新军中从事秘密反清活动。上联起笔“死国埋名”四字有千钧之力,为国献身,死得光荣!“埋名”两字,形象准确地写出烈士不求名、不求利的高尚情操。争先入地,生动地表现出烈士们舍生忘死、义无反顾的革命气概。下联说虽然起义失败了,但是,“挥戈挽日”,继续策动武装起义以推翻封建统治这个决心是不可动摇的,等到革命成功之日,人们将更加缅怀革命的先烈。“贪天”,就是“贪天功”,即把别人的功劳占为已有。“何敢贪天”,用反诘的语气,强调后人是不会忘记烈士们的业绩的。对联语言朴质生动,铿锵有力。 (俞纪东)

挽南京光复诸烈士

章炳麟

群盗鼠窃狗偷,死者不瞑目
此地龙蟠虎踞,古人之虚言

1911 年湖北武昌打响辛亥革命第一枪后，各省纷纷独立，唯南京张人骏、铁良、张勋等人仍效忠清室，与江浙联军对抗，联军几经苦战，才使南京获得光复。上联对辛亥革命初期投机革命的大小军阀、政客作了生动形象的描绘。他们像一群鼠窃狗偷的盗贼，令烈士们虽死也不能瞑目。下联以反衬手法讥刺军阀、政客。古人说南京是英雄豪杰聚集之地，现在看看这些人，古人的话不可信了。“龙蟠虎踞”，原特指南京地形险要，这里借指英雄豪杰。

（沈树华）

挽“五卅”烈士

使非公等牺牲，国梦未知何时醒
尚有吾侪奋斗，民权定要异时伸

1925 年 5 月 30 日，上海工人、学生和各界群众游行示威，抗议日本纱厂资本家枪杀罢工领袖顾正红。游行队伍在南京路遭到英国巡捕开枪镇压，死伤数百人，造成了震惊中外的“五卅惨案”。美洲华侨汤和学校撰写了此联。上联用假设和双重否定句式，高度评价了“五卅”烈士的历史功绩。如果没有他们英勇献身，则国人迷梦未知何时清醒，帝国主义的狰狞面目使大家一下子觉悟过来。下联的语调斩钉截铁，表达了广大人民的意愿。即继承先烈遗志，为伸张民权、反帝爱国而继续奋斗不息，直至胜利。“侪”(chái)，辈；类。全联痛悼先烈，激励民众，力透纸背，气贯长虹，激昂悲壮。在表达手法上，上联用第二人称，以“使”字开头，突兀而不一般。下联用第一人称，恳切有力，设对巧妙，有错综之美。且反帝争民权主题表达得十分鲜明。

（朱迎平）

挽“九一八”事变死难者

死
“干”

这是一副奇特的挽联，上下句各只一字。1931年“九一八”事变，日本帝国主义不费一枪一弹，强占了我国东北三省，反动政府抱着不抵抗主义，大好国土拱手让人。我中华民族处于国难深重之秋，有人愤然为死难者写了这副挽联，表达了我中华儿女，宁肯站着死，不愿跪着“生”的浩然正气。联中倒写“生”字，顿出新意，其含义是，中国人民在日寇屠刀下，即使活着，也如同头颅倒悬着度日，虽生犹死。全联文字简短而寓意深刻。

（周 监）

挽“一·二八”抗日阵亡将士

蒋光鼐

自卫乃天赋人权，三万众慷慨登陴，有断头将军，无降将军，石烂海枯犹此志

相约以血湔国耻，四十日见危授命，吾率君等出，不率其入，椒浆桂酒有余哀

1932年1月28日，日本帝国主义突然进攻上海，作者当时任十九路军总指挥兼淞沪警备司令，他与军长蔡廷锴一起率领十九路军全体将士坚决对敌英勇反击，曾予敌重创，由于当时国民党政府的不抵抗政策，十九路军被迫停战撤退。上联表达了抗击侵略者的决心。保卫国土乃军人的天职，全军三万将士捍卫祖国不惜牺牲的意志，海枯石烂永不变。陴，城墙上的矮墙，这里指阵地。断头将军，语出《三国志·蜀书·张飞传》中严颜所说“我州但有断头将军，无有降将军”，表达了宁死不屈的精神。下联反映了奋战的实况。将士们相约要以自己的热血来洗刷国耻，在奋战的四十天中，我率领你们战斗，你们牺牲了，不能率领你们归来，现在我用椒浆桂酒来祭奠你们，以表示衷心的哀悼。“吾率君等出”，化用《左传·僖公三十三年》秦蹇叔“吾见师之出，而不见其入”语，说明牺牲较大。椒浆桂酒，指用椒和桂浸制的酒。本联表达了抗日将士反击外来侵略者的爱国主义精神，气势悲壮，虽对仗稍欠工整，但它反映了“一·二八”抗战的实况，颇具史料价值。

（沈树华）

挽平江惨案烈士

沈钧儒

在抗战时代如是牺牲，那能会死而无憾

望贤名当局彻底查究，使共知责有所归

沈钧儒，浙江嘉兴人。清光绪三十年(1904)进士，留学日本，辛亥革命时，参加浙江光复工作。抗日战争前后，成立救国会，为著名七君子之一，领导成立了中国民主同盟，1949 年后，任全国政协副主席，全国人大常委会副委员长。此联与邹韬奋联名共挽。邹韬奋，生于福建永安，江西余江籍，上海圣约翰大学毕业，毕生致力报刊工作，为七君子之一。1939 年 6 月 12 日，国民党破坏抗日民族统一战线，派兵包围新四军设在湖南平江的通讯处，杀害涂正坤、罗梓铭等人，史称平江惨案。上联谴责国民党当局在抗日战争时期，制造这起惨案，使被害的同志满怀遗憾，没有死在和日寇战斗的战场上，而死在中国同胞之手，哪能无憾呢？下联要求国民党当局，严查凶手，向国人有所交待。当然，这是民主人士发出的呼声，国民党是不会严查凶手的，他们的目的就是破坏抗日统一战线，视共产党人为敌人。

（佟　今）

挽抗日阵亡将士

雪百年耻辱，复万里山河，秦汉无此雄，宋元无此壮

写三楚文章，吊九原将士，风雨为之泣，草木为之悲

此联为长沙军界所挽。1945 年 8 月 14 日，抗战胜利，日本无条件投降，洗刷了近代史上日本对中国历次侵略的耻辱。上联“雪百年耻辱”，即此一句，已充满声声血泪。抗战胜利收复了万里大好河山，这样的功勋和业绩是历史上秦汉宋元均不能比拟的。下联说追悼抗日阵亡将士，要写祭文来悼念他们，连风雨草木也要为之悲泣。三楚，古地区名，秦汉时分战国

楚地为三,称三楚。长沙为南楚。九原,春秋时为晋大夫墓地,后泛指墓地。本联意境悲壮,措词概括。下联末两句用拟人手法,更增加了悲恸感人的力量。 (沈树华)

挽"一二·一惨案"烈士

黄炎培

学生在学校里坐谈,暴徒在群众中掷弹,是谁指使那个凶手
最高学府何等尊严,青年生命何等宝贵,请你扪着自己良心

"一二·一惨案",指1945年12月1日,国民党云南警备司令关麟征和代理省主席李宗黄派军警闯入西南联合大学、云南大学,镇压要求和平、反内战、反美国干涉中国内政的师生,杀死学生四人,伤六十余人。此联乃1946年1月13日为上海各界追悼"一二·一惨案"烈士大会作。上联斥问国民党政府是谁指使凶手杀人。学生在学校坐谈,暴徒却来群众中掷炸弹,这个凶手必须追查出来。下联要求国民党当局扪着良心想想,最高学府何等庄严,青年学生的生命何等宝贵,你们为什么丧尽天良,违背人道的良心,杀害青年学生? (佟 今)

挽"四八"烈士

宋庆龄

和平大业犹赊,贤劳正赖,何竟中道捐弃,碧血长天永留恨
民主曙光初吐,瞻望方殷,难堪噩耗惊传,苍山大地共含悲

本联挽1946年4月8日因飞机失事不幸遇难的王若飞、秦邦宪、叶挺等烈士。上联谓,和平大业尚未实现,国家正需要你们尽智尽力,真想不到会中途牺牲,碧血洒长空,遗恨留千古。赊,赊欠。赖,依赖。中道,中途。

下联谓,民主的曙光即将照临大地,国家对你们的期望非常殷切,惊闻牺牲的消息,苍山哭,大地悲,使人难以承受呵!上下联的结语均具有很大的力度,充分表达了对烈士英灵的慰问和痛惜之情。（沈树华）

自　挽

毕沅自挽

读书经世即真儒,遑问他一席名山,千秋竹简

学佛成仙皆幻想,终输我五湖明月,万树梅花

毕沅,字纕蘅,一字秋帆,自号灵岩山人,清江苏镇洋(今太仓)人,乾隆二十五年(1760)进士第一,官至兵部尚书,湖广总督。此为毕沅的自挽联。他对自己一生,比较重视现实。上联大意说,读了书能治理世事即是真正的读书人,没有闲功夫去问他是不是在名山占有一席之地,在历史的记载中是不是写上一笔。经世,治理世事。遑,闲暇。名山,深山、大山。《汉书·司马迁传》:“仆诚已著此书,藏之名山,传之其人。”后因借指著作之事。千秋竹简,指历史记载。下联大意说,学佛成仙都是幻想,总不及我仰望五湖明月,欣赏万树梅花有诗情画意。五湖,指太湖流域一带的湖泊。

（佟　今）

梁同书自挽

读书十年,作官十年,归田十年,生有涯如斯而已

儒林无传,循吏无传,隐逸无传,死之日尚何言哉

梁同书,清浙江钱塘人,乾隆举人,特赐进士,改庶吉士,后迁侍讲,以父丧归,不复出。工书法,与刘墉、王文治并称于时。此联是梁同书的自挽

联，上联概述平生经历，他的生平经过了读书、作官和归田，“如斯而已”。联中所说的“十年”，并非确数，而是遣词的需要。下联简评自身业绩。但他豁达自谦，虽然“循吏”“隐逸”都算不上，但在“儒林”还是很知名的，他的书法“名满天下，求书者纸日数束”。作者对平生业绩谦虚进取，对死后声誉豁达开朗，这种思想境界，是很可取的。（佟 今）

孙髯自挽

这回来得忙，名心利心，毕竟糊涂到底
此番去甚好，诗债酒债，何曾亏负着谁

孙髯，清康熙、乾隆时布衣。博闻强记，能诗文，尤擅撰联，所撰昆明大观楼长联饮誉古今。因厌科举，不肯趋炎附势，晚年颇困顿，以卖卜为生。上联说，来到这个世界，过于匆忙，没有生出名利之心，甚至糊涂到底，这样过一生也没有什么遗憾。作者以哲人的眼光，进行自我反省。下联说，回顾一生中，写了不少诗，喝了不少酒，但不欠谁一首诗，不欠谁一文债，可以于心无愧，故云“此番去甚好。”作者以“来”与“去”，即“生”与“死”相对，认为生不纠缠于名利，而死自觉心安。此种生死观，颇有与庄子相近之处。庄子说：“夫大块载我以形，劳我以生，息我以死。”（《至乐》）至于死，“人且偃然寝于巨室”（《大宗师》），回归自然，实无忧惧之必要。联语流畅圆转，语浅意深，非俗手所能企及。（沈树华）

左宗棠自挽

慨此日骑鲸西去，七尺躯委残荒草，满腔血洒向空林。问谁来歌蒿歌薤，鼓琵琶冢畔，挂宝剑枝头，凭吊松楸魂魄，愤激千秋？纵令黄土埋予，应呼雄鬼

倘他年化鹤东归，一瓣香祝成本性，十分月现出金身。愿从兹为樵为渔，访鹿友山中，订鸥盟水上，销磨锦绣心肠，逍遥半世。惟恐苍天厄我，再作劳人

左宗棠,清末大臣,字季高,湖南湘阴人。本联是左宗棠自我述志的一副自挽联。《楹联新话》云"此乃左宗棠27岁病重时所作",《楹联述录》曰,"从联意看似在引疾赏假回籍调养时所作",但也有人认为联意与左之经世之略的思想不类,怀疑此联为伪作。不过此联绝非晚年所作,这是无疑的。上联作者想象死后情景,对自己一生作出"生当为人杰,死亦为鬼雄"的评价。大意谓,感慨有朝一日死去,七尺身躯埋进荒草丛中,满腔热血只能洒向空旷的林野。有谁来为我唱挽歌,有谁到我坟畔鼓琴、挂剑枝头,祭奠我的魂魄,甚至千百年后还有谁来墓地凭吊,为我之事迹而愤发激励?纵然黄土掩埋了我,也应呼我为雄鬼。骑鲸,指仙逝。歌蒿歌薤,指古时的两首挽歌《蒿里》和《薤露》。鼓琵琶冢畔,典出《世说新语·伤逝》中颜彦先死后好友张翰在他灵前鼓琴祭奠事。挂宝剑枝头,典出《新序·节士》延陵季子挂剑于冢旁树上以慰故友事。松楸,墓地上种的树木,借指墓地。下联据转世传说,想象来世的生活道路,表示对山水隐逸生活的向往和官场污浊生活的厌恶。大意谓,倘若他年能再转世,一炷香祝愿还我本性。我愿从此做樵子渔夫,在山中与麋鹿为友,在水边与鸥鸟作伴,以翰墨文章来消磨时光,逍遥自在地生活半世。但只怕苍天不遂人意,又要我进官场做那劳劳碌碌之人。化鹤东归,典出《搜神后记》,辽东人丁令威在灵虚山学道成仙后化鹤归辽。这里指重新来到人世。一瓣香,犹言一炷香,表示虔诚。金身,指佛或佛像,这里借指人形。锦绣心肠,形容文思优美,词藻华丽。联语构思新颖,气势一贯,既有满怀壮志,又作达观之语,可视为左宗棠复杂思想的一个侧面。

（沈树华）

俞樾自挽

生无补乎时,死无关乎数,辛辛苦苦,著二百五十余卷书,流播四方,是亦足矣

仰不愧于天,俯不怍于人,浩浩荡荡,数半生三十多年事,放怀一笑,吾其归乎

俞樾,字荫甫,自号曲园居士。三十岁得中进士,做了短期的翰林院编修

和河南学政,因出题失谨,被罢官,此后即从事教育与学术研究。几十年如一日,勤俭朴素,布衣蔬食,致力著作,扶掖后进。这是他在八十六岁临终前撰写的自挽联。上联写自己一生著述。说自己活着于时政教化无所补益,死了也无关乎定数。但自己却勤勤恳恳,呕心沥血,一生唯以讲学、著述为乐事,共写了250余卷书,于愿足矣。数,定数,旧时指命中注定的年寿。下联写自己的品格与襟怀。引用《孟子·尽心上》的话,表示自己"仰不愧于天,俯不怍于人",胸怀宽广,天性豁达。回首三十多年的所作所为,都不免是过眼云烟,如今"放怀一笑,吾其归乎",性格多么开朗,态度多么洒脱。读了此联,觉平淡中有奇崛之气,温润中见刚正之怀,使人回味不尽。(美　云、张　迈)

林氏自挽

我别良人去矣,大丈夫何患无妻,愿后日再订婚姻,莫向生妻言死妇

儿依严父艰哉,小孩儿终当有母,倘他时得蒙抚养,须知继母即亲娘

相传这是清代乾隆年间福建省光泽县林氏民妇死前自挽联。上联告夫。首句言"去矣",写与丈夫死别,十分痛惜。次句言"何患无妻",这是痛楚之劝勉,其对丈夫之爱心,跃然纸上。第三句言心愿,即"再订婚姻"。末尾为着避免新妇的不快,竟嘱"莫向生妻言死妇",考虑何等周到。下联嘱子。首句嘱子一定要听"严父"教育,拳拳之心毕现。次句言"终当有母",为爱子考虑日后生活,何其深切。第三句言"倘蒙抚养",是使爱子减少失去生母之痛楚,亦是对夫君厚望。末句嘱子以对生母的感情对待后母。联语以忘我之态度,对丈夫、儿子,殷殷寄语,谆谆嘱咐,哀惋凄恻,令人不忍卒读。　(施绍文)

杨荣绪自挽

一死便成大自在

他生须略减聪明

清代浙江知府杨荣绪为官清廉，因得罪上司被革职，抑郁而终。此联表达了作者临终前对不平的社会和黑暗官场的愤懑之情。上下联都用反语修辞。上联说只有死了才算是解脱了的人。下联说下辈子再来到这个世界，就不该再多聪明了，不妨糊涂一点为好。作者的这种心情，与苏东坡的打油诗《洗儿》“人皆生子望聪明，我被聪明误一生。惟愿孩儿愚且鲁，无灾无难到公卿”有异曲同工之妙。茫茫人世，唯死为快，只有不问是非曲直，才能生存。联语十分沉痛伤感，有极大讽刺力。　（沈树华）

刘师亮自挽

伤时有谐稿，讽世有随刊，借碧血作贡献同胞，大呼寰宇人皆醒

清室无科名，民国无官吏，以白身而笑骂当局，纵死阴司鬼亦雄

刘师亮为近代文人，曾从事塾师、讼师等业，辛亥革命后至成都经商，兼事写作，作品幽默尖刻。本联为作者的自我评价。上联谐稿，指《师亮谐稿》，随刊，指《师亮随刊》。作者怀着满腔热血，以此嘲讽时政，唤醒寰宇同胞。下联，清室，指清朝。作者说他在清朝没有取得科举功名，在民国时没任过一官半职，因是没有功名的清白之身，敢于嬉笑怒骂，死后做鬼也要称雄。本联词句通俗平直，对仗工稳，联意毫无消沉之感，通篇充满英豪之气，表现了为真理不怕牺牲的精神。　（沈树华）

王闿运自挽

春秋表未成，幸有佳儿述诗礼

纵横计不就，空余高咏满江山

王闿运，字壬秋，号湘绮，湖南湘潭人，清末著名学者和教育家。上联说自己效法孔子，可是成就没有孔子那么大，但值得庆幸的是儿子能继承

文化事业,述诗习礼,对自己一生行迹表示自慰。《春秋》是孔子删修的我国第一部编年史著作。“述诗礼”,孔子曾以“不学诗,无以言”,“不学礼,无以立”,教育儿子孔鲤,见《论语·季氏》。下联化用魏徵《述怀》诗“纵横计不就,慷慨志犹存”句意,说自己没有治国之才,空留下一些无用的吟咏之作,是对自己一生行迹的自谦之辞。然而也透露了作者烈士暮年,壮心不已的豪情。“纵横”,合纵连横的简称,战国时六国联合抗秦谓之合纵,服从秦国谓之连横,这里借指治理国家。 (沈树华)

桂念祖自挽

无限惭惶,试回思曩日壮心,空余一恸

有何建白?惟收拾此番残局,准备重来

桂念祖,字伯华,江西德化人。早年精通经学词章。曾从康、梁参加戊戌变法,主持沪萃报馆,后留学日本时客死。这是一副充满爱国主义和积极进取精神的自挽联。此联出自清末一位旧文士之手,实为难能可贵。上联回顾自己一生。尽管投身戊戌变法,参与百日维新,因受时代的局限,未能成功,使作者“空余一恸”,“无限惭惶”,但他确有报效祖国的雄心壮志,可算未曾虚度此生。下联更见积极乐观。“有何建白?”建,是建议;白,是禀白;建白,是就公共事情对国家陈述意见。自挽之际,犹未忘国事。建白的内容,赫然写着“准备重来”,“收拾残局”。再加上一个“惟”字,更见其爱国精神之专注。读此联,对这位爱国志士,更平添了几分敬意。

(盛国生)

汤祥瑞自挽

疾恶如仇,几根硬骨横天下

舍生取义,一颗头颅落状元

汤祥瑞,湖南浏阳人,大革命时期加入中国共产党,任浏阳县达浒地区农民协会委员长。大革命失败后被捕,敌人用尽酷刑,但他坚强不屈,英勇就义,临刑前他咬破手指,用鲜血写了这副自挽联。上联开宗明义表达了与反动派势不两立的革命精神,“几根硬骨”写出了作者坚定的革命信念,而此骨要“横天下”,更表达了作者与反动派斗争到底的气魄。下联表达了作者为革命甘愿牺牲的大无畏精神和革命的生死观。状元,汤祥瑞同志被敌人枪决在浏阳状元洲。全联字字铿锵,掷地有声,给人以慷慨悲壮之感。　(沈树华)

钟荣光自挽

三十年科举沉迷,自从知罪悔改以来,革过命,无党勋,作过官,无政绩,留过学,无文凭,才力总后人,唯一事工,尽瘁岭南至死

两半球舟车习惯,但以任务完成为乐,不私财,有日用,不养子,有徒众,不求名,有记述,灵魂乃真我,几多磨炼,荣归基督永生

钟荣光,基督教徒,广东香山(今中山)人,清末举人。曾参加康有为组织的公车上书,1900 年加入兴中会,辛亥革命后任广东教育司长,二次革命失败后留学美国,获法学名誉博士学位,1926 年任岭南大学第一任华人校长,1942 年病逝于香港。本联犹如一篇自传,上联历述一生经历,下联表述自己的为人。知罪,指他年轻时中举以后曾有过一段放荡生活。钟荣光一生大部分精力都献给了广东教育事业,在东南亚华人中颇有影响。本联是自谦,也是自负,他以“尽瘁岭南”教育事业为荣,“以任务完成为乐”,对自己正直无私的一生感到毫无愧色。联语从“沉迷科举”开始,以“荣归上帝”结束,娓娓道来,历数平生,朴质自然,无雕琢语,可谓平中见奇。　(沈树华)

杨度自挽

帝道真如,而今都成过去事

医民救国,继起自有后来人

杨度,字皙子,湖南湘潭人。光绪年间举人。早年曾鼓吹君主立宪。辛亥革命后,被袁世凯任为参政院参政。后又发起成立筹安会,为袁世凯复辟帝制奔走。袁死后被通缉,移居上海,潜心佛门求解脱。后思想转变,追随孙中山革命。参加过营救李大钊的活动。1929 年秋秘密加入中国共产党,从事地下工作。作者以磊落的胸怀,豁达的气度,从大处落笔。上联回首往事,对自己曾经信奉的帝制和佛学,作了彻底的否定,表达了对晚年走上正道的欣慰之情。帝道:指杨曾鼓吹君主立宪,拥护袁世凯称帝。真如:佛教指永恒常在的真体实性。《成唯识论》:"真谓真实,显非虚妄;如谓如常,表无变易。"下联勉励后进。指出救国救民之途,希望在于有更多的年轻人,走上革命道路。全联没有哀伤,也不对世人种种褒贬和误解作任何辩说,而重在严于解剖自己,勉励后人,表现出他真率豁达的个性,使人叹服。 （盛国生）

俞作豫自挽

十载英名宜自慰

一腔热血岂徒流

俞作豫,广西北流人。早年入广州燕塘讲武堂,1926 年北伐任团长,1927 年加入中国共产党,12 月参加广州起义,1930 年参加领导广西龙州起义,同年 6 月 6 日在广州被捕牺牲。本联表达了作者坚信革命必胜的信念和视死如归的大无畏精神。上联对自己十年来为革命出生入死作出应有贡献而感到自慰。下联相信一腔热血不会白流,而将唤醒更多的人投入革命洪流,最终摧毁反动营垒。全联无悲戚之语,充满了为革命献身的豪情胜概。 （沈树华）

佚名自挽

我愧无能,卅载功夫,可谓深焉!终难治贫者病根,富者钱癖

人死何知，五尺棺木，亦云足矣！更毋需经忏损产，苫块伤身

据说此为湖南湘乡一老中医所撰。上联写自己三十年从医，费尽功夫，但对不能疗贫根，不能医治富者钱癖，改变贫富不均的社会现象而深深遗憾，表现了老中医的博大胸怀和理想。下联嘱咐丧事从简，不要请和尚、道士做法事、念经礼忏超度，从而浪费钱财，也不要子孙悲哀过度。“苫”(shān)，草荐。“块”，土块。古礼，居亲丧时，以草荐为席，以块为枕。联语自述平生之志，对身后之事表现出超然脱俗的情怀，出语自然浑成而亲切，表现出长者风范。

（延　培、张　迈）

行业类

农业卷

工　业

矿　山

娲皇炼来，天亦可补
愚公移处，山为之开

上联的“娲皇”，即中国神话中的创世之神女娲，据《淮南子·览冥》载，“女娲炼五色石以补苍天”。作者借这一古老神话，意在表明矿工开采矿石，冶炼成工业原料，支援建设，其功可与女娲炼石补天相比拟。下联援用《列子·汤问篇》所载愚公挖山不止的著名传说，借以表现矿山工人坚韧不拔、山为之移、金石为之开的大无畏精神。联语采撷神话传说入联，想象奇特，形象鲜明，充满着浓烈的浪漫气息。　　（顾伟列）

武汉织布局

张之洞

经纶天下
衣被苍生

清末，张之洞任两湖总督时，创办汉阳铁厂、湖北织布局等现代工业。此为织布局门联，乃张氏所撰书。上联“经纶”谓整理丝缕，引申为处理国家大事。《礼记·中庸》：“惟天下至诚为能经纶天下之大经。”下联“衣被”用作动词，比喻加惠于人。《文心雕龙·辨骚》：“其衣被词人，非一代也。”苍生，原指草木生长处，后借以指百姓。联只八个字，既写出织布行业的特点，亦表现出此行业在国计民生中的重要地位，概括贴切。　（周　监）

火 柴 厂

任取四时，不须改火
热传一点，便尔发光

远古之人钻木取火，因四季不同，所用树木种类也不同，故称改火。《周书·月令》有改火之文："春取榆柳之火，夏取枣杏之火，季夏取桑柘之火，秋取柞楢之火，冬取槐檀之火。一年之中，钻火各异木，故曰改火也。"全联意谓今人取火，无论四季何时，不需再像古人改火；只要火柴盒上红磷之"热"传到火柴头上"一点"，就发出火光。此作火柴厂联，颇雅丽而自然贴切。 （希建华）

打 铁 店(一)

张晴岚

三间火烤烟熏屋
一个千锤百炼人

这副对联，脱胎于明代徐渭自题青藤书屋"三间东倒西歪屋，一个南腔北调人"一联而另有新意。打铁店，一般设备简陋，烟熏火烤，打铁的人也十分辛劳。铁器经反复锻炼锤打，举世精品亦由此锻铸而成，这就全亏"一个千锤百炼人"。联句妙语双关，说明精品、宝器的产生一定要经过千锤百炼的阶段。人更是如此，造就一代卓绝人才，亦非经艰苦磨炼不可。联语含意深刻，耐人寻味，而又符合打铁店的行业特点。 （施绍文）

打 铁 店(二)

一派薪传归锻炼
十分火候见精神

上联意为,铁铺历史悠久,打铁技艺衣钵相传,而令人称绝的技艺全在于锻炼有道。“薪传”,即成语“薪尽火传”之略,语出《庄子·养生主》“指穷于为薪,火传也,不知其尽也”,本喻人的形体有尽,而精神不灭,后多比喻学问技艺的世代相传。下联是说炉火旺盛,铁块经淬砺锻造,更是卓然生辉。火候,炼铁时火力的强弱和时间的长短。联中“归锻炼”“见精神”虽就打铁而言,但同时启示人们,技艺因反复实践而臻于妙境,人因艰苦磨炼方显出坚劲的风骨。 (顾伟列)

木 工

曲尺能成方圆器
直线调就栋梁材

上联言“曲尺”,即古人所说的矩。《周髀算经》:“圆出于方,方出于矩。”所谓没有规矩,不能成方圆。意指木要成器,犹人要成材,都必须遵循严格的规范。下联说“直线”,即墨斗、墨线。意指木要就直,成栋梁之材,必须绳之以墨。育人亦然,必得有正确的方法指导,才能成大器。联语托物寓意,一语双关,说木工行业至关重要,又含培育人才之理。

(施绍文)

邮 电 运 输

邮 政 局(一)

置邮传命
为政在人

“邮”,古代指传送文书、供应食宿和车马的驿站,后引申为传递信息的意思。“置邮传命”是借用孔子的话“德之流行,速于置邮而传命”,意思是说德政的传播,比驿邮传送政令还要快。(见《孟子·公孙丑上》)下联“为政在人”见《礼记·中庸》。这里是说办好邮政事务还在于人的努力。政,作事务解。上下联分嵌了“邮政”两字,甚妙。用前人成句,也十分恰当。

(吕替军)

邮 政 局(二)

天涯雁寄回文锦
水国鱼传尺素书

此联专言书信传递之事,因联中有古时寄书的专用名词和两则与寄书相关的爱情故事,使联语情趣大增。雁寄,《汉书·苏武传》谓常惠教汉使对单于说:“天子射上林中,得雁,足有系帛书,言武等在某泽中。”后人因此将“雁足”代称传递书信的人,本联化用此意,在语言上稍作变化。回文锦,指《晋书·列女传》所载的苏蕙织锦作成《回文旋图诗》以寄赠其因罪被徙流沙的丈夫窦滔的故事。这织锦制作的回文诗据说色彩斑斓,纵横八寸,有诗二百余首,足见苏蕙思夫之情何等深切。下联的“尺素书”或称“鱼书”,是书信的代称。语出古乐府《饮马长城窟行》诗:“呼儿烹鲤鱼,中有尺素书。”水国鱼传,指唐李朝威传奇《柳毅传》的故事,言龙女受夫家泾水小龙虐待被放逐牧羊,幸遇柳毅托寄书信于乃父洞庭龙君,后被救回家,因感柳毅忠义遂嫁。本联极言邮局书信传情,天涯难阻。虽用事过多,但因事典不太生涩,读后倍觉情真意切,意蕴充盈。

(黄德金)

邮 政 局(三)

送佳音飞骑连万户
报喜讯银线达九州

上联说,投递员投递信件,事关千家万户,所以要“飞骑”快送。一个

"飞"字，写出事关紧要，而又工作辛劳。又因为是"送佳音"，或生产捷报，或朋友远来，或恋人情书，不一而足，所以宁可"飞骑"一人辛苦，换来万家欢乐，下联"银线达九州"，写出了长途通话业务事关祖国与周围世界的联系，通过邮电传输，使天涯如同比邻，缩短了人们之间的距离。一个"银"字，形容普通电线，用得也巧，流露出赞美之情。（施绍文）

电话局

只用耳提，何须面命

吾闻其语，未见斯人

上联意思说，有事商量，只用耳听，不必面嘱，概括了电话的方便功能。"耳提""面命"，语本《诗・大雅・抑》"匪面命之，言提其耳"。打电话只须用耳听，所以下联说"吾闻其语，未见斯人"。道出了电话的奇特。当然，这是使用电话初期人们的感受。上下联句中自对，上联与下联之间总体相对。联句用写实手法，情景切合；绘声绘影，形象毕现。（施绍文）

胶济铁路火车站

如砥如矢

至鲁至齐

出句化用《诗・小雅・大东》"周道如砥，其直如矢"，说放眼望去，铁路平坦如磨刀石，笔直像箭杆，车行迅速。砥，磨刀石。矢，箭杆。对句"鲁""齐"，都是周代诸侯国，一在山东西南部，一在山东北部。胶济铁路横贯山东省，故云至鲁至齐，也有往来于文化兴盛之地之意。联语仅八个字，概括性甚强，既表明路面平直，车行迅速，也反映它行驶地域辽阔。《对联话》评此联为："八字包孕一切。必如此，方可以少许胜多。"

（蒋竹荪）

汽 车 站

车窗似荧屏,摄进满眼诗情画意
公路如玉带,牵来万里秀水青山

上联以“车窗”比作“荧屏”,车行向前,只见一幅幅美景跳入眼帘,成为风尘仆仆中的美的享受。乘客的惬意和热爱祖国河山的心情,也自体现其中。下联把公路比作“玉带”,是上联美好心情的延伸。这“玉带”是人们辛勤劳动“织”就的,也就赞美了铺路工的奉献。“牵”字与上联“摄”字一样,都写得很有神韵,一个似摄影大师,拍下层出不穷的美景;一个如大力神,竟能把各地的“秀水青山”移来眼前。联语写汽车乘客在车厢中的视觉感受,比喻独到,新奇而不失其真;语言词采妍丽,引人入胜。

（施绍文）

电 报 局

管斯骏

机括可通,一纸无烦催驿使
山河虽远,双函何至误洪乔

作为通信手段,电报现在已经落后。但在清末,它是新生事物,属于先进的通信手段。上联说,只要像扣动机括,信息即可发出,纸上的内容不需要去催驿站里送文书的人。机括,弩上发箭的机件,喻其发出之快捷。驿使,驿站传送文书的人。下联说,距离虽远,但双方通函,不至于托洪乔而耽误了。洪乔,称不可信任托付的寄书人,事见《世说新语·任诞》。人们托殷洪乔送书信,洪乔到了目的地,将书信全掷入水中,并说:“沉者自沉,浮者自浮,殷洪乔不作致书郎。”

（佟 今）

新闻纸馆

管斯骏

纵谈中外事

洞彻古今情

管斯骏,号藜床旧主,又号红藕山庄主人,江苏吴县(今苏州)人。所题新闻纸馆,即今之报社、报馆。上联云纵谈中外事,一张报纸在手,能知晓中外很多事情。下联云洞彻古今情,报纸的内容包融古今,通信不发达的清末,新闻纸确实带给人们很多讯息,起着重要的信息传播作用。　(佟　今)

商　业

灯　具　店

不愁夕阳去

还有夜珠来

这是一副流水对。上联着力点是"不愁",大有为顾客排难解忧之意,反映出为大众着想的亲切,热情感人,并且又引出下联的着眼点"夜珠"。上联之"去",下联之"来",暗示时间的推移变化,揭示灯具的功能。联语写灯用"夜珠"为代,既贴切又增加几分神奇色彩。　(郑凤森)

镜　子　店(一)

秋水为神,纤尘不染

寒冰为骨,皓月同明

此联“秋水”对“寒冰”,扣住清和明,突出镜子的实用价值和美学特点。秋水,因秋天的水面格外明净,故历来用以形容美女的眼睛,这里借喻镜子。以其清而明,可以照人,连细小的灰尘也不沾,这是镜子的神韵、灵气所在。寒冰,亦为镜子的借喻。以其明而亮,与皎洁明亮的月亮一起放光,是暗说镜子的材好、质佳。以上两喻突出镜子照用的特定功能,用词十分典雅净洁,贴切传神。 (郑凤森)

镜 子 店(二)

钟祖芬

君知我乎? 好把容颜相对照

吾即汝也! 要将世界放光明

开头两句是镜外人通过镜子与镜内人说话。镜子本不能言,却拳拳寄语照镜人“好把容颜相对照”,所以上联写得十分活泼,意趣横生。接下来,又发一言:“吾即汝也!”也令人觉得十分亲切。“要将世界放光明”,进一步写出了镜子的抱负。作者熟练地运用拟人手法,使联语妙趣盎然。

(张 一)

眼 镜 店

不是胸中存灼见

如何眼底辨秋毫

眼镜不过是矫正视力或保护眼睛的透镜,而此联却讲出了一番道理。人贵有真知灼见,才能明辨是非、判断正确,而这首先要出自“胸中”,即思想上正确的认识。灼见,明白透彻的见解。秋毫,原指秋天鸟兽身上新长的细毛,借指细小处。借写眼镜,而引出这样一段哲理,自然切合,更加深了对联的思想意义。联语是流水对,上下意思相承,以“不是”“如何”两词前后呼应,比直陈更为有力。 (施绍文)

剪刀店

剪将淞水
快若并州

此联突出行业特点,着意在联首“剪快”两字。短短八字,言俗事却因用典而雅致含蓄。晋代索靖曾观著名画家顾恺之的画惊叹不已,大加赞赏说:“恨不带并州快剪刀来,剪淞江半幅练纹归去。”杜甫在《戏题王宰画山水图歌》也有“焉得并州快剪刀,剪取吴淞半江水”之句。吴淞江,古称淞江,流经江苏与上海。并州,地名,是西汉十三刺史部之一,唐开元中改为太原府,所产剪刀驰名天下。索靖、杜甫意在画上,虽讲剪刀的“快”,只作虚拟而已;而此联化用前人之语,着眼在“剪快”。联语既讲有快如并州剪的剪刀,又藏古人虚拟剪取淞水的天工神物之意。虚实相生,雅俗并存,读来令人感到快意。(黄德金)

刀　店

不历几番锤炼
怎成一段锋芒

这是一副流水对,其特点是上下联相连相属,既互为注释,又含有因果关系,“锤炼”出“锋芒”,“锋芒”须“锤炼”。“不历”和“怎成”强调刀的“锤炼”的必要和刀的“锋芒”的成因,突出两者之间密不可分的关系。“几番”强调了“锤炼”的程度,说明劳作之辛;“一段”强调了“锋芒”的面积,说明功夫之深。“几番”对“一段”,也点出了锤炼之艰,锋刃之锐。此联符合刀店自我宣传要求,颇有妙趣。(郑凤森)

布　店

衣人德自暖
被世岁无寒

此联分嵌"衣""被"于首,为"鹤顶格",有布店要加惠于人的意思。上联言对人行善,自感心安,犹如春温。下联说施恩于人世,会当消尽世间炎凉,岁岁安乐。联语由已及人,由人及世,层层递进,又用一个"德"字总领。韩愈《原道》说:"足乎己无待于外之谓德。"即指发自内心而不依靠外来力量推动的思想行为才称得上"德"。人人都能出自内心行善,天下扬善抑恶,岂不就是清平世界么?此联既赞扬善行,也憧憬着一种理想社会,无疑有否定世态炎凉之意。此联"暖""寒"两字由"衣""被"生发,切合布店行业,出之自然,又一转而言为人世作贡献,喻意更为深切。

（黄德金）

绸 缎 店

云锦天孙织

霓裳月里裁

绸缎,我国传统的丝织品,色彩绚丽,质地轻柔。其中花纹瑰丽如云彩的称云锦,而鲜亮飘逸的绸缎衣服又称霓裳。联语极度渲染此物不同凡响,有天造地设之妙。上联语出苏轼《潮州韩文公庙碑》诗:"手抉云汉分天章,天孙为织云锦裳。"意谓天帝之孙的织女用云彩织锦,自然是巧夺天工。下联语出《楚辞·九歌·东君》:"青云衣兮白霓裳。"李白也有"霓为衣兮风为马"句(《梦游天姥吟留别》)。因霓是副虹,为雌,故联中出奇想谓在太阴之月里裁衣。本联虽蒙上一层神秘的轻纱,给人以丰富的联想余地,但云锦、霓裳的美丽色彩,飘洒轻扬,却又恰恰是绸缎的特点。可谓虚幻得美妙神奇,实在得可触可视。

（黄德金）

鞋 店

由此登堂入室

任君步月凌云

联意在“鞋”，却不言“鞋”字，借着虚拟穿鞋后的种种想法，以招徕顾客。上联借典明意。《论语·先进》中孔子评价子路“升堂矣，未入室也”，后人将“升堂入室”比喻人们具备很高的学识和技能。《汉书·艺文志》说：“如孔氏之门人用赋也，则贾谊登堂，相如入室矣。”赞扬贾谊、司马相如都善于作赋，而司马相如更优于贾谊。联语表示穿上此鞋能够达到这样高的境界。下联的“步月凌云”也有祝福之意。步月折桂实现凌云壮志，正指的是入仕做官，步步高升。此联另一层意思在字面上和盘托出，能登堂入室必非进入柴荆之门，言鞋的贵重；可凌空登上月球，夸张中自诩鞋的轻捷。联中用语双关，悦人不媚，自夸不傲，奥秘就在于含而不露的高明技巧。

（黄德金）

帽　店

脱帻无心惊露顶
请缨有路喜弹冠

脱化于古人之言，含蓄微妙地写出脱帽与戴帽的理趣，这正是本联的特点。上联化用杜甫《饮中八仙歌》诗句：“张旭三杯草圣传，脱帽露顶王公前。”帻，包头巾，原指卑贱者所用，此处泛指帽。脱帽露顶在旧时是不恭敬的行为，但“无心”表示此举出之无心，恰是豪迈狂放、不拘礼俗性格的表现，因此也就没有什么可大惊小怪的了。下联合用两事。初唐王勃在《滕王阁序》中说：“无路请缨，等终军之弱冠。”联语一扫悲怆之意，洋洋自得，说是“请缨有路”。请缨，是个典故，用汉代终军受汉武帝派遣去说服南越王入朝称臣，终军慷慨领命，表示持长缨必将南越王缚来之事，后来用以指投军报国。弹冠，弹去帽上灰尘。《汉书·王吉传》说王吉做官，好友贡禹也弹冠准备出仕。后比喻为准备做官相互庆贺。联意暗指报国有门，众人皆能。这就把戴帽与出仕报国联系在一起了。此联从寻常之物——帽子，道出朝野两种人的人生态度，题旨颇大，且又活画出人物的神态，颇具匠心。

（黄德金）

伞　店(一)

看我当头掌掩盖
赖君妙手护跳珠

伞乃寻常障雨用具，联语在表现手法上却见机趣。全联将伞拟人化，自言其事，语调一张一弛，诙谐别致，形态逼真地道出了伞的功用。你看，上联自谓伞盖遮人何等得意，“看我”两字语气何等豪迈，大有舍我其谁的气概。这一张扬的气象到了下联忽而转为收敛自谦的情态，真是出人意料。刚刚还是居高临下，一下子却说“赖君”，急转直下的声调中何尝没有劝君购伞之意呢！此联遣词也有特色。“掩盖”本是遮护的意思，但“盖”又是古人所说的伞盖，即雨伞。《太平御览》卷七〇二引《通俗文》说：“张帛避雨谓之伞盖。”联中暗透消息，点出题旨，至于“妙手”由技艺高超的意思转为随风雨变化而撑伞，也富有动感。更为难得的，撷取苏轼《六月二十七日望湖楼醉书》“黑云翻墨未遮山，白雨跳珠乱入船”诗中的“跳珠”两字描写雨珠之美，顿使联句形象而生动起来。　（黄德金、施晴东）

伞　店(二)

霖雨春多，哪怕乌云盖顶
长途夏热，何愁白日当头

伞的功用，就是避雨遮阳。上联说避雨，哪怕春天连绵大雨，乌云盖顶，有了伞，全不用怕。下联说遮阳，即使夏热长途旅行，有了伞，也不用愁太阳当头。联语恰如其分地写出了伞具两方面的用途，十分妥帖而自然。写伞店而不着一“伞”字，更妙。　（施绍文）

竹　器　店(一)

虚心成大器
劲节见奇才

竹器店当言竹,却偏不着一"竹"字。然"虚心""劲节"却不仅写竹,且写出了为人处世的道理。上联表面说,竹子心空,却能制成各种器物,其深层的意思是,人只有"虚心",才能不断长进,成为大器,作出伟大的奉献。大器,喻有大才能,可以担当大事的人。《管子·小匡》:"管仲者,天下之贤人也,大器也。"下联表面说竹上坚硬的节,显示它是一种奇特的材料。其深层意思是人只有保持坚贞的节操,才能德行高尚,为世所重,成为真正的杰出"奇才"。对联妙语双关,组合自然;且对仗工整,用字讲究。

（施绍文）

竹器店(二)

淇园风雅今犹在

蒋径萧疏去复来

此联实是写"竹",却睹物思情,浮想联翩,一时间将与竹相关的事和人从记忆中呼唤出来,令人流连忘返。上联的淇园是古代有名的竹园(在今河南淇县)。《诗·卫风·淇奥》有"瞻彼淇奥,绿竹猗猗"句。"风雅"两字分明让人联想起竹素来有君子的雅号。全句言淇园虽不存,但高雅遗风尚在。下联借典明志。《三辅决录·逃名》说,汉代蒋诩辞官归隐,"荆棘塞门,舍中有三径,不出,唯求仲、羊仲从之游"。(求仲、羊仲,人名)后人用蒋径或三径指归隐者的家园。可见三径中的竹径当有可羡之处。全句是说这样美好的田园风光虽已荒芜,但今日可从竹器店中仿佛见之。进入竹器店,而能唤起你对竹园、竹林、竹径风貌的向往,这既合店业性质,又给人以高雅脱俗之感。　（黄德金、施晴东）

米　店

张麟年

一世经营,为人口腹

万家饱饿,在我心头

张麟年,字峰石,号七七生,江苏南通人。米店在旧时是民众生活中很重要的店铺,此联以米店店主的口气,上联说自己经营了一世米店,是为了满足人们的口腹。下联说万家的饿饱,都系在我的心头。店主没有将赢利放在首位,而是将满足民众的口腹、饥饱放在心头,也算得上是以仁德经营,以满足民众需求为己任了。 (沈树华)

木雕店

莫笑雕虫,君子之器

须知刻鹄,巧匠所营

木雕,就是雕花木匠的技艺,在旧时是被视为不登大雅之堂的末技。《法言·吾子》:“或问:‘吾子少而好赋?’曰:‘然。童子雕虫篆刻。’俄而曰:‘壮夫不为也。’”可见雕刻只是雕虫小技,不被社会重视。联作者却说,你们不要笑木雕是雕虫小技,其实他是有高深艺术修养的人才能创作的大器作品。刻鹄,语出《后汉书·马援传》的“刻鹄类鹜”。鹄,天鹅。鹜,鸭子。意谓天鹅刻不像,可以刻鸭子。但联语说,须要知道雕刻鹄,只有巧匠才能完成任务。此联为雕刻艺人正名:这不是雕虫小技,而是有技艺、有才华、有艺术修养的人才能完成的工作。 (沈树华)

红头绳店

颜色还疑红线女

因缘莫误赤绳仙

红头绳,即绒线。旧时年轻女子喜以红头绳扎头发,既可束发,又可作装饰,故有专卖红头绳之店铺。此联即为红头绳店所撰之对联。对联选择红头绳与姻缘有关的两则故事着笔,以提升红头绳在生活中的重要性。上联所说红线,指元代韩奕《韩山人集·清平乐·寿内》词有句云:“当初黄卷相逢,后来红线相从;此去白头相守,榴花无限薰风。”下联赤绳,指赤绳系足。唐人小说记述，有专司婚姻之神，凡遇有缘男女，即以赤绳系两人之足，最后必成夫妇。对联说红头绳与人生大事婚姻有关，马虎不得，必须引起重视。（沈树华）

秤 店

权衡凭正直
轻重在公平

旧时所用之秤，有杆有锤，秤的质量全靠秤锤秤杆正直。权衡，称量物体轻重之具，即指秤。权，称锤，衡，称杆。上联说，秤的质量，全在锤正杆直。下联说秤物的轻重，全在公平。以物喻理，秤物要公平，修身、经商、从政、为人最起码的道德要求也离不开公平。（沈树华）

茶 叶 店

陆羽谱经，卢仝解渴
武夷选胜，顾渚分香

此联以自对形式，上下联各以前四字与后四字相对，而上下联之间又寻求一种总体上的对仗，这也是对联写作的一种方法。联意围绕“茶”来展开，上联述说两位与茶相关的历史名人，下联描绘两处产茶胜地，从而对茶文化加以颂扬。陆羽，唐复州竟陵人，字鸿渐，隐于苕溪，自称桑苎翁。招拜太子文学不就，以嗜茶闻名，著《茶经》三篇，为我国关于茶的最早著作。后世民间祀为茶神、茶圣。卢仝，唐范阳人，号玉川子，诗人，曾写过一首《谢孟谏议寄新茶》诗，写著名的七碗茶故事：“一碗喉吻润，二碗破孤闷，三碗搜枯肠，唯有文字五千卷。四碗发轻汗，平生不平事，尽向毛孔散。五碗肌骨清，六碗通仙灵。七碗吃不得也，唯觉两腋习习清风生。”上联以两位茶史名人，说明饮茶和茶文化的重要性。下联所举茶叶两个重要产地，福建武夷山和浙江湖州顾渚山，这两地选出茶的胜品，分得芳香。从而明示

这家茶叶店的茶叶都是上品,一瓯如沐春风。（佟　今）

针　线　店

要将铁杵磨成器
好把金针度与人

此联旧时为针线店而撰。结合针线这类小商品,微言大义,蕴含勉励人们刻苦磨炼,可成大器的思想。上联铁杵磨成器,即指铁杵磨成针。传说唐代李白少年时在眉州象耳山读书,厌学弃去。过小溪,逢一老妪,方磨铁杵,问之,曰欲作针。李白听了感动,回去继续攻读。今民间有“只要功夫深,铁杵磨成针”一语,也指此意。下联金针度与人,即金针度人,指授人某种技术的诀窍。这里代指做针线的技术。此联既教人成器,亦授人诀窍,作者的用心可谓良苦。（佟　今）

洗　染　店

鹅黄鸭绿鸡冠紫
鹭白鸦青鹤顶红

为洗染店撰联,从颜色落笔,是再贴切不过的了。此联以黄、绿、紫、白、青、红六种颜色入联相对,并在六种颜色之前冠以六种禽名作状语,上联以家禽鹅鸭鸡,对下联的飞禽鹭鸦鹤,井然有序。六种主色,色彩齐全,很合染色行业。联语对仗工稳,平仄协调,读来生动有趣,讨人喜欢。（沈树华）

钱　店

张麟年

此何物耶,饿不能吃他,冷不能穿他,看英俄德美意奥比葡及各国人民,死死生生,还要为他糜血战

是真健者，有钱的媚你，无钱的求你，合顺康雍乾嘉道咸同与今皇年号，巍巍赫赫，更教替你署头衔

张麟年写联，往往有别情，能言人所不言处。譬如此联写“钱”，他能从小看到大，又从大看到小。上联说“钱”是何物耶，饿了又不能吃，冷了又不能穿，但世界上欧美列强英国、俄国、德国、美国、意大利、奥地利、比利时、葡萄牙及各国人民，生生死死，都在为钱相互毁伤，进行血战。下联说“钱”是真正的英雄健者，有钱的人谄媚你，无钱的乞求你，合前代如顺治、康熙、雍正、乾隆、嘉庆、道光、咸丰、同治和当今皇上光绪，钱在这些朝代，何时不是巍巍赫赫，它还可以为你买来充满光环的头衔。对“钱”进行了嘲讽，但也写出了现实状况，值得人们深思。（沈树华）

鸡　行

张麟年

想生平斗武的雄心，五德那甘侪众鸟
等世界天明时开口，一鸣何怕不惊人

鸡是与民众生活有着紧密关系的家禽，鸡行，是买卖鸡的场所。此联所写为雄鸡，雄鸡喜斗，羽毛美艳、金毫、铁距、高冠、昂尾。鸡有五德：首戴冠者，文也；足傅距者，武也；敌在前敢斗者，勇也；得食相告，仁也；守夜不失时，信也。侪，类，等同。上联意谓想想平生斗武的雄心，具备五德，那甘心等同于众鸟。一鸣惊人，一声鸡叫，使人震惊。下联意谓待天明时啼叫，一鸣何愁不惊人。唐诗人崔道融有《鸡》诗云：“买得晨鸡共鸡语，常时不用等闲鸣。深山月黑风高夜，欲近晓天啼一声。”（沈树华）

川沙县商会

黄炎培

农有余粟，女有余布，交易而退，各得其所
货无弃地，力不藏身，盗贼不作，是为大同

黄炎培,字任之,江苏川沙(今属上海市)人,清末举人,同盟会会员,任江苏教育司司长,中华职业教育社董事长。1949年后,任政务院副总理,全国人大常委会副委员长。此联撰于1927年1月17日。上联讲商贸各得其所。农民出卖余粮,妇女出卖所织布匹,相互交易,各得其所。下联说建立大同社会。联作者认为货有所用,货有所值,劳动力可以适其所用,凭劳动获得报酬,没有偷盗,这样的社会,就是大同社会。联作者的愿望是美好的,但在当时是不可能实现的。社会只有物质得到充分的满足,社会才会安乐进步。

(沈树华)

爆竹店

截来淇上平安竹
开到人间顷刻花

古代爆竹是以火燃竹,能发出毕剥之声响。后人是用纸卷火药,点燃发声,也称爆竹。古今皆以爆竹报平安、驱鬼神。联中"淇上",淇水之上。淇水,今河南北部,古为黄河支流,源出淇山。其附近有淇园,古代以产竹著名。梁代任昉《述异记》有云:"卫有淇园,出竹,在淇水之上。"上联意谓店堂内的这些平安竹皆从产竹名地淇园割来。平安竹,即竹报平安。《酉阳杂俎》续十说:"北都惟童子寺有竹一巢,才长数尺,相传其寺纲维每日报竹平安。"纲维,管寺庙事务之僧。下联意谓店堂内的这些爆竹点燃后犹如天女散花,开到人间以报平安。上联写爆竹原料,下联写爆竹功用,合表爆竹的古今用途,甚切店名。

(希建华)

假发店

入门尽是弹冠客
去后应无搔首人

上联"弹冠"意即弹去帽子上的尘埃,语出《楚辞·渔父》"新沐者必弹冠"。全句意谓来店定制假发的都是苦于头发有缺陷,不得已而以帽遮丑的人。下联的"搔首"化用杜甫《春望》"白头搔更短,浑欲不胜簪"诗意,全句意思是戴上此店特制的假发,形象焕然一新,无须为脱发谢顶而苦恼了。这幅专为假发店题写的对联,却不着一个"发"字,而是紧扣顾客"入门"与"去后"的形象的改观,于对比中说明假发店的服务对象与经营特色,读来尤觉意味隽永。　(顾伟列)

化妆品店

淡浓随意着

深浅入时新

上联由苏轼《饮湖上初晴后雨》"欲把西湖比西子,淡妆浓抹总相宜"诗句化出。化妆淡浓,随人而异,要在合体,随意而着,不经意打扮亦能达到理想效果。下联本朱庆余《闺意献张水部》"妆罢低声问夫婿,画眉深浅入时无"诗句,把"无"改成"新",突出以"新"为美,商品时新,姿容日新。人们化妆,不论深浅,不仅合宜,也总希望"入时"而"新"。联语就化妆品淡浓深浅的不同色泽入手,既切行业特点,也起到了招徕顾客、迎合顾客心理的良好作用,俗不伤雅,独具韵味。　(施绍文)

旧货店

我岂肯得新忘旧

君何妨以有易无

上联一笔两写,关联双方。就店方言,"岂肯得新忘旧",意在表明本店专营旧货;就顾客言,新品既得,则旧物必去,而本店正是顾客家存旧货的绝好去处。下联表明本店买卖并举。"以有易无"意即以你多余之物换取你所需之物,以广招徕之意隐含其中。全联语皆兼指,耐人咀嚼。虚字穿

插其间,起伏跌宕,更平添了几分情趣。 (顾伟列)

锡 箔 店

有钱能使鬼
无事不通神

此联全用俗语。上联无非是借用谚语“有钱能使鬼推磨”,下联也引申古语“钱能通神”。锡箔,一种用涂锡的纸折叠成元宝之类的所谓冥间钱币。不过下联解释有歧义,一说是没有什么事,不必烧香焚纸买通鬼神;另一说是没有什么不可买通鬼神的。对照上联来看,前一说强调了求神之人有事才烧锡箔的心态,后一说则上下联同义,表现了“钱”的神通广大,反映世态心理更强烈。中国封建时代敬鬼神的迷信观念是建筑在地狱、天堂的神秘宗教观基础上的,本有敬畏之意。但联语却大不敬地用“钱”去差遣鬼神,这本身就是否定鬼神,同时也是对烧冥钱者的形象刻画,因而不无讽刺意义。 (黄德金)

油 烛 酒 面 店

林奎五

广开世界光明地
大适人情醉饱天

上联写油灯,意谓油灯能为人间带来光明。世界,此指人间、世间。下联写酒面,意谓酒足饭饱后高兴乃人情之常。大适,语出《宋书·陶潜传》:“每醉则大适。”适,乐也。人情,人心世情。醉饱,从《诗·大雅·既醉》“既醉以酒,既饱以德”中化出,后人以“醉酒饱德”之语作酬谢主人宴饮之词。此联属对工稳,平仄亦合,且造句典雅。 (希建华)

饮食服务业

◆酒店饭店

醉沤酒店

人我皆醉

天地一沤

辛亥革命以后，清王朝业已解体，京城及各地一些官僚纷纷避居上海。他们整日聚集酒肆，借酒使性，嚎哭狂笑。时某君于望平街设一酒肆，题曰“醉沤”，店旁榜书此联。联语把“醉沤”两字分别嵌入联末。上联写这批酒徒醉生梦死之态。下联借佛语喻天地生命之空幻。沤，水泡。《楞严经·指掌疏六》：“空生大觉中，如海一沤发。”一“醉”一“沤”，既为嵌名，又为酒醉者真实写照。联语言简意赅，天然含蓄，毫无拼凑之迹，是嵌字联中上乘之作。

（希建华）

天然居酒楼

客上天然居

居然天上客

这是一副典型的回文对，下句为上句的倒读，利用词序的往复，写出事物的有机联系。天然居，酒楼之名。上联为纪实，即酒客来到天然居。下联为虚写，即三杯酒下肚，醉意生来，居然犹如天上仙客。此联说法颇多。一说作者为乾隆，天然居为北京一店铺。且乾隆又以此为上联，让群臣拟对下联，众臣搔头抓耳，无人应声。此时纪晓岚以北京大佛寺拟出“人过大佛寺，寺佛大过人”之联，乾隆听后连声称绝。一说天然居为杭州城站附近一旅舍。相传光绪间有一书生穷困潦倒,寄居该舍,不能偿付房金,故撰此联,书赠店主,以笔润代房金。后此人被胡庆余堂药店主人巨商胡雪岩聘为西宾云。一说浙江新昌县南明山有尊大佛,佛前一寺,曰大佛寺。因环境清幽,风景如画,亦称天然居。有一游客先撰此联,后纪晓岚游此作"人过大佛寺,寺佛大过人"。一说上海有天然居酒楼,店主出此联征对,后有人以"人过大佛寺,寺佛大过人"应征,一时报章曾为之传诵。 (希建华)

桃源酒楼

诸君能知味者
此地可避秦无

上联赞顾客为品味内行。诸君,泛指南来北往的酒楼顾客。能知味者,谓都是能品评本馆菜肴美味的人。下联化用谢枋得《庆全庵桃花》"寻得桃源可避秦"诗句,暗扣楼名,称此地为世外桃源,说顾客来此一醉,可避世俗的杂乱烦恼。出句为判断句,表肯定意,对句为设问句,亦含肯定意,联语虚实结合,赞宾称主,甚为得体。 (纪德裕)

兰陵酒寮

方叔远

不问神似形似
相期醉乡故乡

此联虽是兰陵一小酒店的门联,但却淡中见雅,把酒中之趣化入平常语中。上联以"神似形似"道出在这个小酒店中,不论意气相投,神情相通的知己,或是天南海北似曾相识的友人,大家在此相遇,都可围桌畅饮。下联以"醉乡故乡"对之,实则在点出酒趣:醉乡故乡本不相干,在此却把醉意蒙胧之情和故乡故土温馨之境相弥合,更使人在彼此呼应的词义语境中闻到了盈溢的酒香和酣畅的温情。此联虽无李白"且对一壶酒,澹然百事闲"

(《春日独酌》)的淡泊,但仍透出谪仙那种"醒时同交欢""相期邈云汉"(《月下独酌》)的洒脱飘逸的遗风。 (陈建国)

锦江楼酒馆

郑乡樵

苏台春色平分,好与莺花同作记
锦里江光近接,为看风月一登楼

据传福州闽江畔有锦江楼酒馆,歇业后由吴人苏春接办,意欲于旧牌号外另添"苏春记"三字,遍征文人撰联,要求分嵌新旧牌号,结果郑乡樵之联入选。出句嵌"苏春记",对句嵌"锦江楼",绘景作颂,切时言情均恰到好处。上联描绘苏台之地春光明媚,莺啼花开,尽可揽胜吟咏,而暗寓"苏春记"欣欣向荣、生机盎然之意,字里行间不乏祝颂之情。苏台,江苏苏州姑苏台。下联借四川锦里的美好景色,极力写出"锦江楼"地处江岸,登楼观景,江水与霞天一色,入晚清风徐来,明月高悬,文人骚客或商贾行旅登临此地,能不为之一爽襟怀！锦里,四川成都的代称。相传蜀人织锦濯于成都南之锦江,故名。联语从登楼者的情趣落笔,实有招徕之意。总之,此联言情状景有致,意境风雅清疏,商家招财之念又从巧言俊语出,嵌字自然而别出新意。 (黄德金)

广州陶陶居酒馆

陶潜善饮,易牙善烹,饮烹有度
陶侃惜分,夏禹惜寸,分寸无遗

陶陶居,是广州著名酒馆。据说老板以"陶陶"二字公开征对。一位过路的外省人应对合格入选。联首均嵌一个"陶"字,与酒楼楼名呼应。"陶陶"是"乐"的意思,构思甚巧。上联的陶潜系指东晋时著名的田园诗人,喜欢饮酒,在当彭泽县令时,曾专门种秫酿酒。易牙,是春秋时齐桓公的臣僚,以善烹调出名。饮烹有度,意谓客人品尝与酒家烹饪的水平都到了家。下联的陶侃,为东晋名将,勤于治军,爱惜分阴。夏禹,夏后氏部落领袖,忙于治水,他们都十分惜时,认为光阴宝贵,一寸光阴一寸金。分寸无遗,这里暗指一分钱一分货,酒家尽心,客人不亏,客人所得足以偿失。联语紧扣宾主身份,赞誉宾主不失分寸,上联将"饮""烹"重组成"饮烹",下联将"分""寸"重组成"分寸",遣词高雅而又贴切。（张 迈）

福州广聚楼

区菊泉

美酒可消愁,入座应无愁里客

好山真似画,倚栏都是画中人

楼在福州南台。联语大意为,美酒可以消愁解恨,在此就座,就不会有忧愁难遣的宾客;面对如画的天宁山,凭栏观赏的人都成了图画中人了。字里行间既描绘了酒楼的酒好、座雅,又不露痕迹地恭维了客人,信笔写来,颇为得体。在短联中,一般不宜有重复字,但也有例外,本联的两个"愁"字、两个"画"字,读来并不觉其重复,而对酒的功能、人的身份起了强调作用。联语写酒美、景美,甚至将人也融入画中,写得潇洒飘逸,诗意浓郁,因而有很强的感染力。（蒋竹荪）

汉口襟江酒楼

朱国桢

襟抱谁开,登楼纵眺

江山如此,有酒在尊

襟抱,指胸怀与抱负。杜甫《奉侍严大夫》诗:"身老时危思会面,一生襟抱向谁开。"尊,古代酒器,同"樽"。这是为"襟江酒楼"题写的对联。作者巧妙地在上下联开头分别用"襟""江"二字点出酒楼之名,又在上联中嵌一“楼”字,下联中嵌一“酒”字,都比较自然。全联没有落入为酒楼叫好的俗套,却写出了有志者登楼畅饮时神态自若的闲适情怀。 (张炳隅)

杭州西湖仙乐处酒家

翘首仰仙踪,白也仙,林也仙,苏也仙,我今买醉湖山里,非仙也仙

及时行乐地,春亦乐,夏亦乐,秋亦乐,冬来寻诗风雪中,不乐亦乐

这是从前西湖仙乐处酒家所悬一副对联。上联的“仙”字含有非凡、超脱、拔俗的意思。白指唐代白居易,曾任杭州刺史。林指宋初林逋,此人独居西湖,有“梅妻鹤子”的佳话。苏指苏轼,他曾任杭州知州。现在杭州市还有苏堤等故址。全联以“买醉”两字点明酒家,以上下联的仙与乐扣住酒家名。下联的“及时行乐”本为成语,为了对上联的“仙踪”,“乐”字便与“地”字搭配,成为及时行乐地。此联记一年四时之乐。冬天本不适宜于游乐,但风雪寻诗(指诗情),自别有一种乐趣。孙光宪《北梦琐言》七:有人问郑綮,相国近有新诗否?綮答道:“诗思在灞桥风雪中驴背上。”这里或化用其典。 (金性尧)

杭州西湖都一处菜馆

小店依孤山,岂无梅香拂尘

平湖伴佳客,更有秋月引怀

菜馆在杭州西湖边。上联说菜馆紧依孤山。这是西湖赏梅胜地。“梅香”一词,点出菜馆地理位置的优越,孤山多梅花,香飘能入席。下联写菜馆与“平湖秋月”邻近。此为西湖十景之一。这里湖面开阔,景色宜人,尤其是在皓月当空的秋夜,湖平如镜,清辉如泻,那就格外迷人了。面对如此美景,在菜馆内举酒劝客,品味佳肴,这实在是人生难得的乐事,不由得会

使人胸怀开张,豪兴大发。这副对联充分利用其地理环境的特殊,巧妙地将湖上的两处名胜嵌入句中,富有诗意。 (俞纪东)

海上小有天闽菜馆

郑海藏

道道非常道
天天小有天

上联语出《老子》:“道可道,非常道。”作者借用成句,本意却不在谈道家哲理,而在于赞美“小有天”的烹调精美绝伦。道道,每一道菜;非常道,道道菜都非同寻常。下联将菜馆名“小有天”嵌入句中,并以“天天”领起,意思是“小有天”的美味佳肴令人久食不厌,以至食客天天都要来此品尝。对联以重语叙写,拙中见雅,读来顿挫铿锵,耐人寻味。用前人成句也能自出新意,颇饶情致。 (顾伟列)

长沙饮和祥餐馆

吴恭亨

饮酒读离骚,也算屠门大嚼
和羹调鼎鼐,不如左手持螯

上联意谓边饮酒,边读《离骚》,也算是吃过肉了。屠门,肉铺。曹植《与吴季重书》:“过屠门而大嚼,虽不得肉,贵且快意。”后用来比喻羡慕某物不能得到,把想象当作现实,聊以自慰之意。下联意谓当宰相处理国家大事不如手持螃蟹嚼着品尝。和羹,以不同调味品配制成羹汤。《书·说命下》:“若作和羹,尔惟盐梅。”孔传:“盐咸梅醋,羹须咸醋以和之。”意谓盐多则咸,梅多则酸,盐梅适当,就成和羹。按盐咸梅酸,须调和适当。鼎鼐,古代煮或盛食物的器具,多用青铜制成。在鼎鼐中调味。后用“调羹”“和羹”来比喻宰相处理国家大事。持螯,即吃蟹。《世说新语·任诞》载“晋毕卓(茂世)嗜酒,曾说:‘一手持蟹螯,一手持酒杯,拍浮酒池中,便足了一生。’”联语写出餐馆的特征,用典诙谐圆熟,雅而不俗。上下联首嵌店名“饮”“和”二字,使对联意中有意。 (孟建梁)

南京菜馆

不怕那大肚好汉

却喜这净盘将军

这是从前南京一家菜馆的对联。“大肚好汉”和“净盘将军”同一意思,都指狼吞虎咽的食客。净盘将军,原作“尽盆将军”,元人俗语指十分贪吃的人,即“食王元帅”。元无名氏《杀狗劝夫》一折:“吃的来东倒西歪,尽盘将军。”烧的菜能给顾客吃得干干净净,正说明这家菜馆烹调之好。对联用语诙谐活泼,令人解颐,是在风趣中宣传了菜馆的名声。上联更是活用了俗语“开饭店不怕大肚汉”,使联语充满了喜气洋洋的色彩。

(金性尧)

酒　店(一)

李汝珍

尽是青州从事

那有平原督邮

李汝珍是古典小说《镜花缘》的作者。这是《镜花缘》第九十六回中为某酒店写的招揽生意的对联。晋代桓温手下有个小卒,会辨别酒的好坏,尝到好酒则高声说:“青州从事。”尝到坏酒则说:“平原督邮。”原来“青州”有个齐郡,“齐”“脐”同音,意即好酒可通到脐下。“平原”有个鬲县,“鬲”“膈”同音,意即坏酒到膈为止,不能下去。“膈”,胸腹间内膜。“从事”“督邮”,都为古代官衔。上联说,本店尽是好酒。下联说,本店不售次货。联语妙在巧用典故作广告,以起到招徕顾客的作用。 (周世达)

酒　店(二)

冯梦龙

酿成春夏秋冬酒
醉倒东南西北人

此联出自冯梦龙《警世通言》卷二十。小说主人公来到镇江府,在街上闲走,看见一家酒店门前招子上写着此联。酒店联历来多有,但写得巧妙别致的并不多见。此联的基本结构是“酿成酒”对“醉倒人”,可以说用最简洁明白的语言标明了酒店所供之酒的质量之高。此联的妙处是其中分别嵌入四时和四方,使含义更深一层:春夏秋冬极言酿酒时间之长,则其质量自是过人;东南西北极言醉人地域之广,则其声誉不言而喻。全联虽语意夸张,但通俗明白,引人注目,是一则“好广告”。而上下联的对仗更像天造地设,巧夺天工,是酒店联中的佳作。　（朱迎平）

酒　店(三)

刘伶借问谁家好
李白还言此处佳

刘伶、李白为古代两位以饮酒著称的名士、诗人。刘伶,晋沛国人,与阮籍、嵇康等友好,为“竹林七贤”之一。他纵酒放达,乘鹿车,揣一壶酒,使人荷锸相随,说:“死便埋我。”曾著《酒德颂》,自称“惟酒是务,焉知其余”。后世常以刘伶为蔑视礼法、纵情饮酒、逃避现实的典型。李白,曾以蔑视权贵,遭谗出京,游历江湖,纵情诗酒。联作者借用两位古人的一问一答,在诙谐中为酒店做了宣传。此联构思脱胎于杜牧《清明》诗:“借问酒家何处有,牧童遥指杏花村。”　（希建华、胡家禔）

酒 店(四)

韩愈送穷,刘伶醉酒
江淹作赋,王粲登楼

这是从前广东潮州市“韩江酒楼”挂出的一副巧联。联语首嵌“韩江”,尾嵌“酒楼”,构思精巧。上联用了两个典故,既写出了酒楼特色,又写出了店主的心理状态。韩愈,唐代文学家。曾写《送穷文》,后因谏迎佛骨,被贬为潮州刺史。这里是祝愿店主送穷迎富,财源茂盛,生意越做越好。刘伶,西晋“竹林七贤”之一,以嗜酒著称,自言“天生刘伶,以酒为名。一饮一斛,五斗解酲”。运用这一典故,意在点明酒楼,招徕更多醉客。下联也用了两个典故,既写出酒店的风雅,又写出了酒楼能游目骋怀的特点。江淹,南朝梁代文学家,擅长作赋。他的《别赋》誉传千古。作者引用这一典故,意在说明此处乃设宴饯别之所,饮酒赋诗之地。王粲,汉末文学家,“建安七子”之一,他的名作《登楼赋》,脍炙人口。这里旨在说明此楼可登高望远,把酒临风,扩大眼界,增长文思。此联嵌字巧妙,用语紧扣招牌和酒楼之名,意境开阔。典故运用得当,又能令人发思古之幽情,因得雅逸之趣。

(延 培、张 迈)

酒 店(五)

市上数百年,此是李翰林乐处
瓮边尺寸地,可为毕吏部醉乡

出句说,唐朝诗仙李白,经常醉卧酒家,那里成为他的乐园。市上,杜甫《饮中八仙歌》:“李白斗酒诗百篇,长安市上酒家眠。”李翰林,李白于天宝元年被诏入京为供奉翰林。他性嗜酒,曾自豪地说:“会当一饮三百杯。”“但愿长醉不复醒。”这种沉醉酒乡、以醉为乐的心情,反映了他有志难展有才不得用的愤激。对句说,晋代吏部郎毕卓,酒瓮边尺寸之地,是他向往的醉乡。毕吏部,《晋书·毕卓传》:“太兴末,(毕)为吏部郎。比舍郎酿熟,毕因醉夜之瓮下盗饮,为掌酒者所缚,明旦视之,乃毕吏部也。”此联未提“酒”字,但字字与“酒”关涉。联语用历史上两个著名的嗜酒人的故事,盛赞店家的酒香、酒美,可见其构思之巧。 （商启予）

饭 店(一)

诗无达诂

味有别裁

茶楼酒馆多为俗客出入之地,然其楹联却多雅趣,此联亦是一例。上联出自汉董仲舒《春秋繁露·精华》,谓诗歌的主旨由于一词多义,读者见仁见智,感受不同,所以一般没有通行的确定的解释。下联扣住“饭馆”之题,谓食物的味道,各有特点,亦不应雷同,作为名厨的烹调自然更应独出心裁,与众不同。联语仅八字,对仗工稳,平仄协调,以诗之确解求同之难衬托烹调食物必求不同风味,说明饭馆烹调技术高明,风味独特,可谓构思新奇。 （蒋竹荪）

饭 店(二)

李梅庵

宰天下有如此肉

治大国若烹小鲜

上联意谓主宰天下要像陈平分肉那样保持公平。典出《史记·陈丞相世家》:“里中社,平为宰,分肉食甚均。父老曰:‘善,陈孺子之为宰!’平曰:‘嗟乎!使平得宰天下,亦如是肉矣。’”里中社,古代供奉土地神之处所。三个“宰”分别释为:割,吏,主宰。下联出自《老子》六十章:“治大国若烹小鲜。”意谓治理大国好似烹小鱼一般,忌多翻动。河上公云:“鲜,鱼。烹小鱼,不去肠,不去鳞,不挠,恐其糜也。”联语借餐馆日常之事推论到治国的道理,因小以明大。厨师切肉,讲究刀法,必须大小厚薄均等,中国传统治国原则也是“均”,孔子说“不患寡而患不均”(《论语·季氏》),即此意。厨师烹小鱼,不能翻来覆去,以免糜烂,治国也注重安定、稳定而不扰民。孔子说“不患贫而患不安”(《论语·季氏》),亦是此意。此联能将两个不相干的典故合而为一,使之表现一种新意,并不脱离餐馆之题,得来毫不费力,择语天然,俨然自撰。 (希建华)

饭 店(三)

有同嗜焉,从吾所好
不多食也,点尔何如

上联“有同嗜”,语出《孟子·告子上》“口之于味也,有同嗜焉”;“从吾所好”,语出《论语·述而》“富而可求也,虽执鞭之士,吾亦为之。如不可求,从吾所好”。南来北往的客人,走进饭店,当然“有同嗜焉”。进了馆,按单点菜,可“从吾所好”。集古人语,用作饭馆上联,好像客人自已在说话。下联也是集句。“不多食也”,语出《论语·乡党》:“不撤姜食,不多食。”“点尔何如”语出《论语·先进》。此句本为“点,尔何如”,“点”是孔子弟子曾皙的名,孔子问点:“尔意如何?”本是名词,活用作数量词,“一点儿”如何?这一改颇有意思,似乎饭店老板在规劝顾客:少食为佳,七分为饱。

(周世达)

◆茶楼

茶 酒 楼

为名忙,为利忙,忙里偷闲,饮杯酒去
谋衣苦,谋食苦,苦中作乐,拿碗茶来

据说,从前成都某路口有一个兼卖茶酒的小楼,一士人经过,得解渴而称便,并题此联。上联意谓,人们一生为名利而忙碌奔波,何不忙里偷闲,饮杯好酒,消忧解愁?下联意谓,人们终日为衣食而辛苦劳累,何不苦中作乐,喝碗香茶,涤尘释烦?全联劝人掌握日常生活有张有弛的节奏,学会忙里偷闲,苦中作乐,以保证身体的健康。联语以轻松活泼的语调,劝诫世人勿恋名利,而宜寻求自我解脱,说理在活泼轻松中道出,对茶酒楼的营业也是出色的宣传。（张 迈）

杭州西湖茶舍

徐福辰

十年许勾留,与西湖有缘,乃尝此水
千秋同俯仰,惟青山不老,如见故人

上联“十年许勾留”为纪实,意谓西湖与我之缘分似有情人,允许我在杭城居留了十年,尝到用西湖水沏的茶。下联意谓在杭十个春秋如瞬息之间,殊不惬意,只是湖上青山,风景依然,如面对故人。联语表达了作者与西湖及青山之间的无限深情。然而,作者愈是说与山水“有缘”,愈是表现出与世间的“无缘”。联语既切西湖茶舍,又写得感情深沉,别具雅意。（希建华）

杭州火车站茶室兼澡堂

刘葆良

正瓯越销兵、沪杭同轨之时,借胜境涤尘嚣,在明圣湖六桥以外

问陆公茶灶、屈子兰汤何处,有层楼矗云表,距清泰门百武而遥

上联写茶室背景。瓯越,指浙江。销兵,熔毁兵器,此指路权之争获得胜利。1909 年沪杭铁路建成通车前后,浙江人民与英美帝国主义争夺沪杭甬路权,历经六年之久,终于 1911 年收回。涤尘嚣,谓人们可在此品茗消遣,明圣湖,即西湖。下联扣茶室澡堂之名。陆公,指唐代陆羽。陆以嗜茶

著名,撰有《茶经》,人称“茶圣”。屈子,屈原。其《九歌·云中君》有“兰汤”,即以兰草为浴汤。有层楼句,状楼高可直插云天。上下联之末句,均点出此建筑在西湖旁清泰门附近。百武,古以六尺为步,半步为武,百武谓相距甚近。对联用语节奏感强,于茶室中寄托对时事的关心,对古人的怀念,读来可觉其雅韵不凡。（希建华）

嘉兴品芳园

汤寿潜

楼上一层,看塔影朝暾,湖天夜月
客来两地,话武林山水,沪渎莺花

上联说,登上一层楼,举目可见初升的太阳,古塔的倩影,夜晚则可欣赏南湖的波光月色。暾,音 tūn,旭日。下联说,客从两地来,或叙杭州明秀的山山水水,或谈海上莺啼花开时的烂漫春光。武林,旧指杭州。苏轼《送子由使契丹》诗:“湖山应梦武林春。”沪渎,古称黄浦江下游近海一段水域,此处代指上海。莺花,莺啼花开。卢仝《楼上女儿曲》:“莺花烂熳君不来。”联语先写茶楼周围景物之美,后写杭州上海两地来客各夸本地风光,显示品芳园确是品茗纵谈的胜地。全联对仗工整,文辞妍丽动人。（蒋竹荪）

升平茶社

金武祥

泉烹苦茗能留客
水绕甘棠到惠民

金武祥,字溎生,号菽芗,又号粟香,江苏江阴人,有《粟香随笔》。所题升平茶社,在江苏常州惠民桥下。上联云烹泉煮苦茗,因水好、茶香,能留住茶客。下联云水绕甘棠树,流到惠民桥下,喻各处茶客,都来到升平茶社饮茶。甘棠,木名,即棠梨。（佟 今）

茶　楼

茶亦醉人何必酒
书能香我不须花

这副对联说茶好茶香，胜过酒好酒香，极言茶香迷人，其意则谓此茶楼定当高朋满座；又云茶客中不乏读书之人，书能香我，胜过花香，更见高雅不俗。茶楼而不俗，正是可以清心涤尘，令人流连忘返之地。联语以两个肯定，两个否定，突出茶味浓烈、书香诱人，使茶楼充溢秀逸之气，透露了中国茶文化特有的魅力。（施绍文）

◆杂店

豆 腐 店

请君跳过鱼儿碗
看我搬成肉价钱

陆游《书二公事》载，宋人谢谔“晨兴，烹豆腐菜羹一釜，偶有肉，则缕切投其中，客至，亦不问何人，辄共食”。其意是说谢谔早晨起床，做一锅豆腐菜羹，碰巧案边有块肉，于是他就顺手将肉切成丝，投入锅中，客人到，也不管来者是谁，立刻一起吃起来。其意谓鱼儿味虽鲜，然我做的豆腐却比鱼儿更鲜；肉的价钱远比豆腐的价钱要贵，但我做出的豆腐质好，其价钱当然也就贵了。这正如俗话所说，“一分钱一分货”。此联源出济安义川民间谚语——“跳过鱼儿吃豆腐，豆腐搬成肉价钱”。有“王婆卖瓜，自卖自夸”之风趣，足解人颐。（希建华）

肉　店

过门客大嚼
入社要平分

联语化用典故而成。曹植《与吴季重书》说:“过屠门而大嚼,虽不得肉,贵且快意。”桓谭《新论》也说:“知肉味美,对屠门而大嚼。”上联化用而言所售之肉味美,必让你大嚼不止。下联是援引《汉书》记载陈平为里社公平分肉所说的话:“嗟呼,使平宰天下,亦当如此肉矣。”原意是表达陈平欲主宰天下的抱负。联语则说明,来我店买肉一定公平而无私心。此联用典虽较深,但切合行业特点,而又饶有风趣。 (黄德金、施晴东)

油粿光饼店

陈子安

敢试油锅,何如气节

几经炉火,有此圆光

油粿,油炸的面食品。光饼,圆形,有孔、可用绳穿贯的面饼。相传明代抗倭将领戚继光创制此饼作为军队干粮,故称光饼。上联谓油粿在油锅里反复煎炸,怎能比得上戚继光率兵勇敢抗倭的民族气节。下联谓光饼于炉火中烤成,以喻戚继光之精神,似菩萨之首,光轮万丈。炉火,道家用以烧炼丹汞,须几次方成。圆光,佛家称菩萨头部放出的光轮。这副对联看似写物而实写人。 (希建华)

糖 果 店

到来尽是甜言客

此去应无苦口人

糖果店离不开甜味。本联抓住“甜”字来述说,正切店业。上联说,顾客吃了本店糖果,连说话都带甜味。甜在嘴里,心中自然也是甜滋滋的。这既赞扬了顾客,更宣扬了店家的声誉。下联说,顾客离店,对此优质糖果,料定不会吝啬不买,空手而回,所以说“无苦口人”。联语围绕“甜”字,写来去顾客口甜、话甜、心甜,店堂也是一片欢快气氛。且用极富感情与简

约的文字，写出糖果店的特色。（施绍文）

◆客栈旅店

鼎升客栈

宾至如归，教庖人善调鼎鼐

春来且乐，劝旅客莫问升沉

联语以店主口吻出之。按店名“鼎升”二字本有预祝旅客大大升迁之意，可细读联中的“鼎”“升”二字却转变了这种意思。上联的“鼎鼐”是小锅子与大锅子的总称，“教庖人善调鼎鼐”指要为客人准备各种美食以让客人有到店如到家之感；下联“劝旅客莫问升沉”则是希望客人能把人生的升降、荣辱暂搁一边，且在店中多住些日子，消遣春光。宾至如归，出《左传·襄公三十一年》。全联嵌字巧妙，对仗工稳，含义深刻。

（张炳隅）

广州白天鹅宾馆

故人情重一江水

南国春浓万枝花

白天鹅宾馆在广州沙面珠江之滨，是近年建造的中外合资的高层大型宾馆。此联刻于宾馆内假山摩崖上。联语主写“故人情重”和“南国春浓”。以滔滔汩汩、源源不断的“一江水”喻情意之重；以艳丽茂盛、四季常新的“万枝花”喻春意之浓。“情”“春”是抽象事物，在此变成两个具体可感的形象。且喻体“一江水”“万枝花”毫无勉强、凑合迹象。一江水，指珠江。万枝花，本属广州南国气候的特征，信手拈来，贴切自然。上联言情，下联咏景。故人，泛称在此居住过的游人。联语以有形写无形，以景衬情，又移情入景，韵味淳厚，读来婉约缠绵。（张君宝）

旅　　店(一)

尹铭卓

君行且止

宾至如归

本联为客栈、旅馆所常用。民谚“在家千日好,出门一时难”,极言人们素有居家常乐、出外维艰的心态。上联说您的行程可以暂时停下来,“止”字有恭候宾客光临之意。下联说客人来到这里,犹如回到家中。《左传·襄公三十一年》:“宾至如归。”联语将客寓比作居家,以表现旅店服务的周到,给人一种温暖感觉。联句言简意赅,格调高雅。　　(胡　彬)

旅　　店(二)

尹铭卓

大烹以养

小住为佳

上联“大烹以养”,语出《易·鼎卦》“而大亨以养圣贤”。“亨”,通“烹”。大亨,指丰盛之食物。下联“小住为佳”化用晋人杂帖“寒食近,且住为佳耳”,意为暂时逗留。全联谓此旅舍可以丰盛的饭菜款待宾客;宾客若需暂时居留过夜,最好地方莫过于此。此联虽化用古句,但对仗工稳,且平仄合律。　　(希建华)

旅　　店(三)

共对一樽酒

相看万里人

上联用“酒”字暗示出顾客心境的凄苦。“何以解忧？唯有杜康。”但这酒并不是一人独饮，而是有人与之“共对”的，境况就不那么凄凉了，心里的忧愁也就不会无处倾诉了。下联突出“共对”之人来自天涯海角。尽管他们诉说的也都是路途的艰辛、思乡的苦涩，但他们毕竟同病相怜，彼此能够理解，互相能够安慰，从对方身上可以获得自己所需的同情和温暖。联语言简意赅，具有浓郁的人情味。而以“万里人”衬托“一樽酒”，强调了“共对”“相看”的重要性。 （俞纪东）

旅　　店（四）

喜待东西南北客

献君兄弟姐妹情

上联点明旅店的行业特征是迎客投宿，但不说“四方客”，而用铺陈手法，称“东西南北客”，颇有气势，读来也酣畅流利。下联抓住顾客的特有心理，一个人客游他乡，举目无亲，总会产生一种孤独凄凉的感觉，因此，待客以亲人手足之情，这对顾客确实是很有吸引力的。这里也不是简单地用“手足情”三字来表达，而代之以“兄弟姐妹情”，就更具形象性，温煦之情似可触扪。对联用语平易，读之使人感到热情温馨亲切。 （俞纪东）

旅　　店（五）

萧大猷

莫道囊空，问千里遨游，带多少关山风月

特开陋室，恐长途辛苦，误勾留杨柳楼台

这是一副旅馆联。上联是说旅客千里跋涉，披星戴月而来，即便少钱，也供留宿，含有本店待客不分贫富之意。关山，指山川关隘。下联是说长途奔波，备尝辛苦，与其误入青楼，不如来此留宿，因本店风气良好。待客真诚之意隐含其间。联中“问”“恐”二字，语带关切，给人以亲切热情之感。

全联一波三折,步步揭示劝人留宿的主旨。造语劲健,读来自有江湖豪气溢于言表。（顾伟列）

旅　店(六)

茅店月明鸡唱早
板桥雪滑马行迟

晚唐诗人温庭筠《商山早行》诗有“鸡声茅店月,人迹板桥霜”的名句,用具有特征性的景物给人生动的视觉形象,描绘出一幅动人的行旅图。本联虽是化用成句,也有独到之处。上联“茅店”,表明山区客栈,“鸡唱”表时间,“月明”讲天色,全句将北方山区客栈的特有景物一一交代清楚,又将雄鸡报晓,人察天色,准备行装的动态也活画出来了。下联再写北方冬天特有的景象,板桥上被大雪封盖,行旅之人急急催马上路,但因雪冻路滑,马儿行动迟缓。不论早行,还是迟行,店家都会服务周到,消除行旅人的焦躁情绪。（黄德金）

旅　店(七)

萧大猷

问我生涯,看过去、未来、现在
助君诗意,有鸡声、月色、霜痕

此联采取设问、拟答的方式,写得含蓄蕴藉,韵味醇厚。上联意谓,如果问我的经营情况,那么可看看我店过去、现在以及未来,意思是,老顾客心中自有定评,无待自我表白。下联化用温庭筠《商山早行》诗“鸡声茅店月,人迹板桥霜”,向顾客建议,这里可提供你一些宝贵的诗料:凌晨的鸡声,未落的残月,霜地的人迹。联语未出现“旅店”字样,却字里行间处处不离旅店。问得平白通俗,答得巧妙高雅。（张　一）

旅　　店(八)

郑　珍

未晚先投宿
鸡鸣早看天

郑珍,字子尹,号含成,清贵州遵义人,江西吉水籍。道光十七年(1837年)举人,同治二年(1863年)以荔波训导补江苏知县。此联传为郑珍手笔。在农耕社会,旅客在天未晚时便先找旅店投宿,次日闻听鸡鸣便早早起床看天色阴晴雨雪,以便早早离店赶路。联文以通俗语言,写出了当时旅客行止的心理状态,让后人得以了解当年旅途的艰辛。　　(佟　今)

旅　　店(九)

钟云舫

国中尚有人乎?夜半鸡声,劝英雄莫忘起舞
我亦非无意者!雪中鸿爪,是住客只管题诗

钟云舫,四川江津人,清末廪生,长期以塾师为业,善撰联,为清末联界名家。此联是他为客栈所撰,上联激励客栈住客要奋发有为,做有志向的人。联句化用闻鸡起舞的典故,劝客栈住客勤勉奋发,听到夜半鸡声,不要忘了做有志之士闻鸡起舞。闻鸡起舞,典故见《晋书·祖逖传》:"(祖逖)与司空刘琨俱为司州主簿,情好绸缪,共被同寝。中夜闻荒鸡鸣,蹴琨觉曰:'此非恶声也。'因起舞。"下联鼓励住客题诗,记录自己的行程。意,指意趣。雪中鸿爪,一作雪泥鸿爪,比喻行踪无定,偶然到达和相遇。苏东坡《和子由渑池怀旧》诗曰:"人生到处知何似?应似飞鸿踏雪泥。泥上偶然留指爪,鸿飞那复计东西。"联文鼓励旅客以诗记述自己的行程。

(佟　今)

◆会馆

北京湖广会馆

左宗棠

江山万里横天下
杞梓千章贡上都

上联描写湖广辽阔，横亘天下。下联是说湖广的人才为上都所用。杞梓，杞和梓都是良好的建筑树材，借代人才。千章，指大量人才。《史记·货殖列传》："山居千章之才。"本联气势磅礴，"万里横天下"，一个"横"字，境界全出。"千章贡上都"，说明虽横天下而不离心，巧妙地点出湖广与京城的关系。（纪德裕）

北京四川会馆

此地可停骖，剪烛西窗，偶话故乡风景：剑阁雄，峨嵋秀，巴江曲，锦水清涟，不尽名山大川，都来眼底

入京思献策，扬鞭北道，难忘先哲典型：相如赋，太白诗，东坡文，升庵科第，行见佳人才子，又到长安

会馆坐落北京骡马市大街北面，为著名古迹。会馆，旧时同省、同县或同业者在京城或省城设立的公邸，供同乡、同业寄寓或聚会。骖，古代指驾在车辆旁的马，此指马车。停骖，停车休息或住宿。剪烛西窗，唐李商隐《夜雨寄北》诗："何当共剪西窗烛，却话巴山夜雨时。"巴江，源出南江县，流入嘉陵江。锦水，即锦江，流经成都附近。清涟，形容清波起伏。《诗·魏风·伐檀》："河水清且涟猗。"以上指四川的山水。献策，为国献计，以求录用。北道，指入京。先哲，已去世的有才德者。典型，本作"典刑"，指代表人物。《诗·大雅·荡》："虽无老成人，尚有典刑。"相如赋，司马相如，汉四

川成都人,以赋著名。太白诗,李白字太白,唐代人,自幼随父由中亚碎叶迁居四川绵州彰明县,有诗仙之誉。东坡文,苏轼号东坡,北宋四川眉山人,古文大家。升庵科第,明清时代考选官吏后备人员,分科录取,按成绩排列等第,称为科第。杨慎号升庵,四川新都人,明正德年间殿试第一名。以上指四川的名人。上联漫谈家乡景物:剑阁的雄伟,峨嵋的秀丽,巴江的萦曲,锦水的清波,数不清的名山大川,恍如浮现眼前。下联叙故乡著名人物。从南方来京是为国献计,不能忘记先辈留下的光辉典范:如汉司马相如献赋,唐李白赋诗,宋苏轼作文,明杨慎的科第。可以想见,家乡的才子才女又将联翩而至。此联所叙家乡风土人物,平日耳闻目见,不足为奇,一旦身临异地他乡,经人集中提炼,写成对联,读之就倍感亲切,由此油然而生眷恋之情,且有激励游子求取功名的作用。联语善用排比,将大好河山、历史名人一一写来,读来有珠玉落盘、美不胜收之感。

(唐　音)

江苏南京湖广会馆

曾国藩

地仍虎踞龙蟠,洗涤江山,重开宾馆

人似澧兰沅芷,招邀贤俊,同话乡关

曾国藩作为湖南湘乡人,他为湖广会馆撰联,有他热爱家乡的缘由在。此会馆在南京,故上联开笔就说会馆地仍处在虎踞龙蟠之地。虎踞龙蟠,形容地形雄壮险要,特指南京。洗涤江山,指清军从太平军手中重新收复南京,江山经过洗涤,重新开辟了湖广会馆。此说会馆所处之地,下联说家乡人才。澧兰沅芷,指沅茝醴兰,《楚辞·九歌·湘夫人》:“沅有茝兮醴有兰。”王逸注:“言沅水之中,有盛茂之茝,澧水之内,有芬芳之兰,异于众草。”后因以比喻高洁的人品或事物。“茝”一作“芷”。“醴”一作“澧”。招邀家乡的贤俊之士,一同共话家乡。乡关,家乡。

(佟　今)

江苏南京湖南会馆

彭玉麟

栋梁萃杞梓楩楠，带来衡岳春云，荫留吴地
源派溯沅湘资澧，分得洞庭秋月，照彻秦淮

上联说会馆的栋梁之材来自衡岳，它带来了衡岳春云，荫被了东南吴地。衡岳即南岳衡山，借代湖南。杞梓楩楠都是优质树材，四词连用，喻各类人才之多。下联说会馆所在地金陵，在长江下游，由此可上溯至沅湘资澧，即湖南各地，沅湘资澧分流而下，流经洞庭，分得秋月余晖，又回到了身居的吴地而照彻了秦淮。“分得”，巧喻了部分湖南人在金陵发挥的光和热。全联紧扣“金陵”“湖南”两地，从湖南人在金陵所作贡献着眼。用“春云”“秋月”来比喻湖南人对吴地的荫被及其所发挥的作用，语意含蓄不露。上联开头六字，栋、梁、杞、梓、楩、楠，全是木部形声字，下联开头六字，源、派、溯、沅、湘、澧，全是水部形声字，因用得自然，不觉牵强而给人留下深刻印象。（纪德裕）

浙江杭州安徽会馆

俞 樾

游宦到钱塘，饮水思源，喜两浙东西，与歙浦江流相接
钟灵自灊岳，登高望远，问双峰南北，比皖公山色何如

浙皖二地比邻相连，此联抓住二地山水相连的特点布局。上联写水。钱塘江水分隔浙江东西，上游与安徽歙水相接，客居杭城的皖人自然饮水思源，不忘家乡。下联写山。皖地本多山岳，汇聚众多人杰。皖人登高望远，西湖“双峰”（北高峰、南高峰）虽美，若与家乡相比，皖山也不会逊色。灊(qiān)，通“潜”，此指潜山县，汉代称皖县，因境内有皖山（天柱山）而得名。灊岳，泛指安徽山岳。联语巧妙地表明了会馆与客地的关系，建立会

馆之旨意乃是不忘乡土之深情。情由景生,自然而切合题旨。

（俞水生）

江西吴城全楚会馆

彭玉麟

到处便为家,望楚尾吴头,异地同临明月色

他年谁是主,合衡峰鄂渚,天涯都作比邻看

吴城今属江西省永修县,春秋战国时属楚地,与吴相连,故有“楚尾吴头”之称。相传东吴周瑜曾在此练兵。元陈友谅、清石达开皆据为要塞,重兵扼守。联语既抒发了广阔而超脱的襟怀,也流露出对时局的隐忧。上联写出游子胸怀,作者离乡背井,四海为家,却感到“异地同临明月色”,颇有东坡《水调歌头》词“但愿人长久,千里共婵娟”之意。下联感叹时世光景。吴城连接衡山、鄂州,“天涯都作比邻看”又化用王勃“海内存知己,天涯若比邻”诗句。然而岁月沧桑,他日又将谁主沉浮?对清王朝风雨飘摇的局势,发出深沉的喟叹。鄂渚,即鄂州。《楚辞·涉江》:“乘鄂渚而反顾兮。”相传在今武汉黄鹄山上游三百步长江中。隋改郢州(今武昌)为鄂州,即因渚而名。联语富于感情,对清王朝风雨飘摇的局势,发出深沉的喟叹。语调舒婉,富于历史沧桑之感。

（俞水生）

江西南昌江苏会馆

江峰青

曲栏杆外,看朝朝暮暮,等闲卷雨飞云,可咏可觞,人如天上

长板桥头,听燕燕莺莺,声唱晓风残月,此情此景,依忆江南

出句大意,曲栏之外,早早晚晚,常见云飞画栋,雨卷珠帘,可吟诗,可

斟酒，人间宛如天上！卷雨飞云，出唐王勃《滕王阁诗》：“画栋朝飞南浦云，珠帘暮卷西山雨。”人如天上，出自唐杜甫《小寒食舟中作》诗“春水船如天上坐”。对句大意，长板桥头，听莺莺燕燕，在唱“杨柳岸，晓风残月”伤别的歌，此情此景，勾起我思念江南家乡的情怀。莺莺燕燕，代称女子。晓风残月，出自宋柳永《雨霖铃》词“杨柳岸，晓风残月”。上联的着重点是“看”，借王勃诗句赞当地风光美好；下联的着重点是“听”，借柳永伤别词意触动乡愁，颇合馆联中常见之题旨。 （蒋竹荪）

安徽木商会馆

桑梓同敬恭，伐木歌诗求我友

波涛仗忠信，涉川占卦利同人

旧时木商会馆多安徽人所建，做木材生意的也以此省籍人为多。会馆联语一般无非是说同乡同行之人相互提携之意，可此联用词典雅贴切，自有不同凡响之处。上联化用《诗·小雅·小弁》语，即“维桑与梓，必恭敬止”，意思是同是故乡人，当同思乡情；桑梓又是树木名，正切合木商本分。“伐木”是《诗·小雅》篇名，乃宴请亲朋故旧的乐歌，此处不就是叙同人之谊吗？下联说运木在江流，全靠忠信之心。“同人”是《易经》卦名，其爻辞云：“同人于野，亨，利涉大川。”意谓众人和谐聚集，有利于涉越大川，又结合了木商业务和会馆作用。总之，此联文字不离经典，内容紧扣题目，非娴熟儒家经典者不能办到。 （黄德金）

湖北武汉安徽会馆

杯酒话前尘，万里涛声天际涌

登临怀故国，八公山色望中来

上联说，举杯共话往事，但见万里长江，滚滚滔滔，涌向天际。前尘，前迹；往事。欧阳修《归田录》卷二有“孤生何幸继前尘”句。下联说，登楼怀念家乡,顿觉八公山美好景色浮现眼前。故国,故乡。杜甫《白帝城》诗:"相逢故国人。"八公山,在安徽淮南市西。相传汉淮南王刘安与八公同登此山,故名。东晋太元八年(383 年)淝水之战,谢玄大败前秦苻坚兵,坚登寿阳城,望八公山草木,皆为晋兵。联语上写实景,下写虚景,虚实结合。湖北与安徽虽是邻省,然而风土、人情、语言、生活习惯差别很大。旅人游子,异地登临,便引起了对昔日的怀念。"望中来"便是客中思乡感情的表现。联语写作甚切会馆题旨。 (蒋竹荪)

甘肃兰州浙江会馆(一)

易 棠

胜地旧储才,竞说人文萃吴越

他乡权聚首,好将宾馆作枌榆

易棠,字召甘,清湖南善化(今长沙)人,道光九年(1829 年)进士,官至陕西总督。浙江会馆在甘肃兰州。胜地,指兰州。储才,储备人才。萃,聚集、荟萃。吴越,指江苏、浙江之地。上联意谓,在胜地兰州储备人才,人们竞相说人文荟萃在吴越之地。枌榆,乡名,汉高祖故乡,后人因称家乡为枌榆。下联意谓,在他乡权且聚会在一起,好将会馆当作家乡。联文叙说了浙江人才荟萃,在他乡聚首,也会产生思念家乡的思想感情。 (佟 今)

甘肃兰州浙江会馆(二)

方汝翼

四千里支派遥承,有时话到山阴,敢忘故土

数十载萍踪无定,何幸宦游塞上,尽听乡音

方汝翼,字右民,清直隶清苑(今属河北)人,举人,官至江西布政使。所题浙江会馆,在甘肃兰州南府街。联文以浙江人士口气叙述。上联说从四千里之外派遣到甘肃兰州来任职,大家在谈笑中说到山阴(即今浙江绍兴,这里代指浙江),怎么敢忘了故乡呢?下联说数十载在外漂泊不定,哪里来的幸运,在塞上为官,还能听到这么熟悉的乡音。联文表述了浙江人士对家乡的思念和热爱。 (佟 今)

甘肃兰州五省会馆

黄书霖

萃雍梁荆豫于一堂,那堪羌笛胡笳,听折柳唱黄河远上

走燕赵齐秦者万里,自笑短衣匹马,又摇鞭踏紫塞归来

会馆一般以县、府、省为单位,也有由相邻地区组合的。此联合五省会馆为一体,实为鲜见。上联用上古九州之四州,借代中原五省会馆荟萃各地人士。九州本为我国战国时行政区划,说法不一,《书·禹贡》作冀、兖、青、徐、扬、荆、豫、梁、雍。《尔雅》有幽、营,而无青、梁。此联中的雍、梁、荆、豫四州,兼涉今陕西、四川、湖北、湖南、河南等省。古人聚散之时,常有临别折柳相赠的风俗。柳谐"留"音,赠柳即表示留念。此以羌笛、胡笳吹奏《折杨柳》,唱《凉州词》(王之涣《凉州词》有"黄河远上白云间"句),其声哀怨,似在怨柳,实为怨别。下联声情激越,谓纵然分别,何需多怨。燕赵齐秦泛指长城内外。大丈夫单人匹马亦可行程万里,今日一别,宜笑待他日踏长城而归。此处"紫塞"即指长城。崔豹《古今注·都邑》:"秦筑长城,土色皆紫,汉塞宜然,故称'紫塞'焉。"此联上下对应,相得益彰。上联含留客惜别之怨意,下联抒催征上马之豪情。 (俞水生)

甘肃兰州皖江会馆

龚允凯

君不见黄河东走,青雀西飞,白茫茫五月天山,邀得供奉仙才,把塞上吟情,狂吹玉笛

我所思莼菜秋风,杏花春雨,绿冉冉千年乡梦,好借杜陵广厦,掬江南烟景,满注金樽

会馆在兰州市内，清代安徽、江苏商人兴建，供同乡同行集会、寄寓之用。上联说，虽然寄身西北，但有黄河东去、青雀西飞，沟通了心灵，使人并不感到惆怅，那仲夏依然白雪皑皑的天山，教人平添豪爽，禁不住要请李白把塞上风情融入笛中，纵情吹奏。青雀，即青鸟，传说为西王母使者，后多借指信使。供奉仙才，指李白，因其曾任翰林院供奉。狂吹玉笛，暗用李白"谁家玉笛暗飞声，散入春风满洛城"句意。下联谓，每当秋风一起，便想起故乡的莼菜鲈鱼，冬去春来，"杏花春雨江南"的景色浮现眼前，连做梦也是绿的，恨不得借此广厦，把家乡美景掏出，注入酒杯，一口吞下。莼菜，水草名，可作羹。《晋书·张翰传》："因见秋风起，乃思吴中菰菜，莼羹，鲈鱼脍。"杜陵广厦，杜甫自称杜陵布衣，其《茅屋为秋风所破歌》云："安得广厦千万间，大庇天下寒士俱欢颜。"金樽，泛指酒杯。此联主要写游子乡思，在刻画景物中把眼前的西北风貌与回忆中的江南风光作了对照，前者是雄奇苍凉，后者是清丽芊绵，达到壮美与优美的统一。 （康斯馨）

甘肃兰州两湖会馆

谢威凤

玉关柳色，陇上梅花，听凭羌笛吹来，雅调都成塞下曲
汉口夕阳，洞庭秋水，想到渔歌队里，乡心倾尽掌中杯

上联的玉关，指甘肃的玉门关。暗用唐人王之涣《凉州词》"羌笛何须怨杨柳，春风不度玉门关"诗句，柳色也指《折杨柳》曲。陇上，指甘肃。又借用李白《与史郎中钦听黄鹤楼上吹笛》"黄鹤楼中吹玉笛，江城五月落梅花"诗句，梅花也指《梅花落》笛曲。玉门关的杨柳是稀见的，陇上的梅花是美丽的。但是通过羌笛吹奏起来，雅调《折杨柳》《梅花落》都成了反映边地寒苦的塞下曲。羌笛，是古代羌族（我国西部少数民族之一）所用乐器之一。塞下曲，古代边塞所唱的一种歌曲。下联浓缩唐刘长卿诗句"汉口夕阳斜渡鸟，洞庭秋水远连天"。遥想长江水边、洞庭湖里，渔歌互答，无限乡愁涌上心头，只有倾杯畅饮，才能消释些许。联语化用古人诗句，从听、想两方面抒发两湖子弟思乡之情，上切甘肃，下切两湖，情真意切。同乡人读之，确能勾起乡思离情。 （周　监、康斯馨）

甘肃兰州四川会馆

左宗棠

铭刻天山后
善作巴人谈

左宗棠足迹遍闽浙陕甘等地,于会馆题联颇多。本联语言通俗,但寓意不凡。铭刻天山实际就是以天山作碑石,这就高度颂扬了四川人在兰州的功德。会馆是乡人聚会议事之所,"善作巴人谈"一个"善"字,用字妥帖,善谈什么,涵蕴很广,有许多想象的余地。"天山""巴人"巧点了两地,紧扣了会馆特点。（纪德裕）

上海四明会馆

相逢多故里亲交,试话明山月色,甬水潮声,无客不思家,归梦远驰三百里

到此览神州气色,但看战舰东来,贾航西去,匹夫皆有责,旧邦勿忘四千年

会馆今已不存。上联说,会馆里遇到的多是故乡宁波的亲戚好友,一谈起四明山皎皎的月色,甬水里汩汩的潮声,梦中也在思念着三百里外家乡的一草一木。明山,宁波四明山。甬水,由宁波到镇海一段水域。下联说,从上海可以推知全国局势,你看列强军舰停泊吴淞口外,外国商船沿长江西上,四千年历史的文明古国,危机四伏,国家兴亡的大事,乡亲们人人都有责任啊。匹夫有责,语出清顾炎武《日知录·正始》:"保天下者,匹夫之贱,与有责焉耳矣。"会馆联若仅表现一般思乡之情,易流于平浅,此联下幅提出国势阽危,"匹夫有责"的警策语,就使联语有了一定的思想深度。

（蒋竹荪）

江西南昌湖南会馆

刘坤一

千里来游，问此间山色湖光，何如湘岳
一行作吏，愿吾辈砺名砥节，无愧枌榆

刘坤一，湖南新宁人，所题湖南会馆在江西南昌。上联说我们从湖南千里来到南昌，问这里的湖光山色，如何及得上我们湘中的山山水水。下联说吾辈做官为宦的人，但愿磨砺名誉和节操，无愧家乡父老。砺、砥，磨刀石，精为砥，粗为砺，引申为磨砺。枌榆，乡名，汉高祖刘邦的故乡，后人因称家乡为枌榆。联作者在联中赞赏自己的家乡，同时也鼓励在外的同乡，重视磨砺名誉和节操，为家乡争光。（佟　今）

安徽安庆江苏会馆

瞿世琬

有一言警告同乡，愿人海竞争，毋相排挤
留尺地馨香先哲，望神灵不昧，默与扶持

这是江苏商人在安徽安庆所设商会会所悬挂的对联。上联说从商的职业道德是正当竞争，不要相互排挤。联中警告，意为提醒。下联说要继承先哲的传统，牢记先哲在天之灵，默默地相互扶持，这样才能做到共同繁荣。馨香，祭祀。先哲，古代贤人，这里代指江苏从商的先辈。神灵不昧，指先辈的优良精神还在启示我们。（佟　今）

广东广州湖南会馆

谭钟麟

粤壤接衡郴，风景不殊，好征荆楚岁时记
宦游来岭峤，云山在望，常念桑梓恭敬诗

谭钟麟，字文卿，清湖南茶陵人，延闿、泽闿父，咸丰六年(1856)进士，官至两广总督。所题湖南会馆，在广东广州。衡郴，指湖南的衡阳和郴州。征，取，此处是取证的意思。荆楚岁时记，书名，南朝梁宗懔著，记荆楚乡土岁时风俗等。上联意云，广东与湖南衡阳、郴州接壤，风光连成一片没什么两样，却好证实《荆楚岁时记》中所记的岁时、风俗的真实性。岭，岭南，指广东。峤，尖而高的山。岭峤，岭南高山。桑梓恭敬诗，《诗经·小雅·小弁》中有"惟桑与梓，必恭敬止"句。桑、梓是古时住宅边常种的树木，东汉后，常以桑梓喻故园。下联意云宦游来到岭南高山地区，云山环绕，常令人想起《诗经》中"维桑与梓，必恭敬止"的诗句。联文记述了湘粤之间地域相连、云山相通、岁时相近的乡梓情怀。（佟　今）

福建福州广东会馆

曹秉濬

客至共欣然，别来珠海烟波，故里关情频问讯

人生如寄耳，话到榕江风月，他乡聚首亦前缘

曹秉濬，字朗川，清广东番禺(今广州)人，同治元年(1862)进士，官至福建学政。此联题广东会馆，馆在福建福州南台。上联叙说在他乡与同乡人相遇的喜悦，并表达了对家乡的关切。联云家乡的客人来到，心中非常喜悦，我离开广东的珠海烟波，对故乡的情况一直萦绕心头，因此频频向家乡客人问这问那。下联说人生漂泊无常，能在他乡聚首，也是前生注定的缘分。珠海烟波，指广东景色。榕江风月，指福建风光。（佟　今）

◆服务业

理　发　店(一)

虽然毫末技艺

却是顶上功夫

此联虽为理发店而题，却未出现“理发”二字，它运用欲扬先抑的手法，使上联的“虽然毫末技艺”成为下联“却是顶上功夫”的反衬和铺垫。“虽然”“却是”表示语意的极大转折。至于“顶上”二字意含双关，用得更为奇妙，既指头顶上的作业，又抒发了作者对理发技艺的赞美。（施芝鸿）

理 发 店(二)

石达开

磨砺以须，问天下头颅几许

及锋而试，看老夫手段如何

相传太平军在金田起义前，广西贵县人李文彩曾在县城开了个剃头店，作为结交地方豪杰的联络点。开张前夕，南王冯云山为李家店写了一副对联：“磨砺以须，天下有头皆可剃；及锋而试，世间妙手等闲看。”石达开认为结尾平淡，就将后半截的叙述句改成疑问句和感叹句，不但文意跌宕，语气灵活，而且点石成金。联语意含双关。上联表面是说理发师傅磨快剃刀，等待天下的顾客来剃头。实际是说革命农民已作好了一切准备，问反动派有几个人敢用头颅来碰。磨砺以须，磨刀等待。白居易《因继集重序》：“磨砺以须，势必如此。”下联表面上说，趁刀刃锋利时使用它，看看我的高超技术怎么样？实际是说，革命农民也能抓住有利时机显示本领，把敌人杀个片甲不留。及锋而试，乘着锋利的时候试用它。语出《汉书·高帝纪》：“及其锋而用之，可以大有功。”联语紧扣剃头行当，笔锋纵横恣肆，非壮志凌云、如椽巨笔不能及此。（延 培）

理 发 店(三)

大事业从头做起

好消息自耳传来

理发、掏耳原是旧时理发行业的常事。可是将“头”转为开始之意，又以“大事业”为联想的中介,瞬即让人从理一次发,得到了一个富有哲理的启示。理发使人精神焕发,大事业岂不是也要从小处着手吗?上联若言行为准则,那么下联恰道出行为的结果。掏干净耳朵,自然可以静候“好消息”了。汉语言此意彼,方法多种。此联借汉字一字多义的特点而使词义“暗渡陈仓”手法,便是其中之一。这种错位的方法似是不合逻辑而又符合逻辑,撰联者实深得个中三昧。 (黄德金)

理 发 店(四)

樊增祥

挥舞双拳,打遍天下英雄,莫敢还手
运动寸铁,削平宇内豪杰,谁不低头

樊增祥,字嘉父,号云门,别号樊山,清湖北恩施人,光绪三年(1877)进士,官至江宁布政使,护理两江总督。此联题理发店。旧时理发,理发师都会为你捶背。此上联云,理发师挥动双拳,为客人捶背,被捶的英雄豪杰没有一位会还手的。突出了理发业中的一项特色服务。下联中的“寸铁”,指剃刀,理发师挥动剃刀,削平所有客人的头发,谁不低头。联文以客人“莫敢还手”和“谁不低头”,抑低了客人,抬高了理发师的身份和地位。 (佟 今)

京 师 浴 堂

入门兵部体
出户翰林身

这是一副谐音联,但切时、切地、切人,饶有情趣。因地处京师,故有“兵部”“翰林”这些称呼;又因出入于北方冬天的浴室,才有“兵部体”谐“冰布体”、“翰林身”谐“汗淋身”的妙想。意思是方进澡堂时冰雪侵身,通体寒气逼人;出门时汗流浃背,浑身顿感轻松。此联字面对仗十分工整,谐音语也是字字相对。谐音联虽是采取“欲擒故纵”的手法,即语意在语音中,而不直接在文字上表现出来，但是若用得巧，字面上也另有含义。上联“兵部”，当系武府，下联“翰林”，明示文秀。文武相对，岂不将入门时的劳顿奔波、尘垢之体与出门时的优哉游哉、文质彬彬的神态都描摹出来了吗？联语构思确有独到之处。（黄德金）

裁 缝 店（一）

也须规矩从绳墨
还待春风试剪刀

上联谓裁制服装须按规范作业。规矩，为校正圆形方形的两种工具。绳墨，为木匠画直线所用的工具。规矩绳墨，喻应当遵循的规则。刘基《苏平仲文集序》云：“其造意出辞，规矩绳墨固无异也。”下联系从贺知章《咏柳》“不知细叶谁裁出，二月春风似剪刀”诗句中化出。意谓新颖合体的服装还要待似春风般锋利的剪刀裁制。此联运典淡无痕迹，隽永入化。虽系裁缝行业联，然亦寓劝人警己之人生哲理。（希建华、胡家禔）

裁 缝 店（二）

解人寒冻乃我愿
与世温暖是予心

这副为裁缝店题写的对联，一洗商业联通常标榜质好价廉的腔调，而从益世济民立意，表达了愿使天下百姓免受寒冷的仁爱思想。与世温暖，给世人以温暖。联语立意高，又暗合裁缝店为人制衣的专营特点。上下联同义反复，起到突出主题的作用。（顾伟列）

照 相 馆

现出庐山真面目
留住秋水旧丰神

此联写摄影艺术,为留在相片上的倩影而赞美。苏轼《题西林壁》诗云:“不识庐山真面目,只缘身在此山中。”上联将“不识”改为“现出”,一转被动为主动。下联“秋水”指清澈的神色。杜甫《徐卿二子歌》:“秋水为神玉为骨。”李贺《唐儿歌》:“一双瞳人剪秋水。”下文的“丰”是指容貌好,“神”则是人的精神。而一个“旧”字透露出飞逝的岁月不饶人,相片却能留下永不抹去的丰姿和神采。此联说尽摄影照相工作之功,也可看作是在为人们唤呼美的复归!联语借用典、比喻、借代诸手法体现的诗情又何尝不是一种美呢。 (黄德金)

船　户

玉橹漫摇千里月
锦帆高挂一江风

这是一副反映船户生活的对联。上联恰如一幅月夜舟行图:银光倾泻,千里同辉,船家勤劳,戴月舟行。写“橹”而用“玉”字来修饰,显示舟船的美好;“摇”字之前加一“漫”字,则突出主人的从容、自在。下联写晴日行船的乐趣:江静景明,清风怡人,白帆高张,顺流捷驶。同上联一样,这里也没有一个字写到人,但却字字洋溢着船家惬意、喜悦之情。对联采用“寓情于景”的手法,着意表现船户宽阔的胸襟,及其对生活的乐观态度和不懈追求,写得清丽超脱。 (俞纪东)

红　船

阮　元

扬子江头万里浪
滕王阁下一帆风

据梁章钜《楹联丛话》说,红船是阮元巡抚江西时所制。此船既稳且速,阮元曾派人乘红船由南昌达扬州,朝发暮至,故书此联。上联摹写长江波涛汹涌的情状,舟行此处当有不少艰难。下联却说南昌的滕王阁下的红船顺水而下,风鼓帆满,踏平长江万里浪。联语气势恢宏,高度赞美红船快如奔马。但联中不着“船”“速”一语,全由“万里浪”“一帆风”托出意趣,笔力不凡。 (黄德金)

江山船

泛宅便为家,有红粉青娥,长新风月

他乡忘作客,看千岩万壑,如此江山

江山船是指旧时浙东的一种游船,别称“九姓渔船”。相传前明陈友谅兵败,其部下九姓之人逃到浙东,以渔业为生。后又制作精美的游船,拥有妓女,游弋杭州桐庐一带。上联说游人身入此船,依红偎翠,以此为家。泛宅,以船为家。《新唐书·张志和传》:“愿为浮家泛宅,往来苕霅间。”红粉青娥,红色的铅粉,青色的娥眉,借指美人。娥,同“蛾”。杜审言《戏赠赵使君美人》诗:“红粉青蛾映楚云。”下联讲狎客留连两岸佳境胜地,竟忘记身在客寓。联尾“风月”“江山”道尽了旧时文人雅士的风流韵事、颓靡情怀。风月,既指清风明月,又喻男女欢情;江山,既指沿途山水,又指江山船。

(黄德金)

刻字店

六书传四海

一刻值千金

刻字店刻章常用各种书体的汉字。全句意为,我店各种书体的金石镌刻,传遍四海,誉满天下。六书,指“六体”。《汉书·艺文志》:“六体者,古文,奇字,篆书、隶书、缪篆,虫书,皆所以通知古今文字,摹印章,书幡信也。”下联的“刻”字原是名词,指时间单位。苏轼《春夜》诗有“春宵一刻值千金”之句,这里加以化用,将“刻”字用作动词,即雕刻之意,全句意为我店刻字工艺高超,每刻一字,价值千金。联语既切行业,写出了刻字店的性质,又宣传了刻字店的声誉。善于移花接木,巧用旧句,是其特色。

(施绍文)

榨 油 坊

陶 澍

榨响如雷,惊动满天星斗

油光似月,照亮万里乾坤

陶澍,清嘉庆七年(1802)进士,官至两江总督。此联是他少年时,为村中榨油坊题写的对联,以鹤顶格嵌"榨""油"两字,点题明确。 (沈树华)

题 电 灯

李芋仙

烛龙竟似腾于海

玉虎何尝亘在天

李芋仙,四川忠州人,清咸丰举人。晚年客居上海,接受先进科技,当电力公司送电之日,命笔撰写此联。联意借用神话典故,描写令人称奇的现代科技。烛龙,典出《山海经》,以烛龙神"其视乃明"。玉虎,典出《拾遗记》,用醇漆点玉虎眼,玉虎竟跑得不知去向。联文以神话典故描写看不见从何而来的光明,赞扬电灯技术的先进。 (沈树华)

题 婚 轿

吴汝纶

十三经,廿四史,十载寒窗,未脱得那领蓝衫,愧把白身偕绿鬓

甲子年，癸酉月，甲戌良辰，且牵着这条红线，行看黄榜点朱衣

吴汝纶，安徽桐城人，清同治四年进士，官冀州知州。此联是他撰写贴于婚轿上的对联。上联说自己寒窗苦读经史，至今仍未取得功名，愧对迎娶的妻子。十三经，十三部儒家经典著作。廿四史，廿四部纪传体史书。蓝衫，旧时书生所穿的衣服。白身，没有功名官职的平民。绿鬓，比喻女子浓密乌黑的头发。下联说牵着红线成婚，我会考取功名穿上朱衣的。甲子、癸酉、甲戌，古时以天干、地支记年、月、日、时。黄榜，朝廷发布的榜文。朱衣，古代高级官员的服色。吴汝纶婚后果然蟾宫折桂，第二年高中进士，官授内阁中书。（沈树华）

教 育 文 化

◆学校

家 塾

左宗棠

身无半亩，心忧天下

读书万卷，神交古人

据说此联是左宗棠15岁时所作，45岁时重写了一遍，并留下跋语："三十年前作此语以自夸，只今犹时往来胸中，试为儿辈诵之，颇不免惭赧之意。然志趣固不妨高也，安得以德薄能鲜，谓子弟不可学老夫少年之狂哉。"可见此联一直鞭策着他。上联讲立志。在封建社会，土地是主要的生产资料，有无土地是衡量人们贫富的标准。作者认为，自己虽然家无半亩土地，收入难以温饱，而心里却关怀着国家民族的前途和命运。心忧天下，化用范仲淹《岳阳楼记》"先天下之忧而忧"句意，下联讲读书。在封建社会，"学而优则仕"，读书

做官是知识分子唯一的出路。作者认为,必须广泛地阅读各类书籍,充实自己,与古代仁人志士作精神上的交往,才能发挥所长,经世致用。读书万卷,化用杜甫《奉赠韦左丞丈二十二韵》“读书破万卷,下笔如有神”句意。短短十六个字,言浅意深,可以铭于座右。 (蒋竹荪)

家塾培风阁

朱兰坡

仿君子懋修,志无怠,功无荒,箴游观,所其无逸

求古人陈迹,经有程,史有课,譬稼穑,乃亦有秋

对联上下连贯一气,上联连用三个“无”,下联连用三个“有”,一反一正,不仅对偶工整,且说理透彻,用语铿锵有力。上联告诫子弟要摹仿和学习君子的勤勉进修,不要懈怠荒嬉。懋,音 mào,勤勉。无逸,不要贪图逸乐。下联告诫子弟认真学习古人、多读“经史”。“经”即《六经》(《诗》《书》《礼》《乐》《易》《春秋》),“史”一般指“前三史”(《史记》《汉书》《后汉书》)。作者认为多读“经史”就好比耕耘,到秋天自有收获。联语剖析事理,梁章钜曾在《楹联续话》中评此联谓“足以型家”。 (甘 桁)

蒙 馆

马笛渔

教小子如养芝兰,此日栽培须务本

愿先生毋弃樗栎,他日长大尽成材

教书育人乃先生之本分,教书方法虽千差万别,育人之道则一。为使学童有识字习字的场所,从汉代起就设立书馆,这是一种启蒙学校,又谓之“蒙馆”,相当于现今的小学。上联说蒙馆先生教学童如栽培芝兰香草,从头开始,应以关怀、爱护为本。下联说学生之中既不乏天资聪颖的好学者,也有貌似顽劣的厌学者,如樗栎之类,希望先生因材施教,悉心培育,他日

皆可成材。樗栎,臭椿和麻栎,比喻无用之材。欧阳詹《寓兴》诗:“樗栎无妙姿。”此联写启蒙教育的早期形式,所提出因材施教的问题,颇合乎教育原理。 （俞水生）

庠 序

丁善庆

人生穷达岂能知,趁早,须立此可为圣贤、可对帝天之志
客告是非且莫管,得闲,要读我有益身心、有关世道之书

此联是丁善庆督学粤西时所作。庠序即中国古代学校。这是一副治学的格言联。上联劝学子早立大志,以圣贤为榜样,不必为穷困或通达所困惑。下联告学子多读书,修身养性,具有才德,莫管是非纷争。联语指导学子治学之法,都从立本着眼,虽系封建教育,但读书须立大志,也不无启示。联中用“可为”“可对”与“有益”“有关”并列且扩充内涵,加重了叮咛的语调,又加深了联语的意蕴。 （黄德金）

新洲高等小学

王固存

勤学当师车武子
文明欲驾欧罗巴

新洲,指湖南澧县新洲。上联谓希望学生像晋朝时的车武子即车胤那样勤奋学习。据《晋书·车胤传》:“胤恭勤不倦,博学多通,家贫不常得油;夏月则练囊盛数十萤火以照书,以夜继日焉。”用这个著名的囊萤苦学的故事告诫小学生,生动、形象、贴切。“欧罗巴”,即欧洲。欧洲经过资产阶级革命,社会有不少进步。下联鼓励学生通过勤奋学习,使祖国在文明程度方面凌驾欧洲之上,表达了民国初年,中国人民想要赶上、超过资本主义列强的强烈愿望。本联通俗易懂,用典确切。一古(车武子),一洋(欧罗巴)

相对,既体现出中国的古老传统,又体现出鸦片战争之后,欧风东渐的现代气息,连音译外来词亦进入了对联。（孟建梁）

新州县高小

王固存

尚质尚忠尚文,通其变使民不倦
育体育智育德,立乎教为国之基

新州县在湖北省东部,这副对联为该县创办的一所高小而题。联语"文""质",语出《论语·雍也》"文质彬彬,然后君子"。"通其变"本于司马迁《报任安书》"通古今之变"。"质",质朴,这里指素养。"忠"指爱国情操。"文"指文化,辞采。"通其变"意谓通晓古今的发展变化。联谓只有质、忠、文、德、智、体并举,才能培养出自强不息的一代新人;只有立足于发展教育,才是强国的必由之路。联语不尚藻饰,构句劲健而质朴;立意尚高,出论亦周密。（顾伟列）

长沙明德学校

张 謇

求应用学
复本体明

长沙为湖南首府,早在"戊戌变法"时期就有谭嗣同、唐才常等在此开办时务学堂,介绍"西学"。以后"西风东渐",新式学校越来越多。当长沙明德学校请张謇撰联时,张在联语中表明了自己的教学主张。所谓"求应用学",是指教学要重视"应用"。一方面是由于国内自然科学不发达,所以"西学"中许多自然科学知识应为国人重要的学习内容;另一方面,张謇在兴办实业过程中也深感学校教学须联系社会实际需要。所谓"复本体明",从字面上看近似当时流行的"中学为体"的意思。"中学"相对"西学"而言,是指中国的传统文化。在学习西方的同时,不要忘记本国的文化传统,而应以本国的文化传统为核心,把西学中有用的东西吸收过来。这种“西学为用,中学为体”的观点在当时是有一定的社会意义的。然而,全面考察一下张謇的文化观念,却仍是“尊孔复古”的保守旧传统,未超出资产阶级改良主义的范畴。全联八个字,言简意赅,工整浑朴。 (张炳隅)

长沙时务学堂

谭嗣同

揽湖海英雄,力维时局
勖沅湘子弟,共赞中兴

长沙时务学堂位于湖南长沙城的小吴门内,光绪二十三年(1897年)湖南巡抚陈宝箴创办,谭嗣同、梁启超等曾在该校讲学,宣传变法维新。上联写学堂招揽五湖四海有志革新的英雄豪杰,竭力维护时局。下联勉励湖南子弟,积极参加革新运动,以实现国家的中兴大业。勖,勉励。沅湘,沅水和湘水,代指湖南。联语既交代了时务学堂的办学宗旨,字里行间又透露了谭嗣同锐意革新的远大志向和忧国忧民的情怀。 (陶继明)

上海澄衷学堂

刘葆良

昔以孤幼旅寓申江,自伤老大无成,有类夜行须炳烛
今为童蒙特开讲舍,所望髫年志学,一般努力惜分阴

这是作者代叶澄衷题澄衷学堂(今上海市虹口区澄衷中学)的一副对联。全联旨在勉励孩童发奋求学,珍惜光阴。现身说法,出自肺腑,鞭辟入里。上联介绍创办人历史。夜行炳烛,《说苑·建本》:“少而好学,如日出之阳;长而好学,如日中之光;老而好学,如炳烛之明。”后人常以此自勉。澄衷孤幼漂泊,旅寓申江(春申江简称,黄浦江的别称),岁月不居,老大无

成,无限感慨。下联讲办学主旨。开设学堂,希望少年学子以此为鉴,珍惜光阴,耽思好学,无愧前人。联语属对工整,一气呵成,循循善诱,以情感人。以第一人称自诉境况,更见亲切。（俞水生、施晴东）

江南将备学堂

柳诒徵

以学愈愚,是堂堂阵

有备无患,铸将将才

此联题于培养军事人才的学堂。上联紧扣“学”字。学习文化知识医治好愚昧,这样才能布成强大之阵。堂堂阵,典出《孙子·军争》:“勿击堂堂之阵。”下联突出操练、演习之重要。有备才能无患,唯有充分练演,方能铸就威武之才。将将,语出《诗·大雅·绵》:“应门将将。”谓宫殿正门庄严堂皇,取威武之意。联语浑重凝炼,于儒雅中透出虎虎生气。“堂堂阵”,“将将才”,相对而出,铿锵有力,显示了“将备学堂”培养训练有素、威武雄壮将才的特定目标。（陈建国、施晴阳）

湖南自修大学

何叔衡

汇人间群书博览者,何其好也

集天下英才教育之,不亦乐乎

1921 年秋,毛泽东利用长沙船山学社社址和经费,创办了湖南自修大学,“取自动的方法,研究各种学术,以期发明真理,造就人才,使文化普及于平民”(《自修大学成立宣言》)。此联为何叔衡在任教期间所题。上联意谓聚集社会上酷爱读书的人来此自由研究探讨,这多么好。大学里提倡自动学习,既可自己看书、自己思索,也可以共同讨论,这就避免了新式学校被动受教的缺点。下联化用《孟子·尽心上》“得天下英才而教育之,三乐也”句意,说吸收天下优秀人才进行良好教育，使成革命志士，何尝不是乐事。大学里以学科为单位，可由学生自己选择，并有教师辅导，进行教育培养，这就避免了旧式书院教学内容陈腐的缺点。不亦乐乎，语出《论语·学而》："有朋自远方来，不亦乐乎？"联语运用古代名言而赋予新的内容，之乎者也四个虚词全部用上，非常恰切而不觉牵强。（蒋竹荪）

湖南慈利龙潭小学

吴恭亨

龙得云斯灵，道在通权达变

潭之水不涸，学须穷委究源

吴恭亨，湖南慈利人，民国初年诗人、楹联学者。此联题家乡龙潭小学。上联说办学的要旨。作者将前人的治学经验总结为"通权达变"，形象地比喻办好学校就如"龙得云斯灵"。下联要求学子学习须认真探源，使学习动力如"潭之水不涸"，永远有源头活水来，使学子们不断进步。全联用语深入浅出，通俗易懂。（佟 今）

湖南常德师范学校

田金楠 吴恭亨

师旷之聪，公输之巧

范围不过，曲成不遗

田金楠、吴恭亨都是湖南慈利人，他们合作为湖南常德师范学校撰写此联。联文以鹤顶格嵌"师范"两字。上联要求学子学成有用之材，必须适应事物发展的规律。师旷，春秋晋乐师，善辨声乐。《孟子·离娄》："师旷之聪，不以六律，不能正五音。"公输，公输班，春秋时鲁国人，又称鲁班，我国古代著名工匠。要以规矩，方成方圆。下联认为学校要像天地化育万物那样，精心培养学子，使他们成为有用之材。范围，语出《易·系辞上》："范

围天地之化而不过。"范围即指界限。曲成,多方设法使之成功。语出《易·系辞上》:"曲成万物而不遗。" (佟 今)

湖南湘洲学堂

罗楚雄

水声应书声,恰到中流宜砥柱

塔影和竹影,俨浮空际矗云霄

罗楚雄,清湖南衡山人,同治间撰有《晚补楼联语》。此联所题湘洲学堂,在衡山。上联云这里的水声应和着书声,到了中流,应成为中流砥柱。比喻湘洲学堂的学生们,将来都可以成为栋梁之材、独当一面。下联云这里的塔影和竹影,俨然浮在空际,都能直上云霄。比喻湘洲学堂的学生们都能青云直上,获得一定的职位。此联是对湘洲学堂学生的鼓励,也是对他们未来的期望。 (沈树华)

第二女子简易职业学校

葛健豪

汉班昭,晋道韫,读诗书有才有德

元道婆,清沈寿,学技术为国为民

此校在湖南湘乡,为葛健豪创办,并任该校校长,她作为蔡和森和蔡畅的母亲,是位值得历史铭记和后人尊敬的革命母亲。此联举出中国历史上四位杰出的女子班昭、谢道韫、黄道婆、沈寿,她们读诗书、学技术,有才有德,为国为民,是广大妇女学习的榜样,第二女子简易职业学校就要培养这样的女子人才。班昭,东汉史学家。道韫,东晋女诗人谢道韫。道婆,元代女纺织技术专家黄道婆。沈寿,清代人,自幼学绣,后创仿真绣针法,作品获世界博览会最优等奖。在当时,这样的办学理念是很先进的,尤其是办女子职业学校,这种理念更是超前的。葛健豪不仅是位革命者,同时还是一位教育家,我们应当给她在教育史中应有的地位。

（佟　今）

江苏南通师范学校

张　謇

设为庠序学校以教

多识鸟兽草木之名

近代民族实业家、教育家张謇,是光绪时的状元,他深感民族危机,弃官办厂,走实业救国之路。在为发展近代工业作出贡献的同时,他兴办教育,致力于培养人才,于光绪二十八年(1902 年)创办了中国第一所新式师范学校,并亲自为该校撰题这副校联。此联为集句联,上联出自《孟子·滕文公上》"设为庠序学校以教之",略去"之"字。"庠""序""学",分别是夏、商、周三代学校的名称。"学"是夏、商、周三代大学的名称。上联意谓开办各类学校对人们进行教育。下联出自《论语·阳货》"多识于鸟兽草木之名",省去"于"字。联语说要多识鸟兽草木,实质上是说要从多学科学习广泛的科学知识。他借古人孔子与孟子的话,来阐述自己培养现代自然科学技术人才的办学理念,体现了他为国家培育人才的崇高理想。

（沈树华）

南京晓庄师范学校(一)

陶行知

和马牛羊鸡犬豕做朋友

对稻粱菽麦黍稷下功夫

陶行知,安徽歙县人,著名教育家。1927 年在南京郊外创办晓庄乡村师范学校,提出"生活即教育"。此联题晓庄师范学校,取古代蒙学读物《三字经》中之"稻粱菽,麦黍稷,此六谷,人所食。马牛羊,鸡犬豕,此六畜,人所饲”的现成文句入联,以平民易懂之语,推行平民教育,阐明办学旨在培养学生能与劳动人民打成一片,与日常生活紧密相连,与四体不勤五谷不分,只追求“劳心者治人”的旧式教育决裂,在生活中下功夫,做联系实际、会劳动、有知识的人。 (佟 今)

南京晓庄师范学校(二)

陶行知

四体不勤,五谷不分,孰为夫子

小疑必问,大事必闻,才算学生

此联题晓庄师范学校礼堂。上联语出《论语·微子》:“四体不勤,五谷不分,孰为夫子?”孰,疑问代词,这里指怎么能够。夫子,对老师的专称。这句意谓四肢不劳动,五谷分不清,怎么能当老师呢?下联指导学生勤学好问,关心国家大事,这样才算一名合格的学生。 (沈树华)

武昌铁路学校

严 复

遵大路兮,自东自西,自南自北,为之范我驰驱,今天下车同轨

登斯堂也,如切如磋,如琢如磨,尔尚一乃心力,有志者事竟成

严复,字几道,福建侯官(今福州)人,曾留学英国,主持天津水师学堂,后专事译述,提倡新学,宣传进化论观点,对近代思想影响较大。此联题武昌铁路学校,见《南亭四话》。遵,循,沿着。范,榜样。上联意云,沿着大路,从东西南北四方,规范火车的驰驱,如今真正做到天下车同轨。斯,此,这里指铁路学校。下联意云,在铁路学校,相互切磋,相互琢磨,大家齐心协力,一定能使铁路事业繁荣起来。 (沈树华)

北京清华大学水木清华轩

殷兆镛

槛外山光,历春夏秋冬,万千变幻都非凡境

窗中云影,任东西南北,去来淡荡洵是仙居

殷兆镛,清末人,官至礼部尚书。联语从清华大学环境落笔,通过一年四季春夏秋冬水光山色的变幻,看那东西南北天空的云影,清淡飘荡,从时间到空间,概括清华大学为学人提供了良好的学习环境,赞美这里“非凡境”“是仙居”,突出了清华大学的超凡脱俗。 (沈树华)

热诚学堂

徐锡麟

有热心人,可与共学

具诚意者,得入斯堂

徐锡麟,浙江绍兴人,近代民主革命烈士。他办学堂倡体育,讲武事,以积蓄革命力量。1907年与秋瑾准备在皖浙同时起义,他率巡警学堂学生在皖起义失败,英勇就义。热诚学堂是他1904年在家乡绍兴创办,并撰此联。联语以燕颔格嵌“热”“诚”二字,以突出学堂取名“热诚”的深意,发人深省。 (沈树华)

崇正学堂

贡桑诺布尔

崇武尚文,无非赖多士

正风移俗,是所望群公

此联题1902年新建的崇正学堂,作者贡桑诺布尔,是内蒙古喀剌沁第十二代王,他热心教育,先后创办三座学堂。此联以鹤顶格嵌“崇”“正”二字。联文阐明办学宗旨在于“崇武尚文”“正风移俗”,寄希望于老师“群公”,能培育出更多的人才。 (沈树华)

戏剧学校

汪笑侬

尧舜老生,昌发武生,宋齐梁陈不过丑末耳;千古帝王,上台下台真似戏

经传正板,子史散板,诗词歌赋其犹二六乎,一堂教育,新剧旧剧学而优

汪笑侬,满族,清光绪五年举人,知河南太康县,罢职后在京津沪演唱京剧老生,自创新腔,称汪派。此联题戏剧学校,但不谈如何教学生,而只谈角色和唱腔,视角颇为独特。上联意云扮演尧和舜的都是老生。昌,指周文王姬昌。发,指周武王姬发。扮演姬昌、姬发的都是武生。宋、齐、梁、陈,俱为南朝时朝代名。扮演宋、齐、梁、陈时人物的不过是丑角、末角而已。千古帝王,上台下台都是演戏。下联意云经书和传记相当于唱腔中的正板,板,指音乐中的拍子。子集和史书相当于散板,诗词歌赋只能算作二六曲调。一堂课教育,不论新剧旧剧,通过学习应该都能得到优良的成绩。

(佟 今)

校训联

唐文治

好学近乎智,力行近乎仁,知耻近乎勇,虽愚必明,虽柔必强

富贵不能淫,贫贱不能移,威武不能屈,所存者仁,所过者化

唐文治，号蔚芝，江苏太仓人，光绪进士，近代教育家，民国时主持上海交通大学，先后创办北京实业学堂、吴淞商船学堂、无锡国学专修馆。此联为作者勉励学校教师、学生而作。上联“好学近乎智，力行近乎仁，知耻近乎勇”出于《礼记·中庸》，意谓喜欢学习就能增进智慧和学识，重视实践就会增加仁爱之心，懂得羞耻就会自强不息，这样愚人也会变得聪明，柔弱就会变得刚强。下联“富贵不能淫，贫贱不能移，威武不能屈”，出自《孟子·滕文公下》，意谓富贵不能使之堕落，贫贱不能使之改变志向，武力不能使其屈服，这是大丈夫必须坚守的准则，这样就会“所存者仁，所过者化”。化，指变化。这就是唐文治对师生的要求。此联上联收平，下联收仄，不合联律，可视作别体。 （沈树华）

题 校 门

陈 垣

无私蓄，无私器，同惜公物
或劳心，或劳力，勿作游民

陈垣，字援庵，广东新会人，著名历史学家、教育家，1949 年后任北京师范大学校长、历史研究所第二所所长。此联是陈垣题写的校门联。联意劝勉学校师生不要积蓄私人财富，不要收藏私人器物，人人都爱惜公共财物。下联勉励学生毕业走出校门，不论是做脑力劳动，或做体力劳动都是好的，但千万不要做对社会主义祖国无益的游手好闲之人。联语言词简朴，谆谆教导，语重心长，发人深思。 （沈树华）

师 范 学 校

此日梓楠同受范
他年桃李广培材

师范学校是一种专门培养师资的学校。师范，语出《法言·学行》：“师者，人之模范也。”又《北史·杨播传论》：“恭德慎行，为世师范。”联语从培育师资的角度立意。上联称赞在校师生。梓楠，两种优良的木材，可为建筑和制作琴瑟、器具的材料,这里比喻在校学生。受范,指受到师长的良好教育。下联展望未来。桃李,语出《韩诗外传》卷七:“夫春树桃李者,夏得阴其下,秋得其实。”后以此比喻所栽培的后辈或所教的学生。这句指在校学生毕业后走上教育岗位培养新的一代。联语对仗工稳,梓楠桃李的比喻非常精当。 (沈树华)

学校饭厅

今试思世变何如哉!横流沧海,频起大风波,河山带砺是谁家,愿诸生尝胆卧薪,每饭不忘天下事

士多为境遇所累耳!咬得菜根,才算奇男子,将相王侯宁有种,看前哲断齑画粥,读书全靠秀才时

上联强调“每饭不忘天下事”,指出目前正是世事多变,行将不国之时。河山带砺,典出《史记·高祖功臣侯者年表》,意思是即使黄河变得像衣带,泰山变得像磨刀石,国家却永固不变。而在此后加“是谁家”三字,便产生了惊变的效果。故作者希望诸生能效法古之越王勾践而有“卧薪尝胆”复国之举。下联是在以国事为重的基础上勉励诸生艰苦奋斗。“人常咬得菜根,则百事可做”,语出宋人吕本中《东莱吕紫薇师友杂志》。“将相王侯宁有种乎”是《史记·陈涉世家》中记载的陈涉的豪言壮语。“断齑画粥”的“前哲”,指宋之范仲淹,他年轻时生活艰苦,发愤攻读,常常切一段盐水野菜茎当下饭的菜,划一块隔天煮好已冻成块的稀粥当饭,结果是在粗茶淡饭中磨砺了大志。全联形式上紧扣“学校”与“饭厅”,内容上紧扣国事与学子,用典自然得体,读后犹有余味。 (张炳隅)

◆书院

江苏无锡东林书院

顾宪成

风声,雨声,读书声,声声入耳

家事,国事,天下事,事事关心

东林书院在无锡东门外，原是宋代理学家杨时讲学处，后荒废。明成化年间，顾宪成等重修，与高攀龙在此讲学，议论朝政，抨击当权派，得到部分士大夫的同情与支持，后顾宪成被杀害。联语明白如话，无待译说。出句写书院的环境气氛，有"风雨如晦"的时代感。对句写士人的内心活动，有心系天下的主体意识。"读书"二字，把五个"声"、五个"事"贯穿起来，表达了东林党人"读书不忘政治"的远大抱负。短语的频繁运用，有如急管促弦，增加了联语的节奏感，两个叠字"声声""事事"更起了总结、概括的作用。全联对仗工整，声调铿锵，令人一读难忘。其"读书不忘政治"的思想，是对"两耳不闻窗外事，一心只读圣贤书"传统观念的冲击，对后代知识分子也有启迪意义。 （蒋竹荪）

浙江杭州诂经书院

马新贻

六经皆载道之书，莫骛词章矜博览

两浙为人文所萃，益从根底下功夫

马新贻，字谷山，清山东菏泽人，道光二十八年(1848)进士，官至两江总督。此题诂经书院，在浙江杭州。教学内容为经史疑义及小学、天文、地理、算法等，上联所云六经，指《诗》《书》《礼》《易》《春秋》《乐经》。这些书都承载了儒家的道统，故做学问切莫追求词章，以为自己博览。下联所云两浙，指东浙西浙，浙江乃人文荟萃之地，但读书仍要从根底处下功夫，此根底即指儒家经典，要求学生认真研读六经。 （佟 今）

浙江杭州崇文书院

薛时雨

讲艺重名山，与诸君夏屋同居，岂徒月夕风晨，扫榻湖滨开文社

抽帆离宦海，笑太守春婆一梦，赢得棕鞋桐帽，扶筇花外听书声

薛时雨曾任杭州知府,此联是他为杭州崇文书院所题。夏屋,大屋。上联意谓:把书院建在名山胜境,与诸位学子共同居住在这大屋之中,不只是贪恋这里的良辰美景,而是要与诸位学子砥砺切磋,共同研究文学,培养优秀人才。春婆一梦,苏轼谪居海南时,有一老妇说苏轼昔日富贵如一场春梦,人就称她为春梦婆。下联作者自抒胸臆,说自己离开官场,就像春梦婆笑苏轼昔日富贵如一场春梦那样,现在赢得清闲自在,扶着竹杖听学子们的朗朗书声,感觉非常轻松愉快。 (佟 今)

浙江遂安瀛山书院

闵 鉴

方塘凝练,瀛岫飞岚,看此日云影天老,犹是淳熙旧景

时教正业,退息居学,愿多士夏弦春诵,无忘白鹿遗规

闵鉴,字治资,清江西南昌人,乾隆十九年(1754)进士,官同州知府。瀛山书院,在浙江遂安瀛山麓,朱熹、詹舟虚曾在此讲学。当时闵鉴官遂安,题此联。上联化用朱熹《观书有感》“半亩方塘一鉴开,天光云影共徘徊;问渠那得清如许,为有源头活水来”诗意,结合瀛山风光,写读书有悟、有得时那一份流动的灵气,思路明畅,心灵一片清澈活泼、从容自得的可爱氛围,俨然又回到朱熹所在的南宋淳熙时代。淳熙,南宋孝宗年号。下联意云老师以教学为正业,士子学业适时,愿众多学子春夏吟诵,不要忘了学界前辈朱熹在庐山白鹿书院创立的遗规。多士,众多士子。《诗·大雅·文王》:“济济多士,文正以宁。” (沈树华)

浙江永康五峰书院

彭元瑞

桃花万树春风里

瀑布一帘化雨中

位于浙江永康市的五峰书院，建于明正德年间，宋朱熹、陈亮和吕祖谦曾在此收徒讲学。桃花、瀑布既是五峰中的主要峰名，又是自然风景。“桃花”多至“万树”，“瀑布”雄悬“一帘”，是由于“春风”“化雨”，正寓书院教化之意。本联把自然景观和人文景观巧妙地联系起来，生动贴切。

（林克成）

安徽枞阳丰乐书院

陈澹然

苍屿忠节，海峰文章，蔚然先正遗风，廊庙江湖皆魏阙

浮渡夕阳，白云青鸟，葆此名山间气，乾坤雷雨待英豪

书院在汤家沟镇。上联说书院附近历史上的杰出人物，明时有左光斗，忠贞而有节操；清代有刘大櫆，为桐城派主要作家之一。乡先辈的遗风余烈，无论在朝在野都同样关心国家大事，这是值得钦敬和继承发扬的。苍屿，明左光斗的别号。海峰，清刘大櫆的号。左、刘都是安徽桐城（今枞阳）人。先正，前代的贤人。廊庙，庙堂。借指在朝做官。江湖，隐士所居之地。借指隐退江湖。魏阙，朝廷的代称。《庄子·让王》：“身在江湖之上，心存魏阙之下。”下联说书院附近的名胜，有著名的“浮渡夕阳”和“白云青鸟”。这名山胜水孕育英才的灵气，以及令人奋发的乾坤雷雨，都正等待着英雄豪杰之士的成长。浮渡夕阳，枞阳“浮山八景”之一。白云青鸟，白云指白云岩，其地常有青鸟出没。间气，天地特殊的气，间世而出。这里指孕育英才的灵气。此联就地取材，以地方历史人物和名山胜景，勖勉后学，立意精警，情辞恳切，末句“乾坤雷雨待英豪”尤有气势。（周 艺）

安徽巢湖书院

杨欲仁

凭山脊以为基，士品宜从高处立

借湖光而作鉴，文风须向上流争

巢湖书院在安徽巢湖市,书院因巢湖而得名。杨欲仁,巢湖人,清嘉庆进士,晚年退隐故乡,任书院山长。此联即作者任书院山长时所撰。站得高方可望得远,上联以山脊为喻,指出学子的学识和品行,都应该高起点才能有所成就。下联以湖光作鉴,指出学子们的文风,要努力一把与上流争雄。联文要求学子广采博取,正本清源,做文风清新、知识渊博的人。

(沈树华)

福建福州正谊书院

林鸿年

为经师难,人师尤难,义利共关头,察动须从静坐

去口过易,心过不易,圣狂分转念,群居要慎独知

林鸿年,字勿村,清福建侯官(今闽侯)人,道光十六年(1836)进士第一,官至云南巡抚。左宗棠任闽浙总督时,在福州创建正谊书院,为举人肄业地。林鸿年受聘任正谊书院主讲,因题此联。上联云,做讲解经书的老师难,做育人的老师更难,在义和利的关头,看你怎么做,先要静静地思考一番。下联云,口中不讲错话容易做到,心里不生错的念头不容易做到,圣人和狂徒的区别,就在一念之间,因此在与众人相处时,特别要约束自己。要慎独知,谓在独处无人注意时,自己的行为也要谨慎不苟。 (沈树华)

福建漳州白云岩书院

朱 熹

地位清高,日月每从肩上过

门庭开豁,江山常在掌上看

白云岩又名云洞岩,在漳州龙海县蔡坂村,宋代学者朱熹任漳州知府时建立书院,并在此讲学。上联写仰视所见,山岩高峻峭拔,比喻书院所处地位清高超俗。“日月肩上过”,想象奇特。下联写俯视所见。“门庭开

豁”,喻此地人文之盛。“江山掌上看”,谓江山舒掌可观,与上句“日月肩上过”一起刻画出一个顶天立地的巨人形象。联语以夸张想象之笔,把书院写得气魄宏大,极富神韵。 （张君宝）

福建漳州芝山书院

左宗棠

经始问何年,果然逃墨归儒,天使梵王纳士

筹边曾此地,大好修文偃武,我从漳海班师

明清书院盛行,是藏书讲学的处所。芝山书院原为开元寺。作者当年曾督办福建军务,自漳州班师过此,适书院落成而题此联。上联说,原先是佛家寺院,今天开设了书院,用以弘扬儒家为主的文化。果然,表示愿望的实现。孟子曾言:“逃墨必归于杨,逃杨必归于儒”(《孟子·尽心下》)。意为离开墨子一派的,一定归入杨朱这一派来;离开杨朱一派的,必归回儒家。后人以“逃墨归儒”表示儒家一统天下的思想。梵王乃指佛界无所不在的天神,竟也收纳儒家子弟。下联说,我曾在此筹划军事,现在修明文教,偃息战争的理想也可以实现了,可以班师回总督府了。联语今昔对比,借景抒情,言近而旨远。 （俞水生）

台湾学海书院

陈维英

学知不足教知困,自反自强,古人云功可相长也

海祭于后河祭先,或源或委,君子曰本其当务之

陈维英,字硕芝,祖籍福建,生于台湾淡水,清咸丰举人,曾任福建闽侯教谕,后回台湾,主持仰山、学海两书院。上联之意出自《礼记·学记》:“学然后知不足,教然后知困。知不足,然后能自反也;知困,然后能自强也。故曰教学相长也。”意谓学过后才知道自己的欠缺,教过后才感到知识贫

乏，这样就会反躬自省，奋发努力，使教与学互相促进，相得益彰。下联亦意出《礼记·学记》："三王之祭川也，皆先河而后海，或源也，或委也，此之谓务本。"意谓在学习的过程中，应当运用所学知识探其来龙去脉，真正弄通弄懂，达到立身行事的务本目的。（佟　今）

湖南长沙岳麓书院

旷敏本

是非审之于己，毁誉听之于人，得失安之于数，陟岳麓峰头，朗月清风，太极悠然可会

君亲恩何以酬，民物命何以立，圣贤道何以传，登赫曦台上，衡云湘水，斯文定有攸归

旷敏本，清湖南衡山人，乾隆元年进士，以经学教学于家乡，主岳麓书院，学者称为岣嵝先生。岳麓书院在湖南长沙岳麓山。上联意云是非审之于己，毁誉听之于人，这是对的，但得失安之于数，未免有宿命论的影响，可批判对待。在岳麓峰头，有朗月照耀，清风吹拂，这时可以感受到万物的本源。太极，语出《易·系辞上》："易有太极，是生两仪，两仪生四象，四象生八卦。"下联意谓君王和慈亲的恩情如何酬报，民物何以立，圣贤道的思想何以传，登赫曦台，衡云湘水，斯文定会找到归宿。斯文，古代的礼乐制度。《论语·子罕》："天之将丧斯文也，后死者不得与于斯文也。"（沈树华）

湖南衡阳船山书院

彭玉麟

一瓢草堂遥，愿诸君景仰先贤，对门外岳峻湘清，想见高深气象

三篙桃浪暖，就此地宏开讲舍，看眼前鸢飞鱼跃，无非活泼天机

彭玉麟,湖南衡阳人,清末湘军将领,官至兵部尚书。此联题衡阳船山书院。一瓢草堂,指书院简陋。先贤,指王夫之,明末清初学者,人称船山先生。岳峻湘清,指高峻的山岭和清澈的湘江。上联意谓,在这简陋的书院内,愿诸君景仰先贤王夫之船山先生,像崇仰高峻的山岭和清澈的湘江那样,领悟他博大精深的学术思想。桃浪,指自然景色。“暖”字又喻求学的大好时光。鸢飞鱼跃,鸢飞上天,鱼跃于渊,谓万物各得其所。下联说,在大好景色、时光下,活泼快乐地各取所需,发挥各自的天赋,相互切磋以求学业精进。全联情景交融,对后生寄托了前辈的希望。 (佟 今)

湖南会同三江书院

严正基

三径不荒,桃李成荫常挺秀
江流犹活,蛟龙得水自飞腾

严正基,字仙舫,清湖南溆浦人,嘉庆十八年(1813)副榜,以军功擢淮阳兵备道,署湖北布政使。三江书院在湖南会同。上联意谓,书院教育已获得一定成果,学生们如同桃李已枝繁叶茂,生长得非常挺秀。下联意谓,源头自有活水,学生们如龙得水,必然能学成腾飞。联文以“桃李成荫”与“蛟龙得水”比喻书院教学的成绩,并以鹤顶格嵌书院名“三”“江”于联头,更增加了“三江书院”的知名度。 (沈树华)

湖南澧县文山书院

陈逢元

牛伏起何时,好取汉书常挂角
萤飞依故址,遥同车渚自流光

陈逢元,湖南大庸(今张家界)人,清末民初学者。文山书院原为晚唐诗人李玉群(字文山)读书处,在澧县仙眠洲,那里地形状似伏牛,而获

"牛伏"之名。挂角,隋李密年轻时常将《汉书》挂于牛角,边行边读,后以喻勤学苦读。萤飞,晋代车胤囊萤照明苦读,澧县有囊萤台,故云"依故址"。车渚,指读书循序渐进。流光,福泽流传后世。上下联引"挂角"和"萤飞"两则典故,以切勤学,题于书院,既妙且贴切,可谓佳作。

(佟 今)

湖南澧县澧阳书院

陶 澍

台接囊萤,如车武子方称学者
池临洗墨,看范希文何等秀才

上联说,只有像车武子那样的人,才称得上学者。台接囊萤,指澧县"车武子囊萤台"。《晋书·车胤传》云:胤,字武子,"博学多通,家贫不常得油,夏月则练囊盛数十萤火以照书,以夜继日焉。"下联说,想范仲淹(字希文)当年就以天下为已任,看他是何等优秀人才。池临洗墨,指书院旁范仲淹幼年在澧县读书的洗墨池。后来范写的《岳阳楼记》中有"先天下之忧而忧,后天下之乐而乐"的名句。全联举县内苦读成才的两处文物古迹,励己勉人,要像刻苦读书的车武子一样勤奋学习,也要像具有"先忧后乐"襟怀的范希文那样树立远大理想。此联切境切题,对仗甚工,用典无斧凿之痕,为当时文人所传诵。

(希建华)

湖南衡山邺侯书院

三万轴书卷无存,入室追思名宰相
九千丈云山不改,凭栏细认古烟霞

邺侯书院在南岳衡山的烟霞峰下,由唐代邺侯李泌读书的"端居室"故址扩建而成,几经兴废,现存的建筑是 1933 年重建的。李泌,字长源,是唐代著名的宰相,封为邺侯。安史之乱平定后,曾隐居南岳,广藏书卷,游山读书。韩愈有“邺侯藏书多,架插三万轴”的诗句。上联写由于岁月变迁,当年李泌藏书虽已荡然无存,但人们怀念这位历史名人的崇敬之情依然不减。下联告诉人们,古人已逝,江山不老,探寻一下前人的足迹是很有意义的。“九千丈云山”指南岳,旧志载,南岳“自上而下,高九千七百三十丈”。烟霞,既指烟霞峰,又可理解为烟霭云霞,借代史迹。联语追思古人,凭吊遗址,但却不落厚古非今或咏古伤怀的俗套,而给人以感情深厚、豁达清醒的感觉,立意殊佳。 (康斯馨)

湖南湘乡东皋书院

曾国藩

涟水湘山俱有情,其秀气必钟英哲

圣贤豪杰都无种,在儒生自识指归

上联说,美好的山川,其灵气一定会产生杰出人物。涟水是湘江支流,流经湘乡。湘山,一名君山,又名洞君山,位于洞庭湖中,此处当指湘乡之山。钟,指积聚,集中。英哲,非凡之才。下联从书院生发。古来豪杰圣贤并非天生,要凭学子们深明大义,认清方向,不断磨砺,努力完善自己。全联寄托作者对湖南青年的期望,特别是勉励故乡子弟通过艰苦奋斗、建功立业。指归,谓宗旨,意向。 (俞水生)

湖北汉口紫阳书院

夏力恕

到南渡后,谁知孔圣人尚存,即今日仰庙貌于黄鹤楼前,无非是秋阳江汉

使北朝中,也问朱先生安在,想当年寄学规于白鹿洞口,何处寻汴水钱塘

夏力恕,字观川,号澴农,清湖北孝感人,康熙六十年(1721)进士。紫

阳书院在湖北汉口，康熙六十年(1721)为纪念朱熹而建。南渡，指南宋建都临安(今杭州)。孔圣人，指朱熹。朱熹，南宋哲学家、教育家，字元晦，号晦庵，别称紫阳，徽州婺源(今属江西)人，绍兴十八年(1148)进士，官秘阁修撰等职，主讲紫阳书院、白鹿书院。黄鹤楼，在武汉市蛇山的黄鹄矶头。江汉，长江和汉江。上联意云，南渡以后，谁知朱熹还在，今日仰望黄鹤楼前，无非是秋阳下的长江、汉江。白鹿洞口，指朱熹主讲的庐山白鹿书院。汴水，隋开济通渠，开封一段就是原来的汴水。下联意云，即便北方，也有人问朱先生安在，想当年以白鹿书院的规定办学，用不着去区别是汴水还是钱塘江。联文赞颂了朱熹在教育史上的崇高地位。 （沈树华）

四川江油陇西书院

李调元

旧是谪仙栖隐处
恍闻昔日读书声

李调元，字羹堂，号雨村，清四川罗江(今德阳东北罗江镇)人，乾隆二十八年(1763)进士，官至广东学政，后因事落职，从事著述纂辑以终。此联所写陇西书院，在四川江油青莲场，又名青莲书院，唐代诗人李白尝隐居此间，自称青莲居士。后人建祠以祀，并扩为书院。上联云，这里旧时是李白的隐居地。谪仙，指李白。《新唐书·李白传》:“往见贺知章，知章见其文，叹曰:‘子，谪仙人也!’”后因用以专指李白。下联展开想象，云恍如听闻到昔日书院的读书声。 （沈树华）

四川绵竹紫岩书院

杨　聪

此院经五百年，自元祐而还，弦歌由来方鹿洞
有池周六十丈，是宇文故址，津梁何必数鹅湖

这是清末学者四川绵竹杨聪题家乡紫岩书院的对联。延祐,元仁宗年号。鹿洞,指白鹿洞书院,在江西庐山五老峰下,南宋朱熹在此讲学。上联说紫岩书院已经五百年了,自元代延祐年间起,到现在一直声望鼎盛,可与南宋朱熹主讲的白鹿书院媲美。宇文,指宇文公南,宋绵竹人,举进士,“自强于学”。津梁,桥梁,指帮助接引。鹅湖,指鹅湖书院,在江西铅山县北,宋朱熹、陆九渊等讲学于此。下联说书院水池周长六十丈,是宇文公南的故址,这座书院育人无数,不必只想到铅山的鹅湖书院。作者对自己家乡书院的成就颇有自豪感。 （佟 今）

四川彭州摩云书院

陶 澍

化雨无私,忆往昔踏雪来过,曾话春风一席

摩云有志,愿诸生凌霄直上,勿忘灯火三更

上联回忆昔日来访经过,下联勖勉诸生立志成名。这原是题给书院的普通话头,而此联却能以形象而典雅的语言给通常的话头注进优美的情愫。化雨,语本《孟子·尽心上》:“君子之所以教者五:有如时雨化之者。”后用“化雨”比喻教育像及时的雨水滋润土地。踏雪,《世说新语·任诞》说晋王子猷夜起,恰雪,忽想起朋友戴安道,便乘小船至,不遇而返,说“吾本乘兴而行,兴尽而返,何必见戴”。春风,宋侯仲良《侯子雅言》:“朱公掞来见明道(程颢)于汝,归谓人曰:‘光庭(朱公掞)在春风中坐了一个月。’”后用“如坐春风”比喻受到良好的教育。摩云凌霄、灯火三更,更是在发愤读书的艰苦生活中突出描写为传统习俗所赞赏的一面,使诸生乐于接受,以苦为甜。上下联之间分量有重有轻,重点在下联。上联的“忆往昔”,正是折射出自己亲密老友的身份,以此加重下联勖勉的分量,是至情所致,语重心长,给来院诸生以亲切感受和巨大鼓舞。

（何以聪）

云南昆明五华书院

尹壮图

鱼跃鸢飞，活泼泼地
日华云烂，纠漫漫天

五华书院在昆明城内五华山麓。明嘉靖年间巡抚王启文建，清雍正九年(1731)鄂尔泰重建。本联紧扣菁莪育才的书院功能，寓意于比喻之中。上联的大意是，莘莘学子，可如鸢振翅高飞，可如鱼腾跃深水，书院是充满生机的育才之地。鱼跃鸢飞，语出《诗·大雅·旱麓》："鸢飞戾天，鱼跃于渊。"鸢，鹞鹰。下联赞美学子们的文章写得如日放光华，如云霞生彩，交相辉映。华，太阳的光华。清唐孙华《喜吕无党及第》诗："卿云瑞霭日华边。"纠缦缦，缠绕在一起。《尚书大传》卷二引《卿云歌》："卿云烂兮，纠缦缦兮。" （曹云岐）

广西桂林秀峰书院

刘定逌

于三纲五常内，力尽一分，就算一分真事业
向六经四子中，尚论千古，才识千古大文章

刘定逌(yōu)，字叙臣，号灵溪，清广西武缘(今南宁邕宁)人，乾隆十三年(1748)进士。秀峰书院，在广西桂林城北。上联云，在三纲五常范围内，尽一份力，就算做了一份真事业。三纲，封建社会中三种主要的道德关系。《礼纬含文嘉》："君为臣纲，父为子纲，夫为妻纲。"纲是居于主要支配地位的意思。五常，指仁、义、礼、智、信。儒家用以配合三纲，作为维护封建社会的道德规范。下联云，从六经四子之中，崇尚讨论年代久远的事情，才能认识久远时代的大文章。六经，六部儒家经典，即《诗》《书》《礼》《易》《春秋》《乐经》。四子，指战国时齐孟尝君、魏信陵君、赵平原君、楚春申君。千古，谓年代久远。 （沈树华）

广西桂林桂山书院

理本精深，看阶前双水合流，寻到源头方悟澈

学无止境，想宇后孤峰独秀，登来巅顶莫辞劳

桂山书院位于桂林市东桂山麓，创建于清道光年间。此联借景喻意，说寻源悟澈，登巅不辞劳。理，道理，法则。悟，理解、启发。澈，水明镜貌。悟澈，理解透彻。上联意谓，做学问的道理法则是精深的，看阶前双水合流，要寻到源头，心里才能彻底领悟精髓。独秀，指独秀峰，在桂林王城内，平地孤拔，以无他峰相属，故名。下联意谓，学问无止境，想想屋宇后孤峰独秀的高峰，想登上顶峰必须不辞辛劳。 （沈树华）

河北武邑观津书院

范当世

自来学校以书院辅之，如今比屋东西，稍有欢颜在风雨

吾为父兄望子弟成耳，此后一官南北，还将老眼看云霄

此联题河北武邑观津书院，为清代文学家江苏南通范当世所撰。比屋，比邻相连的房舍。上联意谓，武邑地方偏僻贫苦，现在书院给学子们提供了安定的学习环境，为此表达了欢喜的情怀。下联意谓，望学子们早日成材，此后我南北宦游，老眼还盼望你们有美好的前程。联语发自肺腑，真诚感人。 （佟 今）

内蒙古呼和浩特长白书院

薛时雨

盛世本同文，合左云右玉封疆，息马投戈，沙漠寝成邹鲁俗

将军不好武，萃黑水白山俊彦，敦诗说理，边关长此诵弦声

长白书院,坐落在呼和浩特市城内,创建于清代同治年间。此联由曾主讲杭州崇文书院的著名文人薛时雨撰写。联意说在太平盛世,民族之间应注重文化交流,停止征战,把边远的荒漠建成礼仪之邦。唯有和平才能使黑水白山人才辈出,敦诗说理,使边关长诵诗书,永葆和平。全联表达了人们对安宁和平生活的向往和追求。同文,指书同文,喻统一。左云右玉,一说指清守边的两位将领,一说指西北与内蒙相连的两个县。封疆,指守边的大臣。寖,"浸"的通假字,意为逐渐。邹鲁,孔孟的故乡,代指礼仪之邦。黑水白山,黑龙江和长白山,泛指东北地区。俊彦,杰出人才。敦诗,研习诗词。诵弦,配乐诵诗。 (佟 今)

甘肃兰州皋兰书院

唐树义

讲舍喜初开,所愿二三子同心,切磋琢磨,莫负此长官雅意

英才群待育,安得千万间广厦,藏修游戏,都教他寒士欢颜

唐树义,字子方,清贵州遵义人,举人,官按察使。皋兰书院在甘肃兰州曹家厅。上联意云,志同道合的几位学者,在这书院初开之际,同心协力,在教学上切磋琢磨,搞好教学,不要辜负地方长官办好教育的雅意。下联化用杜甫《茅屋为秋风所破歌》中"安得广厦千万间,大庇天下寒士俱欢颜,风雨不动安如山"句意,云许多有才华的学子期待老师的培育,我们要筑起人才的大厦,寓研修学问于游戏之中,使这些学子在学业上取得成就,都能露出喜悦的容颜。 (佟 今)

◆书店

中 华 书 局

中原新气象

华国大文章

1912 年中华书局创办于上海,以编印教科书、古籍、科技书、文艺书和

工具书等为主。中原,本指黄河流域,这是我国古代文明的发祥地,此处借指整个中国,与下联“华国”同义。我国古称华夏,省称即为华。“新气象”的重点在“新”字,说明书局出版的书刊走在时代前列,而新知识的广泛传播,必将使古老的祖国焕发青春,气象一新。“大文章”的“大”字,突出书局出版物质量颇高。中华书局在 1949 年前的近 40 年时间里,一共出版了 6000 多种图书,成为仅次于商务印书馆的重要出版机构。中华人民共和国成立后,书业更有发展。联语言简意赅,首嵌“中华”两字,为“鹤顶格”。

(俞纪东)

开 明 书 店

开来而继往
明道不计功

开明书店始创于 1926 年,在民国时被列为六大书店之一。这副对联巧嵌店名,概括了书店的出版特点和奉献精神。上联点出书店特色。开明书店虽在古籍整理和出版等方面有过一定的贡献,但其主要读者对象则是青少年,它出版中小学教材和课外读物引导青少年打好知识基础,扩大知识面,积极健康地向上发展,这确实是继往开来、功德无量的事业。开来继往,即继往开来。谓继承前人事业,开辟未来道路。下联表现开明风格。开明书店的作风以严肃认真著称。这是地地道道的文化人办的书店。关心和帮助过开明的著名学者和作家如胡愈之、赵景深、茅盾等数十人,或亲任编辑,或译书著作。他们都勤勤恳恳,踏踏实实奉献,从不唯利是图,为国家与人民的文教事业作出了出色的贡献。“明道不计功”,语出《汉书·董仲舒传》:“正其谊不谋其利,明其道不计其功。”即努力阐明宇宙人生的道理而不计较功劳之意。 (俞纪东)

韬 奋 图 书 馆

郭沫若

韬略终须建新国
奋起还得读良书

韬奋，即邹韬奋，新闻记者、政治家、出版家。在上海、香港主编《大众生活》《生活日报》和《生活周刊》。1944年7月病逝于上海。上联"韬略"原指古代兵书《六韬》和《三略》，后用以称用兵的谋略，作者以此代指人民战争的节节胜利，并预言新中国终将诞生。下联紧扣题意，说明进步书籍对于革命成功的重要意义，同时又与韬奋为唤起民众而创办书店的业绩相关合。全联立意高远，题旨鲜明，以劲健之笔抒发了革命必胜的信念，倾露了对同志的深情勉励。"韬奋"二字分嵌于上下联中，也有自然入化、天衣无缝之妙。

（顾伟列）

澧县文艺俱乐部

周风楞

琴与俱，棋与俱，酒尊与俱，老子兴复不浅

山可乐，水可乐，禽鸟可乐，诸君且住为佳

澧县位处湖南省北部。本联扣"俱乐"二字，融化前人诗文句意，毫不著迹，有入化之妙。上联"琴与俱"三句，化用欧阳修《六一居士传》"有琴一张，有棋一局，而常置酒一壶"句意，交代了俱乐部内的诸项娱乐设施。下联"山可乐"三句，由欧阳修《醉翁亭记》"山水之乐，得之心而寓之酒也"，"树林阴翳，鸣声上下，游人去而禽鸟乐也"诸句提炼而来，描绘了俱乐部依山带水，鸟鸣之声不绝于耳的自然环境。"老子兴复不浅""诸君且住为佳"二句，语出《世说新语・容止》："（庾）公徐云：'诸君少住，老子于此处兴复不浅。'"表明俱乐部可娱可乐，诚为当地民众的绝好去处。联语三处重叠嵌入"俱""乐"二字，笔转意绕，颇具巧思，而且写来似毫不费力，足见作者功力。

（顾伟列）

书　坊

管斯骏

远求海内单行本

快读人间未见书

书坊,是旧时印刷和销售合一的书店店铺。上联说,读者可以从我们书坊求得各种单行本的书籍。单行本,从多种或一种著作中,抽选一篇或几篇独立文章单册印行,称单行本。将报刊上的文章选编成书,也称单行本。下联说读者可以快乐地读到,也可理解为快速地读到人间刚刚印行的新书。 (佟 今)

◆戏台

北京安徽会馆戏楼

冠盖萃江淮,尽东南宾主之欢,枌社筵开,古谊犹存乡饮酒

楼台演歌舞,极丝竹管弦之盛,梨园美具,世情且看戏登场

晚清安徽会馆在西城区后孙公园胡同内,只接待在职的州县官和副、参将以上的官员。上联写同乡聚会活动。江淮地区的官员聚集于此,摆设家乡风味的筵宴,宾主极尽欢乐,俨然还有古代乡饮酒遗风。冠盖,冠指礼帽,盖指车盖,借称官员。"尽东南宾主之欢",化用唐王勃《滕王阁序》"宾主尽东南之美"句意。枌社,家乡、故里。乡饮酒,古时乡大夫每三年荐贤能之士于朝廷,设宴为之送行,《仪礼》有《乡饮酒礼》。下联写戏楼演出景况。舞台表演歌舞,有美妙的音乐伴奏,演员阵容整齐,角色登场可窥见人情世态。"极丝竹管弦之盛",化用王羲之《兰亭集序》"虽无丝竹管弦之盛"句意。梨园,戏班或演戏场所。既写会馆,又写戏台,为此联特色。

(蒋竹荪)

北京广和戏楼

日月灯,江海油,风雷鼓板,天地间一番戏场

尧舜旦,文武末,莽操丑净,古今来许多角色

此联题清代北京广和戏楼。上联说天地间无非就是一大戏场,即人生如戏。下联说古今来历代出了许多角色。联文将日、月这两盏明灯,点着江海的燃油,喧闹着风、雷、鼓、板,在天地之间这个大舞台上,演出了一场人生的历史大戏。舞台上的旦角、末角、丑角、净角扮演了尧舜、文王、武王、王莽、曹操等古今各种角色,点明了戏场小天地,天地大戏场的戏楼主题,其中蕴含了颇深的人生哲理,值得读者深思。 (沈树华)

天津中原戏台

杨 圻

你要寻忠臣孝子,节妇义夫,只有戏场能见面

像这些祸水阴人,家妖国贼,一看脸谱便知心

杨圻,江苏常熟人,清光绪二十八年(1902 年)举人,官邮传部郎中,驻新加坡总领事。所题中原戏台在天津。联文对生活和艺术的关系,提出了作者自已的见解。上联说所谓忠臣、孝子、节妇、义夫,只有在戏剧中才能找到,而在真实生活中是找不到的。下联说对剧中的人物,无论是祸水阴人,还是家妖国贼,不需要看情节,只要一看脸谱,便知他是祸国的奸佞人物。其实,古装戏剧中的人物脸谱化已成为一种模式,要突破不是那么容易的事情。但是作者主张在生活中多些忠臣孝子、节妇义夫,增强民众的责任心,为社会担当起更多的责任,这是应该大力提倡的。 (佟 今)

南京湖广会馆戏台

曾国藩

荆楚九歌,客中聊作枌榆社

江山六代,劫后重闻雅颂声

曾国藩,湖南湘乡人,所题戏台在南京湖广会馆。作者在此联中,表达了他对家乡的思念,以及对南京经过太平军的占领,如今收复后又重闻

"雅""颂"之声时的喜悦之情。荆楚,古指湖北、湖南部分地区。九歌,屈原《楚辞》篇名。枌榆,乡名,汉高祖的故乡,后因以称家乡。上联意谓,来到湖广会馆,听到家乡的歌声,在作客南京时,聊作回到家乡的聚会。江山六代,指东吴、东晋、宋、齐、梁、陈均建都南京。雅颂,指《诗经》分"风""雅""颂"三大类。下联意谓南京经历了六代江山,又遭遇太平军之劫,如今收复后,又重新听到"雅""颂"正音,真令人值得高兴。 (沈树华)

题江苏南通剧场

张 謇

真者犹假,假何必非真,看诸君粉墨登场,领异标新,同博寻常一笑粲

古或胜今,今亦且成古,叹三代韶韺如梦,求本知变,聊应斟酌百家长

张謇,清江苏南通人,光绪状元,近代实业家。此联题南通更俗剧场。上联说演戏本就假假真真,关键在粉墨登场演出之中,能有所创新,能博得观众粲然一笑。下联云说古道今,夏、商、周三代和以前舜的乐曲《韶》与帝喾的乐曲《韺》已如梦幻般逝去,如今演戏要敢于革新,并能吸取百家之长,方能使戏曲得到进一步的发展,表达了联作者追求发展、创新的进步思想。

(沈树华)

上海乐园游戏场

于右任

乐与众人同,玉作栏杆金作柱

园从天外起,花为眷属月为邻

游戏场属于公共游戏场所,一般都有各种戏剧、杂耍等演出,以供游客自由观看。于右任是著名书法家,善诗词,又是国民党元老,上海乐园游戏

场请他撰写对联,以招揽游客,是实至名归的了。此联以鹤顶格嵌“乐”“园”二字落笔,上联“乐与众人同”化用《孟子》“与人同乐”句意,自然而然地嵌入“乐”字;下联“园从天外起”化用魏迪元“又从天外起楼台”句,嵌“园”字也十分自然。接着“玉作栏杆金作柱”,写出了游戏场的豪华与气派,“花为眷属月为邻”,更以拟人的修辞手法,写出了花是眷属和月是邻里的环境,更添加了游戏场人性化的格调。 (佟 今)

南岳庙戏台

吴 獬

乱世需才,何不教南霁云、雷万春几位将官,救末劫投胎下界

逢场作戏,切莫演尹子奇、令狐潮一班反贼,使吾神怒发冲冠

吴獬,清湖南临湘人,光绪进士。此联是吴獬为庙中戏台所撰。南霁云、雷万春是唐代张巡的部将,在安史之乱中殉国,庙中有他们的供祀。尹子奇、令狐潮都是安禄山的部下,他们引乱军围城,杀害南霁云、雷万春,是一班反贼。联语借戏台演戏,抒发作者的情怀,表达了对忠奸人物爱憎分明的态度,有一定的醒世教育意义。 (佟 今)

浙江长兴小东门戏台

胜则为王,败则为寇,古今不过尔尔

红面孔进,白面孔出,妇孺亦复云云

集民间谚语和口语入联,描绘旧时农村观众心理,十分形象。上联谓为王为寇,古今不过尔尔,反映了当时民众对帝王将相改朝换代的冷漠观念。下联谓农村妇女与孩子,不懂戏文和剧情,看戏时只说得出红面孔进,白面孔出。下联所用口语,若从词性推敲,对仗尚有小疵。但从此联中可

以管窥那个时代社会风情的一斑。 （胡家禔）

安徽宣城新田乡戏台

江柏崖

当斯世不以油贵、盐贵、柴贵、米贵为忧，竟唱戏有钱，也算得苦中作乐

这几时引动士人、农人、工人、商人齐集，把本行丢手，真个是忙里偷闲

联语从侧面写出当时民不聊生的窘境。在物价腾贵中尚不忘苦中作乐，大家放弃手中活计以求暂饱眼福。“苦中作乐”“忙里偷闲”两句成语，在联中嵌得生动贴切，情趣盎然。联语写得富有生活气息，一气呵成，且带几分幽默。丢手，撒手，放弃之意。 （胡家禔）

广州江南会馆戏台

梁绍壬

一阕荔枝香，听玉笛吹来，遍传南海

双声杨柳曲，问金樽把处，忆否西湖

作者是杭州人，在广东听戏，而戏台又为江南人所开，极易牵动思乡之情。上联“荔枝香”，荔枝为岭南特产，又为词牌名。《新唐书·礼乐志》：“帝幸骊山，杨贵妃生日，命小部张乐长生殿，因奏新曲，未有名，会南方进荔枝，因名曰荔枝香。”粤人爱听此曲，何况玉笛吹来悦耳动听，自然传遍南海。下联“双声杨柳曲”，杨柳是西湖景色特征，又是词牌名，原名“折杨柳”。白居易翻新曲作“杨柳枝”，故名“双声杨柳曲”。作者身在南国听到此曲，不禁回忆起在家乡手把金樽的难忘岁月，比异地他乡确实美好多了。末尾“忆否西湖”一个设问，倾注着作者无限深情。此联妙在寓意双关。岭南荔枝，西湖杨柳，既描绘两地景色，又暗合舞台乐曲，典雅

含蓄,出手不俗。（胡家禔）

贵阳江南会馆戏台

花深深,柳阴阴,听别院笙歌,且凉凉去

月线线,风翦翦,数高城更鼓,好缓缓归

上联写夏夜闻别院笙歌,前往欣赏。花香阵阵,柳影阴阴,隔院传来笙歌,循声移步,欲一饱眼福。下联写月斜更深快意归来的情景。夜阑人散,信步归来,笙歌余韵仍回荡脑际,久久不散。翦,通剪。翦翦,形容风轻微而带有寒意。唐韩偓《寒食夜诗》有"恻恻轻寒翦翦风"句。全联仅三十字,写来有声有色,且不着一戏字,看戏之乐,尽在其中。而叠词"深深""阴阴""线线""翦翦"描绘事物形象,惟妙惟肖;"凉凉""缓缓"状摹人物神态,呼之欲出。

（胡家禔）

戏　　台(一)

云霞生异彩

山水有清音

据说,杭州西湖湖滨曾筑有一座水上舞台,背衬碧波湖光,面对山峦叠翠,游客可在花木丛中欣赏演出。舞台正中高悬一匾,上书"湖天一览"四字;台上又有楹联三副,本联就是其中之一。"云霞""山水"是写西湖的自然美景,"异彩""清音"形容舞台表演的精湛动人。联语富于诗情画意,意境亦十分优美。（俞纪东）

戏　　台(二)

借虚事指点实事

托古人提醒今人

上联写戏剧的作用。舞台上演出的戏文,常通过艺术想象、借助于某些现实生活中不可能发生的“虚事”,如六月飞雪(关汉卿《窦娥冤》)、死而复生(汤显祖《牡丹亭》)、人死化蝶(民间传统剧目《梁山伯与祝英台》)等,来表现戏曲作家对于现实生活的理解,以及对于美好理想与情操的追求。衍演“虚事”的目的在“指点”现实生活中的“实事”,或赞美歌颂,或揭露抨击。下联进一步阐发上联的意思,说明戏剧的作用是“寓教于乐”。戏曲舞台上的人物往往都是“古人”,但这些“古人”的性格特征又总是能够在“今人”身上找到。塑造“古人”形象,是为“今人”提供一面镜子。此联以平常语讲清戏剧演出的作用,十分深刻。 (俞纪东)

戏　　台(三)

顷刻间千秋事业

方丈地万里江山

舞台艺术的表现以概括性和虚拟性为其特征。本联从时空跨度上作了精彩的描摹。上联言时间,演剧时间虽短暂,却可表现出千载的历史兴亡。下联谓舞台空间有限,但能显示出辽阔的万里江山。产生这种现象除了依靠舞台布景的转换、戏剧内容的交代、演员动作的暗示外,就是观赏者主观联想和想象的加入,起到补充作用,并引起共鸣。此联作法上注重比较。上下联是时空比较,联内又有实与虚的比较。“顷刻”与“千秋”,“方丈”与“万里”,对比强烈,引人思考,从而加深了联语内涵和感染力。

(黄德金)

戏　　台(四)

傅　山

曲是曲也,曲尽人情,愈曲愈妙

戏其戏乎,戏推物理,越戏越真

联语把"戏曲"二字叠用得曲折多变,十分巧妙,因而富有哲理。它饶有情趣地点出了人情世态的真谛——"曲"在于"曲尽人情",所以"愈曲愈妙",这就从一个最中肯的角度阐述了戏曲的功能;"戏"在于"越戏越真",看似矛盾,但"戏推物理",道出艺术真实的精髓。联语格调就像济颠出世,有点荒诞味、幽默味,读之真令人回味而感信然。 (何以聪)

戏　　台(五)

神是人,鬼是人,人也是人,一二人千变万化

车步行,马步行,亦步亦行,三五步四海九州

一二人怎么能获得"千变万化"? 三五步怎么能到达"四海九州"? 神、鬼、人,实际都由人扮,所以一二人可以千变万化;车马步实际都是步行,所以三五步当然能到达四海九州。由此而道出了我国传统戏曲运用的象征手法的特点。上联用五字相叠,下联四字相叠,稍违格律,但在错落有致的句法结构中,有排比,有顶真,有自叠,亦整亦散,自然形成一种轻松幽默、自由挥洒的节奏感。 (何以聪)

戏　　台(六)

蜉蝣天地,蛮触战争,大作小观小亦大

咫尺江山,须臾富贵,无为有处有还无

此联为戏园而作,联语处处紧扣演戏的特点,同时也隐含人生的慨叹。蜉蝣,虫名,朝生暮死。《诗·曹风》中即有《蜉蝣》篇,用"蜉蝣"之"朝生夕死"刺曹国的国小邦危。在此联中用"蜉蝣天地"比喻戏剧的演出是在当天很短的时间内结束的。"蛮触战争",指舞台方圆很小,却常常演出许多战争故事。"蛮触"指蜗牛的两只角,"蛮触战争"典出《庄子·则阳》:"有国于蜗之左角者,曰触氏;有国于蜗之右角者,曰蛮氏。时相与争地而战,伏尸数万,逐北,旬有五日而后反。"上联道出"演"的特点,在有限的时间、地点

表演大型历史事件,即小能见大。下联则从“戏”的角度谈剧情的变化,突出真真假假的特点。构思别出心裁,用典贴切自然。（张炳隅）

戏　台(七)

许铁花

休疑这出戏没甚头由,似幻似真,不过劝人为善

试看上得场谁非脚色,何今何古,还须自我翻新

此联为戏台所用,而实际上是作者借题发挥,针砭世事的。上联指戏台上的演出,不管是真是假,无非在劝人弃恶为善。用“休疑”起头,“不过”作结,匆匆一笔带过;重点在下联。“试看上得场谁非脚色”语带双关。“脚色”原为戏剧行话,指人物类型。由于在社会生活中,尤其是政治舞台上的有些风云人物,也常常有上场与下场以及真真假假的表演情况,故人们也习惯用“脚色”来形容。能“上得场”的一般都堪称“脚色”,至于能否“演”得好,就看其能否“自我翻新”。联语运用俗语,有劝世之意。（张炳隅）

戏　台(八)

李澄宇

既已上台,不怕大家在旁边看戏

自能了局,何劳诸位替古人担忧

《对联话》云:“《联选》四集,民国八年有索戏台联于李澄宇者,澄宇戏书应之,盖于‘沪和会’有感也。”《联选》,指胡君复编《古今联语汇选》。民国八年,即1919年。“沪和会”,指1919年2月20日开始的国内南北政界人物的会谈。在南北纷争中,有议和代表唐绍仪与朱启钤等在沪开会。未几,五四运动发生,后上海南北议和会议破裂。联语借戏台语讽刺政坛人物。“既已上台”语带双关,既指“艺人”之上台献技,又指政坛风云人物之登台表演。下联中“自能了局”亦然。按俗语有“看戏流泪,替古人担忧”语,联语即用之。

此联妙在全用白话、俗语入联，比喻又十分贴切而有妙趣。（张炳隅）

戏　台（九）

职业原无贵贱，只要安心务正就是他剃头唱戏缝衣裳不算低下

品格应分高下，若是任意胡来哪怕你作官为宦做皇帝照样肮脏

这是一副通俗联。因内容提及“唱戏”职业，故也属戏联。此类戏联，通常是夸赞剧团或演员的技艺，然而此联别开生面，道出“职业原无贵贱”，“品格应分高下”的真理。还指出，贵与贱，高与低，其分界线在于是“安心务正”，还是“任意胡来”，告诫人们要务正业，守道德。封建社会，人被分成若干等级，娼与优（即唱戏为业者）被视为最低下的行业，实属偏见。此联虽格律不严，但将贫贱者与高贵者等量齐观，是对封建等级观的突破，而将“剃头唱戏缝衣裳”与“作官为宦做皇帝”拿来作典型，使对比更鲜明，效果更强烈。

（潘金谊）

戏　台（十）

做字中央古，古人物、古衣冠，古古今今，今鉴古

戏字旁边虚，虚荣华、虚富贵，虚虚实实，实乃虚

这是一副耐人品味的戏联。相传系清代一秀才演剧前应村人之请的即兴之作。含意深刻，对仗工整，手法奇特，颇具匠心。上、下句的起首字连起来，正是“做戏”二字。每句又先从字形结构入手，形象地描述出做戏是怎么回事。上、下句的后半部分，系本联之精华，指明观众应如何看戏，既要古为今鉴，戏中学理；又不能简单模拟，因艺术的真实不能混同于生活的真实。此联言简意赅，将内容与形式、艺术与生活、虚与实的关系讲得很透彻。读来深觉其意蕴之丰。艺术上的排句运用使联语延宕有致，充满节

奏感。“戏”的繁体字为“戲”,故云“旁边虚”。 (潘金谊)

戏 台(十一)

徽班三合,生旦净丑,齐演抗日戏

前村后店,男女老少,同唱爱国歌

这是抗日战争时期在浙江省武义县广为流传的一副戏联。徽班,即演唱徽戏的戏曲班社。三合,指演唱高腔、昆曲、乱弹三种戏曲声腔剧目的戏曲班社。连起来与下句的“前村后店”相对称,泛指所有的剧团、所有的地方。生旦净丑,以角色代全体演员。男女老少,概括了全部观众。此联对仗工整,通俗易懂,以火一样的热忱,反映了当时一致抗日的主旋律,表达了人民群众的强烈心愿,联语充满了时代感。 (潘金谊)

戏 台(十二)

看不见姑且听之,何须四处钻营,极力排开前面者

站得高弗能久也,莫仗一时得意,挺身遮住后来人

这是一副由看戏而生发劝诫做人道理的戏台联。旧时乡村里演戏,多在广场上站着看,人山人海,拥挤异常。此联劝看戏人,如果被人挡住了视线,“姑且”委屈一点“听”吧,站得高是“弗能”久的,劝得在理,劝得得体。不但如此,联语也从反面给“缺德者”画像,让形象本身说话,增强效果,且语意双关,活画出人生旅途中损人利己者的丑态。在词语运用上,后面用“何须”“莫仗”,也和前面的“姑且”“弗能”一样,掌握得很有分寸。 (潘金谊)

戏 台(十三)

何绍基

象以虚成,有几多幻影浮烟,好向虚中求实

味于苦出,看千古忠臣孝子,都从苦里回甘

上联“象以虚成”的“象”，就是戏台上的形象，它是从生活中概括出来的艺术形象，故为“虚成”。这虚成之“象”，演化出多少幻影浮烟。这“幻影浮烟”，借指一幕幕人间“戏剧”，所以看戏当向“虚中求实”。下联说“味于苦出”，是说台上所表演的千古忠臣孝子，没有不饱经折腾和痛苦的磨炼，尔后才苦尽甘来的。从虚到实，从苦到甘，颇含哲理。因为虚是从生活真实中概括出来的，它可反映生活又能指导生活；苦与甘是相对的，又是可以转化的，不是苦苦折腾，就难达到苦尽甘来的境地。联语以戏台写人生，意味深长，发人深思。 （纪德裕）

戏　　台(十四)

瞿少岩

面目总非真，借己证人，由他做作
事情多不假，居今鉴古，要你思量

上联言戏剧艺术的特点。由演员扮演角色，塑造典型形象。明知是“假”，无须当“真”，故可“由他做作”。借己证人，指借角色给人以启示。下联指出舞台演出的目的，在于借古喻今，使人有所鉴照，故观众应多多“思量”才对，可谓句句在行。“面目”“非真”还不仅由于演员扮角色又非角色，而且道出了旧戏常用“脸谱”的特点。“事情”“不假”也是一语双关：既能表示旧戏剧目以历史题材为主，又能说明艺术的真实是概括了生活的真实。此联不仅描述了戏剧的形式，而且论及戏剧艺术的本质，是戏台联中颇具特点之作。 （张炳隅）

戏　　台(十五)

金圣叹

这老翁舍得几文钱，斋僧布施，加几年阳寿足矣，金童玉女引上天堂，玉帝嫌贫爱富

那婆子偷吃几片肉，破戒开荤，打几下嘴巴够矣，牛头马面拿下地狱，阎罗重畜轻人

金圣叹,本名采,字若采,明末清初江苏吴县人,诸生。明亡后,改名人瑞,字圣叹。入清,绝意仕途,以著述为务,顺治帝死,以哭庙案被杀。金圣叹在安徽南陵黄墓圩区观目连戏《傅相升天》《刘氏下地狱》后撰题此联,横批“岂有此理”。金圣叹在此联中批评“玉帝嫌贫爱富”,“阎罗重畜轻人”。上联说这老翁舍得花钱,斋僧布施,增加他几年阳寿已经可以了,派金童玉女把他引上天堂,可见玉皇大帝也嫌贫爱富。下联说那婆子偷吃了几片肉,打几下嘴巴,惩治一下就够了,也不至于派牛头马面将她拿入地狱,可见这阎罗王重畜轻人。此联反映了作者对当时社会不满的情绪。

(沈树华)

戏　　台(十六)

蒲松龄

功名富贵尽空花,玉带乌纱,回头了千秋事业

离合悲欢皆幻梦,佳人才子,转眼消百岁风光

蒲松龄,字留仙,别号柳泉居士,清山东淄川(今淄博)人,康熙二十二年(1683)补廪膳生,七十一岁始贡于乡,所著小说、俚曲、诗文甚富,《聊斋志异》尤为世所称赞。此联写戏台,乃作者有感而发。上联云功名富贵到头来都是一朵空开的花朵,穿在身上的玉带,戴在头上的乌纱,演完千秋事业也就结束了。下联云,戏中的悲欢离合,都是梦中的幻觉,才子佳人的遭际,百岁风光转眼就消失了。对联言外之意即是戏无非是戏,到头是空是幻,如梦一场,不必当真。

(沈树华)

戏　　台(十七)

彭　炯

何须为古担忧,听檀板敲残,依然风清月朗

正好及时行乐,看霓裳舞罢,惟见水远山长

彭炯,字鉴之,号秋湖,清江西萍乡人,诸生。此联写戏台。上联大意说,看戏不必替古人担忧,听那台上檀板哪怕敲残了,外面依然风清月朗,没有什么变化。檀板,檀木制成的拍板,演奏音乐时打拍子用。下联大意说,正好及时行乐,看罢霓裳羽衣舞,抬眼望去,依然水远山长。霓裳,霓裳羽衣舞。联意告诉读者,看戏乃及时行乐,不必替古人担忧,演戏也改变不了现实,人们依然生活在风清月朗、水远山长之间。 (沈树华)

戏　　台(十八)

梅宝璐

善报恶报,循环果报,早报晚报,如何不报

名场利场,无非戏场,上场下场,都在当场

梅宝璐,字小树,清天津人,诸生。此联所题戏台,在天津城隍庙。联文写戏台,又结合城隍庙劝人为善,不为名利相争,管好自己行为,做个好人的要求。上联意谓善有善报,恶有恶报,不是不报,时候未到,时候一到,统统报销。下联意谓名利场中,无论名场还是利场,都是戏场,人生如戏,无论在场上还是在场下,其实都在场中,无时无刻不在书写自己的历史,你任何时候的一举一动,都反映了你的为人和你的思想,这是值得每个人深思和约束自己的。 (沈树华)

戏　　台(十九)

李翰昌

老天别换一番人,还恐一换再换

冷眼日看千万变,权且左看右看

李翰昌,字石贞,湖南宁乡人,清末举人,官澧州学正。以知府发河南,任高等检察厅厅长,宣统辛亥年南归,寓湖南湘潭。此联题戏台,甚为别具一格。上联云老天重新换了一番人,到这里并不算数,恐怕还要一批批地换下去。其实这就是历史,演戏演了汉代一拨人,再演唐代一拨人,还要一拨拨演下去。也可理解为一批演员演下去,换另一批演员再演下去,还可以一批批换下去。下联说用冷眼天天看这世上千变万变的世道,权且左看看,右看看,从戏里多看看世间的变化。联文通俗易懂,但颇值得深思。

(佟　今)

戏　题

尤　侗

世界小梨园,率帝王师相为傀儡,二十四史演成一部传奇

佛门大养济,收鳏寡孤独为丘尼,亿万千人遍受十方供给

尤侗,字同人,号悔庵,又号西堂老人,清长洲(今江苏苏州)人。顺治拔贡,康熙十七年(1678)应举博学鸿儒,授检讨,升侍讲。此联题"戏题",其实即"题戏"也。上联云,世界是个小梨园,即是个小舞台,率领一批以帝王师相为傀儡的演员,把从古至今的二十四史演成一部传奇。传奇,明清以唱南曲为主的戏曲形式,是宋之南曲进一步的发展。养济,扶养接济。丘尼,指男女僧人。十方,佛教称东、西、南、北、东南、西南、东北、西北、上、下十个方位为十方。下联云,佛门大开扶养接济众生,收鳏寡孤独的人为僧人和尼姑,使亿万人普遍受到十方的供养。联文宣扬世界是个小舞台,佛门是扶养接济大众的场所,未免夸大了佛门的作用。　(沈树华)

戏　棚

张蕴生

装神扮鬼,愚蠢的心下惊慌,怕当真也是如此

成佛作祖,聪明人眼底忽略,临了时还待怎生

张蕴生,明浙江山阴(今绍兴)人,张岱叔父。张岱家有几个梨园戏班,上元日于演武场搭建巨大的演出舞台,大演徽昆各戏,连演三昼夜,所费不

下万金,张蕴生书题二联,此其一也。当日所演剧目,有《目连救母》《西游记》等戏,故联语及之。上联说台上演员装神扮鬼,台下观众心中惊慌,怕遇到真事,观众的心情也只不过如此。下联云台上演成佛作祖的故事,聪明人看了也不当回事,戏演完了,你还想怎么呢?全联指出演的无非是戏,看了不要太当真。 (沈树华)

傀儡戏

袁尚寅

脚色莫说不高,挽牵在幕中,教动左脚,何敢使右脚

人才休嫌太小,抬举出台上,无谓今人,必难及古人

袁尚寅,字少枚,清湖南石门人。此联题傀儡戏。傀儡戏,戏曲类别,古代多用傀儡戏这一名称,传说源于汉代,唐代有机关动作,宋有杖头傀儡,元、明、清以来傀儡戏均有流行,近数十年来称为木偶戏。脚色,传统戏曲中人物,分生、旦、净、末、丑等基本类型。挽牵,牵引,指操纵木偶。上联意云,不要说剧中的脚色个头不高,牵引操纵在幕中,教动左脚,木偶何敢动右脚。人才,指木偶。下联意云,剧中人才休嫌太小,看得起让它上台,不要说今人必难及得上古人。联文描述了傀儡戏的艺术特点和演出情况。

(佟 今)

戏剧演员

梅兰芳

看我非我,我看我,我也非我

装谁像谁,谁装谁,谁就像谁

这是梅兰芳自书的一副对联,据说他十分喜爱,把它挂在室内正面墙上。上联讲生活中的演员与角色的不一致性,突出了“非”字。看我非我,演员演的既然不是自己,就必须深入角色,把自己的全部感情融入角色,那

么看到的“我”,就自然不是我的本来面目,而是角色中的我了。下联讲舞台上演员与角色的一致性,突出了“像”字。装谁像谁,梅兰芳一生扮演了不少角色,如虞姬、杨贵妃、王宝钏、穆桂英等,不管是贫女、贵妇,或是叱咤风云的女将,功成名就的巾帼英雄,他都演得非常逼真,简直把一个个历史人物演活了。对联写出了在不同场合演员和角色的关系。上下句各十一个字中,分别有六个“我”、六个“谁”、两个“看”、两个“非”、两个“装”、两个“像”,字形叠见而不觉重复,可谓新颖有趣,耐人寻味。 (延 培)

戏 衣 店

菊部新妆,梨园旧谱

天孙云锦,槐国衣冠

此联紧扣演戏,上联说演戏服装的新款和传统旧式一应俱全,任你挑选。菊部,代称乐部。周密《齐东野语》:宋高宗时“掖庭有菊夫人者,善歌舞,妙音律,为仙韶院之冠。宫中号为菊部头。”梨园,戏班。唐玄宗曾选乐工三百人,宫女数百人,教授乐曲于梨园。下联说织女织的云锦,做的戏服,演的都是南柯一梦。天孙,星名,织女星。槐国,《南柯太守传》说广陵淳于棼饮醉古槐树下,梦入大槐安国,招为驸马,任南柯太守,享尽荣华,醒来原是一梦。后人以此喻人生如梦,得失无常。演戏如同做梦一样,并非真实,上台下台,只是逢场作戏。 (佟 今)

◆文化用品

乐 器 店(一)

秦楼有迹传萧史

吴市何人识伍员

本联以箫为乐器之代表,以与箫相关的两则典故来表情达意,达到为乐器树名的目的。上联言春秋时秦穆公为女儿弄玉所造的凤台还有遗迹,现在还流传着萧史的美丽传说。《列女传》说,穆公时,萧史善吹箫,能招来孔雀白鹤,弄玉爱之并结伉俪居于凤台,萧史教弄玉吹箫作凤鸣,夫妇登龙跨凤而去。显然,上联用此典,极大地夸耀了乐器的神奇,作法上可谓一“扬”。下联言《史记·范雎蔡泽列传》中的伍员(字子胥)的故事。伍员逃出楚国来到吴国,无以谋生,只得吹篪(音 chí,类似箫的单管横吹的乐器)乞食。联语写出攘攘吴市之中谁能识得曾是堂堂大将的伍员,暗寓着世俗之人难知雅乐,作法上叫“抑”。上下联对比强烈,萧史之得意对比伍员之落拓,秦楼之清寂对比吴市之热闹,从字面到理趣都呈现比较的色彩,由此生发而均切乐器之题。（黄德金）

乐　器　店(二)

韵出高山流水
调追白雪阳春

此联写乐曲之高雅来衬托乐器之精致。上联高山流水喻乐曲高妙。《列子·汤问》:“伯牙善鼓琴,钟子期善听,伯牙鼓琴,志在登高山。钟子期曰:‘善哉,峨峨兮若泰山!’志在流水,曰:‘善哉,洋洋兮若江河!’”白雪阳春,即阳春白雪,古乐曲名。《文选》载宋玉《对楚王问》:“客有歌于郢中者”,“其为阳春白雪,国中属而和者不过数十人”。全联以乐曲的高雅作喻,表示乐器的音韵精良、优美。（佟　今）

京城药材裱画店

纪　昀

精裱唐宋元明古今名人字画
自运云贵川广南北道地药材

纪昀,字晓岚,号石云,又号春帆,清河北献县人,乾隆十九年(1754)进士,以学识为乾隆帝所赏识,命为《四库全书》总纂官,主持修撰《四库全书总目提要》,官至兵部侍郎、礼部尚书、协办大学士。此联为药材、裱画店之广告联。上联说精裱历代名人字画;下联说自运南北各省药材。联文通俗易懂,口语化,读来琅琅上口,毫无学究气息,对纪大学士来说,也属难能可贵。 (佟 今)

题 笔 架

曹雪芹

高山流水诗千首

明月清风酒一船

曹雪芹,名霑,字梦阮,号雪芹,清汉军正白旗人,晚年移居北京西郊,以十年时间写成文学名著《红楼梦》。笔架,乃书斋文玩,用于搁笔,作者在笔架上题此联,上联高山流水讲述俞伯牙鼓琴志在高山,钟子期善听,志在流水的故事,典出《列子·汤问》,后用以喻知音或知己。知己相聚,可写出千首好诗。下联说置办一船酒宴,在清风明月之时与好友相聚,既可饮酒赋诗,亦可饱览岸景,这也是文人的雅趣。 (佟 今)

铜 镇 纸

蒲松龄

有志者,事竟成,破釜沉舟,百二秦关终属楚

苦心人,天不负,卧薪尝胆,三千越甲可吞吴

蒲松龄,清文学家,山东淄川人,早岁即有文名,但在科举考试中屡试不中。此联是他刻在铜镇纸上的自题联,可谓是他砥砺自己的座右铭。他认为"有志者,事竟成","苦心人,天不负",只要下定决心,最终就会获得成功。他用"破釜沉舟"和"卧薪尝胆"两个典故,说明自己的决心。破釜沉舟,《史记·项羽本纪》:"项羽乃悉引兵渡河,皆沉船,破釜甑,烧庐舍,持三日粮,以示士卒必死,无一还心。"终于大破秦军。卧薪尝胆,据《史记·越

王勾践世家》,越王勾践被吴国打败,为了洗刷奇耻,他睡在柴堆上,座前悬一苦胆,激励自己,最后终于打败了吴国。蒲松龄的决心,并没有让他在科举上成功,但使他在文学上创作出《聊斋志异》,奠定了在文学史上不朽的地位。（佟　今）

国　画　店

水上纵毫,范宽山石
雪中缀景,摩诘芭蕉

此联写国画店,便从夸赞名画家入笔。范宽,宋初华原人,名中正,字仲立。性情豁达,故人呼范宽。善画山水,初师李成、荆浩,既而叹曰:“师古人不如师造化。”因迁居终南山、太华山地区,对景写生,自成一家。摩诘,唐代诗人、画家王维,太原祁人,字摩诘,以诗画名开元、天宝间。山水画以水墨渲染,萧疏清淡,苏东坡称其“诗中有画”,“画中有诗”。他曾在雪景中画芭蕉,虽与时令不符,然这种超现实的艺术,历来却为人们所称道,是他深得艺术真谛的体现。联文通过对两位画家的推崇,以类比手法,明示画店出售之画作也都是一流的精品,以期提高画店声誉。（佟　今）

扇　子　店(一)

右军五字增声价
诸葛三军听指挥

扇子在生活中用途很广,有普通民众使用的蒲扇、芭蕉扇、羽毛扇,有文人雅士用的折扇、书画扇,有仕女佳人用的檀香扇,不一而足。此联题扇子店,选择了历史上两位与扇子有关的名人故事落笔,来宣扬扇子的身价。上联说晋代大书法家王羲之,官至右军将军,人称王右军,在路上看到一位老婆婆卖扇,生意萧条,便主动为老婆婆扇子上各书五字,因此人竞买之,扇价大增。下联说三国时蜀国丞相诸葛亮羽扇纶巾,“运筹帷幄之中,决胜

千里之外”,挥羽扇,号令三军,令敌胆寒。此联对扇子店来说,无疑是一则宣传扇子的绝妙广告。（佟 今）

扇 子 店(二)

明月入怀,团圞可喜

仁风在握,披拂无私

此联所题扇子店,以售卖团扇为主。从其遣词着语看,上联语出汉班婕妤《咏扇》诗:“新裂齐纨素,鲜洁如霜雪。裁成合欢扇,团圞似明月。出入君怀袖,动摇微风发。”联句从诗句中化用,借月咏扇,以喻团圞美好。下联话锋一转,使联的意境陡然高深不少。挥扇有风,而此风却是“仁风”,此语出自《晋书·袁宏传》,袁宏去东阳郡任职,谢安送行时赠他一把扇子,袁答道:“辄当奉扬仁风,慰彼黎庶。”扬仁风,慰黎庶,这是何等的无私心胸!联中“团圞”与“披拂”相对仗,“团”“圞”部首相同,“披”“拂”部首亦相同,以此相对,也增添了联文的趣味。（佟 今）

文 具 店

鸡距鹿毛,花开五夜

鼠须麟角,力扫千军

旧时文具店所售商品以笔为主,此文具店联,严格地说是笔店联。联中所写“鸡距”“鹿毛”“鼠须”“麟角”“扫千军”都是文人对笔的称谓。鸡距,白居易《鸡距笔赋》:“不名鸡距,无以表入木之功。”入木之功,即指入木三分。鹿毛,指以鹿毛所制之笔。王隐《笔铭》:“岂其作笔,必兔之毫;调利难秃,亦有鹿毛。”鼠须,晋王羲之即喜用鼠须笔和茧纸。苏东坡《答王定民诗》有“欲寄鼠须并茧纸,请君章草赋黄楼”之句。麟角,出自《拾遗记》:“张华造《博物志》奏于武帝,帝赐麟角笔,以麟角为笔管,辽西国所献也。”接着联文以两则有关笔的典故,对笔加以颂赞。开花五夜,据五代王仁裕《开元天宝遗事》载:“李太白少时,梦所用之笔头上生花,后天才赡逸,名闻天下。”力扫千军,语出杜甫《醉歌行》:“词源倒流三峡水,笔阵独扫千人军。”联文用这两则典故,意在祝愿顾客像李白那样才思敏捷,诗文佳美,拈毫书翰,笔扫千军。此联文字虽少,但引典萃珍,可谓一篇微型笔史。

(佟 今)

碑 帖 店

中华传妙墨
妙墨焕中华

此联语浅意明,通俗易懂,但不失之于俗。妙墨,碑帖的代称,是联语的核心。这不仅是对中国独特的传统书法艺术的赞誉,而关键是同“中华”紧密相连,透露出“滴水见太阳”的信息。上联一个“传”字,贴切地道出了中华文明古国的灿烂文化源远流长,显示了书法艺术强大的生命力。下联一个“焕”字,绝妙地揭示出书法艺术的生命力就在于为民族争辉。因书法艺术“美”而能万代不息;因书法艺术“美”而能播芳世界。中华民族书法艺术的美学价值包容着中国人的审美情趣和人文精神,这正是本联努力表现的主旨。联文中“妙墨”“中华”互对重出,显示了作者的遣词功力。

(黄德金)

纸 店(一)

价为三都贵
名因十样新

据《晋书》载,晋左思作《三都赋》,特地移居洛阳。他在家,随处放着纸笔,偶得一两句,就及时写出来,如此辛勤笔耕十年,才完成此作。书成之后,轰动当时文坛,一时“豪富之家,竞相传写,洛阳为之纸贵”。后因以纸贵作为著作风行之典。上联“三都”,即左思《三都赋》。其意谓纸价昂贵是因《三都赋》风行于世。下联“十样”，有多种多样之意。其意谓纸铺所以出名，是因为纸张种类多而新。此联对仗工整，语意亦佳。（希建华）

纸　店(二)

薛家新制巧
蔡氏旧名高

联语本欲说出售的纸张既正宗，花色品种又繁多，而作者以典故出之，遂别具一格。上联引入“薛涛笺”，甚是风雅。薛涛是唐代女诗人，幼年随父入蜀，喜在自己新制的小笺上作诗，这笺与薛涛之名联系在一起，自然为书写者喜爱，争相购买。下联的蔡氏指东汉的蔡伦，他改进造纸术，制造出“蔡侯纸”，相传他是我国造纸的始祖。“名高”二字，表示其纸张源远流长，古朴质实。联语风格典雅，旨明而文秀。（黄德金）

笔　店(一)

五色艳争江令梦
一枝春暖管城花

神笔相授，文思泉涌，这是本联意趣，充满了幻想的神奇色彩。上联“五色”即五色笔。江令，南朝梁文学家江淹，他曾任吴兴(今福建浦城)县令。据《南史·江淹传》谓，江淹曾得神人相授的五色神笔，挥笔成章，后复梦自称郭璞者讨还五色笔，从此遂无佳句，人称“江郎才尽”。同样，《宋史·范质传》中也言范质生时，其母梦神人授五色笔，范质九岁便善作文。下联“管城”即管城子，是笔的别称。韩愈《毛颖传》说有人打猎，“围毛氏之族，拔其毫，载颖而归……秦皇帝使(蒙)恬赐之汤沐而封诸管城，号曰管城子”。一个“花”字，又有梦笔生花的故事。王仁裕《开元天宝遗事》载：“李太白少时，梦所用之笔头上生花，后天才赡逸，名闻天下。”再次展现借神异之笔而具文才的神话。全联描摹笔的神奇不着一“笔”字令人惊叹，

"艳争""春暖"都有生机盎然、人生得意的祝福,读来有高雅之致。

(黄德金)

笔　店(二)

落处惊风雨
挥来泣鬼神

毛笔为书写工具。孔子云:"工欲善其事,必先利其器。"故文人墨客须择笔,笔店则须大力宣传笔之功用,但此联妙处在无一"笔"字。联语化用杜甫"笔落惊风雨,诗成泣鬼神"(《寄李十二白二十韵》)之句,说是大笔挥来,使鬼神为之哭泣;大笔落处,使风雨为之惊恐。渲染挥落之神功,为笔店张目,气魄豪迈。此联运用夸张想象的手法,创造了一个新奇的意境,使人寻味不辍,深思不已,当然,这不能不归功于杜甫的神笔。联语巧用杜诗,写来高雅不凡。 (施绍文)

医药卫生

诊　疗　所

只望世间人无病
何愁架上药生尘

此为湖南湘乡地方一位中医自题联,贴于药铺门前。这位医生开药铺,不谈生财有道,但愿"人无病",不惜"药生尘"。联语写出了这位医生的高尚医德和淳美的情操。此联与另一名医所撰"但愿人常健,何妨我独贫"题旨如出一辙。联语明白如话,而其内涵却纯美清新。

(施绍文)

中 药 店(一)

当归方寸地
独活世间人

旧时药店常用药名为联,这副对联中的“当归”“独活”,就是有益人体健康的二味中药。此处作动词。全联意谓,大好河山,方寸之地不能或失;其所用心,只为世间同胞健康生存。药店售药,本在治病救人,以药名含义,表药店之宗旨,最切行业特点,而且表明所从事业之高尚,造语亦甚工巧。 (施绍文)

中 药 店(二)

术绍岐黄,妙药扫开千里雾
艺传卢扁,金针点破一天云

此联题药店,有医坐堂,亦为售药。上联旨说药之妙用,下联意谓医术高明。岐黄,岐伯和黄帝,相传为医家之祖。后用以为中医的代称。绍,继承。千里雾,喻指疑难杂症,云里雾里,摸不透。继承了祖国的医学,对症使用妙药,就能扫开病症迷雾药到病除。卢扁,战国时名医扁鹊,因家在卢国,又名卢医,世作良医的代称。金针,指针灸。金针度人,定能治愈所患之病。一天云,喻疑难杂症。联文合律,富有诗情,能给病家温暖之感。 (沈树华)

中 药 店(三)

一药一性,岂能指鹿为马
百病百方,焉敢以羊易牛

此联说药店工作必须认真负责,决不能有半点马虎。因为一药一性,百病百方,哪能张冠李戴,胡乱配药。指鹿为马,典出《史记·秦始皇本纪》,赵高故意牵鹿到秦二世面前,说这是马。“二世笑曰:‘丞相误耶?谓鹿为马。’问左右,左右或默,或言马以顺赵高。”说是鹿的人,都被赵高暗中加罪。以羊易牛,典出《孟子·梁惠王上》,齐宣王叫左右用羊替换祭钟的牛,孟子说:“以小易大,彼恶知之,百姓皆以为王为爱(吝啬)也。”这两则被喻为混淆是非的典故,用在药店对联中,指出配药“岂能”“焉敢”有误,说明店主有很强的职业道德和责任心。 (沈树华)

社会福利

救生局

中流沉溺始求援,何如走顺风时,帆休扯足

近水楼台同仰望,切莫立高岸上,漠不关心

救生局以打捞水上遇难者为主要任务,此联向两种人提建议。上联劝告船家,顺风船扯足帆,到江心沉了船才来求救,不如在顺风时把握航速,不扯满帆。下联劝告旁观者,对沉溺者要有“已饥已溺”之心,切不可袖手旁观,熟视无睹。联语讲的虽是救生的事,但也涉及为人处世的道理,工作顺利时,不要踌躇满志,必须留有余地;见人危难时,须有同情心,伸出援助之手,不作壁上观。联语言浅意深,说理循循善诱,颇能促人思考。

(陈建国、施晴阳)

禁烟所

江湘岚

生死人,肉白骨

拨云雾,见青天

18世纪末,英国商人向我国输入鸦片,国民一旦吸食成瘾,便慢性中毒,终日迷醉于吞云吐雾之中,精神萎靡,骨瘦如柴,陷入半死不活的状态。上联写禁烟的重大意义是为了挽救烟民,使他们起死回生。"生死人,肉白骨",《左传·襄公二十二年》:"吾见申叔夫子,所谓生死而肉骨也。"指死者复生,白骨生肉。下联写禁烟之效果,使烟民冲破黑暗,走向光明世界。拨云雾见青天,元郑德辉《王粲登楼》第一折:"今待拨云雾见青天,实乃曹植之幸。"联语全用典故,写禁烟题材生动形象。《对联话》评此联"十二字笼罩全题,呼之欲出"。 (张炳隅)

救生船

朱琦

博爱之谓仁,当知拯难扶颠,恺恻常同施补救

见险而能止,但愿风帆浪舶,仓皇转得报平安

此联是朱琦为安徽铜陵大通镇救生船所撰。博爱,指泛爱一切人。韩愈《原道》:"博爱之谓仁。"上联意谓博爱谓之仁,当知道拯救灾难,扶助颠覆,被救者是欢乐还是忧伤,就看施救的结果。下联意谓见到险情而能上前救险,但愿风浪之中的救生船舶,能使危险的情况转危为安。古时也设救生船,可见古时对社会福利还是颇为重视的。 (沈树华)

水仓

孙春洲

事有备而无患

门虽设而常关

孙春洲,清乾隆时人,与钱泳友善。此联写水仓。扬州人余德观,性豪侠,乾隆五十九年(1794)新城多子街一带不慎失火,延烧达旦,余德观率众扑救甚力,因创设水仓。其做法是在市中距河较远处,买地一区,前设小门,后为大院,

置水缸数十百只,贮以清水,遇有火灾,水可立至。孙春洲为作此联。上联说有备而无患,下联说门虽设,但愿它常关。不失火最为太平。（沈树华）

自来水厂

但得穷源溯流法
所居廉泉让水间

此联题自来水厂。作为水厂最重要的就是水源,故上联说要探寻江河的源流,取得好的水源点。下联说居住在相互礼让的环境里,邻里之间谦让和美。“廉泉让水”,语出《南史·胡谐之传》,后用以比喻风土醇美。读之令人获得教益。（沈树华）

义塾

费丙章

莫谓孤寒,多是读书真种子
欲求富贵,须从伏案下功夫

费丙章,字会宣,号辛桥,清浙江仁和(今杭州)人,嘉庆十三年(1808)进士,官至河南布政使。此联所题义塾在杭州。义塾,亦称义学,中国旧时的一种免费私塾,经费主要来源于地租。上联鼓励学子,不要以为自己是孤儿,家境贫寒,你们多是读书的真种子,一定能读好书。下联勉励学子,欲求富贵,就必须从伏案苦读中下功夫。（沈树华）

施粥厂

朱彝尊

同是肚皮,饱者不知饥者苦
一般面目,得时休笑失时难

据梁章钜《归田琐记》云:朱彝尊归里居后,“岁饥,率同志为粥以食饿者,设厂市西古南寺,全活无算。后先生书此联榜于寺门。”粥厂,旧时官府或社会贤达施粥以赈饥民之处。联语以生活小事寓志寄意,谓世人皆有肚皮,然有饱食者却不知饥者之苦楚;人皆有差不多的颜面,原本也是一样的,劝得到机遇者勿笑错过机会者之不幸。此联不仅含蕴有致,且借题发挥,寓有对世态炎凉之斥责,流露出作者儒家仁爱之思想。 (希建华)

育 婴 堂(一)

陶澍

父兮生,母兮鞠,俾无父母有父母,此谓民父母

子言似,孙言续,视犹子孙即子孙,以保我子孙

此联为清人陶澍题于安徽省某育婴堂。兴办育婴堂是近代史上帝国主义对华文化侵略方式之一,此联并不深究其创办意图,只谈作者直觉感受。上联意谓,人总是由父母生养的,使无父母的弃婴得到养育,这就是做百姓的父母。鞠,养育。《诗·小雅·蓼莪》:“父兮生我,母兮鞠我。”民父母,见《诗·小雅·南山有台》:“乐只君子,民之父母。”下联意谓,子孙继承祖先家业,把弃婴视同自己的子孙,他们传承下去,就保证了黄帝子孙的繁衍昌盛。似,续,继承。《诗·小雅·斯干》云“似续妣祖”,即继承祖先家业之意。“以保我子孙”出自《书·秦誓》:“以保我子孙黎民。”此联善用典故,上下联各以父母、子孙四字引发,各自连下,笔转意绕,颇觉浑成。 (希建华)

育 婴 堂(二)

夫非尽人之子欤,从皇古追溯宗支,大抵形骸一脉共

是亦穷民无告者,忍若辈横陈生死,自家儿女两般看

育婴堂为旧时慈善机构,此联亦正宣扬了“慈善”思想。上联根据一句流传极广的俗话“五百年前是一家”设疑答疑。眼前所见难道不是人家子

女？若追溯到上古三皇宗族支派，他们的形体应是一脉相传的。下联要求人们设身处地，推己及人，同发善心。若非穷而无告，谁肯忍将亲生骨肉横陈道路，轻易相抛。读来字字切合环境，令人心酸浩叹不已。（俞水生）

育 婴 堂(三)

刘坤一

莫问谁氏儿，眼前皆吾赤子
好作他人母，头上便是青天

刘坤一，字岘庄，清湖南新宁人，廪生，官至两江总督兼南洋通商大臣。所题育婴堂在江西南昌。育婴堂为旧时收养弃婴之所。上联曰，莫问这里的婴儿是谁的子女，眼前所见都是我的初生婴儿。下联曰能做不是亲生孩子的母亲，这种善举，头上的青天看得清清楚楚。联文表述了作者关心弃儿的爱人之心，这也是他实施仁政的体现。（佟 今）

育 婴 堂(四)

黄道让

眼前看他人子女
背后想自己儿孙

黄道让，字岐农，清湖南安福(今临澧)人，咸丰十年(1860)进士，官工部主事。此联题育婴堂，见《对联话》。上联云看看眼前这些没有父母慈爱的他人子女，背后想想自己儿孙锦衣玉食，得到父祖亲人的慈爱，我辈应为育婴堂多多尽力，使这里的婴儿也得到关爱和抚养。（佟 今）

爱 育 村

熊希龄

爱人以德勿姑息
育幼之乐见大纲

熊希龄，湖南凤凰人，清光绪进士，曾任北洋政府财政总长和首任国务内阁总理。卸任后从事救济、慈幼等社会福利事业。此联是作者为自己创立的社会福利机构爱育村所撰。上联说，爱人就要以德育教导他们，决不要姑息迁就他们的缺点。下联说培育幼儿之乐寓于伦理纲常之中。慈幼、育幼并以之为乐，不仅体现了作者的人道主义精神，更可看出作者的高尚品格。联文以鹤顶格嵌“爱”“育”村名，更突出了此联的主题。 （沈树华）

上海孤儿院

张元济

无父何怙，我独安归，适子馆兮，风人雨人，百年如一日

大厦落成，公不复见，登斯堂也，顾我复我，九原有二天

商务印书馆创办人之一夏瑞芳，在上海兴办一孤儿院，落成时不幸辞世。主持商务印书馆的张元济为孤儿院撰写此联。联文以孤儿口吻着笔。上联赞颂夏瑞芳创办孤儿院给孤儿们带来的幸福。怙，依靠。“无父何怙”，语出《诗·小雅·蓼莪》。适，往，去到。“适子馆兮”，语出《诗·郑风·缁衣》“适子之馆兮”。“风人风雨”，为管仲语“吾不能以春风风人，吾不能以夏雨雨人”的缩写，常用来喻及时给人以教育或帮助。联句意谓：无父依靠谁呢？我独自归到何处去呢？去到孤儿院及时得到教育和帮助，度过百年也安宁无忧。下联也以孤儿口吻叙说：孤儿院落成了，您夏瑞芳再不能见到了，我们进入孤儿院，就得到您父母般的慈爱，我们遥望您的墓地，心中只有默念“感恩”之词。“顾我复我”，语出《诗·小雅·蓼莪》，后用以形容父母对子女的慈爱。九原，指墓地。二天，古诗文中多指恩人。此联用典较多，反映了作者的博学和对夏瑞芳的诚挚敬意。 （沈树华）

普 济 堂

姚文然

常觉胸中生意满

须知世上苦人多

普济堂，在北京彰义门外，顺天府所设，以养孤独。此联作者姚文然，字弱侯，明末清初江南桐城人，明崇祯十六年(1643)进士，入清官刑部尚书。此联为流水对，上联云，自己胸中对生活各方面都感到很满意。下联云，但是要知道世上穷困、受苦的人很多很多，这些人很值得我们同情。

（沈树华）

济良所

刘树屏

是鳏寡孤独外另一种无告穷民，我只当儿女看来，欲借慈航渡孽海

于罟擭陷阱中开这条放生大路，谁能把繁华唤醒，不留地狱在人间

刘树屏，清江苏武进(今常州)人，光绪十六年(1890)进士，历官安徽候补道。此联所题济良所，在江苏扬州。《对联话》卷十一引此联并云："各名埠济良所之设，所以为妓女谋回头处，仁政之者也。"联作者认为妓女是鳏寡孤独之外，另一类无告的穷困人群，他把这些人当自己子女看待，要借观音菩萨之力，帮她们渡过孽海。慈航，观音菩萨，这里借喻社会慈善力量。罟，网的总称。《易·系辞下》："作结绳而为网罟。"擭，捕取。在设网罟捕捉动物的陷阱中开这条放生的大路，谁，这里指治理社会的官员，在建立社会繁华的同时，不让摧残一部分人的地狱在人间存在。联文表达了作者同情妓女，要求给她们创造重获新生的环境。 （沈树华）

清节堂

曹楙坚

任恤重周官，集一方秉穗余资，门题行义

帡幪同夏屋，完几辈冰霜苦节，台筑怀清

曹楙坚,字树蕃,号艮甫,清江苏吴县(今苏州)人,道光十二年(1832)进士,官至湖北按察使。清节堂,即养老院,在江苏泰州。恤,体恤,周济。周官,《尚书》篇名,叙述周设官和分职用人之法。秉,古量词,《仪礼·聘礼》:“十斗曰斛,十六斗曰籔,十籔曰秉。”穗,谷类。余资,多余的资金。上联意云体恤、周济这些需要养老的人任命管理人员很重要,集一方粮食、余资帮助他们,再在门上题“行义”两字。帡幪,帷幄、帐幕。夏屋,大屋。冰霜苦节,比喻处境艰危。台筑怀清,指筑怀清台,秦始皇为巴蜀寡妇清所筑。下联意云将帐幕当作大屋,过几辈子艰危处境,才盼到为他们筑台,怀念孤寡老人。

(佟 今)

养 老 堂

汤寿潜

新政方拜五更,老者安之,到此不须愁晚境

遗命大开广厦,登斯堂也,令人油然生孝心

汤寿潜,字蛰仙,清浙江山阴(今绍兴)人,光绪十八年(1892)进士,历官江西学政,主张变法,民国时曾任交通总长。此联写养老堂。联意云在新政府成立后,建此养老堂,使老者得到安置,能进入养老堂,晚年的生活就不用愁了。社会能建设广厦,设立养老堂,人们进来看到这一切,便自然而然地生出孝心。联作者的愿望是良好的,但在旧时要做到这些,还只是愿望而已。当然,社会在进步,但愿总有一天,养老堂能普遍施行。

(佟 今)

北京福州会馆义园亭

叶向高

满眼蓬蒿游子泪

一盂麦饭故乡情

义园亭在北京宣武门外南下洼,昔日凡无主尸骸或外埠来旅而殁于京无力归榇者,葬于此园。上联说,眼看荒坟累累,长满杂草,使游子一洒同情之泪。下联说,今日来此以麦饭祭奠,只是略表同乡人的一点心意。游子,离家远走他乡的人。麦饭,以麦合麸皮而做的饭,引申为粗糙饭食。联语触景生情,情真意切,言词凄恻哀婉,对仗亦工。 (吴关镛)

燕京义冢

徐渭

义利关头三岔路
乾坤窝里一家人

义冢,是掩埋无主尸体的公墓。燕京,今北京。燕京义冢,位于北京白家庄。原有匾额"车越义庄"四字,说明为浙江人士所设。此联为浙江明代文学家、书画家徐渭所题,上联写生,下联写死。上联意谓人在义、利抉择的三岔路口,就看你如何选择。是取利忘义,还是趋义舍利,这是人生品格的分水岭。下联意谓死了埋到这义冢窝里,就成为一家人了,都埋入一抔黄土,还有什么名利好争的。联语词少意深,发人深省。 (沈树华)

谐巧类

巧　对

偏　旁(一)

张玉书

冰冷酒一点两点三点

丁香花百头千头萬头

张玉书,为清代名臣。有一次,张到一家酒楼饮酒,要歌姬侑酒,不料,壶中酒尽,倒酒时只滴了几点,歌姬见此情景,便出了这个上联。联语前三字的偏旁,正好是后面的“一点两点三点”,(冰异体“氷”)。张玉书正在绞尽脑汁思考时,恰巧楼下传来了卖花人的叫卖声,张随口对出了下联。下联开头的“丁香花”三个字,分别是“百”字、“千”字、“萬”字的头,与上联配合对应贴切、工稳。此联运用偏旁作联,甚得妙趣。　　(叶美云)

偏　旁(二)

寄寓客家,牢守寒窗空寂寞

远迁迷道,速迴莲逕遂逍遥

据《坚瓠补集》载,上联是袁炜之父所出。原文为“宦官寄寓穷家,寒窗寂寞”,后经衍化修改,遂成此上联。对联选择部首相同的字,立意造句,务求奇巧,属对十分困难。有一士人苦思冥想,才对出了下联。上联就眼前处境,写出了一位寒士漂泊、孤独、凄清的遭遇与心情。下联全是带“辶”(chuò)的字,同上联一样,也是省去主语。由于“远迁迷道”,未免有失去方向之虞。“莲逕”(逕,今作径)可达“莲邦”(西方极乐世界),带有禅味,劝人迷途知返,回头是岸,才能逍遥自在。对句比出句的内涵丰富得多,且平仄

基本协调，对仗也很工稳。 （张　迈）

偏　旁(三)

宋希轼

六木森森，松柏梧桐杨柳
一竹个个，笛笋箫管笙篁

宋希轼，字小坡，清江苏太仓人，晚年在沪卖字为生。此联为偏旁巧对，相传一位粤人给他出了上联，六个木字，便成两个“森”字，接着便罗列出六个“木”字旁的字“松”“柏”“梧”“桐”“杨”“柳”。这位广东人原想为难宋希轼，但宋希轼随即对出下联，一“竹”有两个“个”字，接着也罗列出六个“竹”字头的字“笛”“笋”“箫”“管”“笙”“篁”。这位广东人听后，非常赞赏宋希轼的才华。 （佟　今）

四　方

纪　昀

南通州，北通州，南北通州通南北
东当铺，西当铺，东西当铺当东西

据说乾隆皇帝爱新觉罗·弘历，在南巡时到了顺天之通州（今北京市通州区），曾出上联，令侍臣属对。河北通县与江苏南通，分称南、北通州，而“南北”又指方向，“通”为动词，把上句文意连在一起，意思十分显豁。出句中的方位词有六个，其实只有“南”“北”二字，都是重复使用，这就增加了属对的难度，所以众官一时对不出来，而纪昀却信手拈来，出口成对。“东当铺”“西当铺”，说明当铺甚多。“东西”指物件，已不作原来的方位词用了。联语对仗工稳，立意巧妙，堪称的对。 （延　培）

四季四方

冬夜灯前,夏侯氏读春秋传
东门楼上,南京人唱北西厢

上联以冬、夏、春、秋四季立意遣词。“夏侯”复姓,系作者假定的姓氏,“读春秋传”是假定的情节(《春秋》是五经之一,有《左氏》《公羊》《穀梁》三传)。这样巧嵌“冬”“夏”“春”“秋”四字,给属对者设置了障碍,增加了难度。下联从“东”“南”“北”“西”入手,敷演成句。“南京人”系假定人物,“唱北西厢”,系假定情节。《西厢》,元杂剧剧本,是元人王实甫据金董解元《西厢记诸宫调》改编的一个杂剧。后来,明代的李日华又改编为《南西厢记》。所以有《董西厢》、《北西厢》(即王西厢)、《南西厢》之别。联语以时对地,以读对唱,对仗基本工整,特别是嵌以四季、四方之词,可谓巧思,但略嫌穿凿,是为不足之处。

(延　培)

四色四方

黑白难分,教我怎知南北
青黄不接,向你借点东西

传说,某财主好联对。一天,乌云压顶,家里一团漆黑,他随口念了上联。住在隔壁的一个穷秀才恰好推门进来,顺口答了下联。财主说:“借点东西不难,只要你对出下联。”秀才说:“我不是已对了吗?”财主才恍然大悟。像这样的联叫“顺口对”,也是对联的一种。明·冯梦龙《古今谭概》载,一次帝见解缙说:“色难。”令其对,缙说:“容易。”过了一会,帝说:“怎么还未对出?”缙说:“不是对了吗?”帝始悟。因“色”指脸色,“容”指面容,“色”“容”相对,“难”和“易”也相对,亦属这种对子。顺口对,很能显示人的才华。你问我答,对答如流,顷刻而成,虽曰“顺口”,实亦煞费苦心。

(黄毓钟)

比 喻(一)

王尔烈

野外黄花,好似金钉钉地
城内白塔,犹如玉钻钻天

据说王尔烈少年时与老师同学郊游,面对黄花盛开的原野,老师随口吟了这句上联,要求学生应对。王尔烈对出了下联。上联前一个"钉"字是名词,后一个"钉"字是动词,形象地写出了郊外黄花满地的美景。下联前一个"钻"字是名词,后一个"钻"字也是动词。城内白塔为圆锥状建筑,说它如玉钻钻天,工巧自然。联语就地取材,都是写眼前景物,比喻形象生动,色彩鲜明,使人有身临其境之感。 (延 培)

比 喻(二)

李东阳

东风吹倒玉瓶梅,落花流水
朔雪压翻苍劲竹,带叶拖泥

李东阳,字宾之,号西涯,明湖广茶陵(今属湖南)人,天顺八年(1464)进士,官至吏部尚书、华盖殿大学士,正德七年(1512)告归。此联写梅、竹。上联写插了梅花的玉瓶,被一阵风吹倒,弄得落花流水。下联写苍劲的翠竹被朔雪压翻,竹枝带叶拖泥,秀色全无。带叶拖泥,从拖泥带水演变而成。此联立意精巧,遣词通俗,与生活息息相关。 (沈树华)

比 喻(三)

顾鼎臣

柳线莺梭,织就江南三月锦
云笺雁字,传来塞北九秋书

顾鼎臣,字九和,号未斋,明昆山(今属江苏)人,弘治十八年(1505)进士第一,以善写青词获宠。官礼部尚书兼文渊阁大学士。上联意谓柳丝如线,啼莺穿梭其间,织成一幅江南三月的锦缎。下联意谓天上的云作笺纸,雁阵排成了字,从北方传出深秋时节的凉意。此联对仗工稳,平仄协调,遣词文雅,极具诗意。　(沈树华)

比　喻(四)

杨士云

日吞夹金绞银饭
夜饮龙须虎眼汤

杨士云,字从龙,号弘山,明云南太和(今大理)人,白族,正德十二年(1517)进士,官至监察御史。他因朝政腐败,托病归里。一日,朝廷派钦差召他回朝为官,他婉言谢绝。钦差不解,就问他:“在这山野之间,你贪恋些什么?”杨士云笑而不答,提笔写下此联。钦差说:“你天天吃山珍海味,怎不拿来招待我?”杨士云端来一饭一汤,说:“这就是我写的那副对联了,请吧!”原来是一碗苞谷面做的饭,一碗海菜螺蛳汤。钦差只得勉强吃下去。一位官员,情愿在乡间吃粗茶淡饭,也不愿入朝为官,足见他是一位甘守清贫的廉洁之士。　(沈树华)

比　喻(五)

熊廷弼

稻草扎秧父抱子
竹篮装笋母怀儿

熊廷弼,字飞百,明湖广江夏(今湖北武昌)人,万历二十六年(1598)进士,官至兵部右侍郎,天启五年(1625)被冤杀。上联云稻草捆扎秧苗,是父抱子。下联云竹篮装笋,是母怀儿。此为巧联,亦为趣联。　(沈树华)

隐射、比喻

一弯西子臂
七窍比干心

据说明太祖朱元璋微服视察太学,见案上有藕,就出了上联令对。有个江西学生以梦中闻语“七窍比干心”为对。太祖大为称赞,赐之以官。事见清褚人穫《坚瓠集》。藕白而微弯有节,且多孔,故以美人西施之臂作比。藕中又多孔,故以殷纣王忠臣比干的心为喻,因传说比干心有七窍。“一弯”与“七窍”,一状外形,一写内部。比喻贴切,描形绘色而蕴含深意。(张　迈、美　云)

五　　行(一)

烟锁池塘柳
炮镇海城楼

这是一副“五行”巧对。“五行”,指金、木、水、火、土五种物质,它们相生相克。古人认为万物都是由以上五种物质组合而成,是一种朴素的唯物论。上联五字都是形声字,每字偏旁恰成“金木水火土”五行。要求对句也必须具有这个特点,所以很有难度。后有人游览广州镇海楼,见楼下山坡遗有旧炮垒而得启发,对出了下联。下联五字偏旁与上联同,左边都是火、金、水、土、木。上联写出了大自然绿柳含烟、池塘生碧的秀丽景色。下联写出了镇海楼的特色。锁、镇二字用得尤其传神。(叶　云)

五　　行(二)

烟锁池塘柳
茶烹鑿壁泉

上联以“五行”(金、木、水、火、土)为偏旁,传为“绝对”,据说罗大经曾记之于《鹤林玉露》,近代始有人对出下句,其中以“茶烹鑿壁泉”(鑿,今简作凿)为最浑成。上句五行居左,而所对则变换位置,更见巧思。出句风雅绝伦,空蒙缥缈。对句亦清新隽永,心裁别出,而却如一气呵成。

(刘乐孙)

双　关(一)

陈白阳

眼前一簇园林,谁家庄子
壁上两行文字,哪个汉书

唐寅,明代著名才子。一次,与朋友陈白阳到郊外游玩,行至前庄酒店,唐就作了这副上联,请陈对答。出联第一分句写眼前景色,第二分句用设问的语气,说这是谁家的庄子?含有惊叹之意,而《庄子》又是书名,一语双关,给属对增添了难度。陈伯阳一时不知所措,到了酒店,陈抬头见墙上写的“杜康传技、太白遗风”的大字时,才有所悟,对出了下联。下联第一分句也写眼前所见;第二分句也用疑问语气写道,这是哪个汉子书写的呀!也含有赞叹之情,而《汉书》也是书名,同样是一语双关,跟上联手法一致,丝丝入扣。本联的构思巧妙在于利用双关语,使含义耐人寻味,而得妙趣。

(美　云、张　迈)

双　关(二)

陈　震

二猿伐木深山中,小猴子岂敢对锯
一马陷足污泥内,老畜生怎能出蹄

据《古今谭概》和《坚瓠集》所载,此联为陆容、陈震戏嘲之作。陆容和陈震都是明代人。陆容曾任浙江布政使,陈震做过国子祭酒。陈震少年显达,但身材瘦小,于是出句便借猿猴截木为材料,意在引出对锯(谐音对句),嘲笑对方是“小猴子”;而陈震亦不甘示弱,借马陷泥中为题,引出“出蹄”(谐音出题),因陆容年纪较大,故戏称他是“老畜生”。一个说他不敢对句,一个说他不能出题,滑稽诙谐,妙事妙语。构思奇特,双关语用得非常灵活贴切。

(延　培、张　迈)

顶针双关

魏　源

油蘸蜡烛,烛内一心,心中有火

纸糊灯笼,笼边多眼,眼里无珠

魏源,清代思想家、史学家、文学家。据说湖南邵阳家乡有个举人常抄袭别人的诗,冒充为自己作品,向人炫耀。十一岁的魏源揭穿了此事,举人恼羞成怒,用顶针和双关的修辞手法,写了上联要魏作答。心中有火,表示对魏源的厌恶不满之意。魏源也用同样手法吟出下联,加以回敬。纸糊灯笼,暗喻举人腹内并无多少学问,一戳即破。眼里无珠,实际上是讽刺这位举人老爷有眼无珠,不知天高地厚。举人听了,觉得丢丑败兴,无可奈何。

(张　迈)

谐音双关(一)

林大钦

孔子生舟末

光舞起汉中

林大钦,明嘉靖十一年(1532)状元。某年被派往湖北任主考官。傍晚拟渡汉水,却无船只。恰芦苇丛中有渔翁划小舟而来,林求渡,并显示自己主考身份。渔翁有意试之,指船尾小孔,笑出上联,令对。孔子是“圣人”,生于公元前551年,属春秋末期(泛称周末)。而“孔子”又有孔眼之意,一语双关。林一时无以对。忽乌云密布,雷声隆隆,一道闪光,自汉水对岸飞舞而起，林灵机一动，应了下联。光武是东汉王朝刘秀开国年号。西汉末年王莽篡权，引起农民起义，刘秀起兵平乱后称帝。“光舞”亦双关。此联运用双关手法，舟(周)、舞(武)同音异字，而成妙联。　（周　监）

谐音双关(二)

唐　寅

一担重泥拦子路

两岸纤夫笑颜回

据说明代著名才子唐寅有一次在田埂上观赏风景，忽见一位老农挑着一担河泥迎面走来，因为田埂太窄，必须有人让路。老农出了个对子，说对得上，我让路，对不上，你让路。上联的意思极为明白，即一担河泥拦住了您的去路。子，古代对男子的尊称。“重泥”谐音“仲尼”，即孔丘，子路是孔子的学生，性情鲁莽，勇力过人，孔子经常劝阻他(见《论语·先进》)，因而出句又含孔子当年劝阻子路之意。唐寅听后，愣了好久，对不上来，只好让路。后来，他外出访友，遇见一群纤夫说说笑笑地往回走，突然触发灵感，仍用双关手法写出了下联。下联表面意思是纤夫们笑逐颜开地回家。而“纤夫”谐音“庆父”，春秋时代鲁国的权奸，所谓“庆父不死，鲁难未已”指的就是他。颜回是孔子的高足弟子，人称“复圣”，因而全句又隐含当年鲁国权奸讥笑孔门贤人之意。联语虽写眼前景物，却暗含鲁国历史故事，是一副难对、巧对。　（延　培、张　迈）

谐音双关(三)

程敏政

因荷而得藕

有杏不须梅

据说明朝宰相李贤有一幼女，爱如掌珍，欲招一才童为婿。时有程敏政，自幼颖悟，十岁时以神童被推荐到京师，李贤一见大喜，便决定选为东床。于是指着桌上的果品出了上联,程即答下联。李贤见他才思敏捷,就把女儿许配给了他。这副谐音联难度很高。荷、藕均系果品,且荷、何同音,藕、偶同音,意思双关,而“何”又是疑问代词,带有征询的口气。下联也必须相应对以两个意带双关的实物,且须作出明确答复,才符合要求。对句回答得体,从字音看,平平平仄仄,仄仄仄平平,韵调抑扬,合乎规范,而且对句直破上联之意,答复肯定。意思是说,大人许婚,小辈三生有幸,还需要什么媒人呢?这是巧用谐音双关手法的典型例子,也可算是中国婚姻史上的一段佳话。（张　迈）

谐音双关(四)

金人瑞

莲子心中苦
梨儿腹内酸

作者本姓张,名采,因顶替应考改姓名金人瑞,字圣叹,后绝意仕途,为人狂傲有奇气,与长洲(今苏州)的秀才们攻讦吴县县令不法,群哭于文庙,竟被巡抚拘禁狱中,妄加罪名,问斩抄家。他遭此冤案,自是愤慨不平。据说这是他临刑前口占的一副对联。莲子,果品名,莲与怜谐音,“苦”字双关,兼言滋味与情感。圣叹此语说的是,怜惜儿子受到连累,难以抑制内心的痛苦。梨儿也是果品名,梨与离同音,“酸”字双关,兼言味觉与感情,即父亲与儿子生离死别辛酸凄楚的心情。联文立意新颖,造语看似平淡,其实精深,是不可多得的谐音联。（张　迈、美　云）

谐音双关(五)

解　缙

蒲叶、桃叶、葡萄叶,草本、木本
梅花、桂花、玫瑰花,春香、秋香

出句者已佚其名,此句列举三种植物:蒲,一种水草,属草本,《本草》称作香蒲。桃叶,木本。葡萄的读音又与“蒲”“桃”两字读音相同,是谐音双关,末四字概括点出植物性质,作为小结。解缙的对句,以“梅”“桂”,分别对“蒲”“桃”,以“玫瑰”对“葡萄”,而“玫瑰”同样与“梅”“桂”同音,也是谐音双关,与上联手法一致,铢两悉称,关合巧妙。梅为花魁,香在春天;八月桂花,香在秋天。故以春香、秋香作结,与上联相互照应,思路严密。纵观全联,一叶一花,状其实体,草本木本,言其性质;春香秋香,写其气味。联语虚实相间,而得奇巧之趣。（张　迈、美　云）

谐音双关(六)

陈　洽

两船并行,橹速不如帆快
八音齐奏,笛清难比箫和

陈洽,明朝学者,有文才。他幼年聪慧,据说,有一天陈洽与其父到江边散步,见江中两船竞发,一只摇橹,一只扬帆。扬帆的远远超过了摇橹的。其父就出了上联令儿子试对。陈洽心想,出句字面虽是说船行速度,而“橹速”与三国东吴大臣“鲁肃”谐音,“帆快”与西汉大将“樊哙”谐音,对起来有一定难度。一会儿,江岸忽然传来牧童吹箫奏笛之声,悠扬悦耳。陈洽得到启发,立即对出了下联。“笛清”与北宋名将“狄青”谐音,“箫和”又与西汉名臣“萧何”谐音。从评论历史人物的角度看,鲁肃未必不如樊哙,狄青也未必不比萧何。然而父亲从划船事引出“文不如武”的看法,儿子也从奏乐事引出“武不如文”的见解,可谓针锋相对,旗鼓相当。再从声律角度看,出句“两船并行”是仄平仄平,两个平声,音韵未协;而对句“八音(金、石、土、革、丝、木、匏、竹)齐奏”,则是仄平平仄,一平一仄,完全合律。正体现了后来居上。这是利用谐音创作的一副绝妙联。（美　云）

谐音双关(七)

袁　枚

鼓架鼓架,陈皮不能敲半下
灯笼灯笼,纸壳原来只防风

据说袁枚在任江宁知县时，一天来到一座古寺，见一面堂鼓半掩半露于尘土瓦砾之间。寺僧有感于此，出了这个上联求对。上联既状物写实，又谐音双关，并嵌有陈皮、半夏两味中药名。“陈皮”，从字面看，是指陈旧的鼓皮，连半下都不能敲，因为一敲就破。当时，袁枚见寺外灯笼闪烁，就吟出了下联。下联同样是状物写实，谐音双关，也嵌有枳壳、防风两味中药名，同上联可谓铢两悉称，不过上联谐音在最后，下联谐音在中间罢了。

（延　培、张　迈）

谐 音 回 文

画上荷花和尚画

书临汉帖翰林书

这副回文、谐音巧对，属“四三”断句格式。“画”字首尾相应，首为名词，尾为动词；如果倒过来读，则画尚的“尚”与“上”谐音，“和花”“荷上”与荷花、和尚同音，这样，同顺读起来就一样了。本联利用谐音出对，构成了回文，十分巧妙。下联的“书”字亦首尾相应，与上联词性用法相同，如果倒读，则“林翰”同“临汉”谐音、“汉临”同翰林音同，同顺读没有什么两样。只不过“书临汉帖”与“画上荷花”结构不一致，未免美中不足。（张　迈）

回　　环

米　芾

雪里白梅，雪映白梅梅映雪

风中绿竹，风翻绿竹竹翻风

米芾，字元章，号襄阳漫士，太原籍，迁襄阳（今属湖北），定居润州（今江苏镇江），宋徽宗时，召为书画学博士，官礼部员外郎。此联写梅、竹。上联讲雪里白梅，下联讲风中绿竹。联文采用“重言”“反复”等修辞手法，将雪与白梅相互掩映的关系，以及风与绿竹相互翻动的关系，写得淋漓尽致，

给人们展现了“雪里白梅图”和“风中绿竹画”的美丽景象。（沈树华）

析　字(一)

枣棘为薪,截断分开成四束

阊门起屋,移多补少作双间

作者根据中国字形特点,运用析字法即离合方式组成对联。“棗(枣)”是木名,即枣树;“棘”是丛生的小枣木,即酸枣,果实较枣为小。其木均可作柴薪用。根据“枣”的繁体字由两个束字写成与“棘”这两字的组合特点,及可作薪的功用,将上下组合之“枣”截断,将左右组合之棘“截断分开”,恰成四束柴薪。阊门,苏州城门名,这里是泛指城门。“阊”字里边含有“日”“曰”二字,“门”字里边没有,故说“移多补少”。从“阊”字取出一个“日”而补入“门”中,则“阊门”二字“起屋”,就成了“双间”。当然,间字中的“日”不作“曰”,是只取其字形相似而已。此联的可取处在于利用字形的构造,创造了一副妙对,读来十分耐人寻味。（张　迈）

析　字(二)

李师儿

二人土上坐

一月日边明

传说此联是金章宗与昭容李师儿所作,一说是宋徽宗与妃子属对。属对的时间当在夜晚,月色皎洁,帝与妃并肩齐坐妆台观赏,帝兴致勃勃,脱口出了上联,妃子触景会意,立即应了下联。此为拼字联。“二人”与“土”相合是“坐”字,“月”与“日”相合是“明”字,拼得颇有意味。尤其是对句的比喻,把自然界日与月间发光和反射的关系比为人世上帝与妃、主和从的关系,既见巧思,又极贴切。（蒋竹荪）

析 字(三)

蒋焘

冻雨洒窗,东二点,西三点
切瓜分客,上七刀,下八刀

蒋焘,明成化年间人,少年聪慧,能诗善对。据说,有一天家中来客,恰巧父亲不在家,窗外又下起了小雨,客人想考考他,就即兴出了上联。他想,“冻”字拆开是“东二点”,“洒”字拆开是“西三点”,这可不容易对。但他并未立即回答,却从里屋抱出个大西瓜,切成两半,其中一半切了七刀,另一半切了八刀,对客人说:“请各位指教,我的下联出来了。”他见客人纳闷,补充说,刚才对的是:“切瓜分客,上七刀,下八刀。”客人为之轰动。下联的关键字眼是“切”“分”二字,切字拆开,正好是“七”“刀”,而“分”字拆开,岂不就是“八”“刀”么。下联同上联正好相对。本联巧妙运用析字,又极富于生活情趣,反映了作者的聪明与匠心独运。 (美 云)

析 字(四)

伦文叙

竹寺等僧归,双手拜四维羅汉
木门闲客至,两山出大小尖峰

这是一副巧妙的合字对。“竹、寺”合为等;“双手”为“拜”;“四维”指东南、西南、东北、西北四隅,组合为羅(简体为“罗”)。相传,这副上联是一座山寺的僧人闲着无事写出来的,写好后,怎么也想不出下联,只好把它挂在寺中。一次,伦文叙来寺游玩,见到以后,当即对出了下联。“木、门”组合为“闲”;“两山”重叠为“出”;“大小”相连为尖,同上联恰好相对。因此全寺僧人看了都赞叹不已。 (张 迈、美 云)

析　字(五)

魏　源

閒看门中月
思耕心上田

据说清代文学家魏源刚满九岁,就参加县里的童子试,老师不放心,于是就出上联以试。魏源看了墙上挂的“春耕图”,就对出了下联。老师非常满意。这是一副采用离合法的拆字对。上联的“门中月”即“閒(闲)”字;而下联的心、田合起来是“思”字。由于田在心上,故称“心上田”。閒(闲)、思在联中都充当状语。上联写人写景,表现了文人雅士的闲情逸致,下联则比较含蓄,寓意深刻,表现了魏源要求加强品德修养、端正思想,在人格上不断完善自己的意愿。

(延　培)

析　字(六)

杨　溥

四口同圖,内口皆归外口管
五人共傘,小人全仗大人遮

明代杨溥少年时家贫,其父年老体弱,曾再三请求官方减免劳役。地方官出题令对。出句将“圖(图)”字拆开,共有四个口字,“内口皆归外口管”的意思是,在他统辖范围内,他有权作任何处置。杨溥很快对出了下联。他也把“傘(伞)”字拆开,表明小人全仗大人照顾周全。地方官见他对得不仅工整,而且得体,就免去了他父亲的劳役。这副析字联虽说不上有什么思想意义,但用析字法,婉转地表达自己的意思,显得构思巧妙浑成。

(张　迈、美　云)

析　字(七)

刘尔炘

此木为柴山山出
因火成烟夕夕多

此联上句系刘尔炘的朋友所出,先以“此木”组合成“柴”,再以“山山”组合为“出”。意思是,此木是柴,每座山都有,十分普通。刘对句以“因火”构成“烟”,以“夕夕”构成多,其意是,家家因为生火作饭燃烧成烟,每天傍晚多见。联语于平淡中写出了浓郁的生活气息。“山山出”与“夕夕多”结构巧妙,对仗工稳,是离合联中一副佳对。（延　培、张　迈）

析　字(八)

李调元

踢破磊桥三块石
剪开出字两重山

据说清代文学家李调元任广东学政时,有一童子在他经过的路上,用三块石头垒成一座石桥,当李的轿子到此时,轿夫就一脚把石头踢开了,童子便出了上联请李属对。李调元敏捷多智,想了一下,就对出了下联。此联另有异文“拆破磊文三石独,分开出字两山单”,不过,“石独”“山单”,据说都是福建的名花,石独,即石竹,形似牡丹;山单,即山丹。此联在运用拆字中嵌入了花卉名,就更加巧妙了。（叶　云）

析　字(九)

寸土为寺,寺旁言诗,诗曰:明月送僧归古寺
双木成林,林下示禁,禁云:斧斤以时入山林

据说有一位相国千金,立志要嫁一位有才的如意郎君,就写了这副求偶的上联,前半部分是合字对,组成“诗”字,而且采用顶真修辞法,第一分句末尾的“寺”,成为第二分句的开头,而第二分句末尾的“诗”,又是第三分句的开端。且“月”是“明”字的偏旁,最后还要以前半部分的“寺”押尾。这是一个难对的上联,因此很久没有人对得上。一天,一位姓林的书生进京应试,看到上联,觉得有趣,思考了一阵,便作出了下联。这个对句与出句的各项要求完全吻合,前半部分也是合字对,组成“禁”字,而且同样采取了顶真的修辞手法,同样,“斤”是“斧”的偏旁,后半部分是《孟子·梁惠王上》中的一句话。斤,是“斧”的一种。意思是入山砍伐树木要有一定的季节时间,不能随时乱砍滥伐。联语构思精巧,立意新颖,宛如天成。（延　培）

析　字(十)

或入園中,拖出老袁还我國,
余行道上,不堪回首问前途。

窃国大盗袁世凯在攫取政权以后,梦想复辟,恢复帝制,把“中华民国”改为“中华帝国”,遭到全国人民的反对。这副政治讽刺联,就是当时有心讨袁护国的人用析字易文的方法写成的。繁体字的“園”和“國”同是囗部,“或”可作“有人”讲,囗部中的“袁”,正好与袁世凯的姓氏巧合。“拖出老袁”,是说有人要入園中拖出袁世凯来(“或”入“囗”中,为“國”字,重新恢复共和国体)。一“拖”字用得极为有力,显示了人民威力,而“老袁”谐音“老猿”则满含轻蔑、憎恨之情,意为袁世凯虽然身居高位,不过是沐猴而冠,把他拖出来,还我国体,可谓义正词严。下联用同样方法,对仗成句。“道”“途”二字部首相同;“余”字更换了“首”字,就成了“途”字。下联中的“余”,义为“我”。这里指袁世凯自己,联意表述了袁世凯临死前的绝望悲鸣。（延　培）

析　字(十一)

祝枝山

大丈夫半节人身
朱先生三个牛头

相传明代名士祝枝山到杭州游玩,看到不少人家门上贴的"无字对",即只在门的两边贴上两条红纸,取全年吉利无灾之意。祝枝山一时高兴,就给各家各户的红纸条上写满了对联。当时,杭州有个要员邀集一些文人,并选拔了一个姓朱的秀才要与祝枝山比试才学。朱秀才应命出了上联,意思是"大丈夫"三字都有半个"人"字,嘲弄祝枝山只能算半个人。祝枝山见了对联,笑问对方姓氏,祝就随口说了下联,意思指前三字上半节都是"牛"字,反唇相讥说他是"牛头"。这一来,直把朱秀才气得要死,不敢再比试。这副对联用"析字法"来写,虽在思想认识上价值不大、但也不失巧妙而显得意趣横生。

(张 一)

析 字(十二)

蔡 襄、陈 亚

陈亚有心终是恶
蔡襄无口便成衰

蔡襄,字君谟,宋兴化军仙游(今属福建)人,天圣进士,英宗时官至端明殿学士。陈亚,字亚夫,北宋扬州人,官至司封郎中。据传此为蔡襄与陈亚互相以对方名字开玩笑的一副谐联,事见《倦游杂录》。上联"亚"与"心"合,是为"恶"字。下联"襄"字去掉中间双口,为"衰"的异体字。

(沈树华)

析 字(十三)

明太祖 葛思

国难民愁,王不出头谁是主
天寒地冻,水无一点不成冰

明太祖即朱元璋,明濠州钟离(今安徽凤阳东)人,明朝建立者。相传太祖举事前,途中曾遇一名叫葛思的人,交谈甚洽,为试其才,出以下联,意云在这严寒的季节里,没有一滴水是成不了冰的。冰的异体字,是水上加一点。葛思对出上联,时值元末,国家危难,民生愁苦,王不出头谁是主,这里的“王”指朱元璋。王字出头,便成为主。太祖闻之大喜,遂相邀其共图大事。（沈树华）

析　字(十四)

杨一清

鸿是江边鸟
蚕为天下虫

杨一清,字应宁,号邃庵,明镇江丹徒(今属江苏)人,云南安宁籍,成化八年(1472)进士,官至华盖殿大学士。杨一清撰此联时任翰林。此联析字,鸿雁常在江边,“江”字边上加“鸟”字,便是“鸿”字。“蚕”字乃“天”字下边加个“虫”字,便成“蚕”字。且此虫非一般之虫,而是能吐丝可织绸缎衣被天下的特殊之虫。（沈树华）

析　字(十五)

王云凤

鸟入风中,衔出虫而作凰
马来芦畔,吃尽草以为驴

王云凤,字应韶,明山西和顺人,成化十年(1474)进士,官至右佥都御史巡抚宣府。此联为析字联,所析之字,均为繁体字。上联说“鸟”入“风”中,衔出“虫”字,便成“凰(凤)”字。下联说“马”来芦畔,吃尽“草”,即去掉草字头,便成“驴”字。鸟衔虫,马吃草,都符合事物的常情,故此联析字显得生动有趣。（沈树华）

析　字(十六)

祝允明　唐　寅

十口心思,思国思家思社稷
八目尚賞,賞风賞月賞秋香

祝允明,字希哲,号枝山,明弘治五年(1492)举人,官至应天通判。唐寅,字伯虎,一字子畏,弘治十一年乡试第一,世称唐解元。他们二人都是苏州人。此析字联,上联为祝允明所出,“十”加“口”加“心”,拼成一个“思”字,思国思家思社稷,正符合祝允明为官的身份。下联为唐寅所对,“八”加“目”加“尚”,拼成一个“賞(赏)”字,唐寅作为风流才子,赏风赏月赏秋香,正合他唐伯虎点秋香的故事。　（沈树华）

析　字(十七)

王象春

敬字无文便是苟
林间有点不成材

王象春,字季木,明山东新城(今桓台西)人,万历三十八年(1610)进士,官至吏部考功郎中。这是一副析字联。上联说“敬”字无“文”,就成“苟”字。下联说“林”字有最后一点,就不是“材”字。联中一“无”一“有”甚为有趣,上联“无文”便构成一个字,下联“有点”便构不成所要的字。“有”“无”之间,相映成趣。　（沈树华）

析字赠几谷

周伯义

脱去凡心一点
了却俗身半边

周伯义,字子如,号焦东野史,又号焦东野叟,清江苏丹徒人。此联所赠几谷为僧人,是江苏镇江焦山方丈。联文说"脱去凡心""了却俗身"都很符合几谷僧人的身份。但此联的妙处,在于作者利用汉字的析字法,并以"鹿顶格"暗嵌焦山方丈"几谷"之名。上联说脱去凡心一点,"凡"字脱去一点,即成"几"字。下联说了却俗身半边,"俗"字去却半边,便成"谷"字。利用析字法,暗嵌"几谷"两字,真是天衣无缝,巧妙异常。　　(沈树华)

无　情　对(一)

苏　轼

三光日月星
四诗风雅颂

据岳珂《桯史》载,宋嘉祐年间,辽使抵汴京,朝廷派苏轼前往驿馆接待。宾主叙谈之暇,辽使出了"三光日月星"一联求对。此句典出班固《白虎通·封公侯》"天有三光日月星"。苏轼不假思索,立即以刘攽旧句"四诗风雅颂"巧妙作答,结构相同,对仗工整,辽使为之惊奇。按"四诗"指《诗经》中之国风、大雅、小雅、颂四部分。此类无情对只求字面对仗工巧,而不考虑上下联意义有无关系以及出句必须仄脚(此联"星"字是平脚)等问题,但当面应答,确能反映对答者的知识才能水平。

(蒋竹荪)

无　情　对(二)

程敏政

五风十雨梅黄节
二水三山李白诗

李东阳与程敏政,都是明代的文学家,两人文名相齐。据说,这副无情对是李程二人过采石矶时在舟中属对之作。李的上联说出了江南四五月间黄梅时节的特定气候,系据王充《论衡·是应》中“风不鸣条,雨不破块,五日一风,十日一雨”等话加工而成。为了给对方出难题故意将“黄梅”颠倒说成“梅黄”。程敏政的下联则摘引了李白《登金陵凤凰台》诗中“三山半落青天外,二水中分白鹭洲”的“三山二水”来对李的“五风十雨”,又用“李白”对“梅黄”,不但描绘了长江采石矶一带的秀丽景色,而且产生了幽默风趣的效果。

(张　迈、美　云)

无　情　对(三)

杨三已死无苏丑
李二先生是汉奸

此联传诵一时,作者虽佚其名,当出于清末文人之手。杨三,名叫杨鸣玉,又名阿金,昆曲名丑,因排行第三,人呼“杨三”,有人也称之为“苏丑”。杨鸣玉之死,当在清光绪中叶。上联表达了对名丑杨三之死的悼惜,语意明白如话。但这只是陪衬,而下联则是石破天惊,一语中的。李二先生即李鸿章,排行第二,因称。他与外国侵略者签订过许多丧权辱国的不平等条约。“是汉奸”,可以说是春秋笔法,义正词严。联系写作背景,矛头当直指当时炙手可热的权奸,正反映了人们对李鸿章卖国行径的痛恨。下联以“无情”之法为对,着重于字面对仗,字字对得工整妥帖。且联意上褒下贬,锋芒毕露,直率犀利,很有战斗力。

(延　培、张　迈)

重　　言(一)

李梦阳

魏无忌,长孙无忌,彼无忌,此亦无忌
蔺相如,司马相如,名相如,实不相如

李梦阳,字献吉,一字天赐,号空同子,明庆阳(今属甘肃)人,徙居河南扶沟。弘治六年(1493)进士,官至江西提学副使。李梦阳督学江右,遇一学子亦名梦阳,李梦阳说“安得同我名?”遂吟成上联。魏无忌,即信陵君,战国时魏贵族,有食客三千。长孙无忌,唐初大臣,太宗长孙皇后之兄,助太宗发动玄武门之变,以皇亲及元勋地位,历任尚书右仆射、司空、司徒等职,封赵国公。亦名梦阳的学子吟成下联,甚得李梦阳嘉许,置之前列。蔺相如,战国时赵国大臣,赵惠文王时,秦向赵强索“和氏璧”,他奉命带璧入秦,以智使完璧归赵。对同朝武将廉颇容忍谦让,成为团结御侮的知交。司马相如,西汉词赋家,字长卿,蜀郡成都(今属四川)人。上联说彼无忌,其实这也无忌。下联说名相如,其实并不相如。联文以“重言”手法,使“无忌”“相如”反复出现,使联文非常活泼。

(沈树华)

重　言(二)

施槃

朝霞似锦,晚霞似锦,东川锦,西川锦

新月如弓,残月如弓,上弦弓,下弦弓

施槃,字宗铭,明直隶吴县(今江苏苏州)人,正统四年(1439)进士第一,授编修。此联上联讲霞,下联讲月。联文妙在运用“重言”修辞手法,先使“霞”字重出,又使“锦”字重出,加上“似”字和“川”字重出,组成上联联句。下联以同样手法,先使“月”字重出,又使“弓”字重出,加上“如”字和“弦”字重出,组成下联联句,使联文有回环往复的感觉,读来让人觉得奇巧。

(沈树华)

重　言(三)

何又雄

咸月甜月五仁月,豆沙冰月,鹅油酥月

生烟熟烟孖姑烟,兰州水烟,鸦片公烟

何又雄，字淡如，广东谐联名家，清同治元年(1862)举人，官广东高要教谕。此联运用重言反复出现的艺术手法，上联罗列月饼名，以“月”字“重言”反复出现组成联句。下联罗列烟名，孖姑烟，即雪茄，旧名淡巴姑。以“烟”字“重言”反复出现，组成联句。因“月”与“烟”重复出现，读来颇有节奏感，增添谐趣。（佟　今）

重　言(四)

林大钦

大墩是铁，大锤也是铁，风箱拉动铁打铁

做戏是人，看戏也是人，锣鼓敲响人看人

林大钦，字敬夫，号东莆，明广东海阳(今广东潮州)人，嘉靖十一年(1532)进士第一。此联为应答联。上联为一名客人所作，写打铁，铁墩、铁锤都是铁，打起来即成铁打铁。下联为林大钦所作，写演戏，演戏看戏都是人，锣鼓敲响便成人看人。联文以“重言”手法，上联“铁”字和下联“人”字都重出四次，这样读起来就能前后关照，使联句生动自然。（佟　今）

寓　意

邱　濬

细雨肩头滴

青云足下生

据说明代文学家邱濬幼年在私塾读书时，因书塾屋顶漏雨，他与一显贵之子为争座位而争吵起来。老师为解决一场棘手的纠纷，出了一个上联，说：谁对得出，谁就坐好位置。贵公子不知所对，而邱却应声对出了下联，结果坐了好位置。对句的意境和含义均高于上联。上联只是直说眼前之事，下联则包涵个人的抱负和期望。“平步青云”，“干青云而直上”，是封建社会士子梦寐以求的。邱的对句抒发了少年奋发向上的意气，出

口不凡。此联从词性到声韵都对得十分工整、确切。 （张 迈）

谜 语(一)

话不老
镜中人

传说从前有个秀才,一生爱猜谜语。为了广交朋友,特在门前贴了此联。还特派两个书僮守卫。过往行人,不解其意,也无人能进入宅内。后来有个九岁孩童过此,竟直闯入内,猜中此谜。这是一副“谜语联”。上句“话不老”即“言青”;拼为“请”字。下句“镜中人”含“入”之意,也就是“猜中请进”。九岁孩童,读联后直入内府。此为趣联,读之亦可益智。 （黄毓钟）

谜 语(二)

秦敏树

满盛汁沈书狂草
小吐经纶网落花

秦敏树,字林屋,号雅梅,清江苏吴县(今苏州)人。此联上联云满盛墨汁书狂草,显然指墨盒。下联云小吐经纶可以网到落花,指蜘蛛吐丝织成蛛网,可网到落花。此为谜联,亦是巧联。 （佟 今）

同 音(一)

王 彝

天上星,地下薪,人中心,字义各别
云间雁,檐前燕,篱边鷃,物类相同

王彝,本姓陈,字常宗,其先蜀人,后徙嘉定,明洪武初,以布衣身份参与修《元史》,寻选入翰林,以魏观《上梁文》事,与高启同时被杀。此联之上联以"星""薪""心"三字同音,组入联中,但字义各别。下联以"雁""燕""鷃"三字同音,组入联中,但物类相同。此类运用音同义异文字组成联文的手法,寓巧于其中,亦为撰联手法之一。 (沈树华)

同　音(二)

李东阳

修撰进馐馔,馐馔饱充修撰腹
指挥烧纸灰,纸灰飞上指挥头

此联为明代诗人李东阳在翰林院见一武职指挥祭神时而撰,联文采用同音不同义词组组成联句,修撰,官名,唐宋时为史馆中官职,明清一甲第一名进士一般即授翰林院修撰。馐馔,进献精美饮食。上联意谓修撰进食精美食品,精美的食品使修撰的饥腹吃饱了。指挥,官名,明清沿元制于京城设五城兵马司,置指挥、副指挥,掌坊巷有关治安之事。又明代各卫的指挥使亦可简称为指挥。下联说指挥烧纸灰,风一吹纸灰飞到了指挥的头上。联文采用"重言""同音""往复回环"等艺术手法,增加了对联的文学性和趣味性。 (沈树华)

同　音(三)

伦文叙

移椅倚桐同玩月
点灯登阁各攻书

伦文叙,字伯畴,明广东南海(今广州)人,弘治十二年(1499)状元,授修撰。此联同音字成对,椅、倚同音,偏旁不同,且都有"奇"字。桐、同音同。"桐"字拿掉部首"木",与"同"为同一个字。下联灯字与登同音,灯的繁体字也有"登"字,"阁"字去掉部首"门",与"各"为同一个字。上联说"移椅倚桐同玩月”,下联说“点灯登阁各攻书”,格调高雅,文人气息浓厚,颇有可读性。

(沈树华)

同　　音(四)

黄照临

娃拖蛙出瓦
妈骂马吃麻

黄照临,字东启,号碧川,清湖南澧州(今澧县)人,主澧阳书院。此联为巧联,上联的“娃”“蛙”“瓦”声韵相同,下联的“妈”“马”“麻”亦声韵相同,相互对仗,颇有趣味。上联说娃娃从瓦片下拖出青蛙;下联说妈妈骂在吃麻的马。联意通俗易懂,所述之事也是农村常见的景象,将其罗列一起,颇具巧思。

(沈树华)

同　　韵

徐　晞

屋北鹿独宿
溪西鸡齐啼

徐晞,明代人,有文才。他在做府吏时,偶随太守漫步庭院,见一头鹿在屋边独宿,太守便写出上联。此句实写眼前所见,“屋”“鹿”“独”“宿”在“一屋”部,“北”在“十三职”部,均属入声。出句用叠韵五个入声字写一事,对句也应选五个叠韵平声字写出一事,才合要求,太守出对后,思考良久,不得其对。徐晞却一下子对出了下联。对句只实写耳中所闻,不仅用词组句,对仗极工,而且音韵十分协调。“溪”“西”“鸡”“齐”“啼”,均系平声,属“八齐”部,与上联吻合,实属巧对。按此联一说为明祝枝山所作。

(延　培)

手 语、顶 针

徐 渭

保俶塔，塔顶尖，尖如笔，笔写五湖四海
锦带桥，桥洞圆，圆似镜，镜照万国九州

据说家居山阴的徐渭，曾为生活所迫，到杭州卖诗卖画，一时声名鹊起。当地知府看不起这位“新秀”，便召他同游西湖，并借葛岭的保俶塔为题，抒发其才华抱负之不凡，出了上联，命徐属对。徐渭听了，一言不发，只是用手指了指苏堤的锦带桥，在空中画了一个圈，然后两手平摊，向上一举。知府以为他对不上来，更加看不起他，徐见了笑道“你是口出，我是手对”，意思就是“锦带桥，桥洞圆，圆似镜，镜照万国九州”。对句同样采取顶针手法，就地取景，就景生情，表达了自己广阔的襟怀和豪情壮志。据说那位知府听了，哑口无言，悻悻而去。（延 培、张 迈）

顶 针(一)

朱 琦

无锡锡山山无锡
平湖湖水水平湖

朱琦，字玉存，一字兰坡，号兰友，清安徽泾县人，嘉庆七年(1802)进士，道光元年(1821)值上书房。主讲钟山、紫阳书院。此上联久无人属对，朱以下联对之。此联为巧联，运用了顶针、重言的修辞手法，无锡为地名，锡山为无锡的山名，锡山中并无锡矿，七字联中，“无”字出现两次，“锡”字出现三次，“山”字出现两次，且“锡”字顶“锡”字，“山”字顶“山”字，“无锡”又重复两次。下联以同样的手法属对，平湖为地名，七字联中“平”出现两次，“湖”出现三次，“水”出现两次，且“湖”字顶“湖”字，“水”字顶“水”字，“平湖”也重复两次，如此属对，已属难能可贵。所憾者湖水

只是泛词,非专用名词,对锡山只能算是宽对,尚欠工也。(佟 今)

顶 针(二)

何又雄

水手落水,水鬼拉住水手手
火头吹火,火星飞上火头头

何又雄,字淡如,清广东南海(今广州)人,同治元年(1862)举人,官广东高要教谕,擅以广东话撰写谐联。此联以顶针手法撰联,上联以“水”顶“水”,以“手”顶“手”。水鬼,即潜水员。上联意云水手落水,潜水员拉住水手的手。下联以“火”顶“火”,以“头”顶“头”。火头,广东话,即厨师。下联意谓火头吹火,火星飞上火头的头。此联除“顶针”外,还用“重言”手法,让“水手”“火头”在联中重复出现,读来琅琅上口,别饶趣味。

(佟 今)

数 字(一)

纪 昀

花甲重开,外加三七岁月
古稀双庆,又多一个春秋

乾隆五十年(1785),乾清宫设千叟宴。赴宴者共 3 900 余人,其中有一位老人年逾 141 岁。乾隆出了上联,纪昀对以下联。联文系用数字运算,出句以 60(花甲)为基数,乘 2,又以 3 乘 7,得 141。花甲,即 60 甲子。天干地支顺次组合,错综相配,自甲子到癸亥,为 60 个顺序名号,称为花甲。对句以 70(古稀)为基数,乘 2,加 1,得 141。古稀,70 岁的代称。杜甫《曲江二首》诗:“酒债寻常行处有,人生七十古来稀。”本联对仗工整,“重开”对“双庆”,“外加”对“又多”,充满喜庆祥和的气氛。 (沈树华)

数　字(二)

收二州,排八阵,七擒六出,五丈原头点四十九盏星灯,一心只望酬三顾

抱孤子,出重围,匹马单枪,长坂桥边战数百千员上将,独我犹能保两全

上联独到之处是运用数字,从一到十,无一遗漏,用来概括诸葛亮的一生大事和思想抱负,不过个别事实是以《三国演义》为蓝本的。"二州"指荆州、益州。八阵位于鱼腹渚,至今遗迹尚存,据说曾困东吴大将陆逊于此。诸葛亮为了平定南疆,七擒孟获;为了伐魏、兴汉,六出祁山,后因积劳成疾,在五丈原上点七七四十九盏灯,以象北斗,祈祷却病延年,这一切都是意在报答刘备三顾茅庐的知遇之恩。下联选择"孤""重""匹""单""长""数""百""千""独""两",这些准数字和数字,突出反映了赵云的英雄业绩,即长坂坡千军万马中救阿斗的故事。赵子龙浑身是胆,匹马单枪,闯入曹营,不但自己安全突围,还保住了阿斗的性命。联语有声有色地表现了这一场面,很有气势,实属难能可贵。据说此联挂在某地孔明、赵云合庙前,那就更加切地、切人、切事了。　（延　培、张　迈）

数　字(三)

万砖千瓦,百匠造成十佛寺
一舟二橹,三人摇过四仙桥

某地赴京赶考的秀才,常在中途十佛寺寄宿,寺中住持以寺院为题征对。因联中有万千百十等数词,大家都感棘手,乘船离去。两位秀才乘着船,穿过一座石桥,一人问:"这叫什么桥?"船夫答:"四仙桥。"姓李的秀才听后说"下联有了",立刻返寺,对出下联。联中数词上联由多到少,万千百十,下联由少到多,一二三四,颇为巧妙;十佛寺对四仙桥,也显得工整。

（蒋竹荪）

数　字(四)

一叶小舟,载着二三位考生,走了四五六日水路,七颠八倒到九江,十分来迟

十年寒窗,读了九八卷诗书,赶过七六五个考场,四番三往到二门,一定要进

传说苏东坡与二三位学友一起乘船去九江赴考,途遇风浪,误了进场时间,考官要他们对出下联,方可入场。苏东坡并未被此难倒,顷刻对出下联。上下联均用数字一气串成。出句用顺序,对句用倒序。有情景、有过程、有经历,曲折而不呆板,可视为巧对。　(张　一)

数　字(五)

杨维祯　虞　集

两镜悬窗,一女梳头三面对

孤灯挂壁,二人作揖四躬身

杨维祯,祯一作桢,字廉夫,号铁崖,元末明初山阴(今浙江绍兴)人,泰定四年(1327)进士,官至建德路总管府推官。虞集,字伯生,号道园,江西崇仁人,官至奎章阁侍书学士。杨维祯与虞集一起至一妓家,见妓悬两镜梳头,即作上联。妓在梳头为一面,两面镜中加起来共有三面相对。虞集对下联孤灯挂壁,杨维祯、虞集两人对妓作揖,两边墙上均有人影,作了两揖,墙上影像躬身加起来却有四回。联文借镜中形象和灯光下的影像,从数字上做文章,使人觉得颇有新意。　(佟　今)

数　字(六)

伦文叙

杏坛七十二贤,贤贤希圣

云台二十八将,将将封侯

伦文叙，字伯畴，明广东南海(今广州)人，弘治十二年(1499)进士第一，授修撰。杏坛，相传孔子讲学处。儒家传说孔子有学生三千，第一等的有七十二人，即七十二贤人。希，仰慕、希望。上联意谓听孔子讲学的贤人有七十二位，每位都希望成为圣人。云台，汉宫中高台名。二十八将，东汉光武时二十八个有功的武将，东汉明帝永平三年，在南宫云台画了二十八将的像，称为云台二十八将。下联意谓皇帝在云台所画的二十八将，每位将军都被赐封侯爵。此联运用数字，又加上运用“顶针”和“重言”等手法，使联语自然生动，活泼有趣。 (佟　今)

数　字(七)

翁正春

七鸭浮塘，数数三双一只

尺鱼跃水，量量九寸十分

翁正春，字兆震，号青阳，明福建侯官(今闽侯)人，万历二十年(1592)进士第一，官至礼部尚书。此联为数字联。上联说池塘里浮游七只鸭子，数数为三双再加一只。下联说一尺长的鱼从水中跃起，量量长度为九寸加十分，正好是一尺长。全联对仗工稳，平仄合律，读来轻松自然。 (佟　今)

叠字变音

王十朋

云朝朝朝朝朝朝朝朝散

潮长长长长长长长长消

这副奇特的对联，是宋代学者王十朋为江心寺写的。联语构思新颖，用字奇特。上联写云，下联写潮，只用了六个不同形体的字，“朝”“长”二字各自重叠八次。巧在同字异音，如上联的第二、四、五、七、九的“朝”字，读

“朝霞”的朝(zhāo),其余“朝”字念“朝代”的朝(cháo);下联的第二、四、五、七、九的“长”字,念作“长短”的长(cháng),其余的“长”字念作“长辈”的长(zhǎng),联意就很明确了。即:

云朝朝,朝朝朝,朝朝朝散

潮长长,长长长,长长长消

意思是,天上的云彩,清早向江心寺朝拜,天天都朝拜,早上就散;滚滚的潮水,每天在瓯江上涨,不息的上涨,常涨常消。联语采用创新的形式,巧妙运用叠字,写出了江心屿壮丽的海天之景,堪称叠字变音的绝对。

(延　培、张　迈)

叠字时令

李调元夫妇

月圆月缺,月缺月圆,年年岁岁,暮暮朝朝,黑夜尽头方见日

花落花开,花开花落,夏夏秋秋,凉凉暑暑,严冬过后始逢春

李调元是清代四川才子,因得罪权臣和珅,被充军到边塞。后获赦回京,与家人团聚。夫妻久别重逢,写下了这副倾诉思念之情的巧对。妻以月亮圆缺,昼夜交替,黑夜毕竟有尽头的自然现象来譬喻夫妻间的悲欢离合,坚信丈夫终有一天会平反回家团聚,给人一种积极向上的感受。下联以花的开放凋谢这个新陈代谢的过程,以及严冬毕竟要过去,春天一定会来的事实作对,写出了冤狱必定要澄清的信念与劫后重逢的欣喜。联对工稳、妥帖,情真意切。取譬于月的圆缺,花的开落,高雅而富有哲理。

(顾延培)

街　名

东牌楼　西牌楼　红牌楼　木牌楼　东西红木四牌楼
楼前走马

南正街　北正街　县正街　府正街　南北府县都正街
街上登龙

传说长沙有个考生,上京应试,恰好考官是长沙人。考官用乡音问考生哪里人,考生用长沙腔回答。考官深恐此人冒充同乡,以求疏通,便出上联,考生应了下联。考官见他才思敏捷,品学兼优,遂不避同乡之嫌,列名榜首。上下联都用了长沙四个街道名,虽平仄略欠协调,但先分后总,一二三四句是分述,第五句是总述。"楼前走马",对"街上登龙"。登龙,指中状元。"龙""马"相对,不仅工整,而且吻合考官与考生的各自身份而见巧妙。

(黄毓钟)

人　名(一)

陈寅恪

孙行者
胡适之

1932 年,清华大学举行新生入学考试时,请陈寅恪先生出国文题,他拟了一个对子题"孙行者",标准答案为"胡适之"。系化用苏轼《赠虔州术士谢君》"前生恐是卢行者,后学过呼韩退之"诗句。陈云:"'韩卢'为犬名,'行'与'退'皆步履进退之动词,'者'与'之'俱为虚字,东坡此联可称极中国对仗文学之能事"。又云:"盖胡(猢)孙(狲)乃猿猴,而'行者'与'适之'意义音韵皆可相对。"此次考卷中,凡对"胡适之"者满分,对"祖冲之"者亦视为符合要求,因"祖""孙"尚可成对,至于答"唐三藏""沙和尚""猪八戒"者,皆不及格。

(蒋竹荪)

人　名(二)

欧阳修作诗成于三上:马上、枕上、厕上
秦少游填词乐在其中:醉中、愁中、梦中

欧阳修字永叔,北宋文坛领袖。仕途虽有曲折,而官至参知政事。对诗词创作都有革新,文字委婉流畅。他认为马上、枕上、厕上是构思的最佳时机与场合。三上,欧阳修《归田录》卷二:"余生平所作文章,多在三上,乃马上、枕上、厕上也,盖惟此尤可以属思尔。"秦观字少游,北宋著名词人。苏门四学士之一,极受苏轼器重。因"乌台诗案"牵连,仕途屡受挫折。词作多反映恋情及身世感伤,文字精密,以写醉中、愁中、梦中之境为乐。乐在其中,《论语·述而》:"饭疏食饮水,曲肱而枕之,乐亦在其中矣。"联语用"先总后分"法,"三上"是总述,以下为分叙;"其中"是总述,以下为分叙。四个"上"字和"中"字的重复运用,突出了两人构思场合的特点。

(蒋竹荪)

人　名(三)

茅　盾

老舍老向凤子
胡风胡考龙生

茅盾,原名沈鸿,又名沈德鸿,字雁冰,浙江桐乡人,著名作家,文学研究会发起人之一,在上海与鲁迅等共组左翼作家联盟。1949年后,任文化部部长,全国政协副主席。此联为人名巧对。抗战期间,老舍、胡风、老向、凤子、胡考、龙生等一批文艺家均在重庆,茅盾与他们时相往来,便以他们的名字撰成这副对联。老舍,著有长篇小说《四世同堂》、话剧《茶馆》等。老向,抗战期间在重庆任中华全国文艺界抗敌协会常务理事,有中篇小说《庶务日记》等。凤子,女,广西容县人,复旦大学毕业,任中国戏协书记处书记,有散文集《八年》等。胡风,任左联行政书记,中国作协顾问,著述甚多。胡考,1912 年生于上海,早年从事美术工作,兼事文学创作。龙生,姓高,擅绘画。

(佟　今)

地　名

水月观,鱼跃兔走
山海关,虎啸龙吟

这是清嘉庆年间流传于川中各地的一副江防、海防要塞联。水月观,位于川中定远(今武胜县)嘉陵江岸的石盘陀,陀西岸为龙女寺,是江防要地。嘉庆年间,清政府派把总项世惠把守。某年元宵节,白莲教首领冉天元,率部袭击龙女寺。项措手不及,被打得落花流水,弃甲曳兵,只身跃入嘉陵江,泅水而逃。故言水月观成“鱼跃兔走”之状。山海关,向称“天下第一关”,扼关内外交通咽喉。“一夫当关,万人莫敌”,自古乃兵家必争之地。万里长城像一条龙,自此蜿蜒而西。燕山耸峙,逼近海滨,背山面水,如虎踞,似龙吟。此联的特点在于承接巧妙。上联描绘水月观,鱼必跃于水里,兔当走于月中,形象生动。下联刻画山海关,虎啸于山,龙吟于海,有声有色。

(周世达)

地名回文

佛山香敬香山佛
翁源乳养乳源翁

这是一副地名回文联。上句的“佛山”“香山”都是广东珠江三角洲的县名。下句的“翁源”“乳源”也都是广东韶关的县名。县名对县名,不仅工整,而且相串成联,各有妙用,妙在顺读、反读,音义完全相同。

(周　监)

应　答(一)

朱棣

风吹马尾千条线
日照龙鳞万点金

朱元璋,明朝开国皇帝。朱棣,系朱元璋第四子,先封燕王;后起兵“靖难”,从他侄子手里夺得天下,庙号成祖。据《坚瓠集》载,朱元璋于观猎时为了试探儿孙的抱负与才能,出了上联。并令孙子朱允炆先对。允炆对曰:“雨打羊毛一片毡。”对句的文字结构相应,属对工整,但立意选材一般。朱元璋听了心中不悦,朱棣在旁,即对出了下联。不但字字工稳,而且在立意、气象方面,远远超过了其侄允炆。朱元璋用“千条线”来比喻奔马那被风吹散、细丝飘飘的尾毛,形象鲜明;而朱棣用“万点金”来比喻游龙那迎日耀晖、碎金闪闪的鳞甲形象,描写贴切,又具有人君气度。取材、比拟,胜过其父朱元璋。　(延　培)

应　答(二)

陶澍

小子牵牛入户
状元打马回乡

清代陶澍,幼年时家境贫寒,聪明好学,一边读书,一边给学馆东家放牛。据说,有一次他放牛回来早了些,东家不高兴,便出联讽刺。陶澍灵机一动,随手把鞭子一扬,对出了下联,词句虽俗,但出自童稚之口,应对迅速,语气不凡。　(延　培)

应　答(三)

梁启超

四水江第一,四时夏第二,老夫居江夏,谁是第一,谁是第二

三教儒在前,三才人在后,小子本儒人,岂敢在前,岂敢在后

张之洞出句以住处"江夏"立意。"四水"指"江""河""淮""济",按序,长江居第一;"四时"指春、夏、秋、冬,按季节,夏占第二。"谁是第一、谁是第二",意思是说,本人身处江夏(地名,即今湖北武昌),又当居于何处呢?这是个搞不清的问题。梁启超巧妙地回答:"三教"指"儒、释、道",以"儒"列前;"三才"指"天、地、人",以"人"居最后。"小子"是自我谦称。"岂敢在前,岂敢在后",意思是说,小辈是读书人,在前在后实在也说不清,彼此大可不必分出一、二。以搞不清对搞不清,针锋相对,各具玄机,势均力敌。此联上下句的收尾,都是仄脚,未免美中不足。

(叶　美、张　迈)

应　答(四)

投水屈原真是屈
杀人曾子又何曾

传说有秀才被人诬指为凶手,公差把他拘到大堂审问,秀才连声叫屈。太守看他不像凶手,便说这里有一上联,你能对上,就给你辩冤。秀才用《战国策》中曾参"杀人"故事来对。与曾参同名的人杀了人。有人向曾母报信,曾母不信,但接连着又有两人也报告了信息,曾母终于信了。秀才对出了下联。太守十分满意,便释放了他。联语的妙处不仅在于内容相称,而且两个"屈"字词性不同,一是名词,一是形容词;两个"曾"字词性亦异,

一是名词，一是副词。　（唐　音）

应　答(五)

施伯雨

山径晓行，岚气似烟烟似雾
江楼夜坐，月光如水水如天

这是在旅游途中的应答。客人就眼前景物出句，清晨攀登山路，山中岚气好像烟雾飘游不定。要求作答。作者回忆夜晚在江楼赏月，清澈的月光倾泻在水面上，仿佛山岚、江楼、月色、水天、人物都溶化在茫茫的雾色之中，不禁想起唐人赵嘏《江楼感旧》"月光如水水如天"的诗句，于是说出对句。联语用了叠字、回环、顶针的手法；对仗工整，意境幽美而具朦胧情态。　（商启予）

应　答(六)

金　清

汗血名驹，起足已存千里志
员吭仙鹤，抬头便彻九皋声

据说明代尚书吴交石，欲为女儿择婿，给金清出了上联，汗血名马，一起步就怀着驰骋千里的壮志。汗血驹，即汗血马，古代西域骏马名，流汗似血，故名。后多指骏马。金清听了，悟到这是在鼓励自己奋发向上，即答了下联，我要像圆吭的仙鹤，抬头一鸣，便穿过沼泽，直达四郊。员吭，即圆吭。吭，喉咙。林逋《鸣皋》诗："孤引圆吭夜正分。"九皋，曲折而深远的沼泽。《诗·小雅·鹤鸣》："鹤鸣于九皋，声闻于野。"联语全用比喻，将立志向上的主题分别用名马的动作、仙鹤的叫鸣表达出来，且对仗十分工整。

（蒋竹荪）

应　　答(七)

丁文江

鸠鸣天欲雨
虎啸地生风

此是当堂答对。塾师出了上联,听到鸠鸟的叫声,天快要下雨了。鸠,斑鸠、雉鸠的统称。古人有鸠鸣唤雨的说法。作者立即应了下联,老虎放声长啸,大地掀起阵风。啸,(兽类)拉长声音叫。生风,祖君彦《移郡县文》:“彪虎啸而谷风生。”出句语势平缓,描写了自然界某种相关现象。对句气势强盛,显示了一个有志青少年昂扬奋发向上的精神状态,如果上联气盛而下联气弱,就不能算作佳对了。 (商启予)

应　　答(八)

杨　亿

水底日为天上日
眼中人是面前人

宋朝寇准在任宰相时,与同在朝班的官员,戏作上联,大家一时未能成对。不一会,杨亿到来,脱口对了下联,众皆称其工巧。水底本来无日,只因天上之日的映照而出现,其中隐含因果关系,所以杨亿也以此应对,眼中本来无人,因为有了面前人,眼中方才有人。水天常相连称,眼面同属头部。形为实,影为虚,全联是以虚证实,杨的对句更含对宰相崇敬之意。此类巧对,必须在特定环境中才见得巧捷,如果孤立地从字面看,就谈不上什么才思。 (金性尧)

应　答(九)

王尔烈

江南千山千水千才子
塞北一天一地一圣人

据说有一次王尔烈到江南任主考。举子们听说他是北方人,大为不满,认为北方人出不出好的考题,有人在王尔烈的馆驿门旁贴出了“江南千山千水千才子”这个上联。意思是,江南处处山明水秀,人杰地灵,是人才荟萃之地,要他注意不要埋没人才。王尔烈看了,不慌不忙地写出了“塞北一天一地一圣人”的下联。塞北,代指北方。圣人,指孔子。孔子是山东人,属于北方。“一天一地”,气势不凡,范围比“千水千山”更广。孔子是万世师表,多少才子也抵不过一个圣人。于是,举子们只好低头认输,再也不敢轻视这位北方考官王尔烈了。　（美　云）

应　答(十)

吴　济

画草发生,顷刻工夫非为雨
笔花灿烂,须臾造化不关春

据说清代吴济,自幼天资聪颖。一天,有位画家来找塾师属对,画的上联已写好,塾师不在。吴济一看,是一幅草木争春图,立刻对出下联,画家深表满意。出句谓,尺幅中,草儿生长旺盛,一片葱绿之色,这是顷刻之间完成的,并非由于雨水滋润而成。对句谓,画面上,花儿争奇斗艳,彼此挤挤挨挨,这也可马上创造出来,与春天的培育无甚关系。　（唐　音）

应　答(十一)

沽酒欲来风已醉
卖花人去路还香

据说乾隆下江南时，曾在一家酒店前方闻到阵阵酒香，即随口出了上联，要求侍从学士答对。恰巧一卖花女走过，学士受到启发，答了下联。出句说还未走进酒店，酒香已使人陶醉，说明酒店卖的是上等好酒。对句说，卖花人已经走了，路上还弥漫着香气，说明所卖的是香花。20 世纪 60 年代，丰子恺先生曾以"卖花人去路还香"为题，作了一幅画，一位卖花女臂上挎着一只空篮回家，身后跟着一条小狗，画面情趣盎然。联语妙处在撇开现场不提，而抓住沽酒者"欲来"而未来时即已闻到酒香，卖花人已去之后而花香仍旧不散的特点，充分显示了好酒香花诱人的魅力。

（蒋竹荪）

应　答(十二)

徐法绩

大雨淋漓，洗尽大街迎学士

天雷霹雳，打开天眼看文章

清道光十二年(1832)，作者时任湘南主考，上任时，天降雷雨，有文士出上联迎接徐法绩，徐即对下联。此联用拟人夸张手法，赋雷雨以生命，又说学士的"天眼"为天雷打开，一"迎"一"看"，堪称妙笔。　（张　一）

应　答(十三)

陶　安

枕耽典籍，与许多贤圣并头

扇写江山，有一统乾坤在手

明太祖朱元璋十分喜欢跟人对对子。一次，他见开国大臣陶安以书作枕头，便出上联命对。陶安见皇上手执的折扇上画有山水，灵机一动，随即对以下联。这副对联的特点是借景抒情，因小喻大，语义双关。上联的"贤圣并头"，既想象与书中的圣贤同枕而眠，又夸奖陶安堪与圣贤之士相提并论。下联紧扣折扇卷舒自如的特点，和扇面上的风景图画，形象地称颂了一统江山在皇帝的牢牢掌握之中。联语切景、切情、切身份，气势不凡。此联句脚上平下仄是为变体。　（丁　仪、施晴阳）

应　答(十四)

顾　璘　张居正

雏鹤学飞，万里风云从此始
潜龙奋起，九天雷雨及时来

顾璘，字华玉，号东桥，明吴县(今江苏苏州)人，弘治九年(1496)进士，官至南京刑部尚书。张居正，湖广江陵(今属湖北)人，嘉靖二十六年(1547)进士，神宗时，代为首辅。上联为顾璘所出。风云，语出《易·乾·文言》："云从龙，风从虎，圣人作而万物睹。"后因以"风云"比喻际遇。上联云雏鹤学飞，今后风云际会，奋其智勇都是从学飞开始的。此可喻人生道路，风云际会也是从蹒跚学步开始的。下联为张居正所对。潜龙，语出《易·乾·文言》："初九，曰：'潜龙勿用。'何谓也？子曰：'龙德而隐者也，不易乎世，不成乎名，遁世无闷，不见是而无闷，乐则行之，优则速之，确乎其不可拔，潜龙也。'"喻有大德而未为世用的人。下联云有大德的人奋发而起，九天之上的风雷定会及时到来。全联启示人们，要学习、奋发，定会做出一番有益于社会的功业来。　（佟　今）

应　答(十五)

吴文之

画上行人，无雨无风常托伞
屏间飞鸟，有朝有暮不归巢

吴文之，初名济，字与成，明直隶吴县(今苏州)人，正德十六年(1521)进士，改庶吉士。一日在吴文之家中，一位客人指着墙上所挂之画，吟出上联,画中撑伞的行人,既无雨又无风,还一直撑着伞。吴文之听后,随即答出下联。画屏之中的飞鸟,虽经历朝朝暮暮,但总不归入鸟巢之中。画中的行人和飞鸟,各自占据了一定的空间,但它们不能表达时间的连续,所以它们占有的画面是不会改变的。 (佟 今)

应 答(十六)

李元阳

和尚正法,提汤上坛,大意失手,汤淌烫坛
裁缝老徐,与妻下棋,不觉漏眼,妻起弃棋

李元阳,字仁甫,号中溪,明云南太和(今大理)人,白族,嘉靖五年(1526)进士,官至荆州知府。此联为应对,李元阳与学生游三塔,见一名叫正法的小和尚送汤饭到坛上去,即出上联让学生对,学生当时未能对出,回到城里,见徐裁缝正与妻下棋,徐妻见李元阳与其学生走来,即对丈夫说:"你下漏眼棋,我不下了。"学生得到启发即对出了下联。 (佟 今)

应 答(十七)

周起渭

雨打沙滩,沉一渚,陈一渚
风吹蜡烛,流半边,留半边

周起渭,字渔璜,一字桐野,清贵州贵阳人,康熙三十二年(1693)进士,官詹事。此联为应答巧联。周起渭游江苏镇江金山寺,长老出上联云,雨打沙滩,水涨了,沉了一小块洲渚,露出水面一小块洲渚。渚,水中的小块陆地。陈,陈列,这里指露出水面。周起渭对下联云,风吹蜡烛,蜡烛油流了半边,留了半边。联文以"沉""陈","流""留"同音不同义,互为对仗,组成了巧联。 (佟 今)

应　答(十八)

闵鹗元

元宵不见月,点几盏灯,为河山生色
惊蛰未闻雷,击数声鼓,代天地宣威

闵鹗元,字峙庭,清浙江归安(今吴兴)人,乾隆十年(1745)进士,官至江苏巡抚。据《冷庐杂识》卷二:闵鹗元九岁时,其外舅尚书于元宵宴客,闵鹗元也出席了,席间外舅尚书出了上联,让宾客属对,是日适逢惊蛰,闵鹗元对以下联,外舅尚书大加赞赏,遂将女儿许配给闵鹗元。　（佟　今）

应　答(十九)

袁　枚　周青原

人无风趣官多贵
案有琴书家必贫

袁枚,字子才,号简斋,又号随园老人,浙江钱塘(今杭州)人,乾隆进士,曾任江宁等地知县,诗创性灵派,著《随园诗话》等。周青原,清江苏武进人,康熙十八年(1679)举博学鸿词科。袁枚创作了此联上联,一时想不出下联,就告诉朋友周青原,周遂对出下联。上联云仕宦为官者必少风趣,反而官升得快,越做越大。下联云书案上有琴有书者,其用心必在琴书,而不知经营其余,故家必贫。联文写出封建社会读书人的品格与官场追逐名利的风气。

（佟　今）

应　答(二十)

黎世序　孙玉庭

要办事,莫生事,要任怨,莫敛怨
可兴利,毋近利,可急功,毋喜功

孙玉庭,字佳树,号寄园,清山东济宁人,乾隆四十年(1775)进士,官至体仁阁大学士、两江总督。上联为黎世序所出。黎世序,字湛溪,嘉庆进士,官南昌,在官五年,治状为一时最,累官至河南总督,善治水,淡泊宁静,为治河名臣。上联意云,为官要办实事,不要无端生事,工作中就任劳任怨,不要招来别人怨恨。孙玉庭遂即应之。下联意云可创办兴起有利之事,《荀子·王霸》:"兴天下同利,除天下同害,天下归之。"不要只求得目前的利益。急功、近利,都是贬义词。语出《春秋繁露·对胶西王》:"仁人者正其道不谋其利,修其理不急其功。"但联中"可急功"的意思是可急速完成任务,但指出不要好大喜功。 (佟 今)

应 答(二十一)

黄道让

先生教书说书生,书生书生,先生书先生

步快骑马赶马快,马快马快,步快马步快

黄道让,清湖南安福(今临澧)人,咸丰十年(1860)进士,官工部主事。此联为巧联,有人撰一嘲讽塾师的上联求对下联,他撰的上联,利用某些汉字同字不同义的特点,撰了这句上联。先生教书说书生,后一个"生",指书没有读熟。书生书生,后一个"生"也指书没有读熟。先生书先生,后一个"生"也指书没有读熟。此联一出,连续几年没有人对出下联。后来黄道让知道此事,恰巧门外哄声大作,问之,则一马快追一盗者,于是笑曰:已对出下联。旧时官署捕人的差役分步快和马快。黄道让的下联也利用某些汉字同字不同义的特点,意谓捕人的步快骑马追赶骑马的马快,马快的马跑得快,步快的马步跑得更快。 (佟 今)

巧 释(一)

李调元

半边山,半段路,半溪流水半溪涸

一块碑,一行字,一句成联一句虚

相传岭南有一块碑,上刻“半边山半段路半溪流水半溪涸”十三个字,征求下联,日久无人应征。后来苏东坡到广东做官,人们慕其才名,请其足对,苏看了后说:“一块碑只有一行字;只有一句上联?”说完笑着走了,众人颇感失望。直到清代李调元任广东学政,人们又将这块碑的故事讲给李听,希望他能续出下联。他沉思片刻,说:“下联苏学士早已对出,我不能再对了。”众人问:“为什么?”他才说出了下联,众人无不折服。(余心乐)

巧 释(二)

周 密

九州既别,冀兖青徐扬荆豫雍梁
一道相传,尧舜禹汤文武周孔孟

周密,字公瑾,号草窗,南宋济南人,居湖州吴兴,淳祐中官义乌令,宋亡不仕。此联为巧释,上联释九州,九州乃传说中的我国中原上古行政区划,起于春秋、战国时代,说法不一。其名曰冀州、兖州、青州、徐州、扬州、荆州、豫州、雍州、梁州。下联释历代圣贤,一道,即一路,一路相传的圣贤有尧、舜、禹、汤、文王、武王、周公、孔子、孟子。上联横向释中国古代中原地理,下联竖向释中国古时历代圣贤。 (沈树华)

复 字

天上月圆,人间月半,月月月圆逢月半
今朝年尾,明日年头,年年年尾接年头

上联从空间写到时间,意境开阔,巧妙地运用“月”字的两种解释,而天上的“圆”和人间的“半”又恰为一个鲜明的对比。下联纯粹写时间,讲了一个“周而复始”的常理。此联以重复字组成,上联“月圆”—“月半”—“月圆”—“月半”,下联“年尾”—“年头”—“年尾”—“年头”。写法全用白描,既不用典,又无藻饰,但几乎一字不可易。 (陈以鸿)

缺　字(一)

吕　升

童子六七人,毋如尔狡

太守二千石,唯有公

据明冯梦龙《古今谭概》载:有吕升者,年幼聪慧。一天,跟几个同学步行回家,路上遇到浙江巡按杨季任。杨见吕升特别机灵,便出了上联令对。“童子六七人”,见《论语·先进》;“毋如尔狡”,化用《诗·郑风·狡童》“彼狡童兮”句意。狡,调皮;狡猾。吕升知道这是有意戏弄自己,就随口答出下联。“太守二千石”。汉代郡守一年的俸禄为二千石,世因称郡守为“二千石”。此句指对方官职。杨不解其意。吕升说:联尾还缺一字,如果您给赏,填个“廉”字,如不给,填个“贪”字,杨觉其才思过人,就给了赏。在联中适当位置上缺一字以收“此处无字胜有字”的特殊效果,这种对联称为“缺字联”,是对联文学作品中很有特色的作品。

(蒋竹荪)

缺　字(二)

未必逢凶化

何曾起死回

传说,从前有个不学无术的医生,名叫“吉生”,医技很差,贻误了不少病人。而他却还自吹自擂,说自己能“逢凶化吉”“起死回生”,所以名叫“吉生”。某人套用其语,作了此联,悬于其诊所门前。医生见了,只好关门大吉,不再行医。此联把所用两句成语,缺“吉”“生”二字,前面再加疑问否定之词“未必”“何曾”来讽刺庸医。写作上巧妙地运用了缺字的手法,显得更为新颖独到。

(黄毓钟)

缺　字(三)

袁世凯□千古
中国人民万年

窃国大盗袁世凯做了八十几天洪宪皇帝后,在众叛亲离、一片讨伐的浪潮中,结束了罪恶的一生。他曾与日本帝国主义签订了"二十一条"丧权辱国的卖国条约,疯狂镇压革命人民,对于他的死,人们莫不拍手称快。这时,四川有一位文人特地到北京为袁世凯送了这副挽联。有些人看了疑惑不解,就说:"'千古'对得上'万年','袁世凯'三字,怎么能对得起下联的'中国人民'四个字呢?"那文人听了笑出声来,说:"对了,袁世凯就是对不住中国人民!"大家听了才恍然大悟。五个字和六个字,根本不能成对,但内容是完整的。作者正是要用上下联字数的差异来表达思想的,因而显得匠心独运,构思奇特,可算别具一格。　(张　迈)

缺　字(四)

一二三四五六七
孝悌忠信礼义廉

这副谐联见《聊斋志异·三朝元老》篇。上联一连用了七个顺序数字令人不知所云,但知缺"八"字,隐含了"忘八"两字;下联没有把封建社会"八德"说全,缺少"耻"字,则隐含"无耻"两字。这副对联巧妙运用缺字手法,流传颇广。

(叶　云)

隐　字

香残日落,了却凡心一点
炉中火尽,须把意马牢拴

此联上联隐一“秃”字，下联隐一“驴”字（秃驴，骂和尚的话）。联文语意却能贯串切合，尤妙在隐射之字，无刀斧痕，且寓谐于庄，道出清心寡欲，拴住俗念凡心之佛家思想，故为难得。（何禹昌）

嘲 讽

讥世讽时

胡腾兰

回忆旧岁饥荒，柴米尽焦枯，穷无四两铁，赊不得，借不得，虽有内亲外戚，谁肯雪中送炭

幸得今年科举，文章刚合式，高中五经魁，姓也香，名也香，不论张三李四，都来锦上添花

此为胡腾兰中举后，有感于世态炎凉而撰写的对联。上联写中举前无柴无米，无处赊，无处借，内亲外戚，无人肯雪中送炭的悲惨景象，反映了人情淡薄。下联写中举后姓也香，名也香，身价陡涨，门庭若市，非亲也亲，都来锦上添花，反映了一旦功成名就，趋炎附势者纷至沓来，攀高心理暴露无遗。五经魁，指乡试前五名。此联运用对比手法，措辞口语化，琅琅上口，颇具可读性。（沈树华）

讽以大欺小

大鱼吃小鱼，小鱼吃虾，虾吃泥，泥干水尽

朝廷刮州府，州府刮县，县刮民，民穷国危

此联讽以大欺小，层层盘剥，百姓穷困，国运危急的颓势。上联以鱼虾比兴，它们依次相欺，说明生物间存在以大欺小、以强欺弱的现象。下联写

朝廷搜刮州府,州府搜刮县衙,县衙鱼肉百姓,搜刮民脂民膏的社会现状,警示当局不要搜刮无度,应体恤百姓,爱护国家。联文运用顶针手法,上联以"小鱼"顶"小鱼","虾"顶"虾","泥"顶"泥";下联以"州府"顶"州府","县"顶"县","民"顶"民"。顶针,也是对联修辞的一种方法。

（沈树华）

讽老童生

行年八十尚称童,可谓寿考

到老五经犹未熟,不愧书生

童生,明清时期科举制度规定,凡应生员之试者,不论年龄大小一律称为童生。五经,指五部儒家经典著作:《诗》《书》《礼》《易》《春秋》,为考生员者必读之书。此联嘲讽八十岁尚未考中秀才的老童生,上联说他"寿考",一语双关,说他不是考秀才,而是考"长寿"。寿考,年高、长寿。《诗·大雅·棫朴》:"周王寿考。"《笺》:"文王是时九十余矣,故云寿考。"下联说他"书生",也是一语双关,既指他身份是书生,又指他未读熟《五经》,对书的内容生疏。全联讽刺意味浓厚,言在此而意在彼,讽刺老童生,同时也揭露了科举制度的弊端。

（沈树华）

嘲讽错字

何彦昇

辇辇并车,夫夫竟作非非想

管菅为官,个个多存草草心

何彦昇,字秋辇,清江苏江阴人,举人,宣统二年(1910)由甘肃布政使迁新疆巡抚。何彦昇官布政使时,有唐某,留学国外,归国获翰林,写信给何彦昇,称何为"秋辇老伯",将"辇"字错写为"辇"字,又其中"草菅人命",将"菅"错作"管"字,何彦昇撰此联以嘲之。上联云,辇辇下面都有"车",但

"夫夫"竟想入"非非",写成了错字。下联云"管""菅"下面都有"官"字,但这些官个个都存草草心,把"菅"错写成"管"字。联文嘲讽了留学生不重视汉语书写,用心不专的错误现象,很值得后人慎思。 (佟 今)

质问旧政府

制宪刚满月,政治待澄清。看市场物价,加后再涨,涨后再加,愈加愈涨,愈涨愈加。试问涨上何种程度?加上何种程度?小公务员叫苦连天,我真不解

胜利已年余,和平难实现。观国内形势,谈了又打,打了又谈,边谈边打,边打边谈。究竟谈到什么时候?打到什么时候?众老百姓流离失所,谁与担心

1946 年国民党制定宪法,许诺改善人民生活,给人民以和平。然而物价涨了又涨,人民生活苦不堪言。抗战胜利已一年多了,但国内和平并未实现,不知打到什么时候,人民实在担心。作者联语充溢着义愤,语如连珠重言,铿锵有力,既批判了国民党政府的腐败无能,又揭露了其伪善和欺骗。联文代表人民,发出了正义的呼声。 (佟 今)

讽 知 府

张麟年

见州县则吐气,见藩臬则低眉,见督抚大人茶话须臾,只解得说几个是是是是

有差役为爪牙,有书吏为羽翼,有地方绅董袖金贿赠,不觉的笑一声呵呵呵呵

张麟年擅撰讽刺对联,此联即嘲讽知府。上联描绘了他在官场中的丑态,说他见了比他官小的州县官员,便大声吐气,显得傲慢;见了官位比他

高的藩司、臬司则俯首哈腰,低眉奉承;见了省级主管大员总督、巡抚这一级的高官,便只会奉奉茶,说几个是是是是。下联说他作威作福,手下有差役做爪牙,有书吏做羽翼,有地方财主老板袖金贿赠,他便乐得掩不拢嘴地呵呵呵呵地一路笑了。（佟　今）

讽不学无术者

解　缙

墙上芦苇,头重脚轻根底浅
山间竹笋,嘴尖皮厚腹中空

联语借物喻人,生动形象且寓意深长。墙上土少,长在墙上的芦苇根底自然很浅。墙上芦苇,活画出不学无术者没有主见,顺风而倒之态。山间竹笋,比喻他们腹内空空如也,却又夸夸其谈,不知羞耻的嘴脸。联语对仗十分工整,讽刺辛辣幽默,对于那些无知少学、缺乏自身修养的人,无异当头棒喝。（施绍文、黄德金）

讽洪承畴

君恩深似海矣
臣节重如山乎

明末兵部尚书洪承畴,福建南安人。素以忠节自命,曾亲自撰写"君恩深似海,臣节重如山"一联挂在厅堂正中。据说崇祯皇帝对他十分倚重,命他领重兵防守边关,后误传殉节,崇祯为此而辍朝,设九坛祭,可谓"君恩深似海";可是洪在松山兵败被俘后却贪生怕死,屈膝降清。当时有人在他挂在厅堂上的自撰对联的末尾,分别加上"矣""乎"两个语气助词。"矣",更加重了肯定君恩的语气;"乎"字,却是诛心之笔,它用疑问的语气对洪的"臣节"作了否定,狠狠鞭挞了洪承畴的投降变节行为。两个虚字倒了

“海”，倾了“山”，可谓一字千钧。 （美 云、张 迈）

讽 寺 僧

阮 元

坐，请坐，请上坐
茶，泡茶，泡好茶

阮元喜撰楹联。据说有一次，他到扬州平山堂游览，时有僧正写楹联，阮元布袍葛履，旁立观看，寺僧以为是普通游客，便冷冷地说了声“坐”，并按惯例向小沙弥挥了挥手，说了声“茶”。书罢，问其尊姓，告以姓阮，僧以为是阮氏族人，略为尊重；延入内室，再呼曰“请坐”，并令“泡茶”。坐定，叩问何字，阮如实相告，僧惊惶无措，起身道：“请上坐。”又令“泡好茶”，十分殷勤地招待阮元。少顷，阮元借故告辞，僧人请阮题副对联，阮也不加推辞题了此联。巧借对方言语讽刺对方，不加上任何补充，却活画出寺僧前倨而后恭的一副势利嘴脸。联语充满了机智，形式也十分新颖别致。此联一说为苏轼或郑板桥、纪昀作。徐珂考订为阮元之作。

（张 迈、美 云）

讽 贪 官(一)

早去一天天有眼
再留此地地无皮

清朝末年，某官大肆搜刮，民怨沸天，当其去任之日，有人写了这副联加以讽刺，妙在不着一语直接揭露了贪官的勒索民财、中饱私囊的卑劣行径，表达了人们驱逐贪官的迫切愿望。“天有眼”“地无皮”出宋洪咨夔《狐鼠》诗“不论天有眼，但管地无皮”，后为讽刺贪官的惯用语。

（张 一）

讽贪官(二)

大老爷做生，金也要，银也要，票子也要，红黑一把抓，不分南北

小百姓该死，麦未收，谷未收，豆儿未收，青黄两不接，咋送东西

这副联以小百姓的口吻说事。上联讽刺贪官污吏以过生日之名，要百姓祝寿送礼，收金敛银，不择手段，不分地域，横征暴敛，一扫而光。下联百姓哭诉，现在青黄不接，麦苗未熟，去年收的谷物已尽，我拿什么来送礼呢？对联以质朴的语言，对照官家的凶狠贪婪和小百姓的贫苦不堪，意思明白，一波三折，耐看耐思。（沈树华）

讽团总

陈　某

无端鼓角齐鸣，插雉尾，着龙袍，称霸称王，试问风光能几日

不觉鬼魔现象，假头衔，戴面具，非牛非马，焉知世上少斯人

陈某，老同盟会会员，广西横县人，曾追随孙中山先生革命，名字待考。据说有一天，他遇到了甘棠镇上“团总”（地主武装头子）上任，正大摆酒席，搭台演戏。团总假装斯文，恳求他为戏台写一对联，陈即写下了这副对联。上联写演戏热闹场面，演员扮演帝王将相，神气十足，可是不过是昙花一现，风光一时罢了。无端，无缘无故没来由。下联写头戴面具的牛鬼蛇神，群魔乱舞，怎知世上缺少这种丑类呢！笔锋直指团总称王称霸的罪行。联语借用戏台演剧的场面，巧妙地讽刺了地主武装头目，笔锋泼辣、痛快，大张了正气。（张　迈、叶　美）

讽李鸿章、翁同龢

宰相合肥天下瘦
司农常熟世间荒

清朝末年,政治腐败,官吏贪墨,灾害频仍,加以帝国主义疯狂侵略,使经济凋敝,民不聊生。此联系讽刺当权者,以李鸿章为主,翁同龢为陪衬。上联中"宰相"是古代百官之首,在此联中以官职代人。"合肥"既是地名又有丰裕之意。宰相合肥指李鸿章。李在光绪年间曾任直隶总督兼北洋通商事务大臣,掌握外交、军事、经济大权,权力相当于古代宰相,家财累万,富甲一郡。他是合肥人,人称"李合肥"。下联中"司农",清代以户部司漕粮田赋,别称户部尚书为大司农。"常熟"是地名,又有经常丰收之意。翁同龢是光绪皇帝的老师,曾任户部尚书。他是江苏常熟人,人称"翁常熟"。宰相的职责须使天下人富裕(肥)。司农管农业,应让老百姓丰收(熟)。然而事实上宰相只顾自己脑满肠肥,而不管天下的贫困。司农只管坐享俸禄,旱涝保收,而不问世间的饥荒。瘦,贫困。元曲《陈州粜米》第二折:"只要肥了你私囊,也不管民间瘦。"荒,歉收,饥荒。联语用词精练,不仅语含双关,而且对仗工整。"宰相""肥"对"天下瘦";"司农""熟"对"世间荒"。一私一公,对照鲜明强烈,讽刺辛辣尖刻。合肥,本为安徽地名,今作别解。合,应当;肥,使富裕,亦极巧妙。

(延 培)

讽慈禧太后

章炳麟

今日到南苑,明日到北海,何时再到古长安?叹黎民膏血全枯,只为一人歌庆有

五十割琉球,六十割台湾,而今又割东三省!痛赤县邦圻益蹙,每逢万岁祝疆无

慈禧太后是清咸丰帝妃,叶赫那拉氏,是清同治、光绪两朝的实际统治者。这副对联就是讽刺她的。上联写慈禧不顾人民死活、穷奢极欲的事实。慈禧在京城内外大兴土木,修复南苑、北海等,她还移用海军军费,建造颐和园,费时三年,耗银千万两。她一意孤行,挥金如土,只为满足一已的欲望。八国联军侵占北京,她仓惶出逃西安,第二年"回銮",竟下令为她修道路、筑行宫,供吃喝玩乐。慈禧在"庆有",黎民膏血将"全枯"。下联写慈禧使国家的疆土日渐被列强瓜分的事实。慈禧每过一次生日,就给国家带来一次丧权失地的灾难。她五十岁,日本吞并琉球;六十岁后不久,日寇又侵占台湾;现在的七十岁生日,日寇和沙俄又为争夺东北大打出手。而慈禧对此,居然表示"中立",割地赔款,一任列强瓜分,真是慈禧若"万寿",国家疆域终成"无"。圻,通"垠",边际;地界。邦圻,指国土。此联把当时有人为了拍马而献的"一人有庆,万寿无疆"颠倒为:"一人歌庆有,万岁祝疆无",显得笔锋犀利,讽刺辛辣,气势磅礴,因而传诵一时。有人说下联的"而今"改成"七十"更好,可与上联首字"今"避免重复。有人分析说,联中东、南、北三个方位词都用了,独未用"西"(用"而今"),不用"七十"是隐喻"西"太后不在,"七十"寿无,是作者的微妙的曲笔,此亦可备一说。

（延　培、张　迈）

讽袁世凯

起病六君子
送命二陈汤

此联讥讽窃国大盗袁世凯。六君子,指杨度、孙毓筠、严复、刘师培、李燮和、胡瑛六人,1915年组成筹安会,宣称"以筹一国之治安",为袁世凯称帝进行鼓吹。二陈汤,指继蔡锷在云南宣布独立,反对袁世凯称帝而在四川宣告独立的陈宧、在陕西宣告独立的陈树藩和在湖南宣告独立的汤芗铭。二陈一汤起事,对袁世凯振动很大,使他羞怒成疾,于1916年6月6日病死。"六君子"和"二陈汤"原来都是中草药汤剂名称,联文巧妙地借用,并以双关的语气,讥讽袁世凯的窃国丑行,好似诊断书诊断出他的病由和死因,极具讽刺意味。

（沈树华）

讽曹汝霖章宗祥

卖国求荣,早知曹瞒遗种碑无字

倾心媚外,不期章惇余孽死有头

曹瞒,曹操乳名阿瞒。曹瞒遗种,意指曹操后代,联指曹汝霖。章惇,宋代奸佞。余孽,指后代。联指章宗祥。曹汝霖,上海人,字润田,早年留学日本,归国后任外交官,1915 年受命参加同日本谈判,并签定丧权辱国的二十一条,1919 年五四运动中被斥为卖国贼。章宗祥,浙江吴兴人,字仲和,早年留学日本,1916 年任驻日公使,多次与日本签订秘密协定,出卖国家主权,五四运动中被斥为卖国贼。此联讥讽他们。上联说曹汝霖卖国求荣,死后碑文写不尽他的卖国罪行,只好立块无字碑,让后人去评说痛骂。下联说章宗祥倾心媚外,激起人民公愤,他的死期快到了。以奸佞后裔喻其罪有根源,充满讥讽、挖苦,以激起后人对他们的痛恨。

(佟 今)

讥讽张敬尧

民无能名,敬何别于犬马

盗亦有道,尧以传之禹汤

张敬尧,旧军阀,袁世凯称帝时被封为一等子爵,张勋复辟时,被封为长江水师提督。1918 年任湖南督军兼省长,无恶不作,湖南人民对其恨之入骨,撰此联对他加以嘲讽。民无能名,语出《论语》:“大哉,尧之为君也”,“民无能名焉”。意即老百姓没法说明白。上联意谓,老百姓也不知怎么说张敬尧,只觉得他和禽兽没什么区别。盗亦有道,语出《庄子》:“跖之徒问于跖曰:‘盗亦有道乎?’”跖回答是有道的。下联意谓,盗也是有道的,张敬尧知道这些“道”就传给他的兄弟敬舜、敬禹、敬汤,干了大量坏事。联文嵌“敬”“尧”之名,自然贴切,讥讽怒骂,揭露批判了这一旧式军阀的罪行。后来1933年罪大恶极的张敬尧勾结日本特务，被国民党军统刺杀于北京六国饭店。

（沈树华）

讥讽嗜鸦片烟者

五百两烟泥，赊来手里，价廉货净，喜洋洋兴趣无穷。看粤夸黑土，楚重红瓤，黔尚青山，滇重白水。估成辨色，不妨清客闲评。趁火旺炉燃，煮就了鱼泡蟹眼；正更长夜永，安排些雪藕冰桃。无辜负四棱响斗、万字香盘、九节老枪、三镶玉嘴

数千金家产，忘却心头，瘾发神疲，叹滚滚钱财何用！想品类巴菰，膏珍福寿，种传罂粟，花号芙蓉。横枕开灯，足尽平生乐事。为朝吹暮吸，哪管它日烈风寒；纵妻怨儿啼，都装作天聋地哑。只剩下几寸囚毛、半抽肩膀、两行清涕、一副枯骸

此联以吸食鸦片烟者的口吻进行自白，上联云赊来价廉货净的鸦片，喜洋洋地看有广东的黑土、湖北的红瓤、贵州的青山、云南的白水，一口气说了各地烟土的品种，又掌握煮鸦片的火候鱼泡蟹眼，再用"四棱响斗、万字香盘、九节老枪、三镶玉嘴"这些上等烟具吸食，可见其逍遥自得。下联说家产耗尽，品尝鸦片的不同品类，诸如谈巴菰、福寿膏、罂粟、阿芙蓉，吸到最后，只剩下两行清泪，一副枯骸。联文一气呵成地道出鸦片的种类、成色、名号及烟具，如数家珍，可见作者对鸦片烟非常熟悉。对联仿孙髯《大观楼长联》而作，深刻地讥讽了吸食鸦片烟者，同时也是对清政府腐败，允许列强在中国推销鸦片、危害中国人民发出强烈谴责。联中不少词语在句内自对，增加了联文的可读性和艺术感染力。

（沈树华）

双 十 节

刘师亮

阎王治人，端公治鬼，太医治病，治来治去，自是各行一治

政府拉兵，保甲拉丁，捧客拉肥，拉来拉去，当演堂会三拉

双十节，是民国时的国庆节。刘师亮此联针对当时的某些社会问题，进行指斥和抨击。阎王本该治鬼，但却来治人。端公，指旧时巫师，他却来治鬼。《潜书·抑尊》："蜀人之事神也必冯巫，谓巫为端公。"太医，原为官名，管医药，后指皇室的御用医生，也泛指一般的医生。治来治去，互不协调，终是各行各治。下联说政府拉兵，保甲拉丁，保甲制度是国民党统治时期的基层政治制度。捧客，四川称土匪为捧客。捧客绑架有钱的人，拉来拉去，演个堂会就叫三拉。把双十节写成堂会三拉，真是对当时社会莫大的讽刺。（佟 今）

讽庸医(一)

纪 昀

不明才主弃

多故病人疏

两句原出唐人孟浩然《岁暮归南山》诗"不才明主弃，多病故人疏"。而作者却将前后两句中的第二、三字故意颠倒，便成妙对。上句"才"为"财"的谐音，嘲庸医医术不高明，为财主所弃；下句讥庸医事故多，病人害怕，只好"敬而远之"。联语巧妙地改动唐诗，使成为一副讽刺庸医作风的好联，显见其巧思独运。（周世达）

讽 庸 医(二)

纪 昀

新鬼烦冤旧鬼哭
他生未卜此生休

据说作者常为庸医所困。适有一庸医求联,特书此以讽。此集句联。上句出杜甫《兵车行》“新鬼烦冤旧鬼哭,天阴雨湿声啾啾”。本言打仗死人,新鬼旧鬼,号叫啾啾。纪顺手拈来,讥庸医之杀人,使得旧鬼还在哭泣,又添了烦冤的新鬼。下句出李商隐《马嵬》诗:“海外徒闻更九州,他生未卜此生休。”本言唐明皇听方士言,曾于海外仙山遇杨贵妃,叹贵妃还记着“愿世世为夫妇”之约,认为他生为夫妇的事渺茫不可卜,而今生夫妇关系却已完结。纪借以讽庸医,谓来生不可预料,今生谁找庸医看病,谁就该死。联语讽刺深刻,尖锐泼辣,对仗工稳,天衣无缝。　（周　监）

讽 杨 森

刘师亮

是龙?是虎?是跳蚤?是乌龟?睁起眼睛长期看
吹风,吹雨,吹自由,吹平等。捂着耳朵少去听

此联讽刺 20 世纪 30 年代四川军阀杨森的残酷统治,旨在揭露他所鼓吹的“自由、平等”的进步伪装。联语采用二、三、七字句式,善用比喻,又巧用动词“睁”“看”“捂”“听”等,使对联在幽默中显得生动形象和尖刻凌厉。

（张　一）

讽财医合庙

纵使有钱难买命
须知无药可医贫

某乡有一庙宇,庙中供奉财帛星君与医灵大帝,好事者便作此一联。一个人逢到病情险恶、危及生命时,只有延医服药,财神是帮不了忙的;同样,穷人要使处境改善,只有自力更生,良医也是毫无办法。门路走错了,要想活命和绝贫的愿望必然落空。财神和医神合处一庙,本来可以相安无事,作者故意把主客关系颠倒,便成为矛盾现象,发挥了讽世效果。此联一作“有钱难买命,无药可医贫”,为清人纪晓岚作。 (金性尧)

讽求神得雨还愿演戏

高觉墅

嗟!上帝也贪财,烧烧香,接连三日滂沱,难怪世间人,心里有求都许愿

呀!农夫亦好耍,唱唱戏,解释一年辛苦,休谈天下事,眼前无累且偷闲

上联说农民向神灵烧香许愿得雨,烧香则得之,不烧则不得。“嗟”字表达了作者的无穷感慨。但“上帝”等三句是陪衬,“难怪”二句才是主体。人们心里有求更必须向官老爷烧香许愿、献礼。滂沱,雨下得很大。讽上帝贪财是虚,讽官吏贪财是实。下联写旧时农民思想面貌。“呀”字表达了对农民自己困苦麻木而无动于衷的惊诧。“好耍”二字是嘲弄之词,以唱戏来消除劳苦,眼前无累偷闲,反映了当时农民安于现状、得过且过、忙里偷闲、苦中作乐的心态。解释,摆脱、消除。此联基本是用白话写成的,但平仄对偶协调,句式长短参差,音调铿锵抑扬,有一种和谐美。(周 艺)

自 嘲

秦涧泉

人从宋后羞名桧

我到坟前愧姓秦

秦涧泉，清人。相传他为官杭州期间，有人以其为秦桧后裔，请其同游西湖岳坟并写副对联，秦不加申辩作此解嘲。以秦氏子孙身份评说如此祖先，心中滋味，可想而知。但作者毫无回护之意。上联以“羞名桧”反映老百姓对秦桧的痛恨。下联从自已特定的身世和地位出发表达了愧疚之情。尤其值得提及的是，句末以雁足格颠倒名姓，更强调了对秦桧鄙夷不屑的讥讽。据有人复查，宋代以后，历史上以桧为名者极为罕见，可见传统道德教育影响之深。联语简洁冷隽，对仗极工，炼字精确，立意新颖。

（延　培）

穷教师自嘲

伤心夜雨蕉窗，点半盏寒灯，替诸生改之乎也者

回首秋风桂院，剩一枝秃笔，为举家谋柴米油盐

此联与严问樵赠黄谷原的一副对联很相似，联云：“关心夜雨疏帘，费半盏寒灯，为来日谋朝齑夕韭；回首春风上苑，剩一枝秃管，与诸君写近水遥山。”曾在清嘉庆时供奉内廷后辞官卖画自给的黄谷原得联大喜，说：“此即余卖画招牌也。”本联意趣迥异，是科场失意教书谋生的穷教师的苦叹。上联形象地写出雨打芭蕉的夜窗下，穷教师只有半盏寒灯相伴，替学生批改作文的萧索无聊的情景。下联道出“伤心”的原因，回想科场屡试不中，不能折桂做官，如今却只能靠一枝秃笔教书谋生。上下联联系起来看，这位本想经世报国、援笔做大文章却落寞索居的文人，为了糊口偏偏批阅学生的小文章，怎能不触景伤怀？加以“半盏寒灯”“一枝秃笔”，刻意创设凄苦的氛围，感染力颇强，读之如见其人，如闻其声，也是对不合理社会现象的不平与控诉。

（黄德金）

廪生自嘲

嫖无闲，赌无钱，试为无赖，气力发棉，无事可寻，检点何劳蘧伯玉

进过学，补过廪，取消过后，南无结顶，平心一想，功名早于朱买臣

廪生，科举制度中生员名目之一。这是廪生自嘲自讽的对联。蘧伯玉，名瑗，字伯玉，春秋卫人，孔子在卫，常住其家，年五十而知四十九年非。上联写廪生庸庸碌碌，虚度年华，事业毫无建树，自己回顾检点，不要烦劳蘧伯玉。南无，梵语，音若那摩。佛教称合掌作稽首以表示恭敬曰南无。南无结顶，敬仰得顶礼膜拜。朱买臣，汉吴县人，初家贫，武帝时任会稽太守。下联说自己进过学，补过廪生，取消过后，仍对皇上恭敬有加，平心一想，我得功名比朱买臣还早。全联嘲讽这位廪生空虚无奈，勾勒出他一事无成而又带自夸的可怜相。（沈树华）

贫士自嘲

眼前生计最艰难，笑吾侪边笥空疏，阮囊羞涩，兀自咬文嚼字，日日沉酣于百蠹丛中，纵学成苏海韩潮，未必送将穷鬼去

天下利途多险阻，叹以古蝇头起衅，象齿遭焚，依然握算持筹，忙忙驰骛在青蚨队里，便挣得铜山金穴，可能迎得寿星来

此联写旧时穷困潦倒文人自嘲自讽。吾侪，我们。笥，方形竹器。边笥，这里指边韶的体形。边韶，东汉人，字孝先，《后汉书·边韶传》："韶口辩，曾昼日假卧。弟子私嘲之曰：'边孝先，腹便便，懒读书，但欲眠。'"空疏，犹言大腹便便。阮囊羞涩，晋阮孚持一皂囊，游会稽，客问囊中何物，曰：但有一钱守囊，恐其羞涩。后人自谓身无钱财曰"阮囊羞涩"。百蠹丛中，指蠹书中，喻埋头苦读的人。苏海韩潮，指苏东坡、韩愈学问深广。上联说旧时"才"和"财"的关系，学富五车，未必送将穷鬼去。蝇头起衅，因蝇头微利起争衅。象齿遭焚，象以有牙，为人所利，而遭捕杀。喻人以多财而遭祸。握算持筹，筹划，管理财务。驰骛，奔走。青蚨，指钱。

铜山，产铜之山。金穴，称富有之家。下联说"财"与"寿"的关系，有财未必有寿。上联在发牢骚，下联是自我解嘲。联意对旧社会抑才、争利的现象加以鞭挞，全联用典确当，清雅有趣，是一副感染力很强的佳联。

（沈树华）

贫家自嘲

鼠因粮绝潜踪去
犬为家贫放胆眠

据传此联为明末贫穷屠户徐五自题，联意写家境贫穷之况。上联说，因为家中断粮了，连老鼠也偷偷跑到别处去了。下联说，因为家贫，没有什么钱财吸引别人来偷，守家看户的犬可以放着胆子睡眠。作者不从正面说穷，而从侧面说鼠饿走，犬放心睡眠来表达家贫，使联意有曲折之美，益显幽默诙谐。

谐　趣

花　名

许宾衢

帝女合欢，水仙含笑
牵牛迎辇，翠雀凌霄

此联以花名写神话故事中"牛郎织女"相会。上联谓织女与牛郎相会，水仙们都含笑来庆贺。下联谓牛郎来迎接花辇，翠雀乐得在空中飞舞。辇，乘坐的车。本联采用串组艺术手法，将"帝女""合欢""水仙""含笑""牵牛""迎辇""翠雀""凌霄"八种花名直接连接起来。"帝女"指织女，"牵牛"

指牛郎。“合欢”“含笑”“迎辇”“凌霄”作动词用。对仗上,无论自对或互对,均较工整,读来和谐得体,趣味盎然。（沈树华）

药　　名(一)

梁拱辰

白头翁牵牛过常山,遇滑石,跌断牛膝

黄发女炙草堆熟地,失防风,烧成草乌

上下联十个药名,用“过”“遇”“跌断”“堆”“失”“烧成”几个动词组合成对,将“白头翁”与“黄发女”拟人化,对仗工巧,色彩对比鲜明,宛如在画图之中,意趣横生。上联意在“遇滑石”,下联意在“失防风”,相对而出,含警世之意,足见作者才思不凡。对联如悬于中药店,行业特点十分突出,并对于宣传中草药,招徕顾客,最为适宜。联语“寓庄于谐”,读之可启人联想。

（施绍文）

药　　名(二)

白头翁,持大戟,跨海马,与木贼草寇战百合,旋复回朝,不愧将军国老

红娘子,插金簪,戴银花,比牡丹芍药胜五倍,从容出阁,宛若云母天仙

传说,有某中医高手,开了间药铺,生意兴隆。他用中药名,撰了上联,悬于店前征求助手。一天,一位漂亮少女应征,对了下联。这位中医甚为欣喜,与她合股经营,女亦善经商,营业比以往更盛。上下联各用九种中药名,串连而成。上联用持、跨、与、战、回朝、不愧等六个词语连接;下联用插、戴、比、胜、从容、宛若等六个词连接,语意新颖。上联写白头翁将军,持大戟,跨海马与木贼草寇大战百合,得胜回朝的英雄气概。下联写红娘子,插金簪,戴银花,宛若云母天仙,胜过牡丹芍药,从容出阁的丰姿神态。其

中尤以白头翁对红娘子，百合对五倍等句，对仗工整，平仄和谐，故能流传久远，有口皆碑。（周　监）

药　名（三）

三尺天青褂
六味地黄丸

据说某医师工对偶，一日穿青褂过某公之门，某公戏作上联，医师则以药名"六味地黄丸"为对（六味指熟地黄、山茱萸、茯苓、丹皮、山药、泽泻等）。某公十分欣赏，请入内坐，又以"避暑最宜深竹院"命续，医即对以"伤寒莫妙小柴胡"。柴胡，中药名，清热去火。某公又以"玫瑰花开，香闻七八里"为上联，医对以"梧桐子大，日服六十丸。"以上三联妙在不脱本行，针锋相对而得妙趣。又一说此为清人纪晓岚所对。（延　培）

药花虫鸟

黄遵宪

药是当归　花宜旋复
虫还无恙　鸟莫奈何

黄遵宪，戊戌政变后，被解除湖南按察使职务，押解还乡，加以软禁。但黄意志坚定，信念不改。1904 年，重病缠身，深知不起，精心撰写此联，寄寓自己信念。当归，中药名。旋复，花名。无恙，虫名。奈何，鸟名，即杜鹃。黄巧妙地运用这些药、花、虫、鸟之名，串成一联。虽然人已还乡（当归），却喜信念犹存（无恙），我蔑视清廷的迫害。"花宜旋复"谓对变法还有希望。"鸟莫奈何"言清政府又奈我何？用语巧妙，独具匠心，构思精辟，颇见工力，实为近代联坛佳作。（周　监）

动物摹状

宋　湘

螺圆蚌扁鳖头尖,三般皆有壳
鳅短鳝长鲇口阔,一样俱无鳞

宋湘,字焕襄,清广东嘉应(今梅州)人,嘉庆四年(1799)进士,官至湖北督粮道。此为谐趣联,上联所举螺、蚌、鳖,一圆一扁一头尖,此三种河鲜,皆生有硬壳。下联所举鳅、鳝、鲇,一短一长一嘴阔,此三种河鲜,同样都是无鳞鱼。联文以"螺""蚌""鳖"对"鳅""鳝""鲇",以"圆""扁""头尖"对"短""长""口阔",以"有壳"对"无鳞",实属奇妙,为联增趣。（佟　今）

动作摹状

醉汉骑驴,点头磕脑算酒账
艄公摇橹,打拱作揖讨船钱

上联写醉汉骑在驴背上,随着行走的颠簸,不住地点头磕脑,样子十分滑稽可笑,醉态可掬,从而展开联想,判定他可能在算酒账,描绘生动,趣味盎然。下联写艄公摇橹,前俯后仰,极似打拱作揖的样子,从而联想他在讨取船钱,设想也是别开生面,耐人寻味。此联虽然俚俗,但却饶有情趣,充满生活气息,人物形象也是十分生动传神。（张　迈）

虚字戏对

林庚白

文言难免"之乎者也"
白话不过"的吗了呢"

这副对联据传是赠刘大白先生的。刘大白,现代诗人。原名金庆棪,辛亥革命后改名刘靖裔,字大白,浙江绍兴人,曾是清末拔贡。五四运动后用白话写诗,题材广泛,真实生动。但由于他是从旧诗营垒过来的人,在风格上不免“传统味太浓”(自评)。如《泪痕之群》云:“诗人,你与其铸成伤心之锥,何如铸成照影之镜?”没有摆脱骈偶气习。联语只从形式上特别是从虚词运用上来评价新旧诗,说文言诗离不开“之乎者也”,白话诗不过是换成“的吗了呢”而已。此联虽是作者对老友的调侃之语,然也反映了“五四”时代文言白话转变的史迹。

（唐　音）

标　点

祝枝山

此地安能居住

其人好不悲伤

祝允明,又名枝山,明代江南四大才子之一。为人滑稽多智,广有才学。相传他为一个财主写下了此联。财主看了十分生气,要与之评理,并责问为何恶语中伤。不想祝枝山却在对联上圈了四个小圆圈儿,接着朗诵道:“此地安。能居住。其人好。不悲伤。”那财主才无话可说了。此联如按原来形式来读,“安”字表疑问,意思是说,这里怎么能居住呀?下联“好不”是副词,强调悲伤程度,而无半点吉祥之意。可是经过重新标点,意思却随之截然相反。这是一副巧用标点的对联,意义不大,却有谐趣。

（张　迈）

词　牌(一)

苏　轼

晚霞映水,渔人争唱满江红

朔雪飞空,农夫齐歌普天乐

据说,有一天,黄庭坚来苏轼家作客,晚饭后,二人到河边散步,但见暮霭沉金，水天一色，渔歌唱晚，悠扬悦耳。黄庭坚触景生情，口占了这个上联。既描绘江面景色，而《满江红》又是词牌，语意双关。苏轼则以春节时的情景，对出了下联。下联以“雪兆丰年”立意，写出了农民对瑞雪飞空的高兴心情。《普天乐》既是农民歌唱的内容，又是词牌名，也是一语双关，十分流畅自然。下联与上联丝丝入扣，工力悉敌，更可见其巧思不凡。惜下联为仄脚。

（美　云、张　迈）

词　牌(二)

高　启　姚广孝

虞美人穿红绣鞋，月下引来步步娇
水仙子持碧玉箫，风前吹出声声慢

高启，字季迪，号槎轩，元末明初长洲(今江苏苏州)人，隐居吴淞青丘，自号青丘子。洪武初，召修《元史》，为翰林院国史编修，拜户部右侍郎，不受。姚广孝，明长洲(今江苏苏州)人，永乐初授太子少师。一次高启招待姚广孝饮酒，并命妓佐酒，姚广孝便吟出“虞美人穿红绣鞋，月下引来步步娇”的上联，高启闻之，随即对出“水仙子持碧玉箫，风前吹出声声慢”的下联。联中《虞美人》《红绣鞋》《月下引》《步步娇》《水仙子》《碧玉箫》《风前吹》《声声慢》均为词牌名，在联中嵌贴自然，不露凿痕。

（佟　今）

附录

对联知识介绍

中国文学有着优良传统。在众多的文学形式中，骈文、律诗和对联，最能体现汉字的方块结构和表意特性。相对而言，骈文和律诗是早开的花朵，都有过繁盛之时，在历史上留下了辉煌的一页。而对联的发展高峰却较迟缓，明清时代始出现一个高潮，作品繁多，呈现出斑斓多姿的色彩。

对联是文学作品中一朵鲜花，名胜古迹离不开它的映衬，日常生活需要它来点缀；它能给佳节庆典增添热烈的气氛，也可供人们倾抒悲悼之深情；交际应酬中也常要用到它，托物言志时也要它……实际上对联早已成为适用范围甚广的文学形式之一。对联句式整齐，内容凝练含蓄，表现手法灵活多样，它充满生气，渗透到社会生活的各个方面，并与民俗紧密结合，也是最具民族特色的文学形式之一。

一、对联的产生与发展

对联是一种文学性与实用性相统一的艺术，始生于唐代，宋元间得到发展，至明清而大盛，历久不衰。其中春联的产生为最早。春联的前身是桃符。古时迷信，以为桃木能驱鬼辟邪，“正月一日……帖画鸡户上，悬苇索于其上，插桃符其旁，百鬼畏之”。（南朝梁宗懔《荆楚岁时记》）桃符上一般书写神荼、郁垒二神名；相传二神居于东海度朔山大桃树下，能食百鬼，故俗画其像、书其名以驱鬼。隋杜台卿《玉烛宝典》说：“‘元日造桃板著户，谓之仙木……’即今桃符也。其上或书神荼、郁垒之字。”（《说郛》卷十引马鉴《续事始》）

其后，桃符上开始出现诗句，传统的说法以为产生于五代，梁章钜《楹联丛话》说：“楹帖始于桃符，蜀孟昶‘余庆’‘长春’一联最古。”按《宋史·蜀世家》即谓：“（孟昶）每岁除，命学士为词，题桃符，置寝门左右。末年，学士幸寅逊撰词，昶以其非工，自命笔题云：‘新年纳余庆，嘉节号长春。’”《宋史·五行志》和《蜀梼杌》亦有类似记载。但从这段文字看，孟昶并不是最早题写春联的人，因为“岁除”题联之风在孟昶“末年”之前已经产生。

据敦煌莫高窟藏经洞出土的文献，我国最早的春联出现在唐代。斯坦因第610卷的背面保存着一些联语，如：

三阳始布
四序初开

福延新日
庆寿无疆

宝鸡能僻(辟)恶
瑞燕解呈祥

用语朴实,正表现出春联始生时期祈福禳灾的实用特征,并带有集体创作的色彩。至晚唐时期,应对联已在文人中间流行起来。计有功《唐诗纪事》卷五十四“温庭筠”条:“李义山谓曰:‘近得一联句云:远比召公,三十六年宰辅。未得偶句。’温曰:‘何不云:近同郭令,二十四考中书。’”这一口头对答,已是很成熟的对联了。后代试才斗智的对联即滥觞于此。

据福建《福鼎县志》载,唐咸通年间,林嵩曾题灵山草堂一联:

大丈夫不食唾余,时把海涛清肺腑
士君子岂依篱下,敢将台阁占山巅

又福建《霞浦县志》载,唐乾符年间,陈蓬曾题居室二联:

竹篱疏见浦
茅屋漏通星

石头磊落高低结
竹户玲珑左右开

可认为最早的居室厅堂联。至于释文莹所撰《玉壶野史》称,后唐进士范质曾题白扇:

大暑去酷吏
清风来故人

将暑热比作“酷吏”,凉风喻为“故人”,既别致又贴切,而这副具有装饰性的对联也出现在孟昶题联之前。

《楹联丛话》“故事”类收有苏轼、楼钥、韩绛等人的联语,而尤以朱熹所题为最多。如朱熹自书精舍联:

佩韦遵考训
晦木谨师传

爱君希道泰
忧国愿年丰

前一联言遵循父师之教诲,后一联抒忠君爱国之志向,均为自戒自勉之作。又《朱子全集》卷后所附联语亦多,可见南宋时楹联已逐渐得到推广。

元代联语没有什么大的发展,但据《濯缨亭笔记》所载,元世祖忽必烈曾命书法家赵孟頫为皇宫大殿与应门作春联。赵题大殿曰:

九天阊阖开宫殿
万国衣冠拜冕旒

题应门的一副是:

日月光天德
山河壮帝居

两副对联都属歌功颂德之作。他还有两副名作,一副是应扬州迎月楼酒馆主人之请而作:

春风阆苑三千客
明月扬州第一楼

语言流利,格调清新,颇能传神。另一副题于杭州灵隐寺:

龙涧风回,万壑松涛连海气
鹫峰云敛,千年桂月印湖光

不仅对仗工整,语言典雅,而且以灵隐涧(龙涧)和灵鹫峰之奇景壮观来突出灵隐寺的非凡气象。

对联的繁荣与普及跟明太祖朱元璋的提倡很有关系。朱元璋喜欢作联,《金陵琐事》载其赠中山王徐达联就有两副,其一为:

始余起兵于濠上,先崇捧日之心
逮兹定鼎于江南,遂作擎天之柱

《列朝诗集》也收录他赠翰林学士陶安联:

国朝谋略无双士
翰苑文章第一家

这几副对联不仅气魄很大,而且造语甚为工巧。

“春联”这个名称,据说也是由朱元璋首创的。陈尚古《簪云楼杂说》称:“春联之设,自明孝陵昉也。时太祖都金陵,于除夕传旨:公卿士庶家,门上须加春联一副。太祖亲微行出观,以为笑乐。偶见一家独无之,询知为阉豕苗者,尚未倩人耳。太祖为大书曰:双手劈开生死路,一刀割断是非根。”清人富察敦崇《帝京岁时纪胜》云:“春联者,即桃符也。”可以说,至迟到了明代,桃符已变成红纸墨书的春联了。

自明代开始,创作对联,蔚为社会风气。有人集前人诗句为联,如王百穀集杜甫诗为联:

岂有文章惊海内
漫劳车马驻江干

人们相互赠勉、自勉、喜庆、哀挽之联也层出不穷。由于时代潮流的影响,在明清小说中骋才答对的活动也有所反映。冯梦龙《醒世恒言》就有《苏小妹三难新郎》,即苏小妹于新婚之夜出难题考秦少游的故事,虽非历史事实,但文艺作品中出现这种试才斗智的联语,就能说明对联在当时市民阶层中的流行程度。《红楼梦》一书中的对联更多,第十七回专写“大观园试才题对额”。宝玉所拟对联及横额,无不状景贴切,且与居住者的个性相符,这正反映出对联创作在清代已经发展到了一个新的高度。

这一时期,民间出现了不少撰联能手。太平天国起义军就留给我们许多珍贵的联语。如石达开早年的言志联:

忍令上国衣冠,沦诸异域
相率中原豪杰,还我河山

李秀成的天王寝殿联:

马上得之,马上治之,造亿万年太平天国于弓刀锋镝之间,斯诚健者
东面而征,西面而征,救廿一省无罪良民于水火倒悬之会,是曰仁人

天王府又有一联云:

虎贲三千,直扫幽燕之地
龙飞九五,重开尧舜之天

按此联原是元末刘福通红巾军、明代中叶刘六刘七起义军的口号与纲领。联中“尧舜”二字,原作“大宋”,刘六刘七起义军接过来改为“混沌”,到了太平天国军又改作“尧舜”。

这是为适应形势需要而改联之例。

清代是对联发展的鼎盛时期,几乎事事都可用对联表达。或描绘祖国山川,为胜迹增色;或抒写个人怀抱,挥洒淋漓;或揭示生活哲理,发人深省;或评议今昔人物,数语关情;或概括地方掌故,补正史之阙。总之对联已成了应用最广泛的一种文学形式。从它给我们留下的极其丰富的楹联资料中,可以发现,清代在表现技巧方面是更成熟、更灵活多样了。各种题赠联、格言联、谐巧联、哲理联、讽刺联到处流传。如李啸村赠郑燮:

三绝诗书画
一官归去来

十个字既赞郑的艺术造诣,又把郑罢官时心情比之陶渊明,颇为巧妙。讽刺联如佚名讽李鸿章翁同龢:

宰相合肥天下瘦
司农常熟世间荒

用双关手法联系被讽者官职、籍贯予以讥嘲,锋利而深刻。尤其值得注意的是长联的出现,开辟了对联艺术的新天地。它的篇幅长,内涵量大,有极强的表现力,所反映的社会生活比普通短联更广更深。清代康熙年间,孙髯翁所撰昆明大观楼楹联长达一百八十字,上联描写滇池风物,下联回顾云南历史。此联采用铺陈手法,以长短自如的句式和流畅典雅的语言,将写景、叙事、抒情、议论熔于一炉,气势雄伟,诗意浓郁,韵律优美,可谓集诗文词赋各体之长而又富于创造,无怪在当时就备受赞赏,被誉为“古今第一长联”。而清末钟云舫所题江津县临江城楼长联,竟达一千六百一十二字。

民国是清代楹联发展的继续阶段。而20世纪80年代开始,辑录、研究对联的出版物如雨后春笋,破土而出,各地征联赛联活动相率举办,掀起了一个“对联热”的高潮。在对联创作中处处反映了时代风貌。如南京保温瓶厂联(董泽夫作):

携来建业一壶水
暖遍神州万户心

既切“南京”“保温瓶”厂名,又宣传了该行业对社会的巨大功劳。龙年春节联(沈微作):

春明花似锦
岁纪人逢辰

这里妙在“辰”字双关,表面指“龙年”,实际指“好世道”。另有一副农村新貌联(蓝启发作):

茅舍换高楼,阳台花卉知春早
新街遮古道,市集车船载笑多

刻画了当前经济繁荣、人心欢愉之情。以上寥寥数例,已足以显示对联这一扎根于民族文化沃壤中的文学样式,具有历久不衰的生命力。

二、对联的种类与功用

从清代道光年间梁章钜的《楹联丛话》迄今,对联的分类始终未取得一致的意见。因为标准不同,有的按创作方法分为新拟、脱化、集句等;有的按篇幅长短分为短联、中联、长联等;有的按内容分为喜庆、哀挽、名胜、行业、题赠、谐巧等,都各自有其理由。兹依内容为标准分六类略作介绍。

(一) 喜庆联

这是为喜庆之事而作的对联,其中春联是产生最早、使用较为普遍的一种。春联不仅能为新春佳节增添欢乐的气氛,更代表着人们在辞旧迎新时的美好心愿和期望。传统通用的春联如:

一元复始
万象更新

旧时往往有以本岁干支分冠联首,如甲午年春联:

甲第迎祥至
午风送暖来

春联每年都需更换,在岁末贴春联早已成为我国的一种民族习俗。北宋王安石《元日》诗就记载了这种风俗:“爆竹声中一岁除,春风送暖入屠苏。千门万户曈曈日,总把新桃换旧符。”后来,人们把这首诗缩成一副对联:

爆竹一声除旧
桃符万户更新

成为非常流行的通用春联。首届全国迎春征联中写首都风光的一副是：

十里春风，长安两路
千年晓月，永定一桥

充分反映了首都人民精神振奋、社会安定团结的时代风貌。

喜庆联中用于祝寿的称作寿联，庆贺婚嫁等事的则称婚联或喜联。寿联常称颂寿者功业、祈祝寿者健康。如1917年张元济贺康有为六十寿联：

形其量者沧海
何以寿之名山

联语认为康有为年轻时“公车上书”，提出变法图强的维新主张与措施，其器量像沧海一样广阔，他的著作，可以藏之名山，传于后世，表现作者对康有为事业学问的高度赞扬。

寿联多为他人所撰，但也有自寿的。自寿联则常为抒写情怀、言志寄慨之作，如郑板桥六十自寿联：

常如作客，何问康宁，但使囊有余钱、瓮有余酿、釜有余粮；取数页赏心旧纸，放浪吟哦；兴要阔，皮要顽，五官灵动胜千官，过到六旬犹少

定欲成仙，空生烦恼，只令耳无俗声、眼无俗物、胸无俗事；将几枝随意新花，纵横穿插；睡得迟，起得早，一日清闲似两日，算来百岁已多

写得笔调轻松，襟怀坦荡，随遇而安，不自求烦恼，于诗书画中觅情趣，正是郑板桥晚年生活的真实写照。

喜联也多以吉祥如意的语言庆贺之。如通用的婚联：

志同道合
花好月圆

专用的如方尔谦贺女成婚：

两小无猜，一个古泉先下定
万方多难，三杯淡酒便成婚

方尔谦与袁克文都喜收藏古钱币，两家儿女订婚时只交换了一枚珍稀古泉币，至民国初年完婚时婚礼也非常简单。此联纯是纪实，文字虽淡，而格调高雅。

(二) 哀挽联

简称挽联,也称丧联,是专用于悼念死者的对联。这类对联多是综述死者生平,评价死者业绩,表彰死者精神和情操,言简意赅,感情深沉,如若以淋漓酣畅之笔出之,真乃长歌当哭,最为动人心魄。如林从龙挽友联:

何幸识君,几年客地栖迟,心上长留明月在

终生抱恨,从此乡关望断,云中无复锦书来

联语哀婉凄怆,感情真挚。上联忆昔,将友情比作心中明月,纯洁无邪;下联伤今,痛失良朋,锦书难再。终生抱恨,想见伤友之情,是心中流血之叹。

与自寿联一样,也有人在生前自撰挽联的。如革命先烈熊亨瀚 1926 年就义前自挽:

十余载劳苦奔波,秉春秋笔,执教士鞭,仗剑从军,矢忠为党,有志未能伸,此生空热心中血

一家人悲伤哭泣,求父母恕,劝兄弟忍,温语慰妻,负荷嘱子,含冤终可白,再世当为天下雄

先抒壮志未酬之憾恨,后写革命必胜之信念,表现出一个革命者视死如归的大无畏气概。

自挽联由于带有遗言性质,发自肺腑,尤显得真切动人。如某林氏妇自挽:

我别良人去矣,大丈夫何患无妻,愿后日重订婚姻,莫向生妻谈死妇

儿依严父艰哉,小孩子终当有母,倘异时得蒙抚养,须知继母即亲娘

自知死期将近,犹以丈夫、儿女为念,拳拳之心,感人至深,读之催人泪下。

(三) 名胜联

这是题于名胜古迹的对联,多带有永久性的特点,与胜迹互相映衬,融为一体,成为各地风光的一个不可分割的组成部分。吴恭亨称:“山川祠庙,非借文人之题咏,即名胜亦黯然寡色”;“江山之奇,借文字而益显”(《对联话》)道出了名胜联产生的原因。

据陶岳《五代史补》云,后周广顺元年(951)杭州钱塘江干碧波亭寺僧契盈曾作一联:

三千里外一条水

二十四时两度潮

以时间对空间,切景切题,当是最早的胜迹联。

名胜联的显著特点是专用性,不能移置于他处。例如济南大明湖联:

四面荷花三面柳
一城山色半城湖

就不能用到杭州西湖。而

鱼戏平湖穿远岫
雁鸣秋月写长天

所描写的也只能是西湖“平湖秋月”之景,决不可以用来形容大明湖的湖光山色。

许多胜迹联只要一读便能知道出于何处。如:

搁笔题诗,两人千古
临江吞汉,三楚一楼

那必定是武汉黄鹤楼上用的,因为上联提到了两位与黄鹤楼有关的唐代诗人。据辛文房《唐才子传》载,崔颢曾作《登黄鹤楼》诗,李白为之搁笔,说:“眼前有景道不得,崔颢题诗在上头。”而下联又点明了这“一楼”的地理位置:武汉位于长江与汉水的交汇处,战国时属于楚地。联中的“三楚”,即指楚地,古有西、东、南楚之分,故名。黄鹤楼有楚地第一名楼之誉,所以称“三楚一楼”。又如:

天浮一鼋出
山挟万龙趋

此联一定与无锡太湖边的鼋头渚有关。因为太湖中的三山与鼋头渚正相对。从三山往北看,岸渚恰似浮在水面伸入湖中的鼋头;而从鼋头渚南望,三山则好像挟制万条水龙往岸边奔来一般,气势澎湃,蔚为壮观。

(四)行业联

这类对联的特点是专业性很强,既要点明行业性质,又有招徕顾客的作用,有的表现出行业的意义及宗旨,有的反映了劳动者的自豪情怀和高尚技艺。如从前的旅店常悬挂这样的对联:

喜迎东西南北客
待君兄弟姐妹情

配以“宾至如归”横额,使旅客一看即知为客舍,并产生亲切感。

行业联由于专业局限,较难写得工巧,但也不乏佳构杰作。如有一副理发店联:

虽属毫末技艺
却是顶上功夫

写得含蓄有味。此联采用双关手法:“毫末”既指头发,又喻细小;“顶上”明言头顶,暗说上乘。理发虽然只是小技,但却也有上乘的功夫。这副对联写出了理发师的自负和自信,对顾客当然也有一种吸引力。

(五) 格言题赠联

格言是人生经验的总结,它或给人以警策,或给人以劝勉,或讲修身处世之道,语意精辟,境界崇高,发人深思,引人向上,因此常用来赠人或题于座右,藉以自勉。如王夫之自题湘西草堂:

清风有意难留我
明月无心自照人

联中“清风”喻清朝,“明月”喻明朝,含蓄地表现了作者的政治态度和民族气节。

又如李大钊改动前人成句而成的赠友联:

铁肩担道义
妙手著文章

既喻自己的人格、志向,又含有对友人真诚的劝勉。再如李苦禅自题画竹:

未出土时便有节
及凌云处更虚心

既是题竹,更是题人,写得意味深长,耐人咀嚼。

人们日常交际应酬时赠人的对联,其措词一般也多警策语。如徐特立赠王汉秋:

有关家国书常读
无益身心事莫为

语重心长,表现出无产阶级革命前辈对青年的无比关心和殷切期望。

(六) 谐巧联

这类对联虽然实用价值不大,甚至在思想内容方面并无可以称道之处,但是艺术性或观赏性很高,有的以技巧逞能,有的以谐趣见长。如:

天星阁,阁落鸽,鸽飞阁未飞
水陆洲,洲停舟,舟行洲不行

传说从前有个姓周的官员到水陆洲天星阁游览,吟成上联;下联则是一村童所对。此联将顶真手法与异字同音现象结合在一起,读起来就好像绕口令。而且又以"洲不行"谐"周不行",暗寓讥刺嘲讽之意,显得构思精巧。

有些巧联以双方联句形式出现,带有试才斗智和切磋技艺的色彩。如明代解缙幼时对曹尚书:

天作棋盘星作子,谁人敢下(曹尚书出句)
地当琵琶路当弦,哪个能弹(解缙对句)

三、对联的特点

作为文学的样式之一,对联与诗文词赋等固然有共性,但其个性也是很明显的。对联的特点概括起来有二:一是字句灵活,二是对仗严格。

先说字句灵活。律诗每首 8 句,五言的 40 字,七言的 56 字;绝句每首 4 句,五言的 20 字,七言的 28 字。词按词牌填写,各有规定字句数,如《浣溪沙》上下阕各 3 句,共 42 字,《满江红》上下阕各 11 句,共 93 字。对联则不然,字数句数完全根据内容要求,可多可少,最短的联,《挽九一八死难者》:

死
""

只有 2 字。《庐山含鄱口石坊》联:

湖光
山色

共4字。人名巧对：

孙行者
胡适之

共6字。各都表达了一个完整的意思。至于上下联各4字者，比比皆是，无须列举。长联更无字数句数限制，梁章钜认为40字为长联，而孙髯的《大观楼》联共180字，钟云舫《四川江津城楼》联长达1 612字。正由于不受字数限制，作者可以绘景抒情，叙事写意，纵笔议论，挥洒自如。联语句式可以长短错杂，有似宋词。有时为对仗需要还可用错位方式，如无情对：

五风十雨梅黄节
二水三山李白诗

"梅黄"应作"黄梅"，为使"梅"与"李"对，"黄"与"白"对，错位为"梅黄"。程砚秋由上海到北京演出，有人赠以联：

艳色天下重
秋声海上来

联首嵌砚秋原名，下联为使"上海"与"天下"对，故错位为"海上"，有时为强调某一成分而倒装，如格言联：

书有未曾经我读
事无不可对人言

原是"有未曾经我读之书""无不可对人言之事"，意思平淡，现在把"有"的宾语"书"，"无"的宾语"事"提到主语位置上，读起来就增加了警策性。

然而对联最主要的特点是对仗，它的要求是严格的。所谓对仗，就是要两两相对、成排而出，如同古代的仪仗一样。要求上下联词类相同、句法结构一致，而且还要求平仄协调，这与律诗颔、颈两联的对仗要求是相同的。

清人李渔有《笠翁对韵》，内容涉及对仗的各个方面的要求。我们试以"一东"开头一节来分析：

一、二两句"天对地,雨对风",是要求上下联相应位置上的词词性相同,也即名词对名词、动词对动词等等。汉语中名词最多,于是古人又将名词分为若干小类,如天文、时令、地理、宫室、服饰、饮食、文具、文学、器物、植物、动物、人伦、人事、形体等;严格的对仗当然要像《笠翁对韵》所举的那样让同一小类内的名词相对。但这确实很难,如杭州西湖岳庙内有一副名联:

青山有幸埋忠骨
白铁无辜铸佞臣

其中"山"对"铁"、"骨"对"臣",都是不属同一小类的名词,实际上只要词性相同就可以了。

接着六句:"大陆对长空。山花对海树,赤日对苍穹。雷隐隐,雾濛濛。日下对天中。"这是说上下联的结构应该相应,也就是偏正结构对偏正结构、主谓结构对主谓结构等等。

最后八句:"风高秋月白,雨霁晚霞红。牛女二星河左右,参商两曜斗西东。十月塞边,飒飒寒霜惊戍旅;三冬江上,漫漫朔雪冷渔翁。"这里有三层含义:

第一,节奏要相同,句式要相应。"风高"两句都是"二三"节奏,"牛女"两句则同为"四三"节奏。"十月"与"三冬"联虽较长,但也是由"二二、四三"节奏构成的。

第二,平仄要协调。古人将字的声调分为平、上、去、入四声,上去入三声因为"不平",所以通称为仄声。对联上下联的平仄声一定要相对,这样读起来才和谐悦耳。平仄相对的方法,与律诗相同。以五言为例,一种是"仄仄平平仄,平平仄仄平",另一种为"平平平仄仄,仄仄仄平平"。"风高"两句的格律就属后一式。七言的格式也有两种,在五言的基础上于每联句首加两字,逢平加仄,逢仄加平;所加两字的平仄声相同。

对联的句型长短自如,平仄协调。总的原则是寓变化于整齐之中,即每联内平平仄仄必须相间,两联间同一位置上的字平仄必须相对。五、七言对联由于与律诗诗句相同,因此格律要求也比较严格。尽管如此,也仍有可以变通的地方。一般来说(以七言为例),节奏点(即第二、四、六字)的平仄声是固定的,不允许改变,但第一、三、五字则有时候是可以变动的。如"牛女"两句的声律为"㊣仄㊀平平仄仄,平平仄仄仄平平";上联第一字"牛"该用仄声而用了平声,第三字"二"则应用平声而现在用了仄声,这都是允许的。

第三,联脚(即上下联的最末一字)的平仄也是固定的。上联用仄声收,下联用平声收。这与律诗的情况也一样。如果上下联内又包含有几个分句,那就要注意分句句脚的平仄协调。如"十月"几句的格律为"仄仄仄平,仄仄平平平仄仄;平平平仄,平平仄仄仄平平。"上联两个分句的句脚是"平、仄",下联句脚为"仄、平",正好相对。

以上有关字数相等、词性相同、句法结构一致、平仄协调几方面,是对仗的一般规律。对于那些立意新、内容好的对联,即使在对仗上稍有小失,也不必求全责备。尤其是撰写长联的时候,由于文字较多,节奏与句法不免复杂,要求词性、结构、平仄严格相对,比较困难,因此更允许有些变通。出于对仗的需要,上下联同一位置上避用相同的字,是对联写作的常规。如湖南岳阳楼联:

洞庭天下水
岳阳天下楼

著两个“天下”,以突出洞庭湖之壮观和岳阳楼的雄奇,这种变通是不合联律的。

对仗是对联的生命,它既表现在形式上,同时也反映在内容上:上下两联语意必须相联而不重复。从上下联关系上对仗可分为正对、反对和串对。

正对,上下联在内容上是并列的,明代解缙有一联:

墙上芦苇,头重脚轻根底浅
山间竹笋,嘴尖皮厚腹中空

上下联互相补充,没有主次之分,妙在借助比喻讽刺了那些徒有虚名、不学无术的人。

正对忌合掌,也就是上下两联不能说的完全同义。

云泽清光满
洞庭月色深

云泽是洞庭湖的古名,清光就是月色,“满”与“深”都是月朗光足之意,因此上下联完全同义。

反对,上下联在内容上一正一反,对比鲜明。如:

苟有恒,何必三更眠五更起
最无益,莫过一日曝十日寒

上联正说,下联反说,把治学之道阐述得十分透彻。

又如钟馗庙联:

奇才人不识
怪貌鬼能钦

钟馗是传说中的一位貌丑心美的捉鬼之神,他对鬼凶而对人善,民间奉之以辟邪驱鬼。传说他活着的时候却怀才不遇,屡试不中,羞归故里,触阶而死。上下联首二字互文,而以"人不识"与"鬼能钦"来对比映衬,抒发了无限的感慨,给人强烈的震撼。

串对,也称流水对,上下联在内容上或为连贯关系,或为假设关系,或是目的关系,等等。如果两联分别独立开来,意思就不完整,或不明白。如广州鼎湖半山亭联:

到此处才行一步
望诸君莫废半途

在内容上,下联是紧承上联而发的。给人以忠告,使人增添前进的勇气。

又如启功有联曰:

若能杯水如名淡
应信村茶比酒香

上联假设,下联推论,写得耐人寻味。

对仗决定了对联的匀称性,而匀称性也规定了对联的书写格式。对联直行书写,悬挂张贴时上联在右,下联在左。字数较长的对联如一行写不完时,可换行写下去,但上联是从右往左排,而下联从左往右排,以求对称平衡。换行后第一字也应与前一行排齐,不得高于或低于前一行。

四、对联的修辞

撰写对联与欣赏对联都离不开修辞。所谓修辞,就是修饰文句,使表达恰当、准确、形象生动,富于情趣。比起其他文学样式来,对联的修辞手段种类多,变化大,这也是它的一个特点。

为了突出某人某地,把人名地名嵌入一定位置,保持其相对独立性,使对联意中有意,称为嵌字。嵌字要求不露痕迹,文通意顺,自然贴切。据《陔余丛考》卷二四,苏东坡自杭将还朝,坐中有营妓高莹求从良,东坡判其牍尾云"高山白早,莹骨冰肌那解老"。当为嵌名之始。

按照传统习惯,七字联各个位置都可嵌字。①鹤顶格,将所嵌二字分置于上下联中第一字。如韬奋图书馆联:"韬略终须建新国;奋起还得读良书。"②燕颔格,嵌字置于上下联第二字。如山海关联:"群山尽作窥边势;大海能消出塞声。"③鸢肩格,嵌字置于上下联第三字。如柳燕新村联:"桃红柳绿开诗境;莺歌燕语展画屏。"④蜂腰格,嵌字置于上下联第四字。如赠魏蓉芳联:"莫学芙蓉空有面;应效芬芳发自心。"⑤鹤膝格,将嵌字置于上下联第五字。如题松鹤图联:"万花开处松千尺;众鸟鸣时鹤一声。"⑥凫颈格,将嵌字置于上下联第六字。如香墨斋联:"重帘不卷留香久;古砚微凹聚墨多。"⑦雁足格,将嵌字置于上下联第七字。如赞巧珠联:“聪明会乞双星巧;珍重应量十斛珠。”

除此以外,将嵌字置于上联首字与下联末字的称为“魁斗格”。如青城山上清宫联:“上德无为,行不言之教;大成若缺,天得一以清。”嵌在上联末字与下联首字的称为“蝉联格”。如赠翠玉联:“黛螺淡点三分翠;玉髻斜簪一抹红。”嵌在上联二字下联六字的称为“云泥格”。嵌“酒花”:“饮酒愿人容我醉;怡情与子赏花开。”嵌字置于上联第五字下联第四字,或上联第六字下联第五字的称为“卷帘格”。如“袍”“到”二字的五四卷帘:“偶携游屐到琴峡;待脱征袍隐鉴湖。”将三字人名或地名,两字置下联首尾,一字置上联中间,成为鼎足之势,称为“鼎峙格”。如龙安乡联:“跨凤乘龙终有日;安居乐业在斯乡。”反之,一字置下联中间,两字置上联首尾亦可。

嵌字法除了上述各种常见形式外,还有许多变化。如:

史鉴流传真可法
洪恩未报反成仇(谐承畴)

此联将史可法、洪承畴两人姓名拆开分嵌于上下联的首尾。

嵌字更多的还有清代广东雷琼道官府大堂楹联:

定安全之策,坐镇琼山,开乐会以会同官,统府、州、县群僚,独临高位
澄迈往之怀,清扬陵水,佐文昌而昌化理,合万、儋、崖诸邑,共感恩波

将雷琼全道十三州县之名都藏于其内:上联藏定安、琼山、乐会、会同、临高五名,下联嵌澄迈、陵水、文昌、昌化、万州、儋州、崖州、感恩八名。

另有一种缺字法。如相传宋代吕蒙正曾作有这样一联:

二三四五
六七八九

上联缺少“一(谐衣)”,下联缺少“十(谐食)”。配上横额“南北”(没有东西),共缺去四字,含蓄地表达出作者早年“缺衣少食没东西”的困境。

好的对联在切中对象的根本特征的同时,又往往富于奇思妙辞,颇能引人入胜。如广西桂林阳朔画山联:

水作青罗带
山为碧玉簪

不直接说山水秀丽,而以比喻出之,显得更为生动、形象,给读者留下了想象和回味

的余地。

还有一副题菊花的对联：

不容牡丹称前辈
只许寒梅步后尘

采用比拟手法，让菊花自述，而使赞菊的主题表达得别具一格。

夸张在对联创作中也是常用的，如固原六盘山联：

峰高华岳三千丈
险据秦关百二重

就是把六盘山山峰的高峻和形势的险要加以扩大和突出，使人留下深刻的印象。

排比也是一种加深印象、增强感染力的有效手法。清人邓石如自题碧山书屋联就以排比取胜：

沧海日，赤城霞，峨眉雪，巫峡云，洞庭月，彭蠡烟，潇湘雨，武夷峰，庐山瀑布，合宇宙奇观，绘吾斋壁
少陵诗，摩诘画，左传文，马迁史，薛涛笺，右军帖，南华经，相如赋，屈子离骚，收古今绝艺，置我山窗

上下联各用九个排比句来摄取山川奇观、罗列诗文绝艺，真可谓精英荟萃，使人目不暇接，叹为观止。而其运笔又先分后总，一气呵成，尤显得恢宏开张。正由于排比句利于表现出行文的气势，所以在长联创作中用得特别多。

人们还喜欢用顶真、回文等手法来构思对联。如“天然居”茶楼联：

客上天然居
居然天上客

此一回文联不论顺读还是倒读，都很通顺，但意思不完全一样，回文具有文字游戏的色彩。

对联中还有一种近于游戏的修辞手法称为析字。析字是利用汉字的形体特点来进行分离或组合。将一个字分离成几部分，而这几部分又都有独立的意思，此为拆字。南宋人《苕溪集》有拆字诗：“日月明朝昏，山风岚自起，石皮破仍坚，古木枯不死。可人何当来，意若重千里，永言詠(咏)董鹤，志士心未已。”当为最早之例。西湖天竺顶竺仙庵有联曰：

品泉茶三口白水
竺仙庵二个山人

上联“品”字解释为“三口”,“泉”字拆成“白水”。下联“竺”字解释为“二个”,“仙”字拆成“山人”。据说庵中住有两人,故有“二个山人”之说。

析字的另一种形式是合字。合字与拆字正好相反,如电影《三笑》里有一副试才的对联:

十口心思,思国思家思社稷
八目尚賞,賞风賞月賞秋香

上联为祝枝山所出,“十”“口”“心”三字合成“思”字;下联是唐伯虎所对,“八”“目”“尚”三字组成“賞(赏)”字。

在对联创作中,重叠手法是一特色。如浙江天台山方广寺联:

风声、水声、虫声、鸟声、梵呗声,总合三百六十天钟鼓声,无声不寂
月色、山色、草色、树色、云霞色,更兼四万八千丈峰峦色,有色皆空

“声”“色”两字在上下联中各重复七次,其目的在突出佛教“无声不寂”“有色皆空”的思想。这是重字法。

重字法还可跟其他修辞手法结合使用。如1897年戊戌政变后,谭嗣同(字复生)等六君子遇难,康有为亡命日本,十六年后回国时曾作联云:

复生不复生矣
有为安有为哉

这是重词法与一词多义现象相结合。上联“复生”,前指谭嗣同,后据字面意义解释为“再活过来”。下联“有为”,前指康有为自己,后是“有所作为”的意思。此联情感沉痛,手法巧妙,而尤显得自然浑成。

还有一些对联将分句加以重复,如曹民甫挽宋教仁:

不可说,不可说
如其仁,如其仁

这就是重句法,前后分句的语气、感情都是不同的。前一分句都显得深沉哀痛,有一种回肠荡气的压抑感;而后一分句则都变为激愤有力,似乎火山爆发一般,是对反动

势力的强烈谴责,也是对宋教仁的高度赞扬。

重叠手法的另一种形式是叠字,诗词中已有先例,如《古诗十九首》:“青青河畔草,郁郁园中柳。”李清照《声声慢》词:“寻寻觅觅,冷冷清清。”叠字可以增加联句的音律美,使景色描写得更生动、更形象。如杭州“西湖天下景”亭联:

山山水水处处明明秀秀
晴晴雨雨时时好好奇奇

通篇叠字,配上苏东坡的诗句“西湖天下景”作横额,真可谓珠联璧合。这副叠字联不仅生动活泼,而且还能调动读者的想象和启发读者的思索。如有人就曾将此联一字不少地改成重字联:

山处明,水处秀,山明水秀
晴时好,雨时奇,晴好雨奇

叠字法以字词叠用两次者较为多见,但也有叠用多次的,如济南千佛山趵突泉联:

佛脚清泉,飘飘飘飘,飘下两条玉带
源头活水,冒冒冒冒,冒出一串珍珠

济南多泉水,素有“家家泉水,户户垂柳”的美誉,故有“泉城”之称。济南的三大名胜都与泉水有关:大明湖即由珍珠泉等泉水汇集而成,而千佛山与趵突泉正是本联描摹的对象。上联写千佛山山脚的清泉,由于地势较高,恰似空中飘下一般;下联写“天下第一泉”趵突泉水涌上迸、喷腾不息之状。全联又以“两条玉带”和“一串珍珠”分喻两处泉水,可谓绝妙绝佳。

字词叠用次数最多、最为著名的是山海关孟姜女庙的一副楹联:

海水朝朝朝朝朝朝朝落
浮云长长长长长长长消

此联巧妙地利用了一字多音和同音假借的原理,应读成:

海水潮,朝朝潮,朝潮朝落;
浮云涨,长长涨,长涨长消。

原来它是以海水、浮云的多变来衬托一件不变的事,那就是孟姜女世世代代为人同情和敬仰。作者的巧思妙辞,使此联具有人见人爱、过目不忘的魅力。

纪昀写过一副嘲讽庸医的对联:

不明财主弃
多故病人疏

用的是脱化手法,由唐人孟浩然诗句“不才明主弃,多病故人疏”变化而来,幽默风趣,饶有新意。

为了丰富对联的内容,并使表达变得含蓄、委婉,用典也就成为对联创作中常用的手法之一。如岳阳楼有一副楹联云:

后乐先忧,范希文庶几知道
昔闻今上,杜少陵始可言诗

范仲淹字希文,上联由其《岳阳楼记》来,“后乐先忧”即文中“先天下之忧而忧,后天下之乐而乐”的意思。杜甫字少陵,下联意出其《登岳阳楼》诗:“昔闻洞庭水,今上岳阳楼。吴楚东南坼,乾坤日夜浮。亲朋无一字,老病有孤舟。戎马关山北,凭轩涕泗流。”作者由岳阳楼想到古往今来的登楼人,由登楼人想到范仲淹和杜甫,想到他们两人有关岳阳楼的诗文,想到他们诗文中表现出的胸襟抱负和忧国忧民的思想。于是,此联就从赞颂范、杜两人落笔。“始可言诗”,典出《论语·八佾》,是孔子表扬子夏(姓卜名商)的话,原文是“起予者商也,始可与言诗已矣”。上联“庶几知道”也是赞语。这副对联引述范、杜两人的诗文,以切中题咏的对象岳阳楼,而对范、杜的赞颂又反映出积极的思想感情,给登楼游览者以有益的启迪,是一副情文并茂的佳联。

借代也是对联修辞的一种手法,运用得当,也同样能获得很好的艺术效果。如长沙岳麓山屈原祠联:

何处招魂,香草还生三户地
当年呵壁,湘流应识九歌心

上联“三户”指楚,《史记·项羽本纪》云:“楚虽三户,亡秦必楚也。”下联“九歌”是屈原的代表作,此处借代屈原。用《九歌》代屈原,不仅是出于对仗的需要,而且更能丰富“心”字的含义。王逸《楚辞章句》称屈原作《九歌》,“上陈事神之敬,下见己之冤结,托之以风谏”,则是“风谏”之“心”。朱熹《楚辞集注》认为《九歌》之作,是“因彼事神之心,以寄吾忠君爱国眷恋不忘之意”,那是“忠君爱国”之“心”。这样的联想都是因落实到《九歌》而生发出来的,如果改用“屈原”一词,效果也许就不会如此明显。这副屈原祠联在艺术表现上的妙处,是综合了用典、借代、双关、嵌字等多种修辞手法。上联“招魂”一语双关,也指屈原的作品《招魂》。下联除嵌有《九歌》之名外,“呵壁”一词又利用双关和借代,暗藏《天问》之名。

一语双关,自然就丰富了对联的含蕴,这种修辞手法也常为作者所采用,而其变化也比较多。如民国年间刘师亮曾撰联:

民国万税
天下太贫

这是针对当时国民党粉饰太平,高叫“民国万岁”“天下太平”而作的。它通过谐音双关,揭露了当时社会的黑暗。

谐音双关是利用异字同音关系,而一字(词)多义又可构成了借义双关。如有一副讽刺袁世凯的对联:

起病六君子
送命二陈汤

从字面看,“六君子”与“二陈汤”都是中药汤头名。而实际上上联的“六君子”在这里是指严复、刘师培、杨度等六人,他们组织筹安会拥立袁世凯为帝,这里点出了袁世凯起病之因在梦想当皇帝。下联“二陈汤”实指袁世凯的亲信陈树藩、陈宧及汤芗铭三人。他们三人见袁称帝后遭到全国上下的唾弃,知大势已去,为了保全自己,于是先后叛袁“独立”。袁世凯受此打击,不久就死了,所以说“送命二陈汤”。此联的讽刺性很强,而借义双关的手法也运用得十分巧妙。

借义双关利用一字(词)多义现象,使对联形成表里不同的两层意思,但其着眼点并不在表层,而是在深层。还有一种双关,与借义十分相似,但表层意思是其主要着眼点,而深层意思不是非常明显,带有一种象征色彩,或者说,是通过表层寄寓着一定的思想内容,因此可称之为寓意双关。如太平天国首领石达开在起义前曾写过一联:

磨砺以须,问天下头颅几许
及锋而试,看老夫手段何如

这是为理发店题撰的,很切题。但字里行间透出一股粗犷豪迈之气,显然是与其寄托着作者的革命抱负有关的。

汉语中所有的修辞手法,几乎都能在对联中见到。手法虽然有不同,但目的却是一个,即增强对联的感染力。所以,在欣赏对联的时候,就特别要重视其修辞的特色。

(施绍文、俞纪东、丁 仪)

名联作者简介

（以姓氏笔画为序）

二　画

丁善庆（1790—1869）

字伊辅，号养斋，湖南衡阳人。清道光进士，官至翰林侍讲学士。擅长经学，有《左氏兵论》。

三　画

于　谦（1398—1457）

字廷益，钱塘（今浙江杭州）人。明永乐进士，曾任监察御史、兵部尚书。正统十四年，瓦刺首领俘虏英宗，于谦拥其弟为景泰帝，击退瓦刺军，瓦刺请和，送回英宗。景泰八年，英宗复辟，废景泰帝。以“谋逆罪”被害。有《于忠肃集》。

于右任（1879—1964）

原名伯循，化名刘学裕，陕西三原人。清光绪举人，曾留学日本并参加同盟会。1922 年参与创办上海大学，1931 年后长期任国民党政府监察院院长。工诗词，善书法，精于撰联。

马公愚（1890—1968）

又名范，号冷翁。浙江温州人。上海中国画院画师。历任上海美专、上海大夏大学教授。精四体书。有《书法讲话》《书法史》等。

马君武（1881—1940）

名和，字贵公，号君武，以号行。广西桂林人。曾留学日本、德国。民国初，出任临时政府实业部次长；晚年任广西大学校长。有《马君武诗集》，译作《哀希腊》等。

四　画

王　氏

江西抚州人。宋文学家王安石之妹。

王　杰

清乾隆状元，陕西韩城人，官至东阁大学士。

王　昙（1760—1817）

字仲瞿，又名良士，秀水（今浙江嘉兴）人。清乾隆举人。一生潦倒。能诗，善骈文。有《烟霞万古楼集》和传奇剧本《回心院》《万花缘》等。

王　起（1906—1996）

字季思。浙江温州人。古典戏曲研究家。中央大学中文系毕业，历任中山大学中文系主任，广东省文联副主席。有《西厢五剧注》。

王　锦

清江苏扬州人，其室名瞻白庐。

王十朋（1122—1171）

字龟龄，温州乐清（今浙江乐清）人。南宋绍兴进士。历官严州、饶州、夔州知州，以龙图阁学士致仕。为学宗孔孟，师韩愈、欧阳修、司马光，是当时著名的学者。

王夫之（1619—1692）

字而农，号薑斋，湖南衡阳人，明清之

际思想家。明亡，在衡山举兵起义，阻清兵南下，后失败。桂王（南明）授“行人司行人”（职掌传旨、册封等）。后隐居，不久归衡阳石船山，著书授徒达四十年，学术成就很大。有《船山全集》。

王曰曾

字省斋，江苏溧阳人。清乾隆时曾任川南道副使，驻节嘉州，多次登峨眉山，题咏甚多。

王文清

字廷鉴，号九溪。清初湖南宁乡人，文学家。

王文韶(1830—1908)

字夔石，仁和（今浙江杭州）人。清咸丰进士，曾官北洋大臣，奏设北洋大学堂等以造就人才。戊戌变法时，又曾主持办理矿务铁路总局，筹议铁路矿务等学堂。

王以慜(1855—1921)

字梦湘，武陵（今湖南常德）人。清光绪进士，散馆授编修，官至江西瑞州知府。辛亥革命后易名文悔，字古伤，伏居乡里十年。善诗文，尤喜集唐人句为七律。

王尔烈

字君武，号瑶峰。辽宁辽阳人。清乾隆进士，官至大理寺少卿，曾为嘉庆帝师。好学有才，善诗文，工联语。

王廷琤

清人，乾隆时曾官福建按察使。

王寿祚

字恒衍，号恭庵。云南晋宁人。清顺治举人。善诗文，工山水画。

王实甫

本名德信。元代大都（今北京）人。杂剧家。现存完整作品有《西厢记》与《吕蒙正风雪破窑记》二种。

王闿运(1833—1916)

字壬秋，号湘绮，湖南湘潭人。清咸丰举人。太平军起义时，曾依曾国藩于军中，后讲学各地，宣统时赐翰林院检讨。辛亥革命后任清史馆馆长。门人辑其诗文为《湘绮楼全书》。

王原祁(1642—1715)

字茂京，号麓台，石师道人。江苏太仓人。清康熙进士，官至户部侍郎。擅画山水，与王时敏、王鉴、王翚合称“四王”。能诗文，善联语。

王维诚

字孚远，清嘉庆进士，曾任广西布政使。

王漱石

辽宁海城人。著有《联语新编》。

王蘧常(1900—1989)

字瑗仲，号涤如，又号明两。浙江嘉兴人。早年入国学专门学校，毕业后留校任教。后历任上海大夏大学、之江大学、交通大学、暨南大学、复旦大学教授。书法以章草闻名。

王麓水(1913—1944)

江西萍乡人，曾加入中国共产党，任师长，后在战斗中牺牲。

韦光黻

字君绣，号涟怀。清长洲（今江苏苏州）人。工书法。

毛泽东(1893—1976)

字润之。湖南湘潭人。伟大的马列主义者，中国共产党和中国各族人民的伟大领袖。早年考入湖南第一师范。与蔡和森等组织新民学会，又创办《湘江评论》，宣传革命思想。1919 年与何叔衡等组织长沙共产主义小组，次年出席中共“一大”。以后他坚持马列主义理论与实际统一的领导作风，使抗日和解放战争相继取得胜利，是中华人民共和国缔造者之一。诗词、书法均独辟蹊径,自成一家。

方　旭(?—约1936)

字鹤斋,安徽桐城人。清末曾为四川督学。民国成立后,隐居成都。善画、工书,并擅诗词,有《鹤斋诗存》。

方士鼐

字调臣,号庚眉、羹梅。清安徽定远人,曾任东流教谕。其室名"四持轩"。

方尔谦(1871—1936)

字地山,又字无隅,别署大方。江都(今江苏扬州)人。曾任袁世凯家庭教师。擅制联语,出口成章。

方志敏(1899—1935)

江西弋阳人。无产阶级革命家,赣东北革命武装和根据地创建人之一。1924年入党,1928年在中共"六大"上当选为中央委员。1934年率军北上抗日,1935年1月在赣东北地区与国民党军作战时,因叛徒出卖被捕,在狱中坚贞不屈,8月在南昌英勇就义。狱中著有《可爱的中国》等。

方萱年

晚清文人,余不详。

尹壮图(1738—1808)

字楚珍,云南蒙自人,清乾隆进士,改庶吉士,官至内阁学士兼礼部侍郎。以参奏天下仓库亏缺降补御史,放归,掌教五华书院。有《楚珍诗集》。

尹铭卓

字白眉,清代湖南茶陵人。

邓子龙(1523—1598)

明代江西丰城人,抗倭将领。

邓石如(1743—1805)

本名琰,因避清仁宗讳,以字行,又字顽伯,号完白山人。怀宁(今安徽潜山)人。工书法,善篆刻与对联。

邓散木

号钝铁,又号粪翁。上海人,现代书法家,工四体书,亦善墨竹、墨荷。有《篆刻学》《书法学必读》等著作。

邓瑞人

番禺(今广东广州)人。清末海军名将邓世昌之弟。

五　画

古吴墨浪子

清代人。其真实姓名无从查考。康熙年间,曾搜辑短篇小说成书《西湖佳话》(全名为《西湖佳话古今遗迹》)。

左宗棠(1812—1885)

字季高,湖南湘阴人。历任浙江巡抚,两江总督,钦差大臣督办新疆军务,军机大臣等职。曾镇压太平军、捻军、西北回民军,亦曾讨伐新疆阿古柏,收复失地,抵制英俄侵略。有《左宗棠全集》。

石达开(1831—1863)

贵县(今广西贵港市)客家人。太平天国领导人之一。在对清军多次战役中功勋卓著,被晋封翼王。

石延年(994—1041)

字曼卿,宋城(今河南商丘)人。北宋诗人。曾任太子中允,秘阁校理。其诗甚为欧阳修等推重。

石韫玉(1756—1837)

字执如,号琢堂,长洲(今江苏苏州)人,清乾隆年间状元。官至山东按察使。有《独学庐诗文稿》等。

叶　瀚

浙江杭州人。民国初年在北京大学国史编纂处任职。

叶圣陶(1894—1988)

原名绍钧,字圣陶,江苏苏州人,作家、教育家。1911年在苏州公立中学毕业,任教员,后任开明书店编辑,编过《小说月报》《妇女杂志》《中学生》等刊物。1949年后曾任出版总署副署长,教育部副部长,人民教育出版社社长等职。

叶向高(1559—1627)

字进卿。福建福清人。明万历进士,官至礼部尚书、东阁大学士。有《说类》。

叶翰仙

字墨君。清钱塘(今浙江杭州)人。能诗词,善画梅。

田汝成(1503—1557)

字叔禾,钱塘(今浙江杭州)人。明嘉靖进士。官福建提学副使。博学,工文,有《西湖游览志》等书。

田春庵

字金楠,号东溪,湖南慈利人,清末塾师。

史可法(1602—1645)

字宪之,又字道邻。祥符(今河南开封市)人。明崇祯进士。官礼部尚书兼东阁大学士。坚守孤城扬州,兵败被清军所杀。

丘逢甲(1864—1912)

字仙根,台湾苗栗人,近代爱国志士。1894年中日甲午战争时,曾起兵抗击日军入侵。后讲学于台中、台南各书院,有《岭云海日楼诗钞》。

包世臣(1775—1855)

字慎伯,号倦翁。安徽泾县人,清嘉庆举人。官江西新喻知县。以经世之学名于时,工书法。

冯玉祥(1882—1948)

字焕章。安徽巢县(今巢湖市)人。行伍出身。曾任北洋陆军旅长、师长,陕西、河南督军及陆军检阅使。1926年赴苏考察,后宣布脱离北洋军阀,加入国民革命军,曾任国民政府行政院副院长兼军政部长,主张与中共合作,坚持抗日,建立联合政府。后出国考察水利,归国时乘船不幸遇难。

冯梦龙(1574—1646)

字犹龙,别署墨憨斋主人等。长洲(今江苏苏州)人。晚明著名文学家、戏曲家,精戏曲、小说和俗曲。辑有话本集《喻世明言》《警世通言》《醒世恒言》,世称"三言"。

台静农(1902—1990)

字伯简,安徽霍丘人。小说家。曾在北京大学国学研究所半工半读。1925年与鲁迅、韦素园等组织"未名社",创办《未名半月刊》。后在浙江、青岛、厦门等大学任教。抗战期间在四川白沙女子高师任教,胜利后赴台湾任台湾大学中文系教授兼主任。有《台静农散文选》等。

兰　茂

云南嵩明人。明代著名医药学家。

六　画

老　舍(1899—1966)

原名舒庆春,字舍予。北京人。满族。现代小说家、戏剧家。曾任中国文联副主席、中国作家协会副主席。著作甚丰,语言生动幽默。北京市人民政府授予"人民艺术家"称号。

成多禄(1865—1928)

字竹山,号澹堪,吉林人,满族。清末民初诗人,书法家。曾任黑龙江绥化府知府,晚年任北京图书馆副馆长。有《澹堪诗草》。

吕　升

字升章,明代浙江绍兴人。官至大理

少卿,为官清廉,有政声。

吕月沧

名璜,广西桂林人。清进士出身。曾任庆元、奉化知县。后主秀峰书院讲席。

朱　奇

字大可,浙江嘉兴人。工书善诗,有《墨池集》。

朱　珔(1769—1850)

字玉存,又字兰坡。安徽泾县人。清嘉庆七年进士,由翰林院庶吉士授编修。后升右春坊右赞善。以母病归,不复出。历主钟山、正谊、紫阳书院。有《说文假借义证》《经文广异》《小万卷斋诗文集》等书。

朱　桓

字海谷。清广西临桂人。

朱　冕

字贯南,号老匏。清代江苏扬州人。工诗画,善书。与蔡嘉、高翔、汪士慎、高凤翰时称"五君子"。

朱　熹(1130—1200)

字元晦,号晦庵。徽州婺源(今江西婺源)人。南宋著名哲学家,曾任秘阁修撰等,主持白鹿洞书院、岳麓书院,教学50余年。著述甚丰。有《朱子大全》。

朱士彦

字休承,号咏斋。江苏宝应人。清嘉庆进士。官至吏部尚书。

朱元璋(1328—1398)

即明太祖。字国瑞,濠州钟离(今安徽凤阳)人。少时投皇觉寺为僧。后参加郭子兴起义军,创建明朝。1368—1398年在位。

朱自清(1898—1948)

原名自华,号实秋。后改名自清,字佩弦。浙江绍兴人,生于江苏东海。作家、学者、民主战士。北京大学哲学系毕业。后历任清华大学、西南联大、北京大学中文系教授。写有散文、古典文学研究论文等,有《朱自清全集》。

朱玖莹(1898—1996)

湖南长沙人。擅书法,精通文物鉴赏。后定居台湾。

朱国祯

一作国桢,字文宁。乌程(今浙江吴兴)人。明万历十七年进士,天启初拜礼部尚书,兼文渊阁大学士。后为首辅,累加太子太保。为魏忠贤心腹李蕃所劾,遂引疾去。有《大政记》《涌幢小品》。

朱彝尊(1629—1709)

字锡鬯,号竹垞,秀水(今浙江嘉兴)人。文学家。清康熙年间举博学鸿词。参修《明史》。为浙西词派创始人。诗亦有名。有《曝书亭集》。

伍生辉

字介康。陕西泾阳人。清咸丰年间以诸生充左宗棠幕僚。光绪初入川,历官四川知县。

伦文叙

字伯畴。广东南海人。明弘治中会试、殿试皆第一,授修撰。善诗文。

华　山(1920—1985)

广西龙州县人。著名新闻记者。1936年参加革命,1938年在延安入党,先后担任新华日报(华北版)、冀察热辽日报、东北日报、新华社、人民日报记者。有《鸡毛信》《踏破辽河千里雪》《英雄的十月》《战士嘱托的报告》等作品。

伊秉绶(1754—1815)

字祖似,号墨卿、默庵,福建宁化人。清乾隆进士,迁刑部员外郎,出任广东惠州知府等职。工书法,擅山水画。有《留春草堂集》。

刘　昌

祥符(今河南开封)人。明天启进士,曾官户科给事中。李自成攻陷北京,归附义军。清顺治初又投降清室,官至工部尚书。

刘　墉(1719—1804)

字崇如,号石庵。山东诸城人。清乾隆进士,官至东阁大学士。工书法,与同时翁方纲、梁同书、王文治齐名,善诗文及联语。

刘凤诰(1761—1830)

字丞牧,号金门,江西萍乡人。清乾隆进士,授编修,提督广西学政,官至吏部右侍郎,曾因罪被戍伊犁。有《存悔斋集》。

刘尔炘

字晓岚,甘肃皋兰人。清代以散馆授编修。

刘师亮(1874—1939)

原名芹丰,晚号谐庐。四川内江人。曾做过塾师、律师。辛亥革命后到成都经商,兼事写作,亦工对联。所办《师亮随刊》行销四川,颇有影响。有《师亮谐稿》《师亮对联》等。

刘光祖(1142—1222)

字德修。简州阳安(今四川简阳)人。南宋进士。曾任宝谟阁直学士,知潼川府。

刘光第(1859—1898)

字裴村,四川富顺人。清光绪进士。参预新政,为戊戌政变被杀的"六君子"之一。

刘纪文(1890—1957)

原名兆镕,字兆铭。广东东莞人。1910年加入同盟会,后赴日本留学,回国时参加护法运动。1927年任国民党南京特别市市长。1949年去台湾,任"总统府"国策顾问,后死于美国。

刘坤一(1830—1902)

字岘庄,湖南新宁人,清咸丰时曾参加镇压太平天国运动,官至两江总督兼南洋通商大臣。

刘宗周(1578—1645)

字起东,号念台。山阴(今浙江绍兴)人。明万历进士。官工部侍郎。曾讲学于蕺山书院,有《刘子全书》等。

刘春霖(1872—1942)

字润琴,号石箕。河北肃宁人。清光绪三十年(1904)状元。民国时,曾任大总统府内史秘书。喜藏书,善书法。

刘咸荥(1858—1949)

字豫波,四川成都人。书法家。

刘禹锡(772—843)

字梦得。洛阳(今河南洛阳市)人。唐贞元进士,累迁监察御史。与柳宗元等参加主张革新的政治集团,失败后,贬朗州司马。后以裴度力荐,迁太子宾客加检校礼部尚书。有《刘宾客集》。

齐学裘

字子冶,号玉溪,晚号老颠。清代徽州婺源(今江西婺源)人。工书画,善诗文,有《蕉窗诗钞》。

齐彦槐(1774—1841)

字梦树,号梅麓。江西婺源人。清嘉庆进士。官苏州知府。工书善诗,并以楹联名世。

江峰青

字湘岚,安徽婺县人。清光绪进士,曾任嘉善县令。

汤祥瑞

湖南浏阳人。革命烈士。

许太眉

字梦西,江苏武进人。清道光时布衣。曾主讲道南书院,有《读说文杂识》等著作。

许文叔

清代安徽宿松人。文士。

许次玄

清代浙江瑞安人,善书。

许祥光

字宾衢,号冰渠。清广东番禺人。其室名"袖海楼""集选楼"。

许姬传

现代戏剧理论家。有《梅兰芳舞台生活四十年》一书。

许瑶光

字雪门,晚号复叟。善化(今湖南长沙)人。清道光拔贡。官嘉兴知府。

许德珩(1890—1990)

字楚生。江西九江市人。北京大学中文系毕业,留学法国。1919年参加"五四"运动,为学生运动领袖。大革命时期任黄埔军校政治教官,中山大学教授,国民革命军总政治部代主任、秘书长等职。1949年后任全国政协委员、副主席,水产部长,全国人大常委会副委员长,九三学社中央名誉主席。译作有《哲学的贫困》等。

那彦成(1764—1833)

满族正白旗人,姓章佳氏,字韶九,号绎堂。清乾隆进士。历官内阁学士兼军机大臣。工诗善书。

阮　元(1764—1849)

字伯元,号芸台。江苏仪征人。清乾隆进士,官湖广、两广、云贵总督,体仁阁大学士。为清代著名学者,主编《经籍籑诂》。有《揅经室集》。

纪　昀(1724—1805)

字晓岚。直隶献县(今河北献县)人。清乾隆进士。学者、文学家。官至礼部尚书、协办大学士。曾任四库全书馆总纂官,撰定《四库全书总目提要》。工诗文,善撰联。有《阅微草堂笔记》等著作。

孙　隆

一作孙龙。江苏武进人。明宣德间人。官至侍御。善画花鸟。

孙　髯(约1711—1773)

字髯翁,号颐庵,原籍陕西三原,后定居昆明。能诗善文,尤以昆明大观楼长联名重一时。因不肯应科举试,终生布衣,贫困潦倒。晚年在昆明圆通山"咒蛟台"卖卜为生。有《永言堂诗文集》《金沙诗草》等。

孙中山(1866—1925)

名文,字德明,号逸仙,香山(今广东中山)人。我国伟大的民主革命先行者。1911年领导了推翻清政府的辛亥革命,建立中华民国。有《孙中山全集》。

孙衣言

字琴西,浙江瑞安人。清道光进士,官至太仆寺卿。好学博识,尤喜谈经济。爱搜辑家乡文献资料。有《逊学斋文钞》。

孙星衍(1753—1818)

字渊如。阳湖(今江苏常州)人。清乾隆进士。授翰林院编修,官至山东督粮道。工诗,擅联语。有《尚书今古文注疏》《周易集解》等著作。

七　画

寿　鉨(1889—1950)

字石工,又作硕功,自号印侯、印匄。浙江绍兴人。擅刻印,工书法,能词,为南社社员。有《珏庵集》。

严　复(1853—1921)

名宗光,字又陵,做官时改名复,字几道,闽侯(今福建福州)人。近代思想家、翻译家。早年曾被派往英国留学,后受甲午战争刺激,鼓吹"尊今叛古"理论,并以古文翻译赫胥黎《天演论》等书，对维新运动影响很大。辛亥革命后趋向保守，反对共和，宣扬帝制，曾被拉入“筹安会”。袁世凯失败后，退职闲居。有《愈壄堂诗集》。

严保庸

字问樵，清代戏曲家。

苏　轼(1036—1101)

字子瞻，号东坡居士，眉州眉山(今四川眉山)人。宋嘉祐进士。官至礼部尚书。卒后追谥文忠。诗、词、文均为大家。与父洵、弟辙合称“三苏”。

苏局仙(1881—1991)

名裕国，上海人，清光绪秀才。一生在读书、教书、习字、作诗中度过。1979年被聘为上海市文史馆员。次年他百岁时曾以所书《兰亭序》参加全国群众书法评比，获一等奖，成为中国最高龄的书法家、诗人。中国书法家协会会员。有《蓼莪居诗存》《水石居杂缀》等。

杨士奇

明代泰和人，建文初入翰林，成祖时官大学士。以子事下狱，忧愤而死。

杨　亿(974—1020)

字大年，建州浦城(今福建浦城)人。北宋淳化进士。文学家。历任翰林学士兼史馆修撰，工部侍郎。与刘筠、钱惟演等诗歌唱和，辑为《西昆酬唱集》，称“西昆体”。有《武夷新集》。

杨　岘

字庸斋，号见山。归安(今浙江湖州)人，清末书法家。

杨　度(1874—1931)

湖南湘潭人。字晳子。早年曾鼓吹君主立宪，为袁世凯复辟帝制奔走。后思想转变，追随孙中山革命。1929年秋加入中国共产党。有文才，能联语。

杨　颐

字子异，号蓉甫，广东茂名人。清同治进士，官至兵部左侍郎。

杨　慎(1488—1559)

字用修，号升庵，四川新都人。明正德状元，授翰林修撰。著名学者、文学家。嘉靖初因议大礼被廷杖下狱并充军云南永昌卫(今保山县)，后老死戍所。有《升庵全集》。

杨　溥(1372—1446)

字弘济。石首(今湖北石首)人。明建文进士。任编修。入内阁值事。升礼部尚书。与杨士奇、杨荣合称为内阁“三杨”。

杨　聪(约1854—?)

字听彝。清末四川绵竹人。与长兄杨锐及谭嗣同等参与“戊戌变法”。博学多才，工诗能文，又擅联语。

杨士奇(1365—1444)

名寓，号东里，以字行。江西泰和人。明仁宗时任礼部侍郎兼华盖殿大学士。能诗文，有《东里全集》。

杨庆远

云南昆明人，清光绪时文人。

杨守敬(1839—1915)

字惺吾，号邻苏。宜都(今湖北枝江)人。清同治举人。曾随黎庶昌出使日本。在日期间，致力于搜集国内散佚书籍。精于版本及金石考证之学，为晚清历史地理学家。有《历代舆地图》《水经图注》等著作。

杨杏佛(1893—1933)

名铨，以字行。江西清江人。早年在上海中国公学读书时加入同盟会。1925年任孙中山秘书。1932年与宋庆龄、鲁迅等在上海筹组中国民权保障同盟，并任副会长兼总干事，积极营救被关押的政治犯，次年被特务暗杀。

杨荣绪

清代人。曾任浙江知府，为官清廉。因得罪上司被革职。

杨鹤于

清代人，余未详。

李　纯

字秀山，天津人。民国初年曾任江苏都督。

李　纲(1083—1140)

字伯纪，福建邵武人。宋政和进士。靖康初为兵部侍郎，高宗即位，召为相，修内治，整边防，讲军政，力图恢复，而黄潜善等阻之，七十余日而罢。有《梁溪集》等。

李　贽(1527—1602)

号卓吾，晋江(今福建泉州)人。著名思想家。明嘉靖进士。曾官云南姚安知府、南京国子监博士、刑部主事。后弃官从事读书著述，有《焚书》《续焚书》《藏书》《李温陵集》等。终于遭劾系狱，自刎死。

李　渔(1611—约1679)

字笠鸿，后字笠翁，一字谪凡。浙江兰溪人。清初戏曲理论家，戏曲作家和戏曲活动家，工联语。著有《笠翁对韵》《闲情偶寄》等，现有《李渔全集》。

李大钊(1889—1927)

字守常，河北乐亭人。早年留学日本，回国后任北京大学教授、图书馆主任，并编辑《新青年》。是马克思主义在中国最早的传播者之一，中国共产党创始人之一。1927年被军阀张作霖杀害于北京。有《李大钊选集》。

李东阳(1447—1516)

字宾之，号西涯。湖南茶陵人。明天顺进士，官至吏部尚书，华盖殿大学士。为茶陵诗派领袖，有《怀麓堂集》。

李亚如(1918—2003)

当代扬州书画家。

李师儿

金章宗之妃。

李汝珍(约1763—约1830)

字松石，直隶大兴(今北京大兴)人。清代著名小说家。曾官河南县丞。晚年尽十余年心血写成《镜花缘》一书。

李孚青

字丹壑，合肥人。清康熙进士，官编修，有《野香亭集》。

李叔同(1880—1942)

名文涛，字叔同，号息霜。浙江平湖人，生于天津。早年曾赴日学习绘画、音乐，回国后在浙江两级师范和南京高等师范任音、美教师。1918年在杭州虎跑寺出家，法名演音，号弘一，专研戒律。工书画篆刻。有《弘一大师全集》。

李宗昉

字静远，号芝龄。山阳(今江苏淮安)人。清嘉庆进士，官至礼部尚书。工诗文，有《闻妙香室诗文集》等。

李烈钧(1882—1946)

字协和。江西武宁人。曾留学日本，并加入同盟会。1911年武昌起义后，曾任安徽、江西都督、护国军政府总参谋长。后任国民党军参院院长。

李调元(1734—1802)

字羹堂、赞庵、鹤洲，号雨村，四川绵州镇(今四川绵阳市)人。戏曲理论家。清乾隆进士。官提督广东学政。工诗善联。著有《雨村曲话》《雨村剧话》《童山全集》等。

李培基

字涵础，河北献县人。清光绪三十二年参加湖北新军。宣统间任职陆军测绘学堂。民国后曾任河北省政府委员、绥远省主席、河南省主席。

李基和

字协万,又字梅崖。清汉军镶红旗人。康熙十二年进士,累官江西巡抚。罢官后寓居僧寺,清苦自甘。有《梅崖诗集》。

李梦莹

湖南长沙人,清光绪进士。

李鸿绪

一名心敬,河南巩县(今巩义市)人。少生性聪敏,倜傥不群。家贫,十五岁时,弃学经商。辛亥革命时入革命军,因起事事泄,被捕遇害,时年二十八岁。

李善济

字小村,四川通江人,四川高等学堂毕业。

李瑞清(1867—1920)

字仲麟,后改字梅盦、梅痴、阿梅,号梅花盦主,晚号清道人,江西临川人。清光绪二十一年进士,选翰林院庶吉士。后改道员,摄江宁提学使,兼两江师范学堂提督。辛亥革命后,隐居上海,鬻书画为生。张勋复辟时授学部侍郎。工书,能诗善画,有《梅盦诗文集》《清道人选集》。

吴　迈(1885—1936)

字良翰,江西余县人。民国时任全国律师协会宣传部长。1936年在香港被特务暗杀。

吴　济

字文之,长洲(今江苏苏州)人,清代名士。

吴　梅(1884—1939)

字瞿安,号霜厓,江苏苏州人。早年参加江南乡试。1917年起,任北京大学、中山大学、东南大学以及中央大学等校教授,抗战后移居湖南湘潭。毕生从事曲学研究,著杂剧、传奇多种。有《中国戏曲概论》等。

吴　鼎

字大年。江苏无锡人。清乾隆进士。任工部主事。于《易》学、三《礼》有研究。

吴　鼒(1755—1821)

字及之,号抑庵,又字山尊。安徽全椒人。清嘉庆进士。官至侍讲学士。善书法,工骈文。有《夕葵书屋集》。

吴　镇

字信辰。甘肃临洮人。清代文人。

吴丈蜀

现代湖北人,诗人。湖北楹联学会名誉会长。

吴文元

字善长,晚号今是翁。瓯宁(今福建建瓯)人。明成化进士,官浙江按察副使,曾建议海道便宜十事,切中时弊。后升任河南按察使。工诗文。

吴昌硕(1844—1927)

原名俊卿,后以字行,别号缶庐、苦铁。浙江安吉人。近代书画家。曾任江苏安东(今涟水)知县。后任西泠印社社长。能诗。有《缶庐集》。

吴祖修

一名祖恩,字慎思,号柳堂、柳塘。清江苏吴江人。有《柳塘诗集》。

吴恭亨(1863—1957?)

字悔晦,湖南慈利人。一生以游幕、教读为业。曾任《慈利县志》总纂。能诗文,为南社成员。有《对联话》十四卷。

吴敏树(1805—1873)

字本深,号南屏,巴陵(今湖南岳阳市)人。清道光举人。有《柈湘文录》《柈湘诗录》等。

吴敬梓(1701—1754)

字敏轩,一字文木。安徽全椒人。清

小说家。善诗赋。所作《儒林外史》为我国古典讽刺小说的代表作。

吴锡麒

清乾隆时人,曾掌教于扬州梅花书院。

邱　濬(1420—1495)

字仲深。广东琼山人。明景泰进士,官至礼部尚书、文渊阁大学士。通经义,善传奇,也好作联。

何　溱

字方谷,清代钱塘(今浙江杭州)人,擅长集联。

何芷舠

清光绪年间曾任道台。并在扬州筑何园,又名寄啸山庄。

何叔衡(1875—1935)

字玉衡,号琥璜。湖南宁乡人。清光绪二十八年秀才。中国共产党创始人之一,曾出席中共一大。1927年赴苏联莫斯科学习。1931年到中央苏区工作。红军长征后,留在根据地继续斗争。1935年在福建长汀被敌包围,于突围时壮烈牺牲。

何绍基(1799—1873)

字子贞,号东洲,晚号蝯叟。湖南道县人。清道光进士。官编修,四川学政。善诗,工书法,为楹联名家。有《东洲草堂诗集文钞》等。

何淡如(1820—?)

清末广东举人。曾任县学教谕,擅长以方言作谐联。

余　昂

明代邛州(今四川邛崃县)人,有文名。

余小霞

字应松,广西人。清嘉庆道光间人,曾任三防主簿、大滩司巡检。工诗。

邹福保(1853—1915)

字咏春,一字芸巢。元和(今江苏吴县)人。清光绪十二年进士,官至翰林院侍讲。二十三年辞官归里,师范学堂监督。后又复任学务议长,主自治咨议诸局。有《嬾云草堂文存》《矩心丛说》等。

汪士鋐(1658—1723)

字文升,号退谷、秋泉、松南居士。长洲(今江苏苏州)人。清康熙进士,官左中允。工诗古文,尤善书法。有《秋泉居士集》等。

汪玉轸

字宜秋,号小院主人,清江苏吴江女子。工诗善书。

汪炳璈

湖南宁乡人,清道光举人。

沈尹默(1883—1971)

原名君默。吴兴(今浙江湖州)人。曾留学日本。五四时从事新文化运动,提倡白话诗,旧体诗词功力亦深,工正行草书,尤以行书闻名于世。

沈廷芳(1712—1772)

字椒园,一字畹叔。仁和(今浙江杭州)人。清乾隆时举博学鸿词,历官山东按察使等。学古文法于方苞,究心经术,有《理学渊源》《续经义考》等。

沈钧儒(1875—1963)

字秉甫,号衡山,浙江嘉兴人。清末进士。早年留日,回国后参加辛亥革命,加入同盟会。1935年开展抗日救亡运动,次年被国民党逮捕入狱,为"七君子"之一。1949年出席中国人民政协一届全体会议。建国后任中央人民政府委员,全国人大常委会副委员长。

沈葆桢(1820—1879)

字幼丹。侯官(今福建福州)人。清道光进士,曾任江西九江知府,随曾国藩管营务,擢广、饶、九、南兵备道。升江西巡抚。

历官福建船政大臣、两江总督兼南洋通商大臣。好诗文,有《沈文肃公政书》。

沈德潜(1673—1769)

字确士,号归愚。长洲(今江苏苏州)人。清乾隆进士,曾任内阁学士兼礼部侍郎。工诗。有《沈归愚诗文全集》,又选辑《古诗源》《唐诗别裁》《清诗别裁》等书。

宋　荦(1635—1714)

字牧仲,号漫堂,又号西陂。河南商丘人。清初文学家。曾官江西巡抚。精鉴藏善画,诗与王士禛齐名。有《西陂类稿》等。

宋　湘(1756—1826)

字焕襄,号芷湾。嘉应州(今广东梅县)人。清嘉庆进士,官至湖北督粮道。诗宗杜甫,有《红杏山房诗钞》《不易居斋集》等。

宋　镄

清江苏溧阳人。

宋庆龄(1893—1981)

海南文昌人,生于上海。早年赴美国威里斯安女子大学学习,毕业后任孙中山秘书,1915 年在日本东京与孙中山结婚。坚决拥护孙中山联俄、联共、扶助农工的三大政策。长期进行爱国民主活动。曾被授予中华人民共和国名誉主席称号。有《宋庆龄选集》。

宋教仁(1882—1913)

字遯初,号渔父。湖南桃源人。曾与黄兴等创立华兴会,1905 年参加同盟会。1912 年 8 月改组同盟会为国民党,任理事,后任代理理事长。曾任《民主报》主笔。参加广州起义(黄花岗之役),后因反对袁世凯专权,被袁派人刺死于上海。

启　功(1912—2005)

姓爱新觉罗,字元伯,亦作元白。北京人,满族。自学成才。系当代中国书法家。

张　岱(1597—1689)

字宗子,号陶庵,山阴(今浙江绍兴)人。明末文学家,寓居杭州。入清,隐居山林著书。有《琅嬛文集》《陶庵梦忆》等。

张　謇(1853—1926)

字季直,号啬庵,江苏南通人。清光绪二十年状元。授翰林院修撰。1895 年后创办实业、兴办学校、博物书院,提倡戏剧文化事业。能诗文,擅书法、联语。有《张季子九录》《张謇日记》等。

张大千(1899—1983)

原名正权,后改名爰,又名季爰。四川内江人。现代画家。早年曾到日本学画。回国后,一度为僧,法号大千,未几还俗,以法号行。擅长山水、花卉、人物,尤善画荷。工笔写意,俱臻妙境。1978 年移居台北双溪摩耶精舍。

张之洞(1837—1909)

字孝达,号香涛。晚号抱冰,又号壶公。河北南皮人。清同治进士。历官内阁学士、两广总督、湖广总督等。有《张文襄公全集》。

张子斋

云南大理人,白族。为昆明诗词楹联学会名誉理事长。曾任云南省府秘书长。

张元济(1867—1959)

字菊生,浙江海盐人。清光绪进士。曾任刑部主事。中日甲午战争后,参加维新变法运动,后在上海致力于文化出版事业,主持商务印书馆多年。有《校史随笔》《涵芬楼烬余书录》《张元济日记》等。

张玉书(1642—1711)

字素存,号润甫。江苏镇江人。清顺治进士。历官刑部、户部尚书。

张问陶(1764—1814)

字仲冶,号船山。四川遂宁人。清乾

隆进士，官莱州知府。工诗，能书画，擅撰联。有《船山诗文集》。

张伯驹(1898—1982)

原名家琪，字丛碧，河南项城人。喜收藏古书画。曾任吉林省博物馆副馆长。通诗词、书画，精鉴别，亦善联。有《丛碧词》《中国书法》《中国对联史话》等。

张应昌

字仲甫。清嘉庆举人。福建巡抚张兰渚之子。官中书，工倚声，有《烟波渔唱》等。

张若霭(?—1749)

字晴岚，安徽桐城人。清雍正十一年进士，官至礼部尚书。善书画，所绘花草禽虫颇得王毅祥、周之冕遗韵。

张恨水(1895—1967)

原名心远，安徽潜山人，生于江西广信。早岁在江西读私塾。1919 年后到北京《益世报》《世界日报》等处任编辑。“九一八”后积极从事于“国难小说”的创作。1935 年在上海、南京编辑文学刊物。建国后被聘为文化部顾问和中央文史馆馆员。一生创作中长篇小说百余部，杂文近五千篇。有影响的小说为《啼笑姻缘》《春明外史》等。

张载阳(1873—1945)

字暄初，浙江杭县人。浙江武备学堂毕业。曾任清常备军协统。1915 年“护国战争”爆发后，起兵讨袁。后任浙江省省长、浙沪联军第三军总司令等职。1924 年助卢永祥战直系军阀齐燮元，后败下野。

张祥河(1785—1862)

字诗舲。江苏娄县(今上海松江)人，清嘉庆进士。曾任山东、河南等地方长官。

张维屏(1780—1859)

字子树，一字南山，号松心子。番禺(今广东广州)人。清道光进士，官江西南康知府。能文善诗，晚年诗作尤激昂悲愤，充满爱国精神。有《松心草堂集》。

张联桂

字丹叔，一字弢叔，江苏江都人。清咸丰间纳资为太常博士，出为庆远府同知，累官广西巡抚。治军严饬，勤于训练。亦能联。

张鹏翮(1649—1725)

字运青，四川遂宁人。清康熙进士。官武英殿大学士，兵部尚书。善诗，工书法。

陆　深

字子渊，上海人。明弘治进士，善文工书。

陆小曼(1903—1965)

江苏武进人。新月派诗人徐志摩妻，曾与徐合著《下昆岗》。徐死后，整理出版其遗诗《云游》，散文集《爱眉小札》。后任上海中国画院画师，上海文史馆馆员。

陆润庠(1841—1915)

字凤石，江苏吴县(今苏州)人。清同治状元。曾入值南书房，充任侍讲。历任工部、吏部尚书，东阁大学士。辛亥革命后为溥仪师傅，授太保。

陈　泽

曾任四川新都县长及驻军团长。

陈　洽(1370—1425)

字叔远，江苏武进人，明代学者。曾任兵部给事中，后升任兵部尚书。

陈　震

字启东，明代人，曾任训导。

陈大文(?—1815)

字简亭。原籍会稽(今浙江绍兴)。河南杞县人，清乾隆进士，授吏部主事。官至两江总督，兵部尚书。

陈从周(1918—2000)

当代古建筑学家,园林学家,同济大学教授。

陈文騄

字仲英,号南孙、槁叟,清湖南祁阳人。其室名养福斋。

陈白崖

清代文学家。《楹联丛话》作者梁章钜之师。

陈次亮

名炽,字克昌,江西瑞金人。清光绪举人。历任户部、刑部郎中,有《庸书》。

陈宝裕

字兆庆,云南通海人。清光绪进士。

陈钟祥

字息帆,号亭亭山人。山阴(今浙江绍兴)人。清道光举人。

陈重庆

清末进士。扬州书法家。

陈洪绶(1598—1652)

字章侯,号老莲。浙江诸暨人。明亡后,曾出家为僧,自号悔迟。后在绍兴、杭州卖画,擅画人物,花鸟草虫,山水亦工。善书法,能诗文,有《宝纶堂集》。

陈桂生

字香谷,清乾隆进士,官至江苏巡抚。

陈逢元

清末民初湖南大庸县(今张家界)人。

陈寅恪(1890—1969)

江西修水人。现代学者。早年留学欧美,回国后任清华大学、西南联大、岭南大学教授。1949 年后任中山大学教授,中央文史馆副馆长。对中国古代史、古文字及佛教经典均有精湛研究。著作甚多,有《金明馆丛稿》《元白诗笺证稿》等。

陈维英(1811—1869)

字实之、硕之,号迂谷。台湾淡水人。清咸丰元年举孝廉方正。任闽县教谕。辞官归台后主持仰山、学海两书院。

陈蜕庵(1859—1913)

原名范,字梦坡、蜕存。湖南衡阳人,寄籍江苏武进。曾于上海创办《苏报》,倡言革命。民国成立后,隐居不仕。有《蜕翁诗词刊存》。

陈衡哲(1893—1976)

原名燕,字乙睇,号莎菲。江苏武进人,新文学运动中第一个女作家。早年赴美留学,获芝加哥大学硕士学位。回国后任北京大学教授。1933 年参与发起创刊《独立评论》。建国后曾任上海市政协委员,有《西洋史》《衡哲散文集》等。

陈澹然

号晦堂,安徽桐城人。清光绪举人。曾参加康有为发起的“公车上书”。为近代古文学家之一。喜为名伶作传。

陈大纲

陕西高陵人,清嘉庆进士。

八　画

林　纾(1852—1924)

原名群玉,字琴南,号畏庐、冷红生,闽县(今福建福州)人。清光绪举人,近代文学家。曾任教于京师大学堂。辛亥革命后,以遗老自居,反对“五四”新文化运动。因不懂外语,借助他人口述,用古文翻译了欧美等国小说一百七十余部,在当时产生了很大的影响。

林大钦

广东潮州人,明代进士,曾视察江西学政。

林山腴

民国初年四川人。擅诗词，有《清寂堂集》。曾自刻《清寂堂联语》一册。

林则徐(1785—1850)

字少穆。侯官(今福建福州)人，爱国政治家。清嘉庆进士。官湖广总督时，被任命为钦差大臣，赴广东查禁鸦片，于虎门当众销毁英商鸦片二百三十七万斤，抗击英军挑衅。工联语，擅书法。所作辑为《林则徐集》。

林青圃

名枝春，福建长乐人。清嘉庆道光时人。曾主鳌峰书院讲席。

林庚白(1897—1941)

原名学衡，字浚南，后改名庚白。笔名孑楼主人。南社社员。北京大学毕业。历任中国大学教授，众议院议员等。二次革命失败后退居上海，专心致力于诗作。1941 年香港沦陷，在九龙被日军所杀。

郁达夫(1896—1944)

名郁文，字达夫。浙江富阳人。现代作家。早年赴日本东京帝国大学等校学习，回国后与郭沫若、成仿吾等组织创造社，先后执教于北京大学、武昌大学、广州中山大学。主编《创造月刊》《洪水》等。抗战爆发，到南洋一带参加抗日活动，1944 年被日本宪兵杀害。有《郁达夫文集》。

卓秉恬

号海帆，清嘉庆进士，官至武英殿大学士。

易君左(1898—1972)

原名家钺，字意园，晚号敬斋，以字行。湖南汉寿人。曾赴日本留学，回国后参加“五四”运动，加入文学研究会。1926 年参加北伐，曾任湖南《国民日报》主笔，出版《文艺青年》等刊物。1949 年后往来港、台间，1972 年在台北病逝。有《中国政治史》《中国文学史》等。

易顺鼎(1858—1920)

字实甫，号哭庵，龙阳(今湖南汉寿)人。清光绪举人。官至广东钦廉道。工诗及骈文，并擅联语。有《丁戊之间行卷》《四魂集》等。

罗树沧

革命烈士。1908 年曾参加广州起义。

金　农(1687—1764)

字寿门、司农、吉金，号冬心、曲江外史等，仁和(今浙江杭州)人，清乾隆元年被推荐博学鸿词科。入京，未就而返。后客居扬州最久。工诗词，精鉴别，善书法绘画。为“扬州八怪”之一。有《冬心杂著》等。

金人瑞(1608—1661)

名采，字若采，因顶替金人瑞应考，遂改名，字圣叹。江苏苏州人。明末清初文学批评家。少有才名，喜批书，曾批改《水浒传》《西厢记》。能诗，有《沉吟楼诗选》。

金安清

字眉生，浙江嘉善人，清代文学家。曾任湖北督粮道。有《六幸翁文稿》。

金　声

字正希，崇祯初进士，明末纠集义勇抗清，为清所执，不屈死。

金衍宗

字维翰，号岱峰、欧隐，清秀水(今浙江嘉兴)人。其室名双柏堂、思贻堂。

周　仁

字子安，云南大理人，清末拔贡生。

周　煌(？—1784)

字景垣，号海山，涪州(今重庆市涪陵区)人。清乾隆进士，授编修，后擢兵部侍郎，累官兵部尚书。

周作人(1885—1967)

字启明,晚年改名周遐寿。浙江绍兴人。现代散文家。早年是文学研究会发起人之一。抗战期间,曾任伪职。解放后,从事写作与翻译。

周承忠(1878—1970)

江苏嘉定(今上海嘉定)人。清光绪秀才。曾任上海龙门师范学校教员。解放后聘为上海文史馆馆员。擅楹联,工书法。

周亮工(1612—1672)

字元亮,号栎园。祥符(今河南开封)人。明崇祯进士,官监察御史。后仕清,曾任户部右侍郎等职。工古文辞,善作联。有《赖古堂诗钞》《因书屋书影》等。

周恩来(1898—1976)

字翔宇,原籍浙江绍兴,生于江苏淮安。党和国家主要领导人之一,中国人民解放军创建人之一。早年留学日本,回国后组织"觉悟社"。中华人民共和国成立后曾任政府总理兼外交部长、中央军委副主席、全国政协主席等职。有《周恩来选集》。

周渊龙(1937—)

湖南桂东县人,湘潭大学毕业。在湖南轻工机械厂工作。曾编《中国名胜楹联注释》。

郑　烨

字宗晦。明代福建罗源人。曾任福建兴化县训导。

郑　燮(1693—1765)

字克柔,号板桥。江苏兴化人。书画家。清乾隆进士。官范县、潍县知县。因忤大吏罢官,卖画于扬州,为"扬州八怪"之一,其诗书画时称"三绝"。楹联亦为后人称道,有《郑板桥全集》。

郑乡樵

清末闽县(今福建闽侯县)秀才。

郑拾风(1920—1996)

四川资中人。泸县川南师范肄业。1945年,任《南京人报》总编辑。解放后,历任上海《新闻日报》、《解放日报》副总编、评论员。并从事戏剧创作,有昆剧剧本《蔡文姬》《血手记》;杂文集《语不惊人》等。

郑擎甫

清末人,曾任观察使。

孟　昶(919—965)

五代后蜀主。初名元赞,称帝后改今名。生于山西太原。

孟超然

字朝举,福建闽侯(今福州)人。清乾隆进士,选庶吉士,累迁吏部郎中。有《孝礼辑略》《诚是录》。

孟瓶庵

名超然,清代福建长乐人。由吏部郎退休归里,掌鳌峰书院讲席十余年。

九　画

赵　熙(1867—1948)

字尧生,号香宋。四川荣县人。清光绪进士。官江西道监察御史,以抗直敢言著称。工诗善书,间亦作画。有《香宋词》。

赵　翼(1727—1814)

字云崧,号瓯北,阳湖(今江苏常州)人。清乾隆进士。官至贵西兵备道。长于史学考证。工诗,与袁枚、蒋士铨并称"江右三大家"。有《廿二史札记》《瓯北全集》等。

赵　藩(1851—1927)

字樾村,一字介庵,号蝯仙,晚号石禅老人。云南剑川人。清光绪举人。曾任四川臬台,署盐茶道使。1920年任云南省图书馆馆长。长于诗词,能书,擅联语。对联著作有《介庵楹句正续合编》。

赵元任(1892—1982)

江苏武进人,生于天津。语言学家、作曲家。1915 年入美国哈佛大学学习,获哲学博士学位。1925 年后任清华国学研究院教授等,致力国语运动与汉字改革。1938 年后赴美,加入美籍。先后任美国夏威夷大学、耶鲁大学、哈佛大学教授,美国语言学会会长。有《中国语入门》《语言问题》等。

赵式铭

字星海,号拗叔、弢父,清云南剑川人。其室名希夷微室。

赵朴初(1907—2000)

安徽太湖人。当代书法家、诗人。一直从事佛教及社会工作,后任中国佛教协会会长。有《滴水集》《片石集》等。

赵叔孺

名时棡,字献忱,号纫苌,晚年别号二弩老人。清末鄞县(今浙江宁波)人。工书善画。

赵孟頫(1254—1322)

字子昂,号松雪道人,吴兴(今浙江湖州)人。宋太祖赵匡胤十一世孙。入元累官至翰林学士承旨。其书画皆自成家;书称"赵体",画开一代之风。工诗文,风格和婉。有《松雪斋集》。

胡书农

名敬,钱塘(今浙江杭州)人,清乾隆乙丑会元。长期主西湖崇文书院讲席。

胡林翼(1812—1861)

字贶生,号润芝,湖南益阳人,清道光进士,授编修,曾参与镇压太平天国革命运动。有《胡文忠公遗集》。

胡居仁(1434—1484)

字叔心,号敬斋,明代江西余干人,曾主白鹿洞书院。以布衣终身。有《胡文敬公集》。

胡厥文(1895—1989)

江苏嘉定(今上海嘉定)人,实业家。北京工业专科学校毕业。1921 年起,创办上海新民机器厂、黄渡电灯公司等企业。1945 年,参与发起组织中国民主建国会,任常务理事。解放后任上海市副市长,民建第四届主席,第一届至第五届全国政协委员、常委。有《胡厥文诗词选》。

柳诒徵(1880—1961)

字翼谋,号劬堂,江苏镇江人。清光绪秀才。曾留学日本,回国后任东南大学教授,江苏省立第一图书馆馆长,考试院委员等职。有《中国文化史》。

钟云舫(1847—1911)

名祖棻,号云舫,亦作耘舫。四川江津人。清末廪生。长期从事教育工作。以长达 1 612 字之《江津县临江城楼联》闻名。有《振振堂集》。

钟荣光(? —1942)

字惺可,香山(今广东中山)人。清末举人。早年曾参加维新运动,加入兴中会。辛亥革命后留学美国获法学博士学位。回国后一直从事教育工作。

侯方域(1618—1655)

字朝宗,河南商丘人,明末随父居京师,与方以智、冒襄、陈贞慧合称"四公子",为复社成员之一。入清后曾应乡试,中副榜,抑郁而死。其文以《李姬传》较著名。有《壮悔堂文集》。

俞　樾(1821—1907)

字荫甫,号曲园。浙江德清人。清道光进士,官翰林院编修、提督河南学政。晚年讲学杭州诂经精舍卅余年。治经、子、小学,工诗词,喜作笔记、楹联。有《春在堂全集》。

俞平伯(1900—1991)

原名铭衡,浙江德清人。现代诗人,散文家,《红楼梦》研究家。北京大学文科毕业。早年参加新文学运动,是新潮社、文学研究会、语丝社成员。先后在上海大学、燕京大学、清华大学、北京大学等校任教。中华人民共和国成立后任中国科学院文学研究所研究员。著作甚多,有《燕知草》等。

俞作豫

广西北流人。早年入广州燕塘讲武堂,1927年参加中国共产党。1930年参加领导广西龙州起义,在广州被捕牺牲。

盈　契

五代时僧人,一说杭州碧波亭僧。

施伯雨

江苏无锡人,清代名士。

施耐庵(1296？—1370?)

元末明初小说家。其生平事迹,缺乏史籍记载,故说法不一。一般认为《水浒传》,是由他加工整理而成。

洪　钧(1839—1893)

字陶士,号文卿。吴县(今江苏苏州)人。清同治七年进士第一。官至兵部左侍郎。光绪年初,任出使俄、德、荷兰及奥地利四国大臣。

洪　梧

字桐生。安徽歙县人。清乾隆进士。由内阁中书入直军机处,官至沂州府知府。博今通古,工词翰,亦邃经学。曾主讲扬州梅花书院。

洪秀全(1814—1864)

原名仁坤,又名火秀。广东花县人。原为本村塾师。1851年与冯云山、石达开等在广西金田发动起义,建立太平天国,称天王。1853年占领南京,定为都城,改称天京。1856年因内讧,石达开率兵出走,实力大为削弱。二次鸦片战争后,中外反动势力互相勾结,共同镇压太平天国,1864年天京危急,是年病逝。

祝允明(1460—1526)

字希哲,号枝山,江苏苏州人。明弘治举人。官广东兴宁知县。与唐寅、文徵明、徐祯卿等并称“吴中四才子”。能诗文,工书法。有《怀星堂集》。

费丹旭(1801—1850)

字子苕,号晓楼、环溪生,晚号偶翁。清代乌程(今浙江湖州)人。家境清寒,卖画于江浙两省。又善书法,能诗词。

姚　琮(1891—1977)

字味辛,浙江瑞安人。早年考入保定陆军速成学堂,后曾在黄埔军校任教官。解放前夕去台湾。

姚步瀛

字伯选,号海峰。清代陕西商州(今陕西商县)人。由散馆授编修。

骆成骧(1865—1926)

字公骕,四川资中人。清光绪二十一年进士,任京师大学堂提调。三十二年奉清廷命东渡日本考察宪政。三十四年应张鸣岐聘主桂林法政学校,后又出为山西提学使。辛亥革命后返川,推为省议会议长。袁世凯欲称帝,请骆为川、滇、黔筹安会会长,遭严拒。民国十一年主成都国学院事。一生从事文化教育,有《清漪楼遗稿》。

十　画

秦　瀛

字淩沧,一字小岘,晚号遂庵。江苏无锡人。清乾隆举人,官至刑部右侍郎。有《小岘山人诗文集》等。

秦涧泉(1715—1777)

名大士,字鲁一,号秋田老人。江宁(今江苏南京)人。清乾隆年间状元,官至侍讲学士。

秦瘦鸥(1908—1993)

原名秦浩,上海市嘉定区人。小说家。20世纪20年代开始写小说,代表作有《秋海棠》等。

袁　枚(1716—1789)

字子才,号简斋。钱塘(今浙江杭州)人,别号随园老人。清乾隆进士。曾任溧水等地知县。后辞官居江宁小仓山。善诗,工骈文。诗论主"性灵说"。有《小仓山房集》《随园诗话》等。

袁克文(1890—1932)

字豹岑,号寒云,法号陀旷,笔名抱存、寒云主人。袁世凯次子。河南项城人,生于朝鲜汉城。能诗,工书法。经常寄迹于天津、上海,挂牌鬻字。

袁宏道(1568—1610)

字中郎,号石公。湖北公安人。明万历进士,官至吏部郎中。与兄宗道、弟中道,并称三袁。因反对当时文学复古、摹拟汉唐的文风,要求革新,世称公安派。有《袁中郎全集》。

袁崇焕(1584—1630)

字元素,广东东莞人。明末将领。神宗时进士。天启六年,清太祖努尔哈赤进攻宁远,袁坚守拒降,宁远大捷,授辽东巡抚。后又大败皇太极,号宁锦大捷。崇祯元年,任兵部尚书。金军自古北口入长城,围北京,袁督师入卫。但崇祯帝中皇太极反间计,认为袁与后金有密约,将袁逮捕入狱处死。有《袁督师遗集》。

袁嘉穀(1871—1937)

字树五,别字树圃,晚号屏山居士,云南石屏人。清光绪进士,曾任国史馆协修。辛亥革命后任云南盐运使。书法擅长行楷。有《卧雪堂文集》等。

莫友芝(1811—1871)

字子偲,号郘亭,贵州独山人。清道光举人,曾客曾国藩幕。工诗,善书法,能联。有《郘亭诗钞》等。

桂念祖(1869—1915)

字伯华,江西德化人。通晓经学词章。曾从康、梁参加戊戌变法,主持上海《萃报》馆。后客死日本。

夏丏尊(1886—1946)

原名铸,字勉旃。浙江上虞人。曾留学日本。"五四"新文化运动中,从事语文教育的革新。1921年加入文学研究会。长期从事教育、翻译、创作和出版工作。有《平屋杂文》、译作《爱的教育》等。

顾复初

字幼耕,又字子远,号道穆,晚号潜叟。元和(今江苏苏州)人。清咸丰年间入川,曾充四川总督吴棠、丁宝桢等人的幕僚,是当时诗、画、书法家之一。有《乐静廉余斋文集》。

顾宪成(1550—1612)

字叔时,号泾阳,江苏无锡人。明万历进士,官至吏部文选司郎中。万历二十二年革职还乡,重修东林书院,与高攀龙等在此讲学,评议朝政,主张开放言路,世称东林党。有《顾端文公集》。

顾嘉蘅

湖北人。清咸丰年间任南阳知府。

恩　泽

清蒙古人,其室名守来山房。

钱　沣(1740—1795)

字东註,号南园。云南昆明人。清乾隆进士。授检讨,官至右都御史。时和珅用事，泮疏摘其奸，直声震天下。工书，善画马。有《南园先生集》。

钱又村

清人，曾任上海县令。

钱陈群(1686—1774)

字主敬，号香树。浙江嘉兴人。清康熙进士，官至刑部侍郎。工诗善书，其书法、联语流传甚多。

钱振锽(1875—1944)

字梦鲸，号名山，江苏常州人，清光绪进士。近代学者。书法善行楷，晚年喜画墨竹。有《名山集》《名山诗集》等。

铁 良(1863—1938)

字宝臣，满洲镶白旗人。曾赴日本考察军事，官至练兵大臣、陆军部尚书等职。辛亥革命爆发后，负隅顽抗，兵败逃匿后，仍进行复辟活动。

徐 晞

字若初，一字赤岩。清浙江桐乡人。屡试不第。善诗文，工书法，精篆刻。

徐 琪

字玉可，号花农。仁和(今浙江杭州)人。清光绪进士，官至兵部侍郎。善画花卉，间作山水小景。工诗词，著有《粤东葺胜记》《日边酬唱集》。

徐 渭(1521—1593)

初字文清，后改文长，号天池山人、青藤道士。山阴(今浙江绍兴)人。明代文学家、书画家。屡应乡试不第。曾充浙江总督胡宗宪幕府，胡死后潦倒终生。工诗文、书画，草书和水墨画别具一格，为后人所重。有《徐文长全集》。

徐氏女

清代松江(今上海松江)人。

徐世昌(1855—1939)

字卜五，号菊人。天津人。清光绪进士，授翰林院编修。1914年，任袁世凯政府国务卿。1918年，被段祺瑞控制的国会选为总统。1922年被赶下台。抗战爆发，华北沦陷，拒绝出任日军伪职。能联。有《退耕堂政书》《竹窗楹语》等。

徐石麒

字又陵，自号坦庵。清代鄞县(今浙江宁波)人。隐居不仕。工诗词，善画花卉。

徐弘祖(1587—1641)

字振之，号霞客，江苏江阴人，明代地理学家。幼年博览图经地志，以后专心从事旅行，足迹北至燕、晋，南及云、贵、两广，写成极有学术价值的《徐霞客游记》。

徐光启(1562—1633)

字子先，号玄扈。上海徐汇人。明万历进士，官至礼部尚书兼东阁大学士，参预军机。曾从耶稣会传教士利玛窦等学习研究天文、历法、数学、测量、水利等西方近代科学，是明代杰出的科学家。以农学和天文学为突出，撰有《农政全书》六十卷。

徐兆裕

民国年间扬州乡绅。

徐法绩

字定夫，晚号熙庵。陕西泾阳人。清嘉庆二十二年进士，累官御史。诏赴东河学习治河工程，成《东河要略》一篇。其著作辑为《徐太常公遗集》。

徐福辰

字星北，清人。曾任两浙盐运使。钟情山水，曾居杭州十年。

爱新觉罗·玄烨(1654—1722)

即清圣祖康熙。1662—1722年在位，喜诗画书法，爱好天文、历算、化学、音乐。主持编纂《全唐诗》《佩文韵府》《康熙字典》等。

爱新觉罗·弘历(1711—1799)

即清高宗乾隆。1736—1795年在位。

曾主持完成《明史》《皇朝文献通考》《四库全书》等。

爱新觉罗·载湉(1871—1908)

即清德宗光绪。1875—1908年在位。是"百日维新"实际主持者,允设报馆,振兴商务、农务、工业、邮政等,并奖励科技,重人才。

翁方纲(1733—1818)

字正三,号覃溪。北京人。清代书法、文学、金石家,官至内阁大学士。有《复初斋诗文集》。

翁同龢(1830—1904)

字声甫,号叔平,晚号松禅,心存子。江苏常熟人。清咸丰状元。曾为同治、光绪帝师,官至户部尚书,协办大学士。工书法,亦善诗。有《翁文恭日记》《瓶庐诗稿》等。

高觉墅

安徽桐城人。清末秀才,毕生从事教育,为当地知名人士。

高维岳(1876—1938)

字子钦,辽宁锦县人。清末入军界,充张作霖巡防队。民国后为张部二十七师参谋长。后又任奉军团长、旅长、师长,察哈尔都统,东北边防军司令等职。抗战爆发后寓居北平(今北京),拒绝出任伪职。

郭小亭

清人。著有章回小说《济公传》。

郭尚先(1785—1832)

字兰石,福建莆田人,清嘉庆进士。改翰林院庶吉士,授编修。历充国史馆以及《大清一统志》《明鉴》纂修官,擢光禄寺卿转大理寺。博学善文,兼工书画。有《增默庵文集》《增默庵诗集》等。

郭沫若(1892—1978)

原名郭开贞,笔名鼎堂等。四川乐山人。现代著名文学家、史学家、社会活动家,1949年后任政务院副总理、全国人大副委员长,中国科学院院长等职。一生著述宏富,并工书法。有《郭沫若全集》。

郭崑焘(1823—1882)

原名先梓,字仲毅,号意城,晚号樗叟。湖南湘阴人。清道光举人。官内阁中书。文辞简古。

唐　英(1682—约1755)

字隽公、叔子,号蜗寄居士。奉天(今辽宁沈阳)人。雍正时,任景德镇瓷厂协理官。乾隆初,任九江关、广州关监督。擅长传奇、杂剧,著有《古柏堂传奇》。有笔记《陶人心语》。能诗画,也善撰联。

唐　寅(1470—1523)

字伯虎,又字子畏,号六如居士,江苏苏州人,明代著名书画家、文学家,时称"江南第一风流才子"。有《六如居士全集》。

唐仲冕

字六炽,号陶山。善化(今湖南长沙)人。清乾隆五十八年进士,荆溪县知县,累官陕西布政使,并代巡抚之职。喜修治古迹。晚年疾归,侨居金陵。有《陶山文集》。

陶　安(1312—1368)

字主敬。安徽当涂人。元至正初举乡试,授明道书院山长。明太祖取太平,安出迎,留参幕府,授左司员外郎。洪武初命知制诰,兼修国史,历江西行省参知政事等。福王时追谥文宪。擅长易学,有《陶学士集》。

陶　澍(1779—1839)

字子霖,号云汀,湖南安化人。清嘉庆进士。官至两江总督加太子少保兼管盐政。工联语,善书法。有《印心石屋诗文集》等。

陶　镛

字序东,号西圃。清代安徽芜湖人。

陶行知(1891—1946)

原名文濬。安徽歙县人。教育家。曾留学美国,注重平民教育,强调教育与实际结合,曾创办晓庄学校、育才学校等。其诗文联语以通俗见长。有《行知诗歌集》。

陶宝森

清代安徽芜湖人,文士。

陶亮生

字世杰,四川荥经人,曾任四川大学教授。著有《蜀中联话偶谈》。

十 一 画

黄 兴(1874—1916)

字廑午,号克强。善化(今湖南长沙)人,近代民主革命家,曾组织华兴会,后参加同盟会。武昌起义后任革命军总司令,南京临时政府陆军总长。能文工诗。

黄 慎(1687—约1770)

字恭寿,又字恭懋,号瘿瓢子、东海布衣。清代福建宁化人。家贫,卖画为生,久居扬州,为"扬州八怪"之一。兼善书法、楹联。有《蛟湘诗钞》。

黄文中

清末甘肃临洮人,同盟会老会员。

黄齐生(1879—1946)

贵州安顺人。早年在贵阳主持达德学校,辛亥革命前后积极参加反清和讨袁活动。曾带学生留学日本,赴法勤工俭学,追求革命真理。回国后,在南京、上海、广西、重庆等地院校任校长、教授。1945年到延安。一贯主张进步,支持抗日。因飞机失事遇难。

黄奎光

字星岩,福建人,清嘉庆时文士。

黄思永

江宁(今江苏南京)人。清光绪六年状元。善诗文,工书法。

黄庭坚(1045—1105)

字鲁直,号山谷道人,晚号涪翁。洪州分宁(今江西修水)人。北宋治平进士。曾任秘书丞兼国史编修官。诗以杜甫为宗,开创"江西诗派"。能词,善书法。有《山谷集》。

黄遵宪(1848—1905)

字公度,别号人境庐主人。嘉应州(今广东梅州)人。清光绪举人,曾任驻日、英参赞,驻旧金山、新加坡总领事。戊戌政变后罢职放归,隐居乡里,以诗人终。有《人境庐诗草》。

梅兰芳(1894—1961)

名澜,字畹华。原籍江苏泰州,生于北京,出身梨园世家,是著名京剧表演艺术家,"四大名旦"之一。中华人民共和国成立后任全国文联副主席,中国戏曲研究院院长等职。

曹雪芹(1715—1763或1764)

名霑,字梦阮,号雪芹、芹圃、芹溪。先世原为汉族,后为满洲正白旗人。工诗善画,多才多艺,而尤以小说著称。所著《红楼梦》八十回,为我国古典长篇小说的杰作。

硕 庆

满族人,清嘉庆举人。

盛 康

字旭人,毗陵(今江苏武进)人。曾因献丹药得清统治者赏识,做过道台。

龚正谦

福建邵武人,清初文人。

龚依群(1913—2007)

湖南湘潭人。解放前曾任延安鲁迅艺

术文学院秘书处长，东北人民大学教育长。1949年后任吉林大学、郑州大学教务长、系主任、教授，河南社会科学院副院长，为中国作家协会会员。

龚学海

湖南石门人，清嘉庆间曾任地方官吏。

虚　谷(1824—1896)

僧人，俗姓朱，名怀仁。安徽歙县人。初任清军参将，后出家，名虚白，字虚谷。常往来上海、苏州、扬州一带，卖画为生。以画花鸟、禽鱼、山水著名，亦能诗，有《虚谷和尚诗录》。

鄂　比

满族，清代人。《红楼梦》作者曹雪芹的好友。

康有为(1858—1927)

原名祖诒，字广厦，号长素。广东南海人。清光绪进士。近代改良派领袖。“戊戌变法”失败后，为保皇党。著述甚多，有《大同书》等。

章士钊(1882—1973)

字行严，湖南长沙人。清末任《上海苏报》主笔。辛亥革命后任北京大学教授，北京农业大学校长。抗战时期任国民参政员。1949年出席全国政协第一次会议。中华人民共和国成立后任中央文史馆馆长等。有《柳文指要》。

章炳麟(1869—1936)

一名绛，字枚叔，号太炎。浙江余杭人。近代民主革命家、思想家。早年参加维新运动，与蔡元培共组中国教育会和光复会。辛亥革命后，任南京临时政府枢密顾问。后长期从事学术著述和教育工作。有《章氏丛书》及续编、三编。

阎若璩(1636—1704)

字百诗，号潜丘。山西太原人。长于考据，尤精地理之学。曾助徐乾学修《大清一统志》。有《日知录补正》等。

萧大猷

清代湖南学者。曾与左宗棠、罗汝怀、张九钺等先后讲学湖南醴陵渌江书院，担任山长。

梁同书(1723—1815)

字元颖，号山舟，晚自署石翁、新吾长翁。钱塘(今浙江杭州)人。清乾隆进士，官至翰林院侍讲。能诗善联，尤工书法，与翁方纲、刘墉、王文治齐名。有《频罗庵遗集》。

梁启超(1873—1929)

字卓如，号任公，又号饮冰室主人。广东新会人。清举人出身，曾从其师康有为变法维新。倡导诗界革命和小说界革命。长于政论，流畅奔放，甚有特色。喜集宋词为联，达二三百副之多。有《饮冰室合集》。

梁奉直

福建长乐人。楹联作家梁章钜之伯父。

梁绍壬(1792—?)

字应来，号晋竹。钱塘(今浙江杭州)人。清道光举人，官至内阁中书。绍壬幼承家学，能诗工文，有《两般秋雨盦随笔》等。

梁恭辰

字敬叔。福建长乐人。梁章钜之第三子。少习举业，官至浙江温州知府。学承父业，有《楹联四话》等。

梁章钜(1775—1849)

字闳中，又字茝邻。福建长乐人。清嘉庆进士，官至江苏巡抚兼署两江总督，博览群书，谙熟掌故，能诗而尤善撰联，所著《楹联丛话》是我国第一部关于对联艺术的专著。

寇　准(961—1023)

字平仲,华州下邽(今陕西渭南)人。北宋太平兴国进士。官至宰相,后被排挤去位,封莱国公,死于贬所广东海康。有《寇忠愍公诗集》。

十　二　画

彭元瑞(1731—1803)

字掌仍,一字辑五,号芸楣。江西南昌人。清乾隆进士,官至工部尚书,协办大学士。

彭玉麟(1816—1890)

字雪琴。湖南衡阳人。清咸丰年间随曾国藩创办湘军水师,与太平军作战,后围攻安庆、天京(南京),升兵部尚书。长于诗及联语。

董其昌(1555—1636)

字元宰,号思白,又号香光居士。松江华亭(今上海松江)人。明万历进士,授编修。官至太常寺卿。是有名书画家。有《容台集》。

蒋　焘(1483—1500)

字仰仁,江苏苏州人。明代文学家。年轻时即著《东壁遗稿》。九岁能究经史百家言,十一岁补郡学生。年十七岁早逝。

蒋士铨(1725—1785)

字心余,号清容,又号藏园。江西铅山人。戏曲家,文学家。清乾隆进士。官翰林院编修。有《忠雅堂集》。

蒋光鼐(1887—1967)

字憬然,广东东莞人。保定军校毕业,曾任国民党十九路军总指挥,淞沪警备司令,1932年1月28日率军抗击日军侵略。1935年通电反蒋,主张联共抗日。1949年出席全国政协一届代表会议,后任纺织工业部部长,全国政协常委,民革中央常委。

蒋和森(1929—1996)

江苏海安人。中国社会科学院文学研究所研究员、中国红楼梦学会副会长。著有《红楼梦论稿》《红楼梦概说》和长篇历史小说《风萧萧》《黄梅雨》等。

蒋梦麟(1886—1964)

原名梦熊,字兆贤,号孟邻。浙江余姚人。早年赴美留学,获哥伦比亚大学博士学位。回国后任商务印书馆编辑,北京大学校长等职。1945年任国民党行政院秘书长,病逝台湾。有《孟邻文存》。

蒋绮龄

原名琦淳,字申甫,号石寿。广西全州人。清道光进士。由编修积官顺天府府尹。以耿直忤时,乞归不仕。能诗文,善书。有《空青水碧斋诗集》。

蒋智由(1866—1929)

字观云,号因明子,浙江诸暨人。早年力主变法,曾赴日本参加《新民丛报》编辑工作,后参加"诗界革命",属新派诗作者。有《居东集》。

韩　菼(1637—1704)

字元少,一字慕庐。长洲(今江苏苏州市)人。清康熙状元。授编修,纂修《考经衍义》百卷。官至礼部尚书。以文章名世。有《有怀堂诗文集》。

程昌期

字阶平,号兰翘,歙(今安徽歙县)人。清乾隆四十五年进士,官至侍讲学士。精深经术,尤通于考据之学。有《周礼义疏约贯》《安完堂集》。

程祖洛

字梓庭,清代人,曾任江苏巡抚。

程恩泽

字云芬,号春海,嘉庆进士,官至户部

右侍郎,其学于六艺九流,无所不通。

程敏政(1445—约1499)

字克勤,安徽休宁人。明成化进士,曾任礼部右侍郎。有文才,与李东阳齐名。有《明文衡》《篁墩集》。

程德润

字玉樵,湖北天门人。清道光间人。官提刑按察使。

傅　山(1607—1684)

字青主。阳曲(今山西太原市)人。明亡后,衣朱衣,居土穴,号朱衣道人。清康熙间,坚卧城西古寺,拒不应试,授内阁中书,不受。博通经史诸子和佛道之学,兼工诗文、书画、金石、楹联,又精医学。有《霜红龛集》。

鲁　迅(1881—1936)

姓周,字豫才。后又取名树人,笔名鲁迅。浙江绍兴人。中国无产阶级文学家、思想家、革命家。所著《狂人日记》是中国新文学第一篇巨作。《阿Q正传》等小说,为中国现代文学和革命现实主义奠定了基础。他一生以文艺为战斗武器,著作近一千万字。有《鲁迅全集》。

游　俊

明代文人,余不详。

普　荷(1593—1673)

本姓唐,名泰,字大来。云南晋宁人。明崇祯末年,削发为僧,法名普荷,自号担当,结茅鸡足山下。工诗善画,也精书法。

曾国藩(1811—1872)

原名子城,字伯涵,号涤生。湖南湘乡人。清道光进士,任礼部右侍郎等职。1853年奉命在湖南办团练,后编入湘军,镇压太平军,升两江总督,加太子少保。后又镇压捻军。曾与李鸿章等创办江南制造局、福建马尾船政局。有《曾文正公全集》。

曾籽香

字宗鲁,湖南桃江人。清末民初曾在信义大学任教。

谢子修

福建长乐人,作家谢冰心之祖父,曾任教师。

谢玉汉

字秋槎,福建人。在广东任知县多年。

谢觉哉(1884—1971)

湖南宁乡人。1921年参加新民学会,1925年参加中国共产党。1933年到中央革命根据地任毛泽东秘书。次年参加红军长征。解放战争时期任华北人民政府司法部长。1949年后任内务部长,最高人民法院院长,全国政协副主席。

谢默卿

名元淮,清湖北松滋人,曾任无锡县令。

十 三 画

楼适夷(1905—2001)

又名楼建南,浙江余姚人。小说家、散文家。早年曾赴日留学,回国后参加左翼作家联盟,编辑《前哨》《文学导报》。后任人民文学出版社副社长兼总编辑,《译文》杂志编委。

雷　鋐

福建人。清乾隆朝曾督学温州。

解　缙(1369—1415)

字大绅,号春雨,吉水(今江西吉水)人。明洪武进士。工联语,尤长于谐联。有《文毅集》。

窦　垿(1804—1865)

字子坫,号兰泉。云南罗平人。清道光时进士。曾任吏部主事,江东监察御史。

十 四 画

蔡 锷(1882—1916)

原名艮寅,字松坡。湖南邵阳人。曾留学日本士官学校。1911 年武昌起义爆发,于昆明举兵响应,后任云南都督。1913年被袁世凯调至北京,两年后潜返云南,成立护国军,任第一军总司令,起兵讨袁。能诗文,有《蔡锷集》。

蔡元培(1868—1940)

字鹤卿,号孑民。浙江绍兴人,近代民主革命家、教育家。曾任南京临时政府教育总长,北大校长,国民党中央研究院院长等职。与宋庆龄、鲁迅等发起组织中国民权保障同盟。

蔡福田

名鸿逵。清代人。有《紫荆树馆杂著》。

管廷祚

字永伯,号琴舫,江苏嘉定(今上海嘉定)人。清同治举人。工诗,善书法。寓沪有年,后选泰州学正。

廖寿丰

江苏嘉定(今上海嘉定)人,清同治进士。曾任翰林院编修,浙江巡抚。擅长书法、联语。

端 方(1861—1911)

字午桥,号匋斋,托忒克氏。满洲正白旗人。清光绪举人,授工部主事。官至两江总督,有《端忠敏公奏稿》。

端木蕻良(1912—1996)

原名曹京平,辽宁昌图人,小说家。1932 年参加北方左翼作家联盟。1933 年写了第一部长篇小说《科尔沁旗草原》。中华人民共和国成立后任北京市文联副秘书长,作协北京分会副主席等职。1980 年后出版长篇历史人物小说《曹雪芹》。

阚祯兆

字东白,云南通海人。清雍正举人。善草书。著有《大渔集》《北游草》等。

谭子岳

清代文人,余不详。

谭延闿(1880—1930)

字组庵,号无畏。湖南茶陵人。清光绪进士。辛亥革命时为湖南都督,后加入国民党,历任湖南督军兼省长。1927 年后曾出任南京国民政府主席、行政院院长等职。善书法及联语。

谭继洵(?—约 1898)

字敬甫,湖南浏阳人。清咸丰进士,授光禄大夫。曾任湖北巡抚兼署湖广总督。其子谭嗣同牺牲后被革职,不久忧惧而死。

谭嗣同(1865—1898)

字复生,号壮飞,湖南浏阳人。近代著名维新派政治家、思想家。“戊戌变法”失败后被杀害于北京。能诗文,善联语,有《谭嗣同全集》。

熊香海

名光。清末民初江西九江人,工诗。

缪 钺(1904—1995)

字彦威,江苏溧阳人。生于河北迁安。1924 年北京大学肄业,任浙江大学,华西大学教授。1952 年院系调整,任四川大学历史系教授。有《读史存稿》等。

十 五 画

黎遂球

字美周,番禺(今广东广州)人。明崇祯举人。杜门著述,亦善画山水。

樊恭煦(?—1914)

字介轩。仁和(今浙江杭州)人。清同治进士。官司经局洗马。善书法。

樊增祥(1846—1931)

字嘉父,号云门,别号樊山。湖北恩施人。清光绪进士。官至江宁布政使。能诗词骈文。有《樊樊山全集》。

颜　检(?—1832)

字惺甫,广东连平人。清乾隆拔贡,官至直隶总督。后因事革职,发放乌鲁木齐。道光间复擢直隶总督。断狱以明允称。

十六画以上

戴　暻

字俛孳,号晦叔。清康熙举人。摹诸家书法,曲尽其致。

薛　玉

字素素,号素卿。江苏吴江人。明末吴地名妓,能画兰竹,好作小诗,又善挟弹走马,以女侠自命。然数嫁皆不终,含恨而亡。

薛时雨(1818—1880)

字慰农,晚号桑根老农。安徽全椒人。清咸丰进士。官杭州知府,兼署督粮道,代行布政、按察两司事。主讲杭州崇文等书院。善书法。有《藤香馆集》。

魏　源(1794—1857)

原名远达,字默深,湖南邵阳人。清道光进士。官内阁中书。为今文经学派,辑成《皇朝经世文编》,并受林则徐嘱,编成《海国图志》。有《魏源集》。

魏秀仁(1819—1874)

字子安,别号眠鹤主人。侯官(今福建福州)人。清道光举人。通经史、骈文,以小说著名,所作《花月痕》对后世鸳鸯蝴蝶派小说颇有影响。

魏象枢(1617—1687)

字环极,号庸斋。蔚州(今山西蔚县)人。清顺治进士。官至刑部尚书。治程朱理学。有《寒松堂集》。

魏善伯

名际瑞,明末诸生。有《伯子文集》。

麟　庆(1791—1846)

字见亭。清嘉庆进士。官至两江总督。有《鸿雪因缘图记》。

(施绍文　俞纪东　丁　仪)

图书在版编目(CIP)数据

名联鉴赏辞典:新一版/苏渊雷主编.—上海:上海辞书出版社,2019(2022.8 重印)
ISBN 978-7-5326-5413-0

Ⅰ.①名… Ⅱ.①苏… Ⅲ.①对联-鉴赏-中国-词典 Ⅳ.①I207.6-61

中国版本图书馆 CIP 数据核字(2019)第 215428 号

名联鉴赏辞典(新一版)

苏渊雷 主编

责任编辑 徐 梅
装帧设计 姜 明

出版发行 上海世纪出版集团
上海辞书出版社(www.cishu.com.cn)
地　　址 上海市闵行区号景路159弄B座(201101)
印　　刷 上海中华印刷有限公司
开　　本 890×1240 毫米 1/32
印　　张 34.75
字　　数 1 068 000
版　　次 2019 年 11 月第 1 版 2022 年 8 月第 3 次印刷
书　　号 ISBN 978-7-5326-5413-0/I·442
定　　价 98.00 元